Vom Konfektionsgewerbe zur Bekleidungsindustrie
Zur Geschichte von Technisierung und Organisierung der Massenproduktion von Bekleidung

Europäische Hochschulschriften

Publications Universitaires Européennes
European University Studies

Reihe III

Geschichte und ihre Hilfswissenschaften

Série III Series III

Histoire, sciences auxiliaires de l'histoire
History and Allied Studies

Bd./Vol. 530

PETER LANG

Frankfurt am Main · Berlin · Bern · New York · Paris · Wien

Friedrich-Wilhelm Döring

Vom Konfektionsgewerbe zur Bekleidungsindustrie

Zur Geschichte von Technisierung und Organisierung der Massenproduktion von Bekleidung

PETER LANG
Frankfurt am Main · Berlin · Bern · New York · Paris · Wien

Die Deutsche Bibliothek - CIP-Einheitsaufnahme

Döring, Friedrich-Wilhelm:

Vom Konfektionsgewerbe zur Bekleidungsindustrie : zur Geschichte von Technisierung und Organisierung der Massenproduktion von Bekleidung / Friedrich-Wilhelm Döring. - Frankfurt am Main ; Berlin ; Bern ; New York ; Paris ; Wien : Lang, 1992
(Europäische Hochschulschriften : Reihe 3, Geschichte und ihre Hilfswissenschaften ; Bd. 530)
Zugl.: Hannover, Univ., Diss., 1992
ISBN 3-631-45326-4

NE: Europäische Hochschulschriften / 03

Die Veröffentlichung des Titelfotos erfolgte mit freundlicher Genehmigung des Zeitschriftenverlages RBDV - Düsseldorf sowie der G. M. PFAFF AG, Kaiserslautern

D 89
ISSN 0531-7320
ISBN 3-631-45326-4

Printed in Germany 1 2 4 5 6 7

Inhaltsverzeichnis

Seite

1. Einleitung

1.1. Problemstellung und Erkenntnisinteresse

Im Verlauf ihres 150jährigen Bestehens ist die Bekleidungsindustrie nur während ihrer Krisenphasen in bedeutender Weise zum Gegenstand von wirtschafts- und sozialpolitischen sowie in letzter Zeit verstärkt von industriesoziologischen Untersuchungen geworden. Um die Jahrhundertwende dominierten Studien zur sozialen Lage der Heimarbeiter/innen im Konfektionsgewerbe, die vorwiegend von Autoren aus der Umgebung des Vereins für Socialpolitik vorgelegt worden sind (Grandke : 1899, Jaffé : 1899, Olberg : 1896). Gegenstand dieser Untersuchungen waren die mit der sehr gering bezahlten Heimarbeit verbundenen Arbeits- und Lebensbedingungen dieser Gruppe der hausindustriellen Produzenten. In ihrem Informationsgehalt waren diese Studien aus mehreren Gründen eingeschränkt. So fielen einerseits die Angaben zur technisch-organisatorischen Gestaltung des Produktionsprozesses mehr oder weniger dürftig aus, andererseits handelte es sich bei diesen Arbeiten in den meisten Fällen nur um Teildarstellungen. Ganz überwiegend bezogen sich die Abhandlungen entweder auf einzelne Regionen oder sie umfaßten jeweils nur einen unterschiedlich großen Ausschnitt des Wirtschaftszweiges, wie z. B. die 'Damenbranche', die 'Mäntelbranche' und darin wiederum nur die Herstellung von 'Backfischmänteln'. Nur in sehr wenigen Einzeldarstellungen wurde der technisch-organisatorische Zustand des Produktionsprozesses in der Konfektionsbranche direkt zum Thema (Schmidt : 1912, Rüter : 1931, Gottfeld : 1933, Jung : 1941, Schwab : 1949 und Donner : 1938/1956).

Erst in jüngster Zeit wurde die Bekleidungsindustrie wieder in stärkerem Maß zum Gegenstand des Forschungsinteresses, wobei die Teilaspekte des Produktionsprozesses in einen stärkeren Zusammenhang gestellt wurden. Die über die politische Forderung nach 'Humanisierung des Arbeitslebens' postulierte gesellschaftliche Gestaltbarkeit von Arbeitsformen und Arbeitsbedingungen führte auch in diesem Wirtschaftszweig zu interdisziplinär angelegten Untersuchungen, bei denen die Analyse des Produktionsprozesses sowie der sozio-ökonomischen Situation der Bekleidungsindustrie von Bedeutung war (Fischer u. a. : 1983, Ifo-Institut u. a. : 1983, Minssen : 1985, Fischer/Minssen : 1986, awfi : 1987, Fischer/Minssen : 1987, Weißbach : 1984). An diesen Untersuchungen waren Forschungsgruppen aus unterschiedlichen Disziplinen wie Soziologie, Wirtschaftswissenschaften, Arbeitswissenschaften, Bekleidungstechnik usw. beteiligt. Bei diesen Forschungsvorhaben ging es um den Versuch der Anwendung von Erkenntnissen der Humanisierungsforschung in der Bekleidungsindustrie. Über den engeren Bereich von Humanisierung und Arbeitsstrukturierung hinaus sind in diesem Zusammenhang Forschungsergebnisse entstanden, in denen der Produktionsprozeß in der Bekleidungsindustrie zunehmend als Teil des gesamtgesellschaftlichen Produktionsprozesses, d. h. in gesamtgesellschaftlicher Perspektive gesehen und interpretiert worden sind.

Den ökonomischen Hintergrund für dieses Vorhaben im Rahmen des "Humanisierungsprogramms" bildeten die mehr oder weniger großen Strukturprobleme deutscher Bekleidungsindustriebetriebe, sich gegenüber dem stark angewachsenen Importdruck aus sog. "Billiglohnländern" zu behaupten. Im Wettbewerb mit den Konkurrenzbetrieben dieser Länder waren die Möglichkeiten einer weiter am tayloristisch-fordistischen Muster ausgerichteten Rationalisierung des Produktions- und Arbeitsprozesses ausgereizt. Die Stabilisierung der bestehenden Produktionskapazitäten dieser Branche im Inland bzw. die Sicherung des Produktionsstandortes Bundesrepublik Deutschland für die Herstellung von Bekleidung wurde in zunehmendem Maß davon abhängig, inwieweit es den noch verbliebenen Betrieben gelang, sich auf Segmente des Absatzmarktes zu konzentrieren, die noch nicht aus ausländischer Produktion bedient wurden. D. h., die am tayloristisch-fordistischen Modell orientierten Arbeitsstrukturen erwiesen sich unter derartig veränderten Bedingungen zunehmend als Barriere einer flexiblen Organisation des Produktions- und Arbeitsprozesses. Mit einem Festhalten an relativ unbeweglichen Formen der Arbeitsorganisation sowie des Arbeitskrafteinsatzes waren - gemessen an den sich wandelnden Anforderungen - nicht nur Leistungsverluste vorprogrammiert, sondern auch Strategien vorgezeichnet, zukünftig auch Teile des höherwertigen Marktsegmentes im Ausland zu fertigen bzw. fertigen zu lassen.

Das allgemeine Ziel des Humanisierungsprojektes "Neue Arbeitsstrukturen in der Bekleidungsindustrie" bestand darin, durch Veränderungen des Arbeitssystems die Kooperationsbeziehungen in den Betrieben zu verbessern sowie die Über- und Unterforderungen der Beschäftigten bzw. branchentypische Belastungen an den Arbeitsplätzen abzubauen. Schon frühzeitig wurde diese Zielsetzung als zu eng angesehen und dahingehend erweitert, die Arbeitsorganisation - insbesondere im gesamten Montagebereich - dahingehend zu verändern, daß die jeweiligen betrieblichen Flexibilitätsanforderungen weniger problematisch als in der vorherrschenden Form der Arbeitsorganisation zu bewältigen wären. Schließlich ging es um die Gestaltung von flexiblen Produktionsstrukturen in der Bekleidungsindustrie, von denen sowohl arbeitsorganisatorisch innovative als auch technologisch zukunftsweisende Ergebnisse für die Betriebe sowie humanisierungsrelevante Ergebnisse für die Beschäftigten erwartet wurden (Fischer/Minssen : 1986, S. 14).

Bezüglich der in diesem Forschungsvorhaben untersuchten Veränderungen des Produktions- und Arbeitsprozesses zeigen die Autoren Fischer und Minssen in kritischer Distanz zu den Befunden jüngerer industriesoziologischer Studien zum Wandel von Produktionskonzepten (u.a. Kern/Schumann : 1984) auf, daß sich in den durch die Flexibilitätsanforderungen ausgelösten Prozessen einer Neustrukturierung von Arbeit auch in dieser Branche Elemente, die auf eine Requalifizierung - in allerdings nur bescheidenem Ausmaß - hinweisen, finden lassen (Fischer/Minssen : 1986, S. 29).

Die Autoren gehen in ihrer Branchenstudie davon aus, daß Inkompatibilitäten zwischen starren Fertigungsstrukturen und absatzmarktinduzierten Flexibilitätsanforderungen den Ausgangspunkt einer neuen Leistungspolitik in der Bekleidungsindustrie darstellen. Als Kern dieser neuen Leistungspolitik sehen sie die "Reaktivierung der kooperativen Potenzen von Arbeitskraft" (Fischer/Minssen). Allerdings stellen sich in diesem Zusammenhang Inkompatibilitäten zwischen der abgeforderten individuellen Leistung und den alten Kontrollformen her, aus denen - quasi als Kettenreaktion - ambivalente Effekte für die Beschäftigten folgen (Fischer/Minssen : 1987, S. 198). Konkret bestanden diese Ambivalenzen darin, daß die verstärkten Abforderungen von Kooperationsleistungen usw., d. h. eine Verbesserung der Arbeitssituation, mit dem Risiko der Intensivierung ihrer Arbeit für die Beschäftigten verbunden waren.

Freilich ist aus der Tendenz zur Flexibilisierung nicht vorschnell auf eine grundsätzliche Trendwende zur Reprofessionalisierung von Industriearbeit in dieser Branche zu schließen. Die vorgefundenen Ansätze zur Aufhebung hochgradig zerlegter Arbeit waren nicht frei von Ambivalenzen, die in der neuen Leistungspolitik enthalten sind. Da es sich bei dieser Studie um eine staatlich geförderte Untersuchung zu betrieblichen Veränderungsmaßnahmen gehandelt hat, ist hiermit nur die Möglichkeit einer weiteren Entwicklung von Arbeitsorganisation und -einsatz aufgezeigt.

In seiner Ländervergleichsstudie zum Wandel von Industriearbeit und ihren gesellschaftlichen Rahmenbedingungen untersucht Heidenreich das länderspezifische Muster des Arbeits- und Technikeinsatzes u. a. am Beispiel der bundesdeutschen Bekleidungsindustrie, wobei die Frage nach den sozio-kulturellen Voraussetzungen der betrieblichen Integration von Arbeitskraft im Mittelpunkt steht (Heidenreich : 1990, S. 15).

Heidenreich geht bei seiner Analyse des Strukturwandels davon aus, daß Industriearbeit in der Bekleidungsindustrie - wie auch in anderen Industriezweigen - in der Nachkriegszeit nach einheitlichen, länderübergreifend gültigen Prinzipien organisiert worden ist. In der Bekleidungsindustrie konkretisierten sich diese Prinzipien in Technisierungs- und Organisierungspolitiken, die auf hochgradige Zerlegung sowie auf zunehmende Mechanisierung des Arbeitsprozesses orientiert waren. Unter diesen tayloristischen Bedingungen wurde das Arbeitshandeln vor allem über direkte, technisch-organisatorisch fixierte Kontrollmechanismen in die Prozesse der betrieblichen Leistungserstellung integriert (Heidenreich : 1990, S. 191). Dieses Modell der Arbeitskraftnutzung basiert Heidenreich zufolge auf der "minimalen Integration" der Arbeitskräfte, d. h., es ist insbesondere durch minimale Angewiesenheit der Betriebe auf Motivationen und Qualifikation der Beschäftigten gekennzeichnet, wobei die Betriebe sich durch primär monetäre Gratifikationen gegenüber ihren Arbeitskräften autonomisieren. Gleichzeitig kam den sozio-kulturellen Kontextbedingungen für die Konstitution von Unternehmenspolitiken in dieser

Branche nur eine sehr geringe Bedeutung zu (Heidenreich : 1990, S. 26 ff.). Der Autor hebt hervor, daß die Integration von Beschäftigten sich nicht über die Anlehnung an gesellschaftliche Normen- und Wertsysteme, wie z. B. professionelle Orientierungen, vermittelt, sondern weitgehend auf der betrieblichen Ebene durch monetäre Leistungen sowie durch ausgefeilte Steuerungs- und Kontrollstrukturen sichergestellt wird (Heidenreich : 1990, S. 27).

Andererseits geht auch Heidenreich - ähnlich wie die Autoren aus dem Kreis der Sozialforschungsstelle Dortmund - von einer Trendwende des Industrialisierungsmusters seit der Mitte der 70er Jahre in dieser Branche aus. Kennzeichen des technisch-organisatorischen Wandels ist dabei die - allerdings unterschiedlich ausgeprägte - Abkehr vom Leitbild der tayloristischen Arbeitsorganisation. Bei der Analyse der in dieser Konsequenz entstandenen neuen Industrialisierungsmuster besteht nach Heidenreich's Einschätzung der gemeinsame Nenner in der verstärkten Öffnung innerbetrieblicher Entscheidungs- und Gestaltungsprozesse für betriebliche Macht- und Aushandlungsprozesse. Technisierungs- und Organisierungspolitiken werden in dieser Konsequenz zunehmend von internen Handlungskonstellationen sowie externen Einflußnahmen bestimmt und folgen somit nicht mehr einem als universell angesehenen Muster der Gestaltung von Produktionsstrukturen.

Für das veränderte Handlungsmuster der Betriebe bei der Gestaltung von Arbeitsprozessen heißt dies, daß das Entscheidungskalkül nun nicht mehr allein vom technisch bzw. organisatorisch Machbaren bestimmt wird, sondern die politische Durchsetzbarkeit an Bedeutung gewinnt (Heidenreich : 1990, S. 28). In dieser Perspektive zeigt Heidenreich anhand des Falles der Bekleidungsindustrie der Bundesrepublik Deutschland auf, daß sich Betriebe in der Konsequenz veränderter Produkt- und Produktionspolitiken stärker auf Motivationen, Qualifikationen usw. der Beschäftigten stützen und sie weniger als zu kontrollierende Objekte betrachten. Eng verbunden ist mit diesem Zugriff auf Arbeitskraft die Möglichkeit für die Betriebe, elastische Potentiale der Arbeitskraft zu nutzen. Die in den größeren Betrieben der bundesrepublikanischen Bekleidungsindustrie angewandte betriebliche Integrationsform bei Politiken der personellen Flexibilität wird von Heidenreich als "konsensuelle Integration" der Beschäftigten herausgearbeitet (Heidenreich : 1990, S. 247). Generell bleibt in den angeführten industriesoziologischen Studien offen, wie stark die Tendenz der Abkehr vom tayloristischen Organisationsmodus ist.

Neben den industriesoziologischen Studien sind in neuerer Zeit wirtschafts- und sozialhistorische Untersuchungen veröffentlicht worden, bei denen die Entstehung der Bekleidungsbranche in unterschiedlicher Weise zum Untersuchungsfeld wurde. Hausen weist in ihrem Aufsatz zur sozialen Konsequenz des Überganges vom Hand- zum Maschinennähen darauf hin, daß diese Entwicklung nicht allein auf der Ebene der Veränderung der Produktionstechnik eine große Bedeutung besaß. Vielmehr gilt ihr Interesse dem Arbeitsinstrument Nähmaschine, das ihrer Meinung nach offensichtlich viel zu unscheinbar war, um in der Industrialisierungsgeschichte ein gewichtigeres Maß an Aufmerksamkeit zu erhalten. Bei ihrer Analyse des Einsatzes bzw. der Verwendung der Nähmaschine geht die Autorin davon aus, daß dieses Arbeitsinstrument ein Zwitter zwischen Haushaltsgerät und Produktionsmittel sei und es deswegen - wie sonst in der Ökonomie des 19. Jhdts. üblich - nicht möglich sei, zwischen Hauswirtschaft und Erwerbswirtschaft zu trennen, zumal Nähmaschinenarbeit in erster Linie Frauenarbeit sei und alle denkbaren Variationen von privat bis gesellschaftlich organisierter Arbeit aufweise. Sie wendet sich damit insbesondere gegen die ansonsten in der Nationalökonomie herrschende trennscharfe Aufteilung von Konsum - und Produktionssektor, Familienwirtschaft und Industriewirtschaft usw. (Hausen : 1978, S. 148 ff.).

Plausibel erscheint ihre Analyse insofern, als daß sie zu dem Schluß kommt, das aufgrund der gesellschaftlichen Bedingungen der Mechanisierung der Näharbeit in Gestalt von Haushaltsmaschinen in der hausindustriell verfassten Konfektion die elende Arbeitssituation der Heimarbeiterinnen eher zementiert als aufgelöst worden ist, da dieses Arbeitsgerät die hausindustrielle Erwerbstätigkeit in gewissem Maß erst ermöglicht hat (Hausen : 1978, S. 168). Sie hat damit den Blick auf ein wesentliches Feld weiblicher Erwerbstätigkeit innerhalb des Industrialisierungsprozesses gelenkt, der oft durch den Blick auf Männerarbeit in den Branchen der Großindustrie einseitig ausgerichtet war.

In sozialhistorischer Perspektive versucht Krengel die Frage zu beantworten, inwieweit der Sektor der Heimarbeit in der Zeit von 1870 - 1914 die tragende Rolle des Produktionsgeschehens in der Berliner Konfektion eingenommem hatte. Er kommt bei dieser Untersuchung zu dem Ergebnis, daß die anteilsmäßige Bedeutung dieses Sektors schon früh - seit 1870 - rückläufig war und deswegen die diesem Bereich eigenen Lebens- und Arbeitsbedingungen nicht mehr vorherrschend gewesen seien (Krengel : 1978 a, S. 129). Bei diesem Schluß ist nicht nur zu berücksichtigen, daß die Quellenlage sich als kaum geeignet erweist, die mittels der vorgefundenen Sozialstatistiken nur sehr schwer greifbare Heimarbeit angemessen zu erfassen, sondern auch daß bei der absoluten Zahl der in Heimarbeit beschäftigten Personen noch zu Beginn dieses Jahrhunderts ein Anstieg verzeichnet werden konnte. Darüber hinaus erscheint es für die Analyse des Entwicklungstrends des Produktionsprozesses in der gesamten Bekleidungsbranche nicht unproblematisch, wenn der Autor im Umkehrschluß diesen Prozeß als seit 1875 einsetzende "Fabrikisierung" in der Berliner "Bekleidungsindustrie" bezeichnet (Krengel : 1978 a, S. 127). Eine Sichtweise, in der in historisch unzulässiger Weise die Entwicklung der Wäschekonfektion als repräsentativ für die gesamte Konfektionsbranche gesehen wurde (Krengel : 1978 a, S.130).

In seiner wirtschaftshistorisch angelegten Studie sammelte Krengel die wenigen vorhandenen Daten über die ökonomische Entwicklung des Berliner Bekleidungsgewerbes und bereitete sie zu einer Wachstumsanalyse auf (Krengel : 1978 b). Der Autor kommt in seiner Analyse zu dem Ergebnis, daß die Berliner Konfektion bis zum ersten Weltkrieg zwar ein eindeutiges, allerdings relativ moderates Wachstum verzeichnen konnte (Krengel : 1978 b, S. 233). Das Bekleidungsgewerbe in Berlin war somit bis zum ersten Weltkrieg klar eine prosperierende Branche, allerdings mit nur mässigen Wachstumsraten.

In ihrer Untersuchung zur Situation der Heimarbeiterinnen im Berliner Konfektionsgewerbe um die Jahrhundertwende nimmt Beier die Thematik der sozialen Lage der Heimarbeiterinnen wieder auf und beleuchtet den Arbeitsalltag und die sozialen Lebensumstände dieser Gruppe der hausindustriellen Produzenten während der Expansionsphase dieser Branche in Berlin bis zum ersten Weltkrieg (Beier : 1980, 1983). Im Zentrum dieser Untersuchung steht die Arbeits- und Lebenssituation der vorwiegend in Heimarbeit beschäftigten Ehefrauen, Mütter und Witwen. Ihr Alltag wird von der Autorin als spezifischen Bedingungen und Auswirkungen der Konfektionsheimarbeit unterliegend beschrieben, der in der Ausbalancierung der unterschiedlichen Anforderungen von häuslicher Erwerbsarbeit, Hausarbeit sowie Kinderversorgung bestand. Die Heimarbeit in der Konfektion wird dabei von Beier als Kontinuum wie zugleich als Novum in der Genese der Frauenarbeit auf dem Hintergrund der expandierenden Konfektionsbranche angesehen. In ihrem Ergebnis zeigt die Autorin die besondere Bestimmung des Alltags für die Konfektionsheimarbeiterinnen als häufigen Wechsel von erwerbsbezogener Heimarbeit und reproduktionsbezogener Hausarbeit auf und sieht darin den Grund für die damit verbundene charakteristische Diskrepanz für das Familienleben dieser Gruppe der hausindustriellen Produzenten (Beier : 1983, S. 169 ff.).

Die hier vorgelegte Untersuchung befaßt sich mit der Entwicklung des Produktionsprozesses in der Fertigkleidungsbranche als Langzeituntersuchung von ihren hausindustriellen Anfängen in der ersten Hälfte des letzten Jahrhunderts bis zur Mitte der achtziger Jahre des 20. Jahrhunderts. Mit der Anlage der Studie über einen derart langen Zeitraum soll versucht werden, die exisistierenden Lücken in der Kenntnis der Entwicklung dieses Wirtschaftszweiges vom Konfektionsgewerbe zur Bekleidungsindustrie zu schließen. Eine Langzeitanalyse könnte die inhärenten Schwierigkeiten sowohl eines Phasenansatzes - der zu generalisierend ist - als auch von Analysen zum Zeitpunkt einer Umbruchssituation, in der sich neue Muster der Industrialisierung herausbilden, überwinden helfen, indem sie vor dem Hintergrund historischer Patterns der Branchenentwicklung das strukturell Neue hervorzuheben vermag. Im Zentrum der Untersuchung steht dabei die Rekonstruktion der historischen Verlaufsform der Herstellung von fertiger Oberbekleidung von handwerklich-verlagsmässigen zu industriell-fabrikmässigen Organisationsformen des Produktionsprozesses inklusive der dazu notwendigen technischen Voraussetzungen.

Von den Teilbranchen des Bekleidungsgewerbes her gesehen soll die Entwicklung des Produktionsprozesses hauptsächlich am Beispiel der klassischen Damen- sowie Herrenoberbekleidung rekonstruiert werden. Hierbei bezieht sich das Untersuchungsfeld auf den Produktionsprozeß, der die Verarbeitung von Webwaren sowie von webwarenähnlichen textilen Flächen zu Bekleidungsstücken zum Gegenstand hat. Ausdrücklich ausgeschlossen wird somit der Produktionsprozeß in mehrstufigen Betrieben der Maschenkonfektion sowie in Betrieben der Wäsche- und Miederwarenkonfektion.

Da das Untersuchungsfeld auf denjenigen Bereich konzentriert werden soll, in dem sich der technisch-organisatorische Wandel bis zur Mitte der achtziger Jahre dieses Jahrhunderts in der betrieblichen Praxis am stärksten vollzog, steht der Fertigungsbereich 'Näherei' im Zentrum dieser Untersuchung. Die sich nicht nur vom Tempo und der Intensität der technischen Entwicklung, sondern auch vom Stofflich-Technischen her gesehen von der 'Näherei' stark unterscheidenden Bereiche 'Zuschnitt' und 'Bügelei' werden im Fortgang der Untersuchung nicht berücksichtigt.

Räumlich gesehen bezieht sich diese Untersuchung in ihren wesentlichen Abschnitten auf unterschiedliche Wirtschaftsgebiete. Für die Epoche, in der die Herstellung von Fertigkleidung ganz überwiegend im Verlagssystem organisiert war, d. h. bis zum Ende des Zweiten Weltkrieges, werden die regionalen Grenzen des Untersuchungsfeldes durch die Grenzen des Deutschen Reiches markiert. Die auf diesen Entwicklungsabschnitt der Konfektionsbranche folgende Phase der industriellen Organisation des Produktionsprozesses hat das nach Kriegsende neu entstandene Gebiet innerhalb der Grenzen der Bundesrepublik Deutschland sowie von Berlin (West) zum Gegenstand.

Ihre besondere Bedeutung im Rahmen der Entfaltung des industriellen Sektors moderner Gesellschaften erhält die Bekleidungsindustrie dadurch, daß sich bei einem Vergleich der Entwicklung dieser Branche mit der Genese anderer Wirtschaftszweige deutlich zeigt, daß die Entfaltung dieser Branche nicht dem Muster der Entstehung 'klassischer' Industriezweige folgte. Neben der speziellen, auf die Technik bezogenen Ausgangssituation wirkten sozio-ökonomische Bedingungen besonderer Art, durch welche die Organisationsform der Produktion in starkem Maß bestimmt wurde. Insgesamt gesehen waren für die Entwicklung der Bekleidungsindustrie gesellschaftliche Bedingungen in spezifischer Weise wirksam. Diese unterschieden sich diametral von denen, wie sie z. B. für die Baumwollindustrie als 'Pilotindustrie' (Forberger) der industriellen Revolution galten.

Ein großes Interesse an der Erhellung der gesellschaftlichen Bedingungen des späten Zutritts dieser Branche zum industriellen Sektor ergibt sich aus der soziologischen wie auch aus der wirtschafts- und sozialhistorischen Diskussion über die Voraussetzungen sowie den Verlauf der Industrialisierung. Hier wird häufig die Erfindung bzw. der Einsatz einzelner Maschinen, wie z. B. der der Dampfmaschine oder der des mechanischen Webstuhls benannt, wenn die technischen Voraussetzungen der Entstehung des 'Fabriksystems' angegeben werden. Die im Rahmen der Thematisierung des Zusammenhanges von technisch-organisatorischen Strukturen der Produktion sowie Formen und Inhalten industrieller Arbeit von verschiedenen Sozialwissenschaftlern entworfenen Phasenmodelle der historischen Entwicklung der industriellen Produktion sind weit davon entfernt, die konkrete Entwicklung des Produktionsprozesses widerzuspiegeln. Bei diesen Entwürfen wird die Entwicklung von der mechanisierten zur automatisierten Produktion in ein Ablaufschema von drei Phasen eingeteilt (vgl. hierzu u. a. Touraine : 1955, Bright : 1959, Blauner : 1964).

Diese Drei-Phasen Konzeptionen enthalten drei aufeinanderfolgende große Stufen der technisch-organisatorischen Rationalisierung mit jeweils spezifischen Auswirkungen auf die Formen menschlicher Arbeit. Eine erste Phase wird durch die noch stark handwerklich geprägte Industrie beherrscht. In der klassischen Fabrik der frühindustriellen Periode ist die technische Ausstattung auf die Verwendung von Werkzeugen und universell verwendbare Einzelmaschinen eingeschränkt. Der handwerkliche Arbeiter dieses Systems besitzt umfangreiche Kenntnisse, die sehr eng mit Erfahrung und Geschicklichkeit zusammenhängen und die flexibel an veränderliche Materialien und Maschinen angepasst werden können (Touraine : 1976, S. 293).

Als zweite, die handwerkliche Produktionstechnologie ablösende Phase der technischen Entwicklung gilt die Umorganisierung ganzer Betriebe zur Massenproduktion, "und das Symbol dieser zweiten Phase ist der Name Ford" (Touraine : 1976, S. 294). Zu den beherrschenden technischen Mitteln des Produktionsprozesses zählen in dieser Phase Spezialmaschinen sowie der Einsatz des Fließbandes. Verbunden ist diese technische Entwicklung mit - über die Anwendung bestimmter arbeitsorganisatorischer Prinzipien vermittelt - der Atomisierung der Arbeitsvollzüge, in deren Konsequenz nicht nur der Dispositionsspielraum für die einzelne Arbeitsperson fehlt, sondern die Ausführung von unqualifizierten, repetitiven Teilarbeiten mit einem hohen Maß an physischen und psychischen Belastungen verbunden ist (Kern/Schumann : 1974, S. 28).

In der dritten Phase der technischen Entwicklung setzt sich zunehmend die automatisierte Produktion durch. Hiermit ist insbesondere der Übergang von der unmittelbar produktiven Arbeit zu nur mehr indirekt produktiven Tätigkeiten verbunden. Die Arbeit erfolgt nun an hochautomatisierten Apparaturen und bezieht sich zunehmend auf Kontroll- und Überwachungsaufgaben sowie auf Tätigkeiten der Maschineneinstellung, der Instandhaltung usw. mit hoher Verantwortung (Düll : 1975, S. 123). Der optimistischen Einschätzung Blauner's zufolge wird damit der Umschlag der entfremdeten Arbeit in eine neue Qualität der - requalifizierten - Industriearbeit markiert (Blauner : 1964, S. 180 ff.). Bezüglich der Auswirkungen der Automatisierung auf Tätigkeiten und Qualifikationen kommt Bright zu einer wesentlich pessimistischeren Interpretation der Entwicklung menschlicher Arbeit. In seiner Studie 'Automation and Management' präsentiert er als ein Ergebnis, daß mit der Automation nicht notwendig unqualifizierte Arbeit aufgelöst wird. Er sieht die Annahme, daß sich bei jeder Erhöhung des

Automationsgrades stets höhere Anforderungen an den Arbeiter ergäben, als einen Irrtum an (Bright : 1963, S. 138) und sieht im Gegenteil die Tendenz, daß die Automation oftmals den Einfluß des einzelnen Arbeiters an der Maschine weiter reduziert. Eine ähnlich pessimistische Sicht einer zunehmenden Entqualifizierung ist vielfach in der an Braverman (Braverman : 1987) anknüpfenden "Labour-Process-Debatte" Ende der 70er Jahre artikuliert worden. Ist ein gewisser Mechanisierungsgrad erreicht, so stellt die automatisierte Maschinerie geringere bzw. keine zusätzlichen Qualifikationsanforderungen an den Produktionsarbeiter. In seinen Überlegungen geht Bright von der These aus, daß die Ratio der technischen Entwicklung darin besteht, die Eigenfähigkeit einer Produktionsanlage zunehmend zu erweitern, sodaß im Verlauf dieses Prozesses der Automation die Anforderungen an die berufliche Qualifikation des Bedienungspersonals zunächst ansteigen und dann mit zunehmender Automation wieder absinken (Bright : 1959, S. 176 ff.). Zur Darstellung dieses Zusammenhanges vgl. Bright : 1963, S. 140 ff.

Ähnlich wie die von Touraine u. a. erarbeiteten stark technologisch konstruierten Modelle der Stufenentwicklung gehen auch andere Autoren davon aus, daß die technisch-industrielle Entwicklung einem 3-Phasen-Schema folgt. In ihrem Sequenzmodell der industriellen Revolutionen stellen Müller-Jentsch/Stahlmann den technischen sowie sozialen Gehalt dieser drei Stufen dar und arbeiten in enger Beziehung zu dieser Entwicklung die dabei historisch auftretenden Formen des "labour managements" heraus. Hierbei steht die problemadäquate Entwicklung von Managementstrategien, die sich auf die effiziente Nutzung sowie Kombination von Technik, Organisation und Arbeitskraft richten, im Vordergrund (Müller-Jentsch/Stahlmann : 1988, S. 9). In ihrer Darstellung des Industrialisierungsverlaufes heben sie die Teilmechanisierung der Handarbeit sowie die mechanische Energieerzeugung und -umwandlung als wesentliche Essentials des Überganges zur zentralisierten Produktion in Fabriken hervor und zählen sowohl die direkte Kontrolle durch Werkmeister als auch die Anwendung des Stücklohnsystems mit Subkontraktoren zu den in dieser Phase der industriellen Entwicklung dominierenden Strategien des "labour managements".

Eine zweite Stufe der industriellen Entwicklung ist technologisch-industriell durch den Übergang zur industriellen Massenfertigung bei gleichzeitiger Entstehung großindustrieller Produktionsstätten mit entsprechender Ausdehnung der Fabrikarbeiterschaft charakterisiert. Getragen war diese Entwicklung hauptsächlich von der Verwendung der Elektrizität als Hauptenergieform sowie vom Einsatz von Spezialmaschinen und der Mechanisierung wichtiger innerbetrieblicher Transportmittel, wie z. B. dem Fließband. Der soziale Kerngehalt der zweiten industriellen Revolution setzte sich im Zusammenhang mit der Entstehung der Massenproduktion in der systematischen Neustrukturierung des industriellen Arbeitsprozesses nach den Organisations- und Managementkonzepten von Ford und Taylor durch, die gleichzeitig bürokratische und technische Kontrollformen beinhalteten. Als Leitsektoren für diese Entwicklung sehen Müller-Jentsch/Stahlmann vor allem die Automobilindustrie und die Elektrotechnikindustrie an (Müller-Jentsch/Stahlmann : 1988, S. 26).

Im Gegensatz zu anderen Autoren beurteilen Müller-Jentsch/Stahlmann die dritte industrielle Revolution von den sie auslösenden Faktoren und - eng damit verbunden - vom zeitlichen Eintritt her unterschiedlich. Für sie beginnt der Übergang zur dritten industriellen Revolution mit der zu Beginn der 70er Jahre in den hochindustrialisierten Ländern in Produktion und Verwaltung einsetzenden "mikroelektronischen Revolution". Das Muster der industriellen Produktion, für welches die Mikroelektronik zur Schlüsseltechnologie geworden ist, besteht in einer Verbindung von einer variantenreichen Serienfertigung mit hoher Qualität für Märkte, die zunehmend heterogener werden und dabei einem raschen Wandel unterworfen sind (Bergmann : 1987, S. 116).

Die in dieser Technologie enthaltenen Rationalisierungs- und Flexibilisierungspotentiale werden vom Management in steigendem Maß für eine diversifizierte Qualitätsproduktion zu nutzen gesucht und in der Produktion zunehmend als Organisationstechnologie eingesetzt. Der große Vorteil der Nutzung der Mikroelektronik besteht u. a. in der Überwindung traditioneller Automationsbarrieren, wodurch besonders günstige Voraussetzungen geschaffen werden, diese Produktionstechnik mit "flexibler Automation" - bei gleichzeitig ansteigender Produktivität - an unterschiedlich starke Losgrößen und Produktpaletten anzupassen und somit die Kostenvorteile der Massenfertigung mit den Marktvorteilen einer schnellen Anpassung an sich wandelnde Nachfragestrukturen zu vereinen. Aus der zunehmenden Nutzung der Mikroelektronik ergeben sich insgesamt gesehen arbeits- und produktionspolitische Konsequenzen mit hoher Reichweite. So zielt die "systemische Rationalisierung" (Altmann u. a.) einerseits auf die Optimierung von betrieblichen Teilprozessen und deren Ausrichtung auf den Wandel von Marktbedingungen und andererseits auf die Schaffung zwischenbetrieblicher Verbundsysteme, die die Hauptproduzenten mit ihren Zulieferern und Abnehmern vernetzen. Ergänzt wird die umfassende Mobilisierung technischer und organisatorischer Ressourcen durch die Mobilisierung menschlicher Ressourcen. Der erweiterte Zugriff auf menschliche Arbeitskraft bezieht sich dabei insbesondere auf ihr Erfahrungswissen, ihre Kreativität und Motivation, um die in den neuen Technologien inkorporierten Flexibilitätspotentiale optimal zu nutzen (Müller-Jentsch/Stahlmann : 1988, S. 22 ff.).

Der Vorteil derartiger - heuristischer - Phasenmodelle der industriellen Entwicklung besteht darin, diesen Prozeß in seinem Ablauf grob zu skizzieren, d. h., einschneidende Strukturveränderungen im Gesamtbereich des Industriesektors zu erfassen. Gegenüber solchen Phasenmodellen der technisch-organisatorischen Entwicklung ist einzuwenden, daß der Prozeß von Technisierung und Organisierung in den unterschiedlichen Industriezweigen nach Form, Intensität sowie Geschwindigkeit einen sehr unterschiedlichen Verlauf eingenommen hat. Allgemeine Aussagen über 'den' Industrialisierungsprozeß stehen somit nicht nur tendenziell in der Gefahr, stagnierende oder gar anders verlaufene Entwicklungen zu vernachlässigen, sondern der Drang nach Verallgemeinerung verhindert vielfach eine differenzierte Sichtweise. Ohne die Berücksichtigung 'abweichender' Entwicklungsverläufe könnte kein genaues Bild von der Entwicklung der Industrialisierung gewonnen werden.

Auch ist der uni-lineare Charakter der Modelle des Verhältnisses von Technik und Industriearbeit wenig dazu geeignet, die konkrete Verlaufsform der industriellen Entwicklung einzelner Industriezweige adäquat abzubilden. Für eine empirische Erfassung der - als historisch-gesellschaftlichen Prozeß anzusehenden - technisch-organisatorischen Entwicklungsform wäre es notwendig, diese Entwicklung differenzierter zu verfolgen. Dabei ist es erstens wichtig, anzuerkennen, daß nicht der Technikeinsatz allein als dominanter Bestimmungsfaktor das Anforderungsprofil an den Arbeitsplätzen bestimmt, sondern die arbeitsorganisatorische Gestaltung als weitere relevante Einflußgröße auftritt. Wesentlich ist weiterhin, die technisch-organisatorische Entwicklung nach dem Einfluß der speziellen stofflichen Bedingungen des Produktionsprozesses in der Branche für die Mechanisierung menschlicher Tätigkeiten zu differenzieren. Ferner geht es für die Konzeption des technisch-organisatorischen Wandels als historisch-gesellschaftlichen Prozeß darum, zwischen technischem und organisatorischem Wandel eine kontingente Beziehung anzunehmen, die allerdings durch gesellschaftliche Bedingungen und betriebliche Interessen beeinflusst wird (Rammert : 1978, S. 240).

Das in letzter Zeit verstärkte Interesse an der Bekleidungsbranche deutet auch auf das Bemühen der neueren sozialwissenschaftlichen sowie historischen Forschung hin, den Industrialisierungsprozeß nicht auf spektakuläre produktionstechnische Veränderungen in einzelnen Wirtschaftszweigen zu beschränken oder auf besonders rapide Wachstumsphasen der volkswirtschaftlichen Produktion einzuengen. Im Gegenteil - es ist auch Ausdruck des Interesses, die Begrenztheit der Durchsetzung der modernen Fabrikindustrie präziser herauszuarbeiten sowie Prosperitätskonstellationen neu zu beurteilen und sich in diesem Zusammenhang von der Vorstellung industriegesellschaftlicher Entwicklungskontinuität zu lösen (vgl. Lutz : 1984).

Mit Hilfe der rekonstruierenden Darstellungsmethode sollen am Fall der Entwicklung der Bekleidungsindustrie nicht nur die Grenzen der Generalisierung universeller Strukturformen des Industrialisierungsprozesses aufgezeigt werden. Ausgehend von der These, daß es sich bei dieser Branche um eine 'Nachzüglerbranche' im Industrialisierungsprozeß handelt, soll der historisch-chronologische Verlauf der Entwicklung des Produktionsprozesses von Fertigkleidung auf sein spezielles Muster geprüft werden. Geht man von der Interaktion ökonomischer, sozialer sowie technischer Faktoren bei der Konstitution des Produktionsprozesses aus, so wird es vor allem darauf ankommen, die innerhalb des Rahmens der branchenmässig wirkenden Bedingungen sowie stofflichen Begrenzungen die auf den Einsatz bzw. die Nutzung von Technik, Arbeitsorganisation und Arbeit historisch zielenden Strategien des Bekleidungsindustriebetriebes herauszustellen. Dabei steht die Untersuchung der Abhängigkeit des Strukturwandels des Produktionsprozesses von den einzelnen Sektoren des betrieblichen Umfeldes im Vordergrund dieser Untersuchung.

So bedeutete für viele Industriezweige der Einsatz des technischen Betriebsmittels 'Maschine' die Geburt der Fabrik und zog damit - in den meisten Fällen - frühe Formen der industriellen Arbeitsorganisation inklusive früher Managementstrukturen sowie die Entstehung einer industriellen Arbeiterschaft nach sich. Diese Konsequenzen galten nicht für den Einsatz des technischen Gegenstandes 'Nähmaschine'. Mit der Verwendung dieses Produktionsmittels bei der Herstellung von fertiger Oberbekleidung ist für die organisatorische Durchführung dieses Prozesses eine Kleiderfabrik sowie ein frühindustriell organisierter Produktionsprozeß nicht mitentstanden. Bei der Nachzeichnung der Entwicklung des Produktionsprozesses in der Bekleidungsindustrie wird es deshalb darauf ankommen, diese Entwicklung als einen spezifischen historischen Prozeß zu begreifen, der gerade nicht in eindeutiger Weise durch die technische Entwicklung vorgezeichnet war.

Als Alternative zur Konzentration der gewerblichen Produktion von Fertigkleidung in einer Fabrik ging der Einsatz der Nähmaschine bei der Entfaltung der Massenproduktion von Bekleidung zunächst für eine längere Periode mit der Organisation des Produktionsprozesses im Verlag einher. Nicht nur das Tempo, sondern auch die Richtung dieser Entwicklung lassen vermuten, daß spezifische sozio-ökonomische Einflußgrößen bei der Entstehung der 'Konfektion' vorlagen, die in ihrem Zusammenwirken den nicht - fabrikmäßigen Einsatz der Nähmaschine in entscheidender Weise bestimmt haben. So ist - gemessen an der Entwicklung 'klassischer' Industriezweige - der Entwicklungspfad der 'Kleiderbranche' als ein besonderer Weg anzusehen. Bedeutsam ist in diesem Zusammenhang die Tatsache, daß die verlagsmäßige Organisation des Produktionsprozesses in diesem Wirtschaftszweig durch vielfältige Muster der Beziehungen zwischen Verleger und Verlagsproduzenten gekennzeichnet war.

Ein wesentliches Resultat der sozio-ökonomischen Bedingungen des Einsatzes von Nähmaschinen im Verlag war, daß diese Produktionsmittel - statt in der zentralen Produktionsstätte eines 'Konfektionsbetriebes' - sowohl in den Wohnungen der Heimarbeiter/innen als auch in den Werkstätten der Zwischenmeister aufgestellt waren. Zusammen mit der Teilung der Arbeitsinhalte des Produktionsprozesses rückt somit notwendigerweise die - verlagsspezifische - örtliche und personelle Teilung der Herstellung von Fertigkleidung in den Vordergrund der Rekonstruktion des Aufbaus und der Entwicklung des verlagsmäßig organisierten Produktionsprozesses. Diese Analyse stellt einen wesentlichen Teil der Untersuchung dar.

Für die Rekonstruktion dieses Prozesses ist es u. a. notwendig, die Entwicklung der Technik, d. h. die Entwicklung der Nähmaschine, näher zu untersuchen. In technikhistorischer

Perspektive sollen sowohl die Ausgangssituation als auch die wesentlichen Veränderungen der Nähtechnik nachgezeichnet werden. Neben der Darstellung der technischen Veränderungen bezüglich der Konstruktion und der Wirkungsweise von Nähmaschinen ist der Einfluß der Nähmaschine auf die Entwicklung der Produktivität in dieser Branche zu untersuchen. Darüber hinaus soll in dieser Studie die Wechselwirkung von Technik und Arbeitsorganisation als dominanter Faktor bei der Gestaltung des Produktionsprozesses in der Bekleidungsindustrie konsequent verfolgt und detailliert erklärt werden. Da die Gestaltung von technisch-organisatorischen Strukturen im Betrieb in nicht unbeträchtlichem Maß von der Entwicklung seiner Außenbeziehungen wie z. B. Absatzmarkt, Arbeitsmarkt usw. abhängig waren, nimmt die Herausarbeitung des Einflusses dieser Bedingungen einen großen Raum ein.

Bei dem vom 'klassischen' Industrialisierungsfall abweichenden Weg über das Verlagssystem handelte es sich - industrialisierungsgeschichtlich gesehen - um eine besondere Etappe auf dem Weg zur Bekleidungsfabrik. Daraus ergibt sich das Interesse an einer detaillierten Darstellung der verschiedenen 'Betriebsformen' als organisatorischen Trägern des Produktionsprozesses im Verlagssystem der Konfektion.

Um den Übergang vom verlagsmäßig organisierten Konfektionsgewerbe zur fabrikmäßig organisierten Bekleidungsindustrie zu erklären, sind die diese Veränderung auslösenden sozio-ökonomischen Bedingungen herauszuarbeiten. Markiert werden sollen die Bruchstellen, an denen sich dieser Wandel der Produktionsstrukturen dokumentieren läßt und die gleichzeitig den Hintergrund darstellen, auf dem sich der Wandel zur fabrikmäßig-industriellen Fertigung von Oberbekleidung hat durchsetzen können.

Oben wurde die zeitlich sehr stark verzögerte Industrialisierung der Bekleidungsindustrie als eine entwicklungsgeschichtliche Besonderheit dieser Branche hervorgehoben. Daß die Bekleidungsindustrie sich im Rahmen der Nachkriegsprosperität der bundesrepublikanischen Volkswirtschaft zu einer bedeutenden Branche der Konsumgüterindustrie entwickelte, ist neben dem Nachholbedarf der Bevölkerung u. a. darauf zurückzuführen, daß die Branche in dieser Phase aufgrund der Nachfrageverschiebung von handwerklich-verlagsmässig zu industriell-fabrikmässig gefertigter Oberbekleidung zu einer gewissen Reife gelangte. Umso bedeutsamer und damit von großem Interesse ist die Tatsache, daß sich - binnenwirtschaftlich gesehen - ein Wachstum der Produktion in diesem relativ jungen Industriezweig im wesentlichen nur während der knapp zwanzig Jahre dauernden Expansionsphase der Nachkriegswirtschaft einstellte. Insofern kommt der Untersuchung der Entwicklung relevanter makroökonomischer Daten wie der des Absatzmarktes, des Arbeitsmarktes usw. für die Erklärung der seit Anfang der siebziger Jahre anhaltenden Schrumpfung des Produktionspotentials auf nationaler Ebene eine große Bedeutung zu.

Bei der Erklärung dieser Entwicklung geht es nicht allein um den Einfluß der tendenziell sinkenden Ausgaben für Bekleidung an den gesamten Konsumausgaben der privaten Haushalte auf die Produktion. Vielmehr geht es um die Bedeutung besonderer Strategien des Arbeitskräfteeinsatzes, die in dieser Branche zu einer seit Jahren stabilen Frauenquote von knapp 100 Prozent im Fertigungsbereich 'Näherei' geführt haben. Zu den wichtigsten strukturellen Besonderheiten der Fertigung in dieser Branche zählen - in engem Zusammenhang mit der genannten Art des Arbeitskrafteinsatzes - weiterhin die hohe Arbeitsintensität sowie der insgesamt gesehen geringe Grad der Mechanisierung im Nähereibereich.

Mit dem Wandel der Organisationsform des Produktionsprozesses vom Verlag zur Fabrik rückt die Rekonstruktion des industriell-fabrikmäßigen Produktionsprozesses in den Mittelpunkt der Untersuchung. Durch diese, sowohl Arbeitskraft als auch Maschinerie in ihrem Einsatz bzw. ihrer Nutzung zentralisierende Organisationsform war der Weg prinzipiell für neue Möglichkeiten der Gestaltung des Produktionsprozesses in dieser Branche frei. Aus diesem Entwicklungsschritt ergibt sich die Aufgabe für diesen Teil der Untersuchung, die im weiteren Verlauf der Entwicklung der Bekleidungsindustrie in den Betrieben sich durchsetzenden industriellen Produktionsstrukturen nachzuzeichnen. Gegenüber den Produktionsstrukturen im Verlagssystem, bei deren Rekonstruktion hauptsächlich die verschiedenen Organisationsstrukturen - im Sinne einer Gestaltung unterschiedlicher arbeitsteiliger, teilweise kooperationsartiger Beziehungen zwischen Verleger, Zwischenmeister und Heimarbeiter/innen - herauszuarbeiten sind, verschiebt sich der Focus der Rekonstruktion auf den Produktionsprozeß in der Kleiderfabrik. Hier gilt es, in rationalisierungsgeschichtlicher Perspektive die technisch-organisatorische Entwicklung des industriell organisierten Produktionsprozesses nachzuzeichnen und ihren spezifischen Verlauf zu erklären.

Hierbei steht die Frage im Vordergrund, in welchen Schritten der Produktionsprozeß sich im Verlauf der industriellen Entwicklung der Branche bis zur Mitte der achtziger Jahre entwickelt hat. Die in diesem Zusammenhang jeweils ermittelte organisatorische Struktur sowie technische Ausstattung des Produktionsprozesses ist insbesondere auf den Einfluß sich verändernder Außenanforderungen, wie sie z. B. vom Arbeitsmarkt, Absatzmarkt usw. auf den Bekleidungsindustriebetrieb ausgingen, zu untersuchen. Dies bedeutet, den jeweils besonderen technisch-organisatorischen Charakter der Innovation des Produktionsprozesses auszuleuchten, der durch vielfältige Bestimmungsgrößen geprägt ist. In dieser Blickrichtung sind vor allem diejenigen Faktoren aufzuspüren, die in die Entscheidungsfindung des betrieblichen Managements Eingang gefunden haben. Technische Ausstattung und organisatorische Strukturen des Produktionsprozesses sollen somit als Ergebnis historisch verstandener Strategien (Altmann/Bechtle) verstanden und analysiert werden. Insofern kommt der Antwort auf die Frage nach den jeweiligen gesellschaftlichen Bedingungen für den technisch-organisatorischen Wandel des Produktionsprozesses in diesem Zeitraum eine große Bedeutung zu.

1.2. Forschungsgegenstand und Dimensionen seiner Analyse

Für eine industriesoziologische Interpretation des konkreten historischen Ablaufes der technisch-organisatorischen Entwicklung ist es notwendig, mittels geeigneter Kategorien die jeweiligen konkreten Veränderungen des betrieblich organisierten Produktionsprozesses sowohl empirisch als auch analytisch exakt zu erfassen. Zusätzlich sollen diese dazu dienen, die Veränderungen des Produktionsprozesses in ihrem historisch-sozialen Kontext zu verstehen. Bei dem Entwurf eines begrifflichen Instrumentariums für eine dimensionale Analyse technischer Entwicklung und kapitalistischer Unternehmensstrategien soll auf den analytischen Ansatz einer "Soziologie des technischen Fortschritts" zurückgegriffen werden, der im Münchener Institut für Sozialwissenschaftliche Forschung herausgearbeitet worden ist.

Der Leitgedanke dieses Ansatzes ist, daß als technischer Fortschritt ein gesellschaftlicher Prozeß verstanden wird, "der die Absicht korporiert, die Produktivität menschlicher Arbeit zu erhöhen, und der sich zu diesem Zweck verschiedener Mittel und Methoden bedient" (Lutz : 1969, S. 236). Mit dieser soziologischen Fassung des Begriffs ist der technische Fortschritt als gesellschaftlicher Prozeß benannt und die Anwendung der Technik zu gesellschaftlichen Zwecken in den Mittelpunkt der Analyse gerückt. Gleichzeitig ist der Sachverhalt angegeben, auf den sich die Bezeichnung dieses Prozesses als 'Fortschritt' bezieht - die Steigerung der Produktivität menschlicher Arbeit. Diese Mittel und Methoden, die im historischen Verlauf des technischen Fortschritts Anwendung finden, lassen sich nur mehrdimensional beschreiben. Gegliedert werden sie nach den zentralen und eigenständigen Dimensionen "Technisierung" und "Organisierung" (Lutz : 1969, S. 236). Die Aufgliederung des globalen Phänomens "technischer Fortschritt" in diese beiden Dimensionen, wie sie von Lutz vorgenommen wurde, ermöglicht es, die Elastizitätsbeziehung im Verhältnis von Technik und Arbeitsorganisation als Basis arbeitsorganisatorischer Gestaltungsmöglichkeiten herauszustellen und sie als reales Moment der Prozeßgestaltung im historischen Verlauf zu verfolgen.

Unter "Technisierung" wird in diesem Zusammenhang die Tendenz zu autonomen technischen Abläufen verstanden. Bei derartigen Abläufen wird das jeweilige Ziel möglichst unabhängig von menschlichen Eingriffen realisiert. Konkret bedeutet "Technisierung" die Schaffung von eigenständigen Abläufen, die einen zunehmenden Einsatz von besseren Maschinen, Apparaten usw. voraussetzen, um konkrete, unmittelbare menschliche Arbeit im Marx'schen Sinn aufzuheben (Lutz : 1969, S. 236). Mit der Dimension "Organisierung" wird die Tendenz zur wachsenden Standardisierung und Festlegung von Arbeitsabläufen mit dem Ziel, ihre Transparenz sowie ihre Berechenbarkeit zu erhöhen, bezeichnet. In dieser Konsequenz werden Arbeitsverhalten und Produktionsabläufe einer systematischen Analyse sowie einer strategisch-organisatorischen Gestaltung unterzogen (siehe auch: Rammert : 1982 a, S. 53 ff.).

Erst mittels dieser analytischen Unterscheidung wird es möglich, die Vorstellung eines eindimensional anzusehenden technischen Wandels aufzugeben. Stufenschemata der Mechanisierung, wie sie u. a. von Kern/Schumann aufgestellt wurden, sind in dieser Konsequenz als Klassifikationsschemata zur Differenzierung der Dimension "Technisierung" zu begreifen (Kern/Schumann : 1970, S. 54 ff.). Die zu untersuchenden Produktionsprozesse sind damit allerdings nicht hinreichend erfaßt. Zur vollständigen Kennzeichnung der Produktionsprozesse muß ihre Klassifizierung auf der Dimension "Organisierung" ergänzend hinzugefügt werden. Auf dieser Grundlage lassen sich "Technisierung" und "Organisierung" in unterschiedlicher Weise auf jeweils unterschiedlichen Entwicklungsniveaus miteinander verknüpfen.

In gewissen Grenzen ist technischer Fortschritt synonym zu Begriffen wie 'Rationalisierung' in der Terminologie von A. Touraine oder M. Weber, 'Industrialisierung' bei vielen Autoren oder 'Entfaltung der Produktivkräfte' bei K. Marx. Als wesentliche Voraussetzung für eine Definition des technischen Fortschritts als soziologisches Phänomen gilt es, nicht von den eingesetzten Mitteln, sondern von dem intendierten gesellschaftlichen Effekt auszugehen (Lutz : 1969, S. 236).

Die Anwendung der o. g. Dimensionen zur Analyse der Verursachungsfaktoren betrieblicher Arbeitsgestaltung bedeutet gleichzeitig, nicht die 'Ratio der Technik' (Popitz, Bahrdt u. a.) als das im wesentlichen einzige arbeitsstrukturierende Moment anzusehen. Die Arbeitsorganisation erscheint in dieser Sichtweise nicht mehr wie bei früheren Autoren als von der Technik abhängige Variable, sondern als eigenständiger Faktor und damit als strategische Variable im betrieblichen Handeln. Insbesondere ist die Rolle der arbeitsorganisatorischen Gestaltung als weitere Entscheidungsebene betrieblicher Strategien der Rationalisierung herauszustellen, da ihr unter dem Produktivitätsaspekt eine große Bedeutung zukommt. In rationalisierungsgeschichtlicher Perspektive ist somit nicht mehr allein der Einfluß der Technik auf die Arbeitsorganisation zu verorten. Es ist vor allem in umgekehrter Richtung zu verfolgen, inwieweit ökonomisch bedingte Organisationsprinzipien den Wandel der Produktionstechnik veranlaßt haben.

Prinzipiell gilt hierfür die Annahme, daß "Technisierung" und "Organisierung" insofern nicht unabhängig voneinander sind, als einerseits die systematische Zergliederung des Produktionsprozesses in Teilverrichtungen die notwendige Voraussetzung dafür ist, daß deren Ausführung durch Spezialmaschinen usw. übernommen werden kann. Andererseits ist eine weitgehende Mechanisierung die Bedingung für die Entstehung weiterer Handlungsspielräume bei der Gestaltung der Arbeitsorganisation. Die jeweiligen Stellen und Entwicklungsstufen des Produktionsprozesses, die als Verbindungs- bzw. Umschlagspunkte zwischen "Technisierung" und "Organisierung" bei der Gestaltung bzw. Umgestaltung des Produktionsprozesses von Bedeutung waren, sind im Rahmen seiner Rekonstruktion aufzuzeigen. Das Vorgehen in dieser Perspektive ist Ausdruck des zentralen Stellenwertes der Arbeitsorganisation als Ebene der Aufteilung der verschiedenen Arbeitsaufgaben einer technischen Anlage, ihrer besonderen Zusammenfassung zu einzelnen Arbeitsplätzen bzw. Arbeitspositionen sowie Ausgangspunkt zur gesellschaftlich spezifischen Modifikation des konkreten Charakters industrieller Technik.

Unwesentlich für die analytische Konsistenz dieser Konzeption ist, daß der Produktionsprozeß als ganzer zum Ausgangspunkt der Überlegungen zum technischen Fortschritt genommen wird und nicht die technischen Produktionsmittel. Begründet wird diese methodische Perspektive mit der im theoretischen Ansatz zum technischen Fortschritt enthaltenen Annahme des auf zunehmende Ausschaltung menschlicher Arbeit sowie auf Standardisierung von Abläufen ausgerichteten Produktionsprozesses, d. h., daß nicht diejenige Größe Einheit der empirischen Analyse sein kann, die genau durch diese Tendenz wesentlich verändert bzw. tendenziell ausgeschaltet wird (Altmann/Bechtle/Lutz : 1978, S. 46). Aus dieser Sichtweise wird der Produktionsprozeß zum gegenständlichen Bezugsrahmen genommen, durch den als funktional spezifizierte Konfiguration der Elemente objektiver Arbeit das konkrete menschliche Arbeitshandeln bestimmt wird.

Die in dieser Perspektive formulierten analytischen Überlegungen, die 1967/68 von ihren Autoren noch als eine 'Theorie des technischen Fortschritts' verstanden wurden, stellen sich ihnen in jüngerer Zeit lediglich als ein Entwurf eines analytischen Instrumentariums dar (Altmann/Bechtle/Lutz : 1978, S. 37). Von ihrem Erklärungsnutzen her gesehen, beziehen sich die Dimensionen "Technisierung" und "Organisierung" lediglich auf eine Steigerung der Effektivität der Mittel bezüglich der vorgegebenen Ziele, womit sie einer traditionellen Ziel-Mittel-Rationalität folgen. Als wesentliches Defizit dieser Überlegungen bleibt festzustellen, daß die Gesellschaftlichkeit des technischen Fortschritts auf den allgemeinen Zweck der Steigerung der Produktivität der menschlichen Arbeit verkürzt wurde.

Das Defizit bestand für die industriesoziologische Forschung darin, die spezifischen Zwecke, wie sie sich aus der kapitalistischen Struktur der gesellschaftlichen Institutionen ergeben, und die spezifische Weise ihrer Realisierung, wie sie durch das Kräfteverhältnis zwischen den historischen Akteuren im Gegensatz von Durchsetzungsmacht des Kapitals und Widerständigkeit der lebendigen Arbeit bestimmt wird, nicht berücksichtigt zu haben (Rammert : 1982 a, S. 58).

Ein stärkerer Bezug auf den analytischen Gesichtspunkt des Doppelcharakters des Produktionsprozesses als Arbeits- und Verwertungsprozeß (Marx) bietet sich als Möglichkeit an, die gesellschaftliche Relevanz des technischen Fortschritts herauszuarbeiten. Derjenige Handlungszusammenhang, innerhalb dessen der technische Fortschritt als zielgerichteter - auf die Steigerung der Arbeitsproduktivität orientierter - Prozeß begriffen werden kann, ist der des Betriebes (Krais : 1979, S. 83). Dieser ist unter den strukturellen Bedingungen der kapitalistischen Organisationsweise der Arbeit der gesellschaftliche Ort, an dem sowohl das allgemeine Interesse an der Steigerung der Produktivität menschlicher Arbeit als auch das spezifische Interesse an 'privater Aneignung' wirksam wird (Altmann/Bechtle : 1971, S. 13). D. h., im betrieblichen Produktionsprozeß ist die Verwirklichung des allgemeinen gesellschaftlichen Zieles, nämlich die Steigerung der Produktivität menschlicher Arbeit an die Durchsetzung privater Interessen - der privaten Aneignung des Mehrwerts - gebunden. In dieser Konsequenz folgt die Gestaltung der technisch-organisatorischen Bedingungen des Arbeitsprozesses nicht mehr nur den Tendenzen einer Steigerung der technischen Autonomie und der Determiniertheit des Ablaufs im Sinne einer allgemeinen Produktivitässteigerung, sondern der Erhöhung der strategischen Autonomie im Sinne einer Instrumentalisierung des technischen Fortschritts für das Einzelkapital sowie der Beherrschung des Produktionsprozesses (Rammert : 1982 a, S. 60). Zusätzlich zu den Dimensionen der Gestaltung des Produktionsprozesses - "Technisierung" und "Organisierung" - wird als dritte Dimension die hierbei wirksame Strategie des "Betriebs" gesetzt (Altmann/Bechtle/Lutz : 1978, S. 18).

Mit der Erweiterung des technologischen Begriffs des technischen Fortschritts um die soziale Dimension betrieblicher Strategien zu seiner Nutzung und Anwendung wird sich auf Elemente des als 'Betriebsansatz' in der industriesoziologischen Diskussion bekanntgewordenen Ansatzes bezogen, um für die Analyse der unternehmerischen Strategien, die sich auf die jeweiligen technisch-organisatorischen Bedingungen des Betriebes richten, wesentliche Formen und Bezugsgrößen darzustellen. Dieses analytische Konzept, zu dessen Kern betriebliche Autonomiestrategien gehören, stellt im Grunde eine Antwort auf das Problem dar, analytische Dimensionen zu formulieren, die es ermöglichen, bei der Untersuchung betrieblicher Strukturen gleichzeitig ihren gesellschaftlich-historischen Charakter transparent zu machen (Altmann/Bechtle : 1971, S. 8).

Bei der Lösung dieses Problems ist mit Altmann/Bechtle davon auszugehen, daß die wirtschaftlichen und gesellschaftlichen Bedingungen für die Realisierung betrieblicher Ziele - hierzu zählen vor allem die Sicherung ökonomischer Rentabilität und technischer Effektivität - ständigen Veränderungen unterworfen sind (Altmann/Bechtle : 1971, S. 14). Dagegen bleiben in der kapitalistisch geformten Gesellschaft die allgemein akzeptierten Ziele unternehmerischen Handelns (Steigerung der Arbeitsproduktivität sowie private Aneignung des Produktionsergebnisses) konstant, so daß sich die Frage ergibt, wie der Industriebetrieb "die Chancen der Realisierung seiner Interessen, unter veränderten historischen Bedingungen, praktisch sichert" (Altmann/Bechtle : 1971, S. 13).

Im analytischen Konzept des 'Betriebsansatzes' besitzen betriebliche Strategien die Funktion, die betrieblichen Strukturen und die technisch-organisatorischen Bedingungen der

Produktion so an die sich wandelnden gesellschaftlichen Bedingungen anzupassen, daß ökonomische Rentabiltität und technische Effizienz dauerhaft gesichert bleiben. Sie haben darüber hinaus die Funktion der Vermeidung von Konflikten mit gesellschaftlichen Interessen, und ihre Anwendung soll gleichzeitig die Unabhängigkeit des Betriebes von außerbetrieblichen Einflüssen sichern.

"Als Strategie bezeichnen wir die Fähigkeit und das Erfordernis von Betrieben, auf die eigenen Bedingungen von Kapitalverwertung im Interesse ihrer möglichst weitgehenden Beherrschung permanent einzuwirken. In der Entfaltung von Strategien sind Betriebe auf Strukturen und Entwicklungen des gesellschaftlichen Produktions- und Reproduktionsprozesses (als gesellschaftlicher Grundlage von einzelbetrieblicher Kapitalverwertung) bezogen, ohne daß diese betriebliches Handeln unmittelbar determinieren würden. Das betriebliche Interesse richtet sich darauf, das Verhältnis zwischen gesellschaftlichen Bedingungen (Sicherung ökonomischer Prinzipien, Stabilität etc.) und eigenen (betriebsspezifischen) Bedingungen offenzuhalten, um es im eigenen Interesse nutzen zu können" (Altmann u. a. : 1982, S. 19).

Wird nach der historischen Entwicklung der technisch-organisatorischen Momente des Produktionsprozesses gefragt, so kommt den unternehmerischen Strategien, die sich auf die technisch-organisatorischen Bedingungen des Betriebes richten, eine besondere Bedeutung zu. Der besonders hohe Stellenwert dieser Strategien ergibt sich, da für den Betrieb in der Gestaltung seines Produktionsprozesses die zentralen Ansatzpunkte für die Beherrschung seiner konkreten Verwertungsbedingungen liegen. Es sind somit die technisch-organisatorischen Strukturen und die Formen des Arbeitseinsatzes, die darüber entscheiden, in welchem Maße es dem Betrieb gelingt, einzelbetriebliche Produktivität sowie maximale Nutzung der im Produktionsprozeß eingesetzen Arbeitskräfte zu sichern. Technik, Arbeitsorganisation und Arbeitseinsatz sind in diesem Zusammenhang als diejenigen zentralen Eingriffsbereiche zu sehen, in denen der Betrieb auf Veränderungen seiner Verwertungsbedingungen reagieren und in möglichst großer Unabhängigkeit von den gesellschaftlichen Voraussetzungen der Kapitalverwertung die Gestaltung seines Produktionsprozesses vornehmen kann.

Die in seinem Entscheidungsbereich liegenden Aktivitäten zur Gestaltung des Produktionsprozesses erhalten in dieser Sichtweise einen besonders hohen Stellenwert bei der Verfügung des Betriebes über seinen Produktionsprozeß. So können durch Maßnahmen der Organisierung - z. B. durch zunehmende Arbeitsteilung - die Stückkosten gesenkt, die Produktion effektiviert und gleichzeitig die Marktmacht gesteigert werden. Durch Maßnahmen der Technisierung ist es möglich, Arbeitsplätze von der technischen Struktur so zu gestalten, daß ein besserer Materialfluß ermöglicht und gleichzeitig eine Quelle von Arbeitskonflikten beseitigt wird. In diesem Erklärungsansatz ist deutlich enthalten, daß die arbeitsorganisatorische Gestaltung des Produktionsprozesses keineswegs dem Sachzwang der in ihm realisierten Technik unterworfen ist. Prinzipiell gilt hierbei das Verhältnis zwischen technisch-organisatorischen Strukturen und Arbeitseinsatz als offen. Seine konkrete Ausgestaltung wird letztlich von den spezifischen

Nutzungsinteressen der Betriebe bestimmt (Altmann u. a. : 1982, S. 21).

Um letzteres zu erreichen, versucht der Betrieb diejenigen Bedingungen, die seinem unmittelbaren Einfluß nicht unterliegen - z. B. konjunkturelle Bedingungen - so zu neutralisieren, daß sie nicht unmittelbar die Gestaltung des betrieblichen Produktionsprozesses beeinflussen. Als eine Voraussetzung ist hierfür die Tatsache anzusehen, daß der Betrieb es mittels seiner Strategien erreicht, die seinem unmittelbaren Zugriff entzogenen externen Bedingungen in Anforderungen umzuwandeln, die dann seiner innerbetrieblichen Kontrolle unterliegen. Historisch gesehen materialisiert sich in derartigen Zusammenhängen der Wandel von Produktionsstrukturen. Daß den Strategien zur Beherrschung seiner über das soziale Umfeld vermittelten externen Bedingungen eine historische Bedeutung zukommt, wird durch den ständigen Wandel technisch-organisatorischer Strukturen belegt.

Bei dem Versuch, die Einflußgrößen der technisch-organisatorischen Entwicklung des Produktionsprozesses in der Bekleidungsindustrie und ihr Zusammenwirken in einem Untersuchungsfeld zu verorten, ist es sinnvoll, ihr Binnenverhältnis und ihr Außenverhältnis systematisch zueinander in Beziehung zu setzen. Als externe gesellschaftliche Bedingungen, die das Außenverhältnis des Betriebes darstellen, sind auf der Beschaffungsseite der Arbeitsmarkt sowie der Technikmarkt zu nennen.

Der Technikmarkt als Teil des marktmäßig organisierten sozialen Umfeldes ist der Ort, auf dem Betriebe sich die benötigte technische Ausstattung wie Maschinen, Anlagen usw. beschaffen, wird bezüglich seiner Funktionsfähigkeit wie auch bezüglich der Entstehungsprozesse seines jeweiligen aktuellen Angebots primär von ökonomischen Kriterien und Mechanismen gesteuert. Hierbei wirken Einschränkungen mit je nach historischer Situation unterschiedlicher Relevanz. Zeitlich gesehen stellt die Verfügungsmöglichkeit von Technik für neuartige Probleme insofern eine Schwierigkeit dar, als die benötigten technischen Mittel vielfach erst mit starker zeitlicher Verzögerung zu von den Nachfragern akzeptierten Preisen auf dem Markt verfügbar sind. Die in jüngerer Zeit am Markt verfügbare technische Ausrüstung stellt in nicht unbeträchtlichem Maß das Spiegelbild des Angebotes an Bekleidungstechnik für den Weltmarkt dar und ist aus diesem Grund nicht nur an den Produktionsbedingungen von Betrieben eines vorherrschenden Typs ausgerichtet, sondern auch an deren Absatz- und Arbeitskrafteinsatzstrategien.

Auf dem Arbeitsmarkt steht für den Betrieb die Verfügbarkeit von Arbeitskräften in quantitativer und qualitativer Hinsicht im Vordergrund. Eine auf Autonomie vom Arbeitsmarkt zielende Strategie des Betriebes könnte z. B. durch entsprechende technisch-organisatorische Gestaltung des Produktionsprozesses eine tendenzielle Unabhängikeit von bestimmten Qualifikationen anstreben. Historisch gesehen ist die Organisation des Produktionsprozesses mit einer hochgradigen Zerlegung sowie einer Teilmechanisierung, wie sie für die Bekleidungsindustrie typisch ist, Ausdruck sepzifischer Angebots- und Nachfragekonstellationen des für die Bekleidungsbranche relevanten Arbeitsmarktsegmentes.

Zusätzlich zu den Möglichkeiten der Gestaltung des Produktionsprozesse ist die Standortwahl des Betriebes als Strategievariable zu nennen. Verlagerungen des Standortes im nationalen bzw. internationalen Maßstab sind von den Bekleidungsindustriebetrieben vorgenommene Anpassungsmaßnahmen, um die 'richtige' Kategorie von Arbeitskräften zu rekrutieren.

Auf der makroökonomischen Ebene wird der Absatz der Erzeugnisse der Bekleidungsindustrie durch die Entwicklung der Konsumquote für Bekleidung in entscheidender Weise bestimmt. Die Stellung des Betriebes auf dem Absatzmarkt wird durch die Nachfrage nach seinen Produkten geregelt. Mit der Ausrichtung seines Angebotes bezüglich Zielgruppe, Produkt, Genre usw. entscheidet der Betrieb über wesentliche, den Produktionsprozeß beeinflussende Einzelgrößen.

Wenn im folgenden versucht wird, die Entwicklung von Produktionstechnik und Arbeitsorganistion in ihrer wechselseitigen Anpassung und gegenseitigen Beschränkung nachzuzeichnen, ist der Produktionsprozeß in seiner Gesamtheit Ansatzpunkt und Untersuchungsobjekt zugleich. Ausgegangen wird bei dieser Sicht aus der 'Kapitalperspektive' (Schumann u. a.) vom Betrieb als Ort des Produktionsprozesses. Insofern erscheint bei der Gestaltung bzw. Umgestaltung des Produktionsprozesses - da Strategien auch als Antworten auf bestimmte historische Situationen zu verstehen sind - die Frage nach dem Ansatz der Rationalisierungsmaßnahmen besonders wichtig: Verlief die Rationalisierung in der Bekleidungsindustrie stärker über die Forcierung einer entwickelten Maschinentechnologie oder stärker über die Anwendung bestimmter Formen der Arbeitsorganisation mit entsprechenden Strategien des Arbeitskrafteinsatzes?

Bei der Klärung dieser Frage ist der Verlauf der technischen und organisatorischen Entwicklung des Produktionsprozesses nicht nur als Prozeß fortschreitender Arbeitsteilung und/oder zunehmender Mechanisierung zu rekonstruieren. Darüber hinaus geht es darum, diese Entwicklungen in ihrer gesellschaftlichen und betrieblichen Logik, die den Einsatz der technischen und organisatorischen Mittel zur Formung des Produktionsprozesses bestimmt, im betrieblichen Handeln genauer zu identifizieren.

1.3. Methode und Durchführung der Untersuchung

Aus der Anlage der Untersuchung als historisch-empirische Prozeßanalyse betrieblicher Rationalisierung leiten sich spezifische Anforderungen an das methodische Vorgehen ab. Erforderlich war die Kombination von unterschiedlichen Methoden. Die angewandten Instrumente waren einerseits von den zu erfassenden Gegenständen abhängig. Andererseits wurden sie aufgrund des historischen Charakters dieser Studie von der realen Existenz bzw. Nicht-mehr-Existenz der jeweils zu untersuchenden Formen der Organisation des Produktionsprozesses mitbestimmt.

Zur Rekonstruktion vergangener Organisationsformen einschließlich des damit verbundenen Arbeitseinsatzes eigneten sich hauptsächlich die Auswertung von Sekundärdaten verschiedenster Art sowie Expertengespräche. Mit Hilfe von Bereichserhebungen sowie ergänzenden Arbeitsplatzbeobachtungen konnten neuzeitliche bzw. aktuelle Produktionsstrukturen in technischen und organisatorischen Kategorien beschrieben werden. Zusätzlich zu diesen empirischen Erhebungen wurden zur Rekonstruktion der Entwicklungsstufen der technisch-organisatorischen Rationalisierung Expertengespräche durchgeführt. Zur Erfassung strategischer Handlungskonzepte der Betriebe dienten wiederum Expertengespräche.

Die empirischen Erhebungen moderner Produktionsstrukturen sowie der im Untersuchungszeitraum noch betriebenen und zugänglichen 'älteren' Produktionsanlagen fanden in nach Größe, Teilbranche sowie Produktgenre unterschiedlichen Betrieben statt. Um die Entwicklung von Produktionsstrukturen in der Bekleidungsindustrie möglichst lückenlos auf der Grundlage eigener durchgeführter Bereichserhebungen rekonstruieren zu können, wurden insbesondere diejenigen Betriebe gezielt aufgespürt, in denen bestimmte 'ältere' Produktionsanlagen noch aufgestellt waren und genutzt wurden. Ähnliches gilt auch für Betriebe, in denen Anlagen, die den modernsten technischen Stand verkörperten, eingesetzt waren. Dadurch konnten die gegen Ende des Untersuchungszeitraumes (1985) neu entwickelten und installierten Produktionsanlagen mit in die Untersuchung einbezogen werden.

Aus der Längsschnittanalyse der Entwicklung von Technik, Arbeitsorganisation und Arbeitseinsatz bei der Herstellung von Fertigkleidung resultierte zunächst die Aufgabe, durch empirische Untersuchungen nicht mehr erfaßbare Organisationstypen der Produktion auf der Basis von Sekundärdaten nachzuzeichnen. Zu den in diesem Bereich fallenden Organisationsformen zählen neben den 'Betriebsformen' des Verlages die früheren industriellen Produktionsstrukturen wie Fließbandanlagen, Taktbandanlagen usw. Der Versuch, gerade der Vielfalt der verlagsmäßigen Organisationsformen gerecht zu werden, richtete den Blick auf ihre Unterschiede und Besonderheiten. Umgesetzt werden konnte dieser Anspruch über die Auswertung der verschiedensten Sekundärdaten, in denen - vielfach nur spärliche - Aussagen zu diesem Thema zu finden waren. Zu den Sekundärmaterialien, die zur Rekonstruktion des Produktionsprozesses im Verlagssystem herangezogen werden, gehören im wesentlichen sozialpolitisch angelegte Untersuchungen über das Konfektionsgewerbe. Ausgewertet wurden u. a. Kommissionsberichte von Sozialenquêten, Dissertationen, Zeitschriftenartikel sowie eine Reihe von Studien, die sich auf Regionen bezogen, in denen das Konfektionsgewerbe eine dominierender Wirtschaftszweig war. Weitere Anhaltspunkte für die Rekonstruktion des Produktionsprozesses im Konfektionsgewerbe lieferten Gespräche mit Experten zur Entwicklung dieses Wirtschaftszweiges in Berlin, Stettin sowie Breslau vor dem Zweiten Weltkrieg. Die historische Prozeßanalyse der ersten industriellen Produktionsstrukturen wurde vollständig auf der Grundlage entsprechender Passagen in Einzeldarstellungen sowie Fachzeitschriften erarbeitet.

Parallel zur organisatorischen Entwicklung des Produktionsprozesses wurde Sekundärmaterial zur ökonomischen Entwicklung der Branche aufgearbeitet. Für den zeitlichen Ablauf der Verlagsphase lagen keine Erhebungen zu Wirtschaftsdaten in Form von langen Zeitreihen vor. Dieser Zustand zwang zu intensiven Recherchen, um die ökonomische Entwicklung des Konfektionsgewerbes nachzeichnen zu können. Die in unregelmäßigen Abständen von staatlichen Institutionen sowie von Wirtschaftsverbänden einzelner Zweige der Konfektion erhobenen Daten zur wirtschaftlichen Situation des Bekleidungsgewerbes bzw. einzelner Zweige wurden zu einem mehr oder weniger lückenhaften Verlauf der ökonomischen Entwicklung des Konfektionsgewerbes zusammengesetzt. Demgegenüber lagen für die Zeit nach dem Zweiten Weltkrieg bis zum Ende des Untersuchungszeitraumes differenzierte ökonomische Daten in Form von Zeitreihen vor und konnten entsprechend in die Untersuchung miteinbezogen werden.

Die Rekonstruktion der wichtigsten Entwicklungslinien der Nähtechnik erfolgte im wesentlichen auf der Basis von Sekundärmaterialien. Um die Genese der Nähtechnik verlaufsgetreu und präzise darstellen zu können, wurden die Beschreibungen von historischen Nähmaschinen zusätzlich auf der Basis intensiver Studien relevanter, in Nähmaschinenmuseen ausgestellter Exponate vorgenommen. Kenntnislücken wurden dabei durch Gespräche mit Experten weitgehend geschlossen. Die Entwicklung der neueren Nähmaschinentechnologie wurde im wesentlichen auf der Basis verschiedenster Sekundärmaterialien erfaßt. Darüber hinaus war der Entwicklungsstand neuester Nähtechnologie sowie deren Einsatz im Bekleidungsindustriebetrieb Gegenstand von Gesprächen mit unterschiedlichen Experten. Zu diesem gehörten nicht nur Experten aus Bekleidungsbetrieben, sondern auch Vertreter der Nähmaschinenhersteller. Bestimmte Details der Nähtechnik bzw. der technischen Ausstattung von Nähmaschinen wurden im Rahmen von Arbeitsplatzbeobachtungen erhoben. Besuche von Spezialmessen zur Bekleidungstechnik trugen zur methodischen Abrundung der Untersuchung bei.

Mittels der Bereichsanalyse der Näherei erfolgte die Rekonstruktion der neueren Entwicklung von Produktionstechnik, Arbeitsorganisation und Arbeitseinsatz in den jeweils untersuchten Betrieben. In diesem Produktionsbereich wurden neben der Maschinenaufstellung die eingesetzte Transporttechnologie, der Materialfluß, die Arbeitsorganisation, der Arbeitseinsatz sowie die eingesetzte Nähtechnologie systematisch erfaßt. Hierbei handelte es sich um Einzeldaten, deren jeweiliger spezifischer Zusammenhang unterschiedliche Produktionsstrukturen ergab. In den untersuchten Betrieben wurden darüber hinaus Organisations- und Maschinenbeschreibungen erstellt, um die im jeweiligen Fall vorgefundene Umsetzung arbeitsorganisatorischer Prinzipien festzuhalten. Die Bereichsanalysen hatten ausführliche Betriebsbegehungen sowie Expertengespräche mit Gruppen- und Betriebsleitern zur Grundlage. In verschiedenen Fachpublikationen erschienene Aufsätze zur Organisation des Produktionsprozesses im der Bekleidungsindustrie wurden zusätzlich verarbeitet. In Einzelfällen bildeten betriebstechnische Unterlagen - Lay-outs, Arbeitsverteilungspläne usw. - weiteres wertvolles Material zur präziseren Erfassung des Produktionsprozesses.

1.4. Aufbau der Untersuchung

Insbesondere bei der Veränderung der Arbeitsorganisation, aber auch beim Einsatz von Technik ist mit dem Übergang vom Verlagssystem zur Fabrik eine deutliche Zäsur mit den frühen 50er Jahren dieses Jahrhunderts anzusetzen. Zu Beginn dieser Phase erfolgte im technisch-ökonomischen Bereich der Bekleidungsbetriebe aufgrund des Nachholbedarfs an Kleidung eine verstärkte Hinwendung zur Masenfertigung mit entsprechenden organisatorischen Veränderungen des Produktions- und Arbeitsprozesses.

Mittels der Längsschnittuntersuchung soll der Prozeß der Herausbildung der modernen Bekleidungsindustrie herausgearbeitet werden. Hierbei kann die Heim- bzw. Werkstättenfertigung innerhalb des Verlagssystems als der organisatorische Vorläufer der Kleiderfabrik angesehen werden. In einem noch weiter zurückreichenden Schritt geht es darum, die Anfänge der Herstellung von fertiger Kleidung, die abseits vom zunftverfassten Schneiderhandwerk lagen und die damit verbundene zähe Entstehung des Verlagssystems selbst vorzustellen. Im Kapitel 2 werden hauptsächlich die ökonomisch-rechtlichen Strukturen, wie sie sich in Konkurrenz zum Zunfthandwerk herausgeschält haben, als sukzessive Entwicklung zum späteren Verlagssystem nachgezogen und die sich dabei gebildete verlagstypische Beziehung zwischen Verleger und Verlagsproduzent geklärt.

Die weiteren Bedingungen, unter denen sich das Konfektionsgewerbe zu einem differenziert organisierten Produktionskörper entwickelte, sind Inhalt von Kapitel 3. Hier werden insbesondere die spezifische Struktur des Absatzmarktes und des Arbeitsmarktes und der von diesen Umfeldern ausgehende Einfluß auf die Strukturen der jungen Konfektionsbranche untersucht.

Die Rekonstruktion der wesentlichen Entwicklungslinien der Nähtechnik ergänzt die Darstellung dieser auf die Organisation des Produktionsprozesses wirkenden ökonomischen Einflußgrößen.

Dem oben genannten zäsurhaften Wandel entsprechend ist der Hauptteil dieser Untersuchung in zwei große Abschnitte gegliedert: Kapitel 4 umfaßt den Zeitraum von ca. 1880 bis zum Ende des 2. Weltkrieges, Kapitel 5 den daran anschliessenden Zeitraum bis zur Mitte der 80er Jahre. Die Abschnitte zur ökonomischen sowie zur technischen Entwicklung der Bekleidungsindustrie sind jeweils die Ausgangspunkte der Rekonstruktion des betrieblichen Produktionsprozesses, d. h., auf dem Hintergrund der Rekonstruktion der Entwicklung der produktionstechnischen Einrichtungen im Kontext der ökonomischen Verwertungsbedingungen wird der Verlauf des Produktionsprozesses rekonstruiert. In den technikhistorischen Teilen (4.2.1. und 5.2.1.) sollen die jeweils dominanten Entwicklungslinien der Nähtechnik verfolgt werden. Dabei kommt es insbesondere darauf an, die Dynamik sowie die Ansatzpunkte der Entwicklung der Nähtechnik sowie den Beitrag der Nähtechnik zur Steigerung der Arbeitsproduktivität herauszustellen.

Die Rekonstruktion der ökonomischen Entwicklung der Fertigkleidungsbranche (Teile 4.1.1., 5.1.1. und 5.1.2.) dient dazu, die übergreifende ökonomische Branchenentwicklung zu erhellen. Schwerpunkte der Nachzeichnung der ökonomischen Entwicklung bilden die Entwicklung von Absatz- und Arbeitsmarkt, da deren Veränderungen wesentliche Daten für die Organisation des betrieblichen Produktionsprozesses darstellen.

Der Zustand der Organisation des Produktionsprozesses sowie seine Veränderungen bilden einen wesentlichen Untersuchungsgegenstand dieser Studie (Teile 4.2.2. und 5.2.2.). Vor dem Hintergrund der technologischen und ökonomischen Entwicklung der Bekleidungsbranche sollen die für sie typischen Formen des Produktionsprozesses rekonstruiert werden. In dem Verlagsteil (4.2.2.) kommt es in diesem Zusammenhang insbesondere darauf an, welche Beziehungsformen zwischen Verlegern und Verlagsproduzenten zu welchen organisatorischen "Betriebsformen" im Konfektionsgewerbe geführt haben, wobei die relevanten Einflüsse von Teilbranche, Produkt, Genre als bracheninterne Einflußgrößen auf die organisatorische Gestaltung des Produktionsapparates besonders berücksichtigt werden. Anders als bei der Rekonstruktion der organisatorischen Strukturen des Verlagssytems liegt der Schwerpunkt bei der Rekonstruktion des industriellen Produktionsprozesses auf den arbeitsorganisatorischen Formen der Kleiderfabrik (5.2.2.). Hier wird die Entwicklunglinie der arbeitsorganisatorischen Gestaltung des Produktionsprozesses von der 'starr' organisierten Massenfertigung zur hochflexiblen, modifizierten Fließarbeit unter den Bedingungen des für die Bekleidungsindustrie typischen Arbeitseinsatzkonzeptes von Frauen sowie unter dem Wandel von Marktstrukturen, einschließlich denen des Technikmarktes, nachgezogen.

In Kapitel 6 werden die Entwicklung vom Konfektionsgewerbe zur Bekleidungsindustrie zusammengefaßt und eine Analyse dieser Verlaufsform gegeben.

2. Die Entstehung des Verlagssystems als ökonomisches Beziehungsprinzip zwischen Händlern und Produzenten im Kleiderhandel

Die Herstellung von konfektionierter Oberbekleidung ist in ihrer prämechanischen Phase in nur sehr geringem Maß durch eine Veränderung der handwerklichen Produktionsverfahren und/oder durch technologische Neuerungen gekennzeichnet gewesen. Eine ähnliche beharrende Tendenz kann auch für die Organisation des Arbeitsprozesses in diesem Entwicklungsabschnitt angenommen werden.

Wesentlich bestimmend für die Entwicklung der ökonomischen Strukturen der prämechanisierten Herstellung von konfektionierter Oberbekleidung - und insofern Basis für seine Entfaltung in den Phasen der mechanisierten bzw. maschinisierten Produktion - war die Herausbildung des Beziehungsgeflechtes Händler - Produzent. Auf dieser Beziehung basierte die verlagsmäßig organisierte Produktion. Die Herstellung von konfektionierter Oberbekleidung - Produktion für den allgemeinen Markt, insbesondere für einen nicht speziellen Kunden nach normierten Maßen - mußte sich während dieses Entwicklungsabschnittes ökonomisch und - zumindest bis zur Einführung der Gewerbefreiheit - juristisch gegen das zunftmäßig verfasste Schneiderhandwerk durchsetzen.

Ein zunehmender Anteil fertig gekaufter Kleidung am gesamten Bekleidungskonsum bedeutete unter diesen Bedingungen den tendenziellen Machtverlust des vorwiegend städtischen zünftigen Schneiderhandwerks. Die Entwicklungsschritte der verlagsmäßigen Herstellung konfektionierter Oberbekleidung bedeuten aber keineswegs den Prozeß einer sukzessiven und vollständigen Umwandlung des zunftverfassten Schneiderhandwerks in die Produktionsform Verlag. Eine direkte Entstehung der Bekleidungsindustrie aus dem zünftigen Schneiderhandwerk hat nicht stattgefunden.

2.1. Die Struktur des legalen Marktes für Oberbekleidung im Mittelalter

Wenn sich die industrielle Fertigung von Oberbekleidung nicht ursprünglich aus dem zunftmäßig verfassten Schneiderhandwerk herausgebildet hat, so wirkte dieses zumindest indirekt bei der Entstehung von Strukturen verlagsmäßiger Produktion konfektionierter Oberbekleidung mit. Das Recht der ausschließlichen Herstellung von Kleidern lag jahrhundertelang beim zunftverfassten Schneiderhandwerk. Dieses Monopol der Zunft an der individuellen Fertigung neuer Kleider für einen speziellen Kunden schloß die Herstellung neuer Kleider durch andere - der Zunft nicht angehörende - Produzenten prinzipiell aus. Getragene Kleidung beim Altkleiderhändler zu kaufen oder sich neue Kleider beim Meister der Schneiderzunft anfertigen zu lassen, waren für die Konsumenten im Mittelalter die beiden legalen Möglichkeiten des Erwerbs von Oberbekleidung. Neben diesen marktvermittelten Erwerbsquellen wurden Kleidungsstücke im Rahmen häuslicher Produktionstätigkeiten in der Regel von den weiblichen Familienmitgliedern selbst genäht.

2.1.1. Das zunftverfasste Schneiderhandwerk

Die Zunft, als "eine nach der Art der Berufsarbeit spezialisierte Vereinigung von Handwerkern" (Weber : 1958, S. 127) war - dem Ideal der mittelalterlichen Wirtschaftsordnung entsprechend - bestrebt, alle einschlägigen gewerblichen Tätigkeiten innerhalb dieses Organisationsrahmens zu konzentrieren und zu monopolisieren (Heilig : 1929, S. 1).

"Die gewerbliche Organisation mit ausschließlichem Recht auf die Ausübung dieses Gewerbes" (Röder : 1939, S. 53) läßt den Zweck des Zusammenschlusses der Handwerker zur Zunft als primär ökonomisch erkennen. Sanktioniert wurde dieses Recht auf Zunftbildung durch die städtische Obrigkeit, den Rat (Röder : 1939, S. 53). Seit dem ausgehenden Mittelalter mußten die Zunftrechte beim jeweiligen Landesherrn eingeholt werden. Der Zusammenschluß der abendländisch-mittelalterlichen Handwerker zur Zunft erfolgte im wesentlichen unter dem Grundgedanken der Herstellung und der Sicherung gleicher ökonomischer Chancen ihrer Mitglieder. Im Zentrum zunftmäßiger Wirtschaftspolitik stand die ausreichende Versorgung der einzelnen Zunftgenossen: "Zunftpolitik ist Nahrungspolitik" (Weber : 1958, S. 129).

Diese Wirtschaftspolitik im Mittelalter war im Gegensatz zur späteren Epoche der kapitalistischen Wirtschaft nicht primär vom Ziel hoher Wachstumsraten getragen. Auch war das Prinzip der Verwertung von Kapital unter den Bedingungen einzelwirtschaftlicher Konkurrenz für die Organisation des zunftmäßighandwerklichen Produktionsprozesses nicht bestimmend gewesen. Zu den wirtschaftlichen Ansatzpunkten, die in ihrer Gesamtwirkung auf eine Durchsetzung der "Nahrungspolitik" und der Gleichheit der ökonomischen Chancen gerichtet waren, zählten:

(1) die Regelung der Arbeit nach innen

(2) Die Monopolisierung des Angebots nach außen (Weber : 1958, S. 129).

(1) Das Streben nach gleichen ökonomischen und sozialen Chancen für alle Mitglieder der Zunft konnte nur durch die Verhinderung des ungleichmäßigen Wachsens von Kapital bei den einzelnen Meistern und die daraus folgende Differenzierung zwischen ihnen erreicht werden. Der eine Meister sollte nicht über den anderen hinauswachsen (Weber : 1958, S. 129). Zur

Erreichung dieser Ziele mittelalterlicher Zunftpolitik bedurfte es der Aufstellung verschiedener gewerblicher Bestimmungen sowie deren Aufnahme in die - von der jeweiligen Obrigkeit konfirmierten - Verfassungen der einzelnen Zünfte (vgl. Klersch : o. J., S. 23). Die Einhaltung der einzelnen Artikel der Gewerbeverfassung sollte durch die zunfteigene Gerichtsbarkeit gewährleistet werden. In ihrer Gesamtwirkung sollten die einzelnen Bestimmungen die freie Konkurrenz innerhalb der Zunft regulieren bzw. einschränken, um so eine ausreichende Versorgung der Zunftgenossen als auch deren Chancengleichheit zu garantieren.

Zu den wichtigsten Bestimmungen, mit denen diese Ziele durchgesetzt werden sollten, zählten

(a) die Regelung des Zugangs zum Meisteramt und die Anzahl der Gesellen und Lehrlinge pro Meisterbetrieb

(b) die Regelung der Preise durch den städtischen Rat

(c) die Kontrolle der Qualität der Produkte durch die Zunft.

(a) In Zusammenhang mit dem Angebotsmonopol der Zunft nach außen stand die zunftinterne Aufteilung der Gesamtnachfrage auf eine bestimmte Anzahl von Meistern, um jeder Handwerkerfamilie ein ausreichendes Maß an Nahrung zu gewährleisten. Sinnstiftendes Prinzip dieser Zunftregel war, die Gesamtnachfrage nach individuell geschneiderten neuen Kleidern so auf die Produktionskapazität der zur Zunft zusammengeschlossenen Meisterbetriebe aufzuteilen, daß über eine Sicherung von gleicher Beschäftigung für jeden Zunftgenossen ein gleichmäßiger Spielraum für die individuelle Reproduktion erreicht werden konnte. Gleichzeitig wurde mit dieser Zunftregel angestrebt, eine ungleiche Kapitalbildung bei den einzelnen Meistern der Zunft zu verhindern 1). Ergänzt wurde die Festlegung der Zahl der Meister durch die Bestimmung einer Höchstzahl der Gesellen und der Lehrlinge für den einzelnen Meisterbetrieb 2).

Da die Aufteilung der Gesamtnachfrage auf die verschiedenen Anbieter handwerklicher Arbeitsleistungen nicht dirigistisch vorgenommen wurde, durch rein marktwirtschaftliche Steuerungsmechanismen die Durchsetzung der Zunftimperative auch nicht garantiert werden konnte, wurde das Problem der Aufteilung der Gesamtnachfrage durch obrigkeitlich sanktionierte Einschränkungen der freien Konkurrenz auf der Angebotsseite gelöst. Die Funktionsfähigkeit des Marktes mußte allerdings durch zusätzliche Bestimmungen, die die konjunkturellen sowie die saisonalen Nachfrageschwankungen betrafen, hergestellt werden. Die Verfügung des Verbots jeder Arbeit von Gesellen für andere, sofern nicht der Meister seine Erlaubnis hierzu gab, hat als Instrument insofern seine Bedeutung gehabt, als durch sie der dauerhafte Schutz vor Konkurrenz insbesondere durch eine mögliche Schwarzarbeit der Gesellen, verhindert werden sollte. (Hussong : 1936, S. 15).

Die Garantie homogener Einkommen und daraus resultierende gleiche ökonomische und soziale Chancen wurde immer dann zum Problem, wenn die in Zeiten stärkerer Nachfrage erweiterten Produktionskapazitäten infolge konjunkturell bedingtem Nachfragerückgang weniger beansprucht wurden und es in dieser Konsequenz zur Übersetzung der Zunft kam. Durch die Übersetzung des Schneiderhandwerks mit einer zu hohen Anzahl von Betrieben wurde ein großer Teil der Schneidermeister aufgrund von Auftragsmangel sowie durch das 'Stören' von beschäftigungslos gewordenen Gesellen erheblich geschädigt (Hussong : 1936, S. 7 ff.).

Generell problematisch ist die Gewährleistung einer konstanten Beschäftigung im Schneiderhandwerk wegen des Wandels der Jahreszeiten und der damit verbundenen Polarisierung der Nachfrage nach Bekleidung zum Frühjahr/Sommer einerseits sowie zum Herbst/Winter andererseits gewesen. Die Zeiten zwischen den 'Saisonspitzen' waren entsprechend beschäftigungsärmer. Als Saisongewerbe hatte sich das Schneiderhandwerk, im Gegensatz zu den anderen Gewerben, mit manifesten Schwierigkeiten bezüglich der Verstetigung seiner Beschäftigungslage auseinanderzusetzen (Vgl. Hussong : 1936, S. 46).

Auf Übersetzungstendenzen bzw. auf den durch die Einschränkung der Nachfrage sich abschwächenden Konjunkturablauf reagierte die Zunft mit einer Änderung ihrer Bestimmungen, die die Produktionskapazität der Zunft beeinflußten. Mit der Veränderung dieser Zunftregeln wurde das Ziel angestrebt, die Produktionskapazität der Schneiderzunft zu senken bzw. sie nicht ansteigen zu lassen. Dadurch konnte die Angebotskapazität an die veränderte Nachfragesituation angepasst werden.

Da die Zunft aufgrund ihrer ethisch-ökonomischen Prinzipien keinen Meister aus der Zunft drängen konnte (Hussong : 1936, S. 19) bestanden ihre Mittel zur Einschränkung des Angebots handwerklicher Arbeitsleistungen im wesentlichen darin, durch Modifikation der bestehenden, sowie durch die Aufnahme neuer Bestimmungen, die Anzahl der Zunftangehörigen direkt bzw. indirekt zu erschweren: 3)

- Schließung der Zunft (Hasse : 1924, S. 21)
- Verschärfung der Prüfungsbedingungen für die Meisterprüfung (Klersch : o. J., S. 69).
- durch die Einführung bzw. Verlängerung der Gesellenzeit; z. B. wurde für die Frankfurter Zunft bestimmt, "daß der Geselle, der Meister werden wollte, eine vierjährige Wanderzeit und eine dreijährige Gesellenzeit nachzuweisen hatte" 4) (Hussong : 1936, S. 25)
- die Beschränkung der Anzahl der Gesellen, die zum Meisterstück zugelassen werden sollten 5) (Hussong : 1936, S. 25 ff.)
- Die Beschränkung der Zuwanderung fremder Meister (Bartel : 1937, S. 24)
- die Verkürzung der vorgegebenen Zeit, in der das Meisterstück angefertigt werden mußte. (Hussong : 1936, S. 25 ff).

- die Bestimmung, daß ein Meister nach Ablauf eines Lehrverhältnisses auf bestimmte Zeit keinen Lehrling einstellen durfte (Hussong : 1936, S. 72).

In Zeiten steigender Nachfrage nach Leistungen des Schneiderhandwerks wurden zur Ausweitung des Angebots die gleichen Instrumente angewendet wie sie zur Einschränkung des Angebots handwerklicher Arbeitsleistungen angewandt wurden - allerdings mit deren Einsatz in umgekehrter Wirkungsrichtung. Eine häufig praktizierte Möglichkeit der flexiblen, zeitweiligen Kapazitätsausweitung war die Mißachtung der Bestimmungen durch den einzelnen Meisterbetrieb; durchaus mit der stillen Duldung der Zunft (Hussong: 1936, S. 36 ff.). Regelungen, um die Produktionskapazität insbesondere während saisonaler Nachfrageschwankungen als auch regionaler Nachfragespitzen 6) kurzfristig zu erhöhen, bestanden vor allem in dem Gebot der Zunft, Auftragsüberhänge durch andere Meister der Zunft fertigen zu lassen:

"Konnte ein Meister seine Aufträge nicht mit sechs Gesellen erledigen, so sollte er Aufträge an andere Meister abgeben, keinesfalls aber anderen Leuten, die nicht Meister waren oder ihren Betrieb nicht in der Stadt unterhielten" (Hussong : 1936, S. 46).

"Konnte ein Meister mit seinen Gesellen die erhaltenen Aufträge nicht alle bewältigen, so mußte er einen Teil derselben anderen Meistern, die nur wenig zu tun hatten, in Arbeit geben, da in den Zünften der Geist der Gleichheit herrschte und deshalb keiner mehr Arbeit als der andere haben sollte" (Klersch : o. J., S. 23).

Ausnahmen von den Bestimmungen, in denen die Anzahl der Gesellen pro Meisterbetrieb geregelt war, sind von der Zunft nur bedingt zugelassen worden. Es konnten ausnahmsweise mehr Gesellen beschäftigt werden, "wenn eilige Arbeiten, wie die Anfertigung von Kleidern bei Hochzeiten und Trauerfällen, sowie für fremde Herrschaften auszuführen waren" (Hussong : 1936, S. 38). Diese für die Frankfurter Zunft zu Beginn des 18. Jahrhunderts erlassene Vorschrift fand ihre analoge Regelung für die Berliner Zunft in der 1696 erlassenen Modifikation der im Privilegium der Schneider auf der Friedrichstadt festgelegten Verfügung über das Halten von Gesellen. (Vgl. Zincke : 1888, S. 87). Der Artikel 11, in dem den Meistern die Beschäftigung von 3 Gesellen und einem Jungen gestattet war, wurde dahingehend erweitert, daß bei Aufträgen anläßlich eines Trauerfalles oder eines Beilagers - falls die anfallende Arbeit nicht mit der erlaubten Anzahl von 4 Beschäftigten erledigt werden konnte - der Meister soviel Gesellen halten durfte, wie er für die Durchführung des Auftrages benötigte (Zinke : 1888, S. 93).

Wenn für das zunftverfasste Schneiderhandwerk auch davon ausgegangen werden kann, daß die Gesellen in ihrer großen Mehrheit als Wochenschneider beschäftigt gewesen sind, so sei in diesem Zusammenhang auf die alternative Möglichkeit hingewiesen, Schneidergesellen als Tagschneider zu beschäftigen. "Zu den Tagschneidern gehörten diejenigen, welche bei den Meistern nur im Tagelohn arbeiteten" (Hussong : 1936, S. 43). Diese Tagschneider wurden meist nur für einen oder mehrere

Tage von den Meistern angenommen, insbesondere dann, "wenn sehr viel Arbeit vorhanden war, was besonders in Kriegszeiten und an Wahl- und Krönungstagen vorkam" (Hussong : 1936, S. 43). Die Tagschneider hatten für den Schneidermeister im wesentlichen die Funktion einer Arbeitskraftreserve, die auf dem Arbeitsmarkt kurzfristig verfügbar war und entsprechend flexibel eingesetzt werden konnte.

(b) Die Festlegung von städtischen bzw. landesgesetzlichen Taxen bedeutete, daß das Gewerbemonopol der Zünfte, für deren Gebiete die Taxordnungen festgesetzt wurden, eine autonome Preispolitik sowohl der Zünfte als auch der einzelnen Meisterbetriebe nicht mit einschloß (Hussong : 1936, S. 112). Das Erlassen von Preistaxen z. B. durch den städtischen Rat war insofern ein Ausgleich der Interessen von Produzenten und Konsumenten, als dadurch die Einzelinteressen vereint zum Ausdruck kommen sollten (Hussong : 1936, S. 67).

"Es sollte durch dieselben eine Preisunterbietung der einzelnen Meister (als Schutz vor ruinösem Preiswettkampf gedacht - F.D.) verhindert und jedem Meister für seine Arbeit eine ausreichende Bezahlung zugesichert werden. Gleichzeitig dienten sie auch zum Schutz des Kunden, damit derselbe nicht übervorteilt wurde" (Hussong : 1936, S. 67).

Um die Taxordnungen für Schneiderarbeiten den Konsumenten- und Produzenteninteressen entsprechend funktionsfähig zu halten, mußten sie ständig an das sich allgemein verändernde Preisniveau angeglichen werden. Bei einem konstanten Preisniveau für Schneiderarbeiten war eine Änderung der Preistaxen durch die Mode veranlaßt. Entweder erschienen in den neuen Preistaxen erstmalig beschriebene Kleider oder der Mehr- bzw. Minderaufwand an Arbeit drückte sich aufgrund veränderter Gestaltung bzw. dem damit verbundenen veränderten Arbeitsaufwand der Kleider in veränderten Preisen aus.

(c) Die Begutachtung der Qualität der Produkte durch die Zunft ist als ein Instrument anzusehen, dessen Einsatz zumindest indirekt die gleichen ökonomischen Chancen und ein ausreichendes Einkommen den Zunftgenossen wenn auch nicht garantieren, so doch ihre Sicherung positiv beeinflussen sollte.

Ein Unterlaufen der Güte der zunfthandwerklichen Schneiderarbeit und die darin - aufgrund festgelegter Preistaxen - enthaltene Möglichkeit des indirekten Vorteils des einzelnen Meisters gegenüber seinen Zunftgenossen sollte durch die Kontrolle der Kundenarbeit verhindert werden 7). Auf der allgemeinen Ebene der Schneiderzunft hatte die Begutachtung der Kleidungsstücke, die von den einzelnen Meisterbetrieben der Zunft gefertigt wurden, die Funktion, die Qualität handwerklicher Arbeitsleistungen dauerhaft auf einem bestimmten hohen Niveau zu halten und dieses auch der Kundschaft gegenüber zu garantieren. Diese Garantie der Qualität zunfthandwerklicher Arbeit ist als starkes Argument zur Ausschaltung unzünftiger Konkurrenz zu werten.

Das Mittel der Kontrolle der Qualität der Arbeit bedeutete implizit eine Überwachung der handwerklichen Produktionsverfahren der einzelnen Zunftmitglieder durch die Zunft; es war somit auch auf die Kontrolle der Beibehaltung der überlieferten Herstellungstechniken gerichtet. Die Forderung, daß kein Meister anders arbeiten solle, als überliefert, verlangte von allen eine gleichartige Technik der Fertigung von Kleidungsstücken; durch Abweichung von den zunftgemäßen Herstellungsverfahren sollten denjenigen Meistern keine Kostennachteile entstehen können, die entsprechend den überlieferten Verfahren arbeiteten. In Verbindung mit der angeführten Garantie einer gleichbleibenden Güte der Angebotsleistungen des zünftigen Schneiderhandwerks lag in der angestrebten Gleichheit der ökonomischen uns sozialen Chancen der Zunftgenossen die Notwendigkeit relativ unveränderlicher Fertigungstechniken des zunftverfassten Schneiderhandwerks begründet.

(2) Die Instrumente der Zunftpolitik nach außen sind als notwendige Mittel einer konsequenten Monopolpolitik zu sehen. Entscheidende Voraussetzung zur Durchsetzung des Angebotsmonopols an der Anfertigung neuer Kleider - als auch für die Bildung der Zunft selbst - war der Beitrittszwang zur Zunft für denjenigen Schneidermeister, der das Handwerk ausüben und seine Leistungen anbieten wollte (Röder : 1938, S. 53). Als weitere, das Monopol des Schneiderhandwerks an der Herstellung neuer Kleider sichernde Klausel, beinhaltete der Zunftzwang das ausdrückliche Verbot der Anfertigung von neuen Kleidern außerhalb der Zunft:

"Der Zunftzwang schloß das sog. 'ius prohibendi' aller unzünftigen Arbeit gegenüber ein" (Röder : 1938, S. 54).

Mit der Einschränkung der freien Konkurrenz wurde der Schutz des Gewerbebetriebes des einzelnen Meisters angestrebt. Das damit verfolgte Ziel des Monopols des Handwerks bestand darin, der Familie und dem Gesinde des Meisters eine ausreichende individuelle Reproduktion zu sichern (Brügel : 1897, S. 16). Als zusätzliche - primär juristische - Instrumente der Monopolpolitik sind zu nennen:

- der Zunftbann
- das Meilenrecht.

Mit dem Zunftbann wurde festgelegt, daß sich das Monopol auf ein bestimmtes (Stadt)gebiet bezog, innerhalb dessen die Zunft die gewerbliche Machtvollkommenheit in Anspruch nahm. In diesem Gebiet durfte kein Gewerbe außer dem zünftigen Gewerbe betrieben werden (Weber : 1958, S. 131 ff.).

Der Ausschaltung der Konkurrenz durch die Landschneider diente die Ausdehnung des Zunftzwanges auf "das umliegende Land im Umkreis einer Meile, d.h. die Zunft besaß das sog. Meilenrecht" (Röder : 1938, S. 54). Dieses Recht garantierte die ausschließliche Berechtigung zur Ausübung des Schneiderhandwerks innerhalb eines genau begrenzten Umkreises um die Stadt. Gleichzeitig beinhalteten seine Artikel für Nichtzünftler das Verbot, innerhalb der Bannmeile das Handwerk auszuüben (Röder : 1938, S. 54). Zur Überwachung dieser und anderer Bestimmungen der Zunft lag das Strafrecht in Angelegenheiten der Zunft vielfach in den Händen der Zunft selbst. So verfügte das Gewerbegericht als Teil der Gerichtsbarkeit der Zunft im Rahmen seiner Funktion der Absicherung von Standesinteressen über einen breiten Katalog von Sanktionsmitteln. Diese waren notwendig, um die einzelnen Bestimmungen, die sich auf die Kontrolle der Technik des Gewerbes und Ökonomik des Betriebes bezogen, entsprechend dem Zunftimperativ durchzusetzen.

2.1.2. Der Altkleiderhandel

Recht klar voneinander abgegrenzt waren zur Blütezeit der Zünfte die ökonomischen Aktivitäten der Herstellung neuer Kleider einerseits und der Handel mit alten Kleidern andererseits . Die Hauptaufgabe des zünftigen Schneiderhandwerks war die Anfertigung von neuen Kleidungsstücken; "eine Produktion war nur auf dem dem Schneiderhandwerk erlaubten Gebiete gestattet" (Hussong : 1936, S. 73). Gleichzeitig war es dem zunftverfaßten Schneiderhandwerk verboten, für den Markt zu produzieren und mit Kleidern zu handeln (Hussong : 1936, S. 73; Röder : 1938, S. 67). Vom zunftverfaßten Schneiderhandwerk unterschied sich eindeutig der ökonomische Handlungsbereich des Altkleiderhandels. Diesem war - bei gleichzeitigem Gebot des Unterlassens der Anfertigung und des Handels mit neuem Gewande - ausdrücklich nur der Handel mit alten Kleidern gestattet (Heilig : 1929, S. 12 ff.).

2.2. Die Entwicklung ökonomischer Strukturen der Herstellung von fertiger Oberbekleidung bis zur Gründung der ersten Konfektionsunternehmen

Wenn - wie eingangs behauptet - die Bekleidungsindustrie sich nicht aus dem zunftverfaßten Schneiderhandwerk entwickelt hat und die industrielle Produktion von Oberbekleidung andererseits auch nicht originär entstanden ist, wäre aufzuzeigen, in welcher Weise sich auf der Grundlage der dargestellten Ausgangssituation des zünftigen Handwerks sowie des Altkleiderhandels die verlagsmäßige Herstellung von Fertigkleidung hat herausbilden können.

Ein umfangreicher Tuchhandel, der Altkleiderhandel und das zunftmäßig verfaßte Schneiderhandwerk brachten eine spezifische Handlungsstruktur der einzelnen Akteure auf der Angebotsseite hervor. Ihnen stand auf der Nachfrageseite der Konsument von Bekleidung gegenüber. Die gegeneinander durch Zunftordnungen sowie durch die von der Obrigkeit verfügten Erlasse scharf abgegrenzten Handlungsbereiche auf der Produktions- bzw. Anbieterseite boten - zumindest vordergründig - jahrhundertelang ein relativ unbewegliches Bild mittelalterlich-städtischer Wirtschaftsstruktur. Den Alternativen für die Konsumenten, Kleidung entweder als bereits getragene Kleidung beim Altkleiderhändler zu kaufen oder neue Kleidung beim Schneidermeister der Handwerkszunft für sich individuell anfertigen zu lassen, entsprach die starre Aufteilung der Anbieterseite in den Altkleiderhandel einerseits und das zunftverfasste Schneiderhandwerk andererseits.

Diese scharfe Trennung der Anbieterseite von Oberbekleidung ließ die Möglichkeit der Herstellung und des Verkaufs von fertiger und gleichzeitig neuer Kleidung - mit wenigen Ausnahmen 8) - nicht zu. Herstellung und Verkauf von fertiger und neuer Kleidung setzten somit grundsätzlich eine Veränderung der Strukturen von Produktion und Absatz auf der Angebotsseite voraus. Die Zünfte des Schneiderhandwerks widersetzten sich zunächst beharrlich allen Bestrebungen, ihr Angebots- bzw. Produktionsmonopol an neuen Kleidern auch nur ansatzweise aufzuheben.

Die Altkleiderhändler konnten sich durch den Verkauf getragener Kleidung vor allem unter den einkommensschwachen Bevölkerungsteilen aufgrund der wesentlich geringeren Preise einen sich stetig vergrößernden Absatzmarkt schaffen (Fritzsche : o. J., S. 8). Auf die zunehmende Nachfrage nach alten Kleidern reagierten sie mit einer spezifischen Absatz- und Beschaffungspolitik, in deren Konsequenz sich ein illegaler Markt für Kleider zu etablieren begann. Die Institutionalisierung dieses illegalen Marktes für Kleider hatte notwendig ein Umgehen der Bestimmungen, welche das wirtschaftliche Handeln des zunftverfaßten Schneiderhandwerks und des Altkleiderhandels regelten, zur Voraussetzung. Das zunftverfasste Schneiderhandwerk begann, die unzünftige Herstellung von Kleidern zu bekämpfen; ein heftiger Konkurrenzkampf zwischen dem Handel und dem zunftverfassten Handwerk nahm damit seinen Anfang.

2.2.1. Voraussetzungen der verlagsmäßigen Produktion von fertiger Oberbekleidung

Durch das Unterlaufen der starren Grenzen zwischen dem Altkleiderhandel und der Neuanfertigung eines Kleidungsstückes durch den Schneidermeister der Zunft sind die ersten und gleichzeitig elementaren Strukturen der verlagsmäßigen Herstellung von Fertigkleidung entstanden. Dieser Beginn der Entwicklung der verlagsmäßigen Produktion von fertiger Oberbekleidung für den Markt neben der zunftverfassten Produktion des Schneiderhandwerks wurde durch ökonomisch-strukturelle Bedingungen des Schneiderhandwerks in spezifischer Weise begünstigt:

- Die das zunftverfasste Schneiderhandwerk bis zum Übergang zum Preiswerk kennzeichnende Form des Lohnwerks wurde von der verlagsmäßigen Organisation der Produktion von Fertigkleidung übernommen. Am Beginn der verlagsmäßigen Herstellung von Fertigkleidung steht die Beziehung unzünftiger Produzent - Kleiderhändler. In diesem Verhältnis sicherte sich der Kleiderhändler u. a. durch seine besondere Nähe zum Absatzmarkt eine dem Verlagsproduzenten gegenüber stärkere Marktposition und damit nachhaltig den Zugang zum Absatzmarkt. Als wesentlicher Unterschied zum zumindest phasenweise im zunftverfassten Schneiderhandwerk praktizierten Lohnwerk gilt für den Kleiderhändler als Verleger, daß dieser die Arbeitsleistung des Verlagsproduzenten zum Zweck des Weiterverkaufs an seine Kunden bestellt.

- Zumindest temporäre Übersetzungstendenzen, saisonale Beschäftigungsschwankungen sowie strenge Zulassungsbestimmungen des zünftigen Schneiderhandwerks zum Meisteramt als auch die Vermehrung der Menge der potentiellen Produzenten durch Einwanderungsbewegungen (Hussong: 1936, S. 17) brachten ein vielfältiges und unterschiedlich qualifiziertes Potential an Arbeitskräften außerhalb der Zunft hervor. Diese unzünftigen Schneider 9) - später auch die zünftigen - nähten in der Zeit ihrer Unterbeschäftigung bzw. während ihrer Nichtbeschäftigung neue Kleider, die der Kleiderhändler auf Messen und auf Jahrmärkten verkaufte 10).

"In der stillen Zeit arbeiteten die Schneider auch für den Markt. Zwar war der Verkauf fertiger Kleider in der Stadt bis zum Ende der reichsstädtischen Zeit offiziell verboten, aber die Schneider oder auch sie beschäftigende Händler fanden dafür Absatz auf den Messen und Jahrmärkten der näheren und weiteren Umgebung und daneben gab es auch einen ziemlich bedeutenden Hausierhandel mit Kleidern auf dem Lande und in den Städten, soweit sie als Reichsstädte keine besonderen Zunftprivilegien besaßen, die diesen Handel offiziell ausschlossen. (...)
Es ist anzunehmen, daß an dieser Arbeit für den Markt auch die Ferkenstecher (unzünftige Schneider - F.D.) ihren Anteil hatten und Eingesessene, die das Handwerk nebenbei unter einem wie immer gearteten Deckmantel betrieben" (Klersch : o. J., S. 74).

- "Unzünftige" Schwarzarbeit war relativ leicht auszuführen. Wegen des Gebrauchs einfacher Hilfsmittel zur handwerklichen Herstellung von Kleidung - die im Gegensatz zu den Herstellungsbedingungen anderer Gewerbe wesentlich elementarer waren - konnte diese von z. B. den "Kämmerlingen" oder den "Ferkenstechern" etc. relativ beweglich und außerhalb der Kontrolle der Öffentlichkeit verrichtet werden (Klersch: o. J., S. 38).

2.2.2. Strukturen verlagsmäßig-prämechanisierter Produktion von fertiger Oberbekleidung

Neben dem legitimen, durch bestimmte Artikel der Zunftverfassungen sowie entsprechender obrigkeitlicher Bestimmungen sanktionierten wirtschaftlichen Handlungsrahmen des Schneiderhandwerks und des Altkleiderhandels bildete sich eine obrigkeitlich - zunächst - nicht gestattete und vom zunftverfassten Schneiderhandwerk auf das schärfste bekämpfte Ebene der Herstellung von fertiger Kleidung heraus 10).

Unter diesen spezifischen Voraussetzungen konnte sich die Herstellung der fertigen Kleider und deren Verkauf auf dem Markt zunächst nur illegal durchsetzen. Das Aufkommen der sog. "Pfuscherarbeit" war ein eher ungeplantes Nebenprodukt der Zunftverfassung des Schneiderhandwerks. Beschränkten die Zünfte die Zahl der Meistergesellen oder unterlag die Besetzung einer Willkür, so erscheint es nicht wunderlich, wenn manche unzünftigen Gesellen zur Verbesserung ihrer wirtschaftlichen Lage selbständig Aufträge suchten und so in illegaler Weise das Zunftmonopol zu durchbrechen versuchten (Wittkowski : 1928, S. 4).

Schneidergesellen, die keine Beschäftigung in einem der Zunft angehörenden Meisterbetrieb gefunden hatten als auch andere Personen - mit den verschiedensten Fertigkeiten im Nähen - arbeiteten nicht mehr direkt für einen bestimmten Kunden, sondern erhielten ihre Aufträge von den Kleiderhändlern. Diese ließen die von den 'Pfuschern' angefertigten neuen Kleider einige Tage durch Hausierer oder Trödelweiber tragen, um sie dann - legal - als Altkleider auf den Jahrmärkten und Messen zu verkaufen. Eine direkte Beziehung von Altkleiderhändler und sog. 'Pfuscher' stellte gegenüber dem klassischen Handwerk eine qualitativ neue Form der Organisation der Kleiderproduktion dar. Mit dieser Verbindung war ein neues - vom zunftverfassten Schneiderhandwerk signifikant unterschiedliches - Produktionssystem entstanden. Neben die Fertigung für einen bestimmten Kunden im zunftverfassten Schneiderhandwerk trat die verlagsmäßige Erstellung einer Arbeitsleistung durch den unzünftigen Produzenten für den Kleiderhändler. Hierbei wurde in jedem Fall der Rohstoff vom Händler geliefert. Diese qualitativ neue ökonomische Beziehung zwischen Produzent und Händler kann als Ursprung des Verlagssystems bei der Herstellung von fertiger Oberbekleidung angesehen werden.

Die naheliegende Ausdehnung des Verkaufs auch von Neukleidern durch den Altkleiderhändler, die ein Abrücken vom Prinzip des vorherigen Tragenlassens neuer Kleider für den legalen Altkleiderverkauf bedeutete, kann als weiterer Schritt der Entwicklung zur Entfaltung des Verlagssystems in der Konfektion gesehen werden. Diese illegale Form - ein Handel mit neuen Kleidern war weiterhin nicht gestattet - wurde durch spätere obrigkeitliche Bestimmungen über den Kleiderhandel legalisiert. Durch massive Proteste erreichte das zünftige Schneiderhandwerk z. B. in Berlin, daß seinen Zunftmitgliedern die verlagsmäßige Produktion von konfektionierter Oberbekleidung erstmalig 1696 obrigkeitlich gestattet wurde. Mit dieser Regelung wurde bestimmt, daß zur existenziellen Sicherung der Meisterbetriebe der Zunft nur diese neue Kleider für den Verkauf durch die Kleiderhändler herstellen durften. Mit 'Pfuschern' zusammenzuarbeiten blieb den Kleiderhändlern nach wie vor verboten (Schmidt : 1912, S. 6).

"Es sollen auch die Kauff Leute, undt Chrahmer die verfertigte Waaren alß Schlaff-Röcke, Brust-Tücher, Camisohle, Strümpfe, undt dergleichen von den Meistern des Schneider Gewercks nicht aber von Fuschern machen lassen ..." (Zincke : 1888, S. 91).

Weitere massive Konkurrenzkämpfe zwischen dem Handwerk und dem Kleiderhandel lassen den Schluß zu, daß diese Bestimmung keineswegs zu der Situation führte, daß die vom Kleiderhändler angebotenen Neukleider nun auch ausschließlich von den Schneidermeistern des zünftigen Handwerks angefertigt wurden. Vielmehr kann behauptet werden, daß die durch das zünftige Schneiderhandwerk schon praktizierte Herstellung von Neukleidern für den Kleiderhandel - wenn auch mit der Einschränkung auf bestimmte Produkte - ihre rechtliche Bestätigung durch diese Verfügung erfuhr. Trotz dieser obrigkeitlichen Regelungen ließen sich die Produzenten nicht auf die Mitglieder der Meisterbetriebe des zunftverfassten Handwerks beschränken.

Die von der Obrigkeit verfügte Beschränkung der verlagsmäßigen Anfertigung von neuen Kleidern auf das zünftige Schneiderhandwerk erwies sich letztlich als zu schwaches Instrument, die heterogene Menge der nicht-zünftigen Produzenten auszuschalten bzw. zurückzudrängen. Der Versuch der Monopolisierung auch der verlagsmäßig-handwerklichen Herstellung von fertiger Kleidung durch die der Zunft angehörenden Meisterbetriebe ging mit einer quantitativen Erweiterung des Personenkreises einher, der zum Führen eines Betriebes des Schneiderhandwerks berechtigt war. Im Lauf der Zeit änderte sich auch die qualitative Zusammensetzung der Kleiderproduzenten. Schon im Jahr 1630 wurden in Berlin sog. Freimeisterbriefe durch den Kurfürsten an diejenigen Schneider ausgestellt, denen von der Zunft die Aufnahme verweigert worden war. Mit dieser Maßnahme verfolgte der Landesherr eine Politik, die nicht nur einseitig auf die Sicherung der Interessen der Zunfthandwerker gerichtet war, sondern gleichzeitig die Stärkung des Handels berücksichtigte. So wurde durch verschiedene Dekrete des Kurfürsten in den Jahren 1684 - 1686 u. a. das Arbeitskräfteangebot ausgedehnt, indem

- Ausnahmebewilligungen "durch die Obrigkeit erteilt worden sind, wodurch ehemalige Soldaten, Lakaien etc. zum Betrieb des Schneiderhandwerks berechtigt wurden" (Schmidt: 1912 : S. 6; Zincke : 1888, S. 110).

- im Jahr 1685 den aus Frankreich vertriebenen und in Preussen aufgenommenen Schneiderinnen der Gewerbebetrieb gestattet wurde (Schmidt: 1912, S. 5 ff.).

Neben der nur den zünftigen Schneidermeistern erlaubten Herstellung von fertigen Kleidern für den Verkauf durch den Händler, wurde in Berlin denjenigen Meistern, welche für ihren Lebensunterhalt nicht genügend Aufträge an individueller Kundenproduktion erhielten und dadurch "von der Nahrung gekommen" sind, die Anfertigung von Kleidern auf Vorrat gestattet. Diese Kleider durften die Schneidermeister öffentlich als Handelsware verkaufen (Zincke : 1888, S. 127).

Die Entscheidungen des Landesherrn, in deren Konsequenz das Gesamtangebot an handwerklichen Produzenten dauerhaft anstieg als auch die - eingeschränkte - Erlaubnis der Warenproduktion von fertiger Kleidung durch die Schneider selbst, hatten in ihrer Gesamtwirkung den Effekt einer Destabilisierung der ökonomischen Lage des zunftverfassten Schneiderhandwerks. Die zunehmende Tendenz der Erhöhung des Leistungsangebots von handwerklichen Produzenten und damit die Ausweitung der Produktionskapazitäten wurde durch weitere obrigkeitliche Verfügungen verstärkt, insbesondere durch

- die 1783 erlassene Aufhebung der Beschränkung der Gesellenzahl für den einzelnen Meisterbetrieb (Zincke : 1888, S. 166),

- die Zulassung auch von Frauen zum Gewerbe (Zincke : 1888, S. 166).

Die Ausdehnung des Personenkreises, der zur Ausübung des Schneiderhandwerks berechtigt war, zog eine strukturelle Neuordnung des potentiellen Arbeitskraftangebotes nach sich. Durch die Kräfteverschiebung der Nachfrage nach Oberbekleidung von der maßgeschneiderten Einzelanfertigung zur "normierten" Produktion für den Markt konnte der Kleiderhandel das zunächst nicht eindeutig auf entweder Einzelanfertigung oder Marktproduktion festgelegte Arbeitskräftepotential für sich aufgreifen und für ein stetiges Fortschreiten der verlagsmäßigen Produktion von Fertigkleidung einsetzen.

Die wachsende Bedeutung des Kleiderhandels drückte sich in einem Ansteigen der Zahl von Kleiderhandlungen bzw. Kleidermagazinen sowie deren Spezialisierung auf bestimmte Artikel und Käufergruppen aus. Konsequenz der prosperierenden Nachfrage nach fertiger Oberbekleidung war ein zunehmend heterogenes Beziehungsgeflecht zwischen den verschiedenen an Produktion und Handel beteiligten Wirtschaftssubjekten, das sich insbesondere nach Einführung der Gewerbefreiheit 1810 in Preussen entfaltete. Dieses Beziehungsgeflecht zwischen den heterogenen und vereinzelten Produzenten auf der Produktionsseite und den einzelnen Kleiderhändlern bzw. Magazinbesitzern auf der Handelsseite wurde unter den Bedingungen eines sich entwickelnden Absatzmarktes für fertige Oberbekleidung - bei Stagnation der technisch-organisatorischen Gestaltung ihres Herstellungsprozesses - zunehmend komplexer und ineffizienter.

Die Entwicklung der verlagsmäßig organisierten handwerklichen Massenproduktion fertiger Oberbekleidung erfuhr mit der Gründung der ersten Konfektionsfirma in der zweiten Hälfte der 30er Jahre des 19. Jahrhunderts und den wenig später folgenden weiteren Gründungen in Berlin ein wichtiges, das System von Herstellung und Verkauf fertiger Kleidung neustrukturierendes Moment. Mit dem Eintreten der ersten Konfektionsunternehmen zwischen die selbständigen Produzenten und den Detailhandel wurde das Verlagssystem im Bekleidungsgewerbe auf der organisatorischen Ebene auf eine qualitativ neue und entwickeltere Stufe gehoben 11).

Im weiteren Verlauf dieser Entwicklung wurden die vielfältigen und relativ losen Beziehungen zwischen den einzelnen Produzenten und den einzelnen Kleiderhändlern abgelöst und mit der Etablierung der Konfektionsunternehmen durch festere Organisationsstrukturen ersetzt. Die das Verlagssystem kennzeichnende Abhängigkeit des Handwerkers bzw. des Heimarbeiters vom Verleger blieb weiter bestehen. Unter Aufrechterhaltung des Lohnwerkverhältnisses verschob sich die Abhängigkeit der Verlagsproduzenten vom Einzelhändler zum Kleider-'fabrikanten': Dessen Funktionen bezogen sich aufgrund der strukturellen Veränderungen des Verlagssystems in dieser Phase auf folgende Bereiche:

- Einkauf der Rohstoffe

- Produktgestaltung

- Organisation der Beziehungen zu den Verlagsproduzenten

- Organisation des Absatzes.

Der Sektor der Produktion blieb in der verlagsmässigen Herstellung konfektionierter Oberbekleidung ein von diesen Funktionen - insbesondere örtlich - abgetrennter eigenständiger Bereich, dessen Strukturen in besonderer Weise durch die spezifischen sozio-ökonomischen Bedingungen der Herstellung von fertiger Oberbekleidung geprägt waren. Mit dieser organisatorischen Entwicklung der manuellen verlagsmässigen Herstellung von Fertigkleidung war gleichzeitig die Voraussetzung für eine spezifische Entfaltung der verlagsmässigen Organisation der Massenherstellung von konfektionierter Bekleidung unter Bedingungen der mechanisierten Produktion gelegt.

2.3. Die Produktionsform 'Verlag' als spezifische Beziehung zwischen Verlegern und Verlagsproduzenten

Mit der Gründung der ersten Damen- und später der ersten Herrenoberbekleidungs-Engros-Verlagsunternehmen in den Jahren 1839 bzw. 1874 ist ein den veränderten Marktbedingungen angepasster Schritt der Organisation von Beschaffung, Produktion und Vertrieb von fertiger Oberbekleidung in der Weise erfolgt, daß sich nun Engros-Anbieter von Damen- und Herrenoberbekleidung zwischen den Detailhandel und die Verlagsproduzenten geschoben haben. Mit diesem neu entstandenen Organisationsmuster haben sich in der Gründungsphase des Konfektionsgewerbes Beziehungen zwischen Verlegern und Verlagsproduzenten ergeben, die als klassiche Organisationsstrukturen des Verlagssystems zu bezeichnen sind. Insbesondere die moderne Form der 'unmittelbaren Werkstattarbeit' besitzt heute eine wieder stärker wachsende Bedeutung bei der Abwicklung von Produktionsaufträgen in der gegenwärtigen deutschen Bekleidungsindustrie 12).

Die Betrachtung der verlagsmäßig organisierten Herstellung von Oberbekleidung bringt bei näherer Hinsicht auf der Erscheinungsebene ein sehr breites Spektrum nebeneinander bestehender Organisationsstrukturen hervor und erschwert damit den Blick für das wesentliche, das Verlagssystem strukturierende Moment. Eine Analyse verschiedener Einzeldarstellungen der verlagsmäßigen Organisation der Produktion im Konfektionsgewerbe bringt als erstes Resultat hervor, daß es sich bei den ökonomischen Beziehungen zwischen Verlegern und Verlagsproduzenten in dieser Branche um tauschwirtschaftliche Beziehungen ganz eigener Art handelt.

Bedeutsam für das Lohngewerbe in der Konfektion war und ist es, daß der Auftragnehmer für die Herstellung eines Mantels, einer Hose u.s.w. zu keiner Zeit Eigentümer des von ihm bzw. von seinen Beschäftigten hergestellten Kleidungsstückes wird, sondern nur den dazu notwendigen Rohstoff von seinem Auftraggeber erhält. Während des Fertigungsprozesses bleibt dieser immer der Eigentümer des zu verarbeitenden Rohstoffes. Damit ist ausgeschlossen, daß der Produzent sein fertiges Produkt an den Besteller verkaufen kann. Unter diesen Bedingungen verkauft der Verlagsproduzent keine Ware, sondern nur eine Arbeitsleistung, für die er ein vorher vereinbartes Entgelt erhält. Die Verlagsproduzenten schließen mit ihren jeweiligen Auftraggebern keinen Kaufvertrag über eine Ware, sondern einen Werkvertrag über eine Arbeitsleistung ab. Aus diesem Grund ist die Selbständigkeit der Verlagsproduzenten gewissermaßen eine Voraussetzung für diesen Tauschakt. Die Verlagsproduzenten können deswegen nicht als abhängig beschäftigte Lohnarbeiter angesehen werden, die ihre Arbeitskraft als Ware einem Arbeitgeber zu dessen interessegeleiteter Nutzung gegen Lohn überlassen und damit gleichzeitig in dessen Wirtschaftsbetrieb eingegliedert werden. In dieser Konsequenz kann die Arbeitsstätte bzw. der Betrieb des Verlagsproduzenten nicht als ein Betriebsteil des Auftraggeberbetriebes betrachtet werden.

"Es giebt also - das hat man bisher gar nicht erkannt - selbständige tauschwirtschaftliche Subjekte, welche ein Produkt herstellen, aber die Arbeit bezahlt erhalten. Zu diesen gehören nun m. E. auch die Hausindustriellen. (...) Auch der Hausindustrielle liefert ein Produkt, erhält aber die Arbeit bezahlt, auch er ist unbedingt als selbständiger Gewerbetreibender anzusehen" (Liefmann : 1899, S.31).

Die Besonderheit, daß es sich bei den ökonomischen Beziehungen im Verlagssystem um einen bestimmten tauschwirtschaftlichen Vorgang - es wird eine Arbeitsleistung gegen Geld getauscht - zwischen zwei wirtschaftlich selbständigen Subjekten handelt, erweist sich als zentrales Kriterium zur Bestimmung von Verlags- bzw. Nicht-Verlags-Beziehungen. Die im Wesen der wirtschaftlichen Selbständigkeit liegende Chance des Wirtschaftssubjektes, nicht ein Produkt, sondern 'nur' eine Arbeitsleistung an andere verkaufen zu können, ist als die das Verlagssystem konstituierende Beziehung zu bezeichnen. Rechtliche Eigenständigkeit kennzeichnet in diesem Fall nicht nur den Verleger sondern auch den Verlagsproduzenten aus.

Der Verlagsproduzent geht mit seinem Auftraggeber eine qualitativ gänzlich andere Beziehung als ein Lohnarbeiter mit einem Unternehmer ein: Gegenstand der Vereinbarung zwischen diesen beiden selbständigen Wirtschaftssubjekten ist die Herstellung und Lieferung eines ganz bestimmten Werkes. Bedeutsam wird dieser Unterschied zwischen Werkverdingung und Dienstmiete 13) insbesondere für die im Rahmen der Werkverdingung mögliche unbeschränkte Weitergabe von 'Unteraufträgen' an andere Verlagsproduzenten und der dadurch möglichen Ausdifferenzierung verlagsmäßig organisierter Produktionsstrukturen.

"Werkverdingung ist daher derjenige Vertrag, bei welchem ein selbständiger Arbeiter für einen Anderen ein Werk, d.h. ein Produkt herzustellen übernimmt, aber nicht dieses vertauscht, sondern die darauf verwendete Arbeit bezahlt erhält" (Liefmann : 1899, S.38).

Vervollständigt wird die Definition des Verlages erst mit der konkreten Bestimmung der ökonomischen Rolle des Auftraggebers. So schließt nicht nur der Hausindustrielle, sondern z. B. auch der selbständige Schneidermeister dann einen Werkvertrag mit seinem Kunden ab, wenn dieser dem Schneidermeister seinen eigenen Stoff zur Verarbeitung übergibt. Der Leistungserstellung des selbständigen Hausindustriellen sowie des selbständigen Handwerksmeisters im Lohngewerbe steht das Preisgewerbe gegenüber, bei dem der Produzent seine Produkte als Ware verkauft. Die Auftragnehmer aus einem Werkverdingungsvertrag unterscheiden sich prinzipiell nach der ökonomischen Rolle des Auftraggebers und sind entweder als Lohnwerker oder als Verlagsproduzenten zu bezeichnen. Im Fall des 'Lohnwerkers' ist der Auftraggeber gleichzeitig der Endverbraucher bzw. der Konsument. Verlagsproduzent ist derjenige, wer als selbständiger Hausindustrieller für einen Auftraggeber eine Leistung erbringt und dieser das im Zusammenhang der Leistungserstellung gefertigte und an ihn gelieferte Produkt an Dritte verkaufen will.

"Verlagsproduktion ist also nach unseren bisherigen Feststellungen diejenige gewerbliche Tätigkeit, bei welcher ein selbständiges Wirtschaftssubjekt eine Arbeit leistet oder durch seine von ihm angestellten unselbständigen Arbeiter leisten läßt, für einen Besteller, der das Produkt desselben verkaufen will (mit oder ohne vorherige Weiterverarbeitung) oder kürzer: Verlagsproduzent ist der Arbeitnehmer aus einem Werkverdingungsvertrag, geschlossen mit einem Arbeitgeber, der das von jenem gelieferte Produkt vertauschen will" (Liefmann : 1899, S. 39).

Neben der bisher herausgearbeiteten Definition, daß der Verlag durch einen besonderen tauschwirtschaftlichen Vertrag zwischen zwei Wirtschaftssubjekten - bei dem das eine eine Leistung erbringen soll, deren Produkt das andere an Dritte verkaufen will - zu definieren ist, ist mit dem Begriff 'Verlag' auch die Tätigkeit des Verlegers zu bezeichnen.

Bei der im weiteren benutzten Kategorie 'Verlag' soll mit dem Verlag insbesondere eine bestimmte Form des Handels verstanden werden. Ausgehend von dem eigentlichen Handel, dem Handel auf der Basis des Kaufsystems - Kaufen um zu verkaufen - gilt für den Verlag, daß mit diesem eine "Bestellung von Arbeit zum Zwecke des Verkaufs ihres Produktes" gemeint ist.

Die o. a. Definition der Verlagsproduktion ist insbesondere für deren Anwendung bei der Analyse der verlagsmäßigen Organisation der Produktion von Oberbekleidung zu eng gefaßt. Das Wesen des Werkvertrages macht es möglich, daß der übernommene Arbeitsauftrag nicht selbst ausgeführt bzw. durch unselbständige Arbeiter im eigenen Betrieb ausgeführt wird, sondern daß der übernommene Auftrag zur Durchführung im 'Unterauftrag' an andere Verlagsproduzenten weitergegeben werden konnte. Im Fall einer derartigen Weitergabe von Arbeitsaufträgen schließt ein Wirtschaftssubjekt mit dem Verleger zuerst einen Werkvertrag, in dem es als Auftragnehmer erscheint, ab. Im weiteren schließt der Auftragnehmer einen weiteren Werkvertrag mit demjenigen Wirtschaftssubjekt, welches die Arbeitsleistung schließlich erbringt, ab. Innerhalb dieser Kette von vertraglichen Beziehungen tritt der Auftragnehmer aus dem Vertrag mit dem Verleger dem eigentlichen Verlagsproduzenten als Auftraggeber gegenüber.

Ein Wirtschaftssubjekt, das nach beiden Seiten Werkverdingungsverträge abschließt, ist innerhalb der sozio-ökonomischen Figuration 'Verlag' als Zwischenverleger bzw. im Konfektionsgewerbe als klassischer 'Zwischenmeister' zu bezeichnen. Dieser Zwischenverleger bzw. 'Zwischenmeister' tritt gegenüber dem Verleger in der Rolle des Auftragnehmers und gegenüber des eigentlichen Verlagsproduzenten in der Rolle des Auftraggebers auf. Er kann aber niemals die Rolle des Verlegers einnehmen. Weil er den Arbeitsauftrag an den eigentlichen Verlagsproduzenten weitergibt, erscheint er diesem gegenüber als Verleger. Er wird aber deswegen kein Verleger sein, da er nicht der Eigentümer des gefertigen Produktes und deswegen nicht in die Lage kommt, dieses an andere weiterzuverkaufen, da er mit dem Verleger einen Werkvertrag über die Lieferung des Produktes an ihn abgeschlossen hat.

Trotz des Erscheinens dem Verleger gegenüber als Verlagsproduzent ist der Zwischenmeister nicht der eigentliche Hersteller, da er die Ausführung der Arbeitsleistung an den Verlagsproduzenten weitergibt. Diesem gegenüber tritt der Zwischenverleger als einziger Auftraggeber auf, denn mit diesem vereinbart er selbständig die Konditionen des Werkvertrages.

Aus dem Dazwischentreten des Zwischenverlegers folgt, daß innerhalb des Verlagssystems sozio-ökonomische Beziehungen in der Form existieren, in der der Verlagsproduzent nicht direkt demjenigen gegenüber eine Arbeitsleistung erbringt, der das Produkt derselben an Dritte weiterverkaufen will, sondern daß es erst dessen Auftraggeber ist, der das Produkt verkauft, also dieser der eigentliche Verleger ist. Unter dieser Relativierung der verlagsmässigen Beziehungen lautet die Definition der Verlagsproduktion:

Verlagsproduzent ist derjenige Gewerbetreibende, "der einen Werkverdingungsvertrag mit einem Arbeitgeber schließt, der selbst das Produkt vertauschen will (Verleger) oder der seinerseits wieder einen Werkverdingungsvertrag mit einem solchen Arbeitgeber geschlossen hat (Zwischenverleger)" (Liefmann : 1899, S. 42).

Eindeutig gegenüber dem Zwischenverleger abzugrenzen ist diejenige Figur im Verlagssystem, die Arbeitsaufträge von einem Verleger übernimmt und zu deren Ausführung lohnabhängige Arbeitskräfte in seinem eigenen Betrieb beschäftigt.

"Kein Zwischenverleger ist, wer die übernommene Arbeit nicht an selbständige Arbeiter, nicht im Werkverdingungsvertrage weitergiebt, sondern in seinem Betriebe unselbständige, im Dienstvertrage stehende Arbeiter, mit der Ausführung beschäftigt. Ein solcher Mann ist vielmehr ein im Groß- oder Kleinbetrieb produzierender, unselbständige Arbeiter beschäftigender Verlagsproduzent, übt aber eine Zwischenstellung nicht aus" (Liefmann : 1899, S. 241).

Aus der Bestimmung des Verlages als tauschwirtschaftliche Beziehung besonderer Art zwischen zwei selbständigen Wirtschaftssubjekten geht hervor, daß die Beziehung zwischen dem Verleger und dem Verlagsproduzenten nicht nur als die Voraussetzung dafür anzusehen ist, daß sich auf dieser Basis facettenhafte Muster von Organisationsstrukturen des Verlages herausbilden konnten. Gleichsam kommt durch die Qualität dieser Beziehungen klar zum Ausdruck, daß der Verlag wohl als eine ökonomische Organisationsform, nicht aber als ein wirtschaftlich einheitlicher Organismus - wie er z. B. idealtypisch durch die Fabrik verkörpert wird - anzusehen ist.

Aus der Tatsache, daß der Verleger und die Verlagsproduzenten als selbständige Wirtschaftssubjekte miteinander Werkverdingungsverträge abschließen, läßt sich folgern, daß sie zusammen keine eigenständige ökonomische Einheit bilden. Vom Wesen der ökonomischen Beziehungen hat ein einheitliches ökonomisches Ganzes - wie z.B. im Fall der Fabrik - zur Voraussetzung, daß ein selbständiges Wirtschaftssubjekt, der Fabrikeigentümer, mit unselbständigen Wirtschaftssubjekten- den Lohnarbeitern - Arbeitsverträge abschließt.

Der Gegensatz zwischen Verlag und Fabrik basiert auf der Andersartigkeit der zwischen den jeweiligen Wirtschaftssubjekten geschlossenen Verträge, deren zentrales Unterscheidungskriterium die selbständige bzw. die unselbständige Arbeit ist. Zur systematischen Logik der unselbständigen Arbeit bzw. des Lohnarbeitsverhältnisses zählt - wie schon vorher ausgeführt - die Nutzung der Arbeitskraft des unselbständigen Arbeiters durch den Eigentümer der Produktionsmittel. Das im Verlauf des durch diesen bzw. seine Stellvertreter geleiteten Produktionsprozesses erstellte Produkt geht aufgrund des Lohnarbeitsverhältnisses in das Eigentum des Besitzers der Produktionsmittel über.

Der durch den - von der zeitlichen Dauer nicht befristeten - Arbeitsvertrag in die ökonomische Regie des Unternehmers eingebundene Lohnarbeiter ist innerhalb dieses Verhältnisses ein Glied eines einheitlichen wirtschaftlichen Organismus. Infolge seiner Position in der betrieblichen Hierarchie ist der unselbständige Arbeiter als ausführendes Organ den Anweisungen des Inhabers des Wirtschaftsbetriebes bzw. dessen Vertretern unterworfen.

Mit dem Abschluß eines Werkvertrages gingen sowohl für den Verleger als auch für den Verlagsproduzenten besondere Konsequenzen einher, welche - historisch gesehen - für die Herausbildung der Organisationsstrukturen des sich entfaltenden Bekleidungsgewerbes eine besonders große Relevanz besaßen. Gegenstand des Werkverdingungsvertrages war in jedem Fall eine einzige bestimmte Arbeitsleistung. Nur zu deren Erbringung wurde jeweils ein Werkvertrag abgeschlossen. Ist die Leistung aus diesem Vertrag erbracht worden, so war der Vertrag erfüllt. Damit war gleichzeitig das Vertragsverhältnis zwischen Verleger und Verlagsproduzent aufgehoben.

Neben den bisher herausgearbeiteten Eigentümlichkeiten dieser Organisationsform soll mit dem Hinweis auf die selbständige ökonomische Position der Verlagsproduzenten insbesondere deren ökonomische Rolle hinsichtlich eines flexiblen Arbeitskrafteinsatzes herausgestellt werden. Die Art des Werkvertrages ließ es einerseits zu und den spezifischen Bedingungen der Entstehung des Bekleidungsgewerbes kam es andererseits entgegen, daß der Heimarbeiter bzw. die Heimarbeiterin kein Glied im wirtschaftlichen Betrieb des Verlegers war. In dieser Konsequenz konnten die Heimarbeiter/innen eigenständig über den Einsatz ihrer Arbeitskraft verfügen und auch die Ausführung der vom Verleger übernommenen Aufträge autonom organisieren. Die Weitergabe der Ausführung an Dritte war damit nicht ausgeschlossen.

Für die Entfaltung der verlagsmäßigen Organisation der Herstellung von Fertigkleidung sind die hervorgehobenen Besonderheiten des Werkvertrages die ideale Voraussetzung gewesen, um in der Wechselwirkung insbesondere mit den Eigentümlichkeiten des Absatzmarktes sowie des Arbeitsmarktes in einer langen Periode - bis zum Ende des 2. Weltkrieges - die Funktionsfähigkeit des Verlagssystems in der Konfektionsbranche dominierend zu garantieren.

Anmerkungen Kapitel 2

1) Das dieses Ziel zumindest nicht in allen Zünften erreicht worden ist, beweist z. B. Klersch: "Schon aus der Verschiedenheit der Betriebsgröße ergibt sich eine soziale Abstufung unter den Schneidern," (Klersch : o.J.; S. 24).

2) Die regional unterschiedliche Ausfüllung dieses Prinzips kann exemplarisch an den Beispielen von Breslau und Köln belegt werden: Für Breslau war 1538 die Höchstzahl des Gesindes mit 4 Leuten festgelegt: 1 Geselle und 3 Jungen. Vgl. Röder : 1938, S. 58.

Die Kölner Bedingungen inclusive ihrer Abweichungen beschreibt Klersch folgendermaßen: "Die Bestimmung von 1595, daß kein Meister mehr als vier Gesellen und einen Jungen haben dürfte, war zwar formell in Kraft, aber praktisch hatte der Rat und auch das Amt (die Zunft-F.D.) ein oder auch zwei Augen zugedrückt,...". Klersch : o. J., S. 69.

3) Allerdings konnte z. B. der Rat in Heilbronn einem Meister, der wegen schlechter Arbeitsleistung häufiger bestraft worden war, das Meisterrecht entziehen. Vgl. Hussong : 1936, S. 70.

4) Auf eine spätere Erweiterung dieser Vorschriften durch die Einführung sog. "Mutjahre" in Frankfurt weist Hussong hin. Mutjahre dienten der sittlichen Bewährung eines Handwerksgesellen. Während dieser Jahre war der Geselloe gezwungen, sich dem Sittenkodex entsprechend zu verhalten. Verstieß er dagegen, wurde sein Name auf Anordnung der Deputierten aus dem Gesellenbuch gestrichen. Nur bei großer Einsicht seines "Fehltritts" konnte der Betroffene seinen Wiedereintrag in das Gesellenbuch erreichen. Andernfalls war er gezwungen - wollte er Meister werden - die Witwe eines Meisters zu heiraten. Vgl. Hussong: 1936, S. 40.

5) Die Beschränkung der Anzahl der zum Meisterstück zuzulassenden Gesellen wurde später in der Weise modifiziert, daß die Zulassungsquote in ihrer Zusammensetzung nach Einheimischen und Fremden zugunsten der Einheimischen geändert wurde. Diese Vorschrift wurde jedoch immer wieder umgangen. Vgl. Hussong : 1936, S. 33.

6) "Während der Messen, sowie an Wahl- und Krönungstagen war der Absatz an fremde Personen am größten," (Hussong : 1936, S. 47).

7) Röder führt aus, daß in Breslau die sog. "Gewerbeschau" in beschränktem Maß üblich gewesen sei.

Ergänzend zu den Prüfungen der Arbeitsleistungen der Schneidermeister durch die Zunft sei auf das Beschwerderecht der Kunden hingewiesen: der mit der Arbeit des Schneidermeisters unzufriedene Kunde konnte diese der Zunft zur Begutachtung vorlegen; unter bestimmten Bedingungen wurde der Schneidermeister dann zur Zahlung von einer Buße verpflichtet. Vgl. Röder : 1938, S. 57 ff. Auf differenzierte Sanktionen gegenüber den Meistern wegen beanstandeter Arbeitsleistungen weist Hussong hin. Vgl. Hussong : 1936, S. 70.

8) In Frankfurt am Main war z. B. die Tätigkeit der Schneider sowohl Kunden- als auch Marktproduktion; letztere wurde den Zunftschneidern durch die Ordnung von 1588 weiterhin gestattet. Die Marktproduktion wurde allerdings im Jahr 1613 dahingehend eingeschränkt, daß für den Markt nur noch leinene Hosen, leinene Strümpfe, wollene Hemden und Handschuhe angefertigt werden durften. Die Herstellung von Kleidern war dagegen gänzlich verboten worden (Hussong : 1936, S. 21 ff.).

9) Klersch erwähnt die herrschaftlichen Hausschneider, die sog. Kämmerlinge, deren Neigung zu unzünftlerischer Schwarzarbeit besonders ausgeprägt gewesen ist (Klersch : o. J., S. 22).

10) Schon die Delegierten des am 14. Juni 1361 in Schweidnitz abgehaltenen schlesischen Schneidertages befassten sich u. a. mit Bestimmungen über den Kleiderhandel. Sie beschlossen, daß "kein verkoufler (Händler mit alten Kleidungsstücken - F.D.) soll neue gewand schneiden zu kleidern, diese einige Tage tragen und dann auf dem markte feil haben" (Winter : 1896, S. 5).

11) Daß viele der Firmen, die sich als 'engros' Konfektionsfirmen am Markt etablierten, vorher als Konfektions-Einzelhandelsgeschäft bestanden, sei an dieser Stelle vermerkt.

12) Nicht unbeträchtliche Produktionsaufträge werden auch heute noch bzw. wieder "im Lohn" an Zwischenmeisterbetriebe im In- und Ausland vergeben. Zu dem mittlerweile recht starken Anteil der Vergabe von Lohnaufträgen an ausländische Zwischenmeister im Rahmen der passiven Lohnveredelung vgl. die Ausführungen auf S. 337 ff.

13) "Der Verlagsvertrag, kann man sagen, ist Werkverdingung, der Fabrikarbeitsvertrag Dienstmiete" (Liefmann: 1899, S.35).

3. Entstehungsbedingungen der mechanisierten Massenproduktion von fertiger Oberbekleidung im verlagsmäßig organisierten Konfektionsgewerbe

Die Fabrik kann als Stätte des zentralisierten Einsatzes von Lohnarbeitskräften und Betriebsmitteln sowie der einheitlichen Leitung des mechanisch gestützten sowie industriell organisierten Produktionsprozesses begriffen werden. Ihre Herausbildung nahm im Rahmen der Entwicklung von frühkapitalistischen Wirtschaftsstrukturen zu Strukturen hochentwickelter Industriegesellschaften in den einzelnen Wirtschaftszweigen einen sehr unterschiedlichen Verlauf. So gingen z. B. die 'science-based-industries' nicht aus irgendwelchen Vorläufern der Fabrik hervor, sondern entstanden originär. Demgegenüber stand das Muster der Entwicklung von 'klassischen' Industriesektoren, nach dem sich Branchen wie der Maschinenbau, die Textilindustrie u.s.w. herausgebildet hatten.

In besonderer Weise gilt die Annahme eines ganz speziellen Verlaufes der Entfaltung des industriellen Produktionsprozesses und damit der Entstehung der Fabrik für die als 'Nachzüglerbranche' zu bezeichnende Bekleidungsindustrie. Der Verlauf der technisch-organisatorischen Entwicklung der Massenproduktion von fertiger Oberbekleidung läßt sich gegenüber der Entstehung mechanischer Spinnereien und Webereien als Resultat eines 'klassischen' Industrialisierungsverlaufes klar abgrenzen. Verglichen mit dem Entwicklungspfad der Textilindustrie war der der Bekleidungsindustrie nicht nur ein gänzlich anderer, sondern - gemessen an der Entwicklung der Textilindustrie als 'klassischem' Muster von Industrialisierungsverläufen - ein völlig untypischer.

Strukturell gesehen ist der Produktionsprozeß im Konfektionsgewerbe in der Phase der verlagsmäßigen Organisation durch die Herausbildung sehr stark differenzierter Beziehungen zwischen Verlegern und Verlagsproduzenten nach der Erfindung der Nähmaschine für die Massenproduktion von Bekleidung gekennzeichnet gewesen. Der Einsatz der Nähmaschine erfolgte in der präindustriellen Phase der Herstellung von fertiger Oberbekleidung in der vorwiegend großstädtisch organisierten Verlagsproduktion. Diejenigen sozio-ökonomischen Bedingungen der Massenproduktion von fertiger Oberbekleidung, welche die verlagsmäßige Organisation des Produktionsprozesses in diesem Wirtschaftszweig in großem Maßstab generiert haben, sind gleichzeitig als Einflußgrößen der besonderen Entwicklung des Konfektionsgewerbes hervorzuheben. Diese haben einen Entstehungsverlauf der Bekleidungsindustrie gemäß dem in der Wirtschaftsgeschichte vielfach unterstellten Stufenschema Handwerk-Manufaktur-Fabrik nicht nur nicht begünstigt, sondern in keiner Weise zugelassen. Daß die 'Konfektion' nicht aus der konsequenten Weiterentwicklung des zunftverfassten Schneiderhandwerks hervorgegangen ist, sondern sich als eigenständiger Wirtschaftszweig in Konkurrenz zu diesem aus dem Handelskapital herauszubilden begann, ist im vorhergehenden Kapitel dargestellt worden. Eine Phase der Existenz von Kleidermanufakturen scheint es vor oder auch parallel zum Verlag im Bekleidungsgewerbe in nennenswertem Umfang nicht gegeben zu haben.

Für die Beantwortung der Frage nach den historischen Bestimmungsgründen der Organisation des Produktionsprozesses ist die Analyse der sozio-ökonomischen Bedingungen des Einsatzes der Nähmaschine als dem zentralen Produktionsmittel des Bekleidungsgewerbes wesentlich. Der Einsatz der Nähmaschine bei der Massenherstellung von fertiger Oberbekleidung hatte nicht die Gründung von Kleiderfabriken zur direkten Folge. Im Gegenteil kam es zur Miniaturisierung des Produktionsprozesses in der Konfektion. Aus diesem Grund sind die Einflußgrößen, welche diese Entwicklung bestimmt haben sowie ihr Zusammenwirken präziser zu untersuchen. Mittels der Analyse dieses Zusammenhanges soll der Hintergrund erarbeitet werden, auf welchen unterschiedlichen Organisationsvarianten der Verlagsproduktion fertiger Oberbekleidung basieren und ihre weitere Entwicklung sich (er)klären läßt.

3.1. Sozio-ökonomische Entstehungsbedingungen des Konfektionfektionsgewerbes

3.1.1. Die Entstehung des Absatzmarktes für fertige Oberbekleidung

Zeigt sich der moderne Produktionsprozeß der industriellen Fertigung von Oberbekleidung in der ersten Hälfte der 80er Jahre dieses Jahrhunderts auf relativ einheitlichem Niveau, so waren nicht nur die Ausgangssituationen der einzelnen Teilbranchen des Bekleidungsgewerbes voneinander gänzlich verschieden, sondern es nahmen auch die in dieser Konsequenz entstandenen 'Betriebsformen' des Konfektionsgewerbes teilbranchentypisch sozio-ökonomische vermittelte unterschiedliche Organisationsstrukturen an.

Bevor diese facettenhaften verlagsmäßig organisierten Kooperationsformen zwischen Verlegern und Verlagsproduzenten im einzelnen vorgestellt und analysiert werden sollen, ist es für die Klärung des Entwicklungszusammenhanges des Bekleidungsgewerbes notwendig, die Genese der wesentlichen Teilbranchen im einzelnen herauszuarbeiten. Im Mittelpunkt dieses Abschnittes stehen somit die Entstehungsbedingungen der Branchen der Oberbekleidung. Konkret sind hierfür zunächst die spezifischen sozio-ökonomischen Bedingungen herauszuarbeiten, welche u. a. zur stark zeitversetzten Entstehung der Damen bzw. Herrenkonfektion geführt haben.

3.1.1.1. Die Entstehung des Absatzmarktes für fertige Damenoberbekleidung

Die auf dem Verlagssystem basierende Entwicklung der Bekleidungsindustrie begann in der zweiten Hälfte der 30er Jahre des 19. Jahrhunderts mit der Entstehung der Damenkonfektionsbranche und hier konkret mit der Herstellung von Damenmänteln in Berlin. Als auslösender Faktor der Gründung dieses Geschäftszweiges wird von verschiedenen Autoren (vgl. u. a. Feitelberg : 1901, S. 5 ff; Heimann : 1912, S. 72 ff.; Salinger : 1904, S. 893 ff.) hervorgehoben, daß die aufgrund der Damen-Kleidermode in den 20er und 30er Jahren des 19. Jahrhunderts als Überkleider getragenen großen Umschlagtücher von den Schnittwarenhändlern, d.h. vom Tucheinzelhandel sowie von den Modebazaren, angeboten worden sind. Diese Oberbekleidungsstücke sind vom Tucheinzelhandel angeboten worden, da diese Schals und Tücher gleich in den gewünschten Formen und Größen gewebt wurden. Außer eventuell notwendigen Säumarbeiten erforderte die Herstellung dieser Teile keinen nennenswerten Nähaufwand.

Mit dem Abflauen der Nachfrage nach diesen Bekleidungsstücken und dem Aufkommen der Nachfrage nach Mänteln, Mantillen, Umhängen u.s.w., passten sich die Geschäftsleute dieser Modeentwicklung an und ließen diese in ihren Magazinen angebotenen Waren in besonderen Werkstätten auf Vorrat herstellen. Sind mit dieser Entwicklung - der Vergabe der Aufträge und dem Verkauf der fertigen Kleidungsstücke durch den Einzelhändler - die ersten Schritte zur Entfaltung eines zunächst städtischen Absatzmarktes für fertige Damenoberbekleidung gemacht worden, so ist die weitere Entwicklung dadurch geprägt gewesen, daß diese Magazine sich zu 'Engros-Konfektionshäusern' weiterentwickelten oder 'Engros-Konfektionshäuser' als Neugründung entstanden.

"Berliner Detailhändler, meist Tuchhändler, versuchten, die bisher vorwiegend aus Wien importierten Artikel selbst herzustellen. Die Idee fand Anklang. In den 40er Jahren entstanden in Berlin 12 Geschäfte (unter ihnen 1840 die heute noch bestehenden V. Mannheimer und D. Lewin), die hauptsächlich Pelerinenmäntel und Mantillen im Verlagsbetriebe herstellten und im Einzelhandel absetzten. Wir finden im Anfang Fabrikation und Einzelabsatz in einem Unternehmen vereinigt; erst im weiteren Verlauf der Entwicklung kommt es zu der heute üblichen Scheidung von Engros- und Detailkonfektionen" (Wittkowski : 1928, S. 7).

Auf dieser Basis bildete sich in den folgenden dreißig Jahren vom Produktionsumfang her gesehen nicht nur ein prosperierender Binnenmarkt heraus, sondern es wurden gleichzeitig Absatzmärkte im Ausland erschlossen.

"Sie (die Konfektion - F.D.) gewinnt von Jahr zu Jahr ein größeres Feld und konkurriert in den entferntesten Gegenden mit England und Frankreich" (Die Ältesten der Kaufmannschaft von Berlin, zit. in: Schmidt : 1912, S. 24).

"Bald findet die Berliner Ware Anklang in der Provinz, die Berliner Firmen beschicken die Messen von Leipzig und Magdeburg, die Umsätze werden größer, es entstehen immer mehr Neuetablierungen und die Branche hebt sich" (Heimann : 1912, S. 73).

In den Jahren 1840 bis 1870 produzierte die Damenkonfektion mit den in diesem Zeitraum hinzugekommenen Standorten Breslau 1) und Erfurt 2) zunächst überwiegend für den inländischen Markt. Die in der zweiten Hälfte der 50er Jahre des letzten Jahrhunderts entstandenen außenwirtschaftlichen Beziehungen der Damenmäntelbranche begannen mit dem Export von Damenoberbekleidung nach Österreich (Heimann : 1912, S. 73). Zu den ersten ausländischen Absatzgebieten zählten weiterhin die skandinavischen Länder sowie Holland und Rußland (Redlich 1934, S. 15). Weitere europäische (Schweiz, Italien, Spanien und Belgien) sowie außereuropäische (Südamerika) wurden in den 60er Jahren erschlossen und trugen zum stetigen Wachstum der Damenkonfektionsbranche bei (Salinger : 1904, S. 894).

Die zunehmende Konkurrenzfähigkeit der Damenmäntelbranche auf ausländischen Absatzmärkten sowie die sukzessive Erhöhung der im Inland abgesetzten Produktion sind als Resultat sowohl der Angebotspolitik als auch bestimmter Absatzstrategien zu sehen. Begünstigt wurde der in- als auch der ausländische Absatz durch die ständige Verbesserung der Struktur des Angebotes. Das Eingehen auf exklusivere Ansprüche ging mit der Verarbeitung wertvollerer Materialien sowie der Steigerung der Qualität der Verarbeitung einher. Mit der gleichzeitigen Erweiterung des Angebotes wurde es möglich, die Kollektionen breiter anzulegen und vielseitiger zu gestalten, wodurch der potentiellen Nachfrage die notwendigen Anreize gegeben worden sind.

Unterstützt wurde diese Veränderung der Angebotsstruktur der sich entfaltenden Damenkonfektionsbranche durch das Beschreiten neuer Absatzwege. Zusätzlich zum sog. Platzgeschäft wurde das Reisegeschäft aufgenommen 3). Dadurch weitete sie ihr Absatzgebiet aus und konnten die Absatzbemühungen intensiviert werden. Der aus den außenwirtschaftlichen Beziehungen als auch aus der binnenwirtschaftlichen Nachfrage resultierende Absatz der Damenmäntelbranche ist ein Indikator dafür, daß das Gut Fertigkleidung zunehmend von der weiblichen Kundschaft akzeptiert worden ist. In der Folge dieser Akzeptanz trat in diesen Jahren neben die Massenherstellung von konfektionierten Mänteln die Herstellung fertiger Damenkleider sowie der sich um 1865 etablierte Zweig der 'Kostüm-, Blusen- und Juponskonfektion' (Pilgrim : 1925, S. 5). Von den Chronisten der Entwicklung der Berliner Damenkonfektions-Industrie wird das Jahr 1861 als der Zeitpunkt der Entstehung der Kinderkonfektion genannt (Heimann : 1912, S. 73).

Eine zusätzliche Unterstützung erhielt das ohnehin expandierende Exportgeschäft der Damenmäntelkonfektion durch die spezifischen Umstände des deutsch-französischen Krieges 1870/71. Wegen der Belagerung von Paris - dem damaligen Weltzentrum der Damenmode - durch deutsche Truppen war es den internationalen Einkäufern nicht möglich, die dortigen Modeschauen sowie Einkaufsmessen zu besuchen. Die Umstände dieser Situation brachten das internationale Einkaufspublikum dazu, als Alternative zu Paris das damalige deutsche Konfektions- und Modezentrum Berlin zu besuchen. Dies hatte zur Folge, daß sich daraus wichtige Geschäftsbeziehungen zu englischen sowie nordamerikanischen (USA und Canada) Einkäufern ergaben, die zu einer großen Bedeutung für die deutsche Damenkonfektion wurden. In dieser Konsequenz waren die deutschen Damenkonfektionsunternehmen gezwungen, ihre Leistungsfähigkeit so weit zu steigern, daß sie damit internationale Standards setzten und diese gleichzeitig auf dem Weltmarkt insbesondere gegenüber der französischen Konkurrenz verteidigten.

Die in besonders starkem Maß exportgestützte Expansion der Damenkonfektion führte in den 70er und 80er Jahren zu einem einzigartigen Aufschwung dieser Branche. Exportquoten von bis zu 43 % 4) belegen die starke Unterstützung der weiteren Entwicklung dieser Branche durch die Produktion für die Nachfrage aus dem Ausland. Hemmnisse und in deren Folge drastische Einbußen dieser expansiven Entwicklung begannen sich insbesondere gegen Ende der 80er Jahre auf mehreren Ebenen einzustellen. Neben der deutschen Zolltarifpolitik, die zur Verteuerung der aus dem Ausland eingeführten Tuche u.s.w. und damit zum Anstieg der Preise der Kleidungsstücke geführt hatte, war es der Aufbau von Schutzzollsystemen durch verschiedene Exportnationen, insbesondere in den USA (Mc Kinley-Bill), der zu deutlichen Einbrüchen des bisherigen Exportgeschäftes der Damenkonfektion führte. Auch die Errichtung einer eigenen nationalen Bekleidungsindustrie in den bisherigen Exportnationen, wie z. B. in England hatten stärkere Einbußen des Exportgeschäftes für die deutsche Konfektion zur Folge. Ausgeglichen wurde die Schrumpfung der Auslandsnachfrage nach deutscher Fertigkleidung für Damen in den folgenden Perioden durch ein überproportionales Wachstum des Inlandsgeschäftes. (Vgl. hierzu Heimann : 1912, S. 74; Redlich : 1936; S. 17) 5).

3.1.1.2. Die Entstehung des Absatzmarktes für fertige Herrenoberbekleidung

Konnte die Entstehung der Damenkonfektion aufgrund ihres mehr oder weniger 'geradlinigen' Entwicklungsweges als auch wegen ihrer auf einen dominierenden Standort bezogenen Entstehung repräsentativ an der Herausbildung der Berliner Damenmäntelbranche dargestellt werden, so ist für die Entstehung der Herrenkonfektion kein vergleichbar repräsentatives Beispiel anzuführen.

Die Entstehungsbedingungen der Herrenkonfektion unterschieden sich von denen der Damenkonfektion ganz wesentlich. Allgemein ist zu sagen, daß die Etablierung der ersten Herrenkonfektionsunternehmen erst wesentlich später als die Gründung der ersten Damenkonfektionsunternehmen erfolgte. Die Herrenkonfektion entwickelte sich in ihrer Anfangsphase mit deutlich geringeren Wachstumsraten gegenüber einem nach Größe und Geschwindigkeit klar überlegenem 'Start' der Damenkonfektionsbranche. Nicht nur der relativ spät erfolgte Eintritt der Herrenkonfektion in die Fertigkleiderbranche, sondern auch das relativ langsame Entwicklungstempo dieser Branche sowie unterschiedliche Ursprungsvarianten verweisen auf bestimmte Eigentümlichkeiten der Entstehung dieses Geschäftszweiges.

"Die Entwicklung dieses Zweiges der Konfektionsindustrie ist ein Resultat der letzten Jahrzehnte; während die hauptsächlich in Berlin sich entwickelnde Damenmäntelkonfektion bereits in den 40er und 50er Jahren unseres Jahrhunderts zur Herstellung größerer Mengen auf Vorrat überging, sind die Anfänge einer solchen Entwicklung bei der Herstellung von Männerkleidern in den von uns besonders ins Auge zu fassenden Distrikten erst in den 60er und Anfang der 70er Jahre zu beobachten, und zwar ist die Industrie hervorgegangen aus einem eigentümlichen Zusammenwirken resp. einer teilweisen Verschmelzung und Aufsaugung von handwerklich arbeitenden Schneiderbetrieben durch die auf rein kaufmännischer Basis bestehenden Manufakturwarengeschäften und alten Kleiderhandlungen" (Jaffé : 1899, S. 125).

Im Rahmen der Analyse der Entwicklung der Herrenkonfektionsbranche gilt es für die Klärung des Entwicklungszusammenhanges dieses Zweiges der Fertigkleidungsbranche, die für die Entwicklung von Marktbeziehungen relevanten Einflußgrößen sowohl auf der Nachfrageseite als auch auf der Angebotsseite herauszuarbeiten und in ihrem Zusammenwirken in den ersten Dekaden des Bestehens dieser Branche aufzuzeigen.

Es waren neben sozialen insbesondere wirtschaftliche Bestimmungsgründe, welche die Entstehung von Engrosgeschäften für Herren-Fertigkleidung im wesentlichen erst in den 60er bzw. 70er Jahren des vorigen Jahrhunderts zugelassen haben. Tief verankerte, vermutlich auch prinzipielle Vorurteile standen bei den männlichen kaufkräftigeren Bevölkerungsschichten dem Kauf von fertiger Oberbekleidung entgegen. Wenn Vorurteile bei den heutigen Einstellungen bzw. Kaufentscheidungen der Konsumenten keine Relevanz mehr besitzen, so ist die Entwicklung der Herrenkonfektion doch jahrzehntelang davon begleitet gewesen, sich einen Ruf von Qualitätsarbeit insbesondere bei diesem Käuferpublikum zu verschaffen. Auf der anderen Seite war eine frühere Entstehung der Engros-Herrenkonfektion nicht möglich, da sich ein größerer Absatzmarkt für billige und neue Herrenfertigkleidung wegen der fehlenden Nachfrage noch nicht herausgebildet hatte.

So bestand bis über die Mitte des letzten Jahrhunderts hinaus nur ein Herrenkleider- bzw. Stoff-Detailhandel, der dem Konsumenten in zunächst bescheidenem sowie regional begrenztem Rahmen neue Fertigkleidung angeboten hatte. Bis zur Gründung der ersten Herrenkleider-Engros-Verlagsfirmen waren es diese Einzelhandelsgeschäfte, welche die Anfertigung der von ihnen angebotenen Waren im verlagsmäßigen Rahmen durch geeignete Verlagsproduzenten ausführen oder in eigenen Werkstätten von ihren eigenen Arbeitern herstellen ließen. Ein kleinerer Teil des Gesamtangebots an neuer Herrenfertigkleidung stammte von Schneidermeistern, die auf diesem Markt eine Konkurrenz zum Handel darstellten 6).

Die Entstehung der ersten "Herrengarderobefabriken" aus dem Einzelhandel, genauer gesagt aus den "selbstproduzierenden

Konfektionsdetaillisten" (Schmidt), hat für die Herausbildung der Herren-Fertigkleiderbranche eine außerordentlich große Bedeutung gehabt. Mit der Aufnahme der Massenproduktion sowie des Reisegeschäftes durch das Kleinkonfektionshaus vergrößerte sich nicht nur das Absatzgebiet dieser Unternehmen, sondern durch die Aufnahme von Geschäftsbeziehungen zum auswärtigen Detail-Kleiderhandel bzw. zu Manufakturwarengeschäften u.s.w., nahm deren Absatzpolitik einen zusätzlichen Vertriebsweg auf. Dem bisher als Kleinkonfektion betriebenen Handelsgeschäft wurde in dieser Weise die Engros-Fabrikation von Herrenfertigkleidung angegliedert. Ein Entstehungsmuster der Herrengroßkonfektion, welches für die Gründung vieler heute noch bestehender Herrenkleiderfabriken zutrifft.

"Diese Spezialgeschäfte, - man erkennt die heute noch bestehenden daran, daß sie durchweg den Namen "Garderobefabriken" führen, - waren ursprünglich Kleinhandelsgeschäfte. Erst nach und nach wurde das Reisegeschäfte und damit die Großproduktion aufgenommen" (Cohen : 1922, S. 42).

Eine Erschließung des überregionalen Absatzmarktes durch die auf diese Art neu entstandenen Großkonfektionsgeschäfte bedeutete für diejenigen Schneider, die neben dem Einzelhandel auf dem lokalen Markt - wenn auch vermutlich in nur geringem Maß - fertige Herrenkleidung angeboten hatten, eine besonders gewichtige Konkurrenz. Anzunehmen ist, daß der Einzelhandel aufgrund des Großeinkaufs seiner Waren diese zu günstigeren Preisen anbieten konnte als auch wegen der Konzentration des Handels auf den lokalen Absatz seiner Waren einer weiteren Entwicklung der Verkaufstätigkeit des Schneidermeisters - dessen Kompetenz sich auf die Herstellung der Bekleidung beschränkte - eine deutliche Grenze gezogen war.

Die Schaffung eines Angebotes an Herrenfertigkleidung zunächst für einen überregionalen und später für einen nationalen Absatzmarkt verhalf den in das Engrosgeschäft eingetretenen Herrenkonfektionsfirmen im Laufe der Zeit zu einer relativ starken Marktposition gegenüber den für einen eng begrenzten Markt produzierenden Schneidermeistern als auch gegenüber den nur auf lokalen Absatzmärkten in Erscheinung getretenen Kleiderhandlungen, Magazingeschäften u.s.w. Gleichzeitig sind hiermit die strukturellen Ausgangsbedingungen der Branchenentwicklung benannt, in deren Folge diese Engrosfirmen mit stetigem Wachstum ihren Anteil am Herrenfertigkleidungsangebot ausgebaut haben.

Der Prozeß des Zutritts als Anbieter zum Markt für Herrenfertigkleidung verlief nicht allein über die Stufe des Einzelhandels. In einer geringeren Anzahl von Fällen existierten Umstände, welche dazu geführt haben, daß 'Herrenkleiderfabriken' von Schneidermeistern gegründet wurden und somit direkt aus dem Schneiderhandwerk heraus entstanden sind. Vgl. Kunkel : 1931, S. 10; Schmidt : 1921, S. 1 ff. 7).

Neben der Entstehung der Herrenkonfektion aus dem Handel sowie - vermutlich nur in Einzelfällen - aus dem Schneiderhandwerk ist die Gründung von 'Herrenkleiderfabriken' als Neugründung anzuführen . Vgl.

hierzu Schmidt : 1912, S. 28. 8). Dieses Entstehungsmuster gilt besonders für die Gründung von Unternehmen der vorwiegend ländlich organisierten Arbeiter- und Sommerkonfektion. Begünstigt wurde die Gründung solcher nicht aus anderen Organisationsformen entstandenen 'Kleiderfabriken' durch die besonderen Umstände der Entstehung der 'Arbeiterkonfektionsbranche'. Es waren vorwiegend ländliche Regionen - z. B. Niederrhein, Ostwestfalen u.s.w. - in der Nähe der Textilfabriken, in denen ein Arbeitskräftepotential in ausreichendem Maß zur Verfügung stand, das mit dem Ansteigen der Nachfrage nach billiger Arbeitskleidung mühelos von den im Zuge der wirtschaftlichen Entwicklung sprunghaft gestiegenen Anzahl der Unternehmen rekrutiert werden konnte. Vereinzelt sind mit der Gründung von Unternehmen dieser Branche gleichzeitig sog. 'Betriebswerkstätten' entstanden - nur in diesen Fällen erfolgte die Herstellung von billiger Arbeitskleidung von vornherein nicht in der verlagsmäßig organisierten Form 9).

In nicht näher differenzierten Ausführungen zur Entwicklung der Herrenkonfektion wird darauf hingewiesen, daß neue und fertige Herrenoberbekleidung in den 40er und 50er Jahren des letzten Jahrhunderts nicht nur von städtischen Kleidermagazinen u.s.w. angeboten worden ist, sondern daß schon zu dieser Zeit Engros-Herrenkonfektionsfirmen existiert haben sollen. Zu den in diesem Zeitraum am Markt aufgetretenen Engrosanbietern sind im wesentlichen Firmen aus Südwest- bzw. Süddeutschland (Mauer : 1923, S. 14), aus der bayerischen Pfalz (Herzberg : 1894, S. 42) 10) sowie eine Firma der westfälischen Arbeiterkonfektion (Jaffé : 1899, S. 140). 11) zu zählen.

Eine erste bedeutendere Gründungswelle von Herrenkonfektionsfirmen an verschiedenen Standorten mit ihren jeweiligen Spezialartikeln 12) ist für das Ende der 60er bzw. den Anfang der 70er Jahre des 19. Jahrhunderts zu belegen. Getragen gewesen ist diese Phase der Entstehung einer größeren Anzahl von 'Herrengarderobefabriken' durch die damals herrschenden ökonomischen Bedingungen einer wachsenden sowie sich sektoral ausdifferenzierenden Volkswirtschaft. In den Berichten über die Herausbildung eines größeren Marktes für fertige Herrenoberbekleidung in der Phase nach dem Krieg 1870/71 wird auf ein stärkeres Wachstum dieser Branche hingewiesen, wobei das Angebot in zunehmendem Maß aus der Produktion der neu gegründeten Engros-Herrenkonfektionsfirmen hervorgegangen ist. Eine wesentliche Stütze dieser Wachstumsentwicklung ist die Entfaltung eines inländischen Absatzmarktes gewesen. Im Gegensatz zur Anfangsphase der Damenkonfektion hatte der Exportanteil am Absatz von Herrenkonfektion kein bedeutendes Gewicht.

Auf der Nachfrageseite ist es ganz besonders der Konsum der wachsenden Arbeiterschaft an billiger Arbeits- und Sonntagskleidung gewesen, von dem der weitere Aufschwung der Herrenkonfektion entscheidend beeinflußt wurde. Die Grenzen des Wachstums der Herrenkonfektion waren in dieser Anfangsphase hauptsächlich durch die Konsumneigung der Arbeiterschaft für Bekleidung sowie des einkommensschwächeren Teiles der Landbevölkerung markiert. Der absolute Rahmen ist durch die Entwicklung des Saldos der Entwicklung dieser Bevölkerungsanteile gegeben gewesen 13).

Aus der Konsumentenstruktur folgte für das Angebot an fertiger Herrenoberbekleidung, daß nur billige Stapelgenres hergestellt wurden. 'Mittlere' bzw. 'bessere' Qualitäten sind zu dieser Zeit - falls überhaupt - nur sehr selten in den Kollektionen vertreten gewesen. Das Angebot der Konfektionsgeschäfte bestand in den 80er Jahren überwiegend aus billigen Kleidungsstücken. Sie führten auch nur eine begrenzte Anzahl von Mustern. Von der Mode wurde das Angebot an fertiger Herrenoberbekleidung in dieser Zeit nicht bedeutend beeinflußt. Als Ergebnis der Betrachtung dieser Phase der Entwicklung des Marktes für fertige Herrenoberbekleidung ergibt sich eindeutig, daß der Markt für Herrenkonfektion in seinen Anfängen primär durch die kaufkräftige Nachfrage eines Kundenkreises beschränkt gewesen war. Der damalige Käufer von Fertigkleidung war nicht in der Lage, mehr für ein neues Kleidungsstück aufzuwenden, als er für den Kauf eines bereits getragenen Kleidungsstückes zu zahlen bereit gewesen ist (Cohen : 1926, S. 42). In dieser Entstehungsphase wurde die Ausweitung des Angebotes hin zu qualitativ höherwertigen Kleidungsstücken durch die Einstellung bzw. das Vorurteil der Konsumentenschichten, die sich nur sehr schwer an fertige Oberbekleidung gewöhnen konnten, verhindert 14).

Nur durch die Strategie der Verbesserung der Qualität des Angebotes gegenüber den ersten Produkten der Herrenkonfektion konnten weitere Fortschritte erreicht und zusätzliche Käuferschichten für diese Branche gewonnen werden 15). Für die weitere Entwicklung des Zweiges der Herrenkonfektion ließ sich folgende Interdependenz beobachten: Je mehr die Qualität der Kleidungsstücke durch eine höherwertige Verarbeitung sowie eine Verwendung von Tuchen höherer Qualität gesteigert wurde, desto umfangreicher wurde der Kreis der Abnehmer. Jede Erweiterung des potentiellen Kundenkreises wurde gleichzeitig ein Anreiz zur differenzierten Ausdehnung der Produktion sowie zur Verbesserung der Qualität der angebotenen Produkte (Leitzke : 1931, S. 15).

3.1.2. Der Einfluß von Saison und Mode auf Organisation, Produktion und Beschäftigung im Konfektionsgewerbe

Der Prozeß der Entfaltung von Strukturen der verlagsmäßigen Produktion von Damen- und Herrenoberbekleidung ist im Verlauf der Herausbildung eines wachsenden Marktes für Bekleidung in besonderer Weise durch die Anpassung des Produktionsapparates an den spezifischen Verlauf der Endnachfrage nach den Erzeugnissen dieser Branche beeinflußt worden. Als charakteristische Größen, welche die Organisation des Produktionsprozesses in dieser Branche seit ihrer Existenz in gewichtigem Maß mitgeprägt haben, sind die von der Saison als auch die von der Mode ausgegangenen Einwirkungen auf das gesamte Produktionsgeschehen in dieser Branche zu nennen. Wie kaum ein anderer Wirtschaftszweig war und ist die Bekleidungsbranche heute sowohl von dem periodischen Wechsel der Jahreszeiten als auch von den sich teilweise überraschend schnell wandelnden Geschmacksnormen beeinflußt.

"So können aber auch Eigentümlichkeiten der Nachfrage, man kann auch sagen: der Marktlage - denn diese Eigentümlichkeiten zeigen sich im Zusammenwirken von Angebot und Nachfrage auf dem Markte, ohne daß man manchmal feststellen kann, wer im einzelnen Falle den ersten Anstoß gibt - gerade bei den Industrien, die von der Produktionsseite her nicht endgültig festgelegt sind, so einflußreich werden, daß sie nun auch für Produktion und Betriebsgestaltung im ganzen bestimmend werden" (Wittkowski : 1928, S. 25).

Neben den von der Saison sowie von der Mode ausgegangenen Einwirkungen auf den Ablauf des wirtschaftlichen Geschehens in der Damen- und Herrenkonfektionsbranche waren es sowohl konjunkturelle als auch strukturelle Einflüsse, durch die das Marktgeschehen auf dem Sektor der Fertigkleidung mitbestimmt worden ist 16). Im folgenden sollen zunächst die Konsequenzen des Einflusses von Saison und Mode auf Organisation, Produktion und Beschäftigung in der Fertigkleiderbranche näher untersucht werden. Gleichzeitig soll nach den typischen Handlungsmustern gefragt werden, mit denen die Betriebe unter den damaligen Umständen auf diese konstanten Einflußgrößen reagiert haben.

Der Charakter des Bekleidungsgewerbes als ein Saisongewerbe ergibt sich primär aus den im Jahresverlauf schwankenden klimatischen Bedingungen. Mit dem regelmäßigen Wechsel der Jahreszeiten - zu deren Beginn die Nachfrage nach neuer Kleidung jeweils ansteigt - geht ein regelmäßiger Wechsel der Bekleidung einher, der mit bekleidungsphysiologischen Notwendigkeiten begründet wird. Bestimmend für den Saisoncharakter der Konfektion ist nicht allein der Klimawechsel. Darüber hinaus sind es ganz konkrete, jeweils zeitbezogene Ereignisse, denen eine bestimmte Kleidungsnorm entspricht. Verschiedene, regelmäßig wiederkehrende und über das Jahr verteilte Termine wie kirchliche Feiertage, Gesellschaftsveranstaltungen u.s.w. tragen noch heute wesentlich dazu bei, daß die Nachfrage nach Bekleidung zu bestimmten Zeitpunkten besonders stark ist. Für einzelne Zweige der Konfektion, wie z. B. die Knaben- bzw. die Mädchenkonfektion, existieren spezielle Termine mit besonderer Nachfrage. Sind solche Anlässe, wie z. B. die Konfirmation vorüber, entfällt jegliche Nachfrage nach Konfirmationsanzügen und -kleidern.

Abgesehen von den Firmen der Konfektionsbranche, die Arbeitskleidung hergestellt haben - dieser Artikel war damals vermutlich keinen nennenswerten saisonalen bzw. modischen Einflüssen unterworfen - bedeutete das saisonbestimmte Nachfrageverhalten für den überwiegenden Teil der Konfektionsfirmen je nach Konfektionszweig, Produkt, Genre u.s.w. in regelmäßigen Abständen eine mehr oder weniger gravierende Umstellung ihres Angebotes und damit ihres gesamten Produktionsapparates. Vorausschaubare und somit klar kalkulierbare Saisonabläufe hätten möglicherweise nicht zu den branchenspezifischen Strukturen auf der Ebene der Organisation des Produktionsprozesses geführt, wenn die konjunkturellen Absatzschwankungen nicht noch durch Witterung und andere Saisoneinflüsse zusätzlich beeinträchtigt und dadurch noch unberechenbarer geworden wären.

Gestört worden ist der regelmäßige Wechsel der Jahreszeiten und der damit verbundene Wechsel der Nachfrage nach den der jeweils kommenden Jahreszeit entsprechenden Kleidungsstücken insbesondere durch die witterungsabhängige Beeinflussung des Saisonendes bzw. des Saisonanfangs. Durch die Abweichung von den kalendermässig erwarteten klimatischen Bedingungen wurde das Ende der alten bzw. der Beginn der neuen Saison mitbestimmt. Ein besonders milder Spätherbst oder ein besonders kalter Frühling hatten für die Nachfrage nach Winter- bzw. Sommerkleidung die Konsequenz, daß große Teile der potentiellen Käuferschaft auf die Anschaffung von neuer, der kommenden Saison adäquaten Kleidung deswegen verzichteten, weil durch den verspäteten Saisonbeginn deren Tragedauer entsprechend kürzer geworden wäre. Derartige Umstände schränkten den Nutzen des Tragens von neuer Kleidung von vornherein ein.

"Damit an den drei Festen normale Nachfrage einsetzt, ist eine günstige Witterung eine sehr wesentliche Voraussetzung. Auch dürfen sich der Sommer oder der Winter nicht zu lange hinausziehen, sei es in Bezug auf den kalendermäßigen Termin oder in Bezug auf Ostern, denn dann ist regelmäßig der Verlust eines Teils der Übergangssaison die Folge. Die Konsumenten schieben ihre Einkäufe an Herrenbekleidung hinaus und stellen sie schließlich ganz ein, da die Anschaffung nach ihrer Meinung nun nicht mehr lohnt, weil die Saison schon halb vorüber ist" (Köster : 1932, S. 18).

Der Verlauf der Nachfrage nach Saisonartikeln ist nicht allein von der Entwicklung der Witterungsverhältnisse abhängig gewesen. Eine hervorragende Bedeutung für den Kauf von neuer Kleidung kam den drei großen Festen Ostern, Pfingsten sowie Weihnachten zu. Diese Festtage galten als Zeitpunkte, vor denen sich die Nachfrage besonders stark konzentrierte. Außer den konkreten Wetterumständen in der vorösterlichen Zeit war insbesondere die Lage des Osterfestes als beweglicher Feiertag ein neuralgischer Punkt bei der Nachfrage nach Frühjahrs- bzw. Sommerkleidung. Im Fall eines sehr frühen Osterfestes war die Produktionssaison z. B. für Herrensommerkleidung - sie lief von Februar bis Mitte Mai - entsprechend kurz und drängte das Geschäft auf einen relativ dichten Zeitraum auf Kosten der Frühjahrssaison zusammen. War ein früher Ostertermin mit einer kalten - nicht frühlingsgemäßen - Witterungsperiode verbunden, so wirkte sich diese Konstellation mit Sicherheit wenig anregend auf die Nachfrage nach neuer Frühjahrs- bzw. Sommerkleidung aus (Köster : 1932, S. 18).

Trotz der Stimulierung von zusätzlicher Nachfrage durch sog. 'Übergangsmoden' zur Verstetigung des Geschäftsablaufes blieb eine periodisch stark schwankende Nachfrage nach Bekleidung die Folge des Wechsels der Jahreszeiten und insbesondere der mit dem Witterungsverlauf zusammenhängenden Unwägbarkeiten. Wegen dieser Bedingungen war eine das ganze Jahr hindurch anhaltende gleichmäßige Nachfrage nicht möglich. Die Konsequenzen einer auf zwei relativ kurze Zeiträume im Jahr konzentrierten Nachfrage waren die zwischen den Saisons liegenden 'stillen' Zeiten. Deren Dauer von den spezifischen Bedingungen der jeweiligen Branche 17) bzw. des einzelnen Konfektionsverlauf auslösende Saisoncharakter der Konfektion war somit die wesentliche Einflußgröße, von der sehr hohe Anforderungen an die Bereitstellung der jeweils erforderlichen Produktionskapazitäten, d.h. insbesondere an die Flexibilität und die Fertigkeiten des einzusetzenden Arbeitskräftepotentials ausgegangen sind. Gingen diese Nachfrageschübe abrupt zurück, ließen die Anforderungen an den gesamten Produktionsapparat plötzlich stark nach.

Der 'normale' Nachfragezyklus nach Oberbekleidung setzte sich aus vier mehr oder weniger klar voneinander abgegrenzten Saisons zusammen. Während die Sommer- wie auch die Wintersaison in Bezug auf die zu diesen Jahreszeiten angebotenen Kleidungsstücken insbesondere über Farben und Materialien einen unmißverständlich ausgewiesenen Charakter besaß und somit klar voneinander zu unterscheiden waren, sind die für die Übergangsjahreszeiten Frühjahr und Herbst gefertigten Kleidungsstücke oft an eine der beiden Hauptsaisons angelehnt gewesen. Ein idealtypisches Muster für den organisatorischen Verlauf der durch den Saisonrhythmus bestimmten Aktivitäten in einem Konfektionshaus sowie in den Produktionsstätten der Verlagsproduzenten bestand bei den meisten Konfektionsfirmen aus drei Teilabschnitten, die für den Konfektionär einerseits und die Verlagsproduzenten andererseits jeweils besondere zeitlich vorgegebene und inhaltlich bestimmte Arbeitsphasen bedeuteten.

Am Beginn des Produktionsprozesses für eine bestimmte Saison stand die Mustersaison. In dieser Phase sind die Modelle für die gesamte Kollektion entworfen sowie die Musterteile für die Reisenden gefertigt worden. Der Mustersaison schloß sich die Reisesaison an, innerhalb der die Reisenden der Konfektionsfirmen den Einzelhandelskunden die Kollektion vorlegten und die Lieferaufträge entgegennahmen. In der darauffolgenden Liefersaison, der eigentlichen Saison mit der Produktions-Hochsaison als Kulminationspunkt sind diese Lieferaufträge als Produktionsaufträge von den verschiedenen Verlagsproduzenten ausgeführt worden.

Für die im Konfektionshaus als auch außerhalb in den Werkstätten und Wohnungen an der Ausführung dieser Aufträge beteiligten hausindustriellen Produzenten waren die Teilsaisons in unterschiedlichem Maß beschäftigungsintensiv: In allen Teilsaisons konnte auf die leitende Tätigkeit des Konfektionärs nicht verzichtet werden. Von den Verlagsproduzenten waren in der Mustersaison nur die qualifiziertesten Schneider und Näherinnen beschäftigt. Dazu zählten die sog. Musterarbeiterinnen, hochqualifizierte Zwischenmeister wie auch besonders tüchtige Heimarbeiter/innen. Der überwiegende Teil der Verlagsproduzenten hatte in dieser Periode keine oder nur geringe Beschäftigung.

Während der Reisesaison wurde nur ein geringer Teil der Verlagsproduzenten mit der Ausführung der ersten eingelaufenen Aufträge oder mit Nachbestellungen beschäftigt. Die Vergabe dieser geringen Auftragsmengen an das große Angebot an hausindustriellen Produzenten wurde nach unterschiedlichen Prinzipien vorgenommen: Zum Teil wurde dabei die Senioritätsregel angewandt; d.h., die Beschäftigten mit der längsten 'Betriebszugehörigkeit' erhielten diese Aufträge. Häufig wurden die geringen Produktionsaufträge in gleichen Mengen an die Verlagsproduzenten ausgegeben. In manchen Fällen erhielten auch nur die qualifiziertesten Zwischenmeister, Heimarbeiter/innen u.s.w. einen Arbeitsauftrag.

Nur in der Liefersaison, d.h. der eigentlichen Produktionssaison, hatten alle Verlagsproduzenten mehr oder weniger volle Beschäftigung. Von der Produktionsseite her ist es die unterschiedliche Dauer dieser Liefersaison, die den einzelnen Branchen des Konfektionsgewerbes den Stempel der Saisonarbeit aufgedrückt hatte.

"Im allgemeinen pflegt man für die Sommersaison im Dezember zu mustern, im Januar und Februar zu reisen und von Ende Februar den März und April hindurch bis in den Mai zu liefern und vom Lager zu verkaufen; für die Wintersaison wird im Mai und Juni gemustert, ab Pfingsten gereist und August, September bis Oktober geliefert" (Wittkowski : 1928, S. 29).

Diese Äußerung eines zeitgenössischen Beobachters des Geschehens in der Berliner Damenkonfektion ist nur eine Auskunft über den allgemeinen Verlauf des saisonbedingten Produktionsgeschehens in der Damenoberbekleidungsbranche. Erst eine differenzierte Analyse der Situation in allen Konfektionszweigen bringt ein breites Spektrum der Wirkungen der Saison auf Organisation, Produktion und Beschäftigung im Konfektionsgewerbe hervor. Je nach Konfektionszweig und innerhalb diesem nach Produkt, Genre, Vertriebsstrategie u.s.w. herrschten unterschiedliche Ausprägungen des Betriebsgeschehens während des Verlaufs einer Saison. So wurde z. B. das Produktionsgeschehen in der Herrenoberbekleidungsbranche gegenüber dem in der Damenoberbekleidungsbranche wesentlich geringer durch saisonspezifische Umstände beeinflußt. Als Konsequenz aus den Unterschieden im organisatorischen Ablauf der Teilsaisons in den einzelnen Konfektionszweigen ergab sich z. B. ein damenkonfektionstypisches bzw. ein herrenkonfektionstypisches Ablaufmuster von Produktion und Beschäftigung im Jahresverlauf.

Neben den Einflußfaktoren, die für das zeitliche Nachfrageverhalten der Konsumenten bestimmend gewesen sind und damit die Saisonschwankungen generiert haben, sind es auf der Angebotsseite spezifische Handlungsmuster gewesen, mit denen auf diese Bedingungen reagiert worden ist und die als Resultat die typischen Strukturen der Massenproduktion von Fertigkleidung hervorbrachten. Diese Reaktionen waren wegen der unterschiedlichen Handlungsalternativen, die die Konfektion ließ, voneinander sehr verschieden. Einheitliche Konsequenzen des Saisoneinflusses auf das Produktionsgeschehen, welche möglicherweise ein homogenes Bild der Konfektion hätten hervorbringen können, existierten nicht. So entsprachen den facettenhaften und elastischen Strukturen auf der Nachfrageseite ebenso elastische Organisationsformen der Produktion, bei denen der Produktionsprozess auf der horizontalen bzw. vertikalen Ebene unterschiedlichste Formen der Gliederung annahm.

Als ein wesentliches Ergebnis der Untersuchung der Einflußfaktoren auf das Produktionsgeschehen im Konfektionsgewerbe ist festzuhalten, daß die Auswirkungen der Saison auf Organisation, Produktion und Beschäftigung nicht unabhängig von den jeweiligen betrieblichen Reaktionsmustern auf die Saisoneinflüsse zu betrachten sind. Egal in welcher Weise die Saison einen Einfluß auf das Produktionsgeschehen im einzelnen Konfektionshaus bzw. bei den Verlagsproduzenten genommen hatte - in den meisten Fällen ist dies ein Ergebnis betrieblicher Entscheidungen über die Art und Breite des Angebotes, über dessen modische Ausrichtung, über bestimmte Vertriebswege u.s.w. gewesen, welche unter der Berücksichtigung des Saisoncharakters der Branche gefällt worden sind. Je nach der Art des Handlungsmusters mit dem Ziel einer Minimierung der Produktionsschwankungen sind Organisation, Produktion und Beschäftigung im verlagsmäßig organisierten Konfektionsgewerbe unterschiedlich beeinflußt gewesen und haben so die innere Struktur dieses Wirtschaftszweiges bedeutend mitgeformt. Zusammengefaßt gesehen ergab sich aus diesem Prozeß kein einheitliches Produktionsgefüge in der Konfektion, sondern ein vielschichtig zusammengesetzter, miniaturisierter Produktionsapparat.

Wie eingangs erwähnt, war aufgrund des unterschiedlichen Nachfrageverhaltens der Geschlechter die zeitliche Ablauffolge der einzelnen Saisonabschnitte in der Herrenbranche gegenüber der in der Damenbranche verschieden. Es waren der Nachfragestruktur entsprechend z. B. geringere Schwankungen in der qualitativen Zusammensetzung des Angebots an Herrenkleidung festzustellen. Diese Bedingungen sorgten in dieser Branche für einen über das Jahr ausgeglicheneren Produktionszyklus. Sie führten auf der Beschäftigungsseite zu weniger starken Schwankungen und insgesamt zu einem geringeren Anteil an 'stillen' Zeiten als in der Damenkonfektionsbranche.

"Die Saison in der Herren- und Knabenkonfektion ist relativ günstig. Man unterscheidet eine Frühjahrs- oder Sommersaison, die im allgemeinen von Weihnachten bis Ende April währt, und eine Wintersaison, die einige Wochen nach Pfingsten beginnt und in den Oktober und bei schönem Wetter auch bis Mitte November dauert. Zeiten völliger Untätigkeit gibt es kaum, aber zweimal im Jahre Übergangszeiten aus einer flotten Geschäftszeit in die andere. Die Dauer derselben wird bis zu 14 Wochen angegeben.

Die Saisonverhältnisse in der Damenkonfektion sind von viel größerer Bedeutung. Man unterscheidet hier auch eine im Frühjahr und Sommer und eine im Herbst und Winter liegende Saison. Während der Frühjahrs- und Sommersaison werden die Wintersachen gefertigt, die von den Käufern seltener durch neue ersetzt werden. Daher ist sie im allgemeinen kürzer als die Wintersaison, während welcher die Sommersachen gearbeitet werden, in denen der Bedarf ein größerer ist und mit denen öfters gewechselt wird. Im allgemeinen beginnt hier die Saison 2 - 3 Monate später als in der Herren- und Knabenkonfektion, d.h. Anfang Januar resp. Mitte Mai, endet aber fast gleichzeitig mit dieser, Ende April resp. Mitte Oktober. Durchschnittlich wird für Mäntel 6 Monate flott und 2 Monate weniger lebhaft gearbeitet; die übrigen 4 Monate ist stille Zeit" (Grandke : 1899, S. 142).

Über die saisonalen Schwankungen der Produktion liegen sowohl aus der Entstehungsphase des Konfektionsgewerbes als auch aus späteren Perioden der verlagsbestimmten Herstellung von Fertigkleidung keine repräsentativen Angaben über einen längeren Zeitraum vor. Anhand von einzelnen Ergebnissen mit unterschiedlicher Datenbasis aus Untersuchungen zur ökonomischen Entwicklung des Herren- bzw. Damenoberbekleidungssektors sollen Produktions- sowie Umsatzverlauf im Jahresverlauf dargestellt werden:

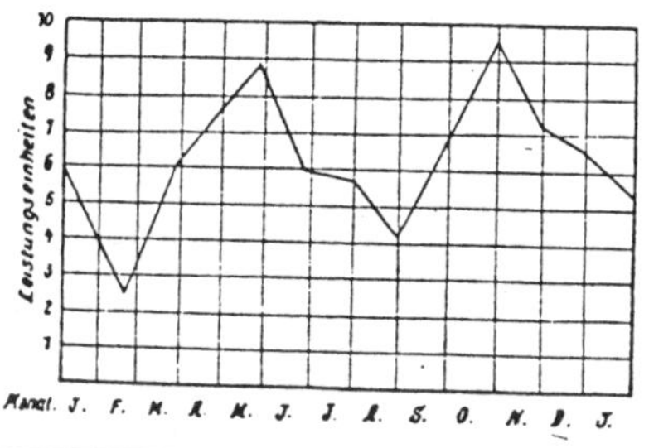

Quelle: Pracht, Karl: Die Stettiner Bekleidungsindustrie, Diss. Greifswald 1937, S. 74

Abb. 3/1: Saisonverlauf in der Herrenkonfektion am Beispiel der Stettiner Herrenkonfektion (ohne Jahresangabe)

Der in Abb. Nr. 3/1 gezeigte Kurvenverlauf stellt die Schwankungen der Produktion im Jahresverlauf am Beispiel der Stettiner Herrenkonfektion dar 18). Charakteristisch für die Entwicklung der Produktion innerhalb eines Jahres ist der Saisonverlauf mit dem höchsten Ausstoß im Mai einerseits und im Oktober andererseits. Diesen Produktionsspitzen stehen die Monate Februar sowie August mit der jeweils geringsten Produktion gegenüber. Deutlich lassen sich aus dem Kurvenverlauf die Verteilung der Produktionsmengen sowie die auf relativ kurze Phasen beschränkte Ausdehnung der Produktion erkennen, denen im Abschwung innerhalb der Saisonzyklen Phasen mit unterschiedlicher Einschränkung der Produktion korrespondieren.

Für die Verteilung des monatlichen Umsatzes, ausgedrückt in Prozentanteilen am gesamten Jahresumsatz, ergab sich bei einer anderen Untersuchung für eine Herrenkleiderfabrik für den Zeitraum 1927 - 1929 ein ähnlicher Verlauf. In diesem Fall setzte die Saison etwas früher ein als in der Stettiner Herrenkonfektion 19).

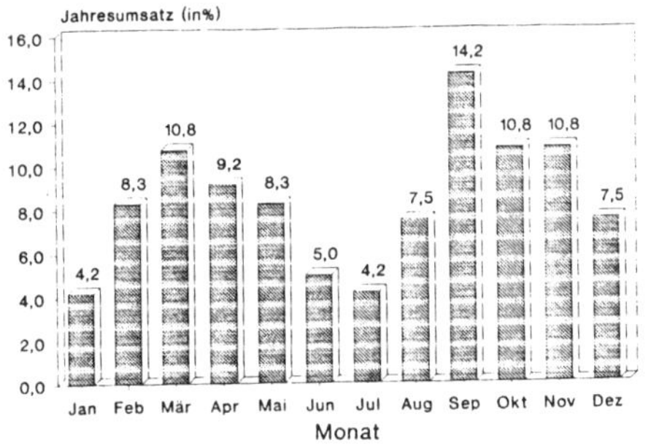

Quelle: Köster, Helmut : Die deutsche Herrenoberbekleidungsindustrie, Diss. Marburg 1932, S. 17

Tab. 3/1: Verteilung des monatlichen Umsatzes einer Herrenkleiderfabrik

Der wesentlich stärker ausgeprägte Saisoncharakter in der Damenkonfektionsbranche kann an dem Verlauf einer Umsatzkurve eines Unternehmens der Berliner Kleiderkonfektion von Januar bis Dezember beispielhaft veranschaulicht werden 20).

Wegen des im Januar stattgefundenen Lagerverkaufs von Winterartikeln entsprach die Umsatzhöhe in diesem Monat ungefähr dem Jahresdurchschnitt. Der relativ starke Anstieg des Umsatzes im Februar ist nach Wittkowski aus der spezifischen Angebotspolitik dieser Firma zu erklären. Dieser resultierte einerseits aus den Umsätzen an Gesellschaftskleidung (Ballsaison) sowie andererseits aus dem besonders starken Verkauf von Konfirmationskleidung in diesem Zeitraum. Stark unterdurchschnittlich war die Umsatzentwicklung in diesem Fallbeispiel aus Witterungsgründen in den Monaten März und April. Ganz klar stellte der Umsatz im Mai den Höhepunkt der Sommersaison und damit gleichzeitig den umsatzstärksten Monat im ganzen Jahr dar. Deutlich zurück ging der Umsatz nach diesem Zeitraum. Seinen absoluten Tiefpunkt erreichte er im Juli. Auch im August blieb der Umsatz auf einem schwachen Ni-

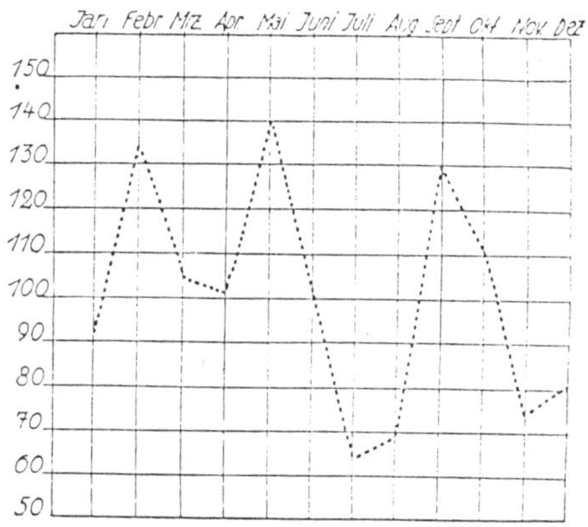

Quelle: Wittkowski, Erwin : Die Berliner Damenkonfektion, Diss. Berlin 1928, S. 33

Abb. 3/2: Durchschnittlicher Umsatzindex in der Damenkonfektion am Beispiel einer Berliner Kleiderkonfektionsfirma für die Jahre 1924 - 1926

veau. Im September schnellte er in die Höhe und erreichte in diesem Monat den höchsten Wert in der Wintersaison. Unter der Bedingung relativ warmer Witterungsverhältnisse konnte sich diese Situation auch erst im Oktober einstellen. Zu den umsatzschwachen Monaten der Wintersaison zählten der November und - je nach der Entwicklung des Weihnachtsgeschäftes im Einzelhandel - der Dezember (Wittkowski : 1928, S. 31).

Nicht nur die Saisonverläufe innerhalb der einzelnen Zweige der Konfektion nahmen eine nach zeitlichem Rhythmus sowie mengenmäßigen Ausstoß unterschiedliche Entwicklung ein, sondern auch innerhalb der Teilbranchen ergaben sich nach den jeweiligen angebotenen Produkten (Capes, Mäntel, Jacketts u.s.w.) differenzierte Saisonzyklen. Konkret schwankten die durchschnittlichen jährlichen Produktions- bzw. Beschäftigungszeiten bei diesen Kleidungsstücken in der folgenden Weise: Die längste Beschäftigungsdauer ergab sich bei der Herstellung von Mänteln. Hier wurden 6 Monate im Jahr voll durchgearbeitet, 2 Monate war die Produktion weniger stark und die übrigen 4 Monate war sog. 'stille Zeit'. Bei Jacketts dauerte die Saison bis zu 6 Monate; für den Produktionszweig Kostüme würde eine 4 - 5 Monate lange flaue Zeit festgestellt. Die Beschäftigungssituation war bei der Fertigung von Capes gleichverteilt - jeweils 4 Monate dauerten die Phasen von starker, weniger starker und gar keiner Beschäftigung

(Kommission für Arbeiterstatistik - im Folgenden mit KfA abgekürzt - 1896 b, S. 39).

"Bei der sogenannten großen Konfektion, der Herstellung von Damenmänteln, Capes, Jacketts, liegt dem die auf immer kürzere Saison und immer längere, gehetztere Arbeitszeit zusammengedrängte Modeproduktion zugrunde; auch diejenigen Arbeiterinnen, die in den sieben Monaten der Arbeitssaison 10 - 15 Mk. in der Woche erreichen, bleiben infolge Arbeitslosigkeit in den übrigen fünf Monaten, welche wenig oder gar keine Arbeit bieten, tief unterhalb des Existenzminimums" (Wilbrandt : 1906, S. 17).

Die differenzierten Bedingungen, welche das wirtschaftliche Geschehen im Konfektionsgewerbe hervorbrachten, sowie die Reaktionen der Verleger darauf schlugen sich auf den verschiedenen Ebenen der Angebots- sowie der Produktionsseite in jeweils spezifisch geschnittenen zeitlichen Zusammenhängen von Organisation, Produktion und Beschäftigung nieder. Wegen der verlagsspezifischen Beziehungen zwischen Verlegern und Verlagsproduzenten war eine hochflexible Nutzung des Produktionspotentials und damit eine elastische Anpassung des Produktionsapparates an die im Jahresablauf schwankende Nachfrage sehr leicht möglich. Daß der saisonbedingte, elastische Arbeitskrafteinsatz sowohl Mittel als auch Stütze der auf dem Verlagsprinzip basierenden Organisation des Produktionsprozesses gewesen ist 21), wird aus den Aussagen von Beteiligten der verschiedenen Ebenen der Konfektionsbranche deutlich 22).

Eine häufig verfolgte Strategie der Anpassung der Beschäftigung an den saisonal bedingten Anstieg der Nachfrage bestand in der Beschäftigung zusätzlicher Arbeitskräfte über den Kreis der Stammbelegschaft hinaus. Dies galt sowohl für Verlagsgeschäfte, die zu den Saisonspitzen über den Stamm ihrer Zwischenmeister hinaus eine Menge an Aufträgen an zusätzliche Zwischenmeister vergaben als auch für die Zwischenmeisterbetriebe selbst, die zusätzliche Arbeitskräfte einstellten und/oder weitere Heimarbeiter/innen mit Unteraufträgen versorgten. Im Gegensatz zur Phase mit hohen Auftragsbeständen wurde die Beschäftigung in der Vor- bzw. Nachsaison drastisch eingeschränkt. Kleinere Auftragslose in der Nachsaison sowie die Beschränkung auf die Anfertigung von Musterteilen in der Mustersaison liessen die Beschäftigung so stark schrumpfen, daß die Betriebe in Zeiten zwischen den Saisons vielfach nur noch 10 - 20% ihrer Auslastung in der Hauptsaison erreichten 22).

Daß die saisonalen Beschäftigungsschwankungen ganz eigentümliche Auswirkungen auf die unterschiedlichen Produzententypen im Verlagssystem hatten, wird u.a. von Scheffels belegt. Ein Vergleich der Antworten von Heimarbeiterinnen einerseits und Werkstattarbeiterinnen andererseits - es handelt sich hierbei allerdings um unterschiedlich große Samples - auf die Frage "Wie viel Wochen im Jahr hatten Sie ursprünglich vor dem Krieg keine Beschäftigung?" brachte hervor, daß die Werkstattarbeiterinnen keine so großen Beschäftigungspausen hatten wie die Heimarbeiterinnen. Dies Ergebnis verwundert deswegen nicht, da zumindest ein Teil der Werkstattarbeitskräfte als 'Stammarbeitskräfte' vielfach regelmäßiger beschäftigt worden sind als die in jedem Fall flexibler einzusetzenden Heimarbeitskräfte (Vgl. Scheffels : 1925, S. 64).

Wenn auch anders als über die mit der Saison zusammenhängenden Schwankungen der Nachfrage nach Bekleidung vermittelt - nämlich über den Wandel des zeitweise geltenden Geschmackes - ist die Mode als weiterer Einflußfaktor der Nachfrage nach Bekleidung anzuerkennen, der zusätzlich zu den bisher untersuchten Parametern das gesamte Geschehen in dem verlagsmäßig organisierten Konfektionsgewerbe stark beeinflusste. Dies ereignete sich auf unterschiedliche Weise: Zum einen war - dies galt während der Entstehungsphase der Konfektion vorrangig für die Damenbranche und in abgeschwächtem Maß für die Herrenoberbekleidungsbranche 23) - der Übergang zu einer neuen Saison zumeist mit einem gleichzeitigen Wechsel der Farben, der Materialien sowie zum Teil des gesamten Designs der zum Saisonbeginn neu angebotenene Kleidungsstücke untrennbar verbunden. Der Wandel dieser Geschmacksnormen ging in dieser Zeit besonders stark von der europäischen Damenmodemetropole Paris aus. Große Modehäuser lancierten den Modewandel, dem das damalige modisch interessierte Käuferinnenpublikum bereitwillig folgte. Eine Änderung des herrschenden Geschmackes konnte auch die plötzliche Abkehr der Nachfrage nach einem bestimmten Kleidungsstück auslösen. Im umgekehrten Fall konnte es geschehen, daß ein Geschmackswandel die Nachfrage nach einem vorher am Markt nicht angebotenen Kleidungsstück urplötzlich ansteigen ließ. So war die Schöpfung einer neuen Mode nicht in jedem Fall mit dem Beginn einer neuen Saison verbunden - auch mitten in einer Saison konnte die Mode plötzlich umschlagen. Genau dieser Zeitpunkt des Modewechsels war es, der zu Turbulenzen nicht nur auf der Ebene der Organisation der Produktion sondern besonders auf der Seite der Beschäftigung führte.

War der Einfluß der Mode auf das Produktionsgeschehen in dem häufigeren Fall, in dem der Modewechsel synchron zum Saisonwechsel stattfand, nicht eindeutig zu isolieren, so hatte die Mode zumindest zusammen mit dem Faktor Saison einen in der vorgehend dargestellten Weise bedeutenden Einfluß auf die relevanten Größen des Produktionsgeschehens in der Konfektion. Saisonale Nachfrageschwankungen wurden durch den Faktor Mode deutlich mitbeeinflußt. Im umgekehrten Fall bedeutete dies, daß die von dem Modewechsel ausgegangenen Nachfrageschwankungen wiederum nicht ohne die saisonal wirkenden Einflüsse zu betrachten waren.

Die Konsequenzen eines durch die Kleidermode ausgelösten Umschlagens der Nachfrage für Organisation, Produktion und Beschäftigung bestanden im wesentlichen in einer Verstärkung der mit einem Saisonwechsel verbundenen Unwägbarkeiten des Produktionsprozesses im Konfektionsgewerbe. Unter den Umständen des nicht vorher abzusehenden Tempos des Modewechsels wurde das Produktionsgeschehen noch unkalkulierbarer. Eine unvorhergesehene Änderung der qualitativen Struktur der Nachfrage nach Bekleidung konnte z. B. die Folge haben, daß für den weniger nachgefragten Artikel keine Produktionsaufträge mehr an die Verlagsproduzenten ausgegeben wurden. Für die Anbieter von fertiger Oberbekleidung bedeutete das Moderisiko immer ein zusätzliches Absatzrisiko - für die Verlagsproduzenten existierte unter diesen Umständen besonders in den Fällen starker Spezialisierung ein zusätzliches Beschäftigungsrisiko.

"Und vor allen Dingen bringt sie in den Konfektionsbetrieb das gewichtigste Risikomoment, verlangt sie doch nicht nur, daß man lange vor Beginn der Saison ihre Tendenz richtig erkenne, was trotz aller Mühe nicht immer eindeutig möglich und also auch nicht gefahrlos ist, sondern macht noch dazu durch unmotiviertes und überraschendes Umschlagen mitten in der Saison oft alle Voraussicht zuschanden. Die Verluste, die der Konfektionsbetrieb an seinem Stoff- und Warenlager durch Wertverminderung infolge Modewechsels erleidet, gehören zu den schwersten und zugleich häufigsten seiner ganzen Tätigkeit, und die Schäden, die sowohl privat-, als auch volkswirtschaftlich aus dieser Eigenschaft der Mode entstehen, sind bei ihrer Beurteilung nicht gering anzuschlagen" (Wittkowski : 1928, S. 37).

"Ob nun auch in der Anfertigung der Sachen bestimmte Saisons eingehalten werden, hängt von mehreren Momenten ab; man kann sagen, je mehr die Mode von Einfluß ist und je größer das Angebot von Arbeitskräften in den Hauptgeschäftsmonaten, desto mehr schränkt der Unternehmer den Betrieb in der stillen Zeit ein entweder durch Arbeiterentlassungen oder durch Reduktion der Arbeitszeit bzw. durch weniger Ausgabe von Arbeit an die Heimarbeiter. Der Unternehmer wälzt hierdurch das Moderisiko fort, soweit solches besteht und vermeidet den Zinsverlust, der eintritt, wenn er schon im Oktober und November Waren produziert, die er vor Februar bis März keineswegs verkaufen kann" (Schmidt : 1912, S. 10).

Je nach Art des aufeinander bezogenen Verhaltens der am Bekleidungsmarkt beteiligten Stufen lag das auch mit der Mode verbunden gewesene Dispositions- und Absatzrisiko z.B. entweder beim Einzelhändler oder beim Konfektionsgeschäft. War der Absatz eines Konfektionsbetriebes mittels des sog. Reisegeschäftes organisiert, so erteilte der Einzelhändler während der Reisesaison dem Vertreter des Konfektionshauses einen Lieferauftrag zu einem festgelegten Liefertermin. Mit dieser Art der Einkaufspolitik verpflichtete sich der Einzelhändler zur Abnahme der bestellten Kleidungsstücke. Inwieweit die eine geraume Zeit vor dem Beginn der Verkaufssaison georderten Teile zu dem Zeitpunkt der Lieferung dann noch den modischen Ansprüchen der Kundschaft entsprachen, war unter diesen Bedingungen nicht das Problem des Verlegers - das Absatzrisiko trug in diesem Fall immer der Einzelhändler.

Da sich zusätzlich zu den saisonal bedingten Nachfrageschwankungen mit gewachsenem modischen Bewußtsein der Käuferschaft bzw. mit zugenommener Geschwindigkeit des Modewechsels das Absatzrisiko auf der Seite des Bekleidungseinzelhandels deutlich erhöht hatte, rückte dieser - zumindest partiell - von dem Modus der frühzeitigen Vergabe seiner Lieferaufträge an das Konfektionshaus ab und wandte sich dem Lagergeschäft zu 24). Hierbei war der Absatz von Oberbekleidung in der Weise organisiert, daß die Konfektionsfirmen auf den Einsatz von Reisenden verzichteten und sich somit keine kommissionsbestimmten Produktionsaufträge mehr von den Einzelhandelskunden hereinholten. Sie ließen nach der 'normalen' Reisesaison in eigener Verantwortung große Mengen von Kleidungsstücken herstellen, um diese der kurz vor Saisonbeginn der "ans Lager kommenden" Einzelhandelskundschaft zu verkaufen. Mittels dieser zeitlichen Verschiebung der Einkaufsentscheidung des Handels, welche Modelle in welchen Stückzahlen für die bevorstehende Saison geordert werden sollte, verlagerte sich das gesamte Dispositions- und Absatzrisiko vom Einzelhandel auf das Konfektionshaus.

"Diese Lagergeschäfte ergaben sich als ein notwendiges Produkt der in den letzten Jahren stattgefundenen Entwicklung. Es hatte in der letzten Zeit die Mode nicht nur in Bezug auf Stoffe und Muster, sondern auch in Bezug auf Schnitt und Facon rasch und häufig gewechselt, daß sich mehrfach zur Zeit der Abnahme die vor zwei bis drei Monaten bestellten Waaren als nahezu unverkäuflich, zum Mindesten aber als bedeutend minderwertig erwiesen. Als sich ein derartiger Umschlag der Mode öfter wiederholte, verloren die Kunden die Lust, weiter in gleicher Weise wie bisher bindende Abmachungen zu treffen. Sie gaben ihre Aufträge nur noch 'zur persönlichen Abnahme', d.h. sie kamen zur Zeit der Abnahme nach Berlin, um die für sie zusammengestellten Waaren durchzusehen, zum Teil abzulehnen und dafür andere Sachen zu kaufen, als sie bestellt hatten. Der Konfektionär mußte schon zufrieden sein, wenn das Quantum des Gekauften dem zur Zeit bestellten annähernd entsprach. Diese höchst ungesunde, der Spekulation sehr viel Spielraum lassende Entwicklung des Geschäfts veranlaßte einen großen Theil der Kunden, von der Ertheilung von Aufträgen überhaupt abzusehen, in der Erwartung, zur gegebenen Zeit Alles das vorräthig zu finden, was sie brauchen könnten" (KfA : 1896, S. 40).

Mit der Abwälzung des Absatzrisikos von modischer Bekleidung auf die Konfektionsfirma ergab sich für die gesamte Organisation der Produktion die Konsequenz, daß die Zeit der Fertigung immer mehr auf einen relativ späten und relativ kurzen Zeitraum zusammengedrängt wurde. Hieraus folgte nicht nur ein hektischer Verlauf der Disposition der Rohstoffe und der Modellherstellung - insbesondere die Auftragsvergabe an die Verlagsproduzenten wurde erst dann vorgenommen, wenn das Gefühl der Sicherheit keine allzu großen negativen Überraschungen der Mode erleiden zu müssen, dieses zugelassen hatte.

Der Vorteil des Lagergeschäftes für die Konsumenten, im Bekleidungseinzelhandel immer auf das modisch aktuellste Angebot an Fertigkleidung zu treffen, wirkte sich auf der Beschäftigungsseite in einer Verkürzung der Produktionssaison aus. Gleichzeitig wurde dadurch die Dauer der 'stillen' Zeit ausgedehnt. Unter diesen Umständen konnten die Aufträge nur durch eine Ausdehnung der in der Saison ohnehin schon langen durchschnittlichen täglichen Arbeitszeit bzw. durch eine Steigerung der Arbeitsintensität termingerecht ausgeführt werden.

"Die Folgen einer derartigen Entwicklung liegen klar zu Tage. Die zwei Saisons im Jahre, welche früher je vier bis fünf Monate andauerten, werden auf eine immer kürzere Frist zusammengedrängt. Im letzten Frühjahr betrug die Saison nur noch sechs bis sieben Wochen. In dieser Zeit soll der Stofffabrikant liefern, der Konfektionär einrichten, der Schneider arbeiten und - die Kundschaft abnehmen. In dieser Zeit wird Tag und Nacht gearbeitet, es entwickelt sich eine Hetzjagd und ein Treiben, welche jeder Beschreibung spotten" (Heymann : 1893/94, S. 403).

Insgesamt gesehen muß von der Mode - als einem Moment des irrationalen Steuerungsmechanismus der Nachfrage nach Bekleidung - ausgelösten Turbulenzen des Produktionsgeschehens gegenübergestellt werden, daß es gerade die massenhafte Verbreitung der Mode 25) gewesen ist, die die Nachfrage nach Bekleidung in starkem Maß beschleunigte und damit einen spezifischen Einfluß nicht nur auf den Zeitpunkt der Entstehung der Branche sondern auch auf die Entfaltung der organisatorischen Struktur der Produktion im Konfektionsgewerbe besaß.

Die Mode hatte nicht nur während des Entstehungsprozesses des Konfektionsgewerbes eine prägende Rolle für die Organisation dieser Branche. Insbesondere hatte ihr Einfluß zusammen mit dem der Saison in der weiteren Entwicklung der verlagsmäßig strukturierten Oberbekleidungsbranche zu einer stark ausdifferenzierten Organisation der Produktionsbeziehungen zwischen Verlegern und Verlagsproduzenten geführt. Einige zeitgenössische Autoren aus der Blütezeit der verlagsverfaßten Konfektion gingen in ihrer Bewertung des Einflusses der Mode auf die Organisation des Produktionsprozesses sogar soweit, daß sie die Mode als eine Fessel der Entwicklung der Produktivkräfte auf dem Sektor der Bekleidungstechnik bezeichneten.

"Die dem normalen Wesen der Mode entsprechende Tatsache des ständigen Formenwechsels, die eine große Elastizität und Vielseitigkeit des Betriebes verlangt, hindert den Aufbau eines kontinuierlichen, für lange Zeit gleichartigen Produktionsganges, der die Voraussetzung für die Anwendung aller modernen Wirtschaftsmethoden ist. Wo sich das Produkt ständig ändern muß, ist weder eine Spezialisierung des ganzen Betriebes, noch eine Zerlegung des einzelnen Produktionsvorganges, noch eine Versachlichung der Produktionsleistung durch Ersatz menschlicher durch mechanische Arbeitskräfte in ausgedehntem Maße möglich, der Mensch mit seinem Können bleibt die Grundlage und auch die Begrenzung der Betriebsentwicklung" (Wittkowski : 1928, S. 37).

"Der übermächtige Einfluß der Mode ist der Grund für die Dezentralisation der Produktion in der Damen- und Damenmäntelkonfektion. Jeder Modenwechsel bringt Aenderungen in Form und Ausstattung der Produkte. Eine stete Verrichtung immer derselben Arbeit, mit dem Zwecke der Steigerung der Schnelligkeit und Gleichmäßigkeit ist deshalb hier nicht möglich. Damit fällt der Anreiz zur Arbeitszerlegung, ja, er verkehrt sich in sein Gegenteil. Es ist rationeller e i n e Arbeiterin dasselbe Stück von Anfang bis zum Ende fertig nähen zu lassen, um so mehr, als sie sich auch bei einer kleineren Serie bis zu einem gewissen Grade auf die Herstellungsart einarbeitet. Die ständige Umstellung vieler Arbeiterinnen bei Arbeitsteilung würde meist zeitraubender und somit unwirtschaftlich sein. Auch einige Unternehmer der letztgenannten Konfektionsindustrien haben sich zur Unterhaltung eigener Werkstätten entschlossen, jedoch ist fast immer die Zahl der dort beschäftigten Personen gering im Verhältnis zu den außerdem direkt oder indirekt beschäftigten Heimarbeiterinnen" (Scheffels : 1923, S. 7 ff.).

Diese Einschätzungen der Bedeutung der Mode für die Organisation des Produktionsprozesses in der Konfektion aus der Blütezeit des Verlagssystems in den 20er Jahren spiegeln ein stärker 'handwerkliches' Denkmuster wider, auf dessen Grundlage auch die Organisation der Fertigkleiderherstellung der damaligen Zeit verharrte 26). Zumindest ist die Notwendigkeit, modische Oberbekleidung in fabrikmäßig-industrieller Organisation fertigen zu müssen, noch kein Zwang gewesen. Von der Seite des Arbeitskräfteangebotes standen ausreichend Arbeitskräfte für den verlagsmäßig organisierten Arbeitskrafteinsatz zur Verfügung und durch die sozialpolitische Gesetzgebung bedingt, begannen die Lohnkosten erst langsam zu steigen. Höher bezahlte und unter technisch-organisatorischen Bedingungen auf einem höheren Niveau produktivere Arbeitskräfte einsetzen zu müssen, war zu dieser Zeit noch keine Notwendigkeit und vermutlich von der Entwicklung der Absatzseite noch nicht geboten.

3.1.3. Die Entstehung des Arbeitsmarktes und seine Bedeutung für Rekrutierung und Qualifizierung im verlagsmäßig organisierten Konfektionsgewerbe

Hat sich bei der Analyse der Wirkung der Eigentümlichkeiten des Absatzmarktes auf den Produktionsprozeß im Konfektionsgewerbe gezeigt, daß es sich dabei um den Einfluß externer Rahmenbedingungen gehandelt hat, auf welche Betriebe keinen bzw. nur indirekt haben Einfluß nehmen können, so galt dieses auch für die dem Betrieb vom Arbeitsmarkt gesetzten externen Rahmenbedingungen. Eine Untersuchung der Entstehung des Arbeitsmarktes für Bekleidungsberufe ist für die Rekonstruktion des Produktionsprozesses der Fertigkleidungsbranche in historischer Längsschnittperspektive insofern bedeutsam, da die jeweiligen historischen Besonderheiten des Arbeitsmarktes, insbesondere die des Arbeitskraftangebotes, für die in den Markt neu eingetretenen Branchen ein Datum gewesen sind. Von der Struktur des Arbeitsmarktes als Bedingung für die Rekrutierung von Arbeitskraft wurde - vermittelt über den Arbeitskrafteinsatz als interner Bedingung betrieblicher 'Strategie' - die Gestaltung des Produktionsprozesses mitbeeinflußt.

Auf die Sphäre verlagsmäßig organisierter Produktionsstrukturen übertragen bedeutet dies, daß der Arbeitsmarkt in der Entstehungsphase der Konfektionsbranche nicht nur den Rahmen dafür abgegeben hat, innerhalb dessen die Betriebe über Arbeitskraft haben verfügen können, sondern auch innerhalb dessen sich funktional-organisatorische Beziehungen zwischen Verlegern und Verlagsproduzenten haben formen lassen.

Da keinerlei Primärdaten vorliegen, die die Erstellung eines repräsentativen, für die Fertigbekleidungsbranche relevanten Ausschnittes des Arbeitsmarktes ermöglichen, soll versucht werden, eine Skizze der Ausgangssituation am Arbeitsmarkt anhand vorliegender, in anderem Zusammenhang erhobener Einzeldaten zu entwerfen. Bei der Rekonstruktion der Entstehung des Arbeitsmarktes für das Konfektionsgewerbe in der zweiten Hälfte des letzten Jahrhunderts ist bezüglich der Herausbildung des Arbeitskräfteangebotes von zwei geschlechtsspezifisch strukturierten Teilarbeitsmärkten auszugehen. Einerseits handelte es sich hierbei um die Entstehung eines vorzugsweise großstädtisch organisierten Angebotes von weiblichen und geringer qualifizierten Arbeitskräften und zum anderen war es das gleichfalls vorzugsweise in städtischen Regionen vorhandene Angebot an männlichen und höher qualifizierten Arbeitskräften. Als Arbeitsmärkte in ländlichen Regionen sind exemplarisch das Gebiet Ostwestfalen für den Arbeitsmarkt für Frauen und der Aschaffenburger Raum für den Arbeitsmarkt für Männer anzuführen.

"Das Arbeitermaterial wird gebildet aus deklassierten Handwerksmeistern, bäuerlicher Überschußbevölkerung und vor allem aus den Frauen der Großstadt, Witwen, Töchtern, verheirateten Frauen, die zum Verdienst ihres Mannes einen Nebenverdienst oder sog. 'Zusatzverdienst' suchen" (Gralka : 1924, S. 20 ff.).

Die Konstitution des 'weiblichen' Arbeitsmarktsegmentes erfolgte gleichzeitig mit der Entwicklung der Oberbekleidungsbranche und hier insbesondere mit dem Anwachsen der Damenkonfektion. Ganz überwiegend ist die Verfügung über weibliche Arbeitskräfte in der Phase des Verlagssystems bzw. der Hausindustrie auf dem Sektor des Bekleidungsgewerbes ein großstädtisches Phänomen geblieben. Die zusätzliche Beschäftigung von Frauen in der 'Industrie' basierte im letzten Drittel des 19. Jahrhunderts allein auf dem starken Wachstum der Frauenarbeit in der 'hausindustriellen Großindustrie' und hier überwiegend in der 'Bekleidungshausindustrie' 27).

Die wesentliche Basis der Entwicklung der Fertigkleiderbranche zur 'hausindustriellen Großindustrie' kann auf der wirtschaftshistorisch-empirischen Ebene mit der mengenmäßigen Entwicklung der Bevölkerung einerseits sowie mit der Mobilität von Bevölkerungsgruppen andererseits beschrieben werden: Seit der Mitte der sechziger Jahre des 19. Jahrhunderts kam der gesamte Bevölkerungszuwachs den Städten zugute, die infolgedessen ein rapides Wachstum angenommen hatten. Das hohe Tempo des Bevölkerungswachstums in den Städten war aber auch ein Resultat des Mobilitätsverhaltens der Bevölkerung. Sowohl die 'Landflucht' als auch der Austausch der Bevölkerung zwischen den unterschiedlichen Städtekategorien hatten ihren Anteil am Entstehen der Großstädte mit dem Ergebnis der Ausweitung des Angebotes an weiblichen Arbeitskräften. Neben dem Zustrom unverheirateter junger Frauen in die Städte waren es die Frauen der zahlenmäßig stark gewachsenen städtischen Industriearbeiter sowie der städtischen Handwerker, durch die sich das Angebot an weiblichen Arbeitskräften stark ausweiten konnte. Konkret gestützt und beschleunigt wurde die Entwicklung großstädtischer Wirtschaftsgebiete vorrangig durch die Etablierung von Unternehmen der Großindustrie sowie - in engem Zusammenhang damit - durch die Aussiedlung der verschiedensten Sparten der Kleinindustrie und durch das Anwachsen einzelner Zweige des Handwerks.

"Alle diese Industrien aber waren, das ist ihre gemeinsame Eigentümlichkeit gegenüber der sich wenn auch teilweise großstädtisch, doch ganz lokal entwickelnden Textilfabrikindustrie, aus Produktionsgebieten spezifischer Männerarbeit erwachsen; und sie blieben trotz aller Fortschritte der Technik in ihrer Ausbildung zu Groß- und Fabrikindustrien auch im wesentlichen auf Männerarbeit begründet. In fast allen bestand der Arbeiterstamm zu mehr als 85 %, in der Hauptbranche, der Maschinenindustrie nämlich, sogar zu mehr als 95 % aus Männern. Diese Industrien verbrauchten daher von der durch sie in den Großstädten zusammengeführten Arbeiterklasse nur die männliche Hälfte, die weibliche Hälfte ließen sie fast unbeschränkt für anderweitige Lohnarbeit frei" (Weber : 1899, S. XXX).

Mit dem überproportionalen Anwachsen der Arbeiterklasse und der daraus folgenden Ausweitung ihres Anteils an der Gesamtbevölkerung ergab sich auf Grund des bis dahin wirksamen spezifischen Nachfrageverhaltens der Angehörigen der 'liberalen Berufe und der Arbeitgeber' nach weiblichen Hausarbeitskräften ein offensichtliches Ungleichgewicht von Angebot und Nachfrage auf diesem Arbeitsmarktsegment. Dem gestiegenen Angebot an weiblichen Arbeitskräften stand eine entsprechend erhöhte Nachfrage nach häuslichen Dienstmädchen sowie Störarbeiterinnen u.s.w. 28) nicht gegenüber 29).

Bei der Analyse der Konstitution des weiblichen großstädtischen Arbeitsmarktes fällt auf, daß die Großstädte insbesondere deswegen die 'Gewinner' der Mobilität des weiblichen Bevölkerungsteiles gewesen sind, da sie von der spezifischen Mobilitätsbereitschaft junger Frauen, aus ländlichen Gebieten in die Großstädte umzusiedeln, profitiert hatten 30). Es sind insbesondere diejenigen Frauen in starkem Maß in die Großstadt gezogen, die in den ländlichen Siedlungsbereichen von dem männlichen Auswanderungspotential zurückgelassen worden waren (Weber : 1899, S. XXXII ff.). Als Ergebnis dieser Wanderungsbewegung kann festgehalten werden, daß in dem Zeitraum von 1867 bis 1882 aus einem Übergewicht der Männer in den preussischen Großstädten von 6 Männern pro 1000 Einwohner ein Übergewicht der Frauen von 42 Frauen pro 1000 Einwohner geworden ist (Weber : 1899, S. XXXIV).

"Sie alle waren in die Großstadt gegangen nicht zu ihrem Vergnügen, sondern um dort, sei es als Dienstmädchen, sei es in anderer Form ihr Brot im Lohn zu verdienen. Und sie mußten daher das schon durch Wachstum der übrigen Arbeiterklasse hervorgerufene Überangebot weiblicher Lohnarbeit, zunächst direkt, und, wenn sie später heirateten, indirekt durch den Ausschluß anderer von der Ehe, jedenfalls aber um den vollen Betrag ihres Zustroms vermehren" (Weber : 1899, S. XXXV) 31).

Die Zusammensetzung des weiblichen Arbeitsmarktsegmentes blieb nicht auf das bisher beschriebene Potential beschränkt. Diesen weiblichen Arbeitskräften sind Frauen aus verschiedensten sozialen Schichten hinzuzurechnen, die durch ihr Eintreten in den Arbeitsmarkt das Angebot an weiblichen Arbeitskräften insbesondere auf dem großstädtischen Arbeitsmarkt zusätzlich ausgeweitet hatten. Eine ökonomische Notwendigkeit war dies vermutlich nicht für jede dieser Frauen. Freilich waren viele Frauen von kleinen Handwerkern und unteren Beamten aufgrund steigender Lebenshaltungskosten, insbesondere wegen des Aufwandes für Miete, auf einen Zusatzverdienst angewiesen, um den Lebensstandard ihrer Familien nicht absinken zu lassen. Die Aufstellung einer Nähmaschine in der Wohnung, die in dieser Zeit je nach Verwendungszusammenhang im Haushalt entweder mehr den Charakter eines Produktionsmittels oder mehr den Charakter eines Haushaltsgegenstandes angenommen hatte, erleichterte den Frauen aus bestimmten bürgerlichen Schichten den Zugang zum Arbeitsmarkt 25).

"Schließlich sei noch erwähnt, daß den Konfektionsarbeiterinnen an verschiedenen Orten eine nicht unbedeutende Konkurrenz erwächst durch die Mitarbeit der Beamten-Frauen und -Töchter. Diese arbeiten nicht ausschließlich zur Befriedigung nothwendiger Bedürfnisse; ein nicht geringer Theil betätigt sich nur deshalb an der Produktion, um das nöthige Kleingeld zur Bestreitung von Luxusgegenständen herauszuschlagen, um standesgemäß auftreten zu können, und ist daher in der Lage, sich für bedeutend billigere Löhne anbieten zu können" (Timm : 1895, S. 21).

"Für den unteren Mittelstand war die Nähmaschine vor allem deshalb attraktiv, weil sie sich nicht allein für den Hausgebrauch, sondern auch für den hausindustriellen Gelderwerb, d.h. die fabrikferne Industrieproduktion eignete. Anders als die Frauenfabrikarbeit galt im kleinen und mittlerem Bürgertum die Heimarbeit, zumal wenn sie nur die urweibliche Tätigkeit des Nähens weiterentwickelte, als durchaus standesgemäß" (Hausen : 1978, S. 158).

	1867			1882		
	Menschen	% der weibl Bevölkerung	% der weibl Erwerbstät.	Menschen	% der weibl Bevölkerung	% der weibl Erwerbstät.
Weibl. Bevölkerung	1 314 385	100	----	2 423 078	100	100
Weibl. Erwerbstät.	286 538	21,80	100	591 534	24,41	
davon:						
in pers. Diensten auch Tagelohn und Landwirtschaft	200 087	15,15	74	284 491	11,7	48
in der Industrie	59 815	4,5	19	226 222	9,2	39
insb. in der Bekleidungsindustrie	?	?	?	150 856	6,2	25
in Handel und Verkehr	16 462	1,25	5	59 755	2,46	10
in liberalen Berufen	10 174	0,77	3	24 066	0,99	3

Quelle: Weber, Alfred : Die Entwicklungsgrundlagen der großstädtischen Frauenhausindustrie, in : Schriften des Vereins für Socialpolitik, Band 85, Leipzig 1899, S. XXXVII.

Tab.3/3: Struktur der weiblichen Erwerbstätigen in den Jahren 1867 und 1882 in Städten mit mehr als 20 000 Einwohnern in Preußen

Demgegenüber diente die Anschaffung des mit geschickten Verkaufsmethoden 33) angepriesenen Massenartikels Nähmaschine durch proletarische Haushalte von vornherein mehr oder weniger ausschließlich dem Einsatz zur Erwerbssicherung.

Die quantitative Entwicklung des Angebots an weiblichen Arbeitskräften im Zeitraum von 1867 bis 1882, einer Phase sprunghaften Wachstums der Produktion im Bekleidungsgewerbe, kann mit dem Vergleich der Struktur des weiblichen Beschäftigtenpotentials in Städten mit mehr als 20.000 Einwohnern in Preußen zu Beginn und zum Ende dieses Zeitabschnittes veranschaulicht werden.

Zunächst weisen die Zahlen einen deutlichen Anstieg des Anteils der weiblichen Erwerbstätigen an der weiblichen Bevölkerung aus. Im genannten Zeitraum erhöhte sich dieser von 21, 8 % auf 24,4 %. Klar kommt auch der beschriebene Strukturwandel auf dem weiblichen Arbeitsmarkt zum Ausdruck. So belegen die Zahlen den Rückgang des alten Hauptgebietes der Frauenarbeit, den häuslichen Diensten u.s.w., von knapp drei Viertel auf etwas weniger als die Hälfte der weiblichen Erwerbstätigen. Der Verminderung dieser Gruppe der Beschäftigten stand die Ausdehnung des Anteils der in der Industrie beschäftigten Frauen von knapp 1/5 auf knapp 2/5 aller erwerbstätigen Frauen gegenüber. Zum überwiegenden Teil ist es dieser Wirtschaftssektor gewesen, in dem die in diesem Zeitraum zusätzlich auf dem Arbeitsmarkt verfügbaren weiblichen Arbeitskräfte Aufnahme gefunden hatten. In geringerem Ausmaß erfolgte eine Ausweitung der Beschäftigung weiblicher Arbeitskräfte auf dem Sektor Handel und Verkehr. Während der Anteil der Beschäftigten an den weiblichen Erwerbstätigen in diesem Wirtschaftszweig von 5 auf 10 % gestiegen war, stagnierte er in diesem Zeitraum mit 3 % an den liberalen, d.h. den freien Berufen. (Weber : 1899, S. XXXVII). In diesem Berufsfeld waren Frauen u.a. als Klavierlehrerin, Kochschulinhaberin usw. tätig.

Parallel mit der starken Verschiebung der Anteile der in persönlichen Diensten beschäftigt gewesenen weiblichen Erwerbstätigen zugunsten der in der Industrie tätig gewesenen weiblichen Erwerbspersonen ging offenbar eine wachstumsbedingte Erhöhung der Nachfrage des Bekleidungsgewerbes nach am Arbeitsmarkt verfügbaren weiblichen Arbeitskräften einher. Insgesamt gesehen ist der Anstieg des Angebotes an weiblichen Arbeitskräften in den Großstädten und der Rückgang der Aufnahmefähigkeit der alten Formen der Frauenarbeit als simultane Entwicklung auf dem Arbeitsmarkt für weibliche Arbeitskräfte zu sehen. Diese Entwicklung kann gleichzeitig als Voraussetzung dafür gelten, daß sich das Bekleidungsgewerbe auf der Grundlage des Einsatzes weiblicher Arbeitskräfte etablieren und recht umfangreich entwickeln konnte.

Neben dem umfangreichen Angebot an weiblichen Arbeitskräften sind die Gründe dafür, daß gerade dieses Arbeitskräftepotential in so starkem Maß während der Entstehung der Fertigkleidungsbranche in den Produktionsprozeß dieses Wirtschaftszweiges einbezogen worden ist, u. a. in den damaligen - eher geringen - Ansprüchen an die Qualifikation der weiblichen Arbeitskräfte zu sehen. Wesentlich entscheidend für die Integration dieser Arbeitskräfte in den Produktionsprozeß dieser Branche waren die mit dem niedrigen technischen Niveau der damaligen Bekleidungsfertigung sowie die mit den damaligen durchschnittlich eher als 'mittel' zu veranschlagenden Güteansprüchen an die Fertigkleidung verbunden gewesen relativ geringen Anforderungen an die Qualifikation dieser weiblichen Arbeitskräfte.

Der starke Zustrom weiblicher Arbeitskräfte in die Sparten der Konfektionsbranche läßt sich in historischer Arbeitsmarktperspektive auch damit erklären, daß die Rekrutierung von Frauen in der Entstehungsphase der Konfektion primär die Folge einer wachsenden Nachfrage nach Arbeitskräften durch neu entstandene bzw. expandierende Verlags- bzw. Zwischenmeisterbetriebe genau in dem Zeitabschnitt gewesen ist, in welchem das Angebot an weiblichen Arbeitskräften aus den angeführten Umständen deutlich angestiegen war, d.h. deren Verfügbarkeit am Arbeitsmarkt besonders ausgeprägt war. Insofern ist es in makrosoziologischer Sicht die Struktur der Nachfrage nach Arbeitskraft gewesen, welche dieses Ausmaß der weiblichen Erwerbsbeteiligung in der Bekleidungsbranche bestimmt hat.

Wird der Arbeitskrafteinsatz von Frauen im Bekleidungsgewerbe als Ergebnis einer mengenmäßigen Nachfrage nach weiblichen Arbeitskräften für bestimmte Arbeitsverrichtungen interpretiert, so steht diese Erklärung in einem gewissen Spannungsverhältnis zu dem mikrosoziologischen Erklärungsansatz der Erwerbsbeteiligung von Frauen. Dieser sieht die Determinanten der weiblichen Erwerbsarbeit primär in den Ressourcen, die das Arbeitskräfteangebot steuern, d.h. den Belastungen und Orientierungen der Frauen selbst 34). Sowohl den Nachfrage- als auch Angebotsfaktoren kamen eine Bedeutung als bestimmte Faktoren des Arbeitskrafteinsatzes von weiblichen Beschäftigten zu. Insbesondere für die Erklärung der Konstitution des weiblichen Arbeitsmarktes für 'Nähberufe' schließen sich beide Erklärungsmuster nicht aus, sondern ergänzen sich gegenseitig.

So ist bei der historischen Perspektive der Herausbildung der strukturellen Faktoren der weiblichen Erwerbsbeteiligung mitzureflektieren, daß das gemeinsame Arbeits- und Leistungsprofil der weiblichen Arbeitskräfte die Strategien des Arbeitskräfteeinsatzes im Bekleidungsgewerbe mitbeeinflußt hat. Die These eines besonderen 'weiblichen Arbeitsvermögens' basiert auf der Annahme, daß Frauen aufgrund der ihnen jahrhundertelang im Rahmen der geschlechtsspezifischen Arbeitsteilung zugewiesenen reproduktionsbezogenen Haushaltstätigkeiten - einschließlich des Nähens - prinzipiell für einschlägige Berufe bzw. Tätigkeiten ganz besonders disponiert seien. Das mit der Ausführung dieser familialen bzw. haushaltsorientierten Tätigkeiten im Laufe der Zeit erworbene spezifische 'weibliche Arbeitsvermögen', welches einerseits ein Spektrum reproduktionsbezogener Tätigkeiten umfaßt sowie andererseits durch eine Verhaltensorientierung charakterisiert ist, gilt wiederum als Ausgangspunkt der Sonderstellung von Frauen auf dem Arbeitsmarkt.

Mit der Etablierung der Fertigkleidungsbranche in der Mitte des 19. Jahrhunderts entstanden neue Tätigkeiten bzw. neue Berufsbilder wie z. B. Konfektionsnäherin, Zwischenmeister u.s.w. Gleichzeitig wurde aber keine auf diese Berufsbilder hin systematisch ausgerichtete Ausbildungsorganisation eingerichtet. Das heißt, daß parallel zur Entfaltung der verlagsmäßig organisierten Massenherstellung von fertiger Oberbekleidung für diesen Produktionszweig weder ein spezifisch organisiertes Ausbildungswesen mitentstanden war noch inhaltlich bestimmte Ausbildungsrichtlinien erlassen worden sind.

Die seitens der Werkstatt- und Heimarbeiterinnen bzw. der Zwischenmeisterinnen angebotenen Qualifikationen wurden mangels eines branchenspezifischen Ausbildungssystems von den jeweiligen Trägerinnen auf der Basis des im Rahmen der 'Mädchenbildung' - als Teil der schulischen Allgemeinbildung - existierenden Bildungsangebotes erworben. Zu dieser Möglichkeit des Erwerbs von beruflich verwertbaren Fertigkeiten im Nähen 35) kam die häufig genutzte Chance des Absolvierens einer 'Lehre' auf der Werkstatt eines Zwischenmeisters oder bei einer Heimarbeiterin hinzu, innerhalb der die jugendlichen Schulabgängerinnen ihre Fertigkeiten im Hand- und/oder Maschinennähen haben sowohl erweitern als auch vervollkommnen konnten. Nicht zuletzt verfügte jedes Schulmädchen über im Rahmen ihres Anteils an der häuslichen Reproduktionsarbeit erworbene mehr oder weniger qualifizierte Fertigkeiten im Nähen. Nähen haftete als Teil der hauswirtschaftlichen Reproduktionstätigkeit quasi jeder Frau als 'weibliche' Qualifikation an.

Bevor das Fach 'Handarbeit' in den Fächerkanon für die Mädchenklassen allgemeinbildenden Schulen aufgenommen worden ist, existierte ein heterogenes Ausbildungsangebot auf dem Sektor der manuell-praktischen textilen Arbeitstechniken, welches teilweise parallel zu dem verbindlich eingeführten Handarbeitsunterricht für Mädchen in der Volksschule weiter bestehen blieb. Zu den Vorläufern des Unterrichtsfaches 'Handarbeit' sind dabei der Arbeits- oder Industrieunterricht für Mädchen zu rechnen (Immenroth : 1970, S. 54 ff.). Der Erwerb von Nähtechniken geschah in unterschiedlich organisierten Lernprozessen der verschiedenen schulischen Institutionen und Schulstufen. Neben den staatlichen Schulträgern der Arbeits- und Industrieschulen, waren insbesondere die vielfach von privaten bzw. karitativen Trägern organisierten Näh- und Strickschulen eine in diesem Zeitraum relevante Institution der Mädchenbildung.

Die Institutionalisierung des Handarbeitsunterrichtes für Mädchen in den allgemeinbildenden Schulen parallel zur Entstehung der Konfektion ist zumindest für den Zeitraum des Fehlens einer einheitlichen und geregelten Ausbildungsordnung im Konfektionsgewerbe als notwendiger und unterstützender Beitrag des Prozesses der Verberuflichung von ehemals im familialen Arbeitszusammenhang ausgeübter Tätigkeiten des Reproduktionsbereiches zu sehen. Gehörte der Einbezug des Handarbeitsunterrichtes für Mädchen u. a. zum Bildungsauftrag der Volksschule, um vorberufliche Orientierungsmuster aufzubauen, so wurde dies in der Weise umgesetzt, indem die Volksschule funktionale, berufsvorbildende Fertigkeiten als Bestandteil der schulischen Ausbildung festlegte. Insbesondere wegen des Zeitpunktes der gesetzlichen Einführung des Handarbeitsunterrichtes als ,ordentliches Unterrichtsfach für Mädchen in den allgemeinbildenden Schulen im Jahr 1872 in Preussen (Immenroth, : 1970, S. 111) ist zu vermuten, daß vorberufliche Qualifikationen von Frauen, die auf dem Hintergrund ihrer durch Tradition und Sozialisation vermittelten, im familiär-reproduktionsbezogenen Tätigkeitszusammenhang erworbenen Qualifikationen - hier die des Nähens - für eine berufliche Verwertung nicht ausreichend gewesen sind. Die Aufnahme der 'weiblichen Handarbeiten' in den Fächerkanon für Mädchen in der Volksschule als Bestandteil der weiblichen Allgemeinbildung mit der Begründung der Rücksichtnahme auf die Bedürfnisse bzw. die Interessen des gewerblichen Lebens kann als Beleg dafür gelten, daß die staatliche Bildungspolitik auf ökonomische Notwendigkeiten bzw. Brancheninteressen reagiert hat.

Die obligatorische Einführung des Handarbeitsunterrichtes für Mädchen in den allgemeinbildenden Schulen war aus verschiedenen Gründen geboten: Zum einen war aufgrund der Auflösungstendenzen der traditionellen häuslichen Produktionsgemeinschaft nicht mehr in jedem Fall sichergestellt, daß das Nähen als Teil der hauswirtschaftlichen Reproduktionstätigkeit - und damit als 'weibliche' Fertigkeit - wegen der zunehmenden außerhäuslichen Erwerbstätigkeit der Ehefrauen bzw. der Mütter von diesen nicht mehr an ihre Töchter weitergegeben werden konnte. Andererseits kann die verbindliche Aufnahme des geregelten Handarbeitsunterrichtes für Mädchen in das staatliche Bildungsangebot auch dahingehend interpretiert werden, daß durch die staatliche Bildungspolitik eine Lücke im Ausbildungsangebot geschlossen werden mußte, die sich aus den ökonomisch-strukturellen Zusammenhängen des Verlagssystems im Konfektionsgewerbe ergeben hatte. Konkret soll damit ausgedrückt werden, daß von den Konfektionsfirmen als kaufmännisch geführte Verlegerbetriebe - sie waren in den meisten Fällen mit keinem nennenswerten Fertigungsbereich ausgestattet - praktisch keinerlei gewerbliche Ausbildung geleistet werden konnte.

Hand- und Maschinennäherinnen mit einer ausreichenden fachlichen Qualifikation zu rekrutieren, ohne dafür einen größeren Ausbildungsaufwand zu erbringen, lag sicher im Interesse derjenigen Arbeitgeber im Konfektionsgewerbe, die Arbeitskräfte in Lohnarbeit beschäftigten. Hierzu gehörten im wesentlichen die Zwischenmeisterbetriebe. Der staatliche Bildungssektor wurde somit zu derjenigen Instanz, die die Bereitstellung von Grund- bzw. Minimalqualifikationen - mehr oder weniger als Gratisqualifikation - im Nähen garantierte. Damit war das für den Arbeitskrafteinsatz im Konfektionsgewerbe notwendige Angebot von hinreichend qualifizierten weiblichen Arbeitskräften zumindest in der Anfangsphase gesichert.

Wenn auch nicht in jedem Fall unmittelbar, so hat der Erwerb von Grundqualifikationen im Nähen sehr häufig indirekt seine Konsequenzen auf die Struktur des Arbeitskräfteangebotes gehabt: Mit ihm wurde den verheirateten bzw. erziehenden Frauen prinzipiell eine Tätigkeit als Heimarbeiterin im Konfektionsgewerbe ermöglicht, ohne vorher im Rahmen einer beruflichen Tätigkeit genäht haben zu müssen. Viele Frauen, die in der Zeit zwischen ihrem Schulabgang und ihrer Heirat bzw. der Geburt ihres ersten Kindes keine beruflichen Erfahrungen im Nähen auf einer Zwischenmeisterwerkstatt haben sammeln können, haben auf ihre während der Schulzeit erworbenen Fertigkeiten im Nähen zurückgreifen können und begannen auf dieser Basisqualifikation ihre 'Karriere' als selbständige Heimarbeiterin.

"Ein zahlreicher, gut geschulter Arbeiterstamm. Dieser war in Bielefeld vorhanden in den Frauen und Töchtern der unteren Stände, welche seit Generationen durch die hauswirtschaftliche Herstellung von Wäschegegenständen eine besondere Fertigkeit sich angeeignet hatten" (Jaffé : 1899, S. 171).

"In den größeren Zwischenmeisterwerkstätten, in denen Mäntel, Kostüme, Röcke und Blusen im Großen gefertigt werden, sind die Mädchen selten direkt als Lehrmädchen angestellt. Die Anfangsgründe des Nähens, die schon im Handarbeitsunterricht in der Volksschule ein jedes Kind lernt, reichen aus, um sofort oder nachdem einige Monate bei einer Kleidermacherin verbracht sind, als Anfangsnäherin in einer Konfektionswerkstatt zu arbeiten. Hier lernen die Mädchen eine Teilarbeit und können diese dann auch bald mit der nötigen Schnelligkeit, auf die alles ankommt, herstellen. Ein Mädchen ist an einer Knopflochmaschine beschäftigt und lernt nie etwas anderes als diese Maschine zu bedienen, die Knopflöcher in den Mantel schneidet und näht" (Hell : 1911, S. 63).

"Infolge der Eigenart der Arbeit eignet sie (die Heimarbeit - F.D.) sich vor allem für Frauen und Mädchen, zumal sie sehr schnell zu erlernen ist. Nach kurzer Zeit der Anlernung ist die Heimarbeiterin, da sie ja die Handfertigkeit des Nähens zu Hause oder in der Schule gelernt hat, brauchbare Konfektionsnäherin. Eine ausgesprochene Lehrzeit besteht nicht. Ein Teil der Näherinnen hat kurze Zeit in einer Kleiderfabrik gearbeitet. In dem Betrieb eignete sie sich die allernotwendigsten Fertigkeiten an, um dann zu Hause ihre Arbeit als Heimarbeiterin fortzusetzen. Diese Ausbildung ist aber die am wenigsten übliche. Die Heimarbeiterinnen rekrutieren sich hauptsächlich aus den Kreisen der Kleinbauern und der Arbeiter in den Dörfern, für die sich der Gang zur Fabrik zu umständlich und langwierig erweisen würde. Die meisten Mädchen, die die Näharbeit erlernen wollen, gehen zu einer älteren Näherin, helfen dort kurze Zeit und versuchen dann ihr Glück. Diese Ausbildung ist natürlich nicht genügend, und erst durch lange Erfahrung kann eine Näherin sich vollständig ausgebildet haben. Ist aber einmal die Näharbeit heimisch, so vererbt sie sich von der Mutter auf die Tochter. In solchen Familien entstehen die besten Näherinnen, da die Kinder schon bei der Arbeit der Mutter kleine Handreichungen machen müssen" (Isaac : 1926, S. 60).

"Die Tätigkeit der meisten Arbeitskräfte in der Konfektion erfordert lediglich einige Vorkenntnisse im Hand- und Maschinennähen: Fertigkeiten also, die die meisten Mädchen und Frauen in der Schule und im Haushalt erlernen, so daß Anpassung und Vervollkommnung auf Grund der vorhandenen Vorkenntnisse mit leichter Mühe durchgeführt werden können" (Hensen : 1930, S. 12).

Die innerhalb der schulischen Allgemeinbildung im Fach 'Handarbeit' von den weiblichen Jugendlichen erworbenen Kenntnisse und Fertigkeiten im Nähen reichten nur in den wenigsten Fällen aus, ohne zusätzliche Erweiterung bzw. Intensivierung dieser Qualifikation als vollständig ausgebildete Konfektionsnäherin auf einer Zwischenmeisterwerkstatt oder bei einer Heimarbeiterin eingesetzt zu werden. Eine Phase der 'betrieblichen' Ausbildung im Hand- bzw. Maschinennähen schloß sich für die meisten der Berufsanfängerinnen im Konfektionsgewerbe an, die direkt nach dem Schulende in der Fertigkleidungsbranche zu arbeiten begannen. Auch diejenigen Arbeiterinnen, die aus anderen Berufen 36) - oft mit der Begründung sich später als Heimarbeiterin selbständig machen zu wollen - in die Konfektion überwechselten, durchliefen zunächst eine Ausbildungsphase in der Konfektion, meistens auf einer Zwischenmeisterwerkstatt.

Bei diesen als 'Lehre' bezeichneten Ausbildungsverhältnissen im Konfektionsgewerbe handelte es sich - insbesondere wegen der vielfach nur kurzen Dauer dieser 'Lehrverhältnisse' sowie der Vermittlung von eingeschränkten Arbeitsinhalten - keineswegs um die Qualität einer Ausbildungspraxis, wie sie vom Handwerk sowohl vom Anspruch als auch von der Konzeption der Nachwuchsförderung her bekannt war. Von der Anlage und der Durchführung der Ausbildung entsprachen diese Ausbildungsverhältnisse insbesondere für Hand- und Maschinennäherinnen in der Damen- sowie Arbeiter- und Sommerkonfektion mehr oder weniger kurzfristigen Anlernverhältnissen. Allein die Dauer der 'Lehrzeit' legt es nahe, nicht von 'Lehrverhältnissen', sondern von Anlernverhältnissen zu sprechen. Da der zeitliche Rahmen einer Ausbildung als Näherin im Konfektionsgewerbe nicht verbindlich festgelegt gewesen war, läßt sich aufgrund verschiedener Berichte von zeitgenössischen Experten sagen, daß die Anlernzeit nach den jeweiligen Umständen eine unterschiedliche Dauer eingenommen hatte.

So berichtet Winter, daß in der Breslauer Damenkonfektion bei weiblichen Lehrlingen gegen Ende des letzten Jahrhunderts die 'Lehrzeit' vier bis zwölf Wochen betrug (Winter : 1896, S. 56). Scheffels kommt in seiner ein Vierteljahrhundert später erschienen Studie über die Breslauer Damen-Mäntel-Konfektion zu dem Ergebnis, daß in dieser Sparte der Konfektion die völlig ungelernte neben der kurz angelernten Frauenarbeit stark vorherrschend gewesen ist 37).

Bestimmt wurde die Dauer der Anlernverhältnisse durch unterschiedliche sowie verschieden wirksame Einflußgrößen. Im Grunde ging es für die jugendlichen Arbeiterinnen in der Konfektion während der Anlernzeit darum, ihre qualifikatorischen 'Vorleistungen', die sie aus der Schulausbildung und/oder dem Haushalt mit in die 'Lehre' einbrachten, soweit zu vervollkommnen und anzupassen, daß sie in der Lage waren, die von ihnen verlangten Hand- bzw. Maschinennäharbeiten mit den jeweils genremäßig notwendigen Fertigkeiten auszuführen. Neben dieser Anpassung an die von den spezifischen Arbeitsverrichtungen bzw. von den betrieblich geforderten Güteansprüchen der Verarbeitung ausgehenden Qualifikationsanforderungen sind es auch die von den Lehrmeistern bzw. Lehrheimarbeiterinnen praktizierten individuellen Strategien gewesen, Lehrlinge über eine kürzere oder längere Ausbildungszeit als billige Hilfskraft einzusetzen und damit die Dauer der Ausbildungszeit im Einzelfall über das übliche Maß auszudehnen 38).

Wie die diversen zeitgenössischen Zitate zur Praxis der Ausbildung zur Konfektionsnäherin im verlagsmäßig organisierten Konfektionsgewerbe zeigen, war die Ausbildung des weiblichen Nachwuchses in dieser Branche durch sehr unterschiedliche Voraussetzungen und Bedingungen gekennzeichnet, wobei kurze Anlernphasen mit einem relativ engen Spektrum der Lehrinhalte dominierten. Ausbildungsverhältnisse im Konfektionsgewerbe, bei denen die breite Vermittlung von Arbeitsinhalten auf hoher Stufe der Verarbeitungsgüte im Zentrum der betrieblichen Ausbildung standen, sind vermutlich - insbesondere in der Anfangsphase der Konfektion - deswegen eher selten gewesen, da in diesem Zeitraum die qualitativ besonders hochwertige Bekleidung prinzipiell vom Bekleidungshandwerk gefertigt worden ist. Anzunehmen ist, daß entsprechend dem objektiv höheren Verarbeitungsstandard im Bekleidungshandwerk, die höher qualifizierten weiblichen Arbeitskräfte dort ihren Beschäftigungsbereich gefunden hatten und das Konfektionsgewerbe bei seinem Arbeitskrafteinsatz prinzipiell auf die weniger qualifizierten weiblichen Arbeitskräfte zurückgreifen mußte.

Die Herstellung von Bekleidungsstücken in größtenteils nur mittleren sowie niedrigeren Güteklassen in der Konfektion sowie der vom Arbeitsmarkt problemlos mögliche Arbeitskrafteinsatz von weiblichen - meist angelernten - Arbeitskräften für die weniger anspruchsvollen Näharbeiten in der Damen-, Herren- und Knabenkonfektion sowie der Arbeiter- und Sommerkonfektion ließ dieses breite Spektrum der Ausbildungspraxis in der Konfektion zu. Das Chaos der Phänomene auf dem Sektor der Ausbildung der weiblichen Arbeitskräfte im Konfektionsgewerbe resultierte nicht nur aus der fehlenden Bestimmung der Dauer der Ausbildungszeit sondern auch aus dem Mangel einer festgelegten Ausbildungsordnung. Die Ausbildungszeit wurde durch Ausübung ausbildungsfremder Inhalte verlängert und ihrem Zweck entgegengesetzt genutzt. Ausbildungsdefizite ergaben sich u.a. aus der Einseitigkeit der vermittelten Lehrinhalte; sie waren einerseits das Resultat der vielfach sehr kurzen Anlernzeit und andererseits das Ergebnis der Spezialisierung - insbesondere im Fall der Heimarbeiterin - der Lehrpersonen auf die Fertigung nur einer bestimmten Art von Kleidungsstükken.

Mangels der Festlegung von konkreten Ausbildungsinhalten bei der Qualifizierung des weiblichen Arbeitskräftenachwuchses für das Konfektionsgewerbe ist die Anlernung auch ohne Kontrolle der Ausbildungsinhalte geblieben. Zertifizierte Ausbildungsabschlüsse existierten in dieser Phase nicht. Das Resultat dieser Ausbildungspraxis war eine reduzierte und damit einseitig verwertbare Qualifikation. Eine derartige Qualifikation machte unter den Bedingungen des Verlagssystems eine recht lange Periode die qualifikatorische Basis beim Einsatz von weiblichen Arbeitskräften aus und stellten damit eine wesentliche funktionale Stütze der Verlagsproduktion dar.

Ist die Ausbildung der weiblichen Arbeitskräfte in der Entstehungsphase der Konfektion auch 'branchenübergreifend' ganz überwiegend in der vorstehend beschriebenen Art und Weise organisiert gewesen, so ist zumindest eine Organisationsvariante der betrieblichen Ausbildung hervorzuheben, die sich in dieser Zeit von dem allgemeinen Muster der Ausbildungsorganisation deutlich abhob. In der Entstehungsphase der Mönchengladbach-Rheydter Arbeiterkonfektion wurde eine frühe Art der formalisierten betrieblichen Ausbildung der Konfektionsnäherinnen angewandt. Diese bestand darin, daß in den 'Fabrikräumen' des Verlegers weibliche Arbeitskräfte durch vom Verleger beschäftigte Meister ausgebildet wurden. Diese betrieblich ausgebildeten Näherinnen arbeiteten allerdings nach ihrer Ausbildung meist nicht im Betrieb des Verlegers weiter, sondern nähten im Anschluß an ihre Ausbildung für diesen Verleger in ihrem eigenen Haushalt.

Mit dieser Zentralisierung der Ausbildung der Heimarbeiterinnen sind vermutlich schon früh bestimmte arbeitswissenschaftliche Ziele mit bestimmten Qualitätszielen der Verarbeitung verbunden worden: Zum einen versprach diese Form der Qualifikation der Heimarbeiterinnen eine Anpassung der Arbeitskräfte an eine 'optimale' Arbeitsmethode. Andererseits konnte der Verleger erwarten, daß die in der Fabrikausbildung vermittelten Qualitätsstandards bei der ganzheitlichen Fertigung im Haushalt der Heimarbeiterin eingehalten wurden und so eine einheitliche Verarbeitungsgüte bzw. ein einheitliches Erscheinungsbild des fertigen Kleidungsstückes bei der Fertigung von Massenartikeln dem Kunden garantiert werden konnte.

Die Herausbildung des Teilarbeitsmarktes für männliche Arbeitskräfte im Konfektionsgewerbe ist durch Bedingungen geprägt gewesen, die sich eindeutig von denen der Konstitution des Arbeitsmarktsegmentes für weibliche Arbeitskräfte unterschieden. Der Unterschied lag in den verschiedenen Rekrutierungsfeldern für weibliche Arbeitskräfte und für männliche Arbeitskräfte des Konfektionsgewerbes. Nahmen die weiblichen Arbeitskräfte nach der Beendigung ihrer Schulzeit entweder direkt eine Anlerntätigkeit in einer der Konfektionsbranchen auf oder begannen sie vielfach erst im Anschluß an eine Beschäftigung als Dienstmädchen in einem privaten Haushalt ihre 'Karriere' als Werkstatt- oder Heimarbeiterin in der Konfektion, so stammten die männlichen Beschäftigten in der Konfektion ganz überwiegend aus dem Herrenschneiderhandwerk.

Der handwerkliche Sektor stellte für die Beschaffung der männlichen Arbeitskräfte des Konfektionsgewerbes das zentrale Rekrutierungsreservoir dar. Aus den Lehrlingen, Gesellen sowie Meistern des zünftigen Herrenschneiderhandwerks rekrutierten sich die Zuschneider, Bügler und die Zwischenmeister der verschiedenen Konfektionsbranchen sowie die Heim- und Werkstattarbeiter - vorzugsweise des mittleren und des gehobeneren Genres der Herrenkonfektion. Wollte ein junger Mann nach seiner Schulzeit z.B. als Schneider in der Herrenkonfektion arbeiten, mußte er im Normalfall den 'Umweg' über eine Lehre im klassischen Schneiderhandwerk wählen, da Ausbildungsplätze für diese Tätigkeit von den Konfektionsfirmen nicht und von den hausindustriellen Betrieben nicht bzw. nur in bestimmten Regionen bereitgestellt wurden.

"Bislang haben sich die Konfektionäre - wenigstens in den Großstädten - um die Ausbildung des Nachwuchses nicht viel gekümmert, was man an gelernten Arbeitern brauchte, das zog man aus der Maßschneiderei heran, die Ausbildung der Hosen- und Westennäherinnen überließ man diesen selbst oder den Zwischenmeistern" (Schmidt : 1912, S. 179).

"Die Erweiterung des Verkehrs in Verbindung mit einer fortgeschrittenen Technik, das Ungenügen des lokalen Marktes und die dadurch hervorgerufene Notlage zahlreicher Handwerker waren die Ursachen, die allmählich einen Teil des Handwerks in die Hausindustrie hinüberführen mußten: Aus diesem Grunde haben sich daher zahlreiche Schneider, die bis vor einigen Jahrzehnten in der Hauptsache selbständig für das bürgerliche und bäuerliche Publikum arbeiteten, jetzt als Hausindustrielle in den Dienst der Konfektionsgeschäfte gestellt, sobald diese anfingen die ganze Bekleidungsindustrie infolge billigerer Herstellung und ausgedehnter Marktbeziehungen zu beherrschen" (Gralka : 1924, S. 20).

"Zum Schluß sei noch bemerkt, daß Lehrlinge in der Konfektionsindustrie nicht zu finden sind. Der Konfektionsarbeiter hat keine Zeit für die Ausbildung eines jungen Nachwuchses. Der Lehrling kann auch nicht viel bei ihm lernen, ist er ja nur in einer Spezialität eingearbeitet. Die Bildungsstätte für die heranwachsende Schneidergeneration ist die Werkstelle des kleinen Schneidermeisters. Hier hat er die Möglichkeit alle in das Fach einschlagenden Arbeiten kennen zu lernen, so daß er später in jedem Teil des Gewerbes sein Brot zu verdienen in der Lage ist.
Lehrmädchen dagegen finden sich in der Konfektion ziemlich häufig. Jedoch schon nach wenigen Monaten, die zur Erlernung der geringen technischen Kenntnisse um ein Konfektionskleinstück (Hose oder Weste) herstellen zu können ausreichen, rücken sie unter die Kategorie der Konfektionsarbeiterinnen und erhalten auch bald den durchschnittlich erreichbaren Wochenlohn von ca. 13 - 16 Mk" (Meyer : 1926, S. 75).

"Um in dieser Richtung etwas Bestimmtes sagen zu können, wollen wir uns kurz die Entwicklung der Lehrlingshaltung im Schneiderhandwerk in den letzten Jahren ansehen, denn der Stettiner Heimarbeiter rekrutiert sich, soweit es sich um männliche Arbeitskräfte handelt, ausschließlich aus der Maßschneiderei" (Pracht : 1937, S. 77).

Als sowohl regionalspezifisch als auch typisch für den ländlichen Raum, sind die damaligen Rekrutierungs- bzw. Ausbildungsbedingungen in der Herrenkonfektionsregion Aschaffenburg zu bezeichnen. Hier hatte sich in wenigen Jahren ein größerer ländlicher Raum zu einer wirtschaftlichen Monostruktur - zur ländlichen Konfektions-Heimschneiderei - entwickelt. Gilt als Ausgangspunkt des Aschaffenburger Konfektionsgewerbes ein kleiner handwerklicher Schneiderbetrieb, so ist das weitere Wachstum der in Aschaffenburg und Umgebung gegründeten Firmen der Herrenkonfektion insbesondere von der Anpassungsbereitschaft der ländlichen Bevölkerung an Berufe der Fertigkleidungsbranche gestützt gewesen. Einer überproportionalen Nachfrage nach Arbeitskräften - so ist zu vermuten - standen zunächst nur wenige ländliche Schneidermeisterbetriebe als Ausbildungsstätten des Handwerks gegenüber, so daß diese Betriebe des ländlichen Schneiderhandwerks nicht länger Träger der Qualifizierung des männlichen Arbeitskräftepotentials blieben, sondern die Ausbildung dieser Arbeitskräfte zum Konfektionsschneider zunehmend in den dörflichen Heimschneiderbetrieben stattgefunden hat.

Erleichtert worden ist die Aufnahme der Ausbildung der männlichen Arbeitskräfte in den hausindustriellen Produktionsstätten der Konfektionsschneider auch wegen der geringen Anforderungen an die Qualität der Verarbeitung der damals in Aschaffenburg hergestellten Oberbekleidung. Kleidungsstücke geringeren Genres als auch Arbeitsspezialisierung innerhalb der Fertigung machten eine Orientierung der Ausbildung auf ein niedrigeres Qualifikationsniveau möglich, welches durch die Ausbildung in den Werkstätten der Heimschneider problemlos erreicht werden konnte.

"Die Ausbildung für ihren Beruf haben fast alle in der Konfektion Beschäftigten durch eine ordnungsgemäße Lehre gewonnen. Allerdings werden die meisten nicht etwa von einem Lehrmeister unterwiesen, der sie in der Maßschneiderei ausbildet, sondern die jungen Leute lernen nur bei Konfektionsschneidern, und selbst wenn die älteren Meister noch die Maßarbeit verstehen, fehlt ihnen doch, nachdem sie zum weitaus größten Teile reine Konfektionsschneider geworden sind, die Gelegenheit zu einer allseitigen Ausbildung ihrer Lehrlinge. So bildet also der Nachwuchs eine Schar von Schneidern, die überhaupt nicht mehr imstande ist, Kundschaftsarbeit zu machen, sondern nur noch Konfektion arbeiten können. Ungelernte Konfektionsschneider kommen nur vereinzelt vor, während es bei den Schneiderinnen nicht selten ist, daß sie sich von der landwirtschaftlichen Tätigkeit ab- und dem Schneidergewerbe zuwenden. Die Zahl der lediglich aus der Konfektionsschneiderlehre hervorgegangenen Arbeiter betrug bei den durch Fragebogen erforschten Betrieben 66 1/3 %. Von dem übrigbleibenden Drittel befaßt sich etwa die Hälfte noch in ganz geringem Umfange mit Maßarbeit; die andere Hälfte hat für die hierin erworbenen Kenntnisse keine Verwendung mehr" (Hiller : 1913, S. 73).

"Der Zustand änderte sich erst am Ausgang des 19. Jahrhunderts, als die Bekleidungsindustrie in Aschaffenburg entstanden war und die im Spessart ansässigen Schneidermeister intensive Beschäftigung fanden. Das übte natürlich unter den herrschenden Gegebenheiten große Anziehungskraft aus und da die Gewerbe-Ordnung von 1869 ja die Gewerbefreiheit gebracht hatte, ergriffen weite Kreise der Bevölkerung die sich bietende Gelegenheit und lernten um. Das war an sich nicht schwer, denn die Industrie verlangte Spezialisierung auf Sakkos, Hosen oder Westen und die Anforderungen an die qualitative Verarbeitung waren verhältnismäßig gering. Es war keine handwerksmäßige Ausbildung mit Lehrzeit und Gesellenzeit erforderlich, sondern nur eine kurze Anleitung und schon bald konnte man sich von einem Verleger als Heimarbeiter anwerben lassen" (Franz : 1941, S. 17).

"Die Heimarbeiter sind ausnahmslos gelernte Schneider, die eine meist dreijährige Lehrzeit bei einem Meister oder beim eigenen Vater durchgemacht haben. Der größere Teil hat bei kleinen Schneidermeistern auf dem Lande und in den Kleinstädten gelernt, die entweder nur Maßarbeit für Landkundschaft oder daneben noch Konfektion machen; aber sehr viele, namentlich diejenigen, welche beim eigenen Vater lernten, haben nur Konfektionsschneiderei erlernt und wissen vom Anmessen und Anprobieren nichts, wenn sie die Lehre verlassen, da auch vom Besuch der Fachschule nicht die Rede ist. Da diese auch später vielfach nur bei Konfektionsschneidern arbeiten oder dauernd beim Vater bleiben, bis sie selbst Arbeit vom Konfektionär nehmen, hat sich mit der Zeit eine ganze Zahl von Schneidern herangebildet, welche nur Konfektion arbeiten können" (Luppe : 1913, S. 9).

Die Rekrutierung der männlichen Arbeitskräfte für die Konfektionsschneiderei als auch deren Qualifizierung verlief insgesamt differenzierter, als sie mit den beiden vorgestellten idealtypischen Beispielen aufgezeigt werden konnte. So ist z. B. anzunehmen, daß Schneiderlehrlinge während ihrer Lehrzeit bei einem Maßschneider, der neben den Aufträgen seiner Privatkundschaft zusätzlich für einen oder mehrere Verleger Herrenkonfektionsteile fertigte, die Verarbeitungstechniken beider Produktionsgenres kennengelernt haben. Möglich gewesen ist dies auch für den umgekehrten Fall, in dem der Meister in der Hauptsache Konfektionsschneider war, nebenbei aber noch für eigene Kunden Maßanzüge anfertigte.

Wegen der traditionell im handwerklichen Bereich verbreiteten intergenerativen Positionsvererbung ist es häufig der Fall gewesen, daß Väter, die sich eine Existenz als Konfektions-Heimschneider aufgebaut hatten und diese an ihre Söhne weitergeben wollten, ihnen nicht mehr das Produktionswissen des selbst einmal erlernten klassischen Schneiderhandwerks vermittelten, sondern nur noch die Konfektionsschneiderei lehrten. Offensichtlich machten sich schon zu Beginn des Herrenkonfektionsgewerbes mehr oder weniger starke Tendenzen der Ausbildung des männlichen Konfektionsschneidernachwuchses durch die hausindustriellen Schneidermeister neben den ländlichen auch an einzelnen städtischen Standorten der Herrenkonfektion bemerkbar. Für die Ausbildungssituation in der Nürnberger Herrenkonfektion kann anhand der Aussagen von Zwischenmeistern im Rahmen der Vernehmung von Auskunftspersonen über die Verhältnisse in der Kleiderkonfektion (KfA : 1896 b, S. 197 ff.) nachgewiesen werden, daß zumindest mehrere hausindustrielle Schneidermeister Lehrlinge in ihrer Werkstatt ausgebildet hatten.

Absolvierten diejenigen männlichen Arbeitskräfte, die in den verschiedenen Konfektionsbranchen als Schneider tätig waren entweder eine Lehre im klassischen Schneiderhandwerk oder eine 'Konfektionsschneiderlehre', so durchliefen die in den übrigen Arbeits- bzw. Berufsfeldern des Konfektionsgewerbes beschäftigten männlichen Arbeitskräfte nicht in jedem Fall einen der beiden skizzierten Qualifikationspfade. Zu vermuten ist, daß es einerseits eine Besonderheit des großstädtischen - möglicherweise auf den Berliner Arbeitsmarkt begrenzten - und andererseits des ländlichen Arbeitsmarktes gewesen ist, daß zumindest ein Teil der Zwischenmeister vor der Ausübung dieses Berufes im Konfektionsgewerbe keine Erstausbildung in einem Bekleidungsberuf abgeschlossen hatte 39). Diese nicht im Schneiderhandwerk bzw. in der Konfektionsschneiderei ausgebildeten 'Schneidermeister' rekrutierten sich aus den verschiedensten Berufen und sind in diesem Berufsfeld in einzelnen Konfektionszweigen vorzugsweise in den mittleren bzw. niedrigeren Genres eingesetzt gewesen.

"Ihrer ursprünglichen Berufsstellung und ihrem Bildungsgange nach sind die Zwischenmeister in den seltensten Fällen gelernte Schneider, obwohl sie in der Regel gern Meister oder Schneidermeister, niemals aber Zwischenmeister genannt werden wollen. Nur in der Rock- und Paletotbranche der Herrenkonfektion kann man als Regel annehmen, daß die Meister auch wirklich gelernte Schneider sind. Sonst finden wir unter den Zwischenmeistern Schmiede, Tischler, Steinträger, Kaufleute, Maurer, Apotheker, Lehrer, Droschkenkutscher, Musiklehrer, Schutzleute, Schlächter, Kellner, Hausdiener, Sattler, Klempner. Ich entsinne mich aus meinen Besuchen in Zwischenmeisterwerkstätten noch besonders eines Originals unter den etwa 40 Zwischenmeistern, die mir durch die Hände gelaufen sind, der mich als Standesgenossen begrüßte und seine akademische Bildung dadurch zu beweisen suchte, daß er mir auseinandersetzte, er besorge das Zuschneiden von Damenjacketts auf wissenschaftlicher Grundlage und benutze dabei die Lehre von den Kegelschnitten" (Grandke : 1899, S. 168).

Die Rekrutierung von Zwischenmeistern aus fachfremden Berufen - so ist zumindest für die großstädtische Arbeitsmarktsituation zu vermuten - hatte sich aus dem relativ knappen Angebot an ausgebildeten Schneidern ergeben. Die relativ wenigen ausgebildeten Arbeitskräfte wurden von den Zweigen des Konfektionsgewerbes aufgesogen, in denen die hochwertige Damen- und Herrenoberbekleidung gefertigt worden ist. Als typisch für die Rekrutierung fachlich nicht vorgebildeter Zwischenmeister ist z. B. die Entstehung familialer hausindustrieller Produktionstypen zu sehen. Sie bildeten sich in der Weise, daß männliche Arbeitskräfte ihren ehemaligen Beruf aufgaben und zusammen mit ihrer Ehefrau - einer Konfektionsschneiderin oder Zwischenmeisterin - einen hausindustriellen Zwischenmeisterbetrieb gründeten. Innerhalb dieses Betriebes übernahmen die Männer primär die organisatorischen und nach Einarbeitung bzw. Aneignung der notwendigen fachlichen Kenntnisse - je nach Größe des Betriebes - einen mehr oder minder großen Teil der fachtechnischen Aufgaben.

Relativiert wird die Feststellung von Grandke zur beruflichen Herkunft der Zwischenmeister durch das Ergebnis der Auswertung der Protokolle über die 'Vernehmung von Auskunftspersonen über die Verhältnisse in der Kleiderkonfektion' (KfA : 1896 b, S. 39 ff.) in Bezug auf die dort enthaltenen Aussagen der befragten Zwischenmeister zu ihrer Ausbildung. Als Resultat dieser Protokolle ist anzuführen, daß von 13 dazu befragten männlichen Zwischenmeistern aus verschiedenen Zentren des Konfektionsgewerbes im Deutschen Reich, 11 eine einschlägige Ausbildung absolviert hatten. Von den zwei Zwischenmeistern ohne Ausbildung in der Bekleidungsbranche hatte einer das Bäckerhandwerk erlernt und ein anderer war vor seiner Tätigkeit im Konfektionsgewerbe als Hilfsaufseher in einer Strafanstalt beschäftigt. Da beiden Studien mangels Aufklärung über die Kriterien für die Auswahl der befragten Zwischenmeister als auch mangels eines genügenden Umfangs des Samples ein repräsentativer Charakter nicht zugesprochen werden kann, ist eine gesicherte Aussage zur Rekrutierung der männlichen Zwischenmeister sowohl für einzelne Zweige als auch für das gesamte Konfektionsgewerbe nicht zu leisten 40). Zu vermuten bleibt, daß sowohl vom Genre ausgegangene Ansprüche an die

Qualifikation als auch die Struktur des regionalen Angebots an männlichen Arbeitskräften als diejenigen Einflußgrößen gelten, die für den Einsatz der männlichen Zwischenmeister von Bedeutung waren.

Da die Zuschneider zu den Konfektionsarbeitern mit den höchsten Qualifikationsanforderungen gehörten - zu ihren Arbeitsinhalten zählte primär die Erstellung von Schnittmustern - haben sie nicht nur in den Anfangsjahren der Konfektion zum ganz überwiegenden Teil eine klassische handwerkliche Schneiderausbildung abgeschlossen. Bezog sich der Inhalt dieser Ausbildung im wesentlichen auf die Vermittlung handwerklicher Fertigungstechniken, so war die Aneignung der Technik der Schnittkonstruktion u.s.w. Gegenstand spezieller Zuschneidekurse. Sowohl gelernte Schneidergesellen als auch fachfremde Arbeitskräfte der Konfektion ließen sich in 6- bis 12-wöchigen Kursen an einer Zuschneideschule - sog. Schneiderakademien - im Zuschneiden ausbilden, um danach entsprechende Tätigkeiten in der Konfektion ausführen zu können.

Auch die Bügler stammten vorwiegend aus dem Schneiderhandwerk. Die von ihnen verrichteten Arbeitsinhalte verlangten besonders bei der Produktion der höherwertigen Konfektion großes handwerkliches Geschick sowie ein Wissen um fertigungstechnische Zusammenhänge der Bekleidungsherstellung. Für die bei der Herstellung von Kleidungsstücken niedrigeren Genres ausgeführten Bügeltätigkeiten waren die von den Büglern abverlangten Kenntnisse je nach den Qualitätsmerkmalen der Wertstufe entsprechend geringer. Unter diesen Arbeitskräften sind die nicht einschlägig Ausgebildeten in Betrieben, in denen Kleidungsstücke niedrigerer Wertstufen gefertigt wurden sicher proportional stärker vertreten gewesen als in den Werkstätten, in denen Kleidungsstücke von hoher Qualität hergestellt wurden.

"Der Bügler braucht durchweg eine gewisse, aber nicht erhebliche fachliche Ausbildung. Wichtiger sind Übung und Erfahrung. In der niederen Konfektion namentlich ist in erster Linie nicht Geschick und Fachkenntnis, sondern vor allen Dingen Kraft nötig. Wir finden deshalb unter den Büglern, ähnlich wie unter den Zwischenmeistern, ehemalige Kellner, Bäcker, Tischler, Schlosser, Schmiede u.s.w.. Mir selbst ist ein Bügler begegnet, der zwei Jahre vorher als Schlächtergeselle nach Berlin gekommen war" (Grandke : 1899, S. 218).

Diese Muster der Rekrutierung der männlichen Arbeitskräfte waren nicht nur für die Phase der Entstehung der Konfektion typisch, sondern diese Eigentümlichkeiten der Einbeziehung von männlichen Arbeitskräften als auch ihr spezifischer Einsatz in den einzelnen Branchen des Konfektionsgewerbes galten im Prinzip während der ca. einhundertjährigen Dominanz der verlagsmäßigen Organisation der Herstellung von fertiger Oberbekleidung - allerdings mit tendenziell sinkendem Arbeitskräfteangebot und den daraus folgenden Konsequenzen für den Arbeitskrafteinsatz und für die Form der Arbeitsorganisation in der Konfektion.

Daß die Rekrutierung von männlichen Arbeitskräften für das Konfektionsgewerbe zumindest in den ersten Dekaden seines Bestehens nicht mit besonderen gravierenden Schwierigkeiten einhergegangen ist, läßt sich teilweise mit der damaligen ökonomischen Situation des Schneiderhandwerks erklären. Trotz oder auch wegen der steigenden Anzahl der Beschäftigten im Schneiderhandwerk - in Preussen stieg die Zahl der Beschäftigten in diesem Zweig des Handwerks zwischen 1849 und 1895 um 151 % - konnte eine Austauschbeziehung auf der Ebene der männlichen Arbeitskräfte zwischen dem Schneiderhandwerk und dem Konfektionsgewerbe entstehen. Im Rahmen der Wanderung der Arbeitskräfte zwischen diesen Sektoren hatte das klassische Schneiderhandwerk - insbesondere das ländliche - im Laufe der Entfaltung der Fertigkleidungsbranche in stark zunehmendem Maß männliche Arbeitskräfte an die einzelnen Zweige der Konfektion - primär an die Herrenkonfektion - abgegeben.

Als wesentliche Voraussetzung des Wechsels von männlichen Arbeitskräften - weibliche Arbeitskräfte sind im Herrenschneiderhandwerk in diesem Zeitraum nicht ausgebildet und auch nicht beschäftigt worden - vom klassischen Maßschneiderhandwerk zu dem verlagsmäßigen Sektor der Fertigkleidungsherstellung ist die Übersetzung des städtischen und besonders des ländlichen Schneiderhandwerks mit Arbeitskräften bzw. mit Lehrlingen anzusehen. Die Übersetzung des ländlichen sowie des städtischen Schneiderhandwerks kann als gewisse Voraussetzung dieses Handwerkszweiges, weiterhin existieren zu können, interpretiert werden. Überleben konnten vor allem kleinere ländliche Handwerksbetriebe, die sich die Beschäftigung von Gesellen nicht leisten konnten, nur, indem sie sich durch 'Lehrlingszüchterei' konkurrenzfähig hielten. Dies führte zu einem relativ hohen Angebot an Lehrstellen am Arbeitsmarkt für Bekleidungsberufe und in den Fällen der Nichtübernahme in ein Beschäftigungsverhältnis als Schneidergeselle im Handwerk zu einer Erweiterung des Angebotes an Arbeitskräften, für die auch außerhalb des traditionellen Bekleidungshandwerks eine Nachfrage nach qualifizierten männlichen Arbeitskräften bestanden hatte.

Der mengenmäßig durchaus hohe als auch steigende Bedarf an fachlich qualifizierten männlichen Arbeitskräften der einzelnen Träger der Produktion im Konfektionsgewerbe einerseits sowie deren besonders mangelhafte Ausbildungsbereitschaft, um das Risiko einer Bedarfsplanung als auch die Kosten einer angemessenen Qualifizierung nicht tragen zu müssen andererseits, brachte die Lehrlingsausbildung des Schneiderhandwerks in eine besondere Situation. Diese bestand darin, daß das Handwerk nicht nur den eigenen Bedarf an ausgebildeten Fachkräften zu decken hatte, sondern darüber hinaus in weitem Maß den Bedarf des Konfektionsgewerbes an entsprechenden fachlich qualifizierten männlichen Arbeitskräften befriedigte.

Die Verwertbarkeit der erworbenen beruflichen Qualifikation war somit für den jungen Schneidergesellen außerhalb des klassischen Maßschneiderhandwerks relativ groß. Das Schneiderhandwerk konnte - insbesondere als auf dem Land vertretener Abwanderungsberuf - seinen Gesellenüberschuß mehr oder weniger mühelos in durchaus vergleichbare vom Konfektionsgewerbe nachgefragte Berufspositionen ableiten.

Konnten die Mobilitätsströme der weiblichen Arbeitskräfte der Konfektion in nihrem Verlauf grob nachgezeichnet werden, so ist es mangels ausreichend vorhandenen Quellenmaterials nicht möglich, analoge Wanderungsströme sowie Muster der Berufsauslese für die männlichen Arbeitskräfte im Konfektionsgewerbe detaillierter anzugeben. Da entsprechende Daten nicht zur Verfügung stehen, sollen die folgenden Hypothesen formuliert und daran anschließend versucht werden, die Pausibilität dieser Annahmen mittels der Heranziehung zeitgenössischer Aussagen von Experten zu stützen.

Wegen der ungleichzeitigen Entstehung der einzelnen Branchen des Konfektionsgewerbes sowie des in ihnen jeweils unterschiedlich vorgenommenen Arbeitskrafteinsatzes von männlichen Arbeitskräften kann für den Bereich der Damenkonfektion angenommen werden, daß die in ihr beschäftigt gewesenen männlichen Arbeitskräfte, die in dieser Branche als Zwischenmeister sowie als Zuschneider, Bügler und in geringerem Maß als Stepper tätig gewesen sind, sich zu Beginn primär aus dem lokalen - städtischen - Schneiderhandwerk rekrutierten. Für die erst wesentlich später gegründete Herrenkonfektion - insbesondere die städtische - ist anzunehmen, daß sie wegen ihres zeitlich wesentlich späteren Auftretens als Nachfragerin nach qualifizierten männlichen Arbeitskräften am Arbeitsmarkt ihre Arbeitskräfte weniger aus dem städtischen männlichen Arbeitskräftepotential heranzog, sondern sich in ganz starkem Maß auf qualifizierte ländliche männliche Arbeitskräfte gestützt hatte 41).

Neben der Rekrutierung der männlichen Arbeitskräfte aus dem städtischen Schneiderhandwerk ist somit anzunehmen, daß ein sehr gewichtiger Teil der männlichen Zwischenmeister sowie der männlichen Werkstatt- und Heimarbeiter als auch der sog. Sitzplatzarbeiter der Herrenkonfektion nicht in der Stadt geboren worden ist, in der sie einer Beschäftigung in einer Konfektionsbranchen nachgegangen sind 42). Dies bedeutet, daß diese Arbeitskräfte frühestens nach einer entweder auf dem Lande oder in der Kleinstadt absolvierten einschlägigen Handwerkszeit in die Stadt gezogen sind, um dort - häufig nach einer Übergangszeit in der Maßschneiderei - eine entsprechende Beschäftigung in der Konfektion zu finden. Andererseits ist es sicherlich - ähnlich wie bei den weiblichen Arbeitskräften - oft so gewesen, daß männliche Arbeitskräfte schon im Kindesalter mit ihren Eltern von den Dörfern bzw. Kleinstädten in die größeren Städte gezogen sind 43). Ob die in der Konfektion tätigen männlichen Arbeitskräfte vor oder erst nach Abschluß ihrer Ausbildung im Schneiderhandwerk aus den ländlichen Regionen in die Städte umgesiedelt sind, kann nicht genau belegt werden. Beide Mobilitätsverläufe können als Grundmuster der Land-Stadt Wanderung für den überwiegenden Teil des männlichen Arbeitskräftepotentials in der Konfektion gelten. Haben die später als Beschäftigte im Konfektionsgewerbe tätigen männlichen Personen die ländliche Region zusammen mit ihren Eltern im Kindes- bzw. Jugendlichenalter - auf jeden Fall vor Aufnahme einer Lehre im Schneiderhandwerk - verlassen, um in die Stadt zu ziehen, so ist anzunehmen, daß die Mobilität ganzer Familien darin begründet gewesen ist, daß die sozio-ökonomische Lage des Haupternährers dieses zumindest nahegelegt, wenn nicht erzwungen hatte.

Konkreter nachzuzeichnen ist das Mobilitätsverhalten derjenigen - überwiegend jungen und unverheirateten - Schneidergesellen, die von dem Dorf bzw. von der Kleinstadt in größere Siedlungseinheiten gezogen sind. Diese jungen Handwerker haben in diesem klassischen Fall der Land-Stadt Wanderung eine einschlägige Arbeit in der Stadt als Reaktion auf die in ihrer ländlichen Region vorgefundenen ungenügenden Beschäftigungsmöglichkeiten im erlernten Schneiderhandwerk nach einer abgeschlossenen Ausbildung bzw. teilweise kürzeren Gesellentätigkeit aufgenommen. Anzunehmen ist für die Berufs- bzw. Beschäftigungsverläufe dieser jungen Schneidergesellen, daß sie entweder sofort nach ihrer Übersiedlung in die Stadt eine Tätigkeit z. B. als Werkstattarbeiter in der Herrenkonfektion aufgenommen haben oder erst nach einer unterschiedlich langen Tätigkeit als Schneidergeselle im städtischen Maßschneiderhandwerk in ein entsprechendes Beschäftigungsverhältnis in der Konfektion eingetreten sind 44).

Die Art und Weise des Qualifikationserwerbs im Schneiderhandwerk ist in der zweiten Hälfte des 19. Jahrhunderts nach den traditionellen Prinzipien einer handwerklichen Lehrlingsausbildung organisiert gewesen. Charakteristisch für diese Ausbildung waren u.a. eine Dauer der Lehrzeit von bis zu 4 1/2 Jahren sowie die inhaltliche und fachliche Kontrolle durch die Organe der jeweiligen Innung. Angenommen werden kann somit, daß die erforderlichen Qualifikationen der Schneider mit einer abgeschlossenen Lehre den damaligen - von den Ausschüssen der Innung mehr oder weniger verbindlich festgelegten - Verarbeitungsrichtlinien bzw. dem damaligen handwerklichen Verarbeitungsstandard entsprochen hatten. Eine Lehre im Schneiderhandwerk garantierte den Lehrlingen eine auf handwerliche Nähtechniken bezogene umfassende sowie systematische Ausbildung. Von den Anforderungen im Konfektionsgewerbe her gesehen war dies eine mehr als ausreichende Basis, um eine Tätigkeit als Schneider oder als Bügler in einer der Branchen der Konfektion zu übernehmen.

Die handwerklich ausgebildeten Schneider benötigten somit keine weiteren Qualifikationen, um die innerhalb der Fertigkleidungsherstellung von ihnen abverlangten Tätigkeiten entsprechend den in diesem Produktionszweig herrschenden Gütestufen (Genres) auszuführen. Eher können die von den im Herrenschneiderhandwerk ausgebildeten und später in der Konfektion tätig gewordenen Schneider eingebrachten Qualifikationen als überschüssig betrachtet werden. Umfaßte das in der ländlichen bzw. der städtischen Maßschneiderei damals gefertigte Produktspektrum noch Sakko, Hose, Weste, Mantel u.s.w., so war der gelernte Schneider in der Konfektion mehr oder weniger stark auf die Anfertigung eines bestimmten Kleidungsstükkes spezialisiert. Begründet werden kann dessen überschüssige Qualifikation auch damit, daß die in der Konfektion gefertigten Gütestufen im Durchschnitt unterhalb der im klassischen Schneiderhandwerk produzierten Fertigungsqualität lagen.

Eine handwerkliche Schneiderausbildung bedeutete somit in den meisten Fällen eine überschüssige Qualifikation, um die in der Konfektion abverlangten Arbeitsinhalte wertstufengerecht durchzuführen. Von einem schnellen individuellen beruflichen Qualifikationsverschleiß kann infolge der in der Konfektion über einen langen Zeitraum beibehaltenen verlagsmäßigen Organisation der Produktion und ihrer handwerklichen Fertigungstechnik nicht ausgegangen werden.

3.2. Technische Ausgangsbedingungen der Massenherstellung von fertiger Oberbekleidung im Verlagssystem

3.2.1. Stadien der Entwicklung der Nähtechnik und ihre Bedeutung für die Massenherstellung von Bekleidung

Die Entwicklung einer einsatzfähigen Nähtechnologie wurde über einen langen Zeitraum kaum durch äußere Bedingungen stärker vorangetrieben. Als letzte Stufe in der Produktionskette von textilen Bekleidungsgegenständen beeinflußte kein nachfolgender Produktionssektor die technologische Entwicklung der Bekleidungsherstellung. Da die Fertigung von Kleidungsstücken vor der Phase der hausindustriell organisierten Produktion nur als handwerkliche Produktion oder als Teil der Eigenproduktion privater Haushalte stattfand und in diesen Sektoren genügend Arbeitskräfte vorhanden waren, bestand zunächst kein unmittelbarer Zwang zur Mechanisierung der Näharbeit. So dauerte es von den ersten Versuchen zur Mechanisierung des Nähens bis zur Entwicklung eines verwendungsfähigen Nähmechanismus knapp einhundert Jahre. Zur detaillierten Rekonstruktion dieses Entwicklungsprozesses vgl. Kap. 1. des Anhanges.

Den entscheidenden Schritt zum kontinuierlichen Maschinennähen machte I. M. Singer, indem er die Howe'sche Konstruktion in wesentlichen Details verbesserte und diese Nähmaschine 1851 patentieren ließ. Neben der konstruktiven Reife dieser Nähmaschine ist Singer's einzigartiger ökonomischer Erfolg auf seine Absatzstrategie zurückzuführen: Er bot den Haushalten seine Nähmaschine auf Abzahlung an und erreichte dadurch eine große Ausweitung seines Absatzes. Diese Absatzpolitik war die Basis für die fabrikmäßige Massenproduktion von Nähmaschinen - zuerst in Amerika, dann aber kurze Zeit später auch in Deutschland 45).

Der Schlüssel für den nähtechnischen Erfolg der Singer'schen Nähmaschine lag im wesentlichen darin begründet, daß diese Nähmaschine mit einer waagerechten Stichplatte sowie einer senkrecht zum Nähgut arbeitenden Nadelstange und mit einer neuen Konstruktion des Transportmechanismus ausgestattet war. Es war die neue Figuration dieser Maschinenelemente, welche neben dem prinzipiell kontinuierlichen und richtungsoffenen

Nähen zusätzlich das relativ freie Materialhandling während des Nähprozesses ermöglichte. Neben der - im Vergleich zum Hunt'schen Nähmechanismus - um 90° gedrehten Anordnung der Stichplatte und der Nadelstange war es Singer's Konstruktion eines Stoff-Transportmechanismus, bestehend aus einem Schubrad 46) zum Bewegen des Nähgutes sowie einem federnden Stoffdrückerfuß, die die leistungssteigernde Wirkung des kontinuierlichen Maschinennähens zum ersten Mal Wirklichkeit werden ließ (Lind : 1890, S. 9). Die Konstruktion und die Wirkungsweise des Singer'schen Nähmechanismus wird von Daeglau folgendermaßen beschrieben:

"Sie hatte bereits die waagrechte Grundplatte mit fortlaufender Transportiervorrichtung, einen mit der Grundplatte verbundenen überhängenden Arm, ferner eine im Arm befindliche waagrechte Welle, die eine senkrecht arbeitende Nadelstange in Bewegung setzte und mit einer geraden Nadel mit einem Öhr an der Spitze nähte. Sie verfügte über eine waagrechte Welle unter dem Maschinentisch, die mit der oberen Welle verbunden und von ihr angetrieben wurde, um das Schiffchen in geeigneter Weise hin und her zu bewegen. Das Transportierrad hatte gegenüber früheren Erfindungen den Vorteil, daß es aus Eisen bestand und mit einer gerieften Oberfläche versehen war. Die Maschine besaß ferner einen Drückerfuß, der den Stoff auf das Transportierrad niederdrückte" (Daeglau : 1936, S. 20 ff.).

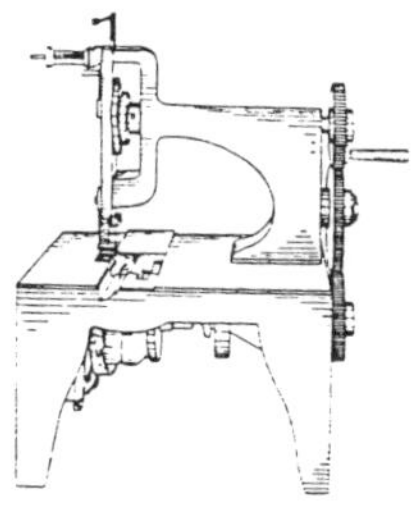

Quelle: Renters, Wilhelm : Der Nähmaschinenfachmann, Bielefeld 1953, S. 13

Abb. 3/3: Die erste Nähmaschine von J. M. Singer

Legte Singer mit seiner Verbesserung der Howe'schen Maschine den Ausgangspunkt für eine funktionsfähige Nähmaschine für den Massenbedarf, so bedeutete dies keineswegs den Stillstand der Entwickung der Nähtechnologie. Sowohl von Singer als auch von anderen amerikanischen Nähmaschinenkonstrukteuren wurde insbesondere in den 50er Jahren des 19. Jahrhunderts laufend an der Weiterentwicklung der Nähmaschinentechnik gearbeitet. Als greifbare Ergebnisse aus dieser Entwicklungsarbeit wurden in dieser Zeit eine Vielzahl von Nähmaschinenvarianten mit unterschiedlichen Sticharten und hierbei wieder mit verschiedenen Schlingenfängerkonstruktionen für die verschiedensten

Einsatzzwecke sowohl im Haushalt als auch in den verschiedenen Gewerben vorgestellt. Zu den bedeutendsten Entwicklungen der Nähtechnologie dieser Zeit zählen:

- die von A. B. Wilson 1851 gebaute erste Greifermaschine der Welt. Diese Nähmaschine, die als eine der bedeutendsten Erfindungen in der Geschichte der Nähmaschine bezeichnet wurde, besaß als Schlingenfänger einen Umlaufgreifer mit Brille, mit dessen Hilfe die Nadelfadenschlinge um eine ruhende Unterfadenspule geführt und somit der Doppelsteppstich erzeugt wurde. Diese Erfindung wurde richtungsweisend für den Stichbildungsmechanismus der sog. Greifer-Nähmaschinen. Von Wilson stammt aus dem Jahr 1852 auch eine neue Konstruktion des Stoffschiebemechanismus. Mittels dieser Konstruktion des Transportelementes wurde das Nähgut von unten durch einen absatzweise arbeitenden Stoffschieber mit Viereckbewegung (Hüpfertransport) jeweils um die Länge eines Stiches weitergeschoben (Lind : 1890, S. 9 ff.).

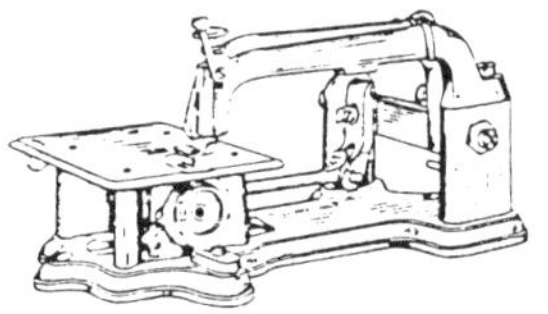

Quelle: Renters, Wilhelm : Der Nähmaschinenfachmann, Bielefeld 1953, S. 14

Abb. 3/4: Umlaufgreifernähmaschine von A. B. Wilson

- die Erfindung des Doppelkettenstiches (Schnurstiches) durch W. O. Grover im Jahr 1852. Zur Herstellung dieses Stiches, der durch die Verknüpfung von zwei Fäden - eines Nadel- mit einem Greiferfaden - gebildet wurde, konstruierte Grover den sog. Schnurstichgreifer, der auch Zirkuliernadel genannt wurde. Im Gegensatz zur Stichbildung bei den Doppelsteppstich-Nähmaschinen werden bei diesem Maschinentyp beide Fäden von handelsüblichen Garnspulen abgezogen - ein Spulengehäuse oder eine Unterfadenspule sind hier nicht vorhanden. Charakteristisch ist für den Doppelkettenstich, daß nur der obere Faden durch den Stoff gezogen wird, während der untere Faden, der Greiferfaden, sich in geeigneter Weise mit dem Nadelfaden verschlingt. Im Zuge dieses Verschlingungsprozesses entsteht eine Naht von hoher Elastizität und Festigkeit (Daul : 1864, S. 30 ff.), bei deren Erzeugung eine größere Garnmenge als beim Doppelsteppstich verbraucht wird. Bei der Bildung des Doppelkettenstiches bewegen sich die relevanten Maschinenteile nach dem folgenden Muster: Der kreisbogenförmige Greifer oszillierte infolge der Drehung einer schraubenförmig gewundenen Spindel, auf deren oberen Ende er saß, um die obere Nadel und drehte sich dabei um ca. 240°. Durch diesen Greifer mit einem Öhr an der Spitze wurde der zweite Faden, der Unter- bzw. Bindefaden aufgenommen und mit dem Ober- bzw. Nadelfaden verbunden. Die Verbindung des unteren Fadens mit dem oberen Faden erfolgte dadurch, daß der Unterfaden durch die erste Nadelfadenschlinge, dann um die zweite Schlinge herum, durch die erste zurück und in die zweite Nadelfadenschlinge hineingeführt wurde. Zur Arbeitsweise der von Grover & Baker gebauten Doppelkettenstich-Nähmaschine vgl. Richard : 1876, S. 38 ff.

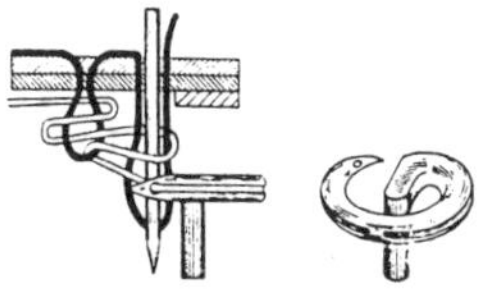

Quelle: Renters, Wilhelm : Der Nähmaschinenfachmann, Bielefeld 1957, S. 43

Abb. 3/5: Schnurstichgreifer (Zirkuliernadel) von W.O.Grover

- die Konstruktion einer Einfaden-Kettenstichnähmaschine durch J. C. A. Gibbs im Jahr 1857 mit einem neuartigen Schlingengreifer, einem sich drehenden Haken. Die Eigentümlichkeit dieses Kettenstiches besteht darin, daß die nächstfolgende Schlinge des Nähfadens durch die unmittelbar vorhergehende hindurchgeht. Auf der unteren Seite des Nähgutes hat dieser Stich ein kettenartiges Aussehen. Gebildet wird dieser Einfadenkettenstich mit dem Gibb'schen Greiferhaken in der Weise, daß die Maschinennadel nach dem Durchstechen der unteren Stofflage des Nähgutes in die vom Greiferhaken offengehaltene Fadenschlinge eintritt und der sich drehende Greifer nach ausgeführtem Schlingenhub mit seiner Spitze diese neue Fadenschlinge erfaßt und diese bei weiterer Drehung mitnimmt und gleichzeitig die 'alte' Schlinge abwirft, so daß diese im weiteren Verlauf des Nahtbildungsprozesses durch die neu entstandene Schlinge zusammengezogen und gebunden bzw. verriegelt wird (Lind : 1890, S. 16 ff.). Zur ausführlichen Darstellung des Stichbildungsprozesses bei Einfadenkettenstich-Nähmaschinen sowie zur Gibb'schen Konstruktion einer Nähmaschine vgl. Herzberg : 1863, S. 21 ff.; Richard : 1876, S. 33 ff.

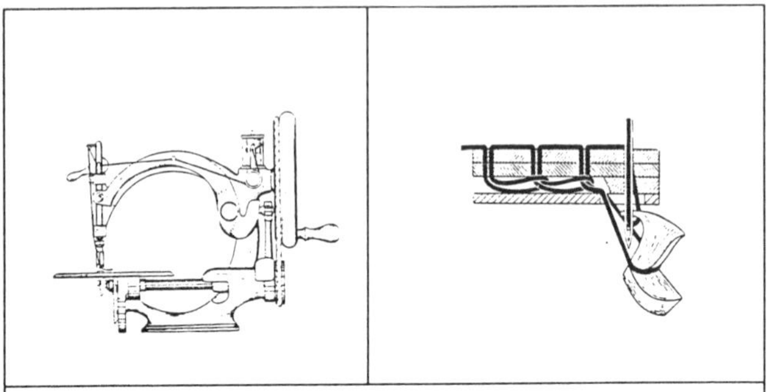

Quelle: Renters, Wilhelm : Der Nähmaschinenfachmann, Bielefeld 1957, S. 43

Abb. 3/6: Kettenstichnähmaschine und Kettenstichgreifer von J. C. A. Gibbs

Mit den bisher vorgestellten Maschinenkonstruktionen und ihren verschiedenen Stichbildungsorganen war die Entwicklung der Grundprinzipien des mechanischen Nähens zu einem gewissen Abschluß gekommen. Die aufgezeigten Elemente des mechanischen Nähens dienten in ihrem Zusammenwirken nicht nur dazu, eine ausreichend feste Naht zu erhalten sondern auch dazu, das Nähgut festzuhalten, um es während des Nähvorganges ohne große Schwierigkeiten mit der Hand führen zu können. Dieser Stand der Entwicklung der Nähtechnik war die Grundlage für deren weitere Verbesserung in den 60er und 70er Jahren des 19. Jahrhunderts. Schwerpunkte der Vervollkommnung der Nähtechnik in diesem Zeitraum waren u. a. die weitere Steigerung der Nahtqualität sowie die Verbesserung der Laufeigenschaften des Nähmechanismus.

Mit dem Ersetzen des menschlichen Handnähens durch einen geeigneten Nähmechanismus ist eine erhebliche Steigerung der Produktivität der Näharbeit verbunden gewesen. Der Einsatz einer Nähmaschine mit einer Leistung von ca. 300 Stichen/min. in der Mitte des 19. Jahrhunderts entsprach ungefähr der Leistung von 5 - 6 eingeübten Arbeitskräften. Aber nicht allein von der gewaltigen Erhöhung der Geschwindigkeit des Nähens wurde die Steigerung der Arbeitsproduktivität bei der Herstellung von fertiger Oberbekleidung bestimmt. Gleichsam sind der frühe Einsatz einzelner Spezialnähmaschinen als auch die frühe Nutzung von bestimmten Handhabungsvorrichtungen bzw. von Nähhilfen als weitere relevante Faktoren bei der technisch begründeten Entfaltung der Arbeitsproduktivität im Konfektionsgewerbe zu nennen. Die Verwendung der Nähmaschine im

Konfektionsgewerbe hat aber keineswegs zur vollständigen Eliminierung der manuellen Nähtätigkeiten bei der Herstellung von Fertigkleidung geführt. Es war nicht nur das im Vergleich zur modernen Nähtechnologie gering ausdifferenzierte Angebot an Spezialmaschinen bzw. an speziellen Nähhilfen, das den großen Anteil an Handnäharbeit noch erforderte, sondern es waren auch die rudimentären Arbeitsmethoden, die den hohen Handarbeitsanteil auch bei der Massenherstellung von Fertigkleidung notwendig erschienen liessen. Als grobe Annahme kann gesagt werden, daß durch den Einsatz der Nähmaschine die Arbeitsproduktivität bei der Herstellung von fertiger Oberbekleidung um mindestens 50 % gestiegen ist.

"Ein Bild von der hohen Bedeutung der Nähmaschine in der Bekleidungsindustrie kann man sich machen, wenn man bedenkt, daß früher die Herstellung eines Maß-Sacco- oder jakettanzuges 3 - 4 Tage in Anspruch nahm, während der Konfektionsarbeiter heute in einer Woche 6 - 7 herstellt. Maßhosen machte der Arbeiter wöchentlich 5 - 6, Konfektionshosen fertigt er heute 10 - 12 in derselben Zeit an. Analog verhalten sich die Zahlen für die Westen" (Eulner : 1913, S. 8).

Mit der Bereitstellung einer leistungsfähigen Nähmaschine war gleichzeitig eine potentielle Erhöhung der Produktionskapazität im Konfektionsgewerbe in größerem Ausmaß möglich geworden. Der Übergang vom Hand- zum Maschinennähen - der in Deutschland beinahe synchron zur Gründung der ersten Konfektionsfirmen verlief - verweist über die technische Dimension dieser Erfindung hinaus auf den ökonomischen Entstehungszusammenhang sowie auf die sozialen Konsequenzen der branchentypischen Schneidung der Produktionsstrukturen. Von der Verflechtung des Bekleidungsgewerbes mit den textilen Vorproduktionsstufen her gesehen, bestanden zwischen dem Textilsektor und dem Bekleidungssektor seit der Ausbreitung der Mechanisierung des Spinnens (1769) sowie der Erfindung des mechanischen Webstuhles (1785) erhebliche Unterschiede im Mechanisierungsgrad der Produktion. Die Mechanisierung des Nähens war somit seit der Wende vom 18. zum 19. Jahrhundert geboten: Die manuelle Endverarbeitung der textilen Flächengebilde zu Kleidungsstücken war gegenüber dem möglichen Produktionsvolumen der inzwischen mechanisierten Vorstufen der Textil-Pipeline weit zurückgeblieben. Sie beschränkte in ihrer Rückwirkung auf die Stufen der Textilerzeugung das Produktionsvolumen in seinen Ausdehnungschancen. Aufgehoben wurde der hieraus resultierende starke Entwicklungsdruck indem die Entwicklung der Mechanisierung des Nähens zunehmend innovatorisches Interesse erfuhr. Sie wurde zum Gegenstand erfinderischer Praxis, an deren vorläufigem Ende die Konstruktion einer leistungsfähigen und den Praxisanforderungen genügenden Nähmaschine stand.

In gewisser Weise kann das Auftreten einer funktionsfähigen Nähmaschine auf dem Markt als eine Antwort der Nähmaschinenkonstrukteure auf die sich formierenden Markt- und Produktionsstrukturen des Bekleidungsgewerbes verstanden werden. Das Übergangsstadium von der handwerklich-bedarfsorientierten zur verlagsmäßig-marktorientierten Produktion war dadurch gekennzeichnet, daß sich die Organisation des Produktionsprozesses in umfangreicher und ausdifferenzierter Form des Verlagswesen etablierte.

3.2.2. Die Entwicklung eines Größensystems als Voraussetzung für die Massenherstellung von fertiger Oberbekleidung

Kennzeichen der Maßschneiderei ist die handwerkliche Fertigung eines Kleidungsstückes nach den individuellen Körpermaßen eines Kunden. Im Gegensatz dazu ist es das zentrale Merkmal von konfektionierter Bekleidung, daß diese für einen vorher nicht bekannten Endverbraucher hergestellt wird. So ist an die Entfaltung eines Massenangebotes von fertiger Oberbekleidung der Aufbau eines Systems von normierten Körpermaßen und -proportionen gebunden gewesen. Nur durch die verbindliche Festlegung von Größengruppen sowie innerhalb dieser von Einzelgrößen und der Einigung auf deren alleinige Verwendung konnte es gelingen, die paßformtechnische Voraussetzung einer Produktion für eine anonyme Endverbraucherschaft zu gewährleisten.

Für die Firmen der sich etablierenden Damen- und Herrenkonfektionsbranche bestand die Notwendigkeit, ihr Angebot auf der Basis normierter Größen anzufertigen. Wegen der starken Unterschiede der menschlichen Körper in Maßen und Proportionen zu Beginn der Herstellung von fertiger Oberbekleidung ist es sehr schwierig gewesen, ein standardisiertes und den Ansprüchen der verschiedenen Konfektionsfirmen bzw. der einzelnen Konfektionszweige genügendes Größensystem herauszuarbeiten.

Als Ergebnis vielfältiger Bemühungen um eine Klassifizierung der Größen- bzw. der Paßformklassen entstand in der Gründungsphase der Herrenoberbekleidungsbranche in den 70er Jahren des letzten Jahrhunderts ein vom Umfang gesehen kleines Größenspektrum. Dieses umfasste 3 - 4 Größen. Grundlage der Bezeichnung für Anzuggrößen war bei den Normalgrößen die halbe Oberweite. Danach wurde - dem damals herrschenden Zoll-Maßsystem entsprechend - der Bereich der Normalgrößen mit den Größen 38, 40, 42 und 44 festgesetzt. Bei den Hosen wurde die Schrittlänge als Kriterium für die Größenbezeichnungen - 40, 42, 44 - in Zoll angenommen. Nach der Einführung des metrischen Maßsystems wurden die Größenbezeichnungen geändert und später auch das Größenspektrum der Normalgrößen erweitert, sodaß die Normal-Anzuggrößen den Bereich von Größe 46 bis Größe 54 (46, 48, 50, 52, 54) umfaßten und die Hosengrößen 76, 78, 80, 82 und 84 für Hosen mit den entsprechenden Schrittlängen galten (Elsbach : 1921, S. 29).

"In der Konfektion hat nämlich eine ganz besondere Art der Maßbestimmung Eingang gefunden, die sich aus der Notwendigkeit ergab, die anzufertigenden Anzüge für Käufer zu machen, die man noch gar nicht kannte. Die Längen und Breiten der Anzugsteile, um zunächst von der Herren- und Knabenkleidung zu sprechen, können nicht an den individuellen Körpermaßen des Käufers, aber auch nicht gut an einer Zahl Modellknaben und Männer bestimmt werden; sie werden deshalb nach den mathematischen Verhältnissen der Körperteile normal gebauter Knaben und Männer der verschiedenen Lebensalter bestimmt. Bereits in den 30er Jahren dieses Jahrhunderts ist diese Methode des Maßnehmens vereinzelt angewandt worden; doch hat sie sich erst seit den 60er Jahren allgemeine Geltung verschafft. Nach dem Lebensalter der

Käufer unterscheidet man Knaben-, Burschen- und Herrenanzüge und bei allen diesen Kategorien wieder eine gewisse Anzahl Größen" (Winter : 1896, S. 11).

Wegen der in der Gründungsphase der Damenkonfektion von diesem Konfektionszweig primär angebotenen Mantillen, Mänteln, Schals - Kleidungsstücken, die aufgrund ihrer weiten Form weniger größenabhängig gefertigt werden konnten - ist die Findung geeigneter Größensysteme für Damenoberbekleidung möglicherweise erst mit der Herstellung von Teilen erfolgt, die eine mehr körpernahe Form hatten. Zunächst hatte sich in der Damenkonfektion ein an Lebensstufen orientiertes Größensystem herausgebildet, bei dem zwischen Backfischgrößen (32 - 42) und Damengrößen (42 - 54) unterschieden wurde. Kriterium für die jeweilige Größenbezeichnung war auch in diesem Konfektionszweig bei den Normalgrößen die halbe Oberweite. In den 80er Jahren des 19. Jahrhunderts existierten nach Angaben von Meyer in der deutschen Damenkonfektion höchstens 15 verschiedene Größen (Meyer : 1926, S. 4).

Sowohl für die Damen- als auch für die Herrenkonfektion kann gesagt werden, daß die zunehmende Anzahl von Größen sowie deren Ausdifferenzierung nach Klassen im weiteren Entwicklungsverlauf dieser Branchen es nicht nur ermöglicht haben, den Abnehmerkreis für fertige Oberbekleidung zu erweitern, sondern gleichzeitig auch steigenden Ansprüchen hinsichtlich der Paßform der Kleidungsstücke entgegengekommen sind. Ohne die branchenweite Verwendung dieser Größen wäre der Verkauf von fertiger Oberbekleidung außerordentlich umständlich, weil dann jeder Anbieter von konfektionierter Oberbekleidung seine individuelle Größendefinition für seine Fabrikate hätte festlegen müssen. Analoges hätte auch für den Nachfrager von Fertigkleidung gegolten mit entsprechenden Problemen beim Auffinden seiner 'richtigen' Größe. Insofern ist die Bildung eines funktionstüchtigen Größensystems nicht nur die Grundlage für die Schnittkonstruktion, sondern auch ein relevanter Faktor für die Entwicklung der Angebotsseite gewesen. Noch heute besitzt das - zwischenzeitlich stark ausdifferenzierte - Größensystem eine besondere Bedeutung als Ordnungsfaktor in der Absatzkommunikation.

Kapitel 3
Anmerkungen

1) Das erste Damenmäntel-Konfektionsunternehmen in Breslau wurde im Jahr 1854 gegründet. Zur historischen Entwicklung der Breslauer Damenmäntelkonfektion vgl. Scheffels : 1923, S. 13 ff sowie Gralka : 1924, S. 60 ff.

2) In Erfurt ist die 'Damenmäntelindustrie' im Jahr 1849 entstanden. Vgl. Lamm : 1922, o. S.

3) Zu den Absatzorganisationsformen Platz- bzw. Lagergeschäft sowie Reisegeschäft vgl. Schmidt : 1912, S. 54 ff. sowie Grandke : 1896, S. 139.

4) Das Umsatzvolumen der Berliner Damenkonfektion im Jahre 1875 wird von Heimann mit 23 Mio. Mark angegeben. Auf den Export entfielen davon 10 Mio. Mark, was einem Anteil von 43,4 % entspricht. Vgl. hierzu Heimann : 1912, S. 74.

5) "Erfreulicherweise fand die Konfektion für den Verlust, den sie durch den Rückgang des Exportgeschäftes erlitt, überreichen Ersatz in dem Inlandsgeschäft, das sich in den letzten Jahrzehnten in überraschender und ungeahnter Weise entwickelt hat. Der Konsum im Inlandsgeschäft ist gewaltig gestiegen und steigt noch immer weiter. Hierzu tragen mit in erster Reihe die großen Spezialgeschäfte, Kauf- und Warenhäuser bei, die sämtlich den Artikel Konfektion in bedeutenstem Umfange aufgenommen haben und sich aufs lebhafteste für ihn verwendeten. Wenn die Konfektionseinkäufer der großen Waren- und Kaufhäuser nach Berlin zum Einkauf kommen oder auf der Reise ihre Bestellungen aufgeben, so erteilen sie oft Aufträge, die die größten Aufträge aus der Blütezeit des amerikanischen Geschäftes an Umfang weit übertreffen" (Heimann : 1912, S. 74).

"Da der Export ständig zurückging, war man gezwungen, dem Inlandsmarkt, der durch die Exporterfolge der letzten Jahrzehnte etwas vernachlässigt worden war, wieder mehr Aufmerksamkeit zuzuwenden. Die Billigkeit der konfektionierten Damenkleidung zog das Publikum immer mehr von der Maßarbeit fort. Das Aufkommen der Warenhäuser und die Ausbreitung der Konfektionsspezialgeschäfte zogen immer breitere Käuferschichten in ihren Bann" (Redlich : 1936, S. 17).

6) "Dieser Ladenhandel ist das maßgebenste Kriterium der Kleinkonfektion. Der Händler ließ aus Stoffen seines Lagers Kleider in beschränkter Anzahl herstellen und verkaufte sie in seinem Magazin. Meistens waren es die Manufakturgeschäfte, die neben ihrem Stoffverkauf den Handel mit Konfektionsgegenständen betrieben. Daneben aber entwickelten sich die alten Kleiderhandlungen weiter, welche - wie in Berlin am Mühlendamm und in Hamburg an alten Steinweg - einem ganzen Stadtviertel, bis in die 70er Jahre hinein, ihr eigentümliches Gepräge gaben. Doch war ihre Tätigkeit nicht nur auf den Handel mit alten Kleidern gerichtet, auch fertige Ware wurde geführt. Sie fanden es bei der stetig steigenden Nachfrage und der durch verbesserte Technik in der Textilindustrie ermöglichten Herstellung von minderwertigen Stoffen aus Abfällen (Shoddy u.s.w.) rentabler, ihren Kunden statt der alten Kleidungsstücke neue Ware zu gleich billigen oder billigeren Preisen anzubieten.
Der Geschäftsverkehr zwischen Verleger und Gewerbetreibenden war wenig kompliziert. Der Schneider erhielt einen Ballen Stoff, aus dem er eine bestimmte Zahl Kleidungsstücke herstellen und an einem bestimmten Tage abliefern mußte. Soweit es ihm möglich war, beschäftigte der Magazininhaber Gesellen, im übrigen aber standen ihm, durch die wirtschaftliche Ungunst der Zeit bedingt, genügend Meister zur Verfügung" (Cohen : 1926, S. 40).

"In früheren Zeiten dachte man gar nicht daran, im Geschäfte fertige Herren- oder Knabenbekleidung zu kaufen, sondern man bezog aus dem Tuchgeschäfte die Stoffe und ließ sich danach bei Schneider seinen Paletot oder Anzug machen. Erst ganz allmählich bürgerte es sich ein, derartige Kleidungsstücke fertig zu kaufen. Auch hier waren es die Detailgeschäfte, die zuerst fertige Paletots und Anzüge auf den Markt brachten. Einige unternehmende Tuchgeschäfte in Berlin, die gleichzeitig die Maßanfertigungen für ihre Kunden unternahmen, kamen auf den Gedanken in der stillen Zeit, um ihre Schneider zu beschäftigen, sich für das Lager fertige Paletots und Anzüge anfertigen zu lassen. Dieser Gedanke erwies sich als sehr glücklich und erfolgreich. Allmählich nahm das Geschäft mit fertiger Herrenkleidung einen lebhaften Aufschwung. Aus den Detailgeschäften entwickelten sich mit der Zeit Engrosgeschäfte, und andere Engrosgeschäfte wurden gleich von vornherein als solche gegründet" (Brie/Schulze/Weinberg : 1909, S. 54 ff.).

7) Das bekannteste Beispiel für die Entstehung eines Herrenkonfektions-Engroshauses aus dem Schneiderhandwerk in der Geschichte der Herrenoberbekleidungsbranche ist die Gründung der Firma J. Desch in Glattbach bei Aschaffenburg im Jahre 1874. Dieses Unternehmen existiert noch heute und dürfte damit das älteste am heutigen Markt bestehende Unternehmen der deutschen Bekleidungsindustrie sein. Vgl. hierzu u. a. Kunkel : 1931, S. 10; Schmidt : 1921, S. 1 ff.

Von verschiedenen Autoren wird die Firma Ludwig Edinger Söhne in Worms als erste Herrenkleiderfabrik Deutschlands, die aus dem Schneiderhandwerk heraus entstanden ist, angeführt. Hierbei beziehen sich die Autoren auf eine einzige Quelle, in der die Gründung dieser Firma hervorgehoben worden ist. Inhaltlich wird von der zitierten Quelle übernommen, daß sich diese Firma auf sich wiederholende Bestellungen aus dem Ausland hin als 'Herrenkleiderfabrik' etabliert habe. Genauere Hinweise zum weiteren Verlauf des Geschäftsbetriebes dieser 'Kleiderfabrik' wird von keinem der Autoren gegeben. Vgl. u. a. Leitzke : 1932, S. 12; Mauer : 1922, S. 14; Redlich : 1936, S. 19 ff.

Weitere Hinweise zur Entstehung der Herrenkonfektion aus dem Schneiderhandwerk werden für die Entwicklung der Münchener Herrenkonfektion gegeben. Vgl. Meyer : 1925, S. 15.

8) Auf Neugründungen als 'Fabriken' für die Herstellung von Herren- und Kinderanzügen aus billigen Baumwollstoffen sowie aus Buckskinstoffen in der Oberlausitz weist Häntsch hin. Diese Art der Gründung wird vom Autor für die damalige Zeit als Ausnahme angesehen. Vgl. hierzu Häntsch : 1939, S. 37.

Von Häntsch werden auch Beispiele für die Entstehung von 'Kleiderfabriken' im Rahmen der Angliederung an mechanische Webereien angegeben. Dieses Entstehungsmuster galt vorrangig für Betriebe der Arbeiterkonfektion und somit nur für bestimmte Regionen wie die Lausitz, Mönchengladbach-Rheydt u.s.w.

9) Die in den ersten Jahrzehnten des Bestehens der Kleiderkonfektion z.B. auf dem Sektor der Arbeiterkonfektion ins Leben gerufenen 'geschlossenen Betriebe' sind nicht als Fabriken im eigentlichen Sinn zu verstehen. Der 'Fabrikteil' dieser Unternehmen beinhaltete neben dem zentralen Zuschnitt im Grunde nur die Sicherung von konstanten Produktionskapazitäten über die der Betrieb durch die Beschäftigung eines Stammpersonals jederzeit in der Produktion verfügen konnte. Zusätzlich zu diesen Beschäftigten wurden von diesen 'Kleiderfabriken' an eine deutlich größere Anzahl von Heimarbeiter/innen Arbeitsaufträge unter verlagsmäßigen Bedingungen ausgegeben.

"Da nur wenige gelernte Schneider vorhanden waren, so hat man hier, um einen Arbeiterstamm heranzuziehen, zur Errichtung eines geschlossenen Betriebes schreiten müssen, in dem heute neben 3 Meistern, die die Arbeit kontrollieren und die schweren Sachen zuschneiden, 4 - 5 männliche und 13 weibliche Zuschneider (letztere für leichte Sachen), 8 Bügler und ca. 50 durchweg unverheiratete Näherinnen arbeiten, während weitere 300 - 400 Heimarbeiter außerhalb der Fabrik beschäftigt werden.
Die Fabrik (45 Nähmaschinen, 4 Knopflochmaschinen) dient heute speziell zur Herstellung eiliger Arbeit und um während der Erntezeit, wenn ein großer Teil der Heimarbeiter nur sehr wenig oder keine Schneiderarbeit liefert, einigermaßen die Unregelmäßigkeit dieser Lieferungen ausgleichen zu können, während die Stapelartikel von den Heimarbeitern angefertigt werden" (Jaffé : 1899, S. 141).

Die Ausführung sämtlicher Aufträge in einer dem Begriff 'Fabrik' entsprechenden Produktionsstätte von Fertigkleidung hat es im letzten Jahrhundert in nur kurzfristig bestandenen Fabrikbetrieben gegeben. Über mehr als nur ein Experimentierstadium ist die fabrikmäßige Organisation des Produktionsprozesses von Fertigkleidung in diesem Zeitraum nicht hinausgekommen.

"Mehrere Fabrikanten in Herford und Bielefeld haben Versuche mit Einrichtung eines geschlossenen Betriebes mit eigener Dampfnäherei gemacht, dieselben jedoch wieder aufgegeben, da es sich herausstellte, daß die auf diese Weise produzierten Artikel sich bedeutend teurer stellten, als die hausindustriell hergestellten, ohne daß es möglich gewesen wäre, einen entsprechend höheren Preis für die so hergestellten Waren zu erlangen, da für die hier hauptsächlich angefertigten billigen Sachen die von den Heimarbeitern gelieferte Arbeit genügt" (Jaffé : 1899, S. 129).

Der Beginn eines uneingeschränkten und dauerhaften Fabrikbetriebes in der Damen- bzw. Herrenkonfektion ist erst nach der Jahrhundertwende, vermutlich erst in den 10er bzw. 20er Jahren erfolgt. Wegen der damaligen mißverständlichen Anwendung des Begriffes 'Fabrik' als auch aufgrund mangelnder Materialquellen kann kein eindeutiger Beginn der Fabrikproduktion von Oberbekleidung genannt werden.

10) Herzberg sieht einen starken Zusammenhang zwischen der Verbreitung der Konfektion und der Aufhebung ökonomischer Schranken. Auffallend ist für ihn, daß das Konfektionsgeschäft in der bayerischen Pfalz, einem Teil Deutschlands, der schon frühzeitig weitgehende Freiheit auf gewerblichem Sektor besaß, entstanden ist. In den

übrigen Regionen ist zur gleichen Zeit seiner Ansicht zufolge das Konfektionsgeschäft nur in Ansätzen vorhanden gewesen. Der Hinweis auf die frühe Existenz der Fertigkleiderfabrikation in der bayerischen Pfalz stammt aus der "Vergleichenden Übersicht des Ganges der Industrie, des Handels und Verkehrs in den deutschen Staaten" im Jahr 1865, aus der Herzberg zitiert:

"Die Fabrikation von fertigen Kleidern wird von einer Reihe von Unternehmern betrieben, die ihr Tuch und sonstige Stoffe aus deutschen, französischen und anderen Fabriken beziehen, dieselben großenteils von Meistern außer dem Hause gegen Stücklohn zum Teil auf Nähmaschinen verarbeiten lassen, die Messen beziehen und an verschiedenen Orten Niederlagen unterhalten. Drei solcher Firmen zu Landau beschäftigen 90 Arbeiter beiderlei Geschlechts und fabrizieren fertige Kleider im Werte von 140.000 Gulden. Ähnliche Geschäfte bestehen in Landau, Kaiserslautern, Speyer u.s.w." (Herzberg : 1894, S. 42).

11) Bei der Gründung eines Konfektionshauses der Arbeiterkonfektion um 1850 in Lübbecke/Westfalen dürfte es sich um eine der ersten Konfektionsfirmen der westfälischen Arbeiter- und Sommerkonfektion gehandelt haben. Vgl. hierzu Jaffé : 1899, S. 140.

12) Eine differenzierte Darstellung der Entstehung der einzelnen städtischen und ländlichen Standorte gibt Cohen in seiner Studie über die Heimarbeit in der Herrenkonfektion. Seine Ausführungen enthalten auch Hinweise auf die in den jeweiligen Regionen gefertigten Kleidungsstücke sowie auf deren Genre. Cohen : 1922, S. 52 ff.; vgl. auch Nußbaum : 1927, S. 28 ff; Leitzke : 1932, S. 24 ff.; Luss : 1924, S. 27 ff.

13) "Für die weitere Entwicklung der Herrenbekleidungsindustrie spielten die verschiedensten Umstände eine Rolle. Einmal setzte in der dem Krieg 1870/71 folgenden Periode des Aufschwungs unter den Arbeitern und im kleinen Mittelstand eine Nachfrage nach billiger Kleidung ein. Bis in die achtziger Jahre wurden daher ausschließlich billige Stapelwaren hergestellt, die in ihrer Form und Musterung den Wechsel der Mode kaum berücksichtigten. Gerade die Billigkeit der Konfektionswaren gegenüber der teuren Maßarbeit war der Hauptanreiz zur Ausdehnung des Absatzes. Diese Ausdehnung wiederum brachte eine Steigerung der Ansprüche der Konsumenten mit sich, so daß zur Preiswürdigkeit eine gefälligere Form der Konfektion, verbunden mit einer gewissen Mittelqualität, hinzukommen mußte" (Köster : 1932, S. 8).

"Das Bedürfnis nach fertiger Kleidung hatte allgemein zugenommen. Besonders war der Konsum in den Gebieten gestiegen, welche durch die Gründerjahre unmittelbar nach dem Deutsch-Französischen Kriege einen ungeahnten Aufschwung erlebt hatten. Die zahlreich in diese Zentren zugewanderte Arbeiterschaft verlangte billige und fertige Kleider. Auch hier hatte die aufblühende Industrie den Arbeitern höhere Löhne gezahlt. Damit hatte sich ihre Kaufkraft gehoben, welche durch den Massenkauf von Bekleidungsgegenständen zum Ausdruck kam.
(...)
Die Entwicklungsfähigkeit der Branche war nun nicht mehr zu bezweifeln. Sie konnte sich seit 1874 nicht allein behaupten, sondern gar verbessern, denn Absatzgebiete wurden über den heimischen Markt hinaus die benachbarten Kohlen- und Eisendistrikte Westfalens, deren Arbeiterschaft bei gutem Geschäftsgang großen Bedarf in Konfektionsartikeln zeigte" (Cohnen : 1922, S. 13 ff.).

"Die Entstehung der Aschaffenburger Herrenkonfektion liegt noch nicht sehr weit zurück. Ihr Aufkommen fällt zusammen mit einer Zeit allgemeinen wirtschaftlichen Aufstiegs. Die wirtschaftliche und politische Einigung der Nation brachte eine Verbreiterung des Absatzmarktes für alle industriellen Erzeugnisse. Angeregt durch den gewonnenen Krieg von 1870/71 und die danach auftretende Kapitalflüssigkeit machte sich in der Wirtschaft ein Aufblühen größeren Ausmaßes bemerkbar (Gründerjahre). Die Arbeiter- und Angestelltenheere der aufblühenden Industrie wurden die bereitwilligen Abnehmer der billigen konfektionierten Bekleidung. Die mehr und mehr steigende Nachfrage regte eine neue, breitere Produktionsbasis für Herrenkonfektion an" (Kunkel : 1930, S. 9).

14) "Aber die Meinung des Publikums war den neuen Geschäften nicht günstig. Das Vorurteil gegen die Maschinenarbeit war auch hier maßgebend. Die Nähmaschine ist von diesen Großbetrieben der Konfektion eingeführt worden. Man glaubte nicht an die Dauerhaftigkeit solchen Nähwerks und meinte mehr denn je, in der handwerksmäßigen Fabrikation durch den kleinen Meister eine Garantie gegen Pfuscherei und schlechte Arbeit zu finden. So kam man denn den neuen Unternehmungen mit Mißtrauen entgegen und die innungsmäßigen kleinen Meister, die in dem neuen Konkurrenten mit Recht ihren Todfeind erblickten, gegen den sie so lange mit allen Mitteln angekämpft, trugen ihr Teil dazu bei, dies Gefühl zu erhalten und zu verstärken, wie sie es vielfach noch heute tun" (Herzberg : 1894, S. 41).

15) "Wenn nun die Herrenkonfektion ihren Konsumentenkreis erweitern wollte, so konnte dies nur unter einer Bedingung erfüllt werden: Sie mußte einen Bekleidungsgegenstand schaffen, der möglichst in der Qualität des Stoffes und der Verarbeitung sich der Maßarbeit anpassen konnte, dabei aber um ein Beträchtliches billiger sein würde als diese. Drei Punkte waren für die Erfüllung dieser Bedingung und damit auch für die Entwicklung der modernen Herrenkonfektionsindustrie maßgebend, um eine erfolgreiche Konkurrenz gegen die Maßschneiderei aufnehmen zu können und den Kleiderkonsumenten des Mittelstandes auf die Billigkeit und Güte der Konfektionswaren hinzuweisen: Erstens mußte durch betriebstechnische Maßnahmen eine Ersparnis und eine Erweiterung des Konsumentenkreises erzielt werden, zweitens mußten die auf dem Gebiete der Schneiderei erfundenen Maschinen der Konfektion nutzbar gemacht werden, drittens war es notwendig, durch die Beschäftigung billiger Arbeitskräfte die Produktionskosten auf ein Minimum herabzudrücken" (Cohen : 1926, S. 43).

16) Zum Einfluß der Konjunktur sowie des Konsumentenverhaltens auf die Geschäftstätigkeit im Konfektionsgewerbe vgl. u. a. Wittkowski : 1928, S. 25; Redlich : 1932, S. 48 ff.; Häntsch : 1939, S. 195 ff.

17) Zu den Saisonverhältnissen in den einzelnen Zweigen des Konfektionsgewerbes vgl. KfA : 1896, S. 36 ff.; Gralka : 1924, S. 34.

18) Ein Bezugsmaß der auf der vertikalen Achse abgetragenen 'Leistungseinheit' ist von dem Autor nicht angegeben worden.

19) Bei der hier angeführten Herrenkleiderfabrik handelte es sich um einen Betrieb mittlerer Größe, der hochwertige, verhältnismäßig stark der Mode unterworfene Kleidungsstücke gefertigt hat. Vgl. Köster : 1932, S. 17).

20) Als Beispiel dient in diesem Fall der Verlauf einer kumulierten Umsatzkurve des Zeitraumes 1924 - 1926 einer Berliner Kleiderkonfektionsfirma. Es handelt sich hierbei um ein mittleres Konfektionsunternehmen, in dem ein mittleres Genre gefertigt wurde. Vgl. Wittkowski : 1928, S. 29 ff.

21) Als Beispiel für die Auswirkungen der Saison auf die Beschäftigungssituation in Stettin (vornehmlich Fertigung

von Herrenoberbekleidung) sowie dafür, in welcher Weise Betriebe unterschiedlicher Größe davon betroffen waren,

	Groß-			Mittel-			Kleinbetriebe		
	in Saison	außh. d. S.	%	in Sn.	außh. Sn.	%	in Sn.	außh. Sn.	%
1.	275	230	83,6	40	25	62,5	3	2	66,6
2.	160	130	81,3	30	25	83,3	6	4	66,6
3.	275	250	90,9	14	11	78,5	5	3	60,0
4.	100	75	75,0	18	14	77,7	4	2	50,0
5.	110	75	68,2	17	12	70,5	4	3	75,0
6.	480	480	100,0	40	30	75,0	6	4	66,6
7.	780	780	100,0	76	44	57,9	7	5	71,4

Quelle: Pracht, Karl : Die Stettiner Bekleidungsindustrie, Diss. Greifswald 1937, S. 75

Tab. 3/2: Beschäftigung während und außerhalb der Saison in Groß-, Mittel- und Kleinbetrieben der Stettiner Herrenkonfektion

soll die folgende Zusammenstellung dienen. In dieser Auswahl sind jeweils 7 Groß-, Mittel- und Kleinbetriebe erfaßt worden. Die angegebenen Prozentzahlen weisen die Belegschaftsstärke außerhalb der Saison - gemessen an der Zahl der Beschäftigten in der Saison - aus.

Auffällig ist zunächst die Tatsache, daß Großbetriebe außerhalb der Saison eine durchschnittlich geringere Beschäftigungseinbuße zu verzeichnen hatten als Mittel- und Kleinbetriebe. Letztere beschäftigten außerhalb der Saisonzeiten durchschnittlich nur noch 65,2 % der für sie während der Saison tätigen Arbeitskräfte.

Das konstante Beschäftigungsniveau der beiden größten Bekleidungsbetriebe drückt nicht notwendig deren Unabhängigkeit von saisonalen Einflüssen aus. Da in den angegebenen Beschäftigtenzahlen die Heimarbeiter enthalten sind, bei dieser Beschäftigtengruppe allerdings außerhalb der Saison von keiner vollen Beschäftigung ausgegangen werden kann, bleibt unklar, wie die gleichbleibende Beschäftigung bei den beiden größten Betrieben zustande gekommen ist. Wegen des in dieser Aufstellung nicht berücksichtigten Beschäftigungsgrades der Heimarbeiter ist der Auskunftswert dieser Tabelle zu den saisonalen Beschäftigungsschwankungen sehr grob (vgl. Pracht: 1937, S. 75).

22) "V.: Welches ist wohl Ihr höchster Verdienst?

- In der Hochsaison 9 - 10 Mark. Dann arbeite ich aber noch abends und früh Überstunden zu Hause.

V.: Das thun Sie nur in der Hochsaison?

- Ja!

V.: Wie lange dauert diese?

- 14 Tage bis drei Wochen jedesmal, im Ganzen 4 - 6 Wochen.
V.: Wie steht es in der übrigen Zeit des Jahres?
Kommen auch Zeiten vor, wo Sie gar keine Arbeit haben?
- Ja, wir haben schon 14 Tage nach Ostern nichts zu thun; vielleicht 1 - 2 Stück die Woche.
Das bekommen die
Älteren, die Anderen aber haben nichts zu thun.
V.: Die Mehrzahl der dort beschäftigten Arbeiterinnen ist also in dieser Zeit ganz ohne Arbeit?
- Ja!
V.: Wie lange dauert diese Zeit in der Regel nach?
- Im Winter 4 - 6 Wochen; Ende Januar wird wieder angefangen.
V.: Also im ganzen Jahre 8 - 10 Wochen?
- 10 bis 12 Wochen.
V.: Was machen Sie nun selbst in dieser arbeitslosen Zeit?
- Ich mache etwas Privatsachen" (KfA : 1896 b, S. 169 ff.)

23) Zu den Auswirkungen des Modewechsels auf Betriebsgestaltung, Beschäftigung u.s.w. in den einzelnen Branchen vgl. u.a. Redlich : 1934, S. 58 ff.; Schmidt : 1912, S. 98 ff.; Wittkowski : 1928, S. 33 ff.

24) Das Lagergeschäft war ein typisches Produkt der im ehemaligen Deutschen Reich den Modeton angebenden Berliner Damenkonfektion. Weniger modisch orientierte Firmen der Damenkonfektion in Breslau und Erfurt kannten diese Art der Absatzorganisation nicht. Erste sog. Lagergeschäfte sind um 1880 neben den sog. Reisegeschäften entstanden. Im Endbericht einer Untersuchung über die Arbeitsverhältnisse in der Kleider- und Wäschekonfektion wurde 1896 ein seit dieser Zeit andauernder wachsender Einfluß des Lagergeschäftes festgestellt. 16 Jahre später wurde das Anhalten dieser Entwicklung von Schmidt in seiner Studie zu Fabrikbetrieb und Heimarbeit in der deutschen Konfektionsindustrie bestätigt. Seinen Äußerungen gemäß war das Lagergeschäft zu Beginn der 10er Jahre dieses Jahrhunderts von größerer Bedeutung als das Reisegeschäft. Vgl. KfA : 1896, S. 40; Schmidt : 1912, S. 55 ff.; Blum : 1925, S. 37 ff.

25) Darauf, daß die massenhafte Verbreitung der Kleidermode an spezifische gesellschaftsstrukturelle Veränderungen geknüpft war bzw. diese zu ihrer Voraussetzung hatte, soll in diesem Zusammenhang nur kurz hingewiesen werden. Eine ausführliche Behandlung der Frage nach der Entstehung der Mode und ihrer gesellschaftlich beeinflußten Entwicklung müßte in einer gesonderten Untersuchung geleistet werden.

26) Noch nach dem 2. Weltkrieg wurde von Experten die Mode als ein Faktor angesehen, der insbesondere in der Damenoberbekleidungsindustrie in gewichtigem Maß einer Massenfertigung entgegenstand. Vgl. Mankertz : 1945, S. 63 ff.

27) In seiner Untersuchung über die Entwicklung der großstädtischen Frauenhausindustrie weist Weber die quantitative Bedeutung der Frauenarbeit in der 'Bekleidungs-

hausindustrie' als typische Erscheinung in den Großstädten zum Ende des letzten Jahrhunderts nach. Aufgrund der nicht eindeutig gegenüber anderen Zweigen des Bekleidungsgewerbes abgegrenzten 'Kleiderkonfektion' als auch wegen der prinzipiellen Schwierigkeit der Erfassung der 'Hausindustriellen' (zur Problematik der Verwendung der Ergebnisse der Berufs- und Gewerbezählungen 1882 ff. siehe S. 275 ff.) ging Weber bei seiner quantitativen Analyse methodisch den folgenden Weg: Um die Beschäftigung von Frauen in der 'Bekleidungsindustrie' - hierzu zählte er die Zweige Näherei, Schneiderei, Konfektion, Wäscherei und Plätterei, Putzmacherei, Verfertigung künstlicher Blumen und Federn, Filzhut- und Mützenmacherei, Kürschnerei, Handschuhmacherei, Krawatten- und Hosenträgerfabrikation, Korsettfabrikation, Stock- und Schirmfabrikation; nicht aber die Schuhmacherei - zu erhalten, ging er zunächst von der Gesamtzahl der im Bekleidungsgewerbe nach der Berufsstatistik erfaßten beschäftigten Frauen aus. Von dieser Menge zog er die Anzahl der durchschnittlich im Deutschen Reich für den lokalen Markt produzierenden weiblichen Arbeitskräfte im Bekleidungsgewerbe ab. Weiterhin subtrahierte er von der Ausgangsmenge die Anzahl der in den Berichten der Fabrikinspektoren als Fabrikarbeiterinnen in der 'Bekleidungsindustrie' ausgewiesenen weiblichen Beschäftigten und erhielt als Ergebnis, daß in der neu entstandenen Hausindustrie des Bekleidungsgewerbes mit 226.800 beschäftigten Frauen 61 % aller in der Hausindustrie tätigen Frauen vertreten gewesen sind.

Die weitere Besonderheit dieser Frauenhausindustrie, ihre Konzentration auf die Großstädte, wird von Weber anhand der Daten der 1895 durchgeführten Berufsstatistik belegt. Er ordnet dabei zunächst unterschiedlichen regionalen Kriterien (Land, Klein-, Mittel- und Großstädte) die jeweilige Einwohnerzahl sowie die Anzahl der im Bekleidungsgewerbe beschäftigten Frauen zu und errechnet die je 10.000 Einwohner vertretenen weiblichen Beschäftigten im Bekleidungsgewerbe. Um auf die endgültige Anzahl der in der Bekleidungsindustrie in den einzelnen Regionen beschäftigten weiblichen Personen zu kommen, subtrahiert er die Quote derjenigen Arbeitskräfte, die nur für den lokalen Markt produzieren und erhält schließlich die folgende regionale Verteilung der in der 'Bekleidungsgroßindustrie' beschäftigten Frauen:

Großstädte	184.000	
Mittelstädte	68.000	
ländl. Gebiete	24.000	(Weber : 1899, S. XVI ff.)

28) Der Begriff der 'Störarbeit' stammt ursprünglich aus der Geschichte des Handwerks. Es handelte sich dabei z.B. um die Tätigkeit von Schneidergesellen, die in den Wohnungen ihrer Auftraggeber als Tagelöhner arbeiteten und dafür entweder Bargeld oder Naturalien erhielten. Von den Zunftstatuten war die 'Störarbeit' streng verboten. In diesem Zusammenhang sind unter 'Störarbeiterinnen' u.a.

Schneiderinnen zu verstehen, die im Haus ihrer Auftraggeber Kleidung für deren privaten Bedarf anfertigten. Zu den 'Störarbeiterinnnen'zählten auch Waschfrauen, die in fremden Haushalten die Wäschereiarbeiten erledigten oder Näherinnen, die dort z.B. Gardinen nähten.

29) Von Weber wird die quantitative Verschiebung der Anteile der jeweiligen 'Klassen' an der Bevölkerung im Zeitraum von 1867 bis 1882 wie folgt angegeben: Der Anteil der 'oberen Klasse' (er zählt hierzu die Klasse der liberalen Berufe sowie die Arbeitgeberklasse) verminderte sich von 43,7 % auf 35,8 % der Bevölkerung während der Anteil der Arbeiterklasse von 50 % auf 58,4 % der Bevölkerung angestiegen ist. Vgl. Weber : 1899, S. XXX.

30) Im Rahmen der Binnenwanderungen in der Phase der Industrialisierung Deutschlands waren die Frauen stärker an den Nahwanderungen beteiligt als die Männer. Deren Domäne waren in der Regel die Fernwanderungen. Die Ströme der weiblichen bzw. männlichen Arbeitskräfte variierten wesentlich mit der besonderen ökonomischen Struktur der Stadt als Wanderziel und ihrem entsprechenden Arbeitskräftebedarf - bei den Frauen insbesondere z. B. mit dem Angebot an Arbeitsplätzen als Dienstboten, als Werkstatt- bzw. Heimarbeiterin im Konfektionsgewerbe. Zu den Regionen, aus denen die aus den verschiedenen Provinzen des Deutschen Reiches nach Berlin gewanderten Konfektionsarbeiterinnen stammten, gehörten Brandenburg, Pommern, Westpreussen, Ostpreussen, Mecklenburg-Schwerin, Schlesien, Niederlausitz. Daten, inwieweit die Berliner Konfektionsarbeiterinnen aus den umliegenden Provinzen zugewandert sind bzw. aus Berlin stammen, sind von verschiedenen Autoren erhoben worden.

Nach der Auswertung der Angaben von Frauen verschiedener Arbeiterinnenkategorien (Werkstattarbeiterinnen, Stepperinnen, Heimarbeiterinnen) konnten folgende Anteile von zugewanderten bzw. einheimischen Arbeitskräften an dieser Auswahl Berliner Konfektionsarbeiterinnen festgestellt werden: Von befragten 236 Werkstattarbeiterinnen waren 189, d.h. ca. 80 % aus auswärtigen Gebieten nach Berlin zugewandert und 47 Werkstattarbeiterinnen, das entspricht ca. 20 % der Grundgesamtheit, stammen aus Berlin. Eine weitere Aufschlüsselung der Antworten von 92 nicht aus Berlin stammenden Werkstattarbeiterinnen danach, ob sie vor bzw. nach ihrem 14. Lebensjahr nach Berlin zugewandert sind, d.h. ob sie mit ihren Eltern nach Berlin gezogen sind oder diesen Schritt in "wirtschaftlicher Selbstbestimmung" getan haben, hat folgendes Ergebnis hervorgebracht: Insgesamt sind es 17 Werkstattarbeiterinnen, d.h. ca. 18,5 % gewesen, die im Alter von bis zu 14 Jahren aus der Provinz nach Berlin gezogen sind. 75 von den 92 auf diese Frage antwortenden Werkstattarbeiterinnen, d.h. ca. 81,5 % sind im Alter von 14 Jahren, mit wenigen Ausnahmen im Alter von mehr als 16 Jahren nach Berlin zugezogen.

Ähnlich wie bei den Werkstattarbeiterinnen waren die Ergebnisse bei den Heimarbeiterinnen. Von 54 befragten Personen waren 43, d.h. 80 % nach Berlin zugewandert, während 11 Heimarbeiterinnen (ca. 20%) aus Berlin stammten. Von den 43 von auswärts nach Berlin zugezogenen Heimarbeiterinnen waren insgesamt nur 4 vor ihrem 14. Lebensjahr, somit vermutlich zusammen mit ihren Eltern zugezogen. Diesen standen 39 (ca. 91 %) der nach Berlin zugewanderten Heimarbeiterinnen gegenüber, welche erst nach Vollendung des 14. Lebensjahres, also vermutlich ohne ihre Eltern nach Berlin gezogen waren.

Ein ganz entgegengesetztes Ergebnis, das die regionale Herkunft betrifft, wurde für die Situation der Stepperinnen festgestellt: Von insgesamt 14 befragten Stepperinnen stammten 13 aus Berlin. Für diesen Arbeiterinnentypus der Berliner Kleiderkonfektion war es charakteristisch, daß sämtliche Stepperinnen unverheiratet und mit zwei Ausnahmen (einer 28- und einer 38-jährigen) unter 25 Jahre alt gewesen sind. Vgl. Grandke : 1899, S. 257 ff. sowie den Tabellenanhang.

Im Rahmen einer ein Jahr früher (1898) veröffentlichten Studie zur sozialen Situation der hausindustriellen Arbeiterinnen in der Berliner Damen-Kleinkonfektion untersuchte Dyhrenfurth u.a. das Mobilitätsverhalten einer ausgewählten Grundgesamtheit von Konfektionsarbeiterinnen. Sie erhielt bei ihrer Frage nach der regionalen Herkunft dieser Konfektionsarbeiterinnen die folgenden Antworten: Von insgesamt 229 befragten Arbeiterinnen waren 137 (ca. 60%) von auswärts nach Berlin gekommen und 92 Arbeiterinnen (ca. 40 %) sind in Berlin geboren. Neben dem starken Zuwachs, den der Berliner Arbeitsmarkt aus den umliegenden Provinzen hatte, ist die Anzahl der geborenen Berlinerinnen in dieser Gruppe recht stark vertreten. Dyhrenfurth interpretiert diesen hohen Anteil der geborenen Berlinerinnen damit, daß in der Kindheit erfahrene Eindrücke des Großstadtlebens mitentscheidend waren, sich vorwiegend der Konfektionsarbeit zuzuwenden. Inwieweit der zu diesem Zeitpunkt relativ hohe Anteil der geborenen Berlinerinnen an den Konfektionsarbeiterinnen ein besonderes Phänomen der Damen-Kleinkonfektion gewesen ist, kann wegen mangelnder Daten nicht näher begründet werden.

Für die Verteilung der Häufigkeit auf das Lebensalter, in dem die befragten Personen nach Berlin übergesiedelt sind, macht Dyhrenfurth die in Tab. 3/3 aufgeführten Angaben. Ganz ähnliche Ergebnisse wie sie von Dyhrenfurth bezüglich der Quote der nach Berlin zugewanderten Konfektionsarbeiterinnen gewonnen wurde, brachte eine weitere Studie zur sozialen Lage der Berliner Konfektionsheimarbeiterinnen hervor: In dieser Studie, die 25 bzw. 26 Jahre später als die Studien von Grandke und Dyhrenfurth vorgelegt worden ist, wurde der Anteil der von auswärts nach Berlin gezogenen Heimarbeiterinnen mit 59%

Altersklasse	Anzahl	(%)
bis 16 Jahre	33	24,1
16 bis 20 Jahre	26	19,0
20 bis 25 Jahre	47	34,3
25 bis 45 Jahre	31	22,6

Quelle: Dyhrenfurth, Gertrud: Die hausindustriellen industriellen Arbeiterinnen in der Berliner Blusen-, Unterrock-, Schürzen- und Trikotkonfektion, Leipzig 1898, S. 25 sowie eigene Berechnungen

Tab.3/3: Alter der Übersiedlung von Konfektionsarbeiterinnen nach Berlin (nach Dyhrenfurth)

angegeben. Die aus Berlin stammenden Konfektionsheimarbeiterinnen entsprachen somit einem Anteil von 41 %. Ein Vergleich der in der Studie von Grandke ermittelten Quoten der Konfektionsheimarbeiterinnen mit den Ergebnissen der Untersuchung von Benjamin läßt eine Verschiebung zugunsten des Anteils der in Berlin geborenen Heimarbeiterinnen in diesem Zeitraum erkennen. Diese haben ihren Anteil 1924 gegenüber der Quote von 1899 verdoppelt, d.h. von 20 % auf 40 % erhöht. Trotz der Problematik der Vergleichbarkeit der Ergebnisse kann diese Entwicklung dahingehend interpretiert werden, daß einerseits der Zustrom auswärtiger weiblicher Arbeitskräfte nach Berlin eine sinkende Tendenz aufwies und es sich andererseits zum Teil schon um Heimarbeiterinnen der 'zweiten Generation' gehandelt haben mag, deren Elternteile wohl nach

Altersklasse	Anzahl	(%)
1 bis 16 Jahre	10	25,6
17 bis 20 Jahre	12	30,8
21 bis 25 Jahre	6	15,4
26 bis 40 Jahre	11	28,2

Quelle: Benjamin, Dora : Die soziale Lage der Berliner Konfektionsarbeiterinnen mit besonderer Berücksichtigung der Kinderaufzucht, Diss. Greifswald, 1924, S. 11 sowie eigene Berechnungen.

Tab.3/4: Alter der Übersiedlung von Konfektionsarbeiterinnen nach Berlin (nach Benjamin)

Berlin zugezogen sind, sie selbst aber schon in Berlin geboren worden sind. Zur Frage des Alters, in dem diese Konfektionsarbeiterinnen nach Berlin gekommen waren, konnte Benjamin die Angaben von 39 der insgesamt 46 Zugewanderten auswerten.

31) Eine Beschäftigung als Dienstmädchen war insbesondere für die von auswärts nach Berlin gekommenen jungen Frauen vielfach nur eine 'Durchgangsstation', bevor sie eine Beschäftigung als Werkstattarbeiterin aufnahmen oder sich vielfach nach der Heirat als Heimarbeiterin selbständig machten. Von den im o. a. Sample vertreten gewesenen Werkstatt- und Heimarbeiterinnen, die keine einschlägige berufliche Qualifikation erworben hatten, waren 74 % vorher als Dienstmädchen tätig. Fast alle - ca. 98 % - von ihnen kamen von auswärts nach Berlin. Vgl. Grandke : 1899, Tabellenanhang.

32) Zur sozialen Zusammensetzung der verheirateten Heimarbeiterinnen vgl. u.a. Grandke : 1899 Tabellenanhang.

33) Hausen : 1978, S. 156. Zur Unterstützung des Verkaufs von Nähmaschinen durch Abzahlungsgeschäfte, vgl. auch Herzberg : 1894, S. 24 ff.

34) Zu den Besonderheiten des weiblichen Arbeitsvermögens sowie zum Verhältnis von weiblichem Arbeitsvermögen und beruflicher Arbeit vgl. u. a. : Beck-Gernsheim : 1981; Ostner : 1979; Beck-Gernsheim/ Ostner : 1977.

35) Kenntnisse im Zuschneiden sind vermutlich nur in geringem Maß Gegenstand des Unterrichts in diesem Schulfach gewesen.

36) Vgl. Dyhrenfurth : 1898, S. 27.

37) Auf die im Rahmen seiner Untersuchung über die Breslauer Damenmäntelkonfektion gestellte Frage "Wie lange dauerte Ihre Lehrzeit für die Konfektionsnäherei?" erhielt Scheffels von 73 Befragten Antworten mit folgender Verteilung der Dauer der 'Lehrzeit':

Dauer der Lehr-Zeit in Wochen	1	2	3	4	5	6	8	9	12	36	50
Häufigkeit	1	1	1	6	1	15	2	1	10	2	7

In 17 Fällen wurde angegeben, daß keine 'Lehre' absolviert worden ist, sondern eine Unterweisung durch die Mutter oder Bekannte erfolgte. In 9 Fällen hatten die befragten Konfektionsarbeiterinnen in der Maßschneiderei gelernt. Wie aus der Tabelle deutlich zu ersehen ist, haben ca. 81 % derjenigen, die eine mehrwöchige Ausbil-

dung für die Konfektionsnäherei absolviert haben, eine Ausbildungszeit durchlaufen, deren Dauer nicht mehr als 12 Monate betrug. Scheffels : 1925, S. 61.

In ihrer 1898 veröffentlichten Studie über die hausindustriellen Arbeiterinnen der Berliner Kleinkonfektion gibt Dyhrenfurth für die Dauer der 'Lehrzeit' von 58 gelernten Konfektionsnäherinnen folgende Zeiträume an: In 11 Fällen dauerte die 'Lehrzeit' ein Jahr, in 24 Fällen 6 Monate und bei 18 Näherinnen streuten deren Angaben von 6 Wochen bis zu 4 Monaten. Vgl. Dyhrenfurth : 1888, S. 27.

38) "Am wichtigsten aber ist bei der Einführung der Maschinenarbeit das, daß sie die Heranziehung ungelernter oder binnen wenigen Tagen oder höchstens Wochen angelernter Arbeitskräfte zur Produktion ermöglicht hat. Freilich kommt auch hier wieder in erster Linie die Wäschefabrikation in Betracht, bei der so viele Tausende und Zehntausende von Frauen und Mädchen beteiligt sind, die vom eigentlichen Schneiderhandwerk nichts verstehen und, da sie die Sachen gewöhnlich zugeschnitten erhalten, auch nichts zu verstehen brauchen. Aber gerade dadurch, daß so viele Mädchen und Frauen durch Wäschenähen in kurzer Zeit die Arbeit an der Maschine erlernen, werden sie in den Stand gesetzt, ohne große Schwierigkeit zur eigentlichen Schneiderei als Maschinistinnen überzugehen und dort durch die Billigkeit ihrer Arbeit die Arbeitskraft der gelernten Schneider zu verbilligen oder gar überflüssig zu machen. Auch andere Dinge, manche vielleicht in höherem Maße als die Nähmaschine, haben dazu geführt, daß jetzt Personen in der Kleiderfabrikation beschäftigt werden, die nur eine kurze Anlernzeit und nicht mehr eine so lange Lehrzeit wie der ehemalige Schneiderlehrling durchzumachen brauchen" (Winter : 1896, S. 9 ff).

"Die Heimarbeiterinnen sind durchweg nur angelernt; in einem Viertel- bis zu einem Halbjahr erlernen sie die zur Herstellung von Kleinstücken erforderlichen Fähigkeiten" (Simon : 1928, S. 23).

"In den Werkstätten der kleinen Hausindustriellen, in denen man dann und wann Lehrmädchen trifft, lernen die Mädchen ebenfalls selten mehr als die einfachen Hilfsarbeiten. So müssen sie die Kapuzen der Lodenpelerinen staffieren, Knöpfe annähen und wenn Knöpfe mit der Hand gearbeitet werden, auch diese machen. Meistens werden aber auch in die Lodenkragen die Knopflöcher mit der Knopflochmaschine hineingearbeitet. Eine solche Maschine besitzt ein etwas kapitalkräftigerer Hausgewerbetreibender, der für die ganze Nachbarschaft gegen ein bestimmtes Entgelt die Arbeit verrichtet. Bei den Westenarbeiterinnen, die sich Lehrmädchen oder jugendliche Hilfskräfte nehmen, sind die Verhältnisse ähnlich. Ein Mädchen, das von einer Heimarbeiterin angenommen war, soll 3 Jahre bei ihr lernen. Sie erhält die Woche 50 Pfennig, muß dafür, nachdem sie die Hausarbeit gemacht hat, Knöpfe und Schnallen annähen, die Rücken vorrichten, Fäden abschneiden u. dgl. m., Arbeiten, die sich täglich mehrere Male wiederholen" (Hell : 1911, S. 64).

"Die Frauen, die nicht in der Fabrik gelernt haben und erst nach ihrer Verheiratung zur Heimarbeit übergegangen sind, gehen, bevor sie in der Konfektionsindustrie Arbeit suchen, zu Bekannten und arbeiten sich dort zwei bis drei Monate lang ein. Diese Zeit ist nicht etwa vorgeschrieben, entscheidend, ob die Konfektionsindustrie die Arbeitssuchenden beschäftigt, ist allein die Qualität ihrer Arbeit. Es ist durchaus gerecht, wenn weniger geschickte Arbeiterinnen niedriger bezahlte Stücke, geschickte aber die Stücke erhalten, für die ein höherer Nählohn bezahlt wird" (Pilgrim : 1927, S. 83).

"Was die Dauer der Lehrzeit betrifft, so betrug dieselbe für die Konfektionsarbeit fast durchgängig vierzehn Tage bis vier Wochen. Doch oft beginnen die Frauen auch ohne jede Anweisung zu arbeiten, oder kaufen sich ein fertiges Stück in irgend einem Detailgeschäft, das sie auseinander trennen und wieder zusammen nähen, um daran die Machart zu studieren. Die Handhabung der Nähmaschine wird in zwei bis drei Tagen bei einer Bekannten abgesehen und so unerfahren und so ungeschult suchen dann Viele Aufträge zu erhalten. In den meisten Fällen wird von den Anfängern kein Lehrgeld gezahlt. Es handelt sich ja eben fast nur um das Zeigen einiger Kunstgriffe, durch die ein schnelleres Arbeiten möglich ist. Von einigen Meistern wird sogar ausgesagt, daß sie es am vorteilhaftesten finden, ihr Arbeitspersonal nur aus solchen umsonst arbeitenden Anfängerinnen zu wählen" (Dyhrenfurth : 1898, S. 26).

"Wenn eine noch nicht ausgebildete Näherin sich als Heimarbeiterin in der Fabrik meldet, so wird sie von derselben einer anderen überwiesen, welche ihr die erforderlichen Kenntnisse beibringt und dafür den Mehrverdienst erhält, bis die Betreffende im Stande ist, selbständig für die Fabrik zu arbeiten" (Jaffé : 1899, S. 162).

"Ehe die Arbeiterin in die Fabrik eintritt, ist sie oft schon in der Heimarbeit für die Fabrik tätig gewesen und hat bei einer älteren Heimarbeiterin die Näharbeit gelernt. Bei dieser Art der Lehre arbeitet das Lehrmädchen für die Heimarbeiterin und erhält als Entgelt die nötige Unterweisung. In der Fabrik hat sie dann nur die Bedienung der mechanischen Maschine zu erlernen, wozu wenige Tage genügen" (Munzinger : 1908, S. 21).

"Das Anlernen - speziell der ländlichen Arbeiter - geschieht in der Weise, daß dieselben sich eine Nähmaschine anschaffen und dann mit derselben entweder zu einem Dorfschneider oder zu einer einzelnen Arbeiterin in die Lehre gehen. Sie erhalten dort Kost und Logis und nach Ablauf von 6 Monaten 50 Pfg. bis höchstens 1 Mk. pro Woche Vergütung. Die Lehrzeit dauert meist 1 1/2 Jahre, doch suchen die Lehrenden dieselbe möglichst auszudehnen, indem sie die schwierigen Arbeiten zuletzt zeigen. Früher mußten die Mädchen bei den Landschneidern 3 Jahre lernen; aber seitdem eine große Zahl von einzelnen Heimarbeitern vorhanden sind, die ein Mädchen in 1 1/2 Jahren anlernen, wollen dieselben bei den Schneidern auch nicht länger bleiben. Sobald ein Mädchen ausgelernt hat, nimmt es sich seinerseits wieder ein Lehrmädchen und arbeitet mit dessen Hilfe weiter resp. sie lernt eine jüngere Schwester oder Verwandte an" (Jaffé : 1899, S. 134).

"Die Ausbildung der Heimarbeiter erfolgt auch hier in der Weise, daß sie zu Bekannten oder Verwandten gehen und dort lernen; als Dauer der Lehrzeit wird aber nur 2 - 3 Monate angegeben, was auf eine sehr ungenügende Ausbildung schließen läßt, wenn man bedenkt, daß in der Gegend von Herford eine 1 1/2 bis 2- und sogar 3-jährige Lehrzeit die Regel ist" (Jaffé : 1899, S. 143).

"V.: Beschäftigen Sie auch Lehrmädchen? -
Direkt nicht, sondern wenn ein Mädchen kommt und es direkt lernen will, so weise ich sie einer guten Arbeiterin zu, bei der sie lernen muß. Jetzt, wo ich die Werkstatt im Hause habe, werde ich die Arbeiterinnen selbst auslernen. Ich habe zwei, die nächstens fertig sind und dann für sich arbeiten; sie bekommen aber das, was sie inzwischen gearbeitet haben, schon zum vollen Preis bezahlt" (KfA : 1896 b, S. 47).

39) Die Eigentümlichkeit, daß ein gewisser Anteil der Zwischenmeister keine einschlägige Vorbildung als Schneider besessen hatte, war offensichtlich eine nur in Berlin sowie in ländlichen Konfektionsregionen der Arbeiter- und Sommerkonfektion stärker verbreitete Erscheinung. Für städtische Konfektionszentren wie Breslau, Erfurt, Stettin, Frankfurt/Main u.s.w., konnte eine Streuung der Berufe, aus denen die Zwischenmeister der Konfektion in diesen Städten stammten, aufgrund der vorliegenden Quellen nicht festgestellt werden.

40) Auch der Einbezug von Ergebnissen zur Rekrutierung von Zwischenmeistern, die im Rahmen einer Studie zur Breslauer Damenmäntelkonfektion gewonnen worden sind, läßt

kein präziseres Urteil über die Rekrutierung der männlichen Zwischenmeister zu. Die Äußerungen von Scheffels dazu erscheinen insgesamt widersprüchlich: Einerseits sagt er, daß die männlichen Zwischenmeister fast ausnahmslos über keine einschlägige Ausbildung verfügten, andererseits gibt er einem empirischen Hinweis auf das Vorliegen einer einschlägigen Lehre bei knapp der Hälfte der befragten Zwischenmeister.

"In der Damenmäntelkonfektion kommt hinzu, daß die männlichen Zwischen-Meister fast ausnahmslos ursprünglich einen anderen Beruf haben und meist erst durch Heirat mit der Zwischen-Meisterin in den Industriezweig kommen, von ihrer Frau angelernt werden und sie im Betriebe unterstützen oder ganz ablösen. Mitunter machen sie zur besseren Ausbildung einen Zuschneide-Kursus durch. Von 7 befragten männlichen Zwischen-Meistern haben 3 ursprünglich Herrenmaßschneiderei gelernt, je 1 war Schuster, Sattler, Tischler und Geschäftsdiener. In allen 7 Fällen war die Ehefrau bei der Verheiratung Zwischen-Meisterin, und das Geschäft ging erst allmählich auf den Mann über. In je einem Falle war der Grund für den Berufswechsel des Mannes Krankheit der Frau, Krankheit des Mannes und Konkurs des Mannes. Drei dieser männlichen Zwischen-Meister arbeiten mit ihren Frauen zusammen, 4 haben sie völlig abgelöst" (Scheffels : 1925, S. 47 ff.).

41) Sicherlich konnte die Herrenkonfektion in der Phase ihrer Entstehung - insbesondere dort, wo sie am Arbeitsmarkt auf der Nachfrageseite nicht in Konkurrenz mit der Damenkonfektion gestanden hatte einen Teil ihrer Arbeitskräfte aus dem lokalen Schneiderhandwerk rekrutieren. Nicht nur Schneidergesellen, die im erlernten Handwerk keine Beschäftigung mehr gefunden hatten, bildeten das Arbeitskräftepotential des Konfektionsgewerbes. Häufig wechselten auch 'deklassierte' städtische Handwerksmeister, bei denen sich die Zunahme des Angebotes von fertiger Herrenoberbekleidung in einer sinkenden Nachfrage nach individuell angefertigter Maßkleidung bemerkbar machte, früher oder später ganz zur Konfektion. Sie wurden dann als Arbeitskräfte in verschiedenen Berufsfeldern der Konfektion tätig oder behielten ihre Selbständigkeit - nun als Hausindustrielle in der Konfektion - bei. Ein anderer Teil dieser selbständigen Handwerksmeister hielt wohl sein bisheriges Maßgeschäft aufrecht und arbeitete in kleinerem Umfang für seine Privatkundschaft weiter, führte aber zum Ausgleich seiner Produktionskapazität in entsprechendem Ausmaß Produktionsaufträge für Konfektionsfirmen aus.

42) Über Wanderungsbewegungen der männlichen Arbeitskräfte des Konfektionsgewerbes vom Land in die Stadt liegen nur wenige vereinzelte Angaben vor. Diese Aussagen bzw. Auswertungen kleinerer Untersuchungen stützen insgesamt die Vermutung, daß ein sehr hoher Anteil der männlichen Arbeitskräfte im Konfektionsgewerbe aus ländlichen Regionen in die städtischen Konfektionszentren umgesiedelt ist.

Im Rahmen seiner im Jahre 1899 erschienenen Studie über die Berliner Kleiderkonfektion wertete Grandke die Antworten von 24 Werkstellenarbeitern (Zeitlöhner) auf die Frage nach ihrem Geburtsort bzw. ihrer Herkunftsprovinz aus. 22 von diesen 24 Werkstellenarbeitern stammten nicht aus Berlin.

Aus einer nach anderen Auswahlkriterien vorgenommenen Zusammenstellung geht hervor, daß alle in dieser Tabelle aufgeführten 6 Werkstellenarbeiter der Herrenkonfektion von auswärts kamen und auch als früheren Beruf 'Schneider' angegeben hatte.

Nr.	Alter Jahre	Herkunftsort	früherer Beruf
1	32	Groß-Kreil (Schlesien)	Schneider
2	25	Vorenberg (Pommern)	"
3	27	Hammer	"
4	20	Tempelburg (Pommern)	"
5	20	(Ostpreußen)	"
6	21	(Pommern)	"

Quelle: Grandke, Hans : Berliner Kleiderkonfektion in : Schriften des Vereins für Socialpolitik, Band 85 Leipzig 1899, S. 219 ff.

Tab.3/5: Regionale Herkunft und Beruf von Werkstellenarbeitern der Berliner Herrenkonfektion (Tabellenauszug)

"Um über die sonstigen Verhältnisse der großen Gruppe der Werkstellenarbeiter einigen Aufschluß zu geben, habe ich aus möglichst vollständig ausgefüllten Fragebögen sechs herausgesucht, die in ihrer Zusammenstellung die vorhandenen Typen unter den Werkstattarbeitern, soweit eben bei dem fließenden Charakter des ganzen Gewerbes von Typen die Rede sein kann, zur Erscheinung bringen werden.
(...)
Der geringe Umfang der Tabelle erübrigt eigentlich, irgendwelche Erläuterungen dazu zu geben. Ich will nur auf einiges hindeuten. Erstensmal, daß diese 6 Schneidergesellen, wie überhaupt die meisten Schneidergesellen der Konfektion, nicht geborene Berliner, sondern von auswärts zugewandert sind" (Grandke : 1899, S. 219).

Neben den angeführten Belegen zur Binnenwanderung der männlichen Arbeitskräfte existieren auch Hinweise auf den Einsatz ausländischer Arbeitskräfte in der Herrenkonfektion. Vornehmlich waren es Arbeitskräfte aus Rußland und Polen, die in den relativ grenznahen östlichen Konfektionszentren des Deutschen Reiches (Posen, Breslau, Stettin und Berlin) Beschäftigungsmöglichkeiten gefunden hatten. Vgl. hierzu Cohen : 1926, S. 48.; Winter : 1896, S. 11.

43) Angaben über das Alter, in dem die männlichen Arbeitskräfte nach Berlin gezogen sind, liegen nur in der von Grandke vorgenommenen Aufstellung vor. (Vgl. Tabelle). Ganz überwiegend sind diese Werkstattarbeiter der Konfektion nach Abschluß ihrer Schneiderlehre auf dem Lande

sowie einer kurzzeitlichen Gesellentätigkeit im Schneiderhandwerk in die Großstadt übergesiedelt. Nur 1 von 6 Werkstellenarbeitern ist im Alter von unter 14 Jahren nach Berlin gezogen. Vgl. Grandke : 1899, S. 226.

44) "V.: Ich möchte jetzt Herrn Käming (34) bitten. Sie sind gelernter Schneider? - Ja, ich habe 4 Jahre in Demmin gelernt. Seit Juli 1888 bin ich in Stettin. Die ersten 2 Jahre habe ich nach Maß gearbeitet, dann habe ich abwechselnd Maß und Konfektion gemacht, und die letzten 4 Jahre arbeite ich gänzlich Konfektion, außer wenn ich noch etwas für die Kundschaft nebenbei betreibe" (KfA : 1896 b, S. 107).

"V.: Herr Katritzke! (31) Sie sind Schneidermeister?
- Jawohl, gelernter Schneidermeister.
V.: Wo sind Sie in der Lehre gewesen? - In Jastrow in Westpreussen.
V.: Also bei einem Schneider, der in alter Weise das Geschäft betrieb? - Ja!
V.: Er arbeitete auf Bestellung und hatte seine Gehilfen und Lehrlinge? - Jawohl!
V.: Wie lange haben Sie gelernt? - Drei Jahre.
V.: Seit wann sind Sie in Berlin? - Seit 1871.
V.: Haben Sie von Anfang an in der Konfektion gearbeitet? - Nein!
V.: Was haben Sie früher gemacht? - Ich habe auf Bestellung gearbeitet.
V.: Als selbständiger Schneidermeister? - Nein, als Geselle beim Meister.
V.: Und wann haben Sie Ihr jetziges Geschäft begonnen? - Im Jahre 1880.
V.: Damals haben Sie also die Beschäftigung beim Meister aufgegeben und sich selbständig gemacht. Wie haben Sie angefangen? Mit einem Gehilfen? - Ich habe mich verheiratet und mit meiner Frau allein gearbeitet. Ich beschäftige nur Näherinnen" (KfA : 1896 b, S. 100 ff.).

Da in der Liste der vernommenen Personen der Wohnort des Schneidermeisters Katritzke mit Stettin angegeben ist und dieser Sachverhalt sich auch aus verschiedenen Passagen des Interviews eindeutig ergibt, handelt es sich bei der Angabe des Wohnortes mit Berlin vermutlich um einen Übertragungsfehler (KfA : 1896 b, S. 76).

45) Zur Entwicklung der Nähmaschinenindustrie im Deutschen Reich vgl. u. a. Eulner : 1913; Köhler : 1912; Sagel : 1910.

46) Das Schubrad bestand aus einem aus der Stichplatte herausragenden, auf seinem Umfang fein gezahnten Rad, welches nach jedem Stich um einen bestimmten Abschnitt durch die Maschine selbsttätig gedreht wurde. Dadurch wurden die zu verbindenen Stofflagen, die durch ein unter Federdruck stehendes Füßchen niedergedrückt wurden, weiterbewegt.

4. Entwicklung des verlagsmäßig organisierten Konfektionsgewerbes

4.1. Sozio-ökonomische Entwicklung des Konfektionsgewerbes

Im letzten Kapitel sind die sozio-ökonomischen Entstehungsbedingungen des Konfektionsgewerbes wie auch die besonderen Einflüsse, die auf den Geschäftsgang in der Fertigkleiderbranche wirkten, aufgezeigt worden. Darüber hinaus konnte mit der Darstellung der Hauptlinien der Entwicklung der Mechanisierung des Nähens die technische Basis vorgestellt werden, von der aus der Prozeß der weiteren Entfaltung verlagsmäßiger Produktionsstrukturen in diesem Wirtschaftszweig seinen weiteren Verlauf genommen hat.

Mit der Darstellung der Entstehung des Konfektionsgewerbes - insbesondere seiner Hauptsparten Damen- und Mädchenkonfektion sowie Herren- und Knabenkonfektion - ist herausgearbeitet worden, daß die neu gegründeten Engros-Konfektionsunternehmen bei der Durchführung ihrer vom Einzelhandel erhaltenen Aufträge an dem vom Altkleiderhandel praktizierten Verlegerprinzip angeknüpft haben. Der Grund dafür war, daß mit dieser Organisationsform eine hochflexible Ausführung ihrer Produktionsaufträge durch die hausindustriellen Produzenten ohne nennenswerten Aufwand an Anlagekapital und ohne großes unternehmerisches Risiko realisiert werden konnte. Bei der weiteren Untersuchung der branchenweiten Durchsetzung der verlagsmäßigen Organisation der Produktion ist die besondere Aufmerksamkeit auf diejenigen Faktoren zu richten, welche diese Entwicklung begünstigt hatten und welche organisatorischen Substrukturen im weiteren Verlauf der Entwicklung dieser Branche entstanden sind.

Im Vordergrund der Rekonstruktion der Organisationsformen der Produktion steht somit neben dem Entwurf des gesamten Produktionskörpers des Verlags und der strukturellen Analyse seiner einzelnen Organisationsmuster die Frage nach der Kombination von Einflußgrößen, die die verschiedenen Organisationsformen hervorgebracht haben. Um die sozio-ökonomischen Rahmenbedingungen, welche den quantitativen und qualitativen Hintergrund dieses 'Schneidungsprozesses' verlagsmäßiger Produktionsstrukturen gebildet haben, konkreter bestimmen zu können, sollen - soweit das verfügbare Datenmaterial dies zuläßt - zunächst die Entwicklung von Produktion und Beschäftigung in dieser Branche untersucht werden. Für eine Interpretation der Entwicklung der Produktionsstrukturen während dieser Phase ihrer verlagsmäßigen Organisation ist es weiterhin notwendig, die parallele Entwicklung auf dem Sektor der Nähtechnologie wie auch den Einsatz von Nähmaschinen im Konfektionsgewerbe zu rekonstruieren. Erst dann kann - mittels der Konfrontation dieser Daten mit dem Ergebnis der Rekonstruktion der Produktionsstrukturen - eine zuverlässige Aussage dazu formuliert werden, welche Einflußgrößen in welcher Intensität den Produktionsprozeß bei der Herstellung von fertiger Oberbekleidung strukturiert haben.

4.1.1. Die Entwicklung von Produktion, Beschäftigung und Beschäftigungsstrukturen im Konfektionsgewerbe

Angaben über den wert- bzw. mengenmäßigen Ausstoß eines Wirtschaftszweiges in einem bestimmten Zeitraum spiegeln oft dessen ökonomische Leistung wider und lassen - bei einem Vergleich von mehreren aufeinanderfolgenden Perioden - ein Urteil über die wirtschaftliche Entwicklung innerhalb eines bestimmten Zeitabschnittes zu. Nach einem Vergleich dieser Daten mit der korrespondierenden Entwicklung der Anzahl der Beschäftigten sowie der periodisch getätigten Investitionen läßt sich zumindest eine tendenzielle Aussage darüber treffen, auf welche Art und Weise die ökonomische Entwicklung einer Branche zustande gekommen ist bzw. welches die Faktoren gewesen sind, die diese Entwicklung beeinflußt haben.

Die ökonomische Entwicklung des Konfektionsgewerbes in der Verlagsphase entzieht sich vielfach einer systematischen Erfassung. Es liegen nur wenige wissenschaftlich nutzbare Daten und erst recht keine Zahlenreihen über längere Zeiträume vor, deren Basisdaten direkt erhoben worden sind. Der Mangel an exakten und vollständigen Angaben erzwingt somit den starken Einbezug von Hilfsgrößen und Schätzungen, um zu einigermaßen zuverlässigen Aussagen über die Produktion und Beschäftigung sowie zur Beschäftigtenstruktur zu kommen. Das vorliegende Kapitel stützt sich daher ausschließlich auf die Auswertung von Daten, die aus verschiedenen Sekundärquellen stammen und bei der Bearbeitung der unterschiedlichsten Forschungsfragestellungen angefallen sind sowie auf deren Ergänzung durch die Ergebnisse amtlicher statistischer Erhebungen.

Gesicherte statistische Angaben zur Produktion im gesamten Konfektionsgewerbe sind zum ersten Mal für das Jahr 1928 ausgewertet und veröffentlicht worden: Für sämtliche Sparten ergab sich ein Jahresabsatz in Höhe von 1.979 Milliarden RM, wovon knapp 2/3 auf die Zweige der Produktion von Oberbekleidung entfielen. Dieser Anteil von 1.255 Mrd. RM teilten sich auf in 647 Mio. RM für die Herren- und Knabenoberbekleidung 1) und 608 Mio. RM für die Damen- und Mädchenoberbekleidung 2).

Da es sich bei dieser Erhebung der wertmäßigen Gütererzeugung des Fertigkleidungssektors auf Reichsebene um eine im Jahr 1928 einmalig durchgeführte amtliche Branchenstatistik gehandelt hat, soll für die Rekonstruktion der Produktion im Zeitraum von 1880 bis 1938 auf eine Zahlenreihe zurückgegriffen werden, die auf den Daten der im Inland verfügbaren Textilgewebe basiert. Der Verbrauch der 'Bekleidungsindustrie' an Textilgeweben wurde hierbei mit der um Ein- und Ausfuhr bereinigten Produktion der Webereien gleichgesetzt und auf

Jahr	Bekleidung	Jahr	Bekleidung
1880	40,7	1905	84,8
1881	43,7	1906	80,6
1882	45,1	1907	98,1
1883	48,8	1908	95,6
1884	50,9	1909	101,7
1885	48,8	1910	90,4
1886	48.5	1911	95,9
1887	51,6	1912	109,8
1888	54,7	1913	100,0
1889	66,8	1924	84,7
1890	62,1	1925	98,7
1891	63,6	1926	80,5
1892	64,3	1927	122,7
1893	67,1	1928	103,6
1894	72,6	1929	90,4
1895	79,4	1930	84,3
1896	76,0	1931	77,3
1897	76,1	1932	87,9
1898	87,1	1933	102,5
1899	85,7	1934	108,3
1900	71,6	1935	109,9
1901	73,1	1936	111,2
1902	77,5	1937	121,0
1903	84,2	1938	146,9
1904	82,5		

Quelle: Hoffmann, Walther G. : Das Wachstum der deutschen Wirtschaft seit der Mitte des 19. Jahrhunderts, Berlin-Heidelberg-New York 1965, S. 373.

Tab. 4/1: Die Produktion der Bekleidungsindustrie 1880 - 1938 (1913=100)

dieser Grundlage wurde die Produktion von Fertigkleidung geschätzt 3). Für die Produktion in der 'Bekleidungsindustrie' werden von Hoffmann für den Zeitraum von 1880 bis 1938 folgende Indexziffern (1913 = 100)angegeben:

Diese Zahlenreihe des Produktionsindexes der 'Bekleidungsindustrie' spiegelt ein mehr oder weniger unpräzises und phasenweise auch unvollständiges Bild der Entwicklung der Produktion in diesem Wirtschftszweig wider. Für eine adäquate Beschreibung des Konjunkturverlaufes ist sie weniger geeignet. Zusätzliche quantitative und qualitative Daten zur Entwicklung der Produktion im Konfektionsgewerbe sind somit heranzuziehen, um zu versuchen, den Verlauf der Branchenkon-

Jahr	Männer	Frauen	Gesamt
1882	257.126 (38,3)	414.164 (61,7)	671.290
1895	303.849 (37,8)	500.561 (62,2)	804.410
1907	312.385 (35,1)	577.056 (64,9)	889.441
1925	332.308 (35,0)	617.252 (65,0)	949.560
1933	327.691 (37,9)	537.338 (62,1)	865.029
1939	295.582 (32,4)	615.971 (67,6)	911.553

Quellen: Kaiserliches Statistisches Amt (Hrsg.): Statistik des Deutschen Reiches, N.F., Bd. 2, Berufsstatistik nach der allgem. Berufszählung v. 5. Juni 1882, Berlin 1884, S. 58 ff.
Kaiserliches Statistisches Amt (Hrsg.): Statistik des Deutschen Reiches, N.F., Bd. 102, Berufs- und Gewerbezählung vom 14. Juni 1895, Berlin 1897, S. 90 ff.
Kaiserliches Statistisches Amt (Hrsg.): Statistik des Deutschen Reiches, Band 202, 1, Berufs- u. Betriebszählung vom 12. Juni 1907, Berlin 1909, S. 95 ff.
Statistisches Reichsamt (Hrsg.): Statistik des Deutschen Reiches, Band 408, Volks-, Berufs- u. Betriebszählung vom 16. Juni 1925, Berufszählung Berlin 1931, S. 58
Statistisches Reichsamt (Hrsg.): Statistik des Deutschen Reiches, Band 458, Volks-, Berufs- u. Betriebszählung vom 16. Juni 1933, Berufszählung, Berlin 1937, S. 24
Statistisches Reichsamt (Hrsg.): Band 556, 1, Volks-, Berufs- u. Betriebszählung vom 17. Mai 1939, Die Berufstätigkeit der Bevölkerung des Deutschen Reiches, Berlin 1941, S. 1/52

Tab.4/2: Entwicklung der Erwerbspersonen im Bekleidungsgewerbe (Schneiderei, Näherei, Kleider- und Wäschekonfektion) 1882 - 1939

junktur in der Verlagsphase präziser zu bestimmen. Zur Skizzierung der Entwicklung der Produktion von fertiger Oberbekleidung sollen im weiteren im Zusammenhang von Branchen- von Regionalstudien vereinzelt angefallene Daten zum Versuch einer Gesamtdarstellung der Entwicklung der Produktion von fertiger Oberbekleidung verdichtet werden.

Ähnlich gelagerte Schwierigkeiten existieren bei dem Versuch, zuverlässige Daten zur Beschäftigungssituation im Konfektionsgewerbe im untersuchten Zeitraum zu erhalten. Da für eine Betrachtung der Entwicklung der Beschäftigung keine geschlossene Zahlenreihe vorliegt, sollen die bei den jeweiligen amtlichen Berufs- und Gewerbezählungen im Deutschen Reich ermittelten Zahlenangaben 4) als 'Eckdaten' für eine Entwicklung der Beschäftigung herangezogen werden. Bei diesen Daten handelt es sich um Zahlen zur Beschäftigung, die in größeren Zeitabständen jeweils an einem bestimmten Stichtag erhoben worden sind. Hieraus erklärt sich mehr denn je die Notwendigkeit, die bestehenden zeitlichen Lücken mittels Rückgriff auf Statistiken - meist regional begrenzten Umfangs - zu schliessen sowie durch Aussagen zeitgenössischer Experten zu ergänzen.

"Die genauen Schilderungen der Wirklichkeit, vor allem die des Vereins für Socialpolitik (besonders Bd.85 seiner Schriften), haben uns auch über die Zahl der Beschaffenheit der Arbeitskräfte dieser Hausindustrie besser unterrichtet, als es die Statistik vermocht hat. Zahlreiche Konfektionsheimarbeiter, vor allem Ehefrauen, haben bei der Berufs= und Gewerbezählung ihre Tätigkeit unrichtig oder gar nicht angegeben. Während die Statistik nur einige Zehntausende von Ehefrauen in der Heimarbeit zählt, sind allein die verheirateten Konfektionsheimarbeiterinnen auf mehr als 1ooooo zu schätzen. Die Angaben der Unternehmer sind ebensowenig als die der Arbeiter hier eine brauchbare Grundlage der Statistik, da die Arbeitgeber gar nicht wissen können, wie viel Menschen tatsächlich an den Stücken gearbeitet haben, die vom einzelnen Heimarbeiter abgeliefert werden" (Wilbrandt : 1906, S. 16).

Von der Reichsgründung bis zum Ausbruch des ersten Weltkrieges: Gründungsboom im Konfektionsgewerbe

Die Entwicklung der Produktion im Konfektionsgewerbe ist zwischen 1880 und 1913 durch Phasen stetigen und z. T. sehr starken Wachstums gekennzeichnet gewesen. Unterbrochen worden ist diese Wachstumsperiode jeweils durch wenige kurze Abschnitte mit überwiegend geringen - manchmal branchenspezifisch bedingten - Produktionseinbußen. Für die Entwicklung der Beschäftigtenzahlen ist ein ähnlicher Verlauf anzunehmen. Diese Annahme kann aber nur mit wenigen und meist nur einen kurzen Zeitraum umfassenden Zeitreihen belegt werden. Erschwert wird die Interpretation der Entwicklung der Anzahl der Beschäftigten dadurch, daß mit der Aufstellung solcher Zeitreihen wegen des charakteristisch schwankenden Beschäftigungsgrades der hausindustriellen Produzenten keine genauen Aussagen zur realen Beschäftigung im Zeitablauf gemacht werden können.

In der Damenkonfektion ist das Wachstum seit Beginn der 70er Jahre des letzten Jahrhunderts durch die starken Exportaktivitäten 5) dieser Branche getragen gewesen. (Heimann : 1912, S. 73 ff.; Feitelberg : 1901, S. 7 ff.). Nach Jahren anhaltenden Wachstums wurde das gesamte Exportgeschäft zunehmend erschwert. Ein Grund hierfür war die Erhöhung des Zolltarifes für den Bezug von ausländischen Tuchen, was zu einer (Export)-Preiserhöhung mit der Konsequenz der zurückgehenden ausländischen Nachfrage führte. Als weitere Gründe für die Erschwernis des Exportgeschäftes sind u. a. die Erhöhung des US-amerikanischen Eingangszolls (Mc Kinley-Bill) im Jahre 1890 als auch der Aufbau nationaler Bekleidungsbranchen in einigen der bisherigen Exportländer zu sehen. Die Konsequenz dieser zunehmenden Handelshemmnisse war einerseits die Aufnahme zusätzlicher Exportanstrengungen in die Länder, die bisher mit Damenoberbekleidung beliefert worden waren und von denen keine handelspolitischen Restriktionen ausgingen. Erfolgreich war aber auch die Knüpfung von Kontakten mit Kunden in neuen ausländischen Absatzgebieten.

"Immerhin ist der Export unserer deutschen Mäntelkonfektions-Industrie noch ziemlich bedeutend. Ein sehr guter Kunde ist jetzt Canada, dessen Bedeutung für den deutschen Markt von Jahr zu Jahr wächst. Ferner sind die Schweiz, Holland, Belgien sowie auch die Skandinavischen Länder Käufer geworden, wenn auch die letzten Handelsverträge nicht dazu beigetragen haben, das Exportgeschäft zu heben, sondern der Konfektion manchen Schaden zugefügt haben. Auch nach dem Orient, hier vor allem nach der Türkei und nach Rumänien wird in größerem Maßstabe exportiert, doch erfreuen sich die orientalischen Kunden in Berliner Konfektionskreisen nicht gerade sonderlicher Beliebtheit, da sie meistens immer nur Partieware kaufen und die denkbar geringsten Preise anlegen wollen" (Brie/Schulze/Weinberg : 1909, S. 44).

Die Verluste, welche die Damenkonfektionsbranche aus dem Nachlassen des Exportgeschäftes erleiden mußte, wurden durch den sehr starken Anstieg des Inlandsgeschäftes in den folgenden Perioden mehr als ausgeglichen. Die Inlandsnachfrage war somit eine starke Stütze des Wachstums der Produktion des Konfektionsgewerbes bis zum ersten Weltkrieg.

"Der Konsum im Inlandsgeschäft ist gewaltig gestiegen und steigt noch immer weiter. Hierzu tragen mit in erster Reihe die großen Spezialgeschäfte, Kauf- und Warenhäuser bei, die sämtlich den Artikel Konfektion in bedeutenstem Umfange aufgenommen haben und sich aufs lebhafteste für ihn verwenden. Wenn die Konfektionseinkäufer der großen Waren- und Konfektionshäuser nach Berlin zum Einkauf kommen oder auf der Reise ihre Bestellungen geben, so erteilen sie oft Aufträge, die die größten Aufträge aus der Blütezeit des amerikanischen Geschäftes an Umfang weit übertreffen" (Brie/Schulze/Weinberg : 1909, S. 44).

"Erstmalig im Jahr 1873 gewann der inländische Großhandel über die Grenzen Schlesiens hinaus nach Posen und Sachsen einige Bedeutung. Durch diese Erfolge ermutigt ließen im Jahr 1875 Breslauer Unternehmer entferntere Teile des Reiches bereisen. Besonders in mittleren und billigen Artikeln die sich allmählich zur Spezialproduktion Breslaus herausgebildet hatten, konnten große Umsätze erzielt werden. Über den Rückschlag, welcher auf die Hochkonjunktur der Gründerjahre folgte, kamen die Breslauer Unternehmungen trotz großer Verluste, die ihnen durch einige Zahlungseinstellungen ihrer Kunden entstanden, gut hinweg. In den Jahren 1879/80, die man für die überwiegende Zahl der Industrien als die kritischsten bezeichnen kann, hielt sich sogar ihr Umsatz auf der Höhe früherer Jahre. Unaufhaltsam ging der Aufstieg in der Zeit von 1881 - 1893 weiter. Immer entferntere Teile Deutschlands wurden aufgesucht und dort die Berliner Konkurrenz mit dem "Breslauer Genre" erfolgreich bekämpft. Die Absatzgebiete Breslaus erstreckten sich jetzt in Deutschland auf Schlesien, Posen, Ost- und Westpreussen, Sachsen, Rheinland und Westfalen. Geringere Mengen konnten nach russisch-Polen, Oesterr. Schlesien, Böhmen, Mähren und Galizien meist auf illegalem Wege exportiert werden. Eine völlige Ausnutzung der Geschäftsmöglichkeiten nach den östlichen Nachbarländern war immer noch durch die unvermindert hohen Einfuhrzölle unmöglich" (Scheffels : 1925, S. 17 ff.).

Trotz wesentlicher Unterschiede in Bezug auf die angebotene Palette von Produkten und Genres sowie den damit verbundenen spezifischen Konstellationen der jeweiligen Absatzmarktsegmente läßt sich für die Entwicklung der Produktion in der Herrenfertigkleidungsbranche ein ähnlicher Wachstumsverlauf wie für die Damenkonfektion feststellen. Wie von mehreren Autoren übereinstimmend angegeben, lagen die Absatzgebiete der Herrenkonfektion zunächst fast ausschließlich im Ausland. (Vgl. Leitzke : 1932, S. 13; Mauer : 1922, S. 14; Redlich : 1936, S. 20). Zu den bedeutendsten Ländern, in die Produkte der deutschen Herrenkonfektion exportiert wurden, zählten um 1900 die Schweiz und Holland. Weniger große Mengen von fertiger Herrenoberbekleidung wurden nach England und Norwegen sowie nach Schweden geliefert 6). Im letzten Viertel des 19. Jahrhunderts konnte die Herrenkonfektionsbranche ihren Inlandsabsatz zunehmend ausweiten und setzte infolgedessen den weitaus größten Teil ihrer Produktion auf dem Binnenmarkt ab.

Die Herstellung von fertiger Herrenoberbekleidung konnte sich mengenmäßig deswegen so stark entfalten, da in der dem Krieg von 1870/71 folgenden Periode des Aufschwunges seitens der Arbeiterschaft und den unteren Mittelschichten eine starke Nachfrage nach billiger Bekleidung einsetzte. Es wurden in dieser Zeit ausschließlich billige Stapelwaren hergestellt und verkauft. Diese waren in ihrem Schnitt und ihrer Musterung vom modischen Wandel nur in geringem Maß beeinflußt. Dieser Ausdehnung des Absatzes folgte wiederum eine Steigerung der Ansprüche der Konsumenten und als Reaktion darauf eine tendenzielle Qualitätsverbesserung des Angebotes seitens der Hersteller.

Weiterhin trug die zunehmende Bereitschaft eines Teiles der männlichen Konsumenten, statt wie bisher, ihre Kleidung nach Maß vom Schneider anfertigen zu lassen, nun Fertigkleidung aus dem Fachgeschäft bzw. dem Waren- oder Kaufhaus zu tragen, wesentlich zur starken Expansion der Produktion in dieser Branche bis zum Kriegsbeginn im Jahr 1914 bei. Als bedeutsam ist somit die Rolle des binnenländischen Konsums als Wachstumsträger der Produktion von Herrenoberbekleidung in der Vorkriegsphase anzusehen. Hingewiesen werden soll auch darauf, daß die Ausfuhr von Herrenoberbekleidung einen gewissen Beitrag zum Wachstum in dieser Phase gehabt hat. Trotz der schwierigen Bestimmung des Exportanteils ist anzunehmen, daß der Aufschwung in der Herrenkonfektion in einzelnen Regionen in nicht geringem Anteil durch das Exportgeschäft mitgetragen wurde 7).

"Die Konfektionsindustrie in unserem Bezirke befand sich seit der großen Krise in den 70er Jahren des vergangenen Jahrhunderts im allgemeinen in dauerndem Aufstieg. Diese Entwicklung wurde erst durch den Krieg unterbrochen, wenn auch schon vorher sich Absatzschwierigkeiten infolge der dauernd steigenden Zahl von Unternehmungen in der Konfektionsbranche geltend gemacht hatten. Diese Schwierigkeiten wurden in der Hauptsache durch Erschließung neuer Absatzgebiete im Auslande wieder wettgemacht. So hatte die M. Gladbacher Konfektion ein wichtiges Absatzgebiet vor allem in dem benachbarten Holland. Außerdem waren die drei großen südamerikanischen ABC-Staaten und Skandinavien wichtige ausländische Abnehmer westdeutscher Konfektionsware" (Isaac : 1926, S. 9).

"Der Absatz der Mainzer Konfektion erfolgte zuerst zum größten Teil nach dem Auslande; später vermehrte er sich im Inlande.
Anfänglich kamen als Absatzländer die Schweiz, Italien, England, Brasilien und die La Plata-Staaten in Frage. Aber schon bald machte sich die Wirkung von Zöllen bemerkbar. Man klagte in den Berichten der Mainzer Handelskammer gegen Ende der 60er Jahre des vorigen Jahrhunderts über hohe Einfuhrzölle im Ausland und verlangte Rückvergütung des Einfuhrzolls auf ausländische Stoffe, die nach Verarbeitung wieder ins Ausland gehen, um konkurrenzfähig zu sein. In den 80er Jahren exportierte man nach Holland, der Schweiz, Italien, Norwegen und Schweden zu "reduzierten" Preisen. Zu Anfang des 20. Jahrhunderts sind nur noch Skandinavien, die Niederlande und die Schweiz Abnehmer für Erzeugnisse der Mainzer Herrenkonfektion. Nach den Überseeländern kam Export Mainzer Kleider nicht mehr in Frage, da die schlechte Qualität sonstwo hergestellt wurde" (Simon : 1928, S. 13).

"Der große Aufschwung der Mainzer Herrenkonfektion, die ihre Erzeugnisse nunmehr überwiegend in der Heimarbeit herstellen ließ, fiel erst in die Zeit nach 1880, wie sich aus den in den Handelskammerberichten angegebenen Umsatzziffern dieser Branche ersehen läßt, die in nachfolgender Übersicht zusammengestellt sind" (Simon : 1928, S. 12).

Jahr	1865	1867	1872	1880	1907	1924	1925
Umsatz-ziffer	0,7-0,85	1,02	1,2	1,4	3	8	10
Quelle:	Simon, Johann : Die Mainzer Herrenkonfektion, Jena 1928, S. 12 ff.						
Tab.4/3:	Umsätze der Mainzer Herrenkonfektion in Mio. Mark (Die Angaben für die Jahre 1924 und 1925 sind Schätzwerte)						

"17 Jahre ernsten Arbeitens waren nötig, um die Konfektion in Aschaffenburg heimisch werden zu lassen. Mit dem Jahre 1890 schien die Existenz der Industrie gesichert; in weiteren 17 Jahren konnte sie sich auf das Vierfache ausdehnen. 1905/07 trat ein Stillstand in der Ausbreitung ein, der aus der schlechten Gesamtwirtschaftslage zu erklären ist. Es wird daraus die enge Abhängigkeit der Konfektion von der allgemeinen wirtschaftlichen Lage ersichtlich. Stetig und unaufhaltsam nimmt die Zahl der Betriebe in den folgenden Jahren zu und mit ihnen die der beschäftigten Heimarbeiter" (Kunkel : 1930, S. 15).

"Von 1900 an setzte hier in München ein wahrer Gründungstaumel ein, der bis zum Jahre 1913 andauerte. Es verging fast kein Jahr, in dem nicht eine oder mehrere neue Firmen entstanden. Aus den 13 Herrenkonfektionsfabriken, die 1900 am Platze waren, sind bis Kriegsausbruch 24 geworden. Trotz der gewaltigen Vergrößerung der Konfektionsindustrie in München hatten aber die alteingesessenen Firmen nicht die geringste Einbuße erlitten. Es ist im Gegenteil mit der Neugründung von Betrieben auch eine bedeutende Zunahme der Arbeiterschaft der bisherigen Firmen zu beobachten, was aus nachstehender Tabelle ersichtlich ist, in der die Arbeiterzahl der 13 im Jahre 1900 schon bestandenen Firmen gesondert aufgeführt ist" (Meyer : 1926, S. 17).

Gegründete Firmen	Zahl d. Betriebe	Arbeiterzahl d. Herrenkonfekt.		Arbeiterzunahme	
		1907	1913	absol.	in %
bis 1900	13	1226	1700	474	38
bis 1907	5	228	301	73	32
bis 1913	5	----	331	331	--
zusammen	23	1454	2332	878	60

Quelle: Meyer, Hanns : Die Konfektionsindustrie in München, Diss. München 1926, S. 17

Tab.4/4: Betriebe und Beschäftigte in der Münchener Herrenkonfektion 1900-1913

Stocken der Expansion mit Beginn des ersten Weltkrieges

Für die quantitative Entwicklung von Produktion und Beschäftigung im Zeitraum des ersten Weltkrieges sowie in der unmittelbaren Nachkriegsphase liegen keine genauen Daten vor. In welcher Weise der Produktionsapparat des Konfektionsgewerbes durch die Kriegssituation beeinträchtigt worden ist, soll im folgenden zusammengefaßt werden.

Der Kriegsausbruch hatte die Aufwärtsentwicklung der Fertigkleidungsbranche nicht nur unterbrochen, sondern die Herstellung von Zivilkleidung in sehr starkem Maß eingeschränkt. Dabei sind die spezifischen Auswirkungen für die Herrenkonfektion einerseits und die Damenkonfektion andererseits zu unterscheiden. Unmittelbare ökonomische Folgen des plötzlichen Kriegsausbruches bestanden für das Bekleidungsgewerbe darin, daß laufende Aufträge für die Wintersaison 1914/15 rückgängig gemacht worden sind und neue Aufträge in nur noch ganz geringem Umfang erteilt wurden. Somit drohte diesem Wirtschaftszweig von der sinkenden Nachfrage an ziviler Oberbekleidung eine sehr starke Einbuße von Produktion und Beschäftigung. In der Herrenkonfektion wurde die Einstellung der Produktion für den privaten Bedarf durch die mehr oder weniger sofortige Nutzung der verbliebenen Produktionskapazitäten für den militärischen Bedarf an Oberbekleidung ausgeglichen. Geschrumpft ist die Kapazität des Produktionsapparates durch den Einzug großer Teile der männlichen Arbeitskräfte dieser Branche zum Kriegsdienst. Der Verlust dieser Arbeitskräfte ist in seinen Folgen für die Beschäftigungssituation im Konfektionsgewerbe durch die Einstellung von weiblichen Hilfskräften weitgehend ausgeglichen worden.

Relativ reibungslos vollzog sich der Übergang von der Fertigung ziviler Kleidungsstücke zur Herstellung von Uniformen für diejenigen Firmen, welche sich schon in Friedenszeiten für den Fall der Mobilmachung zur Lieferung von Militärkleidung an die Bekleidungsämter verpflichtet hatten. Diese Situation führte in den Konfektionshäusern, die zu Beginn des Krieges noch nicht über Lieferungsaufträge der Bekleidungsämter verfügten, zu einem Rückgang ihrer Geschäftstätigkeit. Nach und nach erhielten auch diese Bekleidungsfirmen Aufträge der Militärbehörden zur Herstellung von Waffenröcken, Feldmänteln u.s.w. Die Vergabe der Lieferungsaufträge der Bekleidungsämter erfolgte zunächst als Vollieferung. D.h. die Beschaffung der Stoffe sowie der Zutaten für die Herstellung der Militärkleidung hatte durch die jeweiligen Kleiderfirmen zu erfolgen. Dieser Auftragsmodus veränderte sich in der zweiten Hälfte des Jahres 1915. Von dieser Zeit an erhielten die Firmen die zugeschnittenen Teile samt dem Zubehör von der Heeresverwaltung gestellt und hatten nur noch die Fertigung der Kleidungsstücke in Lohnarbeit durchzuführen (Sulzbacher : 1925, S. 44). In gewisser Weise als Konkurrenz zu den bestehenden Betriebsstätten des Konfektionsgewerbes schufen die staatlichen Bekleidungsämter zum Ausbau ihrer eigenen Produktionskapazitäten zusätzliche Eigenbetriebe bzw. vergrößerten die Kapazitäten der in eigener Regie geführten Fertigungsbetriebe.

"Der Krieg bot der aufstrebenden Entwicklung der Konfektion in allen ihren Zweigen Einhalt. Materialknappheit und Arbeitermangel, Zwangswirtschaft und all die übrigen Hemmnisse, die Blockade und Kriegshandlungen mit sich brachten, verhinderten die normale Weiterführung der Bekleidungsindustrie" (Redlich : 1934, S. 24).

"Der Kriegsausbruch brachte die gesamte Münchner Konfektionsindustrie wie fast das ganze deutsche Wirtschaftsleben plötzlich ins Stocken. Orders für die Wintersaison blieben mit einem Schlage aus oder wurden, soweit dies möglich war, wieder annulliert, so daß eine völlige Einstellung der Fabrikation und damit einer mindestens 2800 Köpfe starken Arbeiterschaft Erwerbslosigkeit drohte. Doch schon bald trat eine Wendung ein. Die Heeresverwaltung begann noch in den Herbstmonaten des Jahres 1914 Lieferungsaufträge von Uniformen, Waffenröcken, Feldmänteln, Drillichanzügen u.s.w. außer den Militärwerkstätten auch der Industrie zu erteilen, was den Kleiderfabriken ein willkommener Ersatz für die ausgefallenen Bestellungen seitens der bisherigen Privatkundschaft (im Gegensatz zu den nunmehrigen Heeresaufträgen) war. (...) In der Herrenkonfektion, die sich wie schon gesagt, fast vollständig auf Heeresarbeiten umgestellt hat, verwandelte sich die ursprünglich drohende Arbeitslosigkeit schlagartig in fieberhafte Tätigkeit und zwar in einem Ausmaß, daß die vorhandenen Arbeitskräfte nicht einmal ausreichten. Es wurden daher Arbeiterinnen in großen Mengen eingestellt und in Betriebswerkstätten beschäftigt, da hier eine größere Kontrolle über die Arbeit der teilweise noch wenig geschulten Näherinnen möglich war. Männliche Schneider waren sehr gesucht und ihre Zahl schrumpfte infolge der Einberufung zum Militär immer mehr zusammen" (Meyer : 1926, S. 22).

"Während des Weltkrieges war die Beschäftigung sehr gut. Bei Kriegsausbruch traten zwar zunächst Umstellungsschwierigkeiten ein, doch ergab sich bald ein Mangel an Arbeitskräften. Es wurde neben ziviler Kleidung sehr viel für Militär gearbeitet. Zur Durchführung dieser Aufgaben hatte sich sogar eine Interessengemeinschaft der Aschaffenburger Kleiderfabrikanten für die Heeresaufträge gebildet. Als 1917 die Kleiderkarte eingeführt wurde, gewann die Tätigkeit für das Militär immer mehr an Bedeutung" (Franz : 1941, S. 24).

Wegen der nicht gänzlich ausgeglichenen Arbeitskräftebilanz gegenüber der Friedenszeit sind die Produktionskapazitäten in der Herrenkonfektionsbranche eingeschränkt worden. Die verbliebenen Kapazitäten sind sehr stark durch die Herstellung von Militärkleidung ausgelastet gewesen. Im Gegensatz dazu ist die Produktion von Damenoberbekleidung in den ersten Kriegsjahren durch Einflüsse ganz anderer Art eingeschränkt gewesen. Die Produktion in der Damenbranche ging im Jahr 1915 im Vergleich zu der des Jahres 1913 um ca. 50 % zurück 8). Einziger Grund für diese erhebliche Produktionseinbuße war die nachlassende Nachfrage der privaten Konsumentinnen unter dem Einfluß der Kriegshandlungen. Dabei hatte die Damenkonfektion zunächst den Vorteil, daß sie keinerlei Rohstofflieferungsbeschränkungen unterlag. Andererseits ist dieser Wirtschaftszweig zum Ausgleich der entgangenen privaten Nachfrage nicht zur Produktion öffentlicher Aufträge herangezogen worden.

Neben diesen Determinanten der Entwicklung von Produktion und Beschäftigung in den ersten Kriegsjahren war die Situation auf dem Rohstoffmarkt für die ökonomische Situation des Konfektionsgewerbes in den Jahren der zweiten Kriegshälfte eine wichtige Einflußgröße. Aufgrund der seit 1915 zugenommenen Verknappung der Bestände an Webwaren wurden staatlich verordnete Bestimmungen mit dem Ziel in Kraft gesetzt, die Restbestände an Stoffen zu strecken sowie eine Verlangsamung der Produktion von Oberbekleidung herbeizuführen. Mit diesen behördlichen Regelungen sollte eine Drosselung der Produktionskapazitäten erreicht werden, um so die Kapazitäten des Produktionsapparates an die veränderte Versorgungslage mit Rohstoffen anzupassen 9).

Von diesem Zeitpunkt an wurde die Entwicklung von Produktion und Beschäftigung bis zum Kriegsende von der Verfügbarkeit über Rohstoffe bestimmt. Es war die zunehmende Knappheit an Stoffen, durch die sich die Heeresverwaltung Anfang 1916 veranlaßt sah, alle im Handel befindlichen Rohstoffe zu beschlagnahmen und den privaten Konsum vom 1. August 1916 an mittels Einführung der Bezugsscheinpflicht zu beschränken. Ganz besonders ist hiervon die Herren-Zivilkonfektion betroffen gewesen, deren Produktion als Folge dieser Maßnahmen fast völlig zum Erliegen kam. Nur unter der Bedingung, bezugsscheinfreie Stoffe verarbeiten zu dürfen, stellte sich die Situation für die Damenkonfektion günstiger. Für beide Branchen aber gilt, daß in dieser Phase der Kriegswirtschaft zwischen Rohstoffverfügbarkeit und Produktionsauslastung sowie Beschäftigungsgrad eine direkte Beziehung bestanden hat.

"Durch die allgemeine Webwarenbeschlagnahme im Februar 1916 war die Konfektionsindustrie an sich schon so ziemlich stillgelegt worden. Es verblieb nur die Verarbeitung der mit minderwertigen Ersatzstoffen gestreckten Waren.
Seit Mitte 1917 konnte der größte Teil der Konfektionäre überhaupt nicht mehr selbständig fabrizieren, da durch die Bewirtschaftung der Konfektion auch für den bürgerlichen Bedarf durch die Reichsbekleidungsstelle die Industrie auch auf ihrem eigentlichen Gebiet lahm gelegt worden war. Es verblieb ihr nunmehr auch hier, ähnlich wie bei der Heeresarbeit nur mehr die Übernahme von Roharbeiten und dabei blieb es bis zum Ende des Krieges" (Sulzbacher : 1925, S. 46).

"1917 trat eine schärfere Verknappung der Stoffe in allen Konfektionszweigen ein. Der Damenmäntelkonfektion verblieb die Möglichkeit die erwähnten bezugsscheinfreien Stoffe zu verarbeiten, so daß die Beschäftigung völlig ausreichend war. Durch die Abwanderung vieler Arbeiterinnen zur Kriegsindustrie und in die mit Heeresnäharbeiten belegten Werkstätten herrschte ein derartiger Mangel an geübten Kräften, daß die gesetzlich erlaubte Menge von 7/10 der Friedensproduktion nicht erreicht werden konnte. Immerhin betrug sie ca. 60 %, während die Herren- und Wäschekonfektion, wegen der größeren Schwierigkeiten in der Stoffbeschaffung nur ca. 30 % erreichte" (Scheffels : 1925, S. 23).

Das Konfektionsgewerbe in der Weimarer Republik

Die unmittelbare Zeit nach Kriegsende bedeutete die Umstellung auf die Friedensproduktion. Vor allem war hiermit die Reorganisation des Produktionsapparates auf der Arbeitskrafteinsatzebene sowie die Wiederherstellung marktwirtschaftlicher Absatzstrukturen verbunden. Ein ganz entscheidender Faktor beim Übergang zur Friedensproduktion war die Wiedererrichtung eines funktionsfähigen Beschaffungsmarktes. Entscheidend war es für die Bekleidungsunternehmen, mit Stoffen versorgt zu werden, die von der Qualität her zumindest dem Vorkriegsstandard entsprachen. Bevor die Konfektion die ersten Kleidungsstücke der Nachkriegszeit herstellen konnte, mußten die Betriebe der textilen Vorstufen ihre Produktion wieder aufgenommen haben. Für die Aufnahme einer normalen Produktion in der Fertigkleidungsbranche war eine Versorgung mit den nötigen Rohstoffen von größter Bedeutung 10).

"Von 1917 an begannen die Heeresaufträge immer geringer zu werden um mit Ausbruch der Revolution ganz aufzuhören. Zwar trat nun kein panikartiger Stillstand in den Konfektionsbetrieben ein, aber nach und nach mußten die während des Krieges beschäftigten Hilfskräfte wieder ausgestellt werden, zumal auch die aus dem Militärdienst zurückkehrenden Konfektionsschneider wieder ihrer alten Beschäftigung zugeführt werden mußten. Bis Ende 1919 war ein Teil der Münchener Herrenkonfektion noch mit der Herstellung von Entlassungsanzügen und -mänteln seitens der Militärbehörden beauftragt. Gleichzeitig stellten sich die Betriebe wiederum auf Friedensproduktion um, wenn auch nicht quantitativ, so wenigstens in Bezug auf Qualität der verwendeten Stoffe; denn die berüchtigten Ersatzstoffe verschwanden ziemlich rasch nach Aufhebung der Blockade und allenthalben wurde versucht die nunmehr wieder eintreffenden Aufträge der früheren Kundschaft bestmöglichst zu erledigen. Da setzte im Winter 1920/21 eine Absatzkrise ein, die aber gar bald einer anderen Erscheinung weichen mußte, die in ihren Anfängen am besten mit "Warenhunger" bezeichnet wird" (Meyer : 1926, S. 23).

"Nach dem Zusammenbruch 1918 trat zunächst eine völlige Depression in der Herford-Bielefelder Konfektionsindustrie ein. Denn die Aufträge der Reichsbekleidungsstelle fielen jetzt fort, und auf dem freien Markt herrschte infolge der unsicheren politischen Verhältnisse Kaufunlust. Erst im Frühjahr 1919 wurde die Nachfrage allmählich größer, und nachdem im September die Zwangsbewirtschaftung des Textilmarktes aufgehoben, Reichsbekleidungsstelle und ihre Organisationen aufgelöst waren, setzte eine etwas lebhaftere Tätigkeit in der Herford-Bielefelder Konfektionsindustrie ein. Jedoch lag die Versorgung der Konsumenten noch sehr im argen, weil auch jetzt weder Produktionsmenge noch Spezialisierung der Produktion frei bestimmbar war. Die Vorräte an Geweben waren knapp und bestanden fast nur aus dem im Auftrag der R.T.A.G. hergestellten Einheitstuchen. Die Konfektionsindustrie als Veredelungsindustrie mußte warten, bis sich die ihr vorauseilenden Produktionsstufen auf Friedenswirtschaft umgestellt hatten, ehe sie selbst die Umstellung vornehmen konnte. Das geschah in der Herford-Bielefelder Konfektionsindustrie im Frühjahr 1920" (Pilgrim : 1927, S. 42).

Die Zeit nach dem 1. Weltkrieg brachte der Fertigkleidungsbranche mit zunehmender Entspannung auf dem Beschaffungsmarkt und dem starken Nachholbedarf der Bevölkerung an fertiger Kleidung eine Hochkonjunktur. (Redlich : 1934, S. 24). In ihrem Sog entstanden viele neue Konfektionsfirmen sowohl in der Damen- als auch in der Herrenkonfektion. Diese Expansion wurde durch die in dieser Zeit herrschende Inflation zusätzlich begünstigt. Aufgrund des unterschiedlichen Verlaufes der Branchenkonjunkturen in der Damen- sowie in der Herrenkonfektion im Zeitraum von 1925 - 1932 soll die Entwicklung von Produktion und Beschäftigung in den beiden Konfektionszweigen separat untersucht werden.

Da keine exakten Zahlen vorliegen, läßt sich die Entwicklung der Damenbranche während der unmittelbaren Nachkriegs- sowie der anschließenden Inflationsperiode nur sehr grob darstellen. Auffällig ist, daß sich durch die Inflation in Deutschland das Wachstum von Damenmantelfirmen nach dem Kriegsende stark beschleunigt hat. Niedergeschlagen hat sich diese Expansion u. a. im Anstieg der Mitgliedsfirmen des Verbandes Deutscher Damen- und Mädchenmäntelfabrikanten von 325 Unternehmen im Jahr 1914 auf 421 im Jahr 1925, d.h. um ca. 30 % (Redlich : 1934, S. 24).

Nicht allein die weitere Entwicklung der Mitgliederzahlen dieses Verbandes in der Zeit nach 1925 11) - dieses Jahr wird als das erste Normaljahr der Nachkriegszeit bezeichnet - kann als Indikator dafür herangezogen werden, daß die inflationsgestützte Expansion des Produktionsapparates sukzessive wieder schrumpfte. Auch die Auswertung der Absatzangaben für die Damenmäntelkonfektion zeigt die rezessive Entwicklung der Produktion in der Damenkonfektion. Bis auf den Anstieg der Produktion im Zuge der Scheinkonjunktur 1927 mit 350,5 Mio. RM ist - wie die folgende Tabelle zeigt - der Umsatz bis 1932 in jedem Jahr gegenüber dem des Vorjahres abgesunken. Im Jahr 1931 erreichte der Umsatz mit 200 Mio. RM nur noch den Wert des Jahres 1913.

Mengenmäßig ist der Umsatz allerdings nicht in dem Umfang zurückgegangen, wie es hier durch die in Werten ausgedrückte Umsatzentwicklung den Anschein hat. Preisbereinigt ist der Umsatz in dem angegebenen Zeitraum nach Aussage von Redlich

1925	335,2 Millionen RM
1926	274,9 Millionen RM
1927	350,5 Millionen RM
1928	342,5 Millionen RM
1929	298,1 Millionen RM
1930	218,2 Millionen RM
1931	200,1 Millionen RM
1932	143,4 Millionen RM

Quelle: Redlich, Heinz: Die deutsche Konfektionsindustrie, Diss. Rostock : 1934, S. 26

Tab.4/5: Umsatz der Damenmäntelkonfektion in den Jahren von 1925 - 1932

um 18 - 20 % geschrumpft (Redlich : 1934, S. 26). Vermutlich wäre dieser Umsatzrückgang höher ausgefallen, wenn dem Verlust von Auslandsmärkten in dieser Phase nicht ein verstärkter Inlandsabsatz gegenüber gestanden hätte. Von der produzierten Stückzahl her gesehen ist festzustellen, daß diese gegenüber der Vorkriegszeit ganz erheblich zugenommen hat. Das Gesamtergebnis ist aufgrund niedrigerer Preislagen einerseits und der Verbilligung der Herstellung andererseits zustande gekommen.

Da sich die o. a. Statistik nur auf den Absatz der Damenmäntelkonfektion bezieht, soll mit dem Einbezug einer zusätzlichen Tabelle der Einzelhandelsumsätze mit Damen- und Mädchenbekleidung versucht werden, eine Aussage über die Entwicklung der Produktion in der Damenoberbekleidungsbranche auf eine gesichertere Basis zu stellen. Die Einzelhandelsumsätze der Fachgeschäfte bilden dabei die Ausgangsdaten für die Bestimmung der Produktionswerte der einzelnen Jahre 12).

Ganz klar zeigt ein Vergleich des Umsatzes im Facheinzelhandel mit Damenkonfektion mit dem geschätzten Produktionswert von Damenoberbekleidung im Zeitablauf eine parallele Entwicklung beider Größen. Deutlich ist erkennbar, daß die Produktion in der Phase nach der Inflation - nur durch einen Rückgang im Jahr 1926 unterbrochen - bis zum Jahr 1928 stetig gewachsen ist und in den darauffolgenden Jahren bis 1932 in eine immer tiefere Rezession übergegangen ist.

Jahr	Einzelhandelsumsätze der Fachgeschäfte	Produktionswert
1924	602 Mio. RM	300 Mio. RM
1925	692 Mio. RM	346 Mio. RM
1926	630 Mio. RM	315 Mio. RM
1927	718 Mio. RM	359 Mio. RM
1928	733 Mio. RM	366 Mio. RM
1929	674 Mio. RM	337 Mio. RM
1930	600 Mio. RM	300 Mio. RM
1931	504 Mio. RM	252 Mio. RM
1932	360 Mio. RM	195 Mio. RM

Quelle: Redlich, Heinz : Die deutsche Konfektionsindustrie, Diss. Rostock 1934, S. 27

Tab.4/6: Einzelhandelsumsätze und Produktionswerte für Damen- und Mädchenkleidung (1924 - 1932)

Das 1932 erreichte Produktionsniveau markierte einen absoluten Tiefstand in der damaligen krisenhaften Entwicklung der Damenkonfektion. Mit dem in diesem Jahr erzeugten wertmäßigen Volumen an Damenkleidung wurde nicht nur das Ergebnis des

Jahres 1924 unterschritten, sondern es wurde auch das Produktionsniveau der letzten Vorkriegsjahre nicht mehr erreicht.

Die Entwicklung der Herrenkonfektionsbranche ist in der Zeit nach dem ersten Weltkrieg durch eine relativ starke Expansionsphase gekennzeichnet gewesen. Ausweitungstendenzen des Produktionsapparates, welche sich schon in der Kriegszeit - vermittelt über die Heeresproduktion - gezeigt hatten, schlugen insbesondere nach der Entspannung der Rohstoffsituation durch. Im wesentlichen war es die starke Endverbrauchernachfrage nach Oberbekleidung, die die überwiegend stetige Ausweitung des Produktionsapparates hervorgebracht hat. Zumindest vereinzelte, in einschlägigen Studien aufgeführte Daten lassen vermuten, daß die Herrenkonfektion in den 20er Jahren trotz Konjunkturschwankungen und Insolvenzen eine starke Aufwärtsbewegung genommen hat. Anzunehmen ist deswegen auch, daß das Wachstum der Herrenkonfektion über den durchschnittlichen Wachstumsraten der anderen Fertigkleidungsbranchen lag.

Die stetige Steigerung der Nachfrage und die damit verbundene Ausweitung des Produktionsvolumens ging auf die zunehmende Gewinnung neuer Käuferschichten zurück. Als treibenden Faktor dieser Entwicklung sieht Redlich den sozio-ökonomischen Wandel in der Weimarer Republik an (Redlich : 1934, S. 28). Relativ starke Einkommenseinbußen infolge der Inflation veranlaßten viele Angehörige des Mittelstandes, ihre Kleidung nicht mehr wie bisher individuell vom Schneidermeister anfertigen zu lassen, sondern sie waren aus ökonomischen Gründen dazu übergegangen, konfektionierte Kleidung zu kaufen 13). Ausdruck der über die Umschichtung der Besitz- und Einkommensverhältnisse vermittelten Veränderung des Konsumentenverhaltens war somit ganz deutlich die Abkehr vieler männlicher Konsumenten von dem Vorurteil gegenüber dem Anzug 'von der Stange' 14). Unterstützt worden ist diese Entscheidung der Konsumenten durch die Preispolitik der Anbieterseite. Wenige, einheitlich abgestufte Hauptpreislagen an Stelle eines unübersichtlichen Spektrums von Verkaufspreisen sollten dafür sorgen, dem Endverbraucher die Seriosität des Kaufs von fertiger Oberbekleidung zu vermitteln.

"Die weitgehende Verarmung des deutschen Volkes, die nach der Stabilisierung der Währung augenscheinlich wurde, hat dazu beigetragen, die in der Inflation künstlich gesteigerte Produktion an Herrenbekleidung aufrechtzuerhalten. Denn für viele Kreise, besonders des Mittelstandes und des Beamtentums, die vor dem Krieg hauptsächlich Maßbekleidung trugen, bestand jetzt ein wirtschaftlicher Zwang, sich der wesentlich billigeren Konfektion zuzuwenden. Hinzu kam noch, daß die zu außerordentlicher Leistungsfähigkeit gelangte Industrie in der Lage war, mit ihren Erzeugnissen auch die verwöhntesten Ansprüche zu befriedigen. Heute geht dies sogar so weit, daß die gute Konfektion in einzelnen Spezialerzeugnissen, besonders in der Herstellung von Ulstern, der durchschnittlichen Maßarbeit unbedingt überlegen ist und dadurch auf diesem Gebiet die Maßarbeit stark verdrängt" (Köster : 1932, S. 9).

"Die allgemeine Nachfrage nach handwerksmäßig angefertigter Bekleidung hat im Vergleich zur Vorkriegszeit stark nachgelassen. Das Schneiderhandwerk hat sich in der Vorkriegszeit im wesentlichen auf die verhältnismäßig gleichbleibende Nachfrage der ländlichen und städtischen Mittelschichten gestützt. Ein Teil dieser Kunden ist ihm in den Nachkriegsjahren infolge Verarmung oder durch die stärkere Bevorzugung von Modewaren verlorengegangen und zur Konfektion abgewandert" (Enquête : 1930, S. 360).

Die ökonomische Entwicklung der Herrenkonfektion in dieser Phase auf der Basis gesicherter statistischer Primärdaten wiederzugeben, ist mangels vorhandener geeigneter Daten nicht möglich (Leitzke : 1932, S. 21; Fritzsche : 1929, S. 16). Trotzdem soll im Folgenden auf der Grundlage verfügbarer Einzeldaten ein Bild entworfen werden, das die reale ökonomische Entwicklung dieser Branche zumindest grob widerspiegelt.

In gewisser Weise gibt die zahlenmäßige Entwicklung der Mitgliederzahlen des Zentralverbandes der Herrenkleiderfabriken in Deutschland als auch die quantitative Entwicklung der Herrenkleiderfabriken eine Auskunft über die Entwicklung der Herrenkonfektion. Kurz nach Ende des 1. Weltkrieges (1920) umfaßte dieser Verband 361 Unternehmen der Herstellung von Herrenoberbekleidung 15). Diese Verbandsstärke entsprach ungefähr dem Vorkriegsniveau. Das starke Wachstum dieses Wirtschaftszweiges wird u. a. dadurch deutlich, daß die Anzahl der Mitglieder dieses Verbandes bis zum Jahr 1934 stetig auf 502 Mitgliedsfirmen angestiegen ist (Redlich : 1934, S. 28). Parallel dazu ist die Anzahl der Herrenoberbekleidungsfirmen im Zeitraum von 1920 bis 1930 von 361 auf 539 angewachsen 16). Eine Ausweitung der Anzahl der Mitglieder des führenden Verbandes der Herrenkonfektion um ca. 40 % innerhalb von 14 Jahren bzw. des Firmenbestandes um ca. 50 % innerhalb von 10 Jahren kann als Hinweis auf eine expansive Entwicklung dieses Wirtschaftszweiges in dieser Phase gelten.

Jahr	1873	1890	1897	1904	1907	1908	1911	1912	1913	1916	1919	1921	1926	1928	1930	1936	1938
Anzahl der Betriebe	1	3	6	11	12	12	15	18	20	23	28	40	60	65	69	120	140
Anzahl der Arbeiter			2000	2147	2350				3200		4000		7000			8000	

Quellen: Nussbaum, Arthur : Standortstypen der deutschen Bekleidungskonfektion, Diss. Heidelberg 1927, S. 52
Kunzel, Lorenz : Die Aschaffenburger Herrenkonfektion, Diss. Frankfurt/Main 1930, S. 14
Franz, Lambert : Die Heimarbeit in der Aschaffenburger Bekleidungsindustrie, gesehen von wirtschaftlichen Standpunkte unter Berücksichtigung der Heimarbeitergesetze vom 23. Mai 19334 in seiner Fassung vom 30. Oktober 1939, Diss. München 1941, S. 29 ff.

Tab.4/7: Betriebe und Beschäftigung in der Aschaffenburger Herrenkonfektion 1873 - 1938

Als weiterer Indikator der Entwicklung der Produktion der Herrenkonfektion soll die Zahlenreihe des Einzelhandelsumsatzes mit fertiger Herrenoberbekleidung im Zeitraum von 1924 bis 1931 herangezogen werden. Die wesentlichen Träger des Gesamtumsatzes im Einzelhandel waren die Fachgeschäfte und die Warenhäuser 17):

Jahr	Fachgeschäfte	Warenhäuser	Gesamtumsatz
1924	492	38	540
1925	603	41	654
1926	549	34	593
1927	620	34	664
1928	651	35	695
1929	632	33	686
1930	543	28	606
1931	462	22	598
1932			360

Quelle: Redlich, Heinz : Die Deutsche Konfektionsindustrie, Diss.Rostock 1934, S. 30

Tab.4/8: Umsätze des Einzelhandels mit Herrenkonfektion in Mio. RM (1926-1932).Die Angabe für 1932 ist ein Schätzwert

Verglichen mit der Entwicklung des Einzelhandelsumsatzes der Fachgeschäfte der Damenkonfektion läßt sich feststellen, daß sich die Umsätze in beiden Hauptwirtschafszweigen des Konfektionsgewerbes in ihrem Verlauf sehr ähnlich sind. Können zwischen dem Einzelhandelsumsatz und der Produktion von Herrenkonfektion enge Beziehungen unterstellt werden, so kann der Verlauf der Produktion von Herrenkleidung aufgrund der vorliegenden Daten in folgender Weise interpretiert werden: Im Zuge des inflationsgestützten Wachstums kam es zu einer ungesunden Aufblähung des Produktionsapparates. Da es den Unternehmen nicht gelang, den mit der weiteren Inflationsentwicklung immer stärker durchschlagenden Kapitalschwund zu stoppen, folgte auf den Versuch der Stabilisierung der ökonomischen Verhältnisse die Deflationskrise 1925/26 18). Die 1927/28 eingetretene Wachstumsphase brachte einen weiteren Anstieg der Produktion, welcher durch die 1929/30 begonnene Wirtschaftskrise gebremst wurde und in der weiteren Entwicklung zu einer scharfen Rezession mit einem starken Rückgang der Produktion führte 19).

"Erst mit der Stabilisierung konnte wieder eine normale Entwicklung einsetzen. Das durchschnittliche Preisniveau war allerdings zu dieser Zeit sehr hoch (ca. 48 Mark). Es wurden allenthalben sehr gute Stoffe verarbeitet, die Beschäftigung war bis 1928 ausgezeichnet. Nach diesem Zeitpunkt ließ der Geschäftsgang immer mehr nach. Der Durchschnittspreis sank auf ca. 28 Mark und ging während der nun beginnenden Krise noch weiter zurück. Vereinzelt kamen in den Jahren 1931/32 Verkäufe vor zu 14 bis 15 Mark für den Anzug. Die Krise drückte sehr auf die Beschäftigungslage" (Franz : 1941, S. 25).

"In den Jahren 1927/28 war die Stettiner Bekleidungsindustrie verhältnismäßig am besten beschäftigt, seit 1929 erfolgte aber in größerem Maße der Umbruch. Die Arbeitslosigkeit der nächsten Jahre als Folge der Weltkrise schlug dem Gewerbe die größten Wunden, da die Nachfrage nach seinen Erzeugnissen äußerst elastisch ist. Erst nach der Machtergreifung setzte wieder ein Aufschwung ein. Die Vergleichsziffern zeigen, daß im Jahre 1933 gegenüber 1932 ein um 10 - 15 % besseres Jahresergebnis erzielt worden ist, was, gemessen an anderen Zweigen, eine überdurchschnittliche Steigerung bedeutet. Im Jahre 1934 hob sich der Produktionsumfang dann noch weiter auf etwa 30 % gegenüber dem Vorjahre. Die Umsatzsteigerung setzt sich mit 27,4 Mio. 1934 auf 29,4 Mio. 1935 fort, wobei jedoch festgestellt werden muß, daß der Umsatz von beispielsweise 55,8 Mio. im Jahre 1931 bei weitem noch nicht erreicht ist. Die Aufwärtsbewegung ist aber zweifellos zu erkennen" (Pracht : 1937, S. 3 ff.).

Jahr	Beschäftigte (Werkstatt- u. Heimarbeiter)
1920	35.010
1921	33.771
1924	44.383
1925	44.096
1926	42.471
1928	57.411
1929	53.151
1930	45.000
1931	42.000

Quelle: Leitzke, Heinz : Entwicklungstendenzen der deutschen Herrenkonfektion, Greifswald 1932, S. 22 ff.

Tab.4/9: Beschäftigte in der Herrenkonfektion von 1920 - 1931

Voraussetzung für das Wachstum in dem beschriebenen Umfang war eine angemessene Erweiterung des Produktionsapparates. Unter den Umständen einer noch an hnadwerklicher Produktionstechnik orientierten Organisation des Arbeitsprozesses und der damit eng verbundenen hohen Arbeitsintensität kam dem Faktor Beschäftigung die tragende Rolle bei der Erweiterung der Produktionskapazitäten der Branche zu.

Trotz der beschriebenen Problematik der Erfassung und der Aussagekraft der Beschäftigtenzahlen - insbesondere der der Heimarbeiter/innen - soll versucht werden, die mengenmäßige Ausweitung des Beschäftigungsvolumens für den Zeitraum vom Ende des ersten Weltkrieges bis zum Beginn der 30er Jahre festzustellen. Basis der Aufstellung einer Zeitreihe für die Anzahl der Beschäftigten in der Herrenkonfektion sind wieder vereinzelte, in der einschlägigen Literatur vorgefundene Angaben über die in der Herrenkonfektion im untersuchten Zeitraum tätig gewesenen Arbeitskräfte.

Zwischen der quantitativen Entwicklung der Beschäftigtenzahlen und der Entwicklung des Umsatzes in der Herrenkonfektion können gewisse Parallelen vermutet werden. Präzise Befunde phasentypischer Relationen zwischen Produktion und Beschäftigung lassen sich daraus nicht notwendig ableiten. Dies ist insbesondere deswegen nicht möglich, da bei den Zahlenangaben zur Beschäftigung die Werkstatt- und die Heimarbeiter in der Herrenkonfektion zusammengefaßt worden sind. Die Deutung dieser Entwicklung wird dadurch erschwert, daß einerseits die Erfassung der Heimarbeiter - u. a. wegen der möglichen Doppelzählung - und andererseits die Bestimmung des Beschäftigungsgrades - insbesondere in Zeiten mit unstetiger Konjunktur - dieser Kategorie von hausindustriellen Produzenten in der Regel mit großen Schwierigkeiten verbunden war.

Die Krise und ihre Folgen für das Konfektionsgewerbe

Die am Anfang der 30er Jahre ausgebrochene Weltwirtschaftskrise, die in den Jahren 1931 und 1932 zur stärksten Depression führte, erfasste die Bekleidungsbranche als stark konjunkturabhängigen Wirtschaftszweig in entscheidendem Maß.Der

	Inlandsumsätze d. Bekleidungsindustrie	Beschäftigte einschl. Heimarbeiter
1928	1.978.887 RM	163.587
1933	1.097.616 RM	173.485
1934	1.213.814 RM	
1935	1.255.761 RM	
1936	1.432.948 RM	210.762
1937	1.778.263 RM	240.000
1938	1.875.287 RM	290.000

Quelle: Jung, Otto (Hrsg.) : Statistischer Jahresbericht der Wirtschaftsgruppe Bekleidungsindustrie, o.O. 1939, S. 25
Schumacher,Liesel : Die Struktur der Konfektionsindustrie in ihren betriebswirtschaftlichen Zusammenhängen, Diss. Köln 1949, S. 14.

Tab.4/10:Inlandsumsatz und Beschäftigte 1928 - 1938

Umsatz der Bekleidungsbranche ging nicht nur mengenmäßig wegen der gesunkenen Nachfrage zurück, sondern die etwa um die Hälfte gefallenen Preise für die textilen Rohstoffe hatten ebenfalls ihren Anteil an dieser Umsatzeinbuße. Durch diese Entwicklung fiel der Branchenumsatz von ca. 2 Mrd. RM im Jahr 1928 auf 900 Mio. RM im Jahr 1932 (Jung : 1938, S. 82) und damit auf den niedrigsten absoluten Stand im Verlauf dieser Krise.

Gemessen an dem Umsatzindex des Jahres 1929 = 100 ist sowohl für den Umsatz des Bekleidungseinzelhandels an Damen- und Mädchenkleidung als auch an Herren- und Knabenkleidung festzustellen, daß in beiden Warengruppen im Jahr 1933 die jeweils niedrigsten Umsätze erzielt worden sind. Der Rückgang der Umsätze während der Rezessionsjahre war dabei in der Herren- und Knabenkleidung noch deutlich stärker als in der Damen- und Mädchenkleidung. Gegenüber dem Indexwert der Jahre des Jahres 1929 ist der Einzelhandelsumsatz an konfektionierter Damenbekleidung im Jahr 1933 um 40 % und an konfektionierter Herrenbekleidung um ca. 50 % gesunken.

	1934	1935	1936	1937	1938
Herrenober-bekleidungs-industrie	403.811	453.104	526.295	672.041	720.123
Damenober-bekleidungs-industrie	298.600	289.073	313.426	363.548	369.737

Quelle: Jung, Otto (Hrsg.): Statistischer Jahresbericht der Wirtschaftsgruppe Bekleidungsindustrie, o.O. 1939, S. 25

Tab.4/11: Inlandsumsatz der Hauptwirtschaftszweige der Bekleidungsindustrie 1934 - 1938 in 1000 RM

Anhand des Schaubildes 'Umsätze des Textil-Einzelhandels' kann die scharfe Rezession der Bekleidungsbranche mit ihrem absoluten Tiefpunkt im Jahr 1933 deutlich abgelesen werden. Ein Blick auf die Daten der Tabelle Nr. 4/11 zeigt weiter, daß trotz des kräftigen Anstiegs des gesamten Inlandsumsatzes der Bekleidungsindustrie in der Zeit bis 1938 das wertmäßige Niveau des Jahres 1928 nicht wieder erreicht worden ist 20).

Das Konfektionsgewerbe in der Zeit des Nationalsozialismus: Staatliche Nachfrage als Stütze der Binnenkonjunktur in der Herrrenkonfektion

Die Weltwirtschaftskrise brachte für den Absatz an fertiger Oberbekleidung eine ähnliche Ausweitung wie die Inflation nach dem ersten Weltkrieg. Der Rückgang der Einkommen breiter Bevölkerungsschichten führte dazu, daß zusätzliche Käufergruppen aus wirtschaftlichen Gründen zum Kauf von fertiger Oberbekleidung übergingen. Von der Konfektionsbranche wurde diese Situation dazu genutzt, ihre Angebotsleistungen weiter zu steigern, so daß die neu hinzugekommenen Käuferschichten an der Fertigkleidung festhielten und somit als dauerhafte Kunden gewonnen werden konnten.

Als sehr unterschiedlich sind die Konjunkturverläufe der beiden Hauptzweige des Konfektionsgewerbes zu werten. Auffallend ist die Expansion der Herrenoberbekleidungsbranche, deren Inlandsumsatz in der Zeit von 1934 bis 1938 um knapp 80 % anstieg. Neben der tendenziellen Ausdehnung der privaten Nachfrage nach fertiger Oberbekleidung ist der in dieser Phase stetig gewachsene Umsatz an Herrenkleidung auf den gewachsenen Anteil öffentlicher Aufträge an der gesamten Nachfrage zurückzuführen. Einen wesentlichen Anteil an der staatlichen Bekleidungsnachfrage im Rahmen von Arbeitsbeschaffungsmaßnah-

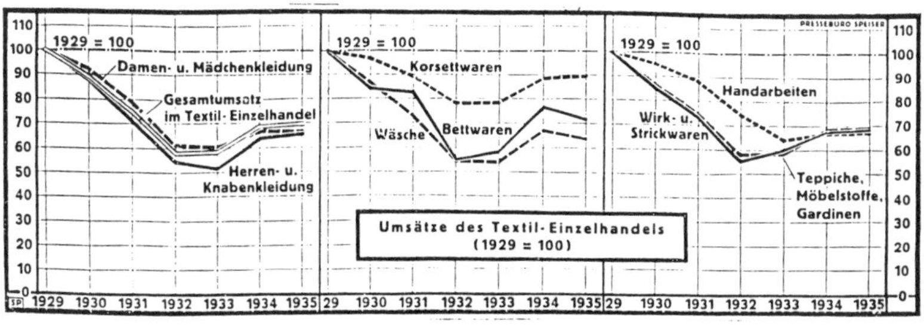

Quelle: Der Konfektionär, Berlin 1936, Nr. 22/23, S. 56

Abb.4/1: Umsätze des Textil-Einzelhandels 1929 - 1935 (1929=100)

men sowie wehrwirtschaftlichen Wirtschaftsprogrammen hatte dabei die Herstellung von Uniformen, deren Fertigung offensichtlich schon im Jahr 1933 im Aufschwung begriffen war 21). Liegen auch keine konkreten Umsatzzahlen für die einzelnen Artikelgruppen vor, so kann doch mit einiger Sicherheit angenommen werden, daß neben der Ausweitung der Nachfrage nach Uniformen für den militärischen und polizeilichen Bedarf die Produktion von Uniformen für die verschiedenen staatlichen Institutionen sowie Parteiorganisationen eine nicht zu vernachlässigende Stütze des Wachstums der Herrenkonfektion war.

"Das Jahr 1934 hat eine starke Belebung der Damen- und Herrenkonfektion gebracht, die Anfang 1934 auch in Hamburg eine vermehrte Beschäftigung der Heimarbeiter bewirkte. Es galt, die geleerten Läger aufzufüllen und den Inlandsmarkt mit Arbeitskleidung und Uniformen zu beliefern. Ostern 1934 hatten die Gewerbe- und Detaillistenkammer in Hamburg die Bekleidungswerkstätten Nordmark G.m.b.H. gegründet. In dem Betrieb wurden Uniformen der Feuerwehr, der politischen Leiter, der SA. und SS., des Arbeitsdienstes, Luftschutzes und Zivilanzüge geschnitten. Die zugeschnittenen Stücke wurden von den erwerbslosen Schneidern in Heimarbeit genäht. Man hoffte, dadurch in Hamburg die Hebung der Konfektionsindustrie zu erreichen und die Hamburger Heimarbeiter wirtschaftlich unabhängiger zu machen von Aufträgen anderer Heimarbeiterzentren" (Schmidt : 1936, S. 68).

"Daß die oberlausitzer Bekleidungsindustrie natürlich auch an der Herstellung aller parteiamtlichen Uniformen, wie für SA., PL., DAF., Arbeitsdienst, HJ., DJ. und BDM., in erheblichem Maße beteiligt ist, bedarf keiner weiteren Ausführungen. Ferner kommt hinzu die Herstellung von Uniformen für den Luftsportverband sowie für Luftschutz, Technische Nothilfe, Feuerwehr, Sanitätsdienst, Reichspost, Reichsbahn, Polizei und Heer" (Häntsch : 1939, S. 54).

Demgegenüber hat der Umsatz in der Damenkonfektion im vergleichbaren Zeitraum nur um ein knappes Viertel zugenommen. Ursache dieses relativ geringen Zuwachses in der Damen- und Mädchenbranche war u.a. der politische Druck auf die große Anzahl von jüdischen Inhabern der Damenkonfektionsbetriebe. Dieser zwang viele von ihnen schon kurz nach Beginn der Herrschaft des Nazi-Regimes zur Emigration. Zumindest teilweise errichteten die emigrierten Verleger im Land ihres Asyls neue Damenkonfektionsbetriebe und traten somit - zumindest partiell - in Konkurrenz zu den in Deutschland verbliebenen Firmen 22). (Hagemann : 1955, S. 5).

Der Produktionsapparat der Damenkonfektion konnte sich unter dieser Bedingung, der Arisierung der Bekleidungsindustrie 23), die seit Mitte der 30er Jahre zum politischen Ziel und damit zur administrativen Handlungsmaxime erhoben worden ist, nur relativ schwach entfalten. Nachfrageimpulse gingen vom Staat sowie von der NSDAP und ihren Unterorganisationen nicht in der Größenordnung aus, wie es für die Herrenkonfektion der Fall gewesen ist. Die Doppelstellung, wie sie die Herrenkonfektion inne hatte, nämlich einerseits den öffentlichen und hier insbesondere den Wehrmachtsbedarf zu befriedigen und andererseits die Versorgung des männlichen Teils der Zivilbevölkerung aufrechtzuerhalten, kam für die Damenkonfektion auch in der Vorkriegsphase aus plausiblen Gründen nicht zum Tragen.

Auch die außenwirtschaftlichen Aktivitäten der Bekleidungsbranche sind während der Aufschwungsphase dieses Wirtschaftszweiges nach der Weltwirtschaftskrise kein sonderlich starker Beitrag zur Stärkung des Produktionsapparates gewesen. Die Ausfuhr von Kleidung und Wäsche war von 1926 bis 1931 stetig gewachsen und konnte mit einem Ausfuhrvolumen von 180 Mio. RM im Jahr 1931 einen absoluten wertmäßigen Höchststand erreichen. In den darauffolgenden Jahren waren die Ausfuhreinbußen

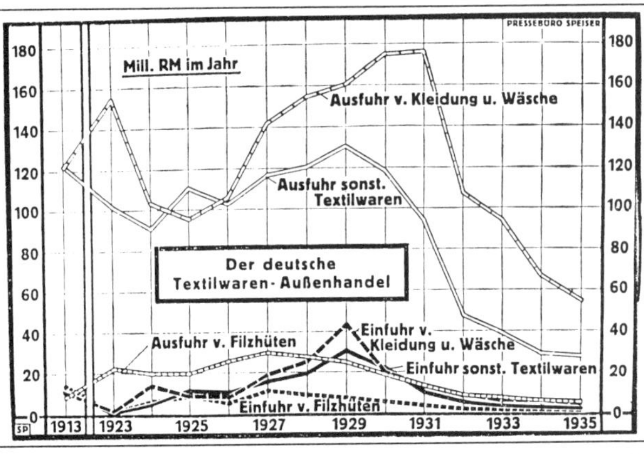

Quelle: Der Konfektionär, Berlin 1936, Nr.22/23, S. 60

Abb: 4/2: Der deutsche Textilwaren-Außenhandel von 1923-1935

beträchtlich hoch. Im Gegensatz zu dem 1933 wieder einsetzenden Anstieg der Bekleidungskonjunktur im Inland ist der scharfe Rückgang des Exportes von Kleidung und Wäsche auf ca. 100 Mio. RM im Jahr 1932 als Übergang zu einer stetigen

Schrumpfung der Ausfuhr bis zum Beginn des 2. Weltkrieges zu bezeichnen. Im Verlauf dieser siebenjährigen Schrumpfungsphase ging der Export auf knapp 30 Mio. RM im Jahr 1938, d.h. auf ca. 1/6 des Wertes von 1931, zurück.

Ein prozentualer Vergleich der Ausfuhreinbußen der beiden Hauptzweige der Konfektion zeigt, daß der Rückgang des Exportes sowohl in der Damen- als auch in der Herrenkonfektion gleich gewesen ist. Beide Branchen exportierten 1938 nur noch knapp 17 % ihres Ausfuhrwertes aus dem Jahr 1931. Absolut gesehen betrug der Ausfuhrverlust in der Damenoberbekleidungsbranche in diesem Zeitraum 103,5 Mio. RM (Hagemann : 1955, S. 6). Neben dem gegenüber der Herrenkonfektion im Zeitraum von 1934 bis 1938 nur gering anstiegenen Inlandsumsatz in Damenkonfektion, ist dieser massive Ausfuhrrückgang als weiterer Grund dafür anzusehen, daß die gesamte Produktion der Damenkonfektion in dieser Periode in nur bescheidenem Ausmaß gewachsen ist. Da der Exportanteil in der Herrenkonfektion nie eine so große Stütze wie in der Damenkonfektion war, besitzt der wertmässige Rückgang des Exportes um 9.2 Mio. RM in diesem Zeitraum für die gesamte Entwicklung der Produktion von fertiger Herrenoberbekleidung keine besondere Relevanz (Hagemann : 1955, S. 6). Diese ist - wie schon vorher ausgeführt - von der stark angestiegenen Inlandsnachfrage - insbesondere aufgrund von Aufträgen des öffentlichen Sektors - getragen gewesen.

Die Entwicklung der Exportdaten von Oberbekleidung in diesem Zeitraum zeigt ganz besonders deutlich, daß die von wirtschaftspolitischer Seite forcierten Anstrengungen, die Ausfuhr von Oberbekleidung erheblich zu steigern, ohne jeden Erfolg geblieben sind. Eine große wirtschaftspolitische Bedeutung hatte die Förderung des Exportes von Produkten der Bekleidungsindustrie deswegen, da mit der Einnahme von Devisen dem Devisennotstand entgegengewirkt und so der Bezug von Rohstoffen aus dem Ausland gesichert werden sollte. Besonders starke Anstrengungen, einen positiven Außenbeitrag bzw. zumindest eine ausgeglichene Außenhandelsbilanz zu erzielen, sind als Reaktion auf Phasen mit einem Passivsaldo im Außenhandel unternommen worden. Die Bekleidungsindustrie spielte bei dieser wirtschaftspolitischen Zielsetzung wegen ihres relativ hohen Devisen-Nettoertrages eine bedeutende Rolle unter den Wirtschaftszweigen der Volkswirtschaft des Deutschen Reiches 24).

Daß die Entwicklung der Ausfuhr von fertiger Oberbekleidung trotz des Imperativs der Exportoffensive durch einen ständigen Rückgang des Bekleidungsexports gekennzeichnet gewesen ist, ist einerseits mit den veränderten weltwirtschaftlichen Bedingungen als Folge der Weltwirtschaftskrise zu begründen. Zu den ökonomischen Konsequenzen der Weltwirtschaftskrise, welche die Ausfuhren an Oberbekleidung mehr oder weniger drastisch einschränkten, gehörten sowohl die von den verschiedenen Ländern verfügten Importbeschränkungen als auch die Restriktionen des Devisenverkehrs. Auch der in der Folge der Drosselung der Einfuhr nach 1933 im Deutschen Reich erschwerte Bezug von Rohstoffen bei zeitweise sogar gestiegener

Jahr	Oberbekleidung f. Herren u. Knaben	Oberbekleidung f. Damen, Mädchen u. Kinder
1923	22.104	83.820
1924	13.562	55.392
1925	11.411	54.189
1926	10.425	63.140
1927	10.906	93.662
1928	10.631	105.391
1929	10.007	105.733
1930	9.976	117.456
1931	11.025	124.673
1932	6.254	74.872
1933	3.574	67.865
1934	2.368	47.692
1935	2.915	38.893
1936	2.915	37.152
1937	2.203	29.480
1938	1.814	21.157

Quelle: Hagemann, Werner : Entwicklung der Bekleidungsindustrie in 25 Jahren als Voraussetzung ihrer heutigen Struktur, in : Melzer, Ernst (Hrsg.): Die Bekleidungsindustrie, Darmstadt 1955, S. 6

Tab.4/12: Ausfuhr von fertiger Damen- und Herrenoberbekleidung in 1.000 RM (Auszug)

Inlandsnachfrage beeinträchtigte die Ausfuhr relativ stark (Hagemann : 1955, S. 7).

Die Arisierung und ihre Konsequenzen

Der schon erwähnte politische Druck, dem die überwiegend jüdischen Geschäftsleute der Konfektionsbranche nach der Machtübernahme des NS-Regimes ausgesetzt gewesen sind und in dessen Konsequenz viele von ihnen schon lange vor der Arisierung der Bekleidungsbranche ihre unternehmerische Tätigkeit auf deutschem Boden aufgegeben haben 25), ist als weitere Ursache für die ökonomische Entwicklung - insbesondere in der Damenkonfektion - anzusehen.

Die Emigration vieler jüdischer Eigentümer von Damen- bzw. Herrenkonfektionshäusern war für die Entwicklung des Produktionsapparates der Konfektion und auch für die Absatzentwicklung dieser Branche nicht neutral. Das Ausscheiden dieser Konfektionsfirmen vom Binnenmarkt bzw. deren Übergang in sog. deutsch-arischen Besitz führte zu Irritationen bzw. zu Einbußen im Produktionsgeschehen der deutschen Oberbekleidungsbranche und insbesondere im Auslandsgeschäft. Eine Konsequenz dieser Entwicklung war, daß ehemalige deutsche Konfektionsfabrikanten im Ausland neue Produktionsstätten aufbauten - d.h. ihre Produktionskapazitäten ins Ausland verlagerten - und unter Beibehaltung der ehemaligen Exportaktivitäten weiterproduzierten 26). Andererseits war die politisch organisierte Veränderung auf der Eigentümerebene in der Konfektionsbranche in der zweiten Hälfte der 30er Jahre für viele ausländische Stammkunden der Konfektion ein Grund, den Kauf deutscher Fertigkleidung zu boykottieren (o. V. : 1935, S. 4).

Inwieweit der Verlauf des Absatzes in der Konfektion die Entwicklung der Beschäftigung in dieser Branche beeinflußt hat, kann aufgrund der für den Zeitraum von 1933 bis 1938 vorhandenen Daten zur Beschäftigungslage in diesem Wirtschaftszweig nur ungenügend rekonstruiert werden. Mangels vorhandener, nach Sektoren dieses Wirtschaftszweiges differenziert aufgegeschlüsselter Beschäftigungsstatistiken ist es auch unmöglich, den Verlauf der Beschäftigungssituation in der Damensowie in der Herrenkonfektion separat nachzuvollziehen.

Bekleidungskonjunktur und Beschäftigung

Bemerkenswert ist zunächst der Anstieg der Beschäftigung der in den Betrieben beschäftigten Personen von 1928 bis 1933 um 6 %. Mit diesem Zuwachs an Beschäftigten ging gleichzeitig ein Anstieg der Anzahl der Betriebe in der Fertigkleidungsbranche einher. Auf der Umsatzseite verlief die Entwicklung in der gegenteiligen Richtung: Im genannten Zeitraum sank der wertmäßige Umsatz um ca. 45 %. Der im Gegensatz zum Trend der Umsatzentwicklung in der Branche zu konstatierende Beschäftigungszuwachs findet seine Erklärung in der starken Zunahme von Kleinbetrieben. Dem Anwachsen der in den Betrieben beschäftigten Personen stand ein ganz erheblicher Rückgang der hausindustriell beschäftigten Zwischenmeister und Heimarbeiter gegenüber. Somit fand in dieser Periode der Entwicklung des Bekleidungsgewerbes eine Umschichtung innerhalb der Produzenten statt: Dem angeführten sechsprozentigen Zuwachs der in den Betrieben beschäftigten Personen stand ein gravierender Rückgang der hausindustriellen Produzenten gegenüber.

Wegen des zahlenmäßig nicht erfassten Rückganges der hausindustriellen Zwischenmeister und Heimarbeiter kann der Rückgang dieser Produzentengruppe nicht genau ausgewiesen werden. Einen groben Anhaltspunkt für den konjunkturell bedingten Einbruch in diesem Beschäftigungsbereich kann die Entwicklung der an diese hausindustriellen Produzenten gezahlten Löhne und Gehälter bieten. Die Arbeitseinkommen dieser Gruppe, die 1928 noch 49 % der in dieser Branche gezahlten Lohn- und Gehaltssumme betrugen, sanken bis zum Jahr 1933 auf 41 % ab. Zu erklären ist der aufgrund dieser Entwicklung anzunehmende Rückgang der Beschäftigung von Zwischenmeistern und Heimarbeitern mit deren Rolle als flexibel einsetzbarer Arbeitskraft, die in Krisenzeiten zuerst von dem Verlust ihrer Beschäftigung betroffen gewesen sind.

Hatte sich das Beschäftigungsvolumen in der Krise der geschrumpften Produktion im Bekleidungsgewerbe angepaßt, so ist für die Aufschwungsphase nach 1933 wieder eine Ausdehnung des Beschäftigungspotentials festzustellen. Einerseits spiegelt die quantitative Entwicklung der Arbeitskräfte den absoluten Beschäftigungszuwachs in den Jahren 1933 bis 1936 wider (Hagemann : 1955, S. 4). Andererseits deutet sich mit der Entwicklung der sozialen Zusammensetzung des Beschäftigtenpotentials eine Situation an, die u. a. als Ausdruck der staatlich forcierten Industrialisierung des Produktionsprozesses von Oberbekleidung bezeichnet werden kann. Dabei war der Rückgang der Anzahl der Betriebe und die damit verbundene Erhöhung der durchschnittlichen Beschäftigtenanzahl/Betrieb nur ein Ausdruck der sich stärker durchsetzenden Produktion von konfektionierter Oberbekleidung in größeren Betriebseinheiten. Viel stärker schlug sich diese Tendenz darin nieder, daß die Zahl der in den eigenen Betrieben beschäftigten Personen innerhalb von 3 Jahren um ca. 27 % gestiegen ist (Hagemann : 1955, S. 4).

Daß sich die Relation der von den verschiedenen Produzentengruppen im Jahr 1936 erhaltenen Löhne und Gehälter im Vergleich zur Struktur der Einkommen des Jahres 1933 trotz Verschiebung innerhalb der Beschäftigtenstruktur zugunsten der Fabrikarbeiter nur geringfügig geändert hat, lag im wesentlichen an der relativ starken Anhebung der Einkommen der hausindustriellen Produzenten gegenüber früheren Perioden. Der stärkere Zuwachs der absoluten Einkommen der in den Betrieben beschäftigten Arbeitspersonen in diesem Zeitraum gegenüber dem Entgelt der hausindustriellen Produzenten, bestätigt den einsetzenden Trend zur Fabrikproduktion in der Fertigkleidungsbranche deutlich. Die absoluten Einkommen der letzteren stiegen in dem genannten Zeitraum um 32 %, die der Betriebsarbeiter dagegen um 37 % (Hagemann: 1955, S. 7).

Konfektionsgewerbe und Kriegswirtschaft

In der Zeit von 1939 bis 1945 waren die Kriegshandlungen und ihre Folgen für die Entwicklung von Produktion und Beschäftigung in der gesamten Textil- und Bekleidungsbranche bestimmend. Sukzessive wurde die Produktion der gesamten Volkswirtschaft während des Krieges auf die Belange der Kriegsführung umgestellt. Für die Produktion von Bekleidung führte die Anpassung an diese Situation zu einer Spaltung des Produktionsapparates: Dieser hatte einmal einen nach Menge und Bedeutung wesentlichen Teil des Wehrmachtsbedarfs zu stellen, andererseits die Versorgung der Bevölkerung mit Zivilkleidung weiter zu sichern. Innerhalb dieser doppelten kriegswirtschaftlichen Aufgabenstellung besaßen die vielseitigen Ansprüche der Wehrmacht die oberste Priorität. Demgegenüber wurde der Zivilbedarf in einem zwar variablen, spätestens aber seit Ende 1943 stark eingeschränktem Maß befriedigt.

Mit dem kurzfristig stark angestiegenen Bedarf an Wehrmachtskleidung wurde in dieser Phase ein großer Teil der in der Bekleidungsbranche verfügbaren Kapazitäten belegt. Aufgrund der mit zunehmender Dauer des Krieges erheblichen Reduzierung des zur Verfügung stehenden Arbeitskräftepotentials richtete sich die Verwendung der geschrumpften Kapazitäten zunehmend nach kriegswirtschaftlichen Erfordernissen. Zumindest teilweise wirkten Leistungssteigerungen durch veränderte Organisationsformen des Produktionsprozesses diesen gesunkenen Produktionskapazitäten entgegen. Diese massenweise Herstellung von Uniformen bedeutete gleichzeitig den Beginn der Industrialisierung der Bekleidungsfertigung (Fischer : 1943, S. 20).

"Wenn es auch im Kriege nicht möglich ist, einen erschöpfenden Einblick in die erreichte Gesamtleistungsfähigkeit der Bekleidungsindustrie allgemein und ihres für die Wehrmacht arbeitenden Teiles im besonderen zu geben, so gestatten doch einige allgemein sichtbare Leistungen recht aufschließende Hinweise. Wenn man bedenkt, daß die Betriebe der Bekleidungsindustrie praktisch einen viel geringeren Schutz genießen als etwa diejenigen der spezifischen Rüstungsfertigung - was in der Vergangenheit sehr spürbare Unterschiede zur Folge hatte - und mithin in Rechnung setzt, daß jeder Betrieb dieses Industriezweiges nur noch mit Teilen seiner früheren Gefolgschaft arbeiten kann, dann muß es doppelt hoch bewertet werden, wenn wohl alle Betriebe der Uniformfertigung sehr wesentlich höhere Fertigungen erzielen als früher mit "normalem" Gefolgschaftsbestand. Die deutsche Bekleidungsindustrie verfügt heute über zahlreiche Betriebe, deren wöchentliche Fertigung an Uniformstücken sich regelmäßig in der Größenordnung der Tausende bewegt. So ist es möglich, daß sich schnell ergebende Fertigungsanforderungen selbst größten Ausmaßes in kürzesten Fristen ausgeführt werden. Die Winterbekleidung des deutschen Ostheeres, inzwischen eine vertraute Erscheinung geworden, ist bekanntlich in einer nach Wochen zu bemessenden Frist hergestellt worden. Die hohe Lenkbarkeit der vorhandenen Produktionskapazitäten, die Möglichkeiten ihrer kurzfristigen Konzentration auf bestimmte Aufgaben, ist eine der wertvollsten Folgen der kriegsmäßigen Umstellung und Durchorganisation" (Lorch : 1943, S. 803).

Auch wurde als kriegsbedingte Maßnahme in die Angebotspolitik der Fertigung von Zivilbekleidung eingegriffen und es wurden Beschränkungen der Modelle und Formen für die einzelnen Artikel erlassen. Auf der Rohstoffbeschaffungsseite wurden in den einzelnen Produktbereichen Auflagen über die Beschaffung und die Verwendung der Meterware erteilt. Staatlicherseits ist die mengenmäßige Produktion von Zivilbekleidung sowie deren Zusammensetzung in der Weise geregelt worden, daß den einzelnen Betrieben die von ihnen zu liefernden Warengruppen verbindlich vorgeschrieben wurden. Hierbei waren die Betriebsgröße sowie die bisherige Art der Fertigung relevante Entscheidungskriterien für die Festlegung des Produktionsprogrammes 27).

In der Logik dieses globalen, staatlich geplanten Angebotes an ziviler Fertigkleidung lag die 'Typenbereinigung' als Voraussetzung der damals anvisierten organisatorischen und technischen Rationalisierung des Produktionsprozesses. Darüber hinaus war diese Planung des Angebotes gleichzeitig die

Grundlage für die Organisation der Versorgung der Zivilbevölkerung mit Bekleidung mittels der Reichskleiderkarte (Hagemann : 1955, S. 7).

Der bevorstehende Zusammenbruch von Produktion und Beschäftigung und damit mehr oder weniger der gesamten Fertigkleidungsbranche mit dem Ende des 2. Weltkrieges kündigte sich durch die direkte bzw. indirekte Mobilisierung der letzten Produktionsreserven an. Um den zugenommenen Verlust des Arbeitskräftepotentials auszugleichen, wurden wegen der Kriegsproduktionsverpflichtung wieder verstärkt Heimarbeiter aus verkehrsmäßig abgelegenen Gebieten in den Produktionsapparat einbezogen, die teilweise neben der Heimarbeit noch eine Tätigkeit in der Landwirtschaft ausübten. Neben diesen wurden auch Arbeitskräfte rekrutiert, welche älter bzw. körperlich nicht voll leistungsfähig waren. Zusätzlich wurden auch verheiratete Frauen mit Kindern zur Bekleidungsproduktion herangezogen. Ein Arbeitskräftepotential, welches aus Gründen der Leistungsfähigkeit vorher aus dem Produktionsprozeß ausgegliedert worden war, wurde in der Endphase des 2. Weltkrieges zum Grenzträger der Herstellung von Oberbekleidung (Börries : 1943, S. 1031).

"Der Bekleidungsindustrie kommt im gegenwärtigen Zeitpunkt zugute, daß sich die Bekleidungsfertigung besonders gut in Heimarbeit durchführen läßt; ihre Arbeitselemente sind unkompliziert und mit einfachen maschinellen Mitteln, z. T. sogar ohne diese, auszuführen. Manche Schwierigkeiten werden sich sogar auf dem Wege einer intensivierten Gemeinschaftsarbeit der vergebenden Firmen, z. B. bei gemeinschaftlicher Zustellung und Abnahme der Ware sowie der Ausnutzung der verfügbaren Maschinen, lösen lassen. Daß diese verstärkte Heranziehung der Heimarbeit der in den letzten Jahren intensiv betriebenen Entwicklung zur Betriebsarbeit entgegensteht, kann angesichts der Erfordernisse des Krieges nicht mehr von entscheidendem Einfluß sein. Wenn die Bekleidungsindustrie ältere oder andere Kräfte gewinnt, die sonst nicht für die industrielle Produktion hätten ausgenutzt werden können, so wird sie die ungewöhnliche Zusammensetzung ihrer Mitarbeiterschaft als nichts anderes ansehen als einen neuen Weg zur Erfüllung einer dringenden Kriegsproduktionsverpflichtung. Es kommt nicht mehr darauf an, wie diese Verpflichtung, sondern daß sie, und zwar mit optimalem Ergebnis, gelöst wird" (Börries : 1943, S. 1032).

Mit zunehmenden Ausfall der Produktionskapazitäten wurde die Versorgung der Zivilbevölkerung mit Bekleidung in immer stärkerem Maße eingeschränkt, sodaß die verbleibenden Kapazitäten zur Herstellung von Zivilkleidung nur noch zur Bereitstellung von Kleidung für die Bombengeschädigten genutzt wurden. Neuanfertigungen für den übrigen Teil der Zivilbevölkerung waren nun nicht mehr möglich. Zum Ausgleich dafür wurden die Leistungen des neu geschaffenen Reparaturdienstes der Bekleidungsindustrie angeboten (Lorch : 1943, S. 803).

In den bisherigen Ausführungen dieses Abschnittes stand die Entwicklung von Produktion und Beschäftigung im Vordergrund. Es konnte gezeigt werden, daß beide Größen im Konjunkturverlauf eine gewisse parallele Entwicklung eingenommen hatten. Der mehr oder weniger starke Gleichklang dieser Entwicklung lag in der bis zur Mitte der 30er Jahre nur geringfügig angestiegenen Arbeitsproduktivität in der Herrenkonfektion und insbesondere in der Stagnation der Arbeitsproduktivität in der Damenkonfektion begründet.

Wandel der Beschäftigtenstruktur

Trotz zögernder Weiterentwicklung auf den Gebieten der Näh- und Fertigungstechnik sowie dem nur durch wenige Fabrikgründungen angetasteten Prinzip der verlagsmäßigen Organisation des Produktionsprozesses zeichneten sich im Laufe der Verlagsphase deutliche strukturelle Veränderungen auf dem Sektor der Beschäftigung ab. Zum einen ist es die geschlechtsspezifische Zusammensetzung des Beschäftigtenpotentials in dieser Branche gewesen, bei der die weiblichen Beschäftigten im Zeitablauf einen zunehmend größeren Anteil einnahmen. Andererseits ist in dem hier untersuchten Zeitraum bei den hausindustriellen Produzenten eine Verschiebung des Anteils von den Heimarbeiter/innen zugunsten der Werkstattarbeiter/innen innerhalb der Gesamtbeschäftigung eingetreten.

Diese Entwicklung kann als typisch für die Herausbildung der Beschäftigungsstrukturen im gesamten Bekleidungsgewerbe angesehen werden. Im Folgenden sollen die Entwicklungspfade der Beschäftigtenstrukturen für die wichtigsten Konfektionsbranchen getrennt nachgezeichnet werden. Dies geschieht nicht nur wegen des separat vorgefundenen Materials in sektoral differenzierter Weise, sondern auch deswegen, um den unterschiedlichen Verlauf der Entwicklung der Beschäftigtenstrukturen in den einzelnen Wirtschaftszweigen als Teil der Gesamtentwicklung genauer herauszuarbeiten.

Zu unterscheiden sind hier zwei typische Muster der Herausbildung der geschlechtsspezifischen Zusammensetzung des Beschäftigungspotentials in den verschiedenen Wirtschaftsbereichen der Fertigkleidungsbranche. Als Sektoren mit einer von Anfang an hohen Konzentration sowie einem im weiteren Verlauf noch weiter gestiegenen Anteil an weiblichen Beschäftigten sind die Damen- 28), die Knaben- (Fürth : 1897, S. 78) sowie die Arbeiter- und Sommerkonfektion 29) zu nennen. Diese überwiegend älteren Zweige der Konfektion saugten in der Phase ihrer Entstehung das für sie relativ problemlos zu rekrutierende städtische bzw. ländliche weibliche Arbeitskräftepotential auf und ließen diese Branchen schon frühzeitig zu 'Frauenghettos' werden.

Zum Nachweis der Entwicklung dieser Konzentration von weiblichen Arbeitskräften in einem großen Teil der Fertigkleidungsbranche liegen nur wenig nutzbare Daten vor. Insbesondere mangelt es an konkreten Angaben zur Entwicklung der Geschlechterproportion über einen längeren und ununterbrochenen Zeitraum für die einzelnen Konfektionszweige. Zusätzlich lassen die wenigen vorhandenen Zahlen zur Beschäftigung von Heimarbeiter/ innen wegen deren problematischer Erfassung ein nur sehr lückenhaftes Bild der gesamten Situation zu. Wenig Berücksichtigung fand in der Statistik auch der Einsatz von Frauen in den Fällen, in denen sie als Gehilfinnen des Mannes die Ausführung bestimmter Teilarbeiten übernommen hatten.

Zumindest existieren Schätzungen zeitgenössischer Experten sowie einige punktuelle quantitative Angaben zur sozialen Zusammensetzung des Arbeitskörpers in der Damenkonfektion, durch die die Annahme einer Frauenquote von mindestens 80 % an der Beschäftigung in dieser Branche gestützt wird. Aus dem Bericht der Berliner Handelskammer über die Heimarbeit in der Damenkonfektion in Berlin geht hervor, daß zu Beginn dieses Jahrhunderts von 40.000 Heimarbeiter/innen der Damen- und Kindermäntelkonfektion 36.000, d.h. 90 % Frauen gewesen sind (Handelskammer zu Berlin (Hrsg.) : 1906, S. 26). Ähnlich hoch war die Quote der weiblichen Beschäftigten in der Berliner Kostüm-, Rock- und Blusenkonfektion (Handelskammer zu Berlin (Hrsg.) : 1906, S. 30).

"Was das Geschlecht der Arbeiter anbelangt, so ist in der Herren- und Knabenkonfektion die Rock- und Paletotbranche überall ausschließliches Arbeitsfeld der männlichen Arbeiter geblieben, wenn man von der Mitwirkung der Frauen und Töchter absieht. Dagegen beginnt in der Jaquettebranche die weibliche Arbeit bereits sehr stark um sich zu greifen. In der Westen- und Hosenarbeit spielen die Frauen, wenigstens in Norddeutschland, die Hauptrolle" (Timm : 1897, S. 32).

"In der Damenkonfektion werden - abgesehen von etwaigen Zuschneidern, Büglern und Steppern - fast ausschließlich weibliche Arbeiter beschäftigt" (Timm : 1897, S. 33).

Inwieweit die Frauenquote in der Berliner Damenmäntelkonfektion durch den Einbezug der in den Werkstätten der Zwischenmeister - sog. Betriebswerkstätten existierten in der Damenkonfektion zu dieser Zeit noch nicht 30) - beschäftigten Personen eine Änderung erfahren würde, kann nicht präzise bestimmt werden. Anzunehmen ist, daß die in diesen Werkstätten beschäftigten männlichen Arbeitskräfte - Zuschneider, Bügler und Stepper - den Anteil der gesamten weiblichen Beschäftigten in der Mäntelbranche leicht nach unten korrigiert hätten. Eine sehr hohe Frauenquote gibt Scheffels für die Breslauer Damenmäntelkonfektion im Jahr 1913 an. Die Arbeiterschaft dieser Branche - Werkstatt- und Heimarbeiter - bestand seinen Angaben nach zu diesem Zeitpunkt zu 98 % aus Frauen (Scheffels : 1925, S. 28). Männliche Beschäftigte sind in dieser Breslauer Branche im Jahr 1922 im wesentlichen nur als Bügler (ca. 80 von insgesamt 200) tätig gewesen. Da sich die Gesamtbeschäftigung im Jahr 1922 im Gegensatz zu der des Jahres 1913 von ca. 4355 auf ca. 6000 Arbeitskräfte erhöht hatte, die absolute Zahl der männlichen Beschäftigten jedoch konstant geblieben ist, ist die Frauenquote in dieser Region noch weiter angestiegen (Scheffels : 1925, S. 57).

Für das gesamte Reichsgebiet sind die Berliner Daten zur Frauenbeschäftigung in der Damenkonfektion sicherlich repräsentativer, da am Standort Berlin ca. 90 % der gesamten deutschen Produktion von Damenoberbekleidung hergestellt worden ist (Handelskammer zu Berlin (Hrsg.) : 1906, S. 24). Wenn nach Aussagen von Experten mehr als 90% der in Heimarbeit beschäftigten Personen der Berliner Damenkonfektion weiblichen Geschlechts waren, so scheint unter Berücksichtigung der Werkstattbeschäftigten die Einschätzung Wittkowski's realistisch zu sein, wenn er die Frauenquote der Berliner Damenkonfektion gegen Ende der 20er Jahre mit 75 - 80 % angegeben hat (Wittkowski : 1928, S. 18).

Weitere Konfektionszweige mit einer traditionell hohen Frauenbeschäftigungsquote sind die Sommer-, Loden- und Berufsbekleidungskonfektion gewesen 31). Nicht nur das große Angebot an weiblichen Arbeitskräften in den entsprechenden Arbeitsmarktregionen 32), sondern auch die mit den jeweils gefertigten Kleidungsstücken verbunden gewesenen Qualifikationsanforderungen führten in diesen Branchen zu stabilen und signifikant hohen Frauenquoten.

"Alle diese Produkte haben gemeinsam, daß sie nicht oder nur wenig der Mode unterworfen sind, sich leicht - ohne festes Fasson - um den Körper legen und daher nur gesteppt zu werden brauchen, d.h. ganz von weiblichen Arbeitskräften genäht werden können" (Pilgrim : 1927, S. 47).

Aus diesen Gründen betrug der Anteil der weiblichen Beschäftigten in den o. a. Zweigen der Fertigkleidungs-branche im Jahr 1924 in Herford 94,5 % und in Bielefeld 94,4 % (Pilgrim : 1927, S. 48). Ähnliche Befunde für die Beschäftigung von Frauen bringt die Untersuchung von Josephy zur Herrenkonfektion im nordöstlichen Westfalen - zu der die oben genannten Branchen zählen - hervor: Von ihm wird für das Jahr 1925 je nach Beschäftigtentyp eine unterschiedlich hohe soziale Zusammensetzung der Arbeiterschaft angegeben. Von den in Heimarbeit tätig gewesenen Personen waren 'allermindestens' 90 % Frauen.

"Genauere Erhebungen über die persönlichen Verhältnisse der Heimarbeiterschaft in der Kleiderkonfektion wurden bei einer Herforder Firma vorgenommen. Es handelt sich um 211 Personen, die im ganzen Bezirk verstreut wohnen. Von diesen sind 10 Schneider und 201 Näherinnen. Also etwa 5 % der Beschäftigten sind männlichen Geschlechts, ein typischer Prozentsatz. Drei der 10 Schneider sind Zwischenmeister; unter den übrigen Schneidern ist einer Kriegsinvalide, ein zweiter über 65 Jahre alt" (Josephy : 1928, S. 27).

Bei den in den Betrieben beschäftigt gewesenen Personen waren im Durchschnitt ein Drittel Männer 33) und zwei Drittel Frauen 34). Eine Auswertung der von Josephy angegebenen absoluten Zahlen ergibt für die geschlechtsspezifische Zusammensetzung des gesamten Arbeitskräftepotentials in der Herford-Bielefelder Konfektion folgendes Ergebnis: Der Frauenquote von 82,5 % stand eine Männerquote von 17,5 % gegenüber (Josephy : 1928, S. 23 ff.). Dieses Ergebnis stellt aufgrund der Umstände der Erfassung der Anzahl der Heimarbeiterinnen nur eine Mindestquote für die Beschäftigung von weiblichen Arbeitskräften dar (Josephy : 1928, S. 23).

Charakteristisch für die Beschäftigtenstruktur in der Herrenkonfektion war die gegenüber der Situation in den zuvor aufgeführten Wirtschaftszweigen de Konfektionsgewerbes unterschiedliche Ausgangssituation in der geschlechtsspezifischen Zusammensetzung des Arbeitskräftepotentials. Eng damit verbunden war die Entwicklung der Frauenquote im weiteren Prozeß der Entfaltung dieser Branche von handwerklichen zu industriellen Produktionsstrukturen.

In der Herrenkonfektion waren zu Beginn dieses Jahrhunderts ca. 2/3 der Beschäftigten Männer und ca. 1/3 der Beschäftigten Frauen. Im weiteren Verlauf der Entwicklung dieser Branche hat der prozentuale Anteil der männlichen Beschäftigten trotz Zunahme der absoluten Zahlen, abgenommen. Die relativ hohe Zunahme der Beschäftigung von Frauen in Wachstumsphasen, die z. T. mit dem Ersatz von männlichen durch weibliche Arbeitskräfte erklärt werden kann, führte zur Feminisierung dieser Branche. Diese erreichte schon zu Beginn der 20er Jahre eine Frauenquote von ca. 60 %.

Jahr	Beschäftigte	männlich	weiblich
1907	10348	6488 (62,7)	3860 (37,3)
1909	10154	6774 (66,7)	3380 (33,3)
1910	17027	11080 (65,1)	5947 (34,9)
1912	19513	11791 (60,4)	7722 (39,6)
1913	30671	15899 (51,8)	14772 (48,2)
1920	35010	14164 (40,5)	20846 (59,5)
1921	33771	13495 (40,0)	20276 (60,0)
1924	44385	19880 (44,8)	24505 (55,2)
1925	44096	22728 (51,5)	21386 (48,5)
1926	42471	21477 (50,6)	20994 (49,4)
1928	57411	24246 (42,2)	33165 (57,8)
1929	53151	22125 (41,6)	31026 (58,4)
1930	45160	19246 (42,6)	25914 (57,4)

Quelle: Deutscher Bekleidungs- Arbeiter-Verband (Hrsg.) : Die Entwicklung der Bekleidungsindustrie vom Gesichtspunkt des Umfanges der Tarifverträge, Berlin 1927, S. 5
Leitzke, Heinz : Entwicklungstendenzen in der deutschen Herrenkonfektion, Greifswald 1932, S. 53
Köster, Helmut : Die deutsche Herrenbekleidungsindustrie, Diss. Marburg 1932, S. 11 sowie eigene Berechnungen 35).

Tab.4/13: Entwicklung von Beschäftigung und Beschäftigtenstrukturen in der Herrenkonfektion (Werkstatt- und Heimarbeiter)

Für die Zeit vor dem 1. Weltkrieg ist zu vermuten, daß die Beschäftigung von Frauen während der Gründungsphase der Herrenkonfektionsbranche auf einen bestimmten Tätigkeitsbereich beschränkt war und deswegen zunächst keine besonders große Bedeutung erlangt hatte. Zum Tätigkeitsbereich der weiblichen Arbeitskräfte gehörte in dieser Branche bis zu diesem Zeitpunkt hauptsächlich die Herstellung von Hosen und Westen - vorwiegend der mittleren und niedrigeren Wertstufen. Anzunehmen ist, daß die Herstellung dieser Kleinstücke von Beginn an die Domäne der weiblichen Arbeitskräfte in der städtischen Herrenkonfektion 36) gewesen ist, wogegen die Anfertigung von Großstücken den männlichen - gelernten - Beschäftigten vorbehalten war.

Auffällig ist für die Herausbildung der Beschäftigtenstruktur bis zum Beginn des 1. Weltkrieges, daß in Schrumpfungsphasen der Gesamtbeschäftigung der Anteil der Männer gestiegen ist. Demgegenüber ist für Wachstumsphasen ein überdurchschnittlicher Anstieg der Frauenquote festzustellen. Besonders stark ist diese Tendenz an dem Sprung der Frauenquote von 39,6 % auf 48,2 % vom Jahr 1912 zum Jahr 1913 zu erkennen. Begünstigt durch die Umstände des Arbeitseinsatzes von Frauen im 1. Weltkrieg sowie durch die Verknappung männlicher qualifizierter Arbeitskräfte in einzelnen Arbeitsmarktregionen ist es zu Beginn der 20er Jahre zu einer deutlich verstärkten Integration von weiblichen Arbeitskräften in den Produktionsprozeß von fertiger Herrenoberbekleidung gekommen.

"Das Überhandnehmen der Frauenarbeit ist besonders deutlich seit den Kriegsjahren zu beobachten. Die seinerzeit zu Heeresarbeiten verwendeten weiblichen Hilfskräfte haben sich zum großen Teil auch nach Beendigung des Krieges in der Konfektion zu halten gewußt, oder besser gesagt, die Konfektionäre haben es vorgezogen die billigeren weiblichen Arbeiter an Stelle der teuren männlichen Schneider zu beschäftigen. Schließlich gab auch der Mangel an männlichen Konfektionsarbeitern den Unternehmern Veranlassung als Ersatz dafür Frauen in immer größerer Zahl in den Dienst der Produktion zu stellen" (Meyer : 1926, S. 74).

Unterbrochen worden ist diese Entwicklung während der Wachstumsperiode von 1921 bis 1924 durch die überdurchschnittlich hohe Aufnahme von männlichen Arbeitskräften in den Beschäftigungsapparat. Trotz der infolgedessen gesunkenen Frauenquote blieb die absolute Zahl der beschäftigten Frauen in dieser Phase größer als die der Männer. Noch einmal für die Dauer einer kurzen Periode sind die Geschlechterproportionen in Folge der Krise 1925/26 zugunsten der Beschäftigung von Männern umgekehrt worden, sodaß in diesen beiden Jahren die männlichen Arbeitskräfte den größeren Anteil der Beschäftigten in der Herrenkonfektion stellten. Mit dem 1927 wieder einsetzenden Aufschwung stieg mit der angewachsenen Beschäftigung gleichzeitig die Frauenquote wieder deutlich an und erreichte damit knapp das Niveau der unmittelbaren Nachkriegszeit.

Die in der Tabelle 4/13 aufgeführten Daten geben ein Bild der globalen Entwicklung der Beschäftigtenstrukturen in der Herrenkonfektion. Mittels Darstellung einzelner, auf bestimmte Regionen bezogener Zeitreihen soll versucht werden, das Spektrum der geschlechtsspezifischen Beschäftigungssituation in der Herrenkonfektion in der Verlagsphase zu erhellen. Die von Meyer erhobenen Daten zur Entwicklung der Münchener Herrenkonfektion zeigen z. B. die Entwicklung einer sehr hohen Frauenquote unter den Werkstattarbeitern dieser Branche, wobei sich diese Konzentration im wesentlichen schon vor dem 1. Weltkrieg ergeben hat. Dabei lag die Frauenquote 1907 mit 30,6 % noch deutlich unter der vom Bekleidungsarbeiterverband für das Reich angegebenen Quote von 37,3 %. Der große Sprung in der Entwicklung der Frauenquote erfolgte mit dem Anstieg der Frauenbeschäftigung auf 64,4 % im Jahr 1913. In der Zeit nach dem 1. Weltkrieg stieg der Anteil der weiblichen Beschäftigten dann weiter und erreichte im Jahr 1924 71,3 % (Meyer : 1926, S. 73). Noch höhere Beschäftigungsanteile - 75 bis 80 % - für Werkstattarbeiterinnen sind von Sulzbacher in seiner Studie zur Situation der Frankfurter Herrenkonfektion für das Jahr 1923 angegeben worden 37).

Als weitere, die jeweiligen Bedingungen des regionalen Arbeitsmarktes sowie die Angebotsstruktur der dort vertretenen Konfektionsfirmen widerspiegelnden Beschäftigungsstrukturen sollen zunächst die Frauenquoten des Werkstattpersonals der Mainzer sowie der Stettiner Herrenkonfektion angegeben werden. In der in Mainz weniger stark verbreiteten Werkstattarbeit betrug diese Quote im Jahr 1928 54 % 38). Dagegen betrug der Frauenanteil in der Stettiner Herrenkonfektion unter den Werkstattbeschäftigten in den Jahren 1933/34 durchschnittlich 59,7 % (Pracht : 1937, S. 67) mit vermutlich rückläufiger Tendenz, denn im November 1935 betrug der Beschäftigtenanteil der Frauen - bei angestiegener Gesamtbeschäftigung - nur noch 57 % 39).

Als problematisch erweist sich eine Aussage über die wirklichen Geschlechterquoten der in der Heimarbeit tätig gewesenen Personen. Eine präzise Bestimmung der dafür in Frage gekommenen Personen ist deswegen schwierig, da größtenteils Anhaltspunkte dafür, in welchem Ausmaß die Mithilfe durch Familienmitglieder oder anderer haushaltsnaher Personen im Rahmen der registrierten männlichen Heimarbeiter in der Herrenkonfektion verbreitet war, fehlen.

"Die Frauenarbeit in der Herrenkonfektion ist sog. Handarbeit, d.h. leichte Hilfsarbeit, die schnell erlernt werden kann. In den meisten Heimarbeiterbetrieben verrichtet die Frau Nebenarbeiten : Das Säumen, das Staffieren und das Annähen der Knöpfe, der Taschen und der Schnallen, sowie evtl. das Knopflochmachen. Die Größe ihrer Hilfeleistung ist verschieden je nach der Größe der Familie, der Zahl der Gehilfen und dem Vorrat an Arbeit. Über den Umfang der Frauenarbeit kann uns die Statistik keine zuverlässigen Ziffern bieten. Es bleibt meistens dem Ermessen des Befragten überlassen, die Frau als "beschäftigte Person" anzuführen oder nicht" (Simon : 1928, S. 22).

Anzunehmen ist, daß die Quote der Frauenbeschäftigung in der Heimarbeit der Herrenkonfektion nicht unbedeutend höher ausfallen müßte, wenn der - sicherlich saisonal schwankende - Beitrag der Frauen an der Produktion in diesem Beschäftigungssektor der Herrenkonfektion voll mit in die Statistik einbezogen worden wäre. Auf diesem Hintergrund sind Ergebnisse zu bewerten, wie sie z. B. von Simon für die geschlechtsspezifische Verteilung der in der Mainzer Herrenkonfektion tätigen Heimarbeiterschaft angeführt worden sind. Von insgesamt 217 befragten, selbständig in Heimarbeit arbeitenden Personen waren 4, d.h. ca. 2 % weiblichen Geschlechts. Daß die Mithilfe von Angehörigen in den Familien der männlichen Heimarbeiter in dieser Branche besonders ausgeprägt gewesen ist, belegen u. a. die von Luppe erhobenen Daten über die Mitarbeit der Ehefrauen in der Heimarbeit der Frankfurter und Mainzer Herrenkonfektion. Diese betrug nach seinen Erhebungen zu Beginn dieses Jahrhunderts 73 % 40).

Typisch für die Beschäftigungssituation in der Aschaffenburger Herrenbekleidungsbranche war die hohe Konzentration von Arbeitskräften in einer ländlichen Region und die eng damit verbundene Heimarbeit in Familiengruppen 41), welche letztlich zu einer sehr hohen Männerquote bei den selbständigen Heimarbeitern geführt hatte.

Entsprechend dem sehr hohen Angebot an Arbeitskräften in der ländlichen Umgebung Aschaffenburgs, war der Anteil der in dieser Form der Heimarbeit tätigen Personen der Quote der Werkstattbeschäftigten ganz klar überlegen. Die von Kann für 1931 angegebene Frauenquote für die Werkstattbeschäftigung hatte allerdings zu diesem Zeitpunkt 42) schon ein sehr hohes Niveau erreicht. In den nur wenigen Werkstätten der 69 von ihm untersuchten Kleiderfabriken wurden 231 weibliche Arbeitskräfte von insgesamt 381 Beschäftigten gezählt. Dies entspricht einem Anteil von 60,6 % (Kann : 1931, S. 18).

Die Geschlechterverteilung trug in der Heimarbeit hingegen deutlich die Merkmale der besonderen Bedingungen des ländlichen Arbeitsmarktes des Aschaffenburger Umlandes. So waren 92,6 % der selbständigen Heimarbeiter männlichen Geschlechts und nur 7,4 % von ihnen waren Frauen 43). Dieser dominierende Anteil des männlichen Geschlechts schlug sich auch in der sozialen Zusammensetzung des gesamten Heimarbeiterpotentials ohne die mithelfenden Familienangehörigen 44) , als auch bei den beschäftigten 'fremden Hilfskräften' 45) nieder. Auf ein realistisches Maß zurückgedrängt wird die sehr hohe Männerquote auch in der Aschaffenburger Heimarbeit durch den Einbezug der mithelfenden Familienangehörigen, die überwiegend weiblich waren. Schmidt gibt für die Unterscheidung aller in der Heimarbeit tätigen Personen nach dem Geschlecht folgendes Verhältnis an : Der Anteil der männlichen in der Heimarbeit tätigen Personen betrug 57,5 % gegenüber dem Prozentsatz von 42,5 % für die in der Heimarbeit tätigen weiblichen Personen 46).

Da für die branchenspezifische Beschäftigtenentwicklung in den 30er Jahren kaum Daten vorliegen, ist es nicht möglich, den Verlauf der geschlechtsspezifischen Beschäftigungsquoten auf der Ebene der Konfektionszweige sicher zu bestimmen. Unklar bleibt somit nicht nur, wie sich das Geschlechterverhältnis der Beschäftigten in der Herrenkonfektion in der Krisenperiode 1931/32 entwickelt hat, sondern auch welchen Weg die Geschlechterquoten darüber hinaus in der Phase der Prosperität dieser Branche in den Jahren 1933 - 1938 eingenommen haben.

Für diesen Zeitraum liegen nur widersprüchliche Angaben zur Entwicklung der in den Bekleidungsbetrieben selbst beschäftigten Personen bzw. zur Entwicklung der Frauenquote auf der Ebene der gesamten Bekleidungsindustrie vor. Hagemann gibt die Beschäftigung von Frauen für das Jahr 1933 mit 132.022 Personen und für das Jahr 1936 mit 160.874 Personen an. Diese absoluten Ziffern entsprechen jeweils einem Frauenanteil von 76,1 bzw. 72,9 %. Nach den Ergebnissen der Industriestatistik ergab sich für die Periode von 1933 bis 1938 jeweils folgender Anteil:

Industriegruppe	Von 1000 beschäftigten Arbeitskräften waren ..... Frauen Jahresdurchschnitt					
	1933	1934	1935	1936	1937	1938
Bekleidungs-industrie	682	683	679	686	691	690
Quelle: O. V. : Der Anteil der Frau an der industriellen Arbeitergefolgschaft, in : Wirtschaft und Statistik, Berlin 1939, Nr. 10, S. 390						

Tab.4/14:Frauenanteil in der Bekleidungsindustrie 1933 - 1938

Zusammenfassend kann gefolgert werden, daß sich der Anteil der in den Betrieben der Konfektion beschäftigten Frauen auf dem Niveau von knapp 70 % stabilisiert hat. Auffällig ist zumindest, daß sich der prozentuale Anteil an weiblichen Beschäftigten in der Konfektion in der Wachstumsphase seit 1933 offensichtlich nicht mehr merklich erhöht hat. Ob diese Entwicklung als eine Konsequenz der nationalsozialistischen Beschäftigungspolitik 47) oder z. B. als eine Folge der Umschichtung der Arbeitskräfte vom hausindustriellen Sektor in den sich zaghaft herausbildenden Fabriksektor der Bekleidungsfertigung zu sehen ist, ist ohne die Sichtung zusätzlichen Datenmaterials nicht zu beantworten.

Ist die Wechselbeziehung zwischen dem Anstieg der Frauenquote und dem Anstieg der Werkstatt- bzw. Fabrikarbeiterquote aufgrund der hohen Ausgangsbeschäftigung der Frauen in den eingangs genannten Zweigen der Konfektion nicht besonders stark gewesen, so ging die Feminisierung der Herrenkonfektion ganz deutlich mit den stark angestiegenen Beschäftigtenzahlen der Werkstattarbeiter in dieser Branche einher. Als ganz besonders deutlicher Entwicklungsschritt zur Feminisierung dieser Branche ist die zum Teil infolge des zunehmenden Mangels an gelernten Schneidern gegen Ende der 20er Jahre aufgenommene Produktion in den ersten Herrenkleiderfabriken mit ihrem sehr hohen Beschäftigungsanteil von Frauen zu werten (Pracht : 1937, S. 67 ff.). Zusammen mit der Zunahme der weiblichen Beschäftigten in den Zwischenmeister- bzw. Betriebswerkstätten ist die Entstehung der Fabrikarbeiterschaft in der Herrenkonfektion von der Integration weiblicher Arbeitskräfte in den Produktionsprozeß zunächst in dieser Branche getragen gewesen.

Korrespondierend mit dieser Entwicklung ist es die Errichtung von firmeneigenen Betriebswerkstätten in der Berufsbekleidungsbranche gewesen, die seit Beginn dieses Jahrhunderts den Anteil der Frauen an der Gesamtbeschäftigung hat ansteigen lassen. Ein ähnlicher Verlauf kann für die Damenkonfektion infolge zunehmender Werkstattbeschäftigung festgestellt werden. Da bei wachsender Gesamtbeschäftigung zunehmend mehr Arbeitskräfte auf dem Zwischenmeisterwerkstätten beschäftigt wurden, nahm der Anteil der Werkstattbeschäftigten und damit der Anteil von Frauen zu.

Empirisch kann die Entwicklung in der Herrenkonfektion an den vom Deutschen Bekleidungsarbeiter-Verband veröffentlichten Daten zur Werkstätten- bzw. Heimarbeiterbeschäftigung nachvollzogen werden. Eindeutig geht daraus hervor, daß die Werkstattbeschäftigung in dieser Branche vor dem ersten Weltkrieg noch keine besondere Bedeutung erlangt hatte. Sie gewann erst im Zuge des besonders starken Anstiegs der weiblichen Beschäftigten in den 20er Jahren zunehmend Terrain innerhalb der Gesamtbeschäftigung in der Herrenkonfektion.

Ein Vergleich der Entwicklung des Verhältnisses von Werkstätten- zu Heimarbeitern im Rahmen der Gesamtbeschäftigung mit den Daten der Entwicklung der Produktion in der Herrenkonfektion bringt klar hervor, daß in der Phase eines besonders starken Wachstums - von 1925 bis 1928 - die quantitative Beschäftigung von Werkstattpersonal einen absoluten Zuwachs von knapp 100 % erreichte. Bei gleichzeitig rückläufiger Heimarbeiterbeschäftigung wurde damit im Jahr 1928 zum ersten

Jahr	Werkstättenarbeiter	Heimarbeiter
1907	505 (4.9)	9.843 (95.1)
1909	1.590 (15.7)	8.564 (84.3)
1910	1.468 (8.6)	15.559 (91.4)
1912	2.796 (14.3)	16.717 (85.7)
1913	4.289 (14.0)	26.382 (86.0)
1920	12.168 (34.4)	22.842 (65.2)
1921	11.554 (34.2)	22.217 (65.8)
1924	16.553 (37.3)	27.832 (62.7)
1925	16.272 (36.9)	27.824 (63.1)
1928	31.110 (54.2)	26.301 (45.8)
1929	26.018 (49.0)	27.133 (51.0)

Quelle: Redlich, Heinz : Die deutsche Konfektionsindustrie, Diss. Rostock 1936, S. 68 sowie eigene Berechnungen

Tab.4/15: Werkstätten- und Heimarbeiter in der Herrenkonfektion

Mal die Beschäftigtenquote der Heimarbeiter übertroffen. Daß dieses prozentuale Übergewicht im folgenden Jahr 1929 - möglicherweise sogar für die gesamte Dauer der Krise - in sein Gegenteil umgekehrt wurde ist,ist mit der veränderten wirtschaftlichen Situation in dieser Zeit zu erklären. Auf dem Hintergrund gesunkener Absatzchancen wurde auf Kosten der Beschäftigung von Werkstattarbeitern wieder verstärkt zur flexibleren Beschäftigung von Heimarbeitern übergegangen.

"Klein- und Mittelbetriebe sind aber bisher vorherrschend in der Herrenkonfektion gewesen, und erst die mit der Vergrößerung des Absatzes verbundene Vergrößerung der Betriebe ließ auch die Tendenz des Übergangs zur Werkstattarbeit zur Entfaltung kommen.
Die immer schärfer werdende Wirtschaftskrisis hat nun mit dem Jahre 1930 diese Entwicklung wieder zum Stillstand gebracht. Ein Teil der Unternehmungen versucht sogar, sich der Werkstätten wieder zu entledigen, da die Erschwerung des Absatzes ihnen nur noch eine Teilbeschäftigung bringt, also die Voraussetzung der stetigen Produktion entfallen ist und die Kapitalknappheit dieser Unternehmer so groß ist, daß sie Arbeit auf Lager sich nicht gestatten können" (Leitzke : 1932, S. 47).

Auf regionaler Ebene erhobene Daten für die Damen- als auch für die Herrenkonfektion bestätigen die Entwicklung der Zunahme der Beschäftigung von Werkstattarbeiter/innen in diesen beiden Wirtschaftszweigen. Meyer stellt in seiner Untersuchung zur Münchener Konfektionsindustrie sowohl für die Damen- als auch für die Herrenoberbekleidungsbranche - unvollständige - Zahlenreihen zur Beschäftigung für das erste Viertel dieses Jahrhunderts vor, aus denen eindeutig die Zunahme der Werkstattbeschäftigten hervorgeht.

Branche	Jahr	Werkstattarbeiter (männl.u. weibl.)	Heimarbeiter (männl. u. weibl.)	Gesamtbeschäftigte
Herrenkonfektion	1907	294 (20.2)	1160 (79.8)	1.454
	1913	761 (32.6)	1571 (67.4)	2.332
	1924	847 (33.9)	1655 (66.1)	2.502
Damenkonfektion	1907	54 (16.7)	270 (83.3)	324
	1913	97 (21.8)	347 (78.2)	444
	1924	387 (39.8)	585 (60.2)	972

Quelle: Meyer, Hanns : Die Konfektionsindustrie in München, Diss. München 1926, S.60 sowie eigene Berechnungen

Tab.4/16: Heimarbeit und Werkstattarbeit in der Münchener Konfektionsindustrie

Die Verteilung der gesamten Beschäftigten auf Heimarbeiter/innen bzw. Werkstattarbeiter/innen zur Mitte der 30er Jahre zeigt auf der Basis der von Pracht erhobenen Daten für die Stettiner Herrenkonfektion ein leichtes Übergewicht der in Heimarbeit beschäftigten Personen.

Möglicherweise ist dieses Ergebnis noch von den beschäftigungswirksamen Konsequenzen der Wirtschaftskrise geprägt, welche zu einer Einschränkung der Fabrik- bzw. Werkstattbeschäftigung geführt hatte. Unabhängig von der Entwicklung der absoluten Beschäftigtenzahlen versucht Pracht den zweifelsohne für die damalige Situation der Herrenkonfektion im Deutschen Reich relativ weitentwickelten Stand der Fabrik- bzw. Werkstättenarbeit 48) in der Stettiner Herrenkonfektion anhand der Verbreitung des Prinzips der 'Fließarbeit' in den Stettiner Betrieben aufzuzeigen.

Beschäftigte	Männer	Frauen	Gesamt
Heimarbeiter/innen	1044	1079	2123 (52,9%)
Werkstattarbeiter/innen	753	1140	1893 (47,1%)
Quelle: Pracht, Karl : Die Stettiner Bekleidungsindustrie, Würzburg 1937, S. 18 ff.			
Tab.4/17: Beschäftigtenstruktur in der Stettiner Herrenkonfektion			

"Wenn auch für die vergangenen Jahre ein genaues Vergleichsmaterial beider Arbeiterkategorien nicht zu erbringen ist, so ist die Tendenz zum Fabriksystem trotzdem ersichtlich aus der Zunahme der Stettiner Fabrikbetriebe. 1926 bestand nur ein einziger, während es 1936 10 Betriebe mit mehr oder weniger Fließarbeit gab" (Pracht : 1937, S. 67).

Die Verschiebung der Beschäftigung in der Konfektion zu zunehmend größeren Anteilen an Werkstatt- bzw. Fabrikbeschäftigten ist nicht allein unter Aspekten eines sich wandelnden Arbeitsangebotes, d.h. eines knapper gewordenen Angebotes an gelernten Arbeitskräften, zu betrachten. In Bezug auf die Entwicklung der Produktionsstrukturen ist die Herausbildung des Produktionsapparates und damit die Entwicklung der Verteilung der Beschäftigten auf die unterschiedlichen betrieblichen Organisationsformen deswegen sehr bedeutsam, da durch die Verschiebung der Beschäftigtenanteile von der Heimarbeit zur Werkstatt- bzw. Fabrikarbeit 49) prinzipiell die Nutzung der arbeitsteiligen Fertigung in diesen größeren Produktionseinheiten ermöglicht worden ist. Dieses hatte u. a. einen nicht unbedeutenden Kapazitätserweiterungseffekt zur Folge. Ein Faktor, der bei der Würdigung der Entwicklung der Gesamtbeschäftigung nicht zu vernachlässigen ist.

4.2. Technisch-organisatorische Entwicklung des Produktionsprozesses im Konfektionsgewerbe

4.2.1. Technische Strukturen des Produktionsprozesses im Konfektionsgewerbe

Die verschiedenen Nähmaschinengattungen, die gegen Ende der 60er Jahre des vorigen Jahrhunderts am Markt bereitstanden, erfüllten eher die Ansprüche der hauswirtschaftlichen Nutzer, als daß sie den Anforderungen der gewerblichen Anwender entsprechen konnten. Dies mag u. a. daran gelegen haben, daß das traditionelle Schneiderhandwerk aus verschiedenen Gründen dem maschinellen Nähen noch relativ verhalten gegenüberstand und eine nennenswerte Bekleidungsindustrie noch nicht entstanden war und deswegen nicht als Motor der Entwicklung der Nähtechnik auftreten konnte. Eine gewisse Dynamik erhielt die Entwicklung der Nähtechnik mit der Entfaltung einer massenhaften Nachfrage nach Fertigkleidung, zu deren Herstellung leistungsfähige Nähmaschinen in großer Zahl zur Verfügung stehen mußten. Ähnlich der Entwicklung in den U.S.A., England, Frankreich entstanden mit der wachsenden Nachfrage nach Bekleidung große, meist städtische Hausindustrien, in denen die Nähmaschine als zentrales Produktionsmittel eingesetzt wurde und deren Erfordernissen die Nähtechnik entsprechen mußte. Wesentliche Impulse hat die Entwicklung der Nähtechnologie in dieser Zeit auch aus anderen Nachfragerbranchen, wie z. B. der Schuhherstellung bezogen.

Mit diesem Hintergrund sind nur die groben Außenbedingungen abgesteckt, welche die Entwicklung der Nähtechnik angetrieben und beeinflußt haben. Auf der Ebene der Konstruktion von Nähmechanismen ging es darum, den wachsenden Ansprüchen des Marktes entsprechende Nähmaschinen zu entwickeln. Hierbei ging es um den Bau leistungsfähiger Nähmaschinen, mit denen Nähte in hoher Qualität erzeugt werden konnten. Im folgenden sollen die wesentlichen Stufen der Weiterentwicklung der Näh- sowie der Antriebstechnik vorgestellt werden. Dabei soll nicht nur die Grundkonzeption des jeweiligen Näh- bzw. Antriebsmechanismus herausgearbeitet, sondern gleichzeitig sollen die Konsequenzen des Einsatzes dieser Betriebsmittel hinsichtlich der Produktivitätsentwicklung sowie ihrer Bedeutung für arbeitsorganisatorische Gestaltungsmaßnahmen bei der Herstellung von Fertigkleidung aufgezeigt werden.

4.2.1.1. Stadien der Weiterentwicklung der Schlingenfängersysteme und der Einsatz von Nähmaschinen bei der Massenherstellung von fertiger Oberbekleidung

Bei den ersten, in der Mitte des letzten Jahrhunderts am Markt angebotenen Nähmaschinen hatte es sich um einsatzfähige, keineswegs aber um voll ausgereifte Konstruktionen gehandelt. Diese Maschinen waren vorwiegend nur für leichte hauswirtschaftliche Näharbeiten geeignet und entsprachen kaum den Anforderungen, wie sie von der Seite der gewerblichen Anwender an die Nähtechnik gestellt wurden. Hierbei handelte es sich nicht nur um Erwartungen an eine hohe Leistungsfähigkeit, welche nicht erfüllt wurden, sondern es bestanden auch sehr hohe Anforderungen an die Nahtqualität. Diesen Erfordernissen konnte die anfangs am Markt angebotene Nähtechnologie nicht im erforderlichen Maß gerecht werden.

Zu den bis 1870 existierenden nähtechnologischen Lücken zählte u. a. das Fehlen eines Fadengebers bei den Greifermaschinen. Infolgedessen wurde der Fadenbedarf des Oberfadens durch den nachfolgenden Stich von der Garnrolle abgezogen, was schließlich zu Problemen bei der Stichbildung geführt hatte (Donner : 1955, S. 120). Im Fall der Wheeler & Wilson-Maschine mit der gekrümmten Nadel ergaben sich wegen der Besonderheit ihrer Nahtbildung 50) gravierende Probleme bei der Verarbeitung stärkerer Stoffe. Diese konnten mit dieser Nähmaschine nicht verarbeitet werden. Es waren auch vielfach rudimentäre Antriebsmechanismen, zu deren Bewegung ein hoher Kraftaufwand notwendig war, durch welche die Leistungsfähigkeit der Nähmaschinen eingeschränkt gewesen ist.

"Die alten Schiffchenmaschinen, deren Nadelstange und Schiffchen mittels Kurvenwalze und schweren Winkelhebeln angetrieben wurde, mußten der leicht gehenden Wheeler & Wilson-Maschine mit gebogener Nadel das Feld räumen und lange Zeit hat diese den Markt als Familien- und Gewerbemaschine für leichtere Arbeiten beherrscht. Sie war infolge ihrer Bauart nur für letztere geeignet, und der Umstand, daß sie den vorhergehenden Stich erst durch den nachfolgenden fertig bildete, markierte die Grenze für ihr Absatzgebiet" (Lind : 1907, S. 1).

Mit der systematischen Verbesserung der Konstruktion einzelner Nähmaschinenelemente sowie mit dem Bau neuer Antriebssysteme - vorwiegend durch amerikanische und deutsche Techniker - wurde in den letzten drei Dekaden des 19. Jahrhunderts eine schrittweise Vervollkommnung der Nähtechnologie erreicht. Es war insbesondere die Konstruktion von neuartigen Fadengebern und Fadenspannungsorganen, mittels deren Verwendung die Spannungsregulierung verbessert wurde. Somit konnte eine zuverlässige Nahtqualität erzielt werden. Ein weiteres Ergebnis dieses Entwicklungsprozesses, welches besonders nennenswert ist, da es sowohl auf die Qualität der Naht als auch auf die Maschinenleistung günstige Auswirkungen hatte, war der Einsatz überarbeiteter Schlingenfängersysteme. Festzuhalten ist in diesem Zusammenhang auch, daß in der Zeit von 1845 bis zur Jahrhundertwende alle noch heute in der Bekleidungsindustrie eingesetzten Greifersysteme entwickelt worden sind (Landgraf : 1980, S. 16).

4.2.1.1.1. Die Langschiffchen-Nähmaschine

Als Beispiel für einen Nähmaschinentyp, der zu Beginn der 70er Jahre als Doppelsteppstichmaschine mit Verbesserungen dieser Art auf den Markt gekommen ist, ist die hocharmige Singer A Langschiffchen-Nähmaschine zu nennen. Ein Modell, welches in der Folgezeit - mit kleinen Verbesserungen und Besonderheiten versehen - erfolgreich von den deutschen Nähmaschinenfabriken nachgebaut und am Markt angeboten worden ist.

"Die älteren, schwergehenden Schiffchenmaschinen kamen durch die neueren, leichter laufenden Wheeler & Wilson-Greifermaschinen mit gebogener Nadel außer Kurs. Da diese Maschinen vor allem durch ihre mangelhafte Schlingenbildung auch nicht mehr genügten, mußten sie Anfang der 70er Jahre des vorigen Jahrhunderts der hocharmigen Singer A Langschiffchenmaschine das Feld räumen. Dieser Typ wurde zunächst grundlegend für alle Familiennähmaschinen. Es entstand überhaupt das Verlangen nach schneller nähenden Maschinen. Dies erreichte man dadurch, daß man andere Schlingenfänger einführte, die entweder rotierten oder Schwingungen in kleinen Bogen machten" (Eulner : 1913, S. 7).

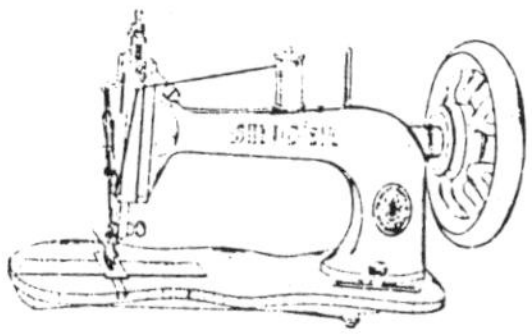

Quelle: Renters, Wilhelm : Der Nähmaschinenfachmann, Bielefeld 1953, S. 11

Abb. 4/3: Singer A-Langschiffchen-Nähmaschine

Das Schiffchen gewann als Schlingenfänger nach der Einführung des Singer-A-Systems in dieser Phase eine starke Bedeutung im Nähmaschinenbau. Zunächst in der Art des geraden Langschiffchens 51), bei dem es sich um einen in gerader Linie hin- und herbewegenden Schlingenfänger gehandelt hatte und später in der Art des Bogen-Lang- oder Schwingschiffchens, welches als Schlingenfänger eine oszillierende Bewegung in einem kleinen bzw. großen Kreisbogen ausführte 52). Beide Schiffchenarten sind an ihrem Anfang mit einer konischen Spitze versehen und durchfahren zur Bildung des Doppelsteppstiches mit der im inneren Hohlraum des Schlingenfängers liegenden Unterfadenspule die Oberfadenschlinge. Die Erweiterung dieser Schlinge erfolgte dabei zwangsläufig durch den Schiffchenkörper, der an seinem hinteren Ende abgerundet ist, so daß die Oberfadenschlinge leichter darübergleiten kann. Trotz der unterschiedlichen Bewegungsarten der Schlingenfänger geschah die Bildung des Doppelsteppstiches nach einem im Prinzip gleichen Ablaufmuster 53).

Den verschiedenen Bewegungsarten sowie - ebenen der Schlingenfänger entsprechend sind bei diesen Schiffchen-Nähmaschinentypen spezielle Antriebs- sowie Bauelemente zur Verwendung gekommen. Letztere unterschieden sich in der Übertragung der Bewegung von der Armwelle zu den Stichbildungsorganen unterhalb der Stichplatte, wobei die Konstruktion des Antriebs für den Schlingenfänger eine besonders große Relevanz für die Leistung der Nähmaschine besessen hatte. Der Antrieb des Nähmechanismus erfolgte entweder direkt durch das Drehen des Handrades oder durch eine kugelgelagerte Treteinrichtung mit Schwungrad, welche in das Nähmaschinengestell eingebaut war und den Mechanismus mittels einer Riemenübertragung antrieb.

Bei den Langschiffchenmaschinen erfolgte die Übertragung der Bewegung von der Hauptantriebsbwelle - der Armwelle - auf den Schlingenfängerantrieb sowie zur Stoffschiebevorrichtung mittels einer vertikal angeordneten Verbindung, der sog. Ständerwelle. Hierbei ist die Kraft von der Armwelle durch ein Kegelräderpaar auf die Ständerwelle übertragen worden, an deren unterem Ende eine Kurbelscheibe angebracht war. Die drehende Bewegung dieser Kurbelscheibe wurde über eine Kurbelzugstange auf den in einer Gleitbahn auf einem Treiber geführten Schiffchenkorb samt Schiffchen übertragen und in eine hin- und hergehende Bewegung umgewandelt (Renters : 1953, S. 108). In dem Hohlraum des Schiffchens war Platz für eine kleine Unterfadenspule mit einem Aufnahmevermögen von ca. 30 m eines Garnes der Stärke Nm 80. Mit dem beschriebenen Antriebsmechanismus war eine Leistung von 500 - 600 Stichen in der Minute möglich (Daeglau : 1936, S. 54).

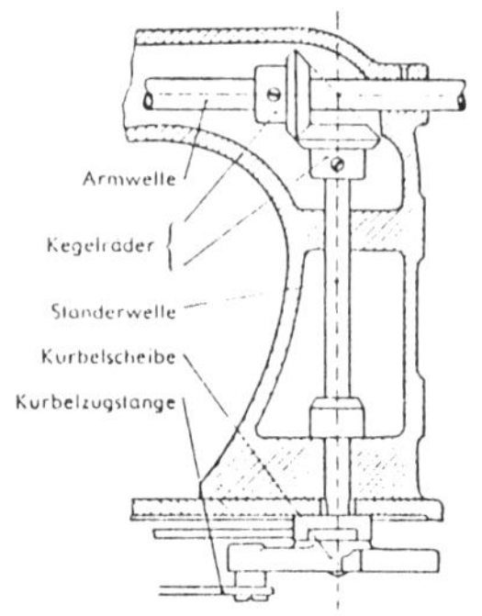

Quelle :	Renters, Wilhelm : Der Nähmaschinenfachmann, Bielefeld, 1953, S.108
Abb.4/4:	Bewegungsübertragung durch Kegelräder und Kurbelscheibe bei der Langschiffchen-Nähmaschine

Charakteristisch für alle Nähmaschinen mit einem Schiffchen als Schlingenfänger war der eigentümliche Antriebsmechanismus der Nadelstange, dem Stichbildungsorgan oberhalb der Grundplatte. Die Bewegung der Nadelstange wurde bei Nähmaschinen dieser Bauart mit Hilfe einer sog. Herzkurve gesteuert. In dieser Herzkurve bewegte sich die Kurvenrolle der Kurvenscheibe und erzeugte dadurch den spezifischen Bewegungsablauf der Nadelstange. Aus der Notwendigkeit heraus, daß sich Schiffchen-, Nadel- und Stoffschieberbewegung bei dem Stichbildungsvorgang in einem zeitlich genau abgestimmten Verlauf zueinander bewegen müssen, ist mit dem herzförmigen Kurvenantrieb die Bewegung der Nadelstange den nähtechnischen Erfordernissen der Schiffchenmaschinen angepaßt worden. Durch diesen Antrieb der Nadelstange wurde erreicht, daß sich diese nach Beendigung des Schlingenhubes wieder bis zur tiefsten Stellung zurückbewegt. Sinn dieser zweimaligen Hubbewegung der Nadelstange war es, dem Schiffchen ein störungsfreies Passieren der Schlinge zu ermöglichen, d.h. das Schiffchen durfte während dieses Vorganges von der hochgehenden Nadel bzw. der Fadenschlinge nicht hochgehoben werden. Gleichzeitig wurde der Oberfaden während dieses Durchlaufes geschont und ein Bruch des Schlingenfadens verhindert. Erst nach dem Durchlauf des Schiffchens durch die Schlinge bewegte sich die Nadelstange endgültig aufwärts (Renters : 1953, S. 115).

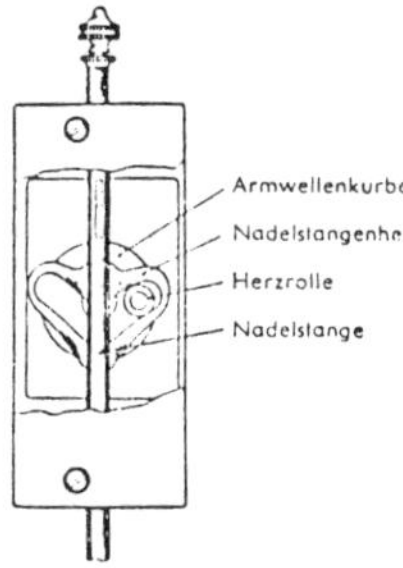

Quelle : Renters, Wilhelm : Der Nähmaschinenfachmann, Bielefeld, 1953, S. 115

Abb.4/5: Antrieb der Nadelstange der Schiffchenmaschinen durch eine herzförmige Kurve

Bei einer abschließenden Würdigung der Langschiffmaschine ist insbesondere deren hohe Nahtqualität hervorzuheben. Mit diesem Maschinentyp wurde ein gleichmäßiger Fadeneinzug mit einer guten Verknotung und damit insgesamt ein schöner Perlstich erzielt (Landgraf : 1981, S. 27). Von der mechanischen Seite her gesehen hatte die Langschiffmaschine gewisse Nachteile. Diese lagen in der zwangsläufigen Kurvenrollensteuerung, wie sie durch die Herzkurve verkörpert gewesen war, begründet. Besonders bei nicht genügender Schmierung dieser Metallteile entstand wegen der geringen Verschleißfestigkeit ein erheblicher Abrieb dieses Antriebsorgans. Verstärkt worden ist diese Erscheinung bei einem Betrieb mit höheren Umdrehungszahlen, mit denen gleichzeitig ein unruhiger Lauf einherging. So mußten bei Langschiffnähmaschinen, die gewerblich genutzt wurden, häufig die Herzkurve sowie die Kurvenrolle durch neue Teile ersetzt werden (Landgraf : 1981, S. 28).

Die aus diesem Grund mechanisch bedingte Obergrenze der Leistung dieser Nähmaschine erwies sich gleichsam als Schranke für eine gewerbliche Nutzung im größeren Ausmaß. Um nicht vorschnell verschlissen zu werden, durfte dieser Nähmechanismus nicht allzu hochtourig laufen und war deswegen für einen dauerhaften Einsatz im Gewerbe nur begrenzt nützlich. Insofern wurde von der Seite der gewerblichen Anwender das Bedürfnis nach leistungsfähigeren und stabilen Nähmaschinen artikuliert. Auf alle Fälle genügte diese Nähmaschine den Ansprüchen, wie sie von den hauswirtschaftlichen Nutzern an einen Nähmechanismus gestellt worden sind und - so ist weiterhin zu vermuten - solange keine besseren Nähmaschinen am Markt angeboten worden sind, notgedrungen auch den hausindustriellen Produzenten im Konfektionsgewerbe.

"Man kam sehr bald zu der Erkenntnis, daß Langschiff-Nähmaschinen mit Herzbewegung für Motorenbetrieb gänzlich untauglich sind, da die Abnutzung des Herzganges bei schnellem Betriebe eine horrende ist, und da durch häufiges Festlaufen die Zerstörung des Mechanismus in kurzer Zeit unausbleiblich ist. Der Erweis der Unbrauchbarkeit von Langschiff-Maschinen für Kraftbetrieb hat ohne Zweifel der Verbreitung der modernen Gewerbe-Nähmaschinen einen großen Vorschub geleistet und den Impuls gegeben, daß die Langschiff-Maschine als Industrie- und Gewerbemaschine in den Hintergrund gedrängt worden ist" (o. V. : 1902, S. 12 ff.).

4.2.1.1.2. Die Bogenschiffchen-Nähmaschine

Als eine Weiterentwicklung der Langschiffmaschine ist die Bogen- oder Schwingschiffchenmaschine anzusehen. Die ersten amerikanischen Konstruktionen dieses Nähmaschinentyps wurden von Grover, Baker, White sowie New Home in den Jahren 1878 - 1880 entwickelt und auf den Markt gebracht (Landgraf : 1980, S. 24). Im Jahr 1888 wurde von dem Nähmaschinenhersteller Singer eine Schwingschiffmaschine angeboten, von welcher jahrzehntelang in fast unveränderter Bauweise hohe Absatzmengen erzielt wurden (Landgraf : 1980, S. 24).

Dieses Singermodell unterschied sich gegenüber den Konstruktionen von Grover, Baker, White sowie New Home in erster Linie durch den von Phillip Diehl, einem deutschen Techniker der Firma Singer, entwickelten Antrieb des Schlingenfängers.

Grover u. a. verwendeten für den Antrieb ihrer Schwingschiffchenkonstruktion den bisher bei der Langschiffmaschine üblichen Kegelradantrieb der Ständerwelle. Als neue - leistungsfähigere - Antriebskonstruktion ist bei dem Singer-System zur Übertragung der Kraft von der Armwelle auf den Schlingenfängerantrieb eine vertikal angeordnete Schaukelwelle eingebaut worden. Unter dieser Voraussetzung existierte zum Antrieb des Schwingschiffchens folgendes Zusammenwirken der einzelnen Antriebselemente: Das Schwingschiffchen wurde mittels einer winkelförmig gekröpften Armwelle angetrieben, welche bei ihrer Drehung der vertikalen Welle - der Schaukelwelle - eine kreisbogenförmige hin- und herschwingende Bewegung erteilte. Von der am unteren Ende dieser Welle angebrachten Schaukelwellenkurbel wurde diese Bewegung über die Zugstange und den auf einem Bolzen gelagerten Schiffchentreiber auf den Schiffchenkorb mit den darin befindlichen Schiffchen übertragen. Die Greiferbahn in Form eines Kreisbogens, an welcher das Schwingschiffchen entlanggleitet, führt dasselbe an der Nadel zum Passieren der Oberfadenschlinge vorbei.

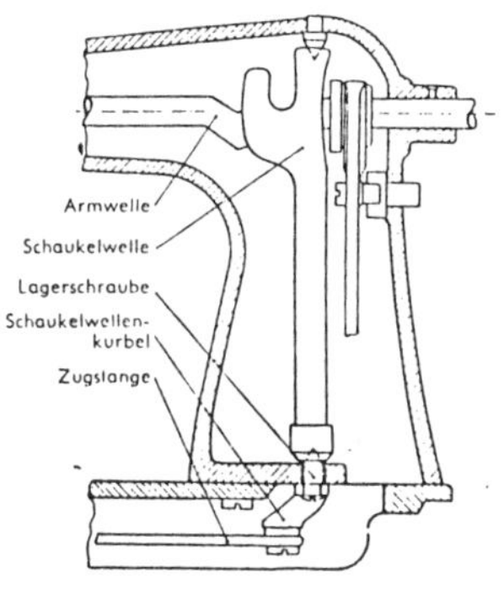

Quelle :	Renters, Wilhelm : Der Nähmaschinenfachmann, Bielefeld 1957, S. 108
Abb.4/6:	Bewegungsübertragung durch Schaukelwelle bei der Bogenschiffchen-Nähmaschine

Der Wandel der Nähtechnologie, der darin seinen Niederschlag fand, daß in einem relativ kurzen Zeitraum immer leistungsfähigere Nähmaschinen mit entsprechenden konstruktiven Veränderungen am Markt angeboten worden sind, ist vermutlich in nur geringem Maß durch das damals bedeutende Schneiderhandwerk oder auch durch die zu dieser Zeit noch junge Damen- bzw. Herrenkonfektion als Nachfrager hervorgerufen worden. Sicher sind es auch nicht die privaten Haushalte gewesen, von denen die Forderung nach Nähmaschinen mit höherer Leistung ausging.

Vielmehr ist anzunehmen, daß die Forderung nach höheren Nähmaschinenleistungen von denjenigen Anwendern von Nähmaschinen ausgegangen ist, die diese Arbeitsmaschinen schon damals in größeren Betriebseinheiten in effizienteren organisatorischen Produktionsstrukturen als denen der Hausindustrie einsetzen konnten. Zu diesen Wirtschaftszweigen gehörten neben der Wäsche- insbesondere die Schuhfabrikation sowie weitere Bereiche innerhalb und außerhalb der Bekleidungsherstellung.

Infolge einer Nähleistung von ca. 800 Stichen in der Minute war das potentielle Leistungsvermögen der Schwingschiffnähmaschine wesentlich höher als das der Langschiffnähmaschine. Den guten Näheigenschaften dieses Nähmaschinentyps stand bei einer dauerhaften maximalen Nutzung dieses Nähmechanismus der für die Schiffchennähmaschinen typische schnelle Verschleiß der Steuerungselemente des Nadelstangenantriebs gegenüber. Wie bei der Langschiffmaschine war ein Antrieb dieses Mechanismus durch einen Elektromotor wegen der damit verbundenen hohen Nähgeschwindigkeit von vornherein ausgeschlossen. Zur Vervollkommnung der Stichbildung bei dieser Nähmaschine trug deren spätere Ausstattung mit dem Kurvenfadenhebel bei.

Viele Gründe sprechen dafür, daß der Einsatz dieser Nähmaschine nicht allein für private Näharbeiten in der Familie erfolgte, sondern daß dieser Nähmaschinentyp vermutlich auch eine lange Zeit das wesentliche Produktionsmittel der Heimarbeiterinnen in der Konfektion gewesen ist. Verbesserungen von Details, z. B. die Möglichkeit mittels einer schwenkbaren Stichstellerkulisse nicht nur vorwärts, sondern auch rückwärts nähen zu können, deuten auf eine kontinuierliche Weiterentwicklung dieses Maschinentyps hin. Nicht allein als Beleg dauernder Anstrengungen zur Vervollkommnung der Nähtechnologie, vielmehr als Zeichen ungebrochener Nachfrage nach diesem Nähmaschinentyp ist die Tatsache zu werten, daß von der Firma Mundlos AG., Magdeburg im Zeitraum von 1883 bis 1939 zwölf verschiedene Schwingschiffmodelle herausgebracht worden sind. Von einzelnen Nähmaschinenfabriken wurden auch größere Ausführungen dieses Typs für das Schneiderhandwerk sowie für die sich entwickelnde Konfektion fabriziert. 54).

Es ist anzunehmen, daß dieser Maschinentyp mangels geeigneterer Nähmaschinen - d.h. bis zum endgültigen Durchbruch der Greifernähmaschinen - auch in den Werkstätten der Zwischenmeister zur Verwendung gekommen ist. Infolge der massig gebauten hin- und hergehenden Maschinenelemente waren diese Maschinen immer noch schwergehend und ließen keinen schnellen Gang zu. Diese Umstände beim Einsatz im gewerblichen Bereich - nicht nur bei der Fertigung von Oberbekleidung - forcierten die Konstruktion neuer, leichter und schneller gehender Nähmaschinen und damit verbesserter Schlingenfänger.

"Neben der eigentlichen Konfektion und der Weißwarenindustrie sind heute auch alle anderen Industrien der Bekleidungsbranche, wie z. B. die Schuhindustrie, auf die Nähmaschinen mehr oder weniger angewiesen, mit deren Hilfe die Schuhnähte nicht nur schneller und vor allem billiger, sondern auch sauberer und haltbarer hergestellt werden als von der Hand gearbeitet.

In noch höherem Maße hielt die Nähmaschine Einzug in die Sattlerindustrie und in der Handschuhnäherei, für die bereits 1841 Newton und Archibald in England Patente genommen hatten. Für die Strohhutfabrikation wurden von Bosworth und Willcox und Gibbs eigene Nähmaschinen hergestellt und von Bostwick solche für den Gebrauch in Färbereien und Zeugdruckereien, um lange Stoffstücke aneinander zu heften. In entsprechend verbesserter Form gelangte die Nähmaschine außerdem in die Teppich- und Säckenäherei, in die Segelmacherei, in die Treibriemenfabriken und Buchbinderwerkstätten, in die Hut- und Mützenmacherei, Schirmfabrikation, Tapezierwerkstatt, Besatzindustrie und noch viele andere. Selbst in die Räume der jüngsten Industrie, der Luftschiffbaugesellschaften, hat die Nähmaschine ihren Einzug gehalten" (Eulner : 1913, S. 9).

Konkret bedeutete die Forderung nach leistungsfähigeren und weniger verschleißanfälligen Nähmaschinen den Bau von Nähmechanismen - insbesondere von Schlingenfängern -, die mit einem niedrigeren Kraftaufwand eine höhere Leistung erbrachten. Ein wesentlicher Ansatzpunkt der Konstruktion entsprechender Schlingenfängersysteme war es, weniger massig gebaute hin- und hergehende Teile als Schlingenfänger für den Stichbildungsprozeß zu verwenden. Gleichfalls war es notwendig, die Antriebselemente für den Schlingenfänger sowie für die Nadelstange so zu bauen, daß die Nähmaschinen in ihrer Leistungsabgabe unter der Bedingung elektrischen Antriebs und der dadurch möglichen hohen Umdrehungszahlen in keiner Weise von vornherein eingeschränkt gewesen sind.

4.2.1.1.3. Die Bahnschwinggreifer-Nähmaschine (Central-Bobbin)

Mit dem Aufkommen neuer Nähmaschinentypen seit dem Ende der 80er Jahre des letzten Jahrhunderts sind die Schiffchennähmaschinen vermutlich im Verwendungsbereich der hausindustriellen Zwischenmeisterwerkstätten - sog. Betriebswerkstätten der Damen- bzw. der Herrenkonfektionsfirmen existierten in diesem Zeitabschnitt noch nicht - verdrängt und zunehmend durch die sog. Bahnschwinggreifer-Nähmaschinen ersetzt worden. Wenige Jahre später erlebte derjenige Nähmaschinentyp seine Wiederentdeckung und nach konstruktiven Veränderungen seinen technologischen Durchbruch, der heute noch - in modernisierter Form - das am häufigsten verwendete Schlingenfängersystem darstellt, der frei umlaufende Greifer.

Das allgemeine Prinzip der Stichbildung bei den Greifermaschinen 55) bestand darin, daß der Greifer mit seiner Spitze die Oberfadenschlinge fing, diese durch seine Drehung weitete und sie dann über das Spulengehäuse führte. Im Gegensatz zu den Schiffchenmaschinen nahm das Spulengehäuse mit der Unterfadenspule an dieser Bewegung nicht teil, womit sich die zu bewegenden Teile auf den Treiberfinger bzw. auf den eigentlichen Schlingenfänger reduzierten.

"Zur Gattung der Greifer zählt man alle Schlingenfänger, die zur Stichbildung mit einer Spitze oder einem Haken die Nadelfadenschlinge erfassen und weiten und über ein ortsfestes, meist zentrisch innerhalb des Greifers gelagertes Spulengehäuse hinwegführen" (Renters : 1953, S. 63).

Der Bahnschwinggreifer ist aus dem Ringschiffgreifer entwikkelt worden. Dies ist ein Schlingenfänger, der hauptsächlich für Nähmaschinen, die in der Schuhfabrikation sowie für Sattlerarbeiten usw. eingesetzt waren, gebaut wurde. Dieser Greifer ist ein halbkreisförmiges Gebilde mit einer passenden Aushöhlung für die Spulenkapsel und einem Lagerstift in der Mitte. Die Außenseiten dieser Aushöhlung sind nach dem Tragring zu dachförmig abgeschrägt, so daß die Oberfadenschlinge leichter über den Greifer abgleiten kann.

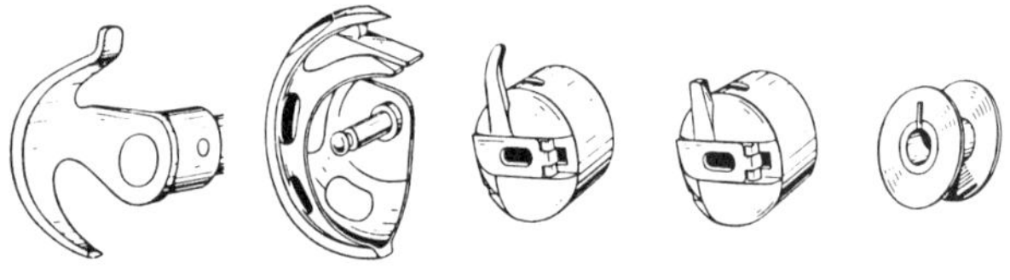

Quelle : Renters, Wilhelm : Der Nähmaschinenfachmann, Bielefeld, 1953, S. 73

Abb.4/7: Bahnschwinggreifer mit Treiber, Spulenkapsel und Spule

Da der Bahnschwinggreifer nicht fest mit einer Antriebswelle verbunden war, benötigte er einerseits eine Führungsnut, in welcher er sich zu bewegen hatte und andererseits eine Vorrichtung zum Antrieb. Den Halt während seiner Bewegung erhielt er durch eine Bahn; dies war eine Nut, in welcher der Greifer dann an seinem Umfang drehbar eingesetzt gewesen ist. Angetrieben worden ist dieser Schlingenfänger durch einen sog. Treiber, der ihn zu einer kreisbogenförmigen hin- und zurückschwingenden Bewegung innerhalb seiner Gleitbahn veranlaßte.

Beim Antrieb des Bahnschwinggreifers wird die beim Drehen der Armwelle entstehende kreisende Bewegung der Kurbelkröpfung in eine auf- und abgehende Bewegung der Kurbelzugstange umgewandelt. Das untere Ende dieser Zugstange ist mit einem Gelenk der Kulissenschwingwelle verbunden, welche die auf- und abgehende Bewegung der vertikalen Zugstange in eine kreisbogenförmige Schwingbewegung umsetzt. Diese Bewegung wird von der Kulissengabel der Schwingwelle über die Treiberwellenkurbel mit Gleitstein auf die Treiberwelle und somit auf den Greifer übertragen. Bei der ersten von rechts nach links schwingenden Bewegung greift die Spitze des Schlingenfängers die Oberfadenschlinge und vergrößert diese im weiteren Bewegungsablauf.

Da gleichzeitig der Fadengeber eine Abwärtsbewegung einnimmt, wird für diesen Vorgang ausreichend Nähfaden bereitgestellt. Im weiteren Verlauf wird die Schlinge über das Spulen- bzw. Greifergehäuse herübergeführt und damit gleichzeitig um den Unterfaden herumgeführt. Nach Erreichen der höchsten Stellung des Greiferrückens geht der Greifer in seine Ausgangsstellung zurück und der Fadenhebel zieht in der Folge seiner Aufwärtsbewegung den Unterfaden mit den von ihm herumgeschlungenen Oberfaden beide Fäden in die Mitte der zu verbindenden Stofflagen ein.

Der Erfolg dieser von dem amerikanischen Nähmaschinenhersteller Singer Manufacturing Co. im Jahr 1887 auf den Markt gebrachten Nähtechnologie lag in den verschiedenen positiven Näheigenschaften begründet. Hervorzuheben sind neben der

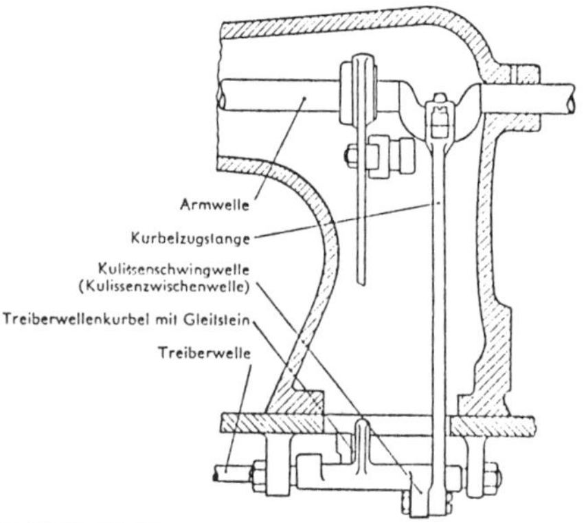

Quelle :	Renters, Wilhelm : Der Nähmaschinenfachmann, Bielefeld 1957, S. 109
Abb.4/8:	Bewegungsübertragung bei der Bahnschwinggreifermaschine

durch diesen Mechanismus erzielten soliden Nahtqualität aufgrund des guten Fadeneinzuges die diese Nähmaschine kennzeichnende Unempfindlichkeit bezüglich der Spannungsregulierung. Trotz der oszillierenden Bewegung liefen Bahnschwinggreifernähmaschinen ziemlich leise. Unabdingbare Voraussetzung für einen ruhigen Lauf dieser Nähmaschine war der spielfreie und genaue Einbau der sich bewegenden Teile (Landgraf : 1981, S. 25).

Aufgrund der hervorragenden Näheigenschaften wurde der Zentralspulengreifer (Central-Bobbin) von beinahe allen großen

Nähmaschinenfabriken sowohl bei Haushalts- als auch bei Gewerbenähmaschinen eingebaut 56). Der Einsatz dieses Greifersystems erfolgte universell, denn dieser Greifertyp ließ sich für fast alle Näharbeiten verwenden 57). Trotz der dauernden Umkehr der Bewegung des Schlingenfängers war die Leistung dieses Nähmechanismus deutlich höher als die der Schiffchennähmaschinen. Sie betrug bei Fußantrieb bis zu 1200 Stiche in der Minute. Mit 1500 - 1800 Stiche/min. bei elektrischem Antrieb konnte die Leistung dieser Nähmaschine um bis zu einem Drittel gegenüber dem Antrieb durch menschliche Kraft gesteigert werden. Entsprechend dieser Steigerung der Maschinenleistung wurde die Aufnahmekapazität der Spule für den Vorrat an Unterfaden erhöht. Sie konnte nun 110 m Garn der Stärke Nm 80 aufnehmen.

4.2.1.1.4. Die Umlaufgreifer-Nähmaschine

Technikgeschichtlich gesehen erfolgte der Durchbruch zu den besonders leistungsfähigen Nähmaschinen - den sog. Schnellnähern - mit der Weiterentwicklung des umlaufenden Greifers als Schlingenfänger in den 70er Jahren des 19. Jahrhunderts. Dabei sind zwei wesentliche Entwicklungslinien zu rekonstruieren: Zum einen die des Umlaufgreifers mit und zum anderen die des Umlaufgreifers ohne Brille. Der Greifer, der 1852 von Wilson entwickelt worden ist und zum ersten Mal in die Umlaufgreifernähmaschine mit Brille eingebaut worden ist, kann als basistechnologische Innovation in der Nähtechnik bezeichnet werden. Noch heute stellt der umlaufende Greifer das am häufigsten verwendete Schlingenfängersystem dar.

Anfangs hafteten diesem von Wilson konstruierten Greifer noch Mängel und Unvollkommenheiten an, die in der Folgezeit durch verschiedene Konstruktionsverbesserungen behoben worden sind. Als Techniker, die die Vervollkommung der Greifermaschinen mit Brille durch ihre innovatorischen Leistungen vorantrieben sind der Amerikaner House 58) und der deutsche Nähmaschinentechniker Matthäus Schlaicher zu nennen. Insbesondere durch die Entwicklungsarbeit von Schlaicher, der 1888 eine völlig verbesserte Umlaufgreifermaschine mit Brille vorstellte, ist ein Greifermaschinentyp auf den Markt gekommen, welcher von dieser Zeit bis in die 50er Jahre dieses Jahrhunderts hinein im Nähmaschinenbau - zuletzt wohl nur noch bei den Haushaltsnähmaschinen - eine nicht geringe Verbreitung gefunden hatte.

Die entscheidende Erfindung auf dem Sektor der Stichbildungstechnologie war allerdings die des Umlaufgreifers ohne Brille durch den Mechaniker Max Gritzner im Jahr 1878 (Renters : 1953, S. 68). Mit dieser, für die damalige Zeit sehr fortschrittlichen Idee der Konstruktion eines Umlaufgreifers ohne Brille schuf Gritzner die Grundlage, auf welcher die heute in der Bekleidungsindustrie eingesetzten, sehr leistungsfähigen Umlaufgreifernähmaschinen entwickelt worden sind. Von verschiedenen amerikanischen Nähmaschinenkonstrukteuren wurde diese Idee später aufgegriffen und weiterentwickelt. Ein Umlaufgreifer dieser Art besteht aus einem kreisförmigen Metallring mit einer Spitze, die auf ihrer Außenseite in eine dachförmige Fläche übergeht und die Funktion besitzt, die Schlinge des Oberfadens um 180° über die Spulenkapsel zu drehen.

Befestigt ist der Umlaufgreifer ohne Brille - wie der Umlaufgreifer mit Brille - direkt am Ende der Greiferwelle durch Schrauben. Er bewegt sich ohne Bewegungsumkehr kontinuierlich kreisförmig in der gleichen Richtung. Ein Festhalten des Spulengehäuses durch eine Brille ist bei dieser Konstruktion nicht mehr notwendig, da die Spulenkapsel in einer im inneren Rand des Greifers gedrehten Nut geführt und durch einen aufgeschraubten Bügel gegen ein Herausfallen gesichert ist. Dadurch, daß ein an der Grundplatte befestigter Kapselstellungsfinger in eine nutenförmige Ausfräsung des Spulengehäuses ragt, wird das Mitdrehen dieser Kapsel durch den Greifer verhindert (Renters : 1953, S. 68).

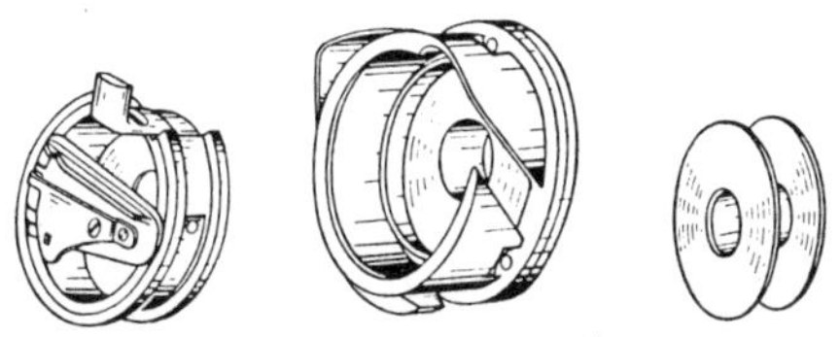

Quelle :	Renters, Wilhelm : Der Nähmaschinenfachmann, Bielefeld 1957, S. 68
Abb.4/9	Brillenloser Gritzner-Umlaufgreifer mit Spulengehäuse und Spule aus dem Jahr 1885

Das Stichbildungsprinzip besteht bei den Greifernähmaschinen darin, daß der Greifer die Oberfadenschlinge fängt, sie weitet und sie über das nicht an der Greiferbewegung beteiligte Spulengehäuse hinwegführt. In Phasen gegliedert, läßt sich der Prozeß der Bildung des Doppelsteppstiches folgendermaßen darstellen:

- 1. Die Spitze des Greifers erfaßt die Oberfadenschlinge und weitet sie.

- 2. Der Greifer führt die aufgenommene Oberfadenschlinge über das Spulengehäuse hinweg.

- 3. Die Oberfadenschlinge rutscht von dem Greifer ab. Infolgedessen gelangt der Unterfaden durch die Schlinge des Oberfadens.

- 4. Der Fadenhebel zieht die Schlinge zu und gleichzeitig wird die Verknüpfung von Ober- und Unterfaden fest in die Mitte der zu verbindenden Stofflagen einzogen.

Bei den gleichmäßig umlaufenden Greifern ohne Brille ist die am meisten verwendetete Ausführung diejenige, bei welcher bei jeder Stichbildung vom Greifer zwei volle Umdrehungen ausgeführt werden, d.h. der Greiferwelle wird eine doppelt so hohe Umlaufgeschwindigkeit wie der Armwelle erteilt 59).

Diese Art der Bewegung des Schlingenfängers war von der Antriebstechnik her einfach zu realisieren. Zur Übertragung der Drehbewegung der Armwelle auf die Greiferwelle wurden unterschiedliche Kraftübertragungselemente verwendet. Neben Kegelräderpaaren und Lochgurten werden für den Antrieb der zweitourig umlaufenden Greifer häufig Schnurketten verwendet. Mittels entsprechender Wahl der Größe der Gurtscheiben bzw. der Zahnräder wird das jeweilige Übersetzungsverhältnis erreicht. Im Fall der eintourigen Umlaufgreifernähmaschine mit ungleichförmiger Greiferbewegung wird die Bewegung durch eine geschlitzte Kurbelzugstange über ein Zwischenglied auf die Greiferwellenkurbel übertragen (Renters : 1957, S. 111 ff.).

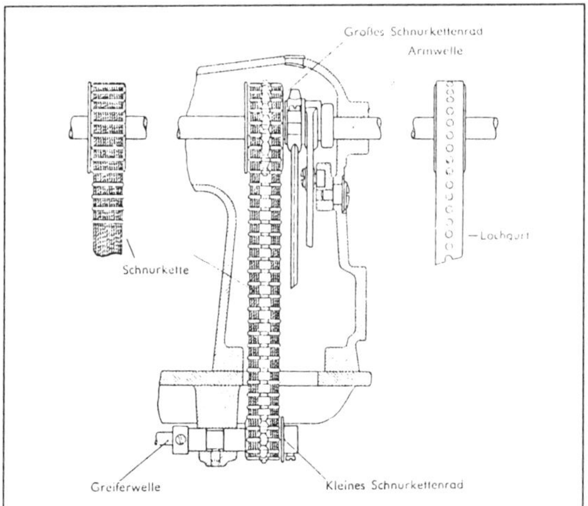

Quelle :	Renters, Wilhelm : Der Nähmaschinenfachmann, Bielefeld, 1957, S. 111
Abb.4/10:	Bewegungsübertragung auf die Greiferwelle mittels Schnurkette bzw. Lochgurt

Im Gegensatz zu der herzförmigen Kurve des Nadelstangenantriebes der Schiffchennähmaschinen wird die Nadelstange bei der Verwendung eines Greifers als Schlingenfänger mittels Kurbel und Zugstange bewegt und dadurch den nähtechnischen Erfordernissen dieser Stichbildungstechnologie angepaßt. Die rotierende Bewegung der Armwelle wird über ein Nadelstangenglied auf die Nadelstange übertragen, die sich infolge dieses Kraftübertragungsmechanismus auf- und abbewegt. Als relevante Einflußgröße auf die Durchschlagskraft der Nadel durch das Nähgut gilt hierbei die Länge der Zugstange. Mit zunehmender Länge der Zugstange wächst die Durchschlagskraft und damit gleichzeitig die Verweildauer der Nadel im Nähgut. Für die Verarbeitung von harten bzw. dicken Materialien werden in der Regel längere Nadelstangenzugstangen eingesetzt als bei Nähmaschinen, die zur Verarbeitung von Nähgut von durchschnittlicher Stärke gebaut sind (Renters: 1957, S. 116).

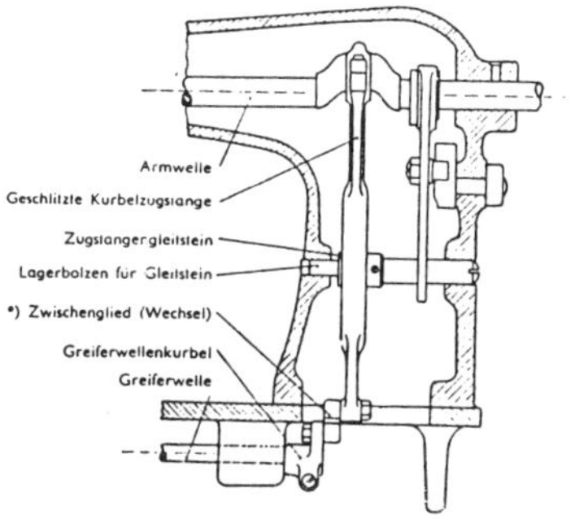

Quelle :	Renters, Wilhelm : Der Nähmaschinenfachmann, Bielefeld, 1953, S. 110
Abb.4/11:	Bewegungsübertragung bei der eintourigen Umlaufgreifer-Nähmaschine

Der Verlauf der Entwicklung bzw. der Einsatz von Nähmaschinen mit den aufgeführten Schlingenfängertypen hat zu einer sukzessiven Leistungssteigerung beim mechanischen bzw. maschinellen Nähen geführt. Mit Nähmaschinen des zuletzt beschriebenen Greifertyps wurden bei Fußantrieb eine Leistung von 1800 Stichen in der Minute erreicht. In den Fällen, in denen diese Nähmaschinen mittels eines geeigneten Elektromotors angetrieben wurden - den sog. Schnellnähern - konnte anfangs eine wesentliche höhere Leistung von ca. 2200 Stichen/ min. erreicht werden. Gegenüber einer Nähmaschine mit einem Zentralspulgreifer bedeutete der Einsatz des Umlaufgreifers eine Leistungssteigerung sowohl bei Fuß- als auch bei maschinellem Antrieb von bis zu 50 %.

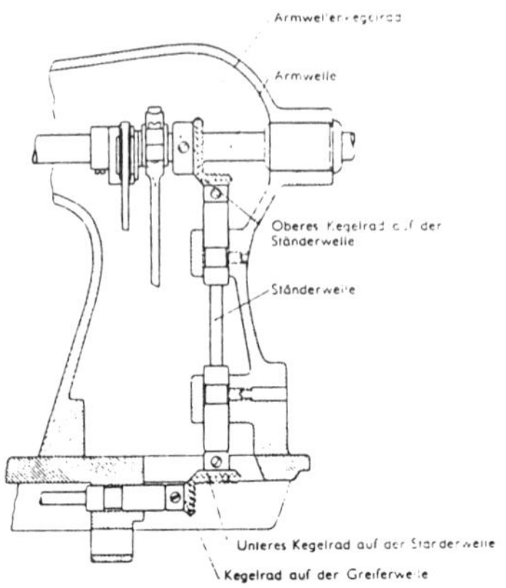

Quelle :	Renters, Wilhelm : Der Nähmaschinenfachmann, Bielefeld, 1953, S. 111
Abb.4/12:	Bewegungsübertragung durch zwei Kegelräderpaare

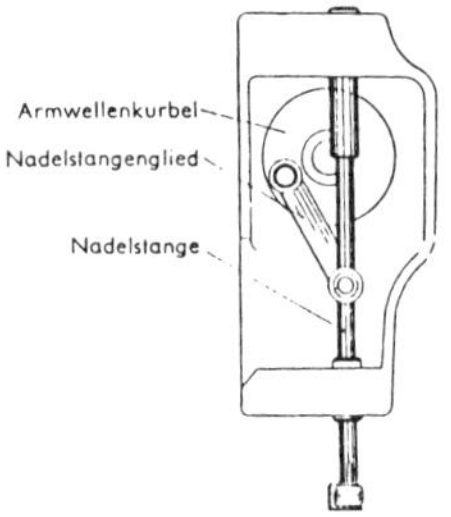

Quelle :	Renters, Wilhelm : Der Nähmaschinenfachmann, Bielefeld, 1953, S. 108
Abb.4/13:	Der Antrieb der Nadelstange

Zu erklären ist diese relativ hohe Nähleistung damit, daß der Bewegungsmechanismus dieser Umlaufgreifermaschinen im wesentlichen nur aus zwei rotierenden Wellen besteht. Dieser Ansatz zur Konstruktion eines Nähmechanismus führte zu außerordentlich geringen Reibungswiderständen, welche wiederum dieses hohe Leistungsvermögen ermöglicht hatten. Durch den Umstand, daß der Schlingenfänger an seinen Außenflächen keiner den Lauf erschwerenden Reibung unterliegt, ist nicht nur die Geschwindigkeit seiner Bewegung, sondern gleichzeitig auch die besonders große Haltbarkeit dieses Schlingenfängersystems begründet. Ein zusätzlicher positiver Effekt ergibt sich daraus, daß beim Umlaufgreifer keine Reibungsflächen existieren und dieser somit nicht geölt zu werden braucht. Infolgedessen kann das Fadenmaterial nicht mit Öl benetzt werden und das Nähgut wird während seiner Verarbeitung vor Verunreinigungen geschützt.

Die Rekonstruktion der wesentlichen Stufen der Entwicklung von Schlingenfängersystemen für das mechanische Nähen läßt deutlich erkennen, daß das wesentliche Ziel der Forschung auf dem Sektor der Nähtechnologie, leistungsfähige Nähmaschinen für die verschiedenen Nutzungsbereiche hervorzubringen, zu Beginn dieses Jahrhunderts - zumindest für die damaligen Anforderungen - weitestgehend erreicht worden ist. Dies gilt sowohl für die Einsatzbereiche in Hausindustrie, Handwerk und Industrie als auch für diejenigen Branchen, in denen die Nähmaschine als das zentrale Produktionsmittel verwendet worden ist. Bis zu diesem Zeitpunkt sind die heute hauptsächlich angewandten Stichbildungstechnologien entwickelt gewesen. Trotzdem ist in der Folgezeit die Nähtechnologie ständig weiterentwickelt und vervollkommnet worden 60). Bis zum Beginn der 50er Jahre geschah dies allerdings mit weniger spektakulären nähtechnologischen Innovationen. Frühe Prognosen, nach denen der Greifertechnologie - insbesondere der des umlaufenden Greifers - eine starke Verbreitung in der nähmaschinenverwendenden Industrie vorausgesagt worden ist, sind eingetroffen.

"Bald darauf folgten die sogenannten Ringgreifersysteme, bei denen das Grundprinzip der alten Wheeler & Wilson-Maschine wieder zur Geltung gebracht wird. Speziell in Altenburg fand zuerst Eingang die Ringschiffmaschine, die seit 1895 gebaut wird; ihr folgten im Jahre 1898 die Rundschiffmaschine und 1902 die Zentral-Bobbin-Maschine. Es hat den Anschein, als ob dem Greifersystem, wenigstens soweit gewerbliche Zwecke in Betracht kommen, die Zukunft gehören werde" (Sagel : 1910, S. 8).

"Während die Singer Co. bei der Konstruktion ihrer Ring-Greiferschiffchenmaschine (Ringschiffchen) und der Ringgreifermaschine (Central-Bobbin), bei der oscillierenden Bewegung geblieben ist, wodurch sich der glatte Übergang des Oberfadens um das Spulengehäuse von selbst ergab, haben die Wheeler & Wilson Co. sowie die Standard Co. die rotierende Bewegung weiter verfolgt, und diese scheint nun endgültig die Oberhand gewonnen zu haben. Für schnellaufende Maschinen ist sie zweifellos die allein in Frage kommende Bewegung" (Lind : 1907, S. 1 ff.).

"Nun wäre es an der Zeit gewesen, daß die deutsche Nähmaschinenindustrie sich allgemein dem Rundschiffsystem zugewendet hätte, wie es ja einige Fabriken, ich erinnere an H. Koch & Co., Baer & Rempel und andere sehr bald taten, wir wären dadurch ohne Zweifel in eine große technische Überlegenheit gekommen, aber das geschah nicht allgemein, sondern man machte vor dem im Singerschen Fahrwasser segelnden Händlerteil eine Verbeugung, und wurde zum Nachbeter der Singer Co., ja noch heute wagen die Fabriken zum Teil nicht den Schritt zur Rundschiffchenmaschine, und bringen Zentralspulensysteme heraus, wo doch ohne Zweifel die vollkommen rundlaufenden Greifer, den schwingenden Zentral-Bobbingreifer in Zukunft übertreffen werden" (Schmidt : 1920, S. 1).

"Die Rotationsgreifermaschine *muß* die deutsche Nähmaschine werden, denn das rotierende System ist dem Schiffchensystem in allen Teilen überlegen, wenn es auch noch sehr des Ausbaues der Vervollkommnung bedarf. Es wird die Zeit kommen, wo sich das rotierende System in alle Industrien und Konfektionen Eingang verschafft und die Schiffchennähmaschine langsam aber sicher verdrängt" (Marpurg : 1920, S. 7).

Relativ schnell hatte sich die Nutzung der Umlaufgreifer-Nähmaschinen zunächst nur bei der Fabrikation von Wäsche durchgesetzt. Zu Beginn der 20er Jahre hatte die schnellaufende Umlaufgreifer-Nähmaschine die Zentralspulgreifer-Nähmaschine in dieser Branche abgelöst (o. V. : 1920, S. 3). Zu vermuten ist, daß zwischen der seit der Jahrhundertwende wachsenden Herstellung von konfektionierter Wäsche in Fabriken und den zunehmenden Einsatz von Schnellnähern dieser Art ein enger Zusammenhang bestanden hat. Eine ähnliche Entwicklung für den Einsatz dieser Nähtechnologie kann für die Fälle angenommen werden, in denen die sog. Arbeiterkonfektion zunehmend in zentralen Betriebswerkstätten, d.h. in Fabriken hergestellt worden ist.

Weniger deutlich ist die in der Damen- und Herrenkonfektion verwendete Nähtechnologie in der Phase ihrer hausindustriell organisierten Form des Produktionsprozesses bzw. zu Beginn ihrer - zaghaften - Industrialisierung in den 20er bzw. 30er Jahren zu bestimmen. Aufgrund der starken Dominanz der Heimarbeit als auch wegen der damit sowohl in der Damen- als auch in der Herrenkonfektion verbunden gewesenen handwerklich orientierten Produktionsmethoden ist zu vermuten, daß in diesem Sektor der Verlagsproduktion nach der Jahrhundertwende überwiegend noch Nähmaschinen mit traditioneller Nähtechnologie, d.h. Schiffchentechnologie, verwendet worden sind. Entscheidend hierfür könnte gewesen sein, daß bei schonendem Gebrauch dieser Nähmaschinen deren Nutzungsdauer zu verlängern war und deswegen Neuanschaffungen in nur größeren Zeitabständen notwendig wurden.

Es erscheint auch plausibel, daß z. B. im Fall des Eintritts in die Selbständigkeit eine Heimarbeiterin aus Kostengründen auf die bewährte Technologie der Schiffchennähmaschine zurückgegriffen hat. Denkbar ist weiterhin, daß aufgrund der in der Heimarbeit angewandten handwerklich orientierten Produktionstechnik - das bedeutete u. a. einen hohen Handarbeitsanteil - sowie der damit einhergegangenen Formen der Arbeitsorganisation bei Neuanschaffungen zunächst noch die Schiffchentechnologie bevorzugt wurde, da vermutlich nur in äußerst seltenen Fällen die Möglichkeit gegeben war, in diesem miniaturisierten Produktionsrahmen die Leistungsspitzen der Greifernähmaschinen voll auszunutzen. Sicher war die Heimarbeit nicht der ideale Einsatzbereich der damaligen am Markt angebotenen besonders leistungsfähigen Nähmaschinen. Auszuschließen ist nicht, daß unter zunehmendem Konkurrenzdruck, sei es durch den wachsenden Anteil der Werkstättenproduktion oder auch aufgrund langsam einsetzender Industrialisierung die in ihrer Wohnung arbeitenden hausindustriellen Produzenten bei Neu- bzw. Ersatzbeschaffungen von Nähmaschinen zunehmend solche mit der Greifertechnologie bevorzugten.

Die anzunehmende zunächst verhaltene Nutzung von Nähmaschinen mit einem umlaufenden Greifer bei der Herstellung von konfektionierter Oberbekleidung ist somit daraus zu erklären, daß in der Damen- bzw. Herrenkonfektion seinerzeit nicht die Produktionsstätten und -formen in dem Ausmaß existierten, um diese Nähtechnologie wirtschaftlich einzusetzen. Zusätzlich bestanden zu Beginn der 20er Jahre bei den Rotationsgreifermaschinen noch technische Defizite, welche den Einzug dieser Nähtechnologie in die Werkstätten der Zwischenmeister bzw. in die ersten sog. Betriebswerkstätten in größerem Ausmaß noch nicht zugelassen haben.

Einzelne Hinweise deuten darauf, daß die Zentralspulengreifer-Nähmaschine (Central-Bobbin) in den größeren Werkstätten der hausindustriellen Damen- und Herrenkonfektion eine stärkere Verbreitung gefunden hat (o. V. : 1920, S. 3). Erst mit der weiteren Vervollkommnung der Umlaufgreifernähmaschinen war die Voraussetzung dafür geschaffen, in bedeutendem Umfang sog. Schnellnähmaschinen mit umlaufendem Greifer auch bei der Herstellung von fertiger Oberbekleidung zu verwenden und damit die Bahnschwinggreifer-Nähmaschinen zunehmend durch diese zu ersetzen. Nicht zu übersehen ist die Wechselwirkung dieses Vervollkommungsschrittes der Umlaufgreifer-Nähmaschine - damit konnten nun auch schwerere Materialien gut verarbeitet werden - mit dem Entstehen der ersten Herrenkleiderfabriken in der zweiten Hälfte der 20er Jahre. Die Entwicklung und der Einsatz von leistungsfähigen Schnellnähern ist darüber hinaus in engem Zusammenhang mit der Veränderung des Arbeitsmarktes sowie den Veränderungen auf dem Gebiet der Sozialpolitik in der Frühphase der Weimarer Republik zu sehen. Die Verknappung des Arbeitskräfteangebotes, der Anstieg der Löhne der Heimarbeiter/innen u.s.w. führten nicht nur zu zunehmender Werkstattarbeit, sondern auch zur Gründung der ersten Herrenoberbekleidungsfabriken. Somit entstanden Organisationsformen der Bekleidungsproduktion, in denen schnellaufende Nähmaschinen als das adäquate Produktionsmittel eingesetzt werden konnten.

"Gerade jetzt, bei dem in absehbarer Zeit zu erwartenden Aufleben unserer Friedenswirtschaft wäre es angebracht, mit mancher alten Tradition aufzuräumen und unsere Nähmaschinen bzw. Spezial-Nähmaschinen in jeder Beziehung konstruktiv auf der Höhe zu halten, um ihnen den Platz auf dem Weltmarkte sicher zu stellen. Die heutigen Verhältnisse mit ihren hohen Löhnen, die Einführung des Achtstundentages, das Verbot der Nachtarbeit legen es außerordentlich nahe, unsere Maschinenfabrikanten oder auch darüber hinaus alle Konstrukteure aufzufordern, darauf hinzuarbeiten, den automatischen Betrieb von menschlicher Arbeit möglichst unabhängig zu machen, soweit dieses nur irgend möglich ist, da bei dem kommenden Wettbewerb nur das Leistungsfähige auf die Dauer bestehen kann" (Graben :1919, S. 1).

Gegenüber dem Einsatz der Doppelsteppstich-Nähmaschinen war die Verwendung von Kettenstich-Nähmaschinen im verlagsmässig organisierten Konfektionsgewerbe von geringerer Bedeutung. Auf die gesamte Nachfrage bezogen nahm der Kauf dieses Maschinentyps in den ersten Jahren dieses Jahrhunderts zunehmend ab (Köhler : 1912, S. 20). Plausibel erscheint die geringe Verwendung der Maschinen dieses Stichtyps in den Arbeitsräumen der Heimarbeiter/innen sowie in den Werkstätten der Zwischenmeister deshalb, da es sich in diesen Fällen überwiegend um Produktionsstätten kleineren Ausmaßes gehandelt hat. In derartigen Kleinst- bzw. Kleinbetrieben ist vielfach nur eine einzige - universell einsetzbare - Doppelsteppstich-Nähmaschine eingesetzt worden. Anzunehmen ist, daß der relativ hohe Anteil an Handarbeiten - insbesondere in der Damenkonfektion - auch in größeren Werkstätten die Verwendung von nur sehr wenigen Nähmaschinen dieses Typs auf einer Werkstatt nahelegte.

Kettenstich-Nähmaschinen sind bis zur Zeit des ersten Weltkrieges in der Konfektion nur für Sonderzwecke eingesetzt worden, bei denen eine hohe Elastizität der Naht im Vordergrund stand (Eulner : 1913, S. 7). Der Einsatz von Kettenstich-Nähmaschinen erlangte erst mit dem Übergang zu größeren Produktionsstätten eine gewisse Bedeutung. Die erst in grösseren Betriebseinheiten sich lohnende Arbeitsspezialisierung führte nicht nur dazu, Ein- bzw. Doppelkettenstich-Nähmaschinen in größerem Maßstab für Teiloperationen, z.B. bei bestimmten Schließnähten, einzusetzen. Insbesondere waren es nun Spezial-Nähmaschinen, die als Kettenstich-Nähmaschinen zum Heften, Unterschlagen usw. verwendet wurden. Darüber hinaus erhielten dem Kettenstich verwandte Stichtypen bzw. entsprechende Maschinen, wie z.B. die Blindstichmaschine beim Festnähen von Saumeinschlägen sowie beim Umstechen von Stoffkanten eine zunehmende Bedeutung innerhalb der stärker arbeitsteilig organisierten Herstellung von fertiger Oberbekleidung.

4.2.1.2. Die technische Struktur und der Einsatz der Spezial-Nähmaschinen bei der Herstellung von fertiger Oberbekleidung

Bestimmte modellunabhängige sowie sich bei der Herstellung von Bekleidungsgegenständen wiederholende Tätigkeiten, die entweder zu Beginn 61) oder als Teil der sog. Ausfertigungsarbeiten zum Ende des Produktionsprozesses zu erledigen und deshalb leicht von den Montage-Näharbeiten zu trennen waren, sind schon frühzeitig als Teilarbeitsprozesse von der Heimarbeit abgespalten worden. Mit Hilfe des Einsatzes von Spezialmaschinen wurden sie entweder im Haus des Verlegers oder in den Räumen eigenständiger Spezial-Heimarbeiter/innen ausgeführt. Wirtschaftlich rentabel wurde die räumliche und die damit verbundene arbeitsorganisatorische Abspaltung einzelner Prozeßfolgen insbesondere durch das Erscheinen der ersten Spezialmaschinen am Markt für Bekleidungsmaschinen. Mit dem Beginn des Einsatzes von Spezial-Nähmaschinen bei der Bekleidungsfertigung deutete sich an, daß deren Nutzung in engem Zusammenhang mit der beginnenden Arbeitsteilung im Konfektionsgewerbe zu sehen ist. Zunächst sollen die technologischen Besonderheiten der Spezial-Nähmaschinen am Beispiel von zwei repräsentativen Maschinentypen, der Knopfloch sowie der Pikiermaschine aufgezeigt werden.

Eine Spezial-Nähmaschine soll dabei als eine nähtechnische Figuration begriffen werden, bei deren jeweiliger Kombination der Bauelemente diese derart in technischer Beziehung zueinander stehen, daß der Einsatz dieses Produktionsmittels nur für einen ganz bestimmten Arbeitsgang geeignet ist. Zu den wesentlichen Bauelementen, deren Konstruktions- sowie Kombinationsvarianten die spezifische technische Struktur der jeweiligen Spezial-Nähmaschine ergeben, gehören u. a. Nähgutsteuerung, Stoffschiebeeinrichtungen, Zusatzgeräte u.s.w. Die auf der Basis der Technologie der Stichbildung des Kettenbzw. des Steppstiches konstruierten Spezial-Nähmaschinen werden als Flach-, Arm- oder Säulenmaschinen gebaut und sind in einigen Fällen auf Spezialtischen montiert.

Zu den ersten Spezial-Nähmaschinen, die für die Ausführung eines einzigen Arbeitsganges konstruiert worden sind, gehört die Knopflochnähmaschine. In den ersten Modellen ist sie als sog. Doppelriegel-Knopflochmaschine gebaut worden. Diese Spezial-Nähmaschine basierte auf dem Doppelsteppstich in Zickzackausführung mit hochgezogenem Perlstich. Vom Prinzip handelte es sich bei dieser Knopfloch-Nähmaschine um einen zwangsläufig gesteuerten Kurznaht-Nähmechanismus. Insofern bestand die technologische Besonderheit dieser Maschine im wesentlichen in der Konstruktion einer für das Nähen - besser gesagt: Säumen - eines Knopfloches speziellen mechanischen Steuerung. Bei Knopflochmaschinen, die zu Beginn dieses Jahrhunderts als Weiterentwicklung auf den Markt kamen - das erste Patent für eine Knopflochmaschine wurde 1884 erteilt - sind die dafür notwendigen Bewegungsmechanismen sämtlich am Arm der Nähmaschine angebracht gewesen (o. V. : 1901, S. 7).

Praktisch ging es bei der Steuerung darum, das Werkstück so zu führen, daß das Knopfloch in der jeweils dafür vorgesehenen Lage genau und reißsicher eingearbeitet wurde. Erzielt wurde dies u. a. dadurch, daß - gewissermaßen als Ersatz für den Presserfuß einerseits sowie den Stoffschieber andererseits - eine Stoffklemme die Funktion dieser beiden Maschinenelemente übernommen hatte. Gleichzeitig entfielen damit jegliche menschlichen Funktionen für die Werkstückführung. Voraussetzung für die einwandfreie Durchführung des Nähprozesses war ein optimales Zusammenwirken der Arbeitselemente mit den Antriebs- bzw. Steuerungselemente. Auf dieser Ebene sind als wesentliche Beziehungen die folgenden Teilbeziehungen für den Betrieb dieser Knopflochnähmaschine relevant gewesen:

- die Querbewegung der Nadelstange wurde durch ein Excenter, welches mit zwei Hebeln und der unter der Maschine gelagerten Welle verbunden war, erreicht

- mittels einer Stichstellschraube wurde das Ausmaß der Querverschiebung der Nadelstange und damit der Saumbreite des Knopfloches geregelt

- für die Bestimmung der Größe der Querverschiebung der Nadelstange während der Verriegelung - d.h. der Riegelbreite - existierte eine Schienenverbindung mit dem Schaltrad

- das Ein- bzw. Ausschalten des Schaltrades erfolgte durch eine Kurvenwalze

- die Längsbewegung der Stoffklemme parallel zur Knopflochöffnung geschah durch eine mit dem Schaltrand verbundene Kurvenscheibe in Verbindung mit einem Kulissenhebel. Hierzu gehörte eine verstellbare Zugstange, die den Schlitten bewegte, auf dem die Stange der Stoffklemme saß. Der von der Länge des Knopfloches abhängige Weg der Stoffklemme wurde durch entsprechende Einstellung der Zugstange festgelegt

- die Verschiebung des Stoffes zum Säumen der zweiten Knopflochkante wurde durch die abgestufte Kurvenbahn auf der Kurvenscheibe gesteuert

- das Messer, das nach dem Säumen der ersten Knopflochkante zum stichweisen Aufschneiden des Knopfloches durch einen Mechanismus eingeschaltet wurde, bewegte sich über mehrere Kraftübertragungselemente. Der gesamte Bewegungsvorgang wurde von einer Kurvenwalze gesteuert (o. V. : 1901, S. 9).

Der Nähprozeß erfolgte nach Einstellung der einzelnen Stichparameter in der Weise, daß die Stoffklemme durch einen zu bewegenden Hebel in Hochstellung gebracht wurde. Danach wurde das Werkstück unter die Stoffklemme gelegt und diese abgesenkt. Mit Beginn des Tretens des Fußpedals wurde der Einschalthebel bis zum Einrasten gehalten. Danach setzte der Näh- bzw. Säumungsvorgang - zunächst des vorderen Knopflochrandes - ein. Im Verlauf dieses Prozesses wurde durch die Bewegung der Stoffklemme der Stoff nach links bis zum Ende des Knopfloches weitergeschoben. Nach der Verriegelung der rechten Knopflochöffnung schob die Stoffklemme den Stoff zur Besäumung des zweiten Knopflochrandes nach vorn. Dabei wurde der Stoff nach rechts bis zum Ende des Knopfloches verschoben, wobei gleichzeitig das Knopflochschneidemesser zum Schneiden der Knopflochöffnung eingeschaltet wurde. Nach Erreichen des Knopflochendes wurde der zweite Riegel genäht und nach dessen Fertigstellung setzte sich der Nähmechanismus selbsttätig still (o. V. : 1901, S. 9).

Die einfädige Pikiermaschine ist als Kettenstichmaschine mit geschweifter Spezialnadel zweifellos die bekannteste Spezial-Nähmaschine aus der Reihe der Blindstichmaschinen. Neben der bogenförmigen Nadel gehören der kurzarmige Greifer mit seinen zwei Fingern, welche das Führen des Fadens zur Schlingenbildung ermöglichen zu den eigentümlichen Bauteilen dieser Maschine. Als weiteres, besonderes konstruktives Merkmal dieser Maschine ist der Transporteur zu nennen, der tatzenförmig gestaltet ist und mit scharrender Bewegung den Transport des Nähgutes ausführt. Beide Elemente sind bei dieser Maschine oberhalb der Stichplatte angebracht. Für den Erhalt der sog. 'Rollpikierung' 62) wurde das Nähgut über ein Rollhorn geführt, wogegen im Fall der Flachpikierung das zu bearbeitende Werkstück auf einer ebenen Auflage liegend durch den Nähmechanismus geführt wurde 63).

Da mit dieser Maschine zwei Stofflagen derart verbunden wurden, daß die Naht nur - außer beim Pikieren des Placks - auf einer Warenseite sichtbar werden durfte, wurde der Stoff auf der komplementären Warenseite von der fadenführenden Nadel nur leicht angestochen, nicht aber voll durchstochen. Um mit der Pikiermaschine die sog. 'Rollpikierung' durchzuführen, wurde z. B. zum Pikieren der 'Klappen' das vorher unterschlagene Saccovorderteil - d.h. Oberstoff und Wattierung in diesem Bereich - so zwischen Rollhorn und Transporteur positioniert, daß die rechte Seite des Oberstoffes auf dem Kopf des Rollhornes lag, so daß die Stichbildung auf der Einlage - in diesem Fall der oberen Stofflage - vorgenommen werden konnte.

Gebildet wird der Stich in der Weise, daß die Nadel in Querrichtung zunächst halbkreisförmig in das Nähgut einsticht und dabei den Oberstoff d.h. die untere Stofflage nur soweit erfaßt, daß sie mit dem Einlagestoff fest verbunden wird. Mit Beginn des Rückganges der Nadel aus ihrer höchsten Hubhöhe bildet sich die Fadenschlinge. Diese wird von dem sich in Nährichtung bewegenden Greifer erfaßt und nach vorn gezogen. Parallel dazu wird das Nähgut durch den Transporteur weitergeschoben. Während die Nadel sich weiter zurück in ihre Ausgangsstellung bewegt, treibt der Greifer die Schlinge bis zum beginnenden Durchbruch in der Stichplatte vor und legt sie am Ende einer kreisenden Bewegung vor die Spitze der zu einem neuen Stichbildungsvorgang ausgerückten Nadel. Diese durchfährt die vom Greifer gehaltene Schlinge, wobei sich in diesem Prozeß die neue Schlinge bildet, die dann - entsprechend dem aufgezeigten Bewegungsmuster - wieder vom Greifer übernommen wird.

Für den Einsatz von Spezial-Nähmaschinen in der Phase der verlagsmäßigen Fertigung lassen sich - grob gesehen - zwei eigenständige Epochen identifizieren. In dem ersten Zeitabschnitt von ca. 1890 bis ca. 1925 war die Nutzung von Spezial-Nähmaschinen vielfach auf den Gebrauch der Knopflochnähmaschine beschränkt gewesen.

"Wir kennen in Deutschland bisher (neben der Zuschneidemaschine, deren Wert aber sehr bedingt ist) nur Nähmaschine und Knopflochmaschine als produktiveren Ersatz der Handarbeit" (Pilgrim : 1927, S. 10).

Je nach den speziellen Umständen, d.h. wo es ökonomisch geboten sowie verarbeitungstechnisch möglich war, sind in engem Zusammenhang mit dem Einsatz von Knopflochnähmaschinen sowohl Knopfannähmaschinen 64) als auch Riegelmaschinen 65) zur Verwendung gekommen.

Von den Wirtschaftszweigen der Oberbekleidungsfertigung her gesehen, war der Einsatz dieser Spezialnähmaschinen zunächst in den Produktionsstätten der Herrenkonfektion sowie in denen der Fertigung von Berufs- bzw. Arbeitskleidung stärker verbreitet. Vermutlich nicht ganz so stark wie in diesen Branchen war die Nutzung dieser Produktionsmittel in der Damenoberbekleidungsbranche. Wegen der häufigeren Ausstattung von Damenmänteln und -jacken mit paspelierten Knopflöchern sowie mit Ösenknöpfen u.s.w. - für welche anfangs keine geeigneten

Maschinen zur Verfügung standen - als auch aufgrund genügend am Arbeitsmarkt vorhandener Handnäherinnen hat sich der Einsatz der o. a. Spezial-Nähmaschinen in dieser Branche zunächst nicht so stark durchgesetzt.

"In der Herren- und Knabenkonfektion verlangen bereits die meisten Unternehmer von ihren (hausindustriellen) Arbeitern, daß sie die Knopflöcher der zu fertigenden Anzüge mit der Maschine nähen oder nähen lassen. Die Anschaffungskosten einer solchen Maschine betragen etwa 500 M.; eine Maschine reicht für eine ganz bedeutende Anzahl Werkstätten aus" (Winter : 1896, S. 13).

Wegen der ökonomisch gebotenen durchgehenden Auslastung dieser Spezial-Nähmaschinen war eine Aufstellung dieser Betriebsmittel in den kleineren und teilweise in den mittleren hausindustriellen Produktionsstätten in keinem Fall zu realisieren. Als Plätze des Einsatzes dieser - trotz der dezentralen Organisation der Produktion - im wesentlichen nur zentral aufgestellten Spezial-Nähmaschinen eigneten sich einerseits die Teil-Werkstätten in den Verlagshäusern, in denen je nach den spezifischen Umständen bestimmte Arbeitsgänge der Ausfertigung von Damen bzw. von Herrenkleidung zentral ausgeführt wurden. Neben den Werkstätten der Zwischenmeister, in denen vielfach Knopflochmaschinen sowohl für den eigenen Bedarf als auch zur Nutzung durch fremde Hausindustrielle aufgestellt gewesen sind, waren es die kleinen Werkstätten bzw. Wohnungen derjenigen Knopflochmaschinenbesitzer/innen, in denen die Maschinenknopflöcher gegen entsprechendes Entgelt pro Stück für die vielen Heimarbeiter/innen gearbeitet wurden. Für sie lohnte sich die Anschaffung einer solchen Spezialmaschine wegen der zu geringen Auslastung nicht.

"Alle Zwischenmeister, die es nicht zur Anschaffung einer Knopflochmaschine bringen konnten, schicken ihre Sachen zu einem Kollegen, der gegen eine Entschädigung von 2 Pfg. pro Knopfloch das Ausstoßen und Umnähen der Knopflöcher übernimmt und die Knopflochseide liefert. Bereits jetzt haben wir so viele Knopflochmaschinen in Breslau, daß manche der angeschafften sich nicht rentieren" (Winter : 1896, S. 13).

"Bereits ist in Amerika die Zuschneidemaschine und die Knopflochmaschine erfunden worden und hat auch schon in München verschiedentlich Eingang gefunden; letztere sogar da, wo man sie zu finden am allerwenigsten erwartet, in verschiedenen kleinen hausindustriellen Betrieben; die teuere Maschine - ihr Preis beträgt 450 bis 500 M. - war hier auf Anzahlung beträgt 75 M., die wöchentlichen Abzahlungen 5 M. Der Besitzer einer solchen Maschine suchte ihre Rentabilität dadurch zu erhöhen, daß er ihre Benützung den in demselben Hause und in der Nachbarschaft wohnenden Kollegen gegen Entgelt verstattete" (Herzberg : 1894, S. 26).

"Die Knopflochmaschine. - Sie ist in fast jedem größeren Betriebe zu finden. Der Verleger hat zumeist einige Maschinen aufgebaut; der Heimarbeiter liefert dann die Stücke ohne Knopflöcher ab, die auf der Maschine des Verlegers gemacht werden. Für die Nichtlieferung von Knopflöchern werden dem Arbeiter entsprechende Abzüge vom Stücklohn gemacht" (Mauer : 1922, S. 26).

Hatte die Aufstellung dieser Spezial-Nähmaschinen auf der Ebene der örtlich-funktionalen Organisation zu den aufgezeigten Zentralisierungstendenzen geführt, so war diese Veränderung nicht nur die notwendige Voraussetzung dafür, um technische Innovationen in Form von speziellen Bekleidungsmaschinen im Produktionssystem Verlag mit dem Ziel der Steigerung der Produktivität der Arbeit einzusetzen. Die zunehmende Zentralisierung der Fertigung - zunächst der Ausfertigungsarbeiten

- war gleichzeitig auch das Ergebnis dieses Maschineneinsatzes. Das konkrete Maß der Leistungssteigerung durch den Gebrauch von Knopflochmaschinen gegenüber den sie ersetzenden manuellen Fertigungstechniken wurde durch den jeweils verwendeten Knopflochmaschinentyp bzw. durch die Art des jeweils herzustellenden Knopfloches bestimmt. Im Vergleich zu dem zeitlichen Aufwand, den die Fertigung eines mit der Hand gearbeiteten Knopfloches erforderte, konnte das Arbeitsergebnis bei der Knopflochfertigung durch den Einsatz entsprechender Spezialmaschinen auf mindestens das 6-fache gesteigert werden.

Mit dem partiellen Übergang von der Handarbeit zur Spezialmaschinenarbeit wurde durch die Nutzung der Knopflochmaschine die weitaus höchste Leistungssteigerung seit der Einführung von Spezial-Nähmaschinen im Konfektionsgewerbe erzielt. Nicht ganz so stark wie bei der Knopflochmaschine, trotzdem aber sehr hoch, war die Steigerung der Leistung bei der Verwendung der Riegelmaschine anstatt der Herstellung eines Riegels mit der Hand. Die mit dem Einsatz der Knopfannähmaschine an Stelle der Handarbeit erreichte Leistungssteigerung war weniger stark 66).

"Während die Anfertigung eines einfachen 2 cm breiten Knopfloches mit der Hand die Zeit von 8 Minuten in Anspruch nimmt, rechnet man für die Herstellung eines gleichen Knopfloches durch die Maschine eine Arbeitszeit von 1 1/4 Minuten, wobei man noch berücksichtigen muß, daß das Knopfloch selbst in 8 Sekunden hergestellt werden kann, die übrige Zeit dagegen auf das richtige Legen des Kleidungsstückes verwendet werden soll" (Cohnen : 1926, S. 46).

"Heute sind in der Münchner Herrenkonfektion ungefähr 34 Knopfloch-, 35 Zuschneide- und 12 Bügelmaschinen in Tätigkeit. Den hohen Wert dieser Maschinen beweist die Tatsache, daß z. B. eine geübte Arbeiterin mindestens 5 Minuten Zeit benötigt um ein Knopfloch anzufertigen, während die Maschine dasselbe in ca. 8 Sekunden gestanzt, genäht und verriegelt hat" (Meyer : 1926, S. 36).

"Hier sind zunächst zu erwähnen die Knopflochmaschinen in ihren verschiedenen Ausführungen, die je nach Fabrikat etwa 200 bis 250 Knopflöcher in der Stunde machen. Eine geübte Handnäherin braucht zu der gleichen Arbeit 60 bis 70 Stunden. Eine ungeheure Zeitersparnis wird also erzielt bei Anwendung dieser Maschinen. Ein nicht minder praktisches Hilfsmittel ist die Knopfannähmaschine, deren Anschaffung sich ebenfalls nur in größeren Betrieben mit weitgehend durchgeführter Arbeitsteilung lohnt. Eine geübte Handnäherin näht stündlich etwa 40 bis 50 Knöpfe an; die Maschine bringt es in der gleichen Zeit auf fast das Zehnfache" (Hensen : 1930, S. 53).

"Die Knopflochmaschine ist weit jünger als die Nähmaschine. Von der Herford-Bielefelder Konfektionsindustrie wurde sie in den 90er Jahren eingeführt. (Die erste Knopflochmaschine erschien 1893 in einem Herforder Betrieb.) Da sie nur elektrisch betrieben werden kann und für die Heimarbeiter zu teuer ist, ist sie immer in der Fabrik aufgestellt. Die Knopflochmaschine stößt mit einem Messer, das je nach Größe auswechselbar ist, das Knopfloch aus, verriegelt (umnäht) es und schneidet die übrigbleibenden Fäden ab. Eine moderne Knopflochmaschine stellt ein Knopfloch in 10 - 15 Sekunden her, der Handarbeiter braucht dazu mindestens 10 Minuten. Auch ist die Maschinenarbeit regelmäßiger als die Handarbeit" (Pilgrim : 1927, S. 50).

"Sie macht normallaufend bei leichten Sachen ein nach außen gebogenes Knopfloch in 7 Sekunden fertig, das sind stündlich, wenn man die Zeit in Abzug bringt, die durch Verschieben und Anreichen der einzelnen Stücke verloren geht, ca. 325 bis 350 Knopflöcher. Eine geübte Handnäherin dagegen braucht 15 Minuten für das gleiche Knopfloch. Wenn auch das handgenähte besser verarbeitet ist, so genügt die maschinelle Ausfertigung bei der Stapelkonfektion. Die eminente Leistung bei der Reece-Maschine hat noch keine Nachahmung gefunden, da die von deutschen Firmen hergestellte "sog. Rundlochmaschine" kein annähernddes Resultat zu bringen vermag. Hierbei dauert der Vorgang etwa 14 Sekunden, da das Einschneiden des Loches mittels Handdruckhebels geschehen muß. Sie verrichtet jedoch das Abschließen oder "Verriegeln" der Knopflöcher selbständig, was bei der amerikanischen Maschine durch eine besondere "Riegelmaschine" zu geschehen hat, die wieder 2 - 3 Sekunden pro Loch benötigt. Rechnen wir für die Reece-Maschine die ganze Zeit des Arbeitsprogramms mit 10 Sek. an, so übertrifft sie die "Rundlochmaschine" noch mit 4 Sekunden" (Cohnen : 1922, S. 76 ff.).

Spezial-Nähmaschinen, mit denen andere als die bisher erwähnten Arbeitspositionen ausgeführt werden konnten, erlangten erst mit der Herausbildung größerer Zwischenmeister- sowie sog. Betriebswerkstätten in der zweiten Hälfte der zwanziger Jahre eine nennenswerte Bedeutung. Als Pionierbranche für die Verwendung dieser Nähmaschinen bei der Herstellung von Oberbekleidung nahm die Berufsbekleidungskonfektion eine besondere Rolle ein 67). Hohe Produktionsmengen gleicher Modelle machten es in dieser Branche möglich, frühzeitig Spezial-Nähmaschinen bei der Herstellung von Arbeitsanzügen, Kitteln u.s.w. einzusetzen. Auch die Zunahme der zu fertigenden Stückzahlen in der Herrenkonfektion und die damit auch in diesem Konfektionszweig geschaffene Möglichkeit zur Herstellung von mengenmäßig großen Serien in größeren Produktionseinheiten sind als Voraussetzung für die Einführung von weiteren Spezial-Nähmaschinen zu sehen. Weniger verbreitet war dagegen der Gebrauch dieser sukzessive am Markt neu angebotenen Maschinentypen in der Damenbranche. Es waren u. a. die spezielle Modellpolitik sowie die stärkere Abhängigkeit von der Mode und der damit einhergegangene stark zersplitterte hausindustrielle Produktionsapparat, der sich gegen eine stärkere Zentralisierung dieser Teilprozesse gesperrt und damit einen stärkeren Einsatz von Spezial-Nähmaschinen verhindert hatte 68).

Im Gegensatz zur ersten Phase des Einsatzes von Spezialmaschinen war die Nutzung dieser Betriebsmittel in dem Zeitabschnitt ihres erweiterten Einsatzes nicht auf die Verwendung für nur wenige Teilprozesse der Endfertigung beschränkt geblieben. Es waren vielmehr voneinander sehr verschiedene Arbeitspositionen der Vorfertigung sowie der Montage, die nach und nach mittels neu geschaffener Spezial-Nähmaschinen ausgeführt werden konnten. Zu den ersten Spezialmaschinen, die in diesen Fertigungsbereichen eingesetzt worden sind, gehörte die Pikiermaschine 69). Als wesentlicher Ansatzpunkt der in der Folgezeit konstruierten und am Markt angebotenen Spezial-Nähmaschinen ist die Ersetzung der bis dahin noch mit der menschlichen Hand mit unter hohem Zeitaufwand ausgeführten Teilarbeitsprozesse wie Heften, Unterschlagen sowie Staffieren anzusehen. Durch den Einsatz von Kantenheft- und Unterschlagmaschine konnten nun Stiche mit relativ großer Länge mittels des Einsatzes von neu gebauten Spezial-Nähmaschinen ausgeführt werden.

Ein weiterer Ansatzpunkt bei der Konstruktion von Spezialmaschinen war der der Zusammenlegung mehrerer, zuvor separat ausgeführter Teilprozesse zu einem mittels der Spezialmaschine kombiniert ausgeführten Arbeitsgang. Als Beispiel hierfür ist die sowohl bei der Sacco- als auch bei der Hosenproduktion im Rahmen der Taschenfertigung verwendete 2-Nadel-

Steppstichmaschine mit eingebautem Messer zum Aufschneiden der Stofflagen zwischen den vorgenähten Paspel-Stoffstreifen anzugeben. Ein zuschaltbares Messer diente beim Verstürzen der Saccokanten als zusätzliche Einrichtung, um die überstehenden Stoffkanten auf eine festgelegte Breite zu begrenzen. Das Beschneiden der Kanten vollzog sich parallel zum Nähen.

Welche Spezial-Nähmaschinen in den Produktionsstätten zum Einsatz gelangten, wurde von sehr unterschiedlichen Faktoren bestimmt. Je nach der Gestaltung der Modelle wurde der Einsatz von am Markt verfügbaren Spezial-Nähmaschinen bestimmt. Darüber hinaus war es u. a. die Verarbeitungs- bzw. Ausstattungsqualität (Genre), von welcher ein weiterer Einfluß auf die Entscheidung über die Verwendung von Spezial-Nähmaschinen oder die Beibehaltung manueller Fertigungstechniken ausgegangen war 70).

Von den zu Beginn der 30er Jahre am Markt für Bekleidungsmaschinen angebotenen ca. 35 verschiedenen Spezial-Nähmaschinenmodellen 71) ist neben den erwähnten in der Endfertigung aufgestellten Maschinen in den mittleren bzw. größeren hausindustriellen Produktionsstätten sicher nur ein begrenztes Spektrum von Spezialmaschinen eingesetzt worden. Zur 'Grundausstattung' einer auf dem damals höchsten technischen Stand ausgestatteten Werkstatt der Herrenkonfektion sind neben der Pikiermaschine, die Heft-, die Unterschlag-, die Kantenverstürz- sowie die Blindstichmaschine zum Umstechen der Kanten zu rechnen. Der Einsatz von weiteren Spezial-Nähmaschinen war wegen der daran geknüpften Voraussetzung der Massenproduktion im wesentlichen nur in den in dieser Zeit in geringerer Zahl gegründeten größeren Herrenkleiderfabriken sowie in den bestehenden Fabriken für Berufsbekleidung ökonomisch sinnvoll 72).

"Neben den genannten Maschinen findet noch eine ganze Reihe anderer Maschinen, meist Spezialmaschinen, Verwendung. Es sind dies: Knopfannähmaschinen, Blindstichmaschinen, Tambouriermaschinen (zum Aufnähen von Besatzstücken - F.D.), Umstechmaschinen, Pikiermaschinen, Paspolmaschinen. Die meisten Betriebe haben nicht alle der genannten Spezialmaschinen, sondern oft nur einige von ihnen" (Häntsch : 1939, S. 118).

"Ansätze zur Anwendung derartiger Maschinen sind im Bekleidungsgewerbe schon länger vorhanden, aber zunächst erst bei der Fabrikation von Berufskleidung angewandt. Neuerdings gewinnen sie in der Großkonfektion an Boden. In Frage kommen in der Hauptsache: Heft-, Unterschlag-, Pikier-, Staffier-, Mehrnadel-, Einfaß-, Zick-Zack-, Auszack-, Knopfloch-, Knopfannäh-, Riegel- und Umstechmaschinen; daneben die schon allerwärts bekannten Zuschneide- und Bügelmaschinen in verschiedener Ausführung" (Hensen : 1930, S. 51 ff.).

"Es handelt sich hauptsächlich um die Maschinen der Singer-Company, die in ungefähr 35 verschiedenen Ausführungen auf den Markt gebracht werden. Erwähnt seien von diesen Spezial-Nähmaschinen hier folgende: Die Schnell-Nähmaschine (3000 Stiche in der Minute), die Knopfloch-, Knopfannäh-, Mehrnadel-, Klappenpikier-, Leinwandpikier-, Umstech-, Kräusel-, Einfaß-, Reih-, Staffier-, Ausstech-, Kappnaht-, Saum-, Kantenstepp- und Kantensturzmaschine" (Leitzke : 1932, S. 50).

Mit der zunehmenden Ausführung bis dahin manuell erledigter Arbeitsgänge durch Spezial-Nähmaschinen ist der Anteil an menschlicher Arbeitszeit bei der Herstellung von Bekleidung stark zurückgedrängt worden und sind die Fertigungszeiten für einzelne Arbeitspositionen auf Bruchteile des menschlichen Zeitaufwandes herabgesunken. Von den Spezial-Nähmaschinen der 'zweiten Generation' waren es insbesondere die Pikier- sowie die Staffiermaschine, deren Einsatz einen quantitativ bedeutsamen Beitrag zur Steigerung der Arbeitsproduktivität lieferte. (Vgl. Jung (Hrsg.) : 1939 a, S. 93 ff.).

"Die Klappenpikiermaschine arbeitet sogar besser als die Hand und erspart ungefähr 50 % der Arbeitszeit. Die Einfaß- und Staffiermaschine ersparen sogar ungefähr 66 % der Arbeitszeit. Die Leinenpikiermaschine wieder verbessert die innere Verarbeitung des Stückes, denn der "Plack" wird bedeutend haltbarer, als wenn er mit der gewöhnlichen Nähmaschine gemacht wird" (Leitzke : 1932, S. 51; Redlich : 1934, S. 72).

"Zum Einsäumen des Hosenbeines, wobei die Naht von außen nicht sichtbar sein darf, dient die Blindstechmaschine, die in einer Stunde gegenüber der Handnäherin, welche drei Stück herstellt, etwa 25 Hosen ausarbeitet. Ähnliche Erfolge erzielen die Umstech- und die Pikiermaschinen" (Hensen : 1930, S. 53).

Neben diesen Auswirkungen auf die Arbeitsproduktivität waren die Konsequenzen des Einsatzes von Spezial-Nähmaschinen bezüglich der Qualifikation der Beschäftigten sowie des geschlechtsspezifischen Arbeitskrafteinsatzes sehr klar. In der Folge des Einsatzes von Spezialmaschinen, der zunehmend arbeitsteiligen Organisation des Produktionsprozesses, wurden an diesen neuen Arbeitsplätzen nur noch Arbeitskräfte mit wesentlich geringeren Qualifikationen beschäftigt. Wegen der mehr oder weniger kurzen sowie sich wiederholenden Arbeitszyklen wurden für diese Teilarbeitsgänge nur angelernte Arbeitskräfte eingesetzt, deren Anlernzeit häufig nur wenige Tage dauerte. In den allermeisten Fällen sind diese Arbeitsplätze mit weiblichen Arbeitskräften besetzt worden.

"Eine weitere Spezialmaschine ist die Kragenannähmaschine. Sie ist noch nicht so verbreitet wie die vorgenannten Maschinen, bringt aber den Betrieben, in denen sie aufgestellt ist, bedeutende Vorteile: das Annähen der Kragen ist im allgemeinen eine Arbeit von teuer entlohnten Schneidern, während die Kragenannähmaschine bequem von Frauen bedient werden kann. Diese Maschine näht den Kragen genau auf und schneidet selbsttätig den überstehenden Stoff ab" (Nussbaum : 1927, S. 26).

"Außerdem bieten diese patentierten Original-Strobel-Rollpikiermaschinen noch einen weiteren Vorteil mit ihrer Eigentümlichkeit, den Stoff glatt auszuspannen und auszudehnen. Die Klappenpikierung fällt hier also wunderbar wellen- und faltenlos aus, dabei ist ihre Herstellung so einfach, daß man für sie sogar Hilfskräfte heranziehen kann" (o. V. : 1933 d, S. 294).

"Die Einführung der Spezialmaschinen macht es möglich, auf die Arbeit der geschulten Schneider zu verzichten. Von der Arbeiterin wird lediglich die Führung des Stückes unter der Maschine, aber genaue Überwachung der Arbeit der Maschine verlangt" (Fritzsche : 1929, S. 25).

4.2.1.3. Die Universal-Nähmaschine und ihr Einsatz bei der Herstellung von fertiger Oberbekleidung

Mit der Universal-Nähmaschine kam in der zweiten Hälfte der 30er Jahre eine Steppstich-Nähmaschine auf den Markt, die wegen ihrer vielseitigen Verwendungsmöglichkeiten besonders für den Einsatz in der hausindustriellen Fertigung geeignet gewesen war. So konnten die hausindustriellen Produzenten in Heim und Werkstatt ein Produktionsmittel einsetzen, welches sie in die Lage versetzte, rationeller zu produzieren. Gleichzeitig konnten sie damit - in allerdings bescheidenem Maß - Anschluß an Tendenzen der rationellen Fertigung gewinnen, wie sie sich aus dem Technikeinsatz der ersten Kleiderfabriken ergeben hatten.

"Die Maschine war nicht eine Verlegenheitslösung, sondern man hatte der Heim- und Kleinindustrie der verschiedensten Branchen einen Motor, ein besonderes Gestell und eine Universal-Nähmaschine geschaffen. Aus dem getrennten Arbeitsverfahren in der Fertigung bei der Großindustrie hatte man der schwächeren Schwester "Heimarbeit und Kleinindustrie" und damit dem Handwerk neuen Inhalt in Gestalt von Universal-Nähmaschinen geschaffen" (o. V. : 1938, S. 6).

Es handelte sich hierbei von der Konstruktion des Nähmechanismus keineswegs um einen neuen Nähmaschinentyp. Allerdings wurde die Zick-Zack-Nähmaschine als Basismaschine - wegen der mit dem Motorantrieb möglichen höheren Leistung - stärker gebaut und somit den gestiegenen Anforderungen angepaßt. D. h., die Nähmaschine war aus diesem Grunde sowohl vom Werkstoff als auch von der baulichen Ausführung her entsprechend solide beschaffen (o. V. : 1938, S. 6). Neben der Ausführung gewöhnlicher Steppnähte konnte diese Nähmaschine universell genutzt werden. Dazu war es notwendig, sie mit Hilfe verschiedenster Zusatzeinrichtungen bzw. Spezialapparate umzurüsten. Nach erfolgter Umrüstung 73) konnten die unterschiedlichsten Spezialnäharbeiten, wie Pikieren, Knopfannähen, Knopflochmachen u.s.w. (Vgl. Daeglau : 1936, S. 76 ff.; Renters : 1938, S. 55 ff.; Donner : 1938, S. 44 ff.;) mit diesem Betriebsmittel ausgeführt werden. Dieses breite Spektrum von Einsatzmöglichkeiten mit einer Nähmaschine ausführen zu können stellte den großen Nutzen der Universal-Nähmaschine dar. Dadurch konnten Näharbeiten, welche bisher von den Heim- bzw. Werkstattarbeitern mit einem sehr hohen manuellen Aufwand erledigt wurden, nun zeitsparender und weniger mühevoll durchgeführt werden. Auch war es unter diesen Bedingungen nicht mehr notwendig, bestimmte Ausfertigungsarbeiten, wie z. B. das Knopflochmachen entweder im Konfektionshaus oder bei einer Knopflocharbeiterin extern durchführen zu lassen.

Mit großem Nutzen konnte die Universal-Nähmaschine dort eingesetzt werden, wo sich die Anschaffung entsprechender Spezialnähmaschinen als nicht rentabel erwies, gleichzeitig auf den produktivitätssteigernden Effekt des Einsatzes dieser Universal-Nähmaschine nicht verzichtet werden konnte. Da dies in den meisten Fällen die kleineren hausindustriellen Produktionsstätten gewesen sind, kann der Einsatz dieser Universal-Nähmaschine im hausindustriellen Sektor auch als maßgeschneiderte Nähmaschinentechnologie für den Einsatz im hausindustriell organisierten Konfektionsgewerbe angesehen werden.

4.2.1.4. Stadien der Mechanisierung des Antriebs der Nähmaschinen

Mit dem Übergang vom Hand- zum Fußantrieb ist auf der Ebene des menschlichen Antriebs des Nähmechanismus ein wesentlicher Fortschritt erreicht worden. Dieser schlug sich einmal darin nieder, daß der Nähmechanismus mit einer höheren Drehzahl angetrieben werden konnte. Wegen der sehr beschränkten Dauerleistung des Armes war eine höhere Stichzahl als 300 Stiche/min. nicht möglich. Nur mittels des Fußantriebes konnte eine deutlich höhere Kraftleistung erreicht werden. Durch die Betätigung der Fußtrittvorrichtung konnte die Stichzahl des Nähmechanismus bis auf 800 Stiche/min. gesteigert werden. Ein zusätzlicher Vorteil des Fußantriebes war der, daß aufgrund der Entlastung der rechten Hand vom Drehen der Handkurbel nun beide Hände der Arbeitsperson frei wurden, wodurch die Führung des Nähgutes während des Nähprozesses stark erleichtert wurde. Notwendig war der Einsatz der rechten Hand allerdings noch zur Abgabe der Schubkraft zu Beginn als auch zum Bremsen bzw. zur Hoch- bzw. Niederstellung der Nadelstange zu Beginn bzw. am Ende des Nähvorganges. Der Antrieb des Nähmechanismus durch ein Tretrad führte aus diesen Gründen zu einer Steigerung der Produktivität der Näharbeit.

Eine in ihren Auswirkungen auf die Produktivität der Arbeit weitaus bedeutendere Weiterentwicklung des Nähmaschinenantriebes hat sich mit der Ersetzung des menschlichen durch den mechanischen Antrieb des Nähmechanismus ergeben. Ausgangspunkt dieser Entwicklung war die Tatsache, daß sich die menschliche Antriebskraft als Fessel für eine weitere Steigerung der Leistung des Nähmechanismus erwiesen hatte. Insbesondere beim Einsatz der Umlaufgreifer-Nähmaschine existierte eine Obergrenze der Nähgeschwindigkeit beim Fußantrieb. Mit der Überwindung dieser Begrenzung der Nähgeschwindigkeit durch die Verwendung von Antriebsmotoren wurde einerseits eine deutliche Erhöhung der Nähgeschwindigkeit erreicht. Andererseits wurde die Arbeitsperson vom dauernden Treten des Fußpedals befreit und somit körperlich stark entlastet.

Vollzogen hat sich die Mechanisierung des Antriebes des Nähmechanismus in zwei Entwicklungsschritten. Der erste bestand in dem Antrieb von mehreren Nähmaschinen durch einen Hauptmotor, welcher eine Transmissionswelle bewegte. Mittels dieser Hauptantriebswelle wurde über ein sog. Vorgelege eine beliebige Anzahl von parallel zu dieser Welle aufgestellten Nähmaschinen angetrieben. Wegen der spezifischen Anordnung der Kraftübertragungselemente als auch der damit verbundenen besonderen Verkettung der Nähmaschinenarbeitsplätze wurde dieser Antriebsmechanismus vielfach als 'Kraftbetriebsanlage' bezeichnet. Als darauf folgende Stufe der weiteren Entwicklung der Mechanisierung des Nähmaschinenantriebes, erfolgte die Konstruktion und der Einsatz des Einzelantriebes der Nähmaschine mittels eines geeigneten über bzw. unterhalb der Nähplatte angebrachten Antriebsmotors. Je nach speziellem Einsatzzweck wurden unterschiedliche Motorentypen verwendet.

Die bei der Motorisierung des Nähmaschinenantriebes hauptsächlich zur Verwendung gekommenen Antriebssysteme sollen im Folgenden in ihrem Aufbau und ihrer Wirkungsweise dargestellt werden. Die damit verbundenen Auswirkungen auf die Leistungsabgabe der unterschiedlichen Nähmaschinentypen sowie die Konsequenzen für die Organisation des Produktionsprozesses bzw. des Materialflusses sollen dabei besonders herausgestellt werden.

4.2.1.4.1. Der Reihenantrieb der Nähmaschine

Die Kraftbetriebsanlage bestand aus Maschinentischen, die nach dem Baukastensystem in beliebiger Anzahl nebeneinander aufgestellt werden konnten. Zu einer Einheit zählten die jeweilige Nähmaschine mit ihrer eigenen Holzplatte sowie das dazugehörige Transmissionsgestell. Seinen Namen hat dieser Reihenantrieb deswegen erhalten, da der Motor die in einer Reihe aufgestellten Nähmaschinen zentral angetrieben hatte. Da von der Transmissionswelle, die von dem Reihen-Antriebsmotor direkt angetrieben worden ist, die Kraft auf jede Maschine separat übertragen werden mußte, war hierfür eine besondere Antriebsvorrichtung notwendig. Die Hauptantriebswelle selbst war über dem Fußpedal angebracht und drehte sich ständig.

Bei der Kraftübertragung war der sog. Untertreiber ein wesentliches Bauelement der Antriebsvorrichtung, die die von der Transmissionswelle abgegebene Bewegung auf die einzelne Nähmaschine übertrug. Der Untertreiber war unter dem Maschinentisch befestigt und bestand aus verschiedensten Kraftübertragungselementen (o.V. : 1903 a, S. 5). Mit Hilfe eines Kordelriemens war das Schnurrad der Nähmaschine mit der großen Schnurscheibe des Untertreibers verbunden. Neben dieser Schnurscheibe als einem wesentlichen Teil der Antriebsvorrichtung saß eine mehrstufige lose Kupplungscheibe, die sog. Stufenscheibe. Diese war als weiteres Element des Untertreibers durch einen Kordelriemen mit der auf der Hauptwelle angebrachten Stufenscheibe verbunden (o.V. : 1902, S.72).

In Betrieb wurde die Nähmaschine dadurch gesetzt, daß infolge eines leichten Herunterdrückens des Pedals mit dem Fuß über ein Gestänge die lose Stufenscheibe - als eigentliche Antriebsscheibe - gegen die sich drehende Kupplungsscheibe gedrückt worden ist. Die Geschwindigkeit des Nähens wurde durch die Stärke des Druckes auf das Pedal bestimmt - langsames Nähen wurde durch geringen Druck und schnelles Nähen wurde durch starken Druck auf das Pedal bewirkt. Der sofortige

Stillstand der Nähmaschine wurde durch ein plötzliches Nachlassen des Druckes erreicht.

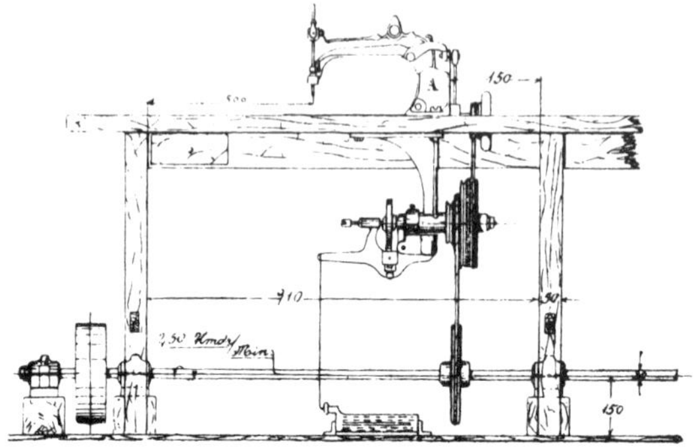

Quelle: O. V.: Über Kraftbetriebseinrichtungen von Baer & Rempel, in : Deutsche Nähmaschinen-Zeitung, Bielefeld 1903 b, Nr. 6, S. 11

Abb.4/14: Kraftbetriebseinrichtung für Nähmaschinen um 1880

Konnte die Leistung einer Nähmaschine unter äußerster Kraftanstrengung der Arbeitsperson bei Fußantrieb maximal 800 bis 1000 Stiche/min. betragen, so konnte mit dem gleichen Nähmechanismus bei Nutzung des Reihenantriebes eine Leistung bis zu 1500 Stiche/min. erreicht werden (o. V. : 1902, S. 72). Als Vorteil dieser frühen Antriebstechnologie ist anzuführen, daß ohne Schwierigkeiten 20 und mehr Nähmaschinen von nur einem Motor angetrieben werden konnten (Heßland : 1954 a, S. 57). Da nur selten alle Nähmaschinen zur gleichen Zeit in Gang gesetzt gewesen sind, ist die Anforderung an die Leistungsstärke des Motors nicht besonders ausgeprägt gewesen. Zum Antrieb einer Nähmaschine genügten 1/15 PS und oft auch weniger.

"Der Kraftaufwand ist natürlich abhängig von der Größe und der Konstruktion der Maschine, von der Art der Arbeit, die geleistet werden soll, und von der Tourenzahl, welche die Nähmaschine bei der Arbeit machen muß. Das häufige, plötzliche Bremsen der Nähmaschinen, namentlich wenn eine größere Anzahl derselben im Betriebe ist, absorbiert auch erheblich viel Kraft. Bei zu schwachen Motoren dürfte der gleichmäßige Gang der Maschine dadurch beeinflußt werden. Wo unsere Phoenix-Nähmaschinen und unsere Antriebsvorrichtungen benutzt werden, läßt sich der Kraftverbrauch mit 1 PS. auf je 15 bis 25 Maschinen, je nach Verhältnissen, ungefähr angeben" (o. V. : 1902, S. 73).

Der Einsatz dieser Antriebstechnologie erfolgte in den verschiedenen Wirtschaftszweigen der Bekleidungsherstellung bzw. in den Branchen, in welchen die Nähmaschine als wesentliches Produktionsmittel Verwendung gefunden hatte zu ganz unterschiedlichen Zeitpunkten sowie Entwicklungsphasen. Abhängig war die Nutzung dieses Reihenantriebs nicht nur von der Existenz genügend großer und zentralisierter Produktionseinheiten, sondern für den Fall des elektrischen Antriebs auch vom Anschluß an die öffentliche Stromversorgung 74). Nicht besonders erklärungsbedürftig scheint dabei das Phänomen zu sein, daß der Reihenantrieb - nicht nur aus räumlichen Gründen - für die Verwendung in den Wohnungen der Heimarbeiter/ innen in keiner Weise geeignet war.

Mit dem Erscheinen der ersten Kraftbetriebsanlagen am Markt gegen Anfang der 80er Jahre des letzten Jahrhunderts wurde der Reihenantrieb mangels entsprechender Voraussetzungen nicht sofort für die Zwecke der Herstellung von ziviler Damen- bzw. Herren-Großkonfektion eingesetzt. Installiert wurden diese Anlagen zunächst vor allem in den Betrieben der Wäschekonfektion - insbesondere bei der Korsettfabrikation - sowie in den Produktionsstätten, in denen Schuhwaren hergestellt worden sind (Tittel : 1914, S. 29; o. V. : 1903 a, S. 3; o. V. : 1903 b, S. 11).

"In richtiger Erkenntnis dieser Tatsachen haben denn auch viele Firmen der Konfektions-, Trikotwaren-, Schuhwaren- und Korsettbranche etc. ihre Tretmaschinen durch Oberteile mit vollständiger Kraftbetriebsanlage ersetzt und es hat sich seitdem ein ziemlich bedeutendes Geschäft hierin entwickelt" (o. V. : 1903 a, S. 3).

Die um die Jahrhundertwende veröffentlichten Urteile über den Einsatz dieser Kraftbetriebsanlagen in den verschiedensten Branchen waren kontrovers. In einigen Fachaufsätzen wird berichtet, daß diese Anlagen zur vollen Zufriedenheit ihrer Anwender laufen. Andere Autoren stellen heraus, daß der motorische Antrieb der Nähmaschinen noch nicht die erhofften Annehmlichkeiten mit sich gebracht habe.

"Die Pfaffschen Anlagen sind sehr leichtlaufend und äußerst solid gearbeitet, was für einen Fabrikbetrieb, der keine Störungen erleiden soll, von großer Wichtigkeit ist. Seit Jahren sind dieselben auch zur vollen Zufriedenheit ihrer Besitzer im Gebrauch bei einer großen Anzahl von Wäsche-, Kleider-, Trikotwaren-, Korset-, Schuh-, Schäfte-, Segeltuchfabriken etc. Auch in vielen Militärwerkstätten und Gefängnissen werden Pfaff-Nähmaschinen mit mechanischem Antrieb verwendet" (o. V. : 1903 a, S. 5).

"Er (-der Reihenantrieb-F.D.) bringt eine gleichmäßige Bewegung hervor; der Schneider braucht bald ein schnelles, bald ein langsames Tempo; komplizierte Riemenscheibenherstellungen würden die Übertragung der motorischen Kraft auf die Maschine kaum nach seiner individuellen Neigung einrichten, und so haben die Schneider oft ihre Maschinen von der mit Dampf getriebenen Welle abgenommen und sie lieber selbst angetrieben und getreten, wie in der Werkstatt der Breslauer Militärbekleidungsdepots" (Winter : 1896, S. 9).

Es ist weiterhin anzunehmen, daß in denjenigen zentralisierten Betriebswerkstätten der Arbeiterkonfektion, in denen um die Jahrhundertwende einfache Arbeitskleidung in größeren Serien hergestellt worden ist, zumindest vereinzelt Kraftbetriebsanlagen zum Antrieb der Nähmaschinen eingesetzt worden sind. Bei der Herstellung von ziviler Oberbekleidung hat die Nutzung dieser Reihenanlagen mit einem zentralen, elektrisch betriebenen Motor erst mit dem Beginn der Fabrikproduktion von Herrenanzügen ihren Einzug in die Nähsäle gefunden.

Charakteristisch ist hierfür, daß der Einsatz dieser Antriebstechnologie sowohl wegen der technischen Auslegung als auch wegen der an ihren Einsatz geknüpften ökonomischen Voraussetzungen zunächst nur in zahlenmäßig sehr wenigen Fällen von ersten Herrenkleiderfabriken in den 20er Jahren erfolgte (Oppenheimer : 1922, S. 112; o. V. : 1927, o. S.). Die Motorisierung des Antriebes von Nähmaschinen in dieser Form in der Herrenkonfektion ist gleichzeitig als Indikator dafür anzusehen, daß die technisch-organisatorische Entwicklung des Produktionsprozesses in dieser Branche deutlich weiter vorangeschritten war als in der Damenkonfektion. Für diese Branche fehlen nicht nur Hinweise auf den Übergang zum Fabrikbetrieb, sondern auch auf den Einsatz von Reihenantrieben mittels Elektromotor in dieser Zeit.

Daß Kraftbetriebsanlagen in besonders großem Umfang in den hausindustriellen Werkstätten des Konfektionsgewerbes installiert worden sind, ist u. a. wegen der mangelnden räumlichen und organisatorischen Voraussetzungen nicht anzunehmen. Ausgeschlossen ist damit keineswegs, daß vor allem in Zwischenmeisterbetrieben, die ihre Gewerberäume in großen Wohnungen hatten, derlei Kraftbetriebsanlagen aufgestellt gewesen sind. Dort, wo die betrieblichen Handlungsorientierungen darauf gerichtet waren, mit der durch den zentralen Antrieb der Nähmaschinen festgelegten Maschinenaufstellung neue Möglichkeiten der Organisation des Produktionsprozesses - wie z. B. mit der Einführung der Fließarbeit zu kombinieren - wurden die Kraftbetriebsanlagen mit offensichtlich gutem Erfolg eingesetzt. Dieses Fertigungssystem galt in gewisser Weise zeitweilig als Prototyp der Kleiderfabrik.

Weiterverfolgt wurde der organisatorische Ansatz der fließenden Fertigung von Oberbekleidung im Rahmen der Politik der forcierten Industrialisierung von der Wirtschaftsgruppe Bekleidungsindustrie als Sachwalter der nationalsozialistischen Industriepolitik auf diesem Sektor. Ein Ergebnis dieses Auftrages der Entwicklung von rationellen Verfahren der Produktionstechnik für die Bekleidungsindustrie war die Hervorhebung des 'Reihensystems' als Kombination der Mechanisierung des Nähmaschinenantriebs mittels des Reihenantriebs mit der Mechanisierung des Transport der Werkstücke mittels Doppelfließbandes 75).

4.2.1.4.2. Der Einzelantrieb der Nähmaschine

Wie im vorangegangenen Abschnitt dargestellt, ist der Reihenantrieb bis zur Mitte der 20er Jahre hauptsächlich in den größeren Produktionsstätten der Wäsche-, Schuh- sowie Berufskleidungsbranche sowie teilweise in den größeren Werkstätten der Zwischenmeister zum Antrieb der Nähmaschinen verwendet worden. Anzunehmen ist, daß die mit der Einführung dieser Antriebstechnologie in der zweiten Hälfte der 20er Jahre bei der frühen fabrikmäßigen Herstellung von Herrenoberbekleidung verbundenen Produktivitätsvorteile mit zum forcierten Einsatz von Nähmaschinenantrieben beigetragen haben, deren Verwendung nicht von vornherein allein auf große Produktionseinheiten mit ausgeprägter Massenproduktion begrenzt gewesen war.

Die erfolgversprechende Entwicklung einer Antriebstechnologie für Nähmaschinen, die sowohl auf die besonderen Einsatzbedingungen im dezentral-kleingewerblichen Konfektionsgewerbe als auch gleichzeitig auf den Gebrauch in den Haushalten gerichtet war, begann kurz vor der Jahrhundertwende mit dem Bau der ersten Anlassermotoren. Bis zu diesem Zeitpunkt wurde an leistungsfähigen Motoren ohne großen Erfolg experimentiert. Wegen der räumlich zersplitterten Heimarbeiterschaft und aufgrund der in der verlagsmäßigen Herstellung von Oberbekleidung vorherrschenden handwerklichen Produktionstechnik, bei der auf den Einsatz von Nähmaschinen in größerem Ausmaß verzichtet wurde, konnte es sich bei dieser Antriebstechnologie nur um einen Einzelantriebsmotor für Nähmaschinen handeln.

Die ersten Gleichstrommotoren, die etwa um 1900 auf den Markt kamen, wurden an der hinteren Kante der Tischplatte des Nähmaschinengestells in Höhe des Antriebsrades angebracht. Sie besaßen einen sog. Reibradantrieb. Dadurch, daß der gesamte Motor mit der Reibradscheibe in Richtung Handrad der Nähmaschine montiert war und unter Federdruck stand, wurde der zur Kraftübertragung notwendige Anpreßdruck zwischen Reibradscheibe und Handrad erzeugt. Wegen der damals existierenden Schwierigkeit, auf elektrischem Weg die Drehzahl des Motors zu regulieren, hatte diese kreisbogenförmig ausschwankbare Reibradscheibe nicht nur eine Antriebsfunktion sondern darüber hinaus konnte durch ihre jeweilige Stellung zum Handrad - d.h. mittels Verlagerung ihres Mittelpunktes - die Geschwindigkeit des Motors bestimmt werden. Die Bedienung bzw. das Ausschwenken des Motors wurde durch einen Seilzug oder eine Zugkette ausgelöst, die am Fußpedal der Nähmaschine befestigt waren (Landgraf : 1982 a, S. 53).

Mangelnde Erfahrungen beim Bau von leistungsfähigen, kleinen Elektromotoren wie auch unausgeräumte Schwierigkeiten bei der Konstruktion der Regelvorrichtungen sowie unausgereifte Universalmotoren waren die Defizite auf der Angebotsseite dieser Antriebstechnologie. Demgegenüber stand eine sehr zögernde Nachfrage nach Einzelantriebsmotoren für Nähmaschinen auf der Nachfrageseite. Dies hatte zur Folge, daß die Entwicklung eines einsatzfähigen elektrischen Antriebs für Nähmaschinen bis nach dem ersten Weltkrieg stagnierte. Unterstützt wurde diese Situation dadurch, daß in ländlichen bzw. kleinstädtischen Regionen die Voraussetzung zum elektrischen Betrieb der Nähmaschine - der Anschluß an das öffentliche Stromnetz - vielfach nicht gewährleistet gewesen war. Die Mechanisierung des Nähmaschinenantriebs mittels des Einzelmotors begann in nennenswertem Ausmaß erst in der zweiten Hälfte der 20er Jahre nachdem leistungsfähige Nähmaschinenmotoren am Markt angeboten wurden und sich die Infrastruktur als Voraussetzung für deren Nutzung wesentlich verbessert hatte.

"Nach dem Ersten Weltkrieg bzw. nach der Überwindung der Inflation setzte im Jahre 1924 mit der gewonnenen Erfahrung im Kleinmotorenbau allmählich die Elektrifizierung der Nähmaschine ein. Die gestellten Anforderungen für den elektrischen Antrieb der Haushaltsnähmaschine, die in erster Linie folgende Punkte umfaßten: Kleine Dimensionen, kräftiges Anzugsmoment (auch im unteren Drehzahlbereich), feinstufige Regulierbarkeit, geringe Wartung und universelle Anschlußmöglichkeit waren zum größten Teil erfüllt" (Landgraf : 1982 b, S. 40).

"Der Fortschritt brachte kleinere Motoren mit größerer Leistung, eine bessere Regulierbarkeit über den Anlasser, ein besseres Anlaufmoment und den Universalmotor für Gleich- und Wechselstrom. Damit begann der Siegeszug der mit einem Elektromotor angetriebenen Haushaltsmaschine in den 20er Jahren.
(...)
Die Firma Max Levy, Berlin, stellte 1924 einen Universalmotor vor, der mit zwei Wellenstümpfen ausgerüstet war, um ihn für links- und rechtslaufende Nähmaschinen verwenden zu können. Dazu war die Friktionsscheibe vom rechten auf den linken Wellenstumpf auszuwechseln und der Motor in seiner Gabelaufhängung um 180° zu drehen. Der Anlasser, ein Kohledruckregler (...) war schon feinstufig regelbar. Etwa um 1930 kam dann der große Durchbruch. Mehr und mehr wurden Haushaltsnähmaschinen mit elektrischem Antrieb ausgestattet" (Landgraf : 1982 a, S. 54).

"Die SSW. (Siemens-Schuckert-Werke-F.D.) sind seit geraumer Zeit bemüht, für Familien- und Heimnähmaschinen einen brauchbaren, allen von der Praxis gestellten Bedingungen genügenden Antrieb durchzubilden, und haben auf Grund eingehender Untersuchungen einen für Gleich- und Wechselstrom verwendbaren, an jede Lichtleitung anschließbaren Sondernähmaschinenantrieb auf den Markt gebracht. Jahrelange Erfahrungen auf diesem Gebiete, Messungen und Dauerproben an den verschiedensten Nähmaschinenerzeugnissen, sowohl im Versuchsfeld der SSW. als auch bei dem größten Teil der deutschen Nähmaschinenwerke, leisten volle Gewähr für das einwandfreie Arbeiten dieses neuen Antriebs" (Bayerlein : 1926, S. 3 ff.).

Entsprechend der Struktur der Nachfrage sind für die verschiedenen mehr oder weniger klar abgrenzbaren Einsatzbereiche die Nähmaschinen in spezielle Baugruppen - Haushalt-, Gewerbe- und Industrienähmaschinen - unterteilt gewesen. Im Verlauf der Entwicklung von Nähmaschinen-Einzelmotoren ergab sich eine analoge Differenzierung der Nähmaschinenantriebe. Maßgeschneidert für die Nutzung bei den verschiedenen Nähmaschinenbauarten bestand das Spektrum der Nähmaschinenantriebsmotoren aus drei verschiedenen Typen:

(1) Haushalt-Nähmaschinenmotor
(2) Universal-Nähmaschinenmotor (Anlassermotor)
(3) Friktions-Nähmaschinenmotor

4.2.1.4.2.1. Der Haushalt-Nähmaschinenmotor

Bei dem Motor zum Antrieb von Haushalt-Nähmaschinen handelte es sich nicht um ein einziges Modell, das sich generell an alle Nähmaschinen bauen ließ. Wegen des breiten Spektrums der damals für den Gebrauch sowohl im Haushalt als auch in der Heimarbeit existierenden Haushalt-Nähmaschinen handelte es sich bei den Motoren für diese Maschinen bei gleicher elektrischer Ausführung um Modelle mit unterschiedlichen Bauarten des Anlassers. Dadurch wurde es möglich, die vorhandenen Nähmaschinen mit jeweils speziell angepaßten Antriebssystemen nachzurüsten bzw. neu gekaufte Nähmaschinen - sofern nicht mit einem fest angebauten Motor versehen 76) - entsprechend auszustatten.

Gebaut wurden die Nähmaschinenmotoren für Haushalt-Nähmaschinen sowohl als Gummischeibenmotoren als auch als Riemenantriebsmotoren (Bustin : 1932 a, S. 207), wobei der Reibrad- bzw. Gummischeibenantrieb eine geringere Antriebsleistung als der Riemenantrieb benötigte. Je nach Bauart der Nähmaschine wurde der Motor entweder auf der Grundplatte oder am Arm des Nähmaschinenoberteiles befestigt. War am Maschinenarm ein Verschlußblech vorhanden, so wurde dieses durch eine spezielle Haltevorrichtung ersetzt, in welche der Motor eingehängt wurde (o. V. : 1932, S. 380). Insbesondere bei versenkbaren Nähmaschinen wurde der Motor schwenkbar - d.h. an einem federnden Schwenkarm, der sich um einen Ständer drehen ließ - auf der Grundplatte installiert (o. V. 1925/26, S. 48).

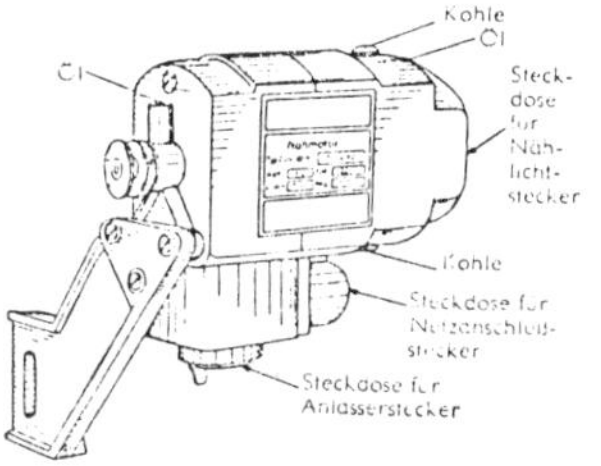

Quelle: Renters, Wilhelm : Der Nähmaschinenfachmann, Bielefeld 1953, S. 116

Abb.4/15: Nähmaschinen-Motor für Haushaltnähmaschinen

Dadurch war es möglich, für den Nichtgebrauch der Maschine den Motor unter den Nähmaschinenarm einzuschwenken, so daß er mit dem Maschinenoberteil zusammen versenkt werden konnte. Der Motor für in Heimarbeit und Haushalt verwendete Nähmaschinen hatte eine Leistung von ca. 1/20 PS und eine Tourenzahl von n = 6500 bzw. n = 4500 (o. V. : 1933 b, S. 135). In verschiedenen Bauarten wurde der Anlasser für diese Motoren hergestellt: Als Zuganlasser zur Befestigung am Nähmaschinengestell sowie bei sog. Möbelnähmaschinen als Kniescheibenanlasser (Bustin : 1932 a, S. 207). Der Fußtrittanlasser war im Gegensatz zu diesen beiden Anlasserarten nicht fest an dem Nähmaschinengestell installiert, sondern mittels einer Stekkerleitung mit dem Motor verbunden.

Die Kraftübertragung zwischen Motor und Nähmechanismus geschah z. B. bei dem Gummischeibenmotor durch ein kleines, am

Ende der Motorwelle angebrachtes Reibrad. Durch eine am Motorgehäuse befestigte Feder wurde der Gummiring des Reibrades fest an das Handrad der Nähmaschine gepresst. Möglich war es auch, den Federdruck zu ändern, wodurch der Druck zwischen dem Reibrand des Motors und dem Handrad der Nähmaschine auf ein optimales Verhältnis eingestellt werden konnte.

Zum Anlassen und zur Regelung der Motordrehzahl bzw. der Stichzahl der Nähmaschine diente z. B. ein Fußtrittregelanlasser. Hierbei ruhte der Fuß der Arbeitsperson auf der Trittplatte, die durch eine Feder in der Ausschaltstellung gehalten wurde. Durch schwächeres oder stärkeres Niederdrükken dieser Trittplatte wurde der im Hauptstromkreis liegende Widerstand stufenweise abgeschaltet und dadurch eine niedrigere oder hohe Drehzahl des Motors bzw. Stichzahl der Nähmaschine erreicht. Die Nähgeschwindigkeit der Maschine konnte in verschiedenen Stufen vom Einzelstichnähen bis zur maximalen Stichzahl geregelt werden. Mittels eines am Regler angebrachten Anschlagens konnte der Regelbereich begrenzt, d.h. die maximale Drehzahl auf einen bestimmten Höchstwert festgelegt und somit nicht überschritten werden.

4.2.1.4.2.2. Der Anlassermotor

In den größeren hausindustriellen Werkstätten, d.h. den Zwischenmeisterwerkstätten sowie in den ersten Betriebswerkstätten der Konfektion kamen Nähmaschinen zum Einsatz, die wesentlich stärker gebaut waren, als die Maschinen, welche von den meisten Heimarbeiter/innen in ihren Wohnungen genutzt worden sind. Da diese größeren Produktionseinheiten andere Organisationsformen der Produktion zuließen als in der Heimarbeit, konnte die dort verwendeten Nähmaschinen - die sog. Schnellnähmaschinen - intensiver genutzt werden. Konsequenz dieser intensiveren Nutzung war die stärkere Beanspruchung dieser Nähmaschinen samt deren Antriebsaggregate. Um die Leistungsfähigkeit dieser Nähmaschinen restlos ausnutzen zu können, waren besonders geeignete Antriebsmotoren erforderlich, da von der menschlichen Arbeitskraft die dazu notwendige hohe Dauerleistung nicht erbracht werden konnte.

Für diese, sowohl in Gewerbe als auch in der Industrie eingesetzten Schnellnähmaschinen sind entsprechende Antriebe konstruiert worden und zur Verwendung gekommen. Dadurch war die Möglichkeit geschaffen, bei elektrischem Antrieb eine Leistung von ca. 3500 Stichen/min. zu erzielen sowie bei völlig erschütterungsfreiem und leisem Gang zu nähen (Bayerlein : 1926, S. 6). Diese Motoren waren den höheren Anforderungen entsprechend stark gebaut und wie die Haushaltsantriebe für Gleich- und Wechselstrom verwendbar. Ausgelegt war dieser stärkere Motorentyp für Leistungen zwischen 1/10 und 1/5 PS, wobei die Drehzahlen zwischen n = 2000 und n = 4500 U/min. schwankten (o. V. : 1933 b, S. 135).

Für die Installation der Anlage am Maschinentisch existierten zwei Möglichkeiten, bei denen jeweils unterschiedliche Kraftübertragungselemente zur Verwendung gekommen sind. Zum einen gab es - wie beim Motor für Haushaltnähmaschinen - einen auf einem Böckchen federnd angeordneten Motor, wobei die Halterung in diesem Fall fest auf dem Maschinentisch angeschraubt war und der Motor mittels eines Reibrades das Handrad der Nähmaschine direkt antrieb. Bei der zweiten Variante war der Motor unter der Tischplatte hängend angebracht und über einen Riemen war die Antriebsscheibe des Motors mit dem Handrad der Nähmaschine verbunden.

Bevor sich Antriebsaggregate durchsetzten, bei denen Motor und Anlasser eine bauliche Einheit darstellten (o. V. : 1939, S. 18 ff.) waren diese Antriebselemente getrennt am Maschinengestell angebracht. Zur Inbetriebnahme wurde bei diesem Maschinentyp - den mittelschweren und schweren Gewerbenähmaschinen bzw. den leichteren Industrienähmaschinen - der Anlasser grundsätzlich durch Zugstange und Fußtritt betätigt. Durch das Heruntertreten der Fußtrittplatte wurde die Zugstange, deren unteres Ende durch eine Kette mit dem Fußtritt der Nähmaschine verbunden war, heruntergezogen. Je tiefer die Kette durch den Fußtritt heruntergezogen wurde, desto schneller lief der Motor und entsprechend höhere Stichzahlen konnten erreicht werden. Hervorzuheben ist, daß die eingebaute Bremsvorrichtung eine genaue Regelung der Stichzahlen erlaubte und wegen der Momentstillstandsbremse ein fast unmittelbar sofortiges Stillsetzen auch bei der höchsten Stichzahl möglich gewesen ist, da die Bremse zwangsläufig mit dem Anlasser betätigt wurde (Bustin : 1932 a, S. 207; vgl. o. V. : 1929, S. 18 ff.). Falls eine bestimmte Stichzahl/min. nicht überschritten werden sollte, konnte die Leistungsabgabe des Motors auch hier durch entsprechende Einstellung einer am Widerstand angebrachten Fixierschraube begrenzt werden (Bayerlein : 1926, S. 7).

Mit diesem Universalantrieb für Nähmaschinen konnte ein Elektromotor eingesetzt werden, der den besonderen Anforderungen beim Einsatz in größeren Zwischenmeisterwerkstätten bzw. von leichteren Industrienähmaschinen angepaßt gewesen ist. In dieser Ausführung war er geeignet, angestrengten Dauerbetrieb auszuhalten, ohne irgendwelche unzulässigen Temperaturen anzunehmen oder in seiner Leistung nachzulassen.

4.2.1.4.2.3. Der Friktions-Kupplungsmotor

In den Fällen, in denen von einzelnen Nähmaschinen hinsichtlich Drehzahl und Leistung noch weitergehende Anforderungen an den Antrieb gestellt wurden, als sie durch den vorgehend vorgestellten Universalantrieb eingelöst werden konnten, kam mit dem Friktions-Nähmaschinenmotor ein Antriebssystem zum Einsatz, welches den damaligen allerhöchsten Beanspruchungen gerecht wurde.

Der wesentliche Unterschied zwischen Friktionsmotoren und den bisher aufgeführten Anlassermotoren bestand in der Art der Stichzahlregulierung. Bei den beschriebenen Haushalt- und Gewerbe-Nähmaschinenmotoren erfolgte sie durch die Veränderung der Drehzahl des Motors wogegen beim Friktionsmotor die Stichzahl bzw. die Nähgeschwindigkeit durch den Schlupf zwischen der Motordrehzahl und der Maschinendrehzahl bestimmt worden ist (Schultheiss : 1929, S. 153 ff.). Aus diesem technologischen Unterschied ergab sich, daß die Drehzahl bei den Friktionsmotoren nicht auf elektrischem, sondern auf mechanischem Weg reguliert worden ist.

Die konstruktive Basis hierfür war, daß dieser Motorentyp in sich den elektrischen Antrieb mit dem sonst an Gewerbe- und Industrienähmaschinen befindlichen Untertreiber vereinte. Dieses als Friktionskupplung bezeichnete Maschinenteil war direkt an den Motor angebaut. Die Funktion dieser konischen Lederscheibenkupplung war, durch mehr oder weniger starkes Einrücken derselben die Drehzahl der Riemenscheibe und damit die Stichzahl der Nähmaschine so zu regulieren, daß mit diesem Motor nicht nur höchste, sondern auch niedrige Stichzahlen erreicht werden konnten 77). Die Kraftübertragung erfolgte mittels eines Riemens von der Riemenscheibe auf das Antriebsrad der Nähmaschine. Ähnlich wie beim Transmissionsantrieb lief auch beim Friktionsmotor der Motor während der Betriebszeit ständig, während der Nähvorgang erst mit dem Einrücken der Friktionskupplung begann. Das Ein- bzw. Ausrükken der Kupplung erfolgte über eine Zugkette oder eine Zugstange durch das Niedertreten des Nähmaschinentritts. Friktionsmotoren wurden unter dem Maschinentisch hängend montiert.

Mit der Friktionskupplung ist weiterhin die Möglichkeit gegeben gewesen, die Stichzahl der Nähmaschine in so weiten Grenzen zu regulieren, wie dies mit Hilfe einer anderen mechanischen Reguliervorrichtung bis dahin nicht erreicht werden konnte. Es war auch möglich, den Nähvorgang auf den Stich genau - vom langsamsten Anlaufstich bis zur höchsten Stichzahl - zu regulieren. Durch die eingebaute Momentstillstandsbremse konnte der Motor und damit die Nähmaschine auf den Stich genau abgestoppt werden (o. V. : 1933 a, S. 108). Gebaut wurden diese Motoren für alle Stromarten und Spannungen. Der Leistungsbereich, in denen diese Motoren angeboten worden sind, umfaßte Stärken von 1/8 bis 1/ PS bei einer Grundtourenzahl von n = 1450 U/min. Eine kleinere Variante dieses Friktionsmotors ist mit einer Leistung von 1/5 PS bei einer Grundtourenzahl von n = 3000 U/min. ausgestattet gewesen (o. V. : 1933 a, S. 108).

"Neuerdings nun hat die Firma eine Erweiterung ihres Fabrikationsprogramms in diesen Nähmaschinen-Motoren vorgenommen, dahingehend, daß jetzt auch ein kleiner Friktionsmotor gebaut wird, der sowohl in seinen Abmessungen als auch in seinem Gewicht wesentlich unter den Daten des oben beschriebenen Friktionsmotors Type KF 1 - KF 5 bleibt. Es handelt sich um die Type KF 0, die mit einer Leistung von 1/5 PS und einer Drehzahl von ca. 3000 ausgestattet ist. Dieser Motor ist seit etwa einem halben Jahre auf dem Markt und hat sich in der verhältnismäßig kurzen Zeit außerordentlich gut eingeführt und erfreut sich großer Beliebtheit. Diese Beliebtheit ruht nicht nur darauf, daß die Abmessungen und Gewichte dieses Motors sehr klein sind, sondern auch der Preis gibt jedem die Möglichkeit, diesen Motor zu verwenden, soweit der Kraftbedarf der Nähmaschine dies zuläßt" (o. V. : 1933 a, S. 108).

Der große Vorteil dieser solide und kräftig gebauten Friktionsmotoren lag darin, daß es sich hierbei um einen Antrieb gehandelt hat, welcher Dauerbeanspruchungen sehr gut gewachsen gewesen war. Er war deshalb dort besonders vorteilhaft einzusetzen, wo er mit stärkster Intensität beansprucht wurde. Wegen der Breite der Ausführungen in den unterschiedlichen Leistungsvarianten sind in der Mitte der 30er Jahre sehr weite Einsatzmöglichkeiten dieser Motoren zum Antrieb von Nähmaschinen gegeben gewesen. Dieses Spektrum war davor begrenzt und umfaßte nur schwere und schwerste Industrie- und Spezialnähmaschinen. Mit dem Erscheinen des Friktionsmotors in der kleineren Ausführung auf dem Markt im Jahr 1932 ist zumindest dessen potentieller Einsatzbereich sehr stark ausgedehnt worden. Er umfaßte danach von der Produktionsmittelseite her gesehen zusätzlich den Antrieb der leichteren und mittleren Gewerbe- und Industrienähmaschinen einschließlich der Spezialmaschinen (o. V. : 1933 b, S. 401). Für dieses Segment galt der kleinere Friktionsmotor als Ersatz für den Anlassermotor.

Mit dem Erscheinen eines kleineren Friktionsmotors auf dem Markt bestand nun prinzipiell die Möglichkeit, die technische Ausstattung der hausindustriellen Zwischenmeisterwerkstätten zu vervollkommnen. Ob und inwieweit es daraufhin in den hausindustriellen Werkstätten zu einer Umrüstung von Anlasser- auf Friktionsmotoren gekommen ist, kann nicht genau nachgezeichnet werden. Zu vermuten ist, daß dieser neue Antrieb nicht in kleineren und mittleren Werkstätten und in größeren Werkstätten nur vereinzelt bei Schnellnähmaschinen eingesetzt worden ist. Eine wesentlich größere Bedeutung kam diesem kleineren Friktionsmotor beim Übergang von der hausindustriellen Fertigung zur Fabrikfertigung zu. Der Einsatz dieses Motors bot sich nicht nur bei der technischen Ausrüstung neuerrichteter Kleiderfabriken an. Der Kupplungsmotor war als Einzelantrieb gleichzeitig die Voraussetzung für die Abkehr von der 'Kraftbetriebsanlage' und bot damit prinzipiell die Möglichkeit zu den verschiedensten Möglicheiten der Arbeitsplatzaufstellung und der Organisation des Materialflusses.

Mit dieser Entwicklung bestand nun die Möglichkeit, den Nähprozeß in dieser konkreten Weise in den hausindustriellen Werkstätten der Konfektion zu maschinisieren. So ist - neben den stärkeren Motoren für den Antrieb von Spezialmaschinen - günstigstenfalls nur die kleinere Ausführung des Friktionsmotors in größeren Zwischenmeisterwerkstätten für den Antrieb von Schnellnähmaschinen eingesetzt worden. Eine größere Bedeutung besaßen diese Nähmaschinenantriebe beim Übergang von der Zwischenmeisterwerkstatt zur Fabrikfertigung und hierbei vorzugsweise in den Fällen der Organisation des Produktionsprozesses in fließender Fertigung unter dem Einsatz mechanischer Transportsysteme.

"Besonders geeignet erscheinen die Friktions-Motoren in Betrieben, die ihre Maschinen so stark strapazieren, also vor allen Dingen in Großnähereien, besonders wenn sie zu Einzelantrieb in Verbindung mit Fließbandfertigung übergehen" (o. V. : 1933 e, S. 337).

4.2.2. Organisatorische Strukturen des Produktionsprozesses im Konfektionsgewerbe

4.2.2.1. Funktional-organisatorische Strukturen des Produktionsprozesses im Konfektionsgewerbe

Im Gegensatz zur zentralisierten Durchführung des fabrikmäßig-industriell organisierten Produktionsprozesses ist der verlagsmäßig organisierte Produktionsprozeß durch seine spezifische Arbeitsteilung zwischen Handelsgeschäft einerseits und Fertigung andererseits gekennzeichnet gewesen. Die funktionale Arbeitsteilung hatte zur Konsequenz, daß der verlagsmäßige Produktionsprozeß örtlich geteilt gewesen ist und infolgedessen an mehreren Stellen stattgefunden hat. Als notwendige Konsequenz ergab sich daraus eine organisatorische Ebene des Produktionsprozesses, welche durch die ökonomischen Beziehungen zwischen den Verlegern und den Verlagsproduzenten als auch - bei bestimmten Formen arbeitsteilig organisierter Teilprozesse - zwischen den unterschiedlichen Verlagsproduzenten gekennzeichnet war.

Diese funktional-organisatorische Ebene gilt als Ansatzpunkt, um die Organisation der Herstellung von fertiger Damen- bzw. Herrenoberbekleidung im Verlagssystem zu rekonstruieren. Im Rückblick auf diese Phase vorindustrieller Bekleidungsproduktion zeigt sich, daß unterschiedliche Möglichkeiten von Beziehungen zwischen Verlegern und Verlagsproduzenten nebeneinander bestanden haben. Innerhalb dieser einzelnen Muster der funktional-organisatorischen Beziehungen existierten wiederum verschiedene Varianten der funktionalen und räumlichen Koordination der Teilprozesse des gesamten Ablaufs vom Modellentwurf bis zur endgültigen Fertigstellung des Kleidungsstückes.

Ausgangspunkt der Darstellung und der Analyse der Herausbildung unterschiedlicher 'Betriebsformen' innerhalb der Konfektion soll das idealtypische Beziehungsmuster zwischen Verlegern und Verlagsproduzenten sein. Bei diesem kamen den Verlegern die kaufmännischen und den Verlagsproduzenten die gewerblichen Funktionen zu. Der Typ der verlagsmäßigen Organisation des Produktionsprozesses, bei dem diese Trennung der Funktionen strikt durchgehalten worden ist, soll als 'reines' Verlagssystem bezeichnet werden. Diese klassische Form verlagsmäßiger Arbeitsteilung drückte sich zu Beginn der verlagsmäßigen Herstellung von fertiger Oberbekleidung darin aus, daß die Aufgaben des Verlegers in der Beschaffung der Rohstoffe, der Erstellung des Modellentwurfs sowie in der Organisation des Absatzes bestanden. Der Verleger, der sich "ganz auf seine händlerischen und modischen Aufgaben" konzentrierte, griff nicht in den technisch-arbeitsorganisatorischen Herstellungsprozeß ein (Redlich : 1934, S. 61).

Allein den Inhabern der Werkstätten sowie den von ihnen beschäftigten Arbeiter/innen fielen bei dieser scharfen Trennung der Funktionen diejenigen Arbeitsaufgaben bzw. -verrichtungen zu, mit denen sie in produktiver Funktion ihren Beitrag zum Gesamtergebnis der Kleiderfertigung leisteten. Mit dieser funktionalen und gleichzeitig personalen Trennung der im Konfektionsgewerbe angefallenen Aufgaben ging deren dezentrale Ausführung einher. Der Ort der verlegerischen Aktivitäten war in jedem Fall das Konfektionshaus unter der Leitung des Verlegers. Die einzelnen Produktionsabschnitte wie Zuschneiden, Einrichten, Nähen u.s.w. erfolgten im 'reinen' Verlagssystems außerhalb des Konfektionshauses. Sie wurden entweder in den Werkstätten der Zwischenmeister oder in den Wohnungen der Heimarbeiter/innen ausgeführt.

Ausgehend von diesem einfachen Strukturmodell der funktionalen Organisation der Produktion im Konfektionsgewerbe soll die Herausbildung derjenigen 'Betriebsformen' nachgezeichnet werden, die den Rahmen des reinen Verlagssystems überschritten. Damit soll die gesamte Breite funktional-organisatorischer Strukturen im Konfektionsgewerbe dargestellt werden, welche das facettenhafte Erscheinungsbild der Produktionsseite des Konfektionsgewerbes über einen Zeitraum von ca. einhundert Jahren in entscheidender Weise geprägt hatte.

Als wichtigste Kriterien der Analyse der Herausbildung der funktional-organisatorischen Struktur der Verlagsproduktion im Konfektionsgewerbe dienen dabei die Variablen 'funktionale' und 'örtliche' Gliederung des Produktionsprozesses sowie die Verfügung über den Produktionsprozeß. Mit Hilfe dieser Größen wird die Möglichkeit eröffnet, die Herausbildung des Gesamtsystems verlagsmäßiger Fertigung nachzuzeichnen. Auch können damit seine Besonderheiten präziser erfaßt sowie eventuelle Tendenzen der fabrikmäßigen Produktion aufgezeigt werden. Darüber hinaus liefert dieser Ansatz - da mit seiner Hilfe die den Entwicklungsprozeß der Produktion bestimmenden Momente auf ihre Auswirkung auf die Gestaltung des Arbeitsprozesses überprüft werden können - die Möglichkeit, das sich im Konfektionsgewerbe durchgesetzte Verhältnis von Technik und Arbeitsorganisation näher zu bestimmen sowie im Zusammenhang damit die Wechselwirkung mit der Herausbildung der 'Betriebsformen' näher zu untersuchen.

4.2.2.1.1. Organisationstypen der 'reinen' verlagsmäßig organisierten Produktion von fertiger Oberbekleidung

Der Typ des 'reinen' Verlagssystems in der konfektionierten Herstellung von Oberbekleidung ist dadurch gekennzeichnet gewesen, daß sich die Tätigkeit des Verlegers auf den Einkauf der Ober-, Einlagen- und Futterstoffe bzw. der Kleinteile wie Knöpfe, Schnallen u.s.w., die Modell- bzw. Produktgestaltung sowie den Absatz der gefertigten Bekleidungsstücke beschränkte. Das Erstellen der Schnittmuster, das Zuschneiden und Einrichten der Stoffteile sowie die gesamten Be- bzw. Verarbeitungsprozesse wie Nähen, Bügeln, Verknöpfen bzw. Ausfertigen usw. wurden außerhalb des Konfektionshauses durchgeführt.

"Die Schneider (die Zwischenmeister - F.D.) bekommen die Stoffe im ganzen und auch die Zutaten im ganzen und haben die Stücke fertig abzuliefern" (KfA : 1896 d, S. 15).

Insbesondere kann für die Fertigung von Damen- und Mädchenoberbekleidung gesagt werden, daß die ersten Teilprozesse bei der Herstellung von Bekleidung - das Zuschneiden und Einrichten der Stoffteile - in der Werkstatt des Zwischenmeisters durchgeführt wurden 78). Die Organisation der weiteren Be- bzw. Verarbeitung der zugeschnittenen und eingerichteten Stoffteile war innerhalb der verlagsmäßigen Organisation des Produktionsprozesses im Konfektionsgewerbe im vorhinein nicht eindeutig auf eine bestimmte Struktur festgelegt. Von der technischen Struktur der Produktionsmittel ging keine eindeutige und zwingende Festlegung der funktionalen und räumlichen Organisation der Fertigungsstrukturen aus. Ebenfalls wurden die organisatorisch-inhaltliche Gliederung der Produktion sowie die Beziehungen zwischen den einzelnen Ausführenden der jeweiligen Teilprozesse von der stofflichen Struktur des Produktionsprozesses nicht vorherbestimmt.

Da die Be- bzw. Verarbeitung der zugeschnittenen und eingerichteten Stoffteile zu fertigen Kleidungsstücken - wie auch das Zuschneiden und Einrichten selbst - außerhalb des Konfektionshauses durchgeführt wurde, bestanden die Varianten der Organisation der 'reinen' verlagsmäßigen Herstellung in der unterschiedlichen Aufteilung bzw. Kombination der einzelnen Fertigungsabschnitte - bzw. Teilprozessen davon - auf die den gesamten Fertigungsprozeß tragenden verschiedenen hausindustriellen Produzenten.

4.2.2.1.1.1. Unmittelbare Werkstattarbeit

Die Organisation der Herstellung von fertiger Oberbekleidung innerhalb der 'unmittelbaren Werkstattarbeit' war dadurch gekennzeichnet, daß der Verleger nur mit - in der Regel mehreren - hausindustriellen Zwischenmeistern in direkter Beziehung stand. Hierbei wurden sämtliche Teilprozesse der Fertigung ausschließlich in den eigenen Werkstätten dieser Hausindustriellen durchgeführt.

Im Gegensatz zur idealtypischen Heimarbeit führte der hausindustrielle Zwischenmeister "seine Aufträge nicht mehr allein oder nur mit seinen Familienangehörigen aus, sondern er stellt(e) seinerseits fremde Lohnarbeiter an, die in seiner Werkstatt mitarbeit(te)ten" (Häntsch : 1939, S. 76). Insbesondere wegen der Ausführung der Zuschneide-, Einrichte, Bügel- sowie der gesamten Näharbeiten in den Werkstätten der hausindustriellen Zwischenmeister wurde dieser Organisationstyp auch als "hausindustrielles Werkstättensystem" (Kunkel : 1930, S. 21) bzw. "geschlossener Zwischenmeisterbetrieb"

(Redlich : 1934, S. 63; Pracht : 1937, S. 9) bezeichnet. Die Klassifizierungen 'Zwischenmeisterbetrieb' für die Organisationsform der 'unmittelbaren Werkstattarbeit' bzw. 'Zwischenmeister' für diesen Hausgewerbetreibenden bringen allerdings die damals existierenden realen Beziehungen sowohl zwischen Verlegern und Hausindustriellen als auch zwischen Hausindustriellen und Lohnarbeitern nicht adäquat zum Ausdruck.

Im Sprachgebrauch des Konfektionsgewerbes ist der Begriff 'Zwischenmeister' "auf diejenigen Hausgewerbetreibenden angewendet worden, welche die ihnen vom Konfektionär übertragene Arbeit ihrerseits wieder ganz oder teilweise an andere Hausgewerbetreibende (Heimarbeiter) weitergaben (Organisationstypen der mittelbaren Heimarbeit und der Kombination von hausindustrieller Werkstattarbeit und Heimarbeit - F.D.). Zusätzlich wurden auch solche Personen, welche die ihnen vom Konfektionär übertragenen Aufträge in ihren eigenen Werkstätten mit Hilfe von fremden Lohnarbeitern ausführ(t)en" als Zwischenmeister bezeichnet (KfA : 1896, S. 10; Salinger : 1904, S. 899).

Die funktional-organisatorische Gestaltung der 'unmittelbaren Werkstattarbeit' lag in der historischen Trennung der Bereiche (Alt)Kleiderhandel und Kleiderherstellung begründet. Durch den spezifischen Verlauf der Beziehungen zwischen den Akteuren dieser beiden Sektoren wurde diese Organisationsform der Produktion fertiger Oberbekleidung für den Markt geprägt. Die Kompetenz für den Bereich der Produktion lag hierbei sui generis bei den mehr oder weniger dafür qualifizierten Zwischenmeistern bzw. Zwischenmeisterinnen. Sowohl ihre fachlich-handwerklichen Fähigkeiten und Fertigkeiten bezüglich der Schnitterstellung, des Zuschneidens sowie der Näh- und Bügelarbeiten als auch die aus diesem Zusammenhang sich ergebende Qualifikation für die Leitung und Überwachung der Produktion verliehen den Zwischenmeister/innen zumindest in den Organisationsformen des 'reinen Verlagssystems' eine zentrale und gleichzeitig unentbehrliche Position.

"Die ganze Entwicklung, die das Konfektionsgeschäft genommen hat, ist derartig, daß es in den Händen der Meister ruht, und das ist gerade nach meiner Ansicht und, ich glaube, nach der Ansicht der grösseren Anzahl der Berufskollegen dasjenige, was uns auf der Höhe erhält. Wir bedürfen der Intelligenz der vielen Meister, weil es sich gerade in unserem Artikel darum handelt, daß jeder mit seiner kleinen, beschränkten Anzahl von Arbeitern sein bestes geben muß" (KfA : 1896 d, S.9).

Die durch die stringente Trennung von Kleiderhandel und Kleiderfertigung begründete Funktionsteilung zwischen Verleger und hausindustriellem Zwischenmeister - inklusive der von ihm beschäftigten Lohnarbeiter/innen - insbesondere aber die 'monopolartige' handwerklich-fachliche Qualifikation des Zwischenmeisters haben diesen persönlich innerhalb der Figuration 'unmittelbare Werkstattarbeit' neben der Leitung und Überwachung der Werkstattproduktion die Durchführung der Anfangsprozesse und teilweise auch der Endprozesse der Fertigung zugewiesen:

Struktur - funktionales Schema der Organisation des Produktionsprozesses von konfektionierter Damenoberbekleidung im 'reinen Verlagssystem'.

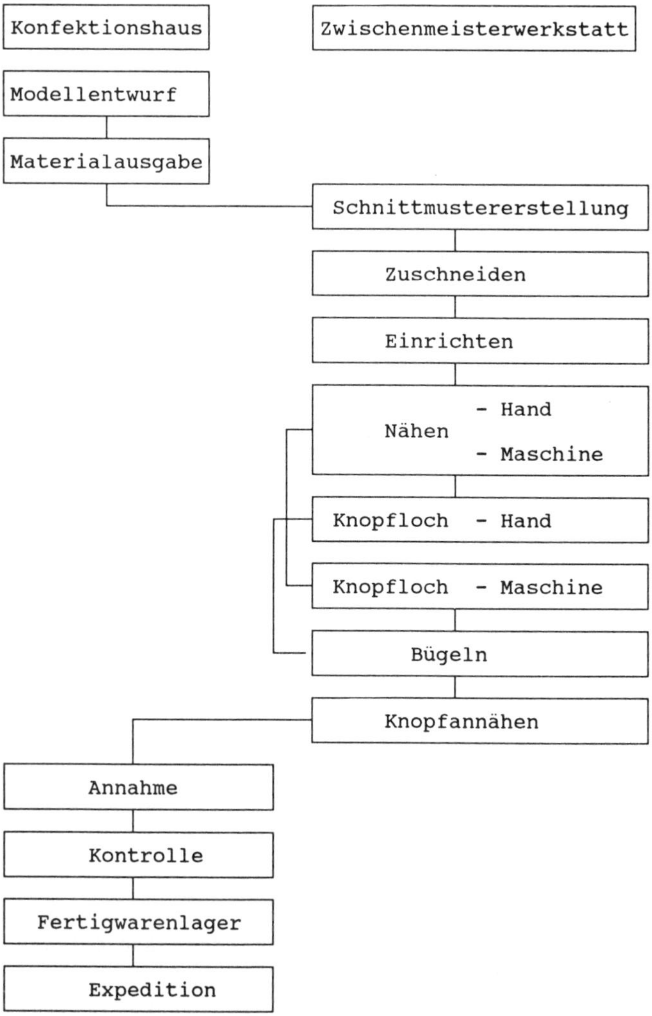

Abb.4/16: Unmittelbare Werkstattarbeit. Beziehungstruktur zwischen Verleger und Zwischenmeister.

Hierzu gehörten das Erstellen der Schnittmuster - nach Modellskizzen, welche mehrheitlich vom Verleger vorgegeben wurden - für unterschiedliche Formen und Größen, das Zuschneiden der Stoffe, das Einrichten 79) und vielfach auch das Endbügeln der Kleidungsstücke.

Die für die Fertigung notwendigen Hand- und Maschinennäharbeiten wurden ausschließlich von den Werkstattarbeitern bzw. -arbeiterinnen ausgeführt. Die Mithilfe von - ganz überwiegend weiblichen - Familienangehörigen insbesondere der Ehefrau des Zwischenmeisters, vorzugsweise bei den Handnäharbeiten ist zumindest bei kleineren und mittleren Zwischenmeisterbetrieben 'institutionalisiert' gewesen, wobei die Intensität des Einsatzes der Familienangehörigen bei den Handnäharbeiten u.s.w. von der Inanspruchnahme durch Haushaltstätigkeiten oder Kindererziehung abhing. Je nach saisonalen Umständen nahm der zeitliche Anteil der Mithilfe ein unterschiedliches Maß an. Von dem anfallenden Arbeitsumfang auf der Werkstatt hing es ab, ob die Ausführung der Bügelarbeiten von dem Zwischenmeister mit übernommen wurden. In größeren Werkstätten waren es wegen der Beanspruchungen sowie wegen der qualifikatorischen Anforderungen männliche Arbeitskräfte, die diesen Teilprozeß verrichteten.

Einzelne Zwischenmeister befaßten sich zusätzlich - insbesondere in der Berliner Damenmäntelkonfektion - mit dem Entwurf von Damenmantelmodellen, welche sie den Verlegern - überwiegend kleineren Konfektionsfirmen - zum Kauf anboten (Witzenhausen : 1926, S. 371). Dieses Einbringen zusätzlicher Qualifikationen durch einzelne Zwischenmeister war gezielt darauf gerichtet, über den Verkauf von Entwürfen einzelner Modelle an einen Verleger gleichzeitig von diesem auch den Auftrag zu deren Serienfertigung zu erhalten. Andere Zwischenmeister arbeiteten bei der Gestaltung der einzelnen Modelle mit den Verlegern, für welche sie Aufträge ausführten, eng zusammen.

Die Funktionen des Zwischenmeisters waren innerhalb des Organisationstyps 'unmittelbare Werkstattarbeit' allerdings nicht auf die Ausführung bestimmter o.a. Teilprozesse sowie die technisch-organisatorische Leitung und die Kontrolle des Produktionsprozesses beschränkt.

"Arbeiter-Auslese, Arbeiter-Erziehung und Überwachung des Arbeitsvorganges werden völlig den Zwischenmeistern überlassen (Redlich : 1934, S. 61).

Da bei der 'unmittelbaren Werkstattarbeit' "der Konfektionär (...) frei von allen fabrikatorischen Problemen" (Redlich : 1934, S. 61) war, fielen dem Zwischenmeister neben der Verantwortung für die termingerechte Ablieferung und die Qualität der Verarbeitung für bestimmte zusätzliche organisatorische Aufgaben zu. Die Ausübung dieser 'fabrikatorischen' Funktionen war gleichzeitig Voraussetzung für die Durchführung des Produktionsprozesses und die Lebensfähigkeit des Organisationstyps der 'unmittelbaren Werkstattarbeit'. Neben der Rekrutierung der Arbeitskräfte bestanden die 'fabrikatorischen' Funktionen des Zwischenmeisters im wesentlichen in den strategischen Maßnahmen zur Auslastung seines Produktionspotentials.

Ausgangspunkt und Voraussetzung für die Bereitstellung dieses Produktionspotentials war für den Zwischenmeister eine gewisse Kapitalkraft, wodurch die Größe der Werkstatträume, die Ausstattung seiner Werkstatt mit technischen Betriebsmitteln und damit die Anzahl der durch ihn beschäftigten Arbeitskräfte vorgegeben wurde. Die beim 'reinen' Verlagssystem besonders ausgeprägt gewesene Trennung von einerseits handelsorganisatorischen und gestalterischen Funktionen und andererseits produktionsorganisatorischen Funktionen spiegelte sich auf der Ebene der Eigentumsverhältnisse wider: Die zu Kleidungsstücken zu verarbeitenden Ober- und Futterstoffe sowie der überwiegende Anteil der Zutaten 80) waren im Besitz des Verlegers und blieben dies auch während des Be- bzw. Verarbeitungsprozesses durch den Zwischenmeister bzw. die von ihm beschäftigten Arbeiter/innen. Das Eigentum an den wichtigsten Produktionsmitteln 81) - den Zuschneide- und Bügelgeräten sowie den Nähmaschinen - lag innerhalb dieses Organisationstyps gänzlich beim Zwischenmeister.

Diese, in der Logik des Verlagssystems enthaltene Investitionsteilung bedeutete, daß der Verleger keine Investitionen für das fixe Produktionskapital aufzuwenden, sondern 'nur' das Umlaufkapital für Rohstoffe usw. bereitzustellen hatte. Die somit im 'hausindustriellen Werkstättensystem' dem Zwischenmeister überlassene Bereitstellung der Produktionsmittel bedeutete für diesen die Übernahme des Kapitalrisikos, welches unter diesen Bedingungen einzig und allein über die Auslastung seines technischen und personellen Produktionspotentials bestimmt wurde. Aus dieser ökonomischen Situation des Zwischenmeisters mit eigener Werkstatt lassen sich - neben den handwerklich-technischen - Organisationsfunktionen des Zwischenmeisters ableiten, die in ihrer Gesamtheit die Besonderheit dieses Systems darstellen.

Unter diesen spezifischen Bedingungen der verlagsmäßigen Herstellung von fertiger Oberbekleidung kann für die Beziehungen zwischen Verlegern und Zwischenmeistern angenommen werden, daß beide Gruppen jeweils als Nachfrager bzw. als Anbieter auf dem Markt für Arbeitsleistungen für konfektionierte Oberbekleidung auftreten. Galt der Markt von Arbeitsleistungen als Ebene der Regulierung der mengen- und gütemäßigen Produktion von Fertigkleidung lassen sich insbesondere die Verhaltensmuster der Akteursgruppe der Zwischenmeister als deren 'Strategie' zur Auslastung ihres Produktionspotentials erklären.

Die Funktionsfähigkeit des Gesamtsystems 'unmittelbare Werkstattarbeit' bestand im wesentlichen in der von den Zwischenmeistern vorgenommenen Steuerung ihres Produktionspotentials, indem sie - über den flexiblen Einsatz ihrer jeweiligen Produktionskapazitäten vermittelt - ihr Angebot an Arbeitsleistungen der jeweiligen Nachfragesituation anpassten. Bezüglich der Auslastung ihrer Produktionskapazitäten hatten diejenigen Zwischenmeister die geringsten Schwierigkeiten, die kontinuierlich und eng mit einem einzigen Auftraggeber zusammenarbeiteten. Dies war allerdings mit einer erheblichen Abhängigkeit verbunden.

In der Literatur werden Beispiele genannt, die auf regelmäßige und dauerhafte Auftragsbeziehungen zwischen Verlegern und hausindustriellen Zwischenmeistern hinweisen. Deren Kontinuität sicherte den Zwischenmeisterwerkstätten eine hohe Auslastungsquote. Die Begründungen, weshalb nur für einen einzigen Konfektionär Aufträge ausgeführt wurden, waren von den strukturellen Bedingungen der jeweiligen Branche abhängig. Für die Damenmäntelkonfektion - in der das 'hausindustrielle Zwischenmeistersystem' am häufigsten verbreitet war - wird die Tatsache, daß hier häufiger als in den anderen Konfektionsbranchen ein Zwischenmeister nur für einen und denselben Verleger gearbeitet hatte, in den Ergebnissen der Ermittlungen über die Arbeitsverhältnisse der Kleider- und Wäschekonfektion "technisch" begründet:

"Jede Firma hat(te) ihre eigenen Facons und Spezialitäten, bei einem Wechsel muß(te) sich der Zwischenmeister immer erst mehr für das neue Geschäft einarbeiten, ehe er seinen angemessenen Verdienst fand" (KfA : 1896, S. 11).

Im Gegensatz zu den Fällen mit relativ starker Auslastung der Produktionskapazitäten durch regelmäßige neue Aufträge von einem bestimmten Verleger standen diejenigen hausindustriellen Zwischenmeister ohne langfristige Bindungen und dauerhafte Sicherheit der Auftragsausführung. Da innerhalb der verlagsmäßigen Organisationsform 'unmittelbare Werkstattarbeit' die Herstellung der Kleidungsstücke vollständig in den Arbeitsräumen der Zwischenmeister durchgeführt wurde, waren diese in besonderer Weise gefordert, die Auslastung ihres Maschinen- und Arbeitskräftepotentials zu sichern. Auf diese Abwälzung des Produktionsrisikos von den Verlegern auf die hausindustriellen Zwischenmeister reagierten diese in unterschiedlicher Weise mit jeweils spezifischen Strategien des Einsatzes ihres Produktionspotentials:

- Um einen durchschnittlich hohen Grad der Auslastung ihres Produktionspotentials zu erhalten, führten die Zwischenmeister häufig gleichzeitig Aufträge für mehrere Verleger aus. Sie streuten somit ihr Auslastungsrisiko, "um bei Arbeitsmangel einen besseren Rückhalt zu haben" (KfA : 1896, S. 11).

- Je nach dem Grad der Auslastung des Produktionspotentials der hausindustriellen Zwischenmeister richtete sich die Anzahl und die Losgröße der Aufträge, die der einzelne Zwischenmeister anzunehmen in der Lage war.

- Auf saisonale bzw. konjunkturelle Schwankungen der Auftragssituation reagierten die Zwischenmeister mit der Einstellung oder Entlassung von Werkstattpersonal. Es wurde allerdings versucht, eine gewisse 'Stammbelegschaft' zu halten.

"Diejenigen Arbeiterinnen, an denen Einem etwas gelegen ist, sucht man immerhin etwas wenigstens zu beschäftigen, wenn auch nicht in dem Maße, wie in der Saison" (KfA : 1896, S. 14).

- Es bestand für die Zwischenmeister die Möglichkeit, einer geringeren Auslastung ihres Produktionspotentials entgegenzuwirken, indem sie innerhalb der Konfektionsbranche entweder ein anderes Produkt oder - in gewissem Rahmen - ein anderes Genre fertigten.

"Etwas zu thun ist immer; wenn in einer Konfektion nichts zu thun ist, geht man zur anderen über" (KfA : 1896 b, S. 160).

"Ich habe in meinem Leben schon alles gemacht. Wir mir gerade die Konjunktur günstig ist, danach arbeite ich. Es kann also sein, was es will" (KfA : 1896 d, S. 19).

4.2.2.1.1.2. Das 'Erfurter System'

Das 'Erfurter System' ist auf der Ebene der funktional-organisatorischen Beziehungen zwischen dem Verleger und dem Zwischenmeister vom Prinzip der 'unmittelbaren Werkstattarbeit' gleichzusetzen. Allerdings waren diese Beziehungen sowohl auf der rechtlichen als auch auf der örtlichen Ebene enger. Auf der juristischen Ebene drückte sich die qualitativ engere Beziehung zwischen den Beteiligten in der Weise aus, daß diese Zwischenmeister vertraglich verpflichtet gewesen sind, nur jeweils für eine bestimmte Konfektionsfirma zu arbeiten 82). In gewisser Weise abweichend von dem generellen Kennzeichen der für die Praxis der verlagsmäßigen Fertigung geltenden dezentralen Durchführung der ökonomischen und technischen Funktionen - das Haus des Verlegers und die Werkstatt sind in allen anderen Fällen örtlich voneinander getrennt gewesen - war es für das 'Erfurter System' typisch, daß die Produktion auf der örtlichen Ebene mit der Ausführung der ökonomischen Funktionen unter einem Dach stattgefunden hatte.

"Bezüglich des Vertragsverhältnisses der Heimarbeiter und Zwischenmeister zu ihren Arbeitgebern wird in den Vernehmungen speziell für Erfurt bemerkt, daß früher zwischen Konfektionär und Zwischenmeister ein dauerndes Vertragsverhältnis mit 14 tägiger, ja vierteljährlicher Kündigung bestanden habe. Für die dortigen Zwischenmeister, welche vom Konfektionär gemietete Betriebswerkstätten leiten, wird bezüglich des Vertragsverhältnisses zu diesem gesagt, daß sie ihre Arbeit zwar unter denselben Bedingungen wie die anderen Zwischenmeister erhalten und abliefern wie die anderen Zwischenmeister, aber für Benutzung, Beleuchtung und Heizung der Arbeitsräume, einschließlich Gas zum Bügelapparat 7 bis 8 Prozent ihres Arbeitsverdienstes an den Konfektionär zu zahlen haben" (KfA : 1896, S. 44).

"V.: Herr Heß (66), wollen Sie uns über Ihr Geschäft Auskunft geben? - Ich habe ein Konfektionsgeschäft, Damenmäntelgeschäft, im Wesentlichen dieselben Artikel wie Herr Lamm, keine Kleider, nur Engros. Ich habe drei Schneider im Hause, die unter denselben Bedingungen wie ein Zwischenmeister arbeiten, nur daß ich die Werkstätte im Hause habe. Ich gebe Ihnen den Raum, das Licht im Winter und die Gelegenheit zum Bügeln, den Bügelapparat auf Gas" (KfA : 1896 b, S. 175).

Mit der räumlichen Integration der Werkstatt des 'Betriebszwischenmeisters' (Lamm) in das Haus des Verlegers wurde dieser nicht gleichzeitig zum Fabrikanten im Sinne eines unter seiner Leitung stehenden warenproduzierenden Unternehmens. Vielmehr gab der Verleger wie üblich dem Zwischenmeister die Stoffe zur weiteren Verarbeitung unter dessen Regie. Die örtliche Einheit von Konfektionshaus und Zwischenmeisterwerkstätte bzw. die vertraglich fixierte enge Zusammenarbeit zwischen dem Verleger und dem Zwischenmeister - unter Wahrung der ökonomischen und rechtlichen Selbständigkeit des Zwischenmeisters - ist für diese Organisationsform innerhalb der Herstellung von fertigen Damenmänteln in Erfurt 83) freilich die Voraussetzung zur beiderseitigen vorteilhaften Nutzung. Damit war gleichsam die partielle Erhöhung der Effizienz der per se sehr flexiblen Fertigung im Verlagssystem verbunden gewesen.

Zu den Eigentümlichkeiten des 'Erfurter Systems' zählte es, daß die zwischen dem Verleger und dem 'Betriebszwischenmeister' vereinbarten Stücklöhne unbeeinflußt blieben und deswegen als kostenneutral zu interpretieren sind. Dadurch kam es auf der Ebene der Transportkosten für beide Seiten direkt zu einer Entlastung. Für den Verleger fielen beim 'Erfurter System' keine nennenswerten Transportkosten mehr an, da die zu verarbeitende Ware faktisch nur innerhalb des Hauses von einer Etage zur anderen zu transportieren war 84). Ähnliche Bedingungen können für das Abliefern der fertigen Damenmäntel durch den 'Betriebszwischenmeister' angenommen werden: Der Verleger ist nicht durch die Bezahlung von Wartezeiten über einen bestimmten Zeitabschnitt hinaus belastet worden. Aber auch für die Lieferpersonen entstanden keine Wartezeiten, so daß die dadurch gewonnene Zeit wiederum produktiv genutzt werden konnte 85).

Die Argumentation, daß die spezifischen Bedingungen des 'Erfurter Systems' kostensenkend gewesen sind, setzt voraus, daß die Summe des Abzuges der Miete und der sonstigen Betriebskosten von der Lohnsumme durch den Verleger der Summe entsprochen hat, die der 'Betriebszwischenmeister' anteilsmäßig für seine Werkstatträume, Heizung, Licht u.s.w. unter den sonst üblichen Umständen des Verlagssystems hätte aufwenden müssen 86).

Das örtliche Zusammenlegen der unternehmerischen Funktionen des Verlegers mit denen der technischen Ausführung der Produktion sowie die vertragliche Verpflichtung des 'Betriebszwischenmeisters' nur für diesen bestimmten Verleger zu fertigen, kann als Teil einer unternehmerischen 'Strategie' des Konfektionshauses interpretiert werden, mit deren Hilfe bestimmten Schwachstellen des Verlagssystems entgegengewirkt werden sollte und die mehrere Ebenen umfaßt hatte. Mit dieser vertraglichen Bindung des 'Betriebszwischenmeisters' an sein Konfektionshaus verfolgte der Verleger den Zweck der zumindest mittelfristigen Absicherung bzw. der Garantie von Produktionskapazitäten eines bestimmten Volumens. Mit der 'Auslese' des 'Betriebszwischenmeisters' eng verbunden war neben der Absicherung von 'Stammbelegschaften' gleichzeitig die Nutzung eines bestimmten, hochqualifizierten Arbeitskräftepotentials, um somit nicht nur die Ausführung der Arbeit in gleichmäßiger Güte zu stabilisieren, sondern diese auch dauerhaft dem Kunden gegenüber zu gewährleisten.

"V.: Ich nehme an, daß Sie Wert darauf legen, in diesen Werkstätten besonders tüchtige Meister zu haben? - Ja, es sind Meister, die auch bisher schon außer dem Hause für uns gearbeitet haben. Wir haben uns die geeignetsten herausgesucht" (KfA : 1896 b, S. 176).

"Da in diesen Werkstätten im eigenen Haus nur gute Arbeiter angenommen werden, so werden hier auch die besten Sachen angefertigt und namentlich aparte Genres, bei denen man noch ein besonderes Interesse hat, daß die Modelle nicht vorzeitig der Konkurrenz zu Gesicht kommen" (Schmidt : 1912, S. 85).

Der Vorteil für den 'Betriebszwischenmeister' kann in diesem Zusammenhang nur in einer Garantie der Auslastung seiner Produktionskapazitäten durch den Verleger gesehen werden. Es ist zu vermuten, daß dies mit einer tendenziellen Erhöhung seines Einkommens - nicht zuletzt intendiert durch die Senkung seines Transportaufwandes und eines Teiles seiner fixen Stückkosten z. B. für den Einsatz von Nähmaschinen - einhergegangen sein mag. Die mit der unterstellten höheren Auslastung seiner Produktionskapazitäten verbunden gewesene Erhöhung des Einkommens des 'Betriebszwischenmeisters' kann in entsprechender Weise auch für dessen Beschäftigte angenommen werden. Die Arbeiter und Arbeiterinnen dieser Werkstätten profitierten gleichfalls von der exklusiven Beziehung zwischen Verleger und 'Betriebszwischenmeister'. Als spezieller Nachteil des Kontraktes dieser Art wäre für den 'Betriebszwischenmeister' anzuführen, daß dessen Schicksal in sehr starkem Maß an den Mißerfolg des Konfektionshauses gekoppelt gewesen ist.

Als wesentliches Resultat dieser 'Strategie' des Konfektionshauses ist deren bedeutendster Effekt auf der absatzwirtschaftlichen Ebene anzunehmen: Das Konfektionshaus versuchte über die räumliche Integration der Produktion und dem erst dadurch möglich gewordenen effizienten 'Hineinregieren' in die betriebliche Auftragsorganisation bzw. in die terminliche Disposition der Werkstattproduktion des 'Betriebszwischenmeisters' folgende Wettbewerbsvorteile zu erreichen:

- Erhöhung der Pünktlichkeit der Lieferungen den Händlern gegenüber. Die Einhaltung der Lieferfristen konnte im Verlagssystem wegen der dezentralen und unkontrollierten Produktion nicht immer gewährleistet werden.

- Erhöhung der Wettbewerbsfähigkeit des Konfektionshauses gegenüber seinen Mitbewerbern am Markt durch zumindest teilweise Verkürzung der Lieferfristen bzw. durch ein schnelleres Reagieren auf am Markt sich abzeichnenden Absatzchancen.

Insgesamt kann das 'Erfurter System' dahingehend gewürdigt werden, daß - wenn auch ein rechtlich begründeter Anspruch nicht vorzuliegen scheint - sich hier eine Tendenz der Verschiebung von betrieblichen Organisations- bzw. Dispositionsentscheidungen vom 'normalen' Zwischenmeister auf

Struktur-funktionales Schema der Organisation des Produktionsprozesses von konfektionierter Oberbekleidung im 'reinen Verlagssystem'

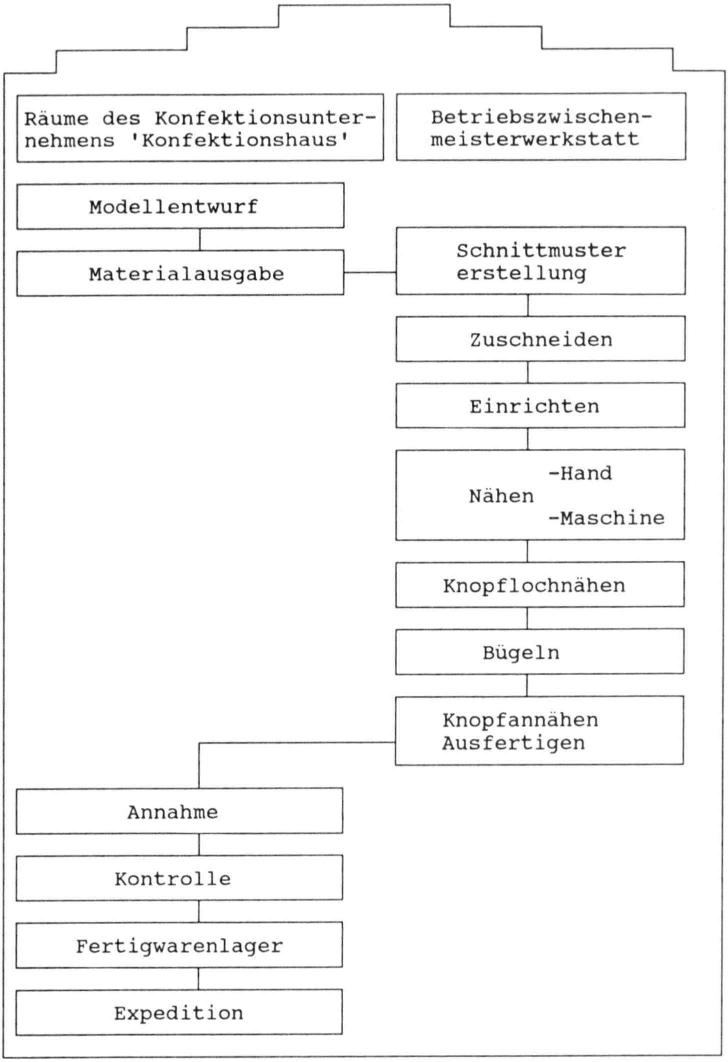

Abb.4/17:Unmittelbare Werkstattarbeit 'Erfurter System'

den Verleger zum ersten Mal feststellen läßt. Für die Leitung der Werkstattproduktion zog diese Veränderung eine Erhöhung der Koordinations- sowie Abstimmungsleistungen nach sich. Damit verbunden war eine zumindest teilweise Einschränkung der Werkstattautonomie dieses Zwischenmeistertyps gegenüber seinen Kollegen in dieser Branche.

"Die Ablieferung aber geschieht schneller, wir können auch mal einzelne Kommissionen schnell fertig stellen. Wenn Morgens Aufträge kommen, so werden sie schnell in die Werkstatt gegeben, dafür bleibt eine andere Kommission zurück, und man kann einzelne Sachen schon am Abend oder am anderen Morgen verschicken. Wir haben die Sachen besser unter Kontrolle, wir können jeden Augenblick in die Werkstatt gehen und sagen, das soll gemacht werden und das soll weg bleiben, und während der Musterzeit können wir Muster, die uns nicht gefallen, bei Seite werfen und andere anfertigen lassen.
(...).
V.: Sie treffen doch für den Meister gewissermaßen die Arbeitsdisposition? - Ja, es kommt vor, daß ich sage: Lassen sie diese Sachen zurück, und nehmen Sie die anderen vor, wenn ein Auftrag kommt, der schnell erledigt werden muß (KfA : 1896 b, S. 176).

Dieser Übergang von Anteilen am betrieblichen Entscheidungsprozeß zugunsten des Verlegers, der auf der Herrschaftsebene mit dem Abbau der mehr oder weniger starken Werkstattmacht im Vergleich zum 'normalen' Zwischenmeister einhergegangen ist, kann gleichzeitig als der Preis für die o. a. Vorteile des 'Betriebszwischenmeisters' gesehen werden.

4.2.2.1.1.3. Kombinationsformen von Werkstattarbeit und Heimarbeit

Innerhalb der Organisationsform des 'reinen' Verlagssystems bestand neben dem Organisationstyp der 'unmittelbaren Werkstattarbeit' derjenige Typ, der durch die Aufteilung einzelner Produktionsabschnitte auf den Zwischenmeister bzw. die von ihm abhängig beschäftigten Werkstattarbeiter/innen und die formal selbständigen Heimarbeiterinnen gekennzeichnet war.

Diese Aufteilung des gesamten Produktionsprozesses auf verschiedenste hausindustrielle Produzenten und die Ausführung der jeweiligen Teilprozesse in den Werkstätten der Zwischenmeister sowie in den Wohnungen der Heimarbeiter/innen stellten innerhalb des Verlagssystems das am komplexesten strukturierte Beziehungsgefüge zwischen Verlegern, Zwischenmeistern und Heimarbeiter/innen dar. Sowohl die Zersplitterung des gesamten Produktionsprozesses in verschiedene aufeinanderfolgende Teilprozesse und deren Zuordnung auf unterschiedliche Arbeitspersonen als auch die Intensität der Beziehungen zwischen den einzelnen Produzenten waren Einzelgrößen, die den Komplexitätsgrad der jeweiligen Variante der 'Kombination von Werkstattarbeit und Heimarbeit' bestimmten.

Genauso wie bei der 'unmittelbaren Werkstattarbeit' wurden bei der Kombination von hausindustrieller Werkstattarbeit und Heimarbeit zumindest die Anfangsprozesse Zuschneiden und Einrichten in der Werkstatt des Zwischenmeisters ausgeführt. Die Teilung des nachfolgenden Produktionsprozesses in die Prozeßabschnitte Nähen, Bügeln und Verknöpfen als auch deren Zerlegung in einzelne Teilprozesse machten unterschiedlich komplex strukturierte Muster von funktionaler Differenzierung des Produktionsablaufes und der örtlichen Ausführung möglich. Durch die damit prinzipiell offenen Möglichkeiten der Ausführung der Teilprozesse erhielt dieser Organisationstyp seine spezifische Relevanz für die Produktion fertiger Oberbekleidung - insbesonders von Damenoberbekleidung - im Verlagssystem.

Bei der Rekonstruktion des Organisationstyps der 'Kombination von Werkstattarbeit und Heimarbeit' stehen die verschiedenen Kombinationsmuster der struktur-funktionalen Organisation des Produktionsprozesses und die ihnen jeweils entsprechenden funktionell-personellen sowie örtlichen Organisationsvarianten der Produktionsabschnitte Nähen, Bügeln und Verknöpfen im Mittelpunkt der Analyse. Das Spektrum der 'Schneidung' von Organisationstypen war außerordentlich breit. Bei der Analyse der Organisationsstrukturen des Typs 'Kombination von Werkstattarbeit und Heimarbeit' bezüglich der arbeitsteiligen Ausführung des Produktionsprozesses und der jeweiligen Zuweisung von Funktionen und Orten auf unterschiedliche Teile des Gesamtarbeiters lassen sich differenzierte Strukturformen dieses Typs der verlagsmäßigen

STRUKTUR - FUNKTIONALES SCHEMA DER ORGANISATION
DES PRODUKTIONSPROZESSES VON KONFEKTIONIERTER
DAMENOBERBEKLEIDUNG IM `REINEN' VERLAGSSYSTEM

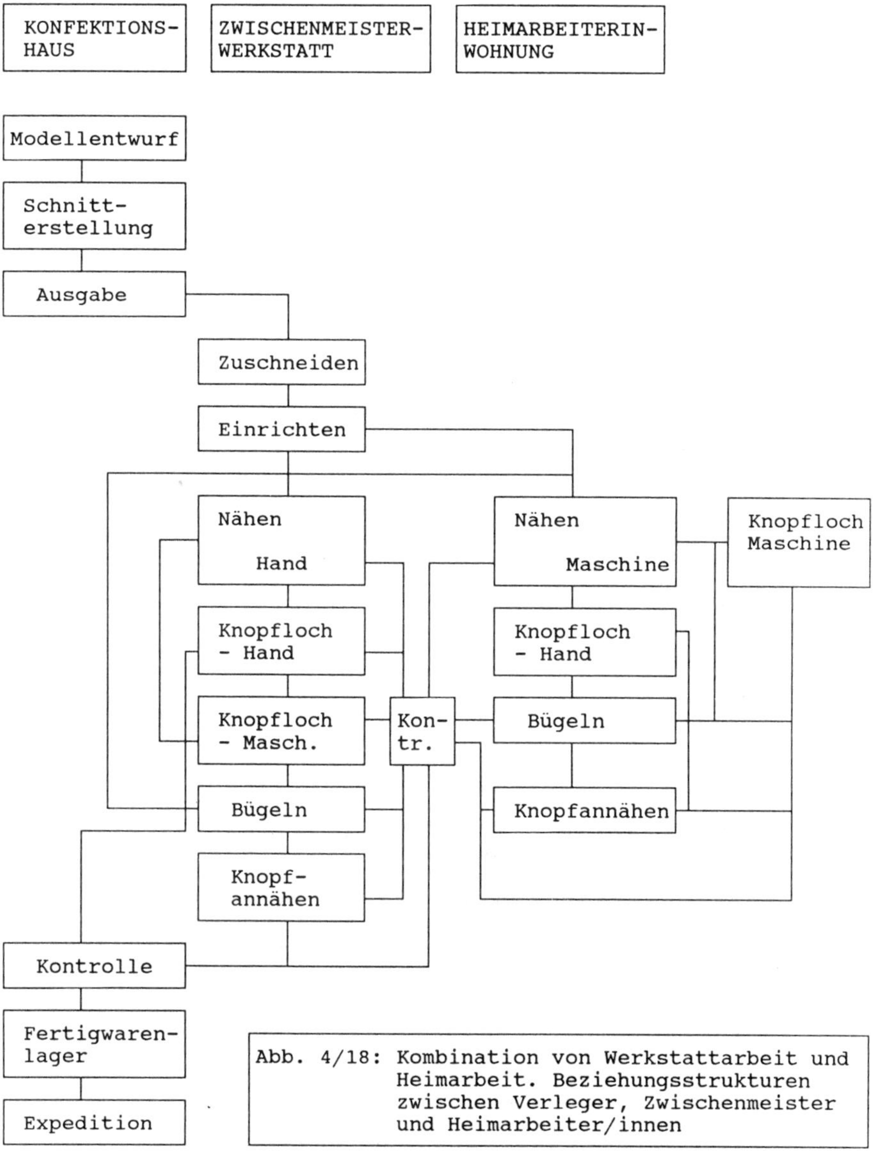

Abb. 4/18: Kombination von Werkstattarbeit und Heimarbeit. Beziehungsstrukturen zwischen Verleger, Zwischenmeister und Heimarbeiter/innen

Organisation der Produktion identifizieren, die nebeneinander existierten:

I. Die Arbeitsaufträge, die der Zwischenmeister für seine(n) Auftraggeber auszuführen hatte, wurden mengenmäßig auf die Beschäftigten in der Werkstatt des Zwischenmeisters und die für ihn im 'Unterauftrag' arbeitenden Heimarbeiterinnen aufgeteilt und von diesen gefertigt (Mengenteilung).

Konzentrierte der Zwischenmeister bei der unmittelbaren Werkstattarbeit seine Produktionskapazitäten nur auf seinen Werkstattbetrieb, so hatte er das Risiko, diese auch in saisonschwachen Zeiten auszulasten. Um diesen Druck bei gleichzeitiger Aufrechterhaltung seiner Gesamtkapazität zu entgehen, teilte er diese in 'Stammkapazitäten' und 'Reservekapazitäten'. Als Resultat dieser Strategie des Zwischenmeisters entstand ein Organisationstyp, bei dem ein Teil der gesamten Auftragsmenge durch die Werkstattarbeiter/innen und ein weiterer Teil durch die für ihn in ihren Wohnungen arbeitenden Heimarbeiter/innen hergestellt wurde. Formal stellte dier Betriebstyp eine Vereinigung der 'unmittelbaren Werkstattarbeit' mit dem der 'mittelbaren Heimarbeit' dar, bei dem nach den Zuschneide- und Einrichtearbeiten auf der Werkstatt des Zwischenmeisters alle weiteren Teilprozesse durch die Heimarbeiter/innen in deren Wohnungen ausgeführt wurden.

Seine besondere Bedeutung innerhalb des 'reinen Verlagssystems' erhielt dieser Betriebstyp durch den hohen Grad an Elastizität. Dieser verschaffte ihm gegenüber dem Typ der 'unmittelbaren Werkstattarbeit' einen klaren Flexibilitätsvorteil. Die Verteilung der Aufträge auf Werkstatt- oder Heimarbeiter/innen war in dieser Organisationsform so organisiert, daß in Zeiten ruhigeren Geschäftsganges die Aufträge des Verlegers überwiegend auf der Werkstatt des Zwischenmeisters ausgeführt wurden. Die Aufteilung der Produktionsmenge auf Werkstatt- und Heimbeschäftigte beinhaltete neben der Berücksichtigung von Qualifikationskriterien bei der Ausführung durch die unterschiedlichen Produzenten die Sicherung eines hohen Maßes an flexibler Nutzung der Produktionskapazität des Zwischenmeisterbetriebes. In Zeiten der Saisonspitzen suchte der Zwischenmeister sich durch die Vergabe von 'Unteraufträgen' an außerhalb der Werkstatt für ihn tätige Heimarbeiterinnen eine zusätzliche kurzfristige und in erster Linie durch die saisonale Auftragssituation bestimmte befristete Erhöhung seines Arbeitskräftepotentials zu verschaffen. (KfA : 1896 b, S. 168 ff.). Bei diesen Heimarbeiterinnen handelte es sich vorwiegend um verheiratete Frauen, die früher für den Zwischenmeister auf dessen Werkstatt arbeiteten 87).

"Elastischer und daher verbreiteter ist die zweite Form, der gemischte Zwischenmeisterbetrieb (...). Hierbei ist das eben geschilderte System (der 'geschlossene Zwischenmeisterbetrieb'- F.D.) mit der Heimarbeit verkoppelt. Der Zwischenmeister arbeitet gleichfalls selbst mit, teilt seine Arbeiter aber in Werkstattarbeiter und Heimarbeiter, denen in der Regel solche Arbeiten übergeben werden, die einer Kontrolle weniger bedürfen. Die Vorteile einer kleineren Werkstatt, vor allem die Möglichkeit, sich durch Einstellung von Heimarbeitern der Konjunktur anzupassen, liegen auf der Hand" (Pracht : 1937, S. 9).

"Reiner Werkstattbetrieb und reiner Heimbetrieb wandeln oft unter dem Druck der Saison ihren Charakter. So nimmt der scheinbar reine Werkstattbetrieb, der Waren herstellt, die nach der bisherigen Arbeitsorganisation nur in der Werkstatt hergestellt werden konnten, während der Saison Heimarbeiterinnen zu Hilfe" (Grandke : 1899, S. 183).

Zur Realisierung der unterschiedlichen Ansprüche ihrer Auftraggeber praktizierten die Zwischenmeister oft sehr flexible Strategien bezüglich ihrer Betriebsgestaltung. Um die Forderungen der Verleger mit den jeweiligen Bedingungen des Arbeitsmarktes auszubalancieren, kam es je nach den Umständen zu mehr oder weniger häufigen Änderungen der organisatorischen Strukturen, die mit einem hochflexiblen Arbeitskrafteinsatz korrespondierten.

"Nirgends auch behält ein Betrieb seine Verfassung ständig bei, sondern er ändert sie je nach Bedarf häufiger oder seltener. Unbestimmtheit und Wandelbarkeit des Betriebes sind somit die Kennzeichen der in der Konfektion vorhandenen Betriebsformen" (Grandke : 1899, S. 183).

Das der Verlauf des Überganges zwischen den einzelnen Betriebsformen nicht nur in eine Richtung erfolgte, kann z. B. dadurch belegt werden, daß Zwischenmeister, die in saisonschwachen Phasen nur Heimarbeiterinnen beschäftigten, in Zeiten der Hochsaison ihre Kapazitäten durch einen kurzfristig eingerichteten Werkstattbetrieb durchführten.

"So wird denn die enge Wohnung des Meisters, in der bisher nur das Ausgeben und Liefern, allenfalls das Bügeln der Ware besorgt wurde, so gut oder schlecht es geht, zur Zwischenmeisterwerkstatt eingerichtet und es werden 5, 6 ja unter Umständen noch mehr Mädchen eingesetzt" (Grandke : 1899, S. 184).

Dieser Übergang vom 'reinen' Heimbetrieb zu diesem Strukturtyp der 'Kombination von Werkstattarbeit und Heimarbeit' ging vielfach mit spezifischen Rekrutierungsproblemen einher. Der Ursprung dieser Variante der struktur-funktionalen Organisation des Produktionsprozesses von fertiger Oberbekleidung als auch der 'Rekrutierungsstrategie' des Zwischenmeisters kann u. a. in der spezifischen Struktur des Arbeitsmarktes gesehen werden. Das in der Kleiderfertigung existierende Problem der zweimalig im Jahr auftretenden Saisonspitzen führte wegen der während dieser Phasen besonders starken Nachfrage oft zu Knappheiten am Arbeitsmarkt für Heimarbeiter/innen. Standen keine weiblichen Arbeitskräfte mehr als Heimarbeiterinnen zur Verfügung, mußte der Zwischenmeister auf den Teil des weiblichen Arbeitskräfteangebots zurückgreifen, dessen Arbeitskraft nur in der eigenen Werkstatt einzusetzen und zu nutzen war.

STRUKTUR - FUNKTIONALES SCHEMA DER ORGANISATION
DES PRODUKTIONSPROZESSES VON KONFEKTIONIERTER
DAMENOBERBEKLEIDUNG IM 'REINEN' VERLAGSSYSTEM

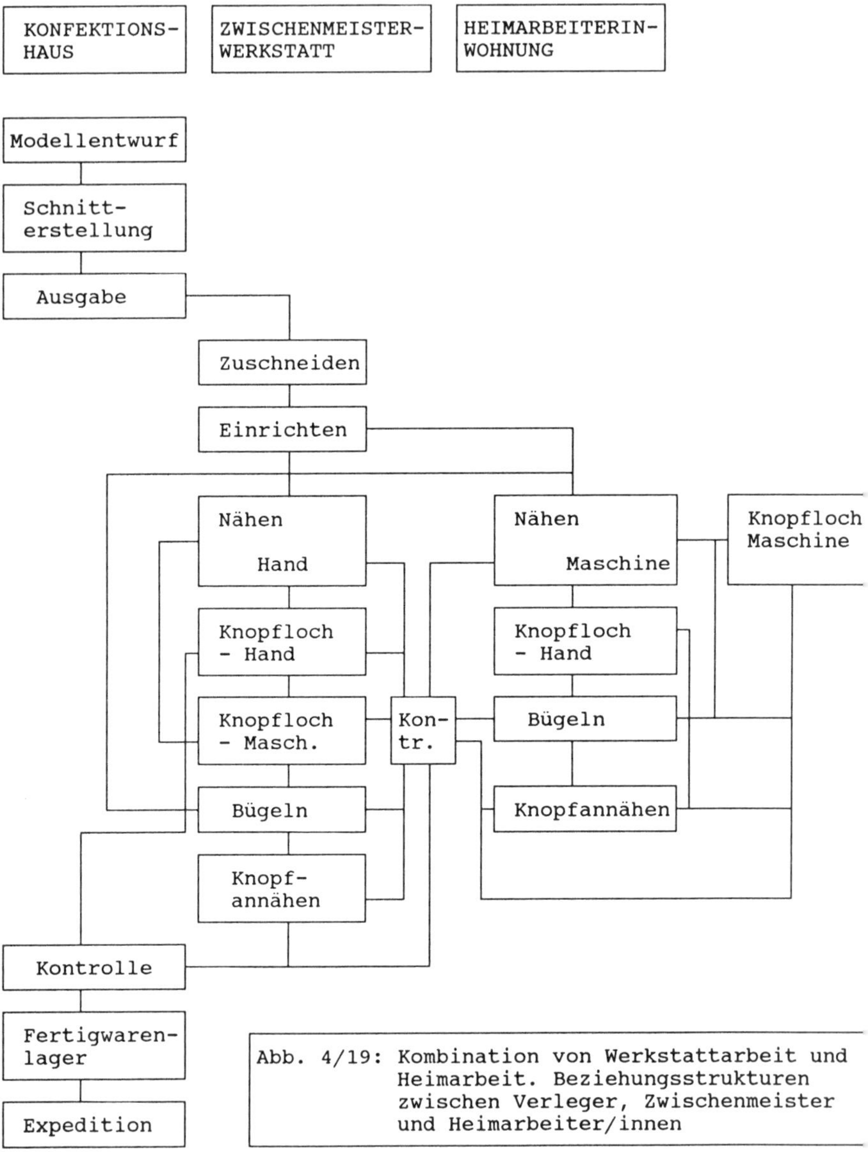

Abb. 4/19: Kombination von Werkstattarbeit und Heimarbeit. Beziehungsstrukturen zwischen Verleger, Zwischenmeister und Heimarbeiter/innen

"Aber die Zahl der Arbeiterinnen, die in eigenen Wohnungen arbeiten können, ist nicht groß genug. Eine Anzahl haben sich gemeldet, die gern arbeiten möchten, aber einen eigenen Raum dazu nicht haben, sondern nur über eine Schlafstelle verfügen" (Grandke : 1899, S. 184).

II. Die gesamten, dem Zuschneiden und Einrichten folgenden Prozeßabschnitte Nähen, Bügeln und Verknöpfen bzw. Ausfertigen wurden ausschließlich außerhalb der Zwischenmeisterwerkstatt in den Wohnungen der Heimarbeiter/innen ausgeführt.

IIa. Die gesamte Fertigung eines Kleidungsstückes lag ausschließlich in den Händen einer Heimarbeiterin und wurde von dieser, zum Teil unter Mithilfe von Familienangehörigen o. ä. in deren eigener Wohnung durchgeführt.

Diese Betriebsform des 'Zwischenmeistersystems' mit der ausschließlichen Vergabe der gesamten Näh- sowie Bügelarbeiten an Heimarbeiterinnen war eine von vielen Organisationsformen in der Berliner Damenkonfektion. Vorrangig war sie in Berlin bei der Herstellung billiger Capes, Regen- und Radmäntel vertreten (KfA : 1896, S. 12), weniger häufig dagegen bei der hausindustriellen Fertigung von Damenjacketts. In der Herren- und Knabenkonfektion fand sie nur bei der Herstellung von besserer Knabenkonfektion 88) Anwendung (Grandke : 1899, S. 179). Von den anderen Betriebsformen unterschied sich diese Produktionsform dadurch, daß sämtliche dem Zuschneiden sowie Einrichten folgenden Schritte der Herstellung eines Kleidungsstückes ausschließlich in den Wohnungen der Heimarbeiterinnen durchgeführt wurden.

"Fräulein Margarethe Schwandt (9), Sie sind auch Näherin? - Jawohl!

M. Dr. v. Scheel: Was arbeiten Sie? - Radmäntel.

(...)

M. Dr. v. Scheel: Sie erhalten die Sachen also zugeschnitten und müssen sie nähen und bügeln? - Ja!

M. Dr. v. Scheel: Wie verhält es sich mit den Knopflöchern? - Die machen wir.

(...)

K. Dr. Sprenger: Welche Arbeiten werden nun bei Ihrem Meister im Hause gemacht? Liefern Sie das Stück fix und fertig? - Fix und fertig, so daß es der Meister nur einpackt und nach dem Geschäft bringt.

K. Dr. Sprenger: Er schneidet also nur zu? - Ja! (KfA. : 1896 d, S. 24 ff.).

Die diesen Organisationstyp konstituierende arbeitsteilige Ausführung von bestimmten und festgelegten Teilprozessen sowohl durch den Zwischenmeister als auch durch die selbständigen Heimarbeiterinnen war Ausdruck einer Verlagerung des Beschäftigungsrisikos vom Zwischenmeister auf selbständige Heimarbeiter/innen, die seine Aufträge ausführten. Die Möglichkeit der Verschiebung des Beschäftigungsrisikos auf die Heimarbeiterinnen lag prinzipiell in der Art der vertraglichen Bindung zwischen dem Zwischenmeister und den formal selbständigen hausindustriellen Produzentinnen begründet; dem insbesondere in dieser Organisationsform ausschließlich angewandten 'Werkverdingungsvertrag'.

STRUKTUR - FUNKTIONALES SCHEMA DER ORGANISATION DES PRODUKTIONSPROZESSES VON KONFEKTIONIERTER DAMENOBERBEKLEIDUNG IM 'REINEN' VERLAGSSYSTEM

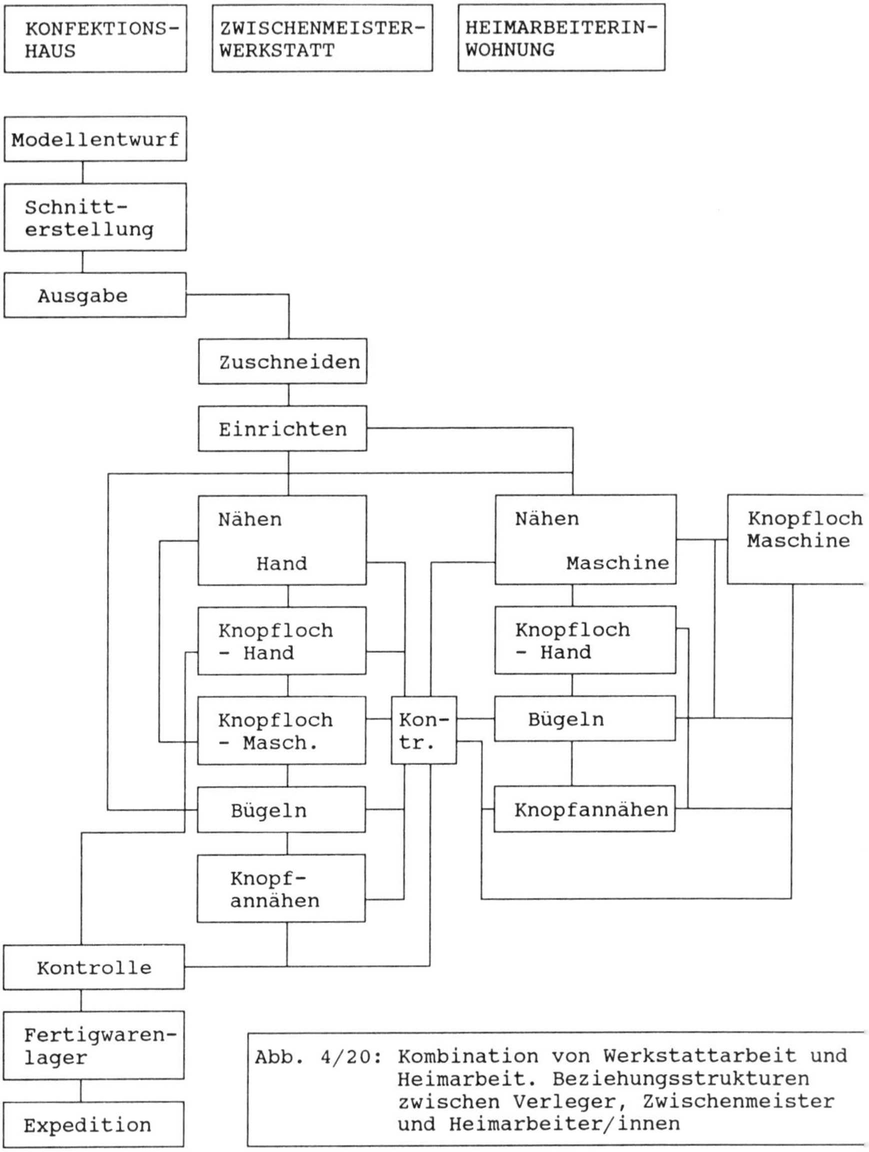

Abb. 4/20: Kombination von Werkstattarbeit und Heimarbeit. Beziehungsstrukturen zwischen Verleger, Zwischenmeister und Heimarbeiter/innen

Ökonomische Konsequenzen dieser rechtlichen Regelung der Auftragsvergabe bzw. der Beziehungen zwischen Zwischenmeister und Heimarbeiterinnen bestanden für den Zwischenmeister unter diesen Bedingungen besonders auf der Ebene der Gestaltung der Kosten seines 'Betriebes'. Ähnlich der Logik, daß der Verleger durch den Wegfall von fixen Kosten nicht an einen bestimmten nicht zu unterschreitenden Beschäftigungsgrad gebunden war und deshalb das Risiko auf die Zwischenmeister abwälzen konnte, machte sich der Zwischenmeister diese Strategie zu eigen und überwälzte das Beschäftigungsrisiko auf die selbständigen Heimarbeiterinnen. Deren Arbeitsleistungen wurden per Stück bezahlt wurde. Durch den Modus der ausschließlichen Beschäftigung von Heimarbeiterinnen im 'Werkverdingungsvertrag' fielen für den Zwischenmeister keine fixen Kosten für Produktionsmittel wie Nähmaschinen und Bügeleisen an.

Kosten für Roh- und Hilfsstoffe fielen für den Zwischenmeister deswegen nicht an, da das Ober- und Futterstoffmaterial während des Verarbeitungsprozesses im Eigentum des Verlegers blieb. Weiterhin wurden innerhalb dieser Organisationsform neben den Kosten für die Anschaffung und die Wartung der Nähmaschine auch die Kosten für das Nähmaterial wie Heft- und Nähgarn, Knopflochseide u.s.w. von den Heimarbeiterinnen getragen. Wegen den relativ geringen zeitabhängigen Kosten für den Zwischenmeister - hierfür war nur der Mietanteil für einen Zuschneideraum zu berücksichtigen - konnte sich quasi jede fachlich interessierte und die erforderlichen Zuschneidetechniken beherrschende Person mit einem minimalen Kostenaufwand eine selbständige Existenz als Zwischenmeister in der Konfektion aufbauen, sofern er mit einem entsprechenden Stamm von Heimarbeiterinnen in Beziehung stand.

Die Produktionskapazität dieses Typs von 'Zwischenmeisterbetrieb' wurde einerseits durch die Anzahl der für den Zwischenmeister Aufträge ausführenden Heimarbeiterinnen und andererseits durch deren Angebot an täglichen Arbeitsstunden bestimmt. Die individuelle Bereitschaft der Heimarbeiterinnen zur Leistung von 'Überstunden' erhöhte zusätzlich die Flexibilität der Produktion in diesem Organisationstyp. Daß sie während der 'Saisonspitzen' z. T. gar keine andere Wahl hatten, ihre Arbeitszeit bis nahe an die physische Grenze auszudehnen, war rein ökonomisch bedingt. Wegen ihrer niedrigen, um die Jahrhundertwende auf der Höhe des Existenzniveaus liegenden Einkommen (vgl. Olberg : 1896, S. 23 ff.) waren die Heimarbeiterinnen - insbesondere die allein verdienenden unter ihnen - gezwungen, wegen der saisonalen Beschäftigungsschwankungen einen Einkommensausgleich gegenüber der 'stillen Zeit' zu erarbeiten.

Dieser vordergründig erscheinende besondere Vorteil dieses Organisationstyps ist in der realen Organisation der Kombination von Werkstattarbeit und Heimarbeit durch bestimmte Bedingungen eingeschränkt worden. So galt dieses Organisationsmuster nicht für beliebige Produkte sowie Genres und auch nicht für Heimarbeiterinnen mit beliebiger Qualifikation. Da mit der ausschließlichen Fertigung der einzelnen Kleidungsstücke durch die Heimarbeiterinnen überwiegend die ganzheitliche Herstellung der Kleidungsstücke verbunden war 89) und eine Kontrolle während des Arbeitsprozesses durch den Zwischenmeister nicht erfolgen konnte, reduzierte sich die Anwendung dieser Organisationsform auf zwei 'Idealtypen' der Realorganisation. Deren wesentliches Unterscheidungskriterium bestand in dem Zusammenhang von Qualifikation und erwarteter Qualität des Kleidungsstückes:

- Es wurden Kleidungsstücke, wie z. B. Pelerinen und Radmäntel, deren ganzheitliche Fertigung mit eher anspruchsarmen Näharbeiten verbunden war, an vorwiegend weniger qualifizierte Heimarbeiterinnen vergeben. Die in dieser Weise gefertigten niedrigen Wertstufen bezogen sich auf Kleidungsstücke mit einem hohen Anteil an einfach auszuführenden Maschinennähten und erforderten auch für die fachgerechte Ausführung der Bügelarbeiten keine besonderen Anforderungen an die Qualifikation der Arbeitsperson. Eine ständige Kontrolle der Qualität der Verarbeitung konnte wegen der einfachen Ausführung dieser Tätigkeiten entfallen.

- Die Fertigung der Kleidungsstücke erforderte aufgrund bestimmter hoher Wertstufen eine entsprechende Qualifikation von der Arbeitsperson, die nicht nur notwendig war, um festgelegte Verarbeitungsstandards einzuhalten, sondern auch Arbeitspositionen mit höheren Schwierigkeitsgraden (z. B. Kragenverarbeitung) auszuführen. In dieser Konsequenz wurden Damenjacketts des höheren Genres sowie die bessere Knabenkonfektion von den qualifizierteren Heimarbeiterinnen gefertigt. Zu den seltenen Ausnahmen der ganzheitlichen Fertigung von Qualitätsware zählten die Fälle, in denen sog. Modell- und Musterarbeiterinnen von einzelnen Zwischenmeistern in Heimarbeit beschäftigt wurden. Sie nähten das Teil von Anfang bis zum Ende und führten auch sämtliche Bügelarbeiten daran aus (Grandke : 1899, S. 182).

IIb: Die gesamte Fertigung eines Kleidungsstückes ist auf maximal zwei Heimarbeiter/innen derart aufgeteilt gewesen, daß jeweils verschiedene Prozeßabschnitte bzw. einzelne Arbeitsfolgen davon in deren eigenen Wohnungen ausgeführt wurden.

Diese Organisationsform innerhalb des' reinen' Verlagssystems unterschied sich von der vorgehend vorgestellten Strukturform dadurch, daß die ausschließlich außerhalb der Zwischenmeisterwerkstatt durchgeführten Produktionsabschnitte nicht durch eine Heimarbeiterin, sondern von höchstens zwei verschiedenen selbständigen Heimarbeiterinnen in deren Wohnungen ausgeführt wurden.

Die Durchführung von Näharbeiten an einem Kleidungsstück in Heimarbeit und an mehreren Orten war an unterschiedliche Bedingungen geknüpft. Um der 'dezentralisierten' Heimarbeit einen Sinn zu geben, mußte ein Prozeßabschnitt von den gesamten Verarbeitungsfolgen abgespalten und separat wirtschaftlicher durchgeführt werden. In den meisten Fällen wurde die Abspaltung eines Teilprozesses im Rahmen der Heimarbeit erst dann lohnend, wenn dieser an einem anderen Ort der Heimarbeit arbeitssparender, d.h. in der Regel mechanisiert, durchgeführt werden konnte. Möglich wurde diese Arbeitsteilung in der Konfektion durch den Einsatz der ersten Spezial-Nähmaschine, der Knopflochmaschine.

Die Realisierung dieser Organisationsform war an eine weitere Voraussetzung gebunden, welche die Verbreitung der 'dezentralen' Heimarbeit vorerst einschränkte. Da maschinell gearbeitete Knopflöcher dem Kleidungsstück den Charakter des 'Billigen' verliehen, kam diese Organisationsform zunächst nur für die Fertigung von Kleidungsstücken wie z. B. Rad- und Regenmänteln - an denen relativ viele Knopflöcher zu nähen waren - niedrigen Genres in Betracht.

Durchgeführt wurden diese problemlos abspaltbaren kurzzyklischen Teilarbeitsprozesse im Rahmen der 'dezentralen Heimarbeit' in den Wohnungen der selbständigen Knopflochmacherinnen bzw. der Knopflochmaschinenbesitzer/innen. Das 'Schlagen' der Knopflöcher erfolgte durch die Knopflochmacherin, die in der Regel gleichzeitig die Besitzerin dieser Maschine war und diese Arbeit als Auftragsarbeit der Heimarbeiterinnen ausführte. Als Alternative zu dieser Praxis wurden die Knopflöcher von den Heimarbeiterinnen selbst an der dazu von der Knopflochmaschinenbesitzerin gemieteten Knopflochmaschine genäht. Verrechnet wurde die Nutzung der Knopflochmaschine mit einem bestimmten Entgelt pro Knopfloch (Schmidt : 1912, S. 71).

Die Gründung solcher - in den Konfektionszentren häufig verbreiteten - Miniaturunternehmen wie einem 'Knopflochgeschäft' läßt sich aus den spezifischen Bedingungen der verlagsmäßigen Produktion dadurch erklären, daß die Anschaffung einer Knopflochmaschine aufgrund der hohen Kosten an deren dauernde Nutzung gebunden war und deswegen die Investition in eine Knopflochmaschine z.B. für eine Mantelnäherin nicht rentabel erschien. Die Konstruktion dieser 'dezentralen Heimarbeit' als eine reale Organisationsform innerhalb der 'Kombination von Werkstattarbeit und Heimarbeit' kann als flexible Anpassung des Verlagssystems an eine spezifische Konstellation von Einflußgrößen der Produktion von Fertigkleidung angesehen werden.

III. Die Prozeßabschnitte Nähen, Bügeln und Verknöpfen/Ausfertigen bzw. einzelne Arbeitsfolgen davon wurden bei der Anfertigung eines Kleidungsstückes jeweils entweder auf der Werkstatt des Zwischenmeisters oder in den Wohnungen der Heimarbeiter ausgeführt. An der gesamten Durchführung dieser Arbeitsfolgen an einem Kleidungsstück waren mindestens eine Arbeitsperson auf der Werkstatt des Zwischenmeisters und mindestens eine Heimarbeiterin außerhalb der Zwischenmeisterwerkstatt beteiligt.

STRUKTUR - FUNKTIONALES SCHEMA DER ORGANISATION DES PRODUKTIONSPROZESSES VON KONFEKTIONIERTER DAMENOBERBEKLEIDUNG IM 'REINEN' VERLAGSSYSTEM

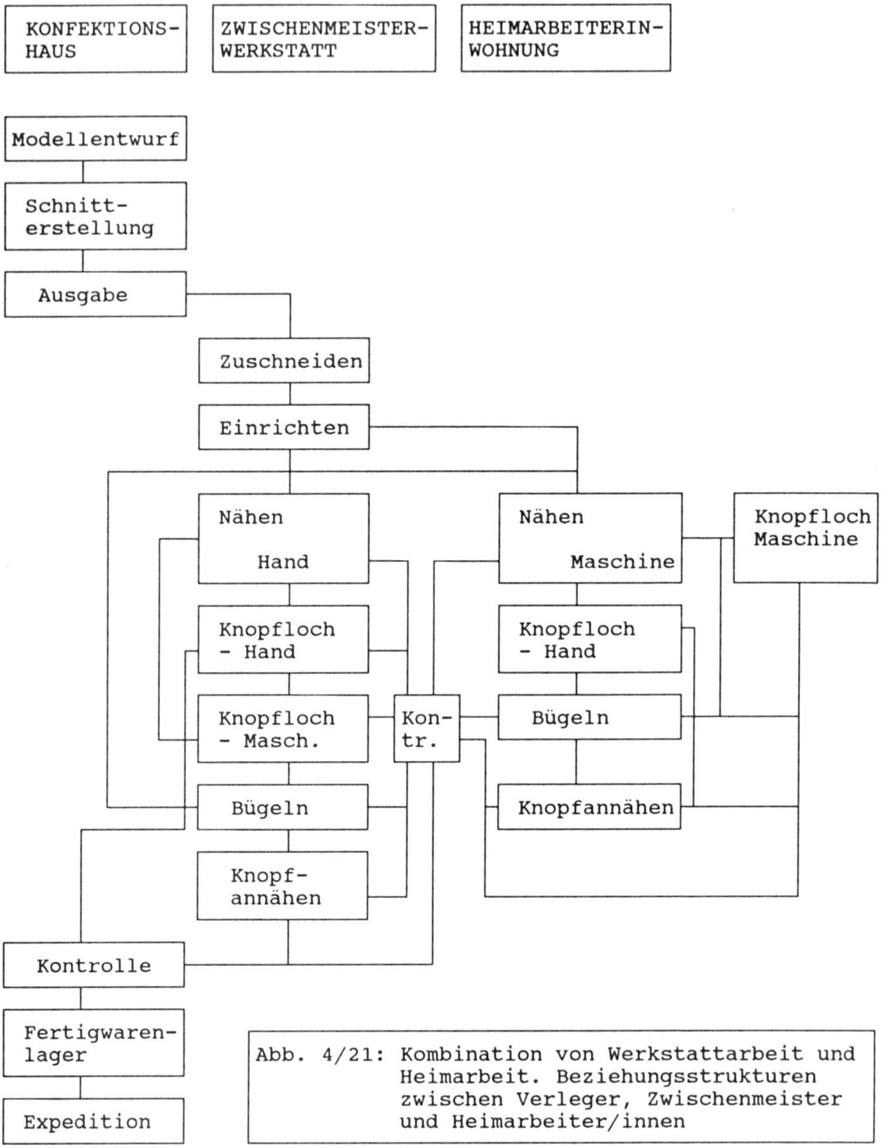

Abb. 4/21: Kombination von Werkstattarbeit und Heimarbeit. Beziehungsstrukturen zwischen Verleger, Zwischenmeister und Heimarbeiter/innen

Sofern die überwiegende Herstellung des Kleidungsstückes auf der Werkstatt des Zwischenmeisters durch die von ihm beschäftigten Arbeiter/innen erfolgte, wurde mindestens eine Arbeitsfolge eines Teilprozesses durch eine Heimarbeiterin in ihrer Wohnung ausgeführt. Für den umgekehrten Fall galt, daß wenn die Fertigung eines Kleidungsstückes überwiegend in der Wohnung einer Heimarbeiterin durch diese ausgeführt wurde, mindestens eine Arbeitsfolge eines Teilprozesses durch eine Arbeitsperson auf der Werkstatt des Zwischenmeisters bzw. durch diesen selbst ausgeführt wurde.

Den innerhalb dieses Rahmens möglichen Substrukturen war eigen, daß sie mit jeweils unterschiedlichem Grad und mit unterschiedlicher Intensität an artmäßiger Zerlegung des gesamten Fertigungsprozesses und der Ausführung durch die verschiedenen hausindustriellen Produzenten einhergingen. Um diesen, vom Spektrum seiner Ausführungsmöglichkeiten her recht variationsreichen Typ der 'Kombination von Werkstattarbeit und Heimarbeit' zu strukturieren bzw. das 'Chaos der Phänomene' zu ordnen, soll als Kriterium dieser Struktur die Frage nach der örtlichen Organisation der dem Zuschneiden bzw. dem Einrichten folgenden Maschinen- und Handnähprozesse herangezogen werden.

Als grobes Muster der Unterteilung wären danach die folgenden Organisationsstränge zu identifizieren:

* Mindestens die gesamten dem Einrichten unmittelbar folgenden Maschinen- und Handnäharbeiten 90) sind in den Wohnungen der Heimarbeiterinnen durchgeführt worden.

* Die an dem einzelnen Kleidungsstück anfallenden Maschinen- und Handnäharbeiten bzw. mindestens ein Teilarbeitsgang davon wurde alternativ in der Zwischenmeisterwerkstatt oder in den Wohnungen der Heimarbeiterinnen ausgeführt.

IIIa. Der Fertigungsprozeß eines Kleidungsstückes ist derart aufgeteilt gewesen, daß eine Heimarbeiterin mindestens die Maschinen- und Handnäharbeitsgänge an einem Kleidungsstück soweit fertiggestellt hatte, daß auf der Zwischenmeisterwerkstatt von den dort beschäftigten Arbeitspersonen bzw. vom Zwischenmeister selbst noch mindestens der Arbeitsgang 'Bügeln' ausgeführt wurde.

Die personelle Trennung der Ausführung der Teilprozesse 'Maschinen- und Handnähen' einerseits und 'Bügeln' andererseits als auch deren seperate Durchführung in den Heimarbeiterinnenwohnungen und Zwischenmeisterwerkstätten sind als Eigenart dieses Organisationsstranges zu sehen und bilden dessen Basisstruktur. Nehmen wir das 'Maschinen- und Handnähen' in den Wohnungen der Heimarbeiterinnen und das 'Bügeln' auf der Zwischenmeisterwerkstatt als Konstante dieser Organisationsform an, so können wir die Teilprozesse Knopflochnähen und 'Verknöpfen/Ausfertigen' innerhalb dieses Produktionssystems als Variable bezeichnen, deren jeweilige personelle bzw. örtliche Ausführung für die Form der sich letztlich durchgesetzten spezifischen Struktur bestimmend war.

Als eine typische und in der Berliner Damenmäntelkonfektion häufig angewandte Variante dieser Form der 'Kombination von Werkstattarbeit und Heimarbeit' kann das sog. 'Rümpfemachen' angesehen werden. Bei dieser Art der Zerlegung und der spezifischen Koordination der Teilprozesse wurden - neben den an einem bestimmten Kleidungsstück notwendigen auszuführenden Handarbeiten - die elementaren Montagenäharbeiten von der Heimarbeiterin mit ihrer Nähmaschine als 'Stepparbeit' durchgeführt. Die endgültigen gesamten Ausfertigungsarbeiten an dem Kleidungsstück wurden - je nach Art und Anzahl der noch zu verrichtenden Arbeitsgänge - durch verschiedene Arbeitspersonen, die vom Zwischenmeister auf dessen Werkstatt beschäftigt waren, ausgeführt (Schmidt : 1912, S. 69 ff.).

"Bei einer anderen Form der Heimarbeit werden nur die sogenannten 'Rümpfe', d.h. die Jacketts ohne Knopflöcher und ohne Besatz, von den Heimarbeiterinnen fertiggestellt und dann zum Bügeln und Ausfertigen zu der Werkstelle gebracht, wo das letztere dann regelmäßig durch andere Arbeitskräfte besorgt wird" (Grandke : 1899, S. 182).

"Seitens des Geschäfts wird nur mit den Meistern verkehrt. Die Stoffe werden von dem Geschäft im Ganzen gekauft. Der Verkehr mit den Meistern liegt dem sogenannten 'Konfektionär' ob, der, ein Angestellter des Geschäfts, als Direktor desselben anzusehen ist, die Muster der Mäntel u.s.w. erfindet und den Zwischenmeistern angiebt. Die Zwischenmeister erhalten mit den Mustern (Facons) die Stoffe in nicht zugeschnittenem Zustande nebst den Zuthaten. Der Meister schneidet nach dem Muster die Stoffe zu, richtet die Arbeiten ein und giebt die einzelnen Theile der Mamsell, die ihn roh fertig liefert und vom Zwischenmeister bezahlt erhält. Der Zwischenmeister macht den Mantel fertig" (KfA : 1896 a, S. 11).

"Der Zwischenmeister schneidet nun die Stoffe in seiner Werkstatt zu, oder läßt sie durch Angestellte zuschneiden und gibt nun seinerseits die Sachen zum Fertignähen an Arbeiterinnen und Arbeiter, die zur großen Mehrheit außer dem Hause arbeiten, also Heimarbeiter sind, fort. In jedem Falle wird außer dem Zuschneiden der Sachen in seiner Werkstatt, nachdem er die Gegenstände von den Arbeitern und Arbeiterinnen fertig zurückgeliefert bekommen hat, das Bügeln besorgt" (Heimann : 1912, S. 77).

"V.: Beschäftigen Sie nun außer Ihren Arbeitern in der Werkstatt auch noch solche, die zu Hause arbeiten? - Ich habe den Werkstattbetrieb jetzt erst angefangen. In der Werkstatt beschäftigen wir die Leute in der Knabenkonfektion bis jetzt sehr wenig, größtentheils außer dem Hause.
V.: Wieviel Personen beschäftigen Sie nun in Ihrem Hause? - Ich bin da beschäftigt und meine Frau, dann eine Knopflochmacherin und die Leute, die bügeln. Die 50 Personen, von denen ich sprach, sind die Arbeitskräfte, die ich außer dem Hause beschäftige. In meiner Wohnung beschäftige ich vier Arbeitskräfte und meine Frau. Der Wechsel in den Personenverhältnissen ist nicht groß. In meiner Wohnung werden nur die Knopflöcher gemacht, dann das Verknöpfen und Bügeln und das Aufsetzen von Sammetkragen, lauter Arbeiten, die nach der Fertigstellung des eigentlichen Stückes ausgeführt werden" (KfA : 1896 b, S. 46).

Bei einer genaueren Analyse dieser Organisationsform können wir neben der dezentralen, auf Beschäftigte des Zwischenmeisters bzw. auf diesen selbst und auf 'selbständige' Heimarbeiterinnen aufgeteilten Ausführung des Produktionsprozesses erkennen, daß diese Strukturform durch die besondere artmäßige arbeitsteilige Organisation des Produktionsprozesses gekennzeichnet war. Generell war dessen Ablauf so gestaltet, daß die Anfangsprozesse der Fertigung eines Kleidungsstückes

STRUKTUR - FUNKTIONALES SCHEMA DER ORGANISATION DES PRODUKTIONSPROZESSES VON KONFEKTIONIERTER DAMENOBERBEKLEIDUNG IM 'REINEN' VERLAGSSYSTEM

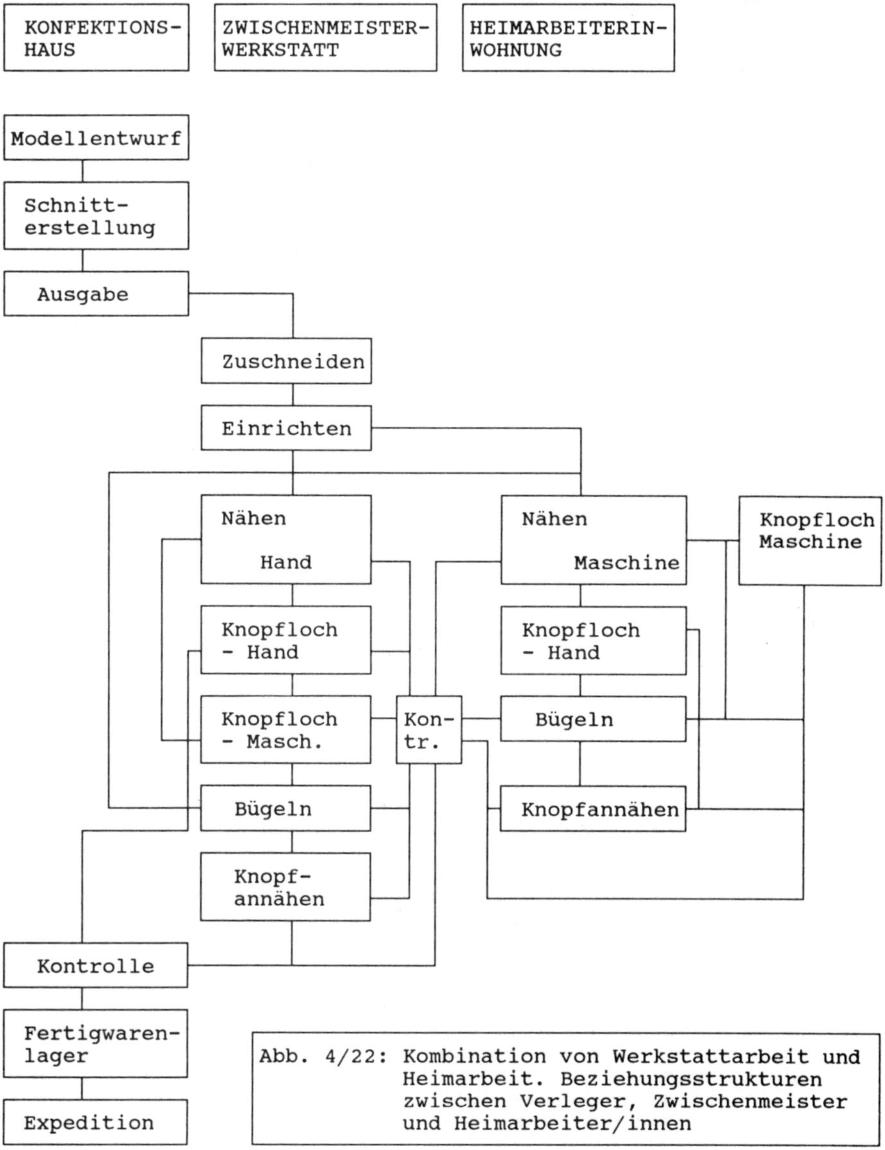

Abb. 4/22: Kombination von Werkstattarbeit und Heimarbeit. Beziehungsstrukturen zwischen Verleger, Zwischenmeister und Heimarbeiter/innen

in den Wohnungen der Heimarbeiterinnen durchgeführt wurden und die Endprozesse der Fertigung jeweils in der Werkstatt des Zwischenmeisters ausgeführt worden sind. Die Bedeutung dieser Variante der Zerlegung des Produktionsprozesses lag einerseits in der Ausführung sämtlicher Maschinen- und Handnäharbeiten durch eine Heimarbeiterin 91) sowie andererseits in der Konzentration auf die Zuschneide- und Endfertigungsarbeiten durch den Zwischenmeister oder durch seine Beschäftigten auf der Zwischenmeisterwerkstatt.

Diese Form der dezentralen Zerlegung des Produktionsprozesses in Prozeßabschnitte, die in Heimarbeit ausgeführt worden sind und in solche, die in Werkstattarbeit ausgeführt wurden, ist als Ergebnis des spezifischen Zusammenwirkens von verschiedenen Einflußgrößen zu interpretieren. Zunächst ist für diese Variante der Produktionsorganisation anzuführen, daß in ihr der Zwischenmeister mit relativ geringen Investitionen in Produktionskapital dem Verleger bzw. den Verlegern eine jeweils von der Höhe seines Beschäftigungsgrades abhängige Menge an gefertigten Kleidungsstücken liefern konnte. Nur unter der Bedingung der Aufstellung einer Spezial-Nähmaschine - der Knopflochmaschine - in der Zwischenmeisterwerkstatt ging von dieser Investition ein gewisser Auslastungszwang und damit verbunden eine Mindestproduktionsmenge aus.

Eine Abwälzung des Beschäftigungsrisikos auf die die Nähaufträge des Zwischenmeisters ausführenden Heimarbeiterinnen läßt sich für diese Variante klar erkennen. Die Vergabe der gesamten Maschinen- und Handnäharbeiten erfolgte im Werklieferungsvertrag und die Nähmaschinen waren im Besitz der Heimarbeiterinnen. Die Probleme der Auslastung der auf der Werkstatt beschäftigten Arbeitspersonen bestanden für den Zwischenmeister darin, durch verschiedene Strategien das auf seiner Werkstatt beschäftigte Arbeitskräftepotential proportional der durch die Gesamtleistung der Heimarbeiterinnen bestimmten zu fertigende Menge an Kleidungsstücken anzugleichen. Die Flexibilität der Ausführung der Fertigungsaufträge von Kleidungsstücken war in diesem Produktionssystem durch die Koordination der 'innerbetrieblichen' Kapazitäten mit den 'außerbetrieblichen' Kapazitäten des Zwischenmeisters für dessen gesamtes Auftragsvolumen sicherzustellen. Zur Feinabstimmung von Disproportionalitäten dieser Kapaziäten können bei dieem Organisationstyp die Arbeitsleistung des Zwischenmeisters als auch die in der Regel bei diesem 'Betriebstyp' mitarbeitende Ehefrau als besonders flexibel einsetzbare Leistungsreserve angesehen werden.

Die Zerlegung des Arbeitsprozesses an einem Kleidungsstück und die spezifische Zuweisung der Durchführung der verschiedenen Teilprozesse an unterschiedliche Teile des Gesamtarbeiters waren nicht allein von der ökonomischen Strategie der Risikominimierung durch den Zwischenmeister bestimmt. Die funktionale dezentrale Aufteilung von Teilaufgaben des gesamten Fertigungsprozesses war abhängig von dem zur Ausführung der einzelnen produktiven Funktionen notwendigen fachlichen Können.

Als zusätzliche, die Organisation dieses Typs bestimmende Einflußgröße kann das innerhalb dieser Organisationsform gefertigte Kleidungsstück gelten. D.h., daß die Organisationsstruktur nicht unabhängig von der dem Kleidungsstück sowie seinem Genre innewohnenden 'Produktstruktur' gewesen war. Der Zusammenhang von Produkt, den bei seiner Fertigung angewandten Produktionsstrukturen und den mit den jeweiligen Teilprozessen verbundenen Qualifikationsanforderungen beeinflußte als Determinante der prozeßspezifischen Organisierung diese Variante der 'Kombination von Werkstattarbeit und Heimarbeit'.

Mit den dargestellten Formen der Arbeitsteilung gingen für die Fertigung von bestimmten Kleidungsstücken jeweils spezifische Anforderungen bezüglich der Fähigkeiten und Fertigkeiten bei der Ausführung der einzelnen Arbeitsschritte einher. Konkret bedeutete dies, daß die Aufspaltung des Produktionsprozesses bzw. seiner Teilabschnitte und ihre 'Besetzung' mit Trägern unterschiedlicher Qualifikationen nicht nur seinen Niederschlag in dieser spezifischen Organisationsvariante erfahren hatte, sondern gleichzeitig an eine spezifische, vom Kleidungsstück und seinem Genre her bestimmte Produktionsstruktur und an eine bestimmte 'Strategie' der Produktionsorganisation des Zwischenmeisters gebunden war. Anwendung finden konnte diese Organisationsstruktur daher vorrangig bei Kleidungsstücken, die von ihrer Herstellung weniger aufwendig waren und für deren nähtechnische Fertigung somit keine besonders hohen Qualifikationsanforderungen an das Nähen der verschiedenen Nähte mit der Nähmaschine als auch der Handnäharbeitsgänge von der Heimarbeiterin abverlangt wurden und deswegen ohne ständige Kontrolle der Ausführung der Arbeit von der Heimarbeiterin in ihrer Wohnung durchgeführt werden konnten. Die Durchführung von Teilprozessen auf der Werkstatt des Zwischenmeisters kann mit dem an die Verrichtung bestimmter Teilarbeiten gebundenen höheren Qualifikationsanforderungen begründet werden. Andererseits ist die Ausführung von Teilarbeitsgängen auf der Werkstatt des Zwischenmeisters innerhalb derartiger Produktionsstrukturen erst dann ökonomisch sinnvoll gewesen, wenn z. B. Spezialmaschinen - hier die Knopflochmaschine - zentral eingesetzt werden konnten.

So fielen an den in dieser Organisationsform gefertigten Kleidungsstücken bestimmte Ausfertigungsarbeiten, wie z. B. das Arbeiten des Besatzes an einem Kleidungsstück oder das Aufsetzen von Samtkragen, an, die wegen der Notwendigkeit, zumindest aber wegen der Möglichkeit der ständigen Kontrolle der Ausführung durch den Zwischenmeister auf dessen Werkstatt durchgeführt wurden. Die Verrichtung der Bügelarbeiten auf der Werkstatt des Zwischenmeisters durch einen Bügler oder - je nach Größe des 'Betriebes' - durch den Zwischenmeister selbst kann wegen hoher Qualifikationsanforderungen sowie hoher körperlicher Belastungen, die mit dieser Tätigkeit verbunden waren als weiteres Indiz dafür angesehen werden, daß die Bügelarbeiten von den Heimarbeiterinnen nicht erledigt werden konnten.

Die andere - weniger häufig vertreten gewesene - Variante der Koordination der Teilprozesse bestand darin, daß an einem zu fertigenden Kleidungsstück von der Heimarbeiterin sowohl die Maschinen- und Handnäharbeiten als auch die Knopfloch- und Verknöpf- bzw. Ausfertigungsarbeiten in ihrer Wohnung ausgeführt wurden. Die fertiggenähten Teile wurden dann auf der Zwischenmeisterwerkstatt - bei kleineren 'Zwischenmeisterbetrieben' durch den Zwischenmeister selbst - abgebügelt, um danach durch diesen an den Verleger abgeliefert zu werden.

"V.: Dann bitte ich Fräulein Werker (54). Was arbeiten Sie? - Ich arbeite auf Jacketts.
V.: Auch auf Jacketts; in dieser Werkstatt? - Nein, ich hole mir die Arbeit mit nach Hause.
(...)
V.: Haben Sie eine Maschine? - Ja!
V.: Sie machen also alles fertig bis auf das Bügeln, auch die Knopflöcher? - Ja!" (KfA : 1896 b, S. 157).

Diese spezifische Arbeitsteilung, die Ausführung sämtlicher, an einem Kleidungsstück vorkommender Maschinen- und Handnäharbeiten der Fertigungsabschnitte Teilefertigung, Montage und Endfertigung durch die Heimarbeiterin in ihrer Wohnung und das Bügeln auf der Werkstatt des Zwischenmeisters kann von der Ebene des Produkts folgendermaßen begründet werden: Gestaltung des Kleidungsstückes und sein bestimmter Ausführungsstandard begünstigten diese Form des Arbeitsteilung besonders, da eine relativ einfache Ausführung, wie z. B. "Jacketts ohne Futter" (KfA : 1896 b, S. 154) oder auch das Fehlen von komplizierten Ausputzarbeiten an einem Kleidungsstück die ganzheitliche Verrichtung dieser Fertigungsabschnitte durch eine weniger qualifizierte Arbeitsperson möglich machten.

Ein höherer Grad der Zerlegung der gesamten Maschinen- und Handnäharbeiten und die Ausführung dieser einzelnen Arbeitsschritte durch mehrere, unterschiedlich qualifizierte Arbeitspersonen schien bei 'einfachen' Kleidungsstücken (Stapelware) nicht notwendig zu sein. Diese Kleidungsstücke konnten von geringer qualifizierten Heimarbeiterinnen genäht werden; eine besondere ständige Beaufsichtigung der Ausführung der Näharbeiten - die nur auf der Werkstatt des Zwischenmeisters hätte realisiert werden können - entfiel bei der Herstellung von Kleidungsstücken mit weniger anspruchsvollem Ausführungsstandard (Genre).

Die Trennung der Bügelarbeiten von den Maschinen- und Handnähtätigkeiten und ihre Ausführung auf der Zwischenmeisterwerkstatt entweder durch den Zwischenmeister selbst oder durch einen eigens für diesen Teilprozeß beschäftigten Bügler drückte die Wichtigkeit dieses Teilprozesses für die gesamte Fertigung eines Kleidungsstückes - auch im niedrigeren Genre - aus: Beim Abbügeln eines Kleidungsstückes sollen bei diesem nicht nur die Oberflächen und die Nähte glatt gebügelt werden, sondern dem Teil soll zusätzlich durch das formgerechte Bügeln ein gewisses 'Aussehen' und ein körpergerechter 'Sitz' verliehen werden. Die fachgerechte Ausführung dieser Tätigkeit ist deswegen meist nur durch gelernte Schneider vorgenommen worden.

Andererseits ging diese Organisationsvariante mit einer spezifischen 'Strategie' des Zwischenmeisters einher, welche für diesen nur geringe Fixkosten bedeuteten. Investitionen in Näh- bzw. Spezialnähmaschinen fielen für diesen Typ von 'Zwischenmeisterbetrieb' nicht an. Dieser war somit nicht so stark an einen bestimmten Beschäftigungsgrad gebunden. Das Beschäftigungsrisiko war im wesentlichen - da auf der Werkstatt keine Maschinen- bzw. Handnäharbeiten verrichtet wurden - auf die 'selbständigen' Heimarbeiterinnen abgewälzt. Es bestand für den Zwischenmeister nur, falls er für die Bügelarbeiten einen Bügler beschäftigte.

IIIaa. Der Fertigungsprozeß eines Kleidungsstückes ist derart aufgeteilt gewesen, daß mindestens zwei verschiedene Heimarbeiterinnen jeweils unterschiedliche Teilarbeiten an einem Kleidungsstück in ihren eigenen Wohnungen ausgeführt haben. Von beiden zusammen wurde das Kleidungsstück soweit fertiggestellt, daß in der Zwischenmeisterwerkstatt nur noch einzelne Endprozesse auszuführen waren.

Innerhalb der verlagsmäßigen Fertigung von Oberbekleidung bestanden diese Varianten als komplexeste Strukturen der Organisation des Produktionsprozesses. Die neben der Teilung der gesamten direkt produktiven Funktionen der Herstellung eines Kleidungsstückes auf 'Werkstattarbeit' und 'Heimarbeit' vorgenommene weitere funktionale sowie örtliche Aufspaltung der in Heimarbeit ausgeführten Teilprozesse der Gesamtfertigung war besonderer Ausdruck dieses Organisationsmusters der Produktion. Diese dezentrale Ausführung der gesamten Näharbeiten an einem Kleidungsstück durch verschiedene Heimarbeiterinnen in deren Wohnungen kann im wesentlichen mit dem Vorhandensein eines spezfifischen großstädtischen Arbeitskräftepotentials durch den Zwischenmeister begründet werden.

Als idealtypische Muster der dezentralen Organisation der in Heimarbeit ausgeführten Tätigkeiten existierten

(1) die Zerlegung der an einem Kleidungsstück anfallenden Arbeiten in Maschinennäharbeiten einerseits und Handnäharbeiten andererseits und die Ausführung dieser Teilprozesse durch verschiedene Heimarbeiterinnen.

"Gerade Capes werden (...) erst an eine Gruppe von Heimarbeiterinnen zum Zusammennähen und nachher an eine andere zum Ausfertigen ausgegeben" (Grandke : 1899, S. 183).

"V.: Haben Sie eine Werkstatt? - Nein, ich beschäftige alle Arbeiter außer dem Hause.
V.: Sie haben also keine Werkstatt? - Nein, nur wo gebügelt und wo zugeschnitten wird.
V.: Also Sie haben doch einige Arbeiter auch im Hause beschäftigt? - Näherinnen nicht, nur Bügler und Zuschneider.
(...)
V.: Die Arbeit wird also stückweise an die Arbeiter vergeben? - Ja!
V.: Wieviel Stück macht denn eine gute Arbeiterin in der Woche? - Wenn sie alle Tage arbeitet 60, auch 70.
V.: 70 Stück? - Ja, das ist alles teils Halbstepperei, teils bekommt sie es nur zum Abfüttern.
V.: Also an demselben Stück arbeiten zwei verschiedene Arbeiterinnen und beide außer Ihrem Hause? - Ja!" (KfA : 1896 b, S. 54).

Diese Strategie der Vergabe von Maschinen- und Handnäharbeiten an unterschiedliche Heimarbeiterinnen war abhängig von der Kompatibilität bestimmter qualitativer und quantitativer Strukturen des großstädtischen weiblichen Arbeitsmarktes mit festgelegten Ausführungsstandards der in Serien zu fertigenden Kleidungsstücke. Charakteristisch für die Handnäherinnen war es, daß sie nicht notwendig eine eigene Nähmaschine besitzen mußten und - meist aus familiären Gründen - nicht auf der Werkstatt des Zwischenmeisters als Handnäherin arbeiten konnten.

Die Zerlegung der in Heimarbeit an einem Kleidungsstück auszuführenden gesamten Näharbeiten in Maschinen- und Handnäharbeiten kann somit als Reaktion des Zwischenmeisters auf die vorgefundenen strukturellen Bedingungen des lokalen weiblichen Arbeitskräfteangebotes angenommen werden, um Arbeitskräften, die nur in dieser Weise eingesetzt werden konnten, zu nutzen. Der Einsatz dieser Handnäherinnen war breiter gestreut. Je nach den Inhalten der Handnäharbeiten handelte es sich einerseits um Heimarbeiterinnen, die weniger anspruchsvolle Näharbeiten ausführten. Zu diesen Verrichtungen gehörte z. das Füttern von Hosen - eine Tätigkeit, die eher den derzeit üblichen Standardfertigkeiten in 'Handarbeiten' entsprach. Andererseits wurde ein höheres Maß an Geschick und Feinmotorik - und damit an Qualifikationen - von denjenigen Heimarbeiterinnen verlangt, die die feineren, Tätigkeiten, z.B. Ausputz- und Zierarbeiten, ausführten.

Die mit dem Organisationsprinzip der 'dezentralen Heimarbeit' verfolgte rudimentäre Strategie einer Teilung und Spezialisierung der Näharbeiten an einem Kleidungsstück hatte innerhalb der 'Kombination von Werkstattarbeit und Heimarbeit' seine besondere Bedeutung. Diese lag darin, daß die arbeitsteilige und spezialisierte Fertigungsorganisation kostengünstiger gegenüber der ganzheitlichen Fertigung eines gleichen Kleidungsstückes durch eine Heimarbeiterin gestaltet werden konnte: die Lohnkosten der arbeitsteiligen Herstellung eines Kleidungsstückes waren vergleichsweise günstiger als die der ganzheitlichen Fertigung. Dieser Kostenvorteil ergab sich aus der Anwendung der geringer bezahlten Heimarbeit als Teilprozeß (KfA : 1896 b, S. 55).

Die durch die Zerlegung der außerhalb der Zwischenmeisterwerkstatt an einem Kleidungsstück ausgeführten Näharbeiten in 'Maschinennähen' und 'Handnähen' erfolgte Schaffung der 'Detailnäherin' in Heimarbeit können wir als einen spezifischen Ansatz von organisatiorischer Rationalisierung der verlagsmäßigen Herstellung von fertiger Oberbekleidung ansehen. Diese Form der Rationalisierung des Produktionsprozesses, welche sich eher unbewußt durchsetzte, basierte im wesentlichen auf frühen Formen der arbeitsteiligen Produktion. Grobe Ansätze des Babbage-Prinzips und der - erst später mit der beginnenden Industrialisierung des Konfektionsgewerbes sich durchsetzenden - Taylorisierung des Produktionsprozesses sind in ihr erkennbar.

STRUKTUR - FUNKTIONALES SCHEMA DER ORGANISATION DES PRODUKTIONSPROZESSES VON KONFEKTIONIERTER DAMENOBERBEKLEIDUNG IM 'REINEN' VERLAGSSYSTEM

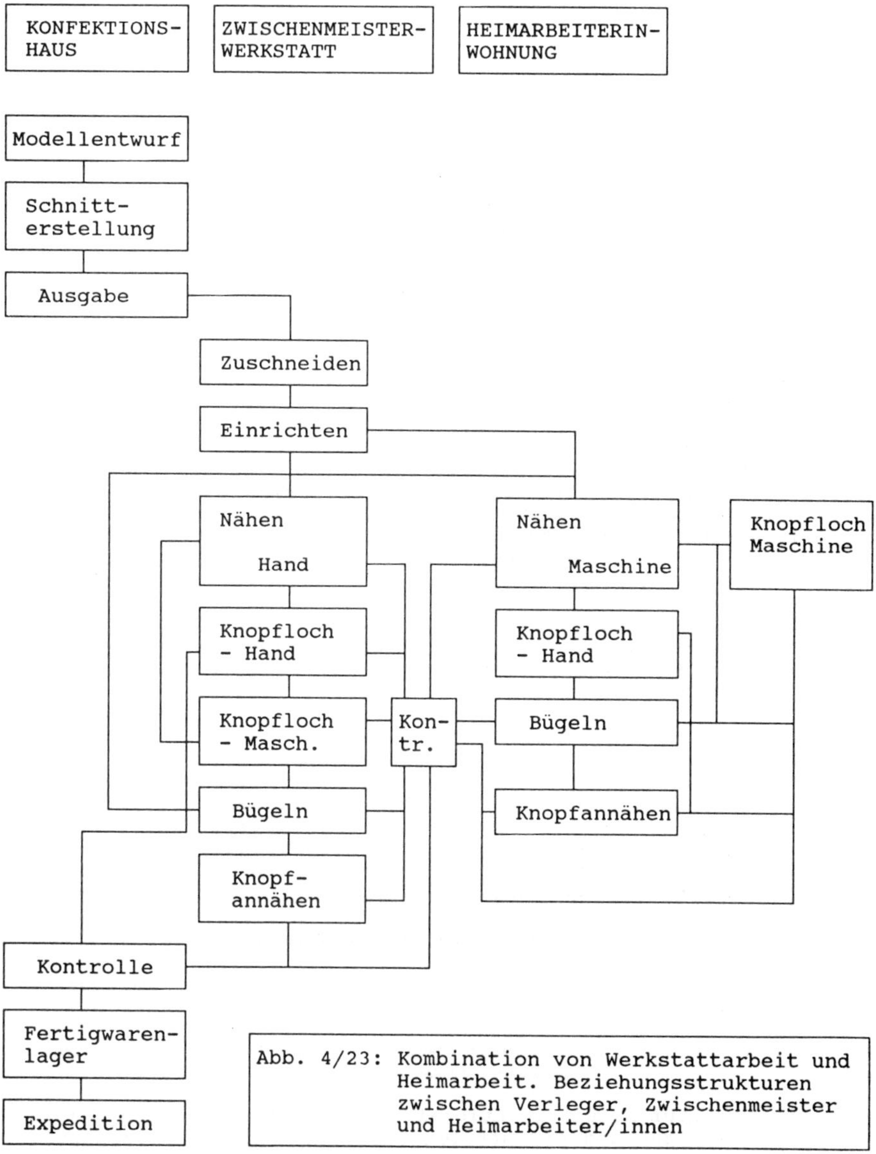

Abb. 4/23: Kombination von Werkstattarbeit und Heimarbeit. Beziehungsstrukturen zwischen Verleger, Zwischenmeister und Heimarbeiter/innen

Wichtige Strukturmerkmale dieser Form der funktional-örtlichen Organisation der Produktion bestanden in der

- Festlegung von Arbeitsaufgaben und ihrer Zuweisung an unterschiedlich qualifizierte und produktionsmittelmäßig ausgestattete 'selbständige' Heimarbeiterinnen

- Vereinfachung der Arbeitsinhalte durch Arbeitsteilung
- einseitigen Förderung von Spezialfertigkeiten
- Senkung der Qualifikationsanforderungen der Teilarbeiter mit gleichzeitiger Senkung der Preise für ihre Arbeitsleistungen.

Diese an der Zerlegung und Spezialisierung des Produktionsprozesses ansetzende Form der Durchsetzung der organisatorischen Rationalisierung innerhalb der 'Kombination von Werkstattarbeit und Heimarbeit' hatte im wesentlichen die Konsequenz der Steigerung der Produktivität der Arbeit. Die Strategie der Arbeitsteilung des Nähprozesses und die aus ihr resultierende Erhöhung der Produktivität der Arbeit innerhalb dieses Produktionssystems können als Reaktion des Zwischenmeisters zur Überwindung der Schranken des weiblichen Arbeitsmarktes angesehen werden. Diese bestanden darin, daß Arbeitskräfte, die Kleidungsstücke ganzheitlich fertigten und eine Präferenz für die Heimarbeit hatten, nicht in ausreichender Menge zur Verfügung standen. Die Rekrutierung des Teils des weiblichen Arbeitskräfteangebotes, der unter sonst herrschenden Bedingungen nicht in der verlagsmäßigen Herstellung von fertiger Oberbekleidung hätte eingesetzt werden können, führte zu einer neuen Qualität der Zusammensetzung des Heimarbeiterpotentials.

Im Gegensatz zur Verkürzung des Aufwandes für Detailarbeiten, die mit dieser Form der Arbeitsteilung einherging, ergab sich auf dem Bilanzposten der 'Abhol- und Lieferungszeiten' eine Zunahme des Aufwandes.

(2) die gesamten an einem Kleidungsstück auszuführenden Näharbeitsgänge sind auf unterschiedliche Heimarbeiterinnen in der Weise aufgeteilt gewesen, daß von einer Heimarbeiterin das Teil bezüglich der Maschinen- und Handnäharbeitsgänge soweit fertiggestellt wurde und ein abspaltbarer und maschinell ausführbarer Teilprozeß der Endfertigung von einer anderen Heimarbeiterin unter Nutzung bzw. Einsatz ihrer Spezialnähmaschine durchgeführt werden konnte.

"M. v. Schicker:	Fr. Umgelter (29), Sie sind Westennäherin? - Ja!
(...)	
M. v. Schicker:	Sie arbeiten also allein und beschäftigen keine Arbeiter? - Nein!
M. v. Schicker:	Arbeiten Sie in Ihrer Wohnung? - Ja!
(...)	
M. Timm:	Die Knopflöcher lassen Sie vom Knopflochmacher arbeiten und tragen die Sachen hin und holen sie wieder? - Ja!" (KfA : 1896 b, S. 95).

Die Struktur dieser funktional-örtlichen Organisation der arbeitsteiligen und dezentralen Fertigung eines Kleidungsstükkes war im Prinzip dem unter (1) aufgeführten formalen Beziehungsmuster zwischen den hausindustriellen Produzenten ähnlich. Ansatzpunkte der organisatorischen Rationalisierung waren wiederum die Zerlegung und die Spezialisierung des Produktionsprozesses mit der Konsequenz der Erhöhung der Produktivität der Arbeit innerhalb des Gesamtsystems. Der Unterschied zum vorhergehend dargestellten struktur-funktionalen Muster bestand in der organisatorisch-inhaltlichen Ausgestaltung der einzelnen Teilabschnitte des Nähprozesses bzw. Ausfertigungsprozesses und in der damit einhergegangenen jeweiligen örtlichen Ausführung.

Ausgangspunkt dieser Variante der Organisation war die Möglichkeit, daß sich ein bestimmter Teilprozeß - in diesem Fall als kurzzyklischer Teilarbeitsgang - von den gesamten Näharbeiten bzw. Ausfertigungsarbeiten abtrennen ließ und von einer Arbeitsperson seperat unter Nutzung einer Spezialmaschine ausgeführt werden konnte. Die Abspaltung der dieser Organisationsvariante zu Grunde liegenden Detailfunktion des 'Knopflochmachens' und auch der erfolgte dezentrale Einsatz der Knopflochmaschine als erster Spezialnähmaschine war an bestimmte strukturelle Einflußgrößen gebunden.

Für die vom Produkt ausgehenden Einflüsse auf den Einsatz der Knopflochmaschine wäre zunächst der Ausführungsstandard des jeweiligen Kleidungsstückes anzuführen. Mit der Knopflochmaschine gefertigte Knopflöcher an einem Kleidungsstück waren in den Jugendjahren der Konfektion 92) Merkmale niedriger bzw. mittlerer Qualität - insbesondere von Stapelware; ihr Einsatz war somit auf den Bereich der Produktion in diesen Genres beschränkt. Für den Sektor der Damenoberbekleidung wäre als weitere Restriktion des Einsatzes der Knopflochmaschine zu erwähnen, daß neben dem Schlingenknopfloch - welches entweder mit der Hand oder der Knopflochmaschine zu fertigen war - vielfach auch die Fertigung eines Knopflochs als 'Paspelknopfloch' vorgenommen wurde. Dieses Knopfloch konnte derzeit allerdings nicht mit einer Spezialmaschine gefertigt werden. Einen erweiterten Anwendungsbereich dieser Spezialmaschine gab es bei der Fertigung bestimmter Berufsbekleidungsstücke 93) in Heimarbeit. Die Fertigung dieser Teile war aber nicht irgendwelchen kurzfristigen Saison- oder Modeeinflüssen unterworfen.

Demgegenüber ließe sich von der Mode behaupten, daß von ihr ein gewisser Einfluß auf den dezentralen Einsatz der Knopflochmaschine ausgegangen ist. Indem von der Gestaltungsseite die endgültige Anzahl der an einem Kleidungsstück anzubringenden Knopflöcher festgelegt wurde und das 'Knopflochmachen' ein leicht abzuspaltender Arbeitsgang war, bedingten es die Erfordernisse der Mode vielfach, die Knopflöcher an einem Kleidungsstück dezentral bei einem Knopflochmaschinenbesitzer zeitsparender fertigen zu lassen 94).

Der Anteil der auf dieser 'Organisationsschiene' mit der Knopflochmaschine gefertigten Knopflöcher an den gesamten Maschinenknopflochkapazitäten im 'reinen' Verlagssystem kann nicht genau angegeben werden. Zu vermuten ist, daß bei der Mehrheit der Kleidungsstücke die Knopflöcher mit Knopflochmaschinen gefertigt wurden, die in den Werkstätten der Zwischenmeister aufgestellt gewesen waren. Unter der Bedingung, daß der 'Zwischenmeisterbetrieb' größere Auftragsmengen zu produzieren hatte, d.h. eine bzw. mehrere in seiner Werkstatt aufgestellte Knopflochmaschinen mit einer bestimmten Mindestmenge an gefertigten Teilen auslasten konnte, war die Anschaffung einer bzw. mehrerer solcher Spezialmaschinen für diesen rentabel.

Ihre besondere Relevanz erhielt diese Struktur genau dann, wenn sich die Investition in eine Knopflochmaschine für einen 'Zwischenmeisterbetrieb' wegen mangelnder Auslastung nicht rentieren konnte und - vermittelt über die Heimarbeiterinnen - der Arbeitsgang 'Maschinenknopflochmachen' von der Besitzerin der Knopflochmaschine ausgeführt worden ist.

Auf der Gesamtebene kann somit vermutet werden, daß die dezentrale Ausführung des Teilprozesses 'Maschinenknopflochmachen' dann stärker zur Anwendung gekommen ist, wenn das Angebot an Maschinenknopflochkapazitäten der auf der Werkstatt der Zwischenmeister aufgestellten Knopflochmaschinen relativ gering war. Für die einzelne Heimarbeiterin lohnte sich die Anschaffung einer Knopflochmaschine nur zur eigenen Nutzung nicht.

"Selbst eine Knopflochmaschine sich anschaffen, kann der einzelne Heimarbeiter nicht, da sie 500 M. kostet und auch den größten Teil der Zeit unbenutzt stillstehen würde. Es haben sich infolgedessen Leute etabliert, die eine oder mehrere Knopflochmaschinen besitzen und entweder selbst das Nähen der Knopflöcher vornehmen oder die Maschine der betreffenden Arbeiterin hierzu zur Verfügung stellen" (Schmidt : 1912, S. 71).

Die Existenz selbständiger Knopflochmaschinenbesitzerinnen und/oder selbständiger Knopflochmacherinnen war ein besonders ausgeprägtes Beispiel für die Miniaturisierung der verlagsmäßigen Produktion. Sie basierte neben ihrem Beitrag zur Erhöhung der Produktivität der Arbeit im wesentlichen auf ihrem Beitrag zur Gewährleistung einer flexiblen Durchführung der Produktion im Endabschnitt der Bekleidungsfertigung. Der Beitrag der selbständigen Knopflocharbeiterinnen zur Flexibilität der verlagsmäßigen Produktion bedeutete in gewisser Weise die Abwälzung des Risikos einer Investition bzw. der Auslastung einer Knopflochmaschine vom Zwischenmeister auf die Besitzer dieser Spezialmaschinen. Diese wiederum konnten ihr Risiko dadurch minimieren, indem sie die Nachfrage mehrerer Auftraggeber auf sich vereinigten und dadurch die Kapazität ihrer Knopflochmaschine auslasteten oder diese teilweise zur Nutzung an einzelne Heimarbeiterinnen vermieteten. Auf die Möglichkeit der Nutzung des Angebots an Maschinenknopflocharbeitsleistungen als Kapazitätsreserve des Zwischenmeisterbetriebes selbst soll in diesem Zusammenhang hingewiesen werden.

IIIab. Der Fertigungsprozeß eines Kleidungsstückes ist in der Weise organisiert gewesen, daß eine Heimarbeiterin zunächst bestimmte Prozeßabschnitte an einem Kleidungsstück in ihrer Wohnung aus führte. Zur Durchführung eines bestimmten Zwischenarbeitsprozesses mußte sie das halbfertige Kleidungsstück jedoch immer in die Werkstatt bringen und anschließend weitere Arbeitsverrichtungen an demselben Kleidungsstück wiederum in ihrer Wohnung ausführen. Die endgültige Fertigstellung des Kleidungsstückes wurde wieder durch Arbeiter/innen des Zwischenmeisters auf dessen Werkstatt vorgenommen.

Das diesen Ablauf der Herstellung eines Kleidungsstückes kennzeichnende Beziehungsmuster zwischen den jeweiligen Trägern der einzelnen Abschnitte des Produktionsprozesses sah auf den Ebenen der inhaltlichen und örtlichen Ausführung einer Mantelfertigung folgendermaßen aus: Der Zuschnitt und das Einrichten der Teile erfolgten in der Werkstatt des Zwischenmeisters, in den meisten Fällen durch diesen selbst. Nur in den größeren 'Zwischenmeisterbetrieben' wurden diese Prozeßabschnitte arbeitsteilig und durch angelernte oder ausgebildete Arbeitskräfte durchgeführt. Nach der Ausgabe der zugeschnittenen und eingerichteten Teile an die Heimarbeiterinnen wurden von diesen die zur Fertigung der Vorderteile notwendigen Maschinen- und Handnäharbeiten in ihrer Wohnung erledigt. Für die anschließend vorzunehmenden Bügelarbeiten brachte die Heimarbeiterin die halbfertigen Kleidungsstücke in die Werkstatt des Zwischenmeisters. Hier wurden die Teile entweder vom Meister selbst bzw. von einem angestellten Bügler facongebügelt sowie weitere Zwischenbügelarbeiten vorgenommen.

Nach der Ausführung dieser Arbeitsschritte wurden von der Heimarbeiterin die restlichen an dem jeweiligen Kleidungsstück noch durchzuführenden Näharbeiten 95) in ihrer Wohnung vorgenommen. Der sich nach Durchführung sämtlicher Näharbeitsgänge anschließende Teilprozeß 'Abbügeln' wurde wiederum nach dem Transport der fertig genähten Kleidungsstücke von der Wohnung der Heimarbeiterin zur Werkstatt des Zwischenmeisters durch eine dortige Fachkraft ausgeführt. Je nach Gestaltung des Kleidungsstückes wurden hier noch zusätzliche spezielle Ausfertigungsarbeiten verrichtet.

"In der Stapel- und theilweise auch in auch in der Mittelbranche, werden von dem Zwischenmeister keine Werkstellen gehalten. Diese Sachen werden ausschließlich an Hausindustrielle vergeben. Die Arbeiterinnen holen sich die zugeschnittenen Mäntel, stellen sie bis zum Bügeln fertig, bringen sie dann zu diesem Zweck zum Zwischenmeister zurück. Nachdem der von diesem beschäftigte Bügler seine Arbeit verrichtet hat, nimmt die Arbeiterin sie noch einmal nach Hause, um sie dann bis zur letzten Ausfertigung vorzuarbeiten Diese Theilarbeit nennt man Rümpfe machen. Die endgültige Ausfertigung, das Garniren u.s.w. wird entweder von wiederum außer dem Hause oder günstigen Falls von bei Zwischenmeistern beschäftigten Arbeiterinnen vorgenommen" (Timm : 1895 b, S. 249).

"Einmal wird von einer Heimarbeiterin ein ganzes Stück vollständig fertig gestellt, das sie zum einmaligen Vorbügeln (hiermit ist das Zwischenbügeln gemeint - F.D.) und zum definitiven Abbügeln nach der Werkstelle bringt" (Grandke : 1899, S. 182).

"Die Geschäftsbeziehungen zu den Heimarbeiterinnen gestalten sich meistens so, daß die Arbeiterinnen die Stücke zugeschnitten, öfters eingerichtet, manchmal auch nicht eingerichtet, erhalten, sie zusammennähen, einmal mit den Sachen zum Vorbügeln hinzukommen, nachdem die Sachen vorgebügelt sind, sie wieder mitnehmen, und sie dann endgültig nadelfertig zur letzten Abbügelung wieder zurückzubringen" (Grandke : 1899, S. 178).

Die Anwendung dieses Organisationsmusters erfolgte in der Praxis in den Fällen, in denen die Heimarbeiterin das Bügeln nicht selbst durchführen konnte. Mit der fachgerechten Durchführung der Prozeßabschnitte 'Zwischenbügeln' und 'Abbügeln' waren bestimmte Anforderungen an die Qualifikation der Arbeiterinnen verbunden, über welche die meisten Heimarbeiterinnen - da sie im wesentlichen nur Näharbeitsgänge zu verrichten in der Lage waren - nicht verfügten. Zusätzlich waren mit dem Bügeln nicht unerhebliche körperliche Belastungen verbunden - das Heben schwerer Bügeleisen konnte den Heimarbeiterinnen nicht zugemutet werden.

Im Unterschied zu der vorgehend unter IIa. vorgestellten Organisationsstruktur bzw. der innerhalb dieser gefertigten Produkte war für dieses Beziehungsmuster bestimmend, daß von der Art bzw. dem Qualitätsstandard der zu fertigenden Kleidungsstücke für deren Verarbeitung zwingend die Ausführung des 'Zwischenbügelns' vorgegeben war. Die Ausführung der gesamten Bügelarbeiten an einem Kleidungsstück in der Werkstatt des Zwischenmeisters durch qualifizierte Arbeitskräfte - vielfach männliche Bügler mit einer handwerklichen Schneiderausbildung - bzw. in kleineren Werkstätten durch den Meister selbst, zeigt deutlich, wie stark die Strukturen der Organisation der Herstellung von Oberbekleidung im Verlagssystem durch die Variablen Produkt, Genre und Qualifikation bestimmt waren. Weitere Formen der Kombination von Werkstatt- und Heimarbeit sind in Kapitel 2.1. des Anhanges aufgeführt.

Der Vorteil z. B. gegenüber den nur in Heimarbeit an einem Kleidungsstück ausgeführten Handnäharbeiten kann im wesentlichen in der Möglichkeit gesehen werden, daß die auf der Werkstatt ausgeführten Handnäharbeiten ständig vom Zwischenmeister kontrolliert werden konnten. Anzunehmen ist, daß die dadurch eingeübten Verarbeitungsstandards von den Werkstattarbeiterinnen auch während der Ausführung der Handnäharbeiten in der häuslichen Umgebung eingehalten worden sind. Somit konnte sich insgesamt eine Produktqualität ergeben, welche dem 'Werkstattniveau' entsprach. Die Forderung nach durchgehend gesicherter Qualität verband sich hier wegen der Möglichkeit der Ausdehnung des Werkstattarbeitstages mit dem besonders flexiblen Einsatz von Arbeitskräften und brachte diesen speziellen Organisationstyp hervor.

STRUKTUR - FUNKTIONALES SCHEMA DER ORGANISATION DES PRODUKTIONSPROZESSES VON KONFEKTIONIERTER DAMENOBERBEKLEIDUNG IM 'REINEN' VERLAGSSYSTEM

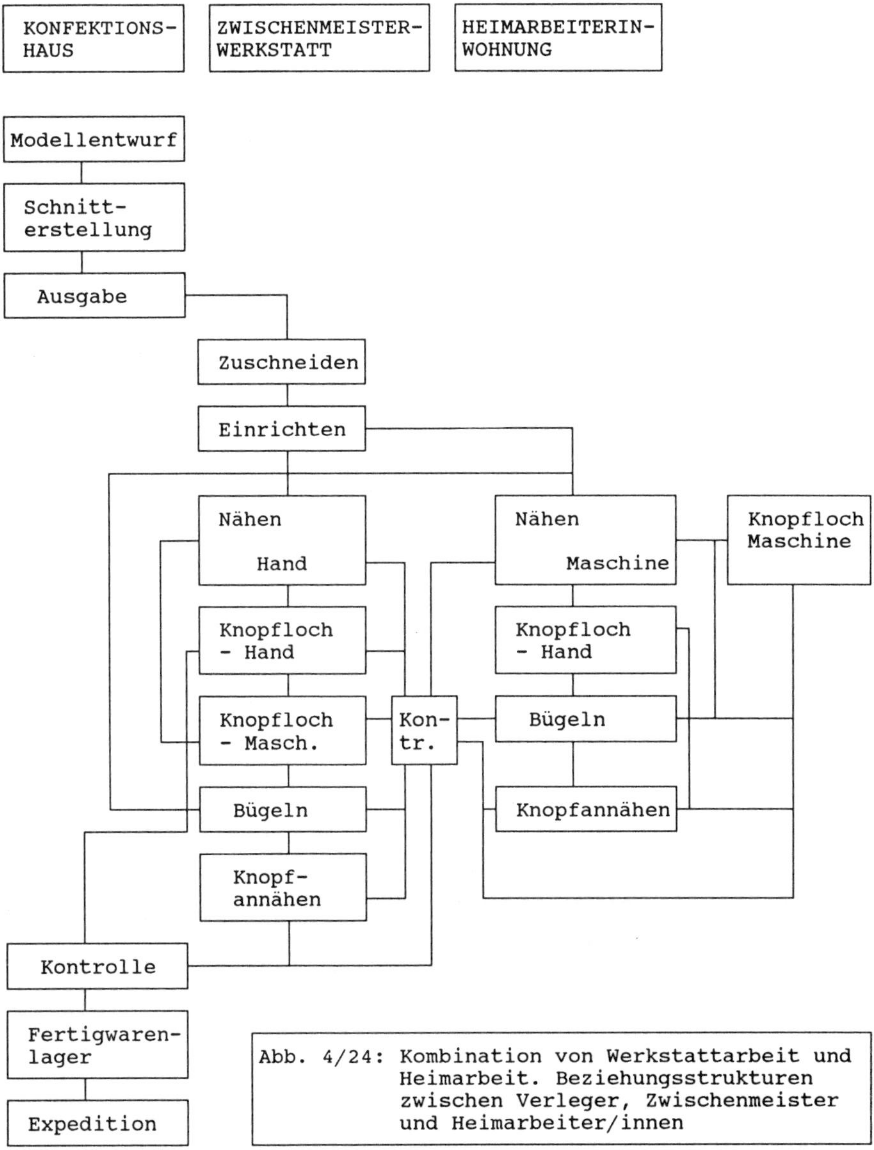

Abb. 4/24: Kombination von Werkstattarbeit und Heimarbeit. Beziehungsstrukturen zwischen Verleger, Zwischenmeister und Heimarbeiter/innen

4.2.2.1.2. Organisationstypen der 'gemischten' verlagsmäßig organisierten Produktion von fertiger Oberbekleidung

Die Organisationsstruktur der 'gemischten' verlagsmäßig organisierten Produktion im Konfektionsgewerbe war dadurch gekennzeichnet, daß - auf die Anfangsprozesse der Herstellung eines Kleidungsstückes bezogen - im Hause des Verlegers mindestens das Zuschneiden, teilweise auch das Einrichten vorgenommen wurde. Weiterhin war für die 'gemischte' Verlagsfertigung charakteristisch, daß der dem Zuschneiden bzw. dem Einrichten folgende Prozeßabschnitt Nähen in jedem Fall vollständig außerhalb des Konfektionshauses durchgeführt worden ist. Die Teilefertigung sowie die Montage der Kleidungsstücke wurde entweder in den Wohnungen der Heimarbeiter/innen oder in den Werkstätten der Zwischenmeister durch die dort beschäftigten Arbeiter/innen vorgenommen.

Die Ausführung der dem Nähen folgenden Teilprozesse Knopflochnähen, Knopfannähen, Ausfertigen und Bügeln war bezüglich ihrer örtlichen und personellen Zuordnung in diesem Organisationsschema nicht festgelegt. Diese Endprozesse bzw. Anteile davon wurden entweder in den Wohnungen oder in den Werkstätten der hausindustriellen Produzenten durchgeführt. Darüber hinaus bestand mit der Einbeziehung im Haus des Verlegers durchgeführter Anfangs- und Endprozesse die Möglichkeit, diese Arbeitsgänge ganz oder teilweise durch vom Verleger beschäftigte Arbeitskräfte in dessen eigenen Werkstätten ausführen zu lassen.

Wegen der in diesem Organisationsschema in jedem Fall geltenden Ausführung des Zuschnitts im Haus des Verlegers und des Nähens in den Räumen der hausindustriellen Produzenten wurden die jeweiligen Organisationsvarianten dieser 'gemischten' verlagsmäßigen Fertigung durch die spezifischen örtlich-personellen Kombinationen der Durchführung der Teilprozesse Einrichten, Knopflochnähen, Knopfannähen, Ausfertigen sowie Bügeln bestimmt.

Im Gegensatz zu der Organisationsform des 'reinen' Verlagssystems beinhaltete die struktur-funktionale Organisation des 'gemischten' Verlagssystems die 'Verlagerung' der Durchführung von Anfangs- und zum Teil auch von Endprozessen der Herstellung von fertiger Oberbekleidung von den Räumen der hausindustriellen Produzenten in das Haus des Verlegers. Für diese Konfektionsfirmen bedeutete dies die Überwindung der auf reine kaufmännische Tätigkeiten beschränkten Funktionen des Verlegers im 'reinen' Verlagssystem indem direkt produktive Anteile des Produktionsprozesses in das Konfektionshaus hineingenommen worden sind.

Das Zuschneiden der Kleidungsstücke im Konfektionshaus war für die Struktur der Organisation des Produktionsprozesses im 'gemischten' Verlagssystem von besonderer Bedeutung. Gegenüber dem 'reinen' Verlagssystem war damit die Ausschaltung einer wesentlichen, die qualitative Struktur der verlagsmäßigen Produktion prägenden Funktion des Zwischenmeisters verbunden. Im Fall der völligen Ausschaltung des Zwischenmeisters aus dem Gefüge des verlagsmäßig organisierten Produktionsprozesses - wie z.B. bei der 'unmittelbaren Heimarbeit' geschehen - war die einzelne Konfektionsfirma gezwungen, die nun bei ihr angefallenen Steuerungsfunktionen sowie den gesamten Geschäftsverkehr mit den Heimarbeiter/innen zu organisieren. Andere, aus der Übernahme von produktiven Funktionen in den Konfektionsbetrieb resultierende Einschränkungen der Arbeitsinhalte des Zwischenmeisters gingen - je nach der funktionalen Arbeitsteilung in den einzelnen Organisationsformen - mit einem spezifischen Funktionsverlust des Zwischenmeisters einher. Zumindest war es der im 'gemischten' Verlagssystem im Konfektionshaus durchgeführte Prozeßabschnitt Zuschneiden, welcher das Anforderungsprofil an den Zwischenmeister gegenüber seinen Kollegen im 'reinen' Verlagssystem verändert hat. Durch die nicht mehr abgerufenen Zuschneidekenntnisse konnte hier ein ganz anderer Personenkreis eingesetzt werden.

Die aus der Ausschaltung bzw. der Zurückdrängung des Zwischenmeisters sich ergebende 'Verlagerung' von Teilfunktionen in die Konfektionsfirma hinein bedeutete gleichzeitig einen schon frühzeitig einsetzenden Prozeß der funktionalen Ausdifferenzierung der Organisation des verlagsmäßigen Produktionsprozesses. Damit eröffneten sich für das 'gemischte' Verlagssystem verschiedene Möglichkeiten der Gestaltung von sozioökonomischen Beziehungen innerhalb der Organisation des Produktionsprozesses von fertiger Oberbekleidung. Je nach typenbestimmter Restfunktion waren diese durch die mehr oder weniger stark geschwächte Rolle des Zwischenmeisters innerhalb dieser Organisationsform gekennzeichnet.

4.2.2.1.2.1. Die unmittelbare Heimarbeit

Als spezifisches Kennzeichen dieser verlagsmäßigen Organisationsform ist festzuhalten, daß die Beziehungen zwischen den Verlegern und den hausindustriellen Produzenten im direkten Verkehr der Konfektionsfirma mit den einzelnen Heimarbeiter/innen, welche die Aufträge ausführten, bestanden. D.h., die Beziehungen zwischen Verlegern und den einzelnen Heimarbeiter/innen gestalteten sich ohne Einschaltung irgendwelcher Mittelspersonen. Die einzelnen Teilprozesse der Fertigung eines Kleidungsstückes sind in ihren Ablauffolgen in der Weise organisiert gewesen, daß im Konfektionshaus generell der Produktionsabschnitt 'Zuschneiden' ausgeführt worden ist. Das 'Einrichten' wurde entweder im Haus des Verlegers oder in der Wohnung der Heimarbeiter/in vorgenommen. Der gesamte Teilprozeß 'Nähen' wurde innerhalb dieses Organisationstyps in sämtlichen Fällen in der Wohnung der Heimarbeiter/in durchgeführt.

Die Verrichtung der Endprozesse bei der Fertigung eines Kleidungsstückes war innerhalb der 'unmittelbaren Heimarbeit' auf der örtlich-personellen Ebene nicht eindeutig festgelegt. Einzelne Arbeitsfolgen der Endfertigung wie 'Knopflochnähen', 'Knopfannähen', 'Bügeln' etc. wurden entweder von den Arbeiter/innen in dem Konfektionshaus oder von den Heimarbeiter/innen in deren Wohnungen ausgeführt. Der gesamte Produktionsabschnitt der 'Endfertigung' fand entweder in den Werkstätten der Verleger oder in den Wohnungen der Heimarbeiter/innen statt.

"Der Produktionsprozeß bei der Heimarbeit spielt sich derart ab, daß der Heimarbeiter den fertig zugeschnittenen Stoff, Futter und Zutaten aus der Fabrik abholt und das ganze Stück zu Hause fertigstellt. Kleine Verschiedenheiten bei den einzelnen Firmen sind dabei zu bemerken, doch ändern sie am wesentlichen nichts. So erhält der Heimarbeiter bei manchen Firmen das Futter bereits zugeschnitten, während er bei anderen das Zuschneiden selbst besorgen muß. Der Oberstoff wird bei allen Firmen schon aus Gründen der Gleichmäßigkeit in der Zentrale zugeschnitten. Oft werden auch einzelne Arbeiten, wie Knopflochnähen, (...) maschinell im Betriebe gemacht, so daß der Heimarbeiter die Stücke ohne Knopflöcher abliefert (...). Vielfach wird die Bügelarbeit auch im Betriebe selbst ausgeführt. Im übrigen wird das einzelne Stück im Heim des Arbeiters von Anfang bis Ende fertiggestellt, die handwerksmäßige Herstellung wird noch dadurch betont, daß fast keinerlei Arbeitsteilung stattfindet" (Pracht : 1937, S. 8).

Als weitere, die arbeitsteilige Organisation der Heimarbeit bestimmende Einflußgröße ist die von den hausindustriellen Produzenten angebotene Qualifikation zu sehen. In enger Wechselwirkung mit den Strategien des Heimarbeitereinsatzes der Verleger führte dies zu bestimmten Formen der Arbeitsspezialisierung. So gingen zu Beginn dieses Jahrhunderts die Verleger in der Herrenkonfektion dazu über, ihre in Heimarbeit auszuführenden Aufträge der Anzugfertigung nicht mehr ganzheitlich, sondern nach Sakko bzw. Hose getrennt zu vergeben. Mit der Strategie der auf dieser Ebene arbeitsteilig organisierten Produktion gelang den Verlegern nicht nur die Sicherung eines ausreichenden Arbeitskräftepotentials, sondern gleichzeitig eine kostengünstigere Durchführung der Produktion, denn die unterschiedlichen Kleidungsstücke wurden nun von unterschiedlichen Heimarbeiter/innentypen hergestellt: Gelernte und deswegen höher bezahlte männliche Großstückschneider nähten nur noch die Sakkos während Hosen sowie Westen meist von angelernten und deswegen geringer bezahlten Kleinstückschneiderinnen in Heimarbeit gefertigt wurden. Weiterhin wurde diese Spezialisierung des Einsatzes der hausindustriellen Produzenten damit begründet, daß dadurch eine größere Genauigkeit bei der Fertigung der Produkte auch in der Heimarbeit zu sichern sei (Redlich : 1934, S. 61). Die Vorteile dieser Arbeitsspezialisierung schlugen sich bei den Heimarbeiter/innen im wesentlichen in einem höheren Einkommen, das aufgrund der eingeübten Verrichtung eines festen Spektrums von Teilprozessen zu erreichen war, nieder.

"Auf Seiten der Heimarbeiter ist es die Aussicht auf höheren Verdienst infolge größerer Fertigkeit, die diese Spezialisierung begünstigte. Da die Herstellung von Hosen und Westen wesentlich einfacher als die von Großstücken ist, wurde die Ausführung dieser Arbeiten den gelernten Schneidern allmählich entzogen und ungelernten Kräften (Frauen) überlassen. Dadurch konnte eine Verbilligung der Produkte eintreten" (Pracht : 1937, S. 8).

Für die Strukturform der 'unmittelbaren Heimarbeit' lassen sich zwei idealtypische Organisationsmuster unterscheiden:

(1) Bezüglich der Ablauffolgen der einzelnen Fertigungsschritte eines Kleidungsstückes und ihrer örtlichen Durchführung ist dieses Organisationsmuster dadurch gekennzeichnet gewesen, daß nur der Teilprozeß 'Nähen' in den Wohnungen der Heimarbeiter/innen durch diese ausgeführt worden ist. In vielen Fällen ist ihnen dabei von Familienangehörigen geholfen worden. Alle übrigen, diesem Teilprozeß vor- und nachgelagerten produktiven Funktionen der Herstellung eines Kleidungsstückes wurden im Haus des Verlegers durch die von ihm im Lohnarbeitsverhältnis beschäftigten Arbeitskräfte erledigt 96).

"Wenn sie die ihnen übergebenen Stücke zusammengenäht haben, geben sie sie fertig bis auf die Knopflöcher und anzunähenden Knöpfe an den Konfektionär zurück, der die Arbeit prüft und den vereinbarten Stücklohn zahlt, der sich hier aus einem bestimmten Stücklohn plus Heimarbeiterzuschlag zusammensetzt. In den Räumen des Konfektionärs werden jetzt mit einer Knopflochmaschine die Knopflöcher geschnitten und umnäht, von Näherinnen oder auch maschinell die Knöpfe angenäht, und es wird schließlich noch dem soweit fertigen Kleidungsstück von einem Bügler mit dem Handbügeleisen oder maschinell die Fasson gegeben. Damit ist der Produktionsprozeß beendet und das Kleidungsstück wandert in das Fertiglager, von wo es dann in die Welt hinausgeht" (Albitz : 1931, S. 32).

Ein weiteres, selten angewandtes und von dieser Organisationsform abweichendes Muster der Ausführung einzelner Teilarbeitsprozesse war die Ausführung des 'Nähens' auf zwei örtlich unterschiedlichen Ebenen. Einzelne Näharbeitsgänge, deren Verrichtung an hohe Qualifikationen gebunden gewesen waren, sind im Haus des Verlegers von entsprechenden Arbeitskräften ausgeführt worden. In dem in der Literatur aufgeführten Beispiel handelte es sich um einen Frankfurter Betrieb, in dem Arbeiterkonfektion hergestellt wurde. Von den weiblichen Heimarbeiterinnen wurden die Jacketts in der Heimarbeit nicht vollständig fertig gemacht. "Auf der Werkstätte sind dann noch Kragen und Ärmel anzunähen, Knopflöcher zu machen, die Knöpfe zu befestigen und die Stücke zu bügeln" (vgl. hierzu Sulzbacher : 1925, S. 53).

"Sämtliche Geschäfte haben eine eigene Zuschneiderei, Bügelei und Näherei, letztere vorwiegend zum Annähen der Knöpfe und zum Nähen der Knopflöcher. Die mittleren und kleineren Betriebe liefern ihren Heimarbeitern die zugeschnittenen Stoffe, die dann zu Hause genäht werden. Knöpfe und Knopflöcher werden sodann meist nach der Rücklieferung in der Fabrik genäht" (Jaffé : 1899, S. 161).

"Das Stück wird von dem Heimarbeiter fertig gemacht nach den Angaben des bei der Ausgabe angehefteten Zettels bis auf die Knopflöcher, Knöpfe und Abbügeln. Diese Arbeiten werden im Betriebe verrichtet; vielfach werden aber auch schon die Knöpfe vom Heimarbeiter angenäht" (Pilgrim : 1925, S. 8).

Die Organisation der Herstellung von fertiger Oberbekleidung in dieser Form der 'unmittelbaren Heimarbeit' ist mit der Herausbildung eines bestimmten Zweiges des Konfektionsgewerbes - der Arbeiter- und Sommerkonfektion - entstanden und kann am Beispiel dieser Branche verdeutlicht werden.

Der Beginn der Verarbeitung von billigen Materialien führte zur Entstehung von Konfektionsfirmen in den Regionen, in denen diese Stoffe hergestellt wurden. Als Standorte der Verarbeitung dieser Materialien 97) boten sich somit "Mönchengladbach für ganz billige baumwollene und halbwollene Hosenstoffe und Herford-Bielefeld für sog. blauleinene und andere Arbeitssachen, denen sich auch bald die leichte Sommerkonfektion anschloß", an (Jaffé : 1899, S. 161). Die diesen Kleidungsstücken der Arbeiter- und Sommerkonfektion eigene 'Produktstruktur' hatte zur produktionsorganisatorischen Konsequenz, daß diese Artikel bedeutend einfacher zu fertigen waren. Deswegen sind an die fachliche Qualifikation der zu ihrer Fertigung eingesetzten Arbeitskräfte keine besonders hohen Anforderungen gestellt worden waren.

Hauptsächlich galt der Einsatz fachlich geringer qualifizierter Arbeitskräfte für die in 'unmittelbarer' Heimarbeit von Frauen durchgeführten Nähprozesse und für die im Konfektionshaus durch in der Regel angelernte Arbeiterinnen ausgeführten Teil-Nähprozesse. Zu letzteren zählten vor allem der bei der Herstellung von größeren und billigen Produktionsmengen - sog. Stapelware - sich immer stärker rentierende Einsatz von Spezialmaschinen. Für diese Fälle waren die maschinelle Ausführung der kurzzyklischen Teilprozesse 'Knopflochnähen' und 'Knopfannähen' im Haus des Verlegers beispielhaft 98).

Die bei diesem Organisationstyp zentralisierte Ausführung bestimmter Teilprozesse kann nicht allein mit dem unter der Voraussetzung der Massenfertigung vom Kapitalverwertungsimperativ her erst rentablen Einsatz von Spezialmaschinen - durch welchen u. a. die Beschäftigung relativ gering qualifizierter Arbeiterinnen in den Werkstätten der Verleger hervorgebracht wurde - erklärt werden. In den Werkstätten der Verleger wurden neben diesen hochgradig zerlegten Teilarbeitsgängen auch solche Prozeßanteile zentralisiert durchgeführt - insbesondere das 'Zuschneiden' und 'Bügeln' - deren Verrichtungszyklen gegenüber Arbeitsgängen wie z. B. dem 'Knopflochmachen', durch eine längere Dauer gekennzeichnet waren. Die Ausführung dieser Teilprozesse war mit anspruchsvolleren Arbeitsinhalten verbunden und wurde meist von Schneidern, die über eine handwerkliche Ausbildung verfügten, ausgeführt. Die signifikante Verbreitung dieser Organisationsform der 'unmittelbaren Heimarbeit' in den o. a. Regionen 99) fand ihre zusätzliche Begründung darin, daß die von dem Genre der zu fertigenden Kleidungsstücke ausgehenden Anforderungen an die Qualifikation der Arbeitskräfte durch die qualitative und quantitative Zusammensetzung des jeweiligen Arbeitsmarktes eingelöst werden konnten. So war es möglich, daß das für die Herstellung dieser Artikel ausreichende Qualifikationsniveau im Sinne einer Verwertung vorhandener vorberuflicher - hausfraulicher - Qualifikationen der Heimarbeiterinnen durch die Verleger abgerufen werden konnte.

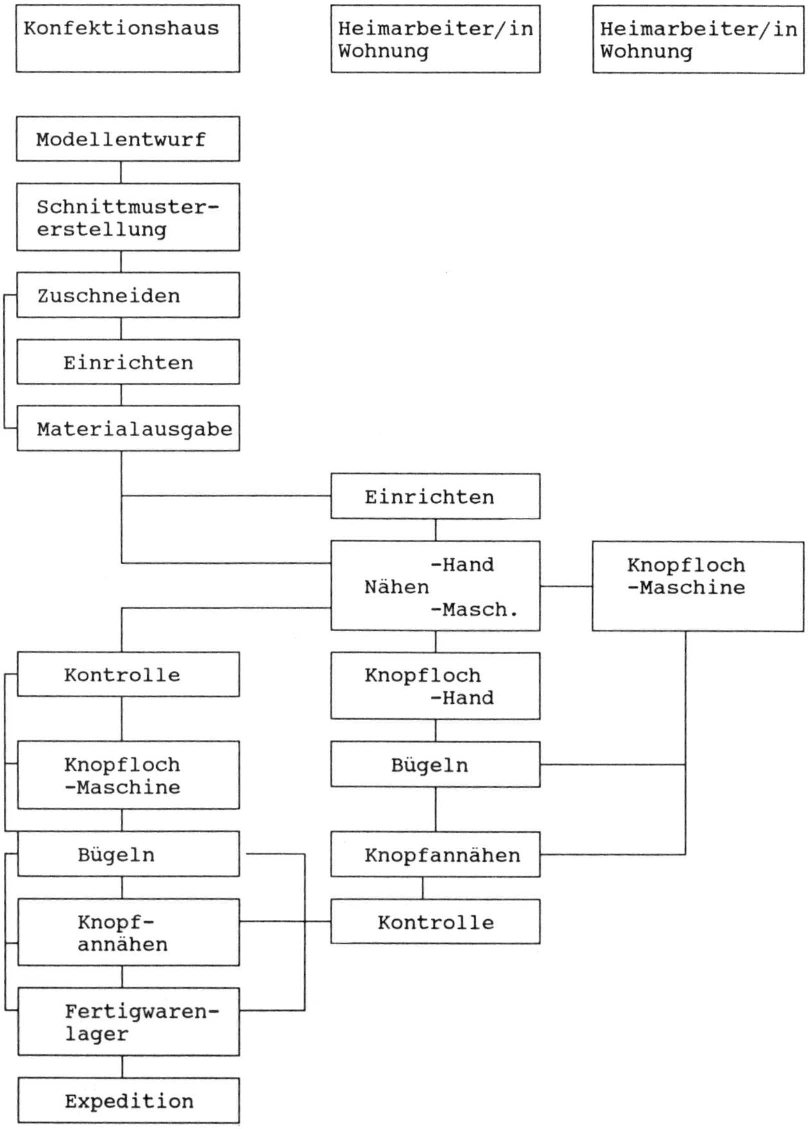

Abb. 4/25: Unmittelbare Heimarbeit Beziehungsstrukturen zwischen Verleger und Heimarbeiter/innen

"Da von einer Schulung der Arbeitenden unter diesen Umständen kaum die Rede sein kann, so hat sich die Industrie eigentlich ausschließlich auf die Herstellung der allerbilligsten Artikel, wie baumwollene Hemden, Barchenthosen, sogenannte Bieberjacken für Bergleute, blauleinene Jacken, Hosen und Kittel und andere, derartige Gegenstände beschränkt, zu deren Anfertigung die allergeringsten Kenntnisse, wie sie jedes Mädchen sich auf der Volksschule aneignen kann, genügen" (Jaffé : 1899, S. 165).

"Ein zahlreicher, gut geschulter Arbeitsstamm. Dieser war in Bielefeld vorhanden in den Frauen und Töchtern der unteren Stände, welche seit Generationen durch die hauswirtschaftliche Herstellung von Wäschegegenständen eine besondere Fertigkeit sich angeeignet hatten" (Jaffé : 1899, S. 171).

Die Herausbildung des spezifischen Arbeitskräfteeinsatzes innerhalb dieser Organisationsform einerseits als auch deren besondere regionale Verbreitung andererseits ist insbesondere als Reaktion der Verleger auf die Angebotssituation an den jeweiligen 'weiblichen' Teilarbeitsmärkten zu sehen. Die wegen der relativ starken Beschäftigung weiblicher Arbeitskräfte durch Unternehmen der Textilindustrie in den o. a. Regionen durch eine gewisse Knappheit an weiblichen Arbeitskräften gekennzeichneten städtischen Arbeitsmärkte zwangen die Verleger, auf den ländlichen Arbeitsmarkt auszuweichen. Hier war ein ausreichendes Arbeitskräftepotential vorhanden, welches in dieser Form der 'unmittelbaren Heimarbeit' beschäftigt werden konnte.

Die Zentralisation unterschiedlicher Teilabschnitte des Produktionsprozesses mit jeweils unterschiedlichen Anforderungen an die Qualifikation der Arbeitskräfte kann als typisch für die Organisationsform der 'unmittelbaren Heimarbeit' angesehen werden. Von den Qualifikationsanforderungen kann die Polarisierung der Werkstatttätigkeiten als Umsetzung differenzierter Rationalisierungsschritte und gleichzeitig als Prozeß der Zentralisierung einzelner Teilfunktionen bei der Herstellung von fertiger Oberbekleidung bezeichnet werden.

Geprägt war die arbeitsteilige Fertigung in der Werkstatt des Verlegers innerhalb dieses Organisationsmusters einerseits durch die Ausführung maschinisierter Teilprozesse durch relativ gering qualifizierte Arbeitskräfte und andererseits durch den unter der Bedingung eines knappen Angebots an qualifizierten Arbeitskräften zentralisierten Einsatz von männlichen Zuschneidern und Büglern. Hierin drückte sich zusätzlich eine geschlechtsspezifische Komponente dieser Arbeitsteilung aus. Als weiteres Argument für dieses Organisationsmuster wurde von der Seite der Verleger die damit angestrebte Gleichmäßigkeit der Ausführung der Arbeit als ein Ziel der Produktion vorgebracht:

"Aber bei mir machen die Leute zu Hause nur die Maschinenarbeit, während in der Fabrik die Knopflöcher gemacht und die Sachen gebügelt werden, und zwar deshalb, um eine gleichmäßige Arbeit zu bekommen" (KfA : 1896 b, S. 112).

Wenngleich das Ziel des Verlegers, eine weitgehend gleiche Ausführung der Arbeit zu erhalten, wegen der Aufteilung des Produktionsabschnittes 'Nähen' auf z. T. sehr viele Heimarbeiter/innen nicht unbedingt erreicht werden konnte, so sind durch diese Organisationsform zumindest zwei, für die

Herstellung von fertiger Oberbekleidung wesentliche Forderungen, nämlich

- der für eine gleichmäßige Paßform aller gefertigten Teile einer Serie als notwendige Voraussetzung geltende zentrale Zuschnitt, sowie

- eine das homogene äußere Erscheinungsbild der in Serie produzierten Teile unterstützende zentrale Durchführung des Bügelns und Verknöpfens

erfüllt worden. Ihren Vorteil erhielt die zentrale Ausführung der Endarbeiten zusätzlich dadurch, mögliche angefallene Unkorrektheiten beim Nähen zum Schluß zentral von der Fachkraft 'auszubügeln'.

(2) Die 'klassische' unmittelbare Heimarbeit bestand darin, daß der Produktionsprozeß eines Kleidungsstückes im Verlagssystem auf der örtlich-funktionalen Ebene derart organisiert gewesen war, daß die Heimarbeiter/innen die zu fertigenden Teile nebst den zugehörigen Futterstoffen zugeschnitten aus dem Konfektionshaus erhielten. In ihren Wohnungen wurden die Kleidungsstücke dann entweder allein oder mit Unterstützung weiterer Arbeitspersonen vollständig genäht und gebügelt.

"Der unmittelbare Verkehr mit den Heimarbeitern vollzieht sich in folgender Weise: Die Heimarbeiter erhalten von dem Verleger den zugeschnittenen Stoff sowie sämtliche Zutaten passend abgemessen mit nach Hause und fertigen dort das vollständige Stück an. Eine Arbeitsteilung findet nicht statt, sofern nicht, wie es allerdings üblich ist, die Familienmitglieder einzelne einfache Teilarbeiten übernehmen. Dagegen besteht eine Spezialisation nach den einzelnen Produkten. Man unterscheidet bei den Heimarbeitern Großstückarbeiter, das sind die, die Sakkos, Mäntel u.s.w. anfertigen und Hosen- bzw. Westenarbeiter, die Kleinstückarbeiter. Die Westen und Hosen werden in der Regel von Frauen hergestellt, da es sich hier nicht um besonders hochqualifizierte Arbeit handelt, wie beim Großstück" (Köster : 1932, S. 33).

Dieser arbeitsteilige Organisationstyp, bei dem am zu fertigenden Kleidungsstück außer dem 'Zuschneiden' kein weiterer Teilprozeß der Bekleidungsfertigung im Haus des Verlegers ausgeführt worden ist, war prinzipiell offen für verschiedene sozial bestimmte Typen dieser 'Heimarbeit im engeren Sinne' (Häntsch). Zur Darstellung des allein arbeitenden Heimarbeiters sowie der allein arbeitenden Heimarbeiterin vgl. Kapitel 2.2.2. des Anhanges.

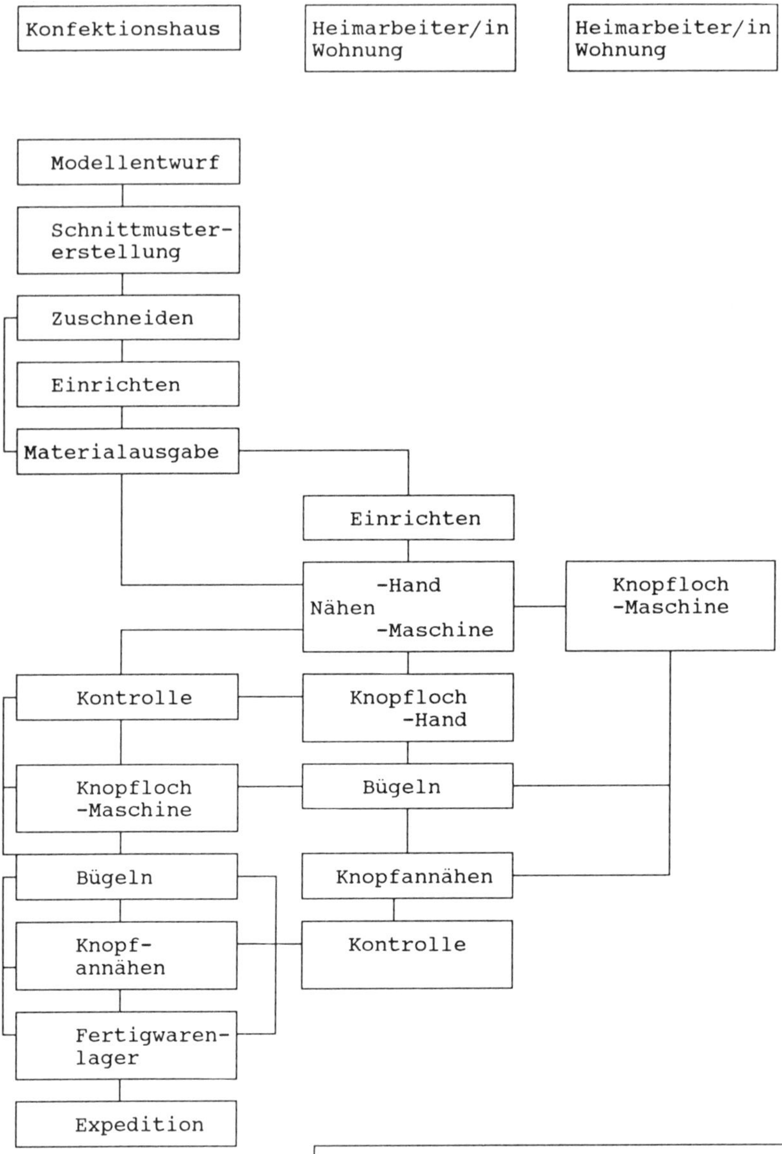

Abb. 4/26: Unmitelbare Heimarbeit
Beziehungsstrukturen zwischen Verleger und Heimarbeiter/innen

(a) Die familiale Heimarbeit ist der Typ der 'unmittelbaren Heimarbeit', der besonders stark in städtischen Zentren der Herrenkonfektion, wie z.B. in Frankfurt/Main sowie in der ländlichen Region Aschaffenburg verbreitet gewesen ist. Bei dieser Organisationsform stellte insbesondere die Mitarbeit der Ehefrau des Heimarbeiters einen wesentlichen Stützpfeiler der Herstellung von fertiger Herrenoberbekleidung dar. Daß die Unterstützung der Heimarbeiter durch ihre Frauen eine weit verbreitete Erscheinung gewesen ist, kann mit den Ergebnissen verschiedener zeitgenössischer Untersuchungen über den Umfang der Familienarbeit in der Konfektion belegt werden 100). Aus diesen Studien geht hervor, daß in ca. drei Viertel der in Frage kommenden Heimschneiderhaushalte die Ehefrau mitgearbeitet hat. Neben den Ehefrauen der Konfektionsschneider waren Verwandte unterschiedlichsten Grades an der Heimarbeit in Familiengruppen beteiligt.

Vor allem war es für die Entstehung dieses Organisationsmusters typisch, daß die familiale Heimarbeit mit der Eheschließung des Konfektionsschneiders begonnen hatte. Insofern war der Eintritt in die Selbständigkeit eng an dessen Heirat geknüpft. Vor seiner Zeit als selbständiger Konfektions-Heimarbeiter war er als lohnabhängiger Werkstattarbeiter in der Betriebswerkstatt einer Konfektionsfirma oder als junger Schneidergehilfe auf der Werkstatt eines Konfektions- oder Maßschneiders beschäftigt. Nur im ländlichen Raum war es verbreitet, daß junge Heimarbeiter bis zur Heirat allein im elterlichen Haus arbeiteten.

"Die städtischen Heimarbeiter sind ausnahmslos verheiratet oder verwitwet. Ledige männliche Heimarbeiter finden sich gar keine, was sich daraus erklären läßt, daß der Schneider bis zu seiner Verheiratung als unselbständiger Werkstattarbeiter sich fortzubringen versucht und gegebenenfalls erst in dem Augenblick, wo er eine Familie gründet, durch die Heimarbeit sich eine selbständige Existenz zu erringen erhofft. Auch mag ein Grund sein, daß die Heimarbeit erst dann einigermaßen ertragreicher als die Werkstattarbeit wird, wenn nur halb oder gar nicht bezahlte Hilfskräfte mitarbeiten" (Sulzbacher : 1925, S. 71).

Als wesentliches Motiv für die 'Karriere' als Heimarbeiter ist die Tatsache anzusehen, daß der Konfektionsschneider durch die Tätigkeit in seinen eigenen Räumen sowie durch die Möglichkeit der Mithilfe seiner Ehefrau bzw. weiterer Familienmitglieder dem Verleger ein höheres Arbeitsvolumen anbieten konnte als er es als Werkstattarbeiter und als einziges verdienendes Mitglied der Familie hätte können. Damit hatte die familiale Produktionsgruppe die Chance - sie war außerdem an keine starren Arbeitszeitregelungen gebunden - ein höheres absolutes Familieneinkommen zu erzielen, als der Mann es als unselbständiger Werkstattarbeiter allein zu erreichen in der Lage gewesen wäre.

"Die Löhne (der Werkstättenarbeiter - F.D.) sind die gleichen Akkordlöhne wie bei den Heimarbeitern, manche Arbeiter werden allerdings im Zeitlohn beschäftigt (in München beispielsweise sämtliche). In der Woche v. 1. - 7. Juli 1923, in der beispielsweise ein nur gelegentich von seiner Frau unterstützter Sakkoarbeiter in Heimarbeit 400 000 Mark verdiente, stellte sich ein solcher Werkstattarbeiter auf 250 000 Mark. Rechnet man von den Mk. 400 000 12 % Unkosten ab und berücksichtigt, daß der Werkstattarbeiter nur 8 Stunden, der Heimarbeiter dagegen 11 - 12 Stunden im Tage und von der Frau unterstützt, arbeitet, so ist der Werkstattarbeiter verhältnismäßig etwas besser entlohnt, seiner Verdienstmöglichkeit sind aber Schranken durch den 8 Stundentag gesetzt. - Darum ist für den verheirateten Schneider, dem von seiner Familie geholfen wird, die Heimarbeit die rentablere. Ähnlich lagen die Verhältnisse in allen vergleichbaren Fällen, so daß man die Tatsache, daß die Heimarbeit absolut, die Werkstattarbeit relativ besser bezahlt ist, als allgemein gültig ansehen kann" (Sulzbacher : 1925, S. 106 ff.).

"Der wichtigste Grund für die Bevorzugung der Heimarbeit ist jedoch der Mehrverdienst des Heimarbeiters. Zwar liegt das Einkommen des Werkstattarbeiters im Durchschnitt höher als das des Heimarbeiters; jedoch das Familieneinkommen des Heimarbeiters wird im allgemeinen höher sein als das des Werkstattarbeiters. Dieses Mehreinkommen ist bedingt durch die Mitarbeit der Frau und sonstiger Familienmitglieder. In den meisten Fällen findet sich zwar Mitarbeit von Frauen, sonstigen Familienangehörigen und Hilfskräften; indes nur in 14 Fällen (18 %) in der Stadt und in 48 Fällen (35 %) auf dem Lande geben die Heimarbeiter in dem Fragebogen diese Tatsache als Grund für ihre Heimarbeit an. Die Frauenarbeit ist bei Heim- wie Fabrikarbeit gleich notwendig. Was die Frau des Fabrikarbeiters nebenbei zu verdienen sucht, verdient die Frau des Heimarbeiters zum allermindesten als Hilfskraft des Mannes" (Simon : 1928, S. 60).

"Die hierzu erforderlichen Fähigkeiten, vor allem die zur Herstellung nur eines Stückes erforderlichen, konnten sehr rasch erworben werden; außerdem aber - und das ist das Wesentliche - können gerade bei der Arbeit für die Konfektionsindustrie die Ehefrauen und andere Familienmitglieder helfen, wodurch die Zahl der pro Woche fertiggestellten Stücke und damit natürlich auch der wöchentliche Verdienst wesentlich erhöht werden kann. Die Aschaffenburger Konfektion ist fast ausschließlich Familiengruppenarbeit, sei es, daß der Haushaltungsvorstand mit Frau und Kindern oder daß Geschwister zusammen arbeiten" (Nussbaum : 1927, S. 44 ff.).

Die mögliche mengenmäßige Leistung der Heimarbeiterfamilie stand in direktem Zusammenhang mit der Unterstützung des Konfektionsschneiders durch die einzelnen, über entsprechende Nähfertigkeiten verfügende Mitglieder seiner Familie. Der Umfang der Mithilfe gestaltete sich in sehr unterschiedlichem zeitlichen Rahmen, wobei der Einsatz der Hilfskräfte auch durch die saisonalen Produktionsschwankungen mit beeinflußt worden ist.

Auf der personellen Ebene kann davon ausgegangen werden, daß die 'freie' Zeit der Ehefrau zur Übernahme bestimmter Nähtätigkeiten prinzipiell von dem zeitlichen Aufwand für die Erledigung familialer Funktionen abhängig war. Hierzu zählten im wesentlichen die Besorgung der hauswirtschaftlichen und erzieherischen Reproduktionstätigkeiten. Feinbestimmt wurde der Umfang des Arbeitseinsatzes der Ehefrau neben dem Vorrat an Arbeit durch die individuellen familialen Bedingungen wie z. B. Familiengröße und weitere spezifische Lebenslagen.

"Vom volkswirtschaftlichen Standpunkt aus ist es ein Vorteil der Heimarbeit, daß durch die Mitarbeit der Frau Werte geschaffen werden und die Produktivität gesteigert wird. Die tägliche Dauer dieser Mitarbeit ist von Fall zu Fall, sowie von Tag zu Tag verschieden. Man muß scheiden zwischen Fällen, in denen die Frau dauernd mitarbeitet, also als volle weibliche Hilfskraft zu werten ist, und solchen, in denen die Frau nur ab und zu bei eiligen Lieferungen oder jeden Tag nur stundenweise hilft, also Fällen, in denen die Frau in der Hauptsache im Haushalt und mit der Wartung der Kinder beschäftigt ist. Die Arbeitszeit der Frau ist dementsprechend oft nur kurz. Es gibt aber Zeiten, in denen neben dem Mann auch die Frau zu längerer Arbeitszeit gezwungen ist, die Saison und die Tage vor der Ablieferung. In der überwiegenden Mehrzahl der Fälle beträgt die Mitarbeit der Frau 4 - 7 Stunden pro Tag. Ganz selten zeigten sich bei der Enquete Fälle, in denen die Frau als eine volle weibliche Hilfskraft zu betrachten war; meistens hatte ihre Mitarbeit nur die Bedeutung einer halben Kraft" (Simon . 1928, S. 29).

"Was die Mitarbeit der Familienangehörigen anbelangt, so arbeiteten in Aschaffenburg in 71 befragten Betrieben 44 mal die Ehefrau mit, und zwar in 6 Fällen mit der vollen Arbeitszeit des Ehemannes, in 16 Fällen mit 2/3 dieser Arbeitszeit, in 10 Fällen mit der Hälfte, in 8 Fällen zu 1/3 und in den übrigen Fällen weniger. (...) Auf dem platten Lande arbeiteten in 84 Betrieben 50 Frauen mit. Von diesen waren 18 die gleiche Zeit wie der Mann beschäftigt; 12 arbeiteten 2/3 dieser Arbeitszeit, 14 zur Hälfte, 6 zu 1/3 und weniger; (...) (Hiller : 1913, S. 81).

Die Hilfstätigkeiten, die die Ehefrauen der Heimarbeiter bei der Herstellung fertiger Herrenoberbekleidung ausführten, waren meist einfache Handnäharbeiten, die ohne handwerkliche Ausbildung verrichtet werden konnten. Eine einschlägige Ausbildung der Ehefrau ließ ihre Mithilfe von vornherein bei Näharbeiten zu, die eine höhere Qualifikation erforderten. Anzunehmen ist darüber hinaus, daß die Ehefrauen in vielen Fällen von ihrem Mann für die Durchführung von Näharbeiten mit breiter gestreuten Qualifikationsanforderungen angelernt wurden und dadurch ihre Fertigkeiten und Kenntnisse im Nähen über das vielfach unterstellte Niveau von "Jedefrautätigkeiten" hinaus erweiterten. Zu den Näharbeiten, die von den Ehefrauen der Heimarbeiter bei der Herstellung von Herrenoberbekleidung ausgeführt wurden, zählten die unterschiedlichsten Tätigkeiten. Sie reichten von einfachen Verrichtungen wie Säumen, Staffieren, Knopfannähen usw., d. h., Näharbeiten, zu deren Ausführung insbesondere bei einschlägigen Vorkenntnissen keine zusätzliche Qualifikation mehr erforderlich war bis zur Ausführung der feineren Näharbeit. Dazu gehörten u.a. das manuelle Knopflochnähen, das Nähen der Spiegelnaht usw. Für die Ausführung dieser Arbeiten war ein hohes manuelles Geschick eine wesentliche Voraussetzung, die erst nach längerer Einarbeitungszeit erfüllt wurde. Relativ leicht dagegen hatten es diejenigen Ehefrauen, die vor ihrer Ehe eine einschlägige Ausbildung, z.B. als Damenschneiderin, durchliefen. Eine derartige Qualifikation ließ die Mithilfe der Ehefrau auch bei Näharbeiten mit den anspruchsvollsten Inhalten zu. Aufgrund von Berichten in der zeitgenössischen Literatur ist allerdings anzunehmen, daß die Ehefrauen überwiegend die Ausführung der leichten Hilfsarbeiten übernommen hatten.

"Die Frauenarbeit in der Herrenkonfektion ist sog. Handarbeit, d. i. leichte Hilfsarbeit, die schnell erlernt werden kann. In den meisten Heimarbeiterbetrieben verrichtet die Frau Nebenarbeiten: das Säumen, das Staffieren und das Annähen der Knöpfe, der Taschen und der Schnallen, sowie evtl. das Knopflochmachen" (Simon : 1928, S. 22).

"Als Gehilfin des Mannes fallen ihr gewöhnlich Nebenarbeiten zu, sie steppt, säumt, näht Knöpfe, Taschen und Schnallen an. Es kommt auch nicht selten vor, *daß* sie sowohl mit der Hand als auf der Maschine die feinere Näharbeit verrichtet" (Herzberg : 1894, S. 116 ff.).

Trotz der Tatsache, daß die befragten Eltern Interesse hatten, den Umfang der Beschäftigung ihrer Kinder zu verbergen, ist die Kinderarbeit als ein existierendes Phänomen anzusehen. Die Beschäftigung von schulpflichtigen Jungen und Mädchen durch die eigenen Eltern kam sowohl in der Stadt als auch in den ländlichen Regionen in geringem Maß vor. Die Häufigkeit der Kinderarbeit ist auch hier durch saisonale wie familiale Bedingungen bestimmt worden; auch kann das Alter der Kinder als eine Einflußgröße für ihre Mithilfe angesehen werden. Inhaltlich gesehen sind die Kinder weniger mit Nähtätigkeiten beschäftigt worden. Sie sind hauptsächlich mit dem Herausziehen der Reihfäden und mit Ablieferungsarbeiten betraut gewesen. Eine stärkere Einbindung von - älteren - Schulkindern in die Produktion der Heimarbeiterfamilie kann dort vermutet werden, wo ein Heimarbeitersohn bzw. eine Heimarbeitertochter sich schon frühzeitig auf eine Ausbildung bzw. auf den Eintritt in den Schneiderberuf hin orientiert hatte.

"In den bearbeiteten 488 Fragebogen sind 16 Fälle mit 20 Kindern angegeben, welche mithelfen, von denen 13 ein Alter von 11 -13 Jahren haben und angeblich 2 nur 5, 2 6 und 4 7 Jahre alt sind, obwohl durch das Kinderschutzgesetz (§§ 13, 17) Beschäftigung der Kinder unter 10 Jahren außer beim Holen und Bringen der Waren verboten ist" (Luppe : 1913, S. 8 ff.).

"Kinderarbeit konnte nirgends durch Fragebogen festgestellt werden. Jedoch dürften in vereinzelten Fällen Kinder mit dem Ausziehen von Reihfäden und, namentlich in der Stadt, mit dem Abliefern beschäftigt werden, aber nur solche im Alter von 12 - 14 Jahren. Dies konnten wir gelegentlich der Unterhaltungen mit den Heimarbeitern feststellen" (Simon : 1928, S. 22).

"5 mal arbeiteten Kinder mit (von 71 Fällen - F.D.), und zwar 4 je 2 Stunden, eines 3 und eines 7 Stunden" (Hiller : 1913, S. 81).

Neben der Mithilfe der Ehefrau und der schulpflichtigen Kinder war die Mitarbeit von älteren Söhnen bzw. Töchtern - welche häufig beim eigenen Vater die Konfektionsschneiderei erlernt hatten - sowie die von Brüdern, Schwestern, Eltern und Schwiegereltern für die familiale Heimarbeit konstitutiv 101). Als eine Variante der familialen Heimarbeit ist das Zusammenarbeiten von ledigen Geschwistern anzusehen. Typisch war in diesen Fällen die Zusammenarbeit von gewöhnlich Bruder und Schwester, wobei der Bruder der Leiter des Heimarbeiterbetriebes gewesen ist. Schmidt stellte in einer Studie über die Aschaffenburger Herrenkonfektion fest, daß von den befragten ledigen Schneidern fast die Hälfte durch die Mitarbeit von weiblichen Hausgenossinnen unterstützt worden ist (Schmidt : 1921, S. 40).

"Je zweimal (von 71 befragten Betrieben in Aschaffenburg - F.D.) arbeiteten die Väter je 2 - 3 Stunden täglich mit, während von zwei mitbeschäftigten Müttern die eine 10 Stunden, die andere unerhebliche Zeit mit tätig war. (...) Brüder arbeiteten in 2 und Schwestern in 2 Betrieben mit voller Arbeitszeit, (...) 2 mal (von 84 befragten Betrieben auf dem platten Lande) arbeiteten Väter mit, einer die volle Arbeitszeit, ein anderer in unerheblichem Maße, 10 mal zur Hälfte, 2 mal zu 1/3 und 1 mal nur unerheblich. Brüder arbeiteten 6 mal bei voller Arbeitszeit und Schwestern 2 bei voller und 2 bei halber Arbeitszeit mit; (...)" (Hiller : 1913, S. 81).

Die Bedeutung dieses Heimarbeitertyps innerhalb der verschiedenen Varianten der 'unmittelbaren Heimarbeit' läßt sich - da repräsentative Untersuchungen als Basis für gesicherte Aussagen nicht vorhanden sind - nur unpräzise bestimmen und wegen der facettenhaften Erscheinungsformen der Heimarbeit nur regional eingeschränkt und nach städtischen bzw. ländlichen Strukturen differenziert unterscheiden. Für z. B. die Aschaffenburger Herrenkonfektion läßt sich allerdings dieser Typ der familialen Heimarbeit als der vorherrschende Organisationstyp der Verlagsproduktion eindeutig identifizieren.

"Als ganz sicher lassen sich 732 reine Familienbetriebe, in denen nur Familienangehörige tätig sind, angeben. Dies wären 63,6 % aller Heimbetriebe. Diese Zahl zeigt bereits, obwohl sie bestimmt zu niedrig ist, daß die Familienbetriebe überwiegen; man kann weitergehend behaupten, dass sie die Regel darstellen" (Schmidt : 1921, S. 42).

Ganz allgemein kann dieser Heimarbeiter-Familienbetrieb als die starke Säule der ländlichen sowie der städtischen verlagsmäßig organisierten Produktion in der Herrenoberbekleidungsbranche bezeichnet werden. Die besondere Bedeutung dieses hausindustriellen Produktionstyps lag in den besonderen Flexibilitätsvorteilen einer Produktion im Familienverband gegenüber der Beschäftigung fremder Schneidergesellen bzw. fremder weiblicher Hilfskräfte für einfache Näharbeiten. Als wesentlicher Vorteil sei hier auf den flexiblen Arbeitskrafteinsatz der voll sowie der nur teilweise mitarbeitenden Familienangehörigen verwiesen, der insbesondere bei den Landschneiderfamilien eine große Bedeutung hatte. Für viele der Landschneider, die neben der Konfektionsschneiderei noch in unterschiedlichem Maße Landwirtschaft als auch Viehhaltung betrieben hatten, kann diese Nebentätigkeit 96) zugleich als Voraussetzung und 'Zwang' zur Konfektionsschneiderei angenommen werden.

Die Herausbildung des familial bestimmten Heimarbeiterbetriebes in den ländlichen Regionen der Fertigung von Herrenkonfektion aus dem agrarischen Kleinbetrieb hing eng mit der Struktur der Bodenbesitzverhältnisse im Aschaffenburger sowie Mainzer Raum zusammen. Als Ergebnis von Erbteilungen waren die einzelnen Grundstücke recht klein. Das Ausmaß der einzelnen Parzellen gestattete wohl eine geringe landwirtschaftliche Nutzung; diese konnte aber nur sehr wenigen Familien einen nur minimalen Lebensunterhalt sichern 97). Somit waren viele bäuerliche Familien gezwungen, zusätzlich die Konfektionsschneiderei aufzunehmen, um mit dieser Tätigkeit das notwendige zusätzliche Einkommen für den Lebensunterhalt zu verdienen.

Ohne diese zusätzlichen Einkünfte aus der Heimarbeit wäre die Existenz vieler kleiner landwirtschaftlicher Produktionseinheiten nicht möglich gewesen. Umgekehrt galt dies für die vielen selbständigen Heimarbeiterfamilien, deren primäre Existenz in der Schneiderei bestand. Die Konfektionsschneiderei stellte für diese Familien nicht die alleinige Grundlage für ein ausreichendes Familieneinkommen dar. Es kann angenommen werden, daß die Einkünfte aus der Konfektionsschneiderei nicht ausgereicht hatten, um der Schneiderfamilie ein ausreichendes Einkommen zu sichern.

Die Einnahmen aus der Konfektionsschneiderei waren für diese Familien oft die einzige Quelle liquider Geldmittel, da sie - je nach Ertrag aus landwirtschaftlichem Besitz bzw. Viehhaltung - einen mehr oder weniger großen Teil ihrer Lebensmittel selbst zu produzieren in der Lage gewesen waren. Sicher ist der Anteil der Landschneider gering gewesen, die mit dem Mehrprodukt aus eigener landwirtschaftlicher Tätigkeit als Anbieter von Landesprodukten am Markt aufgetreten ist. Der Nebenerwerb durch die Landwirtschaft mußte somit für viele

Landschneider als Voraussetzung gelten, um überhaupt als Konfektionsschneider Aufträge für den Verleger anzunehmen. Da die Zeiten mit ruhigerem Auftragsgang in der Konfektionsbranche häufig mit der Zeit zusammengefallen waren, in denen landwirtschaftliche Tätigkeiten in größerem Maße anfielen, war eine entprechende Ergänzung der unterschiedlichen Arbeiten gut miteinander vereinbar. Auch aus diesem Grund wurde dieses Muster von Arbeitswechsel über Jahrzehnte hinweg von den Landschneidern der theoretischen Alternative der Fabrik- bzw. Werkstättenarbeit vorgezogen.

Weiterhin kann als zusätzliche Bedeutung für die Form der 'reinen' familialen Produktion angenommen werden, daß es im wesentlichen nur innerhalb dieses Typs der Heimarbeit möglich war, sowohl älteren als auch körperlich behinderten Menschen die Chance der Teilhabe am gesellschaftlichen Produktionsprozeß zu ermöglichen. Kranke, wie auch behinderte Menschen, die für eine andere Tätigkeit nicht voll leistungsfähig gewesen sind 104), fanden in der Heimarbeit nicht nur einen Erwerb, sondern auch gesellschaftliche Integration. Nur in der Heimarbeit konnten diese Menschen ihre geminderte Leistungsfähigkeit durch eine - je nach den Umständen - verlängerte Arbeitszeit ausgleichen.

Wenn auch für viele der älteren Familienmitglieder die Notwendigkeit einer vollen Erwerbsmöglichkeit weniger im Vordergrund ihrer Mithilfe gestanden hatte, kann für die in der Konfektion beschäftigten körperlich behinderten Menschen angenommen werden, daß deren Tätigkeit innerhalb der fürsorglichen und auch zum Teil nach außen abgeschirmten Umgebung der Familie oftmals die einzige Möglichkeit der Übernahme einer produktiven Beschäftigung gewesen ist.

"Endlich bietet die Heimarbeit aber auch allein Erwerbsbeschränkten die Möglichkeit eines Verdienstes, von denen sehr viele, wenn nicht die meisten, wegen ihres chronischen Leidens Beschäftigung in einer Werkstatt überhaupt nicht mehr oder nur vorübergehend finden würden; ist der Verdienst auch vielfach nur gering, so ist er doch besser als nichts, so daß die Zahl der Erwerbsbeschränkten oder Kränklichen in der Heimarbeit ziemlich groß ist, wie schon oben ausgeführt wurde. Auch unter den mitarbeitenden Familienangehörigen finden sich gar manche, die sonstigem Verdienst nur schwer nachgehen können" (Luppe : 1913, S. 44 ff.).

(b) Der Produktionstyp der Heimarbeit, bei dem der Konfektionsschneider 105) in seinem eigenen Haus oder in seiner Wohnung neben den eigenen Familienmitgliedern oder auch ohne deren nur teilweise Mitarbeit fremde Gesellen bzw. Hilfskräfte beschäftigte, war innerhalb der 'unmittelbaren Heimarbeit' und damit gleichsam innerhalb der Herstellung von fertiger Herrenoberbekleidung bzw. von Arbeiterkonfektion gegenüber dem vorgehend dargestellten Typ der 'familialen Heimarbeit' wesentlich geringer vertreten 106).

Über die quantitative Verbreitung der 'unmittelbaren Heimarbeit' - insbesondere über deren sozialstrukturelle Binnendifferenzierung - liegen keine repräsentativen Untersuchungen oder sinnvoll verwendbaren Statistiken vor. Immerhin geben zumindest die aus unterschiedlichen Einzeluntersuchungen verschiedener Konfektionszentren stammenden Ergebnisse einen groben Hinweis sowohl auf die Verteilung der Standorte als auch auf die regional-quantitative Bedeutung dieses Produktionstyps. Die Resultate dieser Studien zeigen u. a. eine differenzierte Verbreitung dieses Produktionstyps der Heimarbeit auf: In den städtischen Zentren der Herrenkonfektion 107) war dieser Produktionstyp wesentlich stärker vertreten als in den ländlichen Regionen, in denen er deutlich weniger verbreitet war 108).

Dieser Aussage zur Verbreitung dieses Produktionstyps entspricht der empirische Befund einer nach städtischen und ländlichen Heimarbeiterbetrieben unterschiedenen Analyse der Beschäftigung von Schneidergesellen in der Aschaffenburger Herrenkonfektion. Hiller gibt als ein Ergebnis dieser Studie an, daß in 26 von 71 untersuchten Betrieben (37 %) in dem Stadtgebiet von Aschaffenburg fremde Gesellen beschäftigt wurden. Für die Beschäftigung nicht zur Kernfamilie zählender Gesellen in der ländlichen Umgebung von Aschaffenburg gibt er an, daß von insgesamt 84 untersuchten Heimarbeiterbetrieben in 12 Fällen (14 %) fremde Gesellen tätig gewesen sind (Hiller : 1913, S. 82). Angaben für den Einsatz von weiblichen fremden Hilfskräften sind von Hiller nicht gemacht worden 109).

In einer weiteren Untersuchung über die Aschaffenburger Herrenkonfektion, in der die Angaben über die beschäftigten Hilfskräfte nach dem Geschlecht unterschieden worden sind, stellte Kunkel den Anteil der männlichen Hilfskräfte mit 82,5 % und den der weiblichen Hilfskräfte mit 17,5 % fest (Kunkel : 1930, S. 33). Für dieses sowohl von ländlichen als auch von städtischen Heimarbeiterbetrieben besetzte Untersuchungsgebiet kann somit für das Verhältnis von männlichen und weiblichen fremden Hilfskräften eine Relation von ca. 4 : 1 angenommen werden 110).

Da in dieser Studie die männlichen fremden Hilfskräfte - hierzu zählten sowohl die Lehrlinge als auch die Gesellen - in zwei Altersklassen unterteilt worden sind 111), die sich in ihrer mengenmäßigen Zusammensetzung sehr stark unterschieden, kann aus diesem empirischen Befund auf das folgende Rekrutierungsmuster für die Beschäftigung der männlichen Hilfskräfte geschlossen bzw. es kann eine eindeutige Tendenz des 'Karrieremusters' der Konfektionsschneider identifiziert werden: Zunächst ist festzustellen, daß die Heimarbeiter eine große Anzahl männlicher Lehrlinge beschäftigten. Der größte Teil von ihnen wurde nach Beendigung der Lehrzeit vom Lehrbetrieb weiterbeschäftigt.

Da die Kategorie der 'männlichen Hilfskräfte' mit zunehmendem Alter geringer besetzt war, ist anzunehmen, daß die aus den einzelnen Heimarbeiterbetrieben ausgeschiedenen Gesellen sich mit steigendem Lebensalter verheiratet und sich mit dem Zeitpunkt ihrer Eheschließung - unter Einbezug der Mitarbeit der Ehefrau - als Heimarbeiter selbständig gemacht haben. Auch läßt der geringe Anteil der männlichen Hilfskräfte im Alter von mehr als 30 Jahren vermuten, daß eine befristete Phase der Beschäftigung als Geselle in den meisten Fällen als Übergangsstadium zur eigenen Selbständigkeit geplant war. Allerdings galt dieser Schritt von der unselbständigen Gesellentätigkeit zur selbständigen Heimarbeitertätigkeit nicht für diejenigen fremden Hilfskräfte, die als verheiratete oder unverheiratete 'Altgesellen' in den größeren und deswegen des öfteren auch als 'Zwischenmeisterwerkstätten' bezeichneten Produktionseinheiten beschäftigt gewesen waren.

Diesem weit verbreiteten Modell der Entwicklung von Beschäftigungsphasen der männlichen Konfektionsschneider stand ein ganz anderes Erwerbsverhalten der in dieser Variante der 'unmittelbaren Heimarbeit' arbeitenden Frauen bzw. weiblichen Jugendlichen gegenüber. Der wesentliche Unterschied bestand darin, daß die Selbständigkeit der Heimarbeiterin, die in ihrer Werkstatt fremde Hilfskräfte beschäftigte, sicher nur in Ausnahmefällen ein von dieser von Anfang an angestrebtes Ziel ihres Lebensentwurfes gewesen ist. In den meisten Fällen hatten Frauen, die eigenständig einen Heimarbeitsbetrieb leiteten, dessen Führung nach dem Tode ihres Mannes übernommen.

Für den Zusammenhang von berufsspezifischem Einsatz und berufsspezifischem Verhalten kann als die Strategie des Arbeitskrafteinsatzes bzw. als das Erwerbsmuster der weiblichen Hilfskräfte die folgende Orientierung angenommen werden: Der Ansatzpunkt dieses Rekrutierungs- bzw. Arbeitskrafteinsatzmusters von weiblichen Hilfskräften bestand im wesentlichen in der Nutzung des geschlechtsspezifischen Arbeitsvermögens. Auf den frühzeitig in Familie und Schule erworbenen Fertigkeiten im Nähen aufbauend erlernten die weiblichen Anlernlinge in mehr oder weniger kurzen Anlernzeiten weitere, zum Teil spezielle Fertigkeiten im Hand- und Maschinennähen. Im Gegensatz zur arbeitsinhaltlich breiter angelegten Ausbildung der männlichen Lehrlinge wurden die weiblichen Anlernlinge für einen Arbeitseinsatz ausgebildet, dessen inhaltliches Spektrum einen geringeren Umfang aufwies.

Ausgegrenzt war damit für die weiblichen Hilfskräfte die Ausführung umfassender Arbeitsinhalte, die mit der ganzheitlichen Fertigung von Großstücken verbunden waren und deswegen mit hohen Anforderungen an die Qualifikation der Arbeitsperson einhergingen. Die von den weiblichen Hilfskräften überwiegend ausgeführten Teilarbeiten bei der Fertigung von Sakkos, Mänteln usw. bezogen sich auf entsprechend leichtere Näharbeiten wie z.B. Staffieren sowie auf Tätigkeiten mit besonders hohen Anforderungen an die Feinmotorik, wie sie z.B. beim Nähen von Knopflöchern mit der Hand abverlangt wurden. Sofern bei der Herstellung von Kleinstücken wie Hosen und Westen keine besonderen Qualifikationsanforderungen an die weiblichen Hilfskräfte gestellt worden sind, kann angenommen werden, daß diese Kleidungsstücke auch auf der Werkstatt des Heimarbeiters in arbeitsteiliger Fertigung hergestellt worden sind. Bei den fremden weiblichen Hilfskräften handelte es sich generell um Arbeiterinnen, welche in ihrer eigenen Familie keine Möglichkeit der Beschäftigung als Näherin bzw. als Kleinstückschneiderin erhalten konnten.

Für das von den Arbeiterinnen verfolgte Muster ihrer Erwerbstätigkeit war deren Status ledig bzw. verheiratet wesentlich entscheidend. Für die meisten der weiblichen Hilfskräfte kann angenommen werden, daß diese bis zu ihrer Eheschließung in einem Heimarbeiterbetrieb als Näherin beschäftigt geblieben sind. Die mit der Gründung eines eigenen ehelichen Hausstandes übernommenen haushaltlichen Tätigkeiten - spätestens die Versorgung und die Erziehung ihrer Kinder - waren für viele Frauen Anlaß, ihre Arbeit auf der Werkstatt aufzugeben und sie mit einer Heimarbeiterinnentätigkeit - direkt für den Verleger oder auch für den ehemaligen Arbeitgeber - einzutauschen. Ihre ehemalige Stellung als weibliche fremde Hilfskraft auf der Werkstatt eines Heimarbeiters nahmen Frauen dann wieder auf, nachdem eine ständige Beaufsichtigung ihrer Kinder nicht mehr notwendig war.

Die Konstitution dieses Produktionstyps innerhalb der verlagsmäßigen Herstellung von fertiger Herrenoberbekleidung ist differenziert zu begründen. Für den kleineren Heimarbeiterbetrieb war die Beschäftigung männlicher oder weiblicher fremder Hilfskräfte war dann ein Ausweg, wenn keine Familienmitglieder mitarbeiten konnten. Aus der eigenen Familie nicht hervorgegangener Nachwuchs oder auch die Unmöglichkeit der Mitarbeit der Ehefrau bei größerer Kinderzahl oder bei Krankheit machten die Einstellung einer 'Ersatzkraft' - Geselle oder Nähmädchen -, damit Hand in Hand gearbeitet werden konnte, erforderlich (Hiller : 1913, S. 72). Häufig war die Einstellung einer zusätzlichen fremden Hilfskraft für den Familien- bzw. Alleinarbeiterbetrieb notwendig, um während kurzfristiger Produktionsspitzen - insbesondere in Saisonzeiten - eine zeitlich begrenzte Erhöhung der Produktionskapazität des Betriebes zu erreichen. Eine andere Form der Produktion außerhalb des Verlagshauses mit der Beschäftigung fremder Hilfskräfte war die Figuration, wenn ein selbständiger Handwerksmeister der Maßschneiderei mit seinem Gesellen zeitweilig - in seiner auftragsschwachen Zeit - für einen Verleger Fertigkleidung herstellte.

Für die Betriebe mit fremden Hilfskräften, die von der Anzahl der in ihnen beschäftigten fremden Hilfskräften die Größe des 'Familienbetriebes' überschritten hatten, kann angenommen werden, daß ihre Entwicklungsrichtung in abgestufter Form - zumindest was die Arbeitstechnik und die Fertigungsorganisation betrifft - die Keime der späteren Fabrikorganisation ('Betriebswerkstatt') und damit den Übergang zum kapitalistisch organisierten Produktionsprozeß darstellten. Größere 'Heimarbeiterwerkstätten' waren allerdings bis zum Ende des ersten Weltkrieges in der Herrenkonfektion nur in wenigen städtischen Zentren der Herrenkonfektion verbreitet.

Aus den Studien, die von ihrer Fragestellung jeweils unterschiedlich angelegt gewesen sind, geht die differenzierte Struktur der Heimarbeiter- bzw. Zwischenmeisterbetriebe hervor.

"Es ist eine Eigenart der Stettiner Heimarbeiter, daß sie zu einem großen Prozentsatz (festgestellt wurden zwischen 20 und 25 %) Gesellen oder Näherinnen in ihrer eigenen Wohnung oder Werkstatt beschäftigten, und zwar im Zeitlohn. (...) Der Heimarbeiter mit einem Gesellen und einer Näherin war beinahe der 'typische Fall'; (...) (Pracht : 1937, S. 43).

"Die Zwischenmeister, die die vom Konfektionshause zugeschnittenen erhaltenen Teile zwecks weiterer Verarbeitung in Empfang nehmen, kann man in drei verschiedene Gruppen einteilen. Ein großer Teil der Zwischenmeister arbeitet mit einem, zwei oder drei Gesellen (...). In der Hauptsache sind jedoch die Gesellen oder Gehilfen dieser Art von Zwischenmeistern die Verfertiger von sog. Großstücken (Röcke, Gehröcke, Sakkos, Fracks, Paletots), die als gelernte Schneidergesellen von der Maßarbeit zur Konfektion abgewandert sind und innerhalb der Arbeiterschaft der Herrenkonfektion eine besondere Gruppe bilden. Mit anderen Worten, es sind in einigen Fällen eigentlich nur Heimarbeiter, die Gehilfen bei sich beschäftigen, mit denen wir es zu tun haben: (...). Von dieser Gruppe von Zwischenmeistern führen Abstufungen zu einer zweiten, die von der ersten ganz verschieden ist. Die Zwischenmeister haben eine Werkstätte mit 5, 6 - 10 Gesellen und Mädchen, sog. hausindustrielle Werkstattgehilfen; (...) (Gralka : 1924, S. 39 ff.).

Die differenzierte Herausbildung und Entwicklung der Herrenkonfektion in den städtischen Zentren auf der Basis dieses Typs der unmittelbaren Heimarbeit ist nur zum Teil auf die vorhanden gewesenen regionalen Arbeitsmarktstrukturen zurückzuführen. Es war insbesondere die in den ländlichen Regionen vorhandene agrarische Basis der Heimschneider, die die Ausdehnung dieses Typs der Heimarbeiter mehr oder weniger stark begrenzte. Darüber hinaus kann angenommen werden, daß die Heimarbeiterfamilie auf dem Land eine durchschnittlich höhere Anzahl von Mitgliedern hatte als die Heimarbeiterfamilie in der Stadt und deswegen seltener zur Beschäftigung von fremden Hilfskräften übergegangen ist. Bei den städtischen Heimarbeiterbetrieben mit fremden Hilfskräften waren die Voraussetzungen auf der Ebene des Arbeitsmarktes und der Familienstrukturen in den größeren Städten ganz anders. Ohne Landwirtschaft sowie ohne auf ein größeres Arbeitskräftepotential in der Familie zurückgreifen zu können, nutzte der Heimarbeiter in der Stadt in starkem Maß die Arbeitskraft von Gesellen und Näherinnen, die nicht der Familie angehörten.

Die stärkere Verbreitung der Beschäftigung von fremden Gesellen bzw. Hilfskräften durch Heimarbeiter bzw. Zwischenmeister in städtischen Gebieten ist damit zu begründen, daß der Anteil der fremden Hilfskräfte nicht nur quantitativ in der Stadt stärker als auf dem Land vertreten war, sondern daß in den Städten Gesellen als auch Näherinnen ihre Arbeitsplätze weniger familienorientiert suchten und dementsprechend ein höheres Maß an Unabhängigkeit bei der Wahl ihrer Arbeitsplätze aufwiesen.

4.2.2.1.2.2. Mittelbare Heimarbeit

Im Vergleich zu dem vorgehend dargestellten Typ der 'unmittelbaren Heimarbeit' und zu bestimmten Organisationsmustern der 'Kombination von Werkstattarbeit und Heimarbeit' ist die Organisationsform 'mittelbare Heimarbeit' durch ganz bestimmte Merkmale gekennzeichnet gewesen. Genauso wie beim Typ der 'unmittelbaren Heimarbeit' ist in dieser dezentralisierten Produktionsform der Teilprozeß 'Zuschneiden' im Konfektionshaus durchgeführt worden. Die Ausführung dieses Produktionsabschnittes an diesem Ort bedeutete gleichzeitig, daß die Produktionsstrukturen der 'mittelbaren Heimarbeit' im wesentlichen nur in der Herren-, Knaben- und Arbeiterkonfektion verbreitet gewesen waren.

Der dem 'Zuschneiden' folgende Teilprozeß 'Einrichten' erfolgte in diesem organisatorischen Zusammenhang entweder im Haus des Verlegers, in den Arbeitsräumen des Zwischenmeisters oder in der Wohnung des Heimarbeiters bzw. der Heimarbeiterin. Der in dieser Organisationsstruktur zwischen dem Verleger und den Heimarbeiter/innen agierende Zwischenmeister war wegen seiner Funktion im System der 'mittelbaren Heimarbeit' teilweise heftig umstritten. Er hatte in dieser Organisationsform zumindest die Funktion der Ausgabe der im Konfektionshaus zugeschnittenen Stoffteile an die einzelnen Heimarbeiter/innen und der Annahme der von ihnen gefertigten Kleidungsstücke. Dazu kam der Transport der Zuschnitte sowie der Fertigteile vom bzw. zum Konfektionshaus.

Die Durchführung des - am gesamten Fertigungsaufwand gemessen - gewichtigen Teilprozesses 'Hand- und Maschinennähen' geschah in dieser Figuration generell in den Räumen der Heimarbeiter/innen. Die dem 'Hand- und Maschinennähen' nachgelagerten Teilprozesse wurden von diesen erledigt, sofern diese Arbeitsgänge nicht auf der Werkstatt des Zwischenmeisters von diesem selbst bzw. unter Mithilfe von Familienangehörigen oder fremden Hilfskräften ausgeführt worden sind. Die jeweils konkrete örtlich-personelle Ausführung bestimmter, dem 'Hand- und Maschinennähen' vor- bzw. nachgelagerter Teilprozesse war somit das zentrale Kriterium für den Unterschied der beiden Varianten der 'mittelbaren Heimarbeit'. Die Spielarten der 'mittelbaren Heimarbeit' im gemischten Verlagssystem lassen sich unschwer nach dem Umfang der Aufgaben des Zwischenmeisters bzw. der Heimarbeiter/innen abgrenzen.

Der aus dem Schritt vom 'reinen' zum 'gemischten' Verlagssystem u. a. folgende spezifische Funktionsverlust des Zwischenmeisters - die 'Verlagerung' des Produktionsabschnittes 'Zuschnitt' von der Zwischenmeisterwerkstatt in das Konfektionshaus - ging auf der Ebene der Praxisformen der 'mittelbaren Heimarbeit' in dieser Figuration so weit, daß in den Räumlichkeiten des Zwischenmeisters außer dem eventuellen Einrichten keine anschließenden Näh- oder Bügelarbeiten - insbesondere keine Restfunktionen - durchgeführt wurden. Zum anderen Organisationstyp der mittelbaren Heimarbeit, dem

'Zwischenmeister mit Bügelwerkstätte' siehe Kap. 2.2. im Anhang.

Die mit der Ausdifferenzierung der Produktionsstrukturen verbundene Möglichkeit der Verlagerung der verschiedenen Teilprozesse von der Werkstatt des Zwischenmeisters in entweder das Konfektionshaus oder in die Wohnungen der Heimarbeiter/innen brachte in diesem spezifisch strukturierten arbeitsteiligen Zusammenhang die innerhalb des Verlagssystems sehr umstritten gewesene Figur des 'Sweaters' oder 'Schwitzmeisters' hervor 112).

Innerhalb dieses 'vermittelnden Zwischenmeisterbetriebes' (Redlich) hatte der 'Sweater' in seiner reinen Form nur noch die Funktion der Vermittlung der Aufträge zur Herstellung von Kleidungsstücken zwischen Verleger und hausindustriellen Produzenten. Die Aufgaben dieses Zwischenmeistertyps bestanden in der Übernahme der im Konfektionshaus zugeschnittenen und eingerichteten Teile 113) und deren Ausgabe an die Heimarbeiter/innen zur Weiterverarbeitung zu fertigen Kleidungsstükken. Nach Fertigstellung dieser Teile erfolgte deren Annahme, Kontrolle und Ablieferung an den Verleger durch den 'Sweater'.

Einen direkt produktiven Beitrag bei der Fertigung eines Kleidungsstückes lieferte der 'Sweater' - mit der Ausnahme der eventuellen Übernahme des 'Einrichtens' - nicht. Deswegen ist er von seinen Kritikern wegen seiner zum Teil sehr hohen Einkünfte aus dieser Tätigkeit unter sehr starken Druck geraten. Der 'Sweater' brachte "lediglich das Werkstück mit der Arbeitskraft zusammen" (Pracht : 1937, S. 10). Voraussetzung bzw. Bedingung der Erfüllung dieser Arbeitsaufgaben des Zwischenmeisters ohne Werkstätte, Nähmaschinen und Bügelgeräte war die Transparenz des jeweiligen regionalen Arbeitsmarktes. Die 'Pflege' der Beziehungen zu den Heimarbeiter/innen, welche die Arbeit ausführten, muß als weiterer Bestandteil für eine erfolgreiche Zwischenmeistertätigkeit dieses Typs angenommen werden, wobei die Rekrutierung der Heimarbeiter/innen einen besonderen Stellenwert innerhalb der Funktionen dieses 'Sweaters' eingenommen hatte.

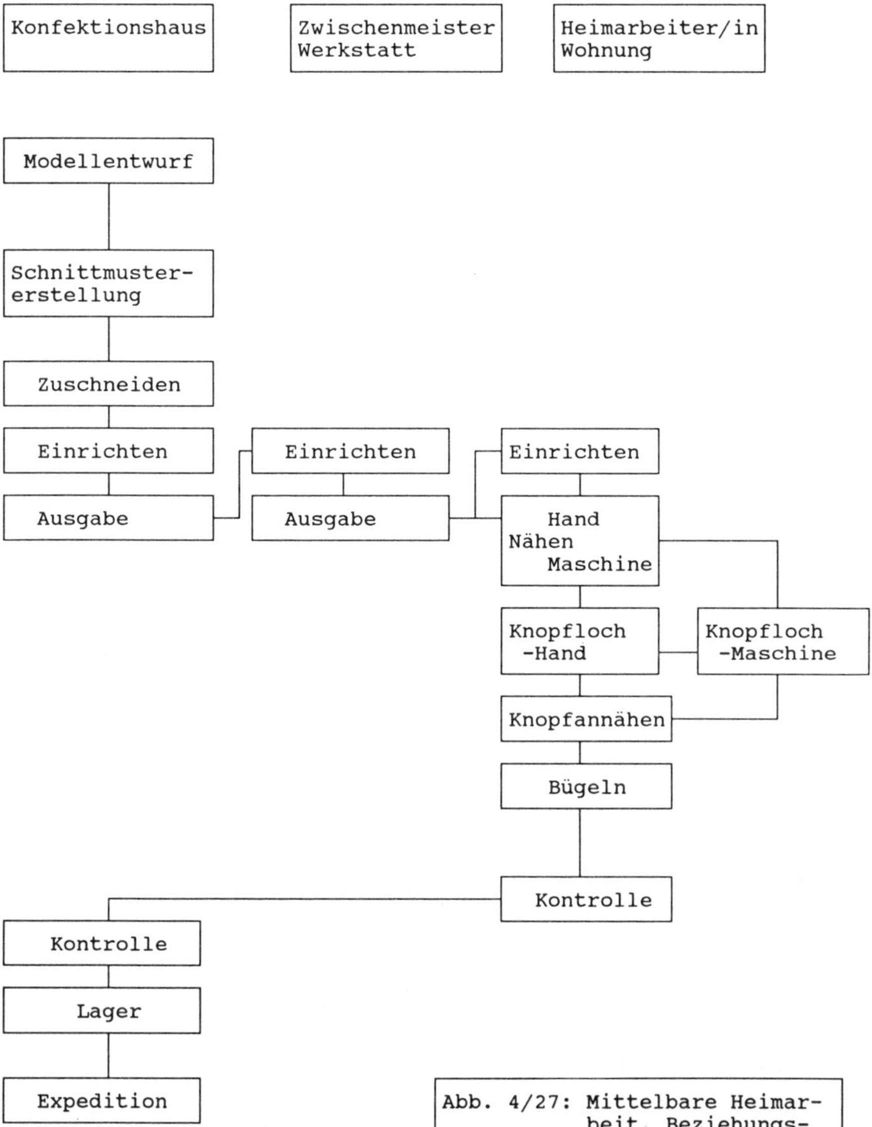

Abb. 4/27: Mittelbare Heimarbeit. Beziehungsstrukturen zwischen Verleger, Zwischenmeister und Heimarbeiter/innen "Sweatingsystem"

Mit der Beschränkung des Tätigkeitsfeldes des Zwischenmeisters auf die angeführten Funktionsbereiche ging - gemessen an den Funktionen des Zwischenmeisters in den anderen Organisationsstrukturen - ein gewisser Qualifikationsverlust einher: Die praktische Anwendung breiten Spektrums handwerklicher Arbeitstechniken des Zuschneidens, Nähens und Bügelns wurden von diesem nicht abverlangt. Dadurch, daß dieser Zwischenmeister keine genuinen handwerklichen Schneidertätigkeiten mehr auszuführen hatte, stammten insbesondere die 'Sweater' aus den verschiedensten Berufen.

"Es gibt im Verlagsgeschäft der Damen- wie der Herrenkonfektion drei verschiedene Arten des Zwischenmeisterbetriebes:
(...)
3. Den vermittelnden Zwischenmeisterbetrieb, bei dem der Zwischenmeister nur die Funktion der sonst der Unternehmerfirma angegliederten Arbeitsausgabe- und Annahme-Abteilung ausübt. Er arbeitet also selber gar nicht mit, weshalb von den Gegnern des Zwischenmeistersystems gerade gegen ihn der Vorwurf des 'Sweating' erhoben wird" (Redlich : 1934, S. 62 ff.).

"Der Zwischenmeister arbeitet hier in der Regel mit; es kommt aber auch vor, daß seine Teilnahme an der Arbeit sich nur auf das Holen und Abliefern der Waren und auf das Einrichten der Stücke beschränkt" (Herzberg : 1894, S. 87).

"Falls dieser Zwischenmeister für einen Fabrikanten arbeitet, erhält er die Stücke bereits zugeschnitten; ihm wird dann nur die Ausführung der Näharbeiten übertragen, die er von seinen Heimarbeiterinnen vornehmen läßt. Er übernimmt als Zwischenmeister somit lediglich Lohnaufträge für Näharbeiten" (Häntsch : 1939, S. 39).

Die in dieser Figuration herrschende spezifische Aufteilung der Tätigkeiten auf Verleger, Zwischenmeister sowie Heimarbeiter/innen ist im wesentlichen auf das Zusammentreffen bestimmter Einflußgrößen zurückzuführen. Als typisch für die Entstehung dieser Organisationsform sind von der Absatzmarktseite hohe zu fertigende Serien bei gleichzeitig relativ niedrigem Genre, wie sie z.B. für die Arbeiterkonfektion prägend gewesen sind, zu nennen. Wegen der relativ starken Konzentration dieser Branche in ländlichen Gebieten stand ihr in derartigen Regionen ein großes, ganz überwiegend weibliches Arbeitskräftepotential mit einer auf das zu fertigende Produkt bezogen ausreichenden Qualifikation zur Verfügung. Begünstigt wurde diese Situation insbesondere dadurch, daß sich die zu fertigenden hohen Mengen auf eine relativ geringe Zahl von Firmen konzentrierte. Bei einem bedeutenden Umfang der Produktion bestand die Rationalisierung der Arbeitsausgabe für den einzelnen Konfektionsbetrieb darin, mit einer kleineren Anzahl von Zwischenmeistern zusammenzuarbeiten anstatt die Aufträge direkt einer grösseren Anzahl von Heimarbeiterinnen zu übergeben.

Zu den Bedingungen der Rationalität dieser organisatorischen Struktur gehörte weiterhin, daß die 'Verlagerung' des Verkehrs mit den Heimarbeiterinnen auf den Zwischenmeister dieses Typs und die arbeitsteilige Organisation des Produktionsprozesses mit einer massenweisen Herstellung von Kleidungsstücken verbunden werden konnte, die keine Überwachung des Produktionsprozesses durch einen einschlägig qualifizierten Zwischenmeister erforderte. Der Verzicht auf die ständige

Kontrolle der Ausführung der Nähtätigkeit und damit auf die Werkstattarbeit bedeutete allerdings nicht den Einsatz hochqualifizierter Heimarbeiterinnen, von denen ein Arbeitsergebnis hoher Wertstufe erwartet werden konnte. Im Gegenteil - zu den in dieser Organisationsform erzeugten Kleidungsstücken gehörten vorwiegend billige Massenprodukte - oft einfache Knabenanzüge, Arbeitsanzüge oder Sommerjacken aus billigem Material. Für die Herstellung von Kleidungsstücken dieses Genres war keine hohe Qualifikation vorausgesetzt. Vielfach genügten hierfür Fähigkeiten im Nähen, die die dabei eingesetzten weiblichen Arbeitskräfte in Familie und Schule erworben hatten.

Zur Variante der mittelbaren Heimarbeit, bei der die dem Nähen folgenden Restfunktionen im Zwischenmeisterbetrieb durchgeführt wurden vgl. Kapitel 2.3.1. des Anhanges.

4.2.2.1.2.3. Der Sitzplatzarbeiter

Der 'Sitzplatzarbeiter' oder 'Sitzgeselle' ist im Grunde als eine Randfigur innerhalb des Spektrums der an der verlagsmäßig organisierten Fertigung beteiligten Produzenten anzusehen 114). Bei dem 'Sitzgesellen' handelte es sich um einen selbständigen Konfektionsschneider, der entweder direkt für einen Verleger bzw. ein 'Konfektionshaus' oder indirekt - über einen Zwischenmeister vermittelt - fertige Oberbekleidungsstücke herstellte. Für diese Figuration im Verlagssystem war das entscheidende Abgrenzungskriterium gegenüber den bisher vorgestellten sozialen Beziehungsgeflechten sowie den unterschiedlichen örtlichen Varianten der Produktion von Fertigkleidung, daß der Ort der Produktion des formal selbständigen 'Sitzgesellen' in allen Fällen eine fremde Werkstätte gewesen ist.

Die Notwendigkeit der Ausführung der Näh- sowie Bügelarbeiten auf der Werkstatt eines fremden 'Platzmeisters' 115) ergab sich aus den spezifischen sozialen Lebensumständen des in allen Fällen männlichen Sitzplatzarbeiters. Idealtypisch handelte es sich hierbei um einen jungen und unverheirateten Konfektionsschneider, der sowohl über keinen zur Ausführung von Näharbeiten geeigneten Wohnraum - er hatte meist nur eine Schlafstelle - als auch nicht über die zur Herstellung von Bekleidung notwendigen Produktionsmittel verfügte 116). Weiterhin war dieser nicht bereit, als Konfektionsschneider auf der Werkstatt eines Zwischenmeisters zu arbeiten.

"Diese hausindustriellen Arbeiter heißen 'Stückmeister'. Der Stückmeister ist nicht immer in der Lage, eigene Wohnung und Werkstätte zu haben; dann arbeitet er gewöhnlich "auf Sitz" in der Werkstelle eines Kollegen, dem er für den Sitz und die Benützung der Maschinen von jedem in der Werkstelle gefertigten Stück einen festen Satz des Lohnes, meist 10 % abgibt. Der Sitzarbeiter ist fast stets unverheiratet. Er ist vollkommen sein eigener Herr, kann kommen und gehen, wie es ihm beliebt und solange die Werkstatt geöffnet ist" (Herzberg : 1894, S. 86).

"Einzelne unverheiratete Gesellen pflegen auch zu einem anderen Schneider auf 'Sitzplatz' zu gehen. Dabei mieten sie sich nicht nur einen Platz in dessen Werkstatt, sondern auch das Recht, die Maschine zu benutzen. Diese Platzgesellen gelten bei den Unternehmern als nicht so verläßlich" (Kieseritzky : 1899, S. 195).

"Für den Hamburger Einzelheimarbeiter hat sich in Maß- und Konfektionsschneiderei (aber auch in der Tabakarbeit) ein besonderes System der Arbeitsraumausnutzung herausgebildet. Der Zwischenmeister dieser Branchen, welcher Besitzer eines verhältnismäßig großen Arbeitsraumes ist, der nicht ganz von den durch ihn eingestellten Arbeitskräften ausgenutzt wird, vermietet Arbeitsplätze in seinem Arbeitsraum an Einzelheimarbeiter.

Diese männlichen unverheirateten Einzelheimarbeiter sind oft Schlafburschen in einer armen Hamburger Familie, d.h. für geringes Geld teilen sie mit noch einem oder auch drei anderen jungen Männern ein Zimmer für die Nacht. (...). Unter solchen Umständen steht dem Heimarbeiter kein Arbeitsraum zur Verfügung und er mietet sich einen Arbeitsplatz beim Zwischenmeister" (Schmidt : 1936, S. 76 ff.).

Von den formalen Beziehungen zwischen Produzent und Verleger her kann der Sitzplatzarbeiter mit dem selbständigen und in seiner Wohnung allein arbeitenden Heimarbeiter, der seine Arbeitsaufträge entweder direkt von dem Verleger oder über den Zwischenmeister vermittelt erhalten hat, als vergleichbar angesehen werden. Diese Gleichstellung des Sitzplatzarbeiters mit dem Heimarbeiter auf der Ebene der Beziehung zwischen Produzent und Verleger erlaubt allerdings nicht, den Sitzplatzarbeiter als autonomen Heimarbeiter anzusehen. Zwischen den Produzententypen 'Heimarbeiter' und 'Sitzplatzarbeiter' bestand der Unterschied, daß der Sitzplatzarbeiter die Voraussetzung für die Betrachtung als Heimarbeiter auf der örtlichen Ebene der Produktion - die Ausführung der Aufträge im eigenen Haus bzw. in der gemieteten Wohnung - nicht erfüllte. Darin bestand die Voraussetzung für die Arbeitszeitautonomie des Heimarbeiters.

Dadurch, daß der Sitzgeselle über keinen eigenen Arbeitsraum verfügte, war er in seinem Angebot an Arbeitszeit im Vergleich zum Heimarbeiter stark eingeschränkt. Dem Sitzplatzarbeiter war durch die Betriebszeit der Werkstatt des Platzmeisters der zeitliche Rahmen vorgegeben, innerhalb dem er an diesem Ort in eigener Verantwortung sowohl den Platz als auch die Betriebsmittel des Werkstattinhabers nutzen konnte. Die dadurch vorgegebene maximale tägliche Nutzungsdauer von Arbeitsplatz und Betriebsmittel durch den Sitzplatzarbeiter bedeutete für diesen im Vergleich mit dem selbständigen und in seiner Wohnung allein tätigen Heimarbeiter einen z. T. erheblichen Einkommensnachteil. Der Heimarbeiter war im Vergleich zum Sitzplatzarbeiter nicht an zeitliche Restriktionen gebunden. In der Verfügung über sein Arbeitszeitangebot war der Heimarbeiter 'nur' durch die physischen Schranken der Verausgabung seiner Arbeitskraft begrenzt. Ein unter vergleichbaren Beziehungen zu den Auftraggebern sowie bei unterstellter homogener Produktionstechnik und Arbeitsintensität vom Heimarbeiter erzieltes höheres Einkommen wäre auf dessen zusätzliches Arbeitsangebot der Stunden am Abend sowie des Wochenendes zurückzuführen.

Bei einem Vergleich des Sitzplatzarbeiters mit einem Werkstattarbeiter fällt zunächst auf, daß der Sitzplatzarbeiter auf einer fremden Werkstatt als selbständig arbeitender hausindustrieller Produzent tätig war. Demgegenüber wurde der Werkstattarbeiter als lohnabhängig Beschäftigter vom Werkstattinhaber eingestellt und war auf der Grundlage dieses Vertragsverhältnisses an dessen Weisungen gebunden. Der Sitzgeselle war bezüglich des Angebotes seiner Arbeitszeit von der Öffnungszeit der Werkstatt abhängig. Innerhalb dieses zeitlichen Rahmens war er - wie der Heimarbeiter - bei der Einteilung seiner Arbeit autonom. Außer der Beachtung der Verarbeitungsrichtlinien sowie der Einhaltung vom Verleger bzw. vom Zwischenmeister vorgegebener Qualitätsnormen war der Sitzgeselle keinen weiteren Weisungen unterworfen.

Ein Einkommensvorteil ist - bei unterstellter Stückentlohnung sowie gleicher Arbeitszeit und -intensität - für den Sitzplatzarbeiter gegenüber dem Werkstattarbeiter nur unter der Bedingung erreichbar gewesen, daß dieser seine Aufträge direkt vom Verleger erhalten hatte 117) und der Stückpreis dem Entgelt entsprach, das der Verleger auch an den Zwischenmeister zahlte. Um den Bruttoverdienst des Sitzplatzarbeiters auszuweisen waren dann von diesem Betrag die Kosten für den Werkstattplatz und die Betriebsmittel sowie für die verwendeten Nähmaterialien abzuziehen. Da vergleichbare Kosten auch beim Zwischenmeisterbertrieb anfielen, lag der Mehrverdienst des Sitzgesellen gegenüber dem Werkstattarbeiter in dem ihm zugefallenen 'Zwischenmeistergewinn'.

Für die Fälle, in denen der Sitzgeselle auf einer fremden Werkstatt für einen Zwischenmeister 118) Großstücke der Herrenkonfektion 119) fertigte, muß angenommen werden, daß der Bruttoverdienst des Werkstattarbeiters um den Betrag höher ausfiel, den der Sitzplatzarbeiter für PLatzmiete usw. zu entrichten hatte. Hierbei ist unterstellt, daß der Stückpreis für den Sitzgesellen dem Lohn entsprach, den der Werkstattarbeiter vom Meister erhielt, der ihn auf der eigenen Werkstäätte im Stücklohn beschäftigte.

Das Fazit eines Einkommensvergleiches zwischen dem Sitzplatzarbeiter und dem Werkstattarbeiter zeigt einen klaren ökonomischen Vorteil für den Sitzgesellen unter der Bedingung, daß der Sitzplatzarbeiter seine Arbeitsaufträge direkt vom Verleger erhalten hat. Unter Einschaltung eines Zwischenmeisters konnte der Sitzplatzarbeiter nur ein tendenziell geringeres Einkommen gegenüber dem Werkstattarbeiter erzielen. Für eine Interpretation dieses Produktionstyps drängen sich Fragen nach Handlungsmustern des Verlegers einerseits und nach den individuellen Handlungsmuster einzelner Verlagsproduzenten auf. In dem Fall, wo der Sitzplatzarbeiter seine Arbeitsaufträge direkt vom Verleger erhielt, hatte er die Chance gegenüber den Werkstattarbeitern einen höheren Bruttoverdienst pro Stück zu erzielen. Dies war für die Auftraggeber vermutlich weniger günstig. Für sie war es mit einem wesentlich höheren Aufwand verbunden, mit vielen Heimarbeitern und Sitzgesellen anstatt mit einer kleineren Anzahl von Zwischenmeistern zusammenzuarbeiten. Für den einzelnen Sitzplatzarbeiter kann die Bevorzugung dieses Produktionstyps gegenüber der möglichen Alternative des lohnabhängigen Werkstattarbeiters eher mit dem äußeren Anschein eines höheren sozialen Status des Sitzplatzarbeiters bzw. mit der Wahrung des 'Scheins der Unabhängigkeit' gesehen werden (Blum : 1925, S. 82).

4.2.2.2. Arbeitsorganisatorische Strukturen und Arbeitskrafteinsatz im Konfektionsgewerbe

Die Dynamik der Entfaltung der 'Betriebsformen' basierte im im ersten Jahrhundert des Bestehens des Konfektionsgewerbes auf den dargestellten Mustern der Organisation des Produktionsprozesses, die wiederum als Ausdruck einer flexiblen Balance unterschiedlicher Bedingungen anzusehen sind. Hauptsächlich ging es darum, das Problem einer saisonal abhängigen, unregelmäßigen Produktion mit den Bedingungen eines unterschiedlich strukturierten Potentials an Werkstatt- und Heimarbeiter/innen abzugleichen, woraus sich insgesamt die Entwicklung einer verlagsspezifischen Produktivkraft ergab. Gleichzeitig muß die damit einhergegangene Miniaturisierung der verlagsmäßigen Produktion als die Kehrseite dieser vielfältigen Beziehungen zwischen Verlegern und Verlagsproduzenten betrachtet werden. So hat sich der Produktionskörper Verlag insbesondere wegen seiner räumlichen Zersplitterung in viele kleine bzw. kleinste Produktionseinheiten in dieser Phase der Entwicklung auf der Ebene der Fertigungstechnik nicht von seiner produktionstechnischen Grundlage - der handwerklichen Produktionstechnik - emanzipieren können. Produktionstechnik sowie innerbetriebliche Organisation des Herstellungsprozesses von fertiger Oberbekleidung verharrten in der Phase der Hausindustrie auf dem Niveau des Handwerks.

Da die Herstellung der Kleidungsstücke überwiegend in den Wohnungen der Heimarbeiter/innen oder in den Werkstätten der Zwischenmeister stattfand, war die technisch-organisatorische Entwicklung der Verlagsorganisation in dieser Branche begrenzt. Diese räumlichen Bedingungen der Herstellung von konfektionierter Oberbekleidung beschränkten von vornherein eine großzügigere räumliche Auslegung der Produktionsstätten und stellten gleichzeitig eine Schranke für die weitere Entwicklung der Arbeitsorganisation in Richtung einer weitergehenden Arbeitsteilung dar. In dieser Konsequenz muß angenommen werden, daß sich Produktivitätsfortschritte bei der Herstellung fertiger Oberbekleidung nur innerhalb eines sehr engen Spielraumes einstellen konnten. Anzunehmen ist, daß unter den damals gegebenen Bedingungen eine Steigerung der Arbeitsproduktivität im wesentlichen nur über eine sukzessive Abkehr von der ganzheitlichen Heimarbeit erreicht werden konnte, die mit einer gleichzeitigen Hinwendung zur - begrenzt - arbeitsteiligen Werkstattfertigung in den Zwischenmeisterbetrieben verbunden war.

Dieser so zu skizzierende Umbruch setzte schon zu Beginn dieses Jahrhunderts ein und ließ die Quote der Werkstattbeschäftigung an der Gesamtbeschäftigung im Konfektionsgewerbe sukzessive ansteigen 120). Er brachte nicht nur tendenziell eine Veränderung in der Organisation des Arbeitsprozesses im Konfektionsgewerbe mit sich, sondern mit diesem Wandel war gleichzeitig ein Wandel des Arbeitskrafteinsatzes verbunden. Erst mit dem Übergang von der Heimarbeit zur Werkstattarbeit eröffneten sich in größerem Maßstab Möglichkeiten zur Nutzung der Vorteile der arbeitsteiligen und damit rationelleren Herstellung von Fertigkleidung. Gleichzeitig war damit die Basis für eine weitgehende, sukzessive Mechanisierung von Teilprozessen gelegt. Die innerhalb der verlagsmäßigen Organisation des Produktionsprozesses im Konfektionsgewerbe angewandten hauptsächlichen Formen der hausindustriellen Arbeitsorganisation sollen im weiteren nachgezeichnet werden. Neben den dominierenden Gestaltungsprinzipien des Arbeitsprozesses soll der jeweils damit verbundene Einsatz von Arbeitskraft herausgearbeitet werden.

4.2.2.2.1. Ganzheitliche Fertigung und Arbeitskrafteinsatz bei der Herstellung von fertiger Oberbekleidung

Ähnlich wie im handwerklichen Schneiderbetrieb wurde ein Kleidungsstück auch in der Fertigkleiderbranche häufig in ganzheitlicher Arbeitsweise gefertigt. Die ganzheitliche Herstellung eines Kleidungsstückes durch eine Arbeitsperson war im Konfektionsgewerbe nicht auf die in ihrer Wohnung ohne die Mithilfe anderer Personen tätigen Heimarbeiter/innen beschränkt. Der Tradition des Schneiderhandwerks entsprechend waren auch hier - hauptsächlich in der Herrenkonfektion - Zwischenmeisterwerkstätten als sog. 'Stückwerkstätten' organisiert. In diesen 'Buden' wurden von den dort beschäftigten Arbeitskräften Kleidungsstücke - insbesondere der gehobeneren Güteklasse - in Einzelfertigung genäht. Ähnlich wie diese Werkstattbeschäftigten stellte auch der 'Sitzplatzarbeiter' das von ihm gefertigte Kleidungsstück ganzheitlich her.

Für sämtliche der aufgeführten hausindustriellen Produzenten galt bei dieser sog. Werkbankfertigung, daß eine Arbeitsperson die komplette Herstellung eines Kleidungsstückes in Einzelarbeit aus den ihr übergebenen Zuschnitteilen vom Einrichten bis zur Ausfertigung vorgenommen hatte. Insgesamt gesehen handelte es sich bei der Einzelfertigung um ein einfaches Prinzip der Gestaltung des Arbeitsablaufes. Um die Bearbeitung eines Kleidungsstückes vornehmen zu können, pendelte sie mit dem halbfertigen Teil zwischen Handarbeitstisch, Nähmaschine und Bügeltisch hin und her und verrichtete an der jeweiligen Arbeitsstation einen bestimmten, der Bearbeitungsfolge entsprechenden Arbeitsgang.

"In der Heimarbeit der Großstückkonfektion herrscht durchaus noch das System vor, daß ein Mann ein Stück von Anfang bis Ende macht" (Kann : 1931, S. 92).

"Die Nähmaschine verlangt eine Aufteilung der Näharbeiten nicht unbedingt, denn in der Näherei hat sich bis heute noch durchaus die 'Stückkonfektion' bewährt. Stückkonfektion heißt: Nähen des ganzen Stückes durch eine Näherin" (Häntsch : 1939, S. 117).

"Ein großer Teil der Zwischenmeister arbeitet mit einem, zwei oder drei Gesellen und stellt seine Arbeit, und zwar gewöhnlich nach dem 'Dutzend' nach alter und Weise her: der Geselle wie der Meister nimmt sich ein Stück Arbeit, z. B. ein Jackett oder Paletot vor, und arbeitet bis hin zum Bügeln fertig" (Gralka : 1924, S. 39).

"Die Näharbeit an den in Heimarbeit hergestellten Gegenständen wird in der Regel ohne jede Arbeitsteilung hergestellt" (Scheffels : 1925, S. 10).

Zusammen mit den für eine rationelle Arbeitsgestaltung ungünstigen Arbeitsverhältnissen in den kleinen Wohnungen der hausindustriellen Alleinarbeiter war es die unzureichende technische Ausstattung dieser Arbeitsstätten, die eine Steigerung der Arbeitsproduktivität im Rahmen der Einzelfertigung nicht zuließ. Nur in den Fällen, in denen Konfektionsarbeiter in Stückwerkstätten dort aufgestellte Spezial-Nähmaschinen nutzen konnten, ergab sich für sie ein leichter Produktivitätsvorteil gegenüber den in ihren Wohnungen arbeitenden Stückarbeiter/innen.

Hausindustriell und ganzheitlich verrichtete Arbeit ist sowohl von den konkreten Arbeitsinhalten als auch von der Komplexität der Arbeitsverrichtung her sehr unterschiedlich gestaltet gewesen. Mit der unterschiedlichen Komplexität der Arbeitsinhalte, die vom Produkt, seiner Gestaltung der Verarbeitungsgüte (Genre) bestimmt wurden, gingen mit der Stückarbeit unterschiedlich hohe Qualifikationen der jeweiligen hausindustriellen Produzenten einher. Das Spektrum der hier abverlangten Qualifikationen reichte von umfassenden handwerklichen Fertigkeiten, die nur im Rahmen einer traditionellen Schneiderlehre erworben werden konnten, bis zu einfacheren Fertigkeiten imn Nähen, wie sie Mädchen und Frauen in Schule und Haushalt erlernten (Hensen : 1930, S. 12). Entsprechend polarisiert zeigte sich der Einsatz der Arbeitskräfte: Da waren einmal die - meist jüngeren - qualifizierteren, männlichen Konfektionsschneider, die auf der Werkstatt des Zwischenmeisters bzw. des Platzmeisters die Großstücke der eher 'besseren' Herrenkonfektion genäht haben. Zum anderen sind es fast nur verheiratete, verwitwete oder geschiedene Frauen gewesen, die als angelernte Hosen- bzw. Westenmacherinnen in ihrer Wohnung 'billige' Kleidungsstücke, meist der Knaben- sowie Arbeiterkonfektion - vielfach ohne diese bügeln zu müssen - genäht haben. Aufgrund der einfachen Ausführung dieser Kleidungsstücke haben sie diese ganzheitlich herstellen können.

"Eine bestimmte Arbeitsteilung besteht fast durchgängig, insofern ein Arbeiter nicht einen ganzen Anzug macht, sondern die einzelnen Stücke von 'Spezialisten' angefertigt werden und zwar können wir in der Arbeiterschaft zwei ziemlich scharf von einander getrennte Gruppen unterscheiden: die Verfertiger von sogen. Großstücken (Röcke, Gehröcke, Sakkos, Fracks, Paletots) sind gelernte Schneidergesellen, die von der Maßarbeit zur Konfektion abgewandert sind, und die Arbeiterinnen, die Hosen und Westen machen und nur angelernt sind, keine handwerksmäßige Lehre durchgemacht haben" (Schmidt : 1912, S. 107).

Die Bedeutung der ganzheitlichen Fertigung hat vermutlich mit der Zunahme der sog. 'Teil-Werkstätten' in der Herrenkonfektion seit dem ersten Viertel dieses Jahrhunderts sukzessive abgenommen. In der Damenbranche war ihre Relevanz für den Produktionsprozeß von Beginn an nur sehr gering. Hier wurde ein Kleidungsstück nur selten von einer Arbeitskraft allein hergestellt. Vorgekommen ist die ganzheitliche Fertigung von Damenkonfektion meist nur in den Fällen, in denen Musterteile von entsprechend qualifizierten hausindustriellen Produzenten angefertigt worden sind.

4.2.2.2.2. Arbeitsteilige Fertigung und Arbeitskrafteinsatz bei der Herstellung von fertiger Oberbekleidung

Ein bedeutender Schritt in Richtung einer Ausdehnung des Leistungspotentials im verlagsmäßig organisierten Konfektionsgewerbe ist durch organisatorische Veränderungen des Produktionsprozesses eingeleitet worden. Dabei ist anzunehmen, daß sich die Entwicklung zur arbeitsteiligen Fertigung wegen der frühzeitigen Gründung von Zwischenmeisterwerkstätten als sog. 'Teil-Werkstätten' in der Damenkonfektion wesentlich eher vollzogen hat als in der Herrenkonfektion. Konkret zeigte sich diese Entfaltung des Leistungspotentials darin, daß an die Stelle der ganzheitlichen Ausführung der Arbeit die Herstellung eines Kleidungsstückes auf mehrere Arbeitspositionen aufgeteilt worden ist. Daß in dieser Folge die Fertigung eines Kleidungsstückes u. a. je nach dem Grad der Zergliederung des Arbeitsprozesses und der Anzahl der daran beteiligten Arbeitskräfte spezifisch zu gestalten war, ist nur konsequent gewesen. Zu den wesentlichen Ebenen, auf denen dies geschah, zählten neben der zeitlichen Koordinierung der einzelnen Teilarbeitsgänge der Materialfluß, die Arbeitsplatzaufstellung sowie der Transport der halbfertigen Teile zwischen den einzelnen Arbeitsstationen . Durch die Zuordnung von unterschiedlich qualifizierten Arbeitspersonen zu den einzelnen Arbeitspositionen wurde der Arbeitskrafteinsatz bestimmt. Je nach den betrieblichen Umständen sowie der Relevanz jener Einflußgrößen ist der Arbeitsprozeß unterschiedlich organisiert worden. Soweit die verlagsmäßige Herstellung von Oberbekleidung nicht als Einzelfertigung organisiert gewesen ist, fand sie im wesentlichen als Hand-in-Hand Fertigung statt.

Die einzige Möglichkeit, eine weitergehende Arbeitsteilung sowohl in kleineren Zwischenmeisterwerkstätten als auch in den Wohnungen der Heimarbeiter/innen durchzuführen, war die Organisation des Arbeitsprozesses als sog. Hand-in-Hand Fertigung. Sie war deswegen in den kleineren Produktionsstätten so häufig angewandt worden, weil sie es erlaubte, die Arbeit insbesondere in Kleingruppen arbeitsteilig zu gestalten.

Das Gestaltungsprinzip dieser Organisationsform ergab sich zwangsläufig. Eine Zerlegung des Arbeitsprozesses in eine

Menge von Teilarbeitspositionen, die größer als die Anzahl der an dem Fertigungsprozeß beteiligten Arbeitskräfte war, mußte dazu führen, daß das herzustellende Kleidungsstück zwischen diesen mehrmals hin und her pendelte. Von dem Verhältnis beider Variablen hing es ab, wie häufig das Teil während der Herstellung eines Kleidungsstückes durch die Hände einer Arbeitsperson zu gehen hatte. Dies war z. B. umso häufiger der Fall, je höher die Menge der Teilarbeitsgänge und je geringer die Anzahl der ausführenden Arbeitskräfte gewesen ist. Als organisatorischer Kern dieser Gestaltung des Arbeitsprozesses erwies sich hauptsächlich die Trennung von Maschinen- und Handarbeit 121). Da in den meisten Produktionsstätten des Konfektionsgewerbes nur eine Nähmaschine aufgestellt war und deren Einsatz - je nach der Anzahl der 'zuarbeitenden' Handarbeiterinnen - eine mehr oder weniger große Flaschenhalssituation für den gesamten Produktionsablauf bedeutete, bestand in der Koordination zwischen den Stepp- und den Handarbeiten gewissermaßen das Herzstück der Hand-in-Hand Fertigung.

Der von der Teilung der Arbeitsfunktionen her bestimmte Arbeitsablauf ist derart strukturiert gewesen, daß eine Arbeitskraft an der Nähmaschine saß und dort die gesamten Maschinennäharbeiten ausgeführt hat. Zu den Aufgaben der Handnäherinnen gehörten neben der Ausführung der eigentlichen Handnäharbeiten die Erledigung der Vorrichtarbeiten. Hierzu zählen verschiedene Arbeiten, die die Durchführung des anschliessenden Näharbeitsganges erleichtern bzw. erst ermöglichen wie z.B. das Abzeichnen der Lage der Taschen. Um einen reibungslosen Arbeitsablauf zu erreichen, mußte die Handnäherin der Stepperin die zu bearbeitenden Teile entsprechend griffgünstig auf die Ablageplatte legen. Anzunehmen ist, daß die Arbeitsplatzaufstellung so vorgenommen worden ist, daß zumindest bei kleineren Arbeitsgruppen die Weitergabe des Werkstückes zwischen den Arbeitsplätzen keinen besonders hohen menschlichen Transportaufwand erforderte. Mechanische Transporteinrichtungen sind in hausindustriellen Werkstätten bei der Herstellung von Oberbekleidung - auch in größeren Zwischenmeisterwerkstätten - vermutlich nie eingesetzt worden.

Von den Handnäharbeitskräften der kleineren Werkstätten wurden die Ausfertigungsarbeiten - sofern es sich nicht um besondere Ausputzarbeiten gehandelt hat - miterledigt. In grösseren Zwischenmeisterwerkstätten wurden Garnierungs- und Ausfertigungsarbeiten fast immer von Spezialarbeitskräften verrichtet. Ebenso das Abbügeln der fertigen Kleidungsstücke - ein Arbeitsgang, der nur in den kleineren Zwischenmeisterwerkstätten durch den Meister selbst vorgenommen worden ist. Vorstellbar ist weiterhin, daß in diesen Werkstätten zumindest die Zwischenbügelarbeiten von den Handarbeitskräften miterledigt worden sind.

"In einer Berliner Zwischenmeisterwerkstatt für Damenjaquettes hat zuerst eine Handnäherin die Nähte am Stück zusammenzuheften, darauf giebt sie das Stück zum Stepper, welcher einen Theil der Hauptnähte macht, dann nimmt sie es wieder in Empfang, zieht die Fäden heraus und giebt es dem Bügler, von diesem kommt es wieder zum Stepper, der einen weiteren Theil der Hauptnähte macht u.s.f., drei- oder viermal, bis es fertig ist und abgebügelt werden kann" (KfA : 1896, S. 23).

"Auch in kleineren Werkstätten ist oft eine so weitgehende Arbeitszerlegung eingeführt, daß mehr Positionen bestehen als Arbeiter vorhanden sind, da geht dann die Arbeit zwischen den einzelnen Arbeitern hin und her. Z. B. die Handnäherin A heftet das Stück zusammen, gibt es an die Stepperin B zum Maschinennähen, dann entfernt die A die Heftfäden, der Bügler bügelt das Stück vor, gibt es zurück an die A, die nun den Kragen aufsetzt und sich gemeinsam mit der B in die übrige Arbeit teilt, bis das Abbügeln erfolgt und nach diesem nun die Ausfertigung, d.h. das Annähen der Knöpfe. Dies geschieht gewöhnlich mit der Hand" (Schmidt : 1912, S. 71 ff.).

"Die Zwischenmeisterwerkstätten schöpfen lediglich die Vorteile der Gruppenarbeit und der dabei möglichen Arbeitsteilung noch weiter aus als die Heimarbeiter und nähern sich darin dem Prinzip der fabrikmäßigen Kleideranfertigung. Sie sind imstande, größere Aufträge rasch zu erledigen. Durch Hand in Hand Arbeiten der tüchtigen Schneider kann dabei das Arbeitstempo erheblich beschleunigt werden" (Kunkel : 1930, S. 20).

"Sodann wird das herzustellende Stück zusammengenäht. Da die Arbeitsteilung nur eine geringe sein kann, wechselt das in der Werkstatt hergestellte Stück höchstens zwischen zwei Arbeiterinnen, der eigentlichen Näherin und der Stepperin, welche die glatten Nähte auf der Maschine herstellt. Aber selbst diese geringe Arbeitsteilung findet nur in größeren Werkstätten statt" (Scheffels : 1925, S. 10).

Unter diesen Umständen war es besonders schwer, den zeitlichen Ablauf der einzelnen Teilarbeitsgänge so zu koordinieren, daß die Arbeitskräfte in jedem Fall gleichmäßig ausgelastet gewesen sind. Durch genügenden Materialvorrat zwischen den Arbeitsplätzen sowie durch spontanen Arbeitsplatzwechsel konnte sicherlich häufig aufgetretenen Materialflußproblemen entgegengewirkt werden. Besonders unter den Umständen einer Werkstättenproduktion in kleineren Dimensionen bestand die Möglichkeit zur erhöhten Transparenz des Produktionsablaufes und damit die Chance zum frühzeitigen Steuern durch den Zwischenmeister.

Die Hand-in-Hand Fertigung zählte neben der Einzelfertigung zu den typischen Formen der Organisation des Arbeitsprozesses im Konfektionsgewerbe. Sie war deswegen so stark verbreitet, weil es sich hierbei um eine arbeitsteilige Organisationsform gehandelt hat, welche für Kleingruppen 'maßgeschneidert' gewesen ist. Ihre besondere Eignung für die Anwendung in den vielen hausindustriellen Kleinbetrieben bezog sich nicht allein auf die Zwischenmeisterbetriebe. Sie fand darüber hinaus in denjenigen hausindustriellen Produktionsstätten Eingang, in denen mehrere Heimarbeiter/innen zusammen mit Familienangehörigen und/oder fremden Hilfskräften in einer häuslichen Produktionsgemeinschaft tätig gewesen sind. Nicht auszuschließen ist auch, daß in größeren Zwischenmeisterbetrieben, z. B. bei der Fertigung von Damenmänteln, mehrere solcher Kleingruppen parallel gearbeitet und dabei jeweils unterschiedliche Modelle gefertigt haben.

Da der Arbeitsprozeß in der Konfektion in seiner präfabrikmäßigen Phase überwiegend in dieser Form der Kleingruppenarbeit stattfand, war dieses Muster der Arbeitsorganisation nicht nur in der Damen-, sondern auch in der Herrenkonfektion mit ihren Teilbranchen das dominierende Organisationsprinzip. Seine universelle Anwendung drückte sich zusätzlich darin aus, daß es nicht nur in den Werkstätten der Zwischenmeister die am häufigsten genutzte Form der Arbeitsorganisation war, sondern insbesondere vielfach dort seine Verbreitung gefunden hatte, wo sich mehrere Arbeitspersonen in Heimarbeit - als Familiengruppenarbeit - zu einer häuslichen Produktionsgemeinschaft zusammengeschlossen hatten. Die vielfältige Anwendung dieser Organisationsform beinhaltete gleichzeitig ein breites Spektrum der dabei zum Einsatz gekommenen Qualifikationen der Arbeitskräfte.

Charakteristisch für die kleingruppenmäßige Herstellung von Großstücken der 'besseren' Herrenkonfektion in Heimarbeit war z. B. die Arbeitsteilung zwischen dem Heimarbeiter und seiner Ehefrau. Hierbei übernahm der Mann die Tätigkeiten, deren Ausführung in den meisten Fällen eine einschlägige zertifizierte Ausbildung zur Voraussetzung hatte, wie z.B. die Fertigung von Kanten, Kragen usw. Seine Ehefrau - oft vom Heimarbeiter selbst angelernt - übernahm die Ausführung der einfacheren Handnäharbeiten, wie z.B. Staffieren und Knopfannähen. Darüber hinaus ist sie sicher nicht nur in Einzelfällen mit der Verrichtung feinmotorisch anspruchsvoller Tätigkeiten betraut gewesen.

"Arbeitet die Frau mit, so macht sie meist Knopflöcher, Knöpfe und Säubern, während der Mann einrichtet, näht und bügelt, vielfach macht aber auch die Frau Ärmel, Taschen, Patten, Spiegel, Futter u.s.w." (Luppe : 1913, S. 7).

Wurde die Kleiderherstellung von einer Gruppe in Heimarbeit ausgeführt, die mehr als zwei Mitglieder umfaßte, so ist die Hand-in-Hand Fertigung je nach den Fähigkeiten der meist aus der Kernfamilie bzw. aus der Verwandtschaft stammenden Hilfskräfte - dies gilt in besonderem Maß für die Familiengruppenarbeit in der ländlichen Aschaffenburger Herrenkonfektion - verschieden organisiert gewesen.

Als durchgängiges Muster des Arbeitskrafteinsatzes läßt sich bei der Fertigung von besserer bis mittlerer Herrenkleidung sowohl bei der Familiengruppenarbeit als auch bei der Zwischenmeister-Werkstattarbeit ein klar nach Geschlechtern und Arbeitsinhalten getrennter Einsatz der Arbeitskräfte nachweisen. Von den entweder in der Maß- oder Konfektionsschneiderei ausgebildeten männlichen Arbeitskräften wurden bei arbeitsteiliger Fertigung in der Regel nur die Teilarbeiten ausgeführt, für welche eine hohe fachliche Qualifikation die Voraussetzung gewesen ist. Sind im Rahmen der arbeitsteiligen Heimarbeit die einfacheren Näharbeiten von den weiblichen Familienangehörigen ausgeführt worden, so waren es auf den Zwischenmeisterwerkstätten der Herrenkonfektion in jedem Fall auch weibliche Hilfskräfte, die die Tätigkeiten mit den geringeren Qualifikationsanforderungen verrichtet hatten.

"Wie schon oben erwähnt, ist die Konfektionsschneiderei in hervorragendem Maße Arbeit der Familie. Das führt von selbst zu einer gewissen Arbeitsteilung, die der Haushaltungsvorstand in der Weise einzurichten versteht, daß die Arbeit in ihren verschiedenen Stadien aus einer Hand in die andere und dadurch flott vonstatten geht" (Hiller : 1913, S. 71).

"Der Fabrikant kennt oft nicht einmal den, der die Arbeit leistet; denn im Hause des Heimarbeiters wird meist in einer Arbeitsgemeinschaft geschneidert, sei es nun, daß sich die ganze Familie an den Konfektionsarbeiten beteiligt oder daß einzelne Familienmitglieder diese Arbeiten übernehmen unter

Hinzuziehung familienfremder Hilfskräfte. Die Einteilung der Arbeit weist den Männern die Verrichtungen an der Maschine und das Bügeln zu, den Frauen überläßt sie in der Hauptsache die Handnäharbeiten" (Kunkel : 1930, S. 19).

Herren- und Knabenhosen sowie Westen vorwiegend einfacherer Güteklasse konnten insofern problemlos Hand-in-Hand von Arbeiterinnengruppen in Heimarbeit gefertigt werden, da für die arbeitsteilige Herstellung von diesen Kleidungsstücken kein besonders hohes fachliches Können notwendig war. Bei diesen Heimarbeiterinnen handelte es sich teilweise um verheiratete, ehemalige Werkstatt- bzw. Fabrikarbeiterinnen, die meistens nach der Geburt ihres ersten Kindes ihre bis dahin innegehabten Arbeitsplätze bei einem Zwischenmeister oder in der Betriebswerkstatt einer Kleiderfabrik aufgegeben haben, um sich neben der Heimarbeit der Kindererziehung widmen zu können. In anderen Fällen waren es verwitwete Frauen, die nach dem Tod ihres Mannes die Konfektionsarbeit wieder aufgenommen hatten. Ihre Produktionsaufträge erhielten sie entweder von einem Zwischenmeister oder - wie häufig in der Arbeiter- und Sommerkonfektion - direkt von dem Verleger, für den sie die Konfektionsarbeit in ihren Wohnungen unter Mithilfe von Bekannten und/oder Familienangehörigen ausführten.

"Die Arbeiterinnen nähen entweder allein und zwar ist dies der Fall bei Frauen, die neben der Arbeit ihren Haushalt besorgen oder es arbeiten zwei bis drei Verwandte oder Bekannte Hand in Hand, während die Kinder kleine Nebenarbeiten besorgen" (Jaffé : 1899, S. 162).

"Eine Arbeitsteilung bei der Anfertigung der Gegenstände findet nur in beschränktem Maße statt, und zwar meist in der Weise, daß die Maschinennäherin die langen Nähte macht, eine jüngere Schwester oder die Mutter resp. ein Lehrmädchen die mit der Hand zu fertigenden kurzen Nähte liefert, und das Annähen der Knöpfe und andere kleine Arbeiten den jüngeren Kindern überlassen werden" (Jaffé : 1899, S. 134).

Anmerkungen zu Kapitel 4

1) Der Absatz an Arbeiter- und Berufskleidung ist Bestandteil der Zählkategorie 'Männer- und Knabenoberbekleidung'

2) Der Wert des Absatzes von fertiger Bekleidung ist im Rahmen der Produktionserhebungen für die Textilindustrie erstmalig im Jahr 1928 erfaßt worden. Gegenstand der Erhebung waren die 'industrielle' Produktion von genähter Bekleidung aus gewebten Stoffen und sonstigen textilen Stoffen. Die statistische Untersuchung umfaßte die Herstellung von genähter Bekleidung, deren Herstellung nach Normalmaßen in sog. Konfektionsbetrieben erfolgte - vor allem Oberbekleidung, Leibwäsche, Badewäsche, Weißwaren, Krawatten, Hüte, Korsetts u.s.w. In diese Erhebung ist die Selbstversorgung öffentlich-rechtlicher Organe mit Bekleidung nicht mit einbezogen worden gewesen. So wurde z. B. die Eigenversorgung der Reichswehr mit Uniformen nicht mit erfaßt. Auch wurde die Herstellung von Bekleidungsstücken aus anderen als textilen Stoffen, z. B. Leder nur soweit erfaßt, als deren Fertigung in denjenigen Betrieben erfolgte, welche in die Erhebung mit einbezogen wurden. (o. V. : 1932, S. 2).

3) Wegen der besonderen Basis der Schätzung der Produktionsdaten der 'Bekleidungsindustrie' - des Verbrauchs von Oberstoffen durch das Konfektionsgewerbe - sei darauf hingewiesen, daß die hier aufgeführten Zahlenwerte nur als ein sehr grober Anhaltspunkt für die Entwicklung der Produktion des Konfektionsgewerbes angesehen werden können.

Eine Schätzung der Produktionsziffern des Konfektionsgewerbes, welche auf den Daten der Inlandsverfügbarkeit von Textilgeweben basiert, führt zumindest dann zu einem ungenauen Ergebnis, wenn der Anteil der vom Konfektionsgewerbe verarbeiteten Oberstoffe im Zeitablauf schwankt und deswegen variierende Verbrauchsanteile aufgrund unzureichender Daten nicht adäquat erfaßt und im Gesamtergebnis nicht entsprechend berücksichtigt werden. Da mit den Angaben der Produktion der Textilindustrie im Regelfall kein konkreter Weiterverarbeitungszweck ausgedrückt worden ist, ist eine Festlegung des Anteils für die bei der Herstellung von Bekleidungstextilien verbrauchten Mengen von Textilgewebe besonders schwer.

Führen diese Umstände schon beinahe notwendig zu ungenauen Angaben über den Anteil an Textilgeweben, der zur Herstellung von Kleidungsstücken in den Bekleidungssektor geflossen ist, so sind die in den Sparten Bekleidungshandwerk einerseits und Fertigkleiderbranche andererseits weiterverarbeiteten Textilien nicht separat ausgewiesen.

Hierdurch wird eine Aussage zur Entwicklung der Produktion im Konfektionsgewerbe erschwert sowie wegen der anzunehmenden Umschichtungen des Verbrauchs an Textilien zwischen diesen beiden Sektoren beinahe unmöglich gemacht. Aus dem bisher gesagten ergibt sich weiterhin, daß aus diesen globalen Angaben zur 'Bekleidungsindustrie' keine differenzierten Aussagen zur Entwicklung der in dieser Untersuchung im Mittelpunkt stehenden Hauptzweige der Konfektion abgeleitet werden können.

4) Leider erfüllen die in der Reichsstatistik aufgeführten Zahlen diesen Zweck nur höchst unzureichend. In dieser Statistik sind weder Angaben über die im Konfektionsgewerbe tätigen Personen - somit auch nicht über die Anzahl der Erwerbstätigen der im Mittelpunkt dieser Untersuchung stehenden Sparten des Konfektionsgewerbes - enthalten, noch besteht die Möglichkeit, deren Anzahl aus den gegebenen Daten herauszufiltern. Eine separate Erfassung der Beschäftigten im Konfektionsgewerbe ist deswegen nicht möglich, weil die Erwerbstätigen des Konfektionsgewerbes bei den verschiedenen Zählungen jeweils mit den Beschäftigten anderer Sparten des Bekleidungsgewerbes - u.a. mit denen des Schneiderhandwerks - zusammengefasst worden sind.

Aus diesem Grund sind die Zahlenangaben der verschiedenen Jahre nur grob miteinander zu vergleichen: Sind z. B. bei den Zählungen in den Jahren 1882 und 1895 die Beschäftigtenzahlen der Berufsgruppen Näherei, Schneiderei sowie Kleider- und Wäschekonfektion getrennt ausgewiesen, so ist dieses Erfassungsschema bei der 1907 durchgeführten Berufs- und Gewerbezählung nicht mehr angewandt worden. Bei dieser Zählung sind die Schneiderei und die Kleiderkonfektion zu einer Berufsgruppe verschmolzen worden und die Wäschekonfektion ist als separate Berufsgruppe von der Kleiderkonfektion getrennt erfasst worden. Diese im Jahr 1925 noch beibehaltene Gliederung der Erfassung der Hauptgruppen des Bekleidungsgewerbes ist bei der Berufs- und Gewerbezählung 1933 zugunsten der Zusammenfassung der bis dahin getrennt aufgenommenen Beschäftigtenzahlen der Hauptgruppen des Bekleidungsgewerbes aufgegeben worden. Die nun zusammengefassten Bereiche Schneiderei, Näherei sowie Kleider- und Wäschekonfektion sind auch 1939 Gegenstand der letzten Berufs- und Gewerbezählung im Deutschen Reich und gleichzeitig auch der letzten zahlenmäßigen Erfassung der Beschäftigung in der 'Verlagsphase' der Massenherstellung von fertiger Oberbekleidung gewesen. Eine durchgängige Vergleichbarkeit der Beschäftigtenzahlen der einzelnen Branchen des Bekleidungsgewerbes - insbesondere des Sektors der Fertigkleidungsproduktion - kann wegen der dargestellten Zählarithmetik in der Berufsstatistik nicht erreicht werden.

Der einzige Ausweg, die Entwicklung der Beschäftigung im Konfektionsgewerbe halbwegs zutreffend zu erfassen, besteht darin, die entsprechenden Berufsarten über alle Zählungen zusammenzufassen und zu vergleichen. Diese Vorgehensweise beinhaltet den Vorteil im Rahmen der Zuordnung der Beschäftigten zu einer der bestehenden Berufsgruppen angefallenen Zuordnungsfehler (Kategorisierungsfehler) auszugleichen. Sie hat aber den ganz entscheidenden Nachteil, die Anteile der einzelnen Beschäftigtenbereiche sowie deren Schwankungen im Zeitablauf nicht auszuweisen.

Zur zeitgenössischen Kritik an der Erhebungsmethode bei den Berufs- und Gewerbezählungen - insbesondere zur Erfassung der Anzahl der Heimarbeiter/innen, vgl. u. a.: Dodd : 1898, S. 146 ff.; Grandke : 1899, S. 330 ff; Jaffé : 1899, S.101; Meerwarth: 1911, S. 313 ff; Conrad : 1910, S. 57 ff. Aus heutiger Sicht wird von Lutz insbesondere die Tatsache kritisiert, daß schon 1925 die statistischen Definitions- und Klassifikationskriterien stark auf die Verhältnisse im industriell-marktwirtschaftlichen Sektor abgestellt gewesen seien und der vorindustriell-handwerliche Sektor deswegen nur unscharf erfasst werden konnte (Lutz : 1984, S. 116).

5) Eine differenzierte Darstellung der Exporte des Berliner Konfektionsgewerbes für den Zeitraum von 1866 - 1892 in die USA wird von Krengel gegeben. Vgl. hierzu : Krengel : 1978, S. 217 ff.

6) Die Gesamtausfuhr der deutschen Herrenkonfektion im Jahr 1900 wird von Salinger mit 14,5 Mio. Mark angegeben. Von dieser Summe entfallen auf die Hauptausfuhrländer Schweiz und Holland 3,8 bzw. 2,4 Mio. Mark. Herrenoberbekleidung in Höhe von jeweils 0,9 Mio. Mark wurde nach England sowie nach Norwegen und Schweden zusammen ausgeführt. Vgl. hierzu : Salinger : 1904, S. 897.

7) U. a. berichtet Pracht darüber, daß das Wachstum der Stettiner Herrenoberbekleidungsindustrie in nicht zu vernachlässigendem Maß auf dem Export von Herrenkleidung in die nordischen Staaten beruhte. Die Bedeutung des Exportes für die Mönchengladbacher Arbeiter- und Berufsbekleidungsindustrie um die Jahrhundertwende wird von Nussbaum hervorgehoben. Er führt den Abschluß von Handelsverträgen mit Holland, Belgien, Schweiz, Italien usw. an, die von ihm als Grundlage der Steigerung des Exportes angesehen werden. Vgl. Pracht : 1937, S. 2; Nussbaum : 1927, S. 57.

8) Diese Angabe gilt für die Breslauer Damenkonfektion. Vgl. Scheffels : 1925, S. 21.

9) Zu den Bestandteilen des Maßnahmenkataloges zur Anpassung der Produktionskapazitäten an die Rohstoffmangellage gehörten u. a. das Verbot der Nutzung von Zuschneidemaschinen, sowie die Beschränkung der wöchentlichen Arbeitszeit auf 40 Stunden. Vgl. Sulzbacher : 1925, S. 46.

10) Infolge steigender Nachfrage nach fertiger Herrenoberbekleidung und gleichzeitigem Mangel an geeigneten Stoffvorräten gingen Aschaffenburger Kleiderfabrikanten nach Kriegsende dazu über, die alten Stoffbestände der Heeresbekleidungsämter aufzukaufen. Um aus diesen Tuchen marktgängige Kleidungsstücke fertigen zu können, ließen sie diese Stoffe einfärben und verarbeiteten sie dann zu entsprechender Männerkleidung (Franz : 1941, S. 24).

11) Die Entwicklung der Mitgliederzahlen wird von Redlich folgendermaßen angegeben. In seinen Ausführungen betont der Autor ausdrücklich, daß der Rückgang der Mitgliederzahlen nach Angaben des Verbandes nur zum geringsten Teil auf Austritte zurückzuführen sei.

Jahr	Anzahl der Mitglieder
1925	421
1926	320
1927	268
1928	254
1929	220
1930	190
1931	170
1932	160
Quelle:	Redlich, Heinz : Die deutsche Konfektionsindustrie, Diss. Rostock 1934, S. 25
Tab.4/18:	Entwicklung der Mitgliederzahl des Verbandes Deutscher Damen- und Mädchenmäntelfabrikanten e.V. von 1925 - 1932

12) Redlich schließt mittels der vorliegenden Umsätze im Einzelhandel mit Damen- und Mädchenkleidung auf den Produktionswert von Damen- und Mädchenkleidung und erhält so einen Indikator für die Produktion von Oberbekleidung in der gesamten Damenkonfektion. Er geht dabei so vor, daß er vom Wert des Einzelhandelsumsatzes der Fachgeschäfte den branchengemäßen Kalkulationszuschlag von 50 % abzieht und so den ungefähren Produktionswert der jeweiligen Jahre erhält (Redlich : 1934, S. 26).

13) Auch Leitzke begründet die Ausweitung der Produktion von fertiger Herrenoberbekleidung mit der Einkommensentwicklung der Nachkriegszeit sowie mit der Preisentwicklung bei Maßkleidung. Deutlich hebt er hervor, daß insbesondere die zunehmende 'Schere' zwischen beiden

Größen "dem Industriezweig den ganzen Mittelstand als neue Kunden zuführte":

"Diese abnorme Verteuerung des Produktes, die eine Folge der Erhöhung der Reallöhne der Arbeiter ist, zwang den Konsumenten für Herrenoberbekleidung in besonders starkem Maße, sich der Herrenkonfektion zuzuwenden, da er den hohen Preis für Maßarbeit nicht mehr zu zahlen imstande ist" (Leitzke : 1932, S. 44 ff.)

14) Über die Zusammensetzung der Gesamtnachfrage nach Herrenoberbekleidung, bestehend aus Maßarbeit sowie aus Fertigkleidung existieren keine statistischen Untersuchungen.

Zur Diskussion über die Schätzung des Anteils der Herrenkonfektion am gesamten Konsum von Herrenoberbekleidung vgl. u. a. Isaac : 1926, S. 6 ff.; Hirsch : 1928, S. 960 ff.; Köster : 1932, S. 11 ff.

15) Diese von Redlich angegebene Zahl stammt vermutlich aus der von Elsbach erarbeiteten Standortverteilung der Konfektionsindustrie, Teil A, Herren- und Knaben-Konfektion, deren Grundlage die Mitgliederliste des "Arbeitgeberverbandes" gewesen ist. Die dort angegebenen Zahlen stellen nach Angaben von Elsbach die Anzahl der Betriebe dar. Vgl. Redlich : 1934, S. 38; Elsbach : 1921, S. 161.

16) Leitzke führt in diesem Zusammenhang zeitgenössische Schätzungen verschiedener Autoren an: Für das Jahr 1925 wird die Zahl der Herrenkonfektionsfabriken vom Deutschen Bekleidungsarbeiter-Verband mit 857 angegeben. Von Böcker wird die Zahl für das gleiche Jahr auf 650 - 700 geschätzt. Eine Auszählung von Leitzke selbst für das Jahr 1931 ergab 650 Herrenkleiderfabriken. Die gleiche Anzahl an Herrenoberbekleidungsfirmen wurde - so Leitzke - auch für 1929 von einem Adressverlag angegeben. Interessant ist die Entwicklung der Anzahl der Herrenkleiderfabriken an den einzelnen Standorten der Herrenkonfektion für die Zeitpunkt 1920 und 1930. Den stärksten absoluten Zuwachs an Herrenkleiderfabriken hatte die Berliner Herrenkonfektion zu verzeichnen: Von 62 Herrenkleiderfabriken im Jahr 1920 stieg die Anzahl auf 138 Herrenkleiderfabriken im Jahr 1930. Vgl. Leitzke : 1932, S. 22 ff.

Als Indikator für die Entwicklung des Produktionsapparates der Aschaffenburger Herrenkonfektion soll die zahlenmäßige Entwicklung der Bekleidungsunternehmen in dieser Region für den Zeitraum von 1873 bis 1930 angeführt werden. Ergänzt werden sollen diese Daten durch Angaben zur Entwicklung der Beschäftigung von Arbeitern (einschließlich Heimarbeitern) in dem Zeitraum von 1897 bis 1936.

Die zuerst von Nussbaum bis zum Jahr 1926 aufgestellte Zahlenreihe der Betriebe der Aschaffenburger 'Konfektionsindustrie' wurde danach von Kunkel (1930) und später von Franz (1941) auf den jeweiligen aktuellen Stand gebracht. Somit ist eine Übersicht für die zahlenmäßige Entwicklung der Herrenbekleidungsunternehmen im Aschaffenburger Raum möglich, aus der der stetige Zuwachs an Herrenkonfektionsfirmen in dieser Region, der für das Wachstum der Herrenkonfektion an den bedeutenden Standorten dieser Branche in dem angegebenen Zeitraum nicht untypisch gewesen ist, hervorgeht. Auffällig ist, daß in dem Zeitraum von 1919 bis 1930 die Anzahl der Herrenkonfektionsunternehmen in der Aschaffenburger Herrenkonfektion um 146 % gestiegen ist.

17) Die in dieser Tabelle enthaltene Differenz zwischen dem Gesamtumsatz und dem kumulierten Umsatz der Fachgeschäfte und der Warenhäuser wird von Redlich nicht näher erläutert. Vermutlich sind noch weitere Vertriebswege im Einzelhandel am Verkauf von Herrenkonfektion beteiligt gewesen.

18) Zur Entwicklung der Insolvenzen in den Jahren 1925 und 1926 im gesamten Bekleidungsgewerbe vgl. Leitzke : 1932, S. 17.

19) Als Beispiel für die Entwicklung des Umsatzes in der Herrenkonfektion sollen die Umsätze der Jahre 1930 - 1935 der Aschaffenburger Herrenkonfektionsbranche angeführt werden:

Jahr	Umsatz (Mio. RM)
1928	50,0
1930	29,4
1931	30,7
1932	24,0
1933	24,0
1934	32,0
1935	37,7

Quelle: Franz, Lambert : Die Heimarbeit in der Aschaffenburger Bekleidungsindustrie, gesehen vom wirtschaftl. Standpunkte unter Berücksichtigung der Heimarbeitergesetze vom 23. März 1934 in seiner Fassung vom 30. Oktober 1939, Diss. München 1941

Tab.4/19: Umsatz der Aschaffenburger Herrenkonfektion 1930 - 1935

20) Das im Vergleich zum Wachstum der Gesamtwirtschaft anzunehmende unterproportionale Wachstum des Bekleidungssektors ist auch als das Resultat geplanter Prioritäten des sektoralen Wachstums anzusehen. Eindeutiges wirtschaftspolitisches Ziel in der Aufschwungsphase war die Erhöhung der Investitionen, insbesondere der staatlichen. So ist der Konsum zu Beginn des Jahres 1936, mehr noch als in den vorangegangenen Jahren, zugunsten der Investitionen zurückgegangen. (o. V. : 1936, S. 3).

21) O. V. : 1934, S. 2. Die Bedeutung der Herstellung von Uniformen für die Entwicklung der Produktion von Oberbekleidung in der Zeit nach 1933 wird durch einen Vergleich des Inlandsumsatzes der Uniformindustrie der Jahre 1937 und 1938 besonders deutlich. Innerhalb eines Jahres stieg der Umsatz in diesem Wirtschaftszweig der Bekleidungsindustrie um 22 % und erreichte damit die höchste Zuwachsrate in diesem Zeitraum unter den zu dieser Wirtschaftsgruppe gehörenden Bekleidungsbranchen.

22) Die Auswanderung jüdischer Inhaber von Konfektionsbetrieben war natürlich nicht auf den Sektor der Damenkonfektion beschränkt. Entsprechendes gilt genauso für die jüdischen Eigentümer von Betrieben der Herrenkonfektion. Zur Ausschaltung der Juden aus der Aschaffenburger Konfektion vgl. Franz : 1941, S. 27 ff.

23) Vgl. u. a. Jung : 1938, S. 84; Lorch : 1942, S. 171; Westphal : 1986, S. 85 ff.

24) Zur Begründung der Exportpolitik in der Bekleidungsindustrie vgl. u.a. o.V. : 1935, S. 3 ff.; Jung (Hrsg.): 1939 b, S. 11 ff.

25) Der Ausfuhranteil am Gesamtproduktionswert der Wirtschaftsgruppe Bekleidungsindustrie ist von 19 % im Jahr 1933 auf 10,8 % im Jahr 1934 zurückgegangen. Diese rückläufige Entwicklung hielt auch im Frühjahr 1935 weiter an: Die Ausfuhr in den ersten fünf Monaten dieses Jahres betrug nur noch 36,6 Mio. RM gegenüber 48 Mio. RM im gleichen Zeitraum des Jahres 1934. Prozentual gesehen schrumpfte der Export in diesem Fall um knapp 25 %. Eine genaue quantitative Rekonstruktion der Exportverluste der Hauptkonfektionszweige und ihre Begründung mit bestimmten ökonomischen bzw. politischen Ausgangslagen ist im nachhinein nicht möglich. Daß die Ausfuhrrückgänge nach 1933 ihre Basis auch in den Veränderungen der Machtverhältnisse im 3. Reich hatten, wird selbst von der gleichgeschalteten Fachpresse sowie von der zum Grenzträger faschistischer Herrschaft avancierten 'Wirtschaftsgruppe Bekleidungsindustrie' nicht bestritten. Vgl. hierzu : Jung (Hrsg.) : 1939 b, S. 13; o.V. : 1935, S.4

26) "Gemeinsam mit dem ebenfalls emigrierten Heinz Blogg, früher Verkäufer bei der Firma Leopold Seligmann, bereitete Kurt Ehrenfreund in Holland seine neue Existenz vor. Über einen Financier, den Möbelfabrikant Emanuel Mendel aus Bonn investierte 50000 holländische Gulden, ge-

lang am 1. Juli 1933 die Firmengründung : N.V. Confectiefabrik-Bercofa. Die Geschäftsidee war, Berliner Mode und Eleganz in guter Verarbeitung in Amsterdam herzustellen. Der erste Emigrantenstrom deutscher Juden brachte auch zahlreiche Schneider, Näherinnen und Bügler aus Berlin nach Amsterdam, die in der "Bercofa" ihre erste Anstellung erhielten (...) 1939, gerade einmal sechs Jahre nach der Firmengründung, belieferte Ehrenfreunds "Bercofa" wichtige Kunden in Norwegen, Schweden, Dänemark, England, Schweiz, Frankreich, Belgien, Ägypten und Australien; die wöchentliche Produktion erreichte 1200 Mäntel und Kostüme" (Westphal :1986, S. 159).

27) Zur grundlegenden Änderung in der Produktion mittels der seit Mitte April 1942 eingeleiteten Spezialisierungsaktion vgl. Lorch : 1942, S. 175; Fischer : 1943, S. 20.

28) Dieser Trend der Entwicklung der Frauenquote kann für die Damenkonfektion u. a. am Beispiel der Münchener Damenbranche aufgezeigt werden. Meyer führt in seiner Studie zur Konfektionsindustrie in München aus, daß sich der Anteil der weiblichen Werkstattbeschäftigten in der Damenkonfektion von 1907 bis 1924 zunehmend erhöht hat. Betrug die Frauenquote im Jahr 1907 schon 88,9 %, so stieg die Quote der weiblichen Werkstattarbeiterinnen bis zum Jahr 1913 auf 93,8 %. Im Jahr 1924 erreichte sie dann den Wert von 95,9 %. Meyer : 1926, S. 73; vgl. auch Fürth : 1897, S. 78.

29) So ist z. B. die Frauenquote bei den in Heimarbeit beschäftigten Personen im Bezirk Herford-Bielefeld von mindestens 75 % gegen Ende des 19. Jahrhunderts auf mindestens 90 % im Jahr 1925 angestiegen. Vgl. Josephy : 1928, S. 19 ff.

30) Von dem Experiment der Gründung einer Fabrik für Damenkonfektion berichtet Schmidt. Um 1893, so führt er aus, wurde in Berlin eine Fabrik von amerikanischen Geschäftsleuten errichtet, die für 5 - 6000 Arbeitskräfte ausgerichtet und mit modernsten elektrisch angetriebenen Nähmaschinen ausgestattet gewesen ist. Nach seinen Angaben hat diese Produktionsstätte nur kurze Zeit bestanden (Schmidt : 1912, S. 89).

Erst zu Beginn der 30er Jahre sind zwei Betriebe der Berliner Mäntelkonfektion offensichtlich mit Erfolg dazu übergegangen, einen Teil ihrer Gesamtproduktion in eigenen Betriebswerkstätten unter der Leitung von Zwischenmeistern herstellen zu lassen. Hierbei handelte es sich um Berliner Betriebe, die von den produzierten Stückzahlen zu den damaligen Branchenführern im Deutschen Reich zählten. Neben dem Effekt der Senkung der Stücklohnkosten infolge arbeitsorganisatorischer und technischer Innovationen, welcher die Konzentration der Arbeitskräfte und der Maschinerie zur Voraussetzung hatte, bedeutete der Übergang zur Großwerkstatt gleichzeitig die Sicherung von Stammproduktionskapazitäten. Vgl. Redlich : 1936, S. 65 ff; Scheffels : 1925, S. 28.; o.V. : 1906, S. 24.

31) Diese Zweige der Fertigkleidungsbranche sind jeweils nach den in ihr hergestellten Produkten benannt. Zur Sommerkonfektion zählen Anzüge, Sakkos, Joppen aus Lüster-, Halbleinen- und Baumwollgeweben, sowie aus Seide bzw. seidenähnlichen Geweben. Ferner gehören leichte Westen aus Kunstseide und Pique zu dem Produktspektrum der Sommerkonfektion. Mäntel aus imprägnierten Strichloden waren das Haupterzeugnis der Lodenkonfektion. Weitere in diesem Zweig hergestellte Kleidungsstücke waren Joppen und Anzüge aus Loden oder lodenähnlichen Geweben. Zu den im Zweig Berufskleidung hergestellten Teilen zählten u.a. Ärzte- und Friseurmäntel sowie Metzgerjacken. Vgl. hierzu u. a. : Pilgrim : 1927, S. 47; Josephy : 1928, S. 17 ff.

32) Zu den bedeutendsten Standorten der hier erwähnten Konfektionszweige zählte neben dem Herford-Bielefelder Raum insbesondere die niederrheinische Arbeiter- und Berufsbekleidungskonfektion mit ihrem Zentrum in Mänchengladbach-Rheydt. Zu den weiteren ländlichen Ballungszentren dieser Konfektionszweige mit ganz überwiegend weiblichen Beschäftigten, zählten die sächsische Oberlausitz sowie Urach (Württemberg). Städtische Gebiete mit einem großen weiblichen Arbeitskräftereservoir und einer hohen Frauenquote insbesondere in der dort vertretenen Arbeiterkonfektion waren Elberfeld und Essen.

"Die ungemein schnelle Zunahme der Bevölkerung - die Stadt Essen selbst, welche im Jahre 1913 kaum 3000 Einwohner zählte, wird 1898 auf 120000 geschätzt - und die Tatsache, daß in der Kohlen- und Eisenindustrie dem weiblichen Teil der Bevölkerung sich keine Beschäftigung bietet, ist die Ursache gewesen, daß die Konfektionsgeschäfte, als die einzigen Arbeitgeber, welche weibliche Arbeitskräfte in größerer Zahl verwenden konnten, hier am Platze ein fast unbegrenztes Arbeitsangebot und dementsprechend niedrige Lohnsätze vorfinden" (Jaffé : 1899, S. 163).

33) Die in den Fabrikationsbetrieben beschäftigten männlichen Arbeitskräfte waren als Zuschneider, Einrichter sowie als Bügler tätig. Josephy : 1928, S. 23.

34) Gleichlautende Untersuchungsergebnisse zur sozialen Zusammensetzung des Beschäftigtenpotentials in den erwähnten Konfektionszweigen sind bei verschiedenen Autoren zu finden. So wird z.B. die Frauenquote in der Mönchengladbacher Konfektion von Cohen für das Jahr 1919 mit 68,2 % und für das Jahr 1920 mit 68,7 % angegeben. Vgl. hierzu u.a.: Cohen : 1922, S. 37; Hensen : 1930, S. 15; Isaac : 1926, S. 60; Jaffé : 1899, S. 101 ff.

35) Die Daten der Jahre 1907 bis 1925 dieser Tabelle stammen aus einer Untersuchung des Deutschen Bekleidungs-Arbeiter-Verbandes. Für den Zeitraum 1926 bis 1929 wurden die Zahlen von Leitzke und für das Jahr 1930 von Köster ergänzt. Beide Autoren beziehen sich bei der Angabe ihrer Daten auf die jeweils aktuellen Veröffentlichungen des Deutschen Bekleidungs-Arbeiter-Verbandes, so daß eine Kontinuität in der Quelle für die

gesamte Zahlenreihe angenommen werden kann. Grundlage der von der Gewerkschaft publizierten Zahlen waren die aufgrund von tariflich geregelten Lohn- und Arbeitsbedingungen erfaßten Beschäftigten. Es handelt sich bei diesen Zahlen um die Beschäftigten der Herrenbekleidungsindustrie, jedoch ohne die in der Arbeiter- und Berufskleidungsindustrie tätigen Arbeitskräfte. In der Gesamtzahl der Beschäftigten sind die Zuschneider nicht enthalten.

36) In der besonders stark durch sein ländliches Arbeitskräftepotential geprägten Herrenkonfektion von Aschaffenburg sind auch Hosen und Westen von männlichen Arbeitskräften - meist 'gelernten' Konfektionsschneidern - gefertigt worden.

37) Sulzbacher : 1925, S. 53. Dieser hohe Anteil an weiblichen Werkstattbeschäftigten ergab sich möglicherweise deswegen, weil einige dieser Herrenkonfektionsfirmen zumindest teilweise Arbeiter- bzw. Knabenkonfektion herstellten. In diesen Zweigen der Konfektion war die Beschäftigung von weiblichen Arbeitskräften traditionell höher als in der eigentlichen Herrenkonfektion.

38) Diese als eher durchschnittlich zu bezeichnende Frauenquote des Werkstättenpersonals ist das Resultat einer polarisierten Werkstättenbeschäftigtenstruktur in der Mainzer Herrenkonfektion gewesen. Einer Vielzahl von mehr oder weniger großen sog. 'Stückwerkstätten' mit ausschließlich männlichen Beschäftigten stand eine sog. 'Teilwerkstätte nach amerikanischem System' einer einzigen Konfektionsfirma gegenüber. Bedeutsam für das Zustandekommen der Frauenquote war diese 'Teilwerkstätte' insofern, daß in diesem Betrieb ca. 55 % der Werkstattbeschäftigten der Mainzer Herrenkonfektion und 70 % aller in der Mainzer Herrenkonfektion beschäftigten Arbeiterinnen in diesem Betrieb konzentriert gewesen sind. Vgl. Simon : 1928, S. 17.

39) Ob diese rückläufige Entwicklung der Frauenquote in der Stettiner Herrenkonfektion das Resultat einer speziellen Beschäftigungspolitik gewesen ist (vgl. hierzu Pracht : 1937, S. 46) oder ob sie nur wegen des Vergleiches der Beschäftigungsdaten zu Zeitpunkten mit unterschiedlicher saisonaler Bedeutung zustande gekommen ist, läßt sich nicht mehr aufklären. Leider gibt Pracht auch nicht den Zeitpunkt der Erhebung derjenigen Daten an, die die Grundlage zur Aufstellung einer Tabelle zur Altersgliederung der Beschäftigten in den Stettiner Werkstattbetrieben abgaben. Eine Auswertung dieser Tabelle ergibt eine Frauenquote von 60,2 %.

Aufschlußreich für die Bestimmung der Geschlechterquote der in der Stettiner Herrenkonfektion beschäftigt gewesenen Werkstatt- und Heimarbeiter ist die Auswertung der von ihm angegebenen Daten zu den einzelnen Beschäftigtengruppen. Der Anteil der weiblichen Beschäftigten betrug 55,3 % gegenüber 44,7 % an männlichen Beschäftigten. Vgl. Pracht : 1937, S. 18 ff., sowie eigene Berechnungen.

40) Luppe : 1913, S. 10. Nach städtischen und ländlichen Gebieten ausgewiesen kommt Simon für die Mainzer Herrenkonfektion zu einem ähnlichen Ergebnis wie Luppe. In 73 % der untersuchten städtischen Fälle hat die Ehefrau mitgeholfen. Auf dem Lande betrug die Mithilfe der Ehefrau 86 %. Vgl. Simon : 1928, S. 22.

41) Daß diese Familienbetriebe die Regel des Produktionsstättentyps in der Aschaffenburger Herrenkonfektion darstellten, wird von Schmidt behauptet. Als "bestimmt zu niedrig(en)" Wert führt er den Prozentsatz von 63,6 % aller Heimbetriebe an, in denen ausschließlich Familienangehörige tätig gewesen sind. Vgl. hierzu : Schmidt : 1921, S. 42.

42) Es handelt sich hierbei um den 1.9.1931. Vgl. Kann : 1931, S. 18.

43) Kann : 1931, S. 18. In seiner Untersuchung über die Arbeiterschaft der Aschaffenburger Herrenkonfektion kam Schmidt für das Jahr 1920 zu einem ähnlichen Ergebnis. Von insgesamt 1228 erfaßten selbständigen Heimarbeitern waren 1123, d.h. 91,4 % Schneider und 105, d.h. 8,6 % Schneiderinnen. Schmidt : 1921, S. 37.

44) Cohnen stützt sich bei seinen Angaben zur Aufteilung der Heimarbeiter (selbständige Heimarbeiter und hausindustrielle Werkstattgehilfen) der Aschaffenburger Herrenkonfektion auf Feststellungen der Filialleitungen des Deutschen Bekleidungs-Arbeiter-Verbandes aus dem Jahr 1924 und führt folgende Zahlen an : 4620 Heimarbeitern standen 800 Heimarbeiterinnen gegenüber. Cohnen : 1926, S. 61.

45) Auf der Basis der Untersuchung von 92 Heimarbeiterbetrieben stellte Kunkel die folgenden Geschlechterquoten für die fremden Hilfskräfte fest : 82,5 % dieses Beschäftigtentyps waren männlichen und 17,5 % waren weiblichen Geschlechts. Kunkel : 1930, S. 33.

46) Der Anteil der mithelfenden Ehefrauen war auch im Aschaffenburger Bezirk recht hoch. Schmidt gibt ihn für das Jahr 1920 mit 70 % an. In der Untersuchung von Kunkel arbeitete die Ehefrau in 69 von 92 Fällen, d.h. 75 %, mit. Kunkel gibt auch eine nach Verwandtschaftsgraden differenzierte Verteilung der mithelfenden Personen in den von ihm untersuchten Heimarbeiterbetrieben. Vgl. hierzu Schmidt : 1921, S. 40 ff.; Kunkel, 1930, S. 34.

47) Das Schwergewicht der nationalsozialistischen Beschäftigungspolitik lag auf dem Einsatz der männlichen Arbeitskräfte. Sie wurden bei Neueinstellungen bevorzugt, um Familienvätern die Erhaltung und ledigen Män-

nern die Gründung der Familie zu erleichtern. Andererseits wurde die Frauenarbeit aus der gewerblichen Wirtschaft zurückgedrängt, um die Frauen ihren 'natürlichen' Aufgaben wieder zuzuführen. Vgl. o. V. : 1939, S. 389.

48) Zur Herausbildung von Fabrikarbeitstendenzen in der Herrenkonfektion, vgl. u. a. : Redlich : 1934, S. 66 ff.; Gottfeld : 1933, S. 22 ff.

Daß zumindest in Einzelfällen der Versuch der Umstellung von der Heimarbeit auf die Fabrikarbeit gescheitert ist, belegt das Beispiel der Gründung eines Großbetriebes in der Frankfurter Herrenkonfektion gegen Ende der 20er Jahre. Dieser Betrieb arbeitete vermutlich von Anfang an mit Verlusten und zehrte dadurch in kurzer Zeit das gesamte Aktienkapital auf.

"Erst als immer mehr und mehr herumgemunkelt wurde, was für ausgezeichnete Ergebnisse man mit dem rationalisierten Maschinenbetrieb erziele, daß die einzelnen Stücke in der Hälfte der im Tarif vorgesehenen Anfertigungszeit hergestellt werden können, gingen mehr und mehr Unternehmer zu Versuchen in dieser Richtung über, teils im größeren, teils im kleineren Umfange.
(...)
Jetzt plötzlich erfährt die Öffentlichkeit, daß diese rationalisierten Betriebe in der Herrenkonfektion schmählich Fiasko erlitten haben. So mancher Betrieb ist einfach wieder geschlossen worden. Angeblich waren die mangelnden Bestellungen allein Schuld an der Schließung. (...)
Nach dem Bericht der Verwaltung hat die Gesellschaft unter den allgemein ungünstigen Verhältnissen zu leiden gehabt. Der Verlust sei aber auch noch dadurch entstanden, daß die Umstellung der Fabrikation auf reinen Maschinenbetrieb höhere Kosten verursacht habe, als vorauszusehen war" (o.V. : 1931, S. 9 ff.).

49) Die Ausschöpfung von Produktivitätsvorteilen infolge veränderter Formen der Arbeitsorganisation im Rahmen der Werkstattarbeit galt nur für die 'Teilwerkstätten' und nicht für die 'Stückwerkstätten'.

50) "Der Umstand, daß die vorhergehende Schlinge durch die nachfolgende zugezogen wird, in Verbindung mit dem Vorhandensein der Bürste, welche die erste Schlinge solange aufhalten soll, bis die zweite erfaßt worden ist, machen die Maschine diffizil. Ihr geräuschloser leichter Gang sind schätzenswert. Die krumme Nadel in Verbindung mit dem Zuziehen der ersten Schlinge durch die zweite machen die Maschine für das Verarbeiten starker Stoffe ungeeignet" (Lind : 1885, S. 52 ff.).

51) Zu den verschiedenen Ausführungen der Geradlangschiffchen-Nähmaschinen, vgl. Renters : 1957, S. 63 ff.

52) Zur Vielfalt der Bewegungsmaschinen der Schlingenfänger vgl. Lind : 1885, S. 31 ff.

53) Zur Bildung des Doppelsteppstiches bei Nähmaschinen mit einem Schiffchen als Schlingenfänger vgl. Lind: 1890, S. 29 ff.

54) Zumindest ist von dem schwedischen Nähmaschinenhersteller Husquarna bekannt, daß dieser eine Schwing-

schiffnähmaschine in größerer Ausführung für eine gewerbliche Nutzung gebaut hat.

"Für das Schneiderhandwerk und die aufkommende Konfektion produzierte man von 1885 bis 1931 die Schwingschiffnähmaschine Triumph" (Landgraf : 1981, S. 36). Vgl. auch Landgraf : 1980, S. 25.

55) Im Laufe der Entwicklung der Nähtechnologie wurden eine ganze Reihe von verschiedenen Greifersystemen entwickelt. Daraus ergibt sich die Notwendigkeit einer Einteilung in Gruppen. Wesentliches Kriterium ist hierbei die Art des Antriebs. Unterschieden werden Greifer dabei, die mit ihrer Antriebswelle starr verbunden sind (frei umlaufende Greifer) sowie solche, die in einer Bahn geführt und von einem Treiber angetrieben werden (Bahngreifer). In der folgenden Darstellung sollen diejenigen Greifersysteme aufgeführt werden, deren Einsatz bei der Herstellung von Oberbekleidung eine besonders große Bedeutung angenommen hatte.

Zu den verschiedenen Greifersystemen, vgl. u. a. Renters : 1957, S. 65 ff.

56) Dieses Zentralspul-Greifersystem findet noch heute bei Haushaltnähmaschinen Verwendung.

57) Donner bezeichnet die Zentralschiffchennähmaschine als das jahrzehntelang vorherrschende Maschinensystem. Noch Mitte der 50er Jahre sind Nähmaschinen mit diesem Greifersystem in der industriellen Bekleidungsherstellung eingesetzt gewesen (Donner : 1955, S. 121).

58) Durch die Anwendung des von House konstruierten kurvengetriebenen Fadenhebels wurde der Schlingenanzug und damit die Stichbildung bei den Greifer-Nähmaschinen entscheidend verbessert.

"Der amerikanische Nähmaschinen-Konstrukteur House hat dann zu Anfang der siebziger Jahre für dies System den automatischen Fadenhebel erfunden, d.h. den Fadenhebel mit Kurvengetriebe, wodurch erst der Anwendung des Greifers in der Nähmaschinentechnik freie Bahn geschaffen wurde, und wodurch die ausgezeichneten Eigenschaften dieser Form des Schlingenfängers zur Geltung gekommen sind" (o. V. : 1902, S. 13).

59) Neben dem zweitourigen gleichmäßig umlaufenden Greifer sei auf die Willcox & Gibb'sche Konstruktion eines dreitourigen Umlaufgreifers mit Brille hingewiesen. Notwendig wurde die dreimalige gleichförmige Umdrehung des Greifers um die Arbeitsmomente des Fadenreglers und des Greifers optimal zu koordinieren. Neben den mehrtourig umlaufenden Greifern sind Greifersysteme gebaut worden, bei denen der Greifer eine einzige Umdrehung je Stichbildung vollzog. Bei den frei umlaufenden Greifern, die sich während einer Stichbildung einmal um ihre eigene Achse drehen, ist die Geschwindigkeit des Greifers ungleichförmig, d.h. während der Umdrehung wechseln sich schnellere und langsamere Bewegungsabschnitte ab. Diese

Art des Greiferantriebs wurde bei den frühen Umlaufgreifer-Nähmaschinen angewendet. Vgl. Renters : o.J., S. 62.

60) Es würde den Rahmen dieser Untersuchung weit überschreiten, sämtliche konstruktiven Veränderungen der Nähmaschinentypen in detaillierter Weise nachzuzeichnen. Nur ansatzweise soll angedeutet werden, daß z. B. mittels neuer Getriebeanordnungen sowie verbesserter Antriebsmotoren Dauerleistungen von 3800 - 4200 Stichen je Minute mit den gegen Ende der 30er Jahre auf dem Markt erschienenen 'Hochleistungs-Schnellnähmaschinen' zumindest technisch möglich geworden sind. Vgl. o. V. : 1939, S. 6; Sagel : 1910, S. 8; Lind : 1907, S.1.

61) Hierbei handelte es sich um Tätigkeiten, die während des Prozeßabschnittes 'Zuschneiden' ausgeführt wurden.

62) Bei der 'Rollpikierung' werden die miteinander zu verbindenden Stofflagen aufgrund ihrer besonderen Führung über einen Rollhornkopf zwangsläufig rund gehalten und in diesem Zustand dem Nähmechanismus vorgelegt und bearbeitet. Sinn dieser Bearbeitung im runden Zustand ist es, die obere Stofflage 'länger' mit der unteren zu verbinden, wodurch der angestrebte Rolleffekt gewährleistet wird.

63) Die Pikiermaschine ist zunächst als Flach-Pikiermaschine gebaut und später zur Roll-Pikiermaschine weiterentwikkelt worden. Vgl. o. V. : 1933 d, S. 294.

64) Zur Arbeitsweise und zur Leistung der Knopfannähmaschine vgl. u. a. : Amberger : 1921, S. 12.

65) Der Einsatz dieser Spezialmaschine war u. a. zur Endverriegelung von Knopflöchern notwendig, die mit der Augen-Knopflochmaschine hergestellt wurden.

66) Die von den Autoren der Wirtschaftsgruppe Bekleidungsindustrie gemachten Angaben zur Leistungssteigerung beim Einsatz von Spezial-Nähmaschinen erscheinen - zumindest teilweise - idealistisch erhöht. So führen sie für den Einsatz der Knopflochmaschine eine Leistungssteigerung von 6000 - 10000 % gegenüber der Handarbeit an. Der von ihnen angegebene Wert für die Leistungserhöhung beim Einsatz der Riegelmaschine beträgt 5000 %. Vgl. Jung (Hrsg.) : 1939 a, S. 93 ff.

67) Neben der Berufsbekleidungsbranche ist die in dieser Studie nicht besonders berücksichtigte Wäschekonfektion als weitere Pionierbranche beim Einsatz von Spezial-Nähmaschinen anzuführen. Vgl. Kohn : 1933, S. 16 ff.; Amberger : 1921, S. 10 ff; Eberhardt : 1931, S. 51 ff.

Zum Stand der Nähtechnologie in der Wäscheindustrie sowie zum Beginn der Automatisierung des Nähens vgl. Jung (Hrsg.) : 1939 a, S. 65 ff.

68) Der Stand der organisatorischen Rationalisierung sowie der angewandten Nähtechnik in der Damenkonfektion gegen Ende der 30er bzw. Anfang der 40er Jahre wird von verschiedenen zeitgenössischen Autoren als verhältnismäßig niedrig bezeichnet. Vgl. hierzu : Jung (Hrsg.) : 1939 a, S. 33 ff.; o.V. : 1941, S. 242 ff., Dittberner : 1941 b, S.1.

69) Vgl. hierzu S. 186 ff. dieser Untersuchung.

70) Über die Abkehr von der Praxis, die Knopflöcher im Konfektionshaus mit der Knopflochmaschine zu nähen, berichtet Sulzbacher in seiner Studie zur Heimarbeit in der Frankfurter Herrenkonfektion. Als Grund für die Rückverlagerung der Ausführung dieser Arbeitsposition in die Wohnung der Heimarbeiter gibt er an, daß die wieder von den Heimarbeitern mit der Hand gearbeiteten Knopflöcher Ausdruck der Steigerung der Qualität der Erzeugnisse der Herrenkonfektion des Frankfurter Bezirks gewesen sind. Sulzbacher : 1928, S. 69.

71) Leitzke : 1932, S. 50. Zum Stand des Angebotes an Spezial-Nähmaschinen gegen Ende der 30er Jahre vgl. u. a. Donner : 1938, S. 31 ff.; Jung (Hrsg.) : 1939 a, S. 33 ff.

72) Becker führt in seiner Untersuchung zur optimalen Betriebsgröße in der Herrenoberbekleidungsindustrie das Beispiel einer Saccofertigung mit 38 Arbeitspositionen an, von denen 10 Arbeitsplätze mit 8 verschiedenen Spezial-Nähmaschinen besetzt gewesen sind. Im einzelnen handelte es sich um den Einsatz der folgenden Maschinen: 2 Pikiermaschinen, 1 Kantenreihmaschine, 2 Nähmaschinen mit Kantenabschneidevorrichtung, 1 Kragenaufsetzmaschine, 1 Unterschlagmaschine, 1 Knopflochmaschine, 1 Knopflochriegelmaschine sowie 1 Knopfannähmaschine.

Von diesen Betriebsmitteln waren die Kragenaufsetzmaschine, die Unterschlagmaschine sowie die Maschinen für das Verknöpfen jeweils nur zu ca. 50 % ausgelastet. Becker : 1940, S. 43.

73) Das Umrüsten bestand vielfach im Auswechseln speziell geformter Presserfüßchen sowie verschiedener Zusatzgeräte wie Kapper, Säumer, u.s.w.

74) Sofern noch keine Versorgung mit elektrischem Strom gewährleistet war, ist die Transmissionswelle mit Dampfkraft oder mit Gas angetrieben worden.

Die Verwendung dieser Energieträger auch zum Antrieb der Zuschneidemaschinen bzw. zum Betrieb der verschiedenen Bügelgeräte in den zentralisierten Fabrikationsstätten des Konfektionsgewerbes ist vereinzelt von zeitgenössischen Autoren hervorgehoben worden. Vgl. u.a. Jaffé : 1988, S. 160; Winter 1986, S. 9.

75) Vgl. hierzu das Lay-Out "Zwillings-Fließarbeitsreihe für Sakkos im Dreiminuten Arbeitstakt" als Anwendungsbeispiel der Fließverfahren in der großbetrieblichen Herrenoberbekleidungsindustrie, in Jung (Hrsg.) : 1941, S. 104 ff.

Einzelne Passagen in diesem von Otto Jung, dem Hauptgeschäftsführer der Wirtschaftsgruppe Bekleidungsindustrie herausgegebenen Band sind dahingehend zu interpretieren, daß es sich bei der Verwendung des Reihenantriebs in dieser Produktionsanlage um eine Konzession an kriegswirtschaftliche Prioritäten gehandelt haben mag. Diese sahen ein großzügiges Angebot von Elektromotoren für den Einzelantrieb von Nähmaschinen nicht vor.

"Die Möglichkeit der Weiterverwendung vorhandener Teile ist in der heutigen Zeit wegen der Schwierigkeit in der Materialbeschaffung von besonderer Bedeutung. (...) Ist man in der Lage, sich Einzelmotoren zu beschaffen, so ist bei Neueinrichtung von Nähanlagen diese Antriebsart zu empfehlen" (Jung (Hrsg.) : 1941, S. 50 ff.).

76) Haushalt-Nähmaschinen mit fest angebautem Motor sind gegen Ende der 20er Jahre auf dem Markt angeboten worden.

"In letzter Zeit ist man noch einen Schritt weitergegangen und hat den Motor direkt mit der Nähmaschine zusammengebaut, und zwar dergestalt, daß derselbe an die Stelle des Handrades zu sitzen kommt. Es sind dies die sog. Schwungradmotoren, die die Form eines an Breite und Durchmesser vergrößerten Handrades haben" (Bustin : 1932, S. 206).

77) Die von der Friktionskupplung angetriebene Riemenscheibe ist in vier unterschiedlichen Antriebsdurchmessern angeboten worden. So war es möglich, alle für die Nähmaschine erforderlichen Stichzahlen zu erreichen, da es sich hierbei um auswechselbare Stufenscheiben gehandelt hatte. Gleichzeitig war mit dieser Auswechselmöglichkeit ein hohes Maß an Anpassung an die verschiedensten Nähmaschinentypen und -klassen verbunden. (o. V. : 1933 a, S. 108).

78) In der Herrenkonfektion wurde das Zuschneiden und Einrichten in der Werkstatt des Zwischenmeisters bis gegen ca. 1890 vorgenommen. In der Knabenkonfektion setzte sich der Zuschnitt im Haus des Konfektionärs erst später durch. Vgl. hierzu : Schmidt : 1912, S. 103.

"Es kommt ja wohl mal vor, daß zu einem geringen Teile auch Stoffe so fortgegeben werden, daß die Meister sie selbst zuschneiden; das geschieht aber selten" (KfA : 1896 b, S. 96).

79) Das Einrichten umfaßte das Bereitstellen der für die Verarbeitung benötigten Futter- bzw. Einlagestoffe sowie die Zusammenstellung sonstiger zu den jeweiligen Kleidungsstücken benötigter Zutaten wie Knöpfe, Schnallen etc. in der für die zu fertigende Anzahl von Kleidungsstücken erforderlichen Menge.

80) Zur Verarbeitung notwendige Nähmaterialien wie Reihgarn, Knopflochseide, Maschinengarn etc. mußten von den Verlagsproduzenten gestellt werden.

81) Die bei der Herstellung von Bekleidung notwendigen Arbeitsmittel wie Scheren, Nähnadeln etc. wurden - handwerklicher Tradition gemäß - von den Arbeiter/innen selbst gestellt.

82) Schmidt gibt in seiner Studie 'Fabrikbetrieb und Heimarbeit in der deutschen Konfektionsindustrie' an, daß vier größere Damenmäntel-Konfektionsfirmen in Erfurt in dieser Weise ihre Beziehungen mit zumindest einem Teil der für sie im Werkvertrag fertigenden Zwischenmeister geregelt hatten. Ergänzend weist er darauf hin, daß diese Firmen nicht ihre gesamte Produktion in diesen 'Betriebszwischenmeisterwerkstätten' haben herstellen lassen. Der Anteil der Fertigung, welcher dieser Organisationsform zuzurechnen war, betrug seinen Angaben nach nur ein Drittel bis ein Fünftel der gesamten Produktion des jeweiligen Konfektionsunternehmens. Der größere Teil der Produktion fand in den eigenen Werkstätten der Zwischenmeister bzw. in den Wohnungen der Heimarbeiterinnen statt (Schmidt : 1912, S. 83 ff.).

83) Diese Art der Gestaltung der Beziehungen zwischen Verlegern und Zwischenmeistern blieb nicht auf Erfurt beschränkt. In Berlin und in Breslau - beides 'klassische' Standorte der Damenmäntelkonfektion - bestanden ebenfalls Konfektionsfirmen, die mit 'ihren' Zwischenmeistern in einem gemeinsamen Gebäude - auf unterschiedlichen Etagen - untergebracht waren. (Redlich : 1934, S. 66; Blum : 1925, S. 88).

84) Zumindest für die größeren Konfektionshäuser kann angenommen werden, daß diese den Lieferverkehr mit ihren Zwischenmeistern mit Hilfe des Einsatzes ihres eigenen Personals durchgeführt haben und insofern entsprechende Kosten angefallen sind.

"Wir haben noch 20 Arbeiter (hiermit sind Zwischenmeister gemeint - F.D.) außer dem Hause, die arbeiten unter denselben Bedingungen, wie es in Erfurt und Berlin gebräuchlich ist. Die Waare wird ihnen frei ins Haus geschickt, sie haben nichts dafür zu bezahlen, und wenn sie dem Hausdiener, der die Sachen bringt, ein kleines Trinkgeld geben, dann ist das ihre Sache" (KfA : 1896 b, S. 177).

85) Der zum Teil mehrstündige und unbezahlte Zeitaufwand für das gesamte Abliefern der fertigen Oberbekleidungsstücke ist als ein wesentliches negatives und immer wieder kritisiertes Moment der verlagsmäßigen Organisation der Produktion zu erwähnen. Das Phänomen der unbezahlten, teilweise langen sowohl Wege- als auch Wartezeiten beim Abliefern der fertigen Damenmäntel beim Verleger als Bestandteil des Verlagssystems kann auch als Ausdruck der schwächeren Position des Zwischenmeisters in der Beziehung zwischen diesem und dem Verleger gesehen werden.

In einer vergleichbar schwachen Position bezüglich des Tragens des Aufwandes insbesondere der unbezahlten Wartezeiten - diese wurden später, sofern sie einen bestimmten Zeitabschnitt überschritten, auf der Basis eines durchschnittlichen Stundenverdienstes vergütet - befanden sich die Heimarbeiter/innen beim Abliefern der von ihnen gefertigten Teile beim Zwischenmeister.

86) Sowohl der erwähnten Studie von Schmidt als auch dem Protokoll der Verhandlungen der Kommission für Arbeiterstatistik zur Ermittlung der Arbeitsverhältnisse in der Kleider- und Wäschekonfektion ist zu entnehmen, daß der Verleger - zum Teil als Eigentümer - die Werkstatträume an den 'Betriebszwischenmeister' vermietet hatte. Aus dieser zusätzlichen Beziehung Vermieter - Mieter entstand eine Vereinbarung mit dem folgenden Verrechnungsmodus für die Einrichtung der monatlichen Mietzahlung: Der 'Betriebszwischenmeister' zahlte keinen Pauschalbetrag für die Miete sowie bestimmte Betriebskosten, sondern von dem mit dem Auftraggeber vereinbarten Lohn wurde ein prozentualer Anteil seines Lohneinkommens abgezogen.

Der Kaufmann Heß berichtet in seiner Befragung vor der Kommission für Arbeiterstatistik im Jahr 1896, daß bei den billigeren Teilen 7 % und bei den besseren Teilen 8 % des vereinbarten Lohnes für die Bereitstellung der Räume, der Heizung, der Bügelgelegenheit und der Beleuchtung dem Meister in Abzug gebracht worden sind. Er sagte ferner aus, daß dieser Kostensatz der Summe entspräche, welche die Meister für die Miete und Betriebskosten aufzuwenden hätten, wenn sie ihre Werkstätten außer dem Hause hätten. Das dieser Modus der Mietzahlung selbst bei einem möglichen Verlust für den Verleger noch akzeptabel sein könnte, belegt der Ausschnitt aus der Befragung des Kaufmannes Heß:

"K. Dr. Sprenger: Genügen nach Ihrer 14 monatigen Erfahrung diese 7 bis 8 Prozent auch, um Ihre baaren Auslagen zu decken? - Wir hatten ein kleines Minus, aber das lag daran, daß die Werkstätten erst später zu arbeiten anfingen.
K. Dr. Sprenger: Dafür, daß kein Minus entsteht, sorgen Sie, indem Sie den Werkstätten immer reichlich Arbeit geben? - Wir hoffen, daß kein Minus entstehen wird. Wir konnten in der dritten Werkstätte noch nicht arbeiten, aber jetzt hoffe ich, daß wir gerade auskommen werden, und selbst wenn wir ein par 100 Mark zulegen sollten, so würde das nichts ausmachen, denn dafür habe ich die Bequemlichkeit, die Arbeit im Hause zu haben, das würde mich reichlich entschädigen" (KfA : 1896 b, S. 176).

Schmidt, der in seiner Untersuchung einen Hebesatz von 5 bis 7 % als Miete feststellte, zeigt noch eine Variante dieses Mietmodus auf, welche eine Übervorteilung durch den Verleger durch diese Verrechnungsvereinbarung verhindern sollte: Bei einer Erfurter Firma war dieser Modus derart gestaltet, daß diese Abzüge für Miete u.s.w. nur bis zu einer bestimmten Höhe des Umsatzes erfolgten, um nur die tatsächlich angefallenen Selbstkosten zu dekken. Überschritt die vom 'Betriebszwischenmeister' gefertigte Stückzahl eine bestimmte Obergrenze der wertmäßigen Produktion, so wurde bei der weiteren Produktion kein Mietkostenabzug vom Lohn vorgenommen, bzw. der 'Betriebszwischenmeister' erhielt auf dem Wege der Miet-

Rückerstattung am Saisonschluß den zuviel bezahlten Betrag zurück (Schmidt : 1912, S. 85).

87) Die in diesem Fall von dem Zwischenmeister angewandte Rekrutierungsstrategie wird von Grandke folgendermaßen beschrieben:

"Allerdings ist hier die Werbung der Heimarbeiterinnen nicht die gewöhnliche auf dem Wege des Zeitungsinserates. Man nimmt hier teils Frauen, die früher in der Werkstatt selbst gearbeitet haben, die man oft durch ziemlich hohen Lohn wieder heranzieht, weil man eben nur Persönlichkeiten brauchen kann, in deren Ehrlichkeit und technische Fähigkeit man ein gewisses Vertrauen setzt, oder man nimmt Persönlichkeiten, die von bewährten Werkstattarbeiterinnen empfohlen sind und auf die man deswegen dieses Vertrauen übertragen zu können glaubt" (Grandke : 1899, S. 183).

88) Daß der Zuschnitt in dem höheren Genre der Knabenkonfektion nicht im Konfektionshaus vorgenommen wurde, war eine Ausnahme.

89) Daß die Fertigung eines an eine Heimarbeiterin ausgegebenen Auftrages teilweise in familialer Arbeitsteilung durchgeführt wurde, ändert nichts an den Konsequenzen dieser Annahme.

90) Die Näharbeitsgänge Knopflochnähen, Knopfannähen und Ausfertigen gelten als seperate Teilprozesse.

91) Die Verrichtung dieser Arbeitsprozesse erfolgte vielfach unter Mitarbeit von Familienangehörigen oder anderer Personen.

92) Selbst heute gelten handgefertigte Knopflöcher an einem fertig gekauften Kleidungsstück als Ausdruck ganz besonderer Qualität und Güte dieses Erzeugnisses.

93) Hierzu zählen insbesondere Berufsbekleidungsstücke mit relativ vielen Knopflöchern wie z. B. Sutanen, Talare, Pikkolojacken usw.

94) Auf diese Variante der selbständigen Fertigung der Knopflöcher durch die Heimarbeiterin in den Räumen des Knopflochbesitzers, d.h. der Nutzung dessen Knopflochmaschine gegen Entgelt, sei in diesem Zusammenhang hingewiesen.

95) Hierzu gehörten im wesentlichen folgende Arbeitsgänge: Montage, Einfüttern, Ausfertigung usw.

96) Von diesem Organisationsmuster sind nur wenige Abweichungen in der Literatur aufgeführt. So existierte z. B. auch bei der 'unmittelbaren Heimarbeit' die Variante des im Unterauftrag von einer weiteren Heimarbeiterin durchgeführte maschinelle Nähen eines Knopfloches (vgl. Jaffé : 1899, S. 138; KfA : 1896 b, S. 95).

97) Zur Entwicklung der Herford-Bielefelder Konfektionsindustrie vgl. u.a. Pilgrim : 1925, S. 18 ff.

98) Als eine von diesem Organisationsmuster abweichende Art der Ausführung eines Teilarbeitsganges im Konfektionshaus kann - durch spezifische Rahmenbedingungen beeinflußt - folgendes Organisationsmuster angesehen werden: Mit Einsatz der Pikiermaschine im Haus des Verlegers wurde dieser Näh-Teilprozeß von der Wohnung des Heimarbeiters in das Herren-Konfektionshaus verlagert. Der Heimarbeiter mußte als Folge dieses Spezialmaschineneinsatzes (die Pikiermaschine wurde seit ca. 1920 und zuerst bei der Herstellung von Herrenkonfektion eingesetzt) im Konfektionshaus die zu fertigenden Sakkos bzw. Mäntel nach dem 'Taschenmachen' zum 'Pikieren' in die Werkstatt des Verlegers bringen. Nach dem Rücktransport der halbfertigen Teile setzte er deren Fertigstellung in seiner Wohnung fort. Dieses Organisationsmuster, welches für den Heimarbeiter mit zusätzlich zu leistender Transportarbeit einherging, ist nur bei städtischer Heimarbeit, z. B. in Stettin, angewandt worden.

"Oft werden auch einzelne Arbeiten wie Knopflochnähen, Pikieren u.s.w. maschinell im Betriebe gemacht, so daß der Heimarbeiter die Stücke ohne Knopflöcher abliefert, oder zum Pikieren zwischendurch in die Werkstatt bringen muß" (Pracht : 1937, S. 8).

99) Die Institution des Zwischenmeisters im Sinne eines Weitergebenden von Unteraufträgen an Heimarbeiterinnen war in der westfälischen Arbeiter- und Sommerkonfektion unbekannt.

"Nach dem Bericht des Regierungspräsidenten von Minden sind in den Kreisen Bielefeld, Minden, Lübbecke und Herford für die Kleiderkonfektion - diese ist zum größten Theil Arbeiter- und Sommerkonfektion - im Ganzen nur etwa 20 Werkstätten mit etwa 100 Personen, dagegen 2500 Heimarbeiter thätig" (KfA : 1896, S. 12).

Zu einem ähnlichen Ergebnis kommt Jaffé in seiner Untersuchung der Bekleidungsherstellung in Mönchengladbach als Zentrum der niederrheinischen Konfektionsindustrie. Für Mönchengladbach als Standort der Bekleidungsproduktion gilt dabei, daß dort ausschließlich billige Arbeiterkonfektion aus in lokalen Textilfabriken gewebten baumwollenen Hosenstoffen und halbwollenen Hosen- und Rockstoffen hergestellt worden ist.

"Es bestanden 1897 in M. Gladbach 31 Kleiderfabriken mit 920 Werkstatt- und ca. 2000 - 2500 Heimarbeitern" (Jaffé : 1899, S. 160).

100) In seiner Untersuchung über die Verhältnisse in der Frankfurter und Mainzer Herrenkonfektion gibt Luppe den Anteil der mitarbeitenden Ehefrauen und die Verteilung der mithelfenden Familienmitglieder folgendermaßen an:

"Von 396 Ehefrauen arbeiten nach den Fragebögen 290 = 73 % mit. Weiter finden sich 87 Kinder über 14 Jahre und 40 andere Familienangehörige, darunter 1 Braut, 1 Haushälterin, 6 Brüder, 9 Schwestern, 6 Väter und Schwiegerväter, die letzteren Gruppen meist über 60 Jahre und nur beschränkt arbeitsfähig. Von den 87 Kindern sind etwa zwei Drittel Söhne und ein Drittel Töchter, im Alter von 14 Jahren stehen 9, von 15 7, 16 10, 17 - 20 29, 21 - 30 29 und über 30 3. Mehrfach arbeiten 3, selbst 4 und mehr ältere Kinder mit, während in anderen Fällen natürlich die Kinder selbständig Arbeit übernehmen, wenn sie sich verheiraten oder sonst von den Eltern trennen" (Luppe : 1913, S. 10 ff.).

Zu einer ähnlichen Quote (71,4 %) - bei einem geringeren Sample - von mithelfenden Ehefrauen kommt Sulzbacher in seiner Untersuchung der Heimarbeit in der Frankfurter Herrenkonfektion:

"An Hilfskräften spielen die größte Rolle die Ehefrauen der Heimarbeiter. Von 98 Ehefrauen arbeiten 70 mit. Vor allem die Frauen der städtischen Heimarbeiter helfen fast immer dem Manne, höchstens nicht, wenn sie durch Krankheit oder sonstige Unfähigkeit daran verhindert sind. Schulpflichtige Kinder arbeiten höchst selten mit. Es konnte dies nur in 3 Fällen bei Landschneidern festgestellt werden. Die Kinder waren hier zwischen 10 und 14 Jahren, wurden aber höchstens 2 Stunden im Tage beschäftigt. Erwachsene Kinder arbeiten dagegen häufiger mit, doch mehr Töchter als Söhne und besonders bei Landheimarbeitern. In der Stadt haben die meisten erwachsenen Kinder einen eigenen Beruf. Im ganzen wurden 18 erwachsene Kinder als mitarbeitend angegeben Der Kinderreichtum ist verhältnismäßig größer als in anderen Klassen; er beträgt durchschnittlich 2 - 4 bei städtischen und 3 - 5 bei ländlichen verheirateten Heimarbeitern. Die Kinder die noch im Haushalt der Eltern sind, haben durchschnittlich ein Alter von 9 - 15 Jahren. Sonst arbeiten an Familienangehörigen noch Geschwister und vereinzelt auch Eltern mit" (Sulzbacher : 1925, S. 72).

101) Zur Verteilung der geleisteten Arbeitsstunden auf die einzelnen Kategorien der mithelfenden Familienangehörigen vgl. Engelbach : 1913, S. 113.

102) Da nicht davon ausgegangen werden kann, daß die ländlichen Konfektionsschneider das ganze Jahr kontinuierlich sowie mit konstant hohem Auslastungsgrad beschäftigt gewesen sind und auch nicht alle ländlichen Konfektionsschneider Ackerland bzw. Vieh besaßen, war es für einen weiteren Teil der Heimarbeiter notwendig, sich über einen anderen Nebenverdienst als den der Landwirtschaft bzw. der Viehhaltung ein zusätzliches Einkommen zu sichern. Es arbeiteten Heimarbeiter, welche die Maßarbeit erlernt hatten auf dem Land als Maßschneider; die weniger qualifizierten von ihnen als Flickschneider. Andere wiederum übten die verschiedensten Nebentätigkeiten aus, wie z. B. Kolonialwarenhandel, Versicherungsagentur u.s.w., um durch diesen Nebenerwerb ihr Einkommen zu erhöhen. Vgl. Kunkel 1930, S. 76; Oppenheimer : 1922, S. 140; Luppe : 1913, S. 50.

103) Kunkel gibt in seiner Untersuchung der Aschaffenburger Herrenkonfektion an, daß von den untersuchten Schneidern 35 - 40 % zugleich als Landwirte tätig waren. In einer differenzierten Darstellung zeigt er die Abhängigkeit des landwirtschaftlichen Ertrages von der Größe des Grundbesitzes der Landschneiderhaushalte auf. Auch werden differenzierte Aussagen über die Viehhaltung und den damit verbundenen Nutzen gemacht (Kunkel : 1930, S.75).

In der Studie über die Frankfurter und Mainzer Herrenkonfektion kommt Luppe zu dem Ergebnis, daß von den Landschneidern etwa die Hälfte nebenbei Landwirtschaft in größerem oder geringerem Umfang betreibt sowie Kühe, Schweine und Ziegen hält. Das Betreiben von Landwirtschaft und die Nutzung von Vieh gaben 209, d.h. ca. 44 % aller 478 und ca 63 % der 328 in ländlichen Ortschaften wohnenden Schneider an. (Luppe : 1913, S. 49 ff.).

"Der Umfang des Ackerlandes schwankt sehr, von den 166 Landbesitzern (das sind ca. 36 % aller und ca. 51 % der Landschneider), geben 95 % an, 1/2 Hektar und mehr Land zu besitzen, davon 50 mehr als 1, und von diesen 13 mehr als 2 Hektar, der größte Besitz ist also 8 Hektar. Die übrigen 76 haben bis zu 1/2 Hektar (2 Morgen), also nur größere Gräten oder kleinere Ackerflächen. Der größere Teil produziert deshalb nur für den eigenen Bedarf, während ein kleiner Teil auch noch Einnahmen aus dem Verkauf landwirtschaftlicher Produkte erzielt. Kühe haben 49 Schneider, Schweine 101, Ziegen 101, viele haben Kühe und Schweine, sehr viele Schweine und Ziegen zusammen, die meisten haben mehr als 1 Stück. Vielfach wird daneben auch Geflügel gehalten, ebenso auch von solchen, die weder Land noch Vieh haben." (Luppe : 1913, S. 50).

104) Für körperlich schwache bzw. behinderte Kinder scheint das Erlernen des Schneiderhandwerks oft ein unentrinnbares Schicksal gewesen zu sein. Vgl. hierzu Kunkel : 1930, S. 83.

105) Ganz überwiegend bei der Führung des 'Heimarbeiterbetriebes' war der Anteil der männlichen Personen. Für die Produktionstypen 'familiale Heimarbeit' und 'Heimarbeit mit fremden Hilfskräften' gibt Hiller in seiner Untersuchung über die Aschaffenburger Herrenkonfektion an, daß in 90 % der Fälle der 'Heimarbeiterbetrieb' von einem männlichen Konfektionsschneider geleitet wurde.

"Während betreffs der Zahl aller hausindustriell Beschäftigten der weibliche Teil nur unwesentlich hinter den Männern zurücksteht, ist in 90 % der Fälle der Mann (Vater oder Bruder) Betriebsleiter, während Frauen als betriebsleitende selbständige Schneiderinnen nur wenig vorkommen" (Hiller : 1913, S. 72).

Zu ähnlichen Ergebnissen bezüglich des Anteils männlicher Konfektionsschneider an den in der Aschaffenburger bzw. der Frankfurter Herrenkonfektion in unmittelbarer Heimarbeit beschäftigten Arbeitspersonen kamen weitere Autoren: Schmidt gibt den Anteil der männlichen Konfektionsschneider mit 1123 (=91,5 %) von insgesamt 1228 erfaßten selbständigen Heimarbeitspersonen an. Sulzbacher spricht von bis zu 95 % männlichen Heimarbeitern, die unmittelbar mit den Konfektionsfirmen in Verbindung traten, während Kunkel in seiner Studie aus dem Jahr 1930 von den untersuchten Selbständigen in der Aschaffenburger Herrenkonfektion ausschließlich männliche Heimarbeiter ausmacht. (Vgl. Schmidt : 1921, S. 37; Sulzbacher : 1925, S. 20; Kunkel : 1930, S. 32).

106) In einer Untersuchung über die Mainzer Herrenkonfektion, bei der das Sample sowohl aus städtischen als auch aus ländlichen Heimarbeiterbetrieben bestand, waren von insgesamt 41 angegebenen mithelfenden Arbeitskräften 8 fremde Hilfskräfte (19,5 %). 22 der mithelfenden Arbeitskräfte (80,5 %) stammten aus den jeweiligen Familien der Heimarbeiter (Oppenheimer : 1922, S. 115).

107) Hierzu zählen insbesondere die größeren Herrenkonfektionszentren wie Berlin, Stettin, Breslau und München. In Nürnberg und Stuttgart war die Fertigung von Herrenoberbekleidung weniger stark vertreten.

108) Zu den ländlichen Regionen, in denen dieser Produktionstyp in geringerem Maße vertreten gewesen war, zählen hauptsächlich der Aschaffenburger Raum und die ländlichen Gegenden des Rhein-Main-Gebietes, in denen für die Frankfurter und für die Mainzer Herrenkonfektion gefertigt wurde. Weiterhin gehören einzelne ländliche Regionen Südwestdeutschlands hierzu, z. B. die Region Worms.

109) Für die Beschäftigung weiblicher fremder Hilfskräfte in der Aschaffenburger Herrenkonfektion weist Hiller nur die jeweiligen absoluten Zahlen für Aschaffenburg und Groß-Ostheim aus: In Aschaffenburg wurden 7 nicht zur Familie gehörige Handnähmädchen gezählt und in Groß-Ostheim 21 (Hiller : 1913, S. 82).

110) Auf die Anzahl sämtlicher - auch der der Familie zuzurechnenden - beschäftigten Hilfskräfte bezogen betrug der Anteil der weiblichen fremden Hilfskräfte in einer Untersuchung über die Arbeiter der Herrenkonfektion in Aschaffenburg 9 % (Schmidt : 1921, S. 40).

In diesem Zusammenhang soll noch einmal darauf hingewiesen werden, daß der Vergleich der Ergebnisse dieser Studien Probleme verschiedenster Art beinhaltet. Sie unterscheiden sich nicht nur in der Anlage, sondern spiegeln vielfach nicht vergleichbare wirtschaftliche Besonderheiten wider.

111) Kunkel gibt über die Verteilung der männlichen Hilfskräfte auf Altersgruppen die folgenden Daten an. Von den insgesamt erfaßten 75 männlichen Hilfskräften waren 58 (ca. 77 %) im Alter von 14 - 20 Jahren. 17 männliche Hilfskräfte (ca. 23 %) waren 21 - 30 Jahre alt (Kunkel : 1930, S. 33).

112) Die wirtschaftlichen und sozialen Lebensbedingungen der Heimarbeiter und Heimarbeiterinnen waren in der Konfektionsbranche insbesondere durch niedrige Löhne und übermäßig lange Arbeitszeiten, denen fast immer Perioden saisonal bedingter Unter- bzw. Nichtbeschäftigung gegenüber gestanden hatten, gekennzeichnet. Diese besonders schlechten Lebens- und Arbeitsbedingungen der Heimarbeiterschaft sind von den damaligen Kritikern des Verlagssystems hauptsächlich der ökonomischen Position des Zwischenmeisters in der hausindustriellen Betriebsform angelastet worden. In dieser Konsequenz ist das Verlagssystem häufig generell als 'Sweating-System' bezeichnet worden.

Der nach Meinung seiner Kritiker das 'Sweating-System' auszeichnende Zustand, daß - gemessen an der erbrachten

Arbeitsleistung - die Bezahlung der Arbeiter/innen nicht nur zu gering gewesen sei, sondern für eine minimale Bestreitung des Lebensunterhaltes keinesfalls ausreichte, führte dazu, die Arbeit für einen Zwischenmeister generell als 'Schwitzarbeit' oder 'Schweißtreiberei' zu bezeichnen.

Der Zwischenmeister wurde dabei als eine Figur angesehen, welche zu einem Zwischenunternehmer mit mehr oder weniger zahlreichen Arbeitskräften geworden sei, die als überflüssige 'Zwischenperson' zwischen dem hausindustriellen Unternehmer (Verleger) und seinen Arbeitern stehe. Als zentraler Vorwurf der Kritiker dem Zwischenmeister gegenüber galt, daß dieser seinen Gewinnanteil 'erst aus den Arbeitslöhnen herauszieht' (Timm).

Die private Aneignung des Gewinns als "Differenz zwischen den von dem Konfektionsgeschäft gezahlten Preisen und den an ihren Arbeitern abgegebenen Löhnen" (Timm) durch den Zwischenmeister wurde als "Schmarotzen am Ertrag der Tätigkeit der Arbeiter" (Olberg) kritisiert. Der diesen Strukturtyp prägende 'Sweater' kann für die damalige Kritik an dem 'Schwitzmeister' insofern als Beispiel gelten, da er selbst keinen direkt produktiven Beitrag bei der Herstellung eines Kleidungsstückes leistete. Für seine innerhalb der verlagsmäßigen Produktion von Oberbekleidung ausgeübten Funktionen (Ausgabe der Arbeit an die Heimarbeiter und Lieferung der fertigen Kleidungsstücke, Kontrolle der Arbeitsausführung Rekrutierung der Heimarbeiter/innen usw.) behielt er seinen Kritikern zufolge einen 'ungerechtfertigten' hohen Gewinn für sich ein.

Die Gegner des 'Sweating-Systems' in der Kleider- und Wäschekonfektion forderten zur Aufhebung dieser Zustände eine Beseitigung der hausindustriellen Produktion und ihre Überführung in sog. 'Betriebswerkstätten' der Unternehmer.

Zum 'Sweating-System' in der Kleider- und Wäschekonfektion sowie zu den Forderungen der 'Anti-Sweating-Bewegung' in Deutschland vgl. Olberg 1896, Weber 1897, Timm 1895.

113) Als Abweichung von diesem klassischen 'Sweater-Typ' kann die Variante, bei welcher der Zwischenmeister in seinen eigenen Räumen das 'Einrichten' besorgte, angeführt werden.

114) Der Anteil der Sitzplatzarbeiter als eigenständige Produzentenkategorie an den gesamten hausindustriellen Produzenten des Konfektionsgewerbes ist nur selten in Studien zum Konfektionsgewerbe explizit ausgewiesen. Nur von Luppe werden in seiner Untersuchung über die Frankfurter und Mainzer Herrenkonfektion konkrete Daten angegeben. Dieser Studie zufolge war der Sitzgeselle eine ganz überwiegend städtische Erscheinung. In Frankfurt

gaben von 96 befragten hausindustriellen Konfektionsproduzenten 9 an, als Sitzgeselle tätig zu sein, in Mainz waren von 15 Befragten 2 als Sitzgeselle tätig und in Bretzenheim gab von 10 Befragten 1 an, als Sitzgeselle zu arbeiten. Der durchschnittliche Prozentsatz von ca. 10 % als Anteil der Sitzgesellen an den gesamten befragten städtischen Hausindustriellen schrumpft nach dem Einbeziehen der Daten der befragten Hausindustriellen aus den ländlichen Gebieten der Frankfurter und Mainzer Herrenkonfektion auf ca. 2,5 % (von insgesamt 478 befragten städtischen und ländlichen Hausindustriellen gaben 12 an, als Sitzgeselle tätig zu sein). Vgl. Luppe : 1913, S. 34.

115) Der 'Platzmeister' war in den meisten Fällen ein Schneidermeister, welcher wohl über eine geräumige Werkstätte verfügte, dem es aber an ausreichender Beschäftigung und damit an der Auslastung seiner räumlichen Kapazitäten sowie seiner Betriebsmittel mangelte. Da der 'Platzmeister' sowohl seine Arbeitsräume als auch seine Betriebsmittel nicht durch die Beschäftigung eigener Arbeitskräfte auslasten konnte, versuchte er seine brachliegenden Kapazitäten dadurch nutzbar zu machen, indem er einzelne 'Werkstättenplätze' an Sitzgesellen vermietete.

Diese 'Platzmeister' waren häufig auch ältere Schneidermeister, welche ihrem Handwerk nicht mehr in vollem Umfang nachgegangen sind und von ihren Werkstatträumen nebst den dort aufgestellten Nähmaschinen und Bügelgeräten eine Rente bzw. einen Zins herausziehen wollten. Für die Nutzung des Raumes und der technischen Betriebseinrichtungen zahlte der Sitzgeselle gewöhnlich 10 % seines wöchentlichen Verdienstes an den 'Platzmeister'.

Eine spezifische Variante des Platzmeistersystems - die vermutlich selten zur Anwendung gekommen ist - war der Fall, indem der 'Platzmeister' gleichzeitig der Zwischenmeister des Sitzgesellen gewesen ist und von diesem, da er nicht zu Hause arbeitete, ein Platzgeld erhoben hatte (Grandke : 1899, S. 176).

116) Die Tatsache, daß der Sitzgeselle seine eigene Nähmaschine auf der Werkstatt seines Platzmeisters aufstellte, gehörte zu den selteneren Gegebenheiten des 'Platzmeistersystems'.

117) In der Berliner Herren- und Knabenkonfektion existierte neben der Werkstattarbeit mit bzw. ohne Weitergabe von Arbeitsaufträgen an Heimarbeiter der vom Konfektionsgeschäft direkt beschäftigte Sitzgeselle (KfA : 1896, S. 11).

118) Nur in den selteneren Fällen ist der Platzmeister des Sitzgesellen gleichzeitig auch dessen Zwischenmeister gewesen. Für den Zwischenmeister bedeutete diese Beziehung im Platzmeister- und Sitzgesellen-System die Ver-

schiebung des Beschäftigungsrisikos auf den Sitzplatzarbeiter. Dieser wurde in dieser Beziehung vollständig außerhalb eines festen Arbeitsabkommens gehalten und konnte deswegen bei mangelnder Auftragslage jederzeit 'entlassen' werden.

"Eine besondere Form des Platzmeistersystems, die schon eine wenig vornehme Ausbeutung des Minderkräftigen bedeutet, kommt vor, wenn der Platzmeister gleichzeitig der Zwischenmeister des Gesellen ist und von diesem deswegen, weil er nicht zu Hause arbeitet, d.h. nicht zu Hause arbeiten kann, da er nur eine Schlafstelle hat, Platzgeld erhebt" (Grandke : 1899, S. 176).

119) Typisch für den männlichen gelernten Konfektionsschneider der als Sitzgeselle arbeitete war, daß dieser aufgrund seiner hohen handwerklichen Qualifikationen nur Röcke, Paletots und Jacketts in der Herrenbranche gearbeitet hatte. Weibliche Konfektionsschneiderinnen sind als Sitzplatzarbeiterinnen vermutlich nicht in Erscheinung getreten.

120) Vgl. S. 161 ff. dieser Untersuchung.

121) Jaumann weist in seinem Bericht über rationelle Arbeitsweisen in Heimarbeit und Lohngewerbe darüber hinaus auf eine Arbeitsgruppe hin, die aus zwei Maschinenarbeiterinnen bestanden hat. Diese beiden Arbeiterinnen nähten zusammen ein und dasselbe Kleidungsstück. Die Arbeit ist dabei gleichmäßig aufgeteilt gewesen (Jaumann : 1941, S. 2).

5. Entwicklung der Bekleidungsindustrie

5.1. Sozio-ökonomische Entwicklung der Bekleidungsindustrie

5.1.1. Sozio-ökonomische Entstehungsbedingungen der industriellen Produktion von fertiger Oberbekleidung in der Bundesrepublik Deutschland und Berlin (West)

Mit der Gründung einer Vielzahl von Bekleidungsfirmen vollzog sich nach dem Ende des zweiten Weltkrieges in den westlichen Besatzungszonen bzw. in der späteren Bundesrepublik sowie in den Westsektoren von Berlin in der Bekleidungsbranche ein tiefgreifender Strukturwandel. Dieser war auf mehreren Ebenen für die Entwicklung der Bekleidungsindustrie prägend. Zusätzlich zu den Neugründungen wurde mit Kriegsende in vielen bereits existierenden Bekleidungsbetrieben die Tätigkeit wiederaufgenommen. Ein besonderes Phänomen bei der Entstehung der Bekleidungsindustrie in den damaligen Westzonen war die Standortverlagerung von Bekleidungsbetrieben, die bis dahin ihren Sitz in den Ostgebieten hatten.

Äußerer Anlaß dieser Entwicklung waren der Verlust von Produktionsstätten insbesondere auf dem Gebiet der späteren DDR sowie östlich der Oder-Neiße-Linie infolge veränderter politischer und wirtschaftlicher Bedingungen. Diese Betriebe besaßen für die Bevölkerung im früheren Deutschen Reich einen sehr hohen Versorgungsgrad an Oberbekleidung und waren somit als Lieferanten hauptsächlich von Bekleidungstextilien für die westdeutsche Bevölkerung ausgefallen. Durch die Zäsur der nach dem Kriegsende erfolgten Neuordnung der politischen und damit wirtschaftlichen Grenzen kam dem Aufbau einer umfassenden Bekleidungsindustrie in der Bundesrepublik Deutschland eine hervorragende Bedeutung zu.

Im Rahmen dieses Konstituierungsprozesses der Bekleidungsindustrie hatte der Neuaufbau mengenmäßig ausreichender Produktionskapazitäten eine große Bedeutung für die Bereitstellung dringend benötigter Kleidungsstücke. Eng verbunden mit dem Aufbau neuer Kapazitäten enstand in dieser Zeit ein Produktionsapparat, dessen Strukturen sich besonders scharf von denjenigen unterschieden, die bis zum Kriegsende in den Zentren der Bekleidungsindustrie überwiegend existierten. Ganz im Gegensatz zur regionalen Konzentration der Konfektionsbetriebe auf wenige Gebiete in der Vorkriegszeit kam es im Verlauf der Neu- bzw. Wiedererrichtung der Bekleidungsindustrie innerhalb der Grenzen des Wirtschaftsraumes der späteren Bundesrepublik zu einer regional sehr breiten Streuung dieser neu errichteten Betriebsstätten.

"Es gibt kaum einen anderen Wirtschaftszweig, der durch Kriegseinwirkungen standortmäßig so zerrissen wurde, wie die Damenoberbekleidungsindustrie. Die Herstellung von Damenoberbekleidung war vor dem Krieg in Berlin konzentriert und innerhalb Berlins um den Hausvogteiplatz zentralisiert. Kleinere Produktionsstätten hatten Breslau, Erfurt, Stettin, Aschaffenburg und der Wuppertaler Bezirk" (Thiemann : 1955 a , S. 20).

An dieser Aufbaubereitschaft waren nicht nur Unternehmer aus Westdeutschland bzw. den Westsektoren Berlins beteiligt. Es waren daran viele Bekleidungsfabrikanten, Kaufleute, technische sowie gewerbliche Mitarbeiter aus den Gebieten jenseits der Westzonen beteiligt, welche 'ihre' Betriebe aus dem Osten unter großen Anstrengungen in Westdeutschland wieder neu errichtet haben.

"Es kann nicht hoch genug veranschlagt werden, daß die aus dem Osten kommenden Unternehmer, die oft keinerlei, oder nur eine geringfügige Anzahl von Maschinen besaßen, in wenigen Jahren durch ihre ungebrochene Initiative sowie die Mitarbeit der zum Teil ebenfalls aus Flün(tlingen bestehenden technischen Angestellten und gewerblichen Arbeitnehmer wieder Betriebe aufgebaut haben, in denen sie die frühere Qualität ihrer Erzeugnisse erneut erreicht haben" (Knaak : o. J., S. 39).

Trotz der gegenüber der Vorkriegszeit stark streuenden regionalen Verteilung der neu angesiedelten Bekleidungsfirmen ergaben sich gewisse Häufungen bei den Standorten. So haben sich einerseits traditionelle Standorte der Bekleidungsherstellung wie Mönchengladbach, Herford u.s.w. nicht nur behauptet, sondern sie sind darüber hinaus zum größeren Kern der Bekleidungsindustrie geworden, da u.a. das vorhandene regionale Arbeitskräfteangebot die Ansiedlung neuer Betriebe der Bekleidungsindustrie nach sich zog. Auch sind diese Regionen nach dem Krieg deswegen stark gewachsen, da eine große Anzahl von bestehenden Kleiderfabriken ihre Angebotspalette verändert hat. So haben z. B. nicht wenige Kleiderfabriken ihre Produktion von ehemals 'billiger' Arbeits- und Berufskleidung auf die Herstellung qualitativ höherer Herren- und Knabenoberbekleidung umgestellt bzw. um diesen Artikel erweitert. Infolge dieser Angebotspolitik konnten die Unternehmen erfolgreich expandieren.

Zu einer mehr oder weniger starken regionalen Konzentration bei der Ansiedlung neuer Fertigungsstätten kam es in den Fällen, in denen spezielle Aktivitäten kommunaler bzw. regionaler Wirtschaftsverwaltungen zur Wiedererrichtung von ehemals im Osten ansässigen Konfektionsbetrieben geführt haben. Neben der anzunehmenden günstigen Situation am Arbeitsmarkt müssen offenbar besondere Umstände bei der kommunalen bzw. regionalen Wirtschaftsförderung vorgelegen haben, die eine große Anzahl Stettiner Herrenkleiderfabriken dazu veranlaßt haben, ihren Sitz nach Schleswig-Holstein zu verlegen. In ähnlicher Weise unternahm eine Reihe Breslauer Fabrikanten eine massenweise Umsiedlung ihrer Unternehmen nach Gelsenkirchen. Auch ist zu vermuten, daß Standortpräferenzen einzelner Interessengemeinschaften dazu beigetragen haben, Einzelentscheidungen bezüglich der Auswahl von Standorten hinsichtlich der Bevorzugung bestimmter Regionen zu kanalisieren.

"Bei der Auswahl dieser Plätze spielte häufig auch die Aktivität der einzelnen Stadt- und Landesverwaltungen eine entscheidende Rolle. Man denke an die Aktivität der Behörden, die in Gelsenkirchen ein Zentrum um einen Kreis ehemals Breslauer Fabrikanten aufbauten, an Schleswig-Holstein, wo die Aktivität des Referenten im Landeswirtschaftsamt eine ganze Industrie seßhaft machte, und manche andere Plätze" (Lademann : o. J., S. 51 ff.).

"Gelsenkirchen beherbergt bereits 45 Betriebe, die früher in Breslau und Sachsen beheimatet waren. Sie beschäftigten rd. 3000 Arbeitskräfte. In Recklinghausen wurden 14 Firmen ansässig. Der Zugang dieser Konsumindustrien bedeutet für das Ruhrgebiet eine erfreuliche Bereicherung, da sich hierdurch eine zusätzliche Beschäftigungsmöglichkeit für Frauen ergibt. In dieser Erkenntnis haben denn auch die betreffenden Stadtverwaltungen den Firmen die Wege geebnet. In Gelsenkirchen fanden die zugezogenen Firmen auf dem Gelände der ehemaligen Zeche Hibernia eine neue Arbeitsstätte" (Schumacher : 1949, S. 28 ff.).

"Die Igedo (Interessengemeinschaft für Damenoberbekleidung - F.D.) erstrebt eine gemeinsame Erschließung aller Quellen modischer Information und technischer Erfahrungen. Es steht also zu erwarten, daß der Schwerpunkt der Konfektionsindustrie noch mehr in die britische Zone verlegt werden wird, als dies bereits der Fall ist" (Schumacher : 1949, S. 30).

Zur gehäuften Ansiedlung von Betrieben aus dem Osten kam es nicht nur in Regionen, in denen zuvor keine Bekleidungsproduktion stattfand 1). Hamburg kann als Beispiel für einen Standort gelten, an dem eine bestehende Bekleidungsbranche - mit Spezialisierung auf Regenmäntel - nach Kriegsende von insgesamt 70 zusätzlichen Konfektionsfirmen, 50 Betriebe aus dem Osten aufgenommen hat (Schumacher : 1949, S. 29). Mit dem Anwachsen auf 200 Betriebe im Jahr 1949 verringerte sich der Anteil der Regenbekleidung zugunsten der Damen- und Herrenkonfektion.

Wenn nach der Anzahl der am Ort ansässigen Damenkonfektionsbetriebe zu Beginn der 50er Jahre Großstädte wie Hamburg und Frankfurt/Main die beiden ersten Ränge einnahmen und diesen weitere Großstädte folgten 2), so war dies nicht notwendig ein Resultat davon, daß sich Neu- bzw. Wiedergründungen von Bekleidungsunternehmen in der DOB primär in städtischen Ballungszentren ereigneten. Zumindest für diesen Zweig der Bekleidungsindustrie kann gesagt werden, daß der geringere Teil seiner Firmen ihren Fabrikationssitz in den großen Städten hatte. Mehr als die Hälfte der Firmen der Damenkonfektion hatte ihre Produktionsstätten in kleineren Städten oder in ländlichen Regionen. In der Bundesrepublik waren zum genannten Zeitpunkt an insgesamt 200 Orten Damenkonfektionsunternehmen ansässig (Lademann : o. J., S. 52). Für die räumliche Verteilung der Firmen der Herrenoberbekleidungssparte kann ein ähnliches Ergebnis vermutet werden.

Daß es bei der Entstehung der Nachkriegs-Bekleidungsindustrie neben dem 'Ausbau' der traditionellen Bekleidungsregionen zu einer relativ breiten regionalen Streuung der Standorte gekommen ist, lag neben der bei jeder Standortentscheidung mitzulösenden Frage des regionalen Arbeitskräfteangebotes an den jeweiligen spezifischen Umständen. Diese brachten häufig Entscheidungen hervor, die offenbar stärker vom Zufall mitgetragen gewesen sind.

"Viele Standorte in Städten und auf dem Lande haben die Flucht vor Bomben, die Verlagerung von Waren oder Maschinen, zufällig erhaltene Gebäude, zufällige Maschinenansammlungen infolge der riesigen Flucht- und Austreibungswanderungen, die erhoffte Verbrauchsnähe oder ortsgebundener Kredit bestimmt" (Hagemann : 1955, S. 10).

"Mehr oder weniger zufällig blieben die einzelnen Menschen in Dörfern, Kleinstädten, Großstädten hängen (...) Aus privater Initiative wurden so Unternehmungen an Plätzen gegründet, wohin zufällig ein Unternehmer verschlagen wurde, der hier die Grundvoraussetzungen für eine Betriebserrichtung vorfand: Räume und Arbeitskräfte" (Lademann : o. J., S. 51).

Es war nicht die vielfach von zufälligen Umständen bestimmte Wahl der einzelnen - dezentralen - Standorte, sondern es war vor allem die Zusammensetzung des jeweiligen Arbeitsmarktes, die es nun nicht mehr erlaubte, den Produktionsapparat in seinen traditionellen hausindustriellen Strukturen wiederentstehen zu lassen. Auf ein jahrzehntelang gewachsenes und entsprechend qualifiziertes Potential von Heimarbeiter/innen sowie von Zwischenmeistern konnte - mit Ausnahme in den klassischen Heimarbeiterregionen - bei der Gründung von Bekleidungsindustriebetrieben in Westdeutschland nun nicht mehr zurückgegriffen werden 3).

"Daß bei dem Neuaufbau das von Berlin her vertraute System der Produktion mittels Heimarbeit nicht übernommen werden konnte, ergab sich zwangsläufig, denn dazu bedarf es einer großen Massierung von Betrieben und eines gut eingespielten, geschulten und reagiblen Apparates. Die Vorteile der Fertigung im eigenen Betrieb waren so offensichtlich, daß man sich auch bei dem weiteren Aufbau, der erst jetzt zu einem gewissen Abschluß gekommen ist, fast ausschließlich dieser Form zuwandte und Heimarbeiter im wesentlichen für die Deckung eines gewissen Spitzenbedarfs in den Saisonhöhepunkten hie und da eingesetzt werden" (Dick : 1955, S. 239).

Die Entwicklung einer Fertigung ohne Zwischenmeister und ohne Heimarbeiter/innen bedeutete für die Bekleidungsunternehmer zwangsläufig die Errichtung von Fabriken samt einer adäquaten Organisation des Produktions- und Arbeitsprozesses. Als neue Aufgaben hatten die Bekleidungsfabrikanten nun auch über die Auswahl der zu nutzenden technischen Betriebsmittel sowie über den Einsatz der Arbeitskräfte zu entscheiden. Sicher ist der Übergang zur Fertigung im eigenen Betrieb von vielerlei Friktionen begleitet und in dieser Phase insbesondere wegen der anfangs instabilen Versorgung mit Rohstoffen sowie den noch relativ unentwickelten Absatzmärkten mit prinzipiellen Risiken behaftet gewesen.

Der Übergang zum Fabrikbetrieb in der Bekleidungsindustrie in dieser Phase ist nicht unbedingt als eine Überraschung anzusehen. Schon vor dem Ausbruch des Krieges sind Vorschläge für eine rationelle Organisation der fabrikmäßigen Bekleidungsproduktion erarbeitet und in einigen wenigen Betrieben der Herrenkonfektion praktisch umgesetzt worden. Der Krieg bzw. das Kriegsende hat diesen Übergang vom Verlags- zum Fabriksystem bei der Produktion von fertiger Oberbekleidung, der nun abrupt erfolgte, nicht hervorgebracht. Dieser Veränderungsprozeß ist durch die genannten Umstände nur beschleunigt worden.

Die Situation auf den Märkten für textile Rohstoffe sowie der Prozeß des Wiederaufbaus der zerstörten Spinnereien, Webereien u.s.w. bewirkten zunächst eine eingeschränkte Versorgung der Bekleidungsindustrie mit Meterware. Auch die Abtrennung von ehemals wichtigen Lieferzentren wie Sachsen, Schlesien u.s.w. verstärkten den Rohstoffmangel in den ersten Nachkriegsperioden. Verschärft wurde die Knappheit der Meterware weiterhin durch die mangelnde Abstimmung der Produktionskapazitäten zwischen den einzelnen Stufen der Textil-Pipeline. Daneben waren es zum Teil relativ hohe Exportquoten der Textilindustrie, die die Versorgung der inländischen Bekleidungsindustrie mit Vormaterialien zusätzlich begrenzten sodaß die Bekleidungsindustrie bezüglich der Beschaffung ihrer Rohstoffe zunehmend vom Import abhängig wurde. Diese äußerst knappe Versorgung der Bekleidungsindustrie mit Rohstoffen dauerte bis zur Währungsreform an. Danach entschärfte sich die Versorgungssituation, da die im Rahmen des Marshall-Planes vorgesehenen Einfuhrmengen an textilen Rohstoffen im ersten Jahr dieses Wirtschaftshilfeprogramms deutlich angestiegen waren 4). Diese Maßnahme reichte offenbar nicht in jedem Fall zu einer Auslastung der wiedererstandenen Kapazitäten der Bekleidungsindustrie. Auch konnten die unter diesen Umständen gefertigten kleinen bzw. kleinsten Auftragsmengen keine Basis für eine rationelle Produktion abgeben. Die knappen Rohstoffe wurden über ein Zuteilungssystem, welches von den alliierten Militärregierungen organisiert worden ist, auf die einzelnen Stufen der Textil- und Bekleidungsindustrie verteilt. Infolgedessen konnte sich in den ersten Jahren nach dem Krieg auf der Absatzseite kein freier Markt für Bekleidung herausbilden. Ein gewisser Anteil der Kapazitäten der Bekleidungsindustrie wurde von der öffentlichen Nachfrage, sog. 'Sonderkontingenten' für Behördenkleidung sowie für Bekleidung für bestimmte Berufsgruppen, absorbiert. Aufträge dieser Art sind von den Wirtschaftsämtern als Lohnaufträge an die Bekleidungsbetriebe vergeben worden.

Sowohl wegen äußerst knapper Zuteilungsmengen als auch aufgrund mangelnder Funktionsfähigkeit der Verteilungsorganisation blieb die private Nachfrage nach Oberbekleidung, die über ein Bezugsscheinsystem reguliert wurde, mehr oder weniger unbefriedigt (Schumacher : 1949, S. 64). Knappe Tauschmittel beschränkten die private Nachfrage nach neuer Kleidung und ließen somit große Fertigungslose als Voraussetzung für eine nach industriellen Maßstäben organisierte Massenproduktion von Oberbekleidung noch nicht zu.

Mit dem Anstieg des Angebotes an textilen Rohstoffen kam es für die Bekleidungsindustriebetriebe nach der Währungsreform - wenn auch mit Rückschlägen - zu einer tendenziellen Entspannung bei der der Beschaffung von Meterware. Als Folge davon wurden die Fesseln für eine Belebung der Bekleidungsproduktion zunehmend gelockert, sodaß ein freier Markt für Oberbekleidung entstehen konnte. Staatlicherseits ist die Versorgung der Bevölkerung in dieser Phase dadurch unterstützt worden, daß ein mit hoher Stückzahl geplantes Fertigungsprogramm - das sog. 'Jedermann-Programm' - von ausgewählten Bekleidungsstücken aufgelegt worden ist (Schumacher : 1949, S. 66 ff.), wodurch der Übergang zur Massenfertigung von Oberbekleidung einen zusätzlichen Schub erhalten hatte.

5.1.2. Die Entwicklung von Produktion, Beschäftigung und Beschäftigungsstrukturen in der Bekleidungsindustrie von 1950 - 1985

Eine globale Betrachtung der ökonomischen Entwicklung der Bekleidungsindustrie seit der Währungsreform zeigt sehr deutlich, daß dieser Wirtschaftszweig bis 1966 nach Produktion, Beschäftigung sowie Betrieben eindeutig als Wachstumsbranche anzusehen ist. Die Wachstumsentwicklung in diesem Zeitraum wurde nur durch die 'Textilkrise' im Jahr 1958 unterbrochen. Mit dem erneuten Rückgang des Wachstums im Verlauf der ersten tiefgreifenden Rezession der Volkswirtschaft der Bundesrepublik deutete sich ein weitreichender krisenhafter Schrumpfungsprozeß dieses Wirtschaftszweiges an, der in entscheidendem Maß von den strukturellen Verschiebungen der internationalen Arbeitsteilung generiert wurde. Seit seinem Durchbruch zu Beginn der 70er Jahre ist dieser Schrumpfungsprozeß bis zur Mitte der 80er Jahre nicht zum Stillstand gekommen.

Der seit 1966/67 einsetzenden rückläufigen Entwicklung von Betrieben sowie Beschäftigten - nur 1969 wurde diese Negativentwicklung durch einen Anstieg der Beschäftigtenzahlen bedeutsam unterbrochen - stand im Zuge des konjunkturellen Aufschwunges gegen Ende der 60er Jahre ein letztmaliger 'take-off' der Nettoproduktion in der deutschen Bekleidungsindustrie gegenüber. Spätestens nach der Krise 1973/74 ging diese Entwicklung in einen 'säkularen' Schrumpfungsprozess über (Niebuhr : 1983, S. 20). Dem ständigen Rückgang der Beschäftigtenzahlen nach 1970 folgte in der Konsequenz der zunehmenden Verlagerung der binnenländischen Bekleidungsproduktion in ausländische Regionen mit niedrigerem Lohnniveau das stetige Absinken des im Inland erzeugten Volumens der Nettoproduktion und damit die stetige Verkleinerung des Produktionsapparates.

'Kleiderhunger' als Motor der Nachkriegskonjunktur

Eine differenzierte Analyse der Wachstumsphase der Bekleidungsindustrie bringt hervor, daß das Wachstum dieser Branche im Zeitraum von 1950-1966 stärker als das durchschnittliche Wachstum aller Industriesektoren der bundesrepublikanischen Wirtschaft gewesen ist (Breitenacher : 1975, S. 17). Während die Produktion in der gesamten Industrie im genannten Zeitraum durchschnittlich um 8.5% im Jahr gewachsen ist, betrug der durchschnittliche jährliche Zuwachs der Bekleidungsproduktion 8.9%. Zu unterscheiden ist allerdings das Tempo, welches das Wachstum der Produktion in der Bekleidungsindustrie in diesem Zeitraum eingenommen hatte. Am stärksten war das Wachstum der Produktion in der Phase des Nachholbedarfs bis zur Mitte der 50er Jahre (Pesch : 1967, S. 303). In dem Zeitraum von 1950 bis 1957 betrug die durchschnittliche jährliche

Zuwachsrate der Nettoproduktion in dieser Branche 13.5% (Meier : 1964, S. 17). Parallel zu dieser Ausweitung der Produktion um das 1.5 fache nahm die Beschäftigung um fast 82% zu.

Der Verlauf der Entwicklung der Nachfrage nach Bekleidung wurde einerseits stark von der Entwicklung des Volkseinkommens bestimmt. Ein zusätzlich wirksamer wie auch besonders beschleunigender Einfluß auf die Expansion der Bekleidungsproduktion ging von dem in den ersten Jahren nach Kriegsende aufgetretenen 'Kleiderhunger' der Bevölkerung aus. Zusammen mit diesem Nachholbedarf war es die stürmische Nachfrage nach den Erzeugnissen der Bekleidungsindustrie, die - ausgelöst durch die Koreakrise - diesem Wirtschaftszweig zu Beginn der 50er Jahre eine Steigerung des Umsatzes von mindestens 20 5) bzw. knapp 37% (DIW : 1974) beschert hatte. Wachstumsraten in dieser Höhe haben sich in den folgenden Perioden nie wieder eingestellt.

"Die Bekleidungsindustrie hat Zeiten des Aufschwungs hinter sich und hat in diesen Monaten ein gutes Geschäft. (...) Durch den Koreakonflikt hatten wir einen sehr erfreulichen Auftrieb zu verzeichnen. Wir haben uns aber im Vorstand der Arbeitsgemeinschaft und auch in der Arbeitgeber-Vereinigung Bekleidungsindustrie schon immer Gedanken darüber gemacht, wie die stark erhöhte Konsumgüterproduktion in der Zukunft von der Bevölkerung, die ohne Zweifel noch immer außerordentlich großen Nachholbedarf und laufenden Bedarf hat, finanziell aufgenommen werden könnte" (Becker : 1950, S. 542).

Die Expansion der Bekleidungsindustrie basierte in den 'Gründerjahren' der Bundesrepublik bis zur ersten Wachstumskrise in diesem Wirtschaftszweig im Jahr 1958 auf einer stetigen Ausweitung der Nachfrage nach den Erzeugnissen dieser Branche. Wegen des Nachholbedarfs fielen die Konsumausgaben für Bekleidung zu Beginn der Expansionsphase besonders hoch aus 6). Eine zusätzliche Erhöhung seiner Schubkraft hat der private Konsum im Jahr 1953 durch verschiedene Veränderungen auf den Gebieten der Steuer-, Sozial- und Tarifpolitik erhalten, deren Zusammentreffen den Absatz an Fertigkleidung insgesamt günstig beeinflußt hatte. Mit dem Ansteigen der Bezüge im öffentlichen Dienst sowie der Sozialleistungen, zusätzlichen Ausschüttungen aus dem Lastenausgleich sowie der Mitte 1952 in Kraft getretenen Steuersenkungen vergrößerte sich die Konsumkraft der Bevölkerung der Bundesrepublik nicht unerheblich und trug damit zu einer Ausweitung des Bekleidungskonsums bei (Textil-Statistik-GmbH (Hrsg.) : 1954, o.S.). Als weiterer, die Entwicklung des Bekleidungskonsums in den 50er Jahren beeinflussender Faktor ist die Zunahme der Wohnbevölkerung der Bundesrepublik zu berücksichtigen. Flüchtlingsströme aus den ehemaligen Ostgebieten sowie aus der DDR ließen die Bevölkerung und damit die Menge der potentiellen Konsumenten von Fertigkleidung stark anwachsen.

Aufgrund dieser Bedingung ist die Phase des ersten Aufschwunges von 1950 bis 1957 durch eine stetige Erhöhung des Anteils der Ausgaben für Bekleidung an den gesamten Ausgaben der Verbraucher gekennzeichnet gewesen. Trotz eines leichten Absinkens der Konsumquote für Bekleidung seit der Mitte der 50er Jahre - sie fiel z. B. von 14,6 % im Jahr 1954 auf 14,4 % im Jahr 1955 - sind die absoluten Aufwendungen der Konsumenten für den Kauf von Bekleidung weiter angestiegen. Das Wachstum der Produktion in der Bekleidungsindustrie bedeutete keineswegs, daß sich parallel zur Entwicklung dieser Größe der Bekleidungsverbrauch in gleicher Höhe verändert hat. Bei der Betrachtung der Entwicklung dieser Kennziffer muß berücksichtigt werden, daß der Preis für die Ausweitung des Anteils industriell hergestellter Kleidung in dem ständigen Rückgang des Anteils handwerklich gefertigter Maßkleidung bestanden hat. Dieser Verdrängungsprozeß hat das klassische Schneiderhandwerk zunehmend bedeutungsloser werden lassen 7). Neben der rückläufigen Nachfrage nach in Betrieben des Schneiderhandwerks hergestellter Damen- bzw. Herrenkleidung war die schrumpfende hauswirtschaftliche Selbstschneiderei ein mehr oder weniger relevanter Faktor für die Erklärung der steigenden Nachfrage nach Fertigkleidung. Ihre Bedeutung war auf bestimmte Segmente des DOB-Angebotes wie Röcke, Kleider u.s.w. sowie auf Kinderkleidung beschränkt 8).

Eine zunehmend differenzierte Angebotspolitik war der entscheidende Motor für die Konsumenten, ihren Bedarf an Damen- und Herrenkleidung von Jahr zu Jahr stärker durch industriell hergestellte Kleidung zu decken 9). Die Attraktivität des Angebotes an konfektionierter Oberbekleidung wurde sukzessive dadurch gesteigert, daß aus zunehmend höherwertigen Oberstoffen immer besser passende sowie dem aktuellen Geschmack entsprechend gestaltete Kleidungsstücke zu relativ günstigen Preisen auf dem Markt erschienen. Auch die Verbreiterung der Angebotspalette aufgrund einer Anpassung an die Wünsche der Konsumenten nach einer freizeitgerechten Bekleidung u.s.w. war ein wesentlicher Beitrag zur Erhöhung des Kaufanreizes von Fertigkleidung sowie zur Gewinnung von neuen Käuferschichten.

"Außer der Zunahme der Massenkaufkraft haben sicherlich für die steigende Nachfrage auch Wandlungen der Verbrauchsgewohnheiten eine Rolle gespielt. Die Verbraucher streben heute weithin danach, mehr verschiedenartige Kleidungsstücke als früher zu besitzen. Sie wünschen - und nicht nur die jüngeren unter ihnen - beispielsweise Spezialbekleidung für verschiedene Sportarten, die jedoch keine Sportbekleidung im engeren Sinn darstellt. Sie legen auch Wert auf besondere Kleidung für den Urlaub und ähnliche Gelegenheiten. Die Bekleidungsindustrie hat sich diesen wechselnden Verbrauchsgewohnheiten schnell und wendig angepaßt.
Da sich die Käuferwünsche vielfach auf bessere Qualitäten richteten, haben sich die Betriebe fast durchweg der Verarbeitung höherwertiger Gewebe zugewandt. Mit wachsendem Angebot an Fertigkleidung, besserer Qualität und Verarbeitung, konnten zusätzliche Käuferschichten gewonnen werden" (Textil-Statistik GmbH (Hrsg.) : 1957, o.S.).

"Nüchtern gesehen besteht ein Wettstreit um den letzten Verbraucher zwischen Industrie- und Fertigwaren-Einzelhandel, sowie Schnittmustergewerbe und Selbstanfertigung auf der anderen Seite. Im Laufe der letzten Jahrzehnte hat die Fertigwarenindustrie eine entscheidende Ausdehnung gegenüber den anderen Gruppen zu verzeichnen. Die Ausdehnung der Produktion in billigen Geweben hat es der Industrie in den letzten Jahren erlaubt, mit Angeboten auf den Markt zu kommen, die in zunehmendem Maße auch solchen minderbemittelten Käuferschichten eine Einkaufsmöglichkeit gestatten, die bisher ausgefallen waren. Die Industrie hat sich bewußt bemüht, durch Forcierung der billigen Preislage den Absatzmarkt durch Gewinnung dieses Kundenkreises auszudehnen" (Lademann : o.J., S. 60).

Parallel zu der gestiegenen Produktion vermehrte sich die Beschäftigung im Zeitraum von 1950 bis 1957 um ca. 153.000 Arbeitnehmer, d.h. um 80 %. Der Anteil der Beschäftigten in der

Bekleidungsindustrie an den Beschäftigten in der gesamten Industrie stieg damit von 3,8 % (1950) auf 4,4 % (1957). Diese Erhöhung des Anteils an den gesamten Industriebeschäftigten bei gleichzeitigem Rückgang des Anteils der Bekleidungsindustrie am gesamten Umsatz der Industrie verweist sehr deutlich auf ein relativ niedriges Mechanisierungsniveau bzw. auf eine sehr arbeitsintensive Fertigungsweise 10) in der industriellen Bekleidungsfertigung. Wegen den in dieser Phase vielfach noch angewandten handwerklichen Arbeitsmethoden bei der Massenherstellung von Bekleidung sowie der kaum gegebenen Möglichkeit, menschliche Arbeit in größerem Umfang durch Kapital zu substituieren, wurde die Steigerung der Produktion weniger durch eine Erhöhung der Arbeitsproduktivität als vielmehr durch die Einstellung einer hohen Anzahl von zusätzlichen Arbeitskräften erreicht 11).

Möglich ist die Ausdehnung des Beschäftigungspotentials in diesem Umfang im wesentlichen dadurch gewesen, daß viele der aus Berlin sowie aus den Ostgebieten stammenden und sich in der Bundesrepublik neu etablierten Bekleidungsfirmen 12) an Standorten niedergelassen haben, an denen von der regionalen Arbeitsmarktsituation zum Zeitpunkt der Betriebsgründung ein genügend großes weibliches Arbeitskräftepotential zur Verfügung gestanden hat. Auf ähnlichen Strategien basierte auch die Standortentscheidung derjenigen Firmen, die im Verlauf der Wachstumsperiode gegründet worden sind.

Für die meisten Betriebe war es bis zur Mitte der 50er Jahre mehr oder weniger unproblematisch, auf den jeweiligen regionalen Arbeitsmärkten die gesuchten weiblichen Arbeitskräfte zu finden und sie in der Regel als Näherin in den Produktionsprozeß zu integrieren 13). Dadurch, daß damals relativ viele weibliche Arbeitskräfte, die keine einschlägige Ausbildung durchlaufen hatten, am Arbeitsmarkt zur Verfügung standen, konnte der quantitative Bedarf an zusätzlichen Arbeitskräften nur durch die massenhafte Einstellung von Ungelernten befriedigt werden. Trotz wachsender Anzahl von Ausbildungsverhältnissen in den verschiedenen Berufsbildern der Bekleidungsindustrie 14) erwies sich deren Umfang als zu gering und es herrschte schon frühzeitig ein Mangel an Fachkräften in der Branche (o. V. : 1950, S. 300; Humann : 1957, S. 439). Aufgrund dieser Bedingungen kennzeichneten hohe Quoten an ungelernten weiblichen Arbeitskräften in den Betrieben der Bekleidungsindustrie nicht selten die qualifikatorische Zusammensetzung der Belegschaften 15).

Männliche Arbeitskräfte zu rekrutieren ging in dieser Phase mit geringen Rekrutierungsproblemen einher. Das schrumpfende Herrenschneiderhandwerk erwies sich für einen längeren Zeitraum als das zentrale Arbeitskräftereservoir für den Einsatz von männlichen Arbeitskräften in der aufstrebenden Bekleidungsindustrie. Gelernte Herrenschneider, die in dieser Branche in der Nachkriegszeit mittlere Führungspositionen als Gruppenleiter, Qualitätsmeister o. ä. besetzten - und diese z. T. noch heute innehaben - kamen meistens direkt aus dem Schneiderhandwerk in die Bekleidungsindustrie 16). Für den Bereich der einfacheren, nur ausführenden Tätigkeiten galt dieses Rekrutierungsmuster primär für die im Zuschnitt sowie in der Bügelei beschäftigten gelernten Arbeitskräfte.

Neben den Arbeiterinnen, welche in den Produktionsstätten der Bekleidungsindustrie beschäftigt waren, hatte sich insbesondere an den traditionellen Standorten 17) der Bekleidungsindustrie ein beachtliches Potential von Arbeitskräften gehalten, welche die von den Firmen übernommenen Aufträge in Heimarbeit ausführten. Eine Berechnung des Anteils der Heimarbeiter in Prozent der Betriebsbeschäftigten zeigt, daß deren Quote gegen Ende der 50er Jahre klar über 10 % gelegen hatte 18). Relativ starke Schwankungen der jährlichen Veränderungsraten gegenüber den Betriebsbelegschaften deuten darauf hin, daß dieses Arbeitskräftepotential einem sehr elastischen Arbeitseinsatz unterworfen war.

Problematisch wurde die Arbeitskräftesituation erst mit der Zunahme der Konkurrenz zwischen der Bekleidungsindustrie und den anderen Wirtschaftszweigen um die weiblichen Arbeitskräfte im weiteren Verlauf der Expansion der Volkswirtschaft der Bundesrepublik. Diese Situation führte schon früh zu vereinzelter regional begrenzter Arbeitskräfteknappheit und in dieser Konsequenz schon in der Mitte der 50er Jahre zu ersten Standortverlagerungen - zunächst - innerhalb der Grenzen der Bundesrepublik, um den Bedarf an weiblichen Arbeitskräften zu sichern.

"Die Sorge um die Arbeitskräfte hat sich im Jahre 1955 in den Vordergrund der Überlegungen geschoben. In zunehmendem Maße sehen sich die Firmen der Bekleidungsindustrie dem Wettbewerb anderer Industriezweige um die Beschäftigten gegenüber. Während es bis vor zwei Jahren dieses Problem hauptsächlich nur für Betriebe in den Großstädten und in Gegenden gab, wo andere Industriezweige mit einem hohen Anteil beschäftigter Frauen ansässig waren, macht es sich nunmehr auch in vielen kleineren Orten und in ländlichen Gegenden bemerkbar. An diesen Orten und auch in den Zentren mit einem besonders hohen Anteil männlicher Arbeitskräfte hat die Bekleidungsindustrie vielfach Frauen und Mädchen überhaupt erst an eine industrielle Tätigkeit herangeführt" (Textil-Statistik GmbH (Hrsg.) : 1956, o. S.).

Unterbrochen wurde die seit der Nachkriegskonstitution der Branche anhaltende Wachstumsphase durch den im Verlauf der 'Textilkrise' im Jahr 1958 erfolgten absoluten Rückgang ihrer wirtschaftlichen Leistung. Produktion, Umsatz sowie Anzahl der Beschäftigten sanken in diesem Jahr erstmalig gegenüber dem Vorjahresniveau. Trotz einer Zunahme des Anteils der Fertigkleidung bei der Deckung des gesamten Bekleidungsbedarfs der - wachsenden - Bevölkerung verlangsamte sich die Endnachfrage nach fertiger Bekleidung seit der Mitte des Jahres 1957. Gegen Ende dieses Jahres schlug sich diese Entwicklung in einem Rückgang der Produktionsaufträge nieder. In der zweiten Jahreshälfte 1958 wirkte sich dann die Auftragslage voll auf die Produktion aus und drückte das Nettoproduktionsvolumen auf 4,6 % unter den Wert des Vorjahres. Auf der Ebene der privaten Haushalte war der Nachfragerückgang von einer durchschnittlichen Minderausgabe von 3,1 % für Bekleidung in dieser Periode begleitet 19). Daß die Zahl der Beschäftigten im Krisenjahr 1958 um nicht mehr als 1,3 % zurückgegangen ist, resultierte aus der Politik der Unternehmen, ihre Stammbelegschaften weitestgehend beizubehalten. Verglichen mit dieser Entwicklung gab es bei der Beschäftigung von Heimarbeitern mit einem Rückgang von ca. 8 % einen starken Einbruch (Textil-Statistik GmbH (Hrsg.) : 1959, S. II).

Verlangsamung des Wachstumstempos aus gesamtwirtschaftlicher Sicht

Im Anschluß an diese Rezession hat sich das Wachstumstempo der Bekleidungsindustrie deutlich verlangsamt. Das Produktionsergebnis lag in der Zeit von 1959 bis 1966 mit einem durchschnittlichen jährlichen Wachstum von 5 % unter dem Durchschnittswert der Verbrauchsgüterindustrie als auch unter dem durchschnittlichen Ergebnis der Gesamtindustrie. In beiden Fällen betrug die Steigerungsrate 6 % (Pesch : 1967, S. 303).

Im Jahr 1959 konnte die Bekleidungsindustrie mit einer Steigerung ihrer Produktion um 7,6 % gegenüber dem Vorjahr wieder den Anschluß an das gesamtwirtschaftliche Wachstum gewinnen. Mit dieser Rückkehr zur expansiven Entwicklung wurde das Produktionsergebnis des Vorkrisenjahres nicht nur wieder erreicht, sondern leicht übertroffen. Angedeutet hatte sich dieser Umschwung durch den starken Auftragsschub, der im zweiten Quartal 1959 einsetzte und sich bis zum Jahresende kräftig entfaltete. Entgegen dem Trend von Umsatz und Produktion ist die Anzahl der Beschäftigten in diesem Zeitraum abermals gesunken. Sie war mit 335.559 um ca. 5500 (1,6 %) Personen niedriger als im Jahr 1957.

Der Verlust von Arbeitskräften bei zugenommenen Auftragsbeständen sowie gewachsener Produktion ist nicht allein auf eine Erhöhung der Arbeitsproduktivität zurückzuführen, sondern zeigt gleichzeitig ein Rekrutierungsdilemma der Bekleidungsindustrie in dieser Phase ihrer Entwicklung auf. Infolge zeitweiser Kurzarbeit eines Teiles der Betriebe im Jahr 1958 hatte eine Anzahl der Beschäftigten die Branche verlassen und in anderen Wirtschaftszweigen mit höherem Lohnniveau eine Beschäftigung gefunden. Von diesen abgewanderten Arbeitskräften ist nach Besserung der Beschäftigungslage nur ein Teil wieder in die Bekleidungsindustrie zurückgekehrt, so daß trotz Gewinnung neuer Arbeitskräfte und normaler Fluktuation das Beschäftigungskonto in diesem Jahr nicht wieder ausgeglichen werden konnte (Bundesverband Bekleidungsindustrie (Hrsg.) - im folgenden mit BBI abgekürzt - : 1960, S. I).

Zunehmende Probleme der Rekrutierung, insbesondere von Näherinnen in - meist großstädtischen - Regionen mit ihren angespannten Arbeitsmärkten haben in dieser Zeit die Betriebe der Bekleidungsindustrie verstärkt zur zunächst binnenländischen Erschließung neuer Arbeitskräftereservoirs veranlaßt. Aus der Sicht der Betriebe war dies erforderlich, um den aktuell notwendigen sowie künftig erwarteten Bedarf an Arbeitskräften zu sichern. Dazu errichteten die Unternehmen in vielen Fällen Zweigbetriebe als reine Nähereien in ländlichen Regionen so-

Jahr	Umsatz Mio DM	Umsatz, jährl. Veränderungsrate	Nettoprodukt.-Vol.in Mio.DM zu Preisen v. 1962	Nettoprodukt.-Vol., jährl. Veränderungsrate	Betriebe
1950	2726	----	1468	----	----
1951	3730	36,8	1797	22,4	3394
1952	3853	3,3	2025	14,2	3423
1953	4268	10,8	2433	18,6	3541
1954	4587	7,5	2596	6,7	3634
1955	5354	16,7	3095	19,2	3490
1956	6200	15,8	3463	11,9	3673
1957	6813	9,9	3657	5,6	3769
1958	6664	- 2,2	3489	- 4,6	3863
1959	6883	3,3	3755	7,6	3880
1960	7718	12,1	4070	8,4	4094
1961	8931	14,7	4447	8,3	4294
1962	9851	10,3	4691	5,5	5059
1963	10183	3,4	4738	1,0	5247
1964	10843	6,5	5019	5,9	5462
1965	12252	12,9	5484	9,3	5559
1966	12592	2,8	5596	2,0	5775
1967	11446	- 9,1	5010	- 10,5	5468
1968	11644	1,7	5587	11,5	5267
1969	12913	10,9	6122	9,6	5353
1970	14000	8,4	5995	- 2,1	5163

Beschäftigte								
absol.	jährl.Veränd. -Rate	männlich		weiblich		Heimarbeiter *)		
		absol.	%	absol.	%	insges.	jährl. Veränderung	Anteil a.d. gesamten Beschäftigten (%)
187591	----							
222657	18,7							
231207	3,8							
254073	9,9							
266699	5,0					25528		
290730	9,0					27171		
320752	10,3					30626		
340993	6,3					41501		12,2
337047	- 1,2					38687	- 6,8	11,5
335559	- 0,4					38807	0,3	11,6
351318	4,7					45006	16,0	12,8
370009	5,3					46264	2,8	12,5
384159	3,8					44606	- 3,6	11,6
388134	1,0					44346	- 0,6	11,4
387806	- 0,1					38119	- 14,0	9,8
398219	2,7					41738	9,5	10,5
406402	2,1					40840	- 2,2	10,0
370713	- 8,8					30345	- 25,7	8,2
366529	- 1,1					30361	0,1	8,3
382202	4,3					31235	2,9	8,2
379067	- 0,8					28194	- 9,7	7,4

Quellen: Deutsches Institut für Wirtschaftsforschung (Hrsg.): Produktionsvolumen der Industrie im Gebiet der Bundesrepublik Deutschland einschließlich Saarland und Berlin (West), Statistische Kennziffern 1950 - 1973, Berlin 1974 sowie laufende Jahrgänge der Branchenberichte der Textil-Statistik GmbH, Frankfurt/Main und des Bundesverbandes Bekleidungsindustrie e.V., Bonn und eigene Berechnungen

Tab.5/1: Umsatz, Produktion und Beschäftigung in der Bekleidungsindustrie von 1950 - 1970.

*) Von 1954 - 1956 gelten die Angaben für Heimarbeiter für die Bundesrepublik Deutschland ohne das Saarland und Berlin (West); für 1957 einschließlich 1959, einschließlich Berlin (West), danach jeweils einschließlich Saarland und Berlin (West).

wie in solchen Gebieten ein, in denen aufgrund vorhandener Industrien mit besonders starkem Anteil an männlichen Beschäftigten zahlreiche Reserven an weiblichen Arbeitskräften vorhanden waren. Bei dieser Standortverlagerung bzw. Neugründung von Betrieben bzw. von Betriebsteilen wanderten die Produktionsstätten zu den Arbeitskräften und konnten dadurch ein weibliches Arbeitskräftepotential rekrutieren, dem aus familialen Gründen an der Ausübung einer Beschäftigung nur am Wohnort besonders gelegen war (BBI : 1960, S. II).

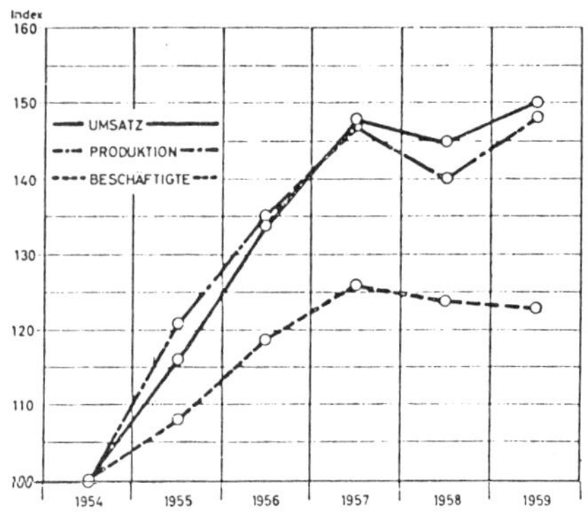

Quelle: o.V.: Die Bekleidungsindustrie im Jahre 1959, in : Bekleidung und Wäsche, Mönchengladbach, Nr. 10/ 1960, S. 673

Abb.5/1: Die Entwicklung von Umsatz, Produktion und Beschäftigung in der Bekleidungsindustrie von 1954 - 1959

Trotz des im Vergleich zur Entwicklung der Gesamtindustrie von 1959 - 1966 unterdurchschnittlichen Wachstums wurde in den Jahren 1960 - 1962 eine beachtliche Dynamik des Wachstums erreicht. In diesem Zeitraum stellten sich in drei aufeinanderfolgenden Jahren Wachstumsraten des Umsatzes ein, die jeweils deutlich über der 10%-Marke lagen. Das Nettoproduktionsvolumen stieg in diesem Zeitraum um ca. 25 %. Die Differenz erklärt sich primär aus der Entwicklung des Preisniveaus in dieser Periode. Der erhebliche Anstieg der Preise für die von der Bekleidungsindustrie verarbeiteten Vorprodukte sowie die zugenommene Verwendung hochwertiger Materialien ließen das Preisniveau für Fertigkleidung stark ansteigen (BBI : 1961, S. I).

Profitiert hat die Bekleidungsindustrie in dieser Phase von der gesamtwirtschaftlichen Entwicklung, die zu Beginn der 60er Jahre zum erstmaligen Erreichen der Vollbeschäftigung nach der Währungsreform geführt hatte. Trotz eines sinkenden Anteils der Ausgaben für Bekleidung an den gesamten Konsumausgaben der Haushalte wurden weiterhin von Jahr zu Jahr absolut steigende Geldbeträge für den Kauf von Bekleidung ausgegeben. Der Bekleidungskonsum hat sich deswegen unterdurchschnittlich entwickelt, da die längerlebigen Gebrauchsgüter wie Autos, Fernsehgeräte, Möbel usw. als konkurrierende Konsumgüter eine immer stärkere Bedeutung bei den Konsumenten erlangt haben.

"Die Bekleidung mußte somit um die Verbrauchergunst vornehmlich mit dem Auto und den Aufwendungen für höhere Ansprüche an den Wohnbedarf sowie Haushaltsmaschinen konkurrieren, von denen sie zurückgedrängt wurde. Mit dem Vordringen des Autos hängt es auch zusammen, daß die Nachfrage, z. B. nach Regenschutz- und Lederbekleidung gesunken, während diejenige nach Freizeit- und Sportkleidung gestiegen ist" (BBI : 1963, S. I).

Unterstüzt worden ist das Wachstum der Bekleidungsindustrie auch in diesem Zeitraum von der weiter fortgeschrittenen Substitution der Nachfrage nach handwerklich hergestellter, d.h. maßgeschneiderter Oberbekleidung durch industriell produzierte Fertigkleidung. Daß die Verbraucher in zunehmendem Maße Kleidung 'von der Stange' gegenüber dem individuell gefertigten Bekleidungsstück bevorzugten ist u. a. als Anerkennung für das erfolgreiche Bestreben der Bekleidungsindustrie zu interpretieren, auch solche Qualitätsansprüche zu befriedigen, wie sie bis dahin nur vom Schneiderhandwerk erfüllt werden konnten (BBI : 1963, S. II).

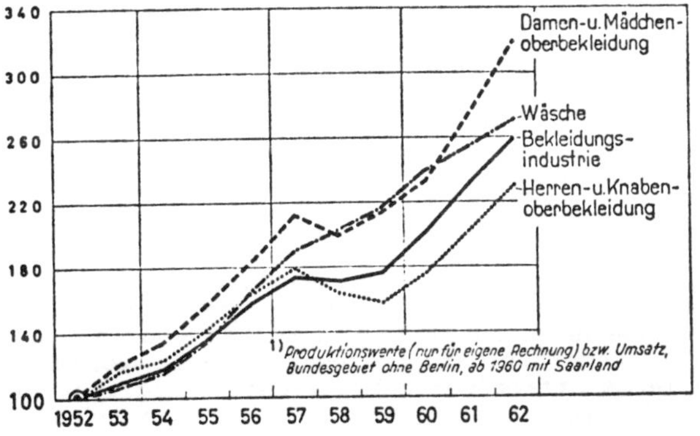

Quelle: Meier, Rudolf Christoph : Bekleidungsgewerbe, Berlin-München 1964, S. 23

Abb.5/2: Produktionsentwicklung in den Hauptzweigen der Bekleidungsindustrie 1952 - 1962 1952 = 100

Von wachsender Bedeutung erwies sich auch die Mode als entscheidendes Instrument des Marketings beim Absatz von fertiger Oberbekleidung. Hier übertraf die Aufnahmebereitschaft der weiblichen Konsumenten die der männlichen Konsumenten deutlich.

"Von erheblichem, ja von steigendem Einfluß ist im abgelaufenen Jahr die noch stärkere Betonung des modischen Elements für Erzeugung und Verkauf gewesen. Es ist sicherlich kein Zufall, daß die Umsatzzunahme in der Damenoberbekleidungsindustrie in den ersten 8 Monaten mit rund 18 v. H. den Durchschnitt von rund 11 v. H. erheblich übertroffen hat. Daß die Herrenbekleidungsindustrie ihre Umsätze etwa in der Höhe der durchschnittlichen Wachstumsrate der ganzen Branche hat steigern können, ist zweifellos ebenfalls auf das Bemühen dieser Fachsparte zurückzuführen, die ihrer Natur nach langlebigeren Kleidungsstücken für Herren modisch anziehender zu machen" (Kellner : 1963, S. 46).

Von den Innovationen auf dem Sektor der Fasererzeugung gingen zusätzliche günstige Auswirkungen auf den Bekleidungsverbrauch aus. So haben die Werbekampagnen der Chemiefaserhersteller für die in dieser Zeit neu geschaffenen Produkte einen gewissen Einfluß auf die anhaltend hohen Umsätze der Bekleidungsindustrie von 1960 - 1962 gehabt und darüber hinaus der weiteren Nachfrage nach Fertigkleidung einen großen Anstoß gegeben (Meier : 1964, S. 67).

Mit dem Einsetzen der Vollbeschäftigung in der Bundesrepublik am Anfang der 60er Jahre war es vor allem in den industriellen Ballungsgebieten als Standort der Bekleidungsindustrie kaum noch möglich, eine ausreichende Anzahl an Arbeitskräften zu gewinnen. Diese Schwierigkeiten auf dem Arbeitsmarkt führten noch einmal verstärkt dazu, dort - d.h. abseits von den industriellen Ballungszentren 20) - neue Produktionsstätten zu errichten, wo der Bekleidungsindustrie ein genügendes weibliches Arbeitskräftepotential 21) zur Verfügung stand. Neben der - binnenländischen - Verlagerung der Standorte der Bekleidungsindustrie in Regionen bzw. der Gründung von Zweigbetrieben in Gebieten, in denen ein ausreichendes Arbeitskräfteangebot vorhanden war, konnte die Bekleidungsindustrie die Ausdehnung der Produktion rekrutierungsstrategisch nur durch die Einstellung von ausländischen Arbeitskräften bewältigen.

Die Ausweitung der Beschäftigung mittels der Gründung von Zweigbetrieben erbrachte wohl in den meisten Fällen die Anpassung der Kapazität des Produktionsapparates an die Absatzmöglichkeiten, ist sicher aber wegen der damit verbunden gewesenen zusätzlichen Kosten - u. a . durch einen erhöhten Transportaufwand - teuer erkauft worden. Eine andere, in ihrem Effekt weniger gewichtige Möglichkeit der Ausdehnung des Beschäftigtenpotentials war die Rekrutierung von zusätzlichen Heimarbeitern. Der Anstieg der Zahl der als Heimarbeiter/innen beschäftigten Personen um 9,2 % im Jahr 1961 gegenüber der Zahl der Betriebsarbeiter, die im gleichen Zeitraum nur um 4,1 % zunahm, ist nicht als Rückentwicklung zur Produktionsform der klassischen Hausindustrie zu interpretieren. Er war - wie schon im Jahr zuvor - Ausdruck eines temporären Engpasses auf dem Arbeitsmarktsegment für Bekleidungsberufe 22).

Das relativ starke Wachstum von Umsatz und Produktion der Jahre 1960 - 1962 hat sich wegen saisonaler Einflüsse sowie aufgrund des Wandels der Konsumpräferenzen der Verbraucher in den folgenden Jahren nicht weiter fortsetzen lassen. Zwar sind die Ansprüche der Käufer an die Fertigkleidung stetig gestiegen, doch ist die Bekleidung vom Bedarfsrang her gesehen von anderen Gütern und Diestleistungen zurückgedrängt worden.

"Nachdem der Grundbedarf der deutschen Bevölkerung an Bekleidung seit langem befriedigt ist, die Kleiderschränke gefüllt und vielfach schon zu klein sind, wird der Absatz immer schwieriger. Andere Güter und Dienstleistungen, auch weit verbreiteter Meinung dem Sozialprestige besser als Kleidung dienend, werben mit großem finanziellen Aufwand und zunehmendem Erfolg um die Gunst der Verbraucher. Das wird im industriellen Bereich u.a. offenbar durch das Ansteigen der Erzeugung von Personenkraftwagen auf das Fünfzehnfache, von elektrotechnischen Verbrauchsgütern auf fast das Neunfache des Basisjahres 1950, während sich die Produktion von Bekleidung seitdem nur reichlich verdreifacht hat" (Kellner : 1965, S. 18).

Die Zunahme des Umsatzes der Bekleidungsindustrie hat 1963 3,7 % gegenüber dem Vorjahr betragen. Eine Berechnung der Veränderungsrate des Umsatzes unter Einschluß des Ergebnisses der Berliner Bekleidungsindustrie ergibt für den gleichen Zeitraum eine Steigerungsrate von nur 2,9 % 23). Entsprechend niedrig fiel auch der Anstieg des Index der Nettoproduktion mit 2,7 % aus (BBI : 1964, S. II). Die Ausdehnung der Produktion ging mit einer Erweiterung des Beschäftigtenpotentials um 1,1 % der Betriebsbeschäftigten einher. Insgesamt gesehen konnte zu diesem Zeitpunkt noch nicht von einer Entspannung auf der Beschäftigungsseite gesprochen werden, denn dieses Produktionsergebnis konnte nur wieder mit einer Erhöhung der Anzahl der Heimarbeiter um 3,3 % erreicht werden (BBI : 1964, S. I). Unter Berücksichtigung der zusätzlichen Beschäftigung von Heimarbeiter/innen ist die Gesamtbeschäftigung im Jahr um 1,3 % gestiegen (BBI : 1964, S. I).

Die Entwicklung der Bekleidungsindustrie zeigte in den folgenden Jahren bis 1966 weiterhin eine aufsteigende Tendenz. Produktion und Umsatz haben in jedem Jahr gegenüber der Vorperiode positive Wachstumsraten erzielt, wobei sich die prozentuale Wachstumsrate bis 1965 jährlich verdoppelte und mit 12,9 % im Jahr 1965 eine Steigerung erfuhr, wie sie sich in dieser Höhe in der Folgezeit nicht wieder einstellte. Mit Ausnahme des besonders günstigen Konsumklimas im Wahljahr 1965 - u.a. hatten Steuerermäßigungen zusätzliche Mittel für den privaten Konsum geschaffen - haben sich Produktion und Umsatz gegenüber der gesamtindustriellen Entwicklung unterdurchschnittlich entwickelt.

Begleitet war diese Entwicklung von großen Anstrengungen der Unternehmen, über die industrielle Binnenwanderung das Niveau der Beschäftigung zu halten (BBI : 1965, S. II). Im Jahr 1964 ist ihnen dieses zumindest bei den Betriebsarbeitern nicht gelungen. Deren Zahl hat sich im monatlichen Durchschnitt gegenüber 1963 um ca. 1000 Beschäftigte verringert. Ausgeglichen werden konnte diese Minderbeschäftigung nur durch die Zunahme der in Heimarbeit beschäftigten Personen, die in diesen Jahren die stille Arbeitskraftreserve der Bekleidungsindustrie gebildet hatten. Durch die Integration von Teilen dieses Arbeitskräftepotentials in den Produktionsprozeß konnte der Verlust an Betriebsarbeitern nicht nur ausgeglichen, sondern die Gesamtbeschäftigung gegenüber dem Vorjahr noch um 1,5 % gesteigert werden (BBI : 1965, S. I).

Von besonderem Ausmaß war die Mobilisierung von Arbeitskräften im Jahr 1965, um das in dieser Periode stark gestiegene Auftragsvolumen erledigen zu können. In diesem Jahr gelang es der Bekleidungsindustrie, mit ca. 460.000 Beschäftigten (einschließlich der Heimarbeiter/ innen sowie der Beschäftigten des Berliner Lohngewerbes) ihr Beschäftigungsvolumen wieder stärker auszudehnen. Erreicht worden ist die Ausweitung des Arbeitskräftepotentials neben der vermehrten Beschäftigung von ausländischen Arbeitskräften 24) noch einmal durch die weitere Dezentralisierung der Fertigung, d.h. durch die Gründung von reinen Nähereibetrieben im Sinne 'verlängerter Werkbänke' in sog. strukturschwachen Regionen mit einem relativ hohen Angebot an weiblichen Arbeitskräften.

"Das ist nur deshalb gelungen, weil wiederum die Unternehmen den Arbeitskräften nachgegangen sind und in erheblicher Zahl weitere Filialbetriebe errichtet haben. Die im Aufspüren und Nutzbarmachen kleiner und kleinster Arbeitskraftreserven liegende volkswirtschaftliche Pioniertätigkeit hat für die einzelnen Unternehmen den Nachteil, daß die Zahl der Beschäftigten pro Betrieb gesunken ist, hauptsächlich deshalb, weil in den Ballungszentren die Stammbetriebe zufrieden waren, den Belegschaftsstand zu halten, an Expansion aber nicht denken konnten" (BBI : 1966, S. I).

Schon in der Mitte der 60er Jahre zeigte sich, daß die bis dahin erfolgreiche, freilich nicht problemlose Strategie der Schaffung von Produktionskapazitäten in peripheren Regionen zur Sicherung eines ausreichenden Arbeitskräftepotentials innerhalb des nationalen Wirtschaftsraumes zunehmend an ihre Grenzen gestoßen war. Parallel zur Phase der Standortinnovation im nationalen Maßstab begann sich mit der zweiten - grenzüberschreitenden - Phase des Verlagerungsprozesses die Internationalisierung der Bekleidungsproduktion zu entfalten. Die Substitution der Fertigung im Inland durch Fertigung im Ausland bezog sich in dieser Zeit zunächst auf die Verlagerung von Teilen der Produktion in ausländische Tochterbetriebe deutscher Bekleidungsunternehmen sowie auf die passive Lohnveredelung 25), d.h. die Vergabe von reinen Lohnaufträgen an ausländische Produktionsbetriebe durch inländische Bekleidungsfirmen (BBI : 1966, S. I).

Gemessen an der Höhe der Beschäftigung (406402 Beschäftigte in den Betrieben) sowie an der Anzahl der Betriebe (5628) war 1966 das 'Spitzenjahr' in der Entwicklung der Bekleidungsindustrie nach dem 2. Weltkrieg. Gleichzeitig ging mit diesem Jahr eine seit der Währungsreform andauernde - nur 1958 unterbrochene - Wachstumsphase zu Ende. Die mit der Rezession 1966/67 erfolgte Umkehr dieses Trends läutete den differenzierten Übergang zur endgültigen Schrumpfung des Produktionsapparates dieser Branche ein.

Im Vergleich zu den Vorperioden stellte sich im Jahr 1966 insgesamt noch ein schwaches Wachstum ein. Bei genauerer Betrachtung der wirtschaftlichen Entwicklung dieses Jahres fällt auf, daß die konjunkturelle Entwicklung zumindest im ersten Quartal noch durch einen großen Schwung gekennzeichnet war. Es hatten sich nicht nur die Auftragseingänge von Januar bis März um 13 % gegenüber dem Vorjahreszeitraum erhöht, sondern es ist auch ein hoher Überhang an Auftragsbeständen aus dem Jahr 1965 übernommen worden.

Abgezeichnet hatte sich der Einbruch in der wirtschaftlichen Entwicklung mit dem erheblichen Rückgang der Auftragseingänge im zweiten Quartal. Eine drastische Verschlechterung der wirtschaftlichen Situation der Bekleidungsindustrie trat dann von der Jahresmitte an ein. Mit Beginn der Verkaufsrunde der Frühjahr-/Sommerkollektion 1967 im September sanken die Auftragsziffern weiter und in der Folge der nachgelassenen Herbstorder gingen sowohl die Werte für den Umsatz als auch für die Produktion in den letzten Monaten des Jahres 1966 stark zurück. Die Umsatzeinbuße betrug in den Monaten Oktober bis Dezember 13 % gegenüber dem Vorjahreswert - der Produktionsindex sank im Durchschnitt der Monate August bis Dezember um 6,6 % unter das Niveau des Vorjahreszeitraumes (BBI : 1967, S. I).

Die Entwicklung auf dem Sektor der Beschäftigung zeigte einen ähnlichen Verlauf. Zwar ist die Anzahl der Arbeitskräfte im monatlichen Durchschnitt noch einmal um 8.200, d.h. um 2,1 % gegenüber 1965 angestiegen, doch ist die Situation im letzten Quartal durch Kurzarbeit und Entlassungen gekennzeichnet gewesen. Klar ist diese Entwicklung auch an dem Rückgang der als Heimarbeiter/in beschäftigten Personen abzulesen: Bei dieser Beschäftigtengruppe betrug der Verlust gegenüber der Vorperiode insgesamt 14,9 % - bei Berücksichtigung nur der Heimarbeiter/innen des - engeren - Bekleidungsgewerbes (Schneiderei, Näherei, Kleider- und Wäscheherstellung) lag die Einbuße mit 18,2 % deutlich höher (BBI : 1967, S. 2). Wegen der rückläufigen Entwicklung der Konjunktur ist auch der Prozeß der binnenländischen Verlagerung von Betrieben bzw. Betriebsteilen oder Teilfertigungen zunächst zum Stillstand gekommen.

Rezession deckt die Strukturprobleme auf

Die seit der Jahresmitte 1966 anhaltende rezessive Entwicklung setzte sich im Jahr 1967 unverändert fort und führte zu einem drastischen Rückgang der gesamten Wirtschaftstätigkeit in der Bekleidungsindustrie. Produktion, Umsatz sowie Beschäftigung erfuhren in diesem Krisenjahr den stärksten Rückschlag, den die Branche in ihrer Nachkriegsentwicklung bis dahin hat hinnehmen müssen. Am stärksten sackte das Nettoproduktionsvolumen mit 10,5 % ab. Der Umsatz verminderte sich um 9,1 % und der Verlust von 36000 Arbeitsplätzen entsprach einem Rückgang von 8,9 % 26).

Ein Vergleich mit den Daten zur Entwicklung der gesamten Industrie zeigt deutlich, daß die durchschnittlichen Verluste aller Industriezweige beim Umsatz mit ca. 1,8 % und bei der Beschäftigung mit 6,2 % weniger stark gewesen sind (BBI : 1968, S. II). Die überdurchschnittlichen Einbußen der Bekleidungsindustrie 27) in dieser Wachstumskrise deuten darauf hin, daß sich auf dem erreichten Niveau der Bedarfsdeckung in dieser Situation erstmals eine stärkere konjunkturelle Reagibilität der Bekleidungsindustrie auszuwirken begann (Braczyk/Niebuhr/ Weißbach : 1983, S. 11). Ganz allgemein können die starken Verluste der Bekleidungsbranche mit den Konsequenzen der allgemeinen rückläufigen konjunkturellen Entwicklung erklärt werden. In der Folge der Verringerung der Nettoeinkommen sanken die Ausgaben der privaten Haushalte für den Bekleidungskonsum im monatlichen Durchschnitt von DM 105,30 im Jahr 1966 auf DM 97,65 im Jahr 1967 28). Es scheint plausibel, daß die Verbraucher sich unter den Umständen der Wirtschaftskrise sowie mehr oder weniger vollen Kleiderschränken beim Kauf von zusätzlichen Bekleidungsgegenständen zurückgehalten haben. Höhere Spareinlagen sowie die Rückkehr von ausländischen Arbeitskräften in ihre Heimatländer sorgten für einen weiteren Entzug an Kaufkraft und damit an konsumtiver Nachfrage.

Auf die am Boom der Jahre 1965/66 orientierte Politik des Einzelhandels, seine Verkaufsflächen massiv zu erweitern und seine Order entsprechend zu erhöhen reagierte die Bekleidungsindustrie mit einer abermaligen Ausweitung ihrer Produktionskapazität. Unter den genannten gesamtwirtschaftlichen Bedingungen mußten die allzu optimistischen Erwartungen an das Bekleidungsgeschäft der beiden Stufen der Textil-Pipeline wie eine hausgemachte Verstärkung der Krise wirken.

"Entsprechend den höheren Verkaufserwartungen wurden auch höhere Aufträge erteilt. In der Sorge, manche Betriebe der Bekleidungsindustrie würden mehr Bestellungen hereinnehmen, als sie termingemäß bewältigen könnten, scheinen bisweilen die erteilten Orders über den hochgeschätzten Bedarf hinausgegangen zu sein. Den Erklärungen der Fachverbände der Bekleidungsindustrie, es seien ausreichende Kapazitäten für die Deckung jeden Bedarfs vorhanden, wurde zu wenig oder zu spät Glauben geschenkt" (BBI : 1968, S. II).

Auch die Mode in ihrer Rolle als Vermittlerin von Kaufanreizen besaß in dieser Zeit nicht den erwarteten Schwung, um dem abflachenden Bekleidungskonsum entgegenzuwirken. Die Meinungen zeitgenössischer Experten sind so zu interpretieren, daß die Mode in dieser Zeit eher als Bremsklotz für den Absatz wirkte, als sie ihm einen zusätzlichen Schub gab.

"Hinzu kam, daß in einigen Bereichen der Bekleidungsindustrie in den letzten beiden Jahren die Modeschraube überdreht worden ist. Die Betonung des Extremen in den Massenmedien, denen es mehr auf Sensation als auf sachliche Information ankommt, hat viele Verbraucher gerade der kaufkräftigen Jahrgänge verprellt. So erklärt sich, daß die Klagen über ein unzureichendes Angebot des Handels immer lauter und schließlich der Bekleidungsindustrie in die Schuhe geschoben werden" (Hofmann : 1968, S. 12).

"Ehrlicherweise muß zugegeben werden, daß in manchen Bereichen, Artikeln und Preislagen die Mode zu wenig bot, um sie zum Umsatzmotor zu machen. Extrem junge Modeströmungen waren jedenfalls nicht die richtige Methode, um gerade jene Verbraucherschichten anzusprechen, die noch am ehesten über die erforderliche Kaufkraft verfügen. In den Fällen, in denen sich aber eine bestimmte Moderichtung durchgesetzt hatte, war es nicht immer möglich, den auftretenden Bedarf innerhalb kürzester Frist zu befriedigen" (BBI : 1968, S. II).

Die krisenbedingte Einschränkung der Produktion schlug auf der Beschäftigungsseite in unterschiedlicher Weise durch. Einerseits bestand die Sorge der Unternehmen, daß einmal entlassene Arbeitskräfte nicht wieder in die Branche zurückkehren würden. Dadurch sahen sich die Betriebe veranlaßt, in ihrer Beschäftigungspolitik nicht auf Entlassungen in größerem Ausmaß zu setzen. Um die Arbeitskräfte auch über die Krise hinaus zu halten, wurde in entsprechend großem Umfang das Mittel der Kurzarbeit eingesetzt. Eine gewisse Priorität besaß dabei die Aufrechterhaltung des Betriebes in den zuvor neugegründeten Nähereien bzw. Teilbetrieben, welche zur Erschließung von Arbeitskraftreserven in strukturschwachen Regionen errichtet worden waren . Um das zuvor in diese Produktionsstätten investierte Kapital zu erhalten, haben die Unternehmen bis weit in das Krisenjahr 1967 hinein versucht, möglichst viele dieser Filialbetriebe durchzuziehen.

Trotz dieser Aktivitäten zur möglichst langen Überbrückung dieser beschäftigungsmäßig unklaren Situation ist die Anzahl der Betriebsarbeiter in der Bekleidungsindustrie im Jahr 1967 um ca. 36000 Beschäftigte geschrumpft. Die Politik der Unternehmen zur Sicherung ihrer Stammbelegschaften führte andererseits dazu, die Ausgabe von Produktionsaufträgen an die in Heimarbeit beschäftigten Personen besonders stark zurückzufahren. Dementsprechend ist die Größe dieser Beschäftigungsgruppe um ca. 26 % - von 40480 auf 30345 - kleiner geworden, wobei der Teil der in der 'engeren' Bekleidungsindustrie beschäftigten Heimarbeiter mit ca. 30 % die stärksten Einbußen erlitt (BBI : 1968, S. II).

Der Weg aus der Krise ist der Beginn des Strukturwandels: Anstieg der Produktion bei gleichzeitigem Rückgang von Betrieben und Beschäftigung

Nach der Überwindung der bis dahin tiefgreifendsten Rezession in der Nachkriegszeit im Frühjahr 1968 wurde die Bekleidungsindustrie wieder mit in den Sog der gesamtwirtschaftlichen Entwicklung gezogen und nahm am folgenden Boom teil. Diese Phase der Prosperität von 1968 bis 1972 verlief von der Entwicklung der einzelnen Wirtschaftsdaten her nicht in jedem Jahr gleich. Wohl konnte der Umsatz ein stetiges reales Wachstum aufweisen - Produktion und Beschäftigung entwickelten sich nach Größe und Richtung in diesem Zeitraum dagegen recht uneinheitlich.

Der Weg aus der Krise begann sich im letzten Quartal des Jahres 1967 abzuzeichnen. Die in diesem Zeitraum gegenüber dem Vorjahr wieder zugenommenen Auftragseingänge setzten sich mit einer Ausnahme im Laufe des folgenden Jahres fort und bildeten damit die Basis für den kommenden Aufschwung. Ein Vergleich der Indexzahlen der monatlichen Nettoproduktion des Jahres 1968 mit denen der Vorperiode zeigt deutlich, daß die im Herbst 1967 wieder zugenommenen Aufträge sich seit dem März 1968 in einer Steigerung der Produktion auszuwirken begannen. Von diesem Zeitpunkt an lag nur das Produktionsergebnis im Juni 1968 unter dem Monatswert des Vorjahres.

Charakteristisch für die Situation der Bekleidungsindustrie in diesem 'Nachkrisenjahr' zeigten sich der Verlauf von Produktion und Beschäftigung. So konnte durch den relativ starken Anstieg des Produktionsvolumens um 11,5 % der Tiefststand des Jahres 1967 überwunden werden. Mit dem Übertreffen des Produktionsindexes des Jahres 1966 um 0,6 Punkte ist das Ergebnis des 'Vorkrisenjahres' - auf niedrigerem Beschäftigungsniveau - wieder erreicht worden. Bis zu ihrem Tiefpunkt in diesem Krisenverlauf im Juni 1968 hatte die Beschäftigung eine stetig rückläufige Tendenz, sodaß sie sich im Jahresdurchschnitt - bei stagnierender Heimarbeiterbeschäftigung - durch einen Rückgang von 1,1% nochmals abgeschwächt hatte. Daß die Anzahl der Beschäftigten im Gegensatz zur Produktion abnahm, ist einerseits mit dem saisonalen Rhythmus zu erklären. Da bis zum Frühjahr 1967 noch ein relativ hohes Auftragspolster aus dem Herbst 1966 abzuarbeiten war und die Unternehmen entsprechende Anschlußaufträge erwartet hatten, versuchten sie, ihre Arbeitskräfte bis zum Ansteigen der Nachfrage durch die Einführung von Kurzarbeit zu halten. Dadurch wurde die Beschäftigung zunächst noch auf einem relativ hohen Niveau gehalten. Da die Aufträge in der erwarteten Höhe nicht eintrafen, sahen sich die Unternehmen dann von späten Frühjahr an zunehmend gezwungen, Arbeitskräfte zu entlassen (BBI : 1969, S. III).

Bei dieser gegenläufigen Entwicklung von Produktion und Beschäftigung ist zu berücksichtigen, daß sich die Arbeitsproduktivität in dieser Branche gegenüber 1967 mit einer Steigerung von 10,4 % beachtlich erhöht hat. Sie ist somit nicht ohne Konsequenz auf die kurzfristige Beschäftigungsentwicklung geblieben (BBI : 1969, S. I).

Erstmals hatte sich 1969 infolge der weiter stark gestiegenen Produktion wieder ein beachtliches Wachstum der Betriebsbeschäftigten eingestellt. Deren Anzahl erhöhte sich gegenüber dem Vorjahr von 366529 auf 382202, d.h. um 4,3 %. Diese starke Ausweitung der Beschäftigung war nur durch die Rekrutierung ausländischer Arbeitskräfte möglich. Beinahe 2/3 der zusätzlich eingestellten Arbeitnehmer kamen aus dem Ausland. Der damit verbundene Anstieg der Ausländerquote bis auf 16,6 % im Jahr 1973 zeigt besonders deutlich, daß einheimische Arbeitskräfte im Zuge des Konjunkturaufschwungs zunehmend knapper geworden sind. Der Zuwachs der von den Unternehmen in Heimarbeit beschäftigten Personen war gering. Er betrug in diesem Zeitraum nur 2,9 % (BBI : 1970, S. II).

Das relativ hohe wirtschaftliche Niveau des Boomjahres 1969 hat die Bekleidungsindustrie wegen des antizyklischen Verlaufes der Branchenkonjunktur - sie war als letzter Industriesektor in die Rezession eingetreten - erst mit geraumer Verspätung sowie mit einem deutlichen Minusabstand zur gesamtwirtschaftlichen Entwicklung erreicht. Die nur unterdurchschnittliche Teilhabe am konjunkturellen Aufschwung der späten 60er Jahre lag primär im Wandel der Konsumpräferenzen der Verbraucher begründet. In der Käufergunst lagen langlebige Gebrauchsgüter einschließlich der Kraftfahrzeuge als auch Güter des gehobenen Bedarfs eindeutig im Vordergrund. Zudem kamen auch in dieser Periode die wieder stark angestiegenen Ausgaben für Urlaubsreisen und andere Freizeitaktivitäten (BBI : 1970, S. II).

"Der Verbraucher kauft nach der Rezession überlegter, modebewußter und vorsichtiger. Da seine Kleiderschränke gut gefüllt sind, kann man ihn nur mit neuen Ideen locken. Das erfordert ständige Anpassung, Umstellung, raschere Musterung und stetes Wachsein. Die starke Konkurrenz, die auch von den übrigen Konsumgüterbereichen und vom Freizeitbereich ausgeht, mindert darüberhinaus die Ausgabelust des Verbrauchers für Kleidung (Hofmann : 1970, S. 13).

Infolge der in der zweiten Hälfte des Jahres 1970 erneut nachgelassenen Konjunktur in der Bekleidungsindustrie zeichnete sich ein Jahresergebnis innerhalb dieser Boomphase ab, welches nur beim Umsatz mit einem Plus von 8,4 % (real 3,8 %) ein positives Ergebnis verzeichnen konnte. Die insbesondere seit dem August stark gesunkene Nettoproduktion führte im Jahresmittel zu einer Einbuße des Produktionsindexes (1962 = 100) von 130,9 auf 127,5 Punkte d.h. um 2,6 % und damit zu einem Zwischentief in der Phase des gesamtwirtschaftlich anhaltenden Aufschwunges 29). Parallel zu der sich abgeschwächten Entwicklung der Nettoproduktion verringerte sich die Beschäftigung in der Bekleidungsindustrie. Mit dem Absinken sowohl der von den Bekleidungsunternehmen beschäftigten Betriebsarbeiter als auch der in Heimarbeit beschäftigten Personen 30) setzte in dieser Periode eine Schrumpfung der Zahl der Beschäftigten ein, die sich von da an fortsetzte und bis zur Mitte der 80er Jahre nicht zum Stillstand gekommen ist.

Näher betrachtet verbergen sich hinter dem Auseinanderdriften von Umsatz und Produktion in diesem Jahr unterschiedlich wirkende Einflußgrößen. Einmal haben wiederum Sättigungstendenzen beim Bekleidungskonsum sowie die zunehmende Konkurrenz mit anderen Gütern bzw. Dienstleistungen dazu geführt, daß die Produktion abgesunken ist. Andererseits ist in dem Anstieg des Umsatzes die zunehmende Verarbeitung höherwertiger und damit teurerer textiler Rohmaterialien enthalten, die den Durchschnittspreis eines Kleidungsstückes weit über das Niveau der normalen Preiserhöhung hinaus haben ansteigen lassen.

Als nicht unwesentlich für die Erklärung des Auseinanderfallens von Umsatz und Produktion beginnt sich Anfang der siebziger Jahre zunehmend das Phänomen abzuzeichnen, welches die Schere zwischen diesen beiden Größen per se generiert: dieses ist die von den deutschen Bekleidungsunternehmen veranlaßte und von ausländischen Produktionsbetrieben für Rechnung des deutschen Auftraggebers durchgeführte passive Lohnveredelung sowie der von inländischen Bekleidungsunternehmen als Zukauf vorgenommene Eigenimport von Bekleidung. Auch werden die in ausländischen Tochterunternehmen deutscher Bekleidungshersteller gefertigten und im bundesdeutschen Wirtschaftsraum von diesen Firmen als Importe abgesetzten Teile in jedem Fall auf dem Umsatzkonto - nicht aber auf dem Produktionskonto - der deutschen Bekleidungsindustrie verbucht. Es sind neben den Direktimporten des Bekleidungseinzelhandels die zunehmenden außenwirtschaftlichen Aktivitäten der deutschen Bekleidungsunternehmen, in deren Folge die Verlagerung der Produktion in das Ausland das im Inland erstellte Nettoproduktionsvolumen rückläufig werden ließ 31).

Nach der Unterbrechung des Produktionswachstums im Jahr 1970 sind in den beiden folgenden Jahren sowohl Produktion als auch Umsatz wieder angestiegen, wobei das Wachstum der Produktion in diesen Jahren jeweils über dem Wachstum der Gesamtindustrie gelegen hatte. Somit ist 1971 der Stand der Nettoproduktion des Jahres 1969 knapp übertroffen worden. Mit der Erhöhung der Produktion vom Jahr 1971 auf das Jahr 1972 um 5,1 % erlangte das Nettoproduktionsvolumen in der Bekleidungsindustrie einen - historisch gesehen - absoluten Höchststand in der bisherigen Nachkriegszeit. Der seit 1970 verstärkte Trend der Verringerung der absoluten Beschäftigtenzahlen hat sich auch 1972 weiter fortgesetzt wobei die Bedeutung der Heimarbeiter/innen als flexible Arbeitskraftreserve für die Bekleidungsindustrie weiter abgenommen hat.

"Das hat mehrere Gründe. Der Heimarbeiter alten Stils, der als gelernter Schneider ein Kleidungsstück vom ersten bis zum letzten Arbeitsgang selbst herstellen konnte, stirbt mangels Nachwuchses aus. Die sogenannten Heimarbeiterdörfer im Odenwald, im Spessart und anderwärts gehören der Vergangenheit an. Weiter hat die Knappheit an Arbeitskräften in allen größeren Orten die dort ansässigen Kleiderfabriken gezwungen, die Produktion zu dezentralisieren und die in Dörfern und Kleinstädten vorhandenen, wenn auch im Einzelfall geringen Arbeitskraftreserven - überwiegend durch die häuslichen Verhältnisse ortsgebundenen Frauen - in Filialbetrieben einzusetzen. Als Heimarbeiterinnen fallen sie somit aus. Schließlich haben die zunehmend komplizierter werdenden Vorschriften über die Vergabe von Heimarbeit durch perfektionistische und z. T. unrealistische Regelungen der Heimarbeitszeiten und -zuschläge die Entgeltberechnung unübersichtlich gemacht (BBI : 1973, S. II).

Schrumpfung ohne Ende: Dauerhafte Einbußen bei Produktion und Beschäftigung

Der insgesamt unterdurchschnittlichen Partizipation der Bekleidungsindustrie an der Hochkonjunktur der Jahre 1968 - 1972 schloß sich - mit Ausnahme der kurzfristigen Erholung der Produktion im Jahr 1975 - in den folgenden Jahren eine kontinuierliche Schrumpfungsphase an. Deren Verlauf ist bis zur Mitte der 80er Jahre im wesentlichen durch Phasen unterschiedlich starken Rückganges von Produktion und Beschäftigung bei durchschnittlich leicht ansteigendem Umsatz gekennzeichnet gewesen. Begonnen hatte diese Schrumpfungsphase mit einer ausgeprägten Schwächeperiode der ökonomischen Entwicklung der Bekleidungsindustrie in den Jahren 1973/74.

Im Branchenbericht zum wirtschaftlichen Verlauf des Jahres 1973 wird die stark rückläufige Entwicklung während dieser Periode als der schwerste konjunkturelle Rückschlag bezeichnet, den dieser Industriesektor seit der Währungsreform bis zu diesem Zeitpunkt hat hinnehmen müssen (BBI : 1974, S. I). In krassem Gegensatz zur gesamtindustriellen Entwicklung standen die Daten, welche die ökonomische Situation der Bekleidungsindustrie des Jahres 1973 widerspiegeln. Konnten Produktion, Umsatz und Beschäftigung auf der Ebene der Gesamtindustrie z. T. sehr starke Wachstumsraten erzielen, so sind die entsprechenden Daten für die Bekleidungsindustrie im Vergleichszeitraum drastisch abgesunken. Am stärksten war die Einbuße bei der Produktion - mit einem Minus von 8,3 % gegenüber dem Höchststand von 1972 fiel das Produktionsergebnis wieder auf den Stand von 1970 zurück. Preisbereinigt betrug der Rückgang des Umsatzes mindestens 7 %. Die seit 1970 anhaltende Schrumpfung der Beschäftigtenzahlen 32) setzte sich mit einem Verlust von 12414 Arbeitsplätzen, d.h. um 3,3 % weiter fort 33).

Dieses für die Bekleidungsindustrie ungünstige Resultat des Jahres 1973 ist das Ergebnis verschiedener Ursachen gewesen. Die geringe Konsumneigung für Bekleidungsartikel der durch Inflation und Ölpreisschock verunsicherten Konsumenten ist dabei besonders hervorzuheben. Gleichzeitig ist in der größeren Zurückhaltung bei der Anschaffung von Bekleidung in Zeiten der Unsicherheit über die künftige wirtschaftliche Entwicklung der wesentliche Grund dafür zu sehen, daß die rückläufige Konjunktur in der Bekleidungsindustrie in diesem Fall früher einsetzte als in den anderen Sektoren der Konsumgüterindustrie.

Der Gleichklang im Abschwung mit den übrigen Wirtschaftszweigen setzte erst im Jahr 1974 ein, wobei die Bekleidungsindustrie gegenüber den anderen Industriezweigen deutlich stärkere Einbußen zu verzeichnen hatte. Ähnlich hoch wie in der Vorperiode waren in dieser Branche der Rückgang der Produktion mit einem Minus von 8,3 Punkten sowie die preisbereinigte Einbuße des Umsatzes von knapp 7 %. Daß es sich bei den Verlusten in dieser Höhe um die schärfste Rezession gehandelt hat, von der die Bekleidungsindustrie bis dahin betroffen war, zeigt die auf den Zeitraum dieser Krise 1973/74 bezogene Veränderung von Beschäftigung, Produktion und Umsatz. So markierte nicht nur der innerhalb des Zeitraumes von zwei Jahren erlittene Verlust von ca. 62000 Beschäftigten (16,6 %) - davon ca. 50000 im Jahr 1973 - eine drastische Verkleinerung des Beschäftigungsapparates 34) und einen bis dahin nicht erreichten Minusrekord 35). Auch in dem Absinken der Produktion im gleichen Zeitabschnitt um 15,3 Punkte sowie des Umsatzes um real knapp 14 % spiegelten sich die besondere Anfälligkeit dieser Konsumgüterbranche in ökonomischen Krisensituationen wider.

Sicher hatte die erwähnte Zurückhaltung der Konsumenten beim Kauf von Bekleidung unter den damaligen Bedingungen einen starken Anteil an dieser rezessiven Entwicklung. Neben der Beeinflussung des Branchengeschehens von der Nachfrageseite hatte die Krise 1973/74 eine für den Beginn der 70er Jahre in Gang gekommenen Strukturwandel in der deutschen Bekleidungsindustrie besondere Relevanz. In dieser Krise verstärkten sich die für die deutsche Bekleidungsindustrie relativ verlustreichen Folgen wirtschaftspolitischer Entscheidungen - insbesondere der Außenwirtschaftspolitik sowie der Konjunktur- bzw. Stabilitätspolitik - wodurch die Schrumpfung des Produktionsapparates dieser Branche im Inland direkt bzw. indirekt beschleunigt wurde (BBI : 1975, S. IV). Parallel dazu setzte ein Trend des strukturellen Umbaus der Bekleidungsindustrie in Aufbau und Gefüge ein, der in der Mitte der 80er Jahre noch weiter anhält.

Von den Tarifparteien vereinbarte und z. T. über dem gesamtwirtschaftlichen Durchschnitt gelegene Lohnerhöhungen sowie die Tendenz der steigenden Lohnnebenkosten brachten für viele Betriebe eine Erhöhung der Produktionskosten mit sich. Wegen ihrer chronisch schwachen Kapitalausstattung waren die wenigsten Betriebe in der Lage, die gestiegenen Belastungen mittels der in Folge zusätzlicher Investitionen zu realisierenden Steigerungen der Arbeitsproduktivität aufzufangen. Für die vorwiegend mittelständischen Unternehmen der Bekleidungsbranche bedeutete die zur Bekämpfung der Inflation in dieser Phase praktizierte Hochzinspolitik entweder - bei Inanspruchnahme des Kapitalmarktes - einen Anstieg der Kapitalkosten oder eine Verdrängung vom Kapitalmarkt. Unter den Bedingungen eines rückläufigen Absatzes führte diese Situation für viele Familienbetriebe zum endgültigen Ausscheiden vom Markt (BBI : 1978, S. V).

Andere Betriebe reagierten - früher oder später - auf die veränderten wirtschaftlichen Rahmenbedingungen einer Produktion von Bekleidung am Standort Bundesrepublik als auch auf die zunehmende Konkurrenz durch Bekleidungsimporte des Handels mit einer direkten bzw. indirekten Verlagerung ihrer Bekleidungserzeugung in kostengünstigere Standorte im Ausland. Mit diesem Schritt setzten sich inländische Bekleidungsunternehmen in die Lage, selbst Wettbewerbsvorteile durch eine Produktion in den Niedriglohnländern zu realisieren. Dazu führten sie in wachsendem Maß Eigenimporte aus passivem Lohnveredelungsverkehr mit fast allen Ländern Osteuropas durch oder produzierten in eigenen und speziell dafür errichteten Produktionsstätten im Ausland.

"Durch das von der deutschen Handelspolitik geförderte Eindringen von Wettbewerbern aus Ländern völlig anderer Kosten- und Sozialstrukturen auf den deutschen Bekleidungsmarkt ist es den heimischen Herstellern nur übrig geblieben, den risikoreichen Weg der Auslandsfertigung zu beschreiten. (...) Eine Alternative gab es jedoch angesichts des wachsenden Importdrucks aus den ostasiatischen Niedrigkostenländern nicht. Immerhin bietet die Verlagerung von Produktionen außer in die frei zugänglichen OECD- auch in die lohngünstigen Staatshandelsländer des Ostblocks die Möglichkeit, mit einem Teil des Umsatzes der heimischen Lohn- und Kostenexplosion auszuweichen und Mischkalkulationen zu bilden, was hierzulande Betriebsstätten erhalten und Arbeitsplätze sichern kann" (BBI : 1975, S. III).

Bezüglich der Entwicklung der einzelnen Konjunkturdaten ist die Abschwächung der vorangegangenen Krise im Jahr 1975 in unterschiedlichem Ausmaß und in unterschiedlicher Richtung verlaufen. Besonders ist hervorzuheben, daß die Produktion in

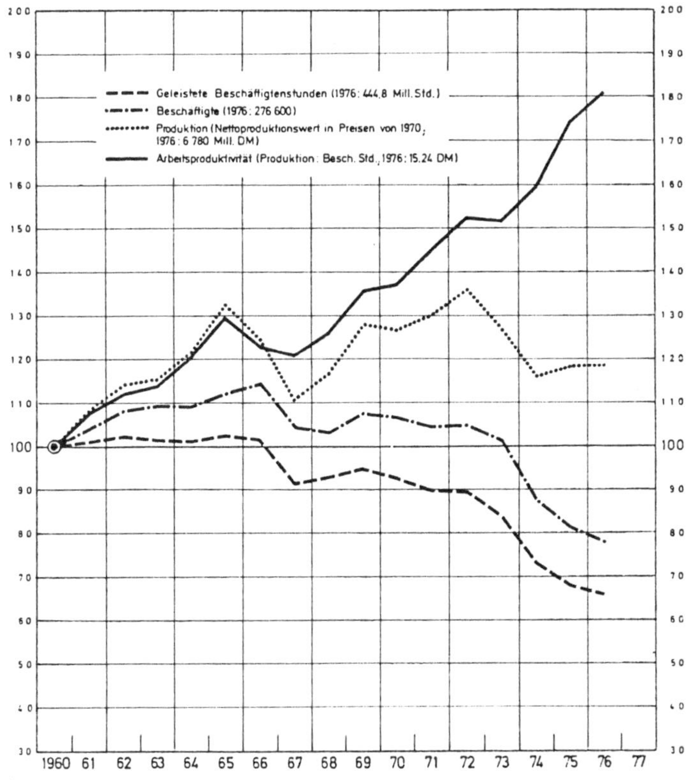

Quelle: Breitenacher, Michael; Scholz, Lothar unter Mitarbeit von Manfred Berger : Neue Arbeitsstrukturen in der Bekleidungsindustrie (Vorstudie, unveröff. Manuskript, München 1977, S. 4.

Abb.5/3: Entwicklung von Produktion und Beschäftigung in der deutschen Bekleidungsindustrie von 1960-1977 1960 = 100

diesem Jahr nicht weiter zurückging, sondern - letztmalig gegenüber einem Vorjahreswert - leicht angestiegen ist. Wachsende Auftragseingänge im letzten Drittel des Jahres 1974 bescherten der Bekleidungsindustrie vor allem in der ersten Jahreshälfte 1975 einen Anstieg der Produktion. Trotz der im letzten Drittel des Jahres 1975 wieder nachgelassenen Produktionstätigkeit erhöhte sich dieser Wert im Jahresdurchschnitt um 1,6 Punkte (BBI : 1976, S. III).

Jahr	Umsatz Mio.DM	Umsatz, jährl. Veränd.-Rate	Nettoproduk.-Vol. in Mio.DM zu Preisen v. 1980	Nettoproduk.-Vol. jährl. Veränd.-Rate	Betriebe
1970	14178	8,2	10948		5163
1971	15333	8,3	10987	0,4	5112
1972	17112	11,6	10921	- 0,6	5040
1973	16787	- 1,9	10732	- 1,7	4976
1974	16802	+ 0,1	10384	- 3,2	4481
1975	17047	1,5	10022	- 3,5	4340
1976	17905	5,0	9725	- 3,0	4125
1977	19142	6,9	9483	- 2,5	3170
1978	19337	1,0	9270	- 2,2	3365
1979	19950	3,2	9092	- 1,9	3295
1980	20713	3,8	8855	- 2,6	3210
1981	20472	- 1,2	8478	- 4,3	3039
1982	19844	- 3,1	8050	- 5,0	2828
1983	20171	1,6	7663	- 4,8	2638
1984	21453	6,4	7352	- 4,1	2540
1985	22068	2,9	7075	- 3,8	2456

Beschäftigte								
absol.	jährl. Verände-rungsrate	männlich		weiblich *)		Heimarbeiter		
		absol.	%	absol.	%	absol.	jährl. Verän-derung	Anteil a.d. gesamten Beschäftigten (%)
379067	- 0,8	68517	18,5	310550	81,9	28194	- 9,7	7,4
371645	- 2,0	66895	18,0	304750	82,0	26423	- 6,3	7,1
372152	0,1	66992	18,0	305160	82,0	25001	- 5,4	6,7
359738	- 3,3	64738	18,0	295000	82,0	23928	- 4,3	6,7
310232	- 13,8	55832	18,0	254400	82,0	19138	- 20,0	6,2
288308	- 7,1	52508	18,2	235800	81,8	16826	- 12,1	5,8
265051	- 8,1	47751	18,0	217300	82,0	16155	- 4,0	5,8
264567	- 0,2	46074	18,0	216900	82,0	16976	5,1	6,4
259529	- 1,9	46729	18,0	212800	82,0	14923	- 12,1	5,8
256734	- 1,1	46134	18,0	210600	82,0	14466	- 3,1	5,6
248776	- 3,1	49276	19,8	199500	80,2	13982	- 3,3	5,6
230887	- 7,2	46187	20,0	184700	80,0	12267	- 12,3	5,3
209724	- 9,2	44724	21,3	165000	78,7	-----	----	---
193942	- 7,5	40942	21,1	153000	78,9	-----	----	---
191132	- 1,4	41132	21,5	150000	78,5	-----	----	---
188436	- 1,4	40436	21,5	148000	78,5	-----	----	---

Quellen: Görzig, Bernd; Schnitke, Joachim; Baumann, Peter : Produktionsrahmen u.-potential, Produktionsfaktoren des Bergbaus und des Verarbeitenden Gewerbes in der Bundesrepublik Deutschland, Statistische Kennziffern, 28.Folge 1970 - 1985; Berlin 1986 sowie laufende Jahrgänge der Branchenberichte des Bundesverbandes Bekleidungsindustrie e. V., Bonn bzw. Köln sowie eigene Berechnungen

Tab.5/2: Umsatz, Produktion und Beschäftigung in der Bekleidungsindustrie von 1970 - 1985. Die Angaben gelten bis 1975 für Betriebe mit 10 und mehr Beschäftigten und ab 1976 für Betriebe mit 20 und mehr Beschäftigten. Daher ist ein Langzeitvergleich nur bedingt möglich.

*) Schätzungen

Mit einer Einbuße des Umsatzes um real 2,4 % - nominal ergab sich eine bescheidene Steigerung um 1,5 % - hatte sich auch dieser Wert gegenüber den relativ hohen Minusraten der beiden Krisenjahre deutlich abgeschwächt und lag damit leicht über dem Wert des Umsatzes des Vorkrisenjahres 1972. Wesentlich stärkere Bremsspuren hinterließ die Krise auf dem Sektor der Beschäftigung. Durch den weiteren Rückgang von knapp 22000 Arbeitsplätzen (7,1 %) im Jahr 1975 verlor die Bekleidungsindustrie zusammen mit den Beschäftigungseinbußen aus den beiden Krisenjahren 1973/74 ca. 84.000 Beschäftigte, was einer Verminderung des Beschäftigtenpotentials um ein knappes Viertel in diesem Zeitraum entsprach.

Wie die weitere Entwicklung der Produktionsdaten zeigt, wurde mit dem geringen Anstieg der Produktion im Jahr 1975 keine neue Wachstumsperiode eingeleitet. Ähnlich wie der Anstieg der Produktion im Vorjahr ist die Steigerung des Umsatzes um real 2,8 % auf 17,9 Mrd. DM im Jahr 1976 - diese Entwicklung war vorrangig das Resultat des Abbaus von in der Vorperiode überdurchschnittlich angewachsenen Lagerbeständen (BBI : 1977, S. II) - eher als ein saisonal begrenztes Strohfeuer anzusehen. In den folgenden Jahren konnte die Bekleidungsindustrie nicht an die verhaltenen Auftriebstendenzen der gesamtindustriellen Entwicklung anknüpfen und mußte in den Jahren 1976 - 1978 bei der Produktion sowie 1977 - 1978 beim Umsatz (real) weitere Minusraten mit zunehmender Tendenz hinnehmen.

Parallel zu dieser Entwicklung gingen in diesem Zeitraum die Beschäftigtenzahlen kontinuierlich und in stärkerem Maß als im gesamten Industriesektor zurück, sodaß die Anzahl der Beschäftigten in diesen drei Jahren um weitere ca. 30000 Personen schrumpfte. Somit hatten gegen Ende der 70er Jahre nur noch 3,4 % von allen in der Industrie beschäftigten Personen in der Bekleidungsindustrie einen Arbeitsplatz gefunden. Produktion und Beschäftigung sind u. a. wegen des in diesem Zeitraum - mit Ausnahme des Jahres 1977 - zurückgegangenen Bekleidungskonsums gesunken. Steigende Aufwendungen der privaten Haushalte für fixe Kosten wie Miete, Energie usw. sowie die Veränderung von Konsumpräferenzen aufgrund sich wandelnder Gestaltung des tendenziell größer gewordenen Freizeitrahmens trugen dazu bei, daß die Marge für den Kauf von Bekleidung zunehmend geringer wurde. Neben dem sinkenden Konsum war es vor allem der stetig angewachsene Import 36) von Bekleidung, durch den die binnenländische Fertigung von Sakkos, Hosen, Kleidern usw. in immer stärkerem Maß eingeschränkt wurde.

"Im Bereich der Herrenoberbekleidung stieg bei ständig sinkendem Verbrauch und rückläufiger Produktion der Anteil der Einfuhren an der Inlandsverfügbarkeit wichtiger Artikel erheblich an. Bereits heute kommt fast jeder zweite Anzug aus dem Ausland. Noch ungünstiger ist die Relation bei Sakkos und Mänteln. Hier werden von drei Teilen zwei im Ausland produziert.
Nur bei Hosen konnte bei einem deutlich wachsenden Markt auch die heimische Produktion ausgeweitet werden. Dennoch stieg auch der Anteil der Einfuhren an und erreichte 1976 57,9 % an der Inlandsverfügbarkeit.
(...)

Eine ähnliche, wenn auch weniger stark ausgeprägte Entwicklung zeigt die Inlandsverfügbarkeit bei der Damenoberbekleidung. 1976 kam bereits rd. die Hälfte aller Kostüme, Hosen, Mäntel und Jacken aus dem Ausland. Bei Röcken betrug der Anteil der Importe 33,4 %, bei Kleidern 29,7 %. Den mit Abstand höchsten Auslandsanteil verzeichneten die Blusen (62,0 %)" (BBI : 1977, S. XIV).

Gefördert wurde diese Entwicklung u. a. dadurch, daß immer mehr Bekleidungshersteller dazu übergangen sind, den niedrigpreisigen Teil ihres Angebotes - sog. Anfangspreislagen - aus dem Ausland zu beziehen. Dies geschah entweder z.T. als Import aus den ausländischen Tochterbetrieben deutscher Bekleidungsfirmen. Einige inländische Bekleidungshersteller sind schon in dieser Zeit dazu übergegangen, diese Teile als Vollimport zur Abrundung ihres Sortiments im Ausland zuzukaufen. Andere Bekleidungsunternehmen setzten bei ihrer Strategie der Auslandsproduktion auf die passive Lohnveredelung und ließen die importierten Bekleidungsstücke von ausländischen Zwischenmeisterbetrieben im Lohn fertigen. Die spezielle Form dieser Eigenimporte - die sog. passive Veredelung - ermöglichte insbesondere kleineren Bekleidungsunternehmen, denen der Aufbau eigener Fertigungsstätten im Ausland mangels ausreichender Kapitalausstattung nicht möglich war, die - zumindest teilweise - Fertigung im Ausland.

"Die deutsche Bekleidungsindustrie hat in logischer Konsequenz aus Einfuhrliberalisierung, Ostpolitik der Bundesregierung und härter werdender Kostenbelastung vor rund 10 Jahren den passiven Lohnveredelungsverkehr aufgebaut. Sie hat nach einer schwierigen und kostspieligen Anlaufphase, die mit einem erheblichen Know-how-Transfer verbunden war, insbesondere in den Ostblockstaaten bedeutende Kapazitäten errichtet und Verpflichtungen gegenüber diesen Partnern übernommen.
Der passive Lohnveredelungsverkehr ist daher ein wichtiges Instrument, um die hohen inländischen Produktionskosten im Wege der Mischkalkulation auf ein vernünftiges konkurrenzfähiges Maß zu senken" (BBI : 1979, S. IX).

Als zunehmendes Gegengewicht zu den Importen von Bekleidung, welche seit 1968 ein ununterbrochen hohes Wachstum aufwiesen und in deren Folge die Produktion im Inland stark zurückging, sind die Exportaktivitäten der deutschen Bekleidungsunternehmen anzuführen. Hatte die Bekleidungsindustrie bis zur Mitte der 60er Jahre den weitaus größten Teil ihrer Produktion im Inland verkauft, so sah sie sich nicht zuletzt unter der besonders starken Zunahme der Bekleidungsimporte gezwungen, im Inland verlorene Marktanteile durch verstärkten Export - zumindest teilweise - auszugleichen. Dies gelang ihr durch eine sukzessive Erweiterung ihrer ausländischen Absatzmärkte. In den 70er Jahren führte die Exportoffensive zu teilweise zweistelligen Wachstumsraten des Exports 37) und damit zu einer zusätzlichen Stütze der wirtschaftlichen Entwicklung der Bekleidungsindustrie.

"Daß es trotz der dramatischen Importsteigerungen nicht zu einem Chaos und noch mehr Entlassungen in der Bekleidungsindustrie kam, ist vor allem den verstärkten Export-Bemühungen der Firmen zu verdanken, denen es trotz widriger Umstände, insbesondere der Belastungen durch die Wechselkursunsicherheiten, gelungen ist, mit qualitativ hochwertiger und modisch aktueller Ware der deutschen Bekleidung zunehmend Geltung auf dem Weltmarkt zu verschaffen. Die Exportquote der Bekleidungsindustrie - das ist der Anteil der Exporte am Umsatz - erhöhte sich innerhalb der letzten 3 Jahre von 8,8 % auf 13,3 %" (BBI : 1977, S. XIII).

Auf diese ausgesprochene Schwächeperiode der Bekleidungsindustrie folgte 1979 eine kurze Phase der Stabilisierung der wirtschaftlichen Tätigkeit in dieser Branche. Mit einem Rückgang um 0,1 Punkte gegenüber dem Vorjahreswert ergab sich für die Produktion nur noch ein hauchdünnes Minus. Demgegenüber wurden die realen Umsatzeinbußen der Vorjahre in diesem Jahr durch ein hauchdünnes Plus von 0,1 % abgelöst, wodurch der Stand des Umsatzes (nominal) des Jahres 1976 wieder erreicht wurde. Als Zeichen einer Stabilisierung der Bekleidungskonjunktur kann auch die Abflachung der Schrumpfungsrate der Beschäftigung gesehen werden; diese hatte mit einem Minus von 1,1 % die geringste Einbuße in der zweiten Hälfte der 70er Jahre. Begünstigt worden ist diese Entwicklung sowohl durch eine deutliche Steigerung der Ausgaben für Bekleidung der Haushalte im Vergleich zum Vorjahr als auch durch die Erhöhung der Nachfrage des Auslandes. Die Ausweitung der Exportaufträge um 9,6 % war ein nicht unwesentlicher Beitrag zu diesem Ergebnis (BBI : 1980, S. XI).

Entgegen der angenommenen Konsolidierungstendenz des Jahres 1979 konnten sich Produktion, Beschäftigung wie auch Umsatz (real) nicht auf dem Ende der 70er Jahre erreichten Niveau halten und sanken insbesondere im Zeitraum von 1980 - 1982 noch einmal drastisch ab. Im Verlauf dieser erneuten Rezession wies die Entwicklung der einzelnen Daten einen stetigen Rückgang mit steigenden Minusraten auf. Die schärfsten Einbußen während dieses Zeitabschnittes waren bei der Beschäftigung sowie bei der Produktion zu beobachten.

Nach zwei schwachen Jahren mit 'mittelgroßen' Verlusten erreichte diese Schrumpfungsphase wegen der besonders starken Verluste im Jahr 1982 ihren Höhepunkt. Neben den hohen Einbußen von Beschäftigung (-9,2 %) sowie Produktion (-7.0 Punkte) trug der Rückgang des Umsatzes um 6,7 % (real) dazu bei, daß das Jahr 1982 die Periode mit den bis dahin zweitstärksten Verlusten in der Entwicklung der Bekleidungsindustrie nach der Währungsreform wurde. Einen herausragenden Anteil am Rückgang der Beschäftigung während des gesamten Abschwungs hatte der Verlust von ca. 21000 Arbeitsplätzen im Jahr 1982. Der Verlust der Beschäftigten in den einzelnen Jahren dieser Rezession addierte sich zu einer Einbuße von insgesamt ca. 47000 Beschäftigten (18,3 %), so daß die Bekleidungsindustrie mit fast 210000 Beschäftigten am Ende des Jahres 1982 innerhalb eines Zeitraumes von 16 Jahren knapp die Hälfte ihres Arbeitskräftepotentials verloren hat. Ähnlich stark wie die Schrumpfung der Beschäftigung in den drei Krisenjahren war die der Produktion. Im Zeitraum von 1980 - 1982 fiel der Produktionsindex um knapp 20 Punkte gegenüber 1979 auf 76,5 Punkte (Basis 1976=100; 1979=94,5).

Der in dieser Rezession auffällig hohe Rückgang der Produktion ist nicht allein die Folge der allgemeinen konjunkturellen Abschwächung zu Beginn der 80er Jahre gewesen. Verstärkt wurden diese Tendenzen durch verschiedene strukturelle Veränderungen, die in den meisten Fällen für die Entwicklung von Produktion und Beschäftigung negative Kosequenzen mit sich brachten. Eher unerwartet sowie zum Trend entgegengesetzt erhöhte sich im Jahr 1980 der Anteil für Bekleidung an den gesamten Konsumausgaben der privaten Haushalte auf 7,2 % (BBI : 1981, S. 8). Unterstützt wurde dieser Anstieg des Bekleidungskonsums u. a. dadurch, daß infolge der zeitlichen Verschiebung der Anschaffung von neuen Kraftfahrzeugen Einkommensteile frei wurden und von den Konsumenten zum Teil für den Kauf zusätzlicher Kleidungsstücke verwendet worden sind (BBI : 1981, S. 8). Daß der Anstieg der Bekleidungskonsumquote nicht stärker auf die Entwicklung der Produktion durchgeschlagen ist - der Rückgang betrug in diesem Zeitraum 5,1 % gegenüber dem Vorjahreswert (BBI : 1981, S. 5) - mag u. a. daran gelegen haben, daß das Umsatzplus des Bekleidungseinzelhandels in diesem Jahr in erster Linie durch den Verkauf von importierter Bekleidung zustande gekommen ist (BBI : 1981, S. 8).

Die Einschränkung des Bekleidungskonsums, die in den Jahren 1982 und 1983 sowohl wegen konjunkturellen - Rückgang des Bruttosozialprodukts - als auch strukturellen - anhaltende Verschiebung der Konsumpräferenzen durch die Verbraucher - Einflüssen die Konsumquote für Bekleidung wieder absinken ließ 38), hatte zusammen mit den hohen Importzuwächsen im gleichen Zeitraum zu einem Rückgang der Produktion von 7 bzw. mehr als 8 % geführt (BBI : 1982, S. 7 ff.). Anzunehmen ist, daß sich in diesen beiden Jahren aufgrund von realen Einkommenseinbußen relevante Nachfrageströme derart verschoben haben, daß preisgünstige und importierte Bekleidung beim Käuferpublikum einen zunehmenden Absatz auf Kosten von teurer und im Inland gefertigter Bekleidung gefunden hat. Als Folge dieser Verschiebung der Marktanteile stieg der wertmäßige Anteil der aus dem Ausland bezogenen Kleidung von 54 % im Jahr 1981 auf 59 % im Jahr 1982 (BBI : 1982, S. 7). An den Stückzahlen gemessen, würde die Importquote wegen der sich im Wert widerspiegelnden niedrigen Löhne diese Quote noch deutlich übersteigen.

"Angesichts drastischer Produktionseinschränkungen einerseits und kontinuierlich ansteigender Importe andererseits hat die deutsche Bekleidungsindustrie 1981 weitere Marktanteile an die Auslandskonkurrenz insbesondere aus den Entwicklungs- und Schwellenländern verloren. Einschließlich der Bezüge im innerdeutschen Handel erreichte der wertmäßige Anteil der Importe am Inlandsabsatz der deutschen Bekleidungsindustrie 1981 54 % gegenüber 49 % im Vorjahr; Mitte der 70er Jahre hatte er noch bei 34 % gelegen (BBI : 1982, S. 10).

Eine der Konsequenzen des wachsenden Anteils von importierter Bekleidung am inländischen Konsum war, daß das Importgeschäft seitens der von der Bekleidungsindustrie beteiligten Unternehmen nicht länger eine Domäne der Großunternehmen geblieben ist. Zunehmend traten mittlere sowie kleinere Unternehmen in das Auslandsgeschäft ein und importierten ihrerseits Fertigkleidung. Zu den weiteren Folgen dieser Entwicklung gehörte u. a. die Behauptung der passiven Lohnveredelung mit fast allen Ländern Osteuropas. Selbst mit der VR China ist der PV-Verkehr aufgenommen und entwickelt worden. 'Gewinner' dieser Ausweitung des Importgeschäftes - sei es als passive Lohnveredelung oder als Vollimport - durch Unternehmen der deutschen Bekleidungsindustrie waren auch bestimmte Mittelmeerländer wie z. B. Jugoslawien, Griechenland, Malta, Tunesien, Portugal usw.

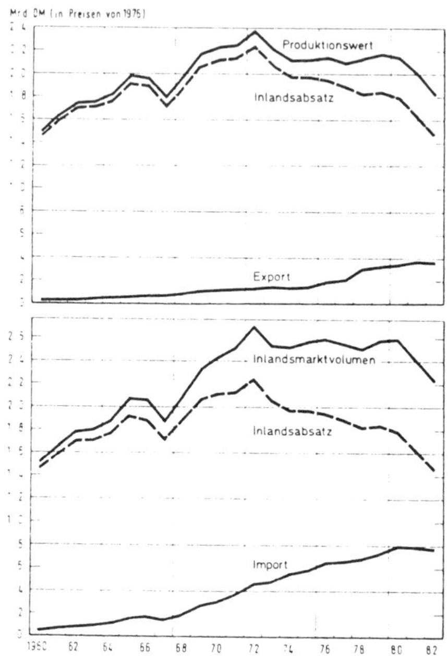

Quelle: Adler, Ulrich; Breitenacher, Michael : Bekleidungsgewerbe: Immer mehr Produktionsverlagerung ins Ausland, in: Ifo-Schnelldienst Nr. 25-26, S. 13, München 1984

Abb.5/4: Produktion, Export und Import von Bekleidung von 1960 - 1982

Eine nicht unbedeutende Rolle für den Ausgleich der nachgelassenen Inlandsnachfrage bzw. zurückgegangenen Produktion nahm in zunehmendem Maß der Export von Bekleidung ein. Zeitweise recht kräftige Zuwachsraten der Auslandsnachfrage sorgten trotz vielfacher weltwirtschaftlicher Restriktionen zumindest für eine teilweise Kompensation dieser Verluste. Zu den Hauptabnehmerländern der Erzeugnisse der deutschen Bekleidungsindustrie gehörten die hochindustrialisierten, marktwirtschaftlich verfassten Länder Europas. Auf die Benelux-Staaten sowie auf Österreich konzentrierten sich allein im Jahr 1980 ca. 60 % des gesamten deutschen Bekleidungsexports (BBI : 1981, S. 12).

Mit der spürbaren Abschwächung der Einbußen von Produktion und Umsatz sowie eines nur leichten Rückgangs der Beschäftigung gegenüber den Ergebnissen der vergangenen Krisenjahre stellte sich im Jahr 1983 auch für die Bekleidungsindustrie eine gewisse Erholung ein. Nach drei rückläufigen Jahren lagen die Einbußen bei Produktion und Umsatz (real) in diesem Jahr nur noch jeweils knapp über einem Prozent. Wesentlich stärker war dagegen der Verlust an Arbeitskräften. Gegenüber 1982 ging die Anzahl der Beschäftigten in dieser Branche um fast 16000, d.h. 7,5 % zurück und unterschritt damit gleichzeitig die 200000 Marke. Zusammen mit der nicht unbedeutenden Schrumpfung der Beschäftigten in den Krisenjahren 1982 und 1983 gingen der Bekleidungsindustrie in den drei zurückliegenden Jahren insgesamt 55000 Arbeitsplätze verloren. Am Ende dieser schweren Rezession war das Beschäftigungspotential um 22% gegenüber 1981 geschrumpft.

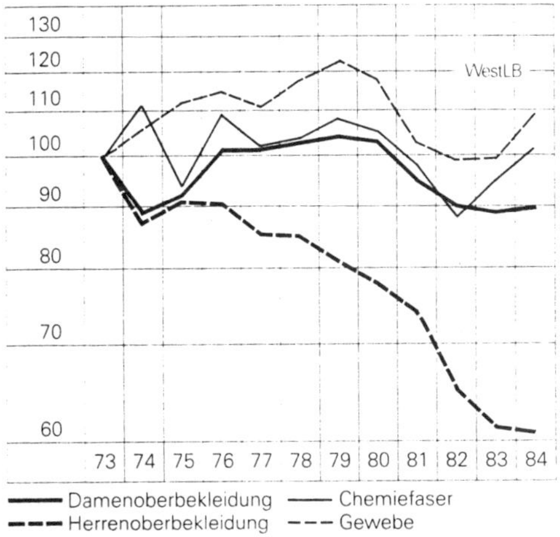

Quelle: Köppel, Matthias: Textil- und Bekleidungsindustrie: Erfolgreicher Strukturwandel, in: West LB Informationen LW 3/1985, S. 10, Hrsg. Westdeutsche Landesbank Girozentrale Düsseldorf/Münster

Abb.5/5: Produktion von Erzeugnissen der Textil- und Bekleidungsindustrie von 1973 - 1984 (real).
1973 = 100, log. Maßstab

Begünstigt durch die Wiederbelebung der Konjunktur waren die seit 1979 stagnierenden bzw. rückläufigen Inlandsaufträge erneut angestiegen und hatten zusammen mit erhöhten Aufträgen aus dem Ausland für eine stärkere Auslastung der vorhandenen Produktionskapazitäten gesorgt. Als konjunkturelle Stütze der Bekleidungsproduktion erwies sich bei stagnierendem inländischen Bekleidungskonsum somit wieder einmal der Export, dessen Quote mit 21 % im Jahr 1983 einen neuen Höchststand verzeichnen konnte (BBI : 1984, S. 15).

Günstige Rahmenbedingungen auf der Angebotsseite, die sich u. a. in einer relativ hohen Preisstabilität niederschlugen, reichten nicht aus, um die inländische Nachfrage nach Bekleidung zu forcieren. Offensichtliche Sättigungstendenzen sowie stärkere Präferenzen für andere Güter bzw. Dienstleistungen ließen nach den Krisenjahren keinen nennenswerten Nachholbedarf an Bekleidung entstehen. Mit 6,3 % blieb der Anteil für Bekleidung an den gesamten Konsumausgaben eines privaten Haushaltes auf Vorjahreshöhe stehen (BBI : 1985, S. 11). Die Stabilisierung der Bekleidungskonjunktur basierte primär auf dem weiter prosperierenen Export von Bekleidung.

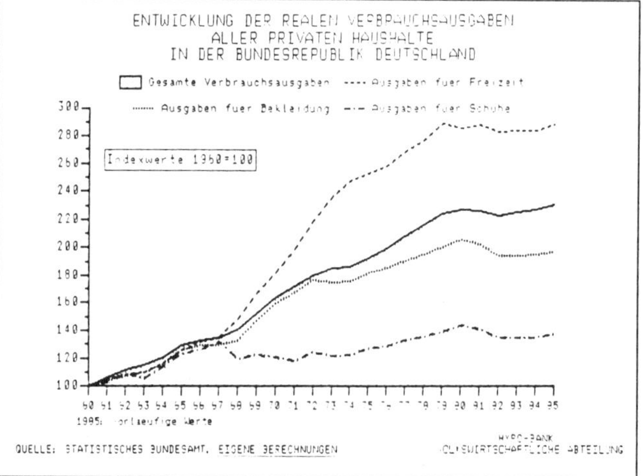

Quelle: o. V.: Sport und Freizeit. Ein Markt mit differenzierten Wachstumsaussichten für Unternehmen des Bekleidungs-, Schuh- und Sportartikelsektors, in: Branchenanalysen, Hrsg. v. d. Bayer. Hypotheken- und Wechselbank AG, München 1986, Februarausgabe, S. 3.

Abb.5/6: Entwicklung der realen Verbrauchsausgaben der privaten Haushalte für Bekleidung von 1960 - 1985

In der Konsequenz der 1985 gestiegenen privaten Verbrauchsnachfrage ergaben sich sowohl für die Entwicklung des Bekleidungsverbrauchs 39) als auch für den Umsatz (real plus 0,7 %) positive Effekte. Die zusätzlichen Ausgaben für Bekleidung reichten aus, um ein weiteres Absinken von Produktion (minus 1,3 %) 40) und Beschäftigung (minus 1,4 %) zu verhindern. Trotz erneuter zweistelliger Zuwachsraten des Exports gelang es der Bekleidungsindustrie nicht, den vielversprechenden Trend des Jahres 1984 zu verlängern und zu einem umfassenden Wachstumspfad zurückzukehren.

Die ökonomische Situation der Bekleidungsindustrie der Bundesrepublik stellt sich zur Mitte der 80er Jahre insbesondere nach den Verlusten aus zwei schweren Rezessionen als wenig optimistisch dar. Zur Mitte der 80er Jahre läßt sich wohl ein verlangsamter, dennoch anhaltender Schrumpfungsprozeß feststellen. Die Konsolidierungsphase kann zu diesem Zeitpunkt keineswegs als abgeschlossen gelten. Seit 1973 gingen tendenziell rückläufige reale Umsätze mit relativ starken Einbußen von Produktion und Beschäftigung einher. Die vergleichsweise durchschnittlich geringen Einbußen des Umsatzes gegenüber den zum Teil recht hohen Minusraten von Produktion und Beschäftigung gingen offenbar auf das Konto der stark gewachsenen Importe von Bekleidung, die in nicht unbeträchtlichem Maß durch die Unternehmen der Bekleidungsindustrie selbst vorgenommen worden sind. Demgegenüber stand eine seit 1975 zu beobachtende Exportoffensive der deutschen Bekleidungsindustrie, in deren Verlauf stark ansteigende Auslandsumsätze 41) eine noch größere Schrumpfung des binnenländischen Produktionspotentials verhindert haben.

Daß die Bekleidungsindustrie schon zur Mitte der 70er Jahre den Zenit der Entwicklung ihres Produktionsapparates überschritten hatte, wird insbesondere durch den Vergleich der Ist-Daten des Jahres 1985 mit den jährlichen Ergebnissen der Nachkriegsentwicklung deutlich. Von der reinen quantitativen Größe des Beschäftigungsapparates entsprach die Bekleidungsindustrie zur Mitte der 80er Jahre mit 183436 in ihr beschäftigter Personen beinahe exakt dem Ausgangsstand von 1950 mit 187591 Beschäftigten. Das seit 1973 stetig - mit einer Ausnahme im Jahr 1975 - geschrumpfte Nettoproduktionsvolumen ist bis zur Mitte der 80er Jahre auf ein Niveau zurückgefallen, das ungefähr dem Umfang gegen Ende der 50er Jahre entspricht.

5.2. Technisch-organisatorische Entwicklung des Produktionsprozesses in der Bekleidungsindustrie von 1950 - 1985

5.2.1. Die Entwicklung von technischen Strukturen des Produktionsprozesses in der Bekleidungsindustrie von 1950 - 1985

5.2.1.1. Die Weiterentwicklung des Schnellnähers und sein Einsatz in der Bekleidungsindustrie

Hochleistungs-Schnellnäher waren sowohl von ihrem technischen Stand als auch von der damit verbundenen Leistungsfähigkeit schon in der Phase forcierter Bemühungen zur Industrialisierung der Bekleidungsherstellung recht weit entwickelt. Den Anschluß an die während der Kriegsperiode von U.S. amerikanischen Nähmaschinenkonstrukteuren vorangetriebene Entwicklung des Schnellnähers erreichte die deutsche Nähmaschinenindustrie zu Beginn der 50er Jahre mit der Vorstellung einer neuen Schnellnähergeneration. Die zuerst vom amerikanischen Nähmaschinenhersteller Singer und später u. a. von den deutschen Nähmaschinenfabriken Dürkopp und Pfaff gebauten hochtourigen Schnellnäher stellten mit der Steigerung ihrer Nähleistung auf über 5000 Stiche/min. einen gewaltigen Schritt bei der weiteren Erhöhung der Leistung der Industrienähmaschine dar (o. V. : 1951 b, S. 8).

Bei dieser ersten Nachkriegsgeneration von Schnellnähern standen stichbildungstechnische Innovationen nicht im Vordergrund. Die Veränderungen im Aufbau des Schnellnähers, in wesentlichen Konstruktionsdetails sowie die gesamte konzeptionelle Ausrichtung dieses Schnellnähertyps sind allein von dem Ziel einer hohen Nähgeschwindigkeit bestimmt gewesen. Von seinen Vorgängern unterschied sich dieser Schnellnäher insbesondere durch die vollautomatische Zentralschmierung sämtlicher bewegter Teile. Zu den vielfältigen Komponenten der mechanischen Vervollkommnung dieses Schnellnähers zählten neben der Verwendung besonders verschleißarmer Materialien u. a. verbesserte mechanisierte Handhabungshilfen.

"Die Entwicklung der als Schnellnäher ausgebildeten Steppstichmaschine hat in den letzten Jahren große Fortschritte gemacht. Zur Befriedigung höchster Ansprüche sind bei Anwendung vollautomatischer Druckölumlauf-Zentralschmierung, die Nähleistungen der Maschine, die in höherer Nähgeschwindigkeit, hoher Anlaufbeschleunigung und kurzzeitiger Abbremsmöglichkeit zum Ausdruck kommen, erheblich gesteigert worden" (Schwab : 1953, S. 556 ff.).

"Ähnlich wie bei den Haushaltnähmaschinen hat es bei Industrienähmaschinen in den letzten Jahren große Umwälzungen gegeben. Die Industrie muß rationalisieren und beschreitet zwei Wege. Zunächst wurde die Geschwindigkeit möglichst stark heraufgesetzt und scheint bei 5000 Stichen pro Minute eine vorläufige Grenze gefunden zu haben. Voraussetzung hierzu war die Schaffung einer Zentralschmierung" (Heimann : 1954, S. 38).

"Seit Ende des zweiten Weltkrieges ist die Nähmaschinenindustrie äußerst stark bemüht, ihre Erzeugnisse mit einer sogenannten Zentralölung auszustatten und Hand in Hand hiermit - in Verbindung mit einer verbesserten Konstruktion - die Stichgeschwindigkeiten (Stichzahl/min oder UpM) ganz erheblich heraufzuschrauben. So stehen bereits heute für fast jeden Nähzweck und Arbeitsgang hochtourige Maschinen mit vollkommen automatischer oder wenigstens halbautomatischer Ölung zur Verfügung" (Kohnagel : 1958, S. 526).

Stellvertretend für die zu Beginn der 50er Jahre kinematisch und nähtechnisch zu relativ hoher Vollkommenheit entwickelten Schnellnähmaschinen sollen am Beispiel des Super-Schnellnähers Klasse 434 der Pfaff AG., Kaiserslautern, die für diese Schnellnähergeneration typischen Merkmale herausgestellt werden 42). Als wesentliche Voraussetzung für die dauernde Nutzung dieses Schnellnähers ist dessen automatische Zentralschmierung anzusehen. Da durch die Handschmierung nicht gewährleistet war, daß bei einer Nähleistung von mehr als 5000 Stichen/min. sämtliche Reib- und Lagerstellen mit der notwendigen Ölmenge versorgt bzw. die Zufuhr des Schmiermittels genau abgestimmt werden konnte, war die Ausstattung dieses Schnellnähers mit einem automatischen Druckölumlauf-Zentralschmiersystem eine Notwendigkeit. Von der Regelungstechnik her gesehen erfolgte die Schmierung durch eine Flügelpumpenkombination (Donner : 1955, S. 177). Zur detaillierten Beschreibung des Schmiersystems beim Industrie-Schnellnäher vgl. Kap. 3.1. des Anhanges.

Neu war bei diesem Schnellnäher gegenüber dem Vorgängermodell auch die Verwendung hochwertiger Werkstoffe für den Bau besonders stark beanspruchter Teile. Während beim Umlaufgreifer System 134 noch gewöhnliche Einsatzstähle verarbeitet worden sind, wurde das Greifersystem des Schnellnähers 434 aus Chromnickelstahl hergestellt (o. V. : 1952 a, S. 181). Darüber hinaus sind die technologisch anspruchsvollere Bearbeitung dieser Werkstoffe sowie ein höherer Konstruktionsaufwand als Voraussetzung für eine erhöhte Nutzungsdauer sowie für stark verbesserte Laufeigenschaften bei insgesamt gesteigerter Leistung dieses Schnellnähers zu nennen.

Nähtechnologisch gesehen sind beim Bau dieses Schnellnähers weitere Anstrengungen unternommen worden, die Fadengeberorgane so zu konstruieren, daß der Oberfaden während des Nähvorgangs geschont blieb. Notwendig wurden diese konstruktiven Veränderungen, da mit zunehmender Nähleistung der Maschine die Belastung des Nadelfadens in etwa proportional wächst. Mit der Weiterentwicklung des schon in dem Vorkriegs-Schnellnäher der Klasse 133 R eingebauten aus mehreren Gelenkhebeln bestehenden Fadengebergetriebes ist das Bewegungsmuster derart koordiniert worden, daß sich die Bewegung des Fadengebers durch verschiedene Geschwindigkeiten und kurvenförmige Bewegungen dem Fadenabzug weitgehend angeglichen hat. Ergebnis dieses Bewegungsablaufes des Fadengebers war ein sehr schonendes Vernähen des Nadelfadens oder - anders ausgedrückt - ein verminderter Verschleiß des Oberfadens.

Der bei den hohen Nähgeschwindigkeiten und bei relativ dünnem Nähgut und leichter Fadenspannung gleichmäßige sowie tadellose Sticheinzug ist letztlich durch die Ausrüstung dieses

Schnellnähers mit der zwangsläufigen Kapsellüftung erzielt worden. Bei dieser Konstruktion mußte der Oberfaden während des Stichbildungsvorganges nicht mehr selbst die Spulenkapsel am Horn herabdrücken, um durchschlüpfen zu können, sondern er konnte an der zum optimalen Zeitpunkt programmgemäß freigegebenen Schlupfstelle zwischen Kapselanhaltestück und Kapselhorn ungehindert durchgleiten (Körber : 1954, S. 51). Deswegen entstanden keine zusätzlichen Reibungen und der Oberfaden konnte bei steigender Nähgeschwindigkeit nicht zusätzlich belastet werden. Ganz entscheidend wirkte sich diese Einrichtung auf das Verhältnis Nähleistung - Qualität aus. Mit der Erhöhung der Nähgeschwindigkeit war keine Einbuße der Nahtqualität verbunden, da durch die zwangsläufige Kapsellüftung nicht nur die Gefahr des Fadenbruches vermieden werden konnte. Im Grunde hatte die Kapsellüftung sogar den Effekt, Nähfäden mit geringerer Festigkeit bei höherer Nähgeschwindigkeit verarbeiten zu können.

"Im übrigen hat eine der erwähnten Maschinen, die mit einem links umlaufenden Greifer und einem Gelenkfadenhebel ausgestattet ist, eine zwangsläufige Kapsellüftung. Der Vorteil dieser Einrichtung liegt darin, daß bei der Stichbildung an einer im richtigen Moment automatisch freigegebenen Schlupfstelle zwischen Kapselanhaltestück und Kapselhorn ungehindert durchgleiten kann. Dadurch wird das Garn bei steigender Geschwindigkeit nicht zusätzlich belastet, es treten weniger Fadenbrüche auf, und man erhält einen einwandfrei gleichmäßigen Sticheinzug" (Körber : 1954, S. 51).

Die ökonomische Bedeutung dieses hochtourigen Schnellnähers lag in der produktivitätssteigernden Wirkung seines Einsatzes. Wegen des in den 50er Jahren rasch angestiegenen Bedarfs an modernen Industrienähmaschinen in der Bekleidungsindustrie sowie der Möglichkeit, diesen Schnellnäher an sehr vielen Arbeitsplätzen sowohl in der Vorfertigung als auch in der Montage verwenden zu können, kam diesem Produktionsmittel eine besonders breitenwirksame Rolle bei der Entfaltung des Produktionspotentials zu. Von der organisatorischen Entwicklung des Produktionsprozesses ist der Einsatz dieses Betriebsmittels in keiner Weise eingeschränkt worden.

Wo dieser Schnellnäher in großer Zahl eingesetzt wurde, konnte das betriebliche Leistungsvermögen stark angehoben werden. Berichte von zeitgenössischen Experten, denen zufolge bei der Nutzung dieses Schnellnähers für das Nähen kurzer Nähte Einsparungen bis zu 25 % erzielt wurden, scheinen ihre Basis eher in Einzelfällen zu haben, welche unter besonders günstigen Bedingungen zustande gekommen sind (Heimann : 1953, S. 449). Als wesentlich repräsentativer für die Leistungssteigerung des hochtourigen Schnellnähers gegenüber dem herkömmlichen Schnellnäher ist das Ergebnis eines 'Wettnähens' zwischen Näherinnen mit Nähmaschinen dieser beiden Generationen bei einer Hosenfertigung anzusehen:

"Eine große Kleiderfabrik, die nicht zuletzt wegen ihrer guten Qualität bekannt ist, hat eine interessante Gegenüberstellung gemacht, indem sie ein Hosenband, das mit Schnellnähern herkömmlicher Art, d.h. mit 3000 Touren betrieben wurde und ein zweites Hosenband mit höchsttourigen Schnellnähern, d.h. mit 5000 Touren, parallel hat laufen lassen, wobei eine Leistungssteigerung von 14 % bei Anwendung der höchsttourigen Schnellnäher erzielt wurde" (Heimann : 1953, S. 449).

Spektakuläre Produktivitätssprünge, die in diesem Ausmaß den gesamten Nähbereich betrafen und durch rein nähtechnische Innovationen ausgelöst wurden, sind von diesem Zeitpunkt an nicht mehr zu verzeichnen gewesen.

Hinzuweisen ist weiterhin darauf, daß neben den Steppstich-Schnellnähmaschinen auch die Kettenstich-Schnellnähmaschinen laufend verbessert wurden. Zum Einsatzgebiet der Einfachkettenstich- bzw. Doppelkettenstich-Nähmaschinen zählen heute im wesentlichen Teilarbeitsgänge, bei denen die Nähte, wie z.B. beim Nähen der Schrittnaht einer Hose, eine hohe Elastizität erreichen sollen.

Einfachkettenstich-Nähmaschinen wurden in der Vergangenheit häufig als Heft- sowie als Unterschlagmaschinen eingesetzt. Der Einfachkettenstich erwies sich in diesen Fällen deshalb als die adäquate Nähtechnologie, da es sich hier um Arbeitsgänge gehandelt hatte, die nur für bestimmte Abschnitte bei der Herstellung eines Kleidungsstückes eine Bedeutung besassen. Nach Ablauf ihres Zweckes konnten diese Stiche aufgrund ihrer eigentümlichen Stichbildung mühelos aufgezogen werden. Mit dem zunehmenden Einsatz der Fixiertechnologie in den Bekleidungsfabriken - etwa seit der Mitte der 60er Jahre - wurden sowohl Heft- als auch Unterschlagmaschinen aus den Nähsälen verdrängt. Durch diese technologische Entwicklung entfiel u.a. auch das Pikieren von Klappen und damit der Einsatz von Pikiermaschinen. Vielfältige Rationalisierungsbemühungen bei der Durchführung einzelner Teilarbeitsgänge, die angestiegene Nachfrage nach Freizeit- und Sportbekleidung usw. führten dagegen zu einer Ausweitung des Einsatzes von Nähmaschinen mit vom Kettenstich abgeleiteten Sticharten wie Überdeckstich, Überwendlingstich, Sicherheitsstich sowie Kombinationen davon. Zur Darstellung der Stichbildungsphasen sowie der Eigenschaften und der Einsatzbereiche dieser Sticharten vgl. u. a. Kainer : 1988, S. 76 ff.

5.2.1.2. Die Weiterentwicklung des Nähmaschinenantriebs

5.2.1.2.1. Vom Kupplungsmotor zum Hebel-Stopmotor

Mit dem Einsatz der neuen Schnellnäher in den Produktionsstätten der Bekleidungsindustrie stiegen gleichzeitig die Anforderungen an den Nähmaschinenantrieb. Kupplungsmotoren der ersten Generation, die schon seit der zweiten Hälfte der zwanziger Jahre gebaut wurden, entsprachen den Anforderungen der neuen, leistungsfähigen Schnellnäher nicht mehr in vollem Umfang. Zu den Hauptforderungen, die in der Aufbauphase des industriellen Produktionsprozesses in der Bekleidungsindustrie an einen adäquaten Nähmaschinenantrieb gestellt wurden, zählten u. a.:

- eine kurze Hochlaufzeit, d.h. der Antrieb muß die Maschine aus dem Stillstand in kürzester Zeit auf ihre Nenndrehzahl bringen

- die Nähgeschwindigkeit muß stufenlos regelbar sein

- die Bremse muß ein sofortiges Stillsetzen der Nadelstange nach sich ziehen

- die Erhöhung der Motorleistung (Heßland : 1954, S. 56).

"Der rationelle Betrieb erfordert heute den Einsatz von schnellaufenden Nähmaschinen mit 5000 Stichen pro Minute und um eine weitere Steigerung der Stichzahl wird in sämtlichen Entwicklungsbüros der Nähmaschinen-Industrie eifrig gerungen. Diese Leistungssteigerung ist jedoch nicht nur durch die verbesserte Nähmaschine, sondern auch durch die erreichten Fortschritte auf dem Gebiet der Nähnadel, des Nähfadens und der Antriebsmotoren erzielt worden" (o. V. : o. J., S. 177).

Diese erhöhten Anforderungen haben auf die Gestaltung des Nähmaschinenantriebs einen bedeutenden Einfluß ausgeübt. So wurden von verschiedenen Herstellern Nähmaschinenantriebe gebaut, die diesen definierten Ansprüchen weitestgehend entsprachen. Über diese Essentials hinaus wurde der Nähantrieb durch laufende Verbesserungen sowie durch zusätzliche Ausstattungen den unterschiedlichen Nutzungsbedingungen angepaßt und vervollkommnet. Die Wirkungsrichtung dieser Detailverbesserungen des Kupplungsmotors lag auf unterschiedlichen Ebenen. Um einen großen Kraftspeicher zu besitzen, wurde bei diesem Motor die ständig umlaufende Kupplungsscheibe vergrößert. Durch die Abkehr von der Planscheibenkupplung, an deren Stelle eine Konuskupplung eingebaut wurde, konnten größere Kupplungswege und damit ein weicheres Anfahren und insbesondere ein leichteres Nähen bei geringen Umdrehungszahlen erreicht werden. Weiterhin ist von einem Motorenanbieter ein Nähmaschinenantrieb mit einer Doppelkupplung ausgerüstet worden. Mit der sog. Feintastkupplung wurde eine Kupplung für das Langsamnähen eingebaut, wodurch ein Stich-für-Stich Nähen sowie ein langsames Anfahren möglich wurde. Danach trat die Hauptkupplung in Kraft, die ein sehr schnelles Hochlaufen der Maschine gestattete. Ein Prozeß, welcher durch eine besonders dimensionierte Schwungmasse des Motors unterstützt wurde (o. V. : 1952 b, S. 10). Neuartige Konstruktionen sowie die Verwendung besonders verschleißfester Materialien machten auch die Nähmaschinenantriebe zunehmend wartungsfreundlich. So sind diese neuen Kupplungsmotoren z. B. mit einer Zentralschmierung ausgestattet gewesen und ein Nachstellen von Kupplung und Bremse ist aufgrund der Verwendung hochresistenter Beläge überflüssig geworden. Neu war bei dem Einsatz dieses Antriebs, daß die früher zur Kraftübertragung auf die Hauptwelle der Nähmaschine verwendeten Lederrundriemen zunehmend durch endlose Gummikeilriemen ersetzt worden sind. Dadurch konnte der Schlupf beinahe vollständig ausgeschaltet werden. Allein die Verwendung eines geeigneteren Riemens brachte bei einzelnen Arbeitsgängen eine Reduzierung der Fertigungszeiten bis zu 20 %, da sich durch den geringen Schlupf die Hochlaufzeiten verringerten (Heßland : 1954 a, S. 61).

Nähantriebe, die in den 50er und 60er Jahren in den Nähsälen der Bekleidungsfabriken eingesetzt gewesen sind, hatten somit hauptsächlich einen Kupplungsmotor zur Grundlage. Dieser war im allgemeinen als Drehstrom-Kurzschlußläufermotor ausgeführt. Bezüglich des inneren Aufbaus ist bei den Motoren mit Reibungskupplung deutlich zwischen dem eigentlichen Motor und der über eine Reibungskupplung angetriebenen Motorriemenscheibe zu unterscheiden. Zur prinzipiellen Arbeitsweise dieses Antriebes gehört es, daß der Motorläufer (Rotor) ununterbrochen läuft, während die Motorriemenscheibe und die damit über den Keilriemen verbundene Antriebsscheibe des Nähmechanismus abwechselnd über ein fußbetätigtes Gestänge ein- und ausgekuppelt werden (Krowatschek/Moll : 1967, S. 441). Aufbau und Arbeitsweise dieses Motors sind in Kap. 3. 2. des Anhanges näher beschrieben.

Der Antrieb der Nähmaschine mittels geeigneter Kupplungsmotoren war nicht nur gegenüber dem menschlichen Antrieb, sondern auch gegenüber dem Anlassermotor ein bedeutender Beitrag zur Steigerung der Arbeitsproduktivität in der Bekleidungsindustrie. Um eine weitere Steigerung der Arbeitsproduktivität von der Seite der Antriebsmaschine her zu erzielen, erwies sich der Kupplungsmotor zunehmend als eine Fessel. Eine unzureichende Produktivität ergab sich vor allem daraus, daß beim Einsatz des Kupplungsmotors die Nadel jeweils dort stehen blieb, wo sie zufällig zum Stillstand kam. Um den Nähvorgang beenden zu können, mußte sie jedoch in die Stellung 'oben' gebracht werden, wozu unter diesen Bedingungen jedes Mal ein relativ zeitaufwendiges und kräftezehrendes Hand-Fuß-Bewegungsmuster ausgeführt werden mußte. Es war vor allem die technische Gestaltung des Bremsvorganges, die es bei diesem Motor mit sich brachte, daß nach dem Ende des Bremsvorganges - im Stillstand der Kupplungs- und Bremsscheibe - ein Drehen des Handrades nicht möglich war. So wurde es unter diesen Umständen notwendig, zum Positionieren der Nadel zunächst mittels Fußdruck auf das Pedal den Kraftschluß der Bremse aufzuheben - nicht aber wieder einzukuppeln - um dann durch das Drehen des Handrades die Nadel in die gewünschte Richtung zu bringen.

Daß dieses Bewegungsmuster, das jeweils am Nahtende sowie bei eventuellen Zwischenstops zu vollziehen war, einen hohen zeitlichen Aufwand bei jedem Arbeitsgang erforderte, erscheint plausibel. Da der Kraftschluß der Bremse nur durch die Überwindung der Druckfeder aufgehoben werden konnte, waren mit der Betätigung der mechanischen Steuerung dieses Antriebs hohe physische Belastungen verbunden. Zu einer starken körperlichen Dauerbelastung kam es, da die Geschwindigkeit insbesondere beim Nähen von kurzen Nähten schwer reguliert werden konnte und die Näherin die Kupplung deswegen regelrecht im 'Strampelbetrieb' betätigen mußte. Im Extremfall führte dies zu mehr als 20000 Kupplungs- und Bremsvorgängen im Verlauf einer Schicht (Heyd : 1956, S. 1174).

Zur Einschränkung repetitiver Bewegungsabläufe beim Maschinennähen, wie z. B. dem Drehen des Handrades, um die Nadel in Hochstellung zu bringen, wurde eine Einrichtung geschaffen, bei der das sehr aufwendige manuelle Positionieren der Nadelstange durch einen Positioniermechanismus ersetzt wurde. Der Kupplungsmotor wurde um diese Positioniereinrichtung ergänzt und somit zum 'Hebel-Stopmotor' weiterentwickelt. Durch diesen Stopmotor wird die Nähmaschine in jedem Fall erst dann abgebremst, wenn sich die Nadel außerhalb des Nähgutes befindet. Aufbau sowie Wirkungsweise dieses Motor sind in Kap. 3. 2. 2. des Anhanges näher ausgeführt.

Diesem Positionierantrieb mit mechanisch regelbarer Kupplung, der in der zweiten Hälfte der 50er Jahre zuerst nur für den Einsatz bei Pikiermaschinen mit der Nadelstellung 'oben' gebaut wurde und später infolge der Erweiterung der Position Nadelstellung 'unten' an anderen Industrienähmaschinen verwendet wurde, kam für die Mechanisierung von verschiedenen Funktionen am Näharbeitsplatz eine zentrale Bedeutung mit weitreichenden Konsequenzen zu. So entfielen beim Einsatz dieses Motors nicht nur die zeitaufwendigen Handgriffe zur Bewegung des Handrades, sondern mit diesem Positionierantrieb wurde gleichzeitig die Voraussetzung für ein mechanisches Fadenabschneidsystem geschaffen. Darüber hinaus gelang es mittels des Einbaus weiterer Steuerungen im Schaltkasten des Stopmotors, zusätzliche Bedienfunktionen elektrisch auszulösen. Mit der damit erreichten zusätzlichen Einsparung von Handgriffen war ein großer Beitrag zur Steigerung der Arbeitsproduktivität in der Bekleidungsindustrie verbunden.

5.2.1.2.2. Der Elektronik-Stopmotor

Bei dem Elektronik-Stopmotor handelt es sich im Gegensatz zu dem mechanisch gesteuerten Hebel-Stopmotor um einen elektrisch gesteuerten Nähmotor, dessen Prinzip es ist, das Beschleunigen und Abbremsen der Nähmaschine mit einem elektromagnetischen Kupplungs- und Bremsteil durchzuführen.

Der wesentliche Vorteil dieser auf elektrischem Weg durch entsprechende Motorauslegung und sinnvolle Anordnung leicht handzuhabender Schaltmittel gesteuerten Nähmaschinendrehzahl bestand in der geringen körperlichen Belastung bei der Bedienung der Nähmaschine. Gegenüber dem Nähmaschinenantrieb mit der mechanischen Steuerung, bei dem die mechanischen Teile des Hilfsantriebs einer großen Beanspruchung ausgesetzt waren, ist der verschleißfreie Betrieb dieses weitgehend kontaktlos arbeitenden Nähantriebes hervorzuheben. Durch die Verwendung elektronischer Bauelemente bei der Schaltung wurde eine größere Schaltgeschwindigkeit gegenüber den Vorgängermodellen erreicht.

5.2.1.3. Zunehmende Mechanisierung von Teilprozessen mit Hilfe geeigneter Steuerungen - Die Bekleidungsindustrie auf dem Weg zur automatisierten Fertigung ?

5.2.1.3.1. Die Mechanisierung prozeßabhängiger Bedien- und Nebenfunktionen vor bzw. nach dem Nähvorvorgang

Relativ hohe Nähgeschwindigkeiten von ca. 5000 Stichen/min., wie sie mit den Nähmaschinen der neuen Schnellnähergeneration mühelos erreicht wurden, ergaben, daß in diesem Leistungsbereich die Grenze der Bearbeitung des Nähgutes durch den Menschen liegt. Bei höheren Drehzahlen ist sowohl die möglichst leichte und sichere Führung des Werkstückes mit den Händen als auch die visuelle Kontrolle des Nähprozesses nicht mehr gewährleistet. Neben diesen Restriktionen der Nutzung der menschlichen Arbeitskraft trat mit zunehmender Nähgeschwindigkeit das Qualitätsproblem, d.h. unter diesen Bedingungen auch glatte Nähte zu erhalten, stärker in den Vordergrund. Als Fazit der Entwicklung der Nähtechnik ist festzuhalten, daß die Produktivität der Arbeit an diesen Nähmaschinen durch eine weitere Steigerung der Drehzahl des Nähmechanismus nur noch in sehr geringem Umfang zu beeinflussen war.

Auch wegen des relativ ungünstigen Verhältnisses von effektiver Nähzeit zur Summe der Griffzeiten - der Anteil der produktiven Nähzeit an der gesamten Prozeßzeit betrug nur ca. 20 % - war eine spürbare Steigerung der Produktivität bei der Bearbeitung von Bekleidungsstücken durch eine weitere Verbesserung des Nähmechanismus nicht zu erwarten. Diese konnte aufgrund der zu erwartenden Breitenwirkung nur über die Mechanisierung der vor bzw. nach dem eigentlichen Nähvorgang anfallenden und bis dahin manuell ausgeführten Bedien- und Nebenfunktionen erreicht werden. Ansatzpunkte bei diesem Mechanisierungsschritt waren nun die außerhalb der reinen Nähzeit anfallenden Tätigkeiten, die relativ einfach durch einen Mechanismus auszuführen bzw. zu ersetzen waren und deren Ablauffolge in Verbindung mit einem um eine entsprechende Steuereinheit erweiterten Motor gesteuert werden konnte.

"Zuerst glaubten die Industrienähmaschinenhersteller, dieses Problem (das starke Anwachsen der Fertigungskosten - F.D.) mit immer schnelleren Nähmaschinen zu lösen. So wurden Nähmaschinen bis zu 6000 U/min und mehr entwickelt, die jedoch im praktischen Einsatz nicht den erwarteten Rationalisierungseffekt erbracht haben.
Umfassende Untersuchungen haben dann gezeigt, daß bei 90 % aller Nähte in der Bekleidungsindustrie der Anteil der reinen Nähzeit an der Vorgabezeit bei 15 % liegt, während die verbleibenden 85 % Handlingszeiten sind. Diese Erkenntnis zeigte dann auch sehr eindeutig, in welche Richtung die Rationalisierungsbemühungen und die darauf aufbauenden Maschinenentwicklungen hinzulenken waren, nämlich: auf den Abbau der Handlingszeiten" (Scholl : 1979, S. 519).

5.2.1.3.1.1. Die Nadelpositionierung

Bei der Durchführung der unterschiedlichsten Näharbeitspositionen ist es am Ende eines jeden Nähvorganges für das bequeme und schnelle Herausnehmen des Werkstückes aus der Nähmaschine notwendig, daß sich die Nadel in ihrer oberen Totlage (Nadelhochstellung) befindet . Um die Nadel jeweils in diese Position zu bringen, mußte die Näherin regelmäßig zum Ende jeder Naht zum Handrad greifen und durch eine Vorwärts- oder Rückwärtsbewegung die gewünschte Position der Nadelstange einstellen. Ein analoges Bewegungsmuster gilt für die Fälle, in denen die Nadel für einen Moment in ihrer tiefsten Position (Nadeltiefstellung) verharren soll. Vorteilhaft ist diese Nadelstellung z. B. bei eckigen Nahtverläufen, um das Werkstück problemlos um die Nadel drehen zu können.

Besonders hoch war der manuelle Aufwand für das Greifen und Drehen des Handrades beim Pikieren der Klappen. Bei diesem Arbeitsgang waren teilweise extrem kurze sowie dicht nebeneinanderliegende Nähte auszuführen, so daß die Positionierung der Nadelstellung 'oben' einen sehr großen Anteil an der gesamten Prozeßzeit einnahm. So ist es plausibel, daß zuerst eine Antriebssteuerung für die Verwendung bei Blindstichmaschinen 43) entwickelt wurde, mit deren Hilfe die Nadelposition beim Stillstand der Nähmaschine vorausbestimmt werden konnte.

"Bedenkt man, daß beispielsweise beim Klappenpikieren bisher das Handrad in der Stunde etwa 700 Mal von Hand so lange weitergedreht werden mußte, bis die Nadel oben stand, so kann man erkennen, welche Leistungssteigerung und Arbeitserleichterung diese Nadelhochstellungseinrichtung mit sich bringt. Es ergibt sich, daß die Näherin beide Hände für ihre Arbeit frei behält und damit auch sauberer arbeiten kann als bisher" (o. V. : 1953, S. 513).

Bei der automatischen Positionierung der Nadelstange handelt es sich um einen Steuerungsvorgang, wie er mit der Darstellung der Funktionsweise der Stopeinrichtung des ersten Stopmotors beschrieben worden ist 44). Nach dem erfolgten 'Testlauf' der Stopmotoren an den Blindstich-Nähmaschinen ist deren Verwendung als Nähmaschinenantrieb sukzessive auf den Einsatz auch bei anderen Nähmaschinentypen ausgedehnt worden. Die von den Nähmaschinenherstellern am Markt angebotenen und mit Positioniermotoren ausgestatteten Schnellnäher trugen durch ihre breite Verwendung in den Nähsälen in besonders starkem Maß zu der ersten großen Mechanisierungswelle der Bedienfunktionen im Rahmen des Nähvorganges bei.

Die Verminderung der Nebenzeiten, die mit dem Einsatz dieser Positioniereinrichtung einherging, war nicht unbeträchtlich. Je kürzer der zu nähende Nahtabschnitt war, desto höher waren die nach der Installation des Stop-Motors eingesparten Griffzeiten. Eine Steigerung der Produktivität von mehr als 20 % durch den Einsatz dieser Motoren war offenbar nicht selten. Gleichzeitig handelte es sich bei dieser Einsparung um einen ersten Beitrag der Steuerungstechnik zur tendenziellen Verkürzung der Zykluszeiten.

"Die amerikanischen Spezialingenieure für Rationalisierung der Näharbeit S. J. Capelin, haben Vergleichsversuche für verschiedene Arbeiten mit diesem Stop-Motor durchgeführt und kommen zu dem Ergebnis, daß beispielsweise beim bestimmten Arbeiten durch den Einsatz dieses Motors eine Produktionssteigerung von 22 % erreicht wurde.

Bei Vergleichsversuchen, die die gleiche Firma mit Blindstichmaschinen bei der Herstellung von Herrenmänteln durchführten errechnete sie bei bestimmten Arbeiten durch Benutzung des Stop-Motors eine Produktionssteigerung von 28 %" (o. V. : 1958, S. 52).

5.2.1.3.1.2. Der Fadenabschneider

Das Fadenabschneiden ist ein unvermeidlicher Bestandteil eines jeden Nähvorganges. Der nicht unbedeutende Zeitaufwand für das manuelle Trennen der Fäden nach jeder Näh-Arbeitsposition summiert sich insbesondere dann zu einem erheblichen Anteil an Nebenzeiten, wenn fortlaufend kurze Nähte genäht werden. Fadenabschneideinrichtungen an Nähmaschinen, die manuell zu betätigen sind, brachten gegenüber der traditionellen - zeitaufwendigen - Methode des manuellen Fadentrennens mit der Schere keine gravierenden Vorteile. Bei diesen Fadenabschneidern handelte es sich um kleine Schneidmesser, die in greifgünstiger Position z.B. an der Stichplatte oder direkt am hinteren Ende bzw. seitlich des Nähfußes fest angebracht gewesen sind. Um die Fäden zu schneiden, wurde das Fadengut in diesem Fall über die Schneidkante des Messers gezogen und somit vom Werkstück getrennt.

Eine Mechanisierung des Abschneidens der Nähfäden an beliebiger Stelle des Nahtverlaufes verlangte nicht nur die Verlegung der Schneidelemente unter die Stichplatte, sondern setzte zusätzlich die Verwendung des 'Stop-Motors' voraus. Aufgabe dieser insbesondere für Doppelstepp- und Doppelkettenstichschnellnähmaschinen entwickelten Fadenabschneidvorrichtung ist das gleichzeitige Abschneiden von Nadel- und Greiferfaden auf der Unterseite des Nähgutes zwischen Greifer und Transporteur. Dabei sollen die am Nähgut verbleibenden Fadenenden so kurz wie möglich sein. Neben der Lösung der damit verbundenen Konstruktionsprobleme des Fadenabschneiders selbst ist diese Aufgabe steuerungstechnisch nur durch den Einsatz des Positionierantriebes zu bewältigen gewesen (Köhne : 1977, S. 32). Eine präzise zeitliche Koordination der Bewegungsabläufe von Fadenabschneideinrichtung und Nähmechanismus ist erst durch die Steuerung von Stichgeschwindigkeit und Nadelposition möglich geworden. Nur dieser spezielle Motorentyp bot die Gewähr für die stark verringerte Geschwindigkeit der Nähmaschine als Voraussetzung für eine exakte Bewegung des Schneidinstrumentes bei laufender Nähmaschine (Köhne : 1977, S. 32). Der konstruktive Aufbau eines Fadenabschneiders sowie das Ablaufmuster eines Schneidvorganges sind im Kap. 3. 3. des Anhanges dargestellt.

Neben der erheblichen Zeiteinsparung durch die Ausschaltung sich ständig wiederholender Handgriffe am Anfang und am Ende der Naht brachte das automatische Fadenabschneiden noch einen weiteren Vorteil mit sich. In Abhängigkeit von der Länge der jeweils zu nähenden Naht konnte beim Einsatz dieser Fadenschneideinrichtung eine entsprechende Menge an Fadenmaterial eingespart werden. Bei kurzen bis mittleren Nahtlängen konnte mit Garneinsparungen von etwa 50 % gerechnet werden (o. V. : 1967 a, S. 42). Ebenso sind die Zeiteinsparungen insbesondere von der Nahtlänge abhängig. Bei besonders kurzen Arbeitsgängen sind Produktivitätssteigerungen gegenüber dem Trennen der Fäden mit der Schere von bis zu 50 % erzielt worden.

"In Bekleidungsbetrieben an Schnellnähern ohne und mit automatischen Fadenabschneidern durchgeführte Untersuchungen haben ergeben, daß je nach Art der Arbeitsaufgabe Zeitersparungen in der Größenordnung von 15 - 30 % (50 %) möglich sind, wobei sich im allgemeinen die niedrigeren Prozentzahlen auf längere Nähte und die höheren auf kürzere Nähte beziehen" (Mosinski : 1979, S. 178).

5.2.1.3.1.3. Die Presserfußlüftung

Bevor das Heben bzw. Senken des Presserfußes endgültig automatisch mittels einer elektro-pneumatischen Schaltung ausgeführt wurde, hat die Auslösung dieser Bedienungsfunktion verschiedene Stadien des menschlichen Eingriffes sowie der mechanischen Unterstützung durchlaufen. Der anfänglichen Betätigung des hinter der Stoffdrückerstange angebrachten Lüfterhebels mit der Hand folgte die Montage einer Hebelvorrichtung unterhalb des Maschinentisches, welche durch Kniedruck betätigt wurde und über verschiedene Hebelmechanismen den Presserfuß nach oben bzw. nach unten bewegte.

Die Ausstattung der Nähmaschinen mit dieser Kniehebel-Drükkerfußlüftung bedeutete für die Näherin eine Entlastung von vielen Hundert Bedienungsgriffen mit der Hand während eines Arbeitstages. Bei der Prozeßzeit schlug sich diese Verlagerung der Auslösung des Lüfterhebels unter die Maschinenplatte in einer Einsparung eines nicht unerheblichen Anteils der Nebenzeiten nieder. Diesem zeitlichen 'Gewinn' stand ein Anstieg der körperlichen Anstrengung gegenüber, da das Lüften des Presserfußes per Kniedruck nun mit einem höheren Kraftaufwand verbunden war. Ein Abbau dieser körperlichen Belastung gelang mit dem Mechanisierungsschritt zur elektromagnetischen Lüftung des Presserfußes. An Stelle des Kniehebels mit einer Druckplatte war nur noch ein elektrischer Schalter durch einen leichten Druck mit dem Knie zu betätigen, in dessen Folge der Steppfuß durch einen kräftigen Elektromagneten schnell hochgedrückt wurde 45).

Die Stufe der automatischen Lüftung des Presserfußes ist erst möglich geworden, nachdem Elektronik-Stop-Motoren zur Verfügung standen. Mit Hilfe dieser Stop-Motoren bzw. deren Steuerungsteil konnten die entsprechenden Schaltvorgänge gesteuert werden. Dabei wird der Presserfuß durch einen Druckzylinder, der durch einen Impulsgeber bewegt worden ist, automatisch angehoben, und zwar entweder

-nach jedem automatischen Abschneiden der Fäden oder

-bei jeder Unterbrechung des Nähvorganges, d.h. bei jedem Anhalten der Maschine sowie bei jedem automatischen Fadenabschneiden (o. V. : 1968 a, S. 684).

Um das Nähgut genauestens unter der Nadelstange bzw. der Nadel zu positionieren, kann der Presserfuß vor jedem Nahtbeginn bei beiden Schaltungen beliebig oft angehoben werden. Die Ausführung des automatischen Presserlüftens beim Nähstop sowie beim Nahtende mit Hilfe der elektronischen Steuerung brachte je nach Ausgangslage eine unterschiedlich hohe Steigerung der Produktivität mit sich. Dadurch, daß das Lüften des Presserfußes nun automatisch am Nahtende erfolgen konnte, entfiel neben dem Zeitaufwand für die Betätigung des Kniehebels gleichzeitig eine spezifische körperliche Belastung am Arbeitsplatz.

5.2.1.3.1.4. Die Nahtverriegelung

Die Steuerung der Nahtverriegelung zu Beginn bzw. am Ende eines Nähvorganges war durchaus mit dem manuellen Aufwand zur Lüftung des Presserfußes vergleichbar. Zum Verriegeln einer Naht mußte eine Näherin bei manueller Steuerung dieser Nebenfunktion viele hunderte Male im Verlauf einer Schicht das Werkstück loslassen, um den Stichsteller mit der rechten Hand zu betätigen. Nachdem dieser in Tief- bzw. Hochstellung gebracht war, bewegt sich der Transporteur für die Dauer der jeweiligen Position in entgegengesetzte Richtung, wodurch ein meist sehr kurzer Nahtabschnitt mit wenigen Stichen verriegelt wurde. Sinn einer mehrfachen Reihe von Stichen am Anfang bzw. Ende einer Naht ist es, einer Auflösung der Stiche in dem jeweiligen Bereich entgegenzuwirken.

Mußte bei der traditionellen Form der Verriegelung der Stichsteller zur Auslösung des Verriegelungsvorganges für einen Moment mit der Hand bewegt werden - nach dem Loslassen ging er durch Federdruck wieder in seine Ausgangsstellung zurück-, so wurde diese Bedien- und Steuerungsfunktion schrittweise mechanisiert. Zunächst wurde die Umkehr der Transportrichtung auf elektromagnetischem und später auf elektropneumatischem Weg realisiert. Weitere Stufen der Mechanisierung bis zur vollständigen Ausschaltung menschlicher Eingriffe bei der Nahtverriegelung waren die automatische Auslösung der Verriegelung bei Nahtbeginn bzw. -ende, die automatische Steuerung der Anzahl der Verriegelungsstiche sowie - bei Verriegelungseinrichtungen mit einer Bestimmung der Nahtlänge - die zusätzliche Steuerung der Länge der Nahtstrecke durch geeignete Steuerungselemente. Zu den einzelnen Schritten der Automatisierung dieses Vorganges vgl. Kap. 3.4. des Anhanges.

Dem Einsatz von Einrichtungen zur Nahtverriegelung sind - bezogen auf die unterschiedlichen Sticharten - Grenzen gesetzt.

Die beschriebene Art der Anfangs- bzw. Endverriegelung von Nähten eignet sich sinnvollerweise nur bei der Doppelsteppstichnaht. Nähte werden bei dem Einsatz von Stichtypen wie Doppelkettenstich, Überwendlingstich, Überdeckstich usw. nicht in der dargestellten Art und Weise verriegelt, da sonst bei Nahtbeginn bzw. -ende ein wulstiger, verhältnismäßig dikker Riegel entstehen würde. Um der Naht bei diesen Sticharten in den genannten Bereichen ein hohes Maß an Sicherheit zu geben, werden die Stiche in diesen Fällen verdichtet.

5.2.1.3.1.5. Die Stapelung des Nähgutes

Im Gegensatz zur bis heute nur in wenigen Fällen gelösten Automatisierung der Beschickung der Nähmaschine zählt die Entnahme des Nähgutes von der Nähmaschine sowie dessen Ablage - da hierbei nicht besonders durch das instabile Werkstoffverhalten beeinträchtigt - zu den relativ früh mechanisierten Teilprozessen der industriellen Bekleidungsproduktion. Die in der zweiten Hälfte der 60er Jahre auf den Markt gekommenen Stapeleinrichtungen arbeiten pneumatisch und erledigen den Stapelvorgang ohne menschlichen Eingriff. Um einen bestmöglichen Rationalisierungseffekt zu erzielen, wird das an der Nähmaschine bearbeitete Nähgut unmittelbar hinter dem Nähfuß bzw. dem Nähmaschinentisch abgenommen und anschließend von einer entsprechenden Einrichtung gestapelt. Der Entnahmevorgang durch den Materialgreifer erfolgt unmittelbar auf das automatische Fadenabschneiden und ist somit nur in Verbindung mit entsprechend ausgestatteten Nähmaschinen möglich.

Wie die Ausführungen über die Mechanisierung der verschiedenen Bedien- und Nebenfunktionen gezeigt haben, erwies sich die Ausstattung der Schnellnäher mit diesen Einrichtungen insbesondere wegen deren vielfachem Einsatz im Nähsaal als sehr rationalisierungswirksam. Demgegenüber sind die Nutzungsmöglichkeiten von mechanisierten Stapeleinrichtungen begrenzt. Eine Verwendung dieser Einrichtungen ist logischerweise dann ausgeschlossen, wenn die Teile 'hängend' gefertigt werden. Relativ günstige Möglichkeiten zur Nutzung der Stapler bestehen in bestimmten Fällen der Bearbeitung von Kleinteilen in der Vormontage sowie an einigen besonders dafür geeigneten Arbeitsplätzen wie z. B. der Durchführung von Versäuberungsarbeiten oder von Schließnähten an Großteilen. Entsprechend diesen 'Hauptlinien' der Verwendung von Stapelgeräten werden diese in der Praxis der industriellen Bekleidungsfertigung als

- Kleinteilestapler und

- Großteilestapler

eingesetzt. Eng damit zusammenhängend sind es die typischen Verhaltensweisen dieser verschiedenen textilen Zuschnitte, von denen die Stapeltechnik bestimmt wird.

Zu den wesentlichen Elementen des Kleinteilestaplers gehören u. a. ein auf einem drehbaren Führungsarm montiertes Greiferkissen, ein beweglicher Schiebetisch sowie ein höhenverstellbarer Hubtisch.Dieser Stapler wird vorwiegend für die Bearbeitung von Teilen, die aufeinander ablegbar sind und deren Größe das Maß von 40 x 40 cm nicht überschreitet, eingesetzt (o. V. : 1974, S. 288). Als typisch hierfür gelten u. a. folgende Arbeitspositionen:

- Einfassen der rechten Schlitzleiste
- Besetzen auf Taschenfutter nähen
- Ober- an Unterkragen nähen.

Durch die Verwendung des Kleinteilestaplers wird die Arbeitsleistung deutlich gesteigert, da die Näherin an Arbeitsplätzen mit dieser Ausstattung überlappt arbeiten kann. Konkret heißt dies, das während des Stapelvorganges des einen Werkstückes das nächste zu bearbeitende Teil schon positioniert werden kann. Dem Wegfall des menschlichen Aufwandes für die Entnahme und Ablage des Nähgutes steht somit eine entsprechende höhere Nutzungszeit des Betriebsmittels gegenüber. Um 10 - 12 % geringere Prozesszeiten, wie sie sich z. B. bei der Bearbeitung von Taschenbeuteln für Vorderhosen ergeben haben, sind beim Einsatz dieses mechanisierten Hilfsgerätes offenbar nicht unüblich (o. V. : 1968 b, S. 45). Konstruktion und Arbeitsweise von Klein- sowie Großteilestapler sind im Kapitel 3. 5. des Anhanges näher beschrieben.

5.2.1.3.2. Die Mechanisierung der Nähgutführung

5.2.1.3.2.1. Der Schablonennäh-Teilautomat

Ist es vordergründig der 'biegeschlaffe' textile Werkstoff, der in der Bekleidungsindustrie verarbeitet und in den einschlägigen Publikationen deswegen immer wieder als das Automatisierungshemmnis Nr. 1 dargestellt wird, so konnte eine Teilautomatisierung bei der Herstellung von Bekleidung zunächst dort am besten erreicht werden, wo das flexible Material während seiner Bearbeitung am ehesten zu bändigen war. Dieses gelang zunächst umso besser, je kürzer der zu nähende Nahtabschnitt war. Bezogen auf den Fertigungsfortschritt galt, daß sich Arbeitsgänge in der Vorfertigung eher teilautomatisiert durchführen ließen als in den nachgelagerten Fertigungsabschnitten. Insofern ist es plausibel, daß die teilautomatisierte Durchführung einzelner Näharbeitsgänge - über die kurvengesteuerter Nähprozesse hinaus- zunächst auf die Herstellung kleinerer Teile wie Patten, Schnallen u.s.w. und damit auf den Bereich der Vorfertigung beschränkt blieb.

Schon lange bevor der Schablonennäh-Teilautomat in der Mitte der 60er Jahre zum ersten Mal in den Nähsälen eingesetzt worden ist, sind aus einfachem Pappkarton gefertigte Schablonen häufig an den Schnellnähern als Nähhilfe verwendet worden. Sie dienten insbesondere dazu, bei den zu nähenden Kleinteilen jeweils die gleiche Nahtkontur zu erhalten. 'Konventionell' war bei der Nutzung dieser Schablonen auch die damit notwendig verbundene manuelle Führung des Nähgutes. Zur Mechanisierung dieser Nähgutführung bedurfte es einer für das jeweils zu nähende Kleinteil geformten Nähgutklammer als 'Herzstück' des Schablonennäh-Teilautomaten, die durch einen speziellen Antriebsmechanismus bewegt wurde. Konstruktion und Arbeitsweise des Schablonennähers sind im Kapitel 3.6.1. des Anhanges näher ausgeführt.

Die Mechanisierung der Führung des Nähgutes erlaubt bei diesem Schablonennäh-Teilautomaten eine überlappte Arbeitsweise. Da während der Maschinenzeit eine zweite Schablone von der Arbeitsperson mit Material bestückt wird, kann nach der Entnahme der Schablone sofort eine weitere Schablone zur Bearbeitung eingelegt werden. Gegenüber der manuellen Führung des Nähgutes ergibt sich bei dieser Überlappung der Arbeitsgänge ein entsprechend größerer Ausstoß an Teilen/Zeiteinheit. Einen großen Einfluß hat die Nutzung der mechanisierten Führung des Nähgutes auf die Stetigkeit der produzierten Qualität. Durch den Einsatz von Schablonennäh-Teilautomaten können beim Nähen von Kleinteilen, wie z.B. Patten, dauerhaft gleiche Nahtkonturen erwartet werden.

5.2.1.3.2.2. Der Schienennäh-Halbautomat ('Langnahtautomat')

Bei bestimmten Arbeitspositionen, bei denen es möglich ist, das Nähgut durch einen Mechanismus zu führen, ist der Grad ihrer Automatisierung dadurch erhöht worden, daß das Nähgut nach dem Nähprozeß ohne menschlichen Eingriff abgelegt wurde. Besonders gut ist diese Teilautomatisierung des Nähprozesses in den Fällen realisiert worden, wo Nähgutführungen für das Schließen von längeren Nähten zusammen mit Stapeleinrichtungen verwendet werden konnten. Ein Nähaggregat dieser Art wurde 1967 zum ersten Mal als sog. 'Langnahtautomat' auf der ITMA in Basel vorgestellt. Charakteristisch für diesen Maschinentyp ist, daß die Werkstückhalterung, die auch in diesem Fall durch ihre starre Form den Nahtverlauf bestimmt, derart ausgeführt ist, daß längere Nahtstrecken ohne menschlichen Eingriff genäht werden können.

Da bei den am 'Langnahtautomaten' durchgeführten Arbeitspositionen kein menschlicher Arbeitsaufwand für das Entnehmen bzw. Ablegen der Teile anfällt und die Griffzeiten für das Einlegen des jeweils nächsten zu bearbeitenden Werkstückes zeitlich mit der Ausführung des Nähvorganges am zuvor eingelegten Werkstück zusammenfallen, handelt es sich bei der Ausführung der Arbeitsgänge an diesem Betriebsmittel um eine klassische überlappte Arbeitsweise. Zum Aufbau und zur Arbeitsweise dieses Aggregates vgl. Kap. 3.6.2. des Anhanges.

Aufgrund des technischen Aufbaus der Nähgutführungseinrichtung ist der 'Langnahtautomat' nur für das Nähen von sog. Schließnähten mit einer Mindestlänge von 400 mm und einer Höchstlänge von 1570 mm geeignet. Der Einsatzbereich dieses Nähaggregates beschränkt sich somit auf das Schließen von Ärmel-, Seiten- und Rückennähten bei Sakkos, Kostümjacken, Mänteln sowie Kleidern und auf das Nähen der Seiten- und Schrittnähte bei Hosen. Anfängliche Einschränkungen bezüglich der Verarbeitung bestimmter Materialien - hierbei handelte es sich hauptsächlich um dünne Futterstoffe sowie um Popeline usw. - wurden mittels der Veränderung von Detailkonstruktionen im Lauf der Zeit aufgehoben. Das Ergebnis dieser Anstrengungen war, daß die Einsatzmöglichkeiten dieser Anlage tendenziell ausgedehnt wurden (Steuckart : 1971, S. 1637 ff.). Um den 'Langnahtautomaten' optimal zu nutzen, ist es vielfach von der Konstruktion der zusammenzufügenden Teile her notwendig, diese 'automatenfreundlich' zu gestalten. Wo dies nicht der Fall war, mußte der Nahtverlauf - z. B. der Seitennaht einer Hose - so verlegt werden, daß die Schnittkanten der durch die Naht zu verbindenden Teile absolut konturengleich wurden. Der deckungsgleiche Verlauf der Schnittkanten ist eine wesentliche Voraussetzung für den Einsatz dieses Betriebsmittels (Bergmüller/Rausch : 1975, S. 126 ff.).

Der Beitrag der Nutzung dieses Nähaggregates zur Steigerung der Arbeitsproduktivität liegt in der o. a. Möglichkeit der überlappten Arbeitsweise. Da die Maschinennähzeit in die Griffzeit zur Beschickung des Betriebsmittels fällt und beim 'Langnahtautomaten' gegenüber der Verrichtung einer Arbeitsposition am Schnellnäher keine Zeiten für das Nachfassen und Ausrichten des Nähgutes während des Nähprozesses, d.h. keine Nähstops notwendig sind, beträgt der Ausstoß bei der Nutzung des Langnahtaggregates das 2 - 3 fache gegenüber der mit dem Schnellnäher in der gleichen Zeit zu fertigenden Menge (o. V. : 1972, S. 1046). Wegen der starren Führungsschienen des 'Langnahtautomaten' ist in jedem Fall - auch bei unregelmäßigem Zuschnitt der Kanten - ein gleichmäßiger Verlauf der Naht garantiert. Positiv wird die Produktion von Qualität auch dadurch beeinflußt, daß sich bei richtigem Beschicken des Aggregates während des Nähvorganges die Stofflagen nicht verschieben können.

5.2.1.3.2.3. Der Konturennäh-Teilautomat

Aufgrund der seit Beginn der 70er Jahre auffälligen Zunahme der innerhalb eines Saisonverlaufes zu fertigenden Modellvarianten verstärkten sich Einflüsse, die dem Einsatz des 'Langnahtautomaten' mit seinem starren Führungsmechanismus mehr oder weniger entgegenstanden. Offenbar ließ sich eine große Anzahl von Modellmachern bzw. Entwurfsdirektricen bei ihren Modellentwürfen nicht von dem ökonomischen Zwang zur Gestaltung deckungsgleicher Nahtverläufe leiten. Als Folge davon entpuppte sich der relativ hohe Zeitaufwand für das Ausrichten der Nähteile in den Fällen als gravierender Nachteil der Nähgutführung mittels einer starren Schiene, wo lange Nähte bei nicht deckungsgleichen Kanten zu nähen waren. Zur Lösung des Problems, konturenungleiche Zuschnitte deckungsgleich zu vernähen, entwickelten die Nähmaschinenbauer eine neue Methode der mechanischen Nähgutführung. Mit Hilfe dieser neuen Konstruktion wurde ein führungsschienenloses Nähen beliebiger, auch kantenungleicher Formen ohne Umstellung nacheinander möglich. Konstruktionsdetails und Arbeitsweise dieses Nähaggregates sind im Kapitel 3.6.3. des Anhanges dargestellt.

Genauso wie beim 'Langnahtautomaten' ist es auch bei dieser Variante der mechanischen Nähgutführung nicht notwendig, während des Nähprozesses Nahtkanten deckungsgleich auszurichten und den Griffpunkt der Hände zu verlagern. Nähstopps fallen nicht an. Ebenso trägt die beim Konturennäher praktizierte Nutzung der überlappten Arbeitsweise zur Steigerung der Produktivität beim Nähen von Schließnähten gegenüber der Ausführung dieser Arbeitspositionen an klassischen Schnellnäher-Arbeitsplätzen bei.

Gegenüber dem 'Langnahtautomaten' ist die große Flexibilität in der Modellgestaltung, bei der nun nicht mehr Rücksicht auf deckungsgleiche Schnittkanten genommen werden muß, als besonderer Vorteil hervorzuheben. Freilich ist nicht zu verschweigen, daß bei der Verarbeitung besonders dünner und glatter Materialien Probleme bei der Mehrweitenverteilung entstehen konnten, die häufig die Verschiebung der Stofflagen zur Folge hatte. Diese Anforderungen an die Nahtgüte, können durch den Einsatz von 'Langnahtautomaten' befriedigender gelöst werden.

5.2.1.3.3. Die Mechanisierung der Nähgutenderkennung

5.2.1.3.3.1. Die Enderkennung des Nähgutes mittels Lichtschranke

Wie bei der Herausarbeitung der einzelnen Schritte der Mechanisierung der Nahtverriegelung schon ausgeführt wurde, kommt der Fotozelle für die Erkennung des Endes des Nähgutes am Schnellnäher bzw. an entsprechenden Nähmaschinen eine sehr große Bedeutung zu. Diese liegt darin begründet, daß mit der automatischen Erkennung des Nähgutendes gleichzeitig ein elektrischer Schaltvorgang zur Verriegelung der Naht ausgelöst wird. Die Funktionen der visuellen Erkennung der Stoffkante und der manuellen Betätigung eines Schalters zur Auslösung des Verriegelungsvorganges sind hierbei vollständig von der Fotozelle übernommen worden.

5.2.1.3.3.2. Die Nähgutenderkennung mittels Durchlichtschranke

Für ein bestimmtes Spektrum von Nahtverläufen, bei dem ein exaktes Ansteuern von Ecken oder Kanten verlangt wird, war bislang eine manuelle Ausrichtung des letzten Nadeleinstiches mit dem Handrad notwendig. Diese menschliche Steuerung ist nicht in jedem Fall eine Garantie dafür gewesen, daß der bei der Bearbeitung des Werkstückes geforderte Kantenabstand in jedem Fall eingehalten wurde. Erst durch die Entwicklung geeigneter Sensoren sowie eines adäquaten Steuerungsprogrammes wurde es möglich, die Nadel in einer vorbestimmten Position festzuhalten bzw. zu stoppen, wodurch der gewünschte Abstand einer Naht zur Ecke bzw. Kante des Werkstückes gewährleistet ist.

Steuerungstechnisch handelt es sich bei dieser Innovation - der sog. Durchlichtschranke - um eine nahtlängenunabhängige Mikroprozessor-Steuerung, welche mit einem entsprechend vorbereiteten Oberteil sowie einem speziellen Stopmotor ausgestattet ist. Mit der Durchlichtschranke ist die Möglichkeit gegeben, die verbleibende Endstichlänge einer Nahtstrecke zur Kante des Nähgutes auf den Bruchteil der Länge eines Stiches genau vorauszuberechnen sowie den Nähprozeß entsprechend zu steuern. Ein einmal eingestellter Abstand zur Nahtgutkante ist somit fortlaufend zu erreichen. Konkret geschieht dieser Prozeß in der Weise, daß - unabhängig von der jeweiligen Nadelposition - die Schubbewegung des Transporteurs mit Erreichen einer bestimmten Position abrupt unterbrochen wird. Zusätzlich zur Erkennung des Nahtendes außerhalb des Teiles ist es mit Unterstützung des Durchlichtsensors möglich, das Ende des Nähgutes auch bei der Bearbeitung von zwei Stofflagen im Teil zu erkennen.

5.2.1.4. Vom Schnellnäher zum 'gestalteten Spezial-Näharbeitsplatz'

Lassen sich z. B. Näh-Halbautomaten mit mechanisch gesteuerter Nähgutführung als auch Spezial-Nähmaschinen als Einzweckaggregate in nur begrenztem Umfang im Nähsaal einsetzen, so sind umfassendere Rationalisierungsreserven bei der Bekleidungsherstellung im Nähbereich nur über einen noch größeren Anteil der Nutzung des Schnellnähers an der Prozeßzeit, d.h. einer weiteren Verminderung der Nebenzeiten, zu erschliessen. Gelungen ist dieses durch den Einsatz einer Kombination der Nähmaschine mit jeweils ganz speziellen Zusatzausstattungen.

Basis-Nähmaschine eines 'gestalteten' bzw. 'integrierten' Spezial-Nähmaschinenarbeitsplatzes, wie er in den modernen Betrieben der Bekleidungsindustrie vorwiegend anzutreffen ist, ist in der Regel ein mit den vorgehend aufgeführten Bedienhilfen ausgestatteter Schnellnäher. Zum speziellen, auf die Durchführung einer bestimmten Arbeitsposition hin 'gestalteten' Arbeitsplatz wird dieser Schnellnäher erst dadurch, indem er mit geeigneten Zusatz- und/oder Spezialeinrichtungen ausgerüstet wird. Möglich wurde diese Strategie des Technologieeinsatzes in der Bekleidungsindustrie mit einem zunehmenden und breit gefächerten Angebot an Bausteinen mit bestimmten Teilfunktionen.

"Von großer Wichtigkeit sind ferner mechanische Arbeitshilfen, die die Handhabung der Arbeitsteile erleichtern. Normalerweise braucht die Näherin einen beachtlichen Teil ihrer Arbeitszeit für das Zuführen der Konfektionsteile zur Nadel, zum Anhalten und wieder zum Starten der Industrienäher. Durch relativ einfache Arbeitshilfen kann hier die Arbeitszeit verkürzt werden" (o. V. : 1970, S. 31).

"Die gestalteten Arbeitsplätze sind im Prinzip erweitere Nähmaschinenarbeitsplätze, die mit Fadenabschneidern, automatischen Verriegelungseinrichtungen, Führungsapparaten, Pick-up-Geräten, Staplern, elektronischen Positionierungsnähantrieben und anderen Zusatzaggregaten sinnvoll miteinander kombiniert sind, um einen möglichst hohen Rationalisierungseffekt zu erzielen" (Scholl : 1979, S. 519).

Die so nachträglich am Nähmaschinentisch bzw. dahinter angebrachten Zusatz- bzw. Spezialeinrichtungen zielen vorrangig darauf ab, manuelle Operationen bezüglich Entnahme, Zuführung, Positionierung sowie Ablage des Nähgutes zumindest teilweise zu mechanisieren oder durch entsprechende Hilfsgeräte weitgehend zu erleichtern. Wegen des noch immer relativ hohen Anteils der Handlingszeiten an der gesamten Prozeßzeit bilden die arbeitspositionsbezogenen Zusatzeinrichtungen, welche vor dem Nähen genutzt werden können, eine sehr breite Palette. Dazu gehören Bandzuführgeräte, Nähapparate wie Säumer, Kapper, Positionierleuchten u.s.w. 46). Charakteristisch für den 'gestalteten Spezial-Näharbeitsplatz' sind weiterhin diejenigen maschinenbezogenen Zusatzeinrichtungen, die während des Nähprozesses mittelbar bzw. unmittelbar einen zusätzlichen Einfluß auf die Vorschubeinrichtung des Nähgutes ausüben. Die Wahl der jeweiligen zu nutzenden Transporteinrichtung ist dabei nicht allein von dem jeweiligen Bearbeitungszweck, sondern insbesondere von dem zu verarbeitenden Material abhängig. Spezielle Transportsysteme sind nicht allein als eine Erleichterung des Arbeitsprozesses zu sehen. Ihr Einsatz liegt zusätzlich in einer zu produzierenden hohen Qualität begründet. Die größte Bedeutung von den werkstückbezogenen Zusatzeinrichtungen nach dem Nähen kommt sicherlich der Mechanisierung des Ablegevorganges des Nähgutes zu, der mit Hilfe einer Stapelvorrichtung erledigt wird.

"Vorwiegend sind die unbefriedigenden Ergebnisse (des Glattnähens - F.D.) auf einen geringeren Vorschub der oberen Stofflage gegenüber der unteren zurückzuführen, der infolge der Reibung an der Füßchenunterseite und evtl. Apparateführungsflächen entsteht. Diesen Widerstand versuchen Näherinnen dadurch auszugleichen, indem sie den Stoff hinter der Nadel fassen und in Nährichtung weiterziehen. Daß eine solche Arbeitsweise in einer Zeit äußerster Rationalisierungsbemühungen viel zu aufwendig ist, bedarf sicher keiner besonderen Beweisführung.
Einen wesentlich wirkungsvolleren Weg, die Forderung nach glatten Nähten zu erfüllen, bietet der Walzenobertransport Dürkopp Z 127, der auch unter der Beziehung Pullertransport bekannt ist. Bei dieser

Transportart erfaßt eine Walze das Nähgut zusätzlich hinter der Nadel, wodurch der Vorschub intensiv unterstüzt und alle Bremseffekte aufgehoben werden" (o. V. : 1978, S. 58).

Die besondere Relevanz des 'gestaltenden Arbeitsplatzes' für den Produktionsprozeß in den Betrieben der Bekleidungsindustrie liegt auf zwei Ebenen. Auf der Ebene des jeweiligen Einzelarbeitsplatzes hängt der Beitrag des nach dem Baukastenprinzip gestalteten Arbeitsplatz in der Näherei zur Effizienz des Gesamtsystems davon ab, wie die noch verbleibenden menschlichen 'Restfunktionen' von der Arbeitsmethode her ausgeführt werden. Die jeweilige Kombination von Nähmaschine und speziellen Zusatzeinrichtungen führt im Idealfall dazu, daß eine bestimmte Arbeitsposition von der Arbeitsmethode optimal ausgeführt werden kann und die notwendigen Nebenzeiten dann ein Minimum betragen. Trotz großer Anstrengungen bezüglich der optimalen technischen Ausgestaltung des Arbeitsplatzes und - positiv unterstellt - der Findung der jeweils optimalen Arbeitsmethode ist der Anteil der Handlingzeiten an der gesamten Prozeßzeit noch bedeutend hoch. Ähnlich wie der Schritt zur Mechanisierung der Bedien- und Nebenfunktionen beim Schnellnäher liegt beim Schritt vom in dieser Weise ausgestatteten Betriebsmittel zum 'gestalteten Arbeitsplatz' der Rationalisierungsvorteil im besonders breiten Einsatz dieser Betriebsmittelfiguration.

Nicht nur aus diesem Grund kann der 'gestaltete Arbeitsplatz' nicht mit einer Spezial-Nähmaschine gleichgesetzt werden. Der 'gestaltete Arbeitsplatz' ist nicht notwendig ein nur für eine Arbeitsposition zu nutzender 'Einzweck-Arbeitsplatz'. Es ist die schnelle Anpassungsfähigkeit an die betrieblichen Umstände, d.h. die schnelle Möglichkeit der Umrüstung des jeweilig zu 'gestalteten Arbeitsplatzes', die seinen breiten Einsatz begünstigt und seinen wachsenden Einsatz in den Nähsälen begründet. Ohne jegliche Zusatzausstattung ist dieses Betriebsmittel von Fall zu Fall unter Verzicht auf den Nutzen höherer Produktivität - bei gleichzeitgem Gewinn an Flexibilität - als reiner Schnellnäher einzusetzen.

5.2.2. Von der Einzelfertigung zur hochflexibel organisierten Fließarbeit - Stadien der Entwicklung organisatorischer Strukturen des Produktionsprozesses in der Bekleidungsindustrie

Der Industriebetrieb ist der Ort, in dem der gesellschaftliche Arbeitsprozess seine jeweilige konkrete Gestalt annimmt. Gleichzeitig zur Organisierung menschlicher Arbeitskraft sowie zur Mechanisierung menschlicher Arbeitsfunktionen erhält die Entwicklung der gesellschaftlichen Arbeit dort ihre Ausprägung durch die spezifische Ausrichtung an den Interessen des Einzelkapitals, die sich im Rahmen der Verfügung über den Produktionsprozess durchsetzen lassen. Neben der Erleichterung oder Ersetzung menschlicher Arbeitsfunktionen durch Maschinen und technische Vorrichtungen, worauf sich u.a. die Strategien in der Dimension der Technisierung beziehen, wird im Industriebetrieb mittels Strategien in der Dimension der Organisierung das gesellschaftlich verfügbare Potential an Produktivkräften eingesetzt. Diese Strategien unterscheiden sich von denen der Technisierung dadurch, daß sie nicht auf Dinge, sondern auf Menschen in ihrer Funktion als Arbeitskräfte bezogen sind. Mittels der Zentralisation der lebendigen Arbeit in der Fabrik, der sachlichen Ausdifferenzierung der Aufgaben der Arbeitskräfte sowie der zeitlichen Abstimmung ihrer Kooperation wird ein höherer Grad an Determiniertheit des Produktionsprozesses erreicht. Ziel dieses Handelns ist, die Produktivität der menschlichen Arbeit zu steigern.

Mit dem Übergang vom Verlagssystem zur fabrikmässigen Organisation der Arbeit eröffneten sich für den Bekleidungsindustriebetrieb große Möglichkeiten zur Steigerung der Arbeitsproduktivität. Gelingen konnte dies nicht nur durch die räumliche Zusammenfassung einer großen Menge von Arbeitskräften, die die zeitliche Abtrennung häuslicher und familialer Funktionen insbesondere bei den weiblichen Arbeitskräften zur Voraussetzung hatte. Der wesentliche Beitrag zur Einsparung des menschlichen Arbeitsaufwandes bei der Durchführung des Arbeitsprozesses in einer Kleiderfabrik bestand in der funktionsspezifischen Zerlegung der Arbeitsaufgaben sowie in der zeitlichen Koordination der daurch entstandenen Teilprozesse. Zur Sicherung dieser durch Kooperation im Betrieb entfesselten gesellschaftlichen Produktivkräfte waren besondere Formen der Organisierung der Arbeitstätigkeiten sowie von Arbeitsbeziehungen zwischen den Akteuren unterschiedlicher hierarchischer Ebenen notwendig.

Neben der Schaffung einer industriellen Arbeits - und Zeitdisziplin zählt die Festlegung und Kontrolle der Arbeitsleistungen durch unterschiedliche Maßnahmen der arbeitsorganisatorischen Rationalisierung zu den strategisch wichtigsten Größen der Verfügung über den Produktionsprozeß. Gerichtet sind diese Maßnahmen wie die Bestimmung von Arbeitsaufgaben, Ökonomisierung von Arbeitsverrichtungen usw. allemal auf die effizientere Nutzung der lebendigen Arbeit. Die große Bedeutung arbeitsorganisatorischer Gestaltungsmöglichkeiten für die Effizienz menschlicher Arbeitsleistung ergibt sich daraus, daß diese nicht nur von der psychisch-physischen Ausstattung einer Arbeitskraft abhängig ist, sondern auch von der technisch-organisatorischen Auslegung des Produktionsprozesses und der Arbeitsorganisation selbst. Insofern gilt die organisatorische Rationalisierung als vorrangiges unternehmerisches Instrument, über die intensivere Nutzung menschlicher Arbeitskraft im einzelnen eine rationelle Planung und Realisation der Produktion auf betrieblicher Ebene zu erreichen.

Beim Aufbau einer industriellen Arbeitsorganisation in der Bekleidungsindustrie folgten die Betriebe im wesentlichen dem tayloristisch-fordistischen Muster der Gestaltung des industriellen Produktionsprozesses, wie es sich in wenigen Großbetrieben sowohl in dieser Branche als auch in anderen Industriezweigen schon seit der Mitte der 20er Jahre in unterschiedlichem Ausmaß durchzusetzen begann. Im Folgenden sollen die Entwicklung der Rationalisierung des Produktionsprozesses rekonstruiert und die dabei entstandenen Rationalisierungstypen identifiziert werden.

5.2.2.1. Von der Einzelarbeit zur Gruppenarbeit im Blocksystem

Die organisatorische Rationalisierung war in den Betrieben der Bekleidungsindustrie in den 50er Jahren zunehmend von dem Ziel geprägt, den Aufbau der Arbeitsorganisation bei der Massenfertigung von Oberbekleidung gemäß den Methoden der wissenschaftlichen Betriebsführung vorzunehmen. Ein wesentlicher Baustein des tayloristisch-fordistischen Modells bestand darin, daß die technisch-organisatorische Rationalisierung des Produktionsprozesses auf einer strengen Kalkulierbarkeit der menschlichen Arbeitsleistung in Form von Zeitvorgaben basiert, die sich dem "ingenieurwissenschaftlichen Paradigma" gemäß keineswegs aus empirischen Erfahrungen sowie Anpassungsprozessen, sondern aus der "wissenschaftlichen Analyse" des Arbeitsprozesses - indsbesondere in Form der Zeit- und Bewegungsstudien - ergeben haben (Linhart/Düll/Bechtle : 1989, S. 129). Betriebe, deren Marktpolitik im damaligen Zeitraum noch nicht auf die Fertigung großer Serien ausgerichtet war, hielten bei der Herstellung von Kleinserien hochwertiger Kleidungsstücke allerdings noch an handwerlichen Organisationsformen der Arbeit, wie sie idealtypisch in der 'Einzelfertigung' und in der 'Hand-in-Hand-Fertigung' bestanden, fest.

"<Einzelfertigung>, bei der eine Arbeitskraft das ganze Stück allein, höchstens zusammen mit einer Zuarbeiterin herstellt, findet man nur noch sehr selten und dann fast nur bei sehr kleinen Auflagen. Es ist dies die aus dem Handwerk übernommene Arbeitsweise. Von den Arbeitskräften wird ein besonders großes Können verlangt. Kleiderfabriken, die so arbeiten, gleichen in ihrem Aufbau meist überdimensionierten Schneiderwerkstätten" (o.V. : 1951 b, S. 184).

Anzunehmen ist ferner, daß in den in dieser Epoche neu gegründeten Fertigungsstätten die damaligen neuen Arbeitsstrukturen nicht überall von Beginn an eingeführt wurden. Bevor es in dieser Industrialisierungsphase in den Betrieben zur massenweisen Installation von 'Bändern' unterschiedlichster Art kam und die fließende Fertigung gleichzeitig zum organisatorischen Kern des Rationalisierungsprogramms erklärt wurde, war die Tätigkeit einer Näherin häufig schon als Teilarbeit eines weniger hochgradig zerlegten Fertigungsprozesses organisiert. Bei dieser Organisationsform, der Werkstattfertigung ähnlichen 'Blockarbeit' (Hessland : 1954 b, S. 66; Schwab : 1949, S. 224) war die Aufstellung der Arbeitsplätze sowie der Materialfluß an unterschiedlichen Teil-Fertigungsgruppen orientiert. Typisch war für die Organisationsform 'Blocksystem' bzw. 'Blockarbeit', daß Arbeitsplätze und Betriebsmittel räumlich nach artgleichen Verrichtungen wie z.B. Ärmelfertigung, Taschenfertigung, blockweise zusammengefasst waren.

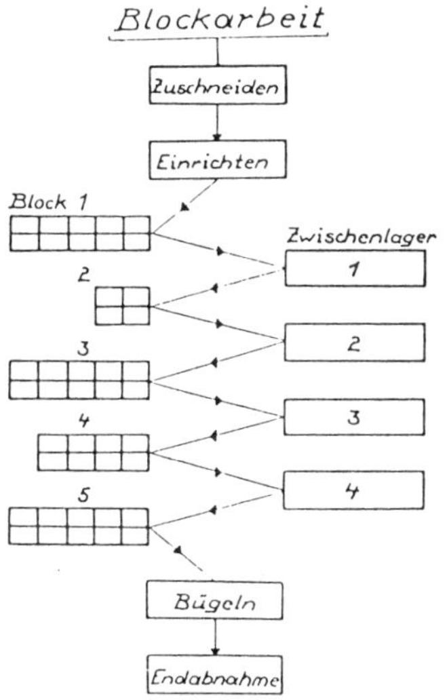

Quelle: Hessland, Dieter: Fertigungsverfahren in der Näherei, in: Mecheels, Otto (Hrsg.): Repertorium der Bekleidungsindustrie 1954, München 1954, S. 67

Abb. 5/7: Organisationsform Blockarbeit

In jedem Block der mit 2 - 8 im Rechteck aufgestellten Arbeitsplätze führten die Näherinnen eine bestimmte Arbeitsposition des in Teilarbeiten zerlegten Produktionsprozesses aus. Dazu erhielt jeder Block einen Stapel gebündelter Zuschnitte bzw. Halbfertigteile. Nach der für das Blocksystem typischen Bearbeitung der Teile vom Stapel auf den Stapel wurden diese in einem Zwischenlager gelagert. Die Festlegung der einzelnen Teilarbeiten wurde beim Blocksystem nicht nach zeitlichen, sondern nach Kriterien des Fertigungsablaufes vorgenommen. Bei dieser eher groben Planung des Produktionsprozesses wurden die Arbeitsplätze so zu Blöcken zusammengefasst, daß die Anzahl der Arbeitsplätze eines Blockes seinem Anteil an der gesamten Fertigungszeit des herzustellenden Kleidungsstückes entsprach.

Ein reibungsloser Lauf der Fertigung kam bei dieser Organisationsform deswegen nicht zustande, da die Ausführung der einzelnen Arbeitspositionen zeitlich nicht so aufeinander abgestimmt und vorgegeben waren, daß sie zwangsläufig nach einem festgelegten Rhythmus ausgeführt werden konnten. Infolgedessen kam es häufig zu Materialstauungen bzw. -leerläufen an einzelnen Arbeitsplätzen, sodaß die Bündel kaum dem der Planung zugrundegelegten Verteilungsschlüssel entsprechend den Arbeitsstationen zugeteilt werden konnten. Wartezeiten und damit unausgeschöpfte individuelle Leistungsreserven summierten sich somit zu großen Poren des Arbeitstages.

"Beim Arbeiten in Blockarbeit ist der Arbeiter in keinen Arbeitsrhythmus eingespannt. Er kann über sein Arbeitstempo in weiten Grenzen selbst bestimmen. Ihn drängt weder der nachfolgende Arbeiter, noch wird er in der vollen Entfaltung seiner Leistung dadurch behindert, daß ihm innerhalb eines Taktes nicht genügend zugeteilt werden konnte. Zweifellos eine ideale Lösung! So scheint es - aber nur, wenn der Arbeiter einen ernsthaften Willen zur Mitarbeit hat. Er kann zweifellos nirgends so viel arbeiten, zweifellos aber auch nirgends so viel bummeln wie hier" (Hessland : 1955 b, S. 152).

Die bündelweise zu bearbeitenden Werkstücke wurden hier von eigens dafür beschäftigten Personen zwischen den einzelnen Blöcken hin- und hergetragen. Häufig wurde der Transport auch von den Meistern übernommen - in diesen Fällen dann auf Kosten ihrer Kontroll- und Steuerungsaufgaben. Einen hohen ökonomischen Aufwand brachten die bei der Blockarbeit notwendigen Sortier- und Zusammenstellarbeiten der Bündel mit sich. Zusätzlich waren die Durchlaufzeiten der Werkstücke bei dieser Organisationsform nicht unerheblich lang. Zahllose Haufen halbfertiger Werkstücke auf den Abstelltischen neben den Nähmaschinen sorgten für eine schlechte Übersicht über den Materialfluß und trugen damit tendenziell zur geringen Effizienz dieser Organisationsform bei.

Um die Mängel dieser Organisationsform des Produktionsprozesses zu überwinden und gleichzeitig eine der zunehmenden Massenprroduktion von Bekleidung adäquate Arbeitsorganisation in den Betrieben einzuführen wurde die fließende Fertigung zum dominierenden Prinzip der Arbeitsorganisation. Bei den Anwendungsformen dieses Organisationsprinzips beschritten die Betriebe verschiedene Wege mit Ergebnissen von unterschiedlicher Effizienz.

5.2.2.2. Von der klassischen zur modifizierten Fließarbeitsorganisation - Formen der Fließarbeitsorganiation und ihre Anwendung in der industriellen Bekleidungsproduktion

Je höher die Stückzahlen der in den Betrieben zu fertigenden Serien eines Modells waren, umso günstiger erwiesen sich die marktökonomischen Voraussetzungen für ein Konzept arbeitsorganisatorischer Rationalisierung im Sinne der fliessenden Fertigung 47). Ziel der Ausrichtung der Arbeitsorganisation nach diesem Organisationsprinzip war, auf der Basis des damaligen neuesten produktionsorganisatorischen Wissens den Fertigungsablauf mit dem Effekt einer Verringerung des in der Fertigung gebundenen Kapitals zu beschleunigen. Erreicht worden ist dies prinzipiell durch die Abkehr von Organisationsformen wie Blockarbeit usw. sowie einer Neuordnung von Arbeitsplatzaufstellung und Materialflußorganisation.

"Die Umstellung auf Fließfertigung setzt die Auflösung der bisherigen Werkstattorganisation voraus und hat eine vollständige Neuordnung der Maschinen und Arbeitsabläufe zur Folge. Sie beseitigt die Zwischenlager der Abteilungen und beschleunigt den Transport zwischen den Maschinen, da jetzt nur Einzelstücke weiterzureichen sind" (Mickler : 1984, S.47).

Weiterhin bedurfte es hierzu eines durch die fliessende Fertigung vermittelten Zwanges zur Beschleunigung des Durchlaufs der Werkstücke im Fertigungsprozeß. Eng verbunden mit dieser arbeitsorganisatorischen Innovation war das Interesse der Betriebe an der Nutzung verdichteter und in dieser Folge gesteigerter Verausgabung von menschlicher Arbeit. Zeitökonomische Vorteile waren kein direktes Resultat der Eigentümlichkeit von Fließarbeit. Sie entsprangen vielmehr den organisatorischen Vorbereitungen der Arbeit an Fließarbeitsreihen.

Als zentraler Ansatzpunkt zur Steigerung der menschlichen Arbeitsleistung gilt bei der betrieblichen Organisation der Arbeit die Zerlegung des Arbeitsprozesses in Teilarbeitsgänge nach tayloristischen Prinzipien. Die leistungssteigernde Wirkung dieser Methode liegt darin, daß durch die ständige Wiederholung eines festgelegten Bewegungsmusters menschlicher Eingriffe ein höheres Maß an Fingerfertigkeit usw. erreicht wird, mit dem der jeweilige Teilarbeitsvorgang prinzipiell schneller ausgeführt werden kann. Eine Steigerung der menschlichen Arbeitsleistung durch die Zerlegung des Arbeitsprozesses in Teilarbeiten hielt sich freilich dann in Grenzen, wenn die Verrichtung - wie z.B. bei der Blockarbeit - nur mehr oder weniger lose miteinander verbunden war. Um zu einem einheitlichen Rhythmus der Arbeitsverausgabung zu gelangen, durch den die menschliche Arbeitsleistung gesichert werden sollte, war die Festlegung eines Arbeitstaktes notwendig 48). Dies setzte voraus, die Gesamtarbeit in zeitgleiche oder zumindest miteinander zu vereinbarende Teilabschnitte aufzuteilen. Dem Takt mussten alle Einzelverrichtungen sowie alle Einrichtungen und Besetzungen angepasst sein (Lauke : 1928, S. 12). Ein dem Produktionsablauf zugrundegelegter Arbeitstakt bedeutete für jede Arbeitsperson, die am Werkstück auszuführende Aufgabe innerhalb des ihr dadurch vorgegeben Zeitrahmens zu erledigen.

"Der Arbeitsrhythmus, der allein es vermag, die Durchlaufgeschwindigkeit der Werkstücke bis zur Grenze des Möglichen zu steigern und dauernd dort zu erhalten, er macht die Arbeit einer Gruppe Menschen, einer Maschinengruppe, einer Werkstatt zur Fließarbeit. (...) Der Rhythmus gibt das Maß der täglichen Leistungen, er verbindet die einzelnen Glieder der Gruppe zu engster Arbeitsgemeinschaft, in der jedes vom anderen abhängig ist, eines das andere mitreißt, keines je versagen oder ausfallen kann, ohne daß dies sofort bemerkt würde" (Lauke : 1928, S. 14).

Formal war der Produktionsablauf bei der klassischen Fließarbeit so aufgebaut, daß jede Arbeitsperson die für sie vorgesehene Aufgabe bis zum Ende eines Taktes erledigt haben mußte, um das Werkstück dann unmittelbar an die ihr nachfolgende Arbeitsperson weiterzuleiten, sodaß es von dieser ohne eine Unterbrechung durch Liegezeiten weiterbearbeitet werden konnte. Mit Ausnahme des zeitlichen Aufwandes für die Weiterleitung der Arbeitsgegenstände von Arbeitsplatz zu Arbeitsplatz wurden die Teile durchgehend bearbeitet. In diesem 'klassischen' Fall der Fließarbeit entstanden keine Vor- und Zwischenlager bei den einzelnen Arbeitstakten und somit keine Zwischenlager während des Produktionsprozesses (Akerman : 1934, S. 101). Mittels dieses Ablaufmusters und der ihm zugrunde liegenden Festlegung eines Arbeitstaktes konnte ein stetiger Fluß in der Fertigung - die 'fließende' Fertigung - erreicht werden. Im Idealfall wurde so jeder Arbeitsplatz mit Nachschub versorgt und es entstanden keine Brachzeiten während des Arbeitstaktes für die Arbeitsperson.

Die Steigerung der menschlichen Arbeitsleistung ergab sich bei der Fließarbeit nicht allein aus der dabei strikt angewandten Arbeitszerlegung, sondern auch aus der Disziplinierung des Arbeitsverhaltens. Sie bestand darin, daß die Arbeitsperson bei der Ausführung des Arbeitsganges gezwungen war, den dafür vorher festgelegten Zeitabschnitt unbedingt einzuhalten. Ferner war die Erhöhung der Produktivität ein Resultat der Vorarbeiten zur Festlegung der einzelnen Arbeitstakte, die für einen reibungslosen Ablauf der fliessenden Fertigung notwendig waren. Bei der inhaltlichen Gestaltung des Taktes ging es darum, die einzelne Arbeitsfolge daraufhin zu überprüfen, "wo vor allem unnötige, die Schnelligkeit hemmende, Arbeitstakte fortfallen können" (Eberhardt : 1931, S. 22). Mit der Verminderung der Bewegungen, des Kraftaufwandes usw. wurde versucht, überflüssigen Arbeitsaufwand auszuschalten und dadurch die Arbeitsproduktivität zu erhöhen. Bei der Festlegung des einzelnen Taktes war es weiterhin notwendig, für die zu verbindenden Teilarbeiten einen gleichen Rhythmus zu schaffen. Diesen wiesen die zu verbindenen Tätigkeiten zuvor kaum auf.

"Nun kommt es aber nicht darauf an, einfach zu nähen, sondern es kommt auch darauf an, die Nähvorgänge mathematisch und technisch exakt zu unterteilen, um auf diese Art Höchstleistungen an Produktivität zu erzielen. Dieser Entwicklung, die sich nicht aufhalten läßt, dienen ganze Parks von Spezialmaschinen. Auf diese Art soll nicht nur billiger, sondern auch besser gearbeitet werden als bisher. Es soll durch erhöhte Aktivierung eines kleineren Betriebskapitals mit kleineren Mitteln derselbe oder sogar ein größerer Erfolg herausgeholt werden, wie früher aus einem umfangreichen und teureren Apparat. So sind Verbilligungsquoten bis zu 50 Prozent von der Firma Pfaff durch Fließbandarbeit erreicht worden. Der Durchschnittsgewinn lag indes um 20 Prozent herum, d.h. er erreichte eine Quote, die heute für jeden Fabrikanten erstrebenswert ist" (o.V. : 1932 a, S. 126).

Bei zeitlich gebundenen Tätigkeiten war es für die miteinander durch einen Fertigungsfluß gekoppelten Arbeitsplätze erforderlich, die Inhalte der einzelnen Arbeitstakte und die Leistung der Arbeitspersonen exakt abzustimmen. Um den Ablauf der Fertigung eines Werkstückes an keinem Arbeitsplatz unterbrechen zu müssen, mußte die Planung der Tätigkeiten an allen Arbeitsplätzen bis ins Detail vorgenommen werden. Nur in dieser Kleinarbeit waren die Zeiten der einzelnen Arbeitsfolgen einander anzupassen und die Leistungen hinsichtlich eines ununterbrochenen Gesamtablaufes der Fertigung abzustimmen. Die in einem Arbeitsverteilungsplan nicht zu vermeidenden Unterschiede in der Vorgabezeit pro Arbeitsperson mußten in einem begrenzten Spektrum liegen, sodaß durch die unterschiedlichen individuellen Leistungsgrade der Arbeitspersonen keine Störungen für das gesamte Fertigungssystem zu erwarten waren. In der Abstimmung der ermittelten Vorgabezeit mit dem persönlichen Leistungsgrad der Arbeitsperson einerseits sowie mit der errechneten Taktzeit andererseits bestand bei der fliessenden Fertigung die wichtigste Aufgabe der Arbeitsvorbereitung. Leistungsabstimmung bedeutete in diesem Zusammenhang die Anpassung der Zeitdauer der einzelnen Arbeitsvorgänge eines zusammenhängenden Arbeitsablaufes an die Taktzeit durch organisatorische und technische Maßnahmen (Ulich u. a. : 1973, S. 32).

Dabei erwies es sich nicht in jedem Fall als einfach, die einzelnen Arbeitsgänge in sinnvoll zu unterbrechende Teilabschnitte aufzugliedern. Andererseits ging von den - in dieser Phase allerdings noch in geringerem Umfang eingesetzten - Spezialmaschinen ein Einfluß auf die Abstimmung der Teilarbeiten einer starren Fertigungslinie aus. Kapazitäten und Taktzeiten dieser Maschinen beeinflussten den Ablauf in einer Fließreihe nicht unerheblich. Insofern war die Entstehung einer Arbeitsorganisation - insbesondere der Arbeitsvorbereitung inklusive der für die Festsetzung von Vorgabezeiten notwendigen Arbeits- und Zeitstudien - in dieser Branche eine weitere Voraussetzung für die Steigerung der Arbeitsproduktivität.

Auf dem Hintergrund der Fertigung mengenmässig hoher Losgrössen führte die Notwendigkeit, eine große Anzahl von Arbeitsplätzen wegen der teilweise extremen Arbeitsteilung zu verketten und parallel dazu einen gleichmässigen, linearen Materialfluß zu sichern, zu einer streng verketteten Folge der einzelnen Bearbeitungsstationen. Diesen organisatorischen Bedingungen entsprach die Verwendung darauf abgestimmter Verkettungsmittel, sodaß unter diesen Umständen von 'starren' Arbeitsstrukturen gesprochen werden kann.

Bezogen auf die Verwendung geeigneter Gegenstände für die Beförderung der Werkstücke war die fließende Fertigung neutral. Keineswegs galten mechanisch gestützte Transportsysteme wie z.B. das Fließband als notwendige Bestandteile dieser Fertigungsorganisation. Überhaupt ist ein mechanisierter

Transport der Werkstücke nicht prinzipiell mit fließender Fertigung gleichzusetzen. Neben den verschiedenen Varianten mechanischer Transportmittel wurde die fliessende Fertigung gleichermaßen mit manuellem Transport kombiniert. Die taktgebundene Fließarbeit war auch nicht das zentrale Organisationsprinzip nur einer einzigen Möglichkeit der Auslegung dieses organisatorischen Konzeptes. Unterschiedliche betriebliche Bedingungen brachten Varianten bezüglich Arbeitsplatzaufstellung, Transporttechnologie usw. hervor, deren gemeinsamer Nenner in der rhythmischen Folge der Ausführung von Teilarbeiten bestand.

Im Folgenden sollen zunächst die wichtigsten Anwendungsformen der Fließfertigung, deren 'starre' Spielarten mit ihrem ausschließlich linearen Materialfluß zugleich das Organisationsschema der frühen Fabrikfertigung von Oberbekleidung repräsentieren, rekonstruiert werden. Herausgearbeitet werden sollen darüber hinaus neben den wichtigsten Merkmalen der organisatorischen Veränderungen der Fließfertigung der jeweils damit verbundene Wandel des Arbeitseinsatzes sowie die im Verlauf dieser Entwicklung angewandten Formen der Nutzung menschlicher Arbeitskraft durch die Betriebe.

5.2.2.2.1. Starre, taktgebundene Fließarbeitsorganisation

Zu den Rahmenbedingungen, die die Einführung der fliessenden Fertigung in den Betrieben der Bekleidungsbranche besonders begünstigten, sind auf der Absatzmarktseite die zunehmende Entwicklung eines Massenmarktes für fertige Oberbekleidung zu nennen. Diese Entwicklung hatte sich in wenigen Fällen schon gegen Ende der 20er Jahre in der Herrenoberbekleidungsbranche angedeutet und in den 30er Jahren insbesondere mit der Fertigung von Uniformen in Großserien aufgrund der besonders ausgeprägten staatlichen Nachfrage einen wichtigen Schub erhalten. Sie schlug vollends in der Nachkriegskonjunktur unter sukzessivem Einbezug des Damenoberbekleidungssektors durch. Somit bestand für viele Betriebe in der Entstehungsphase der Bekleidungsindustrie das Produktionsprogramm in der Fertigung von mehr oder weniger großen Serien eines Modellspektrums mit vergleichsweise geringem Umgfang, daß typischerweise starken zeitlichen Schwankungen unterworfen war.

"Zur Massenfertigung ist eine Voraussetzung nötig: Man braucht große Fertigungslose von ein und demselben Artikel. Dies bedeutet eine Form, eine einheitliche Verarbeitungsstufe und auch möglichst gleichartiges Material, weil trotz Verrichtungsteilung und Maschinenarbeit das 'Fingerspitzengefühl' der Näherinnen eine Rolle spielt. Die Verarbeitungsmenge für den einzelnen Artikel kann gar nicht groß genug sein" (Fischer : 1943, S. 19).

Der geringen Diversifizierung seiner Produktpalette entsprechend verfolgte der typische Bekleidungsindustriebetrieb in dieser Phase das Ziel, seine häufig erstmals zu errichtenden Fertigungslinien in der Form der 'starren' Fließarbeit zu organisieren. Zu vermuten ist, daß die typischen saisonal bedingten Schwankungen in der Nachfrage sowie einer eher instabilen Situation der Beherrschung der Absatzmarktsituation mit gewissen Flexibilitätsanforderungen an den mengenmässigen Arbeitskräfteeinsatz einherging. Anzunehmen ist weiterhin, daß die Anforderungen mit der Situation auf den verschiedenen regionalen Arbeitsmärkten vereinbar waren. Zumindest erscheint es so, daß das in den Städten sowie in den ländlichen Regionen vorhandene Angebot sowohl quantitativ als auch qualitativ den Betrieben bei der Beschaffung von Arbeitskräften zunächst keine nennenswerten Probleme bereitete. War das hausindustriell organisierte Konfektionsgewerbe in seinen Anfängen noch das gemeinsame Schicksal von Männern und Frauen, so erreichte der schon mit zunehmender Werkstattproduktion eingesetzte starke Anstieg der weiblichen Beschäftigten mit dem Übergang zur Fabrik einen derart hohen Anteil, der im weiteren Verlauf des industriell organisierten Produktionsprozesses - insbesondere im Nähereibereich - nur noch geringfügig ausgedehnt werden konnte. Die massenhafte Entstehung von Bekleidungsfabriken führte mit der qualitativen Umstrukturierung gesamter betrieblicher Funktionsbereiche zu einer wesentlichen Veränderung in der Zusammensetzung des Gesamtarbeiters.

Schwierigkeiten bei der Beschaffung geeigneter Arbeitskräfte hatten die Betriebe bei der häufigen Neugründung in nichttraditionellen Bekleidungsregionen vermutlich kaum. Die damals relativ günstige Arbeitsmarktsituation ermöglichte den Abruf einer 'haushaltsnahen' Qualifikation bei den meisten weiblichen Beschäftigten. Darüber hinaus trug eine häufig absolvierte mehr oder weniger kurze Anlernzeit dazu bei, diese Arbeitskräfte mühelos in den Produktionsprozess zu integrieren, wodurch eine dauerhaft hohe Frauenquote gesichert werden konnte. Da eine zertifizierte Ausbildung in dieser Branche, z.B. zur 'Kleidernäherin', damals über einen Zeitraum von nur 18 Monaten angelegt war, kann sie sicherlich nicht mit der Facharbeiterqualifikation in anderen Industriezweigen gleichgesetzt werden, zu deren Erwerb es mindestens eines doppelt langen Zeitraumes bedurfte. Wie schon gesagt, schieden die männlichen Beschäftigten im Übergang zur industriellen Produktion in dieser Branche aus dem bis dahin handwerksähnlich organisierten Produktionsprozess in der Näherei aus. Sie übernahmen in der Kleiderfabrik untere bzw. mittlere Führungspositionen. Arbeitsplätze, auf die viele der durch die Entstehung der Bekleidungsfabrik verunsicherten Meister aus dem Schneiderhandwerk 'umsattelten'.

Wird mit der fließenden Fertigung hauptsächlich ein Gestaltungsprinzip des Materialdurchlaufs mit allerdings weitreichenden Konsequenzen für die Organisation des gesamten Produktionsprozesses beschrieben, so bilden deren 'starre' Varianten recht deutlich den Einfluß des Absatzmarktes, der sich hier in der Form der Massenfertigung niederschlug, auf die Organisation der Fertigung ab. Stärker von den betriebsspezifischen Umständen wurde die Entscheidung bestimmt, welche Verkettungstechnologie bei der starren, taktgebundenen Organisation des Produktionsprozesses zum Einsatz kam. Der Transport der Werkstücke konnte bei dieser Organisationsform entweder manuell oder mechanisch vorgenommen werden.

5.2.2.2.1.1. Starre, taktgebundene Fließarbeitsorganisation mit manuellem Werkstücktransport

Die technisch-organisatorische Struktur dieser Variante der Fließarbeitsorganisation war vor allem vom Prinzip einer starr ausgelegten Verkettung von Maschinen und Arbeitsplätzen bestimmt. Es wurden hierbei hauptsächlich einfache Schiebetische als Verkettungsmittel der einzelnen Arbeitsstationen verwendet, wobei die Maschinen- und Arbeitstische entweder längs oder seitlich zum Transportmedium aufgestellt waren. Die in diesem Zusammenhang verwendeten Tische hatten nur eine reine Transportfunktion.

Damit waren die Arbeitsplätze der klassischen Fließarbeitsorganisation zufolge entweder direkt neben- oder hintereinander zugeordnet. Die Aufstellungsfolge der einzelnen Arbeitsplätze entsprach der Montagelogik, die sich aus der Konstruktion der Kleidungsstücke ergab. Der starren Aufstellung der Arbeitsplätze entsprach weiterhin der starre Personaleinsatz, dessen auffallendes Merkmal in der festen Zuordnung von Arbeitskräften zu bestimmten Arbeitsplätzen, an denen eine bestimmte Arbeitsposition auszuführen war, bestand. Ebenso starr war der Materialfluß organisiert. Die Betriebe, die die taktgebundene Fließfertigung im Nähsaal einführten, verfolgten damit vorwiegend das Interesse, die prinzipiell in der Fließorganisation enthaltenen organisatorischen Rationalisierungspotentiale auszuschöpfen. Der pufferlose, taktgebundene Materialdurchlauf als Strukturprinzip des Aufbaus einer Fertigungslinie, in die sowohl Vorfertigung als auch Montage integriert integriert waren, zielte darauf ab, eine Produktivitätssteigerung an den einzelnen Arbeitsplätzen und in dieser Konsequenz eine Steigerung der Gesamtleistung im Arbeitsprozeß zu erreichen. Mit der Einführung der taktgebundenen Fertigung im Nähsaal wurde gleichzeitig der zeitliche Ablauf des Produktionsprozesses transparenter. Damit wurde nicht nur ein kontinuierlicher Arbeitsfluß stärker gesichert, sondern der Ausstoß der täglichen Produktonsmenge wurde gleichzeitig berechenbarer. So konnte eine zu produzierende Tagesstückzahl festgelegt und auch erreicht werden.

Der Arbeitseinsatz baute bei dieser starren Fließorganisation auf einer eher homogenen Qualifikationsstruktur der Arbeitskräfte auf. Aus der organisatorischen Gesamtanlage der starren Fließarbeit als auch aus dem weniger häufig erfolgten Wechsel der zu fertigenden Serien ergab sich für die Arbeitskräfte, daß sie nur eine relativ geringe Anzahl von Arbeitspositionen beherrschen mussten. Ein systematischer Wechsel der Arbeitsausführung war hier nicht vorgesehen. Eine nennenswerte Flexibilität wurde nur von den als Springerinnen eingesetzten Arbeitskräften abverlangt. Von diesem Arbeitskrafttypus kann angenommen werden, daß es sich hierbei um gelernte Näherinnen gehandelt hat.

Wie schon angemerkt, unterschieden sich die Formen der starren, taktgebundenen Fließarbeitsorganisation mit manuellem

Transport in ihrer Anwendung im wesentlichen nur in der Aufstellung der einzelnen Arbeitsplatzreihen. Bei der Organisationsform 'Reihensystem' standen die Maschinen längs zum Transportmedium, während sie beim 'Schiebetisch' als Einzelstände quer dazu aufgestellt waren. Beide Anwendungsformen der Fließarbeitsorganisation sollen im folgenden bezüglich ihrer Eigentümlichen, insbesondere des Arbeitsablaufes vorgestellt werden.

Das Reihensystem

Die Aufstellung der einzelnen Nähmaschinen nebeneinander in einer Reihe war zuerst eine Folge des Einsatzes einer frühen Technologie des Nähmaschinenantriebes, des sog. Gruppen- oder Reihenantriebes. Dieser Antrieb bestand aus einem Elektromotor als Antriebsaggregat, von dem aus die Drehung der Transmissionswelle erfolgte. Von dieser zentralen Antriebswelle wurde die für den Betrieb der einzelnen Nähmaschinen innerhalb der Reihenanlage notwendige Antriebskraft über bestimmte Übertragungsmechanismen auf das Schwungrad der jeweiligen Nähmaschine übertragen 49).

Diese Aufstellung der Nähmaschinen bildete das grundlegende Aufstellungsmuster der Betriebsmittel und damit das Kernstück einer Reihenanlage. Unterschiedliche Varianten der Auslegung des Reihensystems mit ihren Konsequenzen für Materialflußorganisation usw. vermittelten sich über

- die Integration bzw. Nichtintegration von Handarbeits- bzw. Bügelplätzen in die Nähmaschinenreihe ('gemischtes' bzw. 'reines' Reihensystem)

- die ein- oder zweireihige Aufstellung der Arbeitsplätze

- die Nutzung von Ablage- bzw. Transporteinrichtungen mit unterschiedlichem Aufbau und verschiedenen Mechanisierungsgraden.

Die jeweiligen Auslegungen des Reihensystems sind dabei von der Struktur des zu fertigenden Produktes sowie verschiedenen betriebsspezifischen Einflußgrößen wie z. B. tägliche Produktionsmenge und räumliche Bedingungen bestimmt worden. Als eine für die Anfangsphase der industriellen Bekleidungsfertigung typische Möglichkeit der Gestaltung des Verhältnisses von Arbeitsplatzaufstellung und Materialfluß unter Anwendung eines einfachen Holztisches als Transportmittel soll die folgende Variante der Organisation des Produktionsprozesses innerhalb des Reihensystems vorgestellt und auf ihre spezifische Struktur analysiert werden.

Im Gegensatz zur Auslegung des Reihensystems, bei der Zwischenbügel- und Handarbeitsplätze außerhalb der Maschinenreihe aufgestellt waren (siehe Kap. 4.1. des Anhanges) und es deswegen zu zeit- und damit kostenaufwendigen Rückläufen der halbfertigen Werkstücke kam, sind diese Arbeitsplätze in einem anderen Organisationsschema in die Maschinenreihe integriert worden.In der im folgenden Lay-out der Aufstellung der Arbeitsplätze (Abb.5/8) realisierten Gestaltung des Produktionsflusses wurden nur noch die Ausfertigungsarbeiten, die mit der Hand verrichtet wurden sowie das Abbügeln an außerhalb der Reihe aufgestellten Arbeitsplätze ausgeführt (Jung (Hrsg.) : 1941, S. 81 ff.). In der Folge der externen Ausführung der Teilprozesse der Endfertigung wurde die Qualitätskontrolle im Anschluß an die letzten Ausfertigungsarbeiten außerhalb der Nähmaschinen-Arbeitsplatzreihe ausgeführt.

Anwendungsbeispiel: Die Fertigung einer Uniformjacke nach dem Organisationsprinzip des Reihensystems mit doppelseitiger Aufstellung der Nähmaschinen-, Handarbeits- und Zwischenbügelplätze.

Ausgehend von den aufgezeigten Grundstrukturen der Organisation der fliessenden Fertigung sollen am nachfolgenden Layout der Produktion einer Uniformjacke im Reihensystem mit einem Schiebetisch als Transporteinrichtung die Auslegung der Arbeitsplätze und der Materialfluß vorgestellt werden 50).

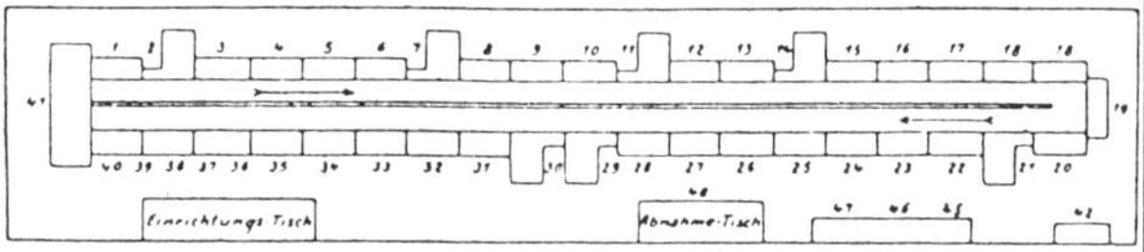

Quelle: Jung, Otto (Hrsg.) : Produktionstechnische Verfahren in der modernen Bekleidungsindustrie, Berlin-Wien-Leipzig 1941, S. 81

Abb.5/8:Aufstellung der Arbeitsplätze im doppelseitigen Reihensystem

Wie die Arbeitsplatzverteilung zeigt, sind zur Herstellung dieser Uniformjacke 48 Arbeitsplätze aufgestellt. Da für die Arbeitsposition 18 zwei Arbeitsplätze eingerichtet wurden, sind in dieser Reihenanlage insgesamt 49 Arbeitsplätze vorhanden. In diesem spezifischen Anwendungsbeispiel wird angenommen, daß das Abbügeln der Kleidungsstücke in einer zentralen Bügelei und nicht im Nähsaal ausgeführt wird, sodaß in diesem Arbeitsbereich dann nur 47 Arbeitsplätze untergebracht sind. Die Handarbeitsgänge der Positionen 36 - 40 werden von 5 Handnäherinnen ausgeführt; diesen stehen dazu 3 Handarbeitsplätze "im Band" zur Verfügung, so daß insgesamt 45 Arbeitsplätze verbleiben. Außerhalb der Schiebetischanlage stehen 6 weitere Handarbeitsplätze. Dem Schiebetisch sind somit 39 Arbeitsplätze angegliedert. Da die Arbeit der Position 19 am unteren Ende des Schiebebandes an einem Quertisch ausgeführt wird, setzt sich die doppelseitige Reihenanlage aus 2 x 19 = 38 Arbeitsplätzen zusammen (Jung (Hrsg.) : 1941, S. 92).

Für die in der Abb. 5/8 dargestellten Auslegung der Arbeitsplätze einer Uniformjackenfertigung nach dem Reihensystem ist als Verkettungseinrichtung ein sog. Schiebeband mit rollenden Transportkästen eingesetzt worden. Der Aufbau dieses Schiebebandes 51) bestand aus einer einfachen Holzkonstruktion 52).

In die Schiebekästen wurden die verschiedenen zugeschnittenen Teile sortiert eingelegt. Mit Hilfe der übersichtlichen Lage dieser Zuschnitte in den einzelnen Transportkästen wurde das Greifen des an einem bestimmten Arbeitsplatz innerhalb der Reihe jeweils zu bearbeitenden Nähgutes wesentlich erleichtert. Dadurch konnten die einzelnen Greifvorgänge in hohem Maße habitualisiert werden : Vorder-, Seiten- und Rückenteil, die Ärmel, die Taschen, die Vorder- und Rückenfutter u.s.w. lagen jeweils in bestimmten abgeteilten Fächern des Transportkastens, so daß Zeiten für das Suchen des jeweils zur Bearbeitung benötigten Arbeitsgegenstandes entfielen.

Als Möglichkeit des Einsatzes von mechanisierten Fördermitteln innerhalb des Reihensystems kann die Verwendung von Fließbandeinrichtungen mit Doppelbändern 53) angeführt werden.

In anderem Zusammenhang ist hervorgehoben worden, daß das Reihensystem im Rahmen erster Schritte der Industrialisierung der Fertigung von Oberbekleidung keine dominante Bedeutung erlangt hatte. Größere Erfolge mit diesem Produktionssystem dürften sich z.B. in der Wäscheindustrie eingestellt haben, wo das Reihensystem schon recht früh seinen Eingang in die Nähsäle gefunden hatte. Eine gewisse Relevanz bei der Fertigung von Oberbekleidung erhielt die 'fließende' Fertigung auch in der Form des Reihensystems offenbar erst im Zusammenhang mit der Durchsetzung von Strategien der nationalsozialistischen Industriepolitik. In diesen war der forcierte Übergang zur industriellen Arbeitsorganisation in dieser Branche vorgesehen. Hochgestecktes Ziel dieser Industrialisierungspolitik war die Automatisierung der Bekleidungsproduktion. Neben der Fertigung von ziviler Kleidung war die Herstellung von Uniformen ein besonderes 'Exerzierfeld' für damalige neue Produktionsstrukturen.

"Sobald die Betriebe der Bekleidungsindustrie modernisiert und die fließende Fertigung eingeführt haben, werden wir einen Schritt weitergehen und der Möglichkeit der Schaffung der Vollautomation nähertreten können. Bevor wir jedoch an diese Arbeit gehen, muß erst einmal die gesamte Industrie eine moderne Fertigungsmethode besitzen (Jung (Hrsg.) : 1941, S. 97)

"Die ins Auge springenden Vorteile der Vor- und Rücklauf-Fließbänder im Reihensystem haben sich in den letzten Jahren schon viele Kleider- und Wäschefabrikanten zunutze gemacht, sie haben sich nicht nur für die leichteren und nicht so umfangreichen Stücke in der Wäscheindustrie sowie der Berufs- und Oberbekleidungsfabrikation ausgezeichnet bewährt, sondern sich sogar für Großstücke, wie Sakkos, Ulster, Feldblusen, Militärmäntel usw. als sehr brauchbar erwiesen" (Jung (Hrsg.) : 1941, S. 51).

Beim Einsatz des Reihensystems in dieser Phase war es nicht die ökonomische Überlegenheit dieses Produktionssystems, welches seine Umsetzung in die Praxis hervorbrachte. Es war vielmehr der - kriegswirtschaftlich bedingte - Mangel an Nähmaschinen-Einzelantriebsmotoren, der diese Fließarbeitsreihen zum Prototyp industrieller Bekleidungsfertigung werden ließ 54).

"Wenn man wegen der zur Zeit schwierigen Beschaffung von Einzel-Elektromotoren absehen muß, ist die Zusammenfassung einer größeren Anzahl von Einzelplätzen in mehrere, von Elektromotoren anzutreibende Gruppen zu empfehlen" (Jung (Hrsg.) : 1941, S. 53).

Eine besondere Bedeutung erhielt diese Organisationsform industrieller Bekleidungsfertigung im wesentlichen nur in der Anfangsphase industrieller Bekleidungsfertigung. Sowohl die Phase nationalsozialistischer Industriepolitik als auch der Übergang zu industriellen Fertigungsmethoden in der sich in der Nachkriegszeit neu konstituierenden Bekleidungsindustrie der Bundesrepublik Deutschland und Berlin (West) war durch relative Kapitalknappheit dieser Branchen gekennzeichnet. Es kann somit angenommen werden, daß aufgrund dieser ökonomischen Rahmenbedingungen häufig die Entscheidung für den Einsatz dieser zentralen Antriebstechnologie und damit verbunden für diese Organisationsform des Produktionsprozesses getroffen worden ist. Neben dem betriebswirtschaftlichen Vorteil eines relativ geringen Investitionsaufwandes für Nähmaschinenantriebe war zu Beginn der industriellen Produktion von fertiger Oberbekleidung der relativ geringe Raumbedarf bei der Anwendung dieses Organisationsmusters ein wichtiger Grund für die Installierung des Reihensystems. Wenn auch gewisse 'Umwege' des Materialflusses bei einzelnen Organisationsmustern das Reihensystem (vgl. Abb. A/16 im Anhang) durch rationellere Formen des Materialflusses aufgehoben werden konnten, besaß das Reihensystem eine gravierende Schwäche: Vom Gruppenantrieb ging prinzipiell eine spezifische Störanfälligkeit des Gesamtsystems aus.

Die bei dem Reihensystem unterstellten geringen Aufwendungen für den Antriebsmechanismus und die damit einhergehenden relativ geringen Kosten für den Energieverbrauch gegenüber dem Einzelantrieb schlugen bei einem Ausfall des zentralen Antriebsmotors in ihr Gegenteil um: Die gesamte Reihenanlage war in diesem Fall ohne Antriebskraft und sämtliche Nähmaschinen konnten nicht mehr mechanisch angetrieben werden. Die hierdurch entstandenen Störungen im Ablauf des Produktionsprozesses sind mit Sicherheit ein starkes Argument dafür gewesen, dem Einsatz einzeln angetriebener Nähmaschinen den Vorzug zu geben. Dies bedeutete dann notwendig die Abkehr vom Reihensystem.

Das Reihensystem ist insbesondere bei der Nutzung des Fließbandes als Verkettungsmittel ein starres Produktionssystem gewesen. D.h., daß unter diesen Bedingungen in der Regel nur eine bestimmte Serie eines Kleidungsstückes gleichzeitig gefertigt werden konnte. Unter bestimmten Umständen war in der Kleingruppenfertigung in gewissem Rahmen eine flexible Produktion möglich. Die gleichzeitige Fertigung unterschiedlicher Kleidungsstücke setzte eine präzise Planung der Auslastung der einzelnen Arbeitsplätze sowie einen nichtlinearen Materialfluß voraus. Geeignet war für die flexible Produktion eine schiebetischähnliche Platte als Verbindung zwischen den beiden Nähmaschinenreihen. Der Transport erfolgte in diesen Fällen manuell.

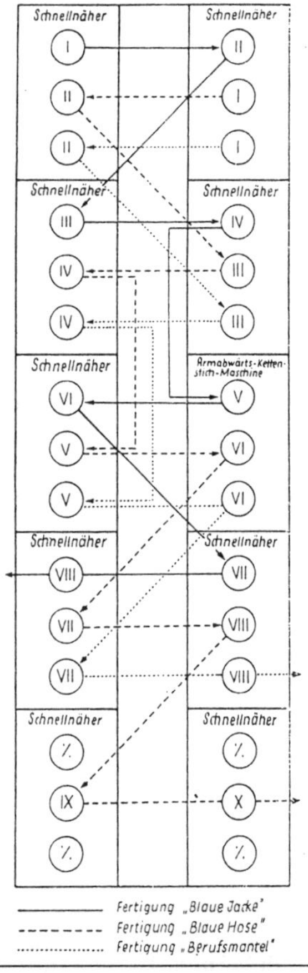

Quelle: Conze, Hans-Georg : Bekleidung im Blickpunkt der Rationalisierung, in: Bekleidung und Wäsche, Stuttgart, Nr. 1/ 1950, S. 16

Abb.5/9: Flexible Fertigung im Reihensystem

"Die Fertigung soll nach dem Reihensystem mit Gruppenantrieb erfolgen. Die hierbei zumeist vorhandene Mulde wird mit einer Längsplatte, die mit den Nähtischplatten abschließt, abgedeckt, um Haufenbildungen leichter zu erkennen und hierdurch zu vermeiden. Der Fluß der Arbeit wird so erhalten und erleichtert" (Conze : 1949, S. 138).

Ohne Probleme vollzog sich bei Produktionsumstellungen im Zuge eines Produktwechsels die räumliche Umsetzung der Nähmaschinen. In diesen Fällen wurden nur die Nähmaschinenoberteile ausgewechselt. Die für alle Varianten des Reihensystems charakteristische Aufstellung der Transport- bzw. Ablageeinrichtung hinter den Nähmaschinentischen ist vom Gesichtspunkt der Arbeitsplatzgestaltung als ungünstig zu beurteilen. Der Transportweg von der Aufnahme des Werkstückes bis zur Nadelstange ist umständlicher und zeitaufwendiger gegenüber einer Anordnung des Transport mittels seitlich vom Nähmaschinentisch gewesen. Zusätzlich ist zu erwähnen, daß das bei dieser Aufstellung der Betriebsmittel im Reihensystem von der Arbeitsperson zu bewältigende Bewegungsmuster beim Greifen und Zurücklegen der Teile mit einer besonderen Belastung des Bewegungsapparates einhergegangen ist.

Die Schiebetischanlage

Daß die Aufstellung der Maschinen in den Nähsälen im Einzelfall von der Antriebstechnologie bestimmt wurde, konnte am Beispiel des 'Reihensystems' demonstriert werden. Eine Abkehr von der eindeutigen Festlegung der Aufstellung der Maschinen durch den zentralen mechanischen Antrieb war prinzipiell erst mit der Nutzung des Einzelantriebsmotors für Nähmaschinen gegeben. Das in dieser Konsequenz entstandene 'Ordnungsvakuum' der Arbeitsplatzaufstellung wurde nun ganz wesentlich durch die Verwendung bestimmter Transport- bzw. Verkettungsmitteln gefüllt.

Die im Zusammenhang mit der Nutzung des Einzelantriebes in den Bekleidungsbetrieben zunächst als Transportmittel installierten 'Bänder' erforderten es, die Maschinen- bzw. Arbeitstische quer zu diesen Verkettungsmitteln aufzustellen. Damit ergab sich, daß die Arbeitsplätze konsequenterweise hintereinander - im Schulsystem - aufgestellt worden sind. Die Schiebetischanlage stellt ein einfaches Transport- bzw. Verkettungsmittel im Schulsystem dar. Das Schiebeband bestand entweder aus mehreren, zu einer langen Reihe zusammengestellten Tischen oder aus langen Holzplatten, die auf Holzböcken zu einem Transporttisch montiert waren. Durch diesen von der Konstruktion her einfachen Aufbau dieses Transport- und Ablagesystems wurde der manuelle Transport der zu bearbeitenden Werkstücke - ob als einzelnes Teil oder als Bündel im Transportkasten - von Arbeitsplatz zu Arbeitsplatz bestimmt. Diese Organisationsform findet noch heute ihre Anwendung in einzelnen Betrieben der Bekleidungsindustrie.

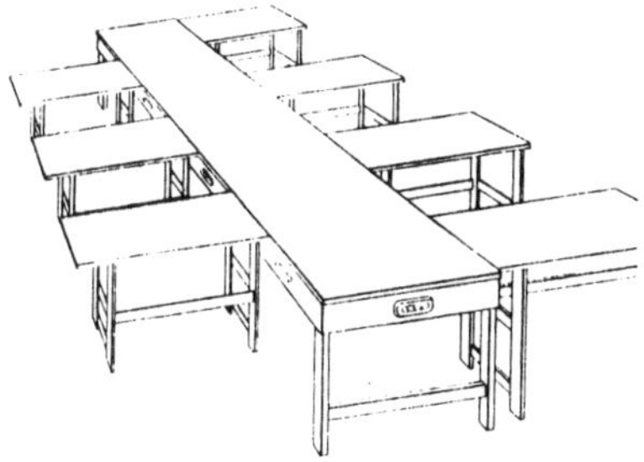

Quelle: Schwab, Robert : Arbeitsplanung für ein Damenkleid, in : Bekleidung und Wäsche, Stuttgart Nr. 5/1950, S. 189

Abb.5/10:Schiebetischanlage

"Die einfachste Art der Fließfertigung wurde durch die sogenannten Schiebetische gestaltet. Die Arbeitsplätze waren hierbei an beiden Seiten eines langen Tisches angeordnet, die in der entsprechenden Reihenfolge der Arbeitsgänge placiert waren. Die zu bearbeitenden Teile, z. B. die Zuschnitte einer Anzahl gleicher Kleidungsstücke bzw. gleicher Teile von Kleidungsstücken, wurden lose oder gebündelt dem ersten Arbeitsplatz zur Bearbeitung übergeben. Nach Erledigung dieses Arbeitsvorganges wurde die Ware wieder von der an diesem Platz beschäftigten Kraft auf den Tisch gelegt und dem nachfolgenden Arbeitsplatz zugeschoben. Dieser Arbeitsplatz sorgte für die Weiterverarbeitung der Ware und setzte das Verfahren des Weiterschiebens zum nachfolgenden Arbeitsplatz fort. Am Tischende wurden die fertigen Stücke oder Teilstücke über eine Kontrolle dem Zwischenlager zugeleitet oder zur Weiterverarbeitung anderen Schiebetischen übergeben " (Graf : 1964, S. 518 ff.).

Trotz des starren Aufbaus des Transportmittels 'Schiebeband' sowie der manuellen Weitergabe der Werkstücke von Arbeitsplatz zu Arbeitsplatz ist mit dieser Transporttechnologie die Organisation des Materialflusses nicht auf eine einzige Form begrenzt gewesen. Die Materialflußvarianten unterschieden sich nach linearer und bzw. synchroner Teilefertigung, wobei letztere unterschiedliche Auslegungen der Schiebebandanlage zugelassen hatte (vgl. Kapitel 4.2. des Anhanges).

Als weit verbreitetes Prinzip der Organisation des Materialflusses im 'Schiebeband' kann die Variante der fließenden, linearen Folge der einzelnen Teilarbeitsabschnitte bezeichnet werden. Dieses elementare Organisationsmuster der fließenden Fertigung soll am Beispiel der Herstellung eines Herren-Sportsakkos in einer mittelgroßen Kleiderfabrik skizziert werden (Meier : 1955, S. 62 ff.). Wie aus dem Arbeitsverteilungsplan 55) als auch aus dem Maschinenaufstellungsplan (Abb. 5/11) zu ersehen ist, werden die zugeschnittenen Stoffteile - der Zuschnitt erfolgte in diesem Fallbeispiel außerhalb der Gruppe - mit den zugeschnittenen Futterteilen 56) dem Arbeitsplatz 'Einrichten' zugeführt. Im Anschluß an die vielfältigen am Platz 6 ausgeführten Einrichtungstätigkeiten wurden die Schiebekästen als Materialbehälter zusammengestellt und mit den Zuschnitten auf das Schiebeband gegeben. Im weiteren wurden die einzelnen, dem Arbeitsverteilungsplan entsprechenden Teilabschnitte in linear fortschreitender Folge an den entsprechenden Arbeitsplätzen ausgeführt.

Auf einer detaillierten Ebene der exemplarischen Darstellung der Arbeitsinhalte und des Materialflusses bedeutet dies für die Ausführung der Teilarbeitsprozesse an den ersten Näharbeitsplätzen des Schiebebandes die Verrichtung der folgenden Näh- und Transportarbeiten: Die Näherin am Nähmaschinenarbeitsplatz Nr. 7 greift die Zuschnitte aus dem Schiebekasten, legt sich die zu bearbeitenden Teile zurecht und näht an der Nähmaschine laut Arbeitsplan die folgenden Arbeitspositionen:

- Bauchabnäher mit Futterstreifen nähen

- Brustabnäher mit Stoffstreifen nähen

- Seitenteil an Vorderteil nähen

- Besetzen auf innere Brusttasche nähen.

Nach der Durchführung dieser Maschinennäharbeiten legt die Näherin das bearbeitete Nähgut in den Schiebekasten zurück und schiebt diesen mit der Hand auf dem Schiebeband weiter zum Arbeitsplatz Nr. 8, der auf der gegenüberliegenden Seite des Transporttisches liegt. Die Näherin an dem Maschinenarbeitsplatz Nr. 8 greift die Teile wiederum mit der linken Hand aus dem Schiebekasten, welcher auf dem Schiebeband in Höhe ihrer Nähmaschine steht und führt dem Arbeitsplan entsprechend die folgenden Teilarbeiten aus:

- Armlöcher mit Schrägband lisieren, Fäden abschneiden

- Rückennaht zusammennähen

- Rückenarmlöcher lisieren, Fäden abschneiden, kontrollieren

- Billettasche oben umsteppen und an Taschenbeutel stecken

- Taschenbesetzen auf Seitentaschen nähen.

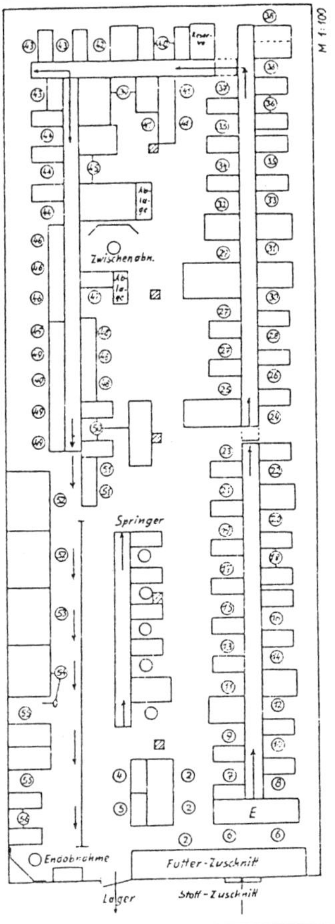

Quelle: Meier, E. : Arbeitsuntersuchungen am Sakkoband, in : Bekleidung und Wäsche, Mönchengladbach, Nr. 2/1955, S. 63 ff.

Abb.5/11: Maschinenplan und Materialfluß beim Schiebeband -Sakkofertigung-

Die an diesem Arbeitsplatz bearbeiteten Stoffteile werden dann mit den übrigen zum Bündel gehörenden Sakkoteilen wieder zusammengelegt und in den Schiebekasten zurückgelegt. Der in der Höhe des Arbeitsplatzes auf dem Schiebeband stehende Schiebekasten mit dem Nähgut wird dann von der Näherin wieder zu dem nächsten Arbeitsplatz - in diesem Fall dem Arbeitsplatz Nr. 9 - weitergeschoben. In dieser Weise wiederholte sich die Ablauffolge 'Bearbeitung der Werkstücke - manueller Transport' bis zum letzten Teilabschnitt des gesamten Produktionprozesses. Der Materialfluß ist hierbei insbesondere durch die Ablauforganisation dieser Fertigung bestimmt gewesen: Die Durchführung in einer linearen Bearbeitungsfolge ließ nur diese 'starre' Form des Produktionsflusses zu. Zur Organisation des Produktionsprozesses am Schiebeband mit einer flexibleren - synchronen - Vorfertigung siehe Kap. 4.2. des Anhanges.

5.2 2.2.1.2. Starre, taktgebundene Fließarbeitsorganisation mit mechanischem Werkstücktransport

Genauso wie die Fließarbeitsformen mit manuellem Transport der Werkstücke wiesen die Formen der Fließarbeit mit mechanischem Traqnsport in Vorfertigung und Montage eine starre Fließarbeitsorganisation auf. Somit gelten die Ausführungen für die starr organisierte Fließarbeit mit manuellem Transport auch für die Fälle, in denen die Fließarbeit zusammen mit einer der verschiedenen Formen der Mechanisierung der Transporttätigkeiten angewandt worden ist.

Den sich voneinander unterscheidenden konstruktiven Lösungen - sowohl von ihrer technischen Ausführung als auch von ihrer Aufstellung im Raum (in der Terminologie der Arbeitswissenschaften: flurfrei bzw. flurgebunden) der Mechanisierung der Werkstückzuführung war gemeinsam, daß zusätzlich zur mechanisierten Transportfunktion des jeweiligen Verkettungsmittels von diesem ein technisch bzw. organisatorisch vermittelter Taktzwang ausging. Sicher hat das Interesse der Betriebe, menschlichen Aufwand für den Werkstücktransport einzusparen, eine hohe Bedeutung bei der Einführung mechanischer Transportmittel gehabt. Wichtig für die Realisierung einer fliessenden Fertigung war aber auch die mit der Mechanisierung des Transports verbunden gewesene Erhöhung des psychischen Drucks auf die Arbeitskräfte, den als Sollvorgabe von der Arbeitsvorbereitung bestimmten Takt einzuhalten., d.h. ihn auf keinen Fall zu überschreiten. Der technisch vermittelte Zwang, den Takt unbedingt einzuhalten, erhielt somit den Charakter einer Disziplinierung. Mit der Mechanisierung des Transports wurde den Arbeitskräften der bei der manuellen Weitergabe der Werkstücke noch vorhanden gewesene individuelle Spielraum zur Beendigung eines Nähvorganges entzogen und - zumindest formal - das Ende eines Arbeitsvorganges mittels technischer Unterstützung bestimmt. Da die Leistungsgrade der einzelnen Arbeitskräfte im Laufe der täglichen Arbeitszeit schwanken wie auch unterschiedliche Arbeitsmotivationen, insbesondere mangels individueller Leistungs- und damit Verdienstanreize bei dieser Organisationsform unterstellt werden können, kam der mit technisch vermitteltem Taktzwang einhergehenden Disziplinierung des Arbeitsverhaltens eine die Realisierung eines reibungslosen Materialflusses zusätzlich unterstützende Komponente zu. Nur durch die konsequente Einhaltung des Taktes konnte ein fliessender Ablauf der Fertigung als Voraussetzung für eine Steigerung der Gesamtleistung gesichert werden.

"Diesen losen Formen der Fließarbeit steht die Bandfertigung gegenüber, bei der durch das zwischengeschaltete, selbsttätige Transportmittel das Arbeitstempo vorgeschrieben wird, und damit der Gestaltung des Arbeitsablaufes beim Arbeiter ein mehr oder weniger enger Rahmen gezogen wird" (Schwab : 1949, S. 229 ff.).

Beim Einsatz von mechanischen Transportanlagen in den Nähsälen der Kleiderfabriken wurde ganz klar die flurgebundene Transporttechnologie bevorzugt. Das nur in wenigen Fällen in der Praxis der industriellen Bekleidungsfertigung eingesetzte 'Schalenband' als flurfreie Variante des mechanischen Werkstücktransports ist in Kapitel 4.5. des Anhanges detailliert beschrieben.

Das Fließband

Ursprung der in der Mitte der 80er Jahre in den Betrieben der deutschen Bekleidungsindustrie in den unterschiedlichsten Varianten immer noch eingesetzten 'Bänder' sowie der bis heute noch in der Branche herrschenden Bandideologie 57) ist das Fließband als frühes mechanisches Fördermittel sowie als Organisationsform des nach tayloristisch-fordistischen Prinzipien organisierten Produktionsprozesses gewesen 58). Der Einsatz des Fließbandes im industriellen Produktionsprozeß von Bekleidung markierte den Beginn der Mechanisierung der bis zu diesem Zeitpunkt in den Nähsälen rein manuell ausgeführten Transporttätigkeiten. Wegen der dadurch ausgelösten organisatorischen Veränderungen der Produktionsstrukturen gilt das Fließband als Symbol der Arbeitsorganisation fabrikmäßig-industrieller und in hohem Maß arbeitsteilig organisierter Tätigkeiten nicht nur in der Bekleidungsindustrie. Mit der Einführung des Fließbandes im Bekleidungsindustriebetrieb wurde nicht nur der innerbetriebliche Materialtransport mechanisiert, sondern das Fließband war gleichzeitig ein Organisationsmittel für den betrieblichen Produktionsprozeß, d.h. ein zwangsläufiges Bindeglied zwischen den im Band aufgestellten Arbeitsplätzen. Bei den Fließbandanlagen erfolgte der Transport der Werkstücke entweder stetig mit geringer Geschwindigkeit oder in bestimmten einstellbaren Taktabständen durch das Fortbewegen des Bandes um jeweils eine Arbeitsfeldlänge.

"Die jüngste und technisch am weitesten entwickelte Form der Fertigung ist die Fließbandarbeit. Hier wird nur von Hand gemacht, was nach dem heutigen Stand der Maschinentechnik noch nicht mit der Maschine hergestellt werden kann. Die Verrichtungsteilung ist soweit getrieben, als dies nur möglich ist. Die gesamte Herstellung ist auf bestimmte Arbeitstakte abgestellt und danach richtet sich die von der einzelnen Arbeitskraft zu leistende Verrichtung (Position). Hier ist nicht mehr allein der Meister nötig, sondern auch der Ingenieur. Die Beschäftigung von Ingenieuren in der Bekleidungsindustrie bildet tatsächlich den Marktstein ihrer Entwicklung" (Fischer : 1943, S. 19).

"Wenn das Montageband zum Symbol für die Massenfertigung unserer Zeit erhoben wird, so ist damit auch schon die für diesen Zweck automatisch notwendige Arbeitsmethode, nämlich die Fließarbeit in ihren verschiedenen Varianten vorgezeichnet" (Schnepfe : 1949, S. 2).

Hierdurch wurde die Bedeutung der Fördertechnologie für die Organisation des betrieblichen Produktionsprozesses wesentlich gestärkt und gleichzeitig der Umbau von werkstattförmigen zu fließförmigen industriellen Produktionsstrukturen veranlaßt und in differenzierter Weise vorangetrieben 59). Auf die Entwicklung der gesamten Bekleidungsbranche bezogen ist die Mechanisierung des innerbetrieblichen Materialtransports mittels des Einsatzes von motorgetriebenen Fließbändern zuerst in der Wäschekonfektion bei der serienmäßigen Herstellung von Herrenoberhemden erfolgt. Die ersten Fließbänder wurden in der Bekleidungsbranche mit großem Erfolg in der zweiten Hälfte der 20er Jahre in einigen großen Wäschefabriken installiert 60).

Nach vereinzelten Einrichtungen von Fließbandanlagen in während der 30er Jahre neu gegründeten Herrenoberbekleidungsfabriken erfolgte deren Einsatz in stärkerem Maße in den nach Kriegsende im Zuge des Aufbaus der westdeutschen und der westberliner Bekleidungsindustrie sich neu konstituierten Damen- und Herrenoberbekleidungsfabriken bzw. in den als Industriebetrieb wiederentstandenen Konfektionsfirmen.

Der Aufbau einer Fließbandanlage soll im folgenden anhand eines Beispiels einer doppelseitigen Fließbandanlage beschrieben werden. Wie aus den Konstruktionszeichnungen der verschiedenen Darstellungsebenen ersichtlich, bestand der Gurtbandförderer im wesentlichen aus folgenden Elementen:

- Rahmengestell
- Antriebsaggregat
- Motor
- Antriebstrommel
- Umlenk- bzw. Spanntrommel
- Fördergurt
- elektrische Schaltuhr (Bitzenhofer : 1950, S. 237 ff.).

Auf einem Traggerüst aus Stahlrohren sind Tragrollen befestigt, über welche ein endlos umlaufender Fördergurt aus einem Spezialgewebe 61) gezogen wird. Der Obergurt wird hier flach zur Aufnahme geführt. Der Antrieb des Bandes erfolgt über die Bewegung der Antriebstrommel. An der Kopfseite und am Heck des Förderers wird der Gurt über Gurttrommeln umgelenkt; die Spannung des Bandes wird durch eine Bandspanneinrichtung erreicht. Der Untergurt wird flach unter dem Obergurt im selben Bandgerüst zum Heck zurückgeführt (Gummersbach : 1953, S. 62).

Es bestanden mehrere Möglichkeiten der Integration des Gurtförderers in Strukturen der Produktion von Oberbekleidung. Die Varianten der Gestaltung von Fließband-Arbeitsgruppen mit jeweils besonderen Organisationsformen bestanden in dem

- einbahnigen Fließband ohne Materialpuffer
- doppelbahnigen Fließband mit Materialpuffer.

Bei einer Betrachtung der Entwicklungsstadien der Fließbandtechnologie bzw. des Verlaufes des konkreten Einsatzes dieses Transportmittels in der Bekleidungsindustrie läßt sich zu Beginn des Einsatzes der Fließbandtechnologie eine Phase des 'Fließbandes alter Art' feststellen, die insbesondere in der Nachkriegszeit durch den Einsatz der 'modernen' Taktband-Fließbandanlage abgelöst worden ist. Das 'Fließband alter Art' ist in Kapitel 4.3. des Anhanges näher beschrieben.

Die Entwicklung des Absatzmarktes von fertiger Oberbekleidung zu einem Massenmarkt verlief in den einzelnen Bekleidungsbranchen ungleichzeitig. Gegenüber der Berufsbekleidungs- und der Wäschebranche bildete sich in der Herrenoberbekleidungsbranche ein mengenmäßig stärkerer Absatzmarkt in den 30er Jahren nur sehr zögernd heraus. Mechanische Fördertechnologien sind in den Damenoberbekleidungsfabriken wegen ihrer spezifischen Bedingungen erst wesentlich später - in der Zeit nach dem 2. Weltkrieg - eingeführt worden (o. V. : 1941, S. 237 ff.).

Die weitere Entwicklung der Fließbandtechnologie und ihr Einsatz in den Betrieben ist zu Beginn der 50er Jahre in der Weise verlaufen, daß entweder die vorhandenen 'alten' Fließbänder mit modernen Getrieben 62) ausgerüstet wurden oder daß neu entwickelte 'moderne' Taktband-Fließbänder in den in diesem Zeitraum neu gegründeten Kleiderfabriken aufgestellt wurden .

"Nach dieser Erfahrung habe ich dann die Fließbänder der betr. Firma (z. T. sehr alten Baumusters) auf Taktbandbetrieb umgebaut, und auch hier ergab sich fast sprungartig ein Leistungsanstieg. Nur nebenbei sei erwähnt, daß die Steigerung der Bandgeschwindigkeit nicht auf Kosten der Qualität geschehen ist. Durch Beobachtung der Qualität über einen längeren Zeitraum ist in keinem Fall ein Absinken festgestellt worden" (Habicht : 1952, S. 91).

"Wenn nicht verkannt werden darf, daß die Anschaffung von modernen Taktbändern, wie sie heute von den bekannten Maschinenfabriken angeboten werden, eine äußerst kostspielige Investierung bedeutet, so haben diese ohne Zweifel den Vorrang vor allen anderen Fließbandausführungen, und sie komprimieren in sich alle Vorzüge, wovon an dieser Stelle nur einige besondere Punkte hervorgehoben wurden. Nur sie erlauben eine wirklich vorbildliche Taktband-Fließband-Fertigung, wobei dem Sinn dieses Fertigungsverfahrens, eine planmäßige Steuerung des gesamten Fertigungsablaufs ohne Schwierigkeiten, jedoch immer im Rahmen des Möglichen zu erreichen, vollauf entsprochen wird" (Conze : 1953, S. 151).

Neben dieser technisch weiterentwickelten Ausstattung des Gurtförderers ist beim Einsatz dieser Fließbandtechnologie in den 50er Jahren eine organisatorische Anwendungsform zum Durchbruch gelangt, welche schon gegen Ende der 30er Jahre entwickelt gewesen war 63). Im Gegensatz zu den bis dahin einbahnig aufgestellten und nur in einer Richtung sich fortbewegenden Fließbändern wurden nun überwiegend zwei 'moderne'

Fließbänder parallel zueinander aufgestellt und als vor- und rücklaufende Bänder eingesetzt. Bei der Aufstellung dieser Transportmittel im Schulsystem 64) standen die Nähmaschinen bzw. die Bügel- sowie die Handarbeitstische als Einzeltische quer an den Längsseiten der Transportbänder 65).

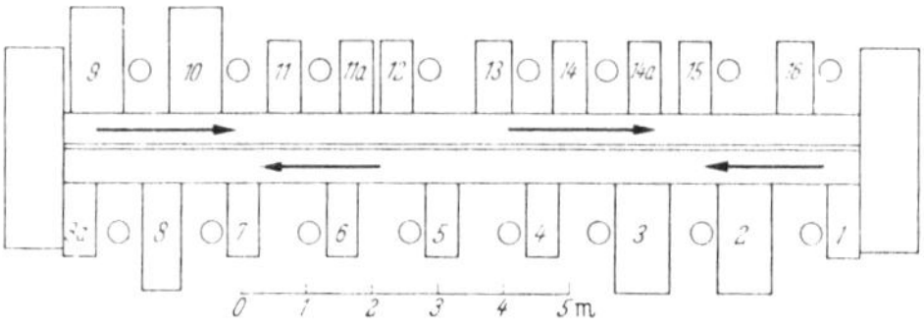

Quelle: Donner, Erich : Handbuch für die Bekleidungsindustrie, Berlin-Göttingen-Heidelberg 1956, S. 123.

Abb.5/12: Doppelbahnige Fließbandanlage mit Arbeitstischen am Kopf- und Heckende.

Der Fertigungsprozeß an 'modernen' Fließbandanlagen entsprach in seinem Ablauf grundsätzlich dem am einfachen Band. Von der Aufgabeperson wurden die Zuschnitte auf das Aufgabefeld des links von ihr stehenden Gurtbandes gelegt. Mit Ablauf des Arbeitstaktes wurde mittels einer elektrischen Schaltuhr der Bandlauf in Gang gesetzt und die auf dem Band liegenden Werkstücke mit einer entsprechenden Vorlaufgeschwindigkeit um die Länge eines Arbeitsfeldes weiterbewegt 66).

Um die Schublänge so einzuhalten, daß das Band stets an derselben Stelle mit der griffgünstigsten Entfernung zum Arbeitsplatz zum Stillstand kam, ist der Antrieb des Bandes indirekt mit einer Magnetbremse verbunden gewesen. Nachdem das Förderband neben dem Arbeitsplatz zum Stehen gekommen war, griff die Arbeitsperson das neben ihr auf dem Band liegende Arbeitsmaterial, legte es zur Bearbeitung zurecht und führte die jeweilige Arbeitsposition am Werkstück aus. Während dieser Bearbeitungsphase des Bekleidungsstückes stand das Gurtband still. In der Regel wurden die bearbeiteten Werkstücke kurz vor Ende des Taktes von der Arbeitsperson auf den Teilabschnitt des Bandes zurückgelegt, von dem sie die Teile vor der Bearbeitung aufgenommen hatte. Nach dem Ablauf der eingestellten Taktdauer wurde das Gurtband durch einen Schaltkontakt erneut in Bewegung gesetzt. Die auf den Transportfeldern liegenden Werkstücke wurden um jeweils eine Feldlänge zum nächsten Arbeitsplatz weiterbefördert. Da die Arbeitsplätze beiderseits der Fließbänder in der Montagefolge, die sich aus der Konstruktion der Kleidungsstücke ergab, hintereinander aufgestellt waren, wiederholte sich dieses Ablaufmuster an jedem Arbeitsplatz.

An den beiden Arbeitsplätzen an der Heckseite des Fließbandes wurde dieses Muster des Materialtransportes unterbrochen. Mit Ablauf des Arbeitstaktes wurde das halbfertige Teil von der Arbeitsperson am letzten Platz des Bandes mit der Laufrichtung vom Aufgabe- bzw. Abnahmeplatz nicht mehr auf das Fließband gelegt, sondern der gegenüber am Band mit der entgegengesetzten Laufrichtung sitzenden Arbeitsperson zugeworfen. Für den Fall, daß am Heckende des Fließbandes ein Kontroll-Arbeitsplatz eingerichtet war, wurden die Teile von der dort tätigen Arbeitsperson mit dem Taktende auf das Band gelegt und entsprechend weiterbefördert.

Der besondere Vorteil der doppelseitig aufgestellten Fließbänder mit Vor- und Rücklauf bestand in der Möglichkeit, die beim einbahnigen Fließband notwendig getrennt ausgeführten Tätigkeiten der Aufgabe des zugeschnittenen Materials und der Abnahme der fertiggenähten Kleidungsstücke zu einem Arbeitsplatz zusammenzulegen. Diese Arbeitsinhalte wurden an der Kopfseite des vor- und rücklaufenden Doppelbandes von einer Arbeitsperson allein erledigt. Je nach Taktdauer u.s.w. wurden von dieser Arbeitsperson auch notwendige Endkontrollarbeiten mit ausgeführt.

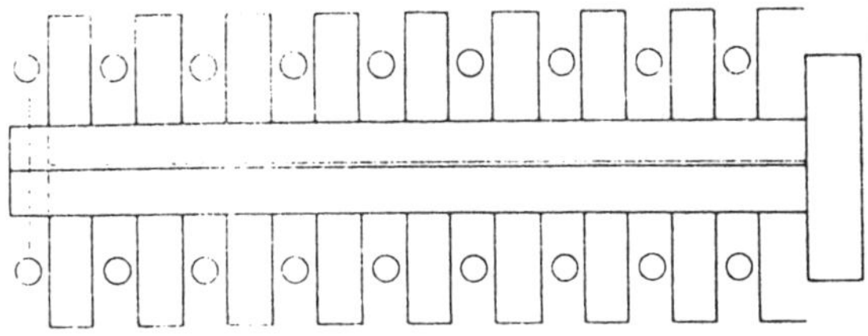

Quelle: Schwab, R. : Fertigungsweisen in der Bekleidungsindustrie, in : Bekleidung und Wäsche, Mönchengladbach, Nr. 1/1954, S. 4.

Abb.5/13: Doppelbahnige Fließbandanlage mit Arbeitstisch am Kopfende.

Wie bei allen anderen taktgebunden organisierten Produktionsabläufen in der industriellen Bekleidungsherstellung zeigten sich auch bei der Fließbandfertigung sehr deutlich die Schranken für die Entfaltung der individuellen Leistung der Arbeitskräfte. Der aus dem Bewegungsrhythmus des Fließbandes resultierende Zwang zur Taktorganisation hatte dies verhindert und ist somit als ein Hemmnis dieser Organisationsform anzusehen. Ein Taktzwang ist nicht nur als Fessel der individuellen Leistungsentfaltung anzusehen, sondern der gesamten Produktionsstruktur. Eine gute Übersicht über den Produktionsablauf sowie ein leicht kalkulierbarer täglicher Produktionsausstoß standen dem als positive Momente gegenüber. Als Faktor der Disziplinierung hat sich die Einführung des Taktzwanges nur als begrenzt wirksames Mittel erwiesen. In der Praxis war es nicht immer möglich, die individuellen Leistungen vollkommen abzustimmen.

Innerhalb der Entwicklung industrieller Produktionsstrukturen bei der Herstellung von Bekleidung ist der Einsatz des Fließbandes sehr bedeutsam gewesen: Zum einen ist die Verwendung des Fließbandes und damit die Mechanisierung des Transports der Werkstücke erst durch die industriell-fabrikmäßige Fertigung von Bekleidung möglich geworden. Mit der Mechanisierung des Transports in dieser Weise war gleichzeitig eine organisatorische Umgestaltung des Produktionsprozesses - hier zum taktgesteuerten Materialdurchlauf - verbunden gewesen. Trotz negativer Erscheinungen zählt die Schaffung rationeller organisatorischer Strukturen - insbesondere einer adäquaten Arbeitsvorbereitung - zu den nicht zu unterschätzenden Begleitumständen des Einsatzes des Fließbandes bei der Herausbildung industrieller Produktionsstrukturen.

Eine Blütephase des Einsatzes des 'modernen' Fließbandes in seiner doppelseitigen Aufstellung kann bei der Herausbildung der industriellen Produktion von Oberbekleidung - insbesondere in der Herrenkonfektion und in geringerem Maß in der Damenkonfektion - zu Beginn der 50er Jahre festgestellt werden. Auf dem Hintergrund einer spezifischen Ausgangssituation der Industrialisierung der Oberbekleidungsbranchen und eines in diesem Zeitraum auf diese Fördertechnologie mehr oder weniger beschränkten Angebotes an mechanisierten Transportmitteln ist die Bedeutung des Doppelbandes innerhalb der Herausbildung industrieller Produktionsstrukturen zu interpretieren. Die Akzeptanz des Fließbandes war von Branchensektor zu Branchensektor verschieden. Neben den nicht zu den Kernsektoren der Oberbekleidungsbranche zählenden Sparten Berufsbekleidung und Wäsche hatte sich diese Organisationsform gegen Mitte der 50er Jahre in der Herrenoberbekleidungsindustrie hundertprozentig durchgesetzt (Metzger : 1954, S. 345). Innerhalb der industriellen Fertigung von Damenoberbekleidung war der Einsatz des Fließbandes nicht in diesem Ausmaß verbreitet. Die sich in diesem Sektor der Bekleidungsindustrie von der Herrenoberbekleidungsbranche stark abhebende Modellpolitik sowie die sich von dieser Branche unterscheidende Betriebsgrößenstruktur haben die Dominanz einer bestimmten Organisationsform für die Herstellung von Damenoberbekleidung nicht zugelassen.

In unterschiedlichem Ausmaß als auch zu verschiedenen Zeitpunkten sind die Betriebe von den Veränderungen ihrer jeweiligen Absatzmärkte betroffen gewesen. Zur Konsequenz hatte diese Entwicklung eine Abkehr vom Fließband. Mit dem Wandel der Strukturen des Absatzmarktes hin zu einer mengenmäßigen Ausdehnung sowie einer gleichzeitigen stärkeren Ausdifferenzierung der Modellpalette waren die Grenzen einer ökonomisch rationalen Nutzung des starren Fließbandes weit überschritten. Die ohnehin die Ausschöpfung menschlicher Leistungsreserven hemmende starre Fließbandanlage ermöglichte auch nicht den gleichzeitigen Durchlauf von unterschiedlich gestalteten Modellen in verschiedenen Losgrößen. Sowohl die starre Konstruktion der Bandanlage als auch die damit eng zusammenhängende lineare, taktgebundene Organisation des Produktionsprozesses ließen eine flexible Ablaufgestaltung der Fertigung nicht zu.

Das Anwachsen eines differenzierten Angebotes in der Damenoberbekleidungsindustrie führte in diesem Zweig der Bekleidungsbranche schon in der zweiten Hälfte der 50er Jahre zu Überlegungen über eine Flexibilisierung der Produktionsstrukturen. Als Folge davon kam es zur Anwendung neuer, den veränderten Absatzstrukturen angepaßten Förder- bzw. Verkettungstechnologien in der industriellen Bekleidungsfertigung und damit zu einem Verschwinden des Fließbandes aus den Nähsälen.

"Seitdem in Deutschland in den letzten Jahren die Kollektionen in der DOB einen Umfang von 80 - 150 Teilen angenommen haben, wird immer wieder die Frage aufgeworfen: Wie kann diese Vielzahl von Formen noch rationell hergestellt werden? Ja, man geht sogar so weit, daß man behauptet, das Fließband habe in der DOB-Industrie in Deutschland keine Zukunft mehr. (...)
Man braucht keine technische Koryphäe zu sein, um zu erkennen, daß bei Kollektionen dieser Größenordnung ein Fließband nicht die maximale Arbeitsleistung bringen kann" (Ischen : 1957, S. 305).

Dem Einsatz des Fließbandes in der industriellen Herstellung von Bekleidung ist insgesamt eine weit größere Bedeutung zuzumessen, als mit der Einführung und Anwendung des mechanisierten Transports zum Ausdruck gekommen ist. Die Integration des Fließbandes in den Produktionsprozeß von Bekleidung hatte für die Branche selbst eine katalysatorische Funktion. Die Einführung dieses mechanisch bewegten Transportmittels war für die jeweiligen Betriebe mit dem Zwang zur Reflexion über die organisatorische Gestaltung des Produktionsprozesses als Voraussetzung für einen erfolgreichen Einsatz verbunden.

Als eine der wesentlichen Konsequenzen der betrieblichen Nutzung dieser Transporttechnologie ist die Entdeckung des Stellenwertes der Arbeitsorganisation - insbesondere der Arbeitsvorbereitung - inklusive der für die Festsetzung von Vorgabezeiten notwendigen Arbeits- und Zeitstudien - für die Effizienz des Produktionsprozesses in dieser Branche anzusehen. Für das vielfach aus dem traditionellen Schneiderhandwerk stammende Führungspersonal in den Kleiderfabriken ging diese Entwicklung mit einem Zwang zum Denken in industriell-ökonomischen Erfordernissen einher.

Das Taktband

Mit der Mechanisierung des Transports der Werkstücke durch den 'Einbau' eines Fließbandes zwischen zwei parallel zueinander aufgestellte Arbeitsplatzreihen ist - bei Montage entsprechender elektrischer Steuerelemente - grundsätzlich die Möglichkeit der rhythmischen Steuerung der Vorwärtsbewegung des Bandes gegeben gewesen. Genauso wie bei der vorher dargestellten Fließbandanlage, bei der sich das Förderband sich im Rhythmus von Arbeitsplatz zu Arbeitsplatz bewegte, ist es für das Taktband bezeichnend, daß der Transport der Werkstücke im Takt, d.h. mit phasengebundenem Vorschub, erledigt wurde. Im Gegensatz zu der angeführten doppelseitigen Fließbandanlage mit Vor- und Rücklauf bestand das Taktband - fördertechnisch gesehen - aus einer Einbahnstrasse; nur ein aufgestelltes Laufband bewegte sich in eine Richtung. Ebenfalls wie das Fließband stellte das Taktband den klassischen Fall der 'Fließfertigung' mit mechanischem Werkstücktransport dar. Der konstruktive Aufbau dieses Fördermittels ist in Kapitel 4.4. des Anhanges dargestellt.

"Unter Taktband versteht man eine Förderanlage, die in einem zeitgebundenem Rhythmus die zu fertigenden Erzeugnisse von Arbeitsplatz zu Arbeitsplatz transportiert. Während dieses zeitlich gebundenen Arbeitstaktes wird an den einzelnen Arbeitsplätzen gearbeitet" (Graf : 1964, S. 520).

Das Taktband ist - neben dem Fließband - als flurgebundenes, mechanisches Transportmittel in der industriellen Bekleidungsproduktion anzusehen, durch welches der Materialfluß äußerst starr festgelegt gewesen ist. Materialflußvarianten existierten bei dem Einsatz dieser Transporttechnologie nicht.

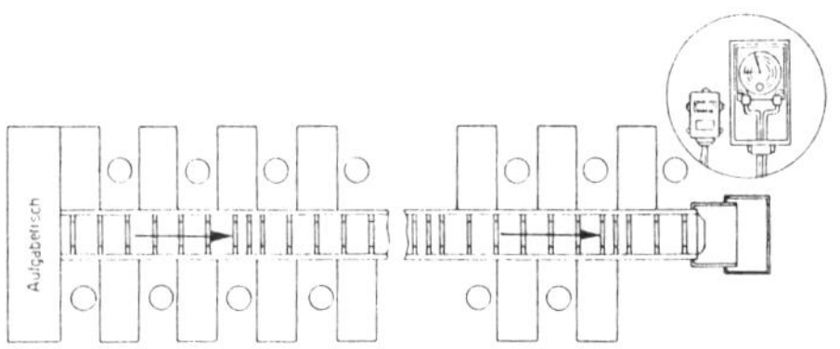

Quelle: Renters, Wilhelm: Der Nähmaschinenfachmann, Band 1, Bielefeld 1957, S. 158

Abb.5/14: Dürkopp-Taktbandanlage (Draufsicht)

Der Produktionsablauf ist bei dem Einsatz des Taktbandes folgendermaßen zu beschreiben: An der zentralen Aufgabestation wurden von einer Arbeitsperson die zur weiteren Verarbeitung eingerichteten Teile jeweils in einen 'Transportkastenabschnitt' des Laufbandes eingelegt. Mit dem nächsten ruckweisen Vorschub des Laufbandes wurde der Kasten mit dem gesamten Materialvorrat zur ersten Arbeitsstation der seitlich quer zum Taktband einzeln aufgestellten Arbeitsplätze transportiert. Das Taktband kam direkt seitlich neben dem Arbeitsplatz zum Stillstand. Die Arbeitsperson griff das Näh- bzw. Bügelgut aus dem Kasten und führte die an ihrem Arbeitsplatz zu verrichtende Arbeitsposition aus. Danach legte sie das von ihr bearbeitete Teil wieder in den Transportkasten zurück. Nach Ablauf des Taktes schob sich das Taktband wieder mit einem Ruck um eine bestimmte Länge zum nächsten Arbeitsplatz vor. Dort wurde die an dem jeweiligen Kleidungsstück folgende Arbeitsposition ausgeführt. Die Fertigung des Kleidungsstükkes erfolgte am Taktband in dieser schrittweisen Bearbeitungsfolge von Arbeitsplatz zu Arbeitsplatz bis zur letzten Arbeitsstation. Falls nicht spezielle Ausfertigungsarbeiten außerhalb der Arbeitsplätze am Taktband durchzuführen gewesen sind, wurden an dem Abnahme-Arbeitsplatz am Ende des Taktbandes die Kontrollarbeiten an dem Kleidungsstück vorgenommen und die Teile anschließend dem Fertigwarenlager zugeführt.

"Betriebe, in denen die einzelnen Formen lange Zeit hindurch unverändert laufen können, haben meist die abschließenden Spezialmaschinen, zum Teil auch sogar die Bügelplätze mit am Band. Das setzt natürlich eine sehr gründliche Arbeitsvorbereitung voraus und erschwert Umtellungen. Im Normalfall waren die Spezialmaschinen außerhalb des Bandes aufgestellt und teilweise zu einer kleinen Spezialmaschinengruppe zusammengefaßt. Hier konnten sie auch teilweise mehrere Bänder bedienen.

In einer Mantelfabrik wurde der Mantel fertig bis zum Kragenaufnähen am Band gefertigt. Es folgt dann eine Zwischenabnahme, bei der der Kragen aufgesteckt wird, in der auch ein Handbügelplatz un ein Maschinenplatz für ein eventuelles Nachnähen vorhanden ist. Dieser wird dann im Bedarfsfall von einer Springerin besetzt. Ist hier der Mantel fertiggestellt, so wird er durch eine mit dem Taktband synchron laufende Hängekettentransporteinrichtung, die gleichfalls von der Uhr des Taktbandes gesteuert wird, weiter in die Bügelei gefördert" (o. V. : 1953 b, S. 98).

Die Transporttechnologie des Taktbandes hatte ihre größte Bedeutung in der industriellen Bekleidungsproduktion von den frühen 50er Jahren bis zum Beginn der 60er Jahre. Diese Phase der Entwicklung industrieller Produktionsstrukturen des Oberbekleidungssektors stand unter der branchenweit ausgeprägten Orientierung am Produktionsprinzip der 'fließenden Fertigung'. In dieser Zeit ist das Taktband als die modernste von allen Möglichkeiten, die Ware durch die Näherei zu fördern, bezeichnet worden (o. V. : 1953 b, S. 92).

Der Einsatz dieses Transportmittels erfolgte je nach den spezifischen betrieblichen Bedingungen mit unterschiedlichen Begründungen. So war es einerseits möglich, daß Betriebe vom kontinuierlich fließenden Band zum Taktband übergegangen sind und andererseits Betriebe vom manuellen Transport des Materials beim Schiebeband zur Mechanisierung des Transports unter Einbezug des Taktbandes als Transportmittel übergegangen sind. Es ist weiterhin anzunehmen, daß viele Bekleidungsindustriebetriebe, die in dieser Phase gegründet worden sind, bei der Planung ihrer Fertigung dem Einsatz dieser Transporttechnologie den Vorzug gegeben haben.

Das Taktband setzte sich schnell in verschiedenen Sparten der Bekleidungsindustrie durch. Bei der Herstellung von Oberbekleidung ist das Taktband für die Produktion von Sakkos, Mänteln, Hosen u.s.w. angewandt worden. Neben dem Einsatz bei der Fertigung von Oberbekleidung gibt es Hinweise dafür, daß dieses Transportsystem auch bei der Fabrikation von Berufsbekleidung, Wäsche, Miederwaren, Trikotagen u.s.w. eingesetzt worden ist. Wenn auch immer wieder die besondere Eignung des Taktbandes für die Produktion von Stapelware hervorgehoben wurde, existieren genügend Beispiele für den Einsatz des Taktbandes in Betrieben, in denen Artikel eines besseren Genres hergestellt wurden. Die wirtschaftlichen Einsatzmöglichkeiten des Taktbandes waren von der Betriebsgröße her keineswegs eingeschränkt. Ebenso wie in Großbetrieben wurde das Taktband in Klein- und Mittelbetrieben eingesetzt.

Als besondere Bedeutung des Einsatzes des Taktbandes in der industriellen Bekleidungsproduktion, der sowohl betriebs- als auch produktübergreifend gültig gewesen ist, läßt sich der Zusammenhang von der Organisation des Materialdurchlaufes und der Disziplinierung der Ausführung der Arbeit durch die Arbeitskräfte angeben. Teilweise schlug sich die Verwendung des Taktbandes in den Betrieben in besonders hohen Produktivitätszuwächsen nieder. Als 'Ordnungsfaktor' des Produktionsprozesses ist das Taktband deswegen zu bezeichnen, weil es nur einen ganz bestimmten, durch den Lauf des Bandes vorgegebenen Materialfluß, zuließ.

"In Betrieben der Wäscheindustrie ist bei geschulten Kräften eine sofortige Steigerung von 60 % und mehr zu verzeichnen gewesen. Dies geschah hauptsächlich in Betrieben, die vorher im Bündelsystem oder an Schiebetischen gearbeitet haben. Einer der überprüften HAKA-Betriebe war vom Schiebetisch zum Taktband übergegangen, verzichtete aber bewußt auf eine Produktionssteigerung zugunsten einer Qualitätsverbesserung. Zwei Mantelfabriken, die ganz bzw. teilweise vom Fließband auf Taktbänder umgestellt haben, fuhren einen Takt, der dem bisherigen am Fließband genau entsprach. Eine Produktionssteigerung wurde also nicht erreicht, obwohl es möglich gewesen wäre. Hier wurden die bereits weiter oben beschriebenen psychologischen Vorteile als Erfolg des Taktbandes gewertet. Im Vergleich zu früher war eine gewisse Ruhe in die Gruppen gekommen und die sonst häufig anzutreffende allgemeine leichte Nervosität, die über so einer Gruppe liegt, war verschwunden" (o. V. : 1953 b, S. 95 ff.).

Mit der Organisierung des Materialdurchlaufes in dieser Weise war neben der sehr guten Übersicht gleichzeitig die kurze Durchlaufzeit verbunden. Bei der Fertigung lagen in jedem Transportkasten die Teile des zu fertigenden Kleidungsstükkes. Um einen störungsfreien Ablauf zu erhalten, war es bei der Beschickung des Transportkastens notwendig, daß die Teile vollständig sowie der Bearbeitungsfolge entsprechend eingelegt wurden. Bei normalem Lauf des Taktbandes fielen keine menschlichen Steuerungsfunktionen an.

"Ebenso ist für die Einlage der Teile am Anfang der Gruppe eine zuverlässige Kraft erforderlich. Jedes Einzelteil eines Fertigungsstückes muß immer wieder sorgfältig und überlegt an denselben für ihn günstigsten Platz im Kasten gelegt werden. Die Näherin muß praktisch ohne ein Hinsehen das von ihr zu bearbeitende Teil ergreifen können, allerdings dann auch immer wieder an der gleichen Stelle ablegen, um die anfängliche Ordnung nicht schon nach den ersten beiden Plätzen in ein Durcheinander im Kasten enden zu lassen. Die Einlegerin hat weiter darauf zu achten, daß nie ein Einzelteil für ein Werkstück fehlt, daß sämtliche Numerierungen übereinstimmen. Außerdem darf es natürlich nicht vorkommen, daß einmal ein Kasten freibleibt, bzw. ein Fertigungsstück auf zwei Kästen verteilt wird, (...)" (Kohnagel : 1956, S. 395).

Die wesentliche Voraussetzung für die Wirksamkeit des Taktbandes war auf der Ebene der Arbeitsvorbereitung die präzise organisatorische Planung des Materialflusses (Conze : 1953, S. 149 ff.). Das am schwierigsten zu lösende Problem der Planung des Produktionsprozesses stellte gleichzeitig den größten Störfaktor dar. Die Voraussetzung für einen störungsfreien Arbeitsablauf am Taktband war eine zeitliche Aufteilung der einzelnen Arbeitsgänge auf die Anzahl der am Taktband vorhandenen Arbeitsplätze - die Aufstellung des sog. Taktbandplanes. Mit zunehmender Länge der Bandbesetzung erhöhte sich die Schwierigkeit der Planung des Produktionsablaufes.

Auf die Störungen des Produktionsprozesses wurde in den Bekleidungsindustriebetrieben mit unterschiedlichen Handlungsmustern reagiert. Das generelle Ziel hierbei war die Ausschaltung bzw. Minimierung von Störquellen, die den Materialfluß zum Stocken brachten. Als häufig angewandte Strategie ist der Einsatz von Springerinnen anzusehen. Hochqualifizierte Arbeitskräfte, die unterschiedliche Arbeitspositionen auszuführen in der Lage waren, mußten ständig bereit sein, einen Ausfall oder eine plötzliche Leistungsminderung einer Näherin durch ihren Einsatz auszugleichen.

"Für eine gutfunktionierende Taktbandgruppe sind einige der bereits mehrfach erwähnten Aushilfskräfte unerläßlich. Sie haben drei Aufgaben zu erfüllen; erstens bei plötzlichem Ausfall von Näherinnen durch Krankheit auf einem Platz fest einzuspringen. Sie sollten jedoch nie länger als 3 - 4 Tage auf diesem Platz belassen werden, sondern bei längerem Ausfall der eigentlichen Platzbesetzung durch eine weitere gewöhnliche, von außen heranzuziehende Näherin ersetzt werden; zweitens bei der Gefahr einer Anhäufung von Werkstücken sofort aufarbeitend mit einzuspringen. (...) Die dritte Aufgabe der Aushilfskraft ist das Inordnungbringen irgendwelcher Fertigungsfehler. Sollte ein derartiger Fehler jedoch offensichtlich auf die Nachlässigkeit der Näherin zurückzuführen sein, so ist es allerdings im Sinne und zum Wohle der Arbeitsdisziplin ratsam, derselben das Teil zur Abänderung - eventuell in einer Bandpause - selbst zurückzugeben.
Zur Aushilfskraft ganz allgemein sei bemerkt: Sie soll überdurchschnittlich, das heißt auf jedem Arbeitsplatz hunderprozentig leistungsfähig sein" (Kohnagel : 1956, S. 395).

Zeitverluste entstanden bei der fliessenden Fertigung bei der Umstellung der Nähmaschinen bzw. anderer Betriebsmittel aufgrund des Wechsels des zu fertigenden Produktes oder der Formen der Kleidungsstücke. Ein Verschieben oder Austauschen der Maschinen beim Aus- bzw. Einlaufen der sich ablösenden Produkte bzw. Formen war beim Taktband notwendig mit einem gewissen zusätzlichen zeitlichen Aufwand verbunden.

Die Umstellung des Materialflusses war insbesondere dann mit einem zusätzlichen Zeitaufwand verbunden, wenn die gesamte Fertigungszeit des neu einlaufenden Kleidungsstückes von dem sich noch im Band befindlichen bearbeiteten Modell abwich. In diesen Fällen ist unterstellt, daß bei den Umstellungen an Taktbändern die Bandlänge bzw. die Anzahl der im Produktionssystem Taktband aufgestellten Arbeitsplätze konstant gehalten ist. Auf die Anzahl der vorhandenen Arbeitsplätze verteilt, führten die veränderten Fertigungszeiten der einlaufenden Kleidungsstücke zu notwendigen Änderungen der Taktzeit. Um ein Auflaufen der Teile zu verhindern, mußte bei den Umstellungen ein mehr oder weniger großer Leerlauf im Band eingeplant werden.

"Vor diesem angeführten 'Trenchcoat mit eingesetzten Kugelärmeln' - Erzeugnis B war jahrelang der 'typische Trenchcoat in Raglanform' - war Erzeugnis A in verschiedenen Ausstattungen über die jeweiligen Stationen der Taktbandstraßen gelaufen und dort verarbeitet worden. Obwohl sich also im Grunde genommen ausschließlich die Ärmelform und deren Verarbeitung änderte, wurde die rhythmische Steuerung des Fertigungsablaufes auf diese jeweiligen, sich ändernden Endarbeitsplätze abgestimmt. Da also die

Umstellung auf die neue Form mit eingesetztem Kugelärmel zwangsläufig an diesen Montageplätzen die bekannten Anfangsschwierigkeiten in der sachgemäßgen, fachmännischen Verarbeitung ergab, wurde die Fertigungsleistung des gesamten übrigen Bandteams weitgehend gedrosselt, um ein unbotmäßiges hohes Anstauen von Montageteilen an den Ärmel-Montageplätzen zu vermeiden. Hier offenbart sich die 'Achillesferse' aller zwangsläufig gesteuerten Fertigungsstraßen, die, wenn sie nicht durch geeignete Improvisationen rechtzeitig ausgemerzt wird, recht nachteilige Folgen haben kann und die Produktivität eines solchen Fertigungsverfahren in Frage stellen wird" (Conze : 1954, S. 197).

Das Taktband ließ eine flexible Fertigung im Sinne eines gleichzeitigen Durchlaufes mehrerer verschiedener Modelle nur unter der Bedingung zu, daß diese sich in der Taktzeit, der Ablauffolge der Arbeitspositionen sowie in der Garnfarbe nicht unterschieden. In der Praxis kam eine derartige flexible Fertigung am Taktband sicher sehr selten vor. Der mit dem Taktband verbundene starre Materialfluß ließ einen elastischen Produktionsablauf kaum zu. Zusätzlich waren es die von dem rigiden Zeittakt ausgegangenen taktbandspezifischen Verlustzeiten, die den Einsatz dieser Produktionsstruktur zunehmend ineffizient werden ließen.

Mit dem Übergang von losen, taktungebundenen Formen der Gruppenarbeit zur Fließarbeit verfolgten die Betriebe mittels der Veränderung von Arbeitsorganisation, technisch-organisatorischen Strukturen sowie des Arbeitseinsatzes das Ziel, menschliche Arbeitskraft maximal zu nutzen. Je nach Ausgangslage konnte mit der Einführung der Fließarbeit die Arbeitsproduktivität unterschiedlich stark gesteigert werden. Zustandegekommen ist dieses Ergebnis insbesondere durch die Anpassung der Arbeitskraft an die Forderung, den jeweils vorgegebenen Takt bei der Bearbeitung der Werkstücke einzuhalten. Empirische Ergebnisse zur Umstellung der Arbeitsorganisation auf die fließende Fertigung belegen, daß beim Einsatz von Transportanlagen mit mechanischem Werkstücktransport gegenüber denjenigen mit manuellem Transport ein höheres Arbeitsergebnis erreicht wurde (o. V. : 1953 b, S. 95 ff.).

Der mit der Einführung von Fließarbeit erreichte teilweise erstaunliche Anstieg der Arbeitsproduktivität - insbesondere bei der Fließfertigung mit mechanischem Werkstücktransport - darf nicht darüber hinwegtäuschen, daß sich mit der 'klassischen' Fließarbeitsorganisation häufig erhebliche Probleme des Arbeitskrafteinsatzes eingestellt haben. So zeigte sich trotz aller rechnerischen Genauigkeit bei der Festlegung der Arbeitstakte eine spezifische Störanfälligkeit beim Einsatz der starr angelegten Transportanlagen und den fließförmig organisierten Produktionsabläufen. Unabhängig von den verwendeten Transporttechnologien schlugen sich vor allem die Probleme der Leistungsabstimmung zwischen den im 'Band' tätigen Arbeitspersonen in einem gestörten Materialdurchlauf nieder. Diese Schwierigkeiten resultierten einerseits daraus, daß es trotz der unterschiedlichen Möglichkeiten der Zusammensetzung der einzelnen Arbeitspositionen nur in den wenigsten Fällen gelang, die Vorgabezeit für eine Arbeitsposition mit der Taktzeit am jeweiligen Arbeitsplatz in volle Übereinstimmung zu bringen. Auch der Einsatz von Arbeitskräften mit unterschiedlichen individuellen Leistungsgraden zum Ausgleich zu erwartender zeitlicher Differenzen war keine Gewähr dafür, Taktzeit und tatsächlich benötigte Stückzeit in jedem Fall in Übereinstimmung zu bringen.

Eine Unterschreitung des geplanten Leistungsgrades, d.h. eine langsamere Ausführung einer Arbeitsposition als vorgesehen, hatte die Unterbrechung des Matarialdurchlaufes im 'Band' zur Folge. Konkret bedeutete dies, daß sich beim Stocken des Materialflusses vor den 'kritischen' Arbeitsplätzen die Werkstücke zu 'Bergen' anhäuften und die Folgearbeitsplätze von diesem Platz aus nicht mehr kontinuierlich mit Material versorgt werden konnten. Wenn auch nicht mit einer konkreten Störung des Materialflusses verbunden, so brachte eine Überschreitung der geplanten Leistung an einem Arbeitsplatz doch hervor, daß im 'Band' noch ungenutzte Leistungsreserven existierten, die sich bei den betreffenden Arbeitskräften in ablaufbedingten, unproduktiven Wartezeiten niederschlugen.

Der Produktionsablauf war bei der fließenden Fertigung nicht nur Störquellen unterworfen, deren Ursache in einer unvollkommenen Leistungsabstimmung der Arbeitskräfte lag. Es waren vielfach Mängel in der Materialversorgung aufgrund fehlender Teile, notwendig zu korrigierender Verarbeitungsfehler usw., die vermeidbaren Suchaufwand oder Nachbesserungsarbeiten und damit mehr oder weniger grosse Störungen im Materialfluß bei der fliessenden Fertigung hervorriefen. Ähnlich wie bei einer nicht eingehaltenen Taktzeit durch die Arbeitsperson waren die Folgen für den Materialfluß bei einem plötzlichen Stillstand einer Nähmaschine. Zu den meist unvorhergesehen aufgetretenen Störungen dieser Art zählten ein Defekt an einer Nähmaschine, ein Nadelbruch, eine Spulenwechsel usw. Mußte eine Nähmaschine wegen eines technischen Defektes aus dem 'Band' genommen und gegen eine Ersatzmaschine ausgetauscht werden, so war dies in jedem Fall mit einer Zwangsunterbrechung für die gesamte Bandbelegschaft verbunden.

"Sämtliche eingesetzten Maschinen und Motoren müssen selbstverständlich immer in einem einwandfreien Zustand sein. Bei einer Taktbandanlage ist es jedoch unumgänglich, daß ausreichend Ersatzmaschinen in unmittelbarer Nähe der arbeitenden Maschinen zusätzlich zur Verfügung stehen. Von größter Wichtigkeit ist es jedoch, daß diese Maschinen auch tatsächlich einsatzfähig sind. Meist fehlt im Augenblick des Einsatzes gerade die Nadel, Spulkapsel oder der Antriebsriemen u.s.w. Da auch einwandfrei überholte und in Ordnung gebrachte Maschinen nach längerem 'Herumstehen' erfahrungsgemäß auf Anhieb nicht gleich hundertprozentig arbeiten, ist es tatsächlich zu befürworten, daß die den Gruppen zur Verfügung stehenden Aushilfskräfte diese Maschinen benutzen und dadurch eine ständige Kontrolle besteht. Sollte eine Maschine im Taktband jedoch ausgewechselt werden müssen, so ist sofort die Ersatzmaschine ohne Rücksicht auf die eventuelle Arbeit der Aushilfskraft heranzuziehen und dieser danach erst wieder eine weitere Maschine heranzuschaffen" (Kohnagel : 1956, S. 393).

Wie sich die Problematik der Leistungsabstimmung, die nicht nur ökonomisch bzw. organisatorisch, sondern auch physiologisch sowie psychologisch zu begründen ist, in der betrieblichen Praxis der Bekleidungsindustrie - hier am Fallbeispiel eines Fließbandes - niedergeschlagen hat, soll anhand der folgenden Grafik (Abb. 5/15) dargestellt werden. Deutlich sichtbar wird in dieser Zusammenstellung der prozentualen Verteilung von Tätigkeits- und Pausenzeiten bei unterschiedlichen Arbeitspositionen, daß die ablaufbedingten Wartezeiten einen teilweise extrem hohen Anteil einnahmen.

Dieser betrug in Einzelfällen knapp 1/3 der gesamten Dauer einer Schicht 67).

Bei den Varianten der Fließfertigung mit mechanischem Transport der Werkstücke war eine spezifische Störanfälligkeit gegeben. Sowohl beim Fließband als auch beim Taktband konnte durch einen Defekt des Transportbandantriebes die gesamte Transportanlage plötzlich außer Kraft gesetzt werden. Um während eines derartigen Störfalles weiterarbeiten zu können, mußten die Werkstücke - wie beim Schiebeband - manuell von Arbeitsplatz zu Arbeitsplatz weitergegeben werden. Dadurch konnte der Materialfluß auf konventionelle Weise aufrechterhalten werden.

Je kürzer der Arbeitstakt war, desto störanfälliger waren alle Formen der fliessenden Fertigung. Dies gilt für die mei-

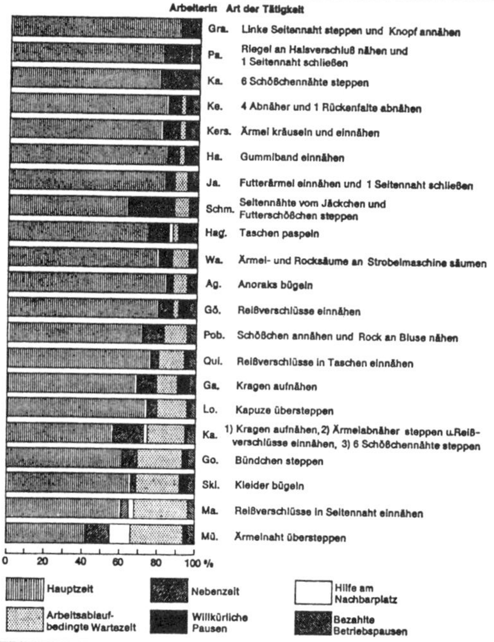

Quelle: Ulich, E. u. a.: Neue Formen der Arbeitsgestaltung, Frankfurt/Main 1973, S. 37

Abb.5/15: Rangordnung der prozentualen Verteilung von Tätigkeits- und Pausenzeiten bei 21 Fließbandplätzen in einem Bekleidungsindustriebetrieb (nach Graf 1954)

sten Störungsquellen, insbesondere aber für bestimmte Störungsquellen seitens des Betriebsmittels. Das Beheben eines Ober- bzw. eines Unterfadenbruches, das Auswechseln einer Unterfadenspule, das Beheben eines Nadelbruchs usw. waren Anlässe, bei denen die Ausführung einer Arbeitsposition am jeweiligen Arbeitsplatz grundsätzlich unterbrochen werden mußte. Diese Ausfallzeiten sind bei kürzeren Taktzeiten nicht aufzuholen gewesen und führten somit zu unterschiedlich starken Friktionen des Materialflusses. Nicht in jedem Fall wurde durch eine derartig verursachte Störung eine kettenartige Unterbrechung des Produktionsflusses ausgelöst. Materialflußstörungen dieser Art konnten - unter günstigen Bedingungen - oft schon am folgenden Arbeitsplatz durch eine kurzfristig erhöhte Leistung der jeweiligen Arbeitsperson ausgeglichen werden 68).

"Der bis ins kleinste ausgefeilte Arbeitsplan und die genauesten Vorgabezeitwerte nützen nichts, wenn die anderen kleinen technischen Voraussetzungen nicht so sind, daß auch die geringste Störung nach menschlichem Ermessen unmöglich gemacht ist. Ist dies bei anderen Arbeitsverfahren wünschenswert und anzustreben, so ist es hier eine unerläßliche Grundbedingung, und das um so mehr, je kleiner der Takt ist. Bei einem Takt von einer Minute oder sogar einem Bruchteil derselben, ist beispielsweise das Auswechseln einer Nadel bedeutend schwerwiegender - weil es vieleicht 50 % der Vorgabezeit für einen Arbeitsgang ausmacht - als bei einem Takt von etwa 5 Minuten, wo derselbe Zeitausfall nur noch 10 % in Anspruch nimmt" (Kohnagel : 1956, S. 393).

Die Leistungssteigerung innerhalb der Formen der fließenden Fertigung wurde in besonderer Weise über die Disziplinierung des Arbeitsverhaltens der Arbeitskräfte hergestellt. Diesem Mittel des Zwanges zur Abgabe einer bestimmten Leistung durch die Vorgabe eines Zeitabschnittes, in dem eine Arbeitposition längstens ausgeführt werden mußte, stand andererseits die Einschränkung der freien Entfaltung der individuellen Leistung gegenüber. So zeigten sich bei sämtlichen Varianten der fließenden Fertigung deutlich die Schranken für die Entfaltung der individuellen Leistung der Arbeitskräfte 69). Der zentrale Stützpfeiler der Konstruktion des Organisationsprinzips der fliessenden Fertigung, die Taktorganisation des Arbeitsprozesses, hatte nicht nur den positiven Effekt der Ausschaltung unproduktiver Zeiten zur Folge. Kritisch ist anzumerken, daß der Takt nicht nur als Fessel der individuellen Leistungsentfaltung zu verstehen war, sondern daß die damit einhergegangene Anfälligkeit für einen flüssigen Produktionsablauf insbesondere durch die aufgezeigten Folgen bei Störungen unterschiedlichster Art aufgedeckt wurde. Die Vorteile der fliessenden Fertigung, die in einer guten Übersicht über den Produktionsablauf sowie in einer über die starre Transporttechnologie und Materialflußorganisation vermittelten Möglichkeit einer einfachen Steuerung der täglichen Ausstoßmenge bestanden, besaßen ein zu geringes Gewicht, um trotz der genannten Arbeitskrafteinsatzprobleme an den Formen der 'klassischen' Fließfertigung weiter festzuhalten.

"Bei aller objektiven Würdigung der zweifellos mit dem Fließband verbundenen Vorteile, die hauptsächlich in der kurzen Durchlaufzeit, in der Tatsache, daß wenig Halbfertigfabrikate vorhanden sind, und in der einfachen Handhabung liegen, müssen wir feststellen, daß es zumindest in der bisherigen Form nicht mehr unseren Anforderungen in Bezug auf die Rationalisierungstechnik entspricht" (Koller : 1957, S. 575 ff.).

5.2.2.2.2. Entkoppelte Fließarbeitsorganisation

Die technisch und organisatorisch bedingten Ablaufprobleme bei der taktgebundenen 'klassischen' Fließfertigung ließen eine optimale Nutzung der im Arbeitsprozeß abrufbaren Gesamtleistung der Arbeitskräfte nicht zu. Störungen an einzelnen Arbeitsplätzen führten - wie beschrieben - aufgrund fehlender Materialpuffer nicht nur dort zu Stauungen und Stillständen in der Fertigungslinie, sondern sie pflanzten sich auf die vor- und nachgelagerten Arbeitsplätze fort. Mit der Modifikation der 'klassischen' Fließfertigung durch die Einrichtung von Materialpuffern verfolgten die Betriebe grundsätzlich das strategische Interesse, die negativen Auswirkungen von technisch-organisatorisch bedingten Ablaufstörungen auf das Produktionsergebnis zu neutralisieren. Gegenüber der pufferlosen, taktgebundenen Fertigungsorganisation sollte mittels der Einrichtung von Materialpuffern zwischen den einzelnen Arbeitsplätzen eine verbesserte Kontinuität des Materialflusses erreicht werden, die gleichsam als Garantie für eine Leistungssteigerung des Gesamtsystems angesehen wurde.

Erreicht wurde der Abbau technisch-organisatorischer Systemverluste, d.h. die Senkung bzw. Vermeidung von Abtaktschwierigkeiten sowie von Störungen der beschriebenen Art durch die zeitliche Entkoppelung der Ausführung der einzelnen Teilarbeitsgänge, wozu es der Einrichtung von Materialpuffern zwischen den Arbeitsplätzen bedurfte. Die bei der 'klassischen' Fließfertigung aufgetretenen Abstimmungsprobleme usw. konnten deshalb weitgehend neutralisiert werden, da mit der zeitlichen Entkoppelung die Aufhebung der festen Bindung des Arbeitshandelns an die - organisatorisch erzwungene - Stetigkeit der Arbeitsleistung verbunden war. Der auf diese Weise geschaffene zeitliche Dispositionsspielraum gilt somit für den Betrieb als arbeitsorganisatorische Voraussetzung für eine taktungebundene Abforderung der individuellen Leistung.

Einerseits erlaubten es die nun vorhandenen zeitlichen Dispositionsmöglichkeiten den Arbeitskräften an den - entkoppelten - Arbeitsplätzen, ihr Arbeitstempo an kurzfristige Schwankungen der individuellen Leistungsfähigkeit anzupassen. Andererseits gelang es den Arbeitskräften in den meisten Fällen, trotz der bei den beibehaltenen 'starren' Verkettungsformen nur möglichen Einrichtung einer begrenzten Puffermenge, die bei der Ausführung ihrer Tätigkeit unvorhergesehen aufgetretenen Störungen ohne gravierende negative Konsequenzen für den Materialfluß zu beheben.

Insgesamt gesehen war der zeitliche Dispositionsspielraum zum Ausgleich von Leistungsschwankungen sowie verschiedener Verlustzeiten durch die zur Verfügung stehende Puffermenge begrenzt. Infolgedessen war auch die individuelle Leistungsentfaltung nur in gewissem Rahmen möglich, sodaß trotz taktunabhängiger Abforderung der individuellen Leistung mit der zeitlichen Entkoppelung der Arbeitsplätze keine völlige Freigabe der individuellen Leistungsentfaltung verbunden war. Aufgrund der nach wie vor bestehenden Fließarbeitsorganisation sowie der geringen Zwischenpuffer war die Erbringung der individuellen Leistung noch immer an die gesamte Leistung der Bandbelegschaft gebunden.

Insgesamt ist festzuhalten, daß die Grundprinzipien dieser Organisationsform - die arbeitsteilige Abfolge der einzelnen vergleichsweise kurzzyklischen repetitiven Arbeitsverrichtungen - exakt denen der taktgebundenen Fertigung entsprachen. Auch galt für die zeitlich entkoppelte Fertigung, daß die Arbeitskräfte jeweils bestimmten Arbeitsplätzen zugeordnet waren. Die Anforderungen an die Qualifikation der Arbeitskräfte entsprachen denen, wie sie bei der 'klassischen' Fließfertigung herrschten. Wegen dieser strukturellen Gemeinsamkeiten von taktgebundener und taktungebundener Fertigung gehörte es sicher in vielen Fällen zur betrieblichen Praxis, die vorher aufgeführten streng taktgebundenen Organisationsformen durch Zwischenschaltung von - räumlich bedingten - geringen Puffermengen in taktungebundene Organisationsformen umzuwandeln. Es existierten allerdings auch Organisationsformen der Bekleidungsherstellung, bei deren Gestaltung die Integration von Zwischenpuffern von vornherein berücksichtigt worden ist. Ablauforganisation und Arbeitseinsatz bei diesen Formen der entkoppelten Fließarbeit sollen im folgenden rekonstruiert werden, wobei nach manuellem bzw. mechanischem Werkstücktransport unterschieden wird.

5.2.2.2.2.1. Entkoppelte Fließarbeitsorganisation mit manuellem Werkstücktransport

Das Synchro-Fließarbeitssystem

Im Gegensatz zu den bisher vorgestellten fließförmig organisierten Produktionsstrukturen industrieller Bekleidungsfertigung, bei denen sämtliche Maschinen und Arbeitsplätze im wesentlichen einem starren und gleichzeitig übersichtlichen Aufstellungsschema gehorchten, sind bei der Auslegung nach dem Synchrosystem sämtliche Maschinen-, Bügel-, Spezialmaschinen- sowie Handarbeitsplätze scheinbar zwanglos und mehr oder weniger durcheinander aufgestellt (vgl. u. a. Donner : 1956, S. 126 ff.; Heßland : 1955, S. 143 ff.; Schwab : 1949, S. 228 ff.).

Vom Organisationsprinzip industrieller Produktion gesehen stellt die Fertigung nach dem Synchro-Fließarbeitssystem eine Kombination der Fertigung nach dem Verrichtungsprinzip und dem Flußprinzip dar. Wesentliches Kennzeichen der Organisation des Materialflusses beim Synchrosystem ist die Abwesenheit starrer Verkettungsmittel, durch die bei den bisher aufgeführten Organisationsformen der Materialfluß eindeutig geprägt worden ist. Erreicht wurde dies mit dem Ersatz der relativ großvolumigen Transporteinrichtungen durch relativ einfach gebaute und leicht veränderbare sowie flexibel einzusetzende Transportmittel. Anders als bei den mit der Verwendung einheitlicher und zusammenhängender Transportmittel einhergehenden starren Organisationsformen ist der Arbeitsfluß beim Synchrosystem nicht an ein einziges großvolumiges Verkettungsmittel gebunden gewesen. Die Unabhängigkeit von einem starren Verkettungsmittel war gleichzeitig die Voraussetzung für variantenreiche Möglichkeiten der Aufstellung von Maschinen und sonstigen Arbeitsplätzen zu einem flexibel gestaltbaren Produktionssystem. D.h., gegenüber den 'starren' Organisationsformen war es einfacher und schneller möglich, die Arbeitsplatzaufstellung beim Wechsel von Produkt- bzw. Modellvarianten anzupassen. War mit der Arbeitsplatzaufstellung für die Fertigung eines bestimmten Kleidungsstückes gleichzeitig auch der Materialfluß festgelegt, so war diese Auslegung des Produktionssystems in der Regel nur für die Fertigung eines bestimmten Kleidungsstückes gültig.

Historisch gesehen ist das Synchro-System keine 'Erfindung' der Nachkriegszeit. Erste Entwürfe für diese Art der Organisation des Produktionsprozesses gehen bis in die 30er Jahre zurück. Anzunehmen ist, daß schon frühzeitig ein Bedarf an flexiblen Organisationsformen - offenbar als 'Konkurrenz' zum Fließbandsystem - bestanden hatte.

"Man brauchte ein beweglicheres System, welches für alle Branchen der Bekleidungsindustrie geeignet ist und sich in die verschiedenartigen Verhältnisse der Betriebe leicht einfügen läßt; bei dem also die Vorteile der Fließbandarbeit gewahrt und deren Nachteile beseitigt werden.
Angesichts dieser Forderungen wurde das Synchro-System entwickelt, ein Fließarbeitssystem ohne Fließband. Durch die Einführung des Einzelstandes mit dem Einzelantrieb waren ganz neue Oganisationsmöglichkeiten gegeben, die bei diesem System zum ersten Male voll ausgenutzt wurden" (Jung (Hrsg.) : 1941, S. 54).

Die elastische Auslegung der einzelnen Arbeitsplätze war bei der spezifischen Organisation der Produktion nach dem Synchrosystem an Rutschen in Form beliebig verstellbarer Eigengeräte oder an besondere Synchro-Schiebetische als Verkettungs- und Fördermittel gebunden. Weitere spezielle Geräte zur Beförderung der halbfertigen Teile von einem Arbeitsplatz zum anderen existierten beim Synchrosystem nicht. Menschliche Transportarbeiten - durch die Näherin oder durch andere Arbeitspersonen - fielen bei der Verwendung dieser Organisationsmittel im Idealfall nicht an. Durch die Verkettung der einzelnen Arbeitsplätze mittels spezieller Synchro-Gleitgeräte, die zwei Nähmaschinenarbeitsplätze derart miteinander verbanden, daß z.B. hinter einem Nähmaschinentisch eine Materialrutsche aufgestellt war, deren Bahn seitlich von dem nächsten Arbeitsplatz endete, wurden viele Gestaltungsvarianten des Materialflusses möglich.

Bei der Aufstellung der Nähmaschinen sowie der anderen Arbeitstische wurde in jedem Fall das Ziel verfolgt, einen zweckmäßigen Materialfluß zu erhalten sowie die Weitergabe der Werkstücke von Arbeitsplatz zu Arbeitsplatz ohne besonderen menschlichen Aufwand zu erledigen. Möglich wurde der einfache Transport der Werkstücke u.a. dadurch, daß Rutschen von verschiedener Länge auch im Winkel angeordnet werden konnten. Insgesamt führte dies zu einer für das Synchrosystem typischen Auflockerung der Aufstellung von Betriebsmitteln. Allerdings war die Aufstellung der Maschinen, Arbeitstische usw. nicht unbegrenzt offen. Bei der Auslegung des Produkti-

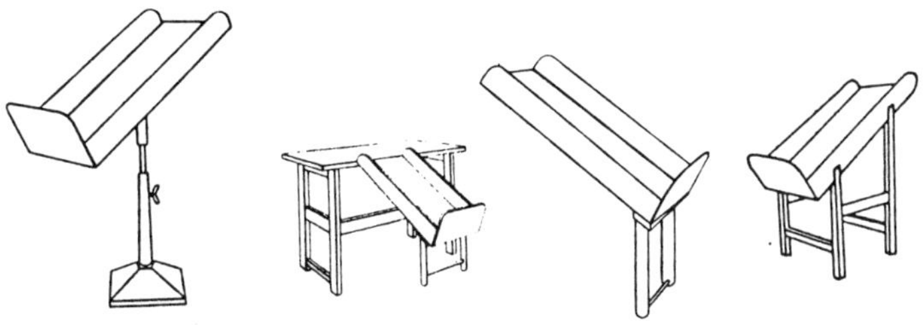

Quelle: Schwab, R. : Handbuch der industriellen Bekleidungsfertigung, Stuttgart 1949, S. 228. Ders.: Arbeitsplanung für ein Damenkleid, in: Bekleidung und Wäsche, Stuttgart, Nr.5/ 1950, S. 189

Abb.5/16:Synchro-Gleitgeräte

onssystems waren neben den speziellen räumlichen Bedingungen auch arbeitsplatzgestalterische Aspekte von großem Einfluß. Als weiterer Bestimmungsfaktor der Aufstellung der Betriebsmittel war die Struktur des zu fertigenden Produktes von großer Bedeutung.

"Ich möchte betonen, daß die Synchroarbeit im Prinzip auf einer Gruppenarbeit aufgebaut ist, jedoch ist diese Fertigungsart durch eine dem Artikel angepaßte Maschinenaufstellung erweitert worden, um einen Arbeitsfluß zu bekommen, der in jeder Weise dem zu fertigenden Artikel Rechnung tragen soll. So kommt es zu den oft willkürlich anmutenden Anordnungen der Sychroanlagen, die jedoch weitestgehend auf den Fertigungsablauf des Arbeitsgutes Rücksicht nehmen. Durch diese organische Maschinenanordnung erzielt man eine Arbeitsweise, die in krassem Gegensatz zu den starren Fertigungsmethoden steht" (Plum : 1956, S. 118).

"Die Maschinen werden nach Zweckmäßigkeit aufgestellt, d.h. an die für die bequeme Weitergabe der Arbeitsstücke geeignetsten Plätze. Ein Fließband erübrigt sich dann, weil die Arbeitsstücke direkt von Maschine zu Maschine vermittelst Gleit- oder anderer Geräte weitergegeben werden können. Dieser Weg, Fließarbeit zu erzielen, ist wohl der denkbar einfachste" (Jung (Hrsg.) : 1941, S. 54).

Mit dem Einsatz von variabel aufzustellenden Gleitgeräten oder speziellen Synchro-Schiebetischen ist der Übergang von der an das Verkettungsmittel gebundenen starren Aufstellung der Arbeitsplätze von zu derartigen Transporteinrichtungen unabhängigen Aufstellung von Betriebsmitteln möglich geworden. Gleichzeitig wurde damit die Voraussetzung dafür geschaffen, ein produktbezogenes Prinzip der Materialflußorganisation zu realisieren. Durch die flexible Aufstellung der einzelnen Arbeitsplätze wurde es möglich, die Fertigung eines Kleidungsstückes - bis zur Montage - gleichzeitig an mehreren unterschiedlichen Arbeitsplätzen, d.h. synchron, zu fertigen 70).

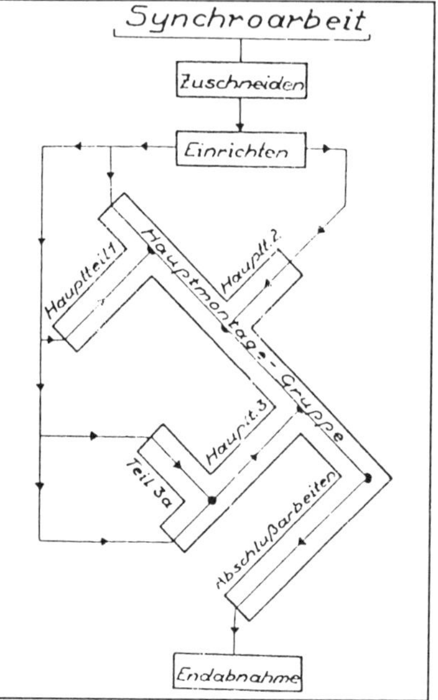

Quelle: Heßland, Dieter: Fertigungsverfahren in der Näherei, in: Mecheels, Otto (Hrsg.) : Repertorium der Bekleidungsindustrie 1954, München 1954, S. 69

Abb.5/17: Schematische Darstellung der Synchroarbeit

Wie in der Abb. 5/17 dargestellt, wurden in mehreren, rechtwinklig zur Hauptmontagegruppe aufgestellten - Vormontage- bzw. Teilefertigungs-Fließreihen Teilerzeugnisse wie z. B. Innenfutter, Ärmel, Kragen etc. gefertigt sowie Teilarbeitsgänge wie Kantenumstechen, Abnäher nähen, Taschen fertigen usw. ausgeführt. Jedes der bearbeiteten Teile des Kleidungsstückes mündete danach in eine Hauptmontagegruppe, in der die einzelnen Teile zum ganzen Kleidungsstück zusammengenäht wurden. Ausfertigungsarbeiten, wie z. B. das Nähen der Knopflöcher, wurden als Spezialmaschinenarbeiten oft wieder von dieser Hauptmontagereihe separat ausgeführt.

"Bei der Synchroarbeit ist die Gruppe zeitlich genau aufeinander abgestimmt und der Arbeitsablauf in mehrere parallel laufende Teilgruppen aufgespaltet. Bei einer Synchrogruppe werden an eine Hauptmontagegruppe alle Einzelteile 'montagefertig' zugeliefert. Innerhalb jeder Teilgruppe müssen in gleicher Zeit gleichviel Einzelteile erzeugt werden. Der Transport von Platz zu Platz geht normalerweie durch Rutschen vor sich. Zwischen je zwei aufeinanderfolgenden Arbeitsplätzen liegen immer einige Stücke als Puffer" (Heßland : 1954 b, S. 70).

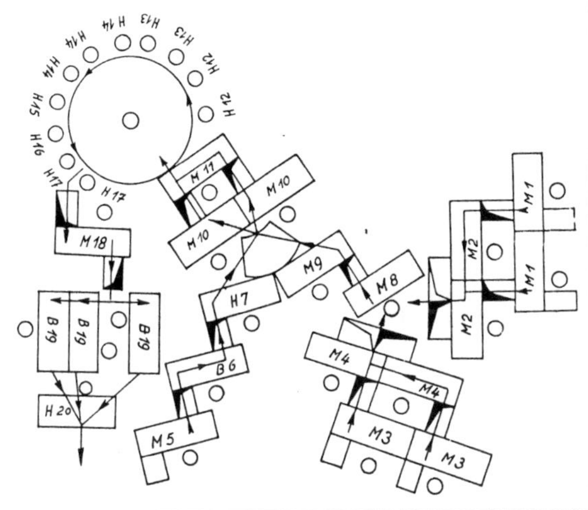

Quelle:	Schwab, R. : Fertigungsweisen in der Bekleidungsindustrie, in : Bekleidung und Wäsche, Mönchengladbach, Nr. 1/1954, S. 3
Abb.5/18:	Aufstellung der Arbeitsplätze und Materialfluß im Synchrosystem

Die Folge dieser an mehreren verschiedenen Arbeitsplätzen sich gleichzeitig vollziehenden Fertigung ein und desselben Kleidungsstückes war ein schnellerer Durchlauf des Materials als bei durchgehend linear organisierten Fertigungsabläufen. D.h., bei der synchronen Fertigung wird zur vollständigen Herstellung eines Kleidungsstückes ein kürzerer Zeitabschnitt als bei einer klassischen linearen Fertigung, wie z.B. beim Taktband benötigt.

Die Voraussetzung für einen gleichmäßigen Ablauf der einzelnen Prozeßschritte bei der Herstellung eines Kleidungsstückes war, daß je Zeiteinheit in allen Teilgruppen die gleiche Anzahl an Halbfertigteilen gefertigt wurde. Die einzelnen Teilarbeitsprozesse müssen genau aufeinander abgestimmt sein, sie müssen 'synchron' ablaufen. Die synchrone Fertigungsweise verlangt sowohl eine präzise Planung der einzelnen Prozeßabschnitte als auch deren sorgfältige Koordination. An denjenigen Arbeitsplätzen, an denen im Vergleich zu den anderen mehr Arbeitsoperationen auszuführen waren, mußten entsprechend mehr Maschinen der gleichen Art aufgestellt werden, um einen ständigen gleichbleibenden Arbeitsfluß zu sichern. Zur Vermeidung von Zeitverlusten, die bei der fließenden Fertigung durch Störungen an Maschinen u.s.w. verursacht wurden, war es notwendig, an den einzelnen Arbeitsplätzen eine gewisse Anzahl von Teilen als Puffer zu halten. Je nach der Art der Fertigung reichten in den meisten Fällen 3 bis 10 Teile als Puffer aus.

Die Fertigung im Synchro-Fließarbeitssystem kann u. a. auch als Antwort auf einen in der industriellen Bekleidungsfertigung schon recht früh formulierten Bedarf an elastischen Produktionsstrukturen angesehen werden. Das von dem Nähmaschinenhersteller Singer AG entwickelte Synchro-System wurde schon Ende der dreißiger Jahre in Betrieben der Bekleidungsindustrie angewandt (Jung (Hrsg.) : 1941, S. 53). Daß die hohe Rüstflexibilität dieses Fertigungssystems die jeweilige Umstellung der Betriebsmittel vor Beginn der Fertigung eines neuen Kleidungsstückes zur Voraussetzung hatte, soll bei der Abwägung des Nutzens dieses Systems mit einbezogen werden. Die Vorteile der Synchro-Methode gegenüber den starren Organisationsformen der Produktion lassen sich folgendermaßen darstellen:

- die Unterbringung der Produktion in jedem beliebigen Raum, sofern dessen Fläche für die betreffende Anzahl von Nähmaschinen bzw. anderen Arbeitsplätzen ausreichend war

- die Erreichung maximaler Raumersparnis

- eine höchstmögliche Senkung der Leerlaufzeiten

- Ausschaltung des Leerlaufs bei Maschinendefekten

- Beseitigung der Starrheit des Arbeitssystems

- Leichtes Umstellen auf andere Artikel oder auf größere bzw. geringere Leistungen (Jung (Hrsg.) : 1941, S. 55 ff.).

Rollklammern an Gleitschienen

Im Vergleich zu den gegenwärtig am Markt angebotenen modernen, z. T. rechnergestützt gesteuerten Anlagen der hängenden Fertigung 71) stellt die 1963 in einer Aschaffenburger Herrenkleiderfabrik erstmalig aufgestellte 72) und danach 1969 in einer Mönchengladbacher Spezialhosenfabrik (Priess-Hosen) eingeführte Anlage einer hängenden Fertigung für Hosen sowohl vom Prinzip als auch von der Ausführung her ein einfaches hängendes Produktionssystem dar (Augustin : 1969, S. 3 ff.).

Dieser Anlagentyp ist in den darauffolgenden Jahren in zahlreichen Betrieben der Oberbekleidungsbranche - vorzugsweise bei der Fabrikation von Damen- sowie Herrenhosen - den jeweiligen betrieblichen Gegebenheiten entsprechend eingesetzt worden 73).

Die Grundüberlegungen der hängenden Fertigung 74) sind in diesem einfachen Fertigungssystem 'Rollklammern an Gleitschienen' bei der Konstruktion der Förder- bzw. Verkettungsanlage sowie auf der Ebene des Fertigungsblaufes folgendermaßen umgesetzt worden: Im Gegensatz zu dem konstruktiven Merkmal der hängenden Förderung, der unter der Decke installierten Förderschienenstränge, ist bei diesem Typ der hängenden Fertigung die Hängeförderanlage auf Bodenkonso-

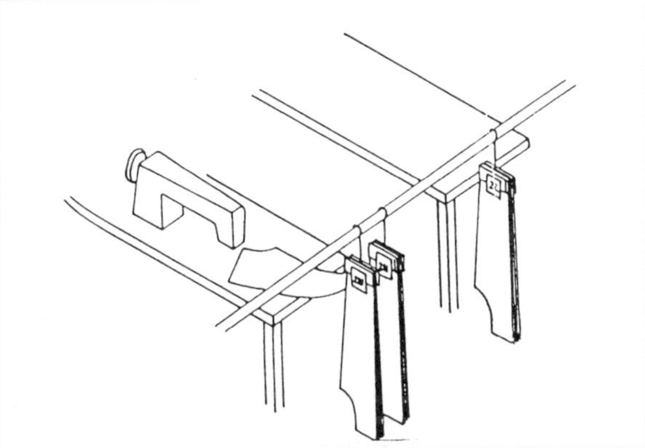

Quelle: Kurt Salmon Associates GmbH : Transportsysteme - eine Studie für die Bekleidungsindustrie, in: DOB und haka-praxis, München, Nr.12/1971, S. 1045 ff.

Abb.5/19:Klammern an Gleitschienen

len aufgestellt gewesen. Bei der Gestaltung dieser Förderanlage ist die Idee der manuellen Ansteuerung eines jeden Arbeitsplatzes und damit der Verkettung der einzelnen Arbeitsplätze untereinander durch einfache und unkomplizierte Transportschienen realisiert worden. Die bei dieser auf niedrigem Mechanisierungsniveau konzipierten Transportanlage verwendeten einfachen Gleitschienen bestanden aus einem Metallrohr in handelsüblicher Ausführung (Richter : 1977 b, S. 550). Aufgrund der Möglichkeit der Zusammensetzung der Schienenbahn nach dem Baukastensystem konnte die Linienführung allen organisatorischen und baulichen Erfordernissen angepaßt und - wenn nötig - auch problemlos verändert werden.

Wegen der Abwesenheit jeglicher mechanischer Antriebs- bzw. Steuerungselemente als auch wegen des eingleisigen linearen Förderstranges wurden die zu fertigenden Kleidungsstücke manuell durch die jeweilige Arbeitsperson von einem Arbeitsplatz direkt zu dem in dieser Linie nachfolgenden Arbeitsplatz weiterbewegt. Sämtliche Werkstücke sind dabei in Klemmeinrichtungen befestigt gewesen. Einseitig mit einer Laufrolle verbunden, welche auf der Gleitschiene mühelos mit der Hand fortzubewegen war, wurden die zwischen den Klemmbacken festgehaltenen Werkstücke mit Hilfe eines geringen Anstoßes der Klammern von einem Arbeitsplatz zum nächsten weitergeschoben und dort im hängenden Zustand bearbeitet. Bei der Nutzung dieser einfachen Klammerkonstruktion war die Werkstückhandhabung nicht besonders vereinfacht. D.h. spezielle arbeitsgestalterische Maßnahmen zur Erleichterung des Materialhandlings waren mit dieser Klammerkonstruktion nicht verbunden. Differenziert zu nutzende Klammerhalterungen, wie sie heute am Markt verfügbar sind, fehlten auf diesem technologischen Niveau der hängenden Fertigung völlig. Die Kleinteile wurden - an einem Klemmbrettchen befestigt - der Rollklammer separat beigegeben.

Unabhängig von der jeweiligen technologischen Struktur einer Förderanlage der hängenden Fertigung war zunächst eine entsprechende 'hängeverarbeitungsfreundliche' Produktgestaltung Voraussetzung des mit diesem Transport- und Organisationsprinzip angestrebten Teilzieles - einer mehr oder weniger ausgeprägten Verminderung des Aufwandes an menschlichen Transport- und Handlingarbeiten. Bei der Gestaltung eines Hosenmodells ist es z. B. notwendig, darauf zu achten, daß im Verlauf der Fertigung dieses Teiles außer den Teilarbeitsgängen 'Schritt- und Seitennähte schließen' sowie 'Schritt und Seitennähte ausbügeln' bis zum Endbügeln möglichst alle anderen Näharbeitspositionen der Taschen-, Schlitz- und Bundverarbeitung sowie der Bearbeitung der Hosensäume wirklich in hängendem Zustand ausgeführt werden können.

Wenn auch bei der hängenden Fertigung von Hosen die Beinlänge der in der Klammer festgehaltenen Hosenteile genügte, um am jeweils anderen Ende - entweder am Bund oder am Saum - unbehindert die jeweilige Arbeitsposition zu verrichten, so bot sich die den o. a. Fertigungsabschnitten vorgelagerte Kleinteilefertigung sowie das Versäubern der Vorder- bzw. Hinterhosenstoffkanten grundsätzlich nicht für eine Ausführung im hängenden Zustand an.

Dadurch, daß Teilabschnitte der Vorfertigung, z.B. 'Kleinteile nähen', separat vom hängenden Fertigungsabschnitt ausgeführt werden konnten, war es möglich , das Prinzip der synchronen Fertigung von

- Kleinteilen (Bund, Schlitz, Patten u.s.w.)
- Vorderhose
- Hinterhose

auch bei dieser Produktionsorganisation anzuwenden (Augustin : 1964, S. 102). Der Produktionsablauf am Beispiel der Fertigung von Herrenhosen ist in Kapitel 4.6. des Anhanges näher erläutert.

Der Arbeitsablauf am einzelnen Näharbeitsplatz geschah idealtypisch folgendermaßen:

"Die Näherin zieht die Rolle an ihren verkürzten Nähmaschinentisch und bearbeitet die Hosenteile nacheinander und läßt die fertigen Teile seitwärts wieder vom verkürzten Nähmaschinentisch abgleiten. Das Weiterschieben des in der Rolle eingeklemmten Bündels ist ohne Mühe und Zeitverlust möglich" (Augustin : 1964, S. 102).

Die mit der Produktionsstruktur 'hängende Fertigung' zunächst prinzipiell verbundenen Vorteile gegenüber flurgebundenen Organisationstypen der Fertigung von Oberbekleidung sind bei dieser Anlage auf folgenden Ebenen und in unterschiedlichem Ausmaß zu identifizieren: Als ganz besonderer Vorteil der 'hängenden Fertigung' ist auf die mit der idealen - in diesem Fall allerdings nicht durchgehend realisierten - Möglichkeit der Verkettung sämtlicher Arbeitsplätze mittels ununterbrochener Förderschienen verbundene Einsparung von menschlichem Transportaufwand durch eine nicht-mechanische und kostengünstige Lösung des Förder- bzw. Verkettungsproblems hinzuweisen. Nicht nur wegen des nicht anfallenden Schiebens von Transportwagen mit den halbfertigen Kleidungsstücken - wie z.B. bei der 'rollenden Bündelfertigung' - wurden Transportzeiten eingespart - ganz besonders wurden durch die relativ griffgünstige Vorlage der geklammerten Teile am einzelnen Arbeitsplatz bei jeder Arbeitsoperation Griffzeiten gesenkt sowie Zeiten für das Ablegen der bearbeiteten Teile tendenziell aufgehoben.

Ein in der Diskussion über den Einsatz der hängenden Fertigung stets vorgebrachtes und in den meisten Fällen zutreffendes positives Moment bei der hängenden Herstellung von Oberbekleidung betrifft die Reduzierung des Aufwandes an Bügeltätigkeiten: Sowohl der Erhalt von Zwischenbügeleffekten als auch das Vermeiden von Knitterfalten, welche in der Regel beim Einsatz flurgebundener Transportsysteme stärker auftreten, wurde durch den hängenden Transport garantiert (Hopf : 1985, S. 18). Der Transport der Kleidungsstücke im hängenden Zustand dient in dieser Konsequenz dazu, entweder direkt oder indirekt den Aufwand an Bügelzeiten zu minimieren.

Aufgrund der mit dem Aufbau dieser Förderschienenanlage verbundenen linearen Organisation des Materialflusses nach dem Flußprinzip - insbesondere im Montagebereich - lief diese hängende Produktion unter der Voraussetzung der Fertigung von Serien mit hohen Stückzahlen weitgehend ohne menschliche Steuerungseingriffe ab. Die Einhaltung der einmal festgelegten Ablauffolge der Produktion war durch die lineare Anordnung der Arbeitsplätze entlang der Förderschiene gesichert. Als Ergebnis einer relativ geringen Bündelstärke pro Klammer ist - trotz der Bereithaltung einer Mindestmenge an Materialpuffern zwischen den einzelnen Arbeitsplätzen - deren beschleuigter Durchlauf anzuführen. Die Verkürzung der Durchlaufzeit reduziert - gegenüber der 'rollenden Bündelwagenfertigung' ist oft nur die Hälfte der Werkstoffe im Umlauf - das durch die Menge der halbfertigen Teile gebundene Kapital und verringert somit diesen Kostenfaktor der Produktion (Lohmann : 1977, S. 25).

Wie die erwähnten flurfreien Transportanlagen sind Anlagen der hängenden Fertigung dieser Art auch durch den Vorteil eines geringen Raumbedarfs gegenüber vielen flurgebundenen Transportanlagen gekennzeichnet. Rückschauend betrachtet ist diese Produktionsanlage als eine elementar ausgelegte Form einer hängenden Fertigungsstruktur zu bezeichnen. In ihr sind wohl die Grundelemente der hängenden Fertigung prinzipiell verwirklicht worden, auf den jeweiligen Ebenen geschah dies allerdings in einer wenig ausgereiften bzw. differenzierten Weise. Die Anlage der hängenden Fertigung 'Rollklammern an Gleitschienen' ist wegen der Verkettung der einzelnen Arbeitsplätze mittels der gerade verlaufenden Förderschiene vom Prinzip her eine 'starre' Produktionsanlage gewesen. Nur durch die zusätzliche Aufstellung einer parallellaufenden Reserveschiene als 'Überholschiene' ist die Flexibilität des Produktionssystems zu erhöhen gewesen. Unter dieser Bedingung stieg der notwendige manuelle Transport- und Steuerungsaufwand an - was gleichzeitig ein tendenzielles Sinken der Produktivität der gesamten Anlage nach sich zog.

Ähnlich wie bei den 'unelastischen' flurgebundenen Produktionsanlagen war es auch bei der einbahnigen Gleitschiene nicht möglich, mehrere unterschiedliche Modelle zu gleicher Zeit in einer Produktionslinie zu fertigen. Umständlich, weil mit erhöhtem Steuerungsaufwand verbunden, war bei diesem Typ der hängenden Fertigung die mehrfache Platzbesetzung für einen bestimmten Arbeitsgang. Eine ökonomisch rationale Nutzung von Anlagen dieses Typs ist weitgehend an die Voraussetzung der Fertigung von Modellen mit gleichbleibender Folge der Arbeitspositionen sowie der Produktion von großen Serien gebunden gewesen. Je größer die zu fertigende Stückzahl gewesen ist, desto geringer war der Aufwand für eine Umstellung der Maschinen, wie sie der Arbeitsablauffolge einer neuen Serie entsprach.

Wegen der bei diesem Anlagentyp nicht existierenden Verbindungen zwischen den Förderschienen stellte der Aufwand an manuellen Transportarbeiten trotz vieler Erleichterungen durch diese Verkettungstechnologie einen gewichtigen Faktor dar, da die Klammern mit den Werkstücken daran immer noch mit der Hand von Arbeitsplatz zu Arbeitsplatz fortbewegt werden mußten und darüber hinaus der Transport der Teile im Fall der gleichzeitigen Fertigung unterschiedlicher Modellserien ein häufiges menschliches Eingreifen beim Umhängen der Rollklammern erforderte.

Mit dem Einsatz der Klammer als Werkstückhalterung waren elementare Erleichterungen des Materialhandlings verbunden, da die Teile in hängendem Zustand bearbeitet werden konnten. Eine Erleichterung des Materialhandlings ist bei dieser Anlage in geringem Maß bei dem Bereitlegen der Werkstücke für den Nähvorgang und in größerem Maß bei dem Ablegen der Werkstücke nach dem Arbeitsvorgang festzustellen gewesen. Direkte bzw. indirekte Bearbeitungshilfen in Form spezieller, arbeitssparender Klammerkonstruktionen waren für den Einsatz bei dieser Anlage noch nicht entwickelt. Die besonderen Rationalisierungsmöglichkeiten der hängenden Fertigung wren bei dieser Organisationsform bei weitem noch nicht ausgereizt.

Hängefertigung mit integrierter Arbeitsplatzgestaltung

Sofern bei Produktionssystemen der hängenden Fertigung das Prinzip des linearen Materialflusses sowie der manuellen Beförderung der Werkstücke beibehalten wird, ist eine Steigerung der Arbeitsproduktivität im wesentlichen nur über eine Optimierung des Materialhandlings und einer damit einhergehenden Einsparung von Handlingszeiten zu erreichen. Unter diesen Bedingungen rückt das Verhältnis von Werkstückträgerkonstruktion und Arbeitsgestaltung in den Mittelpunkt der Gestaltung von flurfreien Produktionsstrukturen. Anhand der Darstellung eines weiteren Typs eines manuell gestützten Produktionssystems der hängenden Fertigung soll aufgezeigt werden, welchen Einfluß die Verwendung spezieller Werkstückträger auf die Arbeitsplatzgestaltung nehmen konnte und mit welchen Konsequenzen dies für die Effizienz der Produktionsstruktur verbunden war.

Der Grundbaustein dieses Transportsystems, die Hängebahn, besteht wie bei der bereits vorgestellten Figuration der hängenden Fertigung aus einem Metall-Laufrohr. Dieses ist wahlweise freistehend 75) oder auf Trägern montiert. Ähnlich wie beim furgebundenen Synchrosystem können hier die einzelnen Bausteine des flurfreien Verkettungssystems zu einer dem Fertigungsablauf des jeweiligen Produktes angepassten Transportlinie zusammengesetzt werden. Erleichtert wird die Umrüstung des Transport- bzw. Verkettungssystems auf den Bedarf des Materialflusses eines anderen Modells insbesondere durch die Verwendung beliebig ankuppelbarer Hängebahnelemente auf Lenkrollen inklusive ihrer flexibel nutzbaren Verbindungselemente (Weichen). Mit Hilfe ihres bausteinartigen Einsatzes ist eine schnelle Anpassung an die jeweiligen Erfordernisse der Organisation des Produktionsdurchlaufes - insbesondere bei modellbedingtem Wechsel des Fertigungsablaufes - durch schnelle Umstellung der Führungsschienen bzw. des Anschlusses zusätzlicher Fertigungsgruppen möglich. Auch während der laufenden Produktion sind diese Hängebahnelemente z. B. bei vorübergehenden Rückläufen, Materialstaus usw. flexibel einsetzbar (Iseli : 1977, S. 11).

Die Werkstückträger, die bei diesem Produktionssystem für den Transport sowie zum Zwischenlagern der Werkstücke verwendet werden, sind nicht einheitlich. Um ein optimales Materialhandling zu erreichen, werden abhängig vom zu fertigenden Produkt bzw. vom jeweiligen Fertigungsabschnitt verschiedene Varianten von Werkstückträgern verwendet. Als Grundelement existiert eine Spezialklammer, mit der Zuschnittbündel bis zu einer Stärke von 8 cm eingeklemmt werden können. Je nach dem zu fertigenden Kleidungsstück bzw. der auszuführenden Arbeitsposition werden Klammern mit unterschiedlich breiten Klemmbacken verwendet. Abhängig von dem speziellen Einsatzzweck innerhalb des Produktionsprozesses sind diese Klammern entweder mit einem Haken oder einer Laufrolle an der der Klemmbacke gegenüberliegenden Seite ausgestattet. Im Fall der Ausstattung mit einem Haken werden diese Klammern mit den daran hängenden Werkstücken in einen Laufwagen (Trolley) mit mehreren Einhängemulden gehängt und auf diesem hängend von Arbeitsplatz zu Arbeitsplatz befördert. Klemmzangen mit fest angebauter Laufrolle werden unmittelbar auf das Laufrohr der Hängebahn aufgesetzt und genauso und - genauso wie ein Trolley - mit der Hand von Arbeitsplatz zu Arbeitsplatz geschoben.

Grob gesehen entspricht dieser unterschiedlichen Art und Weise des Transports der Warenträger einem unterschiedlichen Werkstück-Handhabungsmuster an den einzelnen Arbeitsplätzen. Der konkrete Ablauf des Materialhandlings an den jeweiligen Arbeitsplätzen wird dabei zusätzlich durch den Einsatz spezieller Arbeitsplatzgestaltungselemente bestimmt.

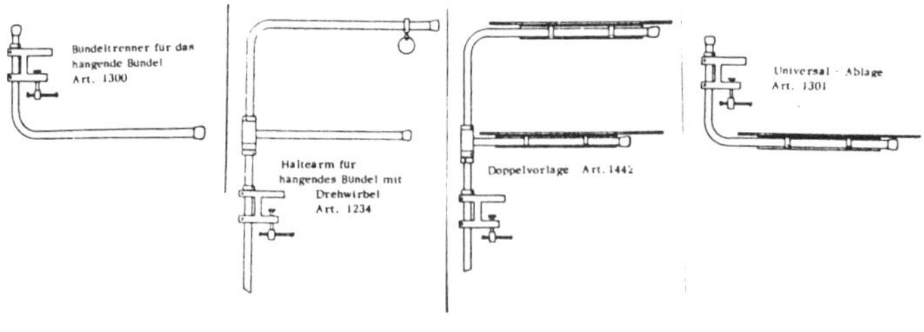

Quelle: o. V. : Produktionssystem für hängende Fertigung von Iseli, in : Bekleidung und Wäsche, Mönchengladbach, Nr. 13/1978, S. 876

Abb.5/20:Elemente der Arbeitsplatzgestaltung

Aufgrund der auf differenzierte Verwendungszwecke hin gestalteten Transport- und Klammerelemente sowie wegen des Einsatzes von arbeitspositionsspezifischen Hilfsmitteln der Arbeitsplatzgestaltung lassen sich für dieses Fertigungssystem mindestens drei idealtypische Muster des Materialhandlings vor dem eigentlichen Nähvorgang unterscheiden:

- Die Teile bleiben im Klemmelement in geklammertem Zustand auf der Hängebahn hängen und werden im hängenden Zustand bearbeitet (geeignet für die Bearbeitung großer Teile, z. B. von Hosen - dieses Handlingsmuster entspricht im wesentlichen dem des Musters 'Rollklammern an Gleitschienen').

- Die Klammer mit den zwischen ihren Klemmbacken festgehaltenen Teilen wird vom Trolley genommen und der Klammerhaken wird in eine Hängevorrichtung eines am Maschinentisch montierten Hängearmes gehängt. Das Bündel kann so im hängenden Zustand bearbeitet werden. Die Bearbeitung erfolgt in diesem Fall hängend, allerdings muß die Klammer mit den Werkstücken hierfür von der Hängebahn auf den Hängearm am Maschinentisch umgehängt werden (geeignet für die Bearbeitung 'mittelgroßer' Teile, z. B. von Sakkoärmeln).

- Die in einer Einhängemulde eines Trolleys sich befindende Klammer mit Kleinteilen wird aus dieser Mulde herausgenommen. Nachdem die Werkstücke aus der Klammer genommen worden sind, wird die geöffnete Klammer in eine Klammerhalterung eingesetzt, die auf einem schräggehaltenen Ablagebrett montiert ist. Das Ablagebrett selbst ist auf der linken Nähmaschinentischhälfte mit einem Haltebügel verstellbar verankert. Die einzelnen bearbeiteten Teile werden nach und nach zwischen die geöffneten Klammerbakken gelegt. Nach der vollständigen Bearbeitung des Bündels wird die Klammer mit einem Griff geschlossen und wieder auf den Laufwagen zurückgehängt. Aufgrund der Integration von Arbeitspositionen der Kleinteilefertigung in die Fertigungslinie erfolgt in diesen Fällen auch bei diesem Fertigungssystem deren Bearbeitung nicht im hängenden Zustand (geeignet für die Bearbeitung von Kleinteilen usw.) (o. V. : 1978 a, S. 91, o. V. : 1978 b, S. 880 ff.).

Auf der Basis dieser Bausteine des Produktionssystems für eine hängende Bündelfertigung ergibt sich ein allgemeines Muster einer Ablauforganisation der hängenden Fertigung, das dem Prinzip des bisher vorgestellten 'manuellen' Hängefertigungssystems entspricht. Die Aufstellung der Maschinen erfolgt entsprechend der Folge der Arbeitspositionen hintereinander in einer Reihe. Diese lineare Anordnung der Schnellnäher und der Spezialnähmaschinen ist gleichzeitig Ausdruck der parallel dazu laufenden Hängebahn, von der die Arbeitsplätze mit dem Material versorgt werden. In diesem Layout ist durch die Aufstellung der Maschinen sowie durch die jeweilige Anordnung der Hängebahn der Materialfluß bzw. die Reihenfolge der auszuführenden Arbeitspositionen fest vorgegeben. Zusätzlich zu dieser linear ausgelegten Produktionsanlage der Montagegruppe ist die Einrichtung synchron arbeitender Vorfertigungsgruppen problemlos möglich. Bei diesen übersichtlich aufgestellten Anlagen ist der Zusammenlauf der Teile aus den einzelnen Fertigungsgruppen unschwer zu kontrollieren. Mit der Einrichtung von genügend Puffermaterial zwischen den einzelnen Arbeitsplätzen wird die Störungsanfälligkeit dieses Systems durch individuelle Leistungsschwankungen usw. in Grenzen gehalten.

Wie der Produktionsablauf bei der Hosenfertigung auf der Basis der beschriebenen fördertechnischen und arbeitsgestalterischen Voraussetzungen dieser 'Hängebandfertigung' im einzelnen organisiert wird, ist im Kapitel 4.7. des Anhanges näher ausgeführt. Wenn auch dieses Fertigungssystem gegenüber der vorher dargestellten Variante der 'hängenden Fertigung' - Rollklammern an Gleitschienen - wegen seiner differenzierten, arbeitspositionsbezogenen Werkstückträger sowie der entsprechenden Arbeitsgestaltungselemente weiterentwickelt ist, kann es auf der Ebene von Arbeitsorganisation, Materialfluss und Arbeitseinsatz als repräsentativ für den 'manuellen' Typ der entkoppelten, hängenden Fließarbeitsorganisation gelten.

Die im Anhang dargestellte Auslegung eines 'manuellen' hängenden Produktionssystems zeigt eine auf die Aufstellung der Maschinen sowie den Materialfluß sowie auf die Gestaltung des gesamten Fertigungsablaufes bezogen, insgesamt durchdachte Lösung. Mit der auf der allgemeinen als auch auf der spezifi-

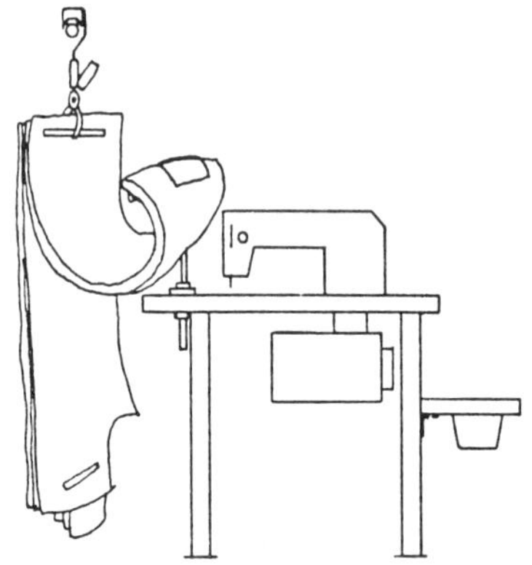

Quelle: o. V. : Produktionssystem für hängende Fertigung von Iseli, in: Bekleidung und Wäsche, Mönchengladbach, Nr. 13/1978, S. 885

Abb.5/21: Hosenfertigung im hängenden Bündel

schen Ebene des Beispiels der Hosenproduktion vorgestellten Fertigungsstruktur, insbesondere aufgrund der differenziert gestalteten Werkstückträger sowie den verschiedenen Typen von Arbeitsplatzgestaltungselementen sind auf mindestens zwei Ebenen - gegenüber den bisher angeführten hängenden Produktionssystemen - konkret angebbare Nutzungsvorteile verbunden.

Zum einen ist der Einsatz dieser hängenden Fertigung - inklusive des Anteils der hängenden Förderung im Bereich der Vorfertigung - auf verschiedenste Produktbereiche ausgedehnt worden. Das 'Hängebündelproduktionssystem mit integrierter Arbeitsplatzgestaltung' kann somit bei der Herstellung von Röcken, Hosen, Sakkos, Mänteln, Kleidern sowie bestimmten Wäscheartikeln angewandt werden (o. V. : 1978 b, S. 876). Neben der Ausdehnung des Einsatzes dieses Fertigungssystems auf die Herstellung der unterschiedlichsten Kleidungsstücke liegt der besondere Nutzen dieser Organisationsform ganz deutlich auf dem jeweils produkt- bzw. modellspezifisch aufgestellten Transportschienensystem und dem in Abhängigkeit davon gestalteten 'maßgeschneiderten' Materialfluß. Von großer Bedeutung ist weiterhin der auf bestimmte Fertigungsbereiche bezogene Einsatz von spezifischen Transport- bzw. Halteelementen sowie deren integrierte Verbindung mit den für die Durchführung der jeweiligen Arbeitspositionen entwickelten Gestaltungshilfen.

5.2.2.2.2.2. Entkoppelte Fließarbeitsorganisation mit mechanischem Werkstücktransport

Das Kastenband

Mit dem Kastenband ist in der ersten Hälfte der 50er Jahre eine weitere flurgebundene mechanische Transportanlage mit elektrischem Antrieb in der Näherei zum Einsatz gekommen, die von ihrer Gesamtausführung auf die entkoppelte Fließfertigung ausgerichtet war. In ihrer Grundkonzeption war die Kastenbandanlage der doppelseitigen Fließbandanlage ähnlich. Hierbei handelte es sich aber nicht um zwei parallel zueinander aufgestellte einbahnige Fließbänder, sondern quasi um eine geschlossene doppelseitige 'Fließbandanlage' mit im Rechteck umlaufenden Transportkästen. Bei diesem Transportsystem waren Elemente des Taktbandes mit denen des Umlaufförderers (Varionband) 76) vereinigt. Wie beim taktgebundenen Fließband und beim Taktband handelte es sich beim Kastenband um eine taktgebundene Transportanlage (Zajonc : o. J., S. 48).

Bei dieser Bandlage trieb ein Motor eine endlose Kette an, mit der kleine Transportwagen verbunden waren. Diese dienten zur Aufnahme der abnehmbaren Materialkästen in waagerechter Stellung. Mit dem Umlauf der endlosen Kette wurden die an ihr befestigten Wagen mit den darauf stehenden Nähgutbehältern im

Rechteckverkehr befördert. Da die Kästen mit den Zuschnitten bzw. den Halbfertigteilen immer wieder zu ihrem Ausgangspunkt zurückgeführt wurden, erfolgte die Beschickung des Kastenbandes und die Abnahme der fertigen Teile an der gleichen Stelle.

Die Kästen mit dem Materialvorrat wurden mit rhythmischem Vorschub und in angemessenem Greifabstand für die Arbeitspersonen an den parallel zum Band im Schulsystem aufgestellten Arbeitsplätzen vorbeibewegt. Genau wie bei den vorher dargestellten taktbestimmten Transporteinrichtungen wurde auch bei der Kastenbandanlage der Takt des Vorschubes durch eine Synchronschaltuhr sowie durch einen mechanischen Ausschaltkontakt gesteuert. Je nach dem Grad der Arbeitsteilung konnte eine Taktlänge von maximal 10 Minuten eingestellt werden. Von einem mit der Schaltuhr verbundenen Zählwerk wurde jede Vorschubbewegung der Materialkästen registriert. Da auch bei der Kastenbandanlage mit der Schaltuhr ein elektromagnetischer Fernzähler verbunden war, konnte die Zahl der Vorschübe gleichzeitig festgehalten werden, sodaß die betrieblichen Kontrollinstanzen jederzeit die Möglichkeit bestand, die geplante Fertigungsmenge überprüfen konnte (o.V. : 1955, S. 159 ff.).

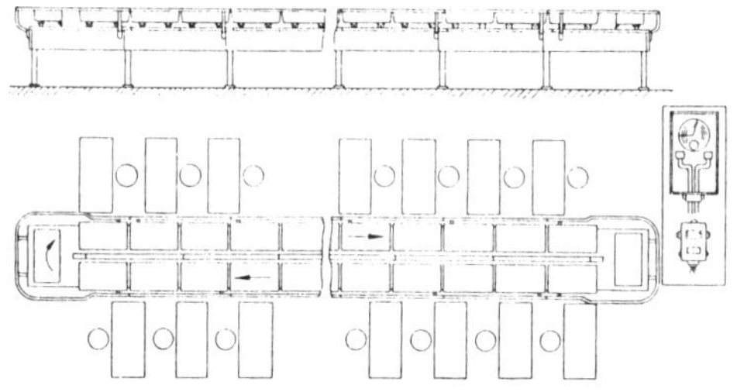

Quelle: Renters, Wilhelm : Der Nähmaschinenfachmann, Band 1, Bielefeld 1957, S. 158

Abb. 5/22: Kastenbandanlage (Pfaff)

Die Organisation des Produktionsablaufes glich im Prinzip der einer doppelseitigen Fließbandanlage mit taktbestimmtem Durchlauf der Werkstücke 77). Typisch für die Gestaltung des Materialflusses aufgrund des beim Kastenband verwendeten zusätzlichen Materialbehälters war, daß an jedem Arbeitsplatz im Kastenband zwei Kästen mit Werkstücken zur Bearbeitung bereitstanden. Aus diesen konnte die jeweilige Arbeitsperson nacheinander die zu bearbeitenden Teile entnehmen 78). Mit der Verfügung über diesen erhöhten Materialvorrat am einzelnen Arbeitsplatz war zwischen den Arbeitsplätzen ein Ppuffer vorhanden, sodaß eine Näherin wie bei der pufferlosen Organisation des Materialflusses notwendig von der Versorgung mit Nähgut von der ihr vorgeschalteten Arbeitsperson abhängig war.

Wegen dieses - wenn auch beschränkten - Materialpuffers wurde den Arbeitspersonen im Kastenband ein gewisser zeitlicher Spielraum bei der Bearbeitung des Näh- bzw. Bügelgutes zugestanden. Insbesondere war es unter den Bedingungen dieser Vorratsmenge eher möglich, kleinere Störungen, wie z. B. einen Spulenwechsel, während eines Arbeitstaktes aufgrund dieses Puffers besser aufzufangen. Gegenüber taktbestimmten und gleichzeitig pufferlos organisierten Fertigungssystemen lag der besondere Vorteil der Kastenbandanlage in der puffergestützten Materialversorgung.

Wenn auch die prinzipiell nachteiligen ökonomischen Folgen von Produktionsstrukturen mit linearem Materialfluß ohne Materialpuffer zwischen den Arbeitsplätzen sowie die damit eng verbundene Störanfälligkeit starr verketteter Fertigungssysteme in abgeschwächter Intensität für den Einsatz des Kastenbandes zutreffen, waren es bestimmte Eigentümlichkeiten dieser Transportanlage, die sich sowohl gegenüber dem taktgebundenen doppelseitigen Fließband als auch gegenüber dem Taktband - wenn auch in nur geringem Maß - als vorteilhaft erwiesen haben.

Das Kastenband zeichnete sich gegenüber dem taktgebundenen doppelseitigen Fließband durch seinen größeren Ordnungscharakter aus. Mit dem Einlegen der Zuschnitte bzw. der Bündel in Kästen war eine bessere Übersicht über das zugeführte Material gegeben. Zuordnungsprobleme von einzelnen Werkstücken zu Arbeitsplätzen, die beim Fließband dadurch erschwert werden konnten, wenn die Teile durch den ruckartigen Bewegungsschub auf dem Bandteppich verrutschten, traten bei der Kastenbandanlage nicht auf. Auch konnten Kleinteile wegen der verschiebungssicheren Ablage in den einzelnen Transportkästen nicht mehr so häufig verlorengehen wie es unter den besonderen Umständen des Materialtransports auf dem Teppichband geschah.

Bei einem Vergleich der Organisation des Materialflusses beim Kastenband mit dem doppelseitigen Fließband fällt weiterhin auf, daß beim Fließband - entgegengesetzter Lauf der beiden Transportbänder unterstellt - das gegenüber der Aufgabestation notwendige Umlegen der Teile auf das Band mit der entgegengesetzten Laufrichtung teilweise dazu führte, an dieser Stelle einen Kontrollarbeitsplatz einzurichten, an dem das Umlegen der Teile von der einen Seite des Bandes auf die andere vorgenommen wurde. War dieser Arbeitsplatz am 'Fußende' des Fließbandes nicht vorhanden, mußte das Arbeitsmaterial von der einen Bandseite auf die andere geworfen werden.

Beim Einsatz des Kastenbandes fiel ein Umlegen der Teile von der einen auf die andere Seite der Bandanlage durch eine

Arbeitsperson nicht an. Der Kasten mit den Werkstücken wurde an der Umkehrstelle des Bandes mittels Durchlaufen einer Umlenkstation auf die gegenüberliegende Seite befördert.

Durch die Aufstellung der Arbeitsplatzreihen im Rechteck besaß das Kastenband 79) den Vorzug, die zweifache Anzahl von Materialtransportkästen bzw. von 'Transportfeldern' in der jeweiligen durch eine maximale Anzahl von Arbeitsplätzen bestimmten Fertigungseinheit nutzen zu können. Eine Aufstellung der Transportbahn im Rechteck ist unter den aufgeführten Bedingungen bei starr verketteten Produktionsstrukturen dieser Auslegung weiterhin eine wichtige Unterstützung für die Bildung von Materialpuffern zwischen den Arbeitsplätzen und damit für eine gewisse Entstörung des gesamten Produktionssystems gewesen.

5.2.2.2.3. Entkoppelte, flexibilisierte Fließarbeitsorganisation

Der entsprechend den Grundsätzen der Fließarbeitsorganisation in Vorfertigung und Montage ausgelegte Fertigungablauf erwies sich in bestimmten Marktsegmenten schon gegen Ende der 50er Jahre als wenig reagibel gegenüber den gewachsenen Flexibilitätsanforderungen an Arbeitsorganisation und Arbeitseinsatz. Diese veränderten Anforderungen waren im wesentlichen das Resultat sich wandelnder Rahmenbedingungen für die Betriebe, insbesondere aufgrund sich abzeichnender Veränderungen am Absatzmarkt. Die steigende Nachfrage nach Fertigkleidung war - zunächst in der Damenoberbekleidungsbranche - mit einer wachsenden Diversifizierung des Produktionsspektrums verbunden, die sich in den Betrieben in einer breiteren Vielfalt der zu fertigenden Modelle sowie Modellvarianten niederschlug. Aus dieser veränderten Zusammensetzung des Fertigungsspektrums ergaben sich unter Beibehaltung von taktgebundenen oder gering entkoppelten Formen der Fließarbeitsorganisation nicht nur erhebliche Abtakt- sowie Abstimmungsverluste, sondern auch ein deutlich erhöhter Transport- und Steuerungsaufwand. In den meisten Fällen erwies sich die bestehende Fertigungsorganisation wegen der starr verketteten Arbeitsplätze als zu unelastisch, um auch nur geringen Flexibilitätsanforderungen gerecht zu werden.

Derartige Probleme entstanden mit jedem Serienwechsel. Verstärkt wurden sie dadurch, daß die Häufigkeit eines solchen Wechsels mit der Abkehr von relativ hohen Losgrößen anstieg, wobei in jedem Fall arbeitsorganisatorische Umstellungsmaßnahmen sowie Änderungen des Arbeitseinsatzes notwendig wurden. Gleichzeitig traten damit Habitualisierungsprobleme auf, deren Konsequenz in Schwankungen des kollektiven Leistungsergebnisses bestand. Diese überwiegend organisatorisch vermittelten Probleme stellten die optimale Nutzung der im Arbeitsprozeß abrufbaren Gesamtleistung der Arbeitskräfte prinzipiell in Frage.

Das Prinzip der Lösung der quantitativen und qualitativen Flexibilitätsprobleme und - in engem Zusammenhang damit - des Problems der Nutzung von Arbeitskraft, mit denen die Betriebe der Bekleidungsindustrie zunehmend konfrontiert wurden, war im wesentlichen durch die räumliche Entkoppelung der Arbeitsplätze gekennzeichnet. Wurde in einem ersten Schritt - wie vorher ausgeführt - durch die zeitliche Entkoppelung die strenge Bindung an den Arbeitstakt aufgehoben, so wurde in einem weiteren, die Arbeitsorganisation betreffenden Veränderungsschritt mit der räumlichen Entkoppelung die starre Prozeßorganisation auf eine lose und variable Verknüpfung der Arbeitsplätze hin geöffnet. Die Flexibilisierung der Produktion basiert - organisatorisch gesehen - allerdings nicht allein auf der Entkoppelung der Arbeitsplätze, sondern zusätzlich und in zunehmendem Maß auf einem veränderten Arbeitseinsatz.

Besonders hohen Flexibilitätsanforderungen wird heute vielfach mit einer Erhöhung der personellen Flexibiltität begegnet. Vermehrte Ausbildungsanstrengungen der Betriebe - insbesondere seit der Mitte der 70er Jahre - führten dazu, ein breiteres Spektrum an Arbeitspositionen bei den Arbeitskräften abzurufen, sodaß Arbeitsgang und Arbeitsplatz von diesen häufiger gewechselt werden können. So kann mittels der Modifikation der Fließarbeit und des veränderten Arbeitseinsatzes flexibler auf sich wandelnde Marktanforderungen reagiert werden, d. h., die Produktionsorganisation ist problemloser zu bewältigen als im 'starren' wie auch im nur zeitlich entkoppelten Fließarbeitssystem.

Trotz des Anfang der 60er Jahre festzustellenden Beginns des Flexibilisierungsdrucks - der sich insbesondere seit der Mitte der 70er Jahre deutlich verschärft hat - verzichteten die Betriebe nicht auf die Fließfertigung als zentralem Organisationsprinzip der Produktion. Wesentliches Merkmal blieb somit der arbeitsteilige, nach dem Fließprinzip organisierte Arbeitsprozeß. Die Ausführung besteht hier aus überwiegend kurzzyklischen und repetitiven Tätigkeiten, zu denen häufig eine geringe Qualifikation der Arbeitskräfte genügte, die allerdings bei häufigerem Arbeitswechsel mit einem höheren Niveau einherging. Über die Entkoppelung der Arbeitsplätze bei mechanisierten Transportsystemen (z. B. Fließband) bzw. beim 'klassischen' Fließprinzip hinaus ist die direkte bzw. indirekte Aufhebung räumlich starrer Verbindungen zwischen den einzelnen Arbeitsplätzen ein wesentliches Kennzeichen dieser modifizierten Fließarbeit. Durch die räumliche Entkoppelung, d. h. mit dem Einsatz geeignet konstruierter Tranportanlagen war es auch möglich, größere Puffervorräte zwischen den Arbeitsplätzen unterzubringen und dadurch größere zeitliche Spielräume für die Ausführung der einzelnen Arbeitspositionen zu eröffnen. Als notwendige Bedingung für die Schaffung eines flexibilisierten bzw. hochlexiblen Materialflusses im Fertigungssystem galt es, die einzelnen Arbeitsplätze bzw. Arbeitsgruppen durch spezielle Transportsysteme neuartig zu verknüpfen. Erst die Installation neuer, auf die erhöhten Anforderungen an die Produktionsflexibilität bezogene Verkettungssysteme ließ die gleichzeitige Fertigung mehrerer Modellvarianten im Produktionsablauf zu.

Konnte von der neuen Transport- bzw. Verkettungstechnologie her die 'starre' Verbindung der Arbeitsplätze erst einmal überwunden werden, so bedeutete dies nicht gleichzeitig, daß jede dieser Anlagen von ihrer Gestaltung auch den Anforderungen an eine hochflexible Produktionsorganisation genügte. So existierten bzw. existieren noch heute unterschiedliche Generationen von Organisationsformen, die sich nicht nur auf der Ebene des Mechanisierungsgrades der zu leistenden Transportarbeiten unterscheiden, sondern jeweils bestimmten, überwiegend vom Absatzmarkt beeinflussten Flexibilitätsanforderungen entsprachen bzw. gegenwärtig entsprechen.

Mit den angeführten Modifikationen verband sich primär das Interesse der Betriebe, technisch-organisatorische Starrheiten abzubauen und durch eine flexible Organisation des Arbeitseinsatzes zu ersetzen. Ein Ziel dieser Veränderung war, den quantitativen und qualitativen Ausstoß, insbesondere den zu fertigenden Produktmix, im Nähsaal besser zu steuern und gleichzeitig einen kontinuierlichen Produktionsablauf zu erhalten. Das Interesse der Betriebe zielte weiterhin darauf ab, bei dieser Organisationsform grössere individuelle und kollektive Leistungsreserven freizusetzen, ohne einen - zunächst - grösseren Aufwand für besondere Qualifizierung der Arbeitskräfte vornehmen zu müssen.

5.2.2.2.3.1. Entkoppelte, flexibilisierte Fließarbeitsorganisation mit manuellem Werkstücktransport

Die Hängeschlittenbahn

Innerhalb der Generation von Produktionsanlagen der hängenden Fertigung, bei der die Warenträger nicht mechanisch bzw. nicht automatisch von Arbeitsplatz zu Arbeitsplatz weiterbewegt wurden, sind - gemessen am System 'Rollenklammern an Gleitschienen' - weitere Veränderungen mit dem Ziel der Erhöhung der Flexibilität des Materialflusses als auch der Verbesserung der Werkstückhandhabung an den Näharbeitsplätzen erfolgt. Realisiert worden sind sie durch die veränderte Konstruktion des Schienenstranges bzw. der Förderschienenführung, sowie der Werkstückträger.

Mit der konstruktiven Weiterentwicklung dieser, für die Gestaltung einer Produktionsstruktur der hängenden Fertigung sowie für deren Produktivität als auch Flexibilität sehr wesentlichen Bausteine, sind bestimmte Anforderungen, die durch das System 'Rollklammern an Gleitschienen nicht eingelöst wurden, zumindest tendenziell verwirklicht worden. Das Ergebnis der innerhalb des o. a. Rahmens erfolgten Modifikation der Schienenführung einerseits und des Transport- bzw. Halteelementes andererseits war die qualitativ höher entwickelte - d. h. leistungsfähigere - Produktionsstruktur 'Hängeschlittenbahn'. Hierbei wird eine in einem Transportschlitten eingehängte Bündelklammer (siehe Kapitel 4.8. des Anhanges) samt Inhalt innerhalb eines begrenzt flexiblen Schienensystems von Arbeitsplatz zu Arbeitsplatz bewegt. Die Möglichkeit eines flexibleren Materialflusses innerhalb dieser Fertigungsstruktur war das Ergebnis einer veränderten Schienenführung samt der dazu notwendigen technischen Einrichtungen: Mit dem Einbau von Weichen, Kreuzungen sowie entsprechenden Verbindungsstücken zwischen zwei Transportschienensträngen war die Möglichkeit sowohl von Stauräumen als auch von manuell einfach zu handhabenden Überholmöglichkeiten gegeben; der lineare Materialfluß wurde dabei im Prinzip beibehalten.

In seinen Grundprinzipien gleicht der organisatorische Ablauf einer Hosenfertigung bei der 'Hängeschlittenbahn' dem des Ablaufes bei der Fertigungsstruktur 'Rollklammern an Gleitschienen'. Die Installation sowohl von Rechts- als auch von Linksweichen war die Voraussetzung für eine flexiblere Nutzung des in dieser Weise differenzierter gestalteten Förderschienennetzes. Mit der flexiblen Nutzung dieses Schienen- und Weichensystems fielen bei dieser Produktionsstruktur gegenüber der starren Form 'Rollklammern an Gleitschienen' gleichzeitig zusätzliche menschliche Steuerungsaufgaben des Materialflusses an.

Bei der 'Hängeschlittenbahn' ist es wegen der flexibel zu nutzenden Schienenverbindungen möglich, die synchrone Fertigung z. B. von Vorder- und Hinterhosen sowie die gleichzeitige Fertigung von Modellen unterschiedlicher Gestaltungsvarianten durchzuführen. Ohne Probleme ist es auch möglich, Mehrfacharbeitsplätze - aufgrund der technischen Struktur dieses Verkettungssystems allerdings nur manuell - anzusteuern. Die Umstellung der Weichen in ihren Ausgangszustand ist nicht in jedem Fall mit der Hand vorzunehmen. Bei der Verwendung von Weichen mit einer Federspannung springen die zuvor manuell eingestellten 'Federweichen' nach dem Passieren des Hängeschlittens in ihren ursprünglichen Zustand zurück und geben damit den Weg in die vor der Umstellung eingestellte Richtung wieder frei. Die je nach dem Grad der Verwendung dieses einfachen Steuerungsmechanismus sowie der jeweiligen arbeitsteiligen Ablauforganisation des zu fertigenden Produktes bzw. des Produktmixes zu erledigenden menschlichen Steuerungstätigkeiten wurden bei dem in dieser Weise flexibilisierten Gleitschienensystem entweder durch die Gruppenleiter/innen oder durch die Näherinnen selbst ausgeführt.

Neben diesen, von der Anlage des Schienennetzes, insbesondere aber von der Integration spezieller Verbindungselemente wie Weichen und Kreuzungen ausgegangenen Möglichkeiten eines - begrenzt - elastischen Materialdurchlaufes gingen mit der veränderten Konstruktion des Transport- bzw. Klammerelementes bestimmte Einflüsse auf die Ausführung der Arbeitsposition - insbesondere auf das Materialhandling vor dem eigentlichen Nähprozeß - einher. Erleichtert worden ist die Handhabung der Werkstücke beim Greifen der Teile sowie beim Positionieren des Materials wegen der 'arbeitsgerechten' Halterung sowie der Gestaltung des Transportschlittens und des sowohl als Klammer wie auch als Ablageschiene zu nutzenden Klemmelementes. Der mit der Höhe der Maschinentische abgestimmte maßliche Aufbau der einzelnen Elemente der gesamten Transportanlage ist als weitere Voraussetzung für eine bestmögliche Gestaltung der einzelnen Näharbeitsplätze anzusehen.

Da der Abstand zwischen dem Boden und dem im Transportschlitten eingehängten Klammerelement ca. 115 cm beträgt, ist es für den Transport z. B. von Hosen - wo dieser in geklammertem Zustand zwischen den Arbeitsplätzen erfolgt - notwendig, daß die im Bündel zusammengefaßten und am Saum bzw. am Bund in der Klammer festgehaltenen Hosenteile im über der Ablageschiene gelegten Zustand befördert werden. Beim Transport im einfachen geklammerten Zustand würden die Bünde bzw. die Säume auf dem Fußboden entlangschleifen.

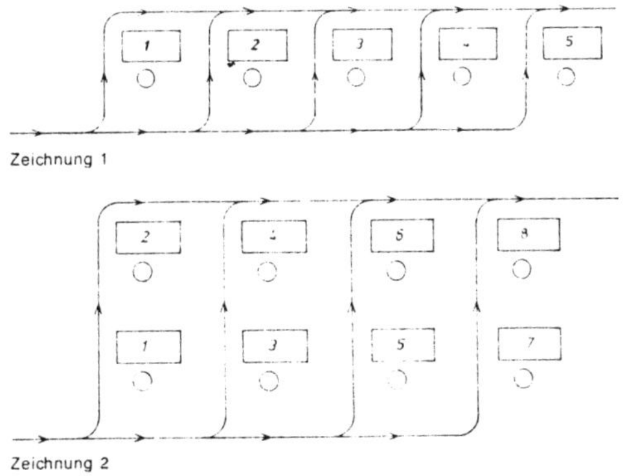

Quelle: o. V. : Dürkopp-System : Hängende Hosen laufen schneller, in : DNZ, Bielefeld, Nr. 10/1971, S. 36

Abb.5/23: 'Hängeschlittenbahn'
Materialflußvarianten bei Mehrfacharbeitsplätzen
(1) Taschen einarbeiten
Fünf Maschinen für die gleiche Arbeitsverrichtung
(2) Bund annähen
Acht Maschinen für die gleiche Arbeitsverrichtung

Wenn durch das Umlegen der Teile über diesen Ablagebügel der Aufwand an Nebenzeiten erhöht wird - die Teile müssen z. B. zu Beginn der Bearbeitung eines jeden Bündels wieder in den einfachen, nur geklammerten Zustand zurückversetzt werden und die Arretierung des Halteelementes muß gelöst werden - liegt der Vorteil dieser Konstruktion darin, daß ein bearbeitungsgünstiger Abstand - ca. 50 cm - zwischen der Klammer und der Nadelstange hergestellt ist.

Sowohl dieser arbeitsplatzgestalterisch günstige Abstand als auch die seitliche Bewegungsmöglichkeit des Hängeschlittens lassen einen relativ großen Bewegungsspielraum für die Werkstückhandhabung am Arbeitsplatz zu. Dadurch wird die Bearbeitung der Werkstücke deutlich erleichtert und kann zeitsparend ausgeführt werden. Auch kann die Näherin sich unter diesen Bedingungen die Teile auf dem Schoß vorlegen, so daß für eine Verkürzung der Maschinentische nicht in jedem Fall eine Notwendigkeit besteht (Lohmann : 1977, S. 29).

Während der Bearbeitung der Werkstücke ist der Hängeschlitten aus arbeitsgestalterischen Gründen parallel zur Schienenbahn gelagert. Für den Transport des Materials von Arbeitsplatz zu Arbeitsplatz wird der Schlitten durch Drehung von Hand in die platzsparende Querstellung zur Schienenbahn versetzt. Ein Moment der gleichzeitigen Begrenzung des Anteils der Nebenzeiten pro Stück ist auch mit der Gestaltung der Halteklammer verbunden. Wegen ihrer robusten Bauweise hat diese Spezial-Hosenklammer ein großes Fassungsvermögen und kann ca. 15 Paar Vorder- oder Hinterhosen aufnehmen. Die bei der Bearbeitung eines Bündels notwendig anfallenden Nebenzeiten für das Vor- bzw. Ablegen der Teile halten sich - bezogen auf das einzelne Teil - somit noch in gewissen Grenzen.

Die spezielle Konstruktion des in den Hängeschlitten einhängten Elementes ist nicht nur dazu geeignet, die Teile in geklammerten Zustand von einem Arbeitsplatz zu einem anderen zu transportieren. Sie ist auch in den Fällen einzusetzen, wo die Werkstücke nicht im geklammerten Zustand zwischen den Arbeitsplätzen befördert werden müssen. In diesen Fällen werden die Hosenbündel einfach über den hochgestellten Ablagesattel gelegt. Ihre praktische Anwendung findet diese Art des Transports von Hosenbündeln z. B. bei der Beförderung von den Arbeitsplätzen 'Seitennaht schließen' bzw. 'Schrittnaht schließen' zu dem Arbeitsplatz 'Seitennaht ausbügeln' bzw. 'Schrittnaht ausbügeln' oder zwischen Arbeitspositionen auf den Spezialmaschinen des Bereiches der Hosenausfertigung 80).

Rückschauend kann die 'Hängeschlittenbahn' als eine Produktionsstruktur bezeichnet werden, die in einer bestimmten Phase der Absatzmarktentwicklung von Herrenoberbekleidung den Anforderungen der Betriebe primär bei der Fertigung von Hosen 81) zu entsprechen in der Lage gewesen war.

"Gute Übersicht und schneller Durchlauf der termingebundenen Produktionsbündel werden immer mehr Trumpf der Hosenfertigung. Modische Ware kurzfristig liefern heißt die Devise von heute und morgen. Die Dürkoppwerke Bielefeld haben für die moderne Hosenfertigung im Bündelklemmverfahren ein neues Hängetransportsystem entwickelt. Es wird den vorgenannten Forderungen gerecht und bietet darüber hinaus beste Voraussetzungen zu zeitsparenden Arbeitsmethoden an Näh- und Bügelplätzen" (o. V. : 1971 b, S. 36).

In dieser Produktionsstruktur vereinen sich die Vorteile eines geringen Raumbedarfs mit denen einer gewissen Übersichtlichkeit, welche in diesem Fall als Voraussetzung für die notwendige manuelle Steuerung des Materialflusses eine besondere Bedeutung erhalten hatte. Gegenüber der 'rollenden Bündelfertigung' besitzt die 'Hängeschlittenbahn' den Vorteil eines niedrigeren menschlichen Transport- sowie Steuerungsaufwandes sowie im Fall geringer Bündelstärken den Vorteil einer geringen Durchlaufzeit des Materials und damit einer entsprechend geringeren Kapitalbindung für die umlaufenden Halbfertigteile. Unter der Bedingung einer gleichzeitigen Fertigung von Serien mit sich nicht stark unterscheidenden Modellvarianten erscheint die 'Hängeschlittenbahn' insgesamt gesehen für die Fertigung von Kleidungsstücken, die sich unter den dargestellten Umständen für eine Bearbeitung im hängenden Zustand eignen unter dem damaligen Stand der Nähtechnologie als eine dem Ziel der Produktion durchaus angemessene Form der Fertigungsorganisation.
Bestimmte Nebenzeiten für das Ablegen der Teile über den Transportbügel als auch der teiweise zusätzliche manuelle

Steuerungsaufwand zum Erhalt eines flüssigen Materialdurchlaufes bei der gleichzeitigen Fertigung von unterschiedlichen Modellen bzw. bei der Ansteuerung von Mehrfacharbeitsplätzen sind z. B. gegenüber der Produktionsstruktur 'Rollklammern an Gleitschienen' als notwendiger zusätzlicher Aufwand anzuführen. Diesem stand die Erleichterung der Werkstückhandhabung vor sowie während des Nähvorganges und zum anderen die zusätzliche Flexibilität, die den Marktanforderungen zu Beginn der 70er Jahre genügte, der 'Hängeschlittenbahn' als positiver Gewinn gegenüber 82).

Daß auch dieser Typ der hängenden Fertigung vorwiegend bei der Herstellung von Hosen seine Anwendung gefunden hat, liegt darin mitbegründet, daß die Vorstellungen über breitere Einsatzmöglichkeiten der hängenden Fertigung zu Beginn der 70er Jahre wenig ausgeprägt gewesen waren. Demzufolge sind auch eine entsprechende notwendige differenzierte Palette von Werkstückträgern noch nicht auf dem Markt angeboten worden.

Schwieriger stellt sich die Interpreation der Tatsache, daß diese zu Beginn bzw. in der Mitte der 7oer Jahre in einigen größeren Herrenoberbekleidungsfabfriken installierten Anlagen - zumindest teilweise - in der Mitte der 80er Jahre noch immer im Einsatz sind. Da diese Förder- bzw. Verkettungstechnologie nicht dem modernen Stand der Förder- bzw. Verkettungstechnologie - wie er durch das derzeit am Markt angebotene Spektrum verkörpert wird - entspricht und sich im Zeitraum von ihrer Installation bis heute die Absatzmarktstrukturen von Oberbekleidung beschleunigt gewandelt haben - die Tendenz zu häufig wechselnden Serien und kleinen Losgrößen nimmt noch immer zu - ist die 'Hängeschlittenbahn' aus dieser Sicht eine relativ 'starre' Produktionsanlage geworden und entspricht u.a. deswegen nicht mehr den Erfordernissen einer modernen Hosenproduktion 83).

Die infolge des Wandels der Strukturen des Absatzmarktes - die Forderung des Einzelhandels nach kürzeren Lieferfristen verstärkt die Forderung nach einer Flexibilisierung des Produktionsgeschehens - zu Tage getretenen Schwachstellen bei der andauernden Nutzung dieser Anlagen liegen im wesentlichen aufgrund gestiegener Flexibilitätsanforderungen in der begrenzt flexiblen Nutzng der 'Hängeschlittenbahn'. Ausgeglichen wird dieses Flexibilitätsdefizit nur durch einen erhöhten manuellen Transport- und Steuerungsaufwand. Für diese Tätigkeiten werden neben den Näherinnen häufig die Gruppenleiter/innen beansprucht, was zu den schon vorher aufgezeigten Konsequenzen führt.

Mittenabgehängte Schiebebahn mit Drehweiche

Als ein wesentliches Merkmal der bisher vorgestellten 'hängenden' Fließfertigungssysteme kann hervorgehoben werden, daß diese im Rahmen der manuellen Bewegung der Werkstückträger sowie der manuellen Steuerung des Materialtransports aufgrund der Auslegung der Transportschienen entweder einen starren oder nur einen begrenzt flexiblen Materialdurchlauf zugelassen haben. Für die jeweils eingesetzten Werkstückträger ist bei einer Untersuchung hinsichtlich des Einflusses ihrer Konstruktionsdetails auf die Gestaltung des Arbeitsvorganges ein breites Spektrum festzustellen. Dies reicht von einfach konstruierten Elementen ohne konkreten Einfluß auf die Arbeitsgestaltung bis hin zu nach einzelnen Fertigungsabschnitten differenziert gestalteten Klammerversionen mit besonderer Berücksichtigung der Auswirkung auf die Arbeitsgestaltung.

Die in dieser Weise mittels der Kombination einzelner Bausteine der hängenden Fertigung 'geschnittenen' Produktionsstrukturen 84) stellen nicht nur idealtypische Stadien der Entwicklung der hängenden Fertigung im Rahmen der Fließfertigungsorganisation dar, sondern in ihnen drückt sich gleichzeitig die jeweilige Prioritätsvorstellung von Durchlaufflexibilität und/oder Aspekten der Arbeitsgestaltung aus. Beide Zielgrößen stehen bei dem Fertigungssystem 'Mittenabgehängte Schiebebahn mit Drehweiche' als auf höherer Stufenleiter realisierte Gesamtlösung einer manuell gestützten hängenden Fertigung im Vordergrund. Neben der speziellen Konstruktion eines im Fertigungs- und Montagebereich verwendeten Hängetrolleys und dessen spezifischer Einbindung in die Gestaltung des Arbeitsplatzes ist bei dieser Transportanlage einer hängenden Fertigung die Einzelansteuerung der Arbeitsplätze untereinander ohne mechanische oder automatische Unterstützung möglich. Die Verwirklichung eines hochflexiblen Materialflusses mittels manueller Steuerung ist bei dieser Transportanlage ganz besonders hervorzuheben. Auf die Möglichkeit einer hochflexiblen Verkettung der Arbeitsplätze untereinander bezogen, nimmt diese Organisationsvariante des Materialflusses innerhalb der modifizierten Fließfertigung mit nicht-mechanisiertem Transport sowie nicht-mechanisierter Steuerung den vordersten Rang ein. Notwendige Voraussetzung für diese hochflexible Verkettungsmöglichkeit, d.h. der Ansteuerbarkeit der einzelnen Arbeitsplätze untereinander, ist bei dieser Produktionsstruktur nicht nur ein grundsätzlich anders gestalteter Verlauf der gesamten Transportschienenanlage, sondern auch der Einsatz einer besonderen Drehweiche als Transport- und Steuerungselement.

Bezogen auf die Aufstellung der Maschinen ist dieses Transport- und Steuerungssystem nicht neutral: Mit der systemspezifischen Gestaltung des Verlaufes der Materialführungsschienen ist eine veränderte Aufstellung der Arbeitsplätze erforderlich geworden. Nicht nur durch den Lösungsansatz der Verkettung der einzelnen Arbeitsplätze unterscheidet sich diese Produktionsstruktur von den vorher beschriebenen Organisationsformen. Es sind zusätzlich zur Integration neuer Elemente in das Transport- bzw. Verkettungssystem viele Bauteile eingesetzt, die sich in ihrer funktionalen Gestaltung von denen anderer Systeme wesentlich abheben.

Die innerhalb der manuell gesteuerten hängenden Fertigungssysteme erreichte Flexibilität des Materialdurchlaufes ist bei dieser Produktionsstruktur am weitesten ausgeprägt. Hinzu kommt, daß dieses Ziel moderner Produktionskonzepte in der Bekleidungsindustrie bei der 'mittenabgehängten Schlittenbahn mit Drehweiche' mit einem relativ geringen Platzbedarf zu realisieren ist, d.h. das System ist flexibel auf relativ geringem Raum.

Von der Seite des konstruktiven Aufbaus wird dieses hohe Niveau der Flexibilität des Materialdurchlaufes in dieser Anlage im Fertigungs- und Montagebereich mittels einer speziellen Schienenführung sowie durch den Einsatz eines Umsetzwagens ('Drehweiche') zwischen den einzelnen Arbeitsstationen erreicht.

An einem konkreten Fallbeispiel des Vorfertigungs- und Montagebereiches einer Hosenfertigung soll das Prinzip der Schienenführung der 'mittenabgehängten Schienenbahn mit Drehweiche' dargestellt werden. Die Basisidee, eine flexible Verbindung der Arbeitsplätze untereinander mittels manueller Ansteuerung eines jeden Arbeitsplatzes zu ermöglichen, ist dabei grundsätzlich in der Weise realisiert, daß mehrere Arbeitsgruppen bzw. Arbeitsstationen mit meistens 4 Arbeitsplätzen in einer Reihe nebeneinander aufgestellt sind und - durch eine in der Mitte abgehängte Schiebebahn voneinander getrennt - die gleiche Arbeitsplatzfiguration auf der gegenüberliegenden Seite spiegelbildlich aufgestellt ist.

Eine zwischen den beiden Reihen der Maschinengruppen installierte Doppelschienenbahn hat bei diesem Verkettungssystem die Funktion einer Laufschiene für den Umsetzwagen. Dem auf dieser Laufschienenbahn beweglichen Transport- und Verteilerelement kommt bei diesem Organisationssystem eine zentrale Rolle für die flexible Steuerung des Materials zu. Mit seinem Einsatz werden nicht nur die Trolleys mit dem Nähgut von den jeweiligen Stationsausgängen zu den jeweiligen Stationseingängen befördert, sondern durch die variantenreiche Nutzungsmöglichkeit seiner Verteilerschienen können die auf den Trolleyhaken hängenden Werkstücke flexibel in die jeweiligen Arbeitsstationen eingespeist werden, wobei jeder einzelne Arbeitsplatz mühelos ansteuerbar ist.

Der zentralen Verteilfunktion dieser auf der Schienenbahn auf Laufrollen gelagerten Drehweiche steht im Fall einer Stationsgruppe mit vier Nähplätzen ein Anschluß- bzw. Verbindungsstück mit zehn nebeneinanderliegenden dachförmigen Profilschienen gegenüber. Dieses Anschlußstück grenzt dabei mit seinen Schienenenden an die Hauptschienenbahn. Zwischen den beiden Enden einer Transportschiene - auf welcher die Werkstücke zu einem bestimmten Arbeitsplatz innerhalb der Arbeitsstation an- bzw. abtransportiert werden - ist der Verlauf des Schienenkörpers derart gestaltet, daß jeder einzelne Arbeitsplatz der Figuration von 'seiner' Transportschiene umschlossen ist. Zusätzlich zu dieser arbeitsplatzspezifisch angeordneten Schiene innerhalb einer Betriebsmittelfiguration von vier Nähmaschinen existiert eine weitere Laufschiene, durch deren Anordnung sämtliche vier Arbeitsplätze an der Außenseite umschlossen sind. Neben der Nutzung dieser Schiene für den Durchlauf besonders eiliger Teile usw. ist es möglich, die Trolleys z. B. in den Fällen auf dieser Schiene von Arbeitsplatz zu Arbeitsplatz zu transportieren, wenn zwischen mindestens zwei Arbeitsplätzen dieser Maschinenfiguration eine unmittelbare Bearbeitungsfolge besteht.

Der als Kombination von Transport- und Weichenschiene konstruierte Umsetzwagen besteht im Prinzip aus einer oval verlaufenden Transportstauschiene und einem verstellbar eingebauten Weichenelement mit unterschiedlich verlaufenden Schienenverbindungsstücken. Je nach der Zielrichtung der anzufahrenden Arbeitsstation als auch abhängig von der Anzahl der zu transportierenden Trolleys ist eine von drei Einstellungsmöglichkeiten des Weichenelements zu wählen.

Für die Halterung der - je nach Produktionsabschnitt - entweder im Bündel oder einzeln geklammerten Werkstücke werden verschiedene Halteelementvarianten verwendet. Alle eigesetzten Werkstückträger sind dabei mit einer einheitlichen Grundkonstruktion eines Laufrollengestells verbunden: Dieses Basis-Trolleyelement besteht aus einem V-förmig gebogenen Metallrohr, an dessen beiden oberen gespreizten Enden im Winkel von 45° zwei Laufrollen angebracht sind 85).

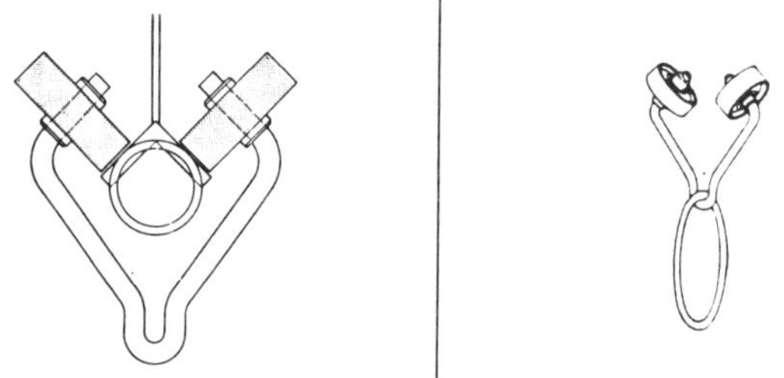

Quelle: Hausprospekt Fa. Veit KG, Landsberg/Lech

Abb.5/24: Trolleyhaken | Ringtrolley

Im Bereich der Vorfertigung werden - mit diesem Laufrollengestell verbunden - Werkstückhalterungen verwendet, die den in diesem Fertigungsabschnitt zur Ausführung kommenden Arbeitspositionen entsprechen. Es handelt sich somit bei den hier verwendeten Transportelementen um das o. a. Laufrollengestell, an dessen unterem Ende ein Metallring angeschweißt ist. Die den einzelnen Prozeßschritten entsprechenden Klammern sind in diesem Metallring eingehängt:

- Einmal handelt es sich hierbei um einfache Zugfeder-Klammern. An diesen Klammern sind Plastiktüten befestigt, in denen das Nähgut eingelegt ist und auf diese Weise von Arbeitsplatz zu Arbeitsplatz weiterbewegt wird. Dieses Halteelement wird in der Vorfertigung im Bereich der Kleinteilefertigung (z. B. bei der Schlitzleistenfertigung) eingesetzt. In diesem Fertigungsabschnitt werden die Teile nicht im hängenden Zustand gefertigt!

- Für diejenigen Arbeitspositionen im Bereich der Vorfertigung, welche im hängenden Zustand ausgeführt werden können (z. B. Abnähernähen, Abnäher ausbügeln) wird ein Klammerelement mit breiten Klemmbacken verwendet. Die Hosenteile werden in diesem Fall am Saum zwischen den beiden Klemmbacken festgehalten. Während des Transportes und der Bearbeitung des Nähgutes bleibt dieses Halteelement in dem Haltering eingehängt.

In besonderer Weise ist bei dieser Produktionsstruktur neben der Konstruktion die Nutzung der Trolleys im Fertigungs- und Montagebereich verbunden. Aufgrund der Konzeption dieses Warenträgers - genauer des Klammerträgers - ist es möglich, diesen über den Materialtransport zwischen den Arbeitsplätzen hinaus an den meisten Arbeitsplätzen dieses Bereiches mit Hilfe eines nur geringen Aufwandes erfordernden Handgriffes als integralen Bestandteil einer spezifischen Werkstückhalterungsvorrichtung einzusetzen. Wie auch bei den anderen Werkstückträgern besteht hier das 'Oberteil' aus dem vorhergehend beschriebenen V-förmigen Metallohr mit dem Laufrollenpaar. Neu und in systemspezifischer Bauweise ist bei diesem Transportelement der Material- bzw. Klammeraufnahmebügel konzipiert. Dieser Bügel besteht aus einem teilweise gebogenen Metallrohr, welches durch eine Nutenverankerung mit dem Laufrollengestell verbunden ist. Gehalten wird das Nähgut sowohl während des Warentransports als auch während der Bearbeitung von einzelnen Zugfeder-Klammern welche auf dem Metallbügel sitzen und am Einrichtearbeitsplatz von der offenen Seite dieses Bügels in den Haltebereich des Bügels eingeführt werden.

Seine systemspezifische arbeitsgestalterische Funktion erhält dieser Nähguthaltebügel in der Situation, wenn die an ihm hängenden Werkstücke bearbeitet werden. Dafür wird das offene Endstück dieses Metallrohres in eine an jedem Arbeitsplatz dieses Fertigungsbereiches angebrachte Steckvorrichtung gefügt. Aus dem geraden Teilstück des Hängebügels ergibt sich zusammen mit dem geraden Abschnitt der Steckvorrichtung für die Dauer der Bearbeitung der an dem Trolley hängenden Werkstücke eine waagerechte Materialablageschiene.

Neben der Schienenhängebahn mit dem Umsetzwagen (Drehweiche) stellt der dieses flexible Transportorganisationssystem hervorbringende eigentümliche Verlauf der Schienen innerhalb der einzelnen Maschinengruppen das 'Herzstück' der flexiblen Materialdurchlauforganisation dar. Eine betriebliche Gesamtlösung des Produktionsablaufes, wie sie in dem Layout Abb. 5/25 dargestellt ist, kann in der folgenden Weise skizziert werden:

Nach der Ausführung der einzelnen Arbeitspositionen der Kleinteile- bzw. Vorfertigung (7-10, 13-14) gelangen die Klein- bzw. Großteile zum Farbsortierplatz (11). Um einen effizienten Materialdurchlauf zu erreichen, werden die Teile an diesem Platz nach Farben sortiert. Die Trolleys werden am Einklammerplatz (12) in der Weise bestückt, daß der folgende Arbeitsablauf nicht durch allzu häufigen Wechsel der Garnfarbe unterbrochen werden muß. Für den Transport zu den beiderseits der Schienenbahn aufgestellten Näh- bzw. Bügelplätzen der Produktionsbereiche Vorfertigung, Montage sowie End-

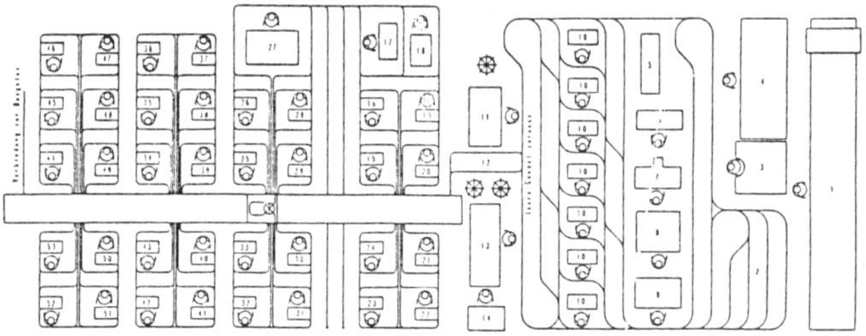

Nr. der Arbeitsplätze	Fertigungsbereich
1 - 3	Zuschnitt
4 - 6	Einrichtung
7 - 10 13 - 14	Kleinteile- bzw. Vorfertigung
11 - 12	Sortieren bzw. Einklammern
15 - 38	Fertigung bzw. Montage
39 - 48	Endfertigung
49 - 53	Reservemaschinen

Quelle: Hausprospekt Fa. Veit KG, Landsberg/Lech

Abb.5/25: Hängende Hosenfertigung : System 'Mittenabhängte Schiebebahn mit Drehweiche'

fertigung werden die Werkstückträger in einem Stauraum in Zuführbereitschaft gehalten. Sieht die Arbeitsperson, welche die Transport- und Steuerungstätigkeiten ausführt, daß der

Materialvorrat am ersten Arbeitsplatz des Bereiches 'Fertigung' (15) seinen Mindestvorrat an Material zu unterschreiten droht, so fährt sie den leeren Umsetzwagen so vor die Abladeschiene des Einklammerplatzes (12), daß sich der Ausgang der Stauraumschiene mit dem Eingang der gewünschten Schiene des Umsetzwagens deckt.

Um einen nahtlosen Anschluß der jeweiligen Endstücke zu erreichen, wird das Anschlußstück des Umsetzwagens durch einen Hebeldruck an das Endstück der Schiene des Stauraums herangeführt. In den Fällen, in denen die Einstellung der Kreuzungsweiche für den weiteren Beschickungsverlauf verändert werden muß, wird mittels einer Drehung des Weichenringes das für das jeweilige Beschickungsziel erforderliche Weichenstück so eingestellt, daß es im weiteren Verlauf mit der geraden Schienenführung des Stauraumes eine Einheit bildet.

Nachdem die jeweiligen Schienenendstücke deckungsgleich miteinander verbunden sind und der Umsetzwagen mit Hilfe einer Arretierung festgestellt ist - wobei gleichzeitig die Sperre des Stauraum-Schienenendstückes gelöst wird - werden ein oder mehrere Trolleys aus dem Stauraum mit der Hand auf den Umsetzwagen geschoben. Bevor der Transportwagen nun mit der Hand zur ersten Arbeitsplatzfiguration weitergeschoben werden kann, muß die Arretierung wieder gelöst werden. Mit dem gleichzeitigen Anheben des Sperrhebels der Stauraumschiene tritt dieser wieder in seine Funktion.

Im weiteren Verlauf der Beschickung der einzelnen Arbeitsplätze mit Trolleys ist zu beachten, daß das Ausgangsschienenstück der Drehweiche mit dem Eingangsschienenstück des jeweilig anzusteuernden Arbeitsplatzes einer Figuration übereinstimmt. Die Einstellung der Drehweiche ist von der Lage des Zielarbeitsplatzes abhängig - die Eingangsschiene des zu beschickenden Arbeitsplatzes ist sowohl durch ihre Lage als auch durch eine bestimmte Farbe gekennzeichnet. Durch diese Markierung wird ihre Ansteuerung wesentlich erleichtert. Nach dem sich in dieser Weise wiederholenden Koppelungs- bzw. Entkoppelungsmuster wird der Trolley mit der Hand auf 'seiner' Schiene in die Arbeitsplatzgruppe hineingeschoben.

Nach der Bearbeitung der Werkstücke am ersten angesteuerten Arbeitsplatz in der Maschinengruppe kann der Trolley entweder auf 'seiner' Ausgangsschiene herausgeschoben werden oder auf der 'Gruppenschiene' zum nächsten Arbeitsplatz innerhalb der Figuration zur weiteren Bearbeitung weitergeschoben werden. Je nach Arbeitsablaufplan werden die Werkstücke auf dem Trolley an einem oder an mehreren Arbeitsplätzen innerhalb der Figuration bearbeitet. Erfolgt z. B. eine lineare Bearbeitungsfolge an allen vier Arbeitsplätzen einer Figuration, dann wird der Trolley auf der äußeren Transportschiene in den Umlauf gegeben und durchläuft auf dieser 'Gruppenschiene' sämtliche Arbeitsplätze innerhalb der Arbeitsplatzgruppe.

Auf der Ebene des einzelnen Arbeitsplatzes führt die Nutzung des im Fertigungs- und Montagebereiches eingesetzten Trolleys in Verbindung mit der Trolley-Steckvorrichtung nicht nur zu der Möglichkeit, die meisten Arbeitspositionen in geklammertem Zustand auszuführen, sondern darüber hinaus dazu, die Ausführung dieser Arbeitspositionen aufgrund dieser arbeitsgestalterischen Lösung zeitsparender und damit entsprechend kostengünstiger zu realisieren.

Erleichtert wird die Ausführung des einzelnen Arbeitsvorganges vor allem deswegen, weil die Werkstücke vor bzw. während ihrer Bearbeitung an den Näharbeitsplätzen besonders einfach gehandhabt werden können. Als Voraussetzung hierfür ist neben der Gestaltung des Werkstückhaltebügels die an jedem Näharbeitsplatz angebrachte Bügelsteckvorrichtung zu nennen. Diese Trolleyhalterung besteht aus einem über dem Nähmaschinentisch in Höhe der vorderen Kante installierten Rohr, an dessen unterem Ende ein Metallrohrbügel mit einem spitzen Ende angebracht ist. Der Sinn dieser Einrichtung wird bei der Darstellung der einzelnen Bearbeitungsfolgen am einzelnen Näharbeitsplatz deutlich: Nachdem die Näherin den Trolley mit den an ihrem Arbeitsplatz bearbeiteten Werkstücken entweder zum nächsten Arbeitsplatz innerhalb der Figuration oder auf 'ihrer' Schiene in Ausgangsrichtung weitergeschoben hat, greift sie den nächsten an ihrem Arbeitsplatz in Bearbeitungsbereitschaft hängenden Trolley mit den zu bearbeitenden Werkstücken. Sie schiebt diesen dann so weit auf der Laufschiene in Richtung vordere Kante des Nähmaschinentisches vor, daß sie das offene Trolleyrohrende mühelos in die Spitze des Haltestutzens einführen kann. Mit Hilfe dieser Steckverbindung ergibt sich aus beiden Teilen eine einheitliche Schiene, auf der die Klammern mit den Werkstücken auf horizontaler Ebene hin- und hergeschoben werden können. Aus dem Trolleyrohrstück ergibt sich eine Klammervorlageschiene und aus dem Rohrstück der Haltevorrichtung eine Klammerablageschiene. Da beide Rohrstücke leicht gebogen verlaufen, beschreibt die Führung dieser Schiene ungefähr einen Viertelkreis in ca. 30 cm Abstand zur Nadelstange.

Sowohl der Abstand zwischen der Hängeschiene und der Nadelstange als auch der Schienenverlauf sind den arbeitsplatzgestalterischen Anforderungen zur optimalen Ausführung des Nähprozesses in der Fertigung und in der Montage gut angepaßt. Nicht nur Hosen lassen sich unter diesen Bedingungen problemlos herstellen, sondern der in diesem Fall gegebene Bewegungsspielraum stellt auch günstige Voraussetzungen für die Produktion z.B. von Röcken und z. B. Sakkoärmeln dar. Zusätzlich wird die Ausführung der einzelnen Näharbeitsgänge dadurch erleichtert, daß die Nähmaschinen auf besonderen Podesten aufgestellt sind. Sie stehen in ca. 45 cm Höhe über dem Fußboden auf einem Holzpodest. Hierdurch wird der Abstand zwischen Klammer und Nadelstange geringer. Der Bewegungsspielraum für die Werkstückhandhabung wird entsprechend größer und erreicht insbesondere für die Bearbeitung von Hosen ein sehr komfortables Maß.

Das Muster für einen Bearbeitungszyklus unter diesen arbeitsplatzgestalterischen Bedingungen kann folgendermaßen dargestellt werden: Nachdem der Trolley wie beschrieben an die fest montierte Schienenführung seitlich des Nähmaschinenkopfes angekoppelt ist, schiebt die Näherin ihren Arbeitsvorrat 86) so weit auf dieser Schiene nach vorn, daß die erste Klammer ungefähr die Höhe des Nähmaschinenoberteils erreicht. Nun greift die Näherin das Werkstück, welches von der ersten Klammer festgehalten wird, positioniert es unter dem Nähfuß und führt die Arbeitsposition aus. Danach läßt sie das Nähgut fallen und schiebt die Werkstückklammer mittels eines kleinen Stoßes in den neben ihr liegenden Ablagebereich der Schiene. Nach der Bearbeitung aller auf einem Trolley hängenden Werkstücke werden die im Ablagebereich der Schiene gestauten Klammern wieder zurück auf den Trolley geschoben. Bevor der Trolley auf seiner Laufschiene in Richtung Schienenausgang oder auf einer 'Gruppenschiene' zur weiteren Bearbeitung der Werkstücke am nächstfolgenden Arbeitsplatz weitergeschoben werden kann, wird dieser von dem Halteschienenstück durch einen einfachen Handgriff entkoppelt.

Bei einer Analyse dieser Produktionsstruktur ist an erster Stelle hervorzuheben, daß der Materialfluß unter den angeführten transporttechnischen Bedingungen sehr flexibel organisiert werden kann. Dies bedeutet neben der Möglichkeit der individuellen Ansteuerung eines jeden Arbeitsplatzes innerhalb sowie zwischen den einzelnen Betriebsmittelgruppen auch die einfach zu handhabende Arbeitsverteilung des Nähgutes auf sog. 'Mehrfacharbeitsplätze', was bei hängenden Fertigungssystemen insbesondere mit starrem Materialfluß immer besondere Probleme hervorbrachte. Besonders geeignet erscheint die Art und Weise der Verkettung der Arbeitsplätze bei diesem hängenden Fertigungssystem für den Durchlauf des nach Farbe oder anderen Sortierkriterien zu steuernden Nähgutes.

Kann durch die Nutzung der Flexibilität, welche dieser Produktionsstruktur innewohnt, den Anforderungen des Absatzmarktes, die einen immer schnelleren und vielseitigeren Materialdurchlauf verlangen, in diesem System mit manuellen Steuerungstechniken entsprochen werden - so ist die Frage nach dem damit verbundenen menschlichen Transport- und Steuerungsaufwand zu stellen. Bei den bisher vorgestellten Formen der hängenden Fertigung war es den jeweiligen Arbeitspersonen in den meisten Fällen selbst möglich, die auf dem Trolley hängenden Werkstücke auf einfache Weise mit der Hand zum jeweils in der gleichen Bearbeitungslinie folgenden Arbeitsplatz zu befördern. Im Fall der 'mittenabgehängten Schienenbahn mit Drehweiche' ist dies nur noch in den Fällen einer linearen Bearbeitungsfolge an sämtlichen Arbeitsplätzen einer Betriebsmittelgruppe möglich. Umständlich ist die Weiterbewegung des Trolleys von Arbeitsplatz zu Arbeitsplatz unter diesen Bedingungen trotzdem, wenn z. B. bei einer Schienenverbindung zwischen zwei aufeinanderfolgenden Arbeitsplätzen Kurven zu passieren sind.

Ein zusätzlicher Transportaufwand muß auch in der Situation ins Kalkül gezogen werden, wenn z. B. in einer 4-er Maschinengruppe bei einer linearen Bearbeitungsfolge ein Arbeitsplatz wegen eines speziellen Ablauffolge übersprungen werden muß. Entweder wird der Trolley auf der äußersten Umlaufschiene eingespeist und im weiteren Verlauf an dem Arbeitsplatz, an dem keine Bearbeitung der Werkstücke erfolgt, vorbeigeschoben oder die drei anzulaufenden Nähmaschinenplätze müssen der Bearbeitungsfolge entsprechend nacheinander einzeln angesteuert werden. Beide Varianten erfordern einen unterschiedlichen zusätzlichen menschlichen Transportaufwand.

Neben den Transportarbeiten, die bei dieser modifizierten Form der fließenden Fertigung durch die Arbeitspersonen an den jeweiligen Arbeitsplätzen erledigt werden, ist - je nach Höhe des täglichen Produktionsausstoßes - eine volle Arbeitskraft mit den Materialverteil- bzw. Steuerungstätigkeiten ausgelastet 87). Von dieser werden hauptsächlich die beschriebenen Verteil- und Steuerungstätigkeiten vorgenommen. Ihr obliegt die zügige Versorgung der einzelnen Arbeitsplätze mit Werkstücken zu deren rascher Bearbeitung. Orientierungspunkt für die Bewältigung dieser Steuerungsaufgaben ist im wesentlichen die visuelle Kontrolle der Materialpuffer an den einzelnen Arbeitsplätzen. Abnehmender Materialvorrat an einem Arbeitsplatz ist ein Hinweis dafür, im System befindliche Trolleys zu diesem Arbeitsplatz zu befördern und dadurch die Puffermenge zu erhöhen.

Ein spontan durchgeführtes Auffüllen von Pufferbeständen wird bei der Anwendung dieses Steuerungsmusters gefördert. Dieses Handeln kann in der Konsequenz zu unnötigen Wegen und damit zu einem relativ hohen Transport- bzw. Steuerungsaufwand führen. Nur eine mit der gesamten Produktionsablauforganisation koordinierte Versorgung der einzelnen Arbeitsplätze mit Material kann den Aufwand dieser zentralen Transport- und Steuerungstätigkeit in Grenzen halten.

Die Flexibilität der Produktion innerhalb dieser Organisationsform wird - je nach der Genauigkeit der Planung - mit einem mehr oder weniger hohen Aufwand an menschlicher Transport- bzw. Steuerungsarbeit erkauft. Neben den herausgearbeiteten besonderen Vorteilen dieser Produktionsstruktur auf den Ebenen Materialdurchlauf und Arbeitsplatzgestaltung ist darauf zu verweisen, daß der Warendurchlauf wegen des spezifischen Verlaufs des Führungsschienennetzes im wesentlich übersichtlich sowie geordnet zu handhaben ist. Keineswegs ist dadurch ausgeschlossen, daß große in den Arbeitsstationen befindliche Materialpuffer leicht zur Unübersichtlichkeit führen können. Viele allgemeine Vorteile der hängenden Fertigung wie z. B. glattes Hängen der Ware, kurze Durchlaufzeiten usw. sind in diesem Transport- und Organisationssystem verwirklicht (Veit : 1974, S. 280 ff.).

Systemspezifische Nachteile dieses seit Beginn der 70er Jahre auf dem Markt angebotenen und vorwiegend in der Hosen- und Rockproduktion eingesetzten Systems werden in gewisser Weise durch einzelne Aspekte der 'Rationalisierungsporen' markiert, die im Verlauf der weiteren Entwicklung der hängenden Fertigung durch veränderte Systeme geschlossen wurden. Als Beispiel hierfür ist u. a. die Vereinheitlichung der Werkstückhalteklammer zu nennen. Die Verwendung von produktionsphasenspezifisch zu nutzenden Klammern - führt - wie auch in diesem

Fall - zu mehr oder weniger häufigem Umklammern der Werkstücke.

Im Zusammenhang von Umstellungen des Fertigungsablaufes notwendige Veränderungen in der Maschinenaufstellung bringen hier einen zusätzlichen Aufwand hervor, da die Nähmaschinen auf Podesten stehen. Wegen ihres hohen Gewichtes ist für ihren Transport von Podest zu Podest ein sehr hoher Kraftaufwand erforderlich - die notwendigen Umstellungen können nicht von der Näherin selbst vorgenommen werden. Von den jeweiligen Umständen ist das Reaktionsmuster bei einem kurzfristigen Ausfall einer Nähmaschine abhängig. Wenn es notwendig wird, einen Arbeitsgang aus einer mehrstufigen Bearbeitungsfolge innerhalb einer bestimmten Maschinengruppe auf einer Nähmaschine der Reservemaschinengruppe ausführen lassen zu müssen, dann sind u. U. sehr weite Transportwege und damit ein zusätzlicher menschlicher Transportaufwand erforderlich. Auch variantenreiche Ablauffolgen aufgrund der gleichzeitigen Fertigung von verschiedenen Modellvarianten können vielfach der Grund für einen besonders hohen menschlichen Transportaufwand sein. Mögliche, in diesem Zusammenhang ungeplant auftretende Probleme im Steuerungsbereich können unter den spezifischen Umständen dieses manuell gesützten Transport- und Organisationssystems weitreichende Störungen des Gesamtsystems hervorbringen.

Die 'rollende' Bündelfertigung

Ein Teil der bisher aufgezeigten Produktionsstrukturen ist u. a. dadurch gekennzeichnet gewesen, daß die Weitergabe der Werkstücke von Arbeitsplatz zu Arbeitsplatz an einen starren Zeitrhythmus gebunden war. Mit dem Übergang von diesen, durch einen festgelegten Arbeitsrhythmus geprägten Fließarbeitssystemen zu Fertigungstrukturen mit zeitlich nicht direkt gebundenen Produktionsabläufen wie z. B. bei der Varionanlage ist ein höheres Niveau an Fertigungsflexibilität und Arbeitsproduktivität angestrebt und auch erreicht worden. Bei diesen Fertigungsstrukturen war es möglich, einen ungehinderten Materialfluß auch bei der gleichzeitigen Fertigung von Modellen mit unterschiedlichen Gestaltungsvarianten zu erhalten. Die Möglichkeit der individuellen Leistungsentfaltung an jedem Arbeitsplatz ist als weiterer, die Produktivität eines derartigen Gesamtsystems beeinflussender Faktor zu nennen.

Aufgrund von organisatorischen Veränderungen des Produktionsprozesses im Sinne einer tiefgreifenden Zergliederung der einzelnen Arbeitsabschnitte in viele kurzzyklische Arbeitsvorgänge und in enger Wechselwirkung mit einem vermehrten Einsatz von Spezial-Nähmaschinen bzw. mit der Einrichtung von 'gestalteten Arbeitsplätzen' wurden diese auf der Materialflußebene bis zu einer bestimmten Systemgröße relativ flexiblen Produktionsstrukturen zunehmend dysfunktional. Als Schranke einer Anpassung an extrem arbeitsteilige Produktionssysteme erwiesen sich bestimmte Eigentümlichkeiten der bis dahin eingesetzten Transportanlagen.

Der Einsatz bestimmter Verkettungs- bzw. Transportsysteme war somit nur bis zu einem bestimmten Grad von flexibler Fertigung ökonomisch sinnvoll. Die Transportelemente waren zudem von der Menge her nur begrenzt aufnahmefähig und die Anlagen waren auf eine feste Anzahl von Arbeitsplätzen ausgelegt. Infolge dieser Bedingungen wurden die Grenzen des Einsatzes derartiger Transporttechnologien mit zunehmendender Geschwindigkeit der Marktveränderungen und den darausfolgenden Flexibilitätsanforderungen sowie einer stark gewachsenen Arbeitszerlegung des Produktionsprozesses nicht nur erreicht, sondern weit überschritten. Eine deutliche Begrenzung der mit dem Einsatz dieser Transportanlagen verbundenen negativen ökonomischen Konsequenzen konnte durch die Veränderung einer oder mehrerer Einzelgrößen dieser Fertigungssysteme nicht gelingen. Neue Strukturen der Produktion von Oberbekleidung haben sich sowohl durch die Entwicklung des Verhältnisses von Technik und Arbeitsorganisation als auch infolge des Wandels der Absatzmarktstrukturen in diesem Zeitraum aufgedrängt.

Unter dem Zwang der Anpassung an neue Organisationsformen mit dem erklärten Ziel der gleichzeitigen Steigerung von Produktivität und Flexibilität ist es insbesondere im Zeitraum von 1960 - 1970 in der deutschen Bekleidungsindustrie zu tiefgreifenden und umfassenden Veränderungen ihrer Produktionsstruktur gekommen. Im Verlauf dieses Umbaus, insbesondere der organisatorischen Seite des Produktionsprozesses ist als eine Möglichkeit der Umstellung des Produktionsprozesses von einer Fertigungsstruktur auf eine andere in sehr vielen Betrieben der Bekleidungsindustrie die 'rollende' Bündelfertigung eingeführt worden 88). Mit der 'rollenden' Bündelfertigung als qualitativ neuer Produktionsstruktur ist es möglich geworden, die existierenden Schranken der Entfaltung der Arbeitsproduktivität sowie der Flexibilität des Materialflusses weitgehend aufzuheben.

Gelungen ist die Entwicklung dieser Produktionsstruktur durch die zeitliche und räumliche Entkoppelung der einzelnen Arbeitsplätze sowie - als Konsequenz der letzteren - durch die Nutzung spezieller, für diesen Zweck gestalteter, manuell zu bewegender Transportmittel. Als Durchlauforganisation der Werkstücke wurde hierbei die bündelweise Durchgabe der zugeschnittenen bzw. halbfertigen Teile angewandt, wobei die Bündelstärke von den jeweiligen besonderen Einflüssen auf die Produktion - z. B. der Materialdicke - bestimmt wurde.

Wenn mit dem Begriff 'Produktionsstruktur' der wechselseitige Zusammenhang von technischer Ausstattung der Betriebsmittel, Arbeitsplatzaufstellung, Transporttechnologie sowie der Organisation des Materialflusses ausgedrückt werden soll, dann stellt sich dieser Zusammenhang bei der Anwendung der 'rollenden Bündelfertigung' in der Praxis der Herstellung von verschiedenen Oberbekleidungserzeugnissen und in unterschiedlichen Betriebsgrößenklassen relativ einheitlich dar.

Folgende Merkmale der 'rollenden Bündelfertigung' lassen sich als spezifische Elemente dieser Produktionsstruktur identifizieren:

- freie Einzelplatzaufstellung
- rollende, flurgebundene sowie manuell bewegte Transportmittel
- bündelweise Durchgabe des Arbeitsmaterials
- Integration von arbeitsplatzgestalterischen Momenten in das Verkettungssystem und damit verbundene Rationalisierung des Materialhandlings
- effizienter Einsatz von Spezialmaschinen sowie 'gestalteten' Arbeitsplätzen.

Die arbeitsorganisatorische und transporttechnologische Logik der Kombination dieser Elemente zur Produktionsstruktur 'rollende Bündelfertigung' ist folgende: Aufgrund der freien Aufstellung der einzelnen Näh- bzw. Bügelarbeitsplätze sowie der manuell frei zu bewegenden Transportelemente ist in diesem Fertigungssystem jeder Arbeitsplatz sowohl von der Richtung flexibel als auch beliebig oft ansteuerbar. Eine notwendige Voraussetzung für die Entkoppelung der Arbeitsplätze voneinander ist durch entsprechend große Materialpuffer zwischen den einzelnen Arbeitsplätzen gewährleistet. Gleichzeitig ist unter dieser Bedingung ein relativ großer Raumbedarf die Voraussetzung für einen flexiblen und flüssigen Produktionsdurchlauf.

Unter dem Gesichtspunkt der sich in diesem Fertigungssystem wechselseitig bedingenden Einflußgrößen sind die frei beweglichen Transportelemente als komplementär zur freien Aufstellung der Arbeitsplätze anzusehen. Der Einsatz dieser Verkettungselemente dient über den eigentlichen Transport der Stoffbündel bzw. der Halbfertigteile hinaus dazu, die Durchlaufflexibilität in dieser Produktionsorganisation zu gewährleisten. Zusätzlich ist der Einsatz der fahrbaren Transportelemente - je nach ihrer Bauweise und der Arbeitsposition - bei der Vor- bzw. Ablage der Werkstücke z. B. als Vereinfachung des Material-Handlings zu nutzen.

Die bündelweise Durchgabe des Arbeitsmaterials ist innerhalb dieser Produktionsstruktur zugleich Voraussetzung und Konsequenz des Verhältnisses von Arbeitsplatzaufstellung und Transporttechnologie. Vorteilhaft ist die Anwendung dieses Weitergabeprinzips der Werkstücke innerhalb dieser Fertigungsstruktur allein dann, wenn jeweils eine optimale Größe des Bündels als Arbeitsvorrat sowohl am einzelnen Arbeitsplatz als auch Materialpuffer zwischen den einzelnen Arbeitsplätzen existiert. Eine Unterschreitung der optimalen Größe des Bündels hätte nicht nur die Erhöhung des Anteils an 'Bündelzeiten' zur Folge, sondern würde gleichzeitig einen nicht mehr zu vertretenden Transportaufwand samt der negativen Folgen für den gesamten Produktionsablauf unter den genannten Bedingungen hervorrufen.

"Die optimale Bündelstärke in einem Betrieb ist in erster Linie von der Größe des herzustellenden Produktes, der erforderlichen Durchlaufzeit und den Kosten, die sich aus der Warenbindung ergeben, abhängig. In der Praxis werden beispielsweise mit diesem Transportsystem pro Wagen Bündelstärken von zehn Mänteln, 15 Kleidern und 20 Röcken oder Hosen gut bewältigt" (Strecker : 1973, S. 339).

Die einzelnen Elemente dieser Organisationsform, insbesondere deren innerer Zusammenhang haben einen hohen Grad an Flexibilität der Fertigung hervorgebracht. Trotz der freien Aufstellung von Nähmaschinen sowie Bügelarbeitsplätzen im Raum ist die Anordung der Betriebsmittel dem groben Fertigungsablauf unterworfen, wobei auch auf den jeweils kürzesten Transportweg zwischen den einzelnen Arbeitsplätzen Rücksicht genommen wird. Als weiteres positives Moment der frei aufgestellten Arbeitsplätze ist festzuhalten, daß diese Aufstellung der Arbeitsplätze den Anforderungen an eine elastische Produktionsstruktur in besonderer Weise Rechnung trägt.

Abhängig ist die Aufstellung der Arbeitsplätze insbesondere vom zu fertigenden Modellspektrum, den verfügbaren Betriebsmitteln sowie den gegebenen räumlichen Bedingungen 89). Mit der freien Einzelplatzaufstellung der Nähmaschinen ist es weiterhin möglich geworden, die Gestaltung des einzelnen Arbeitsplatzes nach den Bedingungen der dort jeweilig auszuführenden Arbeitsposition vorzunehmen. Ausgehend von der optimalen Verbindung der Lösung des Transportproblems mit der Werkstückhandhabung am einzelnen Arbeitsplatz sind bei der 'rollenden Bündelfertigung' die unterschiedlichsten Figurationen der Arbeitsplatzgestaltung anzutreffen. Der in den verschiedensten Varianten realisierten Integration von arbeitsgestalterischen Maßnahmen in das Förder- bzw. Verkettungssystem kommt in dieser Produktionsstruktur eine besondere Relevanz zu.

Ausgangspunkt dieser arbeitsplatzgestalterischen Maßnahmen ist der Versuch, die Rentabilität dieser Produktionsstruktur gegenüber konkurrierenden Transporttechnologien - insbesondere der hängenden Fertigung - zu erhöhen (Bäckmann : 1973, S. 432 ff.) Menschliche Funktionen der Werkstückhandhabung wurden mit dem Ziel der Minimierung von Griffzeiten durch die unterschiedliche Gestaltung von Arbeitsplätzen entweder vereinfacht oder durch den Einsatz bestimmter mechanischer Zusatzgeräte völlig aufgehoben (Bäckmann : 1973, S. 432 ff.).

Allgemein kann gesagt werden, daß die Konstruktionen der auf spezifische Fertigungsbereiche bzw. Einsatzzwecke hin gestalteten fahrbaren Transportelemente in unterschiedlichem Maß umgesetzte arbeitsgestalterische Momente enthalten. Im Besonderen gilt dies auch für die produkt- bzw. betriebsspezifische Ausführung von Bündelwagen usw. Eine bestimmte Vereinfachung des Materialhandlings beim Vorlegen des Nähgutes und damit eine Reduktion der vor dem Nähprozeß anfallenden Griffzeiten wird z. B. beim Einsatz von fahrbaren Klemmböcken erreicht. Wegen der hierbei meist verkürzten Nähmaschinentische kann der Transportwagen mit dem Arbeitsmaterial seitlich sehr dicht an den eigentlichen Bearbeitungsbereich herangefahren werden. Dadurch entstehen für die Arbeitsperson kurze Greifwege. Diese legt das zu bearbeitende Bündel - ohne es aus der Klemme lösen zu müssen - auf ihren Schoß und legt das Teil jeweils nach der Bearbeitung auf den Transportwagen ab.

Als flurgebundene und manuell zu bewegende Verkettungs- bzw. Transportelemente entsprechen fahrbare Transportgeräte nicht nur der freien Aufstellung der Arbeitsplätze innerhalb der 'rollenden Bündelfertigung'. Sie dienen darüber hinaus ganz besonders dem in allen Fällen modellabhängig gesteuerten flexiblen Durchlauf des Materials. Je nach dem Fertigungsabschnitt werden bei der 'rollenden Bündelfertigung' die unterschiedlichsten - teilweise produktspezifischen 90) - Transportgeräte eingesetzt (Richter : 1974, S. 36). Eine detaillierte Darstellung wichtiger Bündelwagenvarianten ist in Kapitel 4.9. des Anhanges gegeben.

Neben den frei aufgestellten Arbeitsplätzen sowie der durch die Existenz von Materialpuffern garantierten - zeitweisen - Unabhängigkeit in der Materialversorgung ist die organische Arbeitsteilung ein weiterer zentraler arbeitsorganisatorischer Bestandteil der 'rollenden Bündelfertigung'. Mittels der organischen Arbeitsteilung soll erreicht werden, daß Arbeitsgänge, welche einen sinnvollen und zusammenhängenden Arbeitsumfang darstellen, nicht mehr in durch zeitlich festgelegte Taktfolgen vorgegebene Arbeitsabschnitte auseinandergeeissen werden. Praktisch bedeutet dies für die Festlegung einer Arbeitsposition, daß alle sinnvoll zu einer Position gehörenden Prozeßanteile zusammenbleiben. Da der zeitliche Bedarf der einzelnen Arbeitspositionen aufgrund dieser Vorgehensweise bei der arbeitsteiligen Organisation des Produktionsprozesses nicht aufeinander abgestimmt ist, ergeben sich für die Gestaltung bzw. für die Steuerung des gesamten Arbeitsablaufes als auch für die Arbeitsplatzbelastung weitreichende Konsequenzen:

- Gleiche Arbeitspositionen können von mehreren Arbeitspersonen gleichzeitig ausgeführt werden

- Im Gegensatz zur 'klassischen' Fließarbeit, bei der der zeitliche Arbeitsablaufplan zum Arbeitsverteilungsplan wurde, ist die 'rollende Bündelfertigung' nach dem Funktionsprinzip organisiert. Sämtliche Arbeitsplätze werden nach der Art der Verrichtung aufgestellt: z. B. Taschen-, Rücken-, Ärmel-, Futtergruppe u.s.w. Die räumliche Anordnung der Gruppen zueinander basiert dabei auf dem Flußprinzip. (Koch : 1965, S. 138 ff.).

- Die einzelnen Fertigungsgruppen sind von der Anzahl der Arbeitspersonen unterschiedlich stark besetzt.

- Der zeitliche Arbeitsablauf wird bei der 'rollenden Bündelfertigung' nur grob geplant. Der Steuerungs- sowie der Kontrollaufwand ist bei diesem elastischen Arbeitsverfahren somit wesentlich höher (Koch : 1965, S. 138 ff.).

Grundsätzlich gilt für die Bündelfertigung - wie auch für andere Fertigungsstrukturen -, daß die Erstellung der Schnittmodelle äußerst exakt zu erfolgen hat. Auch ist bei diesem Fertigungsverfahren vor der serienmäßigen Herstellung der Kleidungsstücke ein Durchlauf von Probeteilen - sog. Vorläufer - durchzuführen (Steuckart : 1959, S. 652). Hierdurch sollen nicht nur Mängel der Schnittkonstruktion, sondern auch Abstimmungsprobleme der arbeitsteiligen Ablauforganisation frühzeitig festgestellt und durch entsprechende Verbesserungen beseitigt werden.

Verglichen mit den organisatorischen Strukturen, die auf dem Prinzip der 'klassischen' fließenden Fertigung basieren als auch mit Produktionssystemen der bündelartigen Fertigung, innerhalb derer der Transport der Halbfertigteile zwischen den Arbeitsplätzen durch mechanische Einrichtungen unterschiedlicher Bauart ausgeführt wird, stellt die 'rollende Bündelfertigung' ein Fertigungssystem mit hohem menschlichen Steuerungsaufwand dar. Dadurch, daß bei der 'klassischen' fließenden Fertigung - egal ob der Transport des Arbeitsmaterials manuell oder mechanisch erfolgt - der zeitliche Arbeitsablaufplan zum Arbeitsverteilungsplan wird (Koch : 1965, S. 138), fallen bei diesem Organisationsprinzip der Materialweitergabe während des Produktionsprozesses keine Steuerungsfunktionen an. Auch ist der Fertigungsablauf bei dem Einsatz von Transporttechnologien wie z. B. dem Umlaufförderer (Varionband) oder der Direktbeschickungsanlage von der Materialflußseite her richtungsgebunden und setzt somit bestimmte, mit dem Transportmechanismus zusammenhängende Planungs- bzw. Steuerungsaktivitäten voraus.

Bei der 'rollenden Bündelfertigung' kann auf keine dieser 'Hilfsgrößen' der Steuerung zurückgegriffen werden. Hohe Elastizität und flexible Anpassung an rasch wechselnde Anforderungen der Produktion bedürfen freilich nicht solcher Organisations- und/oder Transporttechnologien, die für eine weniger elastische Fertigung Gültigkeit besaßen. All dies bedeutet, daß die Steuerung des zeitlichen Arbeitsablaufes in der 'rollenden Bündelfertigung' dezentral von den einzelnen Gruppenleiter/innen vorgenommen werden muß 91).

Die Strukturelemente der 'rollenden Bündelfertigung' legen in ihrem zusammenhängenden Wirken auf die Gestaltung des Produktionsprozesses ein bestimmtes, allgemein angewandtes Ablaufmuster nahe. Zunächst ist zu sagen, daß sowohl die freie Einzelplatzaufstellung als auch die sehr flexibel einzusetzenden fahrbaren Transportmittel sich als besonders geeignet erwiesen haben, den Ablauf der Prozeßfolgen - wo möglich - synchron zu gestalten. Mit der 'rollenden Bündelfertigung' werden die positiven Effekte der synchronen Fertigung deutlich unterstützt. Ökonomisch begründet wird der synchrone Ablauf der Produktion innerhalb der 'rollenden Bündelfertigung' mit der Notwendigkeit, die Durchlaufzeiten der Zuschnitte bzw. der Halbfertigteile - die wegen der vorhandenen Materialpuffer vergleichsweise hoch sind - in vertretbaren Grenzen zu halten.

"Die Vorfertigung arbeitet bei der rollenden Bündelfertigung im Synchronsystem, d.h., daß alle Bündel, die noch unabhängig voneinander gefertigt werden können (wie Vorderteile, Rücken, Ärmel, Kragen, Kleinteile und Futter) zeitlich und räumlich parallel auf den Wagen zu den Arbeitsplätzen kommen, um einen schnelleren Durchlauf zu erreichen" (Strecker : 1973, S. 339).

Von der Seite der zu fertigenden Kleidungsstücke bestehen für den Einsatz dieser Produktionsstruktur vom Prinzip her keine Einschränkungen. Die 'rollende Bündelfertigung' ist ohne Ausnahme auf die Herstellung sämtlicher Oberbekleidungsstücke anzuwenden.

Wird die 'rollende Bündelfertigung' als Fertigungssystem angewandt, ist die Gestaltung des Produktionsablaufes von den Grundsätzen weitgehend gleich. Als System der Verkettung der einzelnen Arbeitsplätze miteinander können rollende Transportelemente - mit einer je nach Fertigungsabschnitt unterschiedlichen Konstruktion - beim 'rollenden' Bündelsystem durchgehend vom Zuschnitt bis zur Endabnahme eingesetzt werden 92). Bei dieser Produktionsstruktur ist ein problemloses Einfügen von Zwischenbügelplatzen besonders gut möglich. Zum Produktionsablauf bei der 'rollenden Bündelfertigung' vgl. Kapitel 4.9. des Anhanges.

Bei einer abschließenden Betrachtung der besonderen Vorzüge als auch der nachteiligen Momente der 'rollenden Bündelfertigung' sind die Vorteile dieser Produktionsstruktur eindeutig darin zu sehen, daß dieses Fertigungssystem ein recht hohes Maß an Flexibilität und Produktivität bei der Herstellung von Oberbekleidung aufweist. Aufgrund des Zusammenwirkens der im einzelnen vorgestellten und diskutierten Elemente dieses Produktionssystems ist es möglich, Aufträge im Rahmen eines stärker differenzierten Modellspektrums mehr oder weniger problemlos zu bewältigen. Für eine Produktion, die durch einen gleichzeitigen Durchlauf von mehreren Modellvarianten in unterschiedlich hohen Losen mit z. T. variierenden Terminvorgaben gekennzeichnet ist, kann das dafür notwendige Maß an Flexibilität beim flurgebundenen Transport nur durch die 'rollende' Bündelfertigung erreicht werden.

Die Flexibilität der Produktion ist dabei u. a. eine Konsequenz der freien Aufstellung der Arbeitsplätze: Z. B. ist es bei einem Produktwechsel nicht mehr in jedem Fall notwendig, die Betriebsmittel umzustellen und gleichzeitig sind die Transportmittel - im Gegensatz zu den meisten anderen Produktionsstrukturen - nicht mehr nur richtungsgebunden einsetzbar. Mit der Einzelaufstellung der Arbeitsplätze ist es weiterhin möglich geworden, die Spezialmaschinen unter der Bedingung relativ kurzer Transportwege bestmöglich auszulasten.

Gegenüber den starren und taktgebundenen Produktionsstrukturen, wie z. B. dem Taktband, zeichnet sich die 'rollende Bündelfertigung' durch die Möglichkeit der freien Leistungsentfaltung der einzelnen Arbeitsperson besonders aus. Als Resultat des Abbaus individueller Leistungsschranken durch die Entkoppelung der einzelnen Arbeitsplätze voneinander, sowie in Kombination mit den beschriebenen flexibel einzusetzenden rollenden Transportelementen ist eine vergleichsweise hohe Arbeitsproduktivität festzustellen.

Nicht nur unterstützt, sondern auch wesentlich beschleunigt, wurde die Entwicklung der Arbeitsproduktivität durch das in der Produktionsstruktur 'rollende Bündelfertigung' enthaltene Potential zur Steigerung der Arbeitsproduktivität. Die nicht an eine bestimmte Konstruktion eines Transportmittels gebundene, nur durch räumliche Gegebenheiten eingeschränkte Aufstellung der einzelnen Arbeitsplätze führte zunächst auf der Basis der verfügbaren Näh- bzw. Bügeltechnologie zu einer zunehmenden Arbeitsteilung, in deren Konsequenz der zunehmende Einsatz von Spezialmaschinen sowie 'gestalteten' Arbeitsplätzen als Träger der zusätzlichen Steigerung der Arbeitsproduktivität anzusehen ist. Flankierend unterstützt wurde das betriebliche Ziel der Steigerung der Arbeitsproduktivität durch die Anwendung des nach oben offenen REFA-Einzelakkordes, für den in der 'rollenden Bündelfertigung' gegenüber den 'starren' Systemen eine besonders günstige Voraussetzung bestand.

Die in diesem Produktionssystem den elastischen Produktionsfluß mitgarantierenden Materialpuffer tragen im wesentlichen dazu bei, die Fertigung insgesamt weniger störanfällig zu realisieren, als dies bei Produktionsstrukturen der 'klassischen' fließenden Fertigung der Fall war. Störungszeiten, die z. B. bei zeitlich begrenztem Ausfall eines Betriebsmittels auftreten, werden hier durch am Arbeitsplatz vorhandene Materialpuffer ausgeglichen. Mit dem Einrichten von ausreichenden Materialpuffern zwischen den Arbeitsplätzen ist weiterhin die Voraussetzung für einen flüssigen Produktionsdurchlauf bei individuellen Leistungsschwankungen der Arbeitspersonen geschaffen worden. Wartezeiten auf Materialnachschub sollten dadurch bei der 'rollenden Bündelfertigung' weitestgehend entfallen. Innerhalb der 'rollenden Bündelfertigung' wird die Verstetigung des Materialdurchlaufs zusätzlich durch die Aufnahmekapazität der jeweiligen Transportelemente positiv beeinflußt. Darüber hinaus ist es möglich, durch die Anzahl der pro Arbeitsplatz eingesetzten Transportelemente die gesamte Puffermenge zu variieren.

Auf die der 'rollenden Bündelfertigung' eigenen Möglichkeit der Verknüpfung der Transportelemente mit der - unterschiedlich stark mechanisierten - Werkstückhandhabung insbesondere nach dem Nähen mit der Konsequenz der Verringerung der Handlingszeiten ist an anderer Stelle ausführlich hingewiesen worden. Von der Kostenseite betrachtet erscheint der Einsatz der rollenden Transportwagen bzw. -ständer als besonders vorteilhaft. Im Vergleich zu gegenwärtig am Markt angebotenen Alternativen zu dieser Transporttechnologie - insbesondere mechanisierter, hängender Fördersysteme - liegen die Kosten für die Einrichtung der 'rollenden Bündelfertigung' recht niedrig. Besondere Kostenvorteile können dem Betrieb in dem Fall entstehen, wenn dieser die Transportelemente für seinen speziellen Bedarf in Eigenleistung erstellt.

Als kostengünstig erweist sich auch der Einsatz von Spezial-Näh- bzw. Bügelmaschinen innerhalb der 'rollenden Bündelfertigung'. Dies gilt besonders gegenüber Organisationsformen, bei denen in voneinander unabhängigen Fertigungsgruppen in jeder Gruppe alle Spezialmaschinen - mit der Konsequenz eines relativ geringen Auslastungsgrades - aufgestellt waren. Durch die Möglichkeit zur individuellen Ansteuerung jedes einzelnen Arbeitsplatzes ohne an starre Verkettungszwänge gebunden zu sein, können Spezialmaschinen innerhalb der 'rollenden Bündelfertigung' kostengünstig, d.h. in diesem Fall mit einer hohen Kapazitätsauslastung in das Fertigungssystem integriert werden.

Sind einerseits die von der Aufnahmekapazität sowie die von der Anzahl der eingesetzten Transportelemente ausgehenden Vorratsmengen in gewisser Weise als Garanten eines zügigen Materialflusses zu bezeichnen, so wirken daran gebundene Zwischenlager bzw. Puffer auf bestimmte betriebswirtschaftliche Kriterien wie Kapitalbindung, Durchlaufzeit und Raumbedarf bezogen nicht neutral.

Der durch die bündelweise Bearbeitung der Werkstücke in Kombination mit dem Einsatz der 'rollenden' Transporttechnologie ermöglichten hohen Produktivität stehen spezifische, an diese Fertigungsstruktur gebundene Kostenbelastungen gegenüber. Gegenüber den 'klassischen' Fließfertigungsverfahren erhöht sich bei der Einführung der 'rollenden Bündelfertigung' mit dem Warenvorrat zwischen den einzelnen Arbeitsplätzen auch die Durchlaufzeit eines Produktionsauftrages 93). Höhere Kapitalkosten entstehen dadurch, da entsprechendes Kapital sowohl aufgrund einer höheren Warenmenge als auch wegen einer erhöhten Dauer des Durchlaufes eines Produktionsauftrages gebunden wird. Analog gilt für den Bedarf an Raum, daß dieser sich in einem bestimmten Verhältnis zur Ausdehnung des Warenvorrats zwischen den Arbeitsplätzen erhöht 94).

Schließlich ist ein weiterer, in dieser Transporttechnologie angelegter Nachteil dieses Fertigungssystems zu erwähnen. In den Fertigungsabschnitten, in denen die halbfertigen Teile auf den Bündelwagen in liegengendem Zustand von Arbeitsplatz zu Arbeitsplatz befördert werden, sind die meisten Teile - besonders die unten liegenden - einem Presseffekt ausgesetzt. Die Folge hiervor ist nicht nur, daß dadurch Zwischenbügeleffekte verlorengehen, sondern daß die Teile einem zusätzlichen Knittereinfluß unterworfen sind. Je nach den Eigenschaften des verarbeiteten Materials kann dies zu einem höheren Aufwand an nachfolgenden Bügelarbeiten führen.

5.2.2.2.3.2. Entkoppelte, flexibilisierte Fließarbeitsorganisation mit mechanischem Werkstücktransport

Die Varionanlage

Die meisten der bisher vorgestellten Verkettungsmittel hatten mit der jeweiligen Organisation des Materialflusses mehr oder weniger 'starre' Fertigungssysteme hervorgebracht. Insgesamt gesehen ließen diese Systeme nur einen sehr begrenzten elastischen Materialfluß zu. Im Gegensatz dazu ermöglichte das Varionsystem als organisatorischer Typ der nicht-taktgebundenen Fertigung aufgrund seines konstruktiven Aufbaus die 'elastische' Fertigung von Bekleidung.

"Erst durch das sogenannte Varion-System wurde der variable Arbeitsfluß eingeführt" (Gummersbach : 1953, S. 63).

Diese variable Art und Weise der Verkettung der inzelnen Arbeitsplätze war besonders geeignet , den produktionsökonomisch negativen Auswirkungen 'starrer' Formen der Fließfertigung tendenziell entgegenzutreten. Gleichzeitig kann gesagt werden, daß dieses im Nähbereich eingesetzte Förder- und Organisationssystem den Flexibilitätsanforderungen - wie sie sich schon in der Mitte der 50er Jahre aufgrund sich wandelnder Absatzmärkte für Bekleidungsprodukte darstellten - unter bestimmten betrieblichen Bedingungen angemessen erschien. Der Einsatz der Varion-Transportanlage im Bekleidungsindustriebetrieb hatte die gleichzeitige Steigerung von Arbeitsproduktivität und Flexibilität zur Folge. Dabei ist die Modifizierung der Fließarbeit in dieser Weise als Antwort auf die sich verändernden Strukturen des Absatzmarktes für Oberbekleidung - zunächst auf dem Sektor der Damenoberbekleidung - zu sehen.

Konkret ist hiermit die Situation angesprochen, in der Produktionsstrukturen, welche durch sowohl 'starre' Arbeitsablaufsysteme als auch durch 'starre' Arbeitsablaufmethoden gekennzeichnet gewesen sind, mit zunehmender, über den Absatzmarkt vermittelter Ausdifferenzierung der Modellpalette ihre Funktionalität einbüßen mußten. Wie vorher ausführlich dargelegt, war es bei der Anwendung 'starrer' Transporttechnologien nicht bzw. in nur ganz seltenen Ausnahmefällen möglich, gleichzeitig eine größere Anzahl sowohl von den Farben als auch von den Formen unterschiedlicher Modelle über ein Band laufen zu lassen. Varionbandanlagen können hingegen generell als Transportanlagen mit einem System direkter und variabler Verbindungen der einzelnen Arbeitsplätze untereinander, d.h. als hochflexibel, definiert werden.

"Seitdem in Deutschland in den letzten Jahren die Kollektionen in der DOB einen Umfang von 80 - 150 Teilen angenommen haben, wird immer wieder die Frage aufgeworfen: Wie kann diese Vielzahl von Formen noch rationell hergestellt werden? Ja, man geht sogar so weit, daß man behauptet, das Fließband habe in der DOB-Industrie in Deutschland keine Zukunft mehr. (...)

Man braucht keine technische Koryphäe zu sein, um zu erkennen, daß bei Kollektionen dieser Größenordnung ein Fließband nicht die maximale Arbeitsleistung bringen kann. (...)
Für deutsche Verhältnisse wäre eine Fertigungsmethode angebracht, die es ermöglicht, möglichst viele Formen gleichzeitig in Arbeit zu nehmen, ohne dabei zur Einzelfertigung überzugehen, die ein rationelles Fertigen nicht zuläßt. (...)
Dieser Versuch wurde von einer Gelsenkirchener Bekleidungsfirma, die Damenmäntel und Kostüme herstellt, gemacht. Sie arbeiten seit 1955 an einer Varionschalenbandanlage, und zwar beide Produkte in einem gemischten Programm. Nach einer Laufzeit von zwei Jahren kann man heute wohl mit Sicherheit sagen, daß dieses Experiment gelungen ist.
Dieser Betrieb begann nach dem Kriege seine Produktion an langen Schiebebändern durchzuführen. Als im Laufe der Jahre die Kollektionen größer wurden, war es nicht mehr möglich, einen guten Fluß in der Fabrikation aufrechtzuerhalten. Die Bänder wurden aufgelöst, es wurden kleine Teams gegründet. (...)
Als nächste Entwicklungsstufe wurde der Versuch unternommen, die Produktion an einem Varionband durchzuführen, weil man hoffte, daß an dieser Anlage die kaufmännischen Vorteile erhalten blieben, die die Kleinstgruppe bot, jedoch gepaart mit den technisch-handwerklichen Vorteilen der Teilarbeit, wie sie am Fließband verrichtet wird" (Ischen : 1957, S. 305 ff.).

"Bei der modisch stark betonten Bekleidungsindustrie und hier insbesondere bei der sehr differenzierten Damenwäsche und Oberbekleidung sowie bei den Strickwaren werden die Serien immer kleiner. Nicht nur die Kollektionswechsel, sondern auch die unterschiedlichen Modelle innerhalb der Kollektionen bedingen einen laufenden Wechsel innerhalb der Fertigung. Das Taktband läßt nicht zu, innerhalb des Ablaufs mehrere Modelle gleichzeitig zu bearbeiten, wenn die Vorgabezeiten und die Reihenfolge der Arbeitsvorgänge unterschiedlich sind. Umstellungen von Fließbändern, die Umgruppierung der Personen und der Betriebsmittel sind mit erheblichen Zeitverlusten und Kosten verbunden.
Der Mangel an qualifizierten Näherinnen und die ansteigenden Lohnkosten bei gleichzeitiger Arbeitszeitverkürzung zwangen zu anderen Fertigungsmethoden. Weitere Merkmale der Bandarbeit, wie Gruppenakkord, Abstumpfung der einzelnen Arbeiterin im Taktsystem und die Anfälligkeit der Bandarbeit im Sinne der personellen Probleme, zwingen oft zur Abkehr von dieser Fertigungsart. Der Wunsch der Arbeiterinnen nach individueller Entlohnung und somit die freie Entfaltung der einzelnen Leistung sind weitere Ursachen, die gegen eine Bandarbeit sprechen" (Graf : 1964, S. 605).

Diejenigen Förderanlagen, bei denen die Ausführung der einzelnen Teilarbeitsgänge und der Transport des Nähgutes sowie die gesamte Materialflußorganisation unter der Bedingung der gleichzeitigen Fertigung verschiedener Modellvarianten in kleineren Losgrößen aufeinander abgestimmt werden konnte, waren die sog. variablen Transportanlagen. Gegenüber dem Fließ- bzw. Taktband handelte es sich bei diesen Systemen um Transportanlagen, deren Arbeitsweise nicht auf einer taktgebundenen Weitergabe der Werkstücke basierte. Gewisse Vorteile der Anwendung des Fließbandes sollten bei dem Einsatz dieser Varionanlagen gewährt bleiben, die aufgezeigten Nachteile der 'starren' und taktgebundenen Organisation des Produktionsprozesses aber ausgeschaltet werden.

Während die Varionanlage, bei der die Beförderung der einzelnen Transportkästen von Arbeitsplatz zu Arbeitsplatz von einer Arbeitsperson vorgenommen wurde 95) in der industriellen Fertigung von Oberbekleidung keine bedeutende Verbreitung gefunden hat, haben die Varionanlagen mit mechanisierten Transportsystemen als bestimmende Variable der Fertigungsstruktur vor allem bei der Fabrikation von Damenoberbekleidung in der zweiten Hälfte der 50er Jahre und der ersten Hälfte der 60er Jahre eine größere Bedeutung erlangt 96). In ganz wenigen Fällen werden Anlagen solchen Typs gegenwärtig noch in der Produktion eingesetzt.

Die Varionanlagen, für die neben einer Aufstellung der Arbeitsplätze im Schulsystem vor allem der variable Werkstücktransport zwischen den einzelnen Arbeitsstationen bzw. -plätzen mit der Möglichkeit zur Bildung von größeren Materialpuffern kennzeichnend gewesen ist, unterschieden sich neben dem Mechanisierungsgrad insbesondere durch den Aufbau des Förder- bzw. Transportsystems. Detaillierte Ausführungen zum Aufbau der Anlage und dem damit verbundenen Materialfluß sind in Kapitel 4.10. des Anhanges nachzulesen.

Wenn eingangs die Abkehr von der 'starren' Arbeitsorganisation bestimmter Produktionsstrukturen als das die Varionanlage kennzeichnende Merkmal angeführt worden ist, so stellt sich nach der Darstellung dieser Organisationsform und der damit einhergehenden Arbeitsablauforganisation die Frage nach der Stärke dieser Behauptung. Darüber hinaus sind die qualitativen Auswirkungen des Einsatzes dieser spezifischen Transport- und Organisationstechnologie auf den Produktionsprozeß der industriellen Bekleidungsproduktion zu untersuchen.

Die Realisierung einer flexiblen Fertigung verschiedener Modelle scheint mit dem Einsatz von Transportsystemen der beschriebenen Art unter den unterstellten Bedingungen - so zeigt u. a. auch die Fallstudie - relativ gut gelungen zu sein. Die Erhöhung der Flexibilität kann allerdings nicht als das einzige zu erreichende Ziel bei dieser Form der Organisation der Arbeit bezeichnet werden. Wesentlich ist die Frage danach, inwieweit diese Organisationsform dazu geeignet war, neben der Erhöhung der Flexibilität gleichzeitig eine Produktionsstruktur hervorzubringen, die sich gegenüber Produktionsstrukturen mit 'starrem' Materialfluß durch eine Steigerung der Arbeitsproduktivität auszeichnen konnte.

Die Steigerung der Produktivität der menschlichen Arbeit ist beim Einsatz dieses Transportsystems neben der Schaffung der anlagemäßigen Voraussetzungen im wesentlichen ein Ergebnis der effizienteren Organisation der einzelnen Einflußgrößen des Materialdurchlaufs gewesen. Zentrales Moment dieses Zusammenhangs von Transportsystem und der Gestaltung des Materialdurchlaufs war die mit der Flexibilisierung des Materialtransports verbundene elastische Auslastung der einzelnen Arbeitsplätze im Varionband. Die besondere Art und Weise der Versorgung der einzelnen Arbeitsplätze mit Werkstücken hatte mehrere Effekte, in denen die Steigerung sowohl der Produktivität als auch der Flexibilität begründet lagen. Produktionsökonomisch gesehen schlugen sich diese Effekte sowohl in einer Ausschaltung bestimmter Brachzeiten als auch in der gleichzeitigen Freisetzung bestimmter individueller Leistungspotentiale der eingesetzten Arbeitskräfte nieder.

Als Konsequenz der aufgezeigten Organisation der Materialzufuhr konnte es zumindest theoretisch an keinem der Arbeitsplätze zu keiner Zeit zu einem Mangel an ausreichendem Arbeitsvorrat kommen. Die direkte Abhängigkeit in der Materialversorgung von der Arbeitsperson, welche den vorherigen Arbeitsgang ausführte, war durch die jederzeit auf der Abstellbahn neben dem Arbeitsplatz stehenden und sofort verfügbaren Materialpuffer aufgehoben. Darüber hinaus waren die umlaufenden Transportbehälter mit dem Arbeitsmaterial eine zusätzliche Garantie dafür, daß materialflußbedingte Stillstandszeiten den Produktionsprozeß nicht unterbrechen konnten. Personenbedingte Unterbrechungen des Produktionsprozesses sind - wie in anderen Organisationsformen der industriellen Fertigung von Bekleidung allgemein angewandt - mit dem Einsatz von Springerinnen beantwortet worden.

Eine Unterbrechung des gesamten Produktionsflusses, der durch einen Defekt an einer einzigen Nähmaschine ausgelöst wurde, konnte - im Gegensatz zu anderen Produktionsstrukturen - beim Einsatz dieser Transporttechnologie nicht vorkommen. Eher war ein totaler Ausfall der Anlage durch einen Defekt des Transportbandantriebes möglich. Im Fall einer nicht sofort am Arbeitsplatz zu behebenden plötzlichen Funktionsstörung einer Nähmaschine kann z. B. folgendes Organisationsmuster der Instandhaltung angenommen werden: Die defekte Nähmaschine wurde aus den Varionband herausgenommen und in der Reparaturwerkstatt instandgesetzt. Gleichzeitig wechselte die vom Schaden 'ihrer' Nähmaschine betroffene Näherin ihren Arbeitsplatz. Sie übernahm im gleichen Band eine Reservenähmaschine, an welcher bislang eine Springerin genäht hatte. Die Näherin arbeitete an diesem Arbeitsplatz ihre wegen des Maschinenschadens unterbrochene Arbeitsposition weiter während die Springerin eine andere Arbeitsaufgabe außerhalb des Varionbandes übernahm, bis die zu reparierende Nähmaschine wieder funktionstüchtig im Varionband eingesetzt werden konnte.

Dieses Vorgehensmuster bei dem störungsbedingten Ausfall einer Nähmaschine hatte im Grunde nur geringe betriebsmittelbedingte Brachzeiten des gesamten Produktionsprozesses zur Folge. Irgendwelche Beeinträchtigungen gingen vom Stillstand einer einzelnen Nähmaschine auf den Ablauf des gesamten Produktionsprozeß nicht aus. Mit der elastischen Materialversorgung der einzelnen Arbeitsplätze im Varionband sind weitere Möglichkeiten der Ausschaltung unnötiger Arbeitsunterbrechungen gegeben gewesen. Umstellungsbedingte Brachzeiten, welche bei den 'starren' Organisationsstrukturen regelmäßig mit der Veränderung der Aufstellung der Nähmaschinen bzw. der Bügeltische bzw. als Folge des veränderten Arbeitsablaufes neu im Band zu fertigender Modelle auftraten, fielen beim Einsatz dieser Transporttechnologie im Regelfall nicht an. Der im Einzelfall erforderliche Austausch von Spezialnähmaschinen mußte nicht notwendig zu einer Unterbrechung des Produktionsablaufes führen, da genügend Materialvorrat an den anderen Arbeitsplätzen im Varionband vorhanden war. Mit dem beschriebenen Umlaufsystem der Transportwagen wurde insbesondere wegen der Einzelplatzansteuerung die friktionsarme und flexible Produktion der gesamten Fertigungsgruppe ermöglicht.

Durch den Vorrat an Arbeitsmaterial an jedem einzelnen Arbeitsplatz wurde die Anpassung des Materialflusses beim Übergang der Fertigung von einem Produkt auf ein anderes wesentlich erleichtert. Dies hatte insbesondere dann seine Bedeutung, wenn die Vorgabezeiten der zu fertigenden Kleidungsstücke sich erheblich voneinander unterschieden. Die Ausschaltung von unnötigen Unterbrechungen des Produktionsablaufes - wie durch die angeführten Beispiele exemplarisch dargestellt - hatte für die gesamte Fertigungsgruppe im Varionband - verglichen mit einer Fertigungsgruppe z. B. im Taktband - eine wesentliche Erhöhung der Maschinennutzungszeit an der gesamten Arbeitszeit zur Folge. Seinen ökonomischen Ausdruck fand dies in einer deutlich höheren Arbeitsproduktivität des Produktionssystems Varionanlage gegenüber 'starren' Fertigungssystemen.

Im Fall eines - nicht repräsentativen - Beispiels der Produktion von Damenmänteln und Kostümen wird nach Einrichtung des Varionbandes in der Produktion dieser Sparte der Damenoberbekleidung eine Steigerung der Arbeitsproduktivität gegenüber der bisher eingesetzten Transporttechnologie in der Höhe von 12 - 15 % angenommen:

"Die Kernfrage wird sein: Wie weit hat sich die Produktivität auf Grund dieser Anlage gesteigert? Die Frage ist nicht so einfach zu beantworten, da es sich ja hier nicht um eine getrennte Fertigung von Mänteln und Kostümen handelt, sondern darum, daß beide Produkte durcheinanderlaufen, und zwar an den verschiedensten Tagen mit dem unterschiedlichsten Mischungsverhältnis, je nachdem wie die Bedürfnisse es verlangen. Es wurde jedoch eine Ermittlung über die Produktivität des Betriebes angestellt, und zwar auf Grund von sogenannten Standards. Es wird hierbei eine Grundform zugrunde gelegt, und die Formen, die ein Mehr oder Weniger an Arbeitszeit aufweisen als die Normform, werden entsprechend bewertet, so daß die Produktion, um eine Zahl zu nennen, nicht 200 am Tage war, wie der Ausstoß es gezeigt hat, sondern 180 oder vielleicht auch 250 Stück. (Die genannten Zahlen sind jedoch nur Beispiele.) Der Produktionsanstieg, der auf diese Weise ermittelt worden ist, betrug etwa 12 - 15%. Selbstverständlich wurden bei der Standardberechnung schwankende Arbeitszeit und Belegschaftsgröße mit berücksichtigt" (Ischen : 1957, S. 307).

Gestützt wurde die Flexibilisierung des Produktionsablaufes durch die veränderte Organisation des Materialflusses. Die Steigerung der Arbeitsproduktivität im Fertigungssystem 'Varionanlage' ist insbesondere das Resultat des durch die Pufferbildung durch die Bildung von Materialpuffern bedingten Wegfalls unproduktiver Zeiten. Mit der Bildung angemessener Materialpuffer zwischen den Arbeitsplätzen konnten nicht nur Leistungsschwankungen störungsfrei ausgeglichen werden (Pischgode : 1957, S. 169). Es war in besonderer Weise die dadurch ermöglichte Entkoppelung der Arbeitsplätze, mit der gleichzeitig die Voraussetzung für eine freie Leistungsentfaltung der einzelnen Arbeitspersonen an den jeweiligen Arbeitsplätzen geschaffen wurde. Unterstützt wurde die freie Entfaltung der individuellen Leistung durch den damit verbundenen Anreiz zum höheren Verdienst sowie durch die Anwendung des Einzalakkordes.

"Doch ist ein Einzelakkord unbedingt das Vorteilhafteste für beide Teile. Durch die intensive Arbeitsvorbereitung und an keinen Arbeitstakt gebundene ständige Arbeitsbevorratung sind von betrieblicher Seite sämtliche Voraussetzungen geschaffen. Im Gegensatz zur Einzelarbeit oder zum stets gleichbleibenden Stundenlohn wird so das persönliche Leistungsvolumen voll eingesetzt. Die Folge sind ein höherer Verdienst für die strebsamen Arbeitskräfte und günstigere Fertigungskosten für den Unternehmer" (Bußmann : 1959, S. 7).

Als weiteres, insgesamt positiv zu bewertendes Moment dieser Transporttechnologie ist anzuführen, daß durch den Zwang zur begrenzten Materialversorgung jedes einzelnen Arbeitsplatzes die Forderung, diese wirksam zu steuern und zu überwachen, relativ gut erreicht werden konnte. Dies galt insbesondere für die mit elektrischen Schalt- und Steuereinrichtungen ausgerüstet gewesenen Umlaufförderanlagen, die sich durch eine präzise und einfache mechanisch gestützte Steuerung und Überwachung des Produktionsprozesses kennzeichnen lassen. Die besonders gute Übersichtlichkeit der Produktion ließ das sofortige Erkennen und Abstellen vorhanden gewesener Mängel im Arbeitsablaufprozeß zu und trug damit wesentlich zur Effizienz dieser Produktionsstruktur bei.

Trotz der vielen aufgezeigten produktionsökonomischen Vorteile der Produktionsstruktur 'Varionband', die für sich genommen eine besondere Relevanz gegenüber anderen Fertigungsstrukturen ausmachten, gelang dieser Organisationsform in dem Zeitabschnitt von der Mitte der 50er Jahre bis zur Mitte der 60er Jahre kein 'Durchbruch' im Einsatz in der Oberbekleidungsbranche. Ihr Einsatz blieb in diesem Zeitraum - und auch darüber hinaus - auf bestimmte Zweige der Bekleidungsbranche wie z. B. den der Damenoberbekleidung beschränkt. Selbst innerhalb dieser blieb der Einsatz der Varionanlage im wesentlichen auf diejenigen Betriebe beschränkt, die durch flexible Kleinserienfertigung bestimmte Segmente des Absatzmarktes erschlossen und ihre Fertigungsstruktur entsprechend organisiert hatten.

Die Beschränkung des wesentlichen Einsatzes dieser Organisationstechnologie auf den angegebenen Zeitraum sowie auf die Damenbranche kann primär marktökonomisch begründet werden. Hierfür spricht, daß die Entwicklung des Absatzmarktes in diesem Zeitraum von einem starken Mengenwachstum getragen worden ist. Dies hielt den Einsatz des Varionsystems in Grenzen. Wachsende Produktionsmengen verbunden mit größeren Serien machten neue Organisationsstrukturen möglich und notwendig. Das zunehmende Mengenwachstum ging auf der arbeitsorganisatorischen Ebene mit einer stark zunehmenden Arbeitsteilung der Produktion einher, die wiederum als Voraussetzung der maschinentechnologischen Entwicklung zur Konstruktion von Einzwecknähmaschinen zu werten ist. Insgesamt ist dies als eine Entwicklungslinie von Produktionsstrukturen zu sehen, aus der heraus die spezifische historische Relevanz des Varionsystems zu interpretieren ist und gleichzeitig die Grenzen dieser Organisationsform belegt.

Die Direktbeschickungsförderbandanlage

Das Direktbeschickungssystem zeichnet sich gegenüber allen anderen in der industriellen Bekleidungsfertigung angewandten Arten der Fließfertigungsorganisation dadurch aus, daß bei seinem Einsatz die direkte, individuelle Versorgung jedes einzelnen Arbeitsplatzes mit Material für jeden Arbeitsgang von einem zentralen Zwischenlager aus vorgenommen wird. Als notwendige Voraussetzung für die sukzessive und direkte Beschickung jedes einzelnen Arbeitsplatzes von der zentralen Aufgabestation ist das Zurücksenden des Materials an diese Station zur Neuverteilung nach der Ausführung jeder Arbeitsposition anzusehen. Im Gegensatz zum zwangsläufig gesteuerten Platz-zu-Platz-Transport wird bei der Direktförderanlage die Steuerung des Materialflusses von der Arbeitsperson an der zentralen Verteilanlage allein vorgenommen.

Die Realisierung einer entkoppelten, flexibilisierten fliessenden Fertigung bei direkter Beschickung der Arbeitsplätze mit Werkstücken basiert auf dem Gedanken, ohne hohen zeitlichen Aufwand für den Warenumlauf zwischen den Arbeitsstationen sowie ohne Zwang zur Taktfolge eine kontinuierliche Auslastung der unterschiedlichen Arbeitsplätze im Band zu erreichen. Diese mit dem Einsatz der Direktbeschickungsanlage verfolgten Ziele entsprachen im Prinzip den Forderungen, die beim Einsatz des vorstehend beschriebenen Varionsystems an dieses Produktionssystem gestellt worden sind.

In der Tat stellt die Direktbeschickungsanlage eine Weiterentwicklung der Varionanlage dar. Bei dieser organisatorischen Variante der fließenden Fertigung ist zugunsten einer zentralen Steuerung des Materialflusses auf die bei der Varionanlage dezentral von den Näherinnen vorgenommene Steuerung des Materialtransports verzichtet worden. Wegen der dadurch möglichen Begrenzung des Warenumlaufes auf ein Mindestmaß konnten gewisse produktionsökonomische Vorteile realisiert werden. Die Direktbeschickungsanlage bzw. der Verteilerförderer 97) stellt eine Fördertechnologie 98) dar, die in Verbindung mit entsprechenden Verteileranlagen eine effiziente Synthese zwischen Transport und Zwischenlager eingeht. Die Verteileranlagen sind hierbei in den meisten Fällen als Durchlauflager konzipiert.

Ihre besondere Bedeutung erhalten die Zwischenlager in diesem Organisationsmuster industrieller Bekleidungsfertigung wegen der direkten und diskontinuierlichen Beschickung jedes einzelnen Arbeitsplatzes im Band: Mit dem Einsatz dieser Anlage wird der Ablauf eines Produktionsprozesses nicht einmalig in Gang gesetzt, um - wie z. B. beim Taktband - dann zwangsläufig durch die einzelnen Stadien der Bearbeitung zu bewegen. Im Gegenteil - die zu bearbeitenden Teile werden nach jeder ausgeführten Arbeitsposition wieder zur Zentralstelle zurückgeschickt, um von dort erneut an die jeweils folgenden Arbeitsplätze zur weiteren Bearbeitung ausgegeben zu werden. Zusammen mit dem Direktbeschickungsförderband stellt das Durchlaufregal und mit diesem die Systeme der Regal- sowie der Bandbeschickung mit ihren unterschiedlichen Mechanisierungsgraden eine spezifische Form der Verbindung von Zwischenlager, Transport und Bearbeitung und damit eine spezifische Form der Organisation des Materialflusses in der industriellen Bekleidungsfertigung dar (Richter : 1977 c, S. 811 ff.).

Jede Direktbeschickungsanlage besteht somit aus zwei Funktionsbereichen: Das Durchlaufregal als zentrale Lagereinheit ist der eine Funktionsbereich - von diesem aus werden die gesamten Arbeitsplätze mit Material beschickt und in dieses fließen die halbfertigen Teile nach jedem Bearbeitungsgang wieder zurück. Der andere Funktionsbereich besteht aus einer doppelstöckigen Bandanlage, über deren oberes Transportband die einzelnen Arbeitsplätze der Anlage mit Material versorgt werden. Über das untere Förderband der Anlage werden die Teile nach der Ausführung des jeweiligen Arbeitsganges zum Durchlaufregal zurücktransportiert (Schwingel : 1973, S. 937; Lohmann : 1976, S. 1467 ff.). Einzelheiten der Konstruktion der Direktbeschickungsanlage sowie des Produktionsablaufes sind in Kapitel 4.11. des Anhanges aufgeführt.

Eingangs ist gesagt worden, daß die Direktbeschickungsanlage als eine Weiterentwicklung der Varion-Transportanlage anzusehen ist. Insofern gelten die für diese Produktionsstruktur gegenüber den 'starren' Produktionsstrukturen festgestellten Vorzüge in ähnlicher Weise für die Direktbeschickungsanlage. Darüber hinaus ergeben sich beim Einsatz der Direktbeschikkungsanlage in der Bekleidungsindustrie gegenüber der Varionanlage weitere produktionsökonomische Vorteile. Als augenscheinlich vorteilhaftes Moment der Direktbeschickungs-Förderbandanlage gegenüber Transportanlagen nach dem Varionsystem ist der geringe Platzbedarf bei der direkten Beschickung der Arbeitsplätze anzuführen 99). Die übereinander angeordneten Fördergurte dieses Transportmediums benötigen weniger Platz als die mehrbahnig umlaufenden Transportwagen.

Aus dem prinzipiellen Unterschied des Verhältnisses von Lagerorganisation und Beschickungsart, welches die Materialbewegung der beiden Organisationsformen beeinflußt , sind weitere Vorzüge des Einsatzes der Direktbeschickungsanlge gegenüber anderen Produktionsstrukturen abzuleiten: Die direkte Beschickung eines jeden Arbeitsplatzes kombiniert mit dem nur über das Durchlaufregal zu realisierenden Lagerprinzip des 'first in - first out' kann gegenüber der Von-Platz-zu-Platz Beschickung kombiniert mit einem ständig umlaufenden Zwischenlager auf den folgenden Ebenen als vorteilhaft angesehen werden:

- Die Übersichtlichkeit über den Ablauf des Produktionsprozesses ist bei der Direktbeschickungsanlage besser als im Varionsystem. Insgesamt herrscht eine genaue Übersicht und damit gleichzeitig eine permanente Kontrolle über das im Umlauf befindliche Material.

- Bestimmte Verrichtungen, die bei der Varionanlage innerhalb der Tätigkeitszeit für die Näherin angefallen sind, entfallen bei der direkten Beschickung eines jeden Arbeitsplatzes mit Material. Hierzu zählen z. B. Steuerungsfunktionen, welche ber der Varionanlage von den Näherinnen - also dezentral - ausgeführt worden sind und an der Direktbeschickunganlage zentralisiert und damit effizienter ausgeübt werden.

- Die Art und Weise der Organisation des Produktionsprozesses erfordert keinen Zwang zu einer bestimmten Aufstellungsfolge der Produktionsmittel bei einer Änderung des Produktspektrums. Dadurch entfallen die unter der Bedingung starrer Produktionsstrukturen jeweils notwendigen Umstellungen der Nähmaschinen bzw. der Bügeltische bei der Umstellung des Produktionsprogramms und damit die dabei anfallenden Rüstzeiten. Ein möglicher Austausch von Spezialmaschinen im Band ist beim Produktwechsel nicht auszuschließen.

- Durch die straffe Organisation der Beschickung der einzelnen Arbeitsplätze im Direktbeschickungsband werden prinzipiell überflüssig umlaufende Zwischenlager verhindert und gleichzeitig die Warendurchlaufmenge vermindert. Eine Verringerung der Durchlaufzeit der Halbfabrikate ist ein weiteres Resultat dieser Organisationsform.

- Insbesondere mit der Organisation des Fließlagers nach dem Prinzip des 'first in - first out' geht die Einhaltung einer festgesetzten Reihenfolge der Bearbeitung der Kasteninhalte einher. Zsammenhängende und auf mehrere Kästen verteile Kundenaufträge können nach diesem Organisationsmuster aufeinanderfolgend bearbeitet werden und stehen somit dem Fertigwarenlager geschlossen zur Verfügung.

Integriertes Förder- und Arbeitsplatzsystem

Im Rahmen der modifizierten Fließfertigung ist mit der Weiterentwicklung von Bauelementen der 'hängenden Fertigung' in Richtung Mechanisierung des Transports sowie der Steuerung der Werkstückträger ein entscheidender Schritt zur weiteren Flexibilisierung des Produktionsablaufes gemacht worden. Voraussetzung für diese Weiterentwicklung waren von technischer Seite der Einsatz eines elektromagnetischen Antriebes sowie einer elektromagnetischen Steuerung der Werkstückträgerverteilung. Mit der Mechanisierung dieser bisher manuell ausgeführten Funktionen war - um die Arbeitsplätze innerhalb dieses Systems einzeln ansteuern zu können - gleichzeitig die Schaffung einer für die hängende Fertigung neuartigen Steuerungstechnologie sowie gleichzeitig ein prinzipiell neues Lay-out der gesamten Anlage der hängenden Fertigung notwendig verbunden: Um eine Hauptumlaufbahn herum sind die einzelnen Arbeitsstationen einzeln angeordnet worden.

Das Erscheinen eines integrierten Förder- und Arbeitsplatzsystems mit der Mechanisierung von Transport und Steuerung der Werkstückträger folgte dem durch den bisherigen Verlauf der organisatorischen Entwicklung deutlich gewordenen Imperativ der Verminderung der Handlingzeiten sowie der vom Absatzmarkt geforderten forcierten Steigerung der Flexibilität der Produktionsorganisation. Über die Mengenflexibilisierung - als traditionellem Problem saisonabhängiger Branchen - hinaus beinhaltet eine Produktionsflexibilisierung verschiedene Ausrichtungen. Hierbei kann es sich um eine Durchlaufflexibilisierung bezogen auf Modellvarianten handeln oder es kann eine Auslastungsflexibilisierung im Mittelpunkt der Produktionsflexibilisierung stehen. Weiterhin existiert die Möglichkeit einer Flexibilisierung in bezug auf wechselnde, stark abnehmende Serien und Losgrößen (vgl. Knesebeck : 1983, S. 139 ff.). Als nicht unwesentlich für die weitere Entwicklung von Technik, Arbeitsorganisation und Arbeitseinsatz in der Bekleidungsindustrie ist die Tatsache anzuführen, daß mit der technisch-organisatorischen Struktur dieses Fertigungstyps schon zu Beginn der 70er Jahre die Basis für eine Verbindung mit einer rechnergestützten Planung und Steuerung des gesamten Produktionsprozesses geschaffen worden ist. Zum Systemaufbau und der dabei verwendeten Werkstückhalterungen vgl. Kapitel 4.12. des Anhanges.

Für die prinzipielle Auslegung der hängenden Transportanlagen dieses Typs gilt, daß die einzelnen Arbeitsstationen links bzw. rechts um eine Hauptförderstrecke in separat aufgestellt sind. Die Nähmaschinen bzw. Bügelplätze stehen dabei parallel zur Hauptbahn. Diese Einzelaufstellung der Arbeitsplätze in dieser Figuration ist die Voraussetzung für den flexibel gestalteten Materialfluß in diesem hängenden Fertigungssystem. Nicht nur die Ansteuerung jedes einzelnen Arbeitsplatzes von der Hauptbahn aus wird dadurch problemlos ermöglicht und damit eine Grundvoraussetzung für eine flexible Fertigung Bedingungen erfüllt. Darüber hinaus kann eine einzelne Arbeitsstation mit Mehrfacheingängen sowie -ausgängen ausgestattet werden, womit die flexible Fertigung garantiert ist (Hopf : 1985, S. 21). Jeder Eingang hat dabei seine eigene Anwählnum-

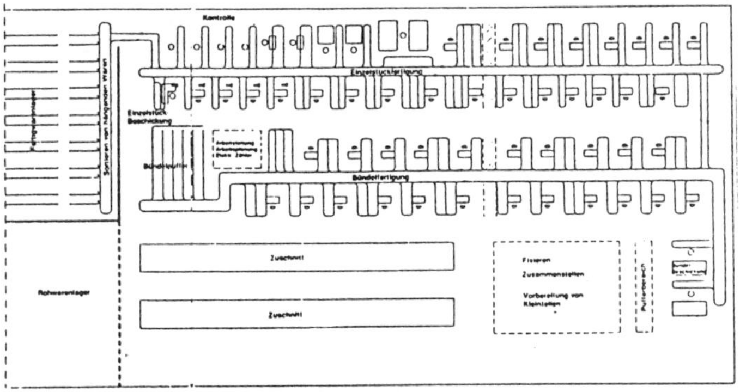

Quelle: Hopf, Hartmut : Vor- und Nachteile der hängenden Fertigung, in : Bekleidung und Wäsche, Mönchengladbach, Nr. 12/1985, S. 21.

Abb.5/26: Arbeitsplatzaufstellung und Materialflußorganisation im integrierten Förder- und Arbeitsplatzsystem.

mer. Zusätzliche Sortiermöglichkeiten der Werkstücke nach Farben oder anderen Sortierkriterien lassen einen hochflexiblen Transport der Werkstücke zwischen den einzelnen Arbeitsplätzen zu und gehören somit neben den programmierbaren Rollklemmen zu den technischen Garanten der Flexibilität dieser Produktionsstruktur. Mehrere parallel nebeneinander aufgestellte Hauptbahnen sind untereinander durch sog. Brücken verbunden.

Die Verbindung von Hauptbahn und Arbeitsstation sowie der konstruktive Zusammenhang der einzelnen Arbeitsstationen ist folgendermaßen zu beschreiben: Alle Arbeitsstationen sind im rechten Winkel zur Hauptbahn angeordnet. In der Führungsschiene der Hauptbahn liegt das sich permanent bewegende Nokken-Antriebsband mit sog. Mitführelementen zum Vorwärtsbewegen der Laufrolle. Neben diesen Bauteilen der Hauptbahn gehören folgende Elemente zur Grundausstattung einer Arbeitsstation:

- Abladekasten
- Abnahmearm
- Zuführband
- Adressiergerät
- Sperre
- Einzelklemme
- Ladearm.

Zu Beginn des Produktionsprozesses werden die zu bearbeitenden Teile mit der Hand in die entsprechenden Werkstückträger eingeklammert und die einzelne Rollklammer dann auf die Laufschiene gesetzt. Der Materialfluß sowie die Steuerung innerhalb des weiteren Produktionsablaufes verlaufen - die Skizze zeigt die Elemente einer Arbeitsstation - nach folgendem Muster: Wie aus der Abb. 5/26 hervorgeht, ist vor dem Eingang zu einer Arbeitsstation neben dem Antriebsband der Hauptbahn ein sog. Abladekasten angebracht. Dieser Informationsträger besitzt den gleichen Code wie die Einlaufschiene der jeweiligen Arbeitsstation. Trägt eine auf dem Antriebsband umlaufende Rollenklemme die gleiche Adresse wie die Einlaufschiene, so wird nach der positiven Identifikation durch die im Abladekasten installierten Abtastgeräte der Abnahmearm ausgelöst und auf die Hauptbahn abgesenkt. Die Rolle mit der Warenklemme gleitet im weiteren Bewegungsverlauf auf diesen Abnahmearm. Wegen der geneigten Installation dieser Armschiene läuft die Rolle, durch die Hangabtriebskraft unterstüzt, in die Arbeitsstation ein.

Prinzipiell ist der Zuführprozeß der Rollklemme mit den Werkstücken an den Maschinentisch so geregelt, daß jeweils nur ein Werkstückträger in die Arbeitsstation - in der die Werkstücke zunächst in entsprechender Position in Bearbeitungsbereitschaft gehalten werden - einlaufen kann. Gesteuert wird die Materialzufuhr in dieser Weise durch eine eingebaute Adressiersperre. Eine solche Arbeitsstation kann maximal 40 - 45 Rollklammern als Materialpuffer aufnehmen. Hiermit ist der Arbeitsrhythmus der Näherin von der Transportgeschwindigkeit der Werkstücke entkoppelt. Gleichsam dient diese Organisation des Materialvorrats auch dazu, die Vorratsmenge am einzelnen Arbeitsplatz visuell zu kontrollieren, sodaß eine ungeplante Anhäufung von Warenmengen bzw. zu geringe Puffermengen sofort bemerkt werden und entsprechend schnell steuernd in die Organisation des Materialflusses eingegriffen werden kann.

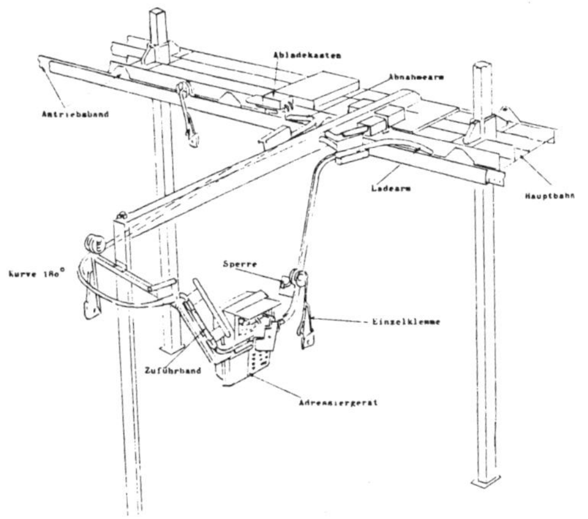

Quelle: Hylla, G. : Eton-System 2000 - ein integriertes Fertigungs- und Arbeitsplatzsystem, in : Bekleidung und Wäsche, Mönchengladbach, Nr. 19/1981, S. 1102.

Abb.5/27: Arbeitsstation der hängenden Fertigung

Nach der Ausführung des Nähprozesses erfolgt die Rückschleusung der Rollklemme mit dem Werkstück in die Hauptumlaufbahn. Ausgelöst wird dieser Vorgang durch die Arbeitsperson an der Nähmaschine, indem sie den Code der Station in die Adressiertafel an ihrem Arbeitsplatz eingibt, die die Rollklemme mit dem halbfertigen Werkstück als nächste anzulaufen hat. Mittels eines Knopfdruckes wird die Rollklemme mit dem Werkstück von einem pneumatisch bewegten Zylinder zurück auf die Hauptbahn befördert. Auf dieser Bahn wird sie durch einen umlaufenden Mitnehmer aufgenommen und so bis zum Abnahmearm der zuvor angewählten Arbeitsstation weiterbewegt.

In entsprechender Weise wird der Näherin gleichzeitig das nächste zu bearbeitende Werkstück zugeführt. Das am Ende des Zuführbandes an der Rollklemme in Bearbeitungsbereitschaft hängende Werkstück wird durch die Bedienung des Knopfes auf dem Nähmaschinentisch freigegeben und der Näherin in einer günstigen Bearbeitungshaltung zugeführt. Beim Einlaufen in die Adressierstation wird gleichzeitig der Code der betreffenden Arbeitsstation gelöscht. Produktionsdaten bezüglich der gefertigten Stückzahl können durch ein eingebautes mechanisches oder elektrisches Zählwerk miterfaßt werden. Dieser Anlagentyp eines schwedischen Anbieters von Fördertechnologien, welcher dieses Organisations- und Transportsystem aus der eigenen betrieblichen Praxis der Bekleidungsherstellung entwickelt hat 100), stellt damit das in der betrieblichen Praxis der bundesdeutschen Bekleidungsindustrie am weitesten entwickelte mechanisierte Fördersystem und gleichzeitig auch der hängenden Fertigung in der Bekleidungsindustrie dar 101).

Die Entwicklung der modifizierten 'hängenden' Fließfertigung - wie sie bisher vorgestellt worden ist - zeigt klar, daß mit der Mechanisierung des Transports sowie der elektromechanischen Steuerung der Werkstücke die weitgehende Substitution entsprechender menschlicher Funktionen erreicht ist. Darüber hinaus wird deutlich, daß das Fertigungssystem durch seine veränderte Schienenführung und mit der veränderten Aufstellung der Betriebsmittel sowie durch den Einsatz der verschiedenen Steuerungselemente insgesamt den Anforderungen an eine hochflexible Fertigung unter dem gegenwärtigen Stand der Nähtechnologie und der damit einhergehenden Form der tayloristischen Arbeitsorganisation entspricht.

Neben der o. a. Möglichkeit der Ansteuerung der einzelnen Arbeitsstationen von der Hauptbahn aus schlägt sich diese Fertigungsflexibilität u. a. darin nieder, daß die Notwendigkeit der Umstellung von Nähmaschinen bei einem Produktwechsel nur noch in geringen Ausnahmefällen erforderlich wird. Es besteht weiterhin die Möglichkeit jederzeit von einem besonderen Eingabeplatz mittels eines sog. Timers extern in das Fertigungssystem einzugreifen, d.h. jeder einzelne Arbeitsplatz ist zusätzlich von 'außen' ansteuerbar.

Zusätzlich zu dieser an die veränderten Absatzmarktbedingungen angepaßten Fertigungsflexibilität liegt ein weiterer entscheidender Vorteil dieser Produktionsstruktur in der ihr eigenen Konstruktion der Elemente, welche die Arbeitsgestaltung günstig beeinflussen. Hierzu zählen nicht nur die abgesenkte Schienenführung im Nähbereich, sondern vor allem die auf das jeweils zu fertigende Produkt ausgerichtete Konstruktion der Halteelemente sowie generell der bei diesem System verwendete Klammermechanismus. Besonders durch die geringe Entfernung von Werkstückhalterung und Nähmaschinennadel ist der Materialhandlingspielraum - im Gegensatz zu den meisten dargestellten 'manuellen' hängenden Fertigungssystemen - deutlich erhöht und dadurch die gesamte Durchführung der verschiedenen Arbeitspositionen wesentlich erleichtert worden.

Aus arbeitsgestalterischer Sicht sind in diesem Fertigungssystem die Arbeitsplätze so ausgelegt, daß

- das zu bearbeitende Teil in der bestmöglichen Postition an den Arbeitsplatz herangebracht wird,

- das zu bearbeitende Teil während des Bearbeitungsvorganges optimal positioniert werden kann,

- ein Umklammern der Teile nicht mit zusätzlichem Handlingsaufwand verbunden ist,

- das Werkstück nach der Erledigung des Arbeitsvorganges nicht von der Arbeitsperson weggelegt werden muß. (Hylla : 1981, S. 1103).

Über allgemeine Vorteile der hängenden Fertigung - z. B. eines relativ geringen Platzbedarfs - hinaus, ist als besonders gewichtiger Vorteil dieses Fertigungssystems, der beschleunigte Durchlauf der Werkstücke zu nennen. Nicht nur der Kapitalaufwand für das umlaufende Material wird dadurch deutlich gesenkt, sondern auch weitere Effekte, wie z. B. eine Einschränkung der Lagerbestände, eine schnellere Lieferfähigkeit oder auch eine erhöhte Liefertermintreue können dadurch erzielt werden. Die mit der Einzelfertigung im hängenden Zustand verbundene Einsparung der Numerierung der einzelnen Teile eines Kleidungsstückes ist als zusätzliches Moment der Erhöhung der Wirtschaftlichkeit dieser Produktionsstruktur zu nennen. Entfallen kann das sonst mit hohem manuellen Aufwand verbundene Numerieren der einzelnen Zuschnitte deswegen, da sie nicht mehr im Bündel von Arbeitsplatz zu Arbeitsplatz weitergegeben werden, sondern jeweils eine Klammer mit sämtlichen Einzelteilen für eine Hose, Jacke usw. bestückt wird.

Werden besondere Ansprüche an eine hohe Fertigungsflexibilität sowie an eine geringe Durchlaufdauer der Teile gestellt, so hat dieses System auf der Ebene des aufgezeigten Mechanisierungsgrades einen gewissen hohen Reifegrad erreicht. Verbunden mit dem von der Gestaltung einzelner Elemente ausgehenden positiven Einfluß auf die Arbeitsgestaltung, stellt diese Produktionsstruktur einen integrierten Förder- und Arbeitsplatzorganisationstyp dar, durch dessen Einsatz - je nach Ausgangslage - eine Steigerung der Arbeitsproduktivität von 5 - 20 % erzielt werden kann (Hylla : 1981, S. 1103).

Bei dem Einsatz dieser Produktionsstruktur anfallende Probleme liegen primär in der Sicherung der Laufrollenbewegung. Dadurch, daß die Laufrolle bei diesem System nur einfach auf einer Schienenführung aufliegt, ist es z. B. bei Kurvenverläufen möglich, daß die Rolle aus dem Gleichgewicht gerät und mit dem eingeklammerten Werkstück auf den Boden fällt. Identifikationsprobleme bezüglich der folgerichtigen Adressierung fallen dann möglicherweise an. Im Fall einer Beschädigung der Laufrolle bzw. ihrer Tastatur ist es notwendig, die gesamte Rollklemme auszuwechseln und nach erfolgter, z. T. aufwendiger Identifikation, neu zu adressieren bevor die Rollklammer wieder in den Fertigungskreislauf eingegeben werden kann.

Anmerkungen zu Kapitel 5:

1) Sowohl von der Gesamtzahl der Bekleidungsbetriebe als auch von der Verteilung der DOB-Firmen im Bundesgebiet lag gegen Ende der 40er Jahre der Bezirk Nordrhein an der Spitze. Vgl. hierzu u.a.: Dick : 1955, S. 230; Lademann : o. J., S. 52.

2) Diesen beiden Spitzenplätzen folgten mit beträchtlichem Abstand Stuttgart und München. Die weiteren Plätze in der Rangskala der Städte des Bundesgebietes mit den größten DOB-Firmen nahmen Düsseldorf, Krefeld, Bielefeld, Gelsenkirchen, Hannover, Mönchengladbach, Wuppertal und Köln ein. Vgl. Lademann : o. J., S. 52

3) Unter den besonderen Bedingungen der Nachkriegssituation in Berlin kam es neben einer starken innerstädtischen Ost-West-Wanderung der Konfektionsbetriebe aufgrund des noch vorhandenen Heimarbeiterstammes in der Stadt zunächst zu einer Konservierung des 'Zwischenmeistersystems'.

Zur Nachkriegsentwicklung der Berliner Bekleidungsindustrie vgl. u. a. Linde : 1957, S. 51 ff.; Schmidt : 1955, S. 20 ff.

4) Zum Versorgungsplan der Bizone mit textilen Rohstoffen vgl. Schumacher : 1949, S. 43.

5) Nach Angaben von Lademann scheint der Umsatz der Bekleidungsindustrie im Jahre 1950 um mindestens 20 % gegenüber dem Vorjahr angestiegen zu sein (Lademann : o.J., S. 53).

6) Becker zitiert in seinem Aufsatz Daten aus den Veröffentlichungen des Statistischen Bundesamtes vom September 1950. Hieraus geht hervor, daß von dem zusätzlichen Einkommen eines 4-Personen-Arbeiterhaushaltes in Höhe von ca. 10,- DM im Jahr 1950 gegenüber dem Vergleichszeitraum im Jahr 1949 4,80 DM, d.h. 48 %, in den Bekleidungskonsum geflossen sind. Vgl. Becker : 1950, S. 543.

7) Zur Verdrängung des traditionellen Schneiderhandwerks durch die Bekleidungsindustrie vgl. u. a. Meier : 1964, S. 12 ff.

8) Zur Bedeutung der Eigenproduktion von Oberbekleidung in den privaten Haushalten vgl. Lademann : 1974, S. 47 ff.

9) Eine Erhebung des EMNID-Institutes zur Bedarfsdeckung von Herrenoberbekleidung hat ergeben, daß im Jahr 1950 60 % des Bedarfs an Herrenanzügen von der Bekleidungsindustrie gestellt worden ist. Zu vermuten ist, daß die Rate für Herrenmäntel zum gleichen Untersuchungszeit-

punkt deutlich höher gelegen haben wird. Vgl. Knaak : o.J., S. 37.

10) Für die relativ arbeitsintensive Fertigung in dieser Branche gibt es neben dem Auseinanderdriften von Beschäftigten- und Umsatzanteil eine Reihe weiterer Indizien: Dazu gehören u. a. der mit zunehmender Tendenz unter dem Durchschnitt der Gesamtindustrie liegende Umsatz/Beschäftigten, die verhältnismäßig niedrige Investitionsquote, die geringe Investitionsintensität sowie die - verglichen mit den übrigen Zweigen des Industriesektors - niedrige Arbeitsproduktivität. Vgl. hierzu u. a. Bley : 1969, S. 82 ff., Pesch : 1967, S. 298.

11) Eine Emanzipation von den organischen Schranken, wie sie sich idealtypisch in der Textilindustrie z. B. mit der Entwicklung von J. Hargreaves 'Spinning-Jenny' ergeben hatte - eine Spinnerin konnte mit diesem Arbeitsgerät damals gleichzeitig 16 Fäden spinnen - deutete sich als Entwicklungsperspektive für die industrielle Bekleidungsfertigung zu keiner Zeit an. Für jede neu angeschaffte Nähmaschine mußte eine zusätzliche Arbeitsperson eingestellt werden, die dann an dieser Nähmaschine nur ein Werkstück gleichzeitig bearbeiten konnte.

12) Nach Angaben von Meier betrug der Anteil der Vertriebenen- und Zugewanderten-Betriebe im Jahr 1952 ca. 20 % aller Betriebe der Bekleidungsindustrie. Der Anteil dieser Betriebe am Gesamtumsatz der Branche war mit 20 % gleich hoch. Vgl. Meier : 1964, S. 20.

13) Endgültig wurde die Bekleidungsindustrie in der Zeit nach dem zweiten Weltkrieg zu einem 'Frauenghetto'. So liegt der Anteil der Frauen an den Gesamtbeschäftigten seit Beginn der 50er Jahre beinahe unverändert bis heute bei ca. 80%. Im Bereich der unmittelbaren Produktion sind bei den ausführenden Tätigkeiten nur noch in der Bügelei und im Zuschnitt männliche Arbeitskräfte zu finden. Neben der Näherei gehören die Einrichtung, die Fixierabteilung u.s.w. zu den 'Domänen' der weiblichen Beschäftigten in den Produktionsbetrieben der Bekleidungsindustrie. In diesen Abteilungen sind ohne Ausnahme nur weibliche Arbeitskräfte tätig.

14) Zu unterscheiden sind hier zwei Hauptgruppen, die der Lehrberufe mit einer 3-jährigen Lehrzeit sowie die der Anlernberufe mit einer Ausbildungszeit von einem bzw. einundeinhalb Jahren. In der Praxis der Berufsausbildung der Bekleidungsindustrie haben die Anlernberufe die weitaus stärkste Bedeutung. Unter diesen stand der Anlernberuf der Kleidernäherin im Jahr 1959 an der Spitze aller Ausbildungsverhältnisse. Auf den folgenden Plätzen waren die Anlernberufe Herrenkleidernäherin, Herrenwäschenäherin, Damenmäntelnäherin usw. vertreten. Bei den Lehrberufen nahm der Beruf der Damenschneiderin den ersten Rang ein.

15) Repräsentatives empirisches Material zur Qualifikation der in der Bekleidungsindustrie beschäftigten Arbeitskräfte liegt für diesen Zeitraum nicht vor. Einen Einblick in die qualifikatorische Zusammensetzung der Beschäftigten von vier Kleiderfabriken mit mehr als 2000 Arbeitskräften gewährt die folgende 'Momentaufnahme', die im Jahr 1955 veröffentlicht worden ist:

"67 % ungelernt

12 % aus Fremdberufen stammend

2 % im Anlernverfahren ausgebildet (Frauen, Mädchen)

18 % im Schneiderhandwerk ausgebildet

1 % gibt an, neben höherer Schulbildung schneiderhandwerkliche Ausbildung, Refa-Kurse oder Ausbildung an einem bekleidungstechnischen Institut genossen zu haben" (Voth : 1955, S. 160).

16) Männliche Arbeitskräfte rekrutierten sich vielfach auch aus dem Beschäftigungspotential des ehemaligen Berliner Konfektionsgewerbes sowie aus den Bekleidungszentren der ehemaligen Ostgebiete des Deutschen Reiches. In einigen Fällen wanderten sie auch mit ihren Firmen aus dem Osten in die damaligen Westzonen mit. Textil-Statistik GmbH (Hrsg.) : 1956, o. S.

17) Neben Berlin und dem Gebiet der Herford-Bielefelder Konfektionsindustrie zählte hierzu vor allem die Region Aschaffenburg, in der die traditionelle Form der 'Heimschneiderei' in der Herrenkonfektion in den beiden ersten Nachkriegsdekaden noch eine quantitative Bedeutung hatte. Typisch für die Heimarbeit in dieser Herrenkonfektionsregion war die hohe Quote der Männer (54,9 %) unter den gesamten in der Region Nordbayern in Heimarbeit beschäftigten Personen (Zählung vom 30.9.1956).

Zum Umfang der Heimarbeit in den einzelnen Landesarbeitsamtsbereichen außer Saarland und Berlin West) vgl. Textil-Statistik GmbH. (Hrsg.) : 1957, S. 4. Zur Bedeutung der Heimarbeit in der Berliner Bekleidungsindustrie nach dem Krieg vgl. Linde : 1957, S. 89 ff.; Schmidt : 1955, S. 36 ff.

18) Vgl. hierzu Tabelle Nr.5/I dieser Studie.

19) Die Ausgaben eines 4-Personen-Arbeitnehmerhaushaltes der mittleren Verbrauchsgruppe für Ober- und Unterbekleidung sind von 55,97 DM im Monatsdurchschnitt des Jahres 1957 auf 54,25 DM im Monatsdurchschnitt des Jahres 1958 zurückgegangen. Vgl. Textil-Statistik GmbH (Hrsg.) : 1959, S. II.

20) Das Ruhrgebiet ist als Ausnahme von dieser Entwicklung anzusehen. In diesem industriellen Ballungszentrum konzentrierten sich primär Betriebe der Monatanindustrie sowie des Maschinenbaus, in denen nur relativ wenig weibliche Arbeitskräfte beschäftigt wurden. Daher fanden die Betriebe der Bekleidungsindustrie in dieser Region relativ große Arbeitskraftreserven unter der weiblichen Bevölkerung. Vgl. u. a. Bley : 1969, S. 88.

21) In den vielfach als reine Zweig-Nähbetriebe eingerichteten Produktionsstätten lag der Anteil der weiblichen Arbeitskräfte mit teilweise mehr als 90 % der Beschäftigten besonders hoch.

22) In der Vorperiode stieg die Zahl der als Heimarbeiter/innen beschäftigten Personen um 7,4 %, die in den Betrieben beschäftigten Personen dagegen nur um 5,0 %. Diese Angaben beziehen sich auf das Bundesgebiet einschließlich Saarland ohne Berlin (West) (BBI : 1962, S. I).

23) Die mit dem Bau der Berliner Mauer im Jahr 1961 verbundene politische Zäsur hatte für die Berliner Bekleidungsindustrie eine große Schrumpfung ihrer Kapazitäten zur Konsequenz. Mit der Übersiedlung von Berliner DOB-Firmen nach Westdeutschland einerseits sowie dem Verlust zahlreicher Arbeitskräfte aus dem Ostteil der Stadt andererseits setzte eine zunehmende Ausblutung der ehemaligen Konfektionsmetropole ein. Mit der Aufhebung der getrennten statistischen Berichterstattung für die Bundesrepublik und Berlin (West) ergaben sich wegen der starken Schrumpfung der Berliner Konfektion insgesamt ungünstigere Daten gegenüber den Einzeldaten für die Entwicklung der Bekleidungsindustrie der Bundesrepublik. Vgl. u. a. BBI : 1964, S. I.

24) Die zunehmende Verknappung inländischer Arbeitskraftreserven, die Anfang der 60er Jahre mit dem Erreichen der Vollbeschäftigung einsetzte, zwang auch die Bekleidungsindustrie, zunehmend ausländische Arbeitskräfte einzustellen. So wurden im Jahr 1961 8763 (2,4 %) ausländische Arbeitskräfte in dieser Branche gezählt. Deren Anteil erhöhte sich bis zum Vorkrisenjahr 1966 stetig auf 9,1 %.

Zur Beschäftigung von ausländischen Arbeitnehmern in der Bekleidungsindustrie im Zeitraum von 1961 - 1973 vgl. u. a. Breitenacher : 1975, S. 88.

25) Bei der passiven Lohnveredelung geht in jedem Fall ein Export von Meterware oder unfertiger Bekleidung (z. B. Zuschnitte) voraus, aus der für Rechnung des inländischen Auftraggebers im Ausland fertige Bekleidungsstücke hergestellt werden. Diese Teile werden dann importiert und von den inländischen Bekleidungsfirmen vertrieben.

26) Die ausländischen Arbeitskräfte waren mit einem Minus von 26 % überproportional vom Rückgang der Beschäftigung betroffen. Ihr Anteil an der Gesamtbeschäftigung sank damit auf 7,4 % (BBI: 1968, S. II).

27) Der Index der industriellen Nettoproduktion (1962 = 100) ist in der Bekleidungsindustrie im Jahr 1967 gegenüber dem Vorjahr um 10,5 % gefallen. Der entsprechende Verlust in der gesamten Industrie war im Vergleichszeitraum mit einem Minus von 2,5 % erheblich geringer.

28) Es handelt sich hierbei um einen 4-Personen-Arbeitnehmerhaushalt mit mittlerem Einkommen. Vgl. BBI : 1968, S. 13.

29) Im Vergleich zum Jahr 1969 erhöhte sich in der gesamten Industrie der Umsatz um 12,4 % und der Produktionsindex stieg um 6,1 %. Vgl. BBI : 1971, S. II.

30) Analog zu den Betriebsbeschäftigten sank von 1970 an auch die Zahl der Heimarbeiter/innen - mit einer Ausnahme im Jahr 1977 - in der Bekleidungsindustrie. Gegenüber den jeweiligen Daten des Jahres 1969 wurde das Potential der Betriebsbeschäftigten bis zum Jahr 1981 um ca. 40 % und das Potential der Heimarbeiter/innen um ca. 60 % dezimiert. Die Anzahl der Heimarbeiter/innen in der Bekleidungsindustrie entsprach zu Beginn der 80er Jahre nur noch 5,3 % der Betriebsarbeiterschaft dieser Branche.

31) Zur Anwendung der genannten Strategien der deutschen Bekleidungsindustrie vgl. Schwarting : 1978, S. 70 ff.

32) Trotz des Anstiegs der absoluten Anzahl der Betriebsbeschäftigten im Jahr 1972 um ca. 500 Arbeitnehmer gegenüber dem Vorjahr ergibt sich per Saldo, d.h. unter Berücksichtigung der in Heimarbeit beschäftigten Personen, ein Rückgang der Gesamtbeschäftigung in diesem Jahr. Diese Tendenz wird durch die seit 1970 gesunkene Zahl der absoluten Beschäftigtenstunden bestätigt. Vgl. Breitenacher : 1975, S. 81 ff.

33) Ein realistischeres Bild der Entwicklung der Beschäftigung ergibt sich durch einen Vergleich der geleisteten Arbeiterstunden. Diese lagen 1973 mit 7,1 % unter der Zahl des Vorjahres. In diesem Ergebnis schlug sich vor allem die in der zweiten Jahreshälfte 1973 stark angestiegene Kurzarbeit nieder. Vgl. BBI : 1974, S. I.

34) Der in der Krise 1973/74 erlittene Rekordverlust an Arbeitskräften war gleichzeitig der Beginn des beschleunigten Abbaus der Beschäftigung von ausländischen Arbeitskräften. Im Jahr 1973 erreichte die Beschäftigung von ausländischen Arbeitskräften mit 16,6 % den höchsten Stand in der Entwicklung dieser Branche. Seit 1974 sank diese Rate - mit Ausnahme des Jahres 1980 - überproportional zu den gesamten Beschäftigtenverlusten und erreichte 1985 einen Anteil von 10,5 %.

35) Noch schärfer war der Rückgang der Beschäftigten im Zweijahreszeitraum 1974/75 mit dem Verlust von 71430 (19,9 %) Arbeitnehmern in der Bekleidungsindustrie.

36) In Folge der 1978 weiter angehaltenen Aufwertungstendenz der DM sowie der damit zusammenhängenden wechselkursbedingten Verbilligung des Warenangebotes aus dem Ausland sind die Bekleidungsimporte in diesem Jahr um 8,4 % auf ca. 6,35 Mrd. DM angestiegen. Der Einfuhrüberschuß hat

sich im gleichen Zeitraum um 11,1 % erhöht. Mit 3,74 Mrd. DM erreichte er damit zugleich einen neuen Höchststand.

Wertmäßig betrugen diese Einfuhren einschließlich der Bezüge im innerdeutschen Handel 41,7 % der von den Unternehmen der deutschen Bekleidungsindustrie auf dem Binnenmarkt abgesetzten Waren. Wie stark sich dieser Anteil in der Vergangenheit entwickelt hat, wird aus den Vergleichszahlen ersichtlich: 1975 lag dieser Anteil bei 33,8 %, im Jahr 1965 lag er hingegen noch bei 8,5 %. Vgl. BBI : 1979, S. VI.

37) Im Jahr 1976 entwickelte sich der Export der deutschen Bekleidungsindustrie boomartig. Gegenüber dem Vorjahr stieg der Wert des Exportes dieser Branche um 31,9 %. Trotz hoher Stückkosten sowie scharfer internationaler Konkurrenz konnte die Bekleidungsindustrie der Bundesrepublik damit ihre Spitzenstellung als Exporteur auf dem europäischen Markt behaupten. Vgl. BBI : 1977, S. XIII.

38) Im Jahr 1982 unterschritt die Quote der Ausgaben für Bekleidung an den gesamten Verbrauchsausgaben eines 4-Personen-Arbeitnehmerhaushaltes mit mittlerem Einkommen mit 6,7 % erstmals die 7 %-Marke. Zu den Entwicklungsperspektiven der Inlandsnachfrage vgl. u. a. Adler/Breitenacher : 1984, S. 185 ff.; Klinke : 1982, S. 15 ff.

39) Der Anteil der Bekleidungsausgaben an den Gesamtausgaben eines 4-Personen-Arbeitnehmerhaushalts mit mittlerem Einkommen erhöhte sich auf 6,4 %. Im Vorjahr betrug er noch 6,3 %.

40) Mit dem Rückgang der Produktion in dieser Höhe sank der Anteil der binnenländischen Produktion an der Inlandsversorgung erneut und lag damit bei ca. 35 % (BBI : 1986, S. 8).

41) Zur Entwicklung des Außenhandels der Bundesrepublik mit Bekleidung vgl. u. a. Breitenacher : 1975, S. 139 ff.; Adler/Breitenacher : 1984, S. 129 ff.

42) Vgl. hierzu u. a. o. V. : 1951 b, S. 8 ff.; o. V. : 1952 a, S. 179 ff. Zum konstruktiven Aufbau des Schnellnähermodells 'Dürkopp-Supra' Klasse 216 der Dürkoppwerke AG, Bielefeld, vgl. u. a. Donner : 1956, S. 175 ff.; o. V. : 1952 c, S. 9 ff.

43) Die ersten Positionierantriebe sind für Blindstichmaschinen, insbesondere für den hier angesprochenen Maschinentyp der Pikiermaschine, mit einer Nadelhochstellung ausgelegt gewesen. Für eine automatische Nadelpositionierung 'oben' war die Pikiermaschine deswegen prädestiniert, da nach jeder Naht der Faden nur in einer ganz bestimmten Nadelstellung abgerissen werden konnte (o. V. : 1953 c, S. 513).

44) Vgl. hierzu Kap. 3.2.1. des Anhanges.

45) Zur Arbeitsweise der elektromagnetischen Steppfußlüftung vgl. : o. V. 1954, S. 151.

46) Zu den verschiedenen zur Anwendung kommenden Zusatzeinrichtungen vgl. u. a. : Mosinski : 1980, S. 304 ff.; o.V. : 1978 c , S. 58.

47) 'Fließarbeit' wird in diesem Zusammenhang folgendermaßen definiert:

"Fließarbeit ist eine örtlich fortschreitende, zeitlich bestimmte, lückenlose Folge von Arbeitsgängen". Vgl. hierzu : Mäckbach; Kienzle (Hrsg.) : 1926, S. 5.

Dieses Organisationsprinzip des industriellen Produktionsprozesses wurde schon frühzeitig auf seine Anwendungsmöglichkeiten in der Bekleidungsindustrie untersucht. Zu den Ergebnissen bzw. den Anwendungsbeispielen für diesen Industriezweig vgl. u. a. : Gottfeld : 1933, S. 31 ff.; Jung (Hrsg.) : 1941, S. 40 ff.; Rüter : 1931, S. 53 ff.

48) Unter Arbeitstakt ist der Zeitabschnitt zu verstehen, innerhalb dem die gesamten Arbeitsschritte einer Teilarbeitsposition an einem Werkstück auszuführen gewesen sind.

Im Rahmen der betriebstechnischen Vorarbeiten zur Einrichtung von Fließband-Produktionsgruppen war es für die optimale Gestaltung des Produktionsprozesses eine notwendige Voraussetzung, die Variablen Gruppenstärke und Ausstoß zu bestimmen. Da die einzelnen Größen Arbeitszeit und Vorgabezeit für das jeweilige Teil sowie Gruppenstärke und Takt in fester Beziehung zueinander stehen, gilt folgende Gleichung:

Gruppenstärke x Arbeitszeit = Ausstoß x Vorgabezeit/Einheit

Der Takt gilt dabei als der Teil der Vorgabezeit, welcher auf einen Arbeitsplatz entfällt. Zwischen dem Takt, der Gruppenstärke und der Vorgabezeit/Einheit besteht folgende Beziehung:

Takt x Gruppenstärke = Vorgabezeit/Einheit

Diese Formeln dienen als Hilfsgrößen u. a. für die Planung der Fertigung an Fließbändern. Bei der Ausarbeitung des Arbeitsverteilungsplanes ist der Takt die Grundlage für die Aufteilung der einzelnen Arbeitspositionen auf die verschiedenen Arbeitsplätze im Band. Da Differenzen sowohl in der Dauer als auch in der Schwierigkeit der Arbeitspositionen sich bei der Gruppeneinteilung nicht ausschließen lassen, müssen sie durch den Einsatz von Arbeitskräften mit entsprechendem Leistungsvermögen ausgeglichen werden.

So muß z. B. bei der Aufstellung eines Arbeitsplanes darauf geachtet werden, daß schwierigere Arbeitspositionen auf Arbeitsplätze mit einem hohen Platzleistungsgrad gelegt werden, denn ein Arbeitsplatz von z. B. 110 % macht die Besetzung einer Arbeitskraft notwendig, die einen 10 % höheren Leistungsgrad als die durchschnittliche Arbeitskraft im Band hat. Rechnerische Hilfsgröße hierfür ist der Platzleistungsgrad einer Arbeitsperson. Dieser gibt die an dem jeweiligen Arbeitsplatz abverlangte Dauerleistung der Arbeitsperson an:

$$\text{Platzleistungsgrad} = \frac{\text{Vorgabezeit/Einheit} \times 100}{\text{Takt}}$$

Zur Methode der Berechnung entsprechender Planungszeiten vgl. u. a. Heßland : 1956, S. 18 ff.; Werner : 1952, S. 45; Billhardt : 1953, S. 55 ff.

49) Vgl. hierzu Punkt 4.2.1.4.1. dieser Untersuchung.

50) Zur Verteilung der einzelnen Arbeitspositionen bei der Fertigung von Uniformjacken vgl. Jung (Hrsg.) : 1941, S. 82 ff.

51) Eine weitere mit der Aufstellung der Nähmaschinen im Reihensystem angewandte prämechanische Lösung der Verkettung der einzelnen Arbeitsplätze war die Einrichtung von Mulden. Die Konstruktion dieser Mulden war einfach: Die Gußeisenständer des Wellenantriebes der Nähmaschinen dienten als Stützen bzw. Halterungen des mit gewisser Weite durchhängenden Muldentuches. Die dadurch erhaltene Ausbuchtung des Tuches ergab einen geräumigen Kanal, in dem das Nähgut sowohl abgelegt als auch manuell von Arbeitsplatz zu Arbeitsplatz bewegt werden konnte.

52) Die Konstruktion des Schiebebandes kann folgendermaßen beschrieben werden: Eine Tischplatte aus Sperrholz von 1 m Breite wurde über die Länge der gesamten Arbeitstischreihe - in diesem Fall 20,23 m - auf die Mitte von Holzleisten geschraubt, die wiederum durch Schrauben mit Gußeisenständern verbunden gewesen waren und dadurch das Untergestell für die Tischplatte gebildet hatten.

Zur stabilen Verbindung des Schiebetisches mit den Arbeitstischen sind die einzelnen Arbeitstische (Maschinen-, Handarbeits- und Bügeltische) zusätzlich über Holzleisten mit der Tischplatte verbunden gewesen. Die Arbeitstischplatten waren auf Holzleisten aufgeschraubt, so daß diese dem Schiebetisch in der Längsrichtung eine feste Unterlage gaben; der Schiebetisch ist dadurch entlang der Arbeitstische fest angebracht gewesen.

Zur Teilung des Schiebetisches war in der Mitte der Tischplatte über die gesamte Länge eine schmale Holzleiste als Begrenzungsschiene für die Schiebekästen angebracht. Zwischen dieser Teilungsleiste und den Seitenleisten der Tischplatte wurden dann auf beiden Seiten die Schiebekästen in dem Format 50 x 60 cm mit den halbfertigen Werkstücken von Arbeitsplatz zu Arbeitsplatz weitergeschoben (Jung (Hrsg.) : 1941, S. 92 ff.).

53) Fließbandeinrichtungen, bei denen 'fließende Bänder' an Stelle von Mulden oder Schiebetischen in zweireihig aufgestellte Kraftbetriebsanlagen integriert gewesen waren, sind - bevor sie in der Herrenoberbekleidungsindustrie gegen Ende der 20er Jahre Einzug hielten - 1927 zum ersten Mal bei der Fabrikation von Herrenhemden bzw. von Berufskleidung eingesetzt worden.

Das 'Fließband' ersetzte in vielen Fällen die zwischen den Arbeitstischreihen liegenden Mulden oder Schiebetische als Transportmedium. Die Umrüstung vorhanden gewesener zweireihiger Kraftbetriebsanlagen in eine vollständige Fließbandanlage war insofern einfach, als daß sämtliche Teile der Kraftbetriebsanlage weiter genutzt werden konnten. Nur die Maschinenreihen wurden so weit auseinandergezogen, daß die Fließ-Doppelbänder dazwischen Platz fanden. Sowohl die Transmissionswellen als auch der bisher genutzte Antrieb der Nähmaschinenanlage - ein Elektromotor - konnten nach der Umstellung der Anlagen weiter genutzt werden.

Zu erwähnen ist in diesem Zusammenhang der Einfluß der relativen Materialknappheit in der Periode des zweiten Weltkrieges auf die technologische und materialmäßige Ausstattung des Produktionspotentials der deutschen Industrie. Die Knappheit an Ausrüstungsgütern erforderte kapitalsparende Rationalisierungsprogramme.

"Die Möglichkeit der Weiterverwendung vorhandener Teile ist in der heutigen Zeit wegen der Schwierigkeit der Materialbeschaffung von besonderer Bedeutung" (Jung (Hrsg.) : 1941, S. 50).

54) Vgl. hierzu den Abschnitt "Die Anwendung des Reihensystems im Bekleidungsindustrie-Großbetrieb", in: Jung (Hrsg.): 1941, S. 98 ff.

55) Vgl. hierzu : Meier : 1955, S. 63 ff.

56) Hierzu zählten in diesem Beispiel:
- Leibfutter
- Einlage und Plack
- Vlieseline-streifen
- Unterkragen-leinen und Kragenfilz.

57) Das Denken in Bandkategorien ist heute in der Bekleidungsindustrie auch dort noch festzustellen, wo starre Verkettungssysteme von Arbeitsplätzen durch die flexiblere 'rollende' Bündelfertigung abgelöst worden sind. Hierbei schlägt sich die Bandideologie besonders in der

linearen Aufstellung der Arbeitsplätze nieder; der organisationstechnische Zwang dazu ist allerdings durch eine starre Transportanlage nicht mehr gegeben. Als weitere Belege für ein anhaltendes "Banddenken" kann die insbesondere in der Herrenoberbekleidungsindustrie konservierte Schiebeband-Transporttechnologie gelten, an deren Einsatz viele Betriebe trotz veränderter Absatzmarktbedingungen - die prinzipiell weniger stark verkettete Produktionsstrukturen erfordern - festhalten. Auch die in der Bekleidungsindustrie häufig benutzte Bezeichnung 'Bandleiter/in' für das mittlere Führungspersonal ist ein beredtes Zeugnis dafür, wie stark in diesem Industriezweig Denkstrukturen von starren Produktionsstrukturen geprägt worden sind.

58) Zu Taylor's Rationalisierungsprogramm - insbesondere der Formalisierung der Arbeitsorganisation des betrieblichen Produktionsprozesses vgl. u. a. Rammert : 1982 b, S. 37 ff.

59) Zur Übernahme 'amerikanischer Fabrikationsmethoden' in der deutschen Bekleidungsindustrie - speziell bei der Herstellung von Berufsbekleidung vgl. Proenen : 1926, S. 11.

Auch für die Herrenoberbekleidungsindustrie galt die systematische Arbeitsteilung in der Form der Fließarbeit, wie sie sich in den nordamerikanischen Produktionsstätten von Herrenoberbekleidung schon seit längerer Zeit durchgesetzt hatte, als Vorbild zur Rationalisierung des Produktionsprozesses. Vgl. hierzu Leitzke : 1932, S. 48.

60) Zur Organisation des fließbandgestützten Produktionsprozesses in der Wäschekonfektion vgl. Kluge : 1928, S. 445 ff.; Eberhardt : 1931, S. 87 ff.

61) Die entsprechend dem angeführten Fallbeispiel zur Verwendung gelangten Fördergurte - als Trag- und Zugelemente des Gurtförderers - bestanden aus 2 - 3 mm starken, in Atlas- oder Köperbindung gewebten Baumwoll- oder Zellwoll-Zwirnbändern. Um eine für den Einsatzzweck notwendige Festigkeit des Fördergurtes zu erreichen, ist dieses Gewebe in einem Spezialverfahren ausgerüstet worden. Vgl. hierzu Bitzenhofer : 1950, S. 241.

62) Von Conze wird der Steuerungsmechanismus der 'neuen' Fließbänder folgendermaßen beschrieben:

"Die neueste Form für die regelbare Minima-Maxima-Laufgeschwindigkeit an Fließband-Taktstraßen sind die mit einem Uhrwerk verbundenen, zentral gesteuerten Getriebe, bei denen sich nach einer jeweils beliebig einzustellenden Rhythmuszeit der Antriebsmotor der Fließbandaggregate mittels Relaisschaltung vollkommen selbständig einschaltet, das Transportband um eine jeweils gegebene Feldlänge - beispielsweise 0.70 m - weiterführt und dann wieder ausschaltet. Durch weitere Schaltvorgänge können die einzelnen Phasen des Einschaltens, der Bewegung und Weiterführung des Transportbandes sowie das Ausschalten des Motors durch Gelb-Rot-Grün-Lichtzeichen optisch oder mittels Gong akustisch angezeigt werden" (Conze : 1953, S. 150).

63) Mit der Einführung der Fließarbeit innerhalb der industriellen Herstellung von Bekleidung - in dessen letzter Konsequenz das laufende Band im Produktionsprozeß als mechanisches Transportmittel eingesetzt worden ist - traten zwei bedeutende Nähmaschinenhersteller auch als Anbieter von Fördermitteln bzw. -technologien für die Bekleidungsindustrie auf.

"Pionierarbeit leistete auf diesem Gebiete in Deutschland die Dürkopp-AG in Bielefeld, deren Fließbandanlagen von der gesamten Bekleidungsindustrie als vorbildlich bezeichnet werden" (Leitzke : 1932, S. 54).

Lay-outs mit 'Pfaff-Doppelbändern' der G. M. Pfaff AG, Kaiserslautern, wurden in der von Jung 1941 herausgegebenen Schrift 'Produktionstechnische Verfahren in der modernen Bekleidungsindustrie' vorgestellt. Vgl. hierzu Jung (Hrsg.) : 1941, S. 49.

64) Bei seinem ersten Einsatz wurde das Fließband zunächst mit den in einer Reihe nebeneinander (Reihensystem) aufgestellten Nähmaschinen kombiniert. Hierbei wurden die Bänder in ein- bzw. zweireihige 'Kraftbetriebsanlagen' eingebaut.

"Die ersten Fließbänder, die konstruiert wurden, waren aber nicht besonders geeignet, sie konnten vielleicht lediglich zum Transport des Arbeitsgutes verwendet werden, da man die Reihenanlagen beibehielt, und nur die Mulden ersetzte. Ein 'Fluß der Arbeit' konnte nicht erreicht werden, weil Handnäharbeiten und Bügelarbeiten nicht in der erforderlichen Reihenfolge eingefügt werden konnten" (Jung (Hrsg.) : 1939, S. 41).

65) Um einen für den Materialfluß notwendigen gleichbleibenden Abstand zwischen den Transportfeldern des Bandes und den einzelnen im Band aufgestellten Betriebsmitteln zu garantieren, wurden die Schnellnäher in einigen Fällen an ihrem jeweiligen Standort fest an den Boden montiert. Zusätzlich sind die Maschinengestelle mit dem Rahmen des Fließbandes mittels einer Schraubenverbindung befestigt gewesen. Vgl. hierzu Bitzenhofer : 1950, S. 241.

66) In dem von Bitzenhofer dargestellten Fallbeispiel des Einsatzes einer modernen Taktbandanlage betrug die Dauer für den Vorlauf einer Bandstrecke von 1260 mm zwischen den einzelnen Arbeitsplätzen 5 Sekunden. Vgl. hierzu Bitzenhofer : 1950, S. 240.

67) Im Rahmen einer empirischen Untersuchung über Arbeitspausen in Betrieben bei freier und zeitgebundener Arbeit (Fließarbeit) untersuchte Graf das Ausmaß arbeitsablaufbedingter Wartezeiten während einer Schichtdauer von 9 1/2 Stunden am Fließband einer Konfektionsfabrik. Das Ergebnis zeigt, daß die prozentuale Verteilung der ablaufbedingten Wartezeiten zwischen 0.7 % und 28.5 % der Schichtzeit streute. Vgl. hierzu Graf : 1954, S. 19.

68) Der Materialtransport erfolgte in diesen Fällen derart, daß die Näherin das zu bearbeitende Teil ihrer Kollegin

am folgenden Arbeitsplatz herüberreichte bzw. zuwarf, nachdem sich das Band weiterbewegt hatte (Kohnnagel : 1956, S. 393).

69) Einer taktgebundenen Organisation der Produktion entspricht auch die Abwesenheit des Einzelakkordes. Die Gruppenarbeit am Fließband schlug sich auf der Ebene der betrieblichen Lohnpolitik in der Weise nieder, daß vielfach Gruppenprämien gezahlt worden sind. Mit der Anwendung dieser lohnpolitischen Gestaltungsvariante wurde ein Anreiz dazu gegeben, eine Gruppennormalleistung nicht nur zu erfüllen, sondern zu übertreffen. Beim Überschreiten der Soll-Tagesleistung durch die Gruppe wurde dann ein Prämienzuschlag gezahlt. Zugleich sollte mit Hilfe dieses Lohnsystems auf eine homogene Leistungsabgabe der einzelnen Mitglieder der Gruppe hingewirkt werden.

70) Bei den Organisationsformen nach dem Flußprinzip mit stark verketteten Arbeitsplätzen ist die gleichzeitige Bearbeitung eines Kleidungsstückes an mehreren Arbeitsplätzen nur durch die Integration sogenannter Vorbereitungsarbeits- bzw. Zubringergruppen möglich.

71) Vgl. hierzu Hopf : 1985, S. 16 ff.

72) Vgl. hierzu Augustin : 1964, S. 102.

73) Vielfach handelt es sich hierbei um betriebsspezifische Lösungen, bei denen die Förderanlage teilweise in betrieblicher Eigenleistung, teilweise in Zusammenarbeit mit Betriebseinrichtungsfachleuten erstellt wurde.

74) Vom Prinzip her basiert die hängende Fertigung als flurfreie Transportechnologie darauf, halbfertige Kleidungsstücke nicht nur in hängendem Zustand von Arbeitsplatz zu Arbeitsplatz zu transportieren, sondern auch weitestgehend in diesem Zustand zu bearbeiten. Im Idealfall ist diese Förder- und Organisationsweise für den gesamten Materialdurchlauf - von den dem Zuschnitt folgenden Fertigungsabschnitten bis zum Lager bzw. zum Versand des fertigen Kleidungsstückes - anzuwenden.

Die Ausführung sämtlicher Be- bzw. Verarbeitungsschritte in hängendem Zustand bei der Herstellung von Kleidungsstücken ist aus unterschiedlichen Gründen zumindest zu Beginn der Einführung der 'hängenden Fertigung' in der ersten Hälfte der 60er Jahre noch nicht möglich gewesen. Als wesentliche Restriktionen für einen in der BRD zunächst über die Damen- bzw. Herrenhosenfertigung nicht hinausgekommenen Einsatz sind neben prinzipiellen ökonomischen Voraussetzungen die derzeit der Fertigung einer breiteren Palette von Kleidungsstücken noch nicht angepaßten Werkstückträger anzuführen.

Diese Defizite, insbesondere an geeignet konstruierten Halteelementen, ließen es z.B. prinzipiell nicht zu, bestimmte Arbeitspositionen im hängenden Zustand auszuführen. Stellvertretend für Prozeßschritte, die bei dem damaligen Stand des Angebotes an Werkstückträgern nicht in geklammertem Zustand ausgeführt werden konnten, sind folgende aus der Hosenfertigung stammende Beispiele zu nennen: Seitennähte schließen, Seitennähte ausbügeln. Insbesondere infolge eines zunehmenden Angebotes differenzierter Klammerformen als auch bestimmter, im weitesten Sinn arbeitsplatzgestalterischer Maßnahmen wird die 'hängende Fertigung' heute nicht nur in der Hosenfertigung, sondern auch bei der Herstellung von Kleidern, Mänteln, Sakkovorderteilen sowie in verschiedenen Bereichen der Wäscheherstellung eingesetzt.

Zu den auf die aktuellen Umstände bezogenen inner- und außerbetrieblichen Voraussetzungen einer 'hängenden Fertigung' für die bundesdeutsche Wirtschaftsregion vgl. Hopf : 1985, S. 16 ff.

Eine Flexibilitätsbedingung, wie Hopf sie in seiner Definition an das Hängefertigungssystem stellt, würde bestimmte frühe Formen der hängenden Fertigung nicht als solche ausweisen: "Ein Hängefördersystem ist als Hängefertigungssystem zu bezeichnen, wenn die zu bearbeitenden Materialien und Zutaten ausnahmslos im hängenden Zustand bearbeitet werden können. Die Arbeitsplätze müssen untereinander individuell ansteuerbar sein. Einzelteile, Eilaufträge müssen ohne Beeinflussung des normalen Ablaufes an allen Plätzen durchführbar sein" (Hopf : 1978, S. 388).

In gewisser Weise können die ersten flurfreien reinen Transportanlagen als Vorläuferin des Produktionssystems 'hängende Fertigung' gelten. Zur Stützung der Steuckart'schen Aussage, daß 1906 in Meissen ein Patent zur hängenden Fertigung angemeldet worden sei, sind während der Bearbeitung der einschlägigen Literatur keinerlei Belege gefunden worden. Zusätzlich bleibt unklar, ob in diesem Zusammenhang eine 'hängende Transportanlage' oder eine 'hängende Fertigung' sowie deren Einsatz in der Bekleidungsindustrie gemeint war (Vgl. Steuckart : 1971, S. 1325 ff.). Erste Anlagen der 'hängenden Förderung' hatten in der Fabrikation von fertiger Herrenoberbekleidung - hier im Näh- und Bügelbereich - unter den Bezeichnungen 'Kreistransporteur' (Walter : 1928, S. 86 ff.) in einer der ersten Herrenoberbekleidungsfabriken gegen Ende der 20er Jahre sowie als 'Hängeschalenband' (vgl. hierzu Kapitel 4.5. des Anhanges) zu Beginn der 50er Jahre in nur geringem Ausmaß Eingang gefunden.

Diesen mechanisch angetriebenen flurfreien Förderanlagen war aufgrund der Gestaltung ihrer Transportelemente - Schalen bzw. Haken dienten zur Ablage bzw. zur Aufnahme der halbfertigen Werkstücke - gemeinsam, daß ihre Funktion bei der industriellen Herstellung von Oberbekleidung auf den reinen Transport der Zuschnitte bzw. der halbfertigen Kleidungsstücke von Arbeitsplatz zu Arbeitsplatz beschränkt blieben. Sämtlichen starr aufgebauten flurfreien Transportanlagen dieses frühen Typs fehlte - ebenso wie den starren und flurgebundenen Transportsystemen - die Möglichkeit des Einsatzes bei einer gleichzeitigen, nach Gestaltung, Farbe u.s.w. sich unterscheidenden Fertigung. Auch war diese Fördertechnologie nicht auf eine systematische Verbindung mit arbeitsgestalterischen Elementen - wie sie bei den modernen Systemen der hängenden Fertigung sehr ausgeprägt sind - angelegt.

Begünstigt worden ist die Einführung der hängenden Fertigung in Betrieben der Bekleidungsindustrie in der zweiten Hälfte der 60er Jahre deswegen, weil dieses Fertigungssystem gegenüber der in diesem Zeitraum vielfach eingerichteten 'rollenden' Bündelwagenfertigung unter spezifischen betrieblichen Bedingungen bestimmte Vorteile aufgewiesen hatte. Zu den Voraussetzungen, an die die Einführung der 'rollenden' Bündelwagenfertigung u. a. gebunden war - die in einigen Betrieben allerdings nicht ohne Probleme erfüllt werden konnten - zählten z. B. der bei diesem Fertigungssystem besonders hohe Bedarf an Arbeitsraum im Nähereibereich. Augustin führt als weitere Voraussetzungen für die 'rollende' Bündelwagenfertigung eine Mindestbündelstärke von 15 - 30 Teilen pro Bündel an. Er begründet diese Bündelgröße damit, daß bei kleineren Bündeleinheiten der Anteil der in der Vorgabezeit/Einheit enthaltenen Vorbereitungszeit zu hoch sei (Augustin : 1969, S. 3).

Die hängende Fertigung wird von ihm somit als das Produktionssystem angesehen, das einen der 'rollenden' Bündelwagenfertigung gleichwertigen Erfolg in den Betrieben zuließ, die hinsichtlich der Raumgröße bzw. der Bündelstärke nicht über die dazu notwendigen Voraussetzungen verfügt hatten. Das erste, bei der Herstellung von fertiger Oberbekleidung eingeführte, mehr oder weniger 'reine' hängende Produktionssystem ist weiterhin als ein Ergebnis von Überlegungen anzusehen, das zu Beginn der 60er Jahre hauptsächlich in der Endbügelei sowie im Fertigwarenlager eingesetzte System der hängenden Förderung in ein hängendes Fertigungssystem zu transformieren und dieses auch im davorgelagerten Nähbereich zu verwenden. Eine diesem Gedanken exakt folgende rückwärtige Verlängerung des in der Endbügelei sowie im Fertigwarenlager eingesetzten Kreisförderers o. ä. Transportanlagen in den gesamten Nähbereich hat nicht stattgefunden.

Dieses unter der Bezeichnung 'Hängeband' von PFAFF als Prototyp auf der Bekleidungstechnischen Tagung 1957 in Köln erstmals vorgestellte Fördersystem entsprach von seinem Transportprinzip und seinen Anwendungsmöglichkeiten den flurgebundenen mechanischen Transportsystemen. Allerdings wurden bei dieser flurfreien Variante eines Kreisförderers die mehr oder weniger fertigen Kleidungsstücke nicht in Kästen von einem Arbeitsplatz zum anderen befördert, sondern sie wurden entsprechend dem konstruktiven Aufbau der Förderanlage auf Kleiderbügeln hängend zwischen den einzelnen Arbeitsstationen bzw. von der letzten Arbeitsstation in das Fertigwarenlager transportiert.

Zu den Hauptbauelementen dieses unter der Decke verlegten Fördersystems gehörten neben einem Laufschienenstrang als Führungsbahn eine darin geführte Kreuzgelenkförderkette. Der Antrieb dieser Förderkette erfolgte durch einen von einem Elektromotor bewegten Schleppkettenantrieb. Bei Hängebandanlagen mit längerer Strangführung war es gegebenenfalls erforderlich, eine Spannstation sowie eventuell einen zusätzlichen Zwischenantrieb zu installieren.

Den baulichen und produktionstechnischen Erfordernissen des jeweiligen Betriebes entsprechend konnte die Führung des Förderstranges angepaßt werden; die Kreuzgelenkkette mit ihrer Laufschiene erlaubte eine problemlose Montage dieser Bauelemente und ließ eine beliebige Umlaufform zu.

Für die zu befördernden Kleidungsstücke standen verschiedene Ausführungen von Einhänge- und Abwurfvorrichtungen zur Verfügung. Es bestand nicht nur die Möglichkeit, die auf Kleiderbügeln hängenden Kleidungsstücke auf beiden Seiten des Förderstranges abzuwerfen, sondern mit Hilfe mechanischer bzw. elektromagnetischer Ausführungen der Einhänge- bzw. Abwurfvorrichtung eine große Anzahl von Arbeitsplätzen variabel anzusteuern. Der Abwurf erfolgte jeweils in Laufrichtung an der angesteuerten Stelle durch ein Abstreifen der Kleiderbügel auf ein seitlich zum Förderstrang angebrachtes Auffangrohr.

Aufgrund der spezifischen Gestaltung der Transportelemente in Abhängigkeit von dem Aufbau der gesamten Förderanlage, insbesondere wegen des Transports der Kleidungsstücke auf einem Kleiderbügel in hängendem Zustand ist mit dem Einsatz dieser Transporttechnologie eine begrenzte Nutzung im Bekleidungsindustriebetrieb verbunden gewesen. Ein Einsatz dieses Kreis- bzw. Bügelförderers konnte erst ab einem bestimmten Stadium des Fertigungsfortschrittes sinnvoll erfolgen. Weiterhin war es - je nach Kleidungsstück - nur in den Fällen bestimmter Arbeitspositionen möglich, diese an dem hängenden Kleidungsstück überhaupt auszuführen. Innerhalb des Produktionsabschnittes 'Endfertigung' sind es unter diesen Bedingungen nur sehr wenige Näharbeitspositionen gewesen, die in das 'Hängeband' integriert werden konnten. Die Verbindung dieser Fördertechnologie mit arbeitsgestalterischen Elementen an Näharbeitsplätzen war wegen des Kleiderbügels als Werkstückträger nicht möglich. Umsomehr war diese Transporttechnologie dazu geeignet, den Transport der Werkstücke vom Nähbereich zur Bügelei sowie dort zwischen den einzelnen Bügelplätzen zu übernehmen. Darüber hinaus konnte der Transport der hängenden Kleidungsstücke von der Bügelei zu den Kontrollstellen und von dort aus in das Fertigwarenlager mechanisch gesteuert ausgeführt werden. Auf diese Weise wurden die genannten Bereiche materialflußmäßig verkettet (Graf : 1964, S. 607; o. V. : 1959, S. 3 ff; o. V. : 1971, S. 322 ff; o. V. : 1960, S. 622 ff.).

Innerhalb der Organisationsform der 'hängenden Fertigung' haben einerseits die Führung der Laufschienen und andererseits die Konstruktion der Antriebs- und Steuerungselemente eine zentrale Bedeutung für die Flexibilität sowie für den Mechanisierungsgrad von Transport und Steuerung der Förderanlage. Weiterhin ist die Konstruktion von geeigneten Werkstückhalteelementen nicht nur eine Voraussetzung, sondern ein zentraler Ansatzpunkt, um dieses Organisationsprinzip im Nähereibereich zu verwirklichen. Neben der Gestaltung des Schienenstranges sowie dem Mechanisierungsgrad des Antriebes und der Steuerung ergaben sich insbesondere in Abhängigkeit von der Konstruktion der Roll- sowie der Halteelemente unterschiedliche Konfigurationen der hängenden Fertigung. Die Gestaltung der Halteelemente ist dabei in gewisser Weise als Achillesferse der hängenden Fertigung zu bezeichnen. Nicht nur das Spektrum der Nutzungsmöglichkeiten der hängenden Fertigung wird dadurch bestimmt, gleichzeitig haben mit der Weiterentwicklung der Halteelemente deren arbeitsgestalterische Konsequenzen eine zusätzliche als auch zunehmende produktionsorganisatorische Bedeutung gewonnen.

75) Um ein Mindestmaß an Stabilität der Förderanlage zu erhalten, werden einige Ständer im Fußboden festgeschraubt. Vgl. o. V. : 1978 a, S. 91.

76) Vgl. S. 444 ff. dieser Untersuchung.

77) Vgl. S. 388 ff. dieser Untersuchung.

78) Eine der Kastenbandanlage ähnliche Transporttechnologie war das sog. 'Halbschrittaktband'. Die Eigentümlichkeit dieses Förderbandes bestand darin, daß es sich nach Ablauf eines Taktes nur um die Hälfte eines Platzabstandes weiterbewegte. Genau wie bei der Kastenbandanlage befand sich insgesamt die doppelte Menge an Halbfertigteilen im Band wie Arbeitsplätze ausgewiesen waren; d.h. zwischen den Arbeitsplätzen war jeweils ein Teil als Puffer gelagert. Vgl. hierzu Heßland : o. J. b., S. 211.

79) Aufgrund der Abmessungen von Kastenlänge und Platzabstand im - einreihigen - Taktband war im idealtypischen Fall jedem einzelnen Arbeitsplatz nur ein 'Materialkasten' zugeordnet. Eine Bildung von Arbeitspuffern war somit nur bei einer Teilung dieser Fläche möglich, was gleichzeitig eine Beschränkung der Bündelstärke bzw. auf weniger platzaufwendige Produkte bedeutete. Bei der Herstellung von Oberbekleidung waren dieser Anwendung klare Grenzen gegeben.

80) Die dem 'Stoßband aufnähen' folgende Arbeitsposition 'Säume anschlagen' wird als letzte Arbeitsposition in geklammertem Zustand ausgeführt. Bei allen folgenden Arbeitsgängen werden die Werkstücke während ihrer Bearbeitung nicht mehr in der Klammer festgehalten.

81) Die 'Hängeschlittenbahn' kann innerhalb der Sakkofertigung als 'reine' hängende Fertigung z. B. bei der Ärmelschlitzfertigung eingesetzt werden. Als reines Transportmittel findet sie unter der Voraussetzung von speziell für diesen Zweck gebauten Laufschlitten bei der Fertigung der Sakkorümpfe und in der Sakkoendfertigung Eingang.

82) Zu den Vorteilen dieser Organisationsform aus damaliger Sicht vgl. Zajonc : 1972, S. 251 ff.

83) Die mit dieser Klammerkonstruktion aus heutiger Sicht verbundenen Nachteile bestehen in erster Linie - gemessen an modernen Werkstückträgerkonstruktionen - im relativ hohen Handlingsaufwand am einzelnen Arbeitsplatz.

Dieses Problem ist tendenziell mit dem Übergang von der Bündelfertigung zur Einzelfertigung (1-er Bündel) aufwandsparender gelöst worden. Diese Art der Organisation der Weitergabe des Materials hatte neben dem arbeitsgestalterischen Nutzen auch den Vorteil einer deutlichen Verkürzung der Durchlaufzeit des Materials zur Folge.

84) In diesem Zusammenhang ist auf die vielen unbekannten betriebsindividuellen Kombinationen einzelner Bausteine hinzuweisen, die den unterschiedlichen betrieblichen Anforderungen angepaßt sind oder auch einfach unterschiedliche Auffassungen der jeweiligen betrieblichen Entscheidungsträger zur Organisation des Produktionsprozesses widerspiegeln. Es muß sich hierbei nicht notwendig um die Kombination von am Markt angebotenen Systemelementen handeln. Zum Teil wurden auch von der eigenen Schlosserei angefertigte Elemente eingesetzt.

85) Diese Schräglage des Laufrollenpaares ergänzt sich zu der im Winkel von 90° satteldachförmig verlaufenden Laufschiene. Insgesamt stellt sich dadurch beim Transport des mit Werkstücken beladenen Trolleys ein hohes Maß an Eigenstabilität - insbesondere im Verlauf von Kurven - ein. Trotz dieser gegen ein Herausfallen gesicherten Aufhängung der Trolleys sind diese durch einen geschickten Handgriff an jeder beliebigen Stelle des Transportsystems ein- bzw. auszuhängen.

86) Auf einem Trolley befinden sich im Fall einer Hosenproduktion je nach Fertigungsfortschritt entweder 10 Vorderhosen und 10 Hinterhosen oder 20 linke bzw. rechte Hosenhälften.

87) Für die tägliche Produktionsmenge von ca. 1200 Hosen wird eine volle Arbeitskraft für die Bedienung des Umsetzwagens eingesetzt.

88) Mit der exemplarischen Darstellung von Stadien der oganisatorischen Rationalisierung in der Bekleidungsindustrie vom Typ Taktband - Umlaufförderer - 'rollende' Bündelfertigung soll in keiner Weise unterstellt werden, daß diese Folge von Rationalisierungsschritten ein verbindliches und von allen Anwendern der genannten Transportanlagen praktiziertes Muster arbeitsorganisatorischer Veränderungen gewesen ist. Mit dieser Ablauffolge wird allerdings idealtypisch der Weg von 'starren' zu 'flexiblen' Produktionsstrukturen auf Branchenebene ausgedrückt.

89) Als eine wichtige bauliche Voraussetzung für die freie Aufstellung der Nähmaschinen und der Bügeltische im Raum ist die Energie- und Luftversorgung von der Decke zu nennen. Die Energiezuführung für die Betriebsmittel verläuft von an der Decke befestigten Stromschienen über Kabel zu den Anschlüssen an den einzelnen Arbeitsplätzen. Analoges gilt für die Anlage der Drucklufteinleitungen sowie für die Dampf- und Vakuumversorgung. Eine Installation der Versorgungsleitungen unmittelbar über der ebenen Erde würde den Materialtransport von Arbeitsplatz zu Arbeitsplatz mit dem Rollwagen bzw. dem Rollständer erheblich beeinträchtigen.

90) In vielen Fällen handelt es sich hierbei um betriebseigene, auf den spezifischen Verwendungszweck im jeweiligen Produktionsbereich hin konstruierte Transportmittel

91) Primäre, im Zusammenhang mit der Produktionssteuerung und -überwachung für die mittleren Führungskräfte anfallende Aufgaben bestehen darin,

- auf der Ebene der Grobsteuerung einzelne Größen des Produktionsdurchlaufes zu bestimmen. Hierzu gehören die Festsetzung der Gruppenstärke der jeweiligen Fertigungsabschnitte entsprechend den Vorgabezeiten, die Platzbesetzung, die Berechnung der Durchlaufzeit usw.

- auf der Ebene der Feinsteuerung den Einsatz der Arbeitskräfte hinsichtlich einer ausgeglichenen Arbeitsplatzbelastung vorzunehmen. Kapazitätsschwankungen - die nicht mehr über Materialpuffer ausgeglichen werden können - zwingen die Gruppenleiter/ innen zu häufigem Umsetzen der Arbeitskräfte in den einzelnen Arbeitsgruppen als auch zwischen diesen. Verursacht werden die Kapazitätsschwankungen sowohl bei Formenwechsel als insbesondere dann, wenn Modelle mit sich stark unterscheidenden Vorgabezeiten und einer voneinander unterschiedlichen Folge der Arbeitspositionen abwechselnd eine Gruppe durchlaufen.

- den zeitlichen Arbeitsablauf termingerecht zu steuern. Die hierzu notwendigen Maßnahmen bestehen darin, eine laufende Überwachung des Produktionsfortschrittes vorzunehmen. Ein mehrmaliger Vergleich von Soll- und Istdaten innerhalb einer Produktionsschicht dient dazu, eventuelle Störungen im Produktionsablauf so rechtzeitig zu erkennen, daß mit Hilfe von angemessenen Umdispositionen Ziele des betrieblichen Produktionsprozesses - insbesondere die Einhaltung von Terminen sowie von Stückzahlen - erreicht werden.

92) Die Durchgängigkeit des Einsatzes der 'rollenden' Bündelfertigung vom Zuschnitt bis zur Endabnahme besteht in der Praxis allerdings nicht in jedem Fall. Vielfach werden entweder in bestimmten Fertigungsbereichen oder ab einem bestimmten Fertigungsabschnitt andere Transporteinrichtungen eingesetzt. Als Fallbeispiel für die Hosenproduktion kann die folgende in der Praxis realisierte Lösung angeführt werden: Bis zum Arbeitsgang 'Bund aufnähen' wird die Hose im 'rollenden' Bündelsystem gefertigt. Danach werden die Hosen einzeln in hängendem Zustand bearbeitet und transportiert.

93) Zur Gegenüberstellung der Bearbeitungsdauer von Aufträgen auf der Basis fließender Fertigung einerseits und bündelartiger Arbeitsverfahren andererseits vgl. Steuckart : 1959, S. 649 ff.

94) Zum Quadratmeterbedarf pro Arbeitsplatz bei der 'rollenden' Bündelfertigung vgl. Strecker : 1973, S. 336.

95) Bei der prämechanischen Varionanlage wurde der Transport der einzelnen Materialbehälter zwischen den einzelnen Arbeitsplätzen von einer Arbeitsperson ausgeführt. Eine Verteilerin beförderte die Kästen mit der Hand von Arbeitsplatz zu Arbeitsplatz. Je nach Größe der Materialkästen und der Entfernung zwischen den Arbeitsplätzen war es sinnvoll, bei diesen Transportarbeiten einen kleinen Transportwagen zu Hilfe zu nehmen. Durch diese Vorgehensweise konnte gleichzeitig eine Qualitätskontrolle zwischen den einzelnen Arbeitsgängen erfolgen. Unmittelbare An- bzw. Abtransportarbeiten des Näh- bzw. Bügelgutes fielen für die einzelnen Arbeitspersonen an den Nähmaschinen oder an den Bügeltischen nicht an.

Die Varionanlage auf prämechanischem Niveau bestand aus zwei durch einen Laufgang getrennten Gestellen, die wiederum als eine horizontale Abstell- sowie eine schrägliegende Arbeitsbahn aufgestellt waren. Die außenliegenden, den Arbeitsplätzen zugewandten Arbeitsbahnen, dienten zum Abstellen der Materialkästen. Die zum Laufgang hin liegenden Bahnen wurden zum Abstellen von Materialkästen mit jeweils bearbeitetem Nähgut genutzt. Von diesen Abstellbahnen wurden die Behälter mit halbfertigen Arbeitsgegenständen durch die Arbeitsverteilerin zu dem nächsten Arbeitsplatz gebracht. Der jeweilige nächste zu versorgende Arbeitsplatz war durch Arbeitsplatz-Nummernkarten, die in einem auf dem Transportkasten sichtbar aufgesteckten Reiter angebracht waren, gekennzeichnet.

Die den Arbeitstischen zugewandten Seiten der anlage sind nur mit Montagebrettern für die Elektroinstallation - für den elektrischen Anschluß der Nähmaschinen und der Bügeleisen - ausgestattet gewesen, während die dem Transportgang zugewandten Innenseiten offen blieben und somit einen Vorrat von Materialkästen an den Arbeitsplätzen ermöglichte. Die Anlage selbst war von der Länge her flexibel einzurichten, d.h. sie konnte beliebig verlängert oder verkürzt werden. Auch konnte sie den jeweiligen räumlichen Bedingungen entsprechend, d.h. geradlinig, in L- oder U-Form aufgestellt werden.

96) Neben dem Einsatz dieser Transporttechnologie bei der Herstellung von Bekleidung aus Textilien wurden Transportanlagen dieses Typs in der Schuh- und Lederindustrie aufgestellt.

97) Von der Herstellerfirma Dürkopp wurde dieses Transportsystem unter der Bezeichnung 'Verteilerförderer' am Markt angeboten.

98) Der Einsatz dieses Anlagetyps ist nicht auf die Bekleidungsindustrie beschränkt. Zu den weiteren Einsatzgebieten zählen u.a. die Montagebereiche in der Elektroindustrie sowie in der Schuhherstellung.

99) Der Platzbedarf der Direktbeschickungsanlage ist innerhalb der Organisationsvarianten des Schulsystems nur gegenüber der Varionanlage sowie dem Kastenband geringer. Er entspricht ungefähr dem räumlichen Bedarf der Produktionssysteme Schiebeband, Fließband usw.

Von der Konstruktion her gesehen ist ein Regalbediengerät ein auf Schienen geführter Stahlträger mit einer senkrecht bewegbaren Brücke, die bei der Behälterentnahme den Behälter aus dem Regal übernimmt bzw. ihn bei der Einsortierung dem Regal übergibt. Der Bewegungsablauf des Gerätes erfolgt entweder sukzessiv, d.h. der horizontale und der vertikale Bewegungsvorgang erfolgen hintereinander oder die horizontale Fahrbewegung und die vertikale Hubbewegung überlappen sich (Richter : 1979, S. 10.7./12). Gesteuert wird der Prozeß der Behälterbeförderung mittels unterschiedlicher Steuereinrichtungen (Richter : 1979, S. 10.7/5.).

100) Dieses Fördersystem wurde in einer schwedischen Wäschefabrik entwickelt. Vgl. o. V. :1973, S. 162.

101) Anläßlich der IBM 1985 von verschiedenen Anbietern am Markt vorgestellte Produktionssysteme der hängenden Fertigung, die sich neben bestimmten veränderten Detailkonstruktionen insbesondere durch die Möglichkeit

der rechnergestützten Planung und Steuerung des Materialflusses bei der hängenden Fertigung ausweisen, sind in dem o. a. Wirtschaftsgebiet zu Beginn des Jahres 1986 noch nicht in der betrieblichen Praxis eingesetzt.

6. Vom Konfektionsgewerbe zur Bekleidungsindustrie - Das Verlaufsmuster der Entwicklung von der verlagsmäßigen zur industriell organisierten Produktion von fertiger Oberbekleidung

Das Verhältnis von Technik, Arbeitsorganisation und Arbeitseinsatz im Prozeß der Rationalisierung industrieller Produktion ist ein zentrales Thema der Industriesoziologie. Argumentativer Bezugspunkt blieben lange Zeit die Branchen der taylorisch-fordistischen Betriebsorganisation - wie die Automobil- oder Elektroindustrie - ihre Organisationsformen, Arbeitsbeziehungen und ihre 'systemische' Transformation im Zuge der mikroelektronischen Wende, oder aber Orte von technisch hochqualifiziertem Facharbeiter- oder Ingenieurswissen, wie die Maschinenbaufabrik oder die Labors der High-Tech-Hersteller. Mit etwas Übertreibung kann gesagt werden, daß die Diskussion um die 'Fabrik der Zukunft' im Schatten der Automobilproduktion - Stichwort Toyotismus - steht. Diese Diskussion gibt ein Modell für zukünftige Formen des industriellen Produktions- und Arbeitsprozesses ab. Diejenigen Branchen aber, die nicht zu den Vorreitern automatisierter Produktionsprozesse gehören, und in denen retardierende und zum Teil noch fertigungstechnologische Elemente des Handwerks eine Rolle spielen, haben weniger Aufmerksamkeit gefunden. Wenn sie - wie die Bekleidungsindustrie, zu deren Konstitutionsbedingungen immer noch die intensive Nutzung der weiblichen Arbeitskraft gehören - in das Blickfeld der Industriesoziologen gelangten, dann eher in Form von querschnittartigen Einzelanalysen, wie in HdA-Projekten. Die in den vorigen Kapiteln dargelegte historische Entwicklung von Technik, Arbeitsorganisation und Arbeitseinsatz unter den seit der Mitte der 70er Jahre besonders hohen Flexibilitätsanforderungen des Marktes versucht dem Mangel an historisch gerichteten Studien im Schnittpunkt von Technik- und Industriesoziologie abzuhelfen. Die nachfolgenden Ausführungen ziehen ein Resümee.

Mit der Gründung der ersten Konfektions-Engrosfirmen gegen Ende der dritten Dekade des vorigen Jahrhunderts begann sich der Verlag als Organisationsform der Herstellung von fertiger Oberbekleidung auf einer höher entwickelten Ebene fortzusetzen. Dieses konnte deswegen gelingen, da sich die Grundstrukturen des Verlages während einer jahrhundertelangen, im lokalen Maßstab teilweise illegal durchgeführten Kleiderfertigung für den (Alt)kleiderhandel herausgebildet hatten. Die Errichtung des Verlages als Organisationsform der jungen Konfektionsbranche erfolgte insofern auf einer höheren Stufenleiter, als daß die bis dahin den Kleiderhandel dominierende Beziehung Produzent - Kleiderhändler durch das Dazwischentreten der nach dem Verlagsprinzip tätigen Konfektions-Engrosfirmen erweitert wurde. Diese Veränderung in der Zusammensetzung der Akteure war sowohl Ausdruck einer Verschiebung der Bedeutung von lokalen zugunsten nationaler bzw. internationaler Absatzmärkte als auch Folge des Wandels von sporadischen Einzelfertigungsaufträgen zur langsam einsetzenden Massenfertigung von Fertigkleidung.

Als nicht unwesentlich für die Bestimmung der Form der Organisation der Produktion (Fabrik oder Verlag ?) im sich entfaltenden Konfektionsgewerbe kann die Frage nach dem Einsatz der Nähmaschine im Produktionsprozess von fertiger Oberbekleidung angesehen werden. Konkret stellte sich das Problem, ob und inwieweit die Form der Produktionsorganisation durch die verwendete Technik beeinflußt wurde. Vom konstruktiven Aufbau der Nähmaschine wie auch von ihrer Nutzung als Einzelaggregat sowie vom stofflichen Produktionsprozess gingen keine zwingenden Einflüsse bezüglich ihrer Aufstellung aus. Ihr Einsatz war somit weder an bestimmte räumliche bzw. örtliche Bedingungen noch an einen zwingend einzuhaltenden organisatorischen Zusammenhang gebunden. Auch wegen ihrer damaligen Unabhängigkeit von mechanischem und zentralem Antrieb galt die Nähmaschine als ein autonom einsetzbares Einzelaggregat. Von der technischen Struktur dieses Produktionsmittels ging somit kein zwingender Einfluß weder auf eine bestimmte Organisationsform der Produktion noch auf eine spezifische Form der Arbeitsorganisation aus, innerhalb der sie ihren Einsatz als zentrales Produktionsmittel fand. Ihre einfache Handhabbarkeit sowie ihr unproblematischer Transport ließen es zu, sie an jedem beliebigen Ort aufzustellen und zu betreiben. Der Einsatz der nur wenige Jahre nach der Gründung der ersten (Damen)konfektionsunternehmen auf dem Technikmarkt angebotenen gebrauchsfähigen Nähmaschine bei der Herstellung von Fertigkleidung veränderte die eingeschlagene Richtung somit nicht. Im Gegenteil - die verlagsmäßig organisierte Produktion stabilisierte sich nicht nur unter dem Einfluß der Mechanisierung des Nähens, sondern sie begann sich - gestützt vom relativ starken Wachstum der Produktion in dieser Branche - in spezifischer Weise zu entfalten. Der nach der Konstruktion einer gebrauchsfähigen Nähmaschine erfolgte dezentrale, nicht-fabrikmässige Einsatz dieses wichtigsten Produktionsmittels bei der Herstellung von Bekleidung ist nur im Kontext spezifischer historischer sozio-ökonomischer Bedingungen zu sehen.

Stark beeinflußt wurde die Entwicklung des Verlagssystems von der spezifischen Struktur des Absatzmarktes für fertige Oberbekleidung. Neben der zunächst nur geringen quantitativen Ausprägung dieses Marktes war es die aufgrund der Saison- sowie Modeabhängigkeit typische Instabilität des Absatzes der meisten Bekleidungserzeugnisse die zu den deutlichen komparativen Kostenvorteilen des Verlagssystems gegenüber dem mit höheren fixen Kosten verbundenen Fabriksystems führte.

In dem von starken saisonalen Schwankungen des Absatzes geprägten Konfektionsgewerbe wurden umfangreiche Investitionen durch die Konfektionsbetriebe in Fabrikgebäude, Maschinen usw., d.h. in konstantes Kapital, mangels ausreichender Rentabilität bis zum ersten Weltkrieg kaum vorgenommen. Je nach der Beschaffenheit des Arbeitsmarktes sowie der Konstellation der Nachfrage mußte die Anlage des konstanten Kapitals nach den Kapazitäten ausgerichtet werden, wie sie zu Saisonspitzen notwendig waren. Im Gegensatz zu beschäftigungsstarken Phasen in der Hochsaison war eine Verzinsung des konstanten Kapitals in beschäftigungslosen bzw. beschäftigungsarmen Zeiten zwischen den Saisons bzw. in der Nebensaison gar nicht oder nur in geringem Maß gegeben.

Um ihr Angebot zu Beginn einer neuen Saison auf dem jeweils aktuellsten Stand zu präsentieren, war es für die Betriebe nicht lohnend , zwischen den Saisons Kleidungsstücke auf Vorrat zu produzieren. Es hätte für die Anbieter von Fertigkleidung ein zu großes ökonomisches Risiko nach sich ziehen können, vor genauer Kenntnis des zu verarbeitenden Materials sowie der Einzelheiten der gestalterischen Ausführung eines Kleidungsstückes dessen Produktion in grossen Mengen aufzunehmen. Nur durch die zweimal im Jahr erfolgte Konzentration der Produktion auf jeweils wenige Wochen konnte der Konfektionsbetrieb der Gefahr entgegentreten, unverkäufliche Waren herzustellen. Den aus diesen Bedingungen des Absatzmarktes hervorgegangenen Anforderungen an die Organisation einer rentablen Produktion von Fertigkleidung konnte nur die Organisation im Verlagssystem gerecht werden.

Mittels dieser Organisationsform war es dem Verlegerbetrieb problemlos möglich, seine Produktionsaufträge den Erfordernissen des Absatzmarktes entsprechend elastisch ausführen zu lassen. Gelingen konnte dies deshalb, da sowohl Konfektions- als auch Zwischenmeisterbetriebe die vom Absatzmarkt ausgegangenen Einflüsse auf die spezifischen Strukturen des Arbeitsmarktes bezogen und in dieser Konsequenz die Bekleidungsproduktion sowohl in Werkstätten- als auch in Heimarbeit äußerst elastisch organisierten. In dieser Organisation lag der entscheidende Vorteil des Verlagssystems gegenüber dem Fabriksystem. Nur eine ganz besonders flexible Organisation der Produktion garantierte unter den Bedingungen eines gering entwickelten sowie instabilen Absatzmarktes die Anpassung des Produktionsapparates an durch Saison und Mode ausgelöste Schwankungen der Nachfrage.

Mit der Durchsetzung des Verlagssystems als allgemeinem Prinzip der Organisation der Produktion in dieser Branche war die konkrete Gestaltung der Beziehungen zwischen den Akteuren nicht notwendig festgelegt. Neben der Art und der Anzahl der am Produktionsprozeß beteiligten Akteure war es grundsätzlich offen, wie die Koordination der Herstellung von Fertigkleidung inhaltlich sowie örtlich vorgenommen wurde. Es waren die jeweils besonderen, für die Betriebe relevanten Bedingungen des Arbeitsmarktes einerseits und des Absatzmarktes andererseits, auf die sie sich in ihrem Handeln bezogen und so die konkrete Durchsetzung des Verlagssystems im Konfektionsgewerbe realisierten.

Die den Bedingungen des Absatzmarktes entsprechende elastische Organisation der Produktion bedeutete für den Betrieb einen flexiblen und nach Qualifikation und - damit zusammenhängend - nach Geschlecht differenzierten Einsatz von Arbeitskräften. Wegen sehr unterschiedlicher Bedingungen in den Teilbranchen des Konfektionsgewerbes sowie auf den entsprechenden regionalen Arbeitsmärkten usw. setzte sich in diesem Prozeß der Entfaltung von Beziehungen zwischen Verlegern und hausindustriellen Produzenten zunächst kein dominierender

Produktionstyp durch. Im Gegenteil - die Entfaltung des hausindustriellen Produktionsapparates im Konfektionsgewerbe führte zu facettenreichen Formen von Beziehungen zwischen den Akteuren und damit zu unterschiedlichen organisatorischen Formen der Bekleidungsherstellung innerhalb des Verlagssystems.

Es gelang den Verlagsbetrieben, ihren Produktionsapparat den jeweiligen Schwankungen in der Nachfrage anzupassen: So waren sie einerseits in der Lage, unter Heranziehung sämtlicher erreichbarer Arbeitskräfte die Produktion ruckartig auszudehnen und andererseits die Produktion ebenso plötzlich wieder einzuschränken oder ganz einzustellen. Möglich war diese elastische Organisation der Produktion sowie ihre Dominanz in den ersten einhundert Jahren des Bestehens dieser Branche nicht allein durch die Vergabe der Arbeitsaufträge im Rahmen von Werkverträgen, sondern in besonderer Weise durch die Struktur des Angebotes an Arbeitskräften, welches zum Einsatz in diesem Wirtschaftszweig massenhaft zur Verfügung stand.

Von zentraler Bedeutung für die elastische Organisation der Produktion war der Einsatz sowohl von männlichen als auch von weiblichen Heimarbeitern. Diese führten die ihnen von den Verlegern entweder direkt oder über einen Zwischenmeister vermittelt erteilten Aufträge in ihren - meist gemieteten - Wohnungen aus. Hierbei waren sie in der Lage, ihre Produktionskapazitäten in gewissem Rahmen flexibel zu bestimmen. Eine von den jeweiligen terminlichen Erfordernissen der Produktion abhängige Dauer der täglichen - inklusive der Sonn- und Feiertage - Arbeitszeit sowie die zusätzliche Mitarbeit von Hilfspersonen, die vielfach aus dem engeren Familienkreis stammten, gehörten zu den Variablen, mit denen von den Heimarbeiter/innen auf die Forderung nach elastischer Erledigung der Arbeitsaufträge reagiert wurde. Die Gruppe der Heimarbeiter/innen als gewichtiger Teil der hausindustriellen Produzenten gilt damit als ein wesentlicher Stützpfeiler der Produktion im verlagsmässig organisierten Konfektionsgewerbe. Ein derart starkes Rückgrat des Produktionsapparates bildete dieser Teil der hausindustriellen Produzenten, da die Heimarbeiter/innen nicht nur in der Gründungsphase des Konfektionsgewerbes, sondern darüber hinaus über einen langen Zeitraum am Arbeitsmarkt einen relativ großen Ausschnitt des Arbeitskräfteangebotes darstellten.

Das Angebot an Heimarbeiter/innen, die zu einer sehr flexiblen Ausführung der Produktionsaufträge in der Lage waren, kam nicht nur vom zahlenmässigen Umfang den Interessen der Verlags- sowie Zwischenmeisterbetriebe entgegen. Seine qualitative Struktur gilt als weiterer Faktor, der für die Entfaltung des Verlagssystems im Konfektionsgewerbe von entscheidender Bedeutung war. Die von diesem Personenkreis angebotenen - unterschiedlichen - Qualifikationen konnten für einen Arbeitskrafteinsatz in dieser Branche problemlos genutzt werden, ohne daß die Konfektionsbetriebe selbst einen größeren Beitrag zur Ausbildung dieser Arbeitskräfte geleistet hatten.

Das Potential der verheirateten männlichen Heimarbeiter setzte sich überwiegend aus gut ausgebildeten, aus dem Handwerk stammenden Schneidergesellen bzw. -meistern zusammen. Unter Mithilfe der Ehefrau, die von der ständigen bis zur nur gelegentlichen Ausführung meist einfacherer Handnäharbeiten reichte, wurden von diesem städtischen Heimarbeitertyp meist die Großstücke in unmittelbarem Auftrag für einen Betrieb der 'besseren' Herrenkonfektion gefertigt. In den Werkstätten der 'Heimschneider' der ländlichen Herrenkonfektion war die Mithilfe meist nicht nur auf die der Ehefrau beschränkt. Hier wurde der Heimarbeiter in vielen Fällen zusätzlich durch mitarbeitende Söhne, Töchter oder andere Familienmitglieder unterstützt. Konnten die Hilfskräfte nicht vollständig aus dem familialen Umfeld rekrutiert werden, wurden häufiger fremde, unverheiratete Hilfskräfte beschäftigt.

Die Herausbildung des Typs des ländlichen 'Heimschneiders' läßt sich mit den Bedingungen der Entwicklung der Aschaffenburger Herrenkonfektion erklären. Dort entwickelte sich seit den 70er Jahren des letzten Jahrhunderts ein ländlicher Raum mit dem Zentrum Aschaffenburg zu einer bedeutenden Herrenkonfektionsregion, deren starkes Wachstum eng an die extensive Nutzung eines ländlichen Arbeitskräftepotentials gebunden war. Problemlos konnten die Konfektionsbetriebe jahrzehntelang auf eine in den Dörfern des Spessarts und des Odenwaldes reichlich vorhanden gewesene Arbeitskraftreserve zurückgreifen, die mengenmässig parallel zur Entwicklung der Herrenkonfektion in dieser Region wuchs, da der Beruf des Konfektionsschneiders von Generation zu Generation weitergegeben wurde. So rekrutierten sich die männlichen Arbeitskräfte in diesem Fall nicht direkt aus dem klassischen Schneiderhandwerk - sie wuchsen vielmehr schon in früher Kindheit in diesen Beruf hinein. Eine breit gefächerte, an handwerklichen Standards orientierte Ausbildung wurde hier deswegen nicht vermittelt, da es sich bei den Anzügen, Hosen usw. der damaligen Aschaffenburger Konfektion nicht um ein Angebot einer höheren Güteklasse handelte. Nicht nur das quantitative Angebot an Arbeitskräften, sondern auch die qualitative Struktur zeigte sich flexibel, indem die Arbeitskräfte ihre angebotenen Qualifikationen den speziellen Anforderungen der Verlagsbetriebe in dieser Region anpassten.

Weibliche Heimarbeiter verfügten in den meisten Fällen nicht über eine derart hohe Qualifikation wie ihre männlichen Kollegen und nähten deshalb vielfach nur Kleinstücke wie Herrenhosen und -westen meist niedrigerer Güteklassen (Genres), deren Anfertigung keine besonders hohe Qualifikation voraussetzte. In der Schule erhaltener Näh- bzw. Handarbeitsunterricht sowie die Absolvierung einer 'Lehrzeit' mit unterschiedlicher Dauer bei einer Heimarbeiterin oder in einer Zwischenmeisterwerkstatt mit sich anschließender Praxis genügten in den meisten Fällen, um neben Kleinstücken der Herrenkonfektion verschiedenste Kleidungsstücke der Berufs- sowie der Kinderkleidung ganzheitlich herzustellen oder unterschiedliche Teilarbeiten bei der Fertigung von Damenkonfektion in Heimarbeit auszuführen. Diejenigen Frauen, die zu Hause arbeiteten, waren in der Regel verheiratet und meist in einem Lebensabschnitt, in dem sie neben der Herstellung von Kleidungsstücken 'im Auftrag' mit der Erziehung ihrer Kleinkinder beschäftigt waren.

Der hohe Grad an Elastizität des Produktionsapparates war nicht allein das Ergebnis der Handlungsmaxime derjenigen Betriebe, die Fertigungsaufträge an die Heimarbeiter/innen vergaben. Reichten die Aufträge von einem Auftraggeber nicht zur Sicherung des Mindesteinkommens der Heimarbeiter/innen aus, so gingen sie dazu über, für mehrere Konfektionshäuser bzw. Zwischenmeister tätig zu werden. Je nach den Bedingungen des regionalen Marktes war diese Beschäftigtengruppe im Fall eines 'schlechten' Geschäftsganges auch gezwungen, Fertigungsaufträge aus anderen als den bisher gewohnten Teilbranchen zu übernehmen. Als weitere Alternative bot sich ihnen an, Aufträge in einem anderen - meist niedrigeren - Genre hereinzuholen.

Die Bereitstellung von Produktionskapazitäten wurde in solchen Fällen besonders elastisch organisiert, in denen das Konfektionshaus seine Produktionsaufträge einem Zwischenmeister erteilte und dieser - zusätzlich zur Beschäftigung von Werkstattarbeiter/innen in seinen eigenen Räumen - Aufträge an Heimarbeiter/innen vergab. Ein derart flexibler Einsatz von Arbeitskräften hatte mehrere Gründe: Zum einen dienten diese Heimarbeiter/innen - über die Stammbelegschaft der Werkstattarbeiter/innen hinaus - als Reservekapazitäten in Phasen saisonbedingter starker Nachfrage. Andererseits sind mittels dieses Musters des Einsatzes von Arbeitskräften nur zeitweise benötigte Spezialqualifikationen, wie z.B. die Ausführung von Ausputzarbeiten in der Damenkonfektion, abgerufen worden. Begünstigt wurde eine derartige dezentrale, arbeitsteilige Organisation auch durch die Entwicklung der Nähtechnik. Dies war dann der Fall, wenn die Knopflocharbeiten an einem Kleidungsstück mit einer Spezialnähmaschine ausgeführt wurden, die in der Wohnung einer Knopfloch-Heimarbeiterin aufgestellt war und von dieser bedient wurde.

Eine ähnlich elastische Erweiterung der Kapazitäten wie bei der Kooperation der Zwischenmeisterbetriebe mit zusätzlichen externen Heimarbeiter/innen wurde auch durch den Einsatz von Werkstattbeschäftigten über deren tägliche Arbeitszeit auf der Werkstatt hinaus erreicht. Die Ausdehnung der Arbeitszeit dieser Beschäftigtengruppe erfolgte in der Weise, daß die Werkstattarbeiter/innen durch das Fertigen von Kleidungsstükken in ihren eigenen Räumen in den Abend- und Nachtstunden sowie an den Wochenenden zusätzlich zu Heimarbeiter/innen wurden, beinhaltete nicht nur die Möglichkeit, über einen äußerst flexiblen Einsatz der Arbeitskräfte kurzfristig die Kapazitäten des Zwischenmeisterbetriebes zu erhöhen. Mit diesem Arbeitszeitregime war insofern eine Entlastung des Zwischenmeisters verbunden, als daß für ihn kein zusätzlicher Aufwand für die Annahme von Kleidungsstücken sowie für die Materialausgabe im Rahmen des sonst notwendigen Verkehrs mit den externen Heimarbeiter/innen anfiel.

Erwies es sich in Phasen saisonbedingt gestiegener Nachfrage für den Zwischenmeisterbetrieb zur Erhöhung seiner Kapazitäten als geeignetes Mittel, entweder die Anzahl der auf seiner Werkstatt beschäftigten Personen zu erhöhen oder zusätzlich mit Heimarbeiter/innen zusammenzuarbeiten oder seinen Werkstattbeschäftigten halbfertige Kleidungsstücke zur Bearbeitung nach dem Feierabend auf der Werkstatt mit nach Hause zu geben, so handelten die Betriebe bei sinkender Nachfrage genau in umgekehrter Richtung. An diesen Handlungsalternativen des Zwischenmeisterbetriebes wird deutlich, daß die "quallenhafte, unbeständige Vielgestaltigkeit der ganzen Betriebsverfassung" (Grandke : 1899, S. 183) im wesentlichen durch die Einflüsse der Saison hervorgerufen war.

Neben den Heimarbeiter/innen und den in ihren - meist gemieteten - Räumen arbeitenden Familiengruppen war der Betrieb des Zwischenmeisters mit fremden Arbeitskräften ein weiterer gewichtiger Teil des Produktionsapparates der Konfektionsbranche. Die große Bedeutung dieses Betriebstyps lag nicht allein in der Möglichkeit der elastischen Anpassung seiner Produktionskapazitäten an die vom Saisonablauf hervorgerufenen Schwankungen der Nachfrage begründet. Es war auch die in der Zusammenfassung von Lohnarbeitskräften in der eigenen Werkstätte existierende Chance zur rationelleren Gestaltung des Produktions- und Arbeitsprozesses gegenüber der Heimarbeit. Wenn der Produktionsprozess auch zunächst weniger stark gegliedert war, so setzte sich zumindest die Arbeitsteilung zwischen Hand- und Maschinennähen sowie dem Bügeln durch. Eine vom Stand der Technik her mögliche weitergehende arbeitsteilige Fertigung war an den Einsatz von Spezial-Nähmaschinen - insbesondere handelte es sich hier um die Knopflochmaschine - gebunden und kam nur für grössere Werkstätten in Frage.

In gewisser Weise war der Werkstättenbetrieb des Zwischenmeisters ein Resultat des großstädtischen Arbeitsmarktes, insbesondere des in den Städten vorhandenen grösseren Angebotes an weiblichen Arbeitskräften. Von der Struktur der Stammarbeitskräfte her gesehen überwogen in diesen Produktionsstätten der Konfektion weibliche und männliche Arbeitskräfte mit einer einschlägigen Ausbildung von allerdings unterschiedlicher Dauer. Typisch war für die Beschäftigten in einem Zwischenmeisterbetrieb weiterhin, daß es sich hierbei meist um jüngere Arbeitskräfte handelte, die prinzipiell nur bis zu ihrer Heirat bei einem Zwischenmeister arbeiteten. Nach der Eheschließung machten sich die männlichen Schneider als Heimarbeiter selbständig, um mit der Ehefrau zu Hause Kleidungsstücke in Heimarbeit zu fertigen. Selbständige weibliche Heimarbeiterinnen fanden bei ihrer Arbeit vielfach die Unterstützung von Schwestern oder anderen Familienangehörigen. Viele Frauen von ihnen kehrten nach einer Unterbrechung wegen Mutterschaft und Kindererziehung als Werkstattarbeiterin wieder zu ihrem Zwischenmeister zurück.

Daß die Organisation der Produktion von Fertigkleidung einen derart langen Zeitraum durch Miniaturisierung und Dezentralisierung gekennzeichnet war, lag in erster Linie daran, daß die vom Absatzmarkt geforderte Flexibilität des Produktionsapparates nur mit einer Vielzahl von unterschiedlich strukturierten Klein- sowie Kleinstbetrieben erreicht werden konnte. Dieser Weg der Branchenexpansion war möglich aufgrund des quantitativen sowie qualitativen Angebotes an Arbeitskräften, das den Betrieben zur Verfügung stand. Ihren unterschiedlichen Absatz- und Arbeitsmarktbedingungen entsprechend vollzogen sie dabei verschiedene Strategien der Rekrutierung von Arbeitskräften.

In historischer Perspektive des Arbeitsmarktes gesehen basierte die Expansion der neu entstandenen Konfektionsbranche in besonderem Maß auf dem Arbeitseinsatz von Frauen. Weisen die amtlichen Statistiken zur Beschäftigung nach dem Geschlecht im Bekleidungsgewerbe - einschließlich des Handwerks - global eine Steigerung des Beschäftigtenanteils von Frauen aus, so dient dieser Befund nur zu einer groben Bestimmung der Dauerhaftigkeit historischer Rekrutierungsstrategien. Genauere, auf die einzelnen Zweige der Konfektion bezogene Aussagen zeitgenössischer Experten zur Struktur der Arbeitskräfte in der Fertigkleiderbranche geben ein differenziertes Bild über den Einsatz der Arbeitskräfte in den Teilbranchen. Darin kommt u.a. zum Ausdruck, daß mit Ausnahme der Herrenoberbekleidungsbranche alle anderen Konfektionszweige von Beginn an durch einen sehr hohen Anteil von weiblichen Arbeitskräften an der Gesamtheit der Beschäftigten geprägt waren. Erst hierdurch wird die historische Bedeutung der Beschäftigung von Frauen in der Fertigkleiderbranche deutlich. Gleichzeitig liegt in dieser sehr hohen Beschäftigung von weiblichen Arbeitskräften in der Damen-, Kinder-, Berufsbekleidungskonfektion usw. die Tradition der Frauenarbeit in der Bekleidungsindustrie begründet.

Der mit der Entstehung der angeführten Teilbranchen verbunden gewesene Einsatz des städtischen sowie - regional begrenzt - ländlichen Potentials relativ gering qualifizierter weiblicher Arbeitskräfte durch die Konfektionsbetriebe hatte mehrere Gründe. Vor allem sind die Sozialisation von Frauen und die damit verbundene Qualität ihres Arbeitsvermögens als wesentliche Bestimmungsgrößen dafür anzusehen, daß dieser traditionelle Sektor der Frauenbeschäftigung in der Konsumgüterindustrie entstehen konnte. An die sozialisatorischen Einflüsse in der Familie anknüpfend waren es die auf hauswirtschaftliche sowie berufliche Verwertung orientierten Inhalte der öffentlichen Mädchenerziehung - insbesondere die Vermittlung von Handarbeits- und Nähtechniken - die eine spätere hausarbeitsverwandte gewerbliche Tätigkeit der jungen Frauen in besonderer Weise förderten. Frauen wurden allerdings nicht nur aufgrund eigener, sondern auch aufgrund betrieblicher Präferenzen in den Beschäftigungsapparat des Konfektionsgewerbes integriert, da sowohl das Produkt als auch die Art und Weise seiner Herstellung eine besondere Nähe zur traditionellen hauswirtschaftlichen Tätigkeit von Frauen aufwiesen. Als weitere Gründe für die Integration von Frauen in den Beschäftigungsapparat der o.a. Konfektionszweige sind die Umstände anzusehen, daß sich die Arbeitsplätze dem tatsächlichen bzw. vermuteten Erwerbsverhalten sowie dem Ausbildungsstand der weiblichen Arbeitskräfte entsprechend 'zuschneiden' liessen. Dies traf nicht nur für die Tätigkeit der Heimarbeiterinnen zu, sondern auch für die Arbeiterinnen auf den Werkstätten der Zwischenmeister.

Im Gegensatz zur Rekrutierung von hauptsächlich weiblichen Arbeitskräften durch die Betriebe der Damenkonfektion usw. erfolgte der Einsatz von Arbeitskräften in der Herrenkonfektion in den ersten Jahrzehnten des Bestehens dieser Branche nach einem prinzipiell anderen Muster. Typisch war für den Arbeitseinsatz in diesem Konfektionszweig, daß zunächst überwiegend männliche, gelernte Arbeitskräfte beschäftigt wurden. Ihre Erklärung findet diese Rekrutierungsstrategie der Herrenkonfektionsbetriebe darin, daß zunächst viele aus dem Herrenschneiderhandwerk stammende Arbeitskräfte in den ersten Dekaden dieser Branche zur Verfügung standen.

Der mit zunehmender Nachfrage nach Fertigkleidung gewachsene Bedarf an Arbeitskräften konnte nicht mehr aus diesem Arbeitskräftereservoir gedeckt werden. Parallel dazu führte die langsam eingetretene Knappheit zu einem Engpaß an männlichen Arbeitskräften, sodaß zunehmend weibliche Arbeitskräfte in den Herstellungsprozeß von fertiger Herrenoberbekleidung einbezogen wurden. Mit der zunehmenden Integration von Frauen in den Beschäftigungsapparat der Herrenkonfektion setzte gleichzeitig ein Wandel in der Organisation des Produktionsprozesses in dieser Branche ein. Frauen verrichteten nun zunehmend Arbeitspositionen bei der Herstellung von Großstücken, die über die Ausführung einfacher Handnähtätigkeiten hinausgingen und Maschinennäharbeiten als Teilprozesse der Taschen- , Kragen-, Kantenfertigung usw. umfassten. Mit der Ausführung dieser Tätigkeiten war keineswegs eine Anpassung an die hohe Qualifikation der männlichen Arbeitskräfte verbunden. Im Gegenteil - handwerklich qualifizierte Arbeitskräfte wurden hierfür nicht mehr eingesetzt, da sich eine mehr oder minder starke Zerlegung des Arbeitsprozesses durchzusetzen begann und für die Ausführung der dabei entstandenen Teilarbeiten keine hohe Qualifikation mehr notwendig war. Unabdingbare Voraussetzung für diese Organisationsform der Fertigung war allerdings der Werkstättenbetrieb - entweder als Betrieb des Zwischenmeisters oder - wie zuallererst in der Berufsbekleidungskonfektion - die Betriebswerkstatt des Konfektionshauses.

Die Ausweitung der Nachfrage führte in der Herrenkonfektion wegen ihrer weniger starken Abhängigkeit von Einflüssen der Mode zu einer zunehmenden Verstetigung der Produktion. Somit konnte der Fertigungsprozeß in dieser Branche in einigen Bereichen mit einem Mindestmaß an dauerhafter Nutzung der Produktionskapazitäten durchgeführt werden, was nicht nur den Werkstättenbetrieb im Gegensatz zur Heimarbeit zunehmend rechtfertigte. In wenigen Fällen führte diese Entwicklung des Absatzmarktes schon frühzeitig zur Produktion von Großserien in Betriebswerkstätten bzw. zu zaghaften Versuchen des Fabrikbetriebes.

Die Tendenz zur Zentralisierung der Produktion in der Herrenkonfektion nach dem Ende des ersten Weltkrieges führte in ihrem Anfangsstadium in den Werkstätten der Zwischenmeister noch nicht zu Formen einer ausgeprägten tayloristischen Arbeitsorganisation. Derartige Produktionskonzepte wurden zaghaft in den ersten Herrenkonfektionsfabriken eingeführt, die gegen Ende der 20er Jahre und zu Beginn der 30er Jahre errichtet wurden. Wenn die Arbeit im Werkstättenbetrieb im wesentlichen noch auf handwerklichen Produktionsverfahren sowie -techniken basierte, so ist mit der Zunahme der Fertigung in den Werkstätten gegenüber der Heimarbeit der Beginn eines prinzipiellen Strukturwandels in der Organisation des Produktions- und Arbeitsprozesses zu identifizieren. Dieser bestand nicht nur in der zunehmend arbeitsteiligen Gestaltung des Produktionsprozesses, sondern gleichzeitig wurde damit zunehmend die Grundlage dafür geschaffen, vermehrt Spezialmaschinen einzusetzen und den Prozeß der Wechselwirkung zwischen Technikeinsatz und Arbeitsorganisation zu beschleunigen.

Der historisch bedeutsame Wandel von der Verlagsorganisation zur Kleiderfabrik nach dem zweiten Weltkrieg erfolgte nicht als ein Ergebnis einer im wesentlichen über den freien Markt vermittelten Auseinandersetzung zweier Organisationsprinzipien, an deren Ende das effizientere Prinzip Fabrik als 'Sieger' dastand. Eine Transformation der verlagsmässigen in die fabrikmässige Organisation des Produktionsprozesses stand wohl auf der Tagesordnung des Programms nationalsozialistischer Industriepolitik - sie wurde allerdings aufgrund der Festsetzung kriegswirtschaftlich begründeter - anderer - Prioritäten nicht weiter verfolgt.

Trotz der unsicheren Entwicklung des Absatzmarktes, die den Wiederaufbau der Volkswirtschaft der Bundesrepublik Deutschland und Berlin (West) in der Nachkriegszeit begleitete sowie pessimistischer Einschätzungen zur Tauglichkeit der Fabrikorganisation in einzelnen Zweigen der Konfektion, entstand der Produktionsapparat des sich aufgrund der politisch-wirtschaftlichen Bedingungen neu konstituierten Wirtschaftszweiges Bekleidungsindustrie überwiegend in der Form der fabrikmässigen Organisation. Daß die Betriebe an den neuen Standorten der Bekleidungsindustrie im Bundesgebiet nicht über ein gewachsenes Potential an Zwischenmeistern sowie Heimarbeiter/innen usw. verfügten, war u.a. ein entscheidender Grund dafür, die Herstellung von Fertigkleidung überwiegend in Eigenregie und in Fabriken zentralisiert zu organisieren. Nur in den traditionellen Heimarbeiterregionen der neu entstandenen Bundesrepublik sowie - zeitlich begrenzt - in Berlin wurde zunächst noch in größerem Maßstab das Prinzip der Vergabe von Arbeitsaufträgen an hausindustrielle Produzenten fortgesetzt.

Der Strukturwandel der Bekleidungsindustrie von der Nachkriegszeit bis zur Mitte der 80er Jahre läßt sich als eine Aufeinanderfolge unterschiedlicher Kombinationen von Markt- und Produktionskonzepten beschreiben. Historisch gesehen ist das Unternehmenskonzept, von dessen einheitlicher Existenz für die bundesrepublikanische Bekleidungsindustrie ausgegangen werden kann, nicht allein das Resultat der Verdrängung von Zwischenmeister- und Handwerksbetrieben in den ersten beiden Nachkriegsdekaden. Es ist in besonderer Weise dadurch geprägt, daß sich die westdeutsche Bekleidungsindustrie seit dem Ende der 60er Jahre sowohl auf eigene als auch auf fremde Produktionsstätten im In- und Ausland stützt und die Einheit dieses Konzeptes in der komplementären Nutzung dieser Organisationsformen und einer gemeinsamen Orientierung auf den Absatzmarkt besteht.

Mit der Entscheidung über sein Fertigungsspektrum stellt der Betrieb eine Verbindung seiner Situation auf dem Absatzmarkt mit seiner Entscheidung über die innerbetriebliche Gestaltung des Produktionsprozesses her. Bei seiner auf den Absatzmarkt zielenden Produktpolitik bezieht sich der Betrieb somit nicht nur auf bestimmte Aussenanforderungen, sondern auch auf interne Strukturen. Aus den ökonomischen Bedingungen der Nachkriegszeit erscheint es plausibel, daß sich der Bekleidungsindustriebetrieb am Marktkonzept des Massenmarktes orientierte. Möglich war ein derartiges Marktkonzept vor dem Hintergrund der aussergewöhnlichen Wachstumsphase der Nachkriegszeit, die in dieser Branche vom 'Kleiderhunger' der Konsumenten getragen war. Auf dieser Grundlage entwickelte sich die Nachfrage nach großen Fertigungsserien als wesentliche Voraussetzung der in der Bekleidungsindustrie zu Beginn der 50er Jahre eingeschlagenen Produktpolitik.

Von der Organisation des Produktions- und Arbeitsprozesses her gesehen entsprach diesem Marktkonzept die an tayloristisch-fordistischen Prinzipien orientierte Organisation der Fertigung großer Serien, wobei der Grad der Arbeitsteilung durch die - teilweise nach wenig rationalen Kriterien festgelegte - Dauer eines Arbeitstaktes bestimmt wurde. Der Übergang zur industriellen Produktion von Bekleidung verlief somit durch die fabrikmässig organisierte, 'starre' Großserienproduktion. 'Starr' war diese Fertigungsorganisation insbesondere deswegen, da die Gliederung der Arbeitspositionen in Arbeitsfolgen von jeweils gleicher Dauer vorgenommen werden mußte und die linienförmig gebauten bzw. aufgestellten Verkettungsmittel - idealtypisch war hierfür das Fließband - mit ihrer Arbeitsplatzaufstellung die Abhängigkeit der Arbeitskräfte voneinander zementiert hatten. Insgesamt ergab sich hieraus ein organisatorisch fixierter Materialfluß. Sicher waren derartige 'starre' Produktionsstrukturen in der Fertigung nur bei größeren Serien wirtschaftlich zu nutzen, da sich der organisatorische Aufwand für die Einrichtung und die Optimierung derartiger konventioneller Fließfertigungssysteme erst bei Serien mit hohen Stückzahlen rentierte. Hatte sich nach einer Anlaufzeit erst einmal eine gleichmässige Auslastung aller Arbeitsplätze - zumindest einigermaßen - eingependelt, war der weitere Ablauf der Fertigung mit einem relativ geringen Steuerungs- und Koordinationsaufwand verbunden.

Die strenge Ausrichtung dieser Produktionsstrukturen auf die Bedingungen des Massenmarktes hatte notwendig zur Konsequenz, daß mit der Veränderung der Situation am Absatzmarkt diese konventionellen Fließfertigungssysteme zunehmend an Funktionalität einbüßten. Eine nach der Deckung des ersten Nachholbedarfs schon gegen Mitte der 50er Jahre - wenn auch langsam - einsetzende Diversifikation am Absatzmarkt mit der tendenziellen Abkehr von der Fertigung großer Serien setzte die ersten Zeichen in Richtung Flexibilisierung der Produktionsstrukturen. Dadurch wurde schon frühzeitig der enge Zusammenhang von Absatzmarktstrukturen und den auf der Fabrikorganisation basierenden Produktionsstrukturen sehr deutlich.

Die Flexibilisierung der 'fließenden' Fertigung durch den Einsatz des Umlaufförderers bzw. ähnlicher Verkettungsmittel zeigte sich nur begrenzt für die gleichzeitige Bearbeitung von verschiedenen, unterschiedlich großen Modellserien geeignet. Eine weiter voranschreitende Diversifizierung der Nachfrage nach Oberbekleidung brachte die endgültige Abkehr vom Marktkonzept der Massenfertigung. Damit wurden den Betrieben nicht mehr die großen Serien beschert, auf die die organisatorischen Strukturen der 'klassischen' Fließfertigung ausgerichtet waren. D. h., die zu fertigenden Serien reichten von ihrem Umfang nicht mehr aus, um innerhalb der 'starren' Strukturen noch rentabel gefertigt zu werden. Von ihrer modischen Gestaltung waren die Kleidungsstücke so unterschiedlich, daß sie nicht mehr dem organisatorisch fixierten Materialfluß dieser mehr oder weniger starren Systeme folgten.

Es war sicher nicht allein die Entwicklung des Absatzmarktes, durch die die Grenzen der Anwendung der 'starren' Produktionsstrukturen sichtbar wurden. Vom leistungswirtschaftlichen Ziel einer Steigerung der Arbeitsproduktivität, verbunden mit dem bekleidungsindustrietypischen Nutzungskonzept her gesehen, waren die 'starren' Systeme einerseits wegen der darin enthaltenen festen Anzahl von Arbeitsplätzen beschränkt. Dies hatte insofern Folgen für die Arbeitsorganisation, als daß die Arbeitsteilung in ihrer Ausdehnung durch die Existenz dieser Schranke gehindert wurde. Andererseits - hiermit eng verbunden - wirkten die 'starren' Produktionsstrukturen aus diesem Grund gewissermassen als 'Bremse' der Weiterentwicklung der Nähtechnik. Erst durch die Aufhebung dieser Strukturen wurde der Weg für ein Produktionskonzept frei, das organisatorisch durch Arbeitspositionen mit teilweise extrem kurzen Zyklen und technisch durch den zunehmenden Einsatz von Spezialnähmaschinen sowie der Gestaltung einfunktionaler Arbeitsplatzstrukturen gekennzeichnet war. Möglich wurde die gleichzeitige Steigerung von Flexibilität und Produktivität durch eine Produktionsstruktur, bei der die Arbeitsplatzaufstellung nicht mehr direkt vom Verkettungssystem abhängig war und deswegen die Betriebsmittel einzeln bzw. frei aufgestellt werden konnten. Waren die 'starren' Systeme gleichzeitig ein Hemmnis für die Leistungsentfaltung der einzelnen Näherin, so konnte die Arbeitskraft ihre Leistung nun individuell entfalten, wodurch allerdings für die Gruppenleiter/innen der Aufwand für die Koordination des Ausstosses an den einzelnen Arbeitsplätzen erhöht wurde.

Ihre gegenüber den 'starren' Systemen gestiegene Flexibilität erreichte diese Produktionsstruktur dadurch, daß hier die Arbeitsplätze untereinander jeweils einzeln angesteuert werden können. Somit wurde es unter den Bedingungen der Nachfrage nach 'mittelgroßen' Serien mit nicht allzu stark streuenden Gestaltungsvarianten mehr oder weniger gut möglich, diese auch gleichzeitig parallel zu fertigen. Organisatorisch kann diese Flexibilität u.a. deswegen erzielt werden, da unter diesen Bedingungen sowohl Spezialmaschinen gut ausgelastet als auch problemlos Mehrfacharbeitsplätze eingerichtet werden können. Abgestützt wurde dieses Produktionskonzept, daß sich in den 60er Jahren durchsetzte, im wesentlichen durch eine Organisationsstrategie, die darin bestand, die Arbeitsaufgaben besonders stark zu zergliedern sowie zu standardisieren. Die diesem Organisationstyp adäquate Technisierung bestand darin, die zergliederten Funktionen sukzessive zu mechanisieren, wobei die Mechanisierung von Zuführ- sowie Abnahmefunktionen zunehmend von Bedeutung wurde. Ergänzt wurde dieses Konzept durch die Rekrutierung relativ gering qualifizierter und entlohnter Arbeitskräfte.

Ein bedeutender Wandel des Markt- und Produktionskonzeptes der westdeutschen Bekleidungsunternehmen begann sich mit der intensiven Beteiligung bundesdeutscher Bekleidungshersteller an der Internationalisierung der Bekleidungsproduktion abzuzeichnen. Die aktive Beteiligung deutscher Betriebe an der sich weltweit wandelnden Arbeitsteilung - zunächst in der Form der Auslagerung der Fertigung - war zu Anfang nicht als Gegenstrategie zur Zunahme der Bekleidungsimporte aus sog. Billiglohnländern geplant. Primär versuchten die Betriebe durch ihr Engagement im Ausland neue Arbeitsmärkte mit einem Arbeitskräftepotential aufzuspüren, welches bekleidungsindustrietypischen Arbeits- und Entlohnungsbedingungen entsprach. Dazu übersprangen die Betriebe die nationalen Grenzen des Arbeitsmarktes, nachdem durch die Standortverlagerungen im Inland - von städtischen in grenznahe, nichtindustrialisierte Regionen - die geeigneten Arbeitskraftreserven ausgeschöpft waren und sich zunehmend Rekrutierungschwierigkeiten einstellten.

Mit der Forcierung des passiven Lohnveredelungsverkehrs sowie der Direktimporte wurden in den folgenden Jahren Auslagerungsstrategien nicht nur wegen der knapper gewordenen inländischen Arbeitskraftressourcen verfolgt. Neben der Ausnutzung komparativer Arbeitskostenvorteile, die insbesondere bei größeren Fertigungslosen zu Buche schlagen, verfolgten die bundesrepublikanischen Bekleidungsunternehmen mit der zunehmenden Verlagerung ihrer Produktion in das Ausland das Konzept, Produkte des mittleren bzw. niedrigpreisigen Marktsegmentes - d.h. Standardartikel sowie qualitativ geringwertige Massenware - zu importieren. Ziel dieses Konzeptes war es, dieses Marktsegment nicht weiter der Importkonkurrenz zu überlassen, sondern es aus eigener bzw. beauftragter Produktion im Ausland zu bedienen. Kehrseite dieses Marktkonzeptes der Bekleidungsunternehmen war, daß diese sich bei ihrer im Inland verbleibenden Produktion auf die 'Restmarktfertigung' von modischen und höherwertigen Kleidungsstücken konzentrierten.

Als Resultat dieser Entwicklung ergibt sich, daß der kreative Bereich eines Bekleidungsunternehmens mit den Abteilungen Entwurf, Kollektionserstellung usw. aus Gründen der Nähe zum Absatzmarkt prinzipiell im Inland verbleibt und für die eigentliche Fertigung unterschiedliche Alternativen genutzt werden. Sie bestehen aus der Eigenfertigung im In- und Ausland, der Vergabe von Lohnaufträgen an in- und ausländische Zwischenmeister sowie dem Zukauf von fertiger Ware. In einigen Fällen werden komplette Produktionsaufträge an ausländische Subunternehmer vergeben, die dann auch für die Beschaffung der zu verarbeitenden Textilien verantwortlich sind. Unter dem Druck einer binnenwirtschaftlich angespannten Arbeitskostensituation sowie einer zunehmenden Importkonkurrenz bedeutet die Externalisierungspolitik gleichzeitig eine Ausdehnung der Zusammenarbeit mit Zwischenmeisterbetrieben. Mit der Fertigung von Anzügen, Mänteln, Röcken usw. insbesondere in ausländischen Zwischenmeisterbetrieben hat das schon längst überwunden geglaubte Verlagssystem ein gewichtiges Stück an Bedeutung zurückgewonnen.

Als Ergänzung zur direkten bzw. indirekten Verlagerung der Produktion der Artikel des weniger hochwertigen Marktsegmentes stellte sich die noch im Inland zu fertigende Produktion in zunehmendem Maß auf die Fertigung zahlenmäßig geringerer Losgrößen und häufig wechselnder Varianten von modisch aktuellen sowie qualitativ hochwertigen Produkten ein. Aufgrund des Versprechens einer hohen Qualität dieser Produkte, die überwiegend von einer Gruppe anspruchsvoller sowie zahlungskräftiger Konsumenten nachgefragt werden, ist die Herstellung der diesem Marktsegment zuzurechnenden Kleidungsstücke mit einem hohen Aufwand an sorgfältiger Verarbeitung verbunden. Die Wettbewerbsvorteile für die deutschen Betriebe, die bei der Inlandsfertigung der Teile dieses 'Restmarktes' gegenüber den sog. Billiglohnländern existieren, bestehen z. B. im grösseren produktionstechnischen Wissen sowie in deren grösserer Nähe zum Absatzmarkt. Als weitere Faktoren, die den Nachteil höherer inländischer Produktionskosten ausgleichen, sind insbesondere kürzere Lieferzeiten, stärkere Termintreue, vorhandene Vertriebsnetze usw. zu nennen. Die durch Verlagerung, Schrumpfung sowie bracheninterne Umschichtung entstandene 'Restmarktfertigung' verlangt in dieser Konsequenz von der Gestaltung des Produktionsprozesses ein bis dahin noch nicht gekanntes Maß an Flexibilität. Die Flexibilität der Produktion wird dadurch zu einer existenziellen Bedingung für die Aufrechterhaltung und Auslastung der im Inland noch bestehenden Produktionskapazitäten.

Das arbeitsorganisatorische Modell, das der im Inland übriggebliebenen 'Restmarktfertigung' entsprechen sollte, mußte somit den spezifischen Anforderungen einer entmassten Fertigung angepasst werden. Da sich der Versuch des Aufbaus einer flexiblen Fertigung in Kleingruppen im Rahmen des Branchenprojektes zur Arbeitsstrukturierung wegen der Habitualisierungs- und Leistungsverluste als unwirtschaflich erwiesen hatte, werden die kleinen Losgrößen und häufig wechselnden Modellvarianten in vielen Fällen unter Beibehaltung der teilweise recht großen Organisationseinheiten gefertigt. Hierbei fallen dann teilweise extrem hohe Flexibilitätsanforderungen in sachlicher und zeitlicher Hinsicht an. Im Bereich der Näherei konnte von der Entwicklung der Nähtechnik kein entscheidender Durchbruch in Richtung Flexibilität erzielt werden. Nur vereinzelt zu nutzende Nahtsteuerungsprogramme usw. kommen derzeit zur Anwendung.

Den Anforderungen an eine hohe Flexibilität der Produktion wird mit einer Kombination aus organisatorischer und personeller Flexibilität entsprochen. In den Betrieben, in denen noch Schiebebänder oder Rollklammern an Gleitschienen oder ähnliche starre Verkettungsmittel im Einsatz waren und den Produktionsablauf beeinflussten, wurden flexiblere Verkettungssysteme und damit flexiblere Organisationsformen eingeführt. Mangels einer auf dem Beschaffungsmarkt nicht angebotenen ausreichend flexiblen Nähtechnologie werden im wesentlichen Strategien der personellen Flexibilisierung verfolgt. Dabei wird durch eine breite Nutzung der Qualifikation die Elastizität des Arbeitskräfteeinsatzes erhöht und in dieser Weise dem Anspruch gestiegener Flexibilität begegnet. Vom Arbeitskrafteinsatz her gesehen bedeutet dies vor allem für die einzelne Näherin den im Verlauf einer Schicht häufigeren Wechsel von Arbeitsgang und Arbeitsplatz. Mit der stärkeren Tendenz zur Fertigung kleinerer Serien erhöht sich gleichzeitig die Verantwortung der Arbeitskräfte für die Materialversorgung. Die damit verbundene zeitweilige Übernahme von Steuerungstätigkeiten durch die Näherinnen gilt in diesem Zusammenhang als Komponente der personellen Flexibilisierung zur Sicherung eines störungsfreien Materialflusses.

Der geringe Einsatz flexibler Produktionstechnologien deutet darauf hin, daß das Festhalten am Prinzip mehr oder weniger streng arbeitsteilig organisierter Fertigung die technische Struktur des Produktionsprozesses weitgehend konserviert. Unterstützt wird diese Entwicklung dadurch, daß Technisierungsstrategien verfolgt wurden, die auf der sukzessiven Optimierung stark zerlegter Arbeitsfunktionen basieren. Begründet werden kann die eher zögerliche Weiterentwicklung der Nähtechik damit, daß die Investitionen in dieser vorwiegend mittelständisch strukturierten Branche relativ gering ausfallen. Angesichts der zur Verfügung stehenden Technologien ist dies durchaus als rationales Verhalten zu sehen, da mittels höherer Investitionen jeweils nur ein sehr begrenzter Anstieg der Arbeitsproduktivität zu erreichen ist. Insbesondere ist das Problem, von dem eine deutliche Steigerung der Arbeitsproduktivität zu erwarten ist - die Bearbeitung instabiler Werkstoffe - technisch noch nicht gelöst.

Mit dem Schwinden der Fertigung größerer Serien entfiel die eigentliche Voraussetzung der bis dahin angewandten Organisierungs- und Technisierungsstrategien. Die weitgehende Beibehaltung des an der Massenfertigung ausgerichteten Technisierungskonzeptes, d.h. die Entwicklung und Verbesserung von Nähmaschinen einschließlich ihrer Bedienungsfunktionen sowie der Arbeitsgestaltung, die sich auf einzelne Arbeitsoperationen bezieht, führt angesichts der Veränderung auf dem Absatzmarkt zu einem Spannungsverhältnis, das durch die anhaltende

Verlagerung der Produktion in das kostengünstigere Ausland nur noch weiter verschärft wird.

Zeigte sich für den Verlauf der Entwicklung des industriellen Produktionsprozesses bis zur Mitte der 80er Jahre, daß die geringe Mechanisierung eng auf die arbeitsorganisatorische Gestaltung bezogen wurde, die wiederum stark von der traditionell in der Branche verankerten Nutzungsstrategie von Arbeitskraft bestimmt wurde, so lassen sich in Bezug auf die künftige Bekleidungsproduktion - grob gesehen - folgende Entwicklungslinien annehmen. Zum einen ist hier die sich - partiell abzeichnende Tendenz einer personellen Flexibilisierung auf der Basis des Einsatzes bestehender Nähtechnologie zu sehen. Eine Entwicklungsrichtung, die auf der Entfaltung des Qualifikationspotentials der Beschäftigten basiert.

Als langfristige Tendenz kann die Entwicklung angesehen werden, dem Flexibilitätsimperativ vor allem durch automatisierte Lösungen entgegenzutreten, d. h. die menschliche Tätigkeit weitgehend durch Nähautomaten zu ersetzen, wobei der Produktionsprozeß dann weniger von den Einflußgrößen Organisation und Arbeitsplatz bestimmt würde. Als 'mittlere' Lösung erscheint die Entwicklungslinie, sowohl Organisation als auch Technik weiter zu entwickeln und stärker aufeinander zu beziehen, so daß insgesamt ein höherer Grad von Mechanisierung und Flexibilisierung des Produktionsprozesses erreicht würde, wobei der Faktor Arbeit tendenziell zu einer 'Restfunktion' wird.

Derartige Szenarios unterscheiden sich nicht nur auf der Ebene ihrer zeitlichen Realisierung. Die Grade von Faktoreinsatz bzw. -substitution sind von der Entwicklung des betrieblichen Umfeldes abhängig, d.h. sie sind insbesondere von der Entwicklung am Absatzmarkt abhängig. Will man die Entwicklung technisch-organisatorischer Strukturen bestimmten Umfeldstrukturen zuordnen, so ergeben sich Pole, die auf der einen Seite - bei relativ starker Substitution des Faktors Arbeit - die Fertigung in Großserien zum Gegenstand haben. Auf der anderen Seite finden wir Fertigungsstrukturen mit einem verbleibend hohen Einsatz des Faktors Arbeit, d.h. arbeitsintensive Produktionsstrukturen bei extrem hoher Fertigungsflexibilität und dem Einsatz bestehender Nähtechnik. Dazwischen ist ein Trend zu verorten, dessen Ausgangssituation zwischen Großserienfertigung einerseits und extrem niedriger Kleinserienfertigung andererseits beschrieben werden kann. Hierbei würde - perspektivisch gesehen - die flexible Ausführung wechselnder Arbeitsaufgaben durch eine Arbeitsperson mit einer relativ flexiblen Nähtechnologie verbunden. Hierbei wäre die Entkopplung der mechanischen Funktionen der 'klassischen' Nähmaschine und ihre Weiterentwicklung in Richtung bausteinartiger Technologie eine wesentliche Voraussetzung.

Um eine Antwort auf die Frage nach der Herausbildung sowie dem Wandel von Strukturen des Produktionsprozesses von fertiger Oberbekleidung zu geben, sollen im folgenden die in den Kapiteln 4 und 5 konstatierten Trends von Technik, Arbeitsorganisation und Arbeitseinsatz in ihrem inneren Zusammenhang sowie in ihrer wechselseitigen Verschränkung auf die Entwicklung des Produktionsprozesses bezogen werden. Dabei hat sich gezeigt, daß diese Entwicklung in zwei wesentliche Abschnitte zu unterteilen ist. Hierbei war die erste Phase durch die Dominanz der verlagsmässigen Organisation des Konfektionsgewerbes mit seinen handwerklich-kleinbetrieblichen Strukturen gekennzeichnet und prägte über einen Zeitraum von ca. einhundert Jahren - bis zur Mitte dieses Jahrhunderts - das Bild der Organisation der Produktion in der 'Konfektion'. Der sich daran anschliessende Eintritt der Fertigkleidungsbranche in den - insbesondere in den 'Schlüsselsektoren' der Volkswirtschaft schon länger laufenden Prozeß der Industrialisierung erfolgte eher unter den Bedingungen einer 'ungeplanten' Einflußnahme der Politik auf die Wirtschaft denn als Folge eines sukzessiven, über einen längeren Zeitraum andauernden Überganges zur Errichtung von Kleiderfabriken. Gleichzeitig galten die wenigen, in der Vorkriegszeit errichteten Kleiderfabriken als Vorbilder für die technische Ausstattung sowie für die Gestaltung der Arbeitsorganisation in diesen neuen Produktionsstätten.

Daß es als Folge des Erscheinens einer funktionsfähigen Nähmaschine auf dem Technikmarkt anstatt zur fabrikmässigen Herstellung von Fertigkleidung zur umfassenden Produktion von Kleidungsstücken im Verlag gekommen ist, ist mit verschiedenen ökonomischen und sozialen Umständen zu begründen. Sicherlich hatte für das Einschlagen dieses Weges die Tatsache eine Bedeutung, daß problemlos an historisch gewachsene Strukturen des Fertigkleidungsmarktes angeknüpft werden konnte, die sich schon während der Phase der prämechanisierten, unzünftigen Kleiderherstellung herausgebildet hatten.

Da die Verwendung des Arbeitsinstrumentes Nähmaschine von seiner Bauweise an keine bestimmten räumlichen Nutzungsbedingungen gebunden war, konnte sie überall aufgestellt und betrieben werden. Gleichzeitig bedurfte es bei einem großen Teil der beruflich nicht einschlägig vorgebildeten - insbesondere weiblichen Arbeitskräften - keiner großen Anstrengung, diese Nähmaschinen als Produktionsmittel in häuslicher Erwerbsarbeit für einen direkten Auftraggeber oder einen Subkontraktor der Konfektionsbranche zu bedienen. Die darüber hinaus das Angebot an hausindustriellen Produzenten komplettierenden gelernten Schneider stellten einen weiteren wichtigen Teil des branchenspezifischen Arbeitskräfteangebotes dar.

Trotz vorhandener Nähmaschinen trugen sowohl das übersetzte Schneiderhandwerk als auch ein massenhaftes - wachsendes - Angebot an weiblichen Arbeitskräften mit meist in Familie und/oder Schule erworbenen unterschiedlichen Kenntnissen und Fertigkeiten im Nähen in der 'Gründerphase' der Konfektionsbranche dazu bei, daß der Herstellungsprozeß von Fertigkleidung in sehr hohem Maß vom Einsatz des Faktors Arbeit getragen wurde. Zu Beginn der Konfektionierung von Bekleidung ließ es das massenweise Angebot von Arbeitskräften zu, bei der produktionstechnischen Herstellung von Kleidungsstücken noch einen relativ hohen Anteil an Arbeitsgängen von der menschlichen Hand auszuführen. Freilich ist der Einsatz der Nähmaschine auch als Antwort auf die Entwicklung der Produktivität in der vorgelagerten Stufe - der Textilindustrie - zu sehen, doch kann darüber hinaus gesagt werden, daß aufgrund des relativ grossen Angebotes an Arbeitskräften und den daraus resultierenden niedrigen Löhnen kein besonders starker Druck existierte, erstens den Anteil am maschinellen Nähen an der gesamten Fertigungszeit eines Kleidungsstückes zu erhöhen und zweitens die verbleibende menschliche Näharbeit in beschleunigtem Maß weiter zu mechanisieren. Hiermit soll keineswegs gesagt werden, daß zu dieser Zeit bei der Entwicklung der Nähtechnik ein Stillstand zu verzeichnen gewesen ist, sondern daß das Tempo der Entwicklung der Nähtechnik von dem Angebot an Arbeitskräften mitbestimmt worden ist. Wegen dieser Bedingungen sind - zumindest in den ersten Dekaden der Entfaltung des Konfektionsgewerbes - nur sehr wenige, einzelne Arbeitsoperationen mechanisiert worden, in deren Konsequenz es zu Einsatz von Spezial-Nähmaschinen kam.

Wenn auch Spezial-Nähmaschinen, wie z. B. die Knopflochmaschine, im Verlag dezentral eingesetzt werden konnten, so wurden sie doch überwiegend in zentralen Werkstätten - entweder beim Zwischenmeister oder in der Betriebswerkstatt des Konfektionshauses - eingesetzt, womit die Verbreitung von Spezial-Nähmaschinen stark an die Nutzung in grösseren Produktionseinheiten, d. h. an die Zunahme der Werkstättenarbeit gebunden war.

Der in den ersten Dekaden des Konfektionsgewerbes ausreichend vorhandene Faktor Arbeit wurde somit nur in relativ geringem Maß durch den Faktor Kapital substituiert, da von der zur Verfügung stehenden Menge an Arbeitskräften zunächst kein besonders starker Zwang zu organisatorischen Veränderungen des Arbeitsprozesses ausging, um hierüber vermittelt die Produktivität zu erhöhen. Das Wachstum der Branche wurde bei stagnierender handwerklicher Fertigungstechnik durch die Integration von zusätzlichen Arbeitskräften in den hausindustriellen Produktionsprozeß erreicht.

Die temporäre Entwicklung technischer Strukturen des verlagstypischen Produktionsprozesses wurde nicht allein durch die quantitative Struktur des Arbeitskräfteangebotes bestimmt, sondern darüber hinaus war auch dessen qualitative Struktur hierfür von Bedeutung. Da die Nähmaschine als zentrales Produktionsmittel der Bekleidungsherstellung von den Heimarbeiter/innen - die eine lange Zeit den zentralen arbeitskräftemäßigen Stützpfeiler der Konfektion darstellten - selbst angeschafft wurde, wurde von diesen auch nur ein klassisches Universalmodell einer Steppstich-Nähmaschine angeschafft, von der eine lange Nutzungsdauer erwartet wurde. Dieser Typ von Heimarbeiter war es außerdem, von dem sich der Verleger bzw. der Zwischenmeister das höchste Maß an flexibler Ausfertigung seiner Aufträge erwartete, was gleichzeitig zu dem Zusammenhang von Absatzmarkt und Arbeitsmarkt führt.

Als wesentliche Einflußgröße für die Herausbildung des Verlages als Organisationsform der Produktion von Fertigkleidung kommt diesem Zusammenhang der Struktur des Absatzmarktes eine zentrale Bedeutung zu. Es waren auf der Absatzmarktseite insbesondere der Einfluß von Saison und Mode, die primär dessen Instabilitäten begründeten und deshalb zu keiner über das Jahr ausgeglichen verteilten Nachfrage nach Arbeitskräften führten. Eine Verschiebung des Beschäftigungsrisikos auf die hausindustriellen Produzenten konnte auch deshalb gelingen, weil es sich z.B. bei den Heimarbeiter/innen um ein Arbeitskräftepotential handelte, welches ein derartiges Beschäftigungsverhältnis - vielfach bewußt - mit ihrem teilweise phasenspezifischen Lebensentwurf vereinbaren konnte.

Neben den direkt bzw. indirekt von Verlegern bzw. Zwischenmeistern in Heimarbeit beschäftigten Personen wurde die Werkstattarbeit der Zwischenmeister mit seinen Beschäftigten im Verlauf der verlagsmässigen Organisation zunehmend zum bedeutenderen Glied des hausindustriellen Produktionsapparates. Dieser Prozeß zeigt, daß der Verlag nicht nur aus isolierter Heimarbeit bestand, sondern daß - z.B. in der Herrenkonfektion insbesondere nach dem 1. Weltkrieg - sich das Mosaik der Verlagsproduktion zunehmend auch aus der Werkstattarbeit zusammensetzte. Die Konzentrationstendenz des Produktionsprozesses, die mit dieser Entwicklung deutlich wird, verweist nicht nur auf die Etappe zur Fabrikproduktion, sondern weiterhin darauf, daß mit dem zu beobachtenden strukturellen Wandel innerhalb des verlagsmässig organisierten Produktionsprozesses technisch-organisatorische Veränderungen des werkstattmässigen Fertigungsprozesses einhergingen.

Wesentlich zu dieser Entwicklung beigetragen hat die tendenzielle Veränderung auf bestimmten Absatzmärkten, die zunehmend die Voraussetzung zu einer handwerklich-teilmechanisierten Massenproduktion in den Werkstätten bildete. Parallel hierzu wurden am Arbeitsmarkt männliche, gelernte Kräfte zunehmend knapper, was - am stärksten in der Herrenkonfektion spürbar - dazu führte, daß der Arbeitsprozeß zunehmend zerlegt wurde und die nun im Nähereibereich entstandenen Teilarbeitsgänge überwiegend von angelernten, weiblichen Arbeitskräften ausgeführt werden konnten. War dieses Substitutionsmuster auf der Ebene des Faktors Arbeit gleichzeitig Voraussetzung für eine sich langsam entfaltende Zerlegung des gesamten Produktionsprozesses in der Näherei, so war es auch die Basis für die Weiterentwicklung der Nähtechnik. So wurden schon frühzeitig arbeitspositionsbezogen einzelne Arbeitsgänge - insbesondere durch die Schaffung von Zusatzgeräten - weiter mechanisiert und damit wesentliche Vorarbeiten für die sukzessive Weiterentwicklung und Nutzung der Nähtechnik in den zukünftigen Kleiderfabriken geleistet.

Feststellen läßt sich somit, daß relativ niedrige Löhne ein Arbeitssystem zuliessen, dessen Beweglichkeit wohl die Reorganisation und insbesondere die Parzellierung des Arbeitsprozesses einschloß, bedeutsamere technologische Innovation allerdings gerade dadurch nicht erzwungen wurden. Bei dem Versuch, die facettenhafte Entwicklung der Organisations- und Arbeitsformen auf ihre wesentlichen strukturellen Veränderungen zu erklären, stellt sich als wichtiges Ergebnis heraus, daß es sich bei dem Verlag nicht um eine Phase gehandelt hat, die als statische Organisationsform eine Vorläuferin der Fabrik war. Bei genauerer Betrachtung lassen sich strukturelle Veränderungsprozesse innerhalb dieses organisatorischen Rahmens feststellen, die dann vielleicht nicht nur als verlagstypisch, sondern gleichsam branchentypisch zu verorten sind. Hervorzuheben ist dabei insbesondere der organisatorische Wandel sowie der Wandel des Arbeitseinsatzes.

Bei der Rekonstruktion der historischen Entwicklung des Arbeitseinsatzes im Konfektionsgewerbe fällt auf, daß die Fertigkleidungsbranche schon früh als relativ starke Frauenbranche entstanden ist. Die sukzessive, teilweise aber auch sprunghafte Erhöhung des Frauenanteils war nicht das Ergebnis eines erfolgreichen Kampfes der Frauen um attraktive 'Männerarbeitsplätze', sondern eher die Folge eines knapper gewordenen Angebotes von qualifizierten, männlichen Schneidern. Als Konsequenz dieser Entwicklung wurde die Arbeitskraft von Männern durch die - billigere - Arbeitskraft von Frauen ersetzt. Da diese Entwicklung den Herrenkonfektionssektor in stärkerem Maß als die Damenbranche betraf - hier herrschte von Beginn an eine relativ hohe Beschäftigung von Frauen - schlug dieser Substitutionsprozeß insbesondere auf die organisatorische Struktur der Herrenkonfektion durch, indem die Arbeit stärker von den Wohnungen der Heimarbeiter/innen in die Werkstätten der Zwischenmeister verlegt wurde. Eine Tendenz, die der Richtung nach auch für die Damenkonfektion galt.

Parallel zum strukturellen Wandel des eingesetzten Faktors Arbeit, auf dem die hausindustrielle Produktion im Konfektionsgewerbe in besonders starkem Maß basierte, war damit insofern der 'Kern' der Fabrik gelegt, als das hiermit die bekleidungsbranchentypische Arbeitskraft 'nur' noch mit der adäquaten Organisation des Arbeitsprozesses kombiniert werden mußte. Mit der Transformation der Heimarbeit in die Werkstattarbeit von war zumindest eine Etappe zur Fabrikarbeit vollzogen. Dieser Übergang führte in den Werkstätten allerdings nicht schlagartig zu einem hochgradig zerlegten Arbeitsprozeß, sondern zu einer sich langsam wandelnden Arbeitsorganisation unter der Beibehaltung noch stark handwerksbezogener Fertigungstechniken, die auf der Werkstatt dann zunehmend maschinengestützt ausgeführt wurden. War der Produktionsprozeß im Heimarbeitssektor weniger unter dem Gesichtspunkt industriekapitalistischen Kalküls und weniger von kapitalistischer Verwertungslogik bestimmt, so wurden mit der Entwicklung der Werkstattarbeit im Konfektionsgewerbe die Voraussetzungen geschaffen, diesen Prozeß langsam dem kapitalistischen Unternehmenskalkül zu unterwerfen. Die zunehmende Überführung des Produktionsprozesses in den unmittelbaren Kontrollbereich des Zwischenmeisters bzw. des Meisters einer 'Teilwerkstatt' des Konfektionsbetriebes war hierzu nur ein erster Schritt.

In der Nachkriegszeit ist für die Bekleidungsindustrie eine Situation entstanden, in welcher der Neu- bzw. Wiederaufbau mit einem kriegsfolgenbedingten Nachholbedarf auf der Absatzmarktseite einherging. Auf der Basis dieser historischen

Rahmenbedingungen konnten sich Produktionsstrukturen durchsetzen, deren Vorbilder in der Massenproduktion tayloristisch-fordistisch organisierter Großindustrien, z. B. dem Automobilsektor, bestanden. Rückschauend betrachtet wurde dadurch der Trend zur industriellen Bekleidungsproduktion forciert und mündete erstmals in größerem Maßstab in der fabrikmässig-industriellen Großserienproduktion von Bekleidung. Unter den Bedingungen der schon traditionellen Ausrichtung auf den Faktor Arbeit legte es der mit der erzwungenen Aufgabe traditioneller Standorte des Bekleidungsgewerbes verbundene Verlust großer Teile des verlagstypischen Arbeitskräftepotentials den in großer Zahl neu gegründeten Betrieben u.a. nahe, relativ leicht rekrutierbare Arbeitskräfte zu nutzen. Diese waren unter den gegebenen Umständen auf den damaligen - vorwiegend städtischen - Arbeitsmärkten in großer Zahl vorhanden. Es waren vor allem junge Frauen, die relativ schnell angelernt und deswegen auch gering bezahlt wurden. Ein Prozeß, der zur endgültigen Feminisierung dieser Branche führte.

Die sich innerhalb dieses Prozesses stärker herausgebildeten industriellen Produktionsstrukturen gründeten sich vorwiegend auf einen stark arbeitsteilig organisierten Produktionsprozeß, wobei die Verkettung der einzelnen Arbeitsplätze überwiegend am Prinzip der starren Fließfertigung ausgerichtet war. Für die Entwicklung und Anwendung der Technik in der Bekleidungsindustrie war die Tendenz zur fortschreitenden Arbeitszerlegung von wesentlicher Bedeutung. Die technischen Strukturen des Produktionsprozesses machten es möglich, einzelne standardisierbare Arbeitspositionen zu isolieren und deren Ausführung dann durch Spezial-Nähmaschinen zu optimieren. Diese Richtung war sicherlich diejenige mit den größeren, auf die parzellierte Ausführung einer Arbeitsposition bezogen, Produktivitätssprüngen. Gleichzeitig ist aber auch hervorzuheben, daß von dieser Entwicklung damals nur wenige Arbeitspositionen erfaßt wurden. Eine sukzessive und breiter wirkende Steigerung der Arbeitsproduktivität war vielmehr mit der Weiterentwicklung des am häufigsten verwendeten Schnellnähers sowie des Antriebs der Nähmaschinen verbunden. Vielfach existierten in diesem Stadium der Entwicklung industrieller Produktion von Bekleidung noch eine Reihe von Handarbeitsplätzen. Dies war nicht nur das Resultat von Mechanisierungslücken oder nicht ausgereifter Spezial-Nähmaschinen, sondern oftmals ein Hinweis darauf, daß die Fertigung in der frühen Kleiderfabrik teilweise noch stark an handwerklichen Fertigungsmethoden ausgerichtet war.

Das Massenproduktionskonzept - wie am Beispiel des Fließbandes bzw. des Taktbandes ausgeführt - war prinzipiell Ausdruck einer bestimmten Situation am Absatzmarkt und damit von dessen Strukturen abhängig. D. h., beim Entfallen der Voraussetzungen für ein derart gestalteten Produktionsprozeß wird ein Beibehalten dieser Produktionsstruktur obsolet. Insofern kam es in der Bekleidungsindustrie schon frühzeitig - seit den späten 50er Jahren - zu einer stetigen Abkehr von dem 'starren' Produktionsstrukturen und zu einer Hinwendung zu flexibleren Lösungen - lange bevor 'neue' Arbeitsstrukturen in der Bekleidungsindustrie diskutiert wurden.

Bei den verfolgten, unterschiedlichen Flexibilisierungskonzepten wurde das Prinzip der Fließfertigung weitgehend modifiziert. Dadurch wurden relativ flexible organisatorische Produktionsstrukturen geschaffen, die den organisatorischen Zustand in den Nähsälen zur Mitte der 8o er Jahre überwiegend prägen. Gezeigt hat sich hierbei, daß es sich bei der Entwicklung organisatorischer Strukturen, bei denen die flexible Verkettung der Arbeitsplätze untereinander - teilweise als mechanisierte Lösungen - im Mittelpunkt stand, um absatzmarktinduzierte Prozesse gehandelt hat. Abhängig war die Lösung des Verkettungsproblems in jedem Fall von dem - arbeitsorganisatorisch zentralen - Prinzip der weitgehenden Arbeitszerlegung in den Betrieben, wodurch die Problematik des Materialfluses bei hohen Flexibiltätsanforderungen keineswegs erleichtert wurde.

Trug die Modifikation des Prinzips der fließenden Fertigung sowie die damit verbundene Veränderung der Verkettungtechnologie dazu bei, den Materialfluß in der Näherei elastischer zu gestalten, so verharren die Betriebe im wesentlichen auf den traditionell sich durchgesetzten Strategien von Arbeits- und Technikeinsatz. Wesentlich für den Zusammenhang dieser Strategiefelder ist, daß in der relativ geringen Mechanisierung der Herstellung einer Naht die historisch starke Ausrichtung auf den Faktor Arbeit begründet liegt. Trotz der vielfältigen Weiterentwicklung der Nähtechnik existieren Mechanisierungs- und Automatisierungssperren, die sich sowohl aus dem Werkstoffverhalten als auch aus der Modellvielfalt ergeben und in gravierender Weise durch die geringe Kapitalausstattung der mittelgroßen Betriebe stabilisiert werden.

Verfestigt hat sich der Technikeinsatz in dieser Branche auch durch die vorherrschende tayloristische Rationalisierungsstrategie, den gesamten Arbeitsprozeß in stark zerlegte Einzeloperationen zu gliedern, um in dieser Konsequenz mit der Durchführung von repetitiver Teilarbeit eine hohe Arbeitsproduktivität zu erzielen. Mit dem dieser Strategie entsprechenden traditionellen Zugriff auf den Faktor Arbeit hat sich die Branche - auf die Aufrechterhaltung des Produktionsstandortes Bundesrepublik Deutschland bezogen - freilich auf einen prekären Weg begeben. Zumindest ist es ihr bis zur Mitte der 80er Jahre kaum gelungen, das bis dahin verfolgte Arbeits- und Technikeinsatzkonzept an die veränderten Flexibilitätsanforderungen des Marktes anzupassen. Auch sind organisatorische Konzepte im Sinne einer weitergehenden personellen Flexibilisierung rasch an die Grenzen eines Konsenses über die betriebliche Leistungspolitik gestoßen, sodaß derartige Konzepte für die weitere organisatorische Entwicklung vermutlich von geringerer Bedeutung sein dürften. Der Versuch, unter Rückgriff auf tayloristische Formen der Arbeitsorganisation einer flexiblen Produktion gerecht zu werden, endet in den Nähsälen vielfach als Dilemma, auf welches ungebrochen mit der Verlagerung der Fertigung - sehr häufig in der Form der Vergabe von Produktionsaufträgen an Lohnbetriebe im Ausland - reagiert wird.

Anhang

1. Stadien der Entwicklung der Nähtechnik - Die Vorläufer der Nähmaschine von J. M. Singer

Erste Bestrebungen, die menschliche Arbeit des Handnähens durch einen Nähmechanismus zu ersetzen, sind schon in der Mitte des 18. Jahrhunderts unternommen worden. Frederic Weisenthal - ein in England lebender Deutscher - kann als die Erfinderpersönlichkeit gelten, von der zuerst über den Versuch der Konstruktion eines Nähmechanismus mit einer 2-spitzigen Nähnadel und dem Öhr in der Nadelmitte berichtet wurde. Mit seinem Nähmaschinenmodell hatte Weisenthal 1755 die ersten Schritte zur Mechanisierung des Nähens angestellt. Ein praktisch verwendbarer Nutzen konnte aus diesem Versuch der Mechanisierung des Nähens nicht gezogen werden. Von seiner Konstruktion sind als belegbare Details nur die Erfindung der Nadel mit den zwei Spitzen und dem Öhr in der Nadelmitte zu nennen. Lüth gibt einen Hinweis auf die von Weisenthal angewandte Technologie der Stichbildung des Kettenstiches indem er die Konstruktion des Weisenthal'schen Nähmechanismus als den Versuch bezeichnet, "eine Kettenstich-Nähmaschine herzustellen". Eine genauere Darstellung über den Aufbau der Konstruktion und die Art und Weise der Stichbildung der Weisenthal'schen Konstruktion zu geben ist aufgrund mangelnder Unterlagen nicht möglich (Lüth : 1941, S. 5).

Thomas Saint's wesentlicher Beitrag zur Mechanisierung des Nähens bestand darin, daß er mit seiner Konstruktion von 1790 zum ersten Mal ein Prinzip der Stichbildung entwickelt hatte, welches nicht davon ausging, das Bewegungsmuster der menschlichen Hand beim Nähen durch einen Mechanismus nachzuahmen. Weiterhin wies diese frühe Konstruktion des Londoner Kunsttischlers grundsätzliche Elemente des Nähmechanismus auf, wie sie noch heute beim Bau moderner Nähmaschinen zu finden sind:

- horizontale Stoffablageplatte
- überhängender Arm
- senkrecht arbeitende Nadel
- Auf- und Abwärtsbewegung der Nadelstange
- Transportmechanismus
- kontinuierliche Zuführung des Garnes von einer auf dem Nähmaschinenarm aufgesteckten Garnrolle.

Die Konstruktion Saint's legt nahe, daß sie besonders für den Einsatz innerhalb der Lederverarbeitung, wie z. B. bei der Herstellung von Schuhen, Stiefeln u.s.w. ausgerichtet gewesen war: Der Mechanismus wurde durch das Drehen einer Handkurbel in Bewegung gesetzt, wodurch eine Ahle in das untergeschobene Nähgut ein Loch einstach. Der Nähfaden wurde dann von der am unteren Ende der Nadel sitzenden Kerbe durch dieses vorgestochene Loch zu der unteren Nähgutseite geführt. Die Fadenschlinge, die sich bei der Aufwärtsbewegung der Nadel unterhalb des Nähgutes gebildet hatte, wurde dann von einem Schlingenfänger ergriffen und so lange festgehalten, daß sie im Zuge des folgenden Stichbildungsrhythmus befestigt werden konnte.

Bei jeder Umdrehung der Antriebswelle wurde das Zahnrad von der Zahnstange um einen Zahn weiterbewegt. Dies hatte zur Folge, daß sich die Stoffauflageplatte um jeweils eine Stichlänge weiterbewegte. Gesteuert wurde dieser Vorgang von einer Schraubenspindel. Zu der so beschriebenen Bildung des Kettenstiches ist freilich anzumerken, daß deren Ausführung

Quelle: Renters, Wilhelm : Der Nähmaschinenfachmann, Bielefeld 1953, S. 9

Abb.A/1: Nähmaschine des Thomas Saint 1790

erst durch die Verbesserung der Saint'schen Konstruktion durch Wilson im Jahr 1874 realisiert worden ist. Der Nähmechanismus, wie er zuerst von Saint konstruiert wurde - 1790 erhielt er dafür ein Patent - war nicht verwendungsfähig. 1874 gefundene Patentzeichnungen der Saint'schen Konstruktion waren für Wilson Anlaß, die Konstruktionsdefizite des Saint'schen Nähmechanismus aufzuheben und ihn dadurch verwendungsfähig zu machen.

Der von einigen Nähmaschinenkonstrukteuren verfolgte Ansatz, einen Nähmechanismus zu entwickeln, der das Bewegungsmuster der menschlichen Hand beim Nähen nachahmte, blieb in sämtlichen Fällen ohne Erfolg. Einen praktischen Wert hatten diese Konstruktionen u. a. deshalb nicht, weil sie - wie beim Handnähen - einen relativ kurzen Faden verwendet hatten und deswegen ein kontinuierliches Nähen nicht erreicht werden konnte. Zusätzlich - so sind die überlieferten Skizzen der Stichbildung zu interpretieren - muß gesagt werden, daß es sich bei den jeweils erhaltenen Maschinennähten dieser Art nicht gerade um besonders feste und dauerhafte Verbindungen mehrerer Stofflagen gehandelt hatte. Die Verbindung dieser Stofflagen basierte im wesentlichen auf dem 'Durchziehen' nur eines einzigen Nähfadens durch die Stofflagen. So war nicht nur die Maschine der beiden Engländer Thomas Stone und James Henderson (Grothe : 1875, S. 366; vgl. Richard : 1876, S. 3) aus dem Jahre 1804 ohne größere Bedeutung, sondern auch die Patente der Amerikaner J. J. Grenough für den 'Durch- und Durchstich' (1842) (Daul : 1864, S. 6) sowie B.W. Bear für den 'Laufenden Stich' (1843) (Daul : 1864, S. 6), die beide auf der Imitation des Handnähens basierten, brachten keinen nennenswerten Erfolg für die Entwicklung der Nähtechnologie. Mit der Konstruktion einer Nähmaschine entwickelten Stone und Henderson einen Mechanismus, der die menschliche Näharbeit genau nachahmen sollte. Der Mechanismus legte die zu verbindenen Stoffteile in Falten und führte die Nadel mit dem Faden durch diese Falten. Dadurch, daß die Faltenbildung des Nähgutes nicht mit der notwendigen Regelmäßigkeit und Genauigkeit erreicht werden konnte als auch die Effizienz dieser Maschine wegen vieler anderer Mängel nur minimal geblieben ist, ist dieser technologische Pfad der Entwicklung der Stichbildung unvollkommen geblieben.

Auch die von Madersperger 1807 konstruierte Nähmaschine (Eulner : 1913, S. 3), die auf dem gleichen Stichbildungsprinzip beruhte, brachte keinen Durchbruch in der Nähechnologie. Madersperger konstruierte zunächst einen Nähmechanismus, bei dem er - ähnlich wie Weisenthal - eine zweispitzige Nadel mit dem Öhr in der Nadelmitte verwendete. Diese Nadel bewegte sich in senkrechter Stellung auf und nieder und durchstach das transportierte Nähgut abwechselnd von der oberen und von der unteren Seite. Mindestens zwei Gründe waren dafür ausschlaggebend, daß diese Nähmaschinenkonstruktion über das Versuchsstadium hinaus nicht weiterentwickelt wurde: Einerseits war die Nähmaschine in ihrer Leistungsfähigkeit eingeschränkt. Der Nähvorgang mußte nach dem Abarbeiten der Fadenlänge von 45 cm zum Einsetzen einer eingefädelten Nadel immer wieder unterbrochen werden . Als weiteres Problem bei der Verwendung dieser Nähmaschine ist die erzeugte Nähqualität zu nennen. Die bei der Verwendung von diesem Nähmechanismus erreichte Nahtqualität reichte nicht aus, um Ansprüche an eine feste Naht zu befriedigen.

Als ein Spezial-Nähmechanismus ist die von dem Strumpfwirker Balthasar Krems aus Mayen um 1810 bei seiner Zipfelmützenherstellung eingesetzte Konstruktion einer Kettenstichnähmaschine anzusehen. Diese mechanische Nähvorrichtung war auf einen einzigen Anwendungszweck bei der Krems'schen Zipfelmützenherstellung - den Arbeitsgang 'Festnähen des umgelegten Randes der Strickmützen' - hin konstruiert. Aus diesem Grunde besaß die Nähmaschine eine eigenartige seitlich an dem Maschinengestell angebrachte Kombination von Aufhänge- und Transportvorrichtung für das zu bearbeitende Werkstück. Diese bestand aus einem über die Tischplatte frei hinausragenden Schieberand, dessen oberer Rand als Kronenradgetriebe entwikkelt gewesen ist und dessen seitlicher Rand mit spitzen Stahlnadeln zum Halten des Werkstücks versehen war. Über ein Zahnradkurvengetriebe wurde dieses Kronradgetriebe als Pausengetriebe in Bewegung gesetzt: Während sich die Nadel im Nähgut befand, blieb das Schieberad stillstehen - hatte die Nadel das Nähgut verlassen, bewegte sich das Schieberad um einen Zahn weiter, sodaß das Werkstück um eine Stichlänge vorgeschoben wurde und der nächste Stichbildungsvorgang begonnen werden konnte (Vgl. Lüth : 1941, S. 7 ff.).

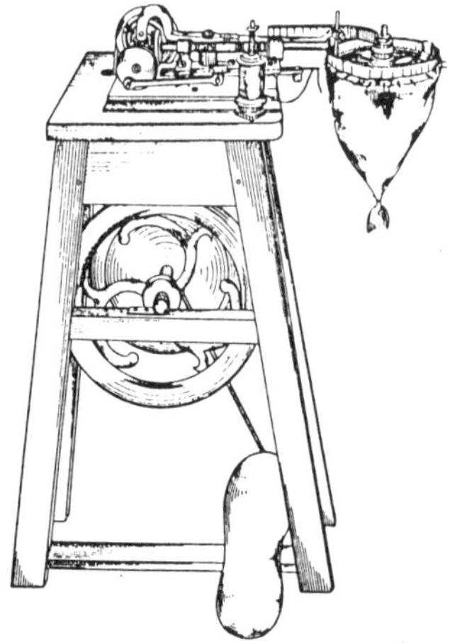

Quelle:	Renters, Wilhelm : Der Nähmaschinenfachmann, Bielefeld 1953, S. 10
Abb.A/2:	Nähmaschine des Balthasar Krems

Wegen der dehnbaren Maschen der Mützen brauchte Krems die elastische Kettenstichnaht und erreichte bei der Anwendung seines Nähmechanismus offensichtlich einen beachtlichen Grad an Vollkommenheit. Als wesentliches, den Mechanisierungsprozeß des Nähens weitertreibendes Moment, welches über die Nutzung bei dieser Krems'schen Konstruktion für diesen Teilprozeß hinaus eine größere Bedeutung erlangte, ist der erstmalige Einsatz der öhrspitzigen Nähnadel anzusehen. Der Einsatz der Nadel mit dem Öhr an der Spitze bedeutete für die Entwicklung der Mechanisierung des Nähens das Überschreiten einer Hürde zur einwandfreien und kontinuierlichen Nahtbildung. Als weitere besondere Konstruktionsdetails können der zwangsläufige Stoffvorschub und der hakenförmige Schlingenfänger gelten. Da diese Krems'sche Konstruktion nur zum Befestigen von Säumen bzw. von Stoffkanten eingesetzt werden konnte, ließ sie einen Gebrauch für weitere Verwendungsbereiche nicht zu. Hierfür hätte es einer gänzlich veränderten Konstruktion bedurft.

Im Gegensatz zu der ersten Maderspergerschen Konstruktion ist dessen 1814 vorgestelltes Modell einer zweiten, konstruktiv wesentlich anders gebauten Nähmaschine offensichtlich nähtechnologisch richtungsweisender sowie in der praktischen Anwendung effizienter gewesen (Lüth : 1933, S. 14.). Als zentrale Basis dieser Konstruktion des österreichischen Schneidermeisters ist dessen Versuch, den Bewegungsablauf der menschlichen Hand beim Nähvorgang nachzuahmen, anzusehen. Aus diesem Grunde war es nähtechnisch geboten, die Nähmaschinennadel mit dem Öhr an der Spitze zu versehen, wie es in diesem Zusammenhang zum zweiten Mal bei einer 'Spezial-Nähmaschine' geschah. Mit dieser Konstruktion einer Nähmaschine konnte der Nähvorgang - genauer gesagt der Stichbildungsprozeß - allerdings nur in teilmechanisierter Weise ausgeführt werden. Dieser Nähvorrichtung fehlte nicht nur ein integriertes Trägersystem für den Unterfadenvorrat, sondern es mangelte ihr auch an einem geeigneten Schlingenfänger, um die Verbindung der beiden Fadensysteme mechanisiert auszuführen. Als weitere Eigentümlichkeit dieser Nähvorrichtung ist anzuführen, daß das Werkstück während der Dauer der Bearbeitung in ruhendem Zustand verblieb und die beiden Maschinennadeln - es handelte sich bei dieser Konstruktion um eine 2-Nadelmaschine - sich nach jedem Stich in der Nahtrichtung um die Länge eines Stiches weiterbewegten. Dabei waren die beiden Nadeln nicht nebeneinander in paralleler Stellung angeordnet, sondern sie arbeiteten hintereinander in der gleichen Nahtlinie.

Die Nahtbildung erfolgte bei dieser Nähmaschine folgendermaßen: Das Nähgut wurde in einem Walzensystem gehalten, von denen einige Walzen die Funktion hatten, das Nähgut zu führen und zu spannen sowie die zu bearbeitenden Stofflagen so umzulenken, daß sie Fläche auf Fläche zu liegen kamen und in diesem Zustand bearbeitet werden konnten. Dann drangen die Nadeln längs der dafür vorgesehenen Aussparung in dem Arbeitstisch von unten in das Nähgut ein. Während der Unterschlitten die Nadelstangen wieder abwärts zog, blieben aufgrund der dabei wirkenden Reibungskräfte die beiden Nähfäden im Nähgut zurück und bildeten jeweils eine Fadenschlinge. Verbunden wurden diese Schlingen mit einem dritten Faden - dem sog. Kettenfaden - der auf manuelle Weise durch sie durchgeführt wurde. Vor dem Weitertransport des Nadelschlittens zur nächsten Stichstelle wurden die schlingenbildenden Fäden mit dem Kettfaden durch eine Drehbewegung des Nadelstangensystems um 180° miteinander verknüpft (Pupp : 1933, S. 105 ff.).

Mit dem Bau dieser Nähvorrichtung ist Madersperger nicht nur nicht die vollkommene Mechanisierung des Nähens gelungen, sondern aufgrund der Beschreibung des Zusammenwirkens der einzelnen Bauteile dieser Vorrichtung war es mit diesem Nähapparat offensichtlich nicht möglich, das Nähgut Kante an Kante zu verbinden. Madersperger erreichte mit dieser Konstruktion nur die weniger bedeutende Verbindung 'Fläche an Fläche' (Pupp : 1933, S. 107). Auch eine bedeutende Leistungssteigerung gegenüber der mit der Hand erzeugten Naht gelang Madersperger mit diesem Nähapparat nicht. Die relativ geringe Leistung dieser Nähvorrichtung mit ca. 100 Stichen/min. ist als ein Resultat der Notwendigkeit des manuellen Eintragens des 'Bindefadens' zu sehen. Wenn auch noch

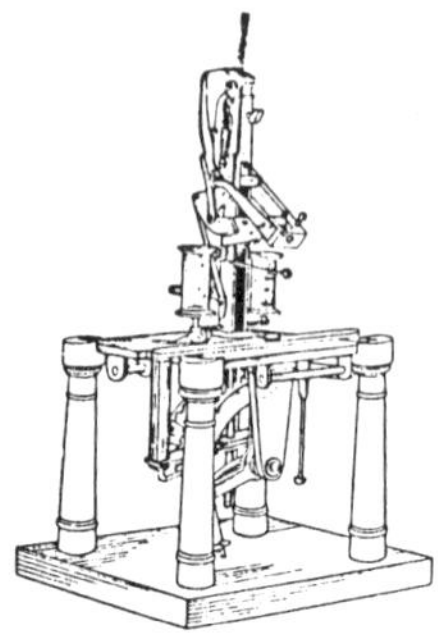

Quelle:	Renters, Wilhelm : Der Nähmaschinenfachmann, Bielefeld 1953, S. 10
Abb. A/3:	Nähmaschine des Schneidermeisters J. Madersperger

nicht vollmechanisiert gelöst, so war dieser Ansatz der Verknüpfung mehrerer Fäden als wesentlicher Ansatzpunkt der Mechanisierung der Stichbildung eine von mehreren in dieser Nähvorrichtung enthaltenen Verbesserungen auf dem Weg zur Mechanisierung des Nähens.

Der von Barthelemy Thimonnier (1793 - 1845), einem französischen Schneidermeister aus St. Etienne, konstruierte Nähmechanismus wurde 1829 zum ersten Mal mit Erfolg in der Praxis der Herstellung von Oberbekleidung eingesetzt. Spätere Konstruktionen von Thimonnier wichen in einigen technischen Details von seiner ersten im Jahr 1830 patentierten Maschine ab (Richard : 1876, S. 8).

80 mechanische Nähvorrichtungen von Thimonnier's erster Konstruktion wurden in einer Pariser Militär-Schneiderwerkstatt zur Herstellung von Uniformen eingesetzt. Diese mechanischen Nähgeräte wurden im Verlauf einer Protestaktion von Berufskollegen zerstört. Die maschinenstürmenden französischen Schneider fürchteten, durch eine Mechanisierung des Nähens ihre Arbeit und damit ihre Existenz zu verlieren. Thimonniers Konstruktion einer Nähmaschine kann folgendermaßen beschrieben werden: Anfangs in ein Holzgestell und später in ein Ei-

sengestell integriert bestand der Nähmechanismus aus einer mit einer Hakennadel versehenen Nadelstange, die mittels eines Trittbrettes abwärts bewegt wurde. Die darauffolgende Aufwärtsbewegung wurde durch den Druck einer Spiralfeder ausgelöst. Der Transport des Nähgutes mußte bei der Thimonnier'schen Nähmaschine manuell vorgenommen werden. Mit dem ersten von Thimonnier entwickelten Nähmaschinenmodell wurde eine Leistung von 200 Stichen in der Minute erreicht. Spätere Konstruktionen von ihm waren noch leistungsfähiger.

Quelle: Renters, Wilhelm : Der Nähmaschinenfachmann, Bielefeld 1953, S. 11

Abb. A/4: Kettenstich-Nähmaschine des B. Thimmonier

Bei der Thimonnier'schen Konstruktion wurde der Nähfaden von einer Garnrolle, die unter der Arbeitsschiene gelagert war, abgezogen und von der Hakennadel durch die zu verbindenen Stofflagen geführt, wobei die Schlingen des Kettenstiches auf der oberen Stofflage sichtbar zu liegen kamen. Die Nadelstange war in einem zurückbewegbaren Arm eingesetzt, der gleichzeitig als Presserfuß wirkte. Die Bildung des Kettenstiches ging bei Thimonnier's Nähmechanismus folgendermaßen vor sich: Die Nähnadel, die von oben durch die Stofflagen durchsticht, hat an ihrer Spitze einen Haken. In diesen legt sich bei der Aufwärtsbewegung der sich unten befindliche Nähfaden hinein, nachdem er durch eine bestimmte Vorrichtung um die Nadel herumgeschlungen ist. Beim folgenden Stich bleibt die so gebildete Fadenschlinge auf der oberen Lage des Nähgutes liegen und die Nadel holt in der gleichen Weise eine zweite Fadenschlinge herauf und führt diese durch die erste Fadenschlinge hindurch. Nach diesem Ablaufmuster wird der Kettenstich heute noch gebildet.

Die Tendenz, daß der Faden sich - mangels Nadelöhr - im Nähgut verfangen könnte, war als Nachteil dieser Konstruktion anzusehen. Weiterhin war es ein Konstruktionsdefizit dieser Nähmaschine, daß sie nicht mit einem Stoffschiebemechanismus ausgerüstet war. Der Mechanismus des Maschinenoberteils ist von einer Verbindungsstange angetrieben worden, welche - mit einer Kurbelspindel verbunden - von einem Rad angetrieben wurde. Durch Treten eines Fußpedals wurde der gesamte Nähmechanismus in Bewegung gesetzt (Gilbert : 1970, S. 2).

Der Amerikaner Walter Hunt erhielt im Jahre 1834 ein Patent auf einen Näh-Mechanismus. Hunt verfolgte bei seiner Konstruktion zur Mechanisierung des Nähens den Ansatz der Stichbildung, bei welchem - in Anlehnung an die Operation des Schußeintrages beim Weben - die Naht mit Hilfe der Verbindung eines Oberfadens mit einem Unterfaden hergestellt wurde. Als Garnträger für den Unterfaden diente ein sich hin- und herbewegendes Schiffchen, in dessen Gehäuse eine kleine bewegliche Unterfaden-Garnrolle eingelegt gewesen ist. Durch diese Art des Zusammenwirkens der Stichbildungselemente erfolgte die Bildung des Steppstiches. Hunt verfolgte diese Konstruktion seines Nähmechanismus offensichtlich nicht weiter. Nach Angaben von Renters war dieser nicht ausgereift und deswegen in der Praxis nicht einsatzfähig (Renters : 1953, S. 12; vgl. Grothe : 1875, S. 377).

Auch Howe hatte erkannt, daß es zu einer festen, haltbaren maschinellen Steppstichnaht eines Ober- und eines Unterfadens bedurfte, die durch einen schwingenden Schlingenfänger miteinander verbunden werden mußten. Bis auf die Form des Schlingenfängers hat sich bis in die heutige Zeit an diesem Prinzip der Bildung des Stiches kaum etwas verändert. Der Durchbruch zum Erhalt einer maschinell erzeugten Verbindung von zwei Stofflagen gelang ihm durch die Verwendung sowohl des Weberschiffchens in verkleinerter Form für die Nähmaschine als auch der Nadel mit dem Nadelöhr an der Spitze. Auf dieser Basis gelang es Howe im April 1845 mit seiner Konstruktion die erste maschinelle Naht nähen. Er komplettierte und verbesserte bis Mitte 1845 seine erste Nähmaschine, die so konstruiert war, daß sie den praktischen Anforderungen genügte (Landgraf : 1983, S. 35).

Der Aufbau der Howe' schen Nähmaschine ist durch bestimmte Konstruktionsdetails gekennzeichnet gewesen und kann folgendermaßen beschrieben werden: Besonders charakteristisch für diesen Nähmechanismus war, daß das Nähgut nicht auf eine horizontale Platte gelegt worden ist, sondern die miteinander zu verbindenden Stoffteile wurden auf einer mit spitzen Stahlstiften versehenen Stoffheftplatte befestigt. Bei dieser Art der Nähguthalterung mußten die Stofflagen in vertikaler Lage bearbeitete werden. Transportiert wurde das Nähgut in der Weise, daß die bewegliche Stoffheftplatte die aufgenadelten Stofflagen dem Nähmechanismus zuführte. Der Transport des Nähgutes geschah bei dieser Konstruktion nur dann kontinuierlich, wenn die zu nähende Naht nicht länger oder gleich lang wie die maximale Verschiebung der Heftplatte war. In den Fällen, in denen die Nähte länger als die längstmögliche Verschiebung der Heftplatte waren und die durch die Länge der Zahnstange begrenzte Verschiebung der Heftplatte ausgenutzt war, mußte die Heftplatte bis zu ihrer Ausgangsposition zurückgedreht und der restliche zu nähende Nahtabschnitt auf ihr befestigt werden (Eulner : 1913, S. 6).

Wegen der vertikalen Lage des Nähgutes ist der horizontale Einstich der Nähnadel in den Stoff nur folgerichtig gewesen. Howe's Nähmaschine besaß eine gebogene Nähnadel mit dem Öhr an der Nadelspitze. Diese Nadel hatte zwei Nuten - die lange Nut führte den Oberfaden durch den Stoff hindurch und mittels der kurzen Nut wurde die Bildung einer Fadenschlinge, die zur Bildung des Doppelsteppstiches notwendig war, unterstützt 1).

Historisch gesehen besaß die Howe' sche Konstruktion für die Mechanisierung des Nähens eine wesentliche Bedeutung. Dieser Nähmechanismus ersetzte die Arbeitsleistung von 5 - 6 geübten Handnäherinnen 2). Trotzdem war dieser Nähmechanismus noch mit bestimmten 'Konstruktionsdefiziten' verbunden:

- es war keine waagerechte Stoffauflageplatte vorhanden
- die Nadel bewegte sich horizontal
- es konnten aufgrund der Konstruktion der Stoffheftplatte nur gerade Nähte genäht werden.

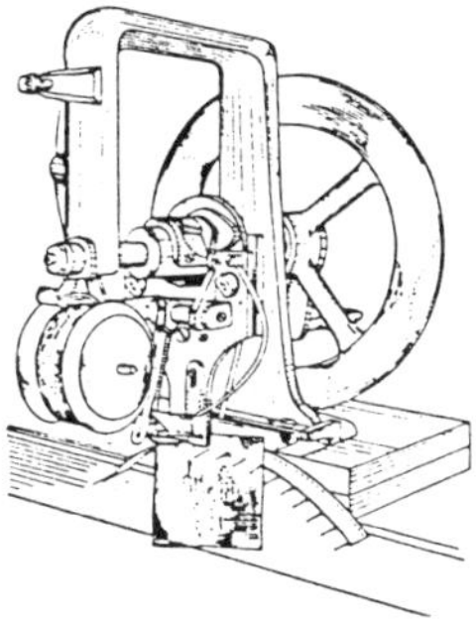

Quelle: Renters, Wilhelm : Der Nähmaschinenfachmann, Bielefeld 1953, S. 10

Abb. A/5:Nähmaschine des Elias Howe

Hatte Howe auf der Basis des von Hunt entwickelten Prinzips der Bildung des Steppstiches - die Erfindung von Howe verlief offensichtlich ohne Kenntnisse über die Nähmaschinenkonstruktion von Hunt - einen Nähmechanismus gebaut, dessen prinzipielle Funktionsweise noch heute gilt, so war dessen Konstruktion zu diesem Zeitpunkt noch nicht voll ausgereift.

2. Verlagsspezifische Organisationsformen der Herstellung von fertiger Oberbekleidung

2.1. Formen der Kombination von Werkstatt- und Heimarbeit

Der Produktionsprozeß ist bezüglich der Organisation der Ablauffolgen des Nähprozesses in die Teilprozesse Maschinennähen und Handnähen zerlegt gewesen. Für die Kombination von Werkstatt- und Heimarbeit bestand innerhalb dieses Organisationsmusters die Möglichkeit, den jeweiligen Teilprozeß entweder auf der Werkstatt des Zwischenmeisters oder in den Räumen der Heimarbeiter/in auszuführen. Andererseits existierte diejenige Organisationsvariante, bei der beide Teilprozesse örtlich dezentral, allerdings von der gleichen Arbeitsperson erledigt wurden.

(a) Der Produktionsprozeß ist in seinem Verlauf der einzelnen Prozeßabschnitte derart gestaltet gewesen, daß nach dem Zuschneiden und Einrichten die an dem Kleidungsstück auszuführenden Maschinennäharbeiten von einer Heimarbeiterin in ihrer Wohnung ausgeführt worden sind. Die folgenden Teilprozesse wie z.B. Handnähen, Ausfertigen und Bügeln sind sämtlich auf der Werkstatt des Zwischenmeisters durch dessen Arbeiter/innen bzw. teilweise durch diesen selbst verrichtet worden.

Die Zerlegung der bei der Fertigung eines Kleidungsstückes anfallenden Näharbeiten in Maschinennähen ("Steppen") und Handnähen sowie die separate Ausführung des Steppens durch die Heimarbeiterin in ihrer Wohnung kann zunächst als eine Verlagerung des Risikos der Investition in eine Nähmaschine von dem Zwischenmeister auf die einzelne Heimarbeiterin gesehen werden (Schmidt : 1912, S. 70). Von der qualitativen Zusammensetzung dieses Heimarbeiterinnenpotentials waren es häufig Frauen, die früher auf der Werkstatt eines Zwischenmeisters als 'Stepperin' tätig gewesen sind. Diese gründeten - oft nach ihrer Heirat - mit der Anschaffung einer Nähmaschine eine hausindustrielle Existenz als 'selbständige' Maschinennäherin. Die separate Durchführung der Stepparbeiten durch eine Heimarbeiterin kann mit den auf das Maschinennähen beschränkten Fertigkeiten dieses Heimarbeiterinnentyps begründet werden. Zusätzlich handelte es sich um reduzierte Anforderungen an die Ausführung des Maschinennähens. Diese Tätigkeit brauchte nicht kontrolliert zu werden.

Die Notwendigkeit, die Handnäharbeiten auf der Werkstatt des Zwischenmeisters durchzuführen, ist damit zu begründen, daß

STRUKTUR - FUNKTIONALES SCHEMA DER ORGANISATION DES PRODUKTIONSPROZESSES VON KONFEKTIONIERTER DAMENOBERBEKLEIDUNG IM `REINEN VERLAGSSYSTEM`

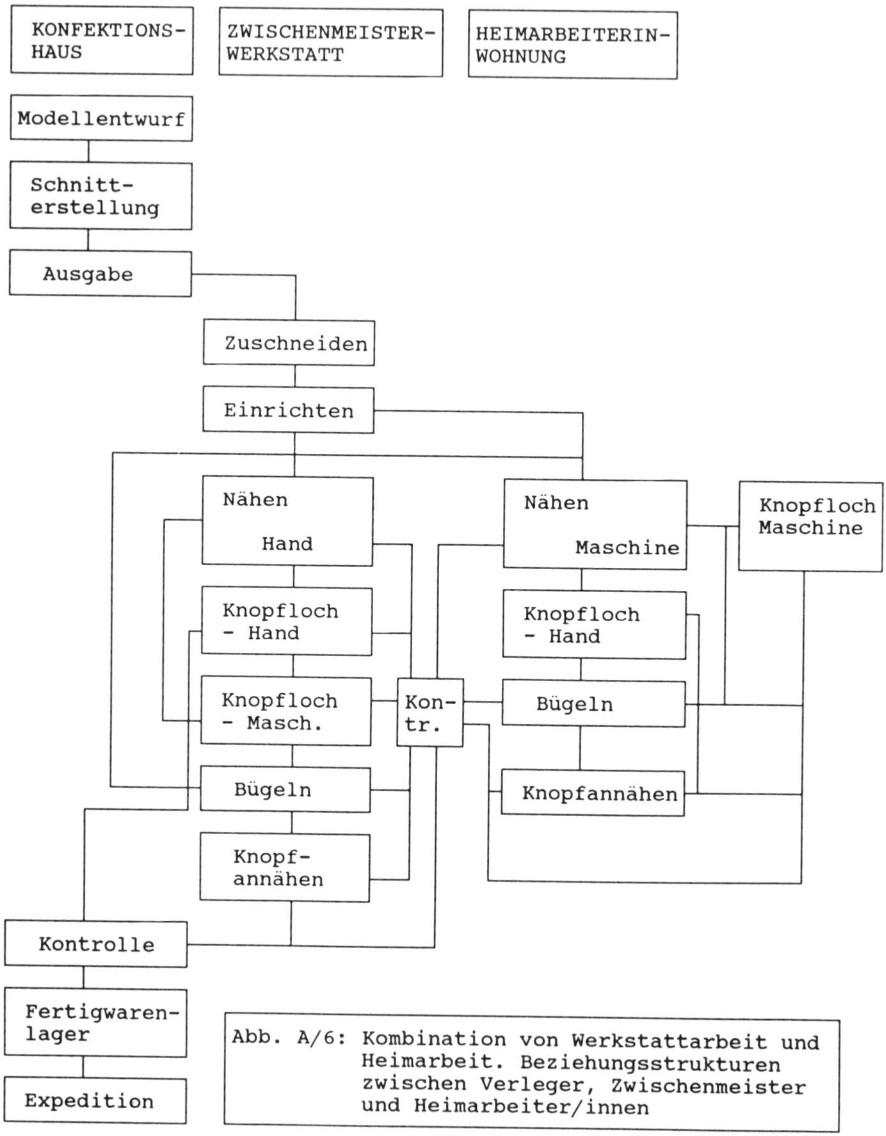

Abb. A/6: Kombination von Werkstattarbeit und Heimarbeit. Beziehungsstrukturen zwischen Verleger, Zwischenmeister und Heimarbeiter/innen

es wegen der geforderten Qualität der Handnäharbeiten einer besonderen Kontrolle dieser Tätigkeiten bedurfte. Die Kontrolle der Ausführung der Handnäharbeiten diente insbesondere der Gewährleistung eines homogenen Erscheinungsbildes aller Kleidungsstücke einer Serie.

(b) Die Aufteilung der an einem Kleidungsstück auszuführenden gesamten Nähtätigkeiten ist bei dieser Organisationsvariante der 'Kombination von Werkstattarbeit und Heimarbeit' in der Weise vorgenommen worden, daß das Maschinennähen in der Werkstatt des Zwischenmeisters erfolgte und das Handnähen in den Wohnungen der Heimarbeiterinnen von diesen durchgeführt worden ist.

Dieser überwiegend bei der Fertigung von Damenoberbekleidung in der großstädtischen Frauenhausindustrie - insbesondere in der Berliner Damenkonfektion - angewandten Organisationsform war eigen, daß der Teilprozeß 'Maschinennähen' in den Räumen des Zwischenmeisters unter Anwendung der sich in seinem Besitz 3) befundenen Nähmaschinen durchgeführt worden ist.

Mit der Hineinnahme der Maschinennäharbeiten in die Werkstatt des hausindustriellen Zwischenmeisters ging das Risiko der Auslastung dieser Produktionsmittel auf diesen über. Begründet werden kann die Übernahme des Auslastungsrisikos der Nähmaschinen mit der Vermutung, daß er dieses Risiko geringer bewertete als die Chance, mit der Verrichtung der Maschinennäharbeiten auf seiner Werkstatt gleichzeitig die ständige Kontrolle über die der Ausführung der Stepparbeiten auszuüben und damit eine gleichbleibende Qualität der Ausführung dieses Teilprozesses zu sichern. Als zusätzliche Begründung - allerdings nur für den Fall des Einsatzes von Nähmaschinen mit elektrischem Antrieb - kann angenommen werden, daß die Nutzung motorisch angetriebener Nähmaschinen mit einem Kostenvorteil gegenüber der Ausführung dieses Teilprozesses in Heimarbeit verbunden war.

"Soweit jedoch in den Zwischenmeisterwerkstätten elektrischer Betrieb besteht, kann man beobachten, daß das Maschinennähen in der Werkstatt erfolgt und - wo geeignete Heimarbeiterinnen vorhanden sind - das Handnähen in der Heimarbeit" (Schmidt : 1912, S. 70).

Das Problem der Rekrutierung von Heimarbeiterinnen für die Handnäharbeiten bestand im wesentlichen in der Rekrutierung ausreichend qualifizierter Arbeiterinnen. Wenn davon ausgegangen werden kann, daß die Kleidungsstücke, die innerhalb dieser Organisationsform hergestellt wurden, mehrheitlich dem 'besseren' Genre zurechnen waren, bzw. das es sich hierbei um Spezialanfertigungen gehandelt hat, so kann vom Ausführungsstandard der Produkte auf bestimmte Mindestqualifikationen bzw. Spezialqualifikationen 4) der Heimarbeiterinnen geschlossen werden. Es ist anzunehmen, daß für die Verrichtung dieser Handnäharbeiten ein Typ von Heimarbeiterin eingesetzt wurde, dessen besondere Qualifikation in einem großen handwerklichen Geschick - insbesondere für die Ausführung von Detailarbeiten - lag. Dadurch konnte eine konstanten Qualität der Ausführung der Arbeit gewährleistet werden.

STRUKTUR - FUNKTIONALES SCHEMA DER ORGANISATION DES PRODUKTIONSPROZESSES VON KONFEKTIONIERTER DAMENOBERBEKLEIDUNG IM `REINEN VERLAGSSYSTEM`

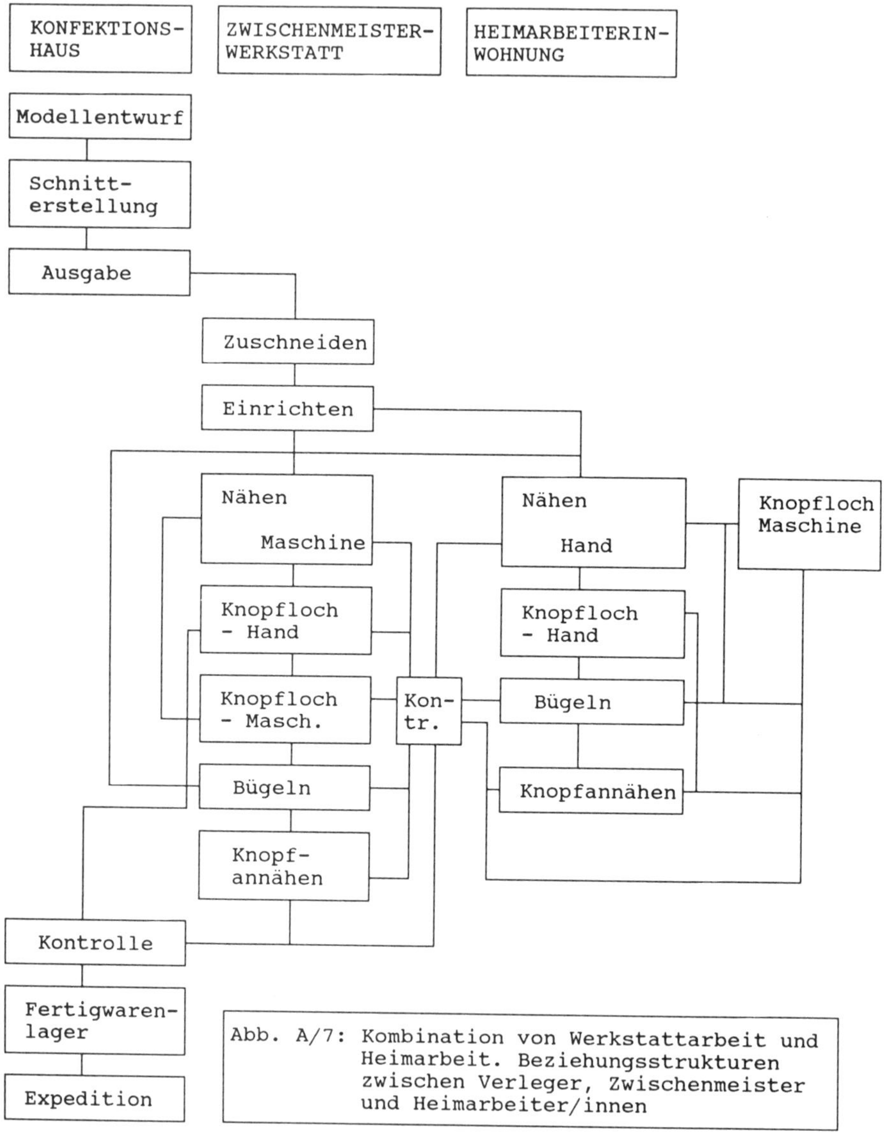

Abb. A/7: Kombination von Werkstattarbeit und Heimarbeit. Beziehungsstrukturen zwischen Verleger, Zwischenmeister und Heimarbeiter/innen

(c) Die Herstellung eines Kleidungsstückes ist in der Weise organisiert gewesen, daß die Teilprozesse Zuschneiden, Einrichten, Maschinennähen, Bügeln und Knopfannähen generell auf der Werkstatt des Zwischenmeisters ausgeführt wurden. Die Ausführung der gesamten, an einem Kleidungsstück anfallenden Handnäharbeiten ist auf der örtlich - personalen Ebene derart organisiert gewesen, daß diese von ein und derselben Arbeitsperson sowohl - tagsüber - auf der Werkstatt des Zwischenmeisters als auch - nach Arbeitsende auf der Werkstatt - in deren eigener Wohnung durchgeführt wurden.

Von der Kernstruktur der Organisation der verlagsmäßigen Produktion her handelte es sich bei diesem struktur-funktionalen Muster der Herstellung von Oberbekleidung um den Organisationstyp der 'unmittelbaren Werkstattarbeit'. Die Modifikation der Ausführung der Produktion innerhalb dieses Organisationstyps bestand in der örtlich dezentralen Durchführung des Teilprozesses 'Handnähen'. Im Unterschied zur 'unmittelbaren Werkstattarbeit' führte eine Handnäherin, die auf der Werkstatt des Zwischenmeisters als Werkstattarbeiterin beschäftigt wurde, Anteile der an einem Kleidungsstück zu verrichtenden Handnäharbeiten sowohl während der mehr oder weniger geregelten Arbeitszeit auf der Zwischenmeisterwerkstatt 5) als auch nach dem Arbeitsende auf der Werkstatt in ihrer Wohnung bzw. auf ihrer Schlafstelle 6) aus. Dadurch wurde sie zeitweise zur Heimarbeiterin. Die 'Kombination von Werkstattarbeit und Heimarbeit' bezog sich in diesem Fall nur auf die Kombination der unterschiedlichen örtlichen Ebenen der Ausführung dieses Teilprozesses 7), nicht aber auf die Kombination der Arbeitsleistungen unterschiedlicher hausindustrieller Produzenten.

Diese in der verlagsmäßigen Herstellung von fertiger Oberbekleidung - insbesondere in der Berliner Damenkonfektion - zur Anwendung gekommene partielle Ausführung von Handnäharbeiten durch die Werkstattarbeiterinnen nach Feierabend bzw. am Wochenende in deren Wohnungen ist als eine bestimmte Strategie des Arbeitskrafteinsatzes durch die Zwischenmeister zur Erhöhung der Flexibilität der Produktion zu sehen. Primäre Bedingung dafür war die Möglichkeit der werkstattunabhängigen Durchführung von verschiedenen Handarbeitsgängen an einem Kleidungsstück, die - zu längerzyklischen Teilprozessen verdichtet - kontrollunabhängig von der Werkstattarbeiterin auch außerhalb der Werkstatt des Zwischenmeisters verrichtet werden konnten. Die Bildung von Materialpuffern zwischen Maschinen- und Handnäharbeiten ermöglichte die werkstattunabhängige Ausführung längerer Handarbeitszyklen. Zusammengelegte Handnäharbeitsfolgen wie Kantendurchnähen, Futterstaffieren, Garnieren, Besatzarbeiten etc. konnten somit in den Wohnungen der Werkstattarbeiterinnen durchgeführt werden. Das Steuerungsproblem des Zwischenmeisters, die jeweilige Anpassung seines Arbeitskräftepotentials an die von seinem Betrieb produktionsorganisatorisch zu bewältigende Menge an Aufträgen, ist innerhalb dieses Organisationstyps durch den

STRUKTUR - FUNKTIONALES SCHEMA DER ORGANISATION DES PRODUKTIONSPROZESSES VON KONFEKTIONIERTER DAMENOBERBEKLEIDUNG IM `REINEN VERLAGSSYSTEM`

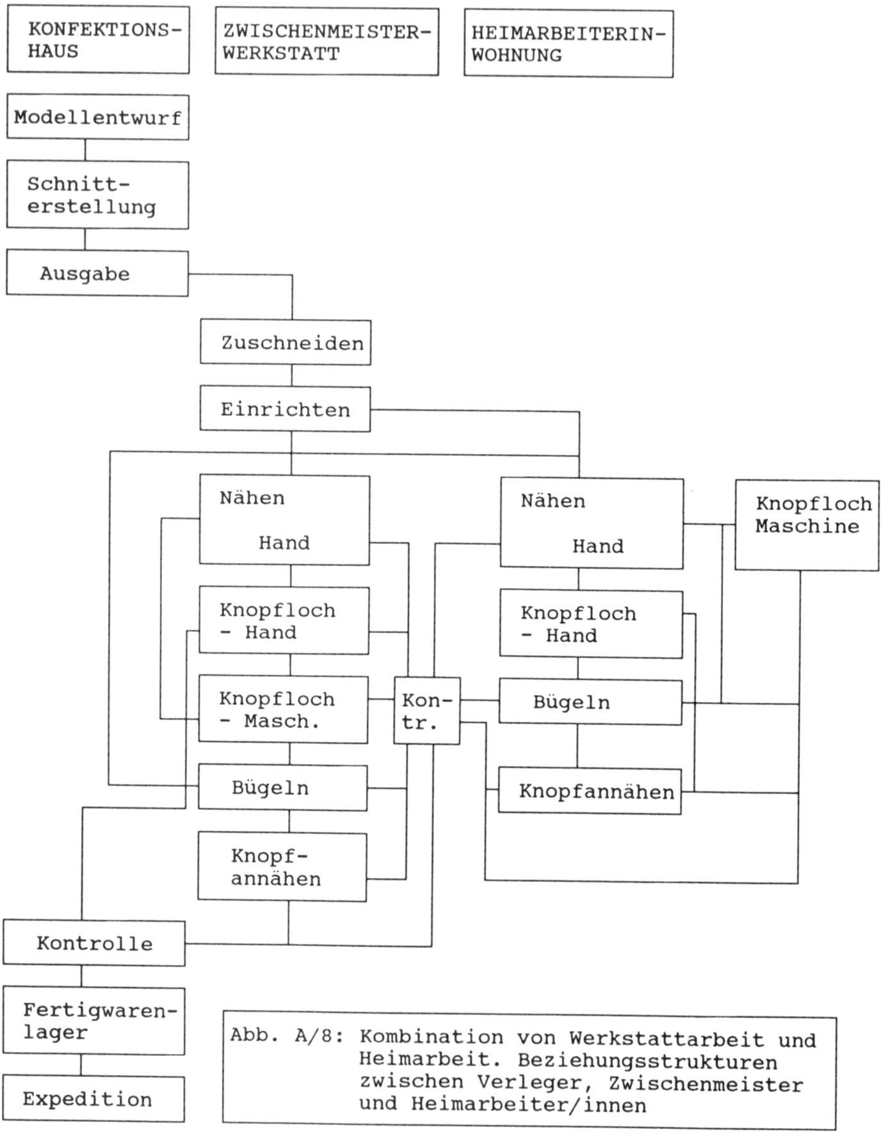

Abb. A/8: Kombination von Werkstattarbeit und Heimarbeit. Beziehungsstrukturen zwischen Verleger, Zwischenmeister und Heimarbeiter/innen

flexiblen Einsatz der Handnäherinnen gelöst worden. Der besondere Vorteil dieses flexiblen Einsatzes von Handnäherinnen bei der Herstellung von fertiger Oberbekleidung bestand

- in einem gegenüber den auf der Werkstatt des Zwischenmeisters beschäftigten Maschinennäherinnen, Büglern etc. wesentlich höheren Elastizitätsgrad des Arbeitseinsatzes

- in einem höheren Arbeitszeitangebot der einzelnen Handnäherin, was zu einem für den Zwischenmeister günstigeren Verhältnis des Einsatzes von Maschinennäherinnen zu Handnäherinnen führte.

Die Realisation des flexiblen Arbeitskrafteinsatzes war verbunden mit der Nutzung zweier sozialstrukturell verschiedener Typen von Handnäherinnen. Der Unterschied zwischen diesen beiden Sozialtypen bestand in der von ihrer sozialen Situation flexiblen Gestaltung ihres bestimmten Verhältnisses von Werkstattarbeit und Heimarbeit und der davon abhängigen Bestimmung der Höhe der gesamten angebotenen Arbeitszeit.

Der eine Sozialtypus von Handnäherin kann als alleinstehende, überwiegend jüngere Handnäherin beschrieben werden. Diese Arbeiterin begann ihre tägliche Arbeit auf der Werkstatt des Zwischenmeisters mit 'normalem' Werkstattarbeitsanfang und ging des Abends durchschnittlich etwas früher nach Hause als die Maschinenarbeiterin. Sie hatte nach Arbeitsende auf der Werkstatt in nur geringem Umfang häusliche Arbeiten zu verrichten und auch keine Kinder zu versorgen. Für die Ausführung von Handnäharbeiten an den nach Hause mitgenommenen Kleidungsstücken standen dieser Arbeiterin die ganzen Abendstunden und - sofern nötig - die frühen Nacht- bzw. Morgenstunden zur Verfügung. In Zeiten besonders hoher Auftragsbestände bzw. für die Durchführung besonders eiliger Aufträge opferten die Näherinnen häufig den Sonntag als zusätzlichen Arbeitstag.

"V.: Wenn sie in der Werkstätte gearbeitet haben, nehmen sie wohl so viel mit nach Hause, daß sie noch mehrere Stunden weiter arbeiten können? - Ja!

V.: Werden auch solche Arbeiterinnen beschäftigt, die gar nicht in die Werkstatt kommen? - Nein, sie müssen alle hinkommen; bei den besseren Sachen ist das nöthig.

V.: Müssen sie längere Zeit in der Werkstatt arbeiten? - Sie müssen alles im Hause (gemeint ist das Haus des Zwischenmeisters - F.D.) arbeiten; sie können sich nur Arbeit mitnehmen, die sie am Tage verarbeiten, damit sie etwas früher nach Hause gehen können"
(KfA : 1896 b, S. 152).

"V.: Sind Sie Stepperin? - Nein, Stückarbeiterin!

V.: Verrichten Sie Ihre Arbeit ausschließlich in der Werkstatt? - Nein, ich nehme sehr viel mit nach Hause; ich habe noch meine Mutter, die hilft mir dabei.

V.: Ist sie noch rüstig? - O ja, sie näht noch sehr flott, wie manche junge Arbeiterin nicht; bloß garnieren kann sie nicht und schwere Stiche machen, aber z. B. Futter machen, Haken nähen, das zweite Heften, wenn ich vorgeheftet habe.

V.: Das ist alles Handarbeit? - Jawohl!"
(KfA : 1896 b, S. 155).

"V.: Was verdienen nun die Mädchen, die regelmäßig zur Arbeit kommen? - Eine mittlere Arbeiterin verdient jetzt 15 Mark die Woche.

V.: Muß sie, um soviel zu verdienen, noch Arbeit mit nach Hause nehmen? - Eine fleißige Arbeiterin verdient auch etwas mehr. Sie arbeiten bei mir eine unbestimmte Zeit und nehmen wohl auch Arbeit mit nach Hause.

V.: Haben Sie nicht auch solche Arbeiterinnen, die nur in der Werkstatt arbeiten? - Ich habe vielleicht auf 50 Mädchen zwei, die bei mir arbeiten und nichts mitnehmen.

(...)

V.: Sie nehmen also an, daß die übrigen, welche Arbeit mit nach Hause nehmen, länger arbeiten müssen, wenn sie 15 Mark verdienen wollen? - Ja!

V.: Erfahren Sie wielange diese wohl arbeiten? - Nein!"
(KfA : 1896 b, S. 141).

"V.: Nahmen Sie Arbeit mit nach Hause? - Beim Steppen nehmen wir nichts mit.

V.: Aber die Näherinnen? - Ja, die nehmen Arbeit mit nach Hause.

V.: Blieben die letzteren auch so lange wie Sie da? - Ja, mitunter auch, sie gingen aber auch schon etwas früher.

V.: Nahmen sie sich auch des Sonnabends für den Sonntag etwas mit? - Auch.

V.: Geschah das regelmäßig oder nur in den eiligen Zeiten? - Die nahmen immer mit"
(KfA : 1896 b, S. 62).

"V.: Wenn Sie also nur die angegebene Zeit in der Werkstatt arbeiteten, würden Sie nicht so viel fertig bekommen? - Ich arbeite auch noch zu Haus.

V.: Nehmen Sie sich auch für Sonntag Arbeit mit? - Ja!

V.: Aber in der Werkstatt bleiben Sie nicht länger, als sie angegeben haben? - Nein, aber zu Haus arbeiten wir bis 11 oder 12; dann esse ich erst nach 8 und fange gleich wieder zu arbeiten an.

V.: Also noch 2 1/2 Stunden, so daß im Ganzen 13 bis 14 Stunden herauskommen? - Ja!

A. Weigert: Wie lange arbeiten Sie Sonntags? - 2 Stunden, 3, manchmal auch 4, je nachdem man Arbeit mit hat.
(KfA : 1896 b, S. 191).

Der andere innerhalb dieser Organisationsform vertretene Sozialtyp war besonders durch die Doppelrolle als Arbeiterin und Hausfrau bzw. Mutter gekennzeichnet. Die seitens der Zwischenmeister den verheirateten und berufstätigen Hausfrauen zugestandene 'flexible' Aufteilung ihrer gesamten Arbeitszeit auf die Werkstatt und die eigene Wohnung hatte ihren Ursprung in den sozialen Lebensbedingungen dieser Frauen. Sie waren neben ihrer Tätigkeit als Handnäherin für die Durchführung aller hauswirtschaftlichen und erzieherischen Aufgaben im Haushalt bzw. in der Familie verantwortlich.

Die Vereinbarkeit von hauswirtschaftlichen und erzieherischen Funktionen mit der überwiegenden Tätigkeit als Handnäherin außerhalb der eigenen Wohnung konnte in der Zeit der Blüte der verlagsmäßigen Produktion im Konfektionsgewerbe nur unter der Bedingung realisiert werden, daß diese Arbeiterinnen insbesondere den Zeitabschnitt der täglichen Arbeitszeit auf der Werkstatt des Zwischenmeisters relativ flexibel bestimmen konnten. Durch den gleitenden Beginn der täglichen Arbeitszeit auf der Werkstatt des Zwischenmeisters - der in der Regel bis zu ca. 2 Stunden nach dem für die anderen auf der Werkstatt Beschäftigten festgelegten Arbeitsbeginn erfolgte - war die Handnäherin in der Lage, einen gewissen Teil ihrer traditionellen Tätigkeiten als Hausfrau vor Beginn ihrer Arbeit auf der Werkstatt zu erledigen.

Ein entsprechend vorzeitiges Ende der Arbeitszeit auf der Zwischenmeisterwerkstatt erlaubte dieser Arbeiterin, notwendige Einkäufe für ihren Haushalt vorzunehmen und danach das Abendessen für die Familie zuzubereiten. Die Wiederaufnahme der Handnäharbeiten nach der Versorgung der Kleinkinder am Abend und ihre Dauer bis teilweise in die Nachtstunden usw. ihre zusätzliche Wiederaufnahme in den frühen Morgenstunden verweist u. a. darauf, daß die erwähnte Zeitautonomie der Handnäherin die Voraussetzung für die Verbindung ihrer Erwerbs- und Hausarbeit darstellte.

Diese 'Konzession' auf der Ebene der Arbeitsbedingungen an die in diesem Organisationstyp beschäftigten Handnäherinnen - insbesondere an die Trägerinnen der Doppelrolle - war eine wesentliche Voraussetzung dafür, sie unter ihren spezifischen sozialen Bedingungen für das Konfektionsgewerbe zu rekrutieren. Die in dieser Organisationform enthaltene Möglichkeit des Zwischenmeisters, zusätzlich zu den auf der Werkstatt erbrachten Arbeitsleistungen der Handnäherinnen das Ergebnis der in den Wohnungen der Werkstattarbeiterinnen nach Feierabend geleisteten Arbeitsstunden zu nutzen, kann im Grunde als die Basis für den flexiblen Arbeitskräfteeinsatz der Handnäherinnen innerhalb dieses struktur-funktionalen Musters der Verlagsproduktion angesehen werden.

"K. v. Schulz: Mir ist auch gesagt worden, daß die Werkstattarbeiterinnen nach Feierabend Arbeit mit nach Hause nehmen. Wie verhält es sich damit? - Jawohl, die Arbeiterinnen, die nicht zu Hause beschäftigt werden, nehmen zum größten Theil - wenigstens war dies vor dem Streik der Fall - Arbeit mit nach Hause, und das ist auch erklärlich, weil sie die pünktliche Arbeitszeit in den Werkstätten nicht einhalten können, weil es meist Frauen sind, die erst um 9 oder 9 1/2 Uhr ins Geschäft kommen; sie haben ihre Kinder und ihren Mann zu besorgen, oder das Mädchen hat eine alte Mutter, sie möchte um 12 Uhr zu Tisch; des Abends um 6 Uhr müssen sie wieder nach Hause und in Folge dessen nehmen sie ein Packet mit, stehen vielleicht um 4 Uhr auf und arbeiten zu Hause, um die Differenz auszugleichen" (KfA : 1896 b, S. 146).

"V.: Ist in Ihrer Werkstatt eine bestimmte Arbeitszeit vorgeschrieben? - Im Winter von 8 bis 8; im Sommer von 7 bis 7. Ich gehe aber nicht pünktlich in die Werkstatt, weil meine alte Mutter die Wirthschaft bei bei mir nicht machen kann. Aber meine Tochter ist pünktlich da. Wir müssen aber auch Nachts arbeiten.
V.: Wieviel haben Sie denn in der ganzen Saison verdient? Oder nehmen Sie einmal ein Jahr, was was nicht ungünstig gewesen ist? - Ich habe hier die letzte Saison; was ich da verdient habe - natürlich auch Sonntags mit eingerechnet, manchmal haben wir auch Nachts bis 11, 12 gesessen - das sind 210 Mark in 15 Wochen.
(KfA : 1896 b, S. 189).

Die Bedeutung dieses in der 'großstädtischen Frauenhausindustrie' sehr häufig zur Anwendung gekommenen Organisationstyps bestand darin, insbesondere das Arbeitskräftepotential der Handnäherinnen den saisonalen bzw. konjunkturellen Erfordernissen des Konfektionsgewerbes entsprechend elastisch anzupassen. Dadurch konnte die Flexibilität der verlagsmäßigen Produktion erhöht werden. Die Möglichkeit der Nutzung dieses zusätzlich zu den Werkstatt-Handnähkapazitäten zumindest partiell heimarbeitertypisch einzusetzenden Arbeitskräftepotentials als flexible Arbeitskraftreserve war besonderer Ausdruck dafür, wie stark der Imperativ der Flexibilität die

Organisation der Produktion im Verlagssystem beeinflußt hatte.

Die Flexibilität innerhalb dieser Organisationsform erwies sich als Konkurrenzvorteil gegenüber den anderen Organisationsformen der 'reinen' verlagsmäßig organisierten Produktion. Gegenüber dem Typ der 'unmittelbaren Werkstattarbeit' lag der besondere Vorteil dieser Organisationsstruktur in seinem höheren Elastizitätsgrad des Arbeitskräfteeinsatzes gegenüber den 'nur' auf der Werkstatt beschäftigten Arbeiterinnen. Diese einzusetzenden Arbeitskraftreserven der Werkstattarbeiterinnen waren - entsprechend der 'Rationalität' des Einsatzes von Heimarbeiter/innen im verlagsmäßig organisierten Konfektionsgewerbe - nur durch die physischen Grenzen der Leistungsabgabe und durch die jeweilig zu verrichtenden hauswirtschaftlichen bzw. familialen Aufgaben eingeschränkt 8).

Der Vorteil z. B. gegenüber den nur in Heimarbeit an einem Kleidungsstück ausgeführten Handnäharbeiten kann im wesentlichen in der Möglichkeit gesehen werden, daß die auf der Werkstatt ausgeführten Handnäharbeiten ständig vom Zwischenmeister kontrolliert werden konnten. Anzunehmen ist, daß die dadurch eingeübten Verarbeitungsstandards von den Werkstattarbeiterinnen auch während der Ausführung der Handnäharbeiten in der häuslichen Umgebung eingehalten worden sind. Somit konnte sich insgesamt eine Produktqualität ergeben, welche dem 'Werkstattniveau' entsprach. Die Forderung nach durchgehend gesicherter Qualität verband sich hier wegen der Möglichkeit der Ausdehnung des Werkstattarbeitstages mit dem besonders flexiblen Einsatz von Arbeitskräften und brachte diesen speziellen Organisationstyp hervor.

2.2. Formen der 'unmittelbaren Heimarbeit'

2.2.1. Allein arbeitende Heimarbeiter

Die allein arbeitenden männlichen Heimarbeiter waren ausnahmslos gelernte Schneider. Diese hatten meist eine dreijährige Lehrzeit bei einem Meister - häufig war dies der eigene Vater - durchlaufen. Der überwiegende Teil der Heimarbeiter hatte eine handwerkliche Ausbildung bei einem 'Maßschneider' erhalten; viele von ihnen hatten aber 'nur' die Konfektionsschneiderei erlernt (Luppe : 1913, S. 9). Vielfach waren es auch das klassische Schneiderhandwerk nicht mehr ausübende Schneidermeister bzw. -gesellen - insbesondere in ländlichen Regionen - welche zur Konfektion 'umgesattelt' hatten 9). Auch sog. Alleinmeister sind dazu übergegangen, in schlechten Zeiten der Maßschneiderei für einen Verleger Konfektion zu fertigen.

"Namentlich von den ländlichen Konfektionsschneidern hat ein großer Teil nur Konfektion erlernt oder sehr bald nach Verlassen der Lehre sich ihr zugewandt. Neben diesen Schneidern steht der allmählich geringer werdende Teil von Schneidern, vor allem in den Städten, welche früher Maßarbeit gemacht haben und jetzt als Elite der Konfektion die besseren Sachen verarbeiten. Sie sind meist durch die Ausbreitung der Konfektion oder durch Verlust der Privatkundschaft genötigt worden, zur Konfektion überzugehen, oder haben sich ihr freiwillig zugewandt, um der Saisonarbeit bzw. Arbeitslosigkeit der Maßschneiderei zu entgehen; manchen hat freilich auch geringere Leistungsfähigkeit zur Konfektion gedrängt" (Luppe : 1913, S. 10).

Ausgehend vom Angebot eines ausgeprägten männlichen Arbeitskräftepotentials - ausgestattet mit einer hohen handwerklichen Schneiderqualifikation - läßt sich sagen, daß in den Knabenjahren der Herrenkonfektionsbranche 10) die zu fertigenden Großstücke wie z. B. Mäntel, Jacketts u.s.w. - zumindest bei alleiniger Fertigung durch eine Arbeitsperson - von männlichen Schneidermeistern bzw. -gesellen und überwiegend in unmittelbarer Heimarbeit hergestellt worden sind. Letzteres gilt auch für die Fertigung von Kleinstücken wie Hosen und Westen. Kleinstücke wurden von Heimarbeiterinnen genäht, deren Qualifikation - gemessen am Niveau einer handwerklichen Schneiderausbildung - meist unter dieser Stufe lag. Die Heimarbeiterinnen haben ihre fachliche Qualifikation meist während einer Anlernzeit erworben.

Bei diesem Heimarbeitertyp des allein arbeitenden männlichen Konfektionsschneiders sind zwei Typen zu unterscheiden, deren Existenz durch jeweils spezifische sozio-ökonomische Bedingungen interpretiert werden kann:

- der junge, unverheiratete Konfektionsschneider, der auf dem Land im Haus seiner Eltern wohnte 11)

- der verheiratete bzw. verwitwete städtische Heimarbeiter 12). Für den verheirateten Konfektionsschneider soll hierbei gelten, daß dieser von seiner Ehefrau bzw. von seinen Kindern bei der Ausführung einzelner Teilprozesse nicht unterstützt worden ist.

In den Untersuchungen zur Heimarbeit in der Frankfurter und der Mainzer Herrenkonfektion wurde der Typ des unverheirateten Heimarbeiters in den ländlichen Regionen als besonders in den Familienverband integriert beschrieben. Die damit verbundenen ökonomischen Vorteile bzw. die 'Gewinne' aus dieser Situation können als wesentliche Bestimmungsgröße für den ledigen, alleinarbeitenden Konfektionsschneider gesehen werden.

"Wesentlich anders liegen die Verhältnisse schon bei den unverheirateten Heimarbeitern auf dem Lande, die bei den eigenen Eltern in deren Häuslichkeit wohnen. Hier spart der Heimarbeiter die Kosten für die eigene Wohnung und Werkstätte, er zahlt für seine Nahrung, meist auch für Heizung und Beleuchtung, an die Eltern nur verhältnismäßig wenig, oft gar nichts, so daß er sich trotz der sonstigen Ausgaben meist wesentlich besser, jedenfalls aber nicht schlechter stellt, als wenn er in der Großstadt in einer Werkstatt arbeitete. Aber auch für die Eltern bildet der Sohn, der bares Geld abliefert für die gering oder gar nicht in Ansatz gebrachten Naturalien, einen wirtschaftlichen Vorteil, ganz abgesehen davon, daß er in der Vieh- und Landwirtschaft, wenn nötig, aushelfen kann (Luppe : 1913, S. 43).

"Auf dem Lande dagegen finden sich schon ledige Heimarbeiter, deren Zahl allerdings auch nicht sehr hoch ist (20 - 25 % der gesamten ländlichen Heimarbeiter). Diese sind meist junge Männer, die im Hause ihrer Eltern umsonst wohnen und von diesen verpflegt werden, während sie durch ihre Schneiderarbeit bares Geld ins Haus bringen" (Sulzbacher : 1925, S. 71).

Der verheiratete städtische Heimarbeiter ist entweder ein 'Alleinmeister' gewesen, der in schlechten Zeiten der Maßschneiderei Aufträge von der Konfektion übernommen hatte oder es war ein Konfektionsschneider, welcher das ganze Jahr hindurch - von den dem Bekleidungsgewerbe anhaftenden saisonalen Schwankungen beeinflußt - mehr oder weniger kontinuierlich fertige Herrenoberbekleidung hergestellt hat. Vielfach waren diese Konfektionsschneider ehemalige Maßheimarbeiter, die aufgrund geschrumpfter Aufträge vom Handwerk zur Konfektionsschneiderei übergegangen sind (Simon : 1928, S. 22). Der Verzicht der Ehefrau auf die Übernahme von Näharbeiten, um die Aufträge zusammen mit dem Heimarbeiter fertigzustellen, ist keineswegs so zu deuten, daß ein Zuverdienst wegen eines besonders hohen Einkommens aus der Heimarbeitertätigkeit nicht notwendig war. Zur Sicherung des Lebensunterhaltes der Familie verdienten die Ehefrauen der alleinarbeitenden Heimschneider ihr Geld außerhalb des Haushaltes. Sie arbeiteten dann häufig als Büglerin, Wäscherin usw. - Nähtätigkeiten bevorzugten sie dann nicht.

"Der Wochenverdienst eines allein arbeitenden Heimarbeiters von 16 bis allerhöchstens 24 M. reicht in den Städten in keiner Weise zu Erhaltung der Familie aus, aber auch der Verdienst auf einer Werkstatt von etwa 21 - 28 M. reicht ebenfalls nicht, sobald zwei oder mehr Kinder vorhanden sind, weil die Lebensmittel und vor allem die Wohnungsmiet- und Feuerungspreise zu hoch sind. (...) Bei ihnen allen ist die Frau genötigt, mitzuverdienen, um die Familie durchbringen zu können; die meisten von ihnen sind als Wasch- und Putzfrauen tätig, nur ein kleiner Teil geht in Fabriken und Geschäfte; (...)" (Luppe : 1913, S. 43).

Insgesamt gesehen kann gesagt werden, daß der allein arbeitende männliche Heimarbeiter innerhalb des Spektrums der verschiedenen Strukturmuster der 'unmittelbaren Heimarbeit' keine dominierende Verbreitung gefunden hatte 13). Die weniger starke Häufigkeit dieser alleinigen und ganzheitlichen Herstellung eines Kleidungsstückes durch einzelne Heimarbeiter lag neben den jeweiligen spezifischen sozio-ökonomischen Bedingungen dieser Typen der Heimarbeit u.a. darin begründet, daß diese Form der Heimarbeit mit erheblichen Produktivitätsnachteilen gegenüber den an deren auch innerhalb der 'unmittelbaren Heimarbeit' vertretenen Formen der arbeitsteiligen Fertigung verbunden war. Freilich sind diese Organisationsformen der Produktion an eine Arbeitsstruktur der 'unmittelbaren Heimarbeit' geknüpft gewesen, welche die Zusammenarbeit von mehreren Personen zur Voraussetzung hatte.

Die alleinige Herstellung eines Kleidungsstückes in 'unmittelbarer Heimarbeit' ist demnach als eine Variante der Auslegung dieses Organisationsmusters anzusehen. Sie ist daher nicht als notwendige Entwicklungsstufe zu dem arbeitsteiligen Typ der 'unmittelbaren Heimarbeit' zu bezeichnen, bei dem die Schranken der Arbeitsproduktivität und damit auch der Einkommenshöhe nur durch die Mithilfe der arbeitsfähigen Mitglieder der Familie bzw. der Beschäftigung von fremden Hilfskräften überwunden werden konnten. Ein Übergang von einem Strukturmuster der unmittelbaren Heimarbeit zu einem anderen in der Richtung, daß ein ehemals in einer Wohnung allein arbeitender Schneider zu dem Typ der familialen Heimarbeit oder der Heimarbeit mit fremden Hilfskräften 'aufgestiegen' war, ist häufig anzutreffen gewesen. Er war gleichzeitig Ausdruck des Lebensentwurfes vieler männlicher Heimarbeiter.

2.2.2. Allein arbeitende Heimarbeiterinnen

Frauen, die in 'unmittelbarer Heimarbeit' Kleidungsstücke für einen Verlegerbetrieb herstellten, unterschieden sich von ihren männlichen Kollegen dadurch, daß sie prinzipiell über eine niedrigere Qualifikation verfügten. Mit dieser Ausstattung an Fertigungskenntnissen und Nähfertigkeiten war deren Einsatzbereich in der Konfektion klar abgesteckt. So handelte es sich bei den in ihrer Wohnung ohne jegliche Mithilfe tätigen Heimarbeiterinnen um meist nur angelernte 14) Frauen, die in der Herrenkonfektion Kleidungsstücke der niedrigeren Wertstufen fertigten und darüber hinaus in der Arbeiter- sowie in der Knabenkonfektion eingesetzt gewesen sind. Diejenigen Heimarbeiterinnen, welche mit der Herstellung von Herrenkleidung beschäftigt waren, arbeiteten in dieser Branche entweder Hosen oder Westen.

"Die Frau als in einem eigenen Vertragsverhältnis stehende Heimarbeiterin ist durchweg angelernt, sie stellt Kleinstücke, also Hosen und Westen, her, welche Arbeit sich in einigen Monaten ohne große Schwierigkeiten erlernen läßt, da ja das Nähen der Frau von Natur aus leicht fällt" (Pracht : 1937, S. 17 ff.).

Die nicht nur bei Pracht (Pracht : 1937, S. 18), sondern auch bei anderen Autoren (vgl. u.a. Fritzsche : 1929, S. 17; Leitzke : 1932, S. 29) zu findende Einstellung, daß Frauen von Natur aus eine besondere Eignung für Näh- bzw. Konfektionsarbeit besitzen, entspricht nicht nur einem naiven Verständnis von Qualifikationserwerb, sondern ist zudem auch falsch. Aus der historisch entstandenen Aufteilung der Arbeit in Familie und Haushalt auf die Geschlechter und der damit einher gegangenen Zuweisung von Nähtätigkeiten auf die weiblichen Familien- bzw. Haushaltsmitglieder können Frauen keine naturgegebenen bzw. angeborenen Fertigkeiten im Nähen zugesprochen werden.

Das Muster des Arbeitskrafteinsatzes alleinarbeitender Heimarbeiterinnen in der Arbeiterkonfektion entsprach dem in der Herrenkonfektion. Anders war es in der Knabenkonfektion, wo die Heimarbeiterinnen Knabenanzüge vollständig allein, d.h. ganzheitlich, fertigten.

Zur sozialen Konstitution dieses Heimarbeiterinnentyps ist festzustellen, daß es sich bei den städtischen Heimarbeiterinnen meist um verheiratete oder verwitwete - häufig auch Kriegerwitwen - Frauen gehandelt hat. Seltener arbeiteten ledige Frauen als Heimarbeiterinnen alleine in ihrer Wohnung; diese bevorzugten meist die Arbeit auf der Werkstatt (Sulzbacher : 1925, S. 71). Der Typ der allein arbeitenden Heimarbeiterin war vermutlich stärker in den ländlichen Regionen vertreten.

Luppe weist in seiner Untersuchung über die Frankfurter und Mainzer Herrenkonfektion - die neben dem städtischen Heimarbeiterpotential in starkem Maße Arbeitskräfte aus den ländlichen Regionen des Rhein-Main Gebietes rekrutiert hatte - auch auf die Existenz unverheirateter, allein arbeitender Heimarbeiterinnen hin (Luppe : 1913, S. 51).

Mit der Frage nach dem Status unverheiratet bzw. verheiratet oder verwitwet und einem Vergleich dieser Kategorien mit den Erwerbsmustern Hauptverdienst oder Nebenverdienst kann eine weitere soziale Differenzierung dieses Heimarbeiterinnentyps vorgenommen werden.

Es ist für den Fall der unverheirateten Heimarbeiterin zu vermuten, daß sie - falls sie über keine weiteren Einkommen verfügt - ihre Tätigkeit in der Konfektionsbranche als Haupterwerb angesehen hat. Verwitwete Frauen mit einer für die Bestreitung ihres Lebensunterhaltes unzureichenden Witwenrente verdienten sich mit der Konfektionsarbeit als Nebenverdienst ein zusätzliches Einkommen. Allerdings scheint es auch realistisch gewesen zu sein, daß junge Witwen mit einer niedrigen Witwenrente und noch zu versorgenden Kindern zu einer Tätigkeit in der Konfektion als Haupterwerbsquelle gezwungen waren. Für die verheirateten Frauen unter den Heimarbeiterinnen ist anzunehmen, daß sie in der Heimarbeit einen Nebenerwerb zur Erhöhung des Familieneinkommens gesucht hatten. Dies galt insbesondere für die Heimarbeiterin, die neben der Konfektionsarbeit außer den haushaltlichen Aktivitäten noch die Erziehung der Kinder zu besorgen hatte, während kinderlose Heimarbeiterinnen, die nicht durch den zeitlichen Aufwand der Kindererziehung beansprucht wurden, den ganzen Tag Kleinstücke fertigten, sodaß dieses ihren Haupterwerb bildete (Luppe : 1933, S. 51).

"Die Männer der verheirateten Heimarbeiterinnen haben stets ihren eigenen Beruf und der Verdienst der Frau hilft nur den des Mannes zu vergrößern" (Sulzbacher : 1925, S. 72).

"Heimarbeit in der Mainzer Herrenkonfektion kommt ferner bei verheirateten Frauen meistens als Zuschußerwerb zum Verdienst des Mannes bzw. zur Hinterbliebenenrente vor" (Simon : 1928, S. 60).

2.3. Formen der 'mittelbaren Heimarbeit'

2.3.1. Der 'Zwischenmeister mit Bügelwerkstätte'

Diese Form der 'mittelbaren Heimarbeit' ist von der arbeitsinhaltlichen und örtlichen Organisation des Produktionsprozesses zwischen dem Typ der 'unmittelbaren Heimarbeit' und dem 'Sweating-System '- dem Betrieb des nur vermittelnden Zwischenmeisters - angesiedelt gewesen.

Die diesen Organisationstyp strukturierende Aufteilung der Arbeitsinhalte in bestimmte Funktionen des Zwischenmeisters sowie der Heimarbeiter/innen brachte auf den Ebenen der personellen und örtlichen Durchführung des Produktionsprozesses folgendes Schema hervor: Nach dem Transport der im Konfektionshaus zugeschnittenen Stoffteile durch den Zwischenmeister schnitt dieser in seiner Werkstatt die Einlage- und Futterstoffe entsprechend den Arbeitsaufträgen des Verlegers. Unter Hinzufügen von bestimmten Materialien wie z. B. Knöpfe, Schnallen u.s.w. stellte er die Arbeitsaufträge zusammen und gab sie an die verschiedenen für ihn tätigen Heimarbeiter/innen jeweils einzeln aus. Nach der Ausführung der hauptsächlichen Näharbeiten in den Räumen der Heimarbeiter/innen - ohne das maschinelle Knopflochnähen, das Knopfannähen bzw. das Endbügeln - wurden die soweit fertiggestellten Kleidungsstücke dem Zwischenmeister abgeliefert. Auf dessen Werkstatt wurden die noch ausstehenden Ausfertigungs- und Bügelarbeiten entweder vom Meister selbst oder durch die von ihm beschäftigten Bügler bzw. Näherinnen erledigt. Anzunehmen ist, daß insbesondere bei der Ausführung der restlichen Näharbeiten auch die Ehefrau und/oder andere Familienmitglieder beteiligt waren. Danach wurden die fertigen Kleidungsstücke vom Zwischenmeister an den Auftraggeber abgeliefert.

"Die Herstellung der Kleider geschieht auf die gleiche Weise, wie sie bei der unmittelbaren Heimarbeit dargestellt wurden. Nur einige Schlußarbeiten werden in der Werkstatt des Zwischenmeisters vorgenommen. Sofern die Knopflöcher nicht schon von den Heimarbeitern angefertigt worden sind, werden sie mit der Knopflochmaschine des Zwischenmeisters in seinem Betriebe hergestellt, außerdem läßt er die Gegenstände durch festangestellte Bügler oder Büglerinnen abbügeln, ehe sie dergestalt versandfähig gemacht, dem Verleger abgeliefert werden" (Cohen : 1926, S. 27).

"In der Oberlausitz verbreiteter ist aber eine zweite Form des Zwischenmeisterbetriebes, nämlich die, daß ein Bekleidungsgeschäft dem Lohnkonfektionär (=Zwischenmeister) die Lieferung des fertigen Stückes überträgt und ihm hierzu das gesamte Stoff- und Nähmaterial verabreicht. In diesem Fall besorgt der Zwischenmeister mit seinen Betriebsarbeitern das Einrichten sowie das Bügeln, denn er hat dann meist je eine Arbeitskraft für die betreffende Arbeitsart angestellt und überträgt die Näharbeiten wieder seinen Heimnäharbeiterinnen" (Häntsch : 1939, S. 90).

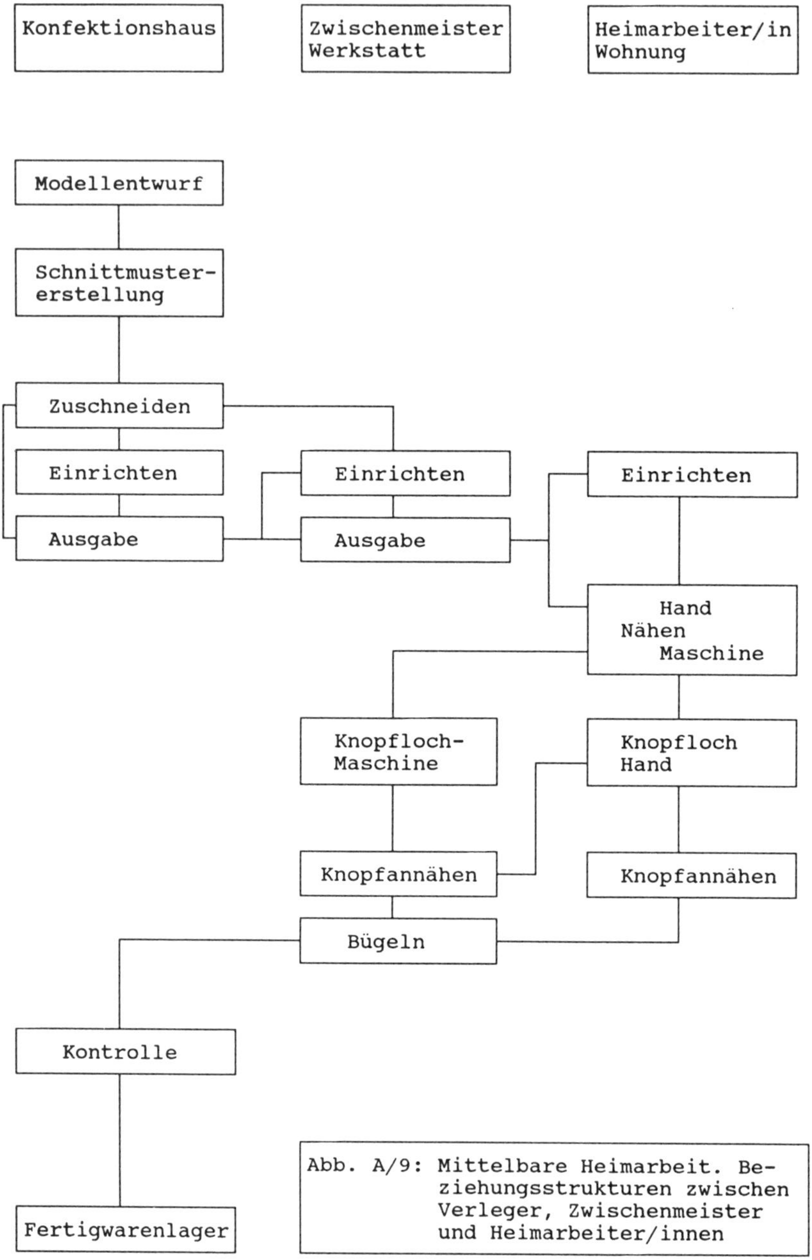

Abb. A/9: Mittelbare Heimarbeit. Beziehungsstrukturen zwischen Verleger, Zwischenmeister und Heimarbeiter/innen

"Handelt es sich um die Herstellung von Hosen und Westen, so wird diese Arbeit, wie auch in den anderen Konfektionszentren Berlin und Stettin, auch in Breslau vom Verleger wiederum an Zwischenmeister oder Zwischenmeisterinnen vergeben; unmittelbare Heimarbeit findet sich sehr selten.

Dies ist die dritte Kategorie von Zwischenmeistern, die die Arbeit nicht bei sich zu Hause behalten, sondern sie weiter, besonders an Frauen, die durch diese Arbeit ihren Neben-, oft auch ihren Hauptverdienst erwerben, vergeben. Die Zerlegung der Näharbeit in Teilarbeiten u.s.w. findet hier keine Anwendung, da die Vorteile der Arbeitszerlegung durch den Zeitverlust des eventuellen Hin- und Herschaffens des Stückes von einer Heimarbeiterin zur anderen nicht zur Geltung kommen würde. Sind daher Hosen oder Westen von den Frauen fertig gearbeitet, so werden sie wieder an den Zwischenmeister zurückgeliefert, der sie dann in seiner eigenen Werkstätte allein oder mit seiner Frau oder seinen Hilfskräften bügelt. Bei der Rücklieferung der fertigen Sachen durch den Zwischenmeister bezw. Zwischenmeisterin, die gewöhnlich am Ende der Woche, meistens am Freitag, erfolgt, wird jedes Stück vom Verleger sorgfältig geprüft und fehlerhafte Stücke zwecks unentgeltlicher Änderung zurückgewiesen" (Gralka : 1924, S. 41 ff.).

Die Existenz dieses 'Zwischenmeisters mit Bügelwerkstätte' (Cohen) ist typisch für die (groß)städtischen Herrenkonfektionszentren gewesen. Die Anwendung dieser Arbeitsteilung in der Herrenbranche nur bei der Produktion von Hosen und Westen im mittleren bis niedrigen Genre weist auf die Realisierung bestimmter 'Strategien' der auf den einzelnen Ebenen des Produktionsprozesses Beteiligten hin: Für den Verleger stand das Ziel im Vordergrund, den Verkehr mit den hausindustriellen Produzenten zu begrenzen. Er trat nur mit den Zwischenmeistern an Stelle mit einer mengenmäßig wesentlich höheren Anzahl von Heimarbeiterinnen in Kontakt.

Der mit der frühzeitigen Massenherstellung von billiger Fertigkleidung mögliche Einsatz von Spezialnähmaschinen - hier der Knopflochmaschine - kann ebenfalls als ein diesen Produktionstyp beeinflussender Faktor angenommen werden. Als gewichtigeres Bestimmungsmoment für diese inhaltliche und örtliche Aufspaltung des Produktionsprozesses ist die Nutzung eines breiten, mit bestimmten Mindestansprüchen an Nähqualifikationen ausgestattetes weibliches Arbeitskräftepotential zu werten. Der flexible Einsatz dieser Arbeitskräfte ließ sich hierbei offenbar mühelos mit den auf der Zwischenmeisterwerkstatt vorhandenen Fertigungskapazitäten für Bügelarbeiten usw. zu koordinieren.

3. Konstruktion und Wirkungsweise technischer Einrichtungen an Industrienähmaschinen

3.1. Die Zentralschmierung beim Industrie-Schnellnäher

Mittels einer Saugpumpe wurde über eine Rücksaugleitung jegliche Ansammlung von Öl im Kopf der Nähmaschine vermieden. Zweckmäßig ist diese Regulierung der Ölversorgung des Maschinenkopfes deshalb gewesen, da somit einer Verschmutzung des Nähgutes durch nach unten absickerndes Öl entgegengewirkt wurde. Um einzelne Maschinenteile mit einer dem jeweiligen spezifischen Bedarf angepassten Ölmenge zu versorgen, war die Ölzufuhr für die Kopfteile, das vordere Armwellenlager sowie für den Greifer separat regulierbar. Diese getrennte Regulierung der Ölversorgung einzelner Elemente der Nähmaschine war insbesondere für die Schmierung des Umlaufgreifers von großem Vorteil, da somit der bei Dauerbetrieb höhere Ölbedarf durch entsprechende Ventileinstellung ermöglicht wurde. Andererseits bestand die Möglichkeit, die Ölzufuhr für die Kopfteile als auch für den Greifer während der Verarbeitung extrem empfindlicher Materialien zeitweilig zu beschränken bzw. ganz auszusetzen. Hiermit sollte jede Möglichkeit der Verunreinigung des Nähgutes durch Ölflecken von vornherein ausgeschlossen werden (o. V. : 1952 a, S. 180).

Das bei der Druckumlaufschmierung aufgetretene Problem der Öldichtheit wurde mittels des Einbaus von Ölabweisringnuten sowie von Ölfangschalen gelöst. Verhindert wurde ein ungeplantes Austreten des Maschinenöls im Bereich des Nähkopfes dadurch, daß der Innenkörper dieses Maschinenteiles mit Filz ausgekleidet wurde. Ölspritzer konnten somit aufgesaugt werden und in eine Ölwanne abtropfen. Sowohl der Schmierprozeß, d.h. die Ölförderung der Pumpe, als auch der Schmiermittelstand waren von der Arbeitsperson an der Nähmaschine mittels entsprechender Anzeige-Schaugläser visuell zu kontrollieren.

"Die Druckpumpe drückt das Öl aus der Ölwanne durch Rohrleitungen zu den Hauptlagerstellen der Armwelle und zu dem Greifer. Dadurch wird eine lebhafte Durchflutung aller Lagerstellen mit gekühltem Öl erreicht und durch einen Ölstrahl auch das Kegelrädergetriebe kräftig übersprüht. Es wird dadurch jede direkte Reibung von Metall auf Metall und die damit verbundene Erwärmung und starke Abnutzung vermieden, die bei unregelmäßiger Handschmierung immer wieder zu raschem Verschleiß führen kann" (o. V. : 1952 a, S. 180).

3.2. Aufbau und Wirkungsweise von Nähmaschinenantrieben

3.2.1. Der Kupplungsmotor

Die die untenstehende Skizze zeigt, gehören der Motorläufer (2) sowie die Schwungscheibe (3) zur Antriebsseite. Die Abtriebseite besteht aus der Kupplungs- und Bremsscheibe (4), der Kupplungswelle (6) sowie der Antriebskeilriemenscheibe (8). Die letzteren Elemente sind in dem längs verschiebbaren Kupplungsträger (5) gelagert (Mosinski : 1967, S. 519). Wird das Pedal bei eingeschaltetem Motor langsam nach unten gedrückt, so löst die Bewegung des damit verbundenen Einschalthebels eine Pressbewegung der Kupplungs- und Bremsscheibe (4) nach links aus. Somit wird durch menschliche Muskelkraft die Kupplungsscheibe auf eine Schwungmasse gedrückt. Dadurch entsteht der Kraftschluß, in dessen Konsequenz die Nähmaschine - vermittelt über den übersetzenden Keilriementrieb - zu laufen beginnt. In Abhängigkeit von der am Schalthebel (7) wirkenden Kraft (F) vollzieht sich der Kupplungsvorgang langsamer oder

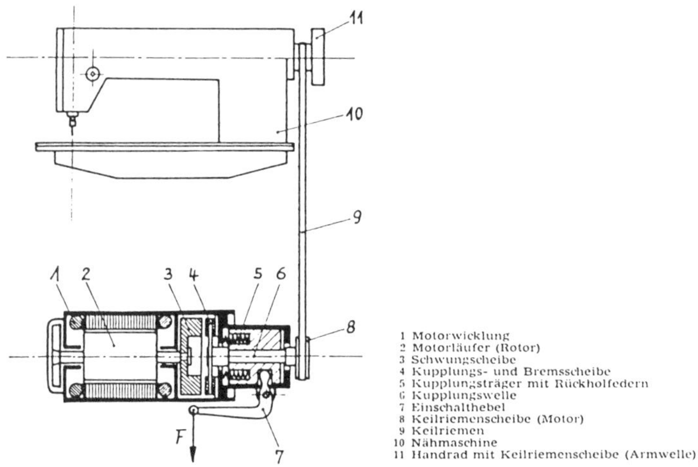

Quelle: Mosinski, Erich: Rechnerische Untersuchungen über den Einfluß des Betriebsverhaltens und der Bedienungsweise von Nähantrieben auf die Nähleistung, in: Bekleidung und Wäsche, Mönchengladbach, Nr. 8/1967, S. 519

Abb.A/10: Nähmaschinen-Kupplungsmotor

schneller, wobei je nach Stellung des Pedals das Drehmoment des Motors entweder teilweise oder voll auf die Kupplungsscheibe (4) übertragen wird. Eine völlige Entlastung des Fußpedals hat die Freigabe des Schalthebels zur Folge, so daß zur Beendigung des Nähvorganges das folgende Bewegungsmuster der einzelnen Elemente seinen Ablauf nimmt. Durch die Kraft der Rückstellfeder wird nun im Kupplungsträger die Kupplungs- und Bremsscheibe mit der anderen Seite, d.h. der Bremsseite nach rechts gegen eine feststehende Bremsfläche gedrückt und damit die Drehung durch Reibung beendet.

3.2.2. Der Hebel-Stopmotor

Die Konstruktion dieses 'Hebel-Stopmotors' hat einen Kupplungsmotor zur Basis. Dieser Antrieb ist zusätzlich mit einem Hilfsantrieb ausgerüstet, so daß zwei feststehende Drehzahlen vorhanden sind. Mit der höheren Drehzahl läuft der Hauptmotor. Zum mehr oder weniger schnellen Nähen wird die Nähgeschwindigkeit wie beim Kupplungsmotor durch das Ankuppeln der Kupplungs- an die Motorscheibe reguliert. Die niedrigere konstante Drehzahl des Hilfsantriebes wird durch einen elektromagnetisch ein- bzw. ausschaltbaren Schneckenantrieb erzeugt.

Zu den Bestandteilen, welche für den Aufbau der Stopmotoreinrichtung von wesentlicher Bedeutung sind, zählen der Synchronisator (1), der am Handrad der Nähmaschine angebracht ist, der Stopmotor mit dem Hilfsantrieb (2), sowie der Schalttritt (3). In seiner ersten Version bestand der Synchronisator aus einer Kontaktscheibe (6), die am Handrad der Nähmaschine montiert ist und dem Schleifkontakt (4), der mit einer Elektromagnetkupplung des Hilfsantriebs (2) durch einen Kabel verbunden ist. Bei moderneren Ausführungen ist anstelle der Kontaktscheibe ein fotoelektrischer Kontaktgeber an der Armwelle der Nähmaschine installiert, der mit Hilfe einer Fotodiode verschleißfrei arbeitet.

Der Hilfsantrieb besteht aus einer kleineren Antriebsscheibe, die vom Hauptmotor aus durch einen Riemen über Umlenkrollen ständig angetrieben wird, und einer elektromagnetisch betätigten Kupplungsscheibe, die mit der Schnecke (11) in Verbindung steht. Während des Nähprozesses wird die Kupplungsscheibe von einer Feder in Bremsstellung gehalten, so daß die Schnecke und das Schneckenrad (9) stillstehen. Unter dem Schaltfußtritt (3) befinden sich verschiedene Schaltkontakte zum Schalten des Steuerstroms für den Elektromagneten im Hilfsantrieb.

Der Stopvorgang wird dadurch eingeleitet, indem am Nahtende das Fußpedal entlastet wird. Durch diese Bewegung wird - wie beim einfachen Kupplungsmotor - die Trennung der Kupplungsscheibe (8) von der Schwungscheibe (7) ausgelöst, die sich dann an das Schneckenrad (9) anlegt. Parallel dazu schaltet ein Kontakt unter dem Fußtritt (3) die Elektromagnetkupplung des Hilfsantriebs ein, wodurch sich die Kupplungsscheibe mit der ständig umlaufenden Antriebsscheibe des Hilfsantriebs verbindet und die Schnecke (11) in Bewegung setzt. Das Schneckenrad übernimmt nun den Antrieb der Hauptkupplungsscheibe (8) und dreht diese mit der außen sitzenden Motorriemenscheibe so lange weiter, bis der Kontaktpunkt (5) des Synchronisators den Schleifkontakt erreicht hat. Ist dies geschehen, schaltet dieser den Elektromagneten im Hilfsantrieb ab. Die Kupplungsscheibe des Hilfsantriebes bremst dabei durch den Druck einer Feder die Schnecke (11) und im weiteren Verlauf die Riemenscheibe des Motors auf der Stelle ab, wenn sich die Nadel je nach Schaltung und Menge der Kontaktstellen im Synchronisator im Nähgut oder außerhalb desselben befindet. Mittels dieser Stopeinrichtung ist die Näherin in der Lage, durch entsprechende Fußtrittspo-

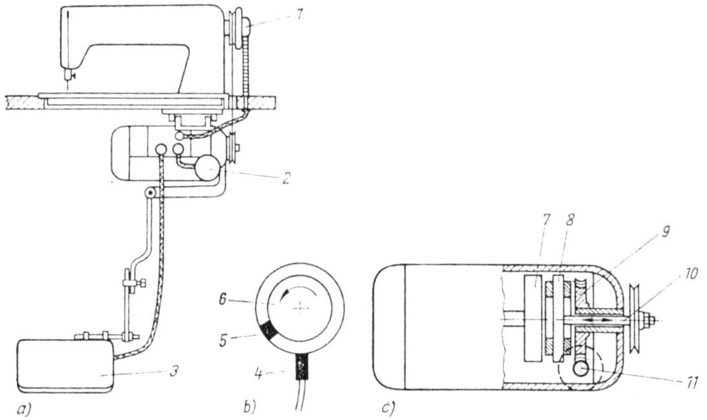

a) Gesamtansicht
b) Synchronisationsaufbau
c) Anordnung des Hilfsantriebes

(1) Synchronisator
(2) Hilfsantrieb
(3) Schalttritt
(4) Schleifkontakt
(5) Kontaktpunkt
(6) Kontaktscheibe
(7) Schwungscheibe
(8) Kupplungsscheibe
(9) Schneckenrad
(10) Antriebswelle
(11) Schnecke

Quelle: Schröter, Helmut: Grundlagen der industriellen Schuhherstellung, Leipzig 1985, S. 199

Abb.A/11: Stopmotoreinrichtung

sitionen das Anhalten der Nähmaschine mit 'Nadelstellung oben' oder 'Nadelstellung unten' ohne manuelles Einstellen des Handrades zu erreichen. Moderne Stopmotoren sind zusätzlich mit einer Langsamnähstufe ausgerüstet, bei der sich nur der Hilfsantrieb einschaltet, wenn der Fußtritt mit nur geringer Kraft nach unten gedrückt wird (Schrödter : 1985, S. 198).

3.3. Aufbau und Wirkungsweise des Fadenabschneiders

Die zeitliche Ablauffolge der Nähmaschinenfunktionen vor und während des Schneidvorganges an einem mit dem aufgeführten Fadenschneidertyp ausgestatteten Schnellnäher nimmt folgendes Muster ein: Mit dem Rückgang des Fußpedals in Ruhestellung wird der Nähvorgang beendet und die Nadel bleibt in der Position 'Nadel im Nähgut' stehen. Durch das nun folgende Zurücktreten des Fußpedals wird die Fadenabschneideinrichtung eingeschaltet. Gleichzeitig läuft die Maschine mit der Positionierungsdrehzahl und die Nadel bewegt sich in die Position 'Nadel oben'. Während der Aufwärtsbewegung der Nadel aus ihrer Tiefstellung in die obere Position schließt ein Synchronisator am Handrad den Stromkreis zu einer Zusatzsteuerung, die ihrerseits den Zugmagneten wirksam werden läßt. Dieser Magnet löst nun den Abschneidevorgang aus. In dessen Verlauf werden Nadel- und Greiferfaden zertrennt.

Die von den verschiedenen Nähmaschinenherstellern am Markt angebotenen Fadenabschneider sind in ihrem Funktionsprinzip ähnlich. Sie unterscheiden sich in ihren Konstruktionen dadurch, daß sie den Besonderheiten des jeweiligen Nähmaschinentyps angepasst sind 15). Wie die nebenstehende Explosionszeichnung beispielhaft zeigt, besteht ein automatischer Fadenabschneider für einen Doppelsteppstichschnellnäher (System PFAFF) aus folgenden Elementen:

- Fadenfänger (6)
- Steuereinrichtung für die Fadenfängerbewegung (1-5, 8, 9)
- Abschneidemesser für den Nadel- und Greiferfaden (7) (Mosinski : 1979, S. 176).

Gestartet wird der Vorgang des Fadenabschneidens durch den Impuls eines Einschaltmagneten. In dieser Folge wird die Sperrklinke (8) geöffnet, so daß der Rollenhebel (3) in die Steuerkurve (4) einfallen kann. Durch den Bewegungsverlauf dieses Steuerungsinstrumentes wird - vermittelt über den Rollenhebel und ein Übertragungsgestänge - die Bewegung des Fadenfängers gesteuert. Der Fadenfänger wird in die in der Umführung und im Aufzug befindliche Oberfadenschlinge soweit eingeführt, bis Nadel- und Greiferfaden in die Aussparung dieses Fanghakens springen. Durch die anschließende Rückwärtsbewegung des Fadenfängers werden beide Fäden beigeöffneter Oberfadenspannung nachgezogen und kurz vor Erreichen der

Ausgangslage zwischen der Schneidkante des Fadenziehers und der Messerschneide getrennt. Sowohl Nadel- als auch Greiferfaden werden am Nahtende so getrennt, daß sie für den

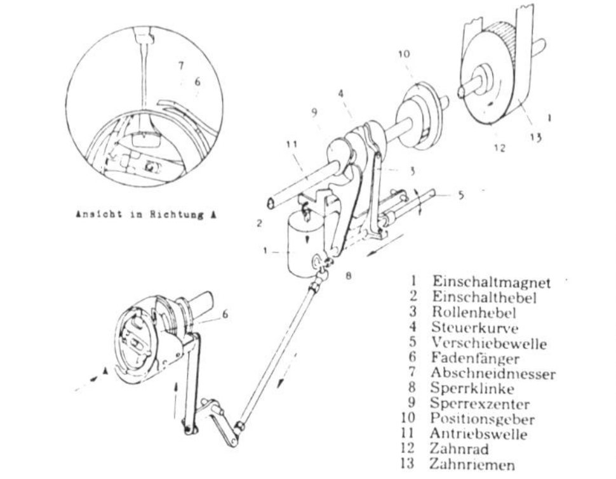

Quelle: Mosinski, Erich: Fadenabschneideinrichtungen bei Nähmaschinen, in: Rieser, Willi; Schierbaum, Wilfried (Hrsg.): Taschenbuch für die Bekleidungsindustrie 1979, Berlin 1978, S. 176.

Abb.A/12: Automatischer Fadenabschneider bei einem Doppelsteppstich-Schnellnäher (System Pfaff)

nächsten Nähzyklus eine ausreichende Länge aufweisen. Bei erneutem Nähbeginn kann somit sofort weitergenäht werden. Durch das präzise Trennen der Fäden entfällt auch das bei der traditionellen Vorgehensweise jeweils notwendig gewesene Vorlegen der Fäden bei Nähbeginn.

3.4. Manuelle und automatische Verriegelungseinrichtungen

Bei einer der ersten Versionen der durch einen Mechanismus ausgelösten Stichumschaltung wurde in die vordere Kante des Nähtisches eine Schaltleiste eingebaut, bei der ein kleiner

Druck mit dem rechten Unterarm genügte, um den Stichsteller auf elektromagnetischem Weg umzustellen (Heimann : 1953, S. 450). Mit der Verlegung dieser Bedienvorrichtung in Form einer Drucktaste an den Ständer der Maschine ergab sich eine leichte Bedienung dieses Hebels für die Näherin. Ein Loslassen des Nähgutes mit der rechten Hand war mit dem Griff zu dieser Drucktaste weiterhin verbunden. Erst mit der Montage einer Verriegelungstaste direkt am Nähkopf der Maschine wurde es möglich, mit beiden Händen das Nähgut zu führen und zusätzlich den Verriegelungsvorgang - in diesem Fall durch einen Druck mit dem Daumen - auszulösen. Wegen der geringen Entfernung von Nähgut und Verriegelungstaste waren die Griffbewegungen weitestgehend verkürzt und beide Hände zur Führung des Werkstückes frei. In jedem Fall der manuellen Auslösung des Verriegelungsvorganges war ein langsames Ansteuern der zu verriegelnden Nahtkante notwendig. Daß bei der menschlichen Steuerung der Nahtverriegelung die Anzahl der Stiche bei den einzelnen Verriegelungen variieren konnte, sei nur nebenbei bemerkt.

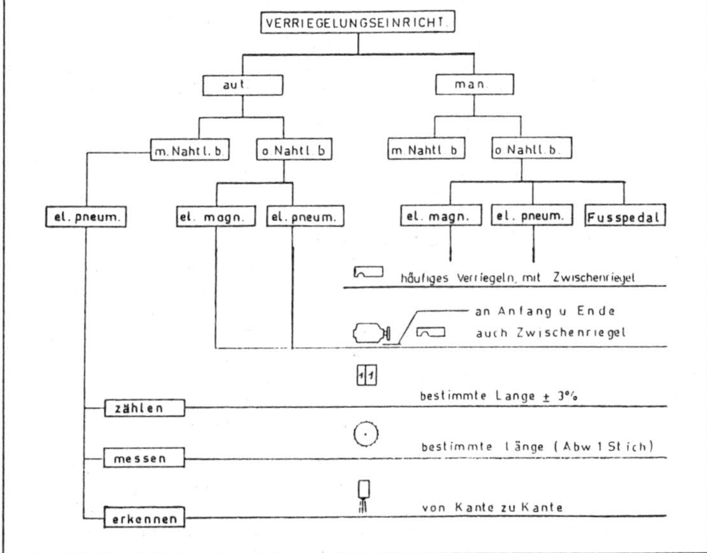

Quelle: o.V. : Pfaff empfiehlt: Zusatzeinrichtungen zur Nahtverriegelung ersetzen den Gebrauch des Stichstellerhebels, in: Bekleidung und Wäsche, a.a.O., Nr.15/1972, S.1148

Abb.A/13: Systematik manueller und automatischer Verriegelungseinrichtungen

Bei den automatischen Verriegelungseinrichtungen ist prinzipiell zwischen Systemen mit und ohne Nahtlängenbestimmung zu unterscheiden. Gemeinsam ist diesen Einrichtungen, daß aufgrund der elektronischen Steuerung des Verriegelungsprozesses keinerlei Griffe zur Verriegelungstaste mehr notwendig sind, um diesen Vorgang zu starten. Ferner wird bei beiden Systemen die Anzahl der Stiche/Riegel festgelegt und vor Nähbeginn in den Steuerungsteil eingegeben und dort gespeichert. Auf der Basis eines entsprechenden Steuerungsprogramms läuft bei Nahtbeginn folgender, automatisch gesteuerter Verriegelungsvorgang ab: Nachdem das Nähgut positioniert worden ist und die Näherin mit dem Heruntertreten des Pedals den Nähvorgang startet, senkt sich zuerst der Drückerfuß. Im Anschluß daran beginnt die Maschine automatisch die eingegebene Anzahl von Stichen zunächst vorwärts und dann rückwärts zu nähen.

3.5. Konstruktion und Arbeitsweise von Stapelgeräten

Die Arbeitsweise des Kleinteilestaplers kann beispielhaft an dem Arbeitsgang 'Besetzen auf Taschenfutter nähen' dargestellt werden. Nach Beendigung des Nähvorganges schaltet die Näherin durch Zurücktreten des Fußpedals den automatischen Fadenabschneider ein. Dieser leitet dann durch ein weiteres Schaltelement den eigentlichen Vorgang des Stapelns ein. Der erste Schritt dieser Ablauffolge besteht darin, daß sich das am Ende des Greiferarmes montierte Greiferkissen auf das zu stapelnde Werkstück absenkt und es durch eine Drehung auf den Stapeltisch führt. Gesteuert wird dieser Vorgang durch eine elektronisch-pneumatische Folgesteuerung. Im nächsten Schritt fährt der Schiebetisch zur Seite und legt den vorgefertigten Taschenbeutel zu den schon bearbeiteten Werkstücken auf dem seitlich daneben montierten Hubtisch ab. Um die Taschenbeutel in konstanter Höhe vom Boden ablegen zu können, senkt sich der Hubtisch nach jedem Stapeltakt entsprechend ab und das Greiferkissen geht in seine Endstellung zurück (o. V. : 1974, S. 290). Nach der Stapelung einer bestimmten Menge genähter Teile werden diese vom Hubtisch genommen und in dieser Form zur weiteren Bearbeitung am nächsten Arbeitsplatz vorgelegt.

Der größeren Werkstückfläche von Vorderhosen, Sakkovorderteilen u.s.w. entsprechend ist die Konstruktion sowie die Arbeitsweise des zweiten Staplertyps, des Großteilestaplers, angepaßt. Hierbei handelt es sich um ein an die Nähmaschine bzw. den Näh-Halbautomaten anbaubares Gestell, dessen wesentliche Elemente aus einer Aufnahmestange sowie aus einem gesteuerten Gegenhalter bestehen. Die koordinierte Ablaufbewegung dieser Zuführ- bzw. Haltestangen des Großteilestaplers wird elektromagnetisch gesteuert. Besonders geeignet ist diese Konstruktion des Staplers z. B. für den Einsatz an Arbeitspositionen wie

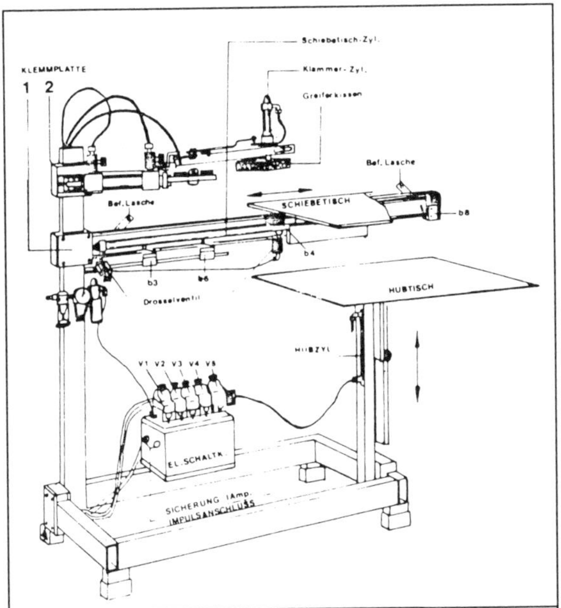

Quelle: o. V. : Kleinteile rationell abstapeln mit Beisler-Geräten, in: Bekleidung und Wäsche, Mönchengladbach, Nr.17/1974, S. 1124

Abb.A/14:Kleinteilestapler

- Schnittkanten an Hinterhose versäubern
- Rückenmittelnaht schließen u.s.w.

Zwangsweise wird der Stapelvorgang auch hier durch Fadenabschneidvorrichtungen, Verriegelungsautomatik o. ä. gesteuert. Durch sein Eigengewicht fällt das an der Nähmaschine bearbeitende Großteil in die Stapleröffnung hinter dem Maschinentisch. Das entsprechend der gestapelten Bündeldicke sukzessive Absenken der Aufnahmestange sowie die Stellung des Gegenhalters gewährleisten dabei eine konstant große Öffnung des Staplers.

3.6. Konstruktion und Arbeitsweise mechanisierter Nähgutführungen

3.6.1. Mechanisierte Nähgutführung beim Schablonennäh-Teilautomat

Die mechanische Führung des Nähgutes erforderte gleichzeitig eine spezielle Gestaltung der Nähanlage. So ist die Doppelsteppstich-Nähmaschine in einen größeren Arbeitstisch integriert und wird von der Stirnseite entweder im Stehen oder im Sitzen bedient. Die Schablonenkonstruktion als zentrales Element dieser Anlage besteht aus einem Führungs- und einem damit fest verbundenen Halteteil. Das Führungsteil besteht im wesentlichen aus einer Blechplatte, in die eine der Form des jeweiligen Nähgutes entsprechende Nut geschnitten ist. An einer Seite entlang dieses Ausschnittes sind entlang der gesamten Kante kleine Führungsstifte angebracht. Zur Aufnahme des Nähgutes dient die sich an das Führungsteil anschließende Halteklammer des Werkstückes, deren Form exakt dem Verlauf der Führungsnut entspricht.

Der Bearbeitungsvorgang erfolgt durch das Zusammenwirken von Doppelsteppstich-Nähmaschine, der Schablone sowie einem kleinen Antriebsrad, wobei die beiden letzten Elemente die Hand der Näherin mit ihrer Halte- und Führungsfunktion ersetzen. Nach dem Einlegen der Stoffteile in das Halterungsstück der Schablone wird diese mit ihrer unteren Kante an eine Führungsleiste angelegt, so daß die Öffnung der Führungsnut eine formschlüssige Verbindung mit dem Antriebsrad, dem Ritzel, eingeht. Der Vorschub des Nähgutes erfolgt dadurch, daß nun ein Kontakt geschlossen wird, in dessen Folge sich das Ritzel dreht und durch seine Drehbewegungen - die Zähne des Ritzels greifen dabei in die Zwischenräume der Führungsstifte entlang der Nut - das Nähgut über die gesamte Länge der Nut formenparallel an der Nähnadel vorbeigeführt wird. Die Achse der Nadelstange geht dabei durch den Mittelpunkt des Ritzels. Beendet wird der Nähvorgang mit dem automatischen Verriegeln der Naht. Danach kann das vorgenähte Kleinteil der Halterung der Schablone entnommen werden.

3.6.2. Mechanisierte Nähgutführung beim Schienennäh-Halbautomat ('Langnahtautomat')

Ausgestattet ist dieser Schienennäh-Halbautomat mit einem Nähmaschinenoberteil, das in der Regel aus einem Doppelsteppstich- oder Doppelkettenstichoberteil besteht. Kernstück dieser mechanischen Nähgutführung ist eine Führungsschiene aus Stahlblech, die zunächst nur in gestaffelten Längen von 800, 1000 sowie 1200 mm gebaut worden ist. Später wurde dieses

Nähaggregat mit einer Führungsschiene von bis zu 1570 mm Länge geliefert, so daß auch Maxiteile damit bearbeitet werden konnten. Ebenfalls waren am Anfang die Bearbeitungsmöglichkeiten dadurch beschränkt, daß Nahtverläufe mit allzu starken Rundungen nicht ausgeführt werden konnten. Durch die spätere zusätzliche Ausstattung dieses Nähaggregates mit einer Winkelnäheinrichtung wurde es möglich, einen eckigen oder abgerundeten Nahtverlauf zu erreichen 16). Wahlweise konnte dieser Arbeitsplatz noch mit einer Kantenauszackvorrichtung ausgestattet werden.

Zu Beginn eines Arbeitstaktes werden die zusammenzunähenden Stofflagen von der Arbeitsperson einzeln oder zusammen auf die rechte Hälfte des vergrößerten Maschinentisches aufgelegt. Um das Nähgut in der ausgerichteten Lage festzuhalten, wird das Material mittels im Maschinentisch eingelassener Luftdüsen auf der Platte angesaugt. Durch diese Ansaugung bleibt auch die eventuell vorgenommene Verteilung von Mehrweite in den entsprechenden Abschnitten der Naht erhalten. Außerdem wird durch die Saugeinrichtung das genaue Auflegen und Ausrichten gemusterter Teile erleichtert. Nach dem Betätigen einer Taste fährt die Druckleiste über die aufgelegten Zuschnitte und senkt sich auf das Material. Die dem Nahtverlauf entsprechend geformte Führungsschiene übernimmt danach den Transport der Teile zum Maschinenkopf. Mit dieser Art der Einspannung des Werkstückes ist gewährleistet, daß das Nähgut während des Nähprozesses festgehalten wird und sich nicht verschieben kann. Während das Nähgut genäht wird, geht der rechte Stoffanschlag in seine Ausgangsstellung zurück und die Arbeitsperson beginnt mit dem Einlegen des nächsten zu nähenden Werkstückes.

Die Prozeßabschnitte Nähen und Stapeln laufen hierbei ohne jeglichen menschlichen Eingriff ab - sie werden elektropneumatisch gesteuert. Steuerungszentrum der verschiedenen Schaltvorgänge - hierzu zählen die Einstellung der Abstände von der Stoffkante am Nahtbeginn und Nahtende sowie Nahtunterbrechungen - ist eine Programmwalze, auf der die entsprechenden Nahtstrecken durch eingelegte Metallfolien gekennzeichnet sind (o. V. : 1967 b, S. 1632). In begrenztem Maß ist es hierbei möglich, mit einer Führungsschiene mehrere Größen sowie Teile mit unterschiedlichen Schnittkonturen zu nähen. Um stark unterschiedliche Formen nacheinander auf dem 'Langnahtautomat' nähen zu können, war es notwendig, die Steuerschienen und die Anschläge bei der Beschickungsvorrichtung auszuwechseln.

3.6.3. Mechanisierte Nähgutführung beim Konturennäh-Teilautomat

Bei sonst gleicher Nähapparatur wurde die Führungsschiene des 'Langnahtautomaten' durch einen Kantenführungsapparat sowie eine bewegliche Stoffklammer ersetzt und die Führung des Nähgutes durch das Zusammenwirken beider Vorrichtungen übernommen. Das Prinzip dieser Führung des Nähgutes, bei dem der Nahtverlauf nicht durch eine starre Schiene vergegeben ist, besteht darin, daß das Nähgut innerhalb eines Führungsapparates mechanisch gegen eine Kante geschoben wird.

Der Kantenführungsapparat, das wesentliche Element dieser speziellen Führungseinrichtung, besteht aus einem System von

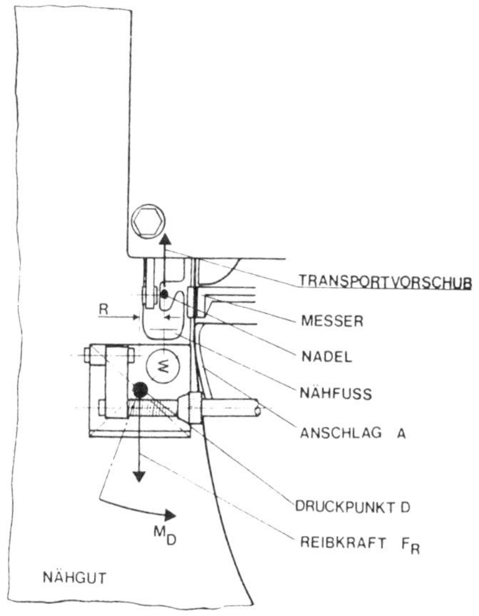

Quelle: Schierbaum, Wilfried : Bekleidungslexikon, Berlin 1982, S. 250 (Zeichnung : Bäckmann)

Abb.A/15: Schablonenlose Konturenführung

z.T. geriffelten Führungsblechen, wobei im mittleren Blech Druckpunkte ('Warzen') zur Kraftregulierung angebracht sind sowie Kantenanschlägen zur Einstellung der Nahtbreite und zum Auffangen des Nähgutes. Als ein bedeutendes Hilfsgerät bei der Ausführung des Nähvorganges ist die Stoffhalteklammer anzusehen. Sie dient als Ersatz der menschlichen Hand zum Halten bzw. Straffen des jeweiligen Werkstückes am Nahtende und unterstützt dadurch eine einwandfreie, längengleiche Verarbeitung. Diese Vorrichtung läuft in einer dem Nahtverlauf entsprechenden Führungsnut des Maschinentisches und sichert damit den konturengerechten Bewegungsverlauf des Nahtgutes 17). Um den Einspannvorgang des Werkstückes von der zeitlichen Koordination optimal zu gestalten, ist diese Halteklammer durch eine Zuführeinrichtung ergänzt.

Die Funktionsabläufe am Konturennäher sind ähnlich denen am 'Langnahtautomaten' gestaltet und lassen somit auch hier eine überlappte Arbeitsweise zu. Zum Schließen der Seitennaht einer Hose legt die Arbeitsperson Vorder- und Hinterhose am Saum in die Zuführeinrichtung. Diese übergibt - über eine Knieschaltung initiiert - das Nähgut an die Stoffhalteklammer. Während dieses Ablaufes greift die Arbeitsperson die beiden Hosenteile im Bereich des Hüftbogens, schaltet die Nähmaschine über einen Fußschalter ein und führt das Nähgut zunächst mit beiden Händen von der Bundkante bis über das untere Ende des Tascheneingriffes am Nähfuß vorbei. Während des Schließens der Seitennaht in diesem Abschnitt ist die Konturensteuerung ausgefahren und deswegen ohne Wirkung. Durch ein leichtes Anheben der oberen Stofflage wird über einen griffgünstig montierten Handschalter der Konturenführungsapparat so zwischen die beiden Stofflagen eingeschoben, daß diese durch das mittlere Blech getrennt werden. Dadurch, daß die beiden Lagen das Führungsblech getrennt durchlaufen, können sie konturengleich zusammengeführt werden. In dieser Weise wird das Nähgut im Nahtabschnitt vom unteren Taschenende bis zum Saum vom Kantenanschlag kantengleich geführt 18). In Höhe der Steuerungsvorrichtung wird die Stoffhalteklammer ausgelöst und fährt automatisch in ihre Ausgangsposition zurück (o. V. : 1975 b, S. 240 ff.; Bäckmann : 1973, S. 1175). Während dieser letzte Nahtabschnitt genäht wird, greift die Arbeitsperson das nächste Teil und bereitet es für den Nähprozeß vor.

4. Technische und organisatorische Detailstrukturen einzelner Organisationsformen der industriellen Bekleidungsfertigung

4.1. Das Reihensystem: Produktionsorganisation mit außerhalb der Maschinenreihe aufgestellten Bügel- und Handarbeitsplätzen

Das in der Abb. A/16 dargestellte Lay-out einer Fertigungsgruppe nach dem 'gemischten' Reihensystem zeigt die Aufstellung der Nähmaschinen in zwei parallel nebeneinander verlaufenden Reihen und beinhaltet darüber hinaus die Aufstellung von Handnäh- und Bügelarbeitsplätzen außerhalb der reihenmäßig ausgelegten Nähmaschinenanlage.

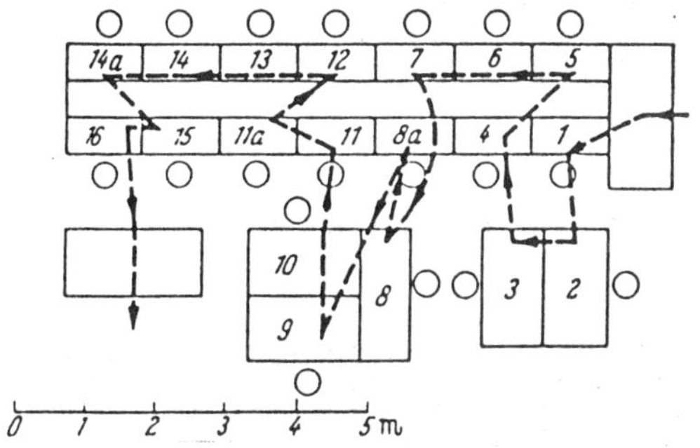

Quelle: Donner, Erich : Handbuch für die Bekleidungsindustrie, Berlin-Göttingen-Heidelberg 1956, S. 121

Abb.A/16: Fertigungsgruppe nach dem Reihensystem

Bei diesem doppelseitigen Reihensystem - welches im Gegensatz zum einseitigen Reihensystem eine günstigere Raumausnutzung gestattete - sind in dieser Auslegungsvariante die beiden Nähmaschinenreihen durch einen Zwischentisch verbunden, der als Schiebe- und Ablagefläche für die von Arbeitsplatz zu Arbeitsplatz zu transportierenden Arbeitsgegenständen dient. Bei dieser Auslegung wurden die Werkstücke zu den außerhalb der Reihe liegenden Arbeitsplätzen mit der Hand weitergegeben. Der innerhalb dieser Arbeitsplatzkonfiguration realisierte Materialfluß läßt sich u. a. aus der Tatsache herleiten, daß die gesamten Handnäh- und Bügelarbeiten außerhalb der reihenförmig aufgestellten Nähmaschinenplätze ausgeführt wurden. Anzunehmen ist bei dieser Aufstellung der Arbeitsplätze, daß die zu nähenden Teile jeweils mit der Hand von Arbeitsplatz zu Arbeitsplatz weitergeschoben worden sind. Weiterhin kann angenommen werden, daß die Länge der Transmissionswelle die Anzahl der maximal zu nutzenden Nähmaschinen in der Reihensystemanlage bestimmte. Die Länge der Transmissionswelle ermöglichte in diesem Beispiel die Aufstellung von maximal 2 x 7 Arbeitstischen, welche insgesamt als Nähmaschinenplätze ausgelegt waren. Die innerhalb dieses Aufstellungsmusters der Arbeitsplätze zu verrichtenden Handnäh- und Bügelarbeiten konnten somit nicht als eigenständige Arbeitsplätze in die Nähmaschinenreihe integriert werden und sind deswegen außerhalb davon aufgestellt worden.

Die Konsequenz dieser Aufstellung der einzelnen Arbeitsplätze war ein Materialfluß, der durch zusätzliche Transportwege bzw. durch Rückläufe des Nähgutes gekennzeichnet gewesen ist. Der Transport der Werkstücke war insbesondere zwischen den Maschinen-Nähstationen und den Handnäh- bzw. Bügelarbeitsplätzen und umgekehrt mit einem hohen zeitlichen Aufwand verbunden. Aus dem Fluß des Arbeitsmaterials unter der Bedingung dieser Arbeitsplatzaufstellung folgte zwangsläufig die Aufteilung der Eingabe und der Kontrolle auf zwei Arbeitspersonen.

4.2. Die Schiebetischanlage: Synchrone Vorfertigung

Wenn auch bei der Schiebetischanlage die Aufstellung der Nähmaschinen sowie der Bügel- und Handarbeitstische von einer 'starren' Transporteinrichtung bestimmt wurde, so war ein durchgängig linearer Materialdurchlauf nicht notwendig dessen Folge. Ein gewisses Maß an flexibler Gestaltung des Materialdurchlaufes innerhalb des durch die Transporteinrichtung vorgegebenen Rahmens war trotzdem zu erreichen.

Ansatzpunkt der Flexibilisierung des Materialdurchlaufes war das Aufbrechen der linearen Bearbeitungsfolge bei der Fertigung eines Kleidungsstückes. An die Stelle eines starren Materialflußschemas tritt bei der nun vorzustellenden Variante der Flexibilisierung des Materialdurchlaufes die Teilung der Fertigung in einen synchron arbeitenden Bereich und in einen linear arbeitenden Bereich des Schiebebandes. Die Struktur des Produktionsprozesses ist in diesem Fall dadurch gekennzeichnet, daß die Herstellung eines Kleidungsstückes bis zu den Montagearbeitsplätzen gleichzeitig an mehreren Arbeitsplätzen - also synchron - vorgenommen wird. Bei der praktischen Anwendung dieses teilsynchronen Materialflusses innerhalb des Transportsystems 'Schiebeband' gab es keine eindeutige Festlegung für eine bestimmte Variante. Die konkrete Gestaltung des Materialflusses war mehr oder weniger von den jeweiligen betriebsspezifischen Bedingungen abhängig.

Als typisch für diese Form der Organisation des Produktionsprozesses kann das in Abb. A/17 dargestellte Layout einer Damenmantelfertigung gelten (Donner : 1951, S. 585).

Aus diesem Organisationsmuster der Fertigung eines Damenmantels im Schiebeband wird sowohl die Anordnung der einzelnen Arbeitsplätze als auch der Fluß des Materials ersichtlich. Bei der Rekonstruktion sowohl der Arbeitspositionen, die an den einzelnen Arbeitsplätzen ausgeführt wurden als auch des Materialflusses zwischen den einzelnen Arbeitsplätzen wird deutlich, daß die Teile bis zum Beginn der Montage am Arbeitsplatz Nr. 11 - ausgenommen sind hier Kleinteile wie Gürtel u.s.w. - nach einem synchronen Ablaufschema im Schiebeband gefertigt worden sind 19).

Entsprechend der Abb. A/17 ist der Materialfluß der einzelnen Teile bis zu dem Montagearbeitsplatz Nr. 11 folgendermaßen gestaltet gewesen:

1. <u>Vorderteile</u>: Warenausgabe - Platz I (Schnellnäher) - Platz II (Schnellnäher) - Platz III (Handarbeits- und Bügelplatz) - Platz II - Platz III - Platz VII (Handarbeitsplatz) - Platz VIII (Maschinen- und Hand-Arbeitsplatz) - Platz IX (Handarbeits- und Bügelplatz) - Platz X (Handarbeitsplatz) - Platz XI (Schnellnäher).

2. <u>Rückenteile</u>: Warenausgabe - Platz I (Schnellnäher) - Platz III (Handarbeits- und Bügelplatz) - Platz VIII (Maschinen- und Handarbeitsplatz) - Platz IX (Handarbeits- und Bügelplatz) - Platz X (Handarbeitsplatz) - Platz XI (Schnellnäher).

3. <u>Futter</u>: Warenausgabe - Platz VI (Schnellnäher) - Platz XI (Schnellnäher).

4. <u>Ärmel</u>: Warenausgabe - Platz III (Handarbeits- und Bügelplatz) - Platz IV (Schnellnäher) - Platz III - Platz IV - Platz V (Handarbeits- und Bügelplatz) - Platz IV - Platz X (Handarbeits- und Bügelplatz) - Platz XI (Schnellnäher).

5. <u>Kleine Teile</u>: Gürtel u.s.w.: Warenausgabe - Platz IV (Schnellnäher) - Platz V (Handarbeits- und Bügelplatz) - Platz VI (Schnellnäher) - Platz X (Handarbeitsplatz) - Platz XXI (Handarbeitsplatz (Donner : 1951, S. 585 ff.).

Um eine synchrone Teilefertigung zu realisieren, war es beim Schiebetischsystem auch möglich, die Teilefertigung an Schiebetischen auszuführen, die als 'Zubringertische' von der Hauptlinie getrennt aufgestellt waren. Durch das Zusammenstellen mehrerer Schiebetische in Hufeisen- oder Strahlenform war eine fließende Fertigung der aus mehreren Einzelteilen zu montierenden Kleidungsstücke ohne Probleme zu organisieren (Renters : 1953, S. 127). Die seitlich aufgestellten

Schiebetische mündeten in diesem Fall der Materialflußorganisation jeweils in der Montagelinie.

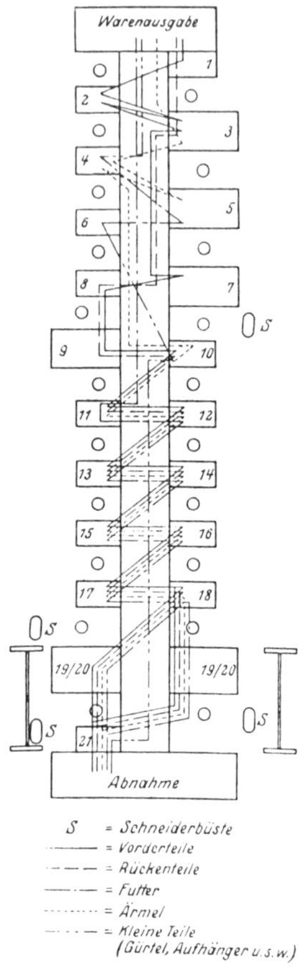

Quelle: Donner, Ruth : Wirtschaftliche Fabrikation von Damenmänteln, in : Bekleidung und Wäsche, Stuttgart, Nr. 12/1951, S. 585

Abb.A/17: Synchroner Materialfluß in der Vorfertigung

Als die wesentlichen produktionsorganisatorischen Merkmale dieses Schemas der teilsynchronen Fertigung eines Kleidungsstückes im Schiebeband können aufgeführt werden:

- der Einlauf der Teile und damit die Teilefertigung erfolgte an mehreren unterschiedlichen Arbeitsplätzen gleichzeitig

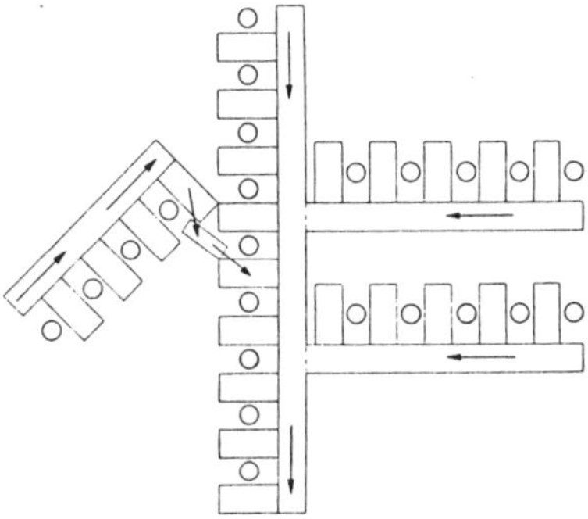

Quelle: Renters, Wilhelm : Der Nähmaschinenfachmann, Bielefeld 1957, S. 156.

Abb.A/18:Schiebetischanlage

- die Bearbeitung der Teile erfolgte nicht linear nach der räumlichen Aufstellungsfolge der einzelnen Betriebsmittel im Band; bei diesem Materialfluß mußten somit zumindest teilweise Arbeitsplätze 'übersprungen' werden

- der Materialfluß war derart gestaltet, daß die Durchlaufzeit des einzelnen herzustellenden Kleidungsstückes geringer war als dessen gesamte Bearbeitungszeit, d.h. der Summe aller Einzelzeiten in gewisser Weise kann davon ausgegangen werden, daß der Überschaubarkeit der Fertigungslinie wegen die Produktionsgruppe einen notwendig begrenzten Umfang besessen hatte. Sowohl vom Produkt bzw. seiner Ausführung als auch vom Grad der Arbeitsteilung bzw. der Höhe der Taktzeit wurde der Umfang der jeweiligen Fertigungsgruppe bestimmt. Kleidungsstücke mit einem geringeren Arbeitsvolumen eigneten sich deshalb stärker für Produktionsstrukturen der beschriebenen Art.

4.3. Das Fließband: Produktionsorganisation beim Fließband 'alter Art'

Das Transportmittel 'Fließband alter Art' ist im wesentlichen durch seine besondere Getriebekonstruktion 20), durch die kontinuierliche Bewegung des Transportbandes sowie durch seine Aufstellung als einbahnige Fließbandanlage gekennzeichnet gewesen. Nicht zu übersehen ist bei dem Einsatz dieser einbahnigen Fließbandanlage in der Bekleidungsbranche der

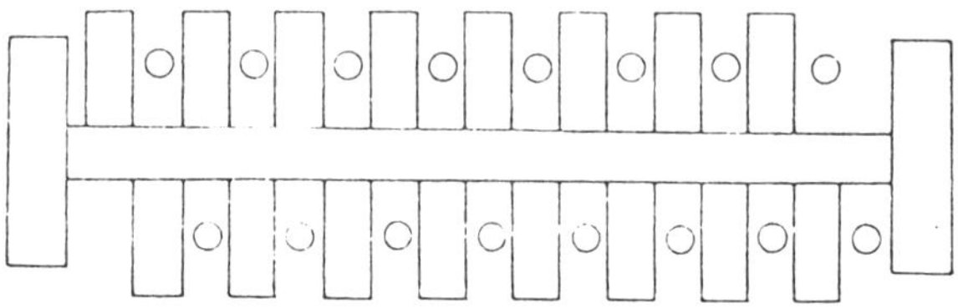

Quelle: Schwab, R. : Fertigungsweisen in der Bekleidungsindustrie, in : Bekleidung und Wäsche, Mönchengladbach, Nr. 1/ 1954, S. 4.

Abb.A/19: Einbahnige Fließbandanlage im Schulsystem

enge Zusammenhang zwischen der Struktur der an ihr hergestellten Kleidungsstücke und bestimmter technischer Strukturen des Antriebes der Anlage.

Sowohl die Einsatzmöglichkeiten als auch die Effizienz des 'Fließbandes alter Art' wurden besonders durch die dabei verwendete Getriebekonstruktion eingeschränkt. Infolge des durch die Antriebstechnik begrenzten Einsatzes dieser Fördertechnologie ist deren stärkere Anwendung zunächst auf die Fabrikation von Kleidungsstücken mit einer bestimmten maximalen Fertigungsdauer beschränkt geblieben. Begründet werden kann dieser zuerst sowohl in der Berufsbekleidungs- als auch in der Wäscheindustrie erfolgte Einsatz insbesondere damit, daß vom Absatzmarkt dieser Branchen her die Voraussetzungen für eine Massenproduktion von Kleidungsstücken vorgelegen haben und damit günstige Bedingungen für die fließbandgestützte Fertigung dieser Produkte geschaffen gewesen sind.

Am Anfang der 30er Jahre fand das kontinuierlich laufende Fließband - zunächst nur in zwei Betrieben - Eingang in der Herrenoberbekleidungsindustrie 21). Die Gestaltung des Produktionsablaufes erfolgte in einem durch die fließende Fertigung an diesem Transportmittel bestimmten, immer wiederkehrenden Ablaufmuster.

"In manchen Betrieben der Herrenoberbekleidungs-Industrie hat man als Fördermittel nicht den mit Ruhe- und Bewegungszeiten arbeitenden Kreistransporteur, sondern ein dauernd laufendes Band. Die Spezialmaschinen stehen bei dieser Fördereinrichtung links und rechts vom Band und zwar senkrecht oder waagerecht zu diesem . Die einzelnen Teilarbeiten und Bearbeitungszeiten werden genau so berechnet, wie es vorher beschrieben worden ist.
Die Arbeitskräfte an den Maschinen nehmen das auf dem Bande ankommende Werkstück auf, legen es auf die Maschine, verrichten ihre Teilarbeit und legen das bearbeitete Stück wieder auf das Band. So wird das Werkstück auf dem Band von einem zum anderen Arbeitsplatz befördert.
Zwischen oder nach verschiedenen Teilarbeiten werden Ausführungskontrollen der bearbeiteten Stücke vorgenommen, um fehlerhafte Stücke auszuschalten. Dadurch wird erreicht, daß nur einwandfrei bearbeitete Werkstücke den Produktionsprozeß verlassen können" (Gottfeld : 1933, S. 33 ff.).

Die kontinuierlich laufenden 'Fließbänder alter Art' hatten den wesentlichen Nachteil, daß sie mit Getrieben ausgestattet waren, welche es nicht zuließen, die Laufgeschwindigkeit des Bandes während des Bandbetriebes stufenlos zu verstellen. Negativ wirkte sich diese starre Getriebeeinstellung jeweils zu Beginn der Fertigung eines neu in die Produktion eingelaufenen Kleidungsstückes aus, da die Laufgeschwindigkeit des Gurtbandes nicht parallel zur Entwicklung der Arbeitsgeschwindigkeit der im Band arbeitenden Frauen - in der Regel bedeutete dies eine Erhöhung der Laufgeschwindigkeit - verändert werden konnte. Als Folge der nicht zu variierenden Laufgeschwindigkeit des Bandes sind insbesondere in den Fällen von hohen Losgrößen gleicher bzw. ausführungsidentischer Kleidungsstücke nicht voll genutzte Möglichkeiten von Produktivitätssteigerungen zu nennen. Erst nach dem Erreichen des "qualitativ noch zu vertretenden Endwert(es) = erkannter Höchstwert der vollzogenen Leistungssteigerung" (Conze : 1953, S. 150) bei der Bearbeitung eines Auftrages sind Veränderungen der Bandgeschwindigkeit nicht mehr erforderlich gewesen.

"Im weiteren ist es einfach paradox, am stets gleichmäßig laufenden Fließband eine Leistungssteigerung erzielen zu wollen. Eine solche ist nur dann zu erreichen, wenn ein stufenlos regelbares Getriebe eine einwandfreie Einstellung oder Veränderung bzw. Kontrolle des erwünschten bzw. anzustrebenden Arbeitsrhythmus je gegebener Feldlänge von 0,70 m erlaubt. Das war jedoch bei den alten, oben angezeigten Reglern einfach unmöglich" (Conze : 1953, S. 150).

Zu den organisatorischen Eigentümlichkeiten des Materialdurchlaufs bei diesem einbahnig aufgestellten Fließband gehörte weiterhin, daß die Anzahl der zu einem bestimmten Zeitpunkt im Band bearbeiteten Werkstücke der Menge der im Band aufgestellten Arbeitsplätze entsprach. Aus der zahlenmäßigen Übereinstimmung von Werkstücken und Arbeitsplätzen in diesem Fließband ergab sich, daß eine Bildung von Materialpuffern zwischen den einzelnen Arbeitsplätzen nicht gegeben war und der Materialdurchlauf deswegen häufig durch spezifische Unterbrechungsmuster häufig gestört worden ist 22).

Da sich eine Habitualisierung der Werkstückbearbeitung aufgrund der sich im Zeitablauf häufig veränderten Dauer der Arbeitstakte bei den Arbeitskräften nicht eingestellt hat, war die Ausführung des jeweiligen Teilarbeitsganges innerhalb der geplanten Taktzeit - abgesehen von den individuellen Leistungsschwankungen der einzelnen Arbeitspersonen im Verlauf einer Schicht - nicht in jedem Fall garantiert. Als besonderes Hindernis für das genaue Einhalten des vorgegebenen Arbeitstaktes sind die am kontinuierlich laufenden Band beobachteten mehrmaligen Arbeitsunterbrechungen zu erwähnen. Diese führten z.B. dazu, daß die Arbeitskräfte innerhalb der vorgegebenen Bearbeitungszeit häufig die Entfernung des Teilstriches auf dem Gurtband zu ihrem Arbeitsplatz sicherheitshalber - um den Fortschritt ihrer individuellen Leistung zu kontrollieren - visuell überprüft haben.

"Vom psychologischen Standpunkt aus sind zunächst noch einige wichtige Erfahrungen gemacht worden. Man könnte glauben, daß sich eine Arbeit, die z. B. einer 6-Minuten-Einteilung oder irgend einer anderen Zeiteinteilung unterliegt, allmählich ins Bewußtsein einprägt und der beschäftigten Person genau bekannt wird. Das ist nicht der Fall. Nach einer gewissen Zeit werden einzelne der Beschäftigten gleichgültig gegenüber der Zeiteinhaltung, d.h. sie werden nicht fertig mit ihrer Arbeit, während andere, durch das dauernde ängstliche Warten auf den Weiterlauf des Bandes, nach jeweils 6 Minuten oder auch sonst einer festgelegten Minutenzeit, nervös werden. Das führt wiederum leicht zu einem Handikap, d.h. entweder zu einer Hudelei oder zum Nichtfertigwerden mit der Teilarbeit" (Bitzenhofer : 1950, S. 239).

Ablaufproblemen dieser Art ist mit dem Einsatz von elektrisch gesteuerten akustischen oder visuellen Signalanlagen zur Anzeige der Taktdauer entgegengetreten worden. Je nach Taktlänge und verwendeter Signaltechnologie kam es zu betriebsspezifischen Lösungen der Gestaltung der Anzeigephasen. In den Fällen von längeren Taktzeiten wurden diese in den meisten Fällen durch mehrere, in bestimmten Abständen aufeinanderfolgende unterschiedliche akustische oder visuelle Signale unterteilt.

"Deshalb zeigt die Produktionsanlage das auf Grund dieser vorstehenden Erfahrungen eingebaute elektrische Vorsignal, welches durch Aufleuchten eines mittels Schwachstrom erzeugten Opallichtes betätigt wird. Dieses Licht blinkt nach viereinhalb Minuten auf, bleibt 2 Sekunden stehen. Bei einem roten Lichtsignal muß das Werkstück dem weiterlaufenden Band mitgegeben werden. Es ist dem eigenen Ermessen überlassen, 10 Sekunden vor dem Weiterlauf noch ein grünes Signal aufleuchten zu lassen. Als sehr zweckmäßig hat sich erwiesen, 5 Sekunden vor dem Weiterlauf das grüne Signal einzuschalten und es erst mit dem Stillstehen des Bandes am anderen Arbeitsplatz auszuschalten" (Blitzenhofer : 1950, S. 239).

4.4. Das Taktband: Konstruktiver Aufbau der Taktbandanlage

Das Taktband als 'starre' Transporteinrichtung ist vom konstruktiven Aufbau folgendermaßen gestaltet gewesen: Das Laufband aus Metall als der bewegliche Teil des Taktbandes war in einen Stahlrahmen integriert. Das Band konnte eine Gesamtlänge von maximal 35 m einnehmen 23). Die Breite des Laufbandes bzw. der Transportkästen betrug in allen Fällen 53 cm. Der als 'Laufbett' des Transportbandes dienende Stahlrahmen wurde von Stahlrohrpfeilern, die in bestimmten Abständen seitlich montiert waren, gestützt. Das Laufband wurde durch ein Antriebsaggregat 24) an der Abnahmeseite angetrieben; an der entgegengesetzten Seite - der Aufgabeseite - wurde das

Band über ein Umlenkaggregat geführt. Das Laufband bestand aus einer aus Tiefziehblechen gefertigten, in einzelne Teile gegliederte, fest verbundenen Laufkette. Jedes dieser Glieder hat eine Breite von 12,5 cm und an beiden Seiten einen gefalzten Rand von ca. 10 cm Höhe. Dieser lief mit seiner Oberkante in einer Führung des Transporttisches. An der Unterseite jedes Gliedes war ein Kettenglied fest aufge-

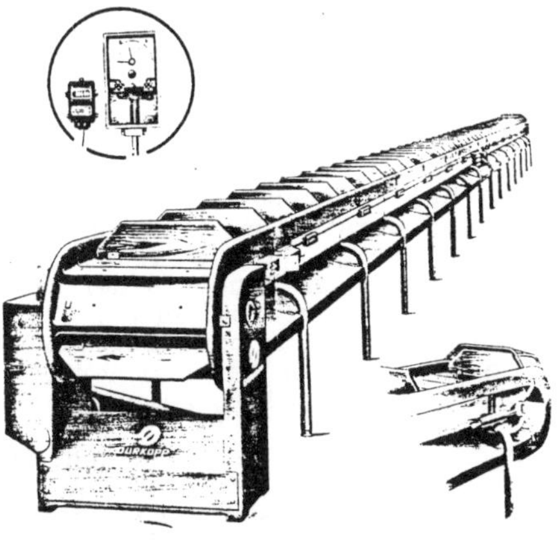

Quelle: Dürkopp-Hausprospekt

Abb.A/20: Dürkopp-Taktband der Klasse 713

schweißt. Diese Kettenglieder wurden sowohl am Antriebs- als auch am Umlenkaggregat zwangsläufig über zwei entsprechend gezahnte Kettenräder geführt.

Die Synchron-Schaltuhr mit Vorschubzähler 25) konnte in beliebiger Entfernung von der Taktbandanlage angebracht werden. Durch diese Schaltuhr wurde die zyklische Vorwärtsbewegung des Bandes gesteuert. Der mit der Synchron-Schaltuhr verbundene Fernzählapparat ermöglichte die Kontrolle über den jeweiligen Durchlauf der Transportkästen. Der Bewegungsrhythmus des Taktbandes konnte auf Sekundengenauigkeit für die Zeitintervalle von 1,5 Sekunden bis 10 Minuten eingestellt werden. Der Vorschub des Laufbandes konnte 12,5 - 25,0 - 37,5 - 50,0 - 62,5 - 75,0 cm und mehr, entsprechend der Breite der einzelnen Glieder nur jeweils ein Vielfaches von 12,5 cm betragen. Durch das Einfügen von Teilungswänden ist das Laufband in Kästen von beliebiger Länge - bis zu einem

Mindestabstand von 12,5 cm - zu unterteilen gewesen. Bei größeren Transportkästen konnten durch das Einsetzen von Zwischenwänden weitere kleine Felder eingerichtet werden - diese ließen sich durch Numerieren bzw. durch farbliche Abgrenzung noch besonders voneinander unterscheiden. Mit Hilfe einer solchen Unterteilung des einzelnen Transportkastens wurde die Identifikation der zu greifenden Teile wesentlich erleichtert. Die Arbeitsoperationen 'Greifen des zu bearbeitenden Werkstückes' sowie 'Ablegen des bearbeiteten Werkstückes' konnten dadurch mehr oder weniger habitualisiert vorgenommen werden.

4.5. Das Schalenband

Als früheste Form der 'hängenden Förderung' der Werkstücke bei der industriellen Herstellung von Oberbekleidung ist das Hängeschalenband anzuführen. Diese Transport- bzw. Verkettungskonstruktion ist als das Ergebnis der Bemühungen anzusehen, den Transport der zu bearbeitenden Werkstücke von der Einrichtung bis zur Endbügelei bzw. zur Abnahme mittels des Einsatzes einer einheitlichen Hängefördertechnologie zu mechanisieren und damit gleichzeitig zu rationalisieren 26).

Diese Form der Mechanisierung des gesamten Materialtransportes in einer Bekleidungsfabrik ist als eine von vielen der im Zuge des Aufbaus der westdeutschen Bekleidungsindustrie realisierten Möglichkeiten der Organisation des Materialtransportes zwischen den verschiedenen Arbeitsgruppen bzw. -plätzen anzusehen. Als nicht-flurgebundene Transporttechnologie galt das Hängeschalenband innerhalb der Diskussion um fabrikgemäße Produktionsstrukturen als Alternative zu den differenzierten Formen der flurgebundenen Transportsysteme. Wenn dem Hängeschalenband als konkret eingesetzter Transporttechnologie bei der Industrialisierung des Produktionsprozesses von fertiger Oberbekleidung keine besondere quantitative Bedeutung zuzumessen ist 27), ist es insbesondere deswegen erwähnenswert, weil das Organisationsprinzip der 'hängenden Fertigung' in gewisser Weise in diesem System seinen Ursprung hatte.

Im Gegensatz zu den flurgebundenen Transportmittelkonstruktionen war das Schalenband nicht auf dem Boden aufgestellt. Das Transportband mit den Hängeschalen war an einer beweglichen Hängeschiene unmittelbar unter der Decke des Nähsaales angebracht (Schwab : 1949, S. 231 ff.; Gummersbach : 1953, S. 62). Vereinfacht kann der konstruktive Aufbau des Hängeschalenbandes folgendermaßen beschrieben werden:

Sowohl der Antrieb des Schalenbandes als auch die gesamte schienengebundene Führungsvorrichtung sind unterhalb der Decke montiert gewesen. Die zum Antrieb gehörenden Elemente - der Motor, das Differentialgetriebe sowie das Antriebszahnrad - waren auf einem Schlitten befestigt, der auf zwei Doppel-T-

Trägern lief, die wiederum in der Längswand eingelassen waren. Die Deckenverstrebungen dienten dabei als Halterung für die Laufschienenkonstruktion. Diese bestand aus verschiedenen Verbindungselementen. Zwischen den einzelnen Trägern der beiden Winkelschienen - den sog. Laufschienen - bewegten sich die Laufrollen. Unter diesen Rollen waren jeweils über eine Gehängeverankerung verbunden die Schalenhänge befestigt. Je nach der Gestaltung des Verlaufs der Laufschienen wurde das Band um eine bestimmte Anzahl von Umlenkrollen geführt.

Als für das Schalenband typische Werkstückträger wurden das Schalengehänge sowie der Zwischenhaken bzw. der Zwischenbügel verwendet. Das Gehänge bestand aus einem Metallrohr, welches mit verschiedenen Transportelementen ausgestattet war. Am Ende des Gehänges waren 2 Transportschalen aus Holz angebracht; diese waren in unterschiedlicher Höhe am unteren Gehängeende befestigt. Die untere Schale ist in einem Abstand von 70 cm zum Boden angebracht gewesen, die obere hatte einen Abstand von 87 cm. Die Anordnung der beiden Transportschalen war derart, daß die obere Schale vor der Gehängestange und die untere Schale hinter der Gehängestange im Sinne der Bewegungsrichtung montiert war. Sowohl die Aufteilung als auch die Anordnung der Ladeflächen an diesem Schalengehänge stellten das Besondere dieser Konstruktion der hängenden Förderung dar: Zur Aufnahme der eingerichteten Teile bzw. der halbfertigen Kleidungsstücke dienten sowohl die angeführten in unterschiedlicher Höhe angebrachten Transportschalen als auch vier Klammern, mit denen das Gehänge zusätzlich ausgerüstet war. Diese Klammern vergrößerten die Aufnahmekapazität für die am Schalengehänge insgesamt zu transportierenden Teile; an der Gehängestange waren sie in der Höhe versetzt paarweise angeschraubt (Metzger : 1954, S. 349; Donner : 1956, S. 127).

Zusätzlich zu diesen Transportschalen sind zwischen den Schalengehängen auch Zwischenbügel an der Transportkette angebracht gewesen. Diese Zwischenbügel bestanden aus einem U-förmigen Rundeisen mit einem längeren Haken am unteren Ende. Dieser Haken diente der Aufnahme der halbfertigen Kleidungsstücke ab einem bestimmten Produktionsstadium - z. B. wurden bei der Sakkofertigung die Teile dann an diesem Haken hängend weitertransportiert, nachdem das Futter mit dem Besetzen verstürzt worden ist.

"Die Zwischenbügel sind aus leichtem Rundeisen gebogen. An ihrem tiefsten Punkt pendelt ein 20 cm langer Haken. An diesem werden Halbfertigteile aufgehängt, sobald beim Sakko das Futter mit dem Besetzen verstürzt ist, bei der Hose, wenn das obere Fünftel der Kreuznaht geschlossen und der Aufhänger angenäht ist. Es erübrigt sich dadurch neuerliches Bügeln, denn die Teile hängen frei und können nicht gedrückt werden. Außerdem können die Teile nach der Dressur auskühlen. Fertige Hosen und Sakkos werden daran aufgehängt und direkt zur Abnahme befördert" (Metzger : 1954, S. 351).

Die Steuerung der Vorwärtsbewegung des Hängeschalenbandes erfolgte nach einem bestimmten Takt. Dieser Takt entsprach dem Rhythmus, in dem das jeweils zu fertigende Teil nach einem genauen Arbeitsplan sich durch die Arbeitsgruppe zu bewegen hatte. Grundlage für die Festlegung des Taktes war somit ein präzise erarbeiteter Arbeitsverteilungsplan. Als konkretes Steuerungsinstrument fungierte eine Uhr mit einer speziellen Steuerung. Durch Auslösung eines elektrischen Kontaktes wurde das Schalenband nach Ablauf der mittels eines Zeigers eingestellten Taktzeit weiterbewegt. Die Schließung

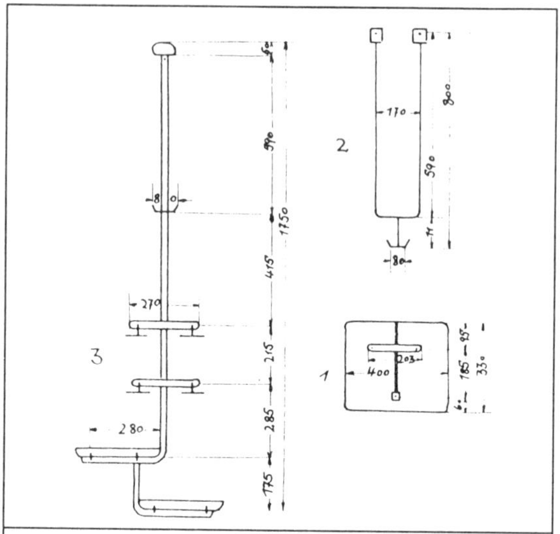

Quelle: Metzger, Christoph : Das Schalenband als Fördermittel in der Bekleidungsindustrie, in : Bekleidung und Wäsche, Mönchengladbach, Nr. 8/1954, S. 351.

Abb.A/21 :Werkstückträger
1 Schale
2 Zwischenhaken
3 Gehängestange

eines weiteren elektrischen Kontaktes sorgte dafür, daß das Schalenband nach dem Zurücklegen der Strecke eines Schalenabstandes zum Stillstand kam. An die Steueruhr war ein Zählwerk angeschlossen, mit dessen Hilfe die Anzahl der Takte registriert wurde. Mittels dieser Einrichtung war es jederzeit möglich, den mengenmäßigen Stand der Produktion zu kontrollieren (Metzger : 1954, S. 347).

Bei der Gestaltung des Produktionssystems 'Fließbandanlage mit Transportschalen' (Donner) ist der konkrete Verlauf der Hängeschienen nicht eindeutig vorbestimmt gewesen, d.h. die Umlaufbahn der Hängeschalen konnte beliebig montiert werden. Der Verlauf der Schienen war im Grunde das Ergebnis spezifischer Einflußgrößen, welche zu unterschiedlichen Figurationen dieses Produktionssystems geführt hatten. Als relevante Einflußgrößen sind hierfür die räumlichen Bedingungen, das zu fertigende Produkt u.s.w. zu nennen.

Für sämtliche Schalenbandfigurationen galt, daß mit der Installation des Hängeschalenbandes unter der Decke des Nähsaales gleichzeitig ein grober Rahmen vorgegeben war, innerhalb dessen die Aufstellung der Näh- und Bügelarbeitsplätze vorzunehmen war. Somit war die konkrete räumliche Aufstellung der Arbeitsplätze nicht vorher festgelegt - für die Aufstellung der Maschinen war diese Transporttechnologie offen. Die Aufstellung der einzelnen Arbeitsplätze hatte allerdings innerhalb eines gewissen Abstandes zum Schalengehänge zu erfolgen, der jeder Arbeitsperson eine günstige Reichweite zum Greifen bzw. zum Ablegen der Werkstücke ermöglichte (Metzger : 1954, S. 405).

"Die Einrichtung eines Schalenbandes in einem Betrieb schließt nicht aus, die Arbeitskräfte im Schulsystem, abgewandelten Schulsystem oder Reihensystem zu placieren. Alle diese Systeme sind auch für das Schalenband möglich" (Metzger : 1954, S. 404).

In der Literatur sind für den Einsatz des Hängeschalenbandes in der Praxis folgende Alternativen der Arbeitsplatzaufstellung aufgeführt: Die beiden wesentlichen Muster der Arbeitsplatzaufstellung innerhalb des Produktionssystems 'Hängeschalenband' unterschieden sich durch die Möglichkeit, ein Schalengehänge entweder einseitig an einem Arbeitsplatz oder beidseitig an zwei quer zur Laufschiene aufgestellten Arbeitsplätzen als Materialbehälter zu nutzen.

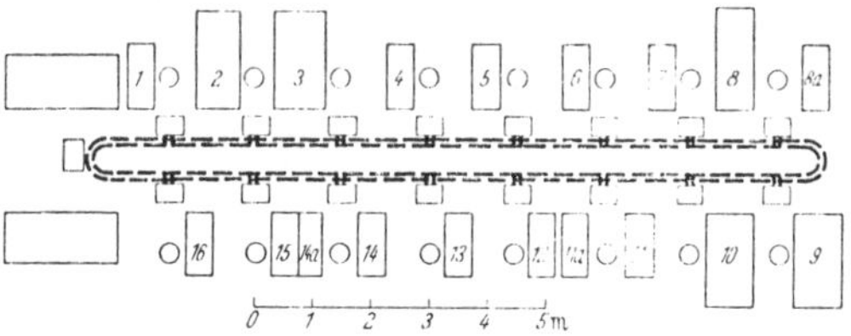

Quelle: Donner, Erich : Handbuch der industriellen Bekleidungsfertigung, Berlin-Göttingen-Heidelberg 1956, S. 128

Abb.A/22: Hängeschalenbandanlage (Draufsicht)

Bei der kreisförmigen Anordnung des Hängeschalenbandes - wie in der Abb. A/22 dargestellt - sind die verschiedenen Arbeitsplätze einseitig und quer zur Laufschienenführung aufgestellt. Der kreisförmige Umlauf der Hängeschalen wurde bei dieser Anlage durch das Umlenken der Förderkette an den Umlenkstationen erreicht. Der Abstand zwischen den beiden

Laufschienen entsprach dem Durchmesser der Umlenkrolle. Ein konstruktiver Aufbau der Transportanlage nach diesem Muster ließ für die Gestaltung des Arbeitssystems nur die Aufstellung der Arbeitsplätze an der Außenseite des Schalenbandes zu. In der arbeitsorganisatorischen Konsequenz folgte daraus, daß der Inhalt der im Takt von Arbeitsplatz zu Arbeitsplatz fortbewegten Transportschale während eines Taktes nur jeweils von einer Arbeitsperson bearbeitet werden konnte.

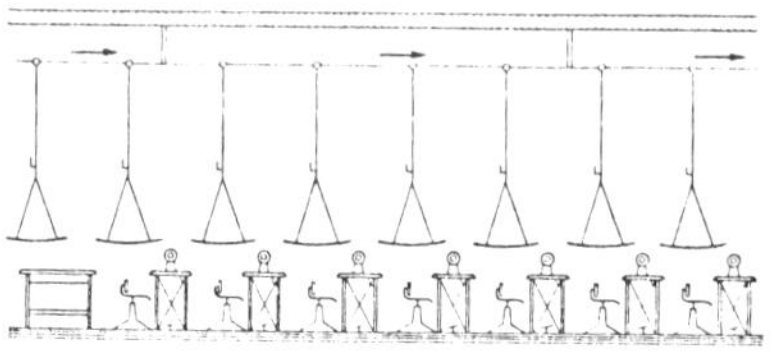

Quelle: Donner, Erich : Handbuch der industriellen Bekleidungsfertigung, Berlin-Göttingen-Heidelberg 1956, S. 128

Abb.A/23:Hängeschalenbandanlage (Längsschnitt)

Unter Beibehaltung des linearen Ablaufes der arbeitsteiligen Fertigung ist auch der Produktionsablauf des in der Abb. A/24 dargestellten Produktionssystems organisiert. Die winkelförmige Anlage der Laufschiene des Hängebandes und die entsprechende Aufstellung der Arbeitsplätze ist in diesem Lay-out mit den spezifischen räumlichen Bedingungen der Produktionsstätte zu erklären.

Notwendig für die Durchführung des 'Schalenbandes' der synchronen Fertigung im Schalenband war eine weitläufige rechteckige Anordnung der Laufschienen. Hierdurch wurde die räumliche Voraussetzung dafür geschaffen, beidseitig des Laufbandes auf gleicher Höhe jeweils eine Nähmaschine aufzustellen. Um während eines Arbeitstaktes gleichzeitig zwei Arbeitsplätze mit Material versorgen zu können, bot sich eine Konstruktion des Schalengehänges mit zwei in unterschiedlicher Höhe angebrachten Transportschalen sowie verschiedenen Transportklammermöglichkeiten an. Mit diesem Muster der Aufstellung der Arbeitsplätze ging wegen der zusätzlichen Nutzung der Innenfläche als Stellfläche eine günstige Raumausnutzung einher.

In der Abb. A/25 ist die Aufstellung der Arbeitsplätze nach diesem Organisationsmuster der Fertigung für das Beispiel einer Herrensakkoproduktion dargestellt:

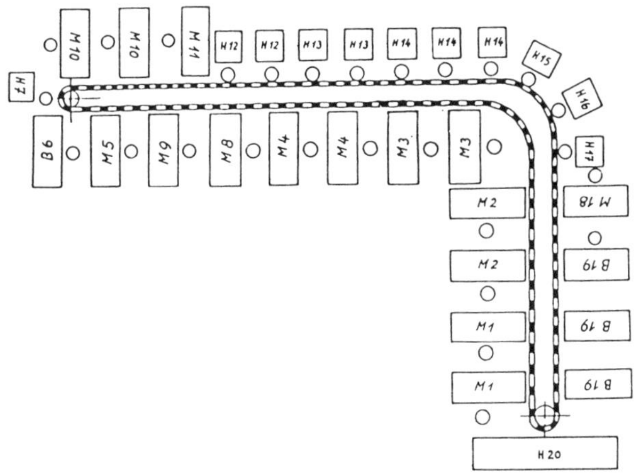

Quelle: Schwab, Robert : Fertigungsweisen in der Bekleidungsindustrie, in : Bekleidung und Wäsche, Mönchengladbach, Nr. 1/1954, S. 5.

Abb.A/24:Winkelförmige Hängeschalenbandanlage

Zu Beginn der Sakkofertigung sind am Arbeitsplatz 1 des 'Sakkobandes' sämtliche Teile etikettiert sowie verschiedene Sortierarbeiten vorgenommen worden. Danach wurden die verschiedenen Sakkoteile in die Schalen gelegt bzw. an den Transportklammern befestigt. Neben den Vorderteilen und der Wattierung wurde das Futter in die vordere Schale eingelegt. Die hintere Schale wurde mit den Rücken- und Ärmelteilen beschickt. An den Klammern wurden das Besetzen sowie die Krageteile einschließlich der Krageneinlage befestigt.

Die diesem Einlauf der Teile bei der Sakkofertigung folgenden Arbeitspositionen sind dem Arbeitsplan entsprechend ausgeführt worden (vgl. Metzger : 1954, S. 407 ff.). Für den Ablauf der einzelnen Arbeitsfolgen auf der Grundlage dieses Arbeitsplanes ist in diesem Fall eine teilsynchrone Fertigung das bestimmende Prinzip gewesen. Als weiteres, die Ablauforganisation der Herstellung eines Herrensakkos kennzeichnendes Moment ist anzuführen, daß dieses Kleidungsstück erst nach zweimaligem Durchlauf des Hängeschalenbandes samt der Zwischenbügel durch die Arbeitsgruppe fertiggestellt gewesen ist. Ein mehrmaliger Durchlauf für die gesamte Fertigung eines Sakkos lag insbesondere in der damit verbundenen Raumersparnis begründet. Auch die Möglichkeit des wirtschaftlicheren Einsatzes von Spezialmaschinen u.s.w. begünstigte diese Durchlauforganisation.

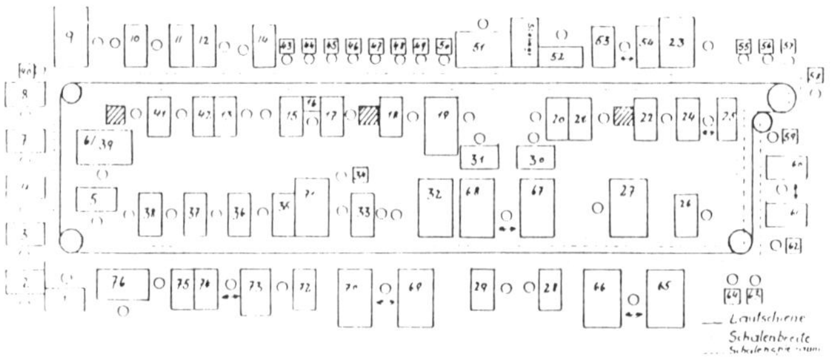

Quelle: Metzger, Christoph : Das Schalenband als Fördermittel in der Bekleidungsindustrie, in : Bekleidung und Wäsche, Mönchengladbach, Nr.8/ 1954, S. 347.

Abb.A/25: Arbeitsplatzaufstellungsplan: Herrensakkofertigung im Hängeschalenband.

Ein Ablaufabschnitt kann für die Arbeitsorganisation beim Hängeschalenband folgendermaßen beschrieben werden: Mit dem Anhalten der Doppelschale bzw. des Zwischenbügels wurden den einzelnen Arbeitskräften die zu bearbeitenden Teile in griffgünstigem Abstand zur Entnahme vorgelegt. Von den Transportelementen wurden die Teile dann abgenommen und nach ihrer Bearbeitung zum Ende des Arbeitstaktes zurück in die Schale gelegt bzw. an den Zwischenbügel gehängt. Mit Ablauf des Taktes bewegte sich die Kette mit den Transportelementen und damit das Arbeitsmaterial zur jeweils nächsten Bearbeitungsstation. Je nach dem Arbeitsverteilungsplan wurde bei einem Halt entweder nur an einem oder entsprechend der Arbeitsplatzaufstellung an zwei Arbeitsplätzen jeweils ein Arbeitsgang durchgeführt. Eine gleichzeitige und kontinuierliche Auslastung der verschiedenen Arbeitsplätze im Hängeschalenband wurde dadurch gewährleistet, indem zu einem bestimmten Zeitpunkt des ersten Durchlaufes an den Arbeitsplätzen Positionen sowohl des ersten Durchlaufes als auch des zweiten Durchlaufes bearbeitet worden sind.

Wie aus Abb. A/25 ersichtlich, sind im 'Band' 76 Arbeitsplätze aufgestellt gewesen 28). Organisatorisch gelöst worden ist die zeitliche Auslastung der einzelnen Arbeitsplätze dadurch, daß während eines Umlaufes an der im zweiten Produktionsdurchlauf sich befindenden Sakkoserie die Arbeitspositionen 39 - 76 ausgeführt wurden, während zu gleicher Zeit an der zuletzt eingelaufenen Sakkoserie die Arbeitspositionen 1 - 38 ausgeführt wurden. Das Beschicken der Hängeschalen mit zugeschnittenen Teilen wurde jeweils vorgenommen, nachdem die Sakkos das Band nach dem Versäubern im Takt verlassen hatten und zum 'Finishbügeln' an Arbeitsplätze außerhalb des Bandes weitergeleitet wurden.

Bei der detaillierten Analyse der Organisationsform 'Hängeschalenband' fällt eine gewisse Nähe zur vorher angeführten Organisationsform 'taktgebundenes doppelseitiges Fließband' auf. Als Gemeinsamkeit beider Organisations- bzw. Transportsysteme ist insbesondere die taktgebundene Bearbeitungsfolge der einzelnen Arbeitspositionen an sämtlichen Arbeitsplätzen mit allen damit verbundenen Vor- bzw. Nachteilen zu nennen.

Mit der Gestaltung der Hängeschalen als ein Trägersystem mit 2 Schalen ist die Möglichkeit der gleichzeitigen Fertigung von unterschiedlichen Modellen mit verschiedenen Taktzeiten gegeben gewesen (Metzger : 1954, S. 438). Die kombinierte Fertigung, die in diesem Fall eine besonders genaue Planung voraussetzte, brachte den Betrieb in die Lage, sein Produktionsprogramm flexibel an entsprechende Marktsituationen anzupassen. Von dieser Arbeitsorganisation gingen hohe Ansprüche an die Qualifikation der Arbeitskräfte aus (Metzger : 1954 S. 438).

Neben den prinzipiellen positiven Effekten einer einheitlichen Fördertechnologie sind die elementaren Vorteile der hängenden Förderung von Oberbekleidung im Hängeschalenband in der folgenden Weise durchgeschlagen:

- die Teile hängen während des Transportes frei und können nicht gedrückt werden

- formgebügelte Teile können nach der Dressur besser auskühlen. Besonders wichtig ist die Möglichkeit des Auskühlens im hängenden Zustand nach jedem Bügelvorgang

- fertige Kleidungsstücke können auf einem Bügel direkt zur Abnahme bzw. in das Fertigwarenlager transportiert werden

- die Integration der Zwischenbügelplätze in das Band konnte vollzogen werden

- das Suchen von durcheinanderliegenden Teilen wurde vermieden

- die Klammern sind als Halteelemente leicht handzuhaben gewesen: die zu bearbeitenden Teile wurden aus ihnen nur herausgezogen

- die Gehänge sind nicht starr angebracht gewesen. Sie waren schiffsschaukelartig, also beweglich, in die Transportkette eingehängt und dadurch in bestimmten Situationen leichter zu erreichen

- es bestanden gute Durchgangsmöglichkeiten durch das Schalenband während des Produktionsbetriebes.

4.6. Die 'hängende' Hosenfertigung mit 'Rollklammern an Gleitschienen'

Von der Gestaltung der gesamten Fertigungsanlage als auch von den einzelnen Ablaufschritten her gesehen ist der Produktionsdurchlauf - am Beispiel einer Produktion von Herrenhosen - idealtypisch folgendermaßen organisiert gewesen:

- nach dem Versäubern der Stoffkanten der Vorder- sowie der Hinterhosenteile wurden die Vorderhosen - als auch die Hinterhosenteile zu 6er Bündeln zusammengestellt, d.h. es wurden jeweils 6 Vorderhosen- und 6 Hinterhosenteile in jeweils einem Halteelement zusammengeklammert. Die Laufrolle mit den geklammerten Werkstücken wurde dann von der Einrichterin auf die Führungsstange aufgesetzt und die Halteklammer in Richtung des ersten Arbeitsplatzes in dieser Arbeitsgruppe geschoben. In dieser Fertigungslinie wurden die Hosen an den folgenden Näharbeitsplätzen weitestgehend im hängenden Zustand gefertigt.

- Kleinteile wie Paspel, Bünde, Besetzen, Schrittstücke u.s.w., die im weiteren Fertigungsablauf benötigt wurden und den Vorder- bzw. Hinterhosen vom Beginn des Einlaufens an mitgegeben wurden, sind dem einzelnen Bündel durch ein separates Klemmbrettchen zugeordnet worden.

- Von den Taschengruppen unabhängig wurden in einer Kleinteilgruppe die Vorarbeiten an Bund, Schlitz u.s.w. ausgeführt. Diese vorgearbeiteten Kleinteile wurden entweder im späteren Fertigungsverlauf - z. B. nach dem Ausbügeln der Seiten- bzw. Schrittnähte - dem Bündel zugegeben oder direkt an den diese Teile im weiteren Produktionsablauf benötigenden Arbeitsplätzen zur weiteren Verarbeitung abgelegt.

- Soweit möglich, wurden die Vorder- und Hinterhosenteile getrennt bearbeitet. D. h. einschließlich der Fertigstellung der Schlitzpartie des rechten bzw. des linken Vorderhosenteiles sowie der kompletten Ausführung der Taschennäharbeiten an den Vorder- und Hinterhosenteilen wurden Vorder- und Hinterhosenteile voneinander unabhängig bearbeitet.

- Zum Schließen der Seiten- sowie der Schrittnähte wurden die Vorder- sowie die Hinterhosenteile aus der Klammer genommen und entsprechend komplettiert.

- Analoges gilt für das folgende Ausbügeln dieser Nähte.

- Nach dem Ausbügeln der Seiten- sowie der Schrittnähte wurden jeweils drei komplette Hosen am Saumende zusammengeklammert und als 3er Bündel weitergegeben.

- Bis zur endgültigen Fertigstellung sämtlicher am Bund und am Schlitz notwendigen Näharbeiten einschließlich des Nähens der Gesäßnaht blieben die Hosen am Saum geklammert. Danach wurden die Hosen am Bund in der Klammer festgehalten. Notwendig war das Umklammern der Hosenteile deswegen, um die Arbeiten am Hosensaum in geklammertem Zustand ausführen zu können.

- Wegen der einheitlichen Höhe der Förderschiene ist es aus arbeitsplatzgestalterischen Erfordernissen bei bestimmten Arbeitspositionen - die ein hohes Maß an Bewegungsfreiheit bei der Ausführung verlangen - sinnvoll, die Nähmaschinen auf ein Podest zu stellen.

- Um eventuell anfallende Übermengen sofort abhängen zu können, oder um mögliche vorhandene Doppelarbeitsplätze zu überspringen bzw. Eilaufträge besonders schnell zusätzlich zu der laufenden Produktion ausführen zu können, ist es angebracht, an jeder Maschinenreihe der Hängetransportanlage eine Reservehängeschiene zu installieren.

- Als mit der hängenden Fertigung vorteilhaft zu verknüpfende arbeitsplatzgestalterische Maßnahme ist die - den jeweiligen Arbeitspositionen anzupassende - Verkürzung der Maschinentischplatten um ca. 10 - 15 cm zu nennen. In diesen Fällen wurde der Abstand zwischen Klammer und Nadelstange entsprechend verkürzt und dadurch die Bearbeitung des Nähgutes in hängendem Zustand zusätzlich erleichtert.

- Im Fall größerer Stückzahlen - einer Produktion von mehr als 800 Hosen/Tag - ist eine doppelte Besetzung gleicher Maschinenarbeitsplätze zu beiden Seiten der Anlage vorzunehmen gewesen. Nicht nur zusätzliche Transportwege konnten dadurch eingespart werden, sondern die Einrichtung einer Reserveschiene zwischen den 'Zwillingsmaschinenreihen' diente gleichzeitig einem tendenziellen Leistungsausgleich zwischen den parallel arbeitenden Näherinnen an den Nähmaschinen.

Eine Doppelbesetzung von gleichen Arbeitspositionen - an beiden Seiten der Förderanlage - konnte auch unter der Bedingung sinnvoll sein, wenn z. B. unterschiedliche Taschenformen den Einsatz von Nähmaschinen mit unterschiedlicher Bauart bzw. Ausstattung erforderten (Augustin : 1969, S. 3 ff.; Lohmann : 1977, S. 29; o. V. : 1970, S. 875 ff.).

4.7. Hängefertigung mit integrierter Arbeitsplatzgestaltung: Produktionsablauf bei der Hosenfertigung

Wie in dem Layout dargestellt, ist die Hosenfertigung auf folgende sechs Gruppen aufeinander abgestimmt:

1. Gruppe	Pos. 1 - 7	Kleinteilfertigung
2. Gruppe	Pos. 8 - 15	Vormontage der Hinterhose
3. Gruppe	Pos. 16 - 21	Vormontage der Vorderhose
4. Gruppe	Pos. 22 - 23	Schließen der Seiten- sowie der Schrittnähte
5. Gruppe	Pos. 24 - 37	Montage und Endfertigung
6. Gruppe	Pos. 38 - 39	Versäubern und Endkontrolle

(o. V. : 1978 b, S. 878).

Der Fertigungsablauf besteht bei dieser Hosenproduktion aus den folgenden Arbeitsablaufschritten:

Innerhalb der Kleinteilefertigung werden die Taschenbeutel der Vorderhose, die Schlitzleisten, die Gürtelschlaufen sowie

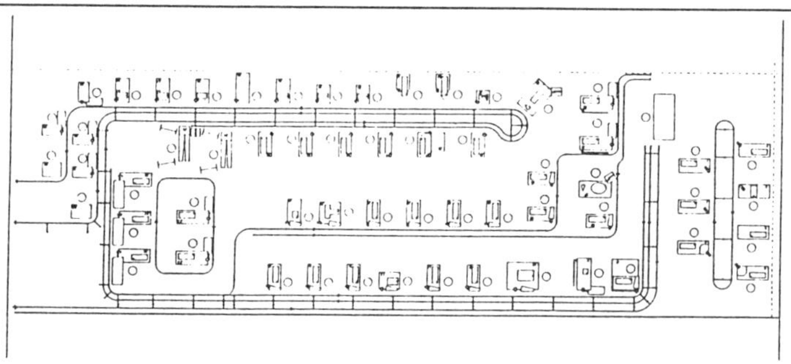

Quelle: o. V.: Produktionssystem für hängende Fertigung von Iseli, in : Bekleidung und Wäsche, Mönchengladbach, Nr. 13/1978, S. 878.

Abb.A/26: Schematische Darstellung des Fertigungsablaufes einer Hosenfertigung im Hängebahnsystem mit integrierter Arbeitsplatzgestaltung

die Hinterhosenpatten bearbeitet. Diese Teile werden in der Einrichtung in 20er Bündel zusammengefaßt, eingeklammert und auf einem Trolley in der Reihenfolge

1. Klammer: Vorderhosentaschenbeutel

2. Klammer: Schlitzleisten
3. Klammer: Hinterhosenpatten und Gürtelschlaufen
auf einen Trolley mit drei Einhängeplätzen gehängt.

Ähnlich werden für die Vormontage von Hinter- und Vorderhose ab Schnittstapel 20 Teile zu einem Bündel zusammengefaßt und in die Klammern eingelegt. Hierfür werden die Klammern mit 20 cm breiten Klemmbacken verwendet. Diese garantieren ein stabiles Festhalten sowie ein exaktes Aneinanderreihen der einzelnen Bündel. Nach dem Abschluß der Vorfertigungsarbeiten werden die Vorderhosen über eine Klappweiche dem Hinterhosenbündel zum Schließen der Seiten- und Schrittnähte zugeordnet. Im Fall nicht übersteppter Seitennähte werden direkt nach dem Schließen der Seitennähte auch die Schrittnähte genäht. Danach werden die Teile auf Bügel gehängt und dann einem separaten Rundlauf übergeben. Über eine Gefällstrecke werden die leeren Rollklammern zu den Nahtausbügelplätzen befördert.

Im Anschluß an das Ausbügeln der Nähte werden die Hosenteile gewendet und paarweise zu 10 Hosenpaaren in die Rollklammern eingelegt. Die Hosenbündel durchlaufen dann ohne noch einmal ausgeklammert zu werden die Arbeitsplätze der Montagegruppe bis zur Endkontrolle. Erst am Bügelplatz werden die Hosen zum Endbügeln aus der Klammer genommen. Im Fall dieser Hosenfertigung erfolgte die Aufstellung der Hängebahn aus der Kombination verschiedener Transportelemente. Hierzu gehören

- ein einfacher Rundlauf mit Mittelständer und Laufrohr in der Vorfertigung

- Hängebahnen mit Seitenständern und doppeltem Laufrohr in der Hinterhosenfertigung

- doppelte Laufrohre in Deckenmontage in der Vorderhosenvorfertigung.

Dabei dient das zweite Laufrohr dieser Hängebahn - wie es häufig bei diesem Anlagentyp installiert ist - als Überholstrecke für die Fertigung besonders eiliger Teile. Ein weiteres Laufrohr, das von der Endbügelei bis zur Einrichtung montiert ist, dient dem Rücklauf der leeren Klammern durch ein Gefälle zur Einrichtung. Ebenfalls an der Decke ist der separate Hängebügelrücklauf angebracht. Somit ist ein freier Zugang zu den einzelnen Arbeitsplätzen möglich. Die Hängebahn in der Montage ist in diesem Fall freistehend auf Ständern aufgestellt.

Folgende Werkstückträger werden in den unterschiedlichen Fertigungsbereichen eingesetzt:

- Innerhalb des Produktionsabschnittes 'Kleinteilfertigung' werden die Werkstücke bündelweise an Klammern mit 6 cm breiten Klemmbacken befestigt. Diese Klammern werden an Laufwagen mit 3 Einhängestellen gehängt und auf diese Weise von Arbeitsplatz zu Arbeitsplatz transportiert.

- Als Werkstückträger in den Produktionsabschnitten Vorfertigung, Montage sowie Endfertigung wurden Rollklammern benutzt. Notwendige, in diesen Fertigungsbereichen mitzuführende Kleinteile, z. B. Taschenbeutel, Gürtelschlaufen u.s.w. werden in einer weiteren kleineren Klammer, die in einem Haltering an der großen Bündelklammer eingehängt ist, separat mit zu den entsprechenden Arbeitsplätzen befördert.

Die im Fall dieser Hosenfertigung verwendeten Hängebügel nehmen das Hosenbündel mit insgesamt 20 Hosenpaaren auf. Um der jeweiligen Bodenhöhe der Hängebahn angeglichen werden zu können, ist diese Transportbahn in ihrer Höhe verstellbar. An der Laufrolle ist der Werkstückträger zur Erleichterung des Handlings drehbar gelagert. Seitlich am Maschinentisch angebrachte Ablagen sowie Klammerhalterungen sind bei der Hosenfertigung im Bereich der Kleinteilfertigung die wesentlichen Bausteine der integrierten Arbeitsplatzgestaltung. Im Vormontagebereich von Vorder- und Hinterhosen werden sog. Dreieckbretter als Vorlagen benutzt. Für die Bearbeitungsweise der Bündel bedeutet dies, daß sie zurückgeschlagen werden, um dann im Wasserfallprinzip bearbeitet zu werden. Als zusätzliche arbeitsplatzgestalterische Maßnahme sind die Nähmaschinentische in der Montagegruppe verkürzt worden, um die Teile in hängendem Zustand griffgünstiger bearbeiten zu können.

Eine andere Variante der Arbeitsplatzgestaltung wird im Fertigungsbereich der Montage angewandt. Hier werden die Teile eines Bündels einzeln gegriffen und nach der Ausführung der Arbeitsposition über einen sog. Bündeltrenner zurückgeschlagen. Die Aufstellung der Arbeitsplätze und der Materialfluß ist - wie in der Abb. Nr. A/26 dargestellt - so vorgenommen, daß Veränderungen am Modell sowie ein Modellwechsel keine zusätzlichen Probleme hervorbringen. Im Layout selbst sind Veränderungen dieser Art in gewissen Grenzen eingeplant. Sollten diese Anlagen für bestimmte Produktionserfordernisse unzureichend gestaltet sein, müssen einzelne Positionen verstärkt bzw. doppelt besetzt werden.

4.8. Die Hängeschlittenbahn: Trolleykonstruktion als Hängeschlitten mit Bündelklammer

Gegenüber den beim System 'Rollklammern an Gleitschienen' verwendeten einfachen Klammerelementen zum Festhalten der Werkstücke ist die weiter entwickelte Ausführung dieses Förder- und Halteelementes bei diesem System folgendermaßen gestaltet gewesen: Das die Einheit von Materialklammer und Ablageschiene aufnehmende Rahmengestell besteht aus einem auf den Kopf gestellten U-förmig getriebenen Flacheisen, das an seiner oberen Seite mittels eines Bolzens und eines Verbindungsrohrs mit dem Laufrollengestell verbunden ist. Dieses Bolzenstück ist in seiner Halterung frei gelagert. Es liegt mit zwei Haltestiften auf der Oberseite dieses Verbindungsstückes auf. Wegen dieser flexiblen Verbindung des Bolzens mit dem Rollenelement ist der gesamte Hängeschlitten in alle Richtungen schwenkbar. Um in einer bestimmten Position eine stabile Lage einnehmen zu können, sind an der Oberkante der

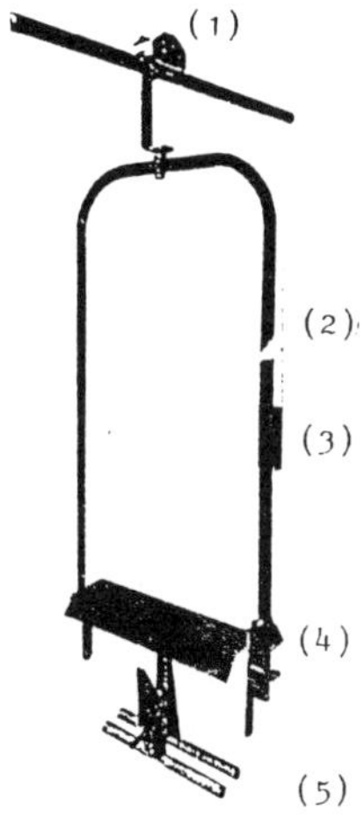

Quelle: Maschinenfabrik J. Sandt AG Pirmasens : Fördersysteme, Pirmasens o. J., S. 2.

Abb.A/27: Hängeschlitten mit Bündelklammer
(1) Laufwagenkopf
(2) Bügel
(3) Klemmvorrichtung
(4) Auflage
(5) Bündelklammer

Bolzenhalterung Kerben eingefräst, in die die Haltestifte des Bolzens jeweils einrasten können. Das aus dem Transportschlitten herausnehmbare Klammerelement besteht neben der eigentlichen Bündelklammer, einer Feder bzw. einer Feststellvorrichtung aus einer zusätzlichen Auflageschiene. Wegen dieser speziellen Konstruktion ergibt sich eine mehrfunktionale Nutzung dieser Einklemmvorrichtung.

4.9. 'Rollende Bündelfertigung': Transportwagen und Produktionsablauf

Allgemein werden folgende fahrbare Transportelemente innerhalb der 'rollenden Bündelfertigung' eingesetzt:

- Regal- bzw. Palettenwagen

  Mit diesem Transportwagen werden die zugeschnittenen Teile vom Zuschnitt zur Einrichtung oder bzw. zur Fixierstation gefahren. Nach der Ausführung der Arbeitsvorgänge in diesen Fertigungsbereichen werden die eingerichteten bzw. fixierten Teile zu den ersten Arbeitsplätzen der Vorfertigung in der Näherei gefahren, wo sie an den verschiedenen Arbeitsplätzen einlaufen. Dieser Transportwagentyp ist mit drei bzw. vier Auflageböden zur Aufnahme der Zuschnitteile ausgestattet.

- Bündelwagen

  Die Bündelwagen werden in unterschiedlicher Ausführung - z. B. als Klemmwagen oder als Rollbock o. ä. - als Fördermittel von der Näherei einschließlich der Zwischenbügelei bis zur Bügelei eingesetzt. In den meisten Fällen hat dieser Transportwagentyp zwei Auflageflächen.

Quelle: Einecke, Klaus : Gedanken über Probleme der Arbeitsplatzgestaltung und über die Automatisierung von Nähvorgängen, in: Bekleidung und Wäsche, Mönchengladbach, Nr. 8/ 1962, S. 606

Abb.A/28:Fahrbarer Ablagebock 29)

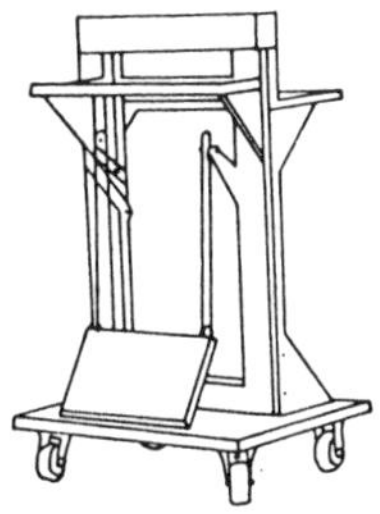

Quelle: Einecke, Klaus : Gedanken über Probleme der Arbeitsplatzgestaltung und über die Automatisierung von Nähvorgängen, in : Bekleidung und Wäsche, Mönchengladbach, Nr. 8/ 1962, S. 606

Abb.A/29: Fahrbarer Hosenbündel-Klemmwagen 30)

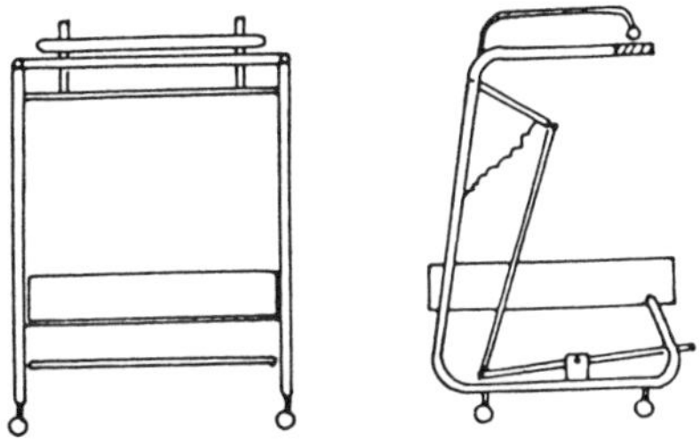

Quelle: Koch, I., Koller, K.-Fr.: Angewandte Arbeitsgestaltung in der Hosenfertigung, Mönchengladbach 1969, S. 399

Abb.A/30: Klemm-Bündelwagen 31)

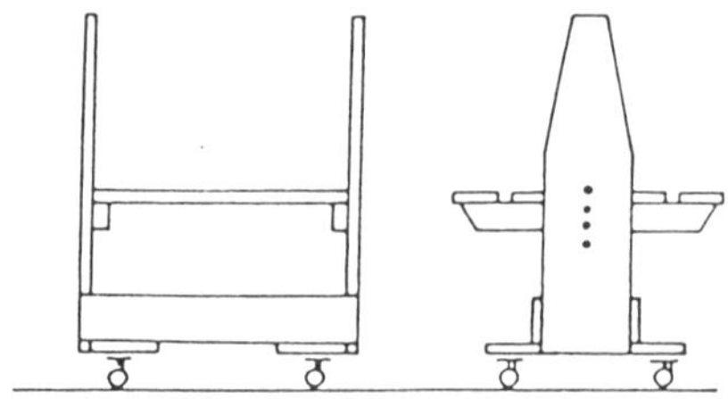

Quelle: Koch, I., Koller, K.-Fr.: Angewandte Arbeitsgestaltung in der Hosenfertigung, Mönchengladbach 1969, S. 399

Abb.A/31:Stapelwagen 32)

- rollende Kleiderständer

  Kleidungsstücke werden teilweise schon von bestimmten Arbeitsplätzen der Näherei - z. B. bei der Sakkofertigung nach dem Verstürzen der Kanten - ab hängend weiterbefördert. Dies geschieht auf rollenden Kleiderständern. In anderen Fällen werden rollende Kleiderständer für den Transport der halbfertigen Kleidungsstücke von der Bügelei bzw. der Endfertigung bis zur Endkontrolle und zum Fertigwarenlager eingesetzt (Lohmann : 1976, S. 1534; Strecker : 1973, S. 335).

Nach dem Trennen der Lagen werden die herausgeschnittenen Teile auf die einzelnen Böden eines Regal-Transportwagens gelegt. Je nach der Größe des Schnittauftrages wird der Regalwagen mit einem Schnittstapel einer Form und einer Größe belegt. Bei kleineren Losgrößen wird der Transportwagen gleichzeitig mit mehreren Größen einer Form bestückt. Der Regalwagen wird nach dem Zuschnitt zur nächsten Bearbeitungsstation, dem Numerieren, gefahren. Hier wird jedes einzelne Zuschnitteil mit einem für die weitere Fertigung wichtigen Informationsträger - es handelt sich hier um ein mit produktionsrelevanten Daten bedrucktes Etikett - versehen. Notwendig ist dieser Arbeitsgang, um während des Fertigungs- und Montageprozesses zu gewährleisten, daß die einzelnen Teile für ein Kleidungsstück aus der gleichen Zuschnittlage stammen. Für den Weitertransport der Teile zur Fixierstation bzw. zur Einrichtung wird noch der Transport-Regalwagen eingesetzt. Der Einsatz des Transport-Regalwagens ist bis zum Ende dieses Fertigungsabschnittes wegen seines Fassungsvermögens besonders gut geeignet. Wegen seiner Aufnahmefähigkeit und seiner Beweglichkeit kann der Regalwagen auch als Zwischen- oder Vorratslager dienen.

Zu den zentralen Tätigkeiten der Einrichtung gehört es, die Schnitteile zu verarbeitungsfähigen Bündeln abzusortieren. Dazu werden die Schnittstapel vom Regalwagen abgenommen und nach der für die weitere Verarbeitung angemessenen Anzahl der Teile je Bündel (Bündelstärke) geteilt. Als zusätzliche Kriterien, nach denen die Sortierarbeiten vorgenommen werden können, sind z. B. die Farbe und die Größe oder der Kundenauftrag zu nennen.

Die in dieser Weise für die Näherei vorbereiteten Teile werden von der Einrichterin auf die Bündelwagen gelegt. Organisatorische Alternativen bestehen hierbei insofern, als daß in der Einrichtung entweder sämtliche Teile und Zutaten auf einen Bündelwagen absortiert werden, die für die Arbeitspositionen in der Vorfertigung benötigt werden, oder daß die für die Kleinteillieferung benötigten Teile wie z. B. Taschenbesetzen, Taschenbeutel, Schlitzleisten u.s.w. in der Hosenfertigung in mehreren gleichen Bündeln auf einen speziellen, mit entsprechenden Ablagefächern ausgestatteten Bündelwagen gelegt werden.

Als besonders vorteilhaft kann z. B. bei der Hosenfertigung die Verwendung von Bündelwagen mit einer Einspannklammer am oberen Wagenende angesehen werden. Bei der Anwendung dieser Konstruktionsvariante des Transportwagens können die Vorteile des Wasserfallprinzips genutzt werden 33). In diesem Fall bleiben die Bündel während des Nähvorganges in der Klemmschiene auf dem Wagen eingeklammert. Unter den Bedingungen der 'rollenden Bündelfertigung' gilt dieses Bearbeitungsmuster bei der Herstellung von Hosen allgemein bis zur Bundfertigung. Danach werden die Vorder- und Hinterhosenteile mittels eines Stapelwagens (siehe Abb. A/31) von Arbeitsplatz zu Arbeitsplatz geschoben. In diesem Produktionsabschnitt werden die Hosenteile zum Transport einfach über die Ablagefläche dieses Transportwagens gelegt und für die Durchführung der anfallenden Näh- bzw. Bügelarbeitspositionen ganz vom Wagen genommen.

Die Organisation des Einlaufes der Teile, d.h. die Verteilung der Bündelwagen auf die einzelnen Arbeitsplätze in der Vorfertigung wird von den Arbeitspersonen in der Einrichtung übernommen. Sind von einer Arbeitsperson die an einem Bündel auszuführenden Positionen erledigt, so schiebt diese den Transportwagen mit den Werkstücken zu dem im Arbeitsverteilungsplan festgelegten nächstfolgenden Arbeitsplatz. Bei der synchronen Fertigung laufen die Transportwagen aus der Vormontage mit den halbfertigen Teilen in der sog. Zwischeneinrichtung zusammen. An diesem Arbeitsplatz werden alle zu einem Kleidungsstück einer Modellserie gehörenden Teile komplettiert und bündelweise auf einen dem weiteren Produktionsabschnitt entsprechenden Transportwagen absortiert.

In der Praxis der Hosenfertigung heißt dies, daß die Vorderhosenteile mit den dazugehörenden Hinterhosenteilen zusammen auf einen Klemm-Bündelwagen gelegt werden. Kleinteile wie Bundstreifen u.s.w. werden entweder in einem am Transportwagen befestigten Behälter mitbefördert oder als Bündel separat an den jeweils betreffenden Arbeitsplatz gebracht. Bei Großstücken wie Mänteln, Jacken u.s.w. werden die Vorderteile und Rücken im Bündel glatt auf die obere Ablagefläche des Transportwagens gelegt während der untere Ablageboden mit den komplettierten Ärmelbündeln u.s.w. belegt wird.

In dem anschließenden Produktionsabschnitt der Montage wird das Kleidungsstück komplett zusammengenäht. Ganz im Gegensatz zur Vorfertigung ist in diesem Fertigungsbereich der Ablauf der Produktion linear organisiert. Es wird zur gleichen Zeit an einem Kleidungsstück nur eine Arbeitsposition ausgeführt. Wie in den anderen Fertigungsbereichen wird auch in der Montagegruppe nach Beendigung einer Arbeitsposition der Bündelwagen meist von der Arbeitsperson selbst auf dem kürzesten Weg an den folgenden Näh- bzw. Bügelarbeitsplatz gerollt. Dieses Transportmuster gilt für jeden Arbeitsplatz. Im Zuge des mehrfachen Ansteuerns eines Arbeitsplatzes stellen auch Rückläufer bei diesem Verhältnis von Arbeitsplatzaufstellung und Transporttechnologie kein Problem dar. Ein vielfach in der Montagefertigung angewandtes arbeitsplatzgestalterisches Prinzip ist, von einem vollen Bündelwagen auf der einen Seite des Arbeitsplatzes auf einen auf der anderen Seite bereitgestellten leeren Transportwagen zu arbeiten.

In der Folge der Bearbeitung der einzelnen Arbeitspositionen durchlaufen die Bündelwagen den Montagebereich bis zur Ausfertigung bzw. bis zur Abbügelei 34). Spätestens beim Eintritt in den Bügelbereich, vielfach aber schon an einer der Endpositionen in der Montage - z. B. in der Sakkofertigung beim 'Ärmeleinnähen' - werden die Kleidungsstücke vom Bündelwagen als Einzelteile auf rollende Kleiderständer abgehängt. Auf diesen Ständern wird vielfach der Transport der einzelnen Kleidungsstücke über die restlichen Fertigungs- bzw. Kontrollpositionen bis zum Lager vorgenommen.

Die Kleiderständer sind in ihrer Höhe von dem jeweils zu fertigenden Produkt abhängig. Oft sind sie in ihrer Höhe auch der jeweils auszuführenden Arbeitsposition angepaßt, was teilweise zu häufigerem Umhängen der gleichen Kleidungsstücke auf Ständer mit unterschiedlicher Höhe führt. Vorteilhaft ist eine arbeitsplatzgestalterisch der jeweiligen Arbeitsposition angemessene Ständerhöhe. Um das Greifen und das Abhängen der Teile im Bereich der Endfertigung im Sitzen an der Nähmaschine durchführen zu können, werden an diesen Arbeitsplätzen Kleiderständer mit entsprechend geringer Höhe eingesetzt. Entsprechendes gilt - mit umgekehrtem Vorzeichen - für die Arbeitspositionen 'Kontrolle' und 'Abbügeln'. Hier werden Kleiderständer mit 'normaler' Höhe eingesetzt, da diese Tätigkeiten im Stehen ausgeführt werden.

In den Fällen, in denen die niedrigen Kleiderständer in Teilbereichen der Endfertigung - z. B. in der Sakkofertigung beim Annähen der Knöpfe an den Ärmelschlitzen - fest aufgestellt sind und nur in diesem bestimmten Fertigungsabschnitt genutzt werden, ist die 'rollende' Fertigung außer Kraft gesetzt, da diese Ständer nicht mit den Kleidungsstücken zu den nächsten Arbeitsplätzen weitergeschoben werden. Generell gilt bei der

Verwendung von rollenden Kleiderständern als Transport- bzw. Verkettungsmittel, daß die Teile nach ihrer Bearbeitung wieder auf dem Ständer abgehängt werden, von dem sie heruntergenommen wurden.

4.10. Die Varionanlage: Transport- und Materialflußorganisation

Von der Konstruktion und der Arbeitsweise der mechanisierten Transportsysteme her ließen sich zwei Varianten des varionbandspezifischen Transportprinzips unterscheiden:

Die Vierband-Varionanlage bestand aus einem Antriebs-aggregat mit 4 Trommeln, einem Bandlauftisch mit 4 Laufbahnen für die Förderbänder, einer Spannstation und einer Umkehreinrichtung. Die Breite der einzelnen Bahnen betrug 300 mm. Bei der Varion-Anlage liefen von den 4 Bändern ein äußeres und ein inneres in derselben Richtung - die beiden anderen liefen in der entgegengesetzten Richtung. Von der Geschwindigkeit her gesehen bewegten sich die beiden inneren Transportbänder schneller als die äußeren. Die Transportbänder hatten lediglich die Funktion der Beförderung des Nähgutes zwischen den einzelnen Arbeitsplätzen. Sie bestimmten nicht den Rhythmus des Arbeitstaktes, wie es bei den Fließbändern mit taktgebundenem Vorschub der Fall gewesen ist. Die 4 Antriebstrommeln unter dem Aufgabetisch waren aus Gründen der Sicherheit am Arbeitsplatz durch einen runden Blechschutz abgedeckt. Mit Hilfe einer am Ende des Bandlauftisches angebrachten Umkehr-

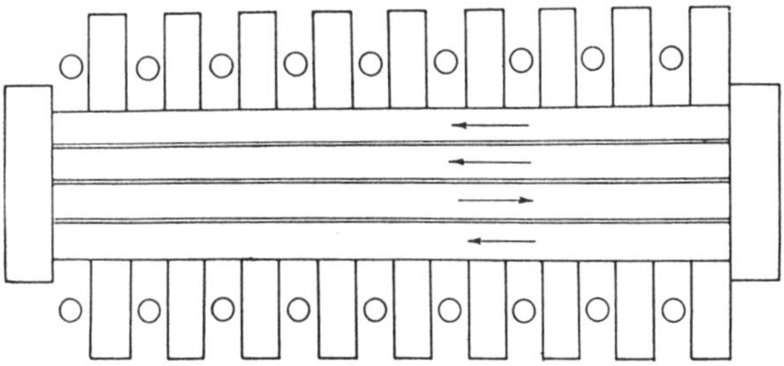

Quelle: Schwab, R. : Fertigungsweisen in der Bekleidungsindustrie, in : Bekleidung und Wäsche, Mönchengladbach, Nr. 1/ 1954, S. 4.

Abb.A/32:Pfaff-Varionanlage

einrichtung wurden die Transportkästen selbsttätig auf das in die andere Richtung laufende Band umgeleitet. Durch das automatische Überführen der Materialkästen vom vorwärts- zum rückwärtslaufenden Transportband wurde das manuelle Umsetzen der Kästen von dem einen auf das andere Band nicht mehr notwendig (Donner : 1956, S. 125).

Je nach Bedarf wurden die Materialkästen von der Beschikkungsperson aus dem Bereitschaftsregal entnommen und in die Transportanlage gegeben. Die beiden inneren Laufbänder dieser Vierband-Anlage dienten vor allem der Beförderung des Arbeitsmaterials im Nahverkehr, im Fernverkehr und im Rundlauf. Die beiden äußeren Bänder sind als Abstellbahnen für die Materialkästen bestimmt gewesen: Auf ihnen standen die Kästen mit dem Arbeitsvorrat für jede Arbeitsstation. Bei der Vierband-Anlage sind diese Abstellbahnen mit einem Transport ausgestattet gewesen, um das Aufschließen der Materialbehälter in den einzelnen Stationen automatisch zu ermöglichen. Die Transportkästen waren an der Unterseite mit Rollen versehen. Diese Vierband-Anlagen sind weiterhin mit Anhaltevorrichtungen ausgerüstet gewesen, die zur Absperrung der einzelnen Arbeitsstationen bestimmt waren.

Bei diesem Typ des Varion-Systems wurde der Materialfluß ohne Einsatz elektromechanischer Hilfsmittel auf recht einfache - manuelle - Weise gesteuert: Die zu Arbeitsstationen zusammengefassten Arbeitsplätze wurden mit Arbeitsstations-Nummernkarten gekennzeichnet. Um einen störungsfreien Durchlauf der einzelnen Transportkästen zu erreichen, der den einzelnen aufeinanderfolgenden Arbeitsschritten entsprach, wurden die Laufkarten gemäß der im Arbeitsplan aufgestellten Reihenfolge der Arbeitsgänge zusammengestellt und in den Fahrkartenhalter gesteckt (Heßland : o. J. a, S. 79 ff.). Diese Fahrkarten enthielten auf der Vorderseite die Nummer der Teilgruppe bzw. des Arbeitsplatzes, der angelaufen werden sollte. Die Beschickungsperson notierte auf jeder Karte zusätzlich die Bezeichnung des Modells, die Vorgabezeit für die Arbeitsposition pro Stück oder Bündel sowie die zu fertigende Stückzahl. Der Ablauf des Produktionsprozesses vollzog sich nun in der Reihenfolge der in den Kartenhaltern eingesteckten Laufkarten. Die Näherinnen bzw. Büglerinnen entnahmen nach jedem beendeten Arbeitsgang die Laufkarte ihrer Arbeitspositionen dem Nummernreiter und legten sie an ihrem Arbeitsplatz zurück. Im Falle der Lohnabrechnung nach dem Einzelakkord dienten diese Laufkarten gleichzeitig als Kontrollkarten für die Arbeitsleistung. Der Kasten mit dem bearbeiteten Nähgut wurde auf das Transportband zurückgestellt und von der Arbeitsperson zur weiteren Bearbeitung vom Band genommen, deren Platznummer mit der des Kastens identisch war.

Das Kernstück des weiteren Typs der Varionanlage, der als Umlaufförderer-Anlage bezeichnet wurde, bestand aus einem endlos laufenden Transportband. Das gesamte Transportmedium bestand genauer betrachtet aus vielen Transportwagen, die jeweils einen Schalenaufbau trugen. Der Antrieb erfolgte durch eine motorgetriebene, selbstspannende Rollenkette. Diese Kette war mit dem Wagensystem fest verbunden. Die

Schalen wiederum dienten zur Aufnahme der Transportbehälter. Je nach der Art des zu fertigenden Produktes nahmen diese Kästen unterschiedliche Ausmaße an. Der Umlauf der endlosen Kette mit den an ihr befestigten Transportschalen und den darauf stehenden Kästen mit den Werkstücken erfolgte bei der Umlaufförderer-Anlage im Kreisverkehr.

Die Versorgung dieser Transporteinrichtung mit gefüllten Arbeitsmaterialbehältern und die Abnahme der Kästen mit den fertig genähten Teilen wurde an ein und derselben Stelle erledigt. Die Schalenreihe bewegte sich mit kontinuierlicher Geschwindigkeit und in günstiger Reichweite für die Arbeitspersonen an den seitlich zu der Anlage aufgestellten Arbeitsplätzen vorüber. Beiderseits der beweglichen Transportbahnen befanden sich auf dem Chassis des Umlaufförderers je eine Abstellbahn in geneigter Lage. Auf dieser konnten die Arbeitspersonen die für sie bestimmten Behälter mit den Werkstücken abstellen. Im Fall einer direkten Ablauffolge konnte der Transport von Materialbehältern zwischen zwei hintereinanderliegenden Arbeitsplätzen auch manuell erfolgen - die Abstellbahnen sind in diesen Fällen quasi als Schiebeband genutzt worden.

Die Steuerung des Materialflusses erfolgte bei dieser Umlaufförderanlage entweder manuell oder elektromagnetisch. Bei der manuellen Steuerung erfolgte sie mit Hilfe der Numerierung der Arbeitsstationen bzw. der Arbeitsplätze sowie der Numerierung der Materialkästen mittels Begleitkarten nach der Reihenfolge der einzelnen Prozeßabschnitte. Über die Nummernfolge wurde der Transport des Näh- bzw. Bügelgutes von Bearbeitungsplatz zu Bearbeitungsplatz im Varionsystem gesteuert (vgl. o. V. : 1965, S. 62 ff.).

Bei der mechanisierten Steuerung des Produktionsablaufes an dieser Tranportanlage wurde die Beförderung der Kästen mit den Arbeitsgegenständen von Arbeitsplatz zu Arbeitsplatz durch elektromagnetische Impulse geregelt. Die Steuerung der Materialbewegung geschah beim 'vollselbsttätigen' Umlaufförderer in der folgenden Weise: Die umlaufenden Transportwagen wurden in waagerechter Stellung geführt und ließen durch Anheben der Wagenplatte den daraufstehenden Materialbehälter an dem dafür gewählten Arbeitsplatz abgleiten. Mit dem Drücken eines Knopfes der elektrischen Wähleinrichtung wurde der folgende mit Material zu versorgende Arbeitsplatz von der Aufgabeperson eingestellt, nachdem diese zuvor den mit dem Nähgut gefüllten Transportkasten auf den Aufgabeplatz gestellt hatte. Die Aufgabe auf den bestimmten Transportwagen erfolgte dann selbsttätig durch die Rückgabevorrichtung. Der volle Förderkasten wurde von dem Transportwagen zum vorbestimmten Arbeitsplatz mitgenommen, wo er in den Annahmebereich abgleiten konnte. Am Arbeitsplatz schob ein Mitnehmer den Materialbehälter selbsttätig vom Annahmebereich auf der rechten Hälfte des Arbeitsplatzes zum Rückgabebereich auf der linken Platzhälfte (Habicht-Meinas : 1959, S. 696).

Nach der Ausführung der Arbeitsposition an dem Kleidungsstück schickte die Arbeitskraft den Transportkasten auf den in der

Produktionsfolge bestimmten nächsten Arbeitsplatz. Hierfür drückte sie die Taste einer elektrischen Vorwahlrichtung, die aus zwei Wählscheiben bestand, womit der anzuwählende Arbeitsplatz eingestellt wurde. Nach der Betätigung der Drucktaste leuchtete diese auf und erlosch erst nach der Auslösung des Rückgabevorganges. Im Zuge dieses Vorganges wurde der Förderkasten selbsttätig auf den umlaufenden Transportwagen befördert (Habicht-Meinas : 1959, S. 701).

Um eine optimale Menge an umlaufendem Materialvorrat pro Arbeitsplatz zu sichern, war es möglich, den umlaufenden Warenvorrat eines jeden Arbeitsplatzes bei Bedarf zu regulieren. Die Vorwähleinrichtung war so eingestellt, daß sie eventuell angefallene Mehrmengen selbsttätig an den Aufgabeplatz zurückbeförderte und sie damit dem umlaufenden Materialstrom entzog. Durch diese automatische Ausschleusung bei 'Überfüllung' wurde eine hinreichende Materialversorgung des einzelnen Arbeitsplatzes erreicht und gleichzeitig eine unnötige Materialbindung im Umlaufsystem des Varionbandes verhindert.

Von besonderem Vorteil war bei diesem 'vollselbständigen' Umlaufförderer vor allem die doppelte Entlastung der Arbeitskräfte. Einerseits waren sie nicht mehr gezwungen gewesen, die Abnahme vom und die Rückgabe auf den Transportwagen mit der Hand zu erledigen. Zum anderen sind sie davon davon entlastet worden, dauernd nach Kästen mit Vorrat für ihren Arbeitsplatz zu schauen.

Die Organisation des Produktionsablaufes beim Einsatz von Förderanlagen dieses Typs, der sich insbesondere über den Zusammenhang zwischen der Organisation des Materialtransports und seiner Steuerung sowie Überwachung vermittelte, soll anhand der folgenden Fallstudie der Herstellung von Damenkleidern (Mehrserienfertigung) aufgezeigt werden (Bußmann : 1958, S. 738 ff.).

Als wichtigste Voraussetzung für den Einsatz dieser Förderanlagen ist - wie bei den 'starren' Organisationsformen - eine sorgfältige und genaue Arbeitsvorbereitung zu nennen. In engem Zusammenhang damit als auch darüber hinaus sind bestimmte organisatorische Notwendigkeiten zu beachten, welche einerseits die Fertigungsplanung erleichtern und andererseits den Produktionsablauf transparenter gestalten sollen.

- Um einen den spezifischen betrieblichen Bedingungen angemessenen Produktionsablauf zu erreichen, ist eine allgemeine Arbeitsstudie des gesamten Fertigungsspektrums notwendig. Als Ergebnis dieser ersten groben Analyse der Gestaltung des Produktionsprozesses kann die Reihenfolge festgelegt werden, in der die einzelnen Arbeitsgänge ausgeführt werden sollen.

- Der nächste Schritt besteht in einer organisch optimalen Aufteilung sämtlicher Arbeitspositionen bei allen für die betreffende Arbeitsgruppe im gleichen Zeitabschnitt zur Produktion gelangenden Modelle; bei einem Kleid z. B: Oberteil-

Rockteil-Taillennaht/ Reissverschluß-Handarbeit-Bügeln. Danach kann die zweckmäßigste Folge der Arbeitsstationen festgelegt werden. Eine Station ist eine Teilmenge der gesamten Fertigungsgruppe. In dieser Teil-Arbeitsgruppe werden jeweils gleichartige Arbeitsgänge an den verschiedenen Modellen, die in dieser Fertigungseinheit hergestellt werden, ausgeführt. Dies bedeutet, daß fast immer einige Arbeitskräfte parallel arbeiten. Der nachstehende Stationsplan zeigt die Aufteilung des Produktionsprozesses auf die verschiedenen Arbeitsplätze bei der Herstellung von Damenkleidern in Mehrserienfertigung:

1. Abnähen
2. Hohlsaum
3. Zwickel, Ärmel
4. Oberteil, Jacke
5. Rockteil
6. Futter
7. Springerinnen
8. Zwischenbügeln
9. Taille, Bund, Einfüttern
10. Reißverschlüsse
11. Handarbeit
12. Abbügeln.

- Im Anschluß an die Aufstellung des Stationsplanes werden die Zeitaufnahmen zur Ermittlung der einzelnen Vorgabezeiten vorgenommen. Bei der Ermittlung einer organisch optimalen Vorgabezeit für die Fertigung gemischter Serien ist eine stärker ausdifferenzierte Aufgliederung der Arbeitswerte wie es z. B. beim Taktband zum Ausgleich der Platzleistungsgrade notwendig ist, nicht erforderlich. Es reicht bei der Anwendung dieser Transporttechnologie für die Organisation des Arbeitsablaufes aus, wenn der für die gesamte Arbeitsposition benötigte Zeitaufwand erfaßt wird, z. B. Futterrock nähen usw.

- Der Gesamt-Arbeitsverteilungsplan für sämtliche zu fertigende Modelle kann auf der Basis dieser Daten fertiggestellt werden. Aus der Gegenüberstellung der einzelnen Quersummen ist die benötigte Anzahl der Arbeitsplätze der einzelnen Stationen leicht zu ermitteln.

- Nach dem Abschluß dieser Vorbereitungsmaßnahmen kann die Erstellung des Betriebsmittelplanes erfolgen. Dieser Betriebsmittelplan ist als die Basis für die Anordnung der einzelnen Arbeitsplätze anzusehen (Bußmann : 1958, S. 738 ff.).

Um eine reibungslose Gestaltung des Fertigungsablaufes zu erreichen, ist bei der Organisation des Produktionsprozesses auf eine bestimmte, in jedem Fall einzuhaltende Vorgehensweise zu achten. Der Materialfluß wird dadurch in einer notwendigen gleichmäßigen Bewegung gehalten und die Steuerung der Produktion wird in ihrer Funktion nicht beeinträchtigt.

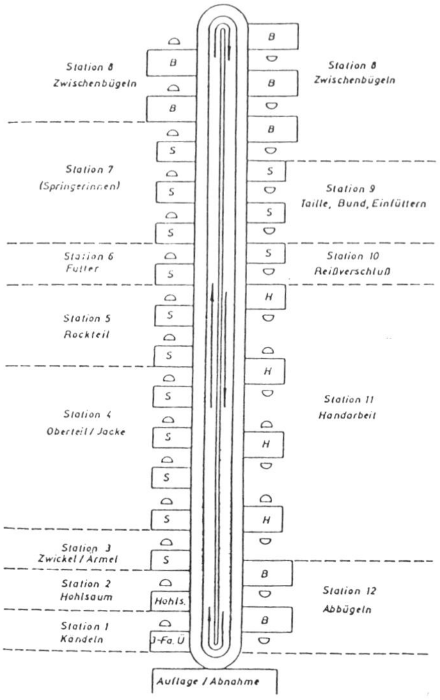

Quelle: Bußmann, Hellmuth : Arbeitsvorbereitung kleiner und kleinster Serien, in : Bekleidung und Wäsche, Mönchengladbach, Nr. 1/1959, S. 5

Abb.A/33: Kleiderfertigung im Varionband
- Betriebsmittelaufstellungsplan -

- Auch bei dem Einsatz dieser Transporttechnologie ist auf die gleichmäßige Beschickung des Bandes mit Werkstücken zu achten um einen friktionslosen Materialfluß im Band zu erhalten. Für die Verarbeitung von kleinen bzw. kleinsten Serien kann dies heißen, daß z. B. bei einem Vierer-Bündel alle vier Kleidungsstücke in den Transportkasten eingelegt und in die Fertigung gegeben werden. Folgen danach vielleicht nur zwei Stücke oder nur ein Einzelteil, werden diese ebenfalls jeweils in einen Materialkasten eingelegt und in die Produktion gegeben. Für den Fall kleinerer Seriengrößen erscheint es angemessen, die Bündelstärke von fünf Stück nicht zu überschreiten und darüber hinausgehende Auflagen aufzuteilen. Dies hat einerseits den Zweck, die Transportkästen nicht zu überfüllen, da sonst die Übersicht über das zu bearbeitende Material eingeschränkt würde und zum zweiten würde die Durchlaufzeit mit höheren Bündelgrößen entsprechend anwachsen. Dies wäre insbesondere unter der Bedingung von kurzfristigen bzw. eiligen Terminaufträgen von erheblichem Nachteil.

- Um einen stetigen Materialfluß im Band zu erreichen, sollten starke Schwankungen in der Bündelstärke beim Einlauf vermieden werden. Die Folge mengenmäßig unausgewogener Bündelstärken wäre, daß das Transportband aufgrund der großen Bündel und der damit verbundenen langsameren Bearbeitung des Inhalts der einzelnen Materialbehälter so vollaufen würde, daß kein Platz mehr vorhanden wäre, um weitere Kästen aufzugeben. Wenn grundsätzlich gesagt werden kann, daß die Fertigung im Varionband umso besser und rationeller läuft, je stärker der Mix an Stückzahlen und Modellen ist, mit dem die Anlage beschickt wird, können auch ohne Schwierigkeiten ausschließlich große Bündel oder nur Einzelteile in verschiedenen Modellen in die Fertigung gegeben werden, falls die Voraus-setzungen dafür vorhanden sind.

- Jede Form enthält ihren eigenen Fahrplan 35). Dieser ist aus den einzelnen Arbeitsverteilungsplänen abzuleiten. Da die Arbeitsperson am Aufgabeplatz mit diesen Plänen nicht befaßt ist, wird ein kleiner übersichtlicher Steuerungsplan zusammengestellt. In diesem ist nicht nur die Stationsfolge, sondern auch die jeweilige Arbeitsablauffolge aufgeführt. Für die Aufgabeperson ist es somit einfach, die einzelnen Teile eines Kleidungsstückes den einzelnen Fertigungsfolgen entsprechend in die Transportkästen zu legen. Wenn bei der Fertigung eines Kleides als erster Arbeitsgang die Bearbeitung des Rockes vorgenommen wird und als letzte Position das Zusammennähen und Einnähen der Ärmel, so liegen die Teile für den Rock oben und der Ober- bzw. Unterärmel ganz unten. Den Näherinnen wird dadurch die Suche nach den Arbeitsgegenständen erleichtert. Mit Hilfe dieser Methode beim Beschicken der Transportkästen wird auch das häufige Verlorengehen von kleinen Schnitteilen stark eingeschränkt. Wegen der gleichzeitigen Bearbeitung verschiedener zum Teil sehr unterschiedlicher Formen ist die Durchlauffolge verschieden. Trotz der unendlich im Kreisverkehr laufenden Transportwagen wird das Nähgut nicht weitere Strecken als unbedingt notwendig befördert. Häufig ist es erforderlich, daß einzelne Arbeitsstationen mehrfach angelaufen werden. Diese Rückläufe dienen insbesondere einer vollen Auslastung der im Varionband eingesetzten Spezialmaschinen.

- Aus dem Durchlaufplan ist zu ersehen, in welcher Reihenfolge die einzelnen Arbeitsstationen angesteuert werden. Zur Erleichterung der Planung werden diese mit Buchstaben oder mit Zahlen gekennzeichnet, z. B. A, B, C, u.s.w. Innerhalb der einzelnen Stationen können weitere Untergliederungen vorgenommen werden, z. B. A1, A2, A3 u.s.w. Je nach Größe der Fertigungsabteilung ermöglicht dies eine genauere Übersicht. Für den eigentlichen Produktionsablauf haben diese zusätzlichen Kennziffern keine Bedeutung, sie dienen nur zur besseren Orientierung.Die Materialbehälter mit dem Nähgut gleiten auf den Transportwagen im Kreisverkehr im kontinuierlichen Vorschub an den einzelnen Arbeitsplätzen vorüber. Zur genauen Identifikation des Materialkastens, der für den jeweiligen Arbeitsplatz vorgesehen ist, befinden sich an der Kopfseite der Transportkästen in einem kleinen Metallreiter die Stationsnummern in der im Fahrplan angegebenen Reihenfolge. Die jeweilige Arbeitsperson kann in bequemer Reichweite den Materialkasten von dem laufenden Transportband auf die davor befindliche Abstellbahn ziehen. Nach der Ausführung des Arbeitsganges nimmt die Arbeitsperson die vorn im Metallrahmen ersichtliche Nummernkarte heraus und steckt sie nach hinten um, sodaß die nächstfolgende Positionsnummer erscheint. Zum Weitertransport des zu bearbeiteten Materials schiebt die Arbeitsperson den Kasten auf das sich mit langsamer Geschwindigkeit bewegende Transportband zurück. Auf diesem wird der Kasten ohne menschlichen Eingriff zum nächsten Arbeitsplatz befördert.

- Wegen der Fertigung von unterschiedlichen Serien und insbesondere aufgrund des Materialkastentransports im Kreisverkehr besteht die Möglichkeit, daß die Werkstückbehälter sich z.B. mehrere Tage lang auf dem Transportband befinden, ohne daß ihr Inhalt bearbeitet worden ist. Um unnötige Transportzeiten zu vermeiden, ist die Verwendung von Leitkarten mit unterschiedlichen Farben für die einzelnen Wochentage sinnvoll.

- Aufgrund der Farbe der jeweiligen Leitkarten, die in einen an der Stirnseite der Transportkästen befestigten Reiter gesteckt werden, ist derjenige Tag leicht zu identifizieren, an dem das Material auf das Transportband gegeben worden ist.

- Die Vielfalt der unterschiedlichen an einem Transportband gefertigten Modelle macht es erforderlich, an den einzelnen Arbeitsplätzen Arbeitsunterweisungskarten unterzubringen. Auf diesen soll stichwortartig die an dem jeweiligen Arbeitsplatz auszuführenden Arbeitsschritte der verschiedenen Modelle beschrieben sein. Sie stellen nicht nur für die Arbeitspersonen eine Unterstützung dar, sondern vereinfachen auch die Tätigkeit der Qualitätskontrolle. Im Sichtbereich der Nähmaschine angebracht, ist diese Information auch für die Kontrollperson leichter einsehbar und erspart im Einzelfall lange Überlegungen bzw. den direkten Vergleich mit dem jeweiligen Musterteil. Neben der Gewährleistung einer mustergetreuen Ausführung der einzelnen Arbeitspositionen haben die schriftlichen Arbeitsunterweisungen bei der Einarbeitung neuer Arbeitskräfte ihre besondere Funktion zur Unterstützung dieses Prozesses.

- Die Anzahl der Arbeitsplätze der einzelnen Arbeitsstationen wird entsprechend der mittleren Vorgabezeit für den zu verrichtenden Arbeitsgang festgelegt und ist somit verschieden. Die parallel innerhalb einer Arbeitsstation arbeitenden Näherinnen bzw. Bügler teilen die anfallende Arbeit untereinander auf. Jede Arbeitsperson hat dafür zu sorgen, daß sich immer eine ausreichende Menge an Arbeitsvorrat an ihren Arbeitsplätzen befindet. Bei eventuellen Störungen während des Produktionsablaufes kann ungeachtet dieser die Fertigung kontinuierlich weitergeführt werden. Auf keinen Fall ist es sinnvoll, zu viele Behälter am Arbeitsplatz als Materialreserve zu horten. Hierdurch könnte leicht die Übersicht verloren gehen. Zusätzlich würde sich dadurch auch die Durchlaufzeit des Materials erhöhen.

- Die Zutaten sind für die einzelnen Modelle wegen ihrer unterschiedlichen Gestaltungsvarianten, Farben u.s.w. verschieden. Da an mehreren Arbeitsplätzen die gleichen Arbeitsgänge ausgeführt werden, ist es sinnvoll, Reißverschlüsse, Spangen u.s.w. mit in die Transportkästen einzulegen. Nur die Knöpfe werden gleich zur Knopflochmaschine bzw. zum Handarbeitstisch gegeben (Bußmann : 1959, S. 4 ff.).

4.11. Die Direktbeschickungsförderbandanlage: Konstruktion und Produktionsablauf

Zentrales Fördermittel der Direktbeschickungsanlage ist ein Zwei-Etagen-Gurtförderer (Weber : 1975, S. 305 ff.). Die beiden sich getrennt bewegenden Fördergurte 36) werden einzeln angetrieben und laufen mit unterschiedlichen Geschwindigkeiten. Der obere Fördergurt bewegt sich mit einer Geschwindigkeit von 60 m/min. ungefähr doppelt so schnell wie der untere Fördergurt. Dieser erreicht eine Geschwindigkeit von maximal 30 m/min. Auf dem oberen Fördergurt werden die zu bearbeitenden Halbfertigteile im Transportkasten von der Aufgabestation direkt zu dem jeweiligen Arbeitsplatz befördert. In der entgegengesetzten Richtung werden die Teile nach ihrer Bearbeitung in das Durchlaufregal geschickt. Der Rücktransport des Materialkastens erfolgt auf dem unteren Band der Anlage.

Die Länge des Förderbandes und damit die Anzahl der an der Direktbeschickungsanlage aufgestellten Arbeitsplätze hängt im wesentlichen von den jeweils vorherrschenden einzelbetrieblichen Bedingungen ab. Als wirtschaftlich vertretbar werden Direktbeschickungs-Förderbandanlagen angesehen, die nicht weniger als 15 - 20 und nicht mehr als 70 Arbeitsplätze umfassen. Bei der Anzahl von ca. 70 Näh- und Bügelarbeitsplätzen ergibt sich insofern eine gewisse Grenze, da bei dieser Menge normalerweise die Förderfrequenz erreicht ist (Richter : 1976, S. 548 ff.). Ermöglicht wird eine flexible mengenmässige Auslegung der Anlage durch ihre baukastenförmige Konstruktion. So können bestehende Förderbandanlagen z. B. durch das Ansetzen eines Bandstückes verlängert und dadurch veränderten Bedingungen angepasst werden.

Mehrheitlich sind diese Transportanlagen in den Betrieben der Bekleidungsindustrie für 30 - 50 Arbeitsplätze ausgelegt (Richter : 1977 a, S. 343). Der Abstand zwischen den Arbeitsplätzen wird mit der Planung der Transportanlage bestimmt und dann durch die Konstruktion der Anlage festgelegt. Von der Gestaltung des Arbeitssystems 'Direktbeschickungs-Förderbandanlage' her ist der Abstand zwischen den Arbeitsplätzen variabel, er bewegt sich innerhalb eines Spektrums von 1100 mm bis 1500 mm. Ein Abstand von 1100 mm sollte nicht unterschritten werden, da sonst die Arbeitsperson in ihrem Bewegungsspielraum eingeschränkt wird. Die Überschreitung eines Abstandes von 1500 mm zwischen zwei Arbeitsplätzen würde eine suboptimale Auslastung des Förderbandes mit Arbeitsplätzen bedeuten. Hierbei würde das Band durch zu wenig Arbeitsplätze nicht voll wirtschaftlich genutzt. Bei der Zugrundelegung der Ausmaße von konventionellen Näharbeitsplätzen hat sich ein Arbeitsplatzabstand von 1300 mm als optimal erwiesen (Richter : 1977 a, S. 344).

Sowohl die Querschnittzeichnung als auch die Draufsicht einer Direktbeschickungsanlage lassen den konstruktiven Zusammenhang der einzelnen Elemente dieses Fördermittels erkennen:

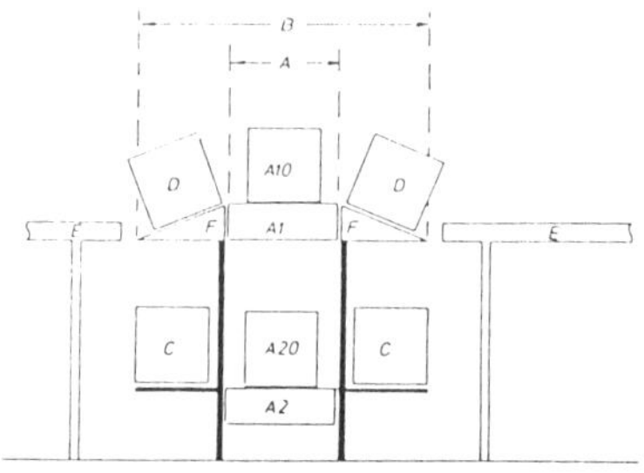

A = Gurtbandbreite.
B = Systembreite ohne die seitlich angruppierten Bearbeitungsmaschinen.
C = Arbeitskasten.
D = Reservekasten.
E = Arbeitsplatz.
F = Abwurftableau.
A 1 = Beschickungsgurt.
A 2 = Rücklaufgurt.
A 10 = Hinfließender Reservekasten.
A 20 = Rückkommender Arbeitskasten.

Quelle: Richter, W. A. : Enzyklopädie der Lager- und Transportsysteme, 2. Teil, in : DOB und haka praxis, a.a.O., Nr. 8/1976, S. 548.

Abb.A/34: Direktbeschickungsförderbandanlage (Querschnitt)

Wie schon ausgeführt, bestehen die zentralen Förderelemente aus zwei unabhängig voneinander angetriebenen Förderbändern, die innerhalb des Rahmengestells der Förderanlage übereinander angeordnet sind. Die Breite der Gurtbänder hängt von den Maßen der zum Materialtransport verwendeten Transportkästen ab, deren Abmessungen wiederum von der Stärke der jeweiligen darin zu transportierenden Bündel bzw. vom Volumen der darin zu transportierenden Teile bestimmt werden. Die gebräuchlichsten Maße der Gurtbreite der Anlage sind 400 mm und 500 mm. Zur Ablage der Arbeitskästen als auch der Behälter mit dem Reservematerial sind am seitlichen Rahmen der Förderanlage entsprechende Abwurfbleche oder Röllchenbahnen angebracht bzw. Abstellflächen in den Förderbandrahmen integriert.

Zentrales Steuermedium des Produktionsprozesses an der Verteilerförderanlage ist das Schaltpult. Dieses befindet sich am Kopfende des Förderbandes. Von dieser Steueranlage aus wird der Abwurf des Kastens an der dafür vorgesehenen Bearbeitungsstelle ausgelöst . Am Schaltpult sind folgende Bedienungseinheiten angebracht:

- Sicherheitsschalter für den Lauf beider Gurtförderer
- Hauptschalter für die gesamte Direktbeschickungs-Förderbandanlage
- Betätigungsknöpfe für den Transportkastenabwurf (Richter : 1977 a, S. 343).

Weiterhin ist auf der Schalttafel für jeden Arbeitsplatz im Band eine Kontrollampe installiert. Ein Aufleuchten dieser Lampe signalisiert der Bedienungsperson, einen bestimmten Arbeitsplatz sofort mit Puffermaterial zu versorgen. (o. V. : 1967 e, S. 44).

Der Charakter der Lagerung von halbfertigen Kleidungsstücken im Fertigungsbereich ist ein reines Durchlauflagern. Insofern ist es gegenüber anderen Lageranlässen und Lagerformen ein besonders mobiles Lager, dessen Umfang möglichst gering gehalten werden sollte. Der Umfang des Lagers sollte deswegen so bemessen sein, daß eine jederzeitige schnelle und reibungslose Versorgung der Näherei mit dem notwendigen Arbeitsmaterial gewährleistet ist (Richter : 1979, S. 10.6/8).

Das innerhalb des Direktbeschickungssystems als komplementärer Funktionsteil zur Förderbandanlage gehörende Durchlaufregal ist ein in Baukastenausführung hergestelltes Stahlregal mit mehreren Etagen und Laufschächten. Im Regal laufen die Transportkästen auf Rollen oder Röllchenbahnen, welche höhen- und breitenverstellbar sind und somit jedem Kastenformat angepaßt werden können. Aufgrund einer leichten Neigung der Gleise rollen die von der hinteren Seite des Durchlaufregals her eingeschobenen Behälter infolge der herrschenden Kraftverhältnisse nach vorn. Dadurch ist eine für die Aufgabeperson griffgünstige Position zum Herausnehmen der Behälter gegeben. Vom konstruktiven Aufbau ist das Durchlauf- bzw. Sortierregal sinnvoll gestaltet, um die zur Beschickung der verschiedensten Arbeitsplätze vorbereitete Materialmenge zwischenzulagern.

Grundlage der Organisation des Produktionsdurchlaufes an der Direktbeschickungsanlage ist ein vorher erstellter Arbeitsverteilungsplan. In diesem sind die an jedem einzelnen Arbeitsplatz auszuführenden Arbeitspositionen festgelegt und in ihrer zeitlichen und örtlichen Ablauffolge aufeinander abgestimmt. Die Transportkästen werden nach dem Zuschneiden in der Einrichtung mit den Materialbündeln und den Zutaten gefüllt. Die zu bearbeitenden Bündel liegen dann in Transportkästen in den entsprechend numerierten Sortierfächern des Durchlaufregals zur Weiterbeförderung an die jeweiligen Arbeitsplätze bereit. Sowohl beim Wechsel der Produktfolge als auch während der Produktion einer Serie bzw. der gleichzeitigen Fertigung mehrerer unterschiedlicher Modellserien unterliegt die Ablauffolge der einzelnen Prozeßschritte an der Direktbeschickungsanlage einem Schema: Mit dem Aufleuchten einer bestimmten Kontrollampe am Bedienungspult der Förderanlage wird der Arbeitsperson, die das Schaltpult bedient, optisch signalisiert, diesen Arbeitsplatz mit dem dort benötigten Puffermaterial zu versorgen. In diesem Fall wird ein Schalter an der Signaltafel betätigt. Der danach auf das obere Förderband geschobene Transportkasten wird dann zum vorbestimmten Arbeitsplatz befördert. Auf der Höhe des Arbeitsplatzes angekommen, wird der Kasten durch eine Sperre - einen sog. Abweiser - gebremst und an der dafür vorgesehenen Stelle abgeworfen. Die Plazierung des Transportkastens auf dem Auffangblech ergibt sich dadurch, daß sich infolge der Betätigung des Schalters ein Sperrholm an der entsprechenden Stelle quer über das Förderband legt. Dadurch wird der ankommende Materialbehälter seitlich abgedrängt und infolgedessen auf den griffgünstig angeordneten schräg stehenden Reserveplatz abgeworfen (Richter : 1977 c, S. 812) . Mittels einer gleichzeitig ausgelösten Besetztsperre wird eine vorzeitige weitere Platzansteuerung verhindert.

An jedem Arbeitsplatz ist ein direkt ansteuerbarer Reserveplatz für Arbeitsvorrat vorhanden. Dadurch ist sichergestellt, daß in gewissem Umfang ein Vorrat an Material an den einzelnen Arbeitsplätzen vorhanden ist. Diese Materialpuffer garantieren, daß keine Wartezeiten entstehen (Wacker : 1976, S. 629). Nach beendeter Ausführung eines Arbeitsabschnittes an dem Arbeitsplatz wird der Transportkasten mit den fertig bearbeiteten Teilen auf den unteren Gurtförderer gestellt. Von dieser Stelle aus wird er zurück zum Kopfende der Direktbeschickungsanlage transportiert und gelangt über verschiedene Transportelemente wie z. B. Schrägförderer und Schwerkraftrollenbahn zum Auslauf. Bevor der Materialbehälter wieder bis zum nächsten Bearbeitungsabschnitt in das Durchlaufregal zur Zwischenlagerung einsortiert wird, kontrolliert die Disponentin die jeweils erledigte Arbeitsposition. Möglich ist auch, daß der Transportkasten ohne Zwischenlagerung direkt zur weiteren Bearbeitung des Inhalts an den nächsten Arbeitsplatz im Band geschickt wird. An den verschiedenen Arbeitsplätzen 'im Band' existieren zwei Möglichkeiten der Organisation der Bearbeitung des Materials bzw. der Ablage der Materialbehälter 37).

Der Zusammenhang der Arbeitsweise des Fördergurtes mit der Organisation des Durchlaufregals kann für die manuelle Beschickung der Transport- bzw. der Zwischenlagerelemente folgendermaßen dargestellt werden: Jeder der aus der Einrichtung ankommenden Transportkästen wird auf ein vorbestimmtes Gleis des Durchlaufregals gesetzt und rollt dann das schräge Gleis durch das gesamte Regel bis zum Anschlag durch. Auf der Entnahmeseite des Durchlaufregals nimmt die Bedienungsperson an der Aufgabestation der Anlage bei Bedarf den vorsortierten Kasten aus dem Regal und setzt ihn auf den oberen Gurtförderer (Richter : 1979, S. 10.7/3 ff.). Nach dem Rücktransport der Materialkästen von den Bearbeitungsplätzen muß das Fördergut - sofern es nicht sofort wieder neu auf das Band gegeben wird - hinter das Durchlaufregal transportiert werden. Um

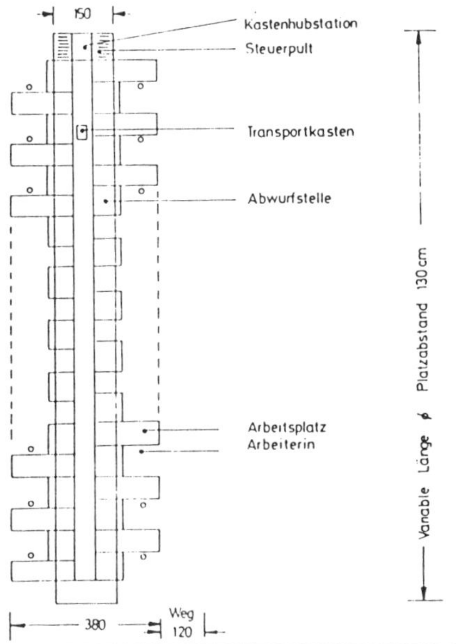

Quelle: Richter, W. A. : Informations- und Materialflußtechnik in der Textil- und Bekleidungsindustrie, Pöcking 1979, S. 10.6/10.

Abb.A/35: Förderbandanlage mit Kastenhubstation und Steuerpult (Draufsicht).

hinter dem Durchlaufregal in der entsprechenden Griffhöhe anzukommen, wird der Kastenauslauf oft derart gestaltet, daß der seitlich vom Direktbeschickungsförderband angebrachte Auslauf mit einem angetriebenen Gurtband als Schrägaufzug verkettet ist 38). Mit diesem im Winkel aufgestellten Förderband, das nach Erreichen der entsprechenden Höhe wieder eben verläuft oder in eine Röllchenbahn übergeht, wird der Materialkasten hinter das Durchlaufregal geleitet und kann an dieser Stelle erneut in das Regal einsortiert werden.

Eine andere Weise des Transports der Materialkästen hinter das Durchlaufregal besteht darin, einen Passierschacht für die Kästen in entgegengesetzte Richtung geneigt zu montieren. In diesem Fall werden die zurückkommenden Kästen auf der Entnahmeseite in ein bestimmtes Gleis geschoben und erreichen so die Eingabeseite des Regals. Von hier aus werden sie wieder in die entsprechenden Fächer einsortiert. Sowohl die Regalbeschickung als auch die Bandbeschickung, d.h. die Entnahme der Warenbehälter vom Förderband und deren Einsortieren in das Durchlaufregal als auch die Entnahme der Kästen aus diesem Regal und ihre Aufgabe auf das Förderband kann ohne menschlichen Eingriff erfolgen. In diesem Fall der Anwendung des volllautomatischen Fördersystems werden Regalbedienungsgeräte eingesetzt 39). Sie stellen das Bindeglied zwischen dem Durchlaufregal einerseits und dem Direktbeschickungsförderband andererseits dar 40).

4.12. Integriertes Förder- und Arbeitsplatzsystem: Systemaufbau und Werkstückträger

Sowohl konstruktive Veränderungen an bis zu diesem Zeitpunkt verwendeten Systemelementen der hängenden Fertigung als auch die völlig neue Entwicklung einzelner Bausteine schlugen bei den einzelnen Elementen dieser Figuration der hängenden Fertigung in folgender Weise durch: Ein Basis-Baustein dieses Fördersystems ist die Vierkant-Rohranlage als bauliches Gerüst des gesamten Transportkörpers. In diesem Rohr können die gesamten Strom- sowie Versorgungsleitungen für die einzelnen Arbeitsstationen eingelassen werden. Neben der Kupplung als wichtigstem Funktionsbestandteil der Antriebsanlage kommt der Konstruktion des Antriebsbandes innerhalb dieser Figuration ein bedeutender Stellenwert zu. Dieses - besonders für den Einsatz in der Bekleidungsindustrie entwickelte - Antriebsband aus Kunststoff funktioniert als Kette wie auch als Zahnstange für eine dreidimensionale Verwendung. Bewegt wird dieses Band von einer Zahnradfiguration. Diese wiederum wird von einem 0,5 PS Motor angetrieben; im Fall größerer Systeme können mehrere Motoren synchron geschaltet werden (Hylla : 1981, S. 1101). Die Geschwindigkeit, mit der das Antriebsband fortbewegt wird, liegt bei 10 m/min. Auf einem Abschnitt von 10 m der Hauptbahn können maximal 5,5 Arbeitsstationen untergebracht werden. Dies bedeutet, daß jeden Platz an der Hauptbahn täglich innerhalb einer Schicht von 8 Arbeitsstunden 10.000 Materialträger passieren (Hylla : 1981, S. 1101).

Nicht nur wegen der Installation einer solchen Anlage ist deren modularer Aufbau in Verbindung mit unkomplizierten Montageprinzipien eine relevante Größe. Diese Merkmale bzw. Eigenschaften sind auch dann von Vorteil, wenn die Anlage komplettiert oder umgebaut werden muß. Eine Umrüstung dieser Transportanlage aufgrund veränderter Anforderungen der Produktion ist möglich. Ohne großen Aufwand ist die funktionale Veränderung der Stationen oder die Ausstattung einer Arbeitsstation mit mehreren bzw. zusätzlichen Eingängen zur Sortierung der einlaufenden Werkstücke nach spezifischen Kriterien möglich.

Der Durchbruch im Einsatz der hängenden Fertigung in der Bekleidungsindustrie, welcher u. a. eine deutliche Reduzierung der Zeiten für das Materialhandling sowie der Durchlaufzeiten der Werkstücke mit sich brachte, ist in hohem Maß auch das Ergebnis einer sinnreich konstruierten Rollklemme. Als in gewisser Weise zentraler Baustein dieser Förderanlage dient diese Rollklemme sowohl dem Transport, der Steuerung bzw. der

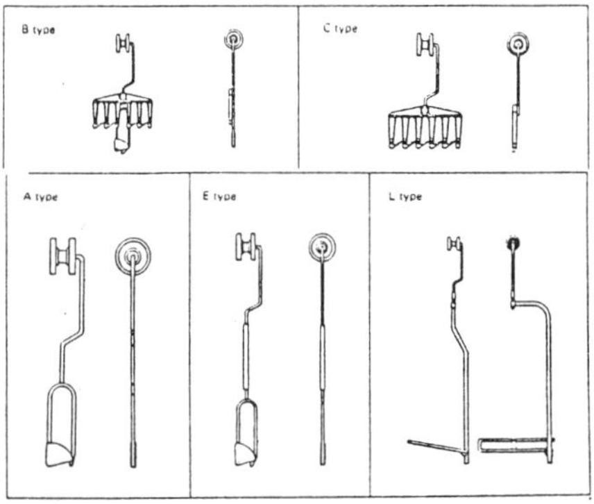

Quelle: Anbieterprospekt

Abb.A/36: Werkstückträger in unterschiedlichen Bauformen

Adressierung als auch dem Halten des Nähgutes. Die Konstruktion der Werkstückklammer für das Materialhandling ist von hoher Bedeutung (o. V. : 1972, S. 71).

Werkstückträger, wie sie bei den Förderanlagen dieser Art zum Einsatz kommen, sind ihrem jeweiligen Einsatzzweck entsprechend gestaltet. Die Varianten dieser Konstruktion der Halteelemente - die Laufrollen mit ihren Adressenträgern haben ein einheitliches Baumuster - streuen in ihrer speziellen Ausgestaltung sehr stark. Sie werden dabei sowohl als Einzel- wie auch als Bündelklemme eingesetzt. Aus dem facettenhaften Angebot dieser Halteelemente folgt, daß dieses Transportsystem für einen breiten Einsatzbereich innerhalb der Fertigung von Bekleidung geeignet ist.

Die bei Hängefördersystemen dieses Typs verwendeten Klammervarianten basieren in ihrer Schließfunktion sämtlich auf dem Hebel-Zug-System. D.h. die Werkstücke werden nur mit einem Handgriff in die Klammer eingeschoben und schließen durch ihr Eigengewicht die Klammer. Die Rollklemme hat allerdings nicht nur die Funktion der Werkstückhalterung bzw. des Materialtransports von Arbeitsplatz zu Arbeitsplatz. Auf diesem Mechanisierungsniveau der Transportanlage der hängenden Fertigung ist die Laufrolle der Werkstückhalterung mit einer Tastenvorrichtung ausgestattet. Dadurch ist die Möglichkeit gegeben, mehr als 1000 Adressen innerhalb des Systems anzusteuern. Zu diesem Adressiermechanismus gehören insgesamt 10 Tastenschalter, denen jeweils eine Ziffer zugeordnet ist.

Eingestellt werden diese in der Laufrolle eingelassenen Tasten durch das Bedienen einer Adressiervorrichtung, die an jedem Arbeitsplatz im abgesenkten Laufschienbereich in griffgünstiger Entfernung für die Näherin installiert ist. Den Drucktasten dieser Adressierstation am einzelnen Arbeitsplatz entsprechen analog Tasten, die sich auf der Tastentafel der Laufrolle befinden. Die Adressierung des Systems selbst erfolgt durch eine Positiv-Negativ-Funktion zwischen dem in der Laufrolle angebrachten Tastensystem und dem der Schalttafel am Arbeitsplatz. Um eine Adressierung von Teilen, die in einer Folge die gleiche Arbeitsstation anlaufen sollen, nicht nach jedem Arbeitsgang einzeln vornehmen zu müssen, kann eine Adresse auch gespeichert werden. Die Adresse der nächsten anzulaufenden Arbeitsstation wird dann automatisch eingegeben.

Als Bausteine der Arbeitsplatzgestaltung kommen neben den erwähnten unterschiedlichen Ausführungen der Halteklammern die verschiedensten, dem Produkt bzw. der Arbeitsposition angepaßten Hilfsmittel zur Verwendung. Ein neuartiges, in der hängenden Fertigung zusätzlich eingesetztes Element der Arbeitsplatzgestaltung ist der sog. Schwingarm. Dieses gewissermaßen als Gliedersatz verwendete Handhabungsinstrument dient in den Fällen, in denen ein Werkstück für die Ausführung eines Näharbeitsganges aus seiner Halteklammer herausgenommen werden muß, dazu, dieses Teil nach der Ausführung des Nähprozesses ohne menschlichen Eingriff wieder in die Werkstückhalterung einzuklammern.

Anmerkungen

1) Zum Zusammenwirken der für den Nähprozeß notwendigen mechanischen Operationen der einzelnen Bewegungsorgane als auch zur Bildung des Doppelsteppstiches vgl. u. a. : Lind : 1890, S. 6 ff.; Richard : 1879, S. 19 ff.

2) Die Leistung dieser Howe'schen Nähmaschine betrug 300 Stiche/min.

3) In vermutlich nur einem regionalspezifischen Ausnahmefall in Stettin befanden sich die auf der Werkstatt des hausindustriellen Zwischenmeisters aufgestellten Nähmaschinen im Besitz der Maschinennäherinnen.

"Das ist in Stettin so Sitte, daß die Maschinennäherinnen ihre eigenen Maschinen haben. (...) Bei keinem von diesen Schneidern (gemeint sind die Zwischenmeister - F.D.) steht eine Maschine, die auf seine Kosten arbeitet. Die sämmtlichen Näherinnen haben ihre eigenen Maschinen" (KfA : 1896 b, S. 101 ff.).

4) Zu den besonderen, häufig in Heimarbeit von qualifizierten Ausputzarbeiterinnen in anspruchsvoller Handarbeit ausgeführten Ausputzarbeiten gehörten Handverschnürungen, Besatzarbeiten, Garnieren u.s.w. In größeren Werkstätten wurden diese Arbeiten z.B. auch noch nach den verschiedenen Arten des Besatzes (Pelz, Federn, Tressen) aufgeteilt (vgl. Grandke : 1899, S. 180).

5) Der festgelegte Beginn der Arbeitszeit in den Werkstätten der Zwischenmeister galt mehrheitlich nur für die jungen Handnäherinnen, die unverheiratet waren und keinen eigenen Hausstand zu versorgen hatten. Von Handnäherinnen, die 'eine Wirtschaft' hatten, wurde die Einhaltung des festgelegten Arbeitsbeginns auf der Werkstatt nicht verlangt.

"V.: Ist eine bestimmte Arbeitszeit vorgeschrieben? - Ja, von 8 Uhr an.
V.: Wird darauf gehalten, daß jedes zu dieser Zeit anwesend ist? - Nein, Frauen, die eine Wirthschaft haben, können später kommen und vielleicht auch früher gehen.
V.: Abends nehmen Sie immer etwas Arbeit mit, und trotzdem stellen Sie nicht mehr fertig? - Nein, nur drei, manchmal vier Stück" (KfA : 1896 b, S. 157).

6) Insbesondere junge Arbeiterinnen, die wegen der schlechteren Arbeitsmarktsituation aus ländlichen Regionen in die Stadt zogen und bei Verwandten keine Aufnahme fanden, wohnten vor Gründung eines eigenen Haushalts 'in Schlafstelle'.

7) Der auf der Ebene der örtlichen Zerlegung des Arbeitsprozesses umgekehrte Fall - die Ausführung von Teilprozessen durch die Heimarbeiterin auf der Werkstatt des Zwischenmeisters - kann in der verlagsmäßigen Herstellung von Oberbekleidung als weniger verbreitet gesehen werden.

"Ja, Frauen, die bei mir nicht arbeiten können, kommen jeden Tag und machen dann bei mir das, was sie zu Hause nicht machen können, zum Bügeln und Steppen habe ich meine Stepper und Bügler" (KfA : 1896 b, S. 140).

Grandke weist auf Arbeiterinnen hin, die noch "gewisse Teilarbeiten in der Werkstätte unter Mitwirkung des Zwischenmeisters oder mit Hülfe besonderer technischer, in der Werkstätte zur Verfügung stehender Hülfsmittel besorgen". Er führt das Beispiel einer Berliner Hosennäherin an, die - nachdem der Zwischenmeister bei der Ablieferung erst die Hosen gerade schneidet - auf der Werkstatt des Meisters die von ihr in ihrer Wohnung gefertigten Teile einfaßt.

Weiter erwähnt Grandke, daß auch andere Ausfertigungsarbeiten, wie Annähen der Knöpfe an Westen usw. erst auf der Werkstatt des Zwischenmeisters durch die Heimarbeiterinnen ausgeführt worden sind (Grandke : 1988, S. 256).

8) Erweitert wurden die Grenzen der Kapazität teilweise durch die von Familienangehörigen o.ä. geleistete Hilfe bei den Handnäharbeiten.

9) Für diesen Heimarbeitertyp kann freilich angenommen werden, daß er den Schritt zur Konfektionsarbeit für den Verleger nur unter der Bedingung der Beibehaltung seiner Privatkundschaft getan hatte.

10) In der Damenkonfektion existierte die 'unmittelbare Heimarbeit' wegen des in diesem Produktionszweig beim 'Zwischenmeister' ausgeführten dezentralisierten Zuschnitts nicht.

11) Dieser Heimarbeitertyp war in der Herrenkonfektion in den ländlichen Teilen des Rhein-Main Gebietes verbreitet, wo hauptsächlich für die in Frankfurt/Main und in Mainz angesiedelten Herrenkonfektionsfirmen gearbeitet worden ist.

12) Ledige und männliche städtische Heimarbeiter hat z. B. Sulzbacher in seiner Untersuchung der Heimarbeit in der Frankfurter Herrenkonfektion nicht nachweisen können:

"Die städtischen Heimarbeiter sind ausnahmslos verheiratet oder verwitwet. Ledige männliche Heimarbeiter finden sich gar keine, was sich daraus erklären läßt, daß der Schneider bis zu seiner Verheiratung als unselbständiger Werkstattarbeiter sich fortzubringen versucht und gegebenenfalls erst in dem Augenblick wo er eine Familie gründet, durch die Heimarbeit eine selbständige Existenz zu erringen hofft. Auch mag mit ein Grund sein, daß die Heimarbeit erst dann einigermaßen ertragreicher als die Werkstattarbeit wird, wenn nur halb oder gar nicht bezahlte Hilfskräfte mitarbeiten" (Sulzbacher : 1925, S. 71).

13) Der Anteil der Heimarbeiter, die ohne die Mitarbeit von Hilfspersonen einschließlich ihrer Ehefrauen Konfektion fertigte, wird z. B. von Sulzbacher für die Frankfurter Herrenkonfektion mit 27 % angegeben. Vgl. Sulzbacher : 1925, S. 20.

Zu einer ähnlichen Aussage über die Häufigkeit der alleinigen Heimarbeit kommt Simon in seiner Untersuchung über die Mainzer Herrenkonfektion. Vgl. Simon : 1928, S. 22 ff.

14) Für die Berufsausbildung in der Konfektion gab es bis zu den dreißiger Jahren keine verbindliche Regelung von Ausbildungsgängen. Sowohl die Dauer als auch die Inhalte dieser Anlernverhältnisse waren nicht festgelegt; eine Zertifizierung dieser Ausbildung erfolgte ebenfalls nicht. Die Anlernzeiten hatten eine Dauer von 6 Wochen bis 6 Monate. Die Inhalte der Ausbildung bezogen sich im wesentlichen auf ein Endprodukt (z. B. Hosen).

"Die Heimarbeiterinnen sind durchweg nur angelernt; in einem Viertel- bis zu einem Halbjahr erlernen sie die zur Herstellung von Kleinstücken erforderlichen Fertigkeiten" (Simon : 1928, S. 23).

15) Vgl. hierzu die von Köhne in den Jahren 1977 und 1978 in der DNZ veröffentlichten Folgen der Serie 'Alles über Fadenabschneider'.

16) Nahtverläufe dieser Art fielen modell- bzw. ausführungsbedingt bei Sakkoschlitzen sowie bei Ellenbogennähten an.

17) Dieses Prinzip der Führung der Stoffklemme wird bei den moderneren Nähanlagen dieses Typs nicht mehr verwendet. Bei der aktuellen Version des Konturennähers läuft die Stoffklemme nicht mehr in einer Führungsnut, sondern wird in Abhängigkeit von einer flexibel einstellbaren Drahtführung geführt.

18) Wie in der Abb. A/15 dargestellt, wirkt die schablonenlose Konturenführung vom Prinzip her folgendermaßen: Der Druckpunkt D, der schräg links von der Nadel angebracht ist, übt einen Druck auf das Material aus, wodurch eine Reibkraft FR entsteht. In der Folge des durch den Transporteurvorschubes verursachten Momentes M wird das Nahgut um den Drehpunkt D gedreht, wobei es schließlich durch den Widerstand der Kantenanschläge aufgefangen wird. Der Nahtverlauf wird somit rein mechanisch von der Nähgutkante bestimmt.

19) Vgl. hierzu den Arbeitsplan für den Damenmantel 'Tölz', in: Donner : 1951, S. 583 ff.

20) Die ersten in der Konfektion - zunächst in der Berufsbekleidungs- und in der Wäscheindustrie und später in der Herren-Oberbekleidungsindustrie - eingesetzten Transportbänder hatten entweder eine variable Konusübersetzung oder eine Wechselräderübersetzung. Mit diesen Getriebekonstruktionen ist eine wirtschaftlich befriedigende Regelung der Laufgeschwindigkeit des Fließbandes nicht erzielt worden: Im ersten Fall blieb die Geschwindigkeitsregelung immer ungenau; beim Einsatz der Wechselräderübersetzung war es notwendig - abgesehen von den

jeweils zusätzlich angefallenen Rüstzeiten - einen entsprechenden Satz von Zahnrädern verschiedener Größe zu bevorraten. Letztlich erwies sich z. B. bei der Verwendung einer Konusübersetzung die Beschränkung des Fließbandeinsatzes auf Produkte, deren Herstellung ein bestimmtes zeitliches Ausmaß nicht überschritt, als notwendig.

"Soll nun mit einer Konusübersetzung bei einer Feldlänge von 0,70 m Länge eine Minima-Laufgeschwindigkeit von 1,60 m gegeben sein und bei einer Bandlänge von 21 m hier etwa 30 Maschinen Aufstellung finden können, so kann die sich automatisch ergebende Begrenzung der Gesamtfertigungszeit (T in min) eines bestimmten Erzeugnisses am Fließband eben nur höchstens auf 30 x 1,60 min = 48 min belaufen. In diesem Gesamtfertigungszeitraum werden üblicherweise Sporthemden, blaue Arbeitsjacken, Berufsmäntel, blaue Arbeitshosen, Normalkombinationen u.s.w. hergestellt" (Conze : 1953, S. 149).

21) Leitzke gibt in seiner 1932 veröffentlichten Schrift 'Entwicklungstendenzen der deutschen Herrenkonfektion' an, daß das Fließband bisher nur in zwei deutschen Herrenkleiderfabriken Eingang gefunden habe. In der 1936 erschienenen Dissertation von Redlich wird von diesem in einer sehr ähnlich gefaßten Passage über die Verbreitung des Fließbandes die gleiche Zahl genannt. Auch hier wurden keine Angaben darüber gemacht, in welchen Betrieben diese Fließbänder aufgestellt gewesen sind. Inwieweit dieser vier Jahre später vorgelegten Studie eigene empirische Erhebungen zum Fließbandeinsatz in der deutschen Konfektion zu Grunde gelegen haben oder Redlich die Angaben von Leitzke - wie immer geprüft - in seine Dissertation übernommen hat, kann wegen des fehlenden Datenmaterials nicht näher festgestellt werden. Deshalb ist es auch nicht möglich, die von Pracht 1937 in einer Studie über die Stettiner Herrenoberbekleidungsindustrie getroffene Angabe über den quantitativen Einsatz des Fließbandes dahingehend zu überprüfen, ob es sich bei diesen Angaben um die gleichen von den anderen Autoren genannten, Fließbänder gehandelt hat.

"In den größten beiden Betrieben wird der Takt durch ein mechanisches Transportmittel vorgeschrieben; in dem einen Betrieb dient als Ankündigungszeichen ein akustisches Signal" (Pracht : 1937, S. 13).

22) Die arbeitsorganisatorischen Strukturen des 'Fließbandes alter Art' waren dem später entwickelten und in der Bekleidungsindustrie in stärkerem Maße eingesetzen 'Taktband' in seiner pufferlosen Verwendung sehr ähnlich. Zu den produktionsökonomischen Konsequenzen der 'starren' Fließfertigung vgl. Kap. 5.2.2.2.1.2. dieser Untersuchung.

23) Aus der Literatur ist der Einsatz von längeren Taktbändern als Sonderanfertigung bekannt: Der Einsatz sehr langer Taktbänder eignete sich nur für ausgesprochene Großbetriebe mit einem hohen Mengenoutput. Diese verfolgten das Ziel einer sehr stark taylorisierten Arbeitsorganisation. Sie zergliederten den Arbeitsprozeß in besonders kurze Takte um zwei Ziele zu erreichen: Zum

einen, um die benötigte große Tagesproduktion zu erzielen und zum anderen um die Ausbildungs- bzw. Anlernkosten zu senken.

"Einer der überprüften Betriebe fertigte Sakkos an einem fast 90 m langen Band mit einem Takt von knapp 1,10 min., während ein anderer über ein etwa 30 m langes Band zwei verschiedene Sakkos mit einem Takt von 6 min. laufen ließ" (o. V. : 1953 b, S. 96).

24) Das Antriebsaggregat bestand aus einem Elektromotor, der das Taktband über Keilriemen, Schnecke und Zahnradgetriebe antreibt. Vgl. o. V. : 1953 b, S. 96.

25) Mit der Wiedereinschaltung der Schaltuhr nach jeder Taktpause lief der nächste Takt an. Gleichzeitig sprang der elektrische Fernzähler um eine Einheit weiter. Somit wurde die Zahl der Vorschübe registriert. Sie entsprach der Anzahl der gefergtigten Teile.

26) Inwieweit die Aussage von Metzger, daß das Schalenband von Weiß aus Amerika eingeführt worden sei, richtig ist, kann nicht mehr nachgeprüft werden (Metzger : 1954, S. 346). Sicher kann allerdings belegt werden, daß schon in der zweiten Hälfte der 20er Jahre von einer Offenbacher Spezialfabrik für Transportanlagen und Aufzüge ein sog. 'Kreistransporteur' gebaut wurde. Es kann vermutet werden, daß es sich bei dieser Förderanlage um das erste in der Bekleidungsbranche eingesetzte Hängefördersystem gehandelt hat. Diese einfache Konstruktion einer 'hängenden Förderung' wurde in einer Herrenkleiderfabrik eingerichtet.

"Das Verbindungsglied der einzelnen Arbeitsplätze ist ein Kreistransporteur, welcher in dem rechteckigen Arbeitssaal den Arbeitstischen bzw. Nähmaschinen entlang geführt ist. Der Kreistransporteur besteht aus einer leichten Kette, welche in einem gefälligen Führungsgerüst unterhalb der Decke abgetragen wird. An der Kette sind in gleichen Abständen, welche der Entfernung der Arbeitsplätze voneinander entsprechen, Hängeschalen angeordnet zur Aufnahme bzw. zum Weitertransport der Werkstücke" (Walter : 1928, S. 87).

27) Für den Bereich der Bundesrepublik werden von Metzger nur drei Bekleidungsfirmen genannt, in denen ein Schalenband installiert war. Diese Angabe gilt für das Jahr 1954. Vgl. Metzger : 1954, S. 346.

28) Der Arbeitsplan für dieses Herrensakko weist insgesamt 79 Arbeitsplätze aus. Im 'Band' wurden davon 76 Arbeitsplätze aufgestellt. Drei 'Finishbügelplätze' sind außerhalb des Hängeschalenbandes aufgestellt gewesen. Zur Darstellung der einzelnen Positionen des Sakko-Arbeitsplanes vgl. Metzger : 1954, S. 438 ff.

29) Dieses Transportelement ist zur Ablage und zum Transport von Großstücken zwischen den einzelnen Arbeitsstationen geeignet.

30) Mit diesem Transportgerät kann ein darin festgeklemmtes Hosenbündel zur Bearbeitung an mehrere Arbeitsplätze gefahren werden. Die Hosenteile bleiben während des

Arbeitsprozesses ständig eingeklemmt und werden nach der Bearbeitung jeweils nach der anderen Seite umgeschlagen.

31) Bei dieser Konstruktionsvariante des Hosenbündel-Klemmwagens werden die Hosenteile ebenfalls im geklemmten Zustand bearbeitet.

32) Dieser Transportwagen dient der Beförderung von zugeschnittenen als auch schon bearbeiteten Teilen zwischen den entsprechenden Arbeitsplätzen.

33) Das Wasserfallprinzip ist ein Prinzip der Arbeitsmethode. Es findet insbesondere dort Anwendung, wo das Ablegen der bearbeiteten Teile vereinfacht werden soll. Da diesem Muster des Material-Handlings zugrunde liegende Idee ist folgende: Das zielgerichtete Ablegen eines Teiles wird dadurch ersetzt, indem es nach seiner Bearbeitung durch sein Eigengewicht einfach herunterfallen gelassen wird. Durch diese Vorgehensweise wird der sonst für das gezielte Ablegen der bearbeiteten Teile benötigte zeitliche Aufwand eingespart.

34) Das Umhängen der Teile von Bündelwagen auf Transport-Kleiderständer erfolgt je nach Produkt als auch nach betriebsspezifischen Eigentümlichkeiten an den verschiedensten Positionen der Endfertigung. In der Praxis kommt es nicht selten vor, daß nach der Montage 'hängend' weitertransportiert wird. Möglich ist bei dem kombinierten Einsatz unterschiedlicher Transporttechnologien, daß der Übergang von der 'rollenden Bündelfertigung' auf den hängenden Transport schon ab bestimmten Arbeitspositionen in der Montage erfolgt.

35) Z.B. Fahrplan für Modell 'Ellen':

Jackenkleid aus Wevenit, einreihig, 4 Knöpfe, paspelierte Knopflöcher, Schalkragen mit Chrochet, 1/1 Kugelärmel, Vlieselineeinlage, ganz gefüttert, Einbahnrock mit einer Kellerfalte, Bund mit eingenähtem Gummiband, Rock ganz gefüttert.

Station 1
Station 4
Station 11
Station 4
Station 2
Station 3
Station 4
Station 5
Station 6
Station 8
Station 10
Station 9
Station 1
Station 2
Station 11
Station 12 (Bußmann : 1959, S. 6).

36) Es werden auch Direktbeschickungsförderbandanlagen mit nur einem Gurt angeboten. Dieser bewegt sich endlos fort und übernimmt dabei zwei Funktionen: Einerseits die Versorgung der Näherinnen mit Arbeitsmaterial sowie andererseits den Rücktransport des bearbeiteten Materials zur Aufgabestation.

37) Beim sog. Zweikastensystem sind jedem Arbeitsplatz zwei Materialbehälter zugeteilt: Ein Reservekasten auf dem Auffangblech und ein weiterer Behälter auf der unteren Kastenablage. Ist dieser Materialbehälter wieder mit Halbfertigteilen gefüllt, wird er auf dem unteren Fördergurt zur Zentralstation zurücktransportiert. Der Reservebehälter wird nun vom Auffangblech genommen und auf den unteren Abstellplatz gestellt. Gleichzeitig leuchtet auf dem Schaltpult eine Kontrollampe auf und signalisiert der Bedienungsperson, daß der Reservekastenplatz frei geworden ist. Die Disponentin bringt den so angeforderten Materialkasten auf das obere Transportband und der Behälter wird wie beschrieben dem Auffangblech zugeführt.

Das sog. Dreikastensystem ist durch einen Kreislauf von drei Warenbehältern am Arbeitsplatz gekennzeichnet: Dieser besteht aus einem Reservebehälter, einem Arbeitsbehälter sowie einem Leerbehälter. Der Arbeitsablauf geschah bei diesem Organisationsprinzip folgendermaßen: Das zu bearbeitende Material wird dem Arbeitsbehälter entnommen und nach der Bearbeitung im Leerbehälter abgelegt. Beide Behälter stehen auf der unteren Kastenablage. Ist der Leerbehälter gefüllt, wird dieser zur Kontrolle bzw. zum Einsortieren zum Durchlaufregal zurückgesandt und die anderen Behälter rücken nach. Der jetzt fehlende Reservebehälter wird wie beschrieben angefordert und zum Arbeitsplatz geschickt. Der arbeitstechnische Vorteil des Dreikastensystems ist darin zu sehen, daß sich die Bearbeitungszeiten bei dieser Bearbeitungsweise deswegen verkürzen, da hierbei bestimmte Sortierarbeiten entfallen (Richter : 1979, S. 10.6/22 ff.).

38) Wird die Rückführung der Transportbehälter zur Eingabeseite des Durchlaufregals nicht mittels eines seitlichen Bandauslaufes vorgenommen, müssen die zurückkommenden Behälter entweder manuell oder mit einer Kastenhubstation vom unteren Förderband durch eine mechanische Hubvorrichtung auf die obere Bandhöhe gehoben werden.

Von der Konstruktion ist die Kastenhubstation ein Röllchenbandabschnitt, der durch einen Kettenzug gehoben bzw. gesenkt werden kann. Je nach der Position dieses Röllchenbandteiles stellt dieses eine Verlängerung entweder des unteren oder des oberen Gurtförderers dar. Beim Rücktransport eines Materialbehälters vom Arbeitsplatz im Band zur Aufgabe- bzw. Entnahmestation wird der Kasten vom unteren Fördergurt der herabgelassenen Hebeeinrichtung, d.h. dem Röllchenbandteil, übergeben. Durch Betätigung eines Fußschalters wird die Kastenhubeinrichtung angehoben und der Transportkasten auf die Ebene des oberen Fördergurtes gebracht. Die Kastenhubstation arbeitet mit einer Hubfrequenz von 8 Kästen/min.

39) Je nach gewählter Organisationsvariante können Regalbedienungsgeräte in der einseitigen Version entweder als Einsortierungsregalbediengeräte oder als Aussortierbediengeräte eingesetzt werden. Ihr Einsatz in der kombinierten Form ist dann gegeben, wenn das Regalbediengerät so angeordnet und gesteuert ist, daß es sowohl Kästen in das Durchlaufregal einsortiert als auch diesem entnimmt. Vgl. hierzu : Richter : 1979, S. 10.7./9.

40) Von der Konstruktion her gesehen ist ein Regalbediengerät ein auf Schienen geführter Stahlträger mit einer senkrecht beweglichen Brücke, die bei der Behälterentnahme den Behälter aus dem Regal übernimmt bzw. ihn bei der Einsortierung dem Regal übergibt. Der Bewegungsablauf des Gerätes erfolgt entweder sukzessiv, d.h. der horizontale und der vertikale Bewegungsvorgang erfolgen hintereinander oder die horizontale Fahrbewegung und die vertikale Hubbewegung überlappen sich (Richter : 1979, S. 10.7./12.). Gesteuert wird dieser Prozeß der Behälterbeförderung durch unterschiedliche Steuereinrichtungen (Richter : 1979, S. 10./7.5.).

Literaturverzeichnis:

Monographien:

Adler, Alfred: Gesundheitsbuch für das Schneidergewerbe, Berlin 1898

Adler, Ulrich; Breitenacher, Michael: Bekleidungsgewerbe. Strukturwandlungen und Entwicklungsperspektiven, Berlin - München 1984

Albitz, Günther: Der Niedergang des Schneiderhandwerks als Produktionsgewerbe, Diss. Halle-Wittenberg 1931.

Altmann, Norbert; Bechtle, Günter: Betriebliche Herrschaftsstruktur und industrielle Gesellschaft, München 1971

Altmann, Norbert; Bechtle, Günter; Lutz, Burkart: Betrieb - Technik - Arbeit, Frankfurt/Main - New York 1978

Altmann, Norbert u.a.: Grenzen neuer Arbeitsformen, Frankfurt/Main - New York 1982

Amberger, Fritz: Spezialmaschine und Konfektionsindustrie, Diss. Frankfurt/Main 1921

Augustin, W.: Rationalisierungsreserven in der deutschen Bekleidungsindustrie, Berlin-Köln-Frankfurt/Main 1964

awfi - Arbeitswissenschaftliches Forschungsinstitut GmbH, Berlin u. a.: Betriebliche Humanisierungsforschung, Schriftenreihe »Humanisierung des Arbeitslebens« Band 88, Herausgeber DFVLR/Projektträgerschaft »Humanisierung des Arbeitslebens«, Frankfurt/Main - New York 1987

Baar, Lothar: Die Berliner Industrie in der industriellen Revolution, Berlin (DDR) 1966

Badow, Kurt: Struktur und Wirtschaftslage des Frankfurter Herrenschneiderhandwerks, Stuttgart 1940

Bartel, Karl: Das Schneiderhandwerk in Reichenberg, Reichenberg 1937

Bartram, Werner: Die Planung des Produktionsprogramms in Betrieben der Damenoberbekleidungsindustrie, Diss. Hamburg 1970

Baumgarten, Walter: Leitfaden zum Aufbau und zur Einführung einer Produktionsplanung und -steuerung. Bekleidungstechnische Schriftenreihe Band 22, Berlin o. J.

Bechtle, Günter: Betrieb als Strategie, Frankfurt/Main - New York 1980

Beck-Gernsheim, Elisabeth: Der geschlechtsspezifische Arbeitsmarkt, Frankfurt/Main - New York 1979

Becker, Richard: Die optimale Betriebsgröße in der deutschen Herrenoberbekleidungsindustrie, Diss. München (TH) 1940

Beier, Rosmarie: Frauenarbeit und Frauenalltag im Deutschen Kaiserreich, Frankfurt/Main - New York 1983

Benjamin, Dora: Die soziale Lage der Berliner Konfektionsarbeiterinnen mit besonderer Berücksichtigung der Kinderaufzucht, Diss. Greifswald 1924

Bennauer, W.: Kalkulation und Kosten in der Herrenkleiderfabrikation und verwandten Gewerben, Berlin 1933

Berlepsch, v. H.A.: Chronik der Gewerke, 2. Band: Chronik vom ehrbaren und uralten Schneidergewerk, St. Gallen 1887

Bernstein, E.: Die Schneiderbewegung in Deutschland, Band 1: Geschichte des Gewerbes und seiner Arbeiter bis zur Gründung des deutschen Schneiderverbandes, Berlin 1913

Bittmann, Karl: Hausindustrie und Heimarbeit im Großherzogtum Baden zu Anfang des XX. Jahrhunderts, Karlsruhe 1907

Blau, Hans: Das Schneidergewerbe, Diss. Heidelberg 1920

Blauner, Robert: Alienation and Freedom, Chicago/London 1964

Bley, Dietrich: Die Standortverlagerungen der Bekleidungsindustrie in der Bundesrepublik Deutschland und ihre Ursachen, Diss. Mainz 1969

Blum, Maximilian: Die Lage der Bekleidungsindustrie (Konfektion) und des Schneidergewerbes in Berlin, mit besonderer Berücksichtigung der Darlegung ihrer Stellung zueinander (als Kampf des Handwerks gegen den kapitalistischen Großbetrieb) in den letzten Jahren (1918 - 1924). Diss. Würzburg 1925

Boecker, Bernhard: Rationalisierung im Bekleidungsgewerbe, Berlin 1928

Braczyk, Hans-Joachim; Niebuhr, J.; Weißbach, H. J.: Verhältnis und Wechselwirkung zwischen Veränderungen von Arbeitsorganisation und Lohnsystem, unveröff. Manuskript der Arbeitsgruppe für sozialwissenschaftliche Industrieforschung, Bielefeld 1983

Bräckel, Wilhelm: Die moderne Technik in der westdeutschen Bekleidungsindustrie, Diss. Tübingen 1958

Braverman, Harry: Die Arbeit im modernen Produktionsprozeß, Frankfurt/Main - New York 1977

Breitenacher, Michael: Die Bekleidungsindustrie aus der Sicht der siebziger Jahre, Berlin - München 1975

Breitenacher, Michael: Die Bedeutung der passiven Lohnveredelung für die deutsche Bekleidungsindustrie, Ifo-Studien zur Industriewirtschaft Nr. 15, München 1977

Breitenacher, Michael; Scholz, Lothar unter Mitarbeit von Manfred Berger: Neue Arbeitsstrukturen in der Bekleidungsindustrie, unveröff. Manuskript, München 1977

Brie, Bruno; Schulze, Paul; Weinberg, Kurt: Kleidung und Wäsche in Herstellung und Handel, Leipzig 1909

Bright, J. R.: Automation and Management, Boston 1959

Brügel, Carl: Die Ansbacher Schneiderzunft, Ansbach 1897

Brunn, Ewald: Produktivitätssteigerung durch Arbeitsteilung, dargestellt am Beispiel der Einführung der Serienfertigung in der Herrenoberbekleidungsindustrie, Diss. Frankfurt/Main 1949

Bundesverband Bekleidungsindustrie e.V. (Hrsg.): Die Bekleidungsindustrie in der Bundesrepublik Deutschland im Jahre 19.., Bonn, diverse Jahrgänge. Ab 1974 ist der Erscheinungsort Köln.

Bundesverband Bekleidungsindustrie e.V. (Hrsg.): Die deutsche Bekleidungsindustrie morgen, Bad Godesberg 1968

Bundesverband Bekleidungsindustrie e.V. (Hrsg.): Bekleidungsindustrie im Wandel, Bad Godesberg o. J.

Cohen, Herbert: Heimarbeit und Heimarbeiterbewegung in der deutschen Herrenkonfektion, Hamburg 1926

Cohnen, Alfred: Die München-Gladbacher Kleiderkonfektionsindustrie mit besonderer Berücksichtigung des Verbandswesens, Diss. Würzburg 1922

Cooper, Grace Rogers: The Sewing Machine: Its Invention and Development, Washington, D.C., 1976

Cuno, Claus-Lothar: Standortfragen der Bekleidungsindustrie in Rheinland und Westfalen, Diss. Köln 1948

Dahmen, K.D.: Preisbildung bei Herren- und Knabenoberbekleidung unter besonderer Berücksichtigung der Marktbeziehungen zwischen Hersteller und Händler, Diss. Freiburg 1960

Daeglau, G.: Die Nähmaschine, Berlin 1936

Dähn, Brunhilde: Berlin Hausvogteiplatz, Göttingen-Zürich-Frankfurt 1968

Daul, A.: Das Buch von der amerikanischen Nähmaschine, Hamburg - New York 1864

Deutscher Bekleidungs=Arbeiter=Verband (Hrsg.): Die Entwicklung der Bekleidungsindustrie vom Gesichtspunkt des Umfanges der Tarifverträge, Berlin 1927

Deutsches Institut für Wirtschaftsforschung (Hrsg.): Produktionsvolumen und -potential, Produktionsfaktoren der Industrie im Gebiet der Bundesrepublik Deutschland einschließlich Saarland und Berlin (West), Berlin 1974

Diestelkamp, A.: Die Entwicklung des Schneidergewerbes in Deutschland bis zum Ausgang des 16. Jahrhunderts, Diss. Freiburg 1922

Dodd, Arthur: Die Wirkung der Schutzbestimmungen für die jugendlichen und weiblichen Fabrikarbeiter und die Verhältnisse im Konfektionsbetriebe in Deutschland, Jena 1898

Donner, Erich: Handbuch für die Bekleidungsindustrie und den Bekleidungs-Einzelhandel, Berlin 1938

Donner, Erich: Handbuch für die Bekleidungsindustrie, Berlin-Heidelberg-Göttingen 1956

Dopp, Werner: 125 Jahre Berliner Konfektion, Berlin 1962

Düll, Klaus: Industriesoziologie in Frankreich, Frankfurt/Main 1975

Dyhrenfurth, Gertrud: Die hausindustriellen Arbeiterinnen in der Berliner Blusen-, Unterrock-, Schürzen- und Tricotkonfektion, Leipzig 1898

Eberhardt, Alfred: Fliessarbeit und Selbstkostengestaltung im Wäscheindustriebetrieb, Diss. Frankfurt/Main 1931

Egel, Paul: Das Bekleidungsgewerbe, Bad Homburg v.d. Höhe, Berlin 1955

Ehrhard, P.D.: Uniformen am laufenden Band, Frankfurt/Main o. J.

Elsbach, Curt: Freie oder gebundene Wirtschaft in der Kleiderversorgung? Düsseldorf 1921

Eulner, K.A.: Die deutsche Nähmaschinen-Industrie, Mainz 1913

Ewers, William; Baylor, H.W.; Kenaga, H.H.: Sincere's History of the Sewing Machine, Phoenix, Arizona, (USA) 1970

Feitelberg, David: Die Bekleidungsindustrie, Berlin 1901

Figge, Karin; Quack, Sigrid: Frauenbeschäftigung in der bundesdeutschen Textil- und Bekleidungsindustrie - Entwicklungen und Perspektiven unter Berücksichtigung des europäischen Binnenmarktes, Discussion Papers FSI 90-10 Wissenschaftszentrum Berlin für Sozialforschung 1990

Fischer, Joachim; Minssen, Heiner: Neue Leistungspolitik in der Bekleidungsindustrie, Frankfurt/Main - New York 1986

Fischer, Joachim u.a.: Arbeitsstrukturierung und Organisationswandel in der Bekleidungsindustrie, Frankfurt/Main - New York 1983

Franz, Lambert: Die Heimarbeit in der Aschaffenburger Bekleidungsindustrie, Diss. München 1941

Frenzel, Helmut: Vergleichende Analyse der Textilkonjunktur in den EWG-Staaten, Diss. Münster 1976

Fricke, Werner: Arbeitsorganisation und Qualifikation, Bonn 1975

Fritz, Carl: München als Industriestadt, Berlin 1913

Fritzsche, Wera: Die kollektive Lohnregelung in der Herrenkonfektion, Diss. München 1929

Fröbel, Folker; Heinrichs, Jürgen; Kreye, Otto: Die neue internationale Arbeitsteilung, Reinbek b. Hamburg 1977

Gärtner, Hans: Die Vorarlberger Oberbekleidungsindustrie, Innsbruck 1970

Germar, Herbert: Das Schneiderhandwerk in Leipzig bis zum Ausgange des 17. Jahrhunderts, Diss. Leipzig, Weida i. Thür. 1918

Görzig, Bernd; Schnitke, Joachim; Baumann, Peter: Produktionsvolumen und -potential des Bergbaus und des Verarbeitenden Gewerbes in der BRD, Stat. Kennziffern, 28. Folge 1970 - 1985, Berlin 1986

Gottfeld, Erich: Herrenkonfektion, Heimarbeit - Fließarbeit?, Berlin 1933

Graf, Otto: Studien über Arbeitspausen in Betrieben bei freier und zeitgebundener Arbeit (Fließarbeit) und ihre Auswirkung auf die Leistungsfähigkeit, Köln und Opladen 1954

Gralka, Winand: Die vertragsmäßig organisierte Textilbekleidungsindustrie in Breslau von ihren Anfängen bis zur Gegenwart, Diss. Breslau 1924

Grandke, Hans: Das Berliner Schneidergewerbe im neunzehnten Jahrhundert, Diss. Berlin 1905

Grothe, Hermann: Bilder und Studien zur Geschichte vom Spinnen, Weben, Nähen, Berlin 1875

Häntsch, Hellmut: Die Bekleidungsindustrie in der sächsischen Oberlausitz, (Diss. Leipzig) Greifswald 1939

Handelskammer zu Berlin (Hrsg.): Die Heimarbeit in Berlin, Berlin 1906

Hasse, H.: Die Stettiner Schneiderzunft im 16. und 17. Jahrhundert, Stettin 1924

Head, Carol: Old Sewing Machines, Aylesbury 1982

Heidenreich, Martin: Nationale Muster betrieblichen Strukturwandels. Am Beispiel der französischen und bundesdeutschen Bekleidungsindustrie, Frankfurt/Main - New York 1990

Heiss, Cl.; Koppel, A: Heimarbeit und Hausindustrie in Deutschland, Berlin 1906

Hell, Elisabeth: Jugendliche Schneiderinnen und Näherinnen in München, Stuttgart 1911

Hensen, Karl: Die Heimarbeit in der Konfektionsindustrie des Gladbach-Rheydter Industriebezirks, Diss. Köln 1930

Herrmann, Norbert: EDV in der Bekleidungsindustrie, Berlin 1970

Herrmann, Walter: Maschinen der Bekleidungsindustrie, Frankfurt/Main 1975

Herzberg, Gustav: Das Schneidergewerbe in München, Stuttgart 1894

Herzberg, Rudolph: Die Nähmaschine, Berlin 1863

Hessland, Dieter: Die Fertigungsüberwachung in der Bekleidungsindustrie, Obertshausen 1967

Hoffmann, Walther G.: Das Wachstum der deutschen Wirtschaft seit der Mitte des 19. Jahrhunderts, Berlin-Heidelberg-New York 1965

Huber, F. C.: Deutschland als Industriestaat, Stuttgart 1901

Hussong, Walter: Das Schneiderhandwerk in Frankfurt am Main und das Schneiderhandwerk in Heilbronn, Diss. Heidelberg 1936

Immenroth, Lydia: Textilwerken, Wuppertal-Ratingen-Kastelaun 1970

Isaac, Erich: Die Entwicklung der Bekleidungsindustrie im Handelskammerbezirk M. Gladbach nach dem Kriege bis zur Beendigung des passiven Widerstandes, Gießen 1926

Jaumann, A.: Einführung in das Bekleidungsgewerbe, Berlin 1947

Jecht, H. (Hrsg.): Die Textilwirtschaft, Band 1: Textilwirtschaft heute, Stuttgart 1955

Josephy, Heinz: Die Herrenkonfektion im nordöstlichen Westfalen, Jena 1928

Jung, Otto (Hrsg.): Bekleidungsindustrie und Technik, Berlin-Wien-Leipzig 1939 a

Jung, Otto (Hrsg.): Statistischer Jahresbericht der Wirtschaftsgruppe Bekleidungsindustrie 1938, Berlin 1939 b

Jung, Otto (Hrsg.): Produktionstechnische Verfahren in der modernen Bekleidungsindustrie, Berlin-Wien-Leipzig 1941

Justitz, Alfred: Die schweizerische Kleiderkonfektions-Industrie und Maßschneiderei, Diss. Basel 1941

Kahn, Heinrich: Der Wechsel in der Kleidermode und seine Wirkung auf die Betriebe der Kleiderherstellung, Diss. Frankfurt/Main 1925

Kainer, Ludwig: Maschinenkunde für das Bekleidungsgewerbe und die Bekleidungsindustrie, Wien 1988

Kaiserliches Statistisches Amt (Hrsg.): Statistik des Deutschen Reichs, Neue Folge, Band 2, Berufsstatistik nach der allgemeinen Berufszählung vom 5. Juni 1882, Berlin 1884

Kaiserliches Statistisches Amt (Hrsg.): Statistik des Deutschen Reichs, Neue Folge, Band 102, Berufsstatistik für das Reich im Ganzen, Berufs- und Gewerbezählung vom 14. Juni 1897, Berlin 1897

Kaiserliches Statistisches Amt (Hrsg.): Statistik des Deutschen Reichs, Band 203, Berufsstatistik, Berufs- und Betriebszählung vom 12. Juni 1907, Berlin 1910

Kann, Lothar: Die Heimarbeiter in der Aschaffenburger Bekleidungsindustrie, Diss. Würzburg 1931

Karpf, Hugo: Heimarbeit und Gewerkschaft, Köln 1980

Keller, Hans: Organisations- und Kostenprobleme der Fertigung in der Konfektionsindustrie, Winterthur 1965

Kern, Horst; Schumann, Michael: Industriearbeit und Arbeiterbewußtsein, Frankfurt/Main 1970

K. K. Arbeitsstatistisches Amt im Handelsministerium (Hrsg.): Die Verhältnisse in der Kleider- und Wäschekonfektion (auf Grund der durchgeführten Vernehmung von Auskunftspersonen), Wien 1906

Klersch, Josef: Geschichte des Kölner Schneiderhandwerks, Köln 1952

Knaak, Richard: HAKA Führer durch die Herren- und Knaben-Oberbekleidungsindustrie, Frankfurt/Main o. J.

Knopf, Rudolf Hermann: Die Wirkungen der Kartelle der Textil- und Bekleidungsindustrie auf die Abnehmer, Diss. Heidelberg 1915

Koch, Hans-Hermann: Neue internationale Arbeitsteilung und Technologieentwicklung am Beispiel der bundesdeutschen Textil- und Bekleidungsindustrie. Eine Teilzusammenfassung des an der Hochschule für Wirtschaft und Politik (Hamburg) durchgeführten Projektes "Die neue internationale Arbeitsteilung und ihre Auswirkungen auf betroffene Bevölkerungsgruppen am Beispiel der Textil- und Bekleidungsindustrie", Hamburg 1985

Koch, Ingrid; Koller, K.-Fr.: Angewandte Arbeitsgestaltung in der Hosenfertigung, unveröff. Manuskript, Möchengladbach 1969

Köhler, Walter: Die deutsche Nähmaschinenindustrie, Bielefeld 1912

Köster, Helmut: Die deutsche Herrenoberbekleidungsindustrie, Diss. Marburg 1932

Kohn, Samuel: Der Betrieb der Herrenwäschefabrik, Diss. Berlin 1933

Kommission für Arbeiterstatistik (Hrsg.): Drucksachen der Kommission für Arbeiterstatistik. Erhebungen Nr. 10.Zusammenstellung der Ergebnisse der Ermittelungen über die Arbeitsverhältnisse in der Kleider= und Wäsche= konfektion, Berlin 1896

Kommission für Arbeiterstatistik (Hrsg.): Drucksachen der Kommission für Arbeiterstatistik. Verhandlungen Nr. 9. Protokoll über die Verhandlungen der Kommission für Arbeiterstatistik vom 13. und 14. März 1896. Berlin 1896 a

Kommission für Arbeiterstatistik (Hrsg.): Drucksachen der Kommission für Arbeiterstatistik. Verhandlungen Nr. 10. Protokoll über die Verhandlungen der Kommission für Arbeiterstatistik vom 14. bis 17. und 20. bis 21. April 1896 und die Vernehmung von Auskunftspersonen über die Verhältnisse in der Kleiderkonfektion. Berlin 1896 b

Kommission für Arbeiterstatistik (Hrsg.): Drucksachen der Kommission für Arbeiterstatistik. Verhandlungen Nr. 11.

Protokoll über die Verhandlungen der Kommission für Arbeiterstatistik vom 28. bis 30. April 1896 und die Vernehmung von Auskunftspersonen über die Verhältnisse in der Wäschekonfektion. Berlin 1896 c

Kommission für Arbeiterstatistik (Hrsg.): Drucksachen der Kommission für Arbeiterstatistik. Verhandlungen Nr.11. Nachtrag. Protokoll über die Verhandlungen der Kommission für Arbeiterstatistik vom 2. Juli 1896 und die Vernehmung von Auskunftspersonen über die Verhältnisse in der Kleider- und Wäschekonfektion, Berlin 1896 d

Kommission für Arbeiterstatistik (Hrsg.): Drucksachen der Kommission für Arbeiterstatistik. Verhandlungen Nr. 12. Protokoll über die Verhandlungen der Kommission für Arbeiterstatistik vom 9. und 11. Januar 1897, Berlin 1897 a

Kommission für Arbeiterstatistik (Hrsg.): Drucksachen der Kommission für Arbeiterstatistik. Verhandlungen Nr. 13 (Bericht). Bericht über die Erhebung betreffend die Arbeitsverhältnisse in der Kleider- und Wäschekonfektion, Berlin 1897 b

Krais, Beate: Qualifikation und technischer Fortschritt, Berlin 1979

Krause, Gisela: Altpreußische Uniformfertigung als Vorstufe der Bekleidungsindustrie, Hamburg 1965

Krengel, Joachim: Die Berliner Bekleidungsindustrie vor dem 1. Weltkrieg - Versuch einer Darstellung ihrer frühindustriellen Entstehung und ihres Wachstums, unveröff. Diplomarbeit FU Berlin 1975

Kunkel, Lorenz: Die Aschaffenburger Herrenkonfektion, Diss. Frankfurt/Main 1930

Lademann, Heinz: Die deutsche Damenoberbekleidungs-Industrie, Wiesbaden 1959

Lademann, Heinz: Führer durch die Damen-Oberbekleidungs-Industrie, Frankfurt/Main o. J.

Lamm, Bruno: Die Erfurter Damenmäntelindustrie und ihre Arbeiter, Diss. Jena 1922

Lange, Helene; Bäumer, Gertrud (Hrsg.): Handbuch der Frauenbewegung, IV. Teil: Die deutsche Frau im Beruf, Berlin 1902

Lappe, Lothar: Die Arbeitssituation erwerbstätiger Frauen, Frankfurt/Main - New York 1981

Lauke, H.L.: Die Leistungsabstimmung bei Fließarbeit, München und Berlin 1928

Leibold, W.: Das Schneiderhandwerk, Nordhausen a. Harz, o.J.

Leitzke, Heinz: Entwicklungstendenzen der deutschen Herrenkonfektion, Greifswald 1932

Lenger, Friedrich: Sozialgeschichte der deutschen Handwerker seit 1800, Frankfurt/Main 1988

Liefmann, R.: Wesen und Formen des Verlags (der Hausindustrie), Leipzig und Tübingen 1899

Lind, Henry W.: Der Nähmaschinenbau in seiner Entwicklung und die entsprechende Verwendung der verschiedenen Systeme, Berlin 1890

Lind, Henry W.: Katechismus in der Nähmaschinenlehre, Berlin 1885

Linde, Hugo: Die Berliner Bekleidungsindustrie unter besonderer Berücksichtigung der wirtschaftlichen und politischen Lage nach dem zweiten Weltkrieg und ihre Entwicklung in diesem Zeitraum, Diss. Graz 1957

Lippschitz, Artur: Die üble Lage der Arbeiterinnen und Arbeiter in der Berliner Kleiderkonfektion und der Versuch einer Abhilfe, Diss. Greifswald 1899

Loeb, Moritz: Berliner Konfektion, Berlin 1906

Lütgering, Gaby: Die Bekleidungsindustrie: Produktionsstrukturen und Fertigungstechnologien und ihre Auswirkungen auf Qualifikationsanforderungen, Arbeitsbedingungen und Beschäftigung, Bielefeld 1984, (Projektpapier Nr. 7 des Forschungsprojekts "Der sektorale und regionale Strukturwandel in Ostwestfalen-Lippe in den siebziger und achtziger Jahren - Problemanalyse und deren Umsetzung in kooperativer Weiterbildung" an der Universität Bielefeld; Leitung: S. Katterle, W. Elsner, B. Kaddatz)

Lüth, Erich: Josef Madersperger oder der unscheinbare Genius, Hamburg 1933

Lüth, Erich unter Mitwirkung von Karl Lähner, John Ziegler, Karl Werner Kiefer: G.M. Pfaff A.G. Reihe Musterbetriebe Deutscher Wirtschaft, Band 32, Die Nähmaschinenfabrikation, Leipzig 1936

Lüth, Erich: Balthasar Krems. Ein deutscher Erfinder der Nähmaschine, Hamburg 1941

Luß, Paul: Die deutsche Herrenkonfektion, Diss. Köln 1924

Lutz, Burkart: Der kurze Traum immerwährender Prosperität, Frankfurt/Main - New York 1984

Maaß, Hedwig: Von Frauenarbeit zu Frauenfabrikarbeit, Diss. Heidelberg 1937

Mäckbach, Frank; Kienzle, Otto: Fließarbeit, Berlin 1926

Mauer, Bernhard: Die deutsche Herrenkonfektion, Jena 1922

Mankertz, Margarete: Massenfertigung in der Bekleidungsindustrie, Diss. Frankfurt/Main 1945

Meier, Charles: Programmgestaltung und rationelle Auftragsabwicklung in der Konfektionsindustrie, Winterthur 1965

Meier, R. Chr.: Bekleidungsindustrie, Berlin - München 1964

Meyer, Hanns: Die Konfektionsindustrie in München, Diss. München 1925

Mickler, Otfried: Facharbeit und technologischer Wandel, Studienbrief des Kurses "Praxisfelder der Arbeitswissenschaft" (Praxisfeld 2) der Fernuniversität Hagen, Hagen 1984

Minssen, Heiner: Neue Arbeitsstrukturen in der Bekleidungsindustrie, sfs. Beiträge Bd. 13, Dortmund 1985

Müller, Alfred: Die Bedeutung der außerbetrieblichen Fertigung für die Bekleidungsindustrie, Diss. Frankfurt/Main 1947

Müller, Erwin: Der Markt für textile Bekleidung in der Bundesrepublik Deutschland und der Schweiz, Düsseldorf 1956

Müller, Walter; Handl, Johann; Willms, Angelika: Strukturwandel der Frauenarbeit 1880 - 1980, Frankfurt/Main - New York 1983

Munzinger, Elisabeth: Badische Konfektionsindustrie, (Diss.Heidelberg), Borna-Leipzig 1908

Nagel, Joseph: Die deutsche Herrenwäscheindustrie, Diss. Greifswald 1917

Neuhaus, Hans: Die Aschaffenburger Herrenoberbekleidungs-Industrie, Frankfurt/Main (Franzmathes) o. J.

Nussbaum, Artur: Standortstypen der deutschen Herrenkonfektionsindustrie, Diss. Heidelberg 1927

Olberg, Oda: Das Elend in der Hausindustrie der Konfektion, Leipzig 1896

Oppenauer, Erwin: Ermittlung optimaler Größenkombinationen in der Konfektionsindustrie, Diss. Darmstadt (TH) 1975

Oppenheimer, Hans: Wandlungen in der Entwicklung des Mainzer Schneiderberufes, unter besonderer Berücksichtigung der Heimarbeit in der Mainzer Herrenkonfektionsindustrie, Diss. Frankfurt/Main 1922

Ostermann, Helmut: Die saarpfälzische Textil- und Bekleidungsindustrie, Diss. Heidelberg 1939

Ostner, Ilona: Beruf und Hausarbeit, Frankfurt/Main - New York 1979

o. V.: Schutz den Heimarbeitern! Eine Denkschrift des Verbandes der Schneider, Schneiderinnen und verw. Berufsgenossen an Bundesrat und Reichstag, Berlin 1901

o. V.: Zwölf Jahre Verband christl. Schneider, Schneiderinnen und verwandter Berufe Deutschlands nebst Protokoll der 6. Generalversammlung abgehalten vom 24. bis 26. August 1913 in Essen, Köln 1913

o. V.: Die Heimarbeit in Berlin. Bericht der Handelskammer zu Berlin, Berlin 1906

Peters, Joachim H.: Handbuch der Bekleidungs-Industrie, Frankfurt/Main 1978

Peters, Jürgen: Absatzpolitik und Integration von Gebietsmärkten aus einzelwirtschaftlicher Sicht - dargestellt am Beispiel der deutschen Bekleidungsindustrie, Diss. Hamburg 1970

Pilgrim, Heinz: Die Herford-Bielefelder Konfektionsindustrie, Diss. Jena 1927

Piore, Michael J.; Sabel, Charles F.: Das Ende der Massenproduktion,, Frankfurt/Main 1989

Plessow, Olaf: Konzentration und Marketing am Beispiel der Textil- und Bekleidungsindustrie in der Bundesrepublik Deutschland, Diss. Berlin (FU) 1980

Pope, Jesse Eliphalet: The Clothing Industry in New York, Missouri 1905

Popkin, Martin E.: Organization, Management and Technology in the Manufacture of Mens's Clothing, London (Pitman) 1929

Pracht, Karl: Die Stettiner Bekleidungsindustrie, Diss. Würzburg 1937

Prachtl, Guido: Von der Reihenfertigung zur Fließarbeit, Berlin 1926

Rationalisierungs-Kuratorium der Deutschen Wirtschaft (Hrsg.): Betriebsanalyse in der Herren- und Knaben-Oberbekleidungsindustrie, Berlin-Köln-Frankfurt/Main o. J.

Redlich, Heinrich: Die deutsche Konfektionsindustrie, Diss. Rostock 1934

Reitmeier, Franz: Fertigungsorganisation und Arbeitsstudium in der Bekleidungsindustrie, Mönchengladbach 1966

Renters, Wilhelm: Der Nähmaschinenfachmann, Bielefeld 1953

Renters, Wilhelm: Praktisches Wissen von der Nähmaschine, Langensalza-Berlin-Leipzig o. J.

Richter, W. A.: Enzyklopädie der Zuschnittechnik, Starnberg o. J.

Richter, W. A.: Informations- und Materialflußtechnik in der Textil- und Bekleidungsindustrie, Starnberg, Ortsteil Söcking 1979

Röder, Ruth: Die Entwicklung der Schneiderzunft in Breslau bis zum 30-jährigen Kriege, Diss. Breslau 1939

Rüter, Hans: Die Umorganisation eines Werkes der mechanischen Kleiderherstellung mit Berücksichtigung der Fließarbeit, Diss. Aachen (TH) 1931

Sagel, Fritz: Die Altenburger Nähmaschinen-Industrie, Diss. Jena, Altenburg S.-A. 1911

Sauer, Ingeburg; Altmann, Sabine: Branchenstudie. Trends der technischen, ökonomischen und sozialen Entwicklung in der Bekleidungsindustrie der BRD, unveröff. Manuskript der Forschungsgruppe Sozialwissenschaftliche Forschung im Betrieb, Humboldt-Universität zu Berlin, Berlin (DDR) 1990

Scharrer, Eva-Maria: Die Chancen der Textil- und Bekleidungsindustrie in hochentwickelten Ländern - Ein empirischer Beitrag zu kontroversen Fragen der Standortwahl beider Industriezweige-, Kiel 1972

Scheffels, Kurt: Die Breslauer Damenmäntelkonfektion, Diss. Frankfurt/Main 1925

Schmidt, Anneliese: Die Heimarbeit in der Westberliner Bekleidungsindustrie, unveröff. Diplomarbeit FU Berlin 1955

Schmidt, Bertha: Hamburgs Heimarbeit, Diss. Kiel 1936

Schmidt, Erhard: Fabrikbetrieb und Heimarbeit in der deutschen Konfektionsindustrie, Stuttgart 1912

Schmidt, Friedrich: Die Herrenkonfektion in Aschaffenburg und ihre Arbeiter, Diss. Frankfurt/Main 1921

Schmoller, Gustav: Zur Geschichte der deutschen Kleingewerbe im 19. Jhdt., Halle 1870

Schröter, Helmut: Grundlagen der industriellen Schuhherstellung, Leipzig 1985

Schultheiss, Ludwig: Heimtechnik, München-Berlin 1929

Schumacher, Liesel: Die Struktur der Konfektionsindustrie in ihren betriebswirtschaftlichen Zusammenhängen, Diss. Köln 1949

Schumann, Michael u. a.: Rationalisierung, Krise, Arbeiter, Frankfurt/Main 1982

Schwab, R.: Handbuch der industriellen Bekleidungsfertigung, Stuttgart 1949

Schwarting, Uwe: Direktinvestitionen, passive Lohnveredelung und Zukäufe als Unternehmensstrategie der deutschen Bekleidungsindustrie, Göttingen 1978

Simon, Johann: Die Mainzer Herrenkonfektion, Jena 1928

Sombart, Werner: Die deutsche Volkswirtschaft im neunzehnten Jahrhundert und im Anfang des 20. Jahrhunderts, Berlin 1923

Statistisches Reichsamt (Hrsg.): Statistik des Deutschen Reichs, Band 408, Berufszählung, Volks-, Berufs- und Betriebszählung vom 16. Juni 1925, Berlin 1931

Statistisches Reichsamt (Hrsg.): Statistik des Deutschen Reichs, Band 458, Berufszählung, Volks-, Berufs- und Betriebszählung vom 16. Juni 1933, Berlin 1937

Statistisches Reichsamt (Hrsg.): Statistik des Deutschen Reichs, Band 556, 1. Die Berufstätigkeit der Bevölkerung des Deutschen Reichs, Volks-, Berufs- und Betriebszählung vom 17. Mai 1939, Berlin 1941

Stockmann, Reinhard; Willms-Herget, Angelika: Erwerbsstatistik in Deutschland, Frankfurt/Main - New York 1985

Sulzbacher, Josef: Die neuere Entwicklung der Heimarbeit in der Frankfurter Herrenkonfektion, Diss. Frankfurt/Main 1925

Taylor, Frederick Winslow: Die Grundsätze wissenschaftlicher Betriebsführung, München-Berlin 1919 (Reprint München o.J.).

Textil-Statistik GmbH (Hrsg.): Die Bekleidungsindustrie in der Bundesrepublik Deutschland im Jahre 19.., Frankfurt/Main, diverse Jahrgänge

Timm, Johannes: Das Sweating-System in der deutschen Konfektions-Industrie, Flensburg 1895

Timm, Johannes: Die Konfektions-Industrie und ihre Arbeiter, Flensburg 1897

Tittel, Paul: Die Wäscheindustrie in Bielefeld und Herford unter Berücksichtigung von Organisation und Betrieb, Diss. Leipzig 1914

Türk, Werner: Konfektion, Berlin-Wien 1932

Voß, Günther: Herfords Bekleidungs- und Wäsche-Industrie im Wandel der Zeit, Herford 1984

Wassermann, Wolfram: Arbeitsgestaltung als Gegenstand gewerkschaftlicher Politik. Zur Soziologie der Arbeitsgestaltung am Beispiel der Textil- und Bekleidungsindustrie. Bonn-Bad Godesberg 1985

Weber, Max: Wirtschaftsgeschichte, Berlin 1958

Weißbach, Hans-Jürgen: Gruppenarbeit oder Transferstraße? Zum Verhältnis von neuen Technologien, Arbeitsorganisation und Qualifikation in der Bekleidungsindustrie, sfs-Beiträge Bd.7 Dortmund 1984

Westphal, Uwe: Berliner Konfektion und Mode, Berlin 1986

Wilbrandt, Robert: Arbeiterinnenschutz und Heimarbeit, Jena 1906

Willms-Herget, Angelika: Frauenarbeit, Frankfurt/Main - New York 1985

Wirtschaftsgruppe Bekleidungs-Industrie (Hrsg.): Zur Reichstagung der Deutschen Bekleidungs-Industrie in Hamburg, Berlin o. J.

Wittkowski, Erwin: Die Berliner Damenkonfektion, (Diss. Berlin), Leipzig 1928

Wolkiser, Artur Martin: Die deutsche Damen- und Mädchenbekleidungsindustrie. Ihr Export im Frieden und ihre Produktion im Kriege, Diss. Berlin 1915

Zacharias, Andre: Entwicklung und Einsatz innovativer Produkt- und Prozeßtechnologien in der bundesdeutschen Bekleidungsindustrie als Alternative zur Auslandsfertigung, Sonderdruck in der Bekleidungstechnischen Schriftenreihe, Bd. 1, Köln 1986

Zincke, W.: 600 Jahre Geschichte der Berliner Schneider-Gilde und ihrer Zeit, Berlin 1888

Beiträge in Sammelwerken, Zeitschriftenaufsätze sowie sonstige nicht selbständig erschienene Schriften

Adler, E.: Die Schneiderei in Proßnitz, in: Schriften des Vereins für Socialpolitik, Band 68, Leipzig 1896

Adler, Ulrich: Der Stand der Technik in der Bekleidungsindustrie unter dem Aspekt der Arbeitsstrukturierung, in: Ifo-Schnelldienst, 33. Jg. (1980), Nr. 33, S. 8 - 18

Adler, Ulrich; Breitenacher, M.: Bekleidungsgewerbe: Immer mehr Produktionsverlagerung ins Ausland, in: Ifo-Schnelldienst, 37. Jg. (1984), Nr. 25/26, S. 19 - 23

Akerman, Gustaf: Die Fließarbeit, in: Zeitschrift für Nationalökonomie, 1934, Bd. 5

Altmann, Norbert; Deiß, Manfred; Döhl, Volker; Sauer, Dieter: Ein "Neuer Rationalisierungstyp" - neue Anforderungen an die Industriesoziologie, in: Soziale Welt, 37. Jg. (1987), Heft 2/3, S. 191 - 207

Arnim, Clara: Elektrische Nähmaschinen erhöhen den Verdienst und sind gesünder, in: Wissen und Fortschritt. Populäre Monatsschrift für Technik und Wissenschaft, 2. Jg. (1928), Nr. 2, S. 205 - 208

Augustin, Werner: Die "hängende Fertigung" in der Hosenfabrikation, in: Pfaff Industriemaschinen GmbH (Hrsg.) PFAFF-Information, Kaiserslautern, Nr. 3/1969, S. 3 - 12

Augustin, Werner: Maschinen für die Bekleidungsindustrie, in: Bekleidung und Wäsche, 2. Jg. (1950), Nr. 5, S. 295 - 297; Nr. 8, S. 334 - 337

Ausschuß zur Untersuchung der Erzeugungs- u. Absatzbedingungen der deutschen Wirtschaft: Das deutsche Handwerk (Sonderuntersuchungen über das Bäcker-, Konditor-, Fleischer-, Schuhmacher-, Schneider- und Buchbinderhandwerk), Verhandlungen und Berichte des Unterausschusses für Gewerbe, Industrie, Handel und Handwerk (III. Unterausschuß) 8. Arbeitsgruppe (Handwerk), 3. Band, Berlin 1930

B. L.: Die ungesunden Arbeitsbedingungen in der Konfektionsindustrie, in: Die Gleichheit, 9. Jg. (1899), Nr. 19, S. 149

Bäckmann, Reinhard: Arbeitsgestaltung mit technischen Mitteln, in: DOB + haka praxis, 8. Jg. (1973), Nr. 4, S. 240 - 247

Bäckmann, Reinhard: Bündelfertigung im Verbundsystem: stapeln + rollen, in: DOB + haka praxis, 8. Jg. (1973), Nr. 6, S. 432 - 436

Bäckmann, Reinhard: Langnahtautomaten, Konturennäher und Umstechautomaten, in: Bekleidung und Wäsche, 25. Jg. (1973), Nr. 15, S. 1172 - 1177

Bäckmann, Reinhard: Nähtechnik heute - und morgen? in: DOB + haka praxis, 9. Jg. (1974), Nr. 5, S. 365 - 366

Bäckmann, Reinhard: Nähautomaten: ein technischer Überblick, in: Bekleidung und Wäsche, 26. Jg. (1974), Nr. 13, S. 835 - 842

Bäckmann, Reinhard: Integrierte Arbeitsplatzgestaltung. Methode der innerbetrieblichen Produktivitätssteigerung für Nähbetriebe, in: DOB + haka praxis, 15. Jg. (1980), Nr. 11, S. 712 - 727

Baer, D.: Geschichtliches aus der Bekleidungsindustrie, in : Marcus, B. (Hrsg.): Großes Textilhandbuch, Nordhausen o. J.

Bayerlein, A.: Elektrische Nähmaschinenantriebe, in: Berufsarbeit und Wissen in Gewerbe und Handel, 2. Jg. (1926), Nr. 22, S. 1 - 8

Bechtle, Günter; Lutz, Burkart: Die Unbestimmtheit post-tayloristischer Rationalisierungsstrategie und die ungewisse Zukunft industrieller Arbeit - Überlegungen zur Begründung eines Forschungsprogramms, in: Düll, Klaus; Lutz, Burkart (Hrsg.): Technikentwicklung und Arbeitsteilung im internationalen Vergleich, Frankfurt/Main - New York 1989, S. 9 - 91

Beck-Gernsheim, Elisabeth; Ostner, Ilona: Der Gegensatz von Beruf und Hausarbeit als Konstitutionsbedingung weiblichen Arbeitsvermögens, in: Beck, Ulrich; Brater, Michael (Hrsg.): Die soziale Konstitution der Berufe, Frankfurt/Main - New York 1977

Becker, Curt: Die Bekleidungsindustrie des Bundesgebiets Ende 1950, in: Bekleidung und Wäsche, Stuttgart, 2. Jg. (1950), Nr. 12, S. 541 - 545

Beckmann, Günther: Die wirtschaftliche Entwicklung der westdeutschen Textil- und Bekleidungsindustrie, in: Bekleidung und Wäsche, 8. Jg. (1956), Nr. 5, S. 223 - 224

Beier, Rosmarie: Berliner Heimnäherinnen und ihre Familien vor 1914, in: Journal für Geschichte, 2. Jg (1980), Heft 4, S. 27 - 30

Bergmann, Joachim: Technik und Arbeit, in: Lutz, Burkart (Hrsg.): Technik und sozialer Wandel, Verhandlungen des 23. Deutschen Soziologentages in Hamburg 1986, Frankfurt/Main - New York 1987

Bergmüller, Rolf; Rausch, Walter: Schnittkonstruktion von Hosen im Hinblick auf die Bearbeitung durch Nähautomaten, in: Rieser, Willi; Schierbaum, Wilfried (Hrsg.): Taschenbuch für die Bekleidungsindustrie 1976, Berlin 1975, S. 125 - 140

Billhardt, Mechthild: Die Abstimmungsfrage als Hauptproblem der Fließfertigung, in: Bekleidung und Wäsche, 5. Jg. (1953), Nr. 1, S. 55 - 61

Bitzenhofer, Otto: Neuzeitliche Produktionsanlagen mit automatischen Transportbändern, in: Bekleidung und Wäsche, 2. Jg. (1950), Nr. 6, S. 237 - 241

Bogen, H. u.a.: "Bekleidungsgewerbe, Berufe in ihm"; in: Handwörterbuch der Betriebswirtschaft (Hrsg. H. Nicklisch), Stuttgart 1926, Sp. 695 - 709

Börries, Wilhelm: Die Bekleidungsindustrie im fünften Kriegsjahr, in: Die Deutsche Volkswirtschaft, 12. Jg. (1943), Nr. 33, S. 1030 - 1032

Breitenacher, M.: Sinkende Anzahl von Arbeitsplätzen in der Bekleidungsindustrie, in: Ifo-Schnelldienst, 28. Jg. (1975), Nr. 27, S. 7 - 13

Bright, James R.: Lohnfindung an modernen Arbeitsplätzen in den USA, in: Friedrichs, Günter (Hrsg.): Automation und technischer Fortschritt in Deutschland und den USA, Frankfurt/Main 1967, S. 133 - 193

Bücher, K.: "Gewerbe", in: Handbuch der Staatswissenschaften, Band 4, Jena 1927, S. 966 - 999

Bustin, Franz: Der elektrische Nähmaschinenantrieb, in: Helios, 38. Jg. (1932), Nr. 26, S. 206 - 207 (1932 a)

Bustin, Franz: Der Kobold-Nähmaschinen-Friktions-Motor, Deutscher Nähmaschinen-Handel, 34. Jg. (1932), Nr. 6, S. 106 - 109 (1932 b)

Bußmann, Hellmuth: Arbeitsvorbereitung kleiner und kleinster Serien, in: Bekleidung und Wäsche, 10. Jg. (1958), Nr. 12, S. 737 - 743 und Jg. 11 (1959), Nr. 1, S. 3 - 7

Bußmann, Hellmuth: Transportanlagen im Blickpunkt fortschreitender Rationalisierung, in: Bekleidung und Wäsche, 11. Jg. (1959), Nr. 12, S. 808 - 812

Conrad, J.: Einige Ergebnisse der neuesten deutschen gewerblichen Betriebserhebung, in: Jahrbücher für Nationalökonomie und Statistik, III. Folge, Band 39, Jena 1910, S. 57 - 78

Conze, Hans-Georg: Berufsbekleidung im Blickpunkt der Rationalisierung, in: Bekleidung und Wäsche, 2. Jg. (1950), Nr. 1, S. 11 - 16 (1950 a)

Conze, Hans-Georg: Modische Damenmäntel in der rationellen Fertigung, in: Bekleidung und Wäsche, 2. Jg. (1950), Nr. 6, S. 248 - 254 (1950 b)

Conze, Hans-Georg: Arbeitsvorbereitung für Taktbandanlagen, in: Bekleidung und Wäsche, 5. Jg. (1953), Nr. 4, S. 149 - 157

Conze, Hans-Georg: Optimale Fertigungsverfahren - ein Zeitproblem, in: Bekleidung und Wäsche, 6. Jg. (1954), Nr. 5, S. 196 - 204

Czych, Paul Sixtus: "Konfektions-Industriebetrieb", in: Handwörterbuch der Betriebswirtschaft (Hrsg. H. Nicklisch), Stuttgart 1927, S. 662 - 684

Deubner, Christian: Zur Internationalisierung in der westdeutschen Bekleidungsindustrie, in: WSI-Mitteilungen, 32. Jg. (1979), Heft 1, S. 34 - 45

Dick, Volkmar: Gesicht und Gewicht der Bekleidungsindustrie in Westdeutschland, in: Jecht, H. (Hrsg.): Textilwirtschaft heute, Stuttgart 1955, S. 228 - 250

Dick, Volkmar: "Bekleidungsindustrie", in: Handwörterbuch der Sozialwissenschaften, Bd. 1, Stuttgart-Tübingen-Göttingen (1956), S. 731 - 741

Dittberner, A. F.: Das Rationalisierungsprogramm in der Heimarbeit, in: Das Bekleidungsfachblatt, 15. Jg (1940), Nr. 24, S. 1 - 3

Dittberner, A. F.: Zwischenmeisterbetriebe, die sich halten werden, in: Das Bekleidungsfachblatt, 16. Jg. (1941), Nr. 1, S. 1 (1941 a)

Dittberner, A. F.: Die zukünftige Entwicklung der Heimarbeit, in: Das Bekleidungsfachblatt, 16. Jg. (1941), Nr. 2, S. 1 (1941 b)

Donner, Erich: Moderne Industrienähmaschinen, in: Bekleidung und Wäsche, 2. Jg. (1950), Nr. 5, S. 218 - 222

Donner, Erich: Die Industrienähmaschine, in: Bekleidung und Wäsche, 7. Jg. (1955), Nr. 3, S. 119 - 125

Donner, Erich: Produktivitätssteigerung durch sinnvoll angewandte Arbeitsverfahren, in: Jahrbuch des Bekleidungstechnischen Institutes Rheydt 1958, Rheydt 1959, S. 9 - 19

Donner, Ruth: Wirtschaftliche Fabrikation von Damenmänteln, in: Bekleidung und Wäsche, 3. Jg. (1951), Nr. 12, S. 581 - 587

Dt.-F., H.: Von der Fließband-Fabrikation, in: Deutscher Nähmaschinen-Handel, 33. Jg. (1931), Nr. 17, S. 318 - 321

Ehlers: Die Bedeutung der Damenkonfektion für Industrie und Handel, in: Kundt, M.: Die Ausbildung im Gewerbe der Photographie, Gantzsch b. L. 1911, S. 7 - 9

Einecke, Klaus: Gedanken über Probleme der Arbeitsplatzgestaltung und über die Automatisierung von Nähvorgängen, in: Bekleidung und Wäsche, 14. Jg. (1962), Nr. 8, S. 601 - 611

Engelbach: Die Herrenkonfektion in Darmstadt und Umgebung, im Odenwald und in der Bergstraße, in: Arndt, Paul (Hrsg.): Die Heimarbeit im rhein-mainischen Wirtschaftsgebiet, 3. Band, Teil 1, Jena 1913

Engelhardt, Werner Wilhelm: "Heimarbeit und Verlagssystem", in: Kern, Werner (Hrsg.): Handwörterbuch der Produktionswirtschaft, Stuttgart 1979

Feig, Johannes: Die Betriebsformen und Arbeitsverhältnisse in der Berliner Wäscheindustrie, in: Schriften des Vereins für Socialpolitik, Band 85, Leipzig 1899

Fink, Hansludwig: "Konfektions-(Bekleidungs-)industrie", in: Seischab, Hans; Schwantag, Karl (Hrsg.): Handwörterbuch der Betriebswirtschaft, Stuttgart 1957, Sp. 3212 - 3217

Fischer, Hans: Die absatzwirtschaftliche Problematik der Spezialisierung und Typisierung in der Bekleidungswirtschaft, in: Markt und Verbrauch. Veröffentlichungen des Instituts für Wirtschaftsbeobachtung der deutschen Fertigware und der Gesellschaft für Konsumforschung, Jg. 15 (1943), Heft 1/2, S. 17 - 26

Fischer, Joachim; Minssen, Heiner: Weder Reprofessionalisierung noch vollendeter Taylorismus. Neue Leistungspolitik in der Bekleidungsindustrie, in: Soziale Welt, 38. Jg. (1987), Heft 2, S. 197 - 210

Fluhme, Carl: Rationalisierung in der Bekleidungsindustrie, in: Hauswirtschaftliche Jahrbücher, Hrsg. von der Reichsfrauenführung, Stuttgart, Heft 2/1943, S. 63 - 69

Förster: F. A.: Die Vorteile des elektrischen Nähmaschinenantriebes, in: Stein der Weisen. Illustrierte Zeitschrift zur Verbreitung volkstümlichen Wissens, N.F. 5. Jg. (1928), Nr.23, S.539

Forberger, Rudolf: Theoretische und empirische Bemerkungen zum Thema: Die Industrielle Revolution in der Sicht der Genesis der Produktivkräfte, in: Troitzsch, Ulrich; Wohlauf, Gabriele (Hrsg.): Technik - Geschichte, Frankfurt/Main 1980, S. 302 - 327

Fridrichowicz, E.: Die Lehren der Arbeiterbewegung in der Garderobenkonfektion, in: Zeitschrift für die gesamte Staatswissenschaft, 53. Jg. (1897), 3. Heft, S. 385 - 436

Fürth, Henriette: Die Frauenarbeit in der Herrenschneiderei, in: Stein, Ph. (Hrsg.): Zur Lage der Arbeiter im Schneider- und Schuhmachergewerbe in Frankfurt am Main, Frankfurt/Main 1897, S. 78 - 100

Gerbis, Hermann: "Bekleidungsgewerbe und Bekleidungsindustrie", in: Giese ,Fritz (Hrsg.): Handwörterbuch der Arbeitswissenschaft, Band I, Halle 1930, Sp. 706 - 715

Goldberg, Werner: Planwirtschaftlicher Aufbau der Bekleidungsindustrie, in: Gewerkschafts-Archiv, 5. Jg. (1928), Band 8, S. 126 - 134

Graben, P.: Spezial-Nähmaschinen mit elektrischem Fadenabschneider, verbunden mit hydraulischer Momentpresse, in: Deutsche Nähmaschinen-Zeitung, 44. Jg. (1919), Nr. 5, S. 1 - 5

Graf, Franz: Förderanlagen in der Bekleidungsindustrie, in: Bekleidung und Wäsche, 16. Jg. (1964), Nr. 6, S. 518 - 530 und Nr. 7, S. 604 - 608

Grandke, H.: Die Frau in der Konfektion, in: Die Frau, Monatsschrift für das gesamte Frauenleben unserer Zeit, 2. Jg. (1894/85), Heft 3, Dezember 1894, S. 170 - 173; Heft 4, Januar 1895, S. 227 - 230

Grandke, H.: Die Entstehung der Berliner Wäscheindustrie im 19. Jahrhundert, in: Jahrbuch für Gesetzgebung, Verwaltung und Volkswirtschaft, 20. Jg. (1896), 2. Heft, S. 239 - 259

Grandke, Hans: Berliner Kleiderkonfektion, in: Schriften des Vereins für Socialpolitik, Band 85, Leipzig 1899

Gummersbach, Max: Fördermittel in der Bekleidungsindustrie, in: Bekleidung und Wäsche, 5. Jg. (1953), Nr. 1, S. 61 - 63

H.Hch.: Nähmaschinenmotoren, in: Energie, 37. Jg. (1932), Heft 10, S. 305 - 306

Habicht, Ernst: Leistungssteigerung durch Taktbänder, in: Bekleidung und Wäsche, 4. Jg. (1952), Nr. 3, S. 91

Habicht-Meinas: Die gesteuerte Materialbewegung durch einen vollselbsttätigen Umlaufförderer für die Versorgung von Arbeitsplätzen in der Bekleidungsindustrie, in: Bekleidung und Wäsche, 11. Jg. (1959), Nr. 10, S. 695 - 701

Hagemann, Werner: Entwicklung der Bekleidungsindustrie in 25 Jahren als Voraussetzung ihrer heutigen Struktur, in: Melzer, Ernst (Hrsg.): Die Bekleidungsindustrie, Darmstadt 1955, S. 1 - 15

Hanff, Hugo: Die Entwicklung der Berliner Herrenwäsche-Industrie, in: Gewerbliche Einzelvorträge, Hrsg. v. d. Ältesten der Kaufmannschaft von Berlin, Siebente Reihe, Berlin 1914

Haumann, Konrad: Ein Dorfschneider begründet bedeutende Kleiderindustrie, in: Das Bekleidungsfachblatt, 13. Jg. (1938), Nr. 13, S. 18

Hausen, Karin: Technischer Fortschritt und Frauenarbeit im 19. Jahrhundert. Zur Sozialgeschichte der Nähmaschine, in: Geschichte und Gesellschaft, 4. Jg. (1978), Nr. 2, S. 148 - 169

Heilig, Bernhard: Zur Entstehung der Proßnitzer Konfektionsindustrie, in: Zeitschrift des Deutschen Vereins für die Geschichte Mährens und Schlesiens, 31. Jg. (1929), 1. Heft, S. 1 - 22

Heimann, K. W.: Stand der deutschen Industrienähmaschinentechnik, in: Bekleidung und Wäsche, 5. Jg. (1953), Nr. 10, S. 449 - 452

Heimann, K. W.: Auch die Nähmaschine von heute stellt noch Aufgaben, in: Deutsche Nähmaschinen-Zeitung, 75. Jg. (1954), Nr. 12, S. 37 - 39

Heimann, K. W.: Vom Automaten zur Transferstraße in der Bekleidungsindustrie, in: Bekleidung und Wäsche, 14. Jg. (1962), Nr. 10, S. 780 - 787; Nr. 11, S. 901 - 922

Heimann, K. W.: Gedanken über die Rationalisierung in der Bekleidungsindustrie, in: Bekleidung und Wäsche, 18. Jg. (1966), Nr. 15, S. 1053 - 1055

Heimann, Oscar: Die Entwicklung der Berliner Damenkonfektionsindustrie, in: Gewerbliche Einzelvorträge, Hrsg. v. d. Ältesten der Kaufmannschaft von Berlin, Sechste Reihe, Berlin 1912

Heßland, Dieter: Der richtige Nähantrieb, in: Mecheels, Otto (Hrsg.): Repertorium der Bekleidungsindustrie 1954, München 1954, S. 56 - 61 (1954 a)

Heßland, Dieter: Fertigungsverfahren in der Näherei, in: Mecheels, Otto (Hrsg.): Repertorium der Bekleidungsindustrie 1954, München 1954, S. 62 - 70 (1954 b)

Heßland, Dieter: Die Organisation von Fließbandreihen, in: Mecheels, Otto (Hrsg.): Repertorium der Bekleidungsindustrie 1956, München 1955, S. 12 - 33 (1955 a)

Heßland, Dieter: Die Fertigungsverfahren in der Bekleidungsindustrie, in: Melzer, E. (Hrsg.): Die Bekleidungsindustrie, Darmstadt 1955, S. 143 - 154 (1955 b)

Heßland, Dieter: Fertigungsverfahren in der Näherei, in: Melliand-Textilberichte, 36. Jg. (1955), Nr. 5, S. 456 - 458 (1955 c)

Heßland, Dieter: Die Organisation nicht taktgebundener Nähgruppen, in: Mecheels, Otto (Hrsg.): Repertorium der Bekleidungsindustrie 1957, München o. J., S. 52 - 82 (o. J. a)

Heßland, Dieter: Neue Maschinen für die Bekleidungsindustrie, in: Mecheels, Otto (Hrsg.): Repertorium der Bekleidungsindustrie 1958, München o. J., S. 143 - 215, (o. J. b)

Heyd, Otto: Der Nähmotor im Rahmen der Betriebswirtschaftlichkeit, in: Mecheels, Otto (Hrsg.): Repertorium der Bekleidungsindustrie 1955, München 1955, S. 164 - 168

Heyd, O.: Probleme des Nähantriebes, in: Melliand-Textilberichte, 37. Jg. (1956), Nr. 10, S. 1174 - 1176

Heymann, Berthold: Die Berliner Damenmäntelkonfektion, in: Neue Zeit, Wochenschrift der deutschen Sozialdemokratie, 12. Jg. (1893/94), Nr. 39, S. 401 - 404

Hiller: Die Aschaffenburger Herrenkonfektion, in: Arndt, Paul (Hrsg.): Die Heimarbeit im rhein-mainischen Wirtschaftsgebiet, 3. Band, Teil 1, Jena 1913

Hirsch, Julius: Probleme der deutschen Bekleidungsindustrie, in: Magazin der Wirtschaft, 4. Jg. (1928), Nr. 25, S. 960 - 967

Hofmann, Joachim: Das schwierigste Jahr der Bekleidungsindustrie, in: Bekleidung und Wäsche, 20. Jg. (1968), Nr. 1, S. 12

Hofmann, Joachim: Die Bekleidungsindustrie im Jahre 1970, in: Bekleidung und Wäsche, 22. Jg. (1970), Nr. 1, S. 13

Hofmann, Joachim: Die deutsche Bekleidungsindustrie in einer sich wandelnden Welt, in: Bekleidung und Wäsche, 25. Jg. (1973), Nr. 3, S. 156 - 160

Hopf, Hartmut: Die hängende Fertigung unter arbeitswissenschaftlichen Gesichtspunkten in: DOB + haka praxis, 13. Jg. (1978), Nr. 6, S. 388 - 391

Hopf, Hartmut: Vor- und Nachteile der hängenden Fertigung, in: Bekleidung und Wäsche, 37. Jg. (1985), Nr. 12, S. 16 - 24

Hylla, G.: Eton-System 2000 - ein integriertes Fertigungs - und Arbeitsplatzsystem, in: Bekleidung und Wäsche, 33. Jg. (1981), Nr. 19, S. 1101 - 1103

Ischen, Bernd: Fließende - nicht taktgebundene - Fertigung von Damenmänteln und Kostümen, in: Bekleidung und Wäsche, 9. Jg. (1957), Nr. 6, S. 305 - 308

Iseli, Fritz Frank: Produktionssystem für hängende Fertigung, in: Bekleidungstechnik, 1. Jg. (1977), Nr. 1, S. 11 - 13

Jähning, Herbert: Arbeitsverfahren der fließenden Fertigung in der Bekleidungsindustrie, in: Autorenkollektiv (Hrsg.): Industrielle Bekleidungsfertigung, Heft III, Leipzig 1956

Jaffé, E.: Die westdeutsche Konfektionsindustrie mit besonderer Berücksichtigung der Heimarbeit, in: Schriften des Vereins für Socialpolitik, Band 86, Leipzig 1899

Jaumann, A.: Rationelle Arbeitsweisen, in: Das Bekleidungsfachblatt, 16. Jg. (1941), Nr. 14, S. 2 - 4; Nr. 15, S. 3 - 4; Nr. 17, S. 2 - 3; Nr. 18, S. 2 - 3; Nr. 19, S. 2 - 3; Nr. 20, S. 2; Nr. 21, S. 3 - 5

Jung, Otto: Wirtschaftsfaktor Bekleidungsindustrie, in: Die Deutsche Volkswirtschaft, 7. Jg. (1938), Nr. 2, S. 82 - 85

K. G.: Etwas über elektrische Nähmaschinenmotoren, in: Elektro-Markt. Allgemeiner Anzeiger für Stark- und Schwachstrom, Nr. 12/1929, S. 18 - 21

Kellner, Franz: Die Bekleidungsindustrie im Jahre 1962, in: Bekleidung und Wäsche, 15. Jg. (1963), Nr. 1, S. 46 - 48

Kellner, Franz: Die Bekleidungsindustrie im Jahre 1964, in: Bekleidung und Wäsche, 17. Jg. (1965), Nr. 1, S. 18 - 19

Kerkhoff, Wilhelm: Industrienähmaschinen - Spezialnähmaschinen - Nähautomaten, in: Bekleidung und Wäsche, 8. Jg. (1956), Nr. 3, S. 121 - 124; Nr. 6, S. 279 - 283; Nr. 7, S. 334 - 342; Nr. 12, S. 643 - 648; 9. Jg. (1957), Nr. 1, S. 9 - 16; Nr. 2, S. 59 - 63

Kieseritzky, E.: Die Formen der Hausindustrie in Köln, in: Schriften des Vereins für Socialpolitik, Band 86, Leipzig 1899

Klein, Walter: Vom Muldentisch zum Fließband und einiges mehr über leistungssteigernde Arbeitsplatzanordnungen in Nähereibetrieben, in: Das Bekleidungsfachblatt, 14. Jg. (1939), Nr. 23, S. 2 - 3; Nr. 24, S. 2 - 3; 15. Jg. (1940), Nr. 1, S. 1 -3; Nr. 2, S. 1 - 2; Nr. 3, S. 1 - 2

Klein, Walter: Wer hat die Nähmaschine erfunden?, in: Blatt für Patent-, Muster- und Zeichenwesen, Hrsg. vom Deutschen Patentamt, München, 54. Jg. (1952), Heft 7, S. 297 - 299

Klein, Walter: Erfindergeist in 75 Jahren Nähmaschinen-Entwicklung, in: Deutsche Nähmaschinen-Zeitung, 75. Jg. (1954), Nr. 12, S. 32 - 36

Klinke, Rolf: Entwicklungstendenzen der Nachfrage nach Bekleidungsprodukten, in: Verein Deutscher Ingenieure (Hrsg.): Zusammenarbeit zwischen den Unternehmen der Textil- und Bekleidungsindustrie ermöglicht optimale Produkte (VDJ-Bericht 443), Düsseldorf 1982, S. 15 - 21

Klinke, Rolf: "Produktion in der Textil- und Bekleidungsindustrie", in: Kern, Werner (Hrsg.): Handwörterbuch der Produktionswirtschaft, Stuttgart 1979, Sp. 2004 - 2015

Kluge, H.: Markenwäsche in Fließarbeit, in: Der Werksleiter, 2. Jg. (1928), Heft 16, S. 445 - 450

Knesebeck, J.-H. v. d.: Gruppen mit erweitertem Handlungsspielraum als Lösungsansatz zur Humanisierung und Flexibilisierung, in: Fischer, J. u.a.: Arbeitsstrukturierung und Organisationswandel in der Bekleidungsindustrie, Frankfurt/Main - New York 1983, S. 130 - 152

Koch, Ingrid: Steuerung des Arbeitsablaufes und Arbeitsplatzbelastung in der Bündelfertigung, in: Bekleidung und Wäsche, 17. Jg. (1965), Nr. 3, S. 138 - 150

Kohnagel, Lutz: Gedanken zur Nähgeschwindigkeit von Industrienähmaschinen, in: Bekleidung und Wäsche, 10. Jg. (1958), Nr. 9, S. 526 - 531

Kohnagel, Lutz: Taktbänder in der Praxis, in: Bekleidung und Wäsche, 8. Jg. (1956), Nr. 8, S. 392 - 396

Köhne, Heinrich: Alles über Fadenabschneider, in: DNZ-international, 98. Jg. (1977), Nr. 5, S. 32

Koller, K.-F.: Maschinentechnische Besprechung moderner Industrienähmaschinen, in: Bekleidung und Wäsche, 3. Jg. (1951), Nr. 7, S. 334 - 338; Nr. 9, S. 435 - 437; Nr. 12, S. 595 - 596

Koller, K.-F.: Produktionsgestaltung in der Blusen-, Kleider- und Wäscheindustrie, in: Bekleidung und Wäsche, 5. Jg. (1953), S. 461 - 468

Koller, K.-F.: Verfahrenstechnische Probleme in der Wäsche- und Berufsbekleidungsindustrie, in: Bekleidung und Wäsche, 9. Jg. (1957), Nr. 10, S. 571 - 579

Köppel, Matthias: Textil- und Bekleidungsindustrie: Erfolgreicher Strukturwandel, in: Westdeutsche Landesbank Girozentrale (Hrsg.): WestLB Informationen LW3/1985, Düsseldorf 1985, S. 9 - 11

Körber, R. W.: Moderne Schnellnäher-Maschinennadeln-Nähfäden, in: Bekleidung und Wäsche, 6. Jg. (1954), Nr. 2, S. 51 - 52

Körner: Betriebsarbeit und Heimarbeit in der deutschen Bekleidungsindustrie, in: Deutsches Arbeitsrecht, 4. Jg. (1936), Heft 10, S. 257 - 259

Krengel, Joachim: Die Arbeiterschaft der Berliner Bekleidungsindustrie. Versuch einer sozialstatistischen Analyse (1870 - 1914), in: Pohl, Hans (Hrsg.): Forschungen zur Lage der Arbeiter im Industrialisierungsprozeß, Stuttgart 1978, S. 118 - 131 (1978 a)

Krengel, Joachim: Das Wachstum der Berliner Bekleidungsindustrie vor dem ersten Weltkrieg, in: Jahrbuch für die Geschichte Mittel- und Ostdeutschlands, 28. Jg. (1978), S. 206 - 237 (1978 b)

Krowatschek, Fritz; Moll, Phillip: Untersuchung des Anlauf- und Bremsverhaltens von Nähantrieben, in: Bekleidung und Wäsche, 19. Jg. (1967), Nr. 7, S. 435 - 447

Kruse, Fritz H.: Nähautomaten gestern, heute und morgen, in: Bekleidung und Wäsche, 36. Jg. (1984), Nr. 17, S. 803 - 807

Lademann, Heinz: Zur Struktur der Bekleidungsindustrie, in: Rieser, W.; Schierbaum, W. (Hrsg.): Taschenbuch für die Bekleidungsindustrie 1975, Berlin 1974, S. 45 - 63

Landgraf, Otto: Ein Top Modell aus Urgroßmutters Zeiten, in: DNZ-international, 101. Jg. (1980), Nr. 1, S. 16 - 17 (1980 a)

Landgraf, Otto: Und sie funktioniert einwandfrei - nach 100 Jahren, in: DNZ-international, 101. Jg. (1980), Nr. 2, S. 24 - 25 (1980 b)

Landgraf, Otto: Diesmal: Die Herzkurve der Langschiffnähmaschinen, in: DNZ-international, 102. Jg. (1981), Nr. 7, S. 26 - 28 (1981 a)

Landgraf, Otto: Diesmal: Die Zentralspulgreifer-Nähmaschine, in: DNZ-international, 102. Jg. (1981), Nr. 8, S. 24 - 28 (1981 b)

Landgraf, Otto: Königliche Waffenschmiede, in: DNZ-international, 102. Jg. (1981), Nr. 9, S. 36 - 38 (1981 c)

Landgraf, Otto: Von der Dampfmaschine zum Elektromotor, in: DNZ-international, 103. Jg. (1982), Nr. 9, S. 52 - 54 (1982 a)

Landgraf, Otto: Von der Dampfmaschine zum Elektromotor, in; DNZ-international, 103. Jg. (1982), Nr. 10, S. 38 - 41 (1982 b)

Landgraf, Otto: Elias Howe ... der Erfinder der Doppelsteppstich-Nähmaschine, in: DNZ-international, 104. Jg. (1983), Nr. 3, S. 34 - 36

Lange, Helene: Die Lage der Arbeiterinnen in der Wäsche- und Konfektionsindustrie, in: Die Frau, Monatsschrift für das gesamte Frauenleben unserer Zeit, 3. Jg. (1895/96), Heft 3

Lehr, Adolf: Die Hausindustrie in der Stadt Leipzig und ihrer Umgebung, in: Schriften des Vereins für Socialpolitik, Band 48, Leipzig 1891

Lenger, Friedrich: Handwerk, Handel, Industrie: Zur Lebensfähigkeit des Düsseldorfer Schneiderhandwerks in der zweiten Hälfte des Neunzehnten Jahrhunderts, in: Wengenroth, Ulrich (Hrsg.): Prekäre Selbständigkeit, Stuttgart 1989

Lind, H.W.: Die Fortschritte im Nähmaschinenbau, in: Deutsche Nähmaschinen-Zeitung, 32. Jg. (1907), Nr. 12, S. 1 - 2

Linhart, Danièle; Düll, Klaus; Bechtle, Günter: Neue Technologien und industrielle Beziehungen im Betrieb - Erfahrungen aus der Bundesrepublik Deutschland, in: Düll, Klaus; Lutz, Burkart (Hrsg.): Technikentwicklung und Arbeitsteilung im internationalen Vergleich, Frankfurt/Main - New York 1989, S. 93 - 159

Lohmann, Günter: Die heutigen Arbeitsverfahren, in: Bekleidung und Wäsche, Jg. 28 (1976), Nr. 23, S. 1466 - 1479; Nr. 24, S. 1534 - 1537; Jg. 29 (1977) Nr. 1, S. 25 - 77; Nr. 3, S. 143 - 145

Lorch, Wilhelm: Die Industrie der Bekleidung, in: Die Wirtschaftskurve, 21. Jg. (1942), Heft 3, S. 169 - 178

Lorch, Wilhelm: Bekleidung im Kriege, in: Der deutsche Volkswirt, 17. Jg. (1943), Nr. 26, S. 802 - 804

Luger, Adolf E.: Probleme der Entwicklung und Einführung einer optimalen Ablauforganisation in der Bekleidungsindustrie, in: Beiträge der Fachhochschule für Wirtschaft Pforzheim, Nr. 4, Pforzheim 1980

Luppe: Die Frankfurter und Mainzer Herrenkonfektion, in: Arndt, Paul (Hrsg.): Die Heimarbeit im rhein-mainischen Wirtschaftsgebiet, 3. Band, Teil 1, Jena 1913

Lutz, Burkart: Produktionsprozess und Berufsqualifikation, in: Adorno, Theodor W. (Hrsg.): Spätkapitalismus oder Industriegesellschaft?, Verhandlungen des 16. Deutschen Soziologentages, Stuttgart 1969, S. 227 - 250

Lutz, Burkart; Schmidt, Gert: Industriesoziologie, in: König, René (Hrsg.): Handbuch der empirischen Sozialforschung, Band 8, Stuttgart 1977

Lutz, Burkart: Technik und Arbeit. Stand, Perspektiven und Probleme industriesoziologischer Technikforschung, in: Deutsche Forschungsgemeinschaft (Hrsg.): Forschung in der Bundesrepublik, Weinheim 1983

Lutz, Burkart: Die Bauern und die Industrialisierung, in: Berger, Johannes (Hrsg.): Die Moderne - Kontinuitäten und Zäsuren, Soziale Welt, Sonderband 4, Göttingen 1986, S. 119 - 137

Mankertz, Helene: Die Struktur der Bekleidungsindustrie, in: Bekleidung und Wäsche, 2. Jg. (1950), Nr. 6, S. 278 - 281

Mankertz, Helene: Massenfertigung in der Bekleidungsindustrie, in: Bekleidung und Wäsche, 8. Jg. (1956), Nr. 11, S. 591 - 594

Marpurg, Bruno: Das rundlaufende System, das System der Zukunft, in: Deutsche Nähmaschinen Zeitung, 45. Jg. (1920), Nr. 23, S. 1 - 3; Nr. 24, S. 5 - 7

Meerwarth, Rudolf: Die Erfassung der Hausindustrie durch die gewerbliche Betriebsstatistik, in: Jahrbücher für Nationalökonomie und Statistik, III. Folge, Band 42, Jena 1911, S. 313 - 330

Meier, E.: Arbeitsuntersuchungen am Sakkoband, in: Bekleidung und Wäsche, 7. Jg. (1955), Nr. 2, S. 62 - 70

Metzger, Christoph: Das Schalenband als Fördermittel in der Bekleidungsindustrie, in: Bekleidung und Wäsche, 6. Jg. (1954), Nr. 8, S. 345 - 352; Nr. 9, S. 404 - 408; Nr. 10, S. 438 - 441

Mosinski, Erich: Rechnerische Untersuchungen über den Einfluß des Betriebsverhaltens und der Bedienungsweise von Nähantrieben auf die Nähleistung, in: Bekleidung und Wäsche, 19. Jg. (1967), Nr. 8, S. 519 - 527

Mosinski, Erich: Fadenabschneideeinrichtungen bei Nähmaschinen, in: Rieser, Willi; Schierbaum, Wilfried (Hrsg.): Taschenbuch für die Bekleidungsindustrie 1979, Berlin 1978, S. 172 - 178

Müller, Eugen: Vom Schneiderhandwerk zur Bekleidungsindustrie, in: Autorenkollektiv (Hrsg.): Industrielle Bekleidungsfertigung, Heft II, Leipzig 1955

Müller, H.R.: Der gegenwärtige Stand der Fließarbeit, in: Organisation - Betrieb - Büro, 30. Jg. (1928), S. 29 - 33

Müller, Johannes: "Bekleidungsgewerbe", in: Wörterbuch der Volkswirtschaft (Hrsg. L. Elster), Band 1, Jena 1931, S. 308 - 311

Müller-Jentsch, Walther; Stahlmann, Michael: Management und Arbeitspolitik im Prozess fortschreitender Industrialisierung, in: Österreichische Zeitschrift für Soziologie, 13. Jg. (1988), Heft 2

Neubert, E.: Die Hausindustrie in den Regierungsbezirken Erfurt und Merseburg, in: Schriften des Vereins für Socialpolitik, Band 92, Leipzig 1890

Niebuhr, Joachim: Von der Wachstums- zur Schrumpfungsindustrie, in: Fischer, J. u. a.: Arbeitsstrukturierung und Organisationswandel in der Bekleidungsindustrie, Frankfurt/Main - New York 1983, S. 20 - 36

o. V.: Aus der Heimarbeit in der Kriegswirtschaft, in: Das Bekleidungsfachblatt, 15. Jg. (1940), Nr. 22, S. 1 - 2 (1940 a)

o. V.: Automatisches Abnehmen und Stapeln, in: DNZ-international, 89. Jg. (1968), Nr. 5, S. 45 - 46 (1968 a)

o. V.: Bekleidungsindustrie im neuen Deutschland, in: Bekleidung, Mitteilungsblatt für DAF-Walter und Vertrauensräte der Reichsbetriebsgemeinschaft Bekleidung, 6. Folge vom 15. März 1936, S. 44 - 45 (1936 a)

o. V.: Bekleidungsmaschinen-Ausstellung in Köln, in: Bekleidung und Wäsche, 3. Jg. (1951), Nr. 10, S. 493 - 495 (1951 a)

o. V.: Berichterstattung ITMA 71. Übersicht über das Angebot: Neuheiten und Weiterentwicklungen, in: DOB + haka praxis, 6. Jg. (1971), Nr. 8, S. 682 - 710; Nr. 9, S. 798 - 821 (1971 a)

o. V.: Berufsbilder, in: Bekleidung und Wäsche, 5. Jg. (1953), Nr. 5, S. 222 - 224 (1953 a)

o. V.: Das Fiasko der Rationalisierung in der Herrenkonfektion, in: Das Lohngewerbe, 6. Jg. (1931), Nr. 5, S. 9 - 10 (1931 b)

o. V.: Das Fließband in der Nähindustrie, in: Deutscher Nähmaschinen-Handel, 34. Jg. (1932), Nr. 7, S. 126 (1932 a)

o. V.: Das rundlaufende System - Eine Entgegnung, in: Deutsche Nähmaschinen-Zeitung, 45. Jg. (1920), Nr. 8, S. 3 - 4

o. V.: Das Taktband - Erfahrungen und Möglichkeiten, in: Mecheels, Otto (Hrsg.): Repertorium der Bekleidungsindustrie 1953, München o. J., S. 92 - 102 (1953 b)

o. V.: Der Anteil der Frau an der industriellen Arbeitergefolgschaft 1933 - 1938, in: Wirtschaft und Statistik, 19. Jg. (1939), Nr. 10, S. 389 - 391 (1939 a)

o. V.: Der Kleinteilestapler für die Praxis, in: Rieser, Willi; Schierbaum, Wilfried (Hrsg.): Taschenbuch für die Bekleidungsindustrie 1975, Berlin 1974, S. 287 - 292 (1974 a)

o. V.: Die Fließarbeit in der Bekleidungsindustrie, in: Organisation - Betrieb - Büro, 30. Jg. (1928), S. 200

o. V.: Die "hängende Fertigung" in der Hosenfabrikation, in: DNZ-international, 91. Jg. (1970), Nr. 9, S. 36 (1970 a)

o. V.: Die Arbeit der Damenoberbekleidungsindustrie, in: Wirtschaftsgruppe Bekleidungsindustrie in Zusammenarbeit mit dem Fachamt Bekleidung und Leder in der DAF (Hrsg.): Taschenbuch für die Bekleidungsindustrie, Berlin-Wien-Leipzig 1941, S. 237 - 248

o. V.: Die Arbeitstagung der Bekleidungsindustrie, in: Der Konfektionär, 49. Jg., Nr. 22 vom 30. Mai 1934, S. 2 - 15

o. V.: Die Arbeitstagung der Reichsbetriebsgemeinschaften Bekleidung und Leder, in: Bekleidung, Mitteilungsblatt für DAF-Walter und Vertrauensräte der Reichsbetriebsgemeinschaft Bekleidung, 13. Folge vom 1. Juli 1936, S. 101 - 103 (1936 b)

o. V.: Die Ausfuhr der deutschen Bekleidungsindustrie, in: Der Konfektionär, 50. Jg. Nr. 28 vom 11. Juli 1935, S. 3 - 4

o. V.: Die Bekleidungsindustrie im Jahre 1959, in: Bekleidung und Wäsche, 12. Jg. (1960), Nr. 10, S. 671 - 675 (1960 a)

o. V.: Die Bekleidungsindustrie, in: Industrie- und Handelskammer (Hrsg.): Die Wirtschaft am bayerischen Untermain, Aschaffenburg o. J., S. 70 - 77

o. V.: Die deutsche Bekleidungsindustrie im Jahre 1928, in: Wirtschaft und Statistik, 11. Jg. (1931), Nr. 1, S. 2 - 4 (1931 a)

o. V.: Die Dürkopp-Supra Klasse 216, in: Bekleidung und Wäsche, 8. Jg. (1956), Nr. 3, S. 124 - 125

o. V.: Die Forschungsgemeinschaft Bekleidungsindustrie informiert: "Hängende Transportsysteme in der Bekleidungsindustrie", in: Bekleidung und Wäsche, 25. Jg. (1973), Nr. 3, S. 160 - 165

o. V.: Die Frauenarbeit in der Industrie 1933 - 1936, in: Wirtschaft und Statistik, 16. Jg (1936), Nr. 20, S. 779 - 781 (1936 c)

o. V.: Die Konfektionsindustrie, in: Wirtschaft und Statistik, 2. Jg. (1922), Nr. 6, S. 181 - 182

o. V.: Die neue Knopflochnähmaschine der Bielefelder Maschinenfabrik vormals Dürkopp & Co., in: Deutsche Nähmaschinen-Zeitung, 26. Jg. (1901), Nr. 4, S. 7 - 9

o. V.: Die Strobel-Rollpikierung, in: Deutscher Nähmaschinen-Handel, 35. Jg. (1933), Nr. 20, S. 294 - 295 (1933 d)

o. V.: 1000 Dürkopp-Langnahtaggregate, in: Bekleidung und Wäsche, 24. Jg. (1972), Nr. 14, S. 1046 - 1048

o. V.: Dürkopp-System. Hängende Hosen laufen schneller, in: DNZ-international 92. Jg. (1971), Nr. 10, S. 36 - 37 (1971 b)

o. V.: Dürkopp-Walzentransport als Anbausatz, in: DNZ-international, 99. Jg. (1978), Nr. 12, S. 58 - 59 (1978 c)

o. V.: Ein neuartiger elektrischer Antrieb für Gewerbe- und Industrie-Nähmaschinen, in: Deutscher Nähmaschinen-Handel, 34. Jg. (1932), Nr. 3, S. 44 - 45 (1932 b)

o. V.: Eine wichtige Neuentwicklung auf dem Gebiet der Nähmaschinenantriebe, in: Bekleidung und Wäsche, 17. Jg. (1965), Nr. 9, S. 566 - 568 (1965 a)

o. V.: Elektrisch angetriebene Haushalt-Nähmaschine, in: Textil-Echo, Berlin, 1. Jg. (1925/26), Nr. 2, S. 48

o. V.: Elektrische Nähantriebe, in: Deutsche Nähmaschinen-Zeitung, 73. Jg. (1952), Nr. 5, S. 10 - 11, (1952 b)

o. V.: Erhebung über die soziale Lage der Heimarbeiter, in: Das Bekleidungsfachblatt, 15. Jg. (1940), Nr. 20, S. 1 - 2 (1940 b)

o. V.: Erhöhter Automatisierungsgrad in der Bekleidungsindustrie, in: DNZ-international, 88. Jg. (1967), Nr. 11, S. 15 - 24 (1967 a)

o. V.: Fließarbeit, in: Reichskuratorium für Wirtschaftlichkeit (Hrsg.): Handbuch der Rationalisierung, Berlin-Wien 1930, S. 330 - 373

o. V.: Fortschritte im Nähmotorenbau, in: Mecheels, Otto (Hrsg.): Repertorium der Bekleidungsindustrie 1955, München o.J., S. 177 - 180

o. V.: Friktions-Nähmaschinen-Motor, in: Helios, 39. Jg. (1933), Nr. 17, S. 401 (1933 b)

o. V.: Herrenkonfektion in Fließarbeit, in: Textilzeitung, Nr. 214 vom 13. September 1927

o. V.: Hohe Rationalisierungsanstrengungen führten zu einer Ertragsverbesserung im Bekleidungsgewerbe, in: Branchenanalysen, Hrsg. von der Bayerischen Hypotheken- und Wechselbank AG, München, August 1985

o. V.: Immer mehr Automatik - Kampf den Nebenzeiten, in: DNZ-international, 88. Jg. (1967), Nr. 10, S. 15 - 25 (1967 b)

o. V.: In den Details liegen wertvolle Rationalisierungsmöglichkeiten, in: DNZ-international, 91. Jg. (1970), Nr. 8, S. 31 - 33; Nr. 9, S. 29 (1970 b)

o. V.: ITMA Basel: Neue Maschinen und Betriebsmittel, in: Bekleidung und Wäsche, 19. Jg. (1967), Nr. 23, S. 1613 - 1645, (1967 c)

o. V.: Kleinstmotoren zum Antrieb von Haushalt-Nähmaschinen, in: AEG-Mitteilungen, Berlin, Heft 12/1932, S. 380 (1932 b)

o. V.: Kleinteile rationell abstapeln mit Beisler-Geräten, in: Bekleidung und Wäsche, 26. Jg. (1974), Nr. 17, S. 1124 - 1128 (1974 b)

o. V.: Kobold-Nähmaschinen-Motoren, in: Deutscher Nähmaschinen-Handel, 35. Jg. (1933), Nr. 8, S. 108 - 109 (1933 a)

o. V.: Kobold-Nähmaschinen-Motoren!, in: Deutscher Nähmaschinen-Handel, 35. Jg. (1933), Nr. 10, S. 135 (1933 c)

o. V.: Kobold-Nähmaschinen-Motoren!, in: Deutscher Nähmaschinen-Handel, 35. Jg. (1933), Nr. 23, S. 336 - 337 (1933 e)

o. V.: Konturen-Nähen ohne Lagenverschiebung, in: Rieser, Willi; Schierbaum, Wilfried (Hrsg.): Taschenbuch für die Bekleidungsindustrie 1976, Berlin 1975, S. 240 - 244

o. V.: Kraftbetriebsanlagen für Nähmaschinen, in: Deutsche Nähmaschinen-Zeitung, 28. Jg. (1903), Nr. 5, S. 3 - 5 (1903 a)

o. V.: Maschinen und Betriebseinrichtungen auf der Bekleidungsmaschinenausstellung der 3. Bekleidungstechnischen Tagung in Köln, in: Bekleidung und Wäsche, 5. Jg. (1953), Nr. 9, S. 391 - 401; Nr. 11, S. 510 - 518 (1953 c)

o. V.: Maschinentechnologie. Transport- und Förderanlagen, in: DOB + haka praxis, 6. Jg. (1971), Nr. 4, S. 322 - 340 (1971 c)

o. V.: Maßgeschneiderte Rationalisierung für die Bekleidungsindustrie, in: DNZ-international, 90. Jg. (1969), Nr. 9, S. 20 - 29

o. V.: Moderne Industrie- und Gewerbe-Nähmaschinen, in: Der Phoenix-Techniker, Herausgegeben von der Bielefelder Nähmaschinenfabrik Baer & Rempel, Bielefeld 1902, S. 12 - 19

o. V.: Neue Hängebandanlage, in: Bekleidung und Wäsche, 21. Jg. (1960), Nr. 9, S. 622 - 624 (1960 b)

o. V.: Neue Maschinen für die Bekleidungsindustrie, in: Mecheels, Otto (Hrsg.): Repertorium der Bekleidungsindustrie 1954, München 1954, S. 143 - 153 (1954 a)

o. V.: Neue Maschinen und Geräte für die Bekleidungsindustrie, in: Bekleidung und Wäsche, 6. Jg. (1954), Nr. 11, S. 487 - 512; Nr. 12, S. 542 - 545 (1954 b)

o. V.: Neue Maschinen und Apparate für die Bekleidungsindustrie, in: Mecheels, Otto (Hrsg.): Repertorium für die Bekleidungsindustrie 1955, München o. J., S. 134 -163

o. V.: Neue Schnellnähmaschinen, in: Bekleidung und Wäsche, 4. Jg. (1952), Nr. 5, S. 179 - 184 (1952 a)

o. V.: Neue Wendung der Wirtschaftspolitik, in: Der Konfektionär, 51. Jg., Nr. 2 vom 9. Januar 1936, S. 3 - 4 (1936 d)

o. V.: Organisation bringt mehr als Tempo, in: Bekleidung und Wäsche, 12. Jg. (1960), Nr. 11, S. 775 - 776 (1960 c)

o. V.: Pfaff empfiehlt: Zusatzeinrichtungen zur Nahtverriegelung ersetzen den Gebrauch des Stichstellerhebels, in: Bekleidung und Wäsche, Mönchengladbach, 24. Jg. (1972) Nr. 13, S. 1147 - 1154 (1972 b)

o. V.: Pfaff erschließt weitere Rationalisierungsmöglichkeiten, in: Bekleidung und Wäsche, 22. Jg. (1970), Nr. 12, S. 875 - 876 (1970 c)

o. V.: Pfaff-Transportanlagen in neuester Ausführung in: Pfaff Industriemaschinen (Hrsg.): PFAFF-Information, Kaiserslautern, Nr. 4/1959

o. V.: Pfaff-Zusatzgeräte helfen rationalisieren, in: Bekleidung und Wäsche, 20. Jg. (1968), Nr. 9, S. 632 (1968 b)

o. V.: Phoenix Kl. 38 Hochleistungs-Schnellnähmaschine, in: Phoenix-Mitteilungen, Hausmitteilungen der Phoenix Nähmaschinen AG. Baer & Rempel, Bielefeld Nr. 127, Bielefeld 1939 (1939 b)

o. V.: Preisverbilligung durch Leistungssteigerung, in: Bekleidung, Mitteilungsblatt für DAF-Walter und Vertrauensräte der Reichsbetriebsgemeinschaft Bekleidung, 10. Folge vom 15. Mai 1936, S. 77 - 79 (1936 d)

o. V.: Produktionssystem für hängende Bündelfertigung in der Praxis, in: Bekleidungstechnik 2. Jg. (1978), Nr. 3, S. 90 - 93 (1978 a)

o. V.: Produktionssystem für hängende Fertigung von Iseli, in: Bekleidung und Wäsche, 30. Jg. (1978), Nr. 13, S. 876 - 886 (1978 b)

o. V.: Rationalisierung durch Arbeitsgestaltung, in: DOB + haka praxis, 7. Jg. (1973), Nr. 4, S. 248 - 250; Nr. 5, S. 354 - 356

o. V.: Schnellnäher in fortschrittlicher Bauart, in: Deutsche Nähmaschinen-Zeitung, 72. Jg. (1951), Nr. 10, S. 8 (1951 b)

o. V.: Spezialnähmaschinen für Heimarbeit und Industrie, in: Das Bekleidungsfachblatt, 13. Jg. (1938), Nr. 22, S. 6 - 8

o. V.: Sport und Freizeit. Ein Markt mit differenzierten Wachstumsausichten für Unternehmen des Bekleidungs-, Schuh- und Sportartikelsektors, in: Branchenanalysen, Hrsg. von der Bayerischen Hypotheken- und Wechselbank AG, München 1986, Februar-Ausgabe

o. V.: "Fließarbeit in der Näherei", in: Glafey, Hugo: Textil-Lexikon, Handwörterbuch der gesamten Textilkunde Stuttgart-Berlin 1937, S. 276 - 2

o. V.: Technisches über den Schnellnäher, in: Deutsche Nähmaschinen-Zeitung, 73. Jg. (1952), Nr. 3, S. 9 - 10, (1952 c)

o. V.: Über Kraftbetriebseinrichtungen von Baer & Rempel, in: Deutsche Nähmaschinen-Zeitung, 28. Jg. (1903), Nr. 6, S. 11 -12 (1903 b)

o. V.: Ueber Kraftbetriebseinrichtungen für Nähmaschinen, in: Der Phoenix-Techniker, Herausgegeben von der Bielefelder Nähmaschinenfabrik Baer & Rempel, Bielefeld 1902, S. 71 - 73 (1902 c)

o. V.: Verringerung der Griffzeiten, in: DNZ-international, 88. Jg. (1967), Nr. 2, S. 42 (1967 d)

o. V.: Von der Fließband-Fabrikation, in: Deutscher Nähmaschinen-Handel, 33. Jg. (1931), Nr. 17, S. 318 - 321 (1931 d)

o. V.: Was leisten Quick-Stop-Motoren?, in: Deutsche Nähmaschinen-Zeitung, 79. Jg. (1958), Nr. 9, S. 50 - 52 (1958 b)

o. V.: Wie entsteht unsere Kleidung?, in: Bekleidung und Wäsche, 3. Jg. (1951), Nr. 4, S. 182 - 184 (1951 b)

o. V.: Zeitlose Dürkopp-Förderanlagen, in: Bekleidung und Wäsche, 8. Jg. (1956), Nr. 8, S. 396 - 397 (1956 b)

o. V.: Zentralgesteuert transportieren, in: Deutsche Nähmaschinen-Zeitung, 88. Jg. (1967), Nr. 7, S. 44 (1967 e)

Pesch, G.: Die Entwicklung der westdeutschen Bekleidungsindustrie 1955 - 1966, in: Forschungsstelle für allgemeine und textile Marktwirtschaft an der Universität Münster (Hrsg.): Textildienst, Nr. 1/2, Münster 1967, S. 291 - 336

Pischgode, Hans: Die Dürkopp Förderanlage 750 G, in: Mecheels, Otto (Hrsg.): Repertorium der Bekleidungsindustrie 1957, München o. J., S. 164 - 169

Plum, Josef: Über die MTM-Zeitermittlung zum Synchro-System, in: Bekleidung und Wäsche, 8. Jg. (1956), Nr. 3, S. 115 - 121

Proenen, Franz: Fließarbeit in der Bekleidungsindustrie, in: Textil-Woche, Nr. 39 vom 24.09.1926

Pupp, Walter: Bau und Wirkungsweise der Madersper'schen Nähmaschine, in: Deutscher Nähmaschinen-Handel, 35. Jg. (1933), Nr. 8, S. 105 - 107

Rammert, Werner: Technik und Industriearbeit in der soziologischen Forschung, in: Geschichte und Gesellschaft. Zeitschrift für historische Sozialwissenschaft, 4. Jg. (1978), Heft 2, S. 234 - 246

Rammert, Werner: Soziotechnische Evolution: Sozialstruktureller Wandel und Strategien der Technisierung, in: Jockisch, Rodrigo (Hrsg.): Techniksoziologie, Frankfurt/Main 1982, S. 32 - 81 (1982 a)

Rammert, Werner: Kapitalistische Rationalität und Organisierung der Arbeit, in: Littek, W.; Rammert, W.; Wachtler, G. (Hrsg.): Einführung in die Arbeits- und Industriesoziologie, Frankfurt/Main-New York 1982, S. 37 - 61 (1982 b)

Richter, W.A.: Chance der Bündelfertigung in einer hochmodischen, individuellen Konfektion, in: DNZ-international, 95. Jg. (1974), Nr. 7, S. 35 - 36 (1974 a)

Richter, W.A.: Der Warentransport in der Bekleidungsindustrie, in: DOB + haka praxis, 9. Jg. (1974), Nr. 9, S. 698 - 713 (1974 b)

Richter, W.A.: Enzyklopädie der Lager- und Transportsysteme in der Bekleidungsindustrie, 2. Teil, in: DOB + haka praxis, 11. Jg. (1976), Nr. 8, S. 546 - 554

Richter, W.A.: Flurgebundenes Transportieren mit Direktbeschickungs-Förderbandanlagen, in: Wirkerei- und Strickerei-Technik, 27. Jg. (1977), Nr. 7, S. 342 - 346 (1977 a)

Richter, W.A.: Hängend lagern und hängend transportieren in Maschenwaren-Unternehmen, in: Wirkerei und Strickerei-Technik, 27. Jg. (1977), Nr. 11, S. 550 - 553 (1977 b)

Richter, W.A.: Rationelles Lagern und Transportieren in der Bekleidungsindustrie, in: DOB + haka Praxis, 12. Jg. (1977), Nr. 12, S. 809 - 815 (1977 c)

Röhlke, Gerhard: Industrieroboter für die Bekleidungsherstellung, in: Bekleidung und Wäsche, 25. Jg. (1973), Nr. 20, S. 1567 - 1570

Röthemeyer, K.: Die Fertigung mit modernen Selbstwähl-Transportanlagen, in: Bekleidung und Wäsche, 12. Jg. (1960), Nr. 10, S. 681 - 683

Salinger, H.: Die Konfektionsgewerbe, in: Die Hauptindustrien Deutschlands, Leipzig 1904

Salmon, K. Associates GmbH: Transportsyteme - eine Studie für die Bekleidungsindustrie, in: DOB + haka praxis, 6. Jg. (1971), Nr. 12, S. 1045 - 1053

Salmon, K. Associates GmbH: Technische Entwicklungen in der Bekleidungsindustrie, in: DOB + haka praxis, 7. Jg. (1972), Nr. 10, S. 705 - 712

Sandt, J.; Maschinenfabrik AG. Pirmasens (Hrsg.): Fördersysteme, Pirmasens o. J.

Saßmannshansen, Willi: Fertigungsarten nach Arbeitsgestaltung in der Bekleidungsindustrie, in: Bekleidung und Wäsche, 3. Jg. (1951), Nr. 11, S. 541 - 544

Schierbaum, Wilfried: Bekleidungslexikon, Berlin 1982

Schleypen, Theo: Arbeitsplanung für Herren-Sport- und Herren-Oberhemden, in: Bekleidung und Wäsche, 2. Jg. (1950), Nr. 3, S. 122 - 123

Schmidt, Carl: Das rundlaufende System, in: Deutsche Nähmaschinen-Zeitung, 45. Jg. (1920), Nr. 6, S. 1 - 2

Schmitz, Fr.- W.: Voraussetzungen und Grenzen der Rationalisierung in der textilen Bekleidungsindustrie, in: Arbeitsberichte zur Marktforschung. Forschungsstelle für allgemeine und textile Marktwirtschaft. Heft 6. Münster o. J., S. 179 - 190

Schnepfe, M.: Leistungssteigerung durch echte Rationalisierung, in: Die Bekleidung, 1. Jg. (1949), Nr. 1, S. 2 - 5

Scholl, Hans: Kurskorrektur in der Industrienähmaschinen-Entwicklung, in: Bekleidung und Wäsche, 31. Jg. (1979), Nr. 8, S. 519 - 520

Schwab, Robert: Arbeitsplanung für ein Damenkleid, in: Bekleidung und Wäsche, 2. Jg. (1950), S. 188 - 194

Schwab, Robert: Der derzeitige Stand der Nähmaschinentechnik, in: Bekleidung und Wäsche, 5. Jg. (1953), Nr. 12, S. 556 - 561

Schwab, Robert: Fertigungsweisen in der Bekleidungsindustrie, in: Bekleidung und Wäsche, 6. Jg. (1954), Nr. 1, S. 1 - 5; Nr. 2, S. 49 - 50

Schwab, Robert: Produktivitätssteigerung durch Mengenfertigung, in: Bekleidung und Wäsche, 8. Jg. (1956), Nr. 5, S. 225 - 227

Schwingel, Klaus: Diskontinuierliche Fördersysteme lösen das Förderband ab, in: DOB + haka praxis, 8. Jg. (1973), Nr. 11, S. 935 - 937

Sombart, Werner; Meerwarth, Rudolf: "Hausindustrie (Verlagssystem)", in: Handbuch der Staatswissenschaften, Jena 1924, S. 179 - 207.

Sommer, Alfons: Die Einzelplatzaufstellung in der nähenden Industrie, in: DOB + haka praxis, 5. Jg. (1970), Nr. 8, S. 552 - 555; 6. Jg. (1971), Nr. 3, S. 197 - 201

Specker, B.: Nähelektrik heute, in: DNZ-international, 87. Jg. (1966), Nr. 7, S. 36 - 38; Nr. 8, S. 25 - 26; Nr. 9, S. 43 - 44

Specker, B.: Der moderne Schnellnäher - eine stille technische Revolution?, in: DNZ-international, 88. Jg. (1967), Nr. 2, S. 30 - 37; Nr. 4, S. 39 - 43

Stafner, C.: Über Schnellnähmaschinen, in: Textil-Echo, 1. Jg. (1925/26), Nr. 5, S. 116 - 118

Steckel, Hans: Möglichkeiten und Grenzen der Automation in der Bekleidungsindustrie, in: Bekleidung und Wäsche, 22. Jg. (1970), Nr. 4, S. 247 - 253

Steuckart, Helmut: Die Bekleidungsindustrie, in: Handbuch für den Textilkaufmann, Wiesbaden 1964

Steuckart, Helmut: Neuentwicklungen auf dem Gebiete der Maschinen und Geräte, in: Bekleidung und Wäsche, 9. Jg. (1957), Nr. 10, S. 580 - 583

Steuckart, Helmut: Die Bündelfertigung in Oberbekleidungsbetrieben, in: Bekleidung und Wäsche, 11. Jg. (1959), Nr. 10, S. 649 - 656

Steuckart, Helmut: Rationelle Produktion durch moderne Maschinen und Arbeitsverfahren, in: Bekleidung und Wäsche, 14. Jg. (1962), Nr. 7, S. 506 - 512

Steuckart; Helmut: Maschinentechnischer Stand in der Bekleidungsindustrie, in: Bekleidung und Wäsche, 17. Jg. (1965), S. 1312 - 1332

Steuckart, Helmut: Neue Maschinen und Geräte - ITMA 1971, in: Bekleidung und Wäsche, 23. Jg. (1971), Nr. 18, S. 1323 - 1326; Nr. 22, S. 1634 - 1640

Störchel, Gunther: Entwicklung und Struktur der deutschen Bekleidungsindustrie, in: DOB + haka praxis, 7. Jg. (1972), Nr. 12, S. 878 - 883;, 8. Jg. (1973), Nr. 1, S. 24 - 28

Strauß, Carl: Die Hausindustrie im Deutschen Reiche, in: Jahrbücher für Nationalökonomie und Statistik, Neue Folge, Band 14, Jena 1887, S. 51 - 65

Strecker, Klaus: Die rollende Bündelfertigung, in: Bekleidung und Wäsche, 25. Jg. (1973), Nr. 5, S. 335 - 342

Stülpnagel,v.: Über Hausindustrie in Berlin und den nächstgelegenen Kreisen, in: Schriften des Vereins für Socialpolitik, Band 92, Leipzig 1890

Suhr, Otto: Das Rationalisierungsprogramm der Bekleidungsindustrie, in: Frankfurter Zeitung vom 18.8.1939

Thiemann, Gerhard: Damenoberbekleidung, in: Melzer, Ernst (Hrsg.): Die Bekleidungsindustrie, Darmstadt 1955, S. 20 - 22 (1955 a)

Thiemann, Gerhard: Produktionsformen. Werkstatt- und Verlagssystem, in: Melzer, Ernst (Hrsg.): Die Bekleidungsindustrie, Darmstadt 1955, S. 116 - 118 (1955 b)

Timm, Johannes: Soziale Bilder aus der Berliner Konfektion, in: Sozialpolitisches Centralblatt, 4. Jg. (1894/95), Nr. 11, S. 128 - 130; Nr. 21, S. 249 - 250; Nr. 29, Sp. 389 - 392

Timm, Johannes: Die Arbeiter-Forderungen in der Berliner Konfektions-Industrie, in: Soziale Praxis. Centralblatt für Sozialpolitik, 5. Jg. (1896), Nr. 21, Sp. 577 - 581

Touraine, Alain: Industriearbeit und Industrieunternehmen. Vom beruflichen zum technischen System der Arbeit, in: Rürup, R.; Hausen, K. (Hrsg.): Moderne Technikgeschichte, Köln 1976, S. 291 - 307

Veit KG Bekleidungstechnik, Landsberg/Lech: Transport-System "Hängend" - die manuelle "Zielsteuerung" für den Fertigungs- und Lagerbereich, in: Rieser, Willi; Schierbaum, Wilfried (Hrsg.): Taschenbuch für die Bekleidungsindustrie 1975, Berlin 1974, S. 276 - 281

Voelcker, H.: "Konfektionsgewerbe", in: Handbuch der Staatswissenschaften, Jena 1924, S. 821 - 825

Voelcker, H.: "Bekleidungsindustrie", in: Handwörterbuch des Kaufmanns (Hrsg. Karl Bott), Hamburg 1925, S. 395 - 396

Voth, Günter H.: Berufsausbildung in der Bekleidungsindustrie, in: Bekleidung und Wäsche, 7. Jg. (1955), Nr. 4, S. 159 - 162

Wacker, Johannes: Arbeitsplatzdirektbeschickung in der DOB-Fertigung, in: DOB + haka praxis, 11. Jg. (1976), Nr. 9, S. 628 - 630

Walter, H.: Die Fließarbeit in der Bekleidungs-Industrie, in: Das System, 1. Jg. (1928), Nr. 4, S. 86 - 88

Weber, Alfred: Das Sweatingsystem in der Konfektion und die Vorschläge der Kommission für Arbeiterstatistik, in: Archiv für Soziale Gesetzgebung und Statistik, 10. Band (1897), S. 493 - 518

Weber, Alfred: Neuere Schriften über die Konfektionsindustrie, in: Archiv für Soziale Gesetzgebung und Statistik, 11. Band (1897), S. 527 - 540

Weber, Alfred: Hausindustrielle Gesetzgebung und Sweatingsystem in der Konfektionsindustrie, in: Jahrbuch für Gesetzgebung, Verwaltung und Volkswirtschaft, 21. Jg. (1897), Heft 1, S. 271 - 305

Weber, Alfred: Die Entwicklungsgrundlagen der großstädtischen Frauenhausindustrie, in: Schriften des Vereins für Socialpolitik, Band 85, Leipzig 1899

Weber, Eugen: Fördermittel im Konfektionsbetrieb, in: Rieser, Willi; Schierbaum, Wilfried (Hrsg.): Taschenbuch für die Bekleidungsindustrie 1976, Berlin 1975, S. 297 - 307

Weichert: Die Kleiderindustrie Aschaffenburgs, in: Kukko, Alfred (Hrsg.): Geschichte der bayerischen Industrie, München 1926, S. 46 - 48

Weigert, O.: Der Strike in der Berliner Herren- und Damen-Konfektion, in: Soziale Praxis. Centralblatt für Sozialpolitik, 4. Jg. (1896), Nr. 22, Sp. 626 - 630

Werner, Herbert: Das Fließband in der Damenoberbekleidungsindustrie, in: Bekleidung und Wäsche, 4. Jg. (1952), Nr. 2, S. 45 - 47

Winter, August: Das Schneidergewerbe in Breslau, in: Schriften des Vereins für Socialpolitik, Band 68, Leipzig 1896

Wirminghaus, A.: Stichwort "Konfektionsgewerbe", in: Wörterbuch der Volkswirtschaft (Hrsg. L.Elster), Jena 1911, S. 155 - 158

Witzenhausen, Max: Die Berliner Damenmäntel- und Kostümkonfektion, in: Schmalenbach, E. (Hrsg.): Zeitschrift für handelswissenschaftliche Forschung, 20. Jg. (1926), S. 366 - 379

Zajonc, Georg: Einsatzmöglichkeiten von Transportanlagen, in: Mecheels, Otto (Hrsg.): Repertorium der Bekleidungsindustrie 1963, München o. J., S. 45 - 52

Zajonc, Georg: Hängende Hosenfertigung, in: Rieser ,Willi; Schierbaum, Wilfried (Hrsg.): Taschenbuch für die Bekleidungsindustrie 1972, Berlin 1972, S. 251 - 254

Zajonc, Georg: Neuer Großteilestapler für wirtschaftliches Stapeln an Nähmaschinen, in: DNZ-international, 96. Jg. (1975), Nr. 3, S. 38